Frank Laufenberg · **Tagebuch der Rock- und Pop-Musik**

HEEL

★★★★★★ FRANK LAUFENBERG ★★★★★★★

TAGEBUCH DER ROCK und POPMUSIK

★★★★★★★★★ HEEL ★★★★★★★★★★★★

IMPRESSUM

HEEL-Verlag GmbH
Hauptstraße 354, 5330 Königswinter 1
Tel. 0 22 23/2 30 27

Verantwortlich für den Inhalt: Frank Laufenberg, Baden-Baden

Gesetzt aus der ITC Cheltenham schmal
Papier: Praximatt 135 g/1,15 Vol.

Satz (Fremddaten-Konvertierung): Fotosatz Hoffmann, Hennef
Umschlaggestaltung: Olaf Schumacher, Wachtberg-Liessem
Lithos: Fotosatz Mänken, Bonn · Regent Publishing Services, Hong Kong
Druck: Lorenz Ellwanger, Bayreuth

ISBN 3-89365-201-9

Vorwort

Während in den USA oder in Großbritannien Bücher über Popmusik schon seit langem ihren festen Platz haben, hat man in der Bundesrepublik erst in den letzten zehn Jahren bemerkt, daß sich das Publikum nicht nur dafür interessiert, wer da gerade etwas singt oder spielt. Die Zuhörer, Zuschauer und Plattenkäufer möchten gerne mehr über die Interpreten erfahren und sich über Zusammenhänge informieren. Wo kommt der Künstler eigentlich her? Was hat er vorher gemacht? In welcher Band hat er gespielt? Welches waren seine größten Hits? Und vor allen Dingen: Wann war das eigentlich?

Gerade bei der letzten Frage sind die Antworten oft erstaunlich. Viele glauben immer noch, daß die Popmusik Ende der 60er Jahre entstand — Irrtum! Um sich einen Überblick über die Geschichte und Entstehung dieser Musikrichtung zu verschaffen, muß man in die 50er, 40er, ja teilweise sogar in die 30er Jahre zurückgehen. Aber den Anspruch auf absolute Vollständigkeit kann ein solches Buch trotzdem nie erheben — gerade in diesem Bereich ändert sich vieles in rasender Eile. Wer heute noch in den Hitparaden steht, ist morgen schon wieder vergessen. Auf der anderen Seite stehen schon wieder neue Namen in den Charts, über die nur sehr wenig in Erfahrung zu bringen ist. Und wieder andere sind zu neu, um in einem solchen Buch berücksichtigt zu werden. Das sind alles Aspekte, die man berücksichtigen sollte, wenn man in dem „Tagebuch der Rock- und Popmusik" nach einem ganz bestimmten Namen sucht.

Aus den vielen Möglichkeiten, ein solches Werk aufzubauen, habe ich die Form des Almanachs, des Jahrbuchs, gewählt. Sollten bekannte oder wichtige Musiker vermißt werden, so liegt das lediglich daran, daß ihr Geburtsdatum nicht bekannt war. Diese Form des Jahrbuchs birgt denn auch eine Gefahr: Viele Interpreten sind zu eitel, um ihr wahres Geburtsjahr anzugeben — oder aber die Plattenfirma ist der Meinung, es sei dem Produkt zuträglicher, den Künstler ein paar Jährchen jünger zu machen. So wurde Spencer Davis z. B. am 17. 7. 1941 geboren — so steht es zumindest in diesem Buch, und so kann man es immer lesen, wenn von diesem Musiker die Rede ist. Es ist falsch! Er hat es mir vor wenigen Wochen — dieses Buch war bereits in Druck — erzählt. Seine Plattenfirma hatte ihn Mitte der 60er Jahre, als er mit der Spencer Davis Group erfolgreich war, einfach um zwei Jahre jünger gemacht. Richtig ist also der 17. 7. 1939.

Leider findet sich dieses „Verjüngen" in den Biographien vieler Künstler. Und da ich nicht immer Gelegenheit habe, mit den Interpreten über ihr Geburtsdatum zu sprechen, wurden diese Verjüngungskuren dann auch in vielen Fällen von mir übernommen. Eine weitere Fehlerquelle kann sich aus den Geburtstagen ergeben. So schreibt sich z. B. der Geburtstag von Rose Stone in den USA: 3/21/45; geboren wurde sie also am 21. März 1945. Hier ist es leicht: Man weiß sofort, daß der Monat nie „21" sein kann. Wie aber verhält es sich z. B. bei Mary Wilson, die am 6. März 1944 geboren wurde — US-Schreibweise 3/6/44? Die amerikanische Schreibweise — erst Monat, dann Tag und dann Jahr — wurde von britischen Quellen oft nicht berücksichtigt, und auch ich mag hin und wieder darauf reingefallen sein.

Damit man aber nun nicht jeden Tag durchforsten muß, um einen bestimmten Interpreten zu finden, habe ich für ein umfangreiches Register gesorgt. Hier sind Gruppen und Interpreten alphabetisch geordnet, und hinter den Namen finden sich die jeweiligen Daten bzw. Seitenzahlen, die ein leichtes Auffinden ermöglichen. Vielleicht sind Namen darunter, die man noch nie gehört hat oder die einem schon lange wieder entfallen sind — aber sie alle haben dazu beigetragen, daß es heute eine Pop-Szene gibt. Und bei vielem „Brandneuen" wird man feststellen, daß es das doch schon vor etlichen Jahren gab.

Aber dieses Buch ist nicht nur ein „Jahrbuch der Rock- und Popmusik". Wenn man die Zusammenhänge erkennt, so vermittelt es auch eine Geschichte — und Geschichten — dieser Musik.

Inhaltsverzeichnis

1

Geburtstage

■ **Country Joe McDonald** — 1942 — US-Sänger und Songschreiber. Richtig Joseph McDonald. Er protestierte Ende der 60er Jahre vorwiegend zusammen mit seiner Band The Fish gegen den Vietnamkrieg. Als der beendet war, verlegte er sich auf Lieder, die thematisch in Richtung „Greenpeace" gehen. Bekannteste Nummern: „Fixin' To Die Rag" aus der ersten, „Save The Whales" aus der zweiten Ära.

Country Joe McDonald

■ **Grandmaster Flash** — 1958 — US-Rapper und Songschreiber, der für viele als derjenige gilt, mit dem die Rap-, Scratch- und Mix-Bewegung begann. Sein richtiger Name ist Joseph Saddler. Er wurde auf Barbados geboren, kam aber schon früh mit seinen Eltern nach New York in die Bronx. Bereits 1977 arbeitete er dort mit einer mobilen Diskothek in New York. Zu seinem Mitarbeiterstab gehörten u. a. Kurtis Blow und Melle Mel — sie nannten sich Grandmaster Flash & The Furious Five. Die Formation hielt bis 1984, danach kam es zu großen Fluktuationen in der Gruppe. Hits hatte der Grandmaster vorwiegend in GB und nicht in den USA: „The Message" (8/82 GB 8), „White Lines (Don't Don't Do It)" (11/83 GB 60, 2/84 RE-GB 7) und „Step Off (Part 1)" (12/84 GB 8).

■ **Xavier Cugat** — 1900 — In Spanien geborener Band-Leader, Sänger und Songschreiber, der als Kind von seiner Heimatstadt Barcelona nach Kuba auswanderte und dann nach New York kam. In den späten 20er Jahren spezialisierte er sich auf latein-amerikanische Musik. In den 30er Jahren hatte er viele erfolgreiche Engagements im Waldorf-Astoria. Größte Hits: „The Lady In Red" (5/35 US 3), „Perfidia (Tonight)" (1/41 US 3) und „Brazil" (1/43 US 2).

■ **Frank Pourcel** — 1928 — Französischer Orchesterchef, der mit einer Instrumentalversion des Platters-Hits „Only You" (4/59 US 9) seinen größten internationalen Erfolg hatte.

■ **Morgan Fisher** — 1950 — GB-Keyboarder mit Love Affair, British Lions, Mott The Hoople und anderen. Machte auch etliche Solo-LPs.

■ **Johnny Young** — 1917 — US-Bluesinterpret, der Gitarre, Mundharmonika, Mandoline spielte und auch sang. Er starb am 18.4.1974 nach einem Herzanfall in Chicago.

■ **F. R. David** — 1954 — Sänger und Songschreiber, der in Tunesien geboren wurde und 1964 nach Frankreich kam. Größter internationaler Hit: „Words" (8/82 D 1, 4/83 GB 2, 7/83 US 62).

■ **Michael Hanson** — 1963 — Kanadischer Schlagzeuger von Glass Tiger.

■ **Tony Dunmore** — 1952 — GB-Bassist mit Supercharge.

Todestage

■ **Hank Williams** — 1953 — US-Countrymusiker. Er stirbt auf dem Rücksitz seines Cadillacs, mit dem er gerade zu einem Auftritt nach Canton, Ohio, gefahren wird. Als Todesursache wird Herzversagen, eine Überdosis Tabletten oder einfach nur seine Trunksucht angegeben. Er beeinflußte nicht nur eine ganze Generation von Country-Interpreten, sondern auch z. B. Bob Dylan. Geboren am 17.9.1923.

■ **Maurice Chevalier** — 1972 — Französischer Chansonnier und Filmschauspieler — Markenzeichen: Stöckchen und Strohhut. Geboren am 12.9.1888.

■ **Moon Mullican** — 1967 — US-„King of Hillbilly Piano". Geboren 29.3.1909.

■ **Alexis Korner** — 1984 — Für viele britische Musiker die Vaterfigur schlechthin. Geboren am 19.4.1928.

Tageshits

1955 — „Let Me Go Lover" — Joan Weber — US 4 W.
1966 — „Sounds Of Silence" — Simon & Garfunkel — US 1 W.
1966 — „Abschied vom Meer" — Freddy — D 1 W.
1969 — „Ob-La-Di Ob-La-Da" — Marmalade — GB 1 W.

Merk-Würdiges

1962 — Im Plattenstudio der Decca machen die Beatles Probeaufnahmen. Dick Rowe, der Produzent, lehnt die Band ab — der Sound habe ihm nicht gefallen und außerdem gehe der Trend weg von Gitarrengruppen. Irren ist menschlich! Wenn man jedoch die Aufnahmen heute hört, fragt man sich, ob Dick Rowe nicht richtig lag, als er die Beatles in der damaligen Form ablehnte. Natürlich hat die Zeit gezeigt, daß sie sich als Musiker steigern konnten — und da fragt man sich nach dem Sinn solcher Probeaufnahmen, die ja nur die momentane Form aufzeigen können und nicht die Entwicklungsmöglichkeiten.

1964 — Die britischen Kids sehen in ihrem Fernseher zum ersten Mal die Sendung „Top Of The Pops", die getrost als der Vorläufer des „Beat-Clubs" angesehen werden darf. Es treten bei Gastgeber Jimmy Seville auf: Dusty Springfield mit „I Wanna Be With You", die Rolling Stones und „I Wanna Be Your Man", Dave Clark 5 bringen „Glad All Over", die Swinging Blue Jeans „Hippy Hippy Shake" und die Hollies „Stay".

2

Geburtstage

■ **Roger Miller** — 1936 — US-Sänger, Gitarrist und Songschreiber, der sowohl in der Pop- als auch in den Country-Charts erfolgreich war. Mitte der 50er Jahre kam er nach Nashville als Songschreiber, dann war er Schlagzeuger in der Faron Young Band und schließlich Solist. Ab 1960 bis 1986 stand er regelmäßig in den Country-Hitparaden. Zu seinen größten Hits gehören „Dang Me" (6/64 US 7), „Chug-A-Lug" (9/64 US 9), „King of The Road" (1/65 US 4, 3/65 GB 1), „Engine Engine Nr. 9" (5/65 US 7, GB 33) und „England Swings" (11/65 US 8, GB 13). Als Autor des Broadway-Musicals „Big River" erhielt er 1985 den „Tony Award".

■ **Chick Churchill** — 1942 — GB-Keyboarder bei Ten Years After, die mit dem Titel „Love Like A Man" (6/70 GB 10, 8/70 D 9) ihren größten Hit hatten. Die Gruppe brachte hervorragende LP's auf den Markt, bis sie 1974 auseinanderfiel — von Chick erschien die Solo-LP „You And Me", die ein Flop wurde. Nach 15 Jahren und nachdem Chick sein Geld als Studiomusiker verdient hatte, kamen 1989 die 4

Originalmitglieder Alvin Lee, Ric Lee, Leo Lyons und Chick wieder zusammen und nahmen die LP „About Time" auf.

■ **Julius LaRosa** — 1930 — US-Sänger, dessen Glücks- und Pechjahr 1953 war. Mit „Eh Cumpari" (9/53 US 2) hatte er seinen größten Hit, und am 19.10.1953 wurde er während einer Live-TV-Sendung aus dem Studio gefeuert. Seine Plattenkarriere hielt trotzdem bis ins Jahr 1958.

■ **Wolfgang Sauer** — 1928 — Guter Bluessänger und Pianist, der jedoch meist mit typischen deutschen Schlagern Erfolg hatte. Sein erster Hit war „Eine Melodie geht um die Welt" — zu seinen größten Erfolgen zählen „Glaube mir" und „Cindy oh Cindy" (1/57 D 1). Wolfgang nimmt immer noch Platten auf und arbeitet für verschiedene Rundfunkanstalten, denen er fertige Sendungen abliefert.

■ **Bianca Bonelli** — 1963 — Holländische Sängerin, die mit Sam & Joan Company sang, dann Soloplatten machte und schließlich die Stimme von den Video Kids wurde — Hit: „Woodpeckers From Space" (2/85 D 4).

■ **Ingo Bischof** — 1951 — Tastenspieler für Karthago, Kraan und Guru Guru.

■ **Kerry Minnear** — 1948 — GB-Keyboarder bei Gentle Giant.

Todestage

■ **Erroll Garner** — 1977 — US-Jazz-Pianist. Neben Dave Brubeck einer der erfolgreichsten Jazzmusiker. Unverwechselbar: sein auf Swing basierender Stil. Geboren am 15.6.1923.

■ **Tex Ritter** — 1974 — US-Country-Star. Starb nach einem Herzanfall. Geboren am 12.1.1907.

■ **Eddie Heywood** — 1989 — US-Pianist und Songschreiber. Geboren am 4.12.1915.

Tageshits

1954 — „Oh! My Pa-Pa" — Eddie Fisher — US 8 W.
1984 — „Jenseits von Eden" — Nino de Angelo — D 7 W.

3

Geburtstage

■ **George Martin** — 1926 — GB-Produzent, festangestellt bei der EMI von 1950 bis 1965. In seinen Anfangstagen kümmerte er sich vorwiegend um Comedy-Aufnahmen — so produzierte er z. B. die Goons, Peter Sellers, Peter Ustinov oder Bernard Cribbins, auf der anderen Seite aber auch Interpreten wie Matt Monroe, Shirley Bassey oder Temperance Seven. Weltweit bekannt wurde George durch die Tatsache, daß er 1962 die Beatles unter Vertrag nahm und alle Platten der Band bis 1969 produzierte. Auch andere Künstler aus dem Stall von Brian Epstein wurden durch ihn betreut, so z. B. Cilla Black, Billy J. Kramer oder Gerry & The Pacemakers. 1965 hatte er seine eigene Produktionsfirma „Air" gegründet. Nach 1970 arbeite er erfolgreich mit Jeff Beck, America, Neil Sedaka, UFO, Kenny Rogers, Ella Fitzgerald, Little River Band und mit Paul McCartney auch in der Nach-Beatles-Zeit.

■ **Stephen Stills** — 1945 — US-Sänger, Gitarrist, Bassist, Keyboarder und Songschreiber. Am Anfang seiner Laufbahn bewarb er sich auf eine Zeitungsannonce, in der vier verrückte Typen gesucht wurden — er wurde wegen seiner schlechten Zähne abgelehnt. Statt Stephen wurde Michael Nesmith einer der vier

Stephen Stills and Neil Young

Verrückten, die als Monkees Karriere machen sollten. Ein weiterer Monkee war Pete Tork — mit ihm und Ritchie Furay hatte Stephen vorher in der New Yorker Folkgruppe Au Go Go Singers gespielt. Im März 1966 wurden Stills, Furay und Neil Young Gründungsmitglieder von Buffalo Springfield, die noch heute als unterbewerteste Gruppe der 60er Jahre gelten. Am 5. Mai 1968 trat Buffalo Springfield zum letzten Mal auf. Stephen half Al Kooper, seine LP „Super Session" fertigzustellen, und gründete anschließend Crosby, Stills & Nash. Beim Woodstock Festival am 16. August 1969 kam Neil Young zu dieser Formation — damit war Crosby, Stills, Nash & Young geboren. Deren LP „D.j. Vu" zählt zu den Klassikern der Popgeschichte. Größter Single-Hit: „Woodstock" (3/70 US 11). Weitere Hits als Crosby, Stills & Nash: „Just A Song Before I Go" (5/75 US 7) und „Wasted On The Way" (6/82 US 9). Neben gemeinsamen Arbeiten brachten alle Bandmitglieder Solo-Platten heraus, bei denen sie sich gegenseitig halfen. Im September 1988 nahm man nach 14 Jahren die gemeinsame LP „American Dream" auf.

■ **Phillip Goodhand-Tait** — 1945 — GB-Sänger, Tastenspieler und Songschreiber. Er spielte zuerst bei der britischen Underground-Band Circus und veröffentlichte dann als Solist eine ganze Reihe von schönen LP's. Seine Lieder sind meist ruhig und zart — zu schön für Hitparaden!

■ **Van Dyke Parks** — 1941 — US-Songschreiber, Schauspieler, Produzent und Sänger. Schon als Kind spielte er in Hollywood Filmen mit, z. B. 1956 in „The Swan" mit Grace Kelly. Später studierte er Klavier und Komposition. Als Produzent trat er u. a. für Judy Collins, Randy Newman, Ry Cooder, Phil Ochs, Arlo Guthrie und die Beach Boys in Erscheinung — gerade mit den Beach Boys und Titeln wie „Heroes And Villains" oder „Surf's Up" hatte er seine besten Ideen. An seiner ersten Solo-LP „Song Cycle" (1968) hat er angeblich 4 Jahre gearbeitet — sie brachte ihm den Beinamen „The First Art-Rocker" ein. Eindrucksvoll sein Tastenspiel bei der Byrds-Nummer „Eight Miles High".

■ **John Paul Jones** — 1946 — GB-Bassist, Keyboarder und Songschreiber. Richtiger Name John Baldwin. Er kam im Juli 1968 zu den Yardbirds, die gerade in ihren letzten Zuckungen lagen und sich ab Oktober 1968 als Led Zeppelin etablierten. Der erste Single-Erfolg war auch gleich ihr größter: „Whole Lotta Love" (11/69 US 4). Die Band entwickelte sich dann jedoch mehr zu einer LP-Gruppe, die keine Singles produzierte. Von der Plattenfirma wurden aber immer wieder Titel aus den LPs ausgekoppelt. Nach dem Tod von Schlagzeuger John Bonham, am 25.10.1980, fiel Led Zeppelin auseinander.

■ **Michael Zager** — 1943 — US-Tastenspieler und Songschreiber. Michael spielte von 1968 bis 1973 bei Ten Wheel Drive, folgte dann aber mehr der Disco-Welle. Als Michael Zager Band hatte er mit „Let's All Chant" (3/78 US 36, GB 8, 6/78 D 14) einen Disco-Knüller.

■ **Maxene Andrews** — 1918 — US-Sängerin, eine der drei Andrews Sisters. Nach einem Herzinfarkt im Jahre 1982 veröffentlichte sie 1985 (!) ihre erste Solo-LP. Die Hits der Schwestern stehen bei Patti am 16.2.

■ **Victoria Principal** — 1950 — Dallas-Pam, die auch mal mit Andy Gibb gesungen hat. Andere Quellen nennen als Geburtsjahr auch 1945.

Todestag

■ **Amos Milburn** — 1980 — US-Blues-Pianist und Sänger. Starb nach einem Herzanfall. Geboren am 1.4.1927.

Tageshits

1963 — „The Next Time/Bachelor Boy" — Cliff Richard — GB 3 W.
1970 — „Raindrops Keep Falling On My Head" — B. J. Thomaso - US 4 W.
1970 — „Dein schönstes Geschenk" — Roy Black — D 9 W.
1976 — „Saturday Night" — Bay City Rollers — US 1 W.
1981 — „Starting Over" — John Lennon — US 4 W.

4

Geburtstage

■ **Arthur Conley** — 1946 — US-Soul-Sänger und Songschreiber. Otis Redding entdeckte den jungen Arthur 1965 und verhalf ihm zu einem Plattenvertrag. Die ersten Aufnahmen machte er als Arthur & The Corvets. 1967, die Soul-Welle war auf dem Höhepunkt, traf er mit dem von Redding produzierten und von Otis und Arthur geschriebenen Titel „Sweet Soul Music" (3/67 US 2, GB 7, 7/67 D 29) genau den Geschmack des Publikums — das Stück lehnt sich allerdings stark an die einst von Sam Cooke geschriebene Nummer „Yeah Man" an. Mit „Funky Street" (5/68 US 14, GB 46, D 24) hatte Arthur einen weiteren, aber auch seinen letzten großen Hit.

Mahavishnu John McLaughlin

■ **John McLaughlin** — 1942 — GB-Jazz/Rock-Gitarrist, Pianist und Songschreiber. John spielte auf einer nach seinen Entwürfen von der bekannten Firma Gibson gebauten Gitarre, die aus 2 Hälsen mit insgesamt 18 Saiten besteht. Er verschmolz souverän Blues-, Jazz-, Flamenco-, Rock- und Ragelemente. Bevor er des Mahavishnu Orchestra gründete, spielte er zusammen mit so unterschiedlichen Musikern wie den Four Tops, Wilson Pickett, Georgie Fame oder Brian Auger. Mit Pete Brown, dem Songwriter von Jack Bruce, gründete er eine eigene Formation, dann ging er in die Graham Bond Organisation ein und spielte dort mit Ginger Baker und Jack Bruce. Schließlich war er bei Tony Williams (Schlagzeug) in dessen Lifetime und dann: „John McLaughlin, ein Musiker aus England, hat sich zum Hinduismus bekehrt und ist weltbester Jazz- und Rockgitarrist geworden" — Der Spiegel 1972. John spielte später noch zusammen mit Musikergrößen wie Carlos Santana, Billy Cobham, Jerry Goodman oder Jan Hammer. Seine LP „Birds Of Fire" machte Rockgeschichte.

■ **John Gorman** — 1937 — GB-Sänger und Percussion-Spieler bei der Liverpooler Band Scaffold, die ihren größten Hit mit „Lily The Pink" (11/68 GB 1, 1/69 D 5) hatte. John war — wie alle drei Mitglieder der Gruppe — später bei Grimms.

■ **Arik Brauer** — 1929 — Österreicher — wohl eher Maler als Sänger, der aber getreu seiner Devise „Wer sprechen kann, sollte auch singen", etliche LPs mit vom ihm getexteten und komponierten Liedern aufnahm. Und da nach solcher Devise viele arbeiten, fiel es auch nicht sonderlich auf.

■ **Marcel King** — 1958 — GB-Sänger, der mit der Gruppe Sweet Sensation Mitte der 70er Jahre einige Hits hatte. Größter Erfolg: „Sad Sweet Dreamer" (9/74 GB 1, 12/74 D 29).

■ **Barney Sumner** — 1956 — GB-Gitarrist und Sänger, der mit richtigem Namen Bernard Dicken heißt und als Bernard Albrecht 1977 mit Joy Division begann. Im selben Jahr hatte diese Band schon als Stiff Kittens und Warsaw ihr Glück versucht. Sänger war Ian Curtis, der sich am 18. Mai 1980 das Leben nahm. 1981 kamen die restlichen Mitglieder überein, als New Order weiterzumachen — jetzt übernahm Barney den Gesang. Hits: „Blue Monday" (3/83 GB 12, 5/83 D 2, 8/83 RE-GB 9), „True Faith" (8/87 GB 4, D 8, 10/87 US 32) und „Blue Monday 1988" (5/88 GB & D 3), ein Re-Mix des ersten Hits.

■ **David Glasper** — 1965 — GB-Sänger und Songschreiber für Breathe, die 1988 ihre erste LP aufnahmen. Hits: „Hands To Heaven" (4/88 US 2, 7/88 GB 4, 10/88 D 29), „How Can I Fall?" (9/88 US 3) und „Don't Tell Me Lies" (1/89 US 10).

■ **Martin McAloon** — 1962 — GB-Bassist bei der 1978 gegründeten Gruppe Prefab Sprout.

Todestage

■ **Peter Frankenfeld** — 1979 — Mit seiner großkarierten Jacke und den Fliegenden Untertassen, die er in das Publikum schoß, war er der erste große Showmaster des Deutschen Fernsehens. Er begann 1948 als Rundfunkmann — und hatte brillante Sendungen wie „Funk und Flachs" oder „Peters Bastelstunde". Schon früh mischte er beim aufkommenden Fernsehen mit und half jungen Talenten in seiner Sendung „Toi, toi, toi" auf die Beine. Bis Ende 1978 war er mit der TV-Show „Musik ist Trumpf" einer der populärsten Fernsehschaffenden in Deutschland. Geboren am 31.5.1913.

■ **Phil Lynott** — 1986 — GB-Sänger und Bassist. Er starb, nachdem er sich eine Überdosis Drogen verabreicht und eine Woche im Koma gelegen hatte, an Herzversagen und Lungenentzündung. Geboren am 20.8.1951.

Tageshits

1947 — „White Christmas" — Bing Crosby — US 1 W.
1957 — „Singing The Blues" — Guy Mitchell — GB 1 W.
1960 — „El Paso" — Marty Robbins — US 2 W.
1964 — „There I've Said It Again" — Bobby Vinton — US 4 W.
1971 — „Paranoid" — Black Sabbath — D 1 W.
1975 — „Lucy In The Sky With Diamonds" — Elton John — US 2 W.
1982 — „One Of Us" — Abba — D 4 W.

5

Geburtstage

■ **Sam Phillips** — 1923 — US-Plattenproduzent und Songschreiber. Er gilt als der Entdecker von Rock-Größen wie Elvis Presley, Jerry Lee Lewis, Johnny Cash,

Carl Perkins, Charlie Rich oder Roy Orbison. Zumindest war er derjenige, der den damals jungen Musikern mit seiner 1951 gegründeten Plattenfirma Sun-Records eine Plattform gab. Und richtig ist auch die Geschichte, daß Elvis Presley 1953 in sein Studio kam, um für 4 Dollar für seine Mutter eine Platte zu besingen. Es war der Start einer außergewöhnlichen Karriere. Sam hatte vorher als Discjockey und Show-Promoter in Memphis gearbeitet. Irgendwann war ihm mal aufgefallen, daß speziell farbige Musiker kaum Möglichkeiten hatten, Platten aufzunehmen. Dem half er mit der Gründung des Sun Studios ab — Interpreten wie Howlin' Wolf, B.B. King oder Jackie Brenston zusammen mit Ike Turner nahmen hier ihre ersten Platten auf. Rufus Thomas, Junior Parker, Little Milton Campbell und James Cotton veröffentlichte Sam auf dem 1953 gegründeten Sun Label — vorher hatte er die fertigen Bänder meist an die Plattenfirma Chess in Chicago oder RPM in Los Angeles verkauft. Zu den erfolgreichsten Singles, die Sam veröffentlichte, gehören „Blue Suede Shoes" von Carl Perkins, „I Walk The Line" von Johnny Cash und „Whole Lotta Shakin' Goin' On" von Jerry Lee Lewis. Elvis Presley hatte er nach einigen Plattenveröffentlichungen für den in seinen Augen enormen Betrag von $ 35.000 an den Medienriesen RCA verkauft.

■ **Phil Trim** — 1940 — West-Indischer Sänger und Songschreiber, der als Chef der Pop Tops, einer spanischen Gruppe, mit „Mamy Blue" (10/71 D 1, GB 34, US 57) seinen größten Hit hatte.

■ **Athol Guy** — 1940 — Australischer Bassist bei den Seekers, die 1964 nach GB übersiedelten. Die Kombination Folk/Pop gefiel den Briten gut — 3 Jahre brachte die Gruppe Hit auf Hit. Größte Erfolge: „I'll Never Find Another You" (1/65 GB 1, 3/65 US 4, 6/65 D 25) und „Carnival Is Over" (10/65 GB 1, 12/65 D 14). Als die Seekers 1968 auseinanderfielen und aus den Resten die New Seekers gegründet wurden, war Athol nicht mehr dabei.

■ **Don Hartman** — 1946 — US-Gitarrist und Sänger bei der Underground-Band Frost, die es auf 3 LP's, aber nicht zu Hitruhm brachte.

■ **Chris Stein** — 1950 — US-Gitarrist und Songschreiber in der Gruppe Blondie — neben Deborah Harry der wichtigste Musiker in dieser Band. Hits siehe 1.7. bei Debbie Harry. Nachdem Blondie 1982 auseinandergefallen war, gründete Chris eine eigene Plattenfirma — dann zog er sich eine schwere Hautkrankheit zu. Deborah pflegte ihn wieder gesund.

■ **Biff Byford** — 1951 — GB-Sänger und Songschreiber der 1977 gegründeten Heavy Metal Band Saxon. Hits: „747 (Strangers In The Night)" (6/80 GB 13) und „And The Bands Played On" (4/81 GB 12).

■ **George Brown** — 1949 — US-Drummer mit Kool & The Gang.

Todestage

■ **Charles Mingus** — 1979 — US-Jazz-Bassist, Komponist und Orchesterleiter. Nachdem er längere Zeit an Muskelschwund gelitten hatte, starb er jetzt an einem Herzschlag. Seinem letzten Wunsch entsprechend, streute seine Witwe seine Asche in den Ganges. Geboren am 22.4.1922.

■ **Mal Evans** — 1976 — Er war Ex-Road-Manager der Beatles und „Honorary Sheriff Of Los Angeles" — das hinderte allerdings seine Kollegen von der L.A. Police nicht, ihn zu erschießen. In ihrer Wohnung bedrohte Mal seine Freundin mit einem Gewehr. Als die Polizei ihn aufforderte, sich zu ergeben, und er seine Waffe gegen sie richtete, erschossen sie ihn.

Tageshits

1946 — „Symphony" — Freddy Martin — US 2 W.
1952 — „Slow Poke" — Pee Wee King — US 3 W.
1980 — „Please Don't Go" — K.C. & The Sunshine Band — US 1 W.

6

Geburtstage

■ **Sandy Denny** — 1941 — GB-Sängerin und Songschreiberin, die in ihrer Heimat mehrfach zur besten Folk-Sängerin gewählt wurde. Vollständiger Name Alexandra Elene MacLean Denny. Nachdem sie kurze Zeit bei den Strawbs gesungen hatte, wurde sie im Juli 1968 als Ersatz für July Dyble Sängerin bei Fairport Convention. Mit Sandy gelang der Gruppe der einzige Single Hit: „Si Tu Dois Partir" (7/69 GB 21) — es handelt sich hierbei um eine französische Version des Bob Dylan Liedes „If You Gotta Go, Go Now". Sandy blieb bis zum November 1969 und gründete im März 1970 mit ihrem Mann Trevor Lucas und Jerry Donahue Fotheringay, die eine LP aufnahmen und im Januar 1971 wieder auseinanderfielen. Bis zum März 1974 machte Sandy einige Solo-Platten, stieg dann bis zum Januar 1976 wieder bei Fairport Convention ein, um die Band erneut zu verlassen und als Solistin weiter LP's aufzunehmen. Nebenher tauchte sie immer mal wieder als Sängerin bei Produktionen anderer Künstler auf, so z. B. bei den Strawbs, Led Zeppelin oder in der Beat-Oper „Tommy". Sandy starb an den Folgen eines Treppensturzes am 21.4.1978.

■ **Wilbert Harrison** — 1929 — US-Sänger und Songschreiber, der auch verschiedene Instrumente spielen konnte und als „One Man Band" auftrat. 1952 nahm er seine ersten Platten auf — sein größter Hit wurde „Kansas City" (4/59 US 1). „Let's Work Together" (12/69 US 32), eine Komposition von ihm, wurde 1970 ein Hit für Canned Heat.

■ **Nino Tempo** — 1935 — US-Saxophonist, Sänger und Songschreiber. Schon als 3jähriger soll Nino aufgetreten sein, mit 7 sang er mit dem Orchester von Benny Goodman, später spielte er im Orchester von Glenn Miller. Nachdem er dann einige Jahre als Session-Saxophonist gearbeitet hatte, schloß er sich in den frühen 60er Jahren mit seiner Schwester April Stevens zu einem Duo zusammen. Ihr größter Erfolg hieß „Deep Purple" (9/63 US 1, 11/63 GB 17). April hatte bereits vorher als Solistin Platten besungen — nachdem nach 1967 kein weiterer Hit gelingen wollte, machten beide als Solisten weiter.

■ **Doris Troy** — 1937 — US-Sängerin und Songschreiberin. Richtiger Nachname Payne. Doris begann mit den Halos und Jay & Dee und war außerdem Backgroundsängerin bei Chuck Jackson und Solomon Burke. Als Solistin hatte sie einen Hit: „Just One Look" (6/63 US 10). Eine Cover-Version dieser Nummer brachte der britischen Band Hollies 1964 ebenfalls Erfolg.

■ **Adriano Celentano** — 1938 — Italienischer Sänger, Schauspieler und Songschreiber. Adriano begann seine Karriere beim Rock-Festival in Mailand am 18.5.1957. Seine erste Platte ist eine italienische Version von „Tutti Frutti". Größte Hits: „Una Festa Sui Prati" (6/67 D 10) und „Azzurro" (10/68 D 6). Er gründete eine eigene Plattenfirma, die er „Clan" nannte — was wohl darauf abhebt, daß er stets von seinem Familienclan umgeben ist, wenn er auf Tournee geht. Verheiratet ist er mit der Sängerin Claudia Mori, auf deren Hit „Non Succedera Pi" (6/82 D 12) er auch zu hören ist. Auch im italienischen Filmgeschäft ist Celentano sehr erfolgreich.

■ **Malcolm Young** — 1953 — Australischer Gitarrist, der in Glasgow geboren wurde und 1963 mit seiner Familie auswanderte. Mit seinem jüngeren Bruder Angus gründete er 1973 in Sydney die Hardrockband AC/DC. Der ältere Bruder der beiden ist George Young, einst Mitglied der Easybeats.

■ **Earl Scruggs** — 1924 — US-Banjospieler. Nachdem Earl in diversen Gruppen gespielt hatte, traf er 1945 in der Band von Bill Monroe auf Lester Flatt. Die beiden verließen 1948 Monroe und gründeten die Foggy Mountain Boys. Als Duo waren sie ab 1952 in den Country Hitparaden vertreten. 1949 hatten sie das Stück „Foggy Mountain Breakdown" aufgenommen, das 1968 die Titelmelodie für den Film „Bonnie & Clyde" wurde. 1969 erhielt Earl für diese Nummer einen Grammy, der einem Oscar der Filmindustrie entspricht. Noch im Jahre 1969 trennte er sich von Lester Flatt und startete seine Earl Scruggs Revue.

■ **Van McCoy** — 1944 — US-Sänger, Pianist, Songschreiber und Produzent. Van begann als Sänger der Marylanders, gründete dann die Starliters, die 1959 ihre ersten Plattenaufnahmen machten. Nachdem es nicht zu Hits reichte, gründete er 1960 sein eigenes Plattenlabel und war von 1961 und 1964 für die Firma Scepter/Wand Produzent von den Shirelles, Gladys Knight und den Drifters. Mitte der 60er Jahre gründete er erneut eine eigene Plattenfirma. Seine größten Erfolge unter seinem Namen gelangen ihm mit „The Hustle" (4/75 US 1, GB 3, 7/75 D 3) und „The Shuffle" (4/77 GB 4). Van starb am 6.7.1979.

■ **Syd Barrett** — 1946 — GB-Gitarrist, Sänger und Songschreiber. Richtiger Vorname Roger. 1965 gründete er Pink Floyd, die er nach den Bluesmusikern Pink Anderson und Floyd Council benannte. Syd war ohne Zweifel in den Anfangstagen der Gruppe für die musikalische Richtung verantwortlich. Die Hits „Arnold Layne" (3/67 GB 20) und „See Emily Play" (6/67 GB 6, 9/67 D 25) hat er geschrieben. 1968 verließ er die Band, für ihn kam David Gilmour. Syd versuchte sich als Solist — ohne Erfolg.

■ **Kim Wilson** — 1951 — US-Sänger, Mundharmonikaspieler und Songschreiber für die 1975 gegründete Blues-Rock-Band Fabulous Thunderbirds. Größter Hit: „Tuff Enuff" (4/86 US 10).

■ **Kathy Sledge** — 1959 — US-Sängerin. Sie ist die jüngste Schwester bei Sister Sledge.

■ **Mark O'Toole** — 1964 — GB-Bassist bei Frankie Goes To Hollywood.

Tageshits

1956 — „Rock Around The Clock" — Bill Haley — GB 2 W. (2.mal)
1958 — „At The Hop" — Danny & The Juniors — US 7 W.
1973 — „You're So Vain" — Carly Simon — US 3 W.
1979 — „YMCA" — Village People — GB 3 W.
1979 — „Too Much Heaven" — Bee Gees — US 2 W.

7

Geburtstage

■ **Kenny Loggins** — 1948 — US-Pop & Rock-Sänger, Songschreiber und Gitarrist. 1968 machte Kenny mit den erfolglosen Gruppen Gator Creek und Second Helping seine ersten Plattenaufnahmen. Nachdem er 1969 mit der schon nicht mehr erfolgreichen Band Electric Prunes getourt war, wurde er festangestellter Songschreiber — er erhielt 100 Dollar die Woche. 1971 schriebt er die Nummer „House At Pooh Corner" — es wurde ein Hit für die Nitty Gritty Dirt Band. Nach diesem Erfolg erhielt er einen Plattenvertrag als Solist. Das ehemalige Buffalo Springfield- und Poco-Mitglied Jim Messina wurde als Produzent für Kenny verpflichtet. Sie entschlossen sich jedoch, ein Duo zu gründen, das in den folgenden 4 Jahren zusammenspielte. Größter Hit und Millionseller: „Your Mama Don't Dance" (11/72 US 4). Nach der Trennung machen beide als Solisten weiter, wobei Kenny erfolgreicher ist: „Whenever I Call You Friend" (7/78 US 5), „I'm Alright" (7/80 US 7), „Footloose" (1/84 US 1, 4/84 GB 6, D 4), „Danger Zone" (5/86 US 2, 9/86 D 12, 11/86 GB 45) und „Nobody's Fool" (7/88 US 8). Besonders mit Filmmusiken hält sich Kenny in den Hitparaden.

■ **James West** — 1941 — US-Sänger, der mit den Echoes 1959 seine ersten Platten machte. Ab 1960 nannte sich das Trio Innocents — jetzt folgten mit „Honest I Do" (8/60 US 28) und „Gee Whiz" (11/60 US 28) zwei kleinere Erfolge. Zusammen mit Kathy Young hatte die Gruppe noch den Hit „A Thousand Stars" (10/60 US 3). Mit Kathy tauchten sie auch nach 1961 noch in den Hitparaden auf.

■ **Mike McGear** — 1944 — GB-Sänger und Songschreiber. Richtiger Name Michael McCartney — er ist ein Stiefbruder von Beatle Paul. Mike war Mitglied bei Scaffold, die 3 Top Ten Hits in GB hatten.

■ **Dave Cousins** — 1945 — GB-Sänger, Saitenspieler und Songschreiber. 1967 gründete Dave die Strawberry Hill Boys, die als Strawbs 1968 ihre erste LP aufnahmen. Größter Hit: „Part Of The Union" (1/73 GB 2, 3/73 D 31) hatte. Später arbeitete Dave als Solist.

■ **Paul Revere** — 1942 — US-Tastenspieler. 1959 gründete er mit dem Sänger und Saxophonisten Mark Lindsey das Duo Downbeats, das Instrumentalaufnahmen machte. Nach dem ersten kleineren Hit wurde dann eine richtige Gruppe gegründet, die sich Paul Revere & The Raiders nannte. Zwischen 1961 und 1971 verbuchten sie 15 Titel in den US-Top 40. Hits siehe 9.3. bei Mark Lindsey.

■ **Danny Williams** — 1942 — Südafrikanischer Sänger. Er war zwischen 1961 und 1964 in GB erfolgreich — Hits: „Moon River" (11/61 GB 1) und „Wonderful World Of The Young" (4/62 GB 8). Nach 13jähriger Abwesenheit aus den Charts sollte ihm ein erneuter Hit gelingen: „Dancin' Easy" (7/77 GB 30).

■ **Eldee Young** — 1936 — US-Bassist, der schon in den frühen 50er Jahren in der Gruppe Clefs mit Ramsey Lewis und Isaac Holt zusammenspielte. Diese drei gründeten 1956 die Gentlemen Of Swing, die im gleichen Jahr ihre ersten Platten aufnahmen und sich später in Ramsey Lewis Trio umbenannten. Größter Hit: „The In-Crowd" (7/65 US 5). 1965 machte Ramsey Lewis mit anderen Musikern die Gruppe weiter — Eldee und Isaac gründeten zusammen mit dem Pianisten Don Walker das Young Holt Trio. Nachdem Walker 1968 das Trio verlassen hatte, nannten sie sich Young-Holt Unlimited. Hit und Millionseller: „Soulful Strut" (11/68 US 3) — Barbara Acklin nahm diese Aufnahme, ersetzte das Piano durch ihren Gesang und nannte den Song „Am I The Same Girl". 1983 kam das Ramsey Lewis Trio in seiner ursprünglichen Besetzung wieder zusammen.

■ **Kathy Valentine** — 1959 — US-Bassistin, die 1980 für Margot Olavera zu den Go-Go's kam.

■ **Jack Greene** — 1930 — US-Country-Sänger und Schlagzeuger. Zwischen 1965 und 1984 war er regelmäßig in der Country-Hitparade anzutreffen. Sein größter Erfolg hieß „There Goes My Everything" (10/66 C&W 1, US 65).

Todestage

■ **Cyril Davies** — 1964 — GB-Musiker. Spielte in den 50er Jahren mit Alexis Korner — zuerst Banjo, später Mundharmonika. 1961 gründeten Korner und Davies Blues Incorporated, die zur Erneuerung des britischen Blues antraten. Nächster Schritt waren die Cyril Davies All Stars, bei denen auch Charlie Watts und Brian Jones, die die Rolling Stones noch nicht gegründet hatten, mitmischten — man nannte sich nun Blues Unlimited. Bei dieser Formation sang hin und wieder ein junger Mann namens Mick Jagger. Als dann noch Keith Richard dazukam, waren die Rolling Stones geboren. Kurz nach der Gründung dieser Superband starb Cyril an Leukämie. Geboren 1932.

■ **Larry Williams** — 1980 — US-Rock'n'Roller, der an einer Schußwunde starb, die er sich angeblich selbst zugefügt hatte. Geboren am 10.5.1935.

Tageshits

1950 — „Rudolph, The Red-Nosed Reindeer" — Gene Autreyo — US 1 W.
1955 — „Finger Of Suspicion" — Dickie Valentine — GB 1 W.
1956 — „Memories Are Made Of This" — Dean Martin — US 6 W.
1956 — „Der Mond hält seine Wacht" — Peter Alexander — D 5 W.
1974 — „La Paloma Ade" — Mireille Mathieu — D 1 W.
1985 — „Do They Know It's Christmas" — Band Aid — D 2 W.
1989 — „Especially For You" — Kylie Minogue & Jason Donovano — GB 3

8

Geburtstage

■ **David Bowie** — 1947 — GB-Sänger, Saxophonist und Songschreiber. Richtiger Name David Robert Hayward-Jones. Mit „Space Oddity" (9/69 GB 5, 1/73 US 15, 10/75 RE-GB 1) gelang ihm sein erster und durch etliche Wiederveröffentlichungen lang anhaltender Erfolg. Weitere Nummer 1 Hits: „Fame" (6/75 US), „Ashes To Ashes" (8/80 GB), „Let's Dance" (3/83 GB & US). Zusammen mit Queen brachte er „Under Pressure" (11/81 GB 1, US 29, D 21), mit Mick Jagger eine Cover-Version vom alten Martha Reeves Hit „Dancing In The Streets" (8/85 US 7, GB 1, D 6), die in GB sogar von 0 auf 1 sprang. Auch als Filmschauspieler machte sich Bowie inzwischen einen Namen. Vergessen die Tage, als er bei George & The Dragon, The Konrads, Davie Jones With The King Bees (unter dieser Firmierung erschien seine erste Platte am 5.6.1964: „Liza Jane"/"Louie Louie Go Home"), The Manish Boys, Davy Jones oder als David Jones & The Lower Third in Erscheinung getreten war. Neben seinen Solo-Aktivitäten tauchte er Mitte 1989 als Sänger der Gruppe Tin Machine auf.

David Bowie

■ **Lee Jackson** — 1943 — GB-Bassist, Sänger und Songschreiber. Er spielte mit Blues Incorporated und war dann im September 1967 bei der Gründung von Nice dabei. Größter Single-Hit: „America" (7/68 GB 21). Ab 1970 spielte er mit der von ihm gegründeten Gruppe Jackson Heights, ab August 1973 für ein Jahr mit Refugee. Danach war er auf Platten von J.B. Hutto und Tim Rose zu hören, machte eine Solo LP und wurde Produzent.

■ **Terry Sylvester** — 1945 — GB-Gitarrist, Sänger und Songschreiber, der in Liverpool um 1962 als Kopf der Gruppe Escorts begann, dann 1966 als Ersatz für Ralph Ellis zu den Swinging Blue Jeans ging und schließlich 1968 für Graham Nash zu den Hollies kam, als der in die USA ging, um Crosby, Stills & Nash zu gründen. Terrys erster Einsatz bei den Hollies ist auf der Platte „Sorry Suzanne" zu hören. Im Mai 1981 trennte er sich von der Band und gründete Griffin & Sylvester, die keine Spuren in den Hitparaden hinterließen.

■ **Little Anthony** — 1941 — US-Sänger und Songschreiber. Richtiger Name Anthony Gourdine. Er war der Chef von Little Anthony & The Imperials. 1955 hatte er mit den DuPonts gesungen und 1957 die Gruppe Chesters gegründet, die sich schließlich 1958 in Imperials umbenannte. Größte Hits: „Tears On My Pillow" (8/58 US 4) und „Goin' Out Of My Head" (11/64 US 6).

■ **Shirley Bassey** — 1937 — GB-Sängerin, die von 1957 bis 1973 regelmäßig in der GB-Hitparade vertreten war und es auf 12 Top Ten Hits brachte — die größten waren: „As I Love You" (1/59 GB 1) und „Reach For The Stars/Climb Ev'ry Mountain" (7/61 GB 1). Bekannt ist sie auch als Interpretin von Titelsongs aus James Bond/007-Filmen, z.B. „Goldfinger" (10/64 GB 21, 1/65 US 8, 4/65 D 8). 1987 brachte sie, zusammen mit der Schweizer Band Yello, die Platte „Rhythm Divine".

■ **Robert Krieger** — 1946 — US-Gitarrist und Songschreiber mit der 1965 gegründeten Gruppe Doors. Vorher hatte er zusammen mit seinem Bandkollegen John Densmore schon bei Psychodelic Rangers gespielt. Nach dem Tod von Jim Morrison am 3. Juli 1971 und der LP „Full Circle", die die drei übrig gebliebenen Mitglieder noch aufgenommen hatten, gründete Robert Butts Band, die gute, aber erfolglose LP's machte. Auch hier war wieder John Densmore dabei. 1977 erschien die erste Solo LP von Robbie.

■ **John Peterson** — 1942 — US-Schlagzeuger bei Beau Brummels und ab 1966 bei Harpers Bizarre. San Francisco Garagen- und Psychedelic-Sound.

■ **Willy Millowitsch** — 1909 — Volksschauspieler, Autor vieler Bühnenstücke, Theaterbesitzer, Sänger — größter Pop Hit: „Schnaps, das war sein letztes Wort" (11/60 D 5) — Kölner.

■ **Christy Lane** — 1940 — US-Country-Sängerin. Geboren als Eleanor Johnston. Ab 1977 war sie in den Country Hitparaden erfolgreich. Ihr größter Erfolg war „One Day At A Time" (3/80 C&W 1).

■ **Mike Reno** — 1955 — Kanadischer Sänger, der mit Streetheart begann und 1979 Mitbegründer von Loverboy war, die ab 1980 auch in den USA Erfolg hatten. Hits: „Lovin' Every Minute Of It" (8/85 US 9) und „This Could Be The Night" (1/86 US 10). Zusammen mit Ann Wilson von der ebenfalls aus Kanada stammenden Formation Heart hatte er den Hit „Almost Paradise ... Love Theme From Footloose" (5/84 US 7).

■ **Marcus Hutson** — 1943 — US-Sänger mit den Whispers.

■ **Mel Pritchard** — 1948 — GB-Schlagzeuger bei Barclay James Harvest.

■ **Elvis Presley** — 1935 — Er war der erste wirkliche Star des Rock 'n' Roll. Für ihn müßte man alleine bei der Aufzählung seiner Superhits eine ganze Seite reservieren — hier sei, wie bei den Beatles, der Verweis auf weitere Literatur über den Interpreten gestattet. Könige brauchen eigene Bücher! Elvis starb am 16.8.1977.

Tageshits

1954 — „Oh Mein Papa" — Eddie Calvert — GB 9 W.
1966 — „We Can Work It Out" — Beatles — US 2 W.
1966 — „Get Off Of My Cloud" — Rolling Stones — D 3 W.
1969 — „Lily The Pink" — Scaffold — GB 1 W. (2. mal)
1972 — „I'd Like To Teach The World To Sing" — New Seekers — GB 4 W.
1977 — „You Don't Have To Be A Star" — Marilyn McCoo & Billyo Davis — US 1 W.
1979 — „Mary's Boy Child" — Boney M. — D 8 W.

9

Geburtstage

■ **Jimmy Page** — 1944 — GB-Gitarrist und Songschreiber bei Led Zeppelin, die im Oktober 1968 aus den Resten der Yardbirds entstanden. Obwohl es den Titel nie auf einer Single gab, gilt „Stairway To Heaven" als das bekannteste Stück der Band. Die Geschichte von Led Zeppelin ist ausführlich bei Bandkollegen Robert Plant am 20.8. nachzulesen.

Joan Baez

■ **Joan Baez** — 1941 — US-Sängerin und Songschreiberin, Tochter eines mexikanischen Doktors und einer irischen Lehrerin. Am Ende der 50er Jahre begann ihre Karriere als Folksängerin — jahrelang galt sie als die „Königin des Protestes". Sie war es, die während eines ihrer Konzerte den Newcomer Bob Dylan vorstellte. Ihr größter Hit und Millionseller: „The Night They Drove Old Dixie Down" (8/71 US 3, GB 6).

■ **Crystal Gayle** — 1951 — US-Sängerin, richtiger Name Brenda Gail Webb. Sie ist die jüngste Schwester von Loretta Lynn. Mit ihr und einer weiteren Schwester (Peggy Sue) trat sie als Loretta Lynn Sisters auf. Ab 1970 ist sie regelmäßig in den Country Charts. 1979 war sie die erste Country Interpretin, die eine Tour durch China machte. Ihre größten Hits: „Don't It Make My Brown Eyes Blue" (8/77 US 2, 11/77 GB 5), „Talking In Your Sleep" (7/78 US 18, GB 11) und, zusammen mit Eddie Rabbitt, „You And I" (10/82 US 7).

■ **Tim Hart** — 1948 — GB-Gitarrist, Sänger und Songschreiber. 1968 erschien eine LP, auf der alte englische Folk-Songs zu hören waren und die Tim zusammen mit Maddy Prior aufgenommen hatte. Maddy und Tim gehörten dann auch zu den Gründungsmitgliedern der folkrockorientierten Gruppe Steeleye Span. Größte Hits: „Gaudete" (12/73 GB 14) und „All Around My Hat" (11/75 GB 5). 1979 erschien eine Solo LP von Tim.

■ **Jimmy Boyd** — 1940 — US-Kindergesangsstar. Hits: „I Saw Mommy Kissing Santa Claus" (12/52 US 1) und, zusammen mit Frankie Laine, „Tell Me A Story" (3/53 US 4).

■ **Scott Engel** — 1944 — US-Sänger und Bassist bei dem 1964 in Los Angeles gegründeten Trio Walker Brothers. In GB hatten sie mehr Erfolg als in ihrer Heimat. Hits: „Make It Easy On Yourself" (8/65 GB 1, 10/65 US 16) und „The Sun Ain't Gonna Shine Anymore" (3/66 GB 1, US 13, 5/66 D 4). Mitte 1967 trennten sich die Walker Brothers und versuchten sich als Solisten. Scott Engel, der nun als Scott Walker in Erscheinung trat, hatte Erfolg mit „Joanna" (5/68 GB 7). Mitte der 70er Jahre traten die 3 erneut als Walker Brothers auf. Hit: „No Regrets" (1/76 GB 7). 1984 erschien erneut eine Solo LP unter dem Namen Scott Walker. 1987 machte er in GB TV-Werbung für Softdrinks.

■ **William Cowsill** — 1948 — US-Gitarrist und Sänger bei der Geschwistergruppe Cowsills. Größte Hits: „The Rain, The Park And Other Things" (9/67 US 2) und „Hair" (3/69 US 2).

■ **Rio Reiser** — 1950 — Dieses Datum dürfte falsch sein — so wie der Name. Er wurde angeblich von russischen Soldaten in einem Bombentrichter gefunden, in ein Weisenhaus gesteckt und am 9.1.1957 vom Ehepaar Rika und Bert von Braun-Möbius an Sohnes statt angenommen. Somit heißt der Junge Ralph Möbius. 1970 Mitglied bei Ton Steine Scherben, 1977 Bundesfilmpreis für seine Darstellung in „Johnny West", 1984 erste Solo-Single „Dr. Sommer", 1985 letzter Auftritt mit Ton Steine Scherben und 1986 seine erste Solo-LP „Rio I.". Ob das alles so richtig ist — oder doch „Alles Lüge"?

■ **Roy Head** — 1943 — US-Sänger. Roy begann Mitte der 60er Jahre mit seiner eigenen Band Traits. Nachdem sie 1965 einen Plattenvertrag erhielten, nannten sie sich Roy Head & The Traits — so firmierten sie auch bei ihrem ersten und gleichzeitig größten Hit „Treat Her Right" (9/65 US 2, 11/65 GB 30). Nach 1966 trennte sich Roy von der Band und versuchte es als Solist — als es mit der Pop & Rock-Musik nicht mehr klappte, machte er, wie viele Rocker vor und nach ihm, auf Countrysänger. Da hatte er mit „Come To Me" (10/77 C&W 16) seinen größten Erfolg.

■ **Gracie Fields** — 1898 — GB-Sängerin und Filmschauspielerin, die auch in den USA erfolgreich war — 1930 hatte sie dort ihre ersten Auftritte. Hits: „Now Is The Hour" (1/48 US 3) und „Around The World" (5/57 GB 8). Sie starb am 27.9.79.

■ **David Johansen** — 1950 — US-Sänger und Songschreiber mit den 1971 gegründeten New York Dolls. Nachdem diese Pre-Punkband sich nie richtig durchsetzen konnte, hielt David zuerst als Dolls, dann unter seinem Namen bis 1979 diese Richtung bei. Danach wurde er kommerzieller, brachte Solo LPs und tauchte 1987 als Buster Poindexter auf.

■ **Domenico Modugno** — 1928 — Italienischer Sänger und Songschreiber. Er gewann 1958 das Festival von San Remo mit dem Titel „Nel Blu, Dipinto Di Blu (Volare)" (8/58 US 1, GB 10), der dann für ihn der größte internationale Erfolg wurde.

■ **Mary Roos** — 1949 — Deutsche Sängerin mit Stimme. Richtiger Name Marianne Rosemarie Schwab. Größter Hit: „Arizona Man" (4/70 D 9).

■ **Kenneth Kelly** — US-Sänger mit der 1964 gegründeten Gruppe Manhattans.

Tageshits

1943 — „Praise The Lord And Pass The Ammunition!" — Kay Kyser — US 3 W.
1961 — „Wonderland By Night" — Bert Kaempfert — US 3 W.
1965 — „Kleine Annabell" — Ronny — D 3 W.
1971 — „Grandad" — Clive Dunn — GB 3 W.
1981 — „Imagine" — John Lennon — GB 4 W.
1988 — „So Emotional" — Whitney Houston — US 1 W.

10

Geburtstage

■ **Johnny Ray** — 1927 — US-Sänger und Songschreiber, dessen Markenzeichen Weinkrämpfe auf der Bühne waren. Zwischen 1951 und 1960 galt er als der Superstar in den USA und GB. Größte Hits: „Cry" (11/51 US 1), „Such A Night" (4/54 US 19, GB 1), „Just Walking In The Rain" (9/56 US 2, GB 1, 12/56 D 6) und „Yes Tonight Josephine" (4/57 US 12, GB 1, 11/57 D 8). Neben seinen Solo-Hits hatte er auch im Duett mit Doris Day — „Let's Walk Thata-Way" (7/53 GB 4) — und Frankie Laine Erfolg. Johnny spielte in drei Filmen mit, blieb bis in die 80er Jahre aktiv und lebte schließlich in Hollywood, wo er im Februar 1990 an Leberversagen starb.

■ **Donald Fagen** — 1948 — US-Keyboardspieler, Sänger und Songschreiber. 1972 gründete er zusammen mit Walter Becker Steely Dan. Größte Hits: „Do It Again" (11/72 US 6, 3/73 D 33, 8/75 GB 39), „Rikki, Don't Lose That Number" (5/74 US 4, 3/79 GB 58) und „Hey Nineteen" (11/80 US 10). 1981 trennte sich das Duo. Als Solist brachte Donald 1982 die LP „The Nightfly" mit dem Hit „I.G.Y." (10/82 US 26), einer Abkürzung für „International Geo-physical Year" (7/57 — 12/58). Mit dem, was damals vorausgesagt wurde, setzt sich das Lied kritisch auseinander.

Rod Stewart

■ **Rod Stewart** — 1945 — GB-Sänger und Songschreiber, der über Five Dimensions (1963), Jimmy Powell, Hoochie Coochie Men (1964), Steampacket (1965), Shotgun Express, Jeff Beck Group (1966) 1969 zu den Faces kam. Nebenher versuchte er schon im Oktober 1964, mit „Good Morning Little Schoolgirl" bei Decca und im November 1965 bei der EMI mit „The Day Will Come" eine Solokarriere zu starten — die sollte aber erst im November 1969 beginnen. Größte Hits als Faces: „Stay With Me" (12/71 GB 6, US 17, 2/72 D 28) und „Cindy Incidentally" (2/73 GB 2). Solo-Hits: „Maggie May" (7/71 US 1, 9/79 GB 1, D 11), „You Wear It Well" (8/72 GB 1, US 13, 10/72 D 35), „Sailing" (8/75 GB 1, D 4, 9/76 RE-GB 3, 3/87 2.RE-GB 41), „Tonight's The Night (Gonna Be Alright)" (6/76 GB 5, D 26, 10/76 US 1), „I Don't Want To Talk About It/ First Cut Is The Deepest" (2/77 ist die B-Seite US 21, 4/77 als Doppel A-Seite GB 1), „You're In My Heart (The Final Acclaim)" (10/77 GB 3, US 4), „Da Ya Think I'm Sexy?" (11/78 GB & US 1, D 9), „Baby Jane" (6/83 GB & D 1, US 14), „Every Beat Of My Heart" (7/86 GB 2, 8/86 D 14), „My Heart Can't Tell You No" (12/88 US 4) und „Downtown Train" (11/89 US 3).

■ **Jim Croce** — 1943 — US-Sänger, Gitarrist und Songschreiber. Er machte seine ersten Plattenaufnahmen 1968 zusammen mit seiner Frau Ingrid für die Plattenfirma Capitol. Mit dem Titel „You Don't Mess Around With Jim" (7/72 US 8) hatte er seinen ersten Erfolg. Größte Hits: „Bad Bad Leroy Brown" (4/73 US 1, 9/73 D 38), „Time In A Bottle" (11/73 US 1) und „I'll Have To Say I Love You In A Song" (3/74 US 9). Seine Karriere wurde durch einen Flugzeugabsturz (20.9.1973), bei dem auch der Leadgitarrist auf all seinen Hits, Maury Muehleisen, ums Leben kam, abrupt beendet.

■ **Ronnie Hawkins** — 1935 — US-Rock 'n' Roll Sänger und Pianist, der z. B. Platten von Carl Perkins oder Conway Twitty begleitete. Ab 1958 lebte er für 4 Jahre in Kanada; dort gründete er die Hawks, aus denen sich später The Band formierte. Größter Hit unter seinem Namen: „Mary Lou" (8/59 US 26).

■ **Pat Benatar** — 1952 — US-Sängerin; richtiger Name Patricia Andrzejewski. Sie singt seit 1980; größte Hits: „Hit Me With Your Best Shot" (10/80 US 9), „Love Is A Battlefield" (9/83 US 5, 1/84 GB 49, 3/85 RE-GB 17) und „We Belong" (10/84 US 5, 1/85 GB 22).

■ **Buddy Johnson** — 1912 — US-Bandleader und Songschreiber, dessen Erfolge bereits in den 30er Jahren begannen. Größter Single-Hit: „That's The Stuff You Gotta Watch" (9/45 US 14). Er starb am 20.10.1984.

■ **Sal Mineo** — 1939 — US-Schauspieler und Sänger. Er spielte neben James Dean in „Denn sie wissen nicht was sie tun". Größter Hit: „Start Movin' (In My Direction)" (5/57 US 9, GB 16). Sal wurde am 12.2.1976 erstochen.

■ **Aynsley Dunbar** — 1946 — GB-Schlagzeuger, der mit den unterschiedlichsten Musikern zusammenspielte — von John Mayall bis Frank Zappa. Von 1968 bis 1970 Kopf von Aynsley Dunbar's Retaliation.

■ **Michael Schenker** — 1955 — Erst Mitglied bei der deutschen Hardrockband Scorpions, dann 1973 bei der GB-Band UFO. Nach 1979 kam die Michael Schenker Group — zusammen mit Robin McAuley tauchte er 1987 als McAuley Schenker Group auf. Michael Schenker gilt als einer der profiliertesten deutschen Hard-Rock Gitarristen.

Michael Schenker (Ufo)

■ **Nathan Moore** — 1965 — GB-Sänger mit Brother Beyond, die 1986 ihre ersten Platten veröffentlichten. Hits: „The Harder I Try" (7/88 GB 2, 10/88 D 32), „He Ain't No Competition" (11/88 GB 6, D 39) und „Be My Twin" (1/89 GB 14).

■ **Cyril Neville** — 1948 — US-Sänger und Percussionspieler zusammen mit seinen Brüdern als Neville Brothers.

Todestage

■ **Howlin' Wolf** — 1976 — US-Bluesmusiker. Starb an Krebs. Geboren am 10.6.1910.

■ **Zep Turner** — 1978 — US-Country-Rocker. Geboren 23.6.1915.

■ **Anton Karas** — 1985 — Österreichischer Zitherspieler und Komponist. Geboren am 7.7.1906.

Tageshits

1953 — „Don't Let The Stars Get In Your Eyes" — Perry Comoo — US 5 W.
1958 — „Great Balls Of Fire" — Jerry Lee Lewis — GB 2 W.
1976 — „Convoy" — C.W. McCall — US 1 W.

11

Geburtstage

■ **Slim Harpo** — 1924 — US-Sänger und Songschreiber, der vorwiegend in den R & B-Hitparaden unter diesem Namen oder als Harmonica Slim auftauchte. Richtig hieß er James Moore. Größte Pop-Hits: „Rainin' In My Heart" (5/61 US 34) — auf dieser Platte spielt der hervorragende Blues-Gitarrist Lightnin' Slim mit — und „Baby Scratch My Back" (1/66 US 16). Seine Nummer „I'm A King Bee" ist einer der stärksten Titel auf der ersten LP der Rolling Stones. Slim starb am 31.1.1970.

■ **Frederick Dennis Green** — 1949 — US-Sänger und eins der vielen Mitglieder bei der US-Rock Revivaltruppe Sha Na Na. Sie hatten ihre ersten Erfolge beim Woodstockfestival 1969 — auf der LP zum Ereignis sind sie mit dem Oldie „At The Hop" zu hören. Sie brachten LP's wie „Rock 'n' Roll Is Here To Stay" oder

„The Golden Age Of Rock 'n' Roll" auf den Markt. Im amerikanischen TV-Programm NBC traten sie mit einer wöchentlichen Show in Erscheinung. Die Band wurde wegen der Vielzahl der Mitglieder auch „The Dirty Dozen" genannt. Eine Menge neuer Talente kam aus ihr hervor — bekanntestes Beispiel ist Henry Gross, der als Solist mit der Nummer „Shannon" (4/76 US 6, GB 32) erfolgreich war.

■ **Don Cherry** — 1924 — US-Sänger, der 1950 eine eigene Radio-Show hatte und nebenher Golf-Turniere bestritt. Sein erster Hit war „Thinking Of You" (9/50 US 4), sein größter „Band Of Gold" (12/55 US 4, GB 6).

■ **Lee Ritenour** — 1952 — US-Gitarrist und Songschreiber. Lee gehört in den USA zu den Top-Session-Gitarristen und ist auf mehr als 200 erfolgreichen LPs verschiedenster Interpreten zu hören. Sein größter Erfolg als Solist: „Is It You" (4/81 US 15).

■ **Vicky Peterson** — 1960 — US-Gitarristin, Sängerin und Songschreiberin mit den Bangles. Hits siehe am 17.1. bei Susanna Hoffs.

■ **Julie Roberts** — 1962 — GB-Sängerin und Songschreiberin für die 1984 gegründete Gruppe Working Week.

Tageshits

1957 — „Singing The Blues" — Tommy Steele — GB 1 W.
1962 — „The Young Ones" — Cliff Richard — GB 6 W.
1971 — „San Bernadino" — Christie — D 1 W.
1986 — „West End Girls" — Pet Shop Boys — GB 2 W.
1988 — „Always On My Mind" — Pet Shop Boys — D 6 W.

Merk-Würdiges

1963 — Das „Whiky-A-Go-Go", die erste amerikanische Diskothek, öffnet ihre Pforten. Standort: Sunset Boulevard in Los Angeles. Der Besitzer war Elmer Valentine, ein ehemaliger Polizist aus Chicago. Im Laufe von vielen Jahren wurden dort etliche gute Live-LP's produziert — außerdem gilt es als Ort, an dem unendlich viele Talente entdeckt wurden.

12

Geburtstage

■ **Tex Ritter** — 1907 — US-Country-Star mit den richtigen Vornamen Woodward Maurice. Schon Anfang der 30er Jahre zeigte sich seine Vorliebe für alles, was mit Cowboys zu tun hatte. Nachdem er im Radio als Sänger und Hörspielsprecher von Cowboy-Geschichten aufgetreten war, ging er 1936 nach Hollywood und spielte bis 1945 in rund 85 Filmen mit. Mit ihm spielte sein Pferd „Whiteflash" — Tex war stets der strahlende Held. Neben Gene Autry und Roy Rogers war er der wichtigste der „Singenden Cowboys". Ab 1944 bis zu seinem Tode am 2.1.1974 war er zumeist in den C&W-Charts erfolgreich. Größte Pop Hits: „I'm Wastin' My Tears On You" (11/44 C&W 1, US 11), „High Noon" (9/52 US 12) und „I Dreamed Of A Hill-Billy Heaven" (6/61 C&W 5, US 20). 1970 bewarb er sich erfolglos für die Republikaner als US-Senator von Tennessee — für einen Schauspieler in der Politik war die Zeit noch nicht reif!

■ **Long John Baldry** — 1941 — GB-Sänger, der in Richtung R & B tendiert. Er begann mit Cyril Davies bei Blues Inc., gründete die Hoochie Coochie Men, aus denen sich Steampacket entwickelte. Als Pop-Interpret hatte er einen Hit mit „Let The Heartaches Begin" (11/67 GB 1). Danach veröffentlichte er schöne, aber erfolglose LP's.

■ **Ray Price** — 1926 — US-Country-Sänger, der seit 1952 regelmäßig in den C&W-Charts auftaucht. In der ewigen Bestenliste der Country Interpreten der USA steht er auf Platz 6. Im Laufe der Jahre belegte er 8mal Platz 1 in der Country Hitparade — seine Nummer „Crazy Arms" (5/56 C&W 1) gar 20 Wochen hintereinander. Sein größter Cross Over Pop Hit: „For The Good Times" (6/70 C&W 1, 8/70 US 11).

■ **Abraham Tilmon** — 1949 — US-Sänger, Songschreiber und Chef der Detroit Emeralds, die 1968 ihre ersten Plattenaufnahmen machten. Größte Hits: „Baby Let Me Take You (In My Arms)" (5/72 US 24) und „Feel The Need In Me" (2/73 GB 4). Abraham starb 1982 nach einem Herzanfall.

■ **Glenn Yarbrough** — 1930 — US-Sänger. Glenn begann 1959 mit dem Folk-Trio Limeliters. Nachdem die Gruppe 1963 auseinandergefallen war, versuchte er sich als Solist. Größter Hit: „Baby The Rain Must Fall" (3/65 US 12).

Maggie Bell (Stone the Crows)

■ **Maggie Bell** — 1945 — GB-Sängerin. Ihre Karriere begann bei Alex Harvey, mit dem sie für 2 Pfund pro Abend auftrat. Als Alex' jüngerer Bruder Les, mit dem sie befreundet war, Power gründete, stieg Maggie dort ein. Aus Power wurde wenig später Stone The Crows. Nachdem Les 1972 während eines Auftritts einen tödlichen Stromschlag erlitten hatte, fiel die Band auseinander. Maggie arbeitete als Sessionsängerin — so ist z.B. mit Rod Stewart auf dem Titelsong seiner LP „Every Picture Tells A Story" zu hören. Nachdem eine Solokarriere trotz ihrer großartigen Stimme nie in Gang kommen wollte, wurde sie Anfang der 80er Jahre Sängerin bei den Midnight Flyers. Aber auch das Projekt wurde nicht erfolgreich — schließlich machte Maggie wieder ihren Job als Sessionsängerin. Als Solistin hatte ihren größten Erfolg mit Nummer „Hazell" (4/78 GB 37).

■ **Charlie Gracie** — 1936 — US-Sänger und Gitarrist. 1951 machte er seine ersten Platten — sein stärkstes Jahr hatte er 1957. Da brachte er in den USA 2, in GB gleich 5 Titel unter die ersten 20. Größte Hits: „Butterfly" (2/57 US 1, 4/57 GB 12) und „Fabulous" (5/57 US 16, GB 8).

■ **Fred McDowell** — 1904 — US-Blues-Musiker. Machte, nachdem er ab 1940 neben seiner Tätigkeit als Landarbeiter bei Festen in der näheren Umgebung seiner Heimat gespielt hatte, 1959 seine ersten Plattenaufnahmen. Die Sängerin Bonnie Raitt bezeichnet ihn als ihr Vorbild. Er starb am 3.7.1972.

■ **Heiko Maile** — 1966 — Songschreiber und Mitglied des Synthi-Trios Camouflage. Hits: „The Great Commandment" (10/87 D 14), „Strangers Thoughts" (3/88 D 20) und „Love Is A Shield" (5/89 D 9).

■ **Mark Moore** — 1967 — GB-Tastenspieler und Mastermind für S-Express. Hits: „Theme From S-Express" (4/88 GB 1, D 2), „Superfly Guy" (7/88 GB 5, D 13) und „Hey Music Lover" (2/89 GB 6, D 29).

■ **Per Gessle** — 1959 — Schwedischer Gitarrist, Tastenspieler, Sänger und Songschreiber im Duo Roxette, das 1986 seine erste LP veröffentlichte. Vorher spielte Per bei Gyllene Tider, die jedoch nur in Schweden erfolgreich waren. Hits von Roxette siehe am 30.5. bei Marie Fredriksson.

■ **Michael Barker** — 1953 — GB-Schlagzeuger mit der Formation Magnum.

■ **Michael Blakey** — 1947 — GB-Schlagzeuger mit Christie.

■ **Cynthia Robinson** — 1946 — US-Trompeterin (!) mit Sly & The Family Stone.

Tageshits

1961 — „Poetry In Motion" — Johnny Tillotson — GB 2 W.
1963 — „Go Away Little Girl" — Steve Lawrence — US 2 W.
1974 — „The Joker" — Steve Miller — US 1 W.
1980 — „Escape" — Rupert Holmes — US 1 W. (2. mal)

13

Geburtstage

■ **John Lees** — 1948 — GB-Gitarrist und Songschreiber mit Barclay James Harvest. Die Band wurde 1966 in Oldham aus zwei örtlich bekannten Formationen gegründet — John spielte vorher bei den Blues Keepers. Ab 1967 wurden die Mitglieder Vollprofis, 1968 erhielten sie ihren ersten Plattenvertrag. Im Laufe der Jahre brachte die Band gute und erfolgreiche LP's, aber keine Single-Hits zustande. Der harte Fankreis der Gruppe ist wohl in der Bundesrepublik anzutreffen — hier gelang ihnen auch ein Hit: „Life Is For Livin'" (12/80 D 2). John veröffentlichte 1977 auch eine Solo-LP.

BJH

■ **Bobby Lester** — 1930 — US-Sänger, erster Tenor bei den Moonglows, die durch den Disk-Jockey Alan Freed auf ihren Namen kamen und durch ihn gefördert wurden. Freed hatte in den 50er Jahren eine beliebte Radio-Show, die sich „Moon Dog House Rock 'n' Roll Party" nannte. Nebenher betätigte er sich als Manager, nahm Musiker unter Vertrag und stellte sie in seinen Sendungen besonders gut raus. Das brachte der Band zwischen 1954 und 1958 insgesamt 7 Hits in den R & B Charts — für die Top Ten in den Pop-Hitparaden reichte auch die Hilfe von Alan Freed nicht. Die beiden größten Hits: „Sincerely" (12/54 R&B 1, 3/55 US 20) und „Ten Commandments Of Love" (9/58 US 22, R&B 9). Bobby starb am 15.10.1980.

■ **Fred White** — 1955 — US-Schlagzeuger bei der Gruppe, der sein Bruder Maurice White vorstand: Earth, Wind & Fire.

■ **Bernd Wippich** — 1950 — Multi-Musiker und Sänger. Bei verschiedenen deutschen Gruppen spielte er Saxophon, Schlagzeug und war deren Sänger. Dann führte er die Petards an — und als Dicky Tarrach 1973 Randy Pie umbaute, stieg er da als Stimme ein. 1976, zu diesem Zeitpunkt wohl eine der besten deutschen Rockbands, verließ Bernd Randy Pie, um sich zusammen mit seiner Frau Freya Soloprojekten zu widmen. Ende 1986 kam Randy Pie kurzfristig wieder zurück.

■ **Richard Anthony** — 1938 — Französischer Sänger und Songschreiber. Richtiger Name Ricardo Btesh. Seinen ersten großen Hit hatte er 1960 mit „Nouvelle Vague". Von dem Titel „J'Entends Siffler Le Train" — im Original „500 Miles Away From Home" und von Hedy West geschrieben — verkaufte er alleine in Frankreich im Jahre 1962 über 1 Million Exemplare. Ein weiterer Hit in diesem Jahr hieß „C'est Ma F.te". Sein vierter großer Erfolg in Frankreich war 1969 „Le Sirop — Typhon", eine französische Version von „Lily The Pink". Richard war einer der ersten Franzosen, der Rock 'n' Roll Platten aufnahm. Im Jahre 1959 brachte er eine Version von „Peggy Sue" auf den Markt. Man konnte ihn als den einzigen ernsthaften Konkurrenten von Johnny Hallyday bezeichnen. Internationale Erfolge hatte er mit „Cin Cin" (5/64 D 18) und „If I Loved You" (4/64 GB 18).

■ **Inga Humpe** — 1956 — Sängerin und Songschreiberin. Ende der 70er Jahre war sie bei den Neonbabies — als Inga DiLemma — dann bei DÖF, dem Projekt der beiden Wiener Kabarettisten Tauchen und Prokopetz. Hit: „Codo" (7/83 D 1). Machte danach zusammen mit ihrer Schwester Anete als Humpe-Humpe weiter. Die Presse schrieb von „Zwei Köpfchen für die Hitparade" — es schlug sich nichts nieder.

■ **Graham McPherson** — 1961 — GB-Sänger und Songschreiber. Graham kommt 1978 zur 1976 gegründeten Bluebeat Band Invaders. Ab Januar 1979 ändern sie ihren Namen in Madness, und im September des gleichen Jahres erscheint ihre Debütsingle. Danach gelingen ihnen bis 1983 15 Top Ten Hits. Größte Erfolge: „It Must Be Love" (12/81 GB 4, 8/83 US 33), „House Of Fun" (5/82 GB 1), „Our House" (11/82 GB 5, 1/83 D 8, 5/83 US 7) und „Wings Of A Dove" (8/83 GB 2). 1985 macht Graham mit einem weiteren Mitglied der Gruppe als The Fink Brothers eine Platte. Im September 1986 gibt Madness ihre Auflösung bekannt, im Februar 1988 kommen sie erneut zusammen.

■ **Trevor Rabin** — 1955 — GB-Gitarrist, Sänger, Bassist und Tastenspieler für Rabbitt, Streetband, Manfred Mann's Earthband, Yes und mit Solo-LP's.

■ **Sophie Tucker** — 1884 — US-Sängerin, die in Rußland geboren wurde und im Alter von 3 Jahren in die USA emigrierte. Richtiger Name Sonja Kalish-Abuza. Sophie galt als einer der größten Stars des Vaudeville Theaters. Ihr größter Plattenerfolg war „Some Of These Days" (7/11 US 2 und in neu aufgenommenen Version 2/27 US 5). Sie starb am 9.2.1966.

■ **James Lomenzo** — 1959 — US-Bassist mit White Lion.

Todestag

■ **Donny Hathaway** — 1979 — US-Sänger. Er sprang aus dem 15. Stock des New Yorker Essex House Hotel — warum, konnte die Polizei nicht ermitteln. Auch wurde nie bekannt, ob es Absicht oder ein Unfall war. Vorher hatte er noch am gleichen Tag an einer neuen LP mit Roberta Flack gearbeitet. Geboren am 1.10.1945.

Tageshits

1962 — „The Twist" — Chubby Checker — US 2 W. — (8/60 ebenfalls 1!)
1986 — „Jeanny (Part I) — Falco — D 8 W.

14

Geburtstage

■ **Allen Toussaint** — 1938 — US-Sänger, Songschreiber, Keyboardspieler, Produzent und Arrangeur, der seine erste eigene LP 1958 als Al Tousan aufnahm — schon darauf war die von Allen geschriebene Originalversion von „Java", die

1964 ein Super-Hit für Al Hirt wurde. Seither sind viele Platten von diesem Multi-Talent erschienen — Erfolge hatte er nicht. Dafür machten andere seine Songs zu Hits: The Band, Glen Campbell, Oak Ridge Boys, Devo, Boz Scaggs, Bonnie Raitt, Little Feat und viele, viele andere.

■ **Jack Jones** — 1938 — US-Sänger, der erblich vorbelastet war: Vater Allan brachte mit der „Donkey Serenade" ein klassisches Pop-Frühwerk heraus, Mutter Irene Hervey war Schauspielerin. Sie verhalf Jack auch zum Einstieg in das Popgeschäft. Er brachte es auf 20 Hits in den Hot 100 zwischen 1962 und 1968 — die erfolgreichsten: „Wives And Lovers" (11/63 US 14) und „The Race Is On" (2/65 US 15.

■ **Caterina Valente** — 1931 — Sie stammt aus einer angesehenen Artistenfamilie. 1953 nahm sie Kurt Edelhagen als Sängerin in sein Orchester, 1954 machte sie mit ihm die ersten Plattenaufnahmen. 1954/5 verkaufte sich die Platte „Ganz Paris träumt von der Liebe" mehr als 500 000 mal — das war damals enorm viel. Caterina, die in insgesamt 12 Sprachen singt, kann Hits in vielen verschiedenen Ländern vorweisen, darunter „The Breeze And I" (4/55 US 8, 8/55 GB 5), einer ihrer größten internationalen Hits. Hierzulande hatte sie Hits als Solistin, unter verschiedenen Gruppennamen — Club Indonesia, Club Italia, Club Argentina, Club Manhattan, Club Honolulu oder Catrins Madison Club — oder auch im Duett mit Peter Alexander oder ihrem Bruder Silvio Francesco. Sie nur als Sängerin zu bezeichnen, ist falsch — auch als Schauspielerin machte sie in etlichen deutschen Filmen eine gute Figur. 1985 schrieb sie ihre Biographie „Bonjour, Katrin!".

■ **Howard Carpendale** — 1946 — Bevor er Ende der 60er Jahre in die Bundesrepublik kam, war er in seinem Geburtsland Südafrika schon als bester Elvis-Imitator bekannt. Seit 1969 ist er regelmäßig in der deutschen Hitparade vertreten. Größte Hits: „Das schöne Mädchen von Seite 1" (7/70 D 6), „Deine Spuren im Sand" (3/75 D 3), „Ti Amo" (10/77 D 2) und „Hello Again" 82/84 D 5). 1989 veröffentlichte er das Buch „Von oben sieht alles anders aus".

■ **Hanne Haller** — 1950 — Sängerin und Songschreiberin, die ab 1981 erfolgreich ist. Ihr größter Hit: „Mein lieber Mann" (6/89 D 20), der trotz dieser niedrigen Position der erfolgreichste deutschsprachige Titel des Jahres 1989 wurde.

■ **Ina Deter** — 1947 — Sängerin und Songschreiberin. Ihr Hit war ohne Zweifel „Neue Männer braucht das Land" (6/83 D 22).

■ **Gagey Mrozeck** — 1951 — Gitarrist und Songschreiber, der auf den richtigen Vornamen Gerhard sicher kaum noch hört. Ab 1972 spielte er mit der deutschen Band Kin Ping Meh (Pflaumenblütenzweig in goldener Vase). Nachdem sich die Gruppe im Herbst 1976 aufgelöst hatte, spielte er mit Edo Zanki, Steve & Lee und der Bleibtreu Revue. 1981 schloß er sich der Band von Herbert Grönemeyer an. Zwischendurch spielt er auch als Studiogitarrist mit Poker, Borgward oder Anne Haigis.

■ **Bob Bradbury** — 1956 — GB-Sänger und Songschreiber mit Hello. Hits: „Tell Him" (11/74 GB 6, 1/75 D 32) und „New York Groove" (10/75 GB 9, D 7).

■ **Mike Tramp** — 1961 — US-Sänger und Songschreiber mit der 1984 in New York gegründeten Hardrockband White Lion. Sie selbst nennen ihren Stil „Rock'n'Roar". Hits: „Wait" (2/88 US 8) und „When The Children Cry" (11/88 US 3).

■ **Billie Jo Spears** — 1937 — US-Sängerin, die bereits im Alter von 13 Jahren professionell auftrat. Zwischen 1968 und 1984 war sie sehr erfolgreich in der Country Hitparade. Hits: „Mr. Walker, It's All Over" (4/69 C&W 4), „Blanket On The Ground" (2/75 C&W 1, 7/75 GB 6, 1/76 D 39) und „What I've Got In Mind" (2/76 C&W 5, 7/76 GB 4). In GB löste sie Tammy Wynette als bestverkaufende Country-Interpretin ab.

■ **L.L. Cool J.** — 1968 — US-Rapper und Rapschreiber. Richtiger Name James Todd Smith. Bereits Ende 1985 hatte er seine ersten Erfolge in der US-R & B- Hitparade — einem breiten Publikum wurde er bekannt mit dem Titel „I Need Love" (7/87 US 14, 9/87 GB 8, D 6).

■ **Geoff Tate** — 1959 — US-Sänger, Keyboarder und Songschreiber mit der Hardrockband Queensryche.

Tageshits

1950 — „I Can Dream, Can't I?" — Andrews Sisters — US 5 W.
1955 — „Mambo Italiano" — Rosemary Clooney — GB 1 W.
1965 — „Yeh Yeh" — Georgie Fame — GB 2 W.
1978 — „Baby Come Back" — Player — US 3 W.
1984 — „Pipes Of Peace" — Paul McCartney — GB 2 W.
1989 — „My Prerogative" — Bobby Brown — US 1 W.

15

Geburtstage

■ **Ronald Wayne Van Zant** — 1948 — US-Lead-Sänger und Songschreiber für Lynyrd Skynyrd, die sich schon während der Schulzeit 1965 — der Gruppenname ist die Verballhornung des Namens Leonard Skinner, der damals ihr Lehrer war — formiert hatte. Mit ihrem ersten hatte die Gruppe auch gleich ihren größten Hit: „Sweet Home Alabama" (7/74 US 8) — dabei stammt Ronnie aus Jacksonville, Florida. Die Band war trotzdem auf dem Weg, eine der erfolgreichsten Southern Rock Gruppen zu werden — doch dann stürzte sie mit einem kleinen Privatflugzeug ab. Van Zant, Steve Gaines und dessen Schwester Cassie wurden dabei getötet — das war am 20.10.1977.

■ **Gene Krupa** — 1909 — US-Jazz-Schlagzeuger der Big Band Ära, dem lediglich Buddy Rich das Wasser reichen konnte. Er war als Mitglied vieler Bands — so z. B. bei Benny Goodman von 1934 bis 1938 und somit auch beim berühmten „Live At Carnegie Hall" Konzert am 16.1.1938 — oder auch als Solist erfolgreich. Zu seinen größten Solo-Hits gehören „High On A Windy Hill" (2/41 US 2) und davon die B-Seite „It All Comes Back To Me Now" (2/41 US 2). Gene ist am 16.10.1973 gestorben.

Captain Beefheart

■ **Captain Beefheart** — 1941 — US-Sänger und Songschreiber, der auf den richtigen Namen Don Van Vliet hört. Er ging zusammen mit Frank Zappa zur Schule, der ihm auch den Spitznamen Captain gab und später seine Platten produzierte. Außer in Fach- und Fankreisen gelang ihm kein Erfolg.

■ **Christian Anders** — 1945 — Richtiger Name Antonio Schinzel. Mit der Nummer „Geh' nicht vorbei" (7/69 D 2) hatte er seinen ersten Hit. Sein größter Erfolg hieß „Es fährt ein Zug nach Nirgendwo" (3/72 D 1), der seit Anfang der 80er Jahre auch durch ihn besetzt ist.

■ **Michael Schanze** — 1947 — Auch eigene TV-Shows vermochten seinen Gesang in den Hitparaden nicht nach oben zu bringen. Seinen ersten Erfolg „Ich hab' dich lieb" (7/70 D 16) konnte er in der ZDF-Hitparade nur mit Mühe vortragen — er konnte ob des banalen Textes nur schwer das Lachen unterdrücken. Inzwischen als TV-Moderator souverän — und als Sänger sicher nicht schlecht. Man wünscht ihm mal einen richtig guten Titel.

■ **Earl Hooker** — 1930 — US-Blues-Gitarrist, der jedoch auch Banjo, Schlagzeug, Mundharmonika und alle möglichen Tasteninstrumente spielen konnte. Er starb am 21.4.1970.

■ **Oliver Norvel Hardy** — 1892 — US-Schauspieler, als Oliver Hardy der „Dick" mit Doof. Als Geburtstag wird manchmal auch der 18.1.1892 genannt. Gestorben ist er auf jeden Fall am 7.8.1957. Posthumer Hit für Laurel & Hardy: „The Trail Of The Lonesome Pine" (11/75 GB 2).

■ **Boris Blank** — 1953 — Schweizer Soundtüftler, Songschreiber und Sänger mit Yello.

■ **Edward Bivins** — 1942 — US-Sänger mit den Manhattans.

■ **Pete Trewavas** — 1959 — GB-Bassist mit der 1979 gegründeten Gruppe Marillion.o oq.Todestag

■ **Jack Teagarden** — 1964 — US-Jazz Posaunist und Orchesterleiter. Schon beim Monterey Festival 1963 war Jack infolge eines Lungenleidens und von Alkoholproblemen gesundheitlich stark angeschlagen. Sie dürften auch die Todesursache sein. Geboren am 20.8.1905.

Tageshits

1944 — „Shoo-Shoo Baby" — Andrews Sisters — US 9 W.
1949 — „A Little Bird Told Me" — Evelyn Knight — US 7 W.
1949 — „My Darling, My Darling" — Jo Stafford & Gordon MacRaeo — US 1 W.
1969 — „Ob-La-Di Ob-La-Da" — Marmalade — GB 2 W. (2.mal)
1972 — „American Pie" — Don McLean — US 4 W.
1977 — „Don't Give Up On Us" — David Soul — GB 4 W.
1977 — „You Make Me Feel Like Dancing" — Leo Sayer — US 1 W.
1983 — „You Can't Hurry Love" — Phil Collins — GB 2 W.
1983 — „Down Under" — Men At Work — US 3 W.

16

Geburtstage

■ **Sade** — 1959 — Sängerin und Songschreiberin. Sie wurde in Nigeria als Tochter einer Britin und eines Nigerianers geboren und wuchs in England auf. Vollständiger Name: Helen Folasade Adu. Sade studierte in London Mode-Design, arbeitete als Model und sang 1980 mit Arriva. 1981 wurde sie Mitglied in der Funk-Band Pride. 1983 gründete sie ihre eigene Band Sade. Größte Hits: „Your Love Is King" (3/84 GB 6), „Smooth Operator" (9/84 GB 19, D 11, 3/85 US 5), „Sweetest Taboo" (10/85 D 28, US 5, GB 31), „Never As Good As The First Time" (3/86 US 20) und „Paradise" (5/88 US 16, GB 29).

■ **Bob Bogle** — 1937 — US-Bassist, Gitarrist und Songschreiber mit den Ventures, die 1959 ihre ersten Platten aufnahmen. In den 60er Jahren eine der Top-Instrumental-Bands in den USA und Japan. Hits: „Walk, Don't Run" (7/60 US 2, 9/60 GB 8), „Perfidia" (10/60 US 15, 12/60 GB 4) und „Hawaii Five-O" (3/69 US 4), die Titelmelodie aus der gleichnamigen TV-Serie.

■ **Damo Suzuki** — 1950 — Japanischer Sänger, richtiger Vorname Kenji. Er sang für einige Zeit mit der Kölner Rock-Gruppe Can.

■ **Barbara Lynn** — 1942 — US-R & B-Sängerin, Songschreiberin und Gitarristin. Vollständiger Name Barbara Lynn Ozen. Einziger Hit: „You'll Lose A Good Thing" (6/62 US 8).

■ **Ronnie Milsap** — 1946 — US-Country-Sänger, Pianist und Gitarrist. Von Geburt an blind, war er bereits mit 12 Jahren ein ausgezeichneter Multi-Instrumentalist. Er spielte erst in der Band von J.J.Cale und gründete 1965 eine eigene Gruppe. Ab 1973 war er regelmäßig in den Country Hitparaden zu finden. Bis Ende 1988 belegte er 34mal Platz 1. Seine größten Pop-Hits: „It Was Almost Like A Song" (6/77 US 16), „(There's) No Gettin' Over Me" (6/81 US 5) und „Any Day Now" (5/82 US 14).

■ **Jim Stafford** — 1944 — US-Country/Pop-Sänger, Songschreiber und Gitarrist. Nachdem er von Florida nach Nashville übergesiedelt war, trat er dort als One Man Band auf und nahm seine erste Platte auf, die von Lobo produziert wurde. Ab 1973 ist er vorwiegend in den Pop Hitparaden erfolgreich — Hits: „Spiders & Snakes" (11/73 US 3, 4/74 GB 14), „My Girl Bill" (4/74 US 12, 7/74 GB 20) und „Wildwood West" (7/74 US 7).

■ **Phil Harris** — 1904 — US-Bandleader, Radio-, TV-, und Filmstar, Schlagzeuger, Sänger und Songschreiber. Er begann als Drummer in den 20er Jahren in der Band von Francis Craig. Zwischen 1933 und 1952 war er mit etlichen Singles in den US-Charts vertreten — seine Richtung war Comedy. Seine größten Hits: „One-Zy, Two-Zy (I Love You-Zy)" (3/46 US 2) und der Millionseller „The Thing" (11/50 US 1).

■ **William Francis** — 1942 — US-Tastenspieler bei Dr. Hook.

■ **Paul Webb** — 1962 — GB-Bassist mit Talk Talk.

Todestage

■ **Clara Ward** — 1973 — US-Gospelsängerin, die 48jährig nach einem Herzanfall und einer Woche Koma starb.

■ **David Seville** — 1972 — US-Songschreiber. Geboren am 27.1.1919.

■ **David Whitfield** — 1980 — GB-Sänger. Er starb, während er auf einem Schiff arbeitete, das eine Rundreise um Australien machte. Geboren am 2.2.1925.

Tageshits

1943 — „There Are Such Things" — Tommy Dorsey — US 6 W.
1953 — „You Belong To Me" — Jo Stafford — GB 1 W.
1964 — „Glad All Over" — Dave Clark Five — GB 2 W.
1965 — „Come See About Me" — Supremes — US 1 W.
1965 — „Das ist die Frage aller Fragen" — Cliff Richard — D 4 W.
1978 — „Mull Of Kintyre" — Wings — D 10 W.
1982 — „Land Of Make Believe" — Bucks Fizz — GB 2 W.
1988 — „Heaven Is A Place On Earth" — Belinda Carlisle — GB 2 W.
1988 — „Got My Mind Set On You" — George Harrison — US 1 W.
1989 — „The First Time" — Robin Beck — D 7 W.

Merk-Würdiges

1938 — In der Carnegie Hall in New York nimmt Benny Goodman ein Konzert auf, von dem man noch Jahre später spricht und das dem Swing in den USA den entscheidenen Durchbruch brachte.

1957 — Der „Cavern Club" öffnet seine Türen. Im Laufe der Jahre verwandelt sich dieser Liverpooler Musikkeller in die Wiege des britischen Beat. Zuerst spielte man dort traditionellen Jazz, dann kamen die Beatles.

1967 — In Monterey findet das Festival statt, das heute im Rückblick als das erste große Rock-Spektakel gilt. 50 000 Besucher sahen u. a. Janis Joplin, Otis Redding, The Who, Mamas & Papas, The Byrds oder Jefferson Airplane.

17

Geburtstage

■ **Chris Montez** — 1943 — US-Sänger, der den Stil seines Vorbildes und Protegés Ritchie Valens kopierte. Richtiger Name Christopher Montanez. Chris war ein Schulfreund der Beach Boys, seine erste Platte machte er 1960. Größte Hits: „Let's Dance" (8/62 US 4, 10/62 GB 2, 12/62 D 7, 10/72 RE-GB 9, 4/79 RE-GB 47), „Some Kinda Fun" (12/62 US 43, GB 10, 4/63 D 19) und „The More I See You" (4/66 US 16, 6/66 GB 3, 9/66 D 27).

Mick Taylor

■ **Mick Taylor** — 1948 — GB-Gitarrist. Mick begann 1965 neben Ken Hensley bei den Gods, aus denen sich später Uriah Heep formieren sollte. Mick verließ Gods im Juni 1967 und schloß sich John Mayall's Bluesbreakers als Ersatz für Peter Green an, der Fleetwood Mac gründete. Am 13. Juni 1969 wurde veröffentlicht, daß Mick als Ersatz für Brian Jones Mitglied der Rolling Stones werden sollte. Im Dezember 1974 verließ er die Stones und spielte kurz für Jack Bruce, Mitte 1975 gründete er eine eigene Band und agierte als Session-Gitarrist für Ron Wood, Gong und Bob Dylan. Bisher ist er der einzige Musiker, der die Rolling Stones lebend verließ.

■ **Francoise Hardy** — 1944 — Französische Sängerin, Gitarristin und Songschreiberin, die 1962 in ihrer Heimat mit dem Lied „Tous Les Garcons Et Les Filles" ihren ersten großen Hit hatte. 1963 war sie erfolgreich mit „Le Temps De L'Amour", 1965 mit „Mon Amie La Rose" und 1973 mit „Message Personnel". In der Bundesrepublik hatte sie mit „Frag den Abendwind" (8/65 D 7) ihren größten Erfolg.

■ **Lolita** — 1931 — Österreicherin, die richtig Ditta Zuza Einzinger heißt. Mit dem Lied „Seemann, deine Heimat ist das Meer" (2/60 D 2) hatte sie einen Millionseller und war danach meist auf Küsten und Meere festgelegt. Hits davor: „Der weiße Mond von Maratonga" (11/57 D 2) und „Eine blaue Zauberblume" (9/58 D 2).

■ **William Hart** — 1945 — US-Sänger mit den Delfonics, deren größte Hits „La-La-Means I Love You" (2/68 US 4, 7/71 GB 19) und „Didn't I (Blow Your Mind This Time)" (1/70 US 10, 4/71 GB 22) waren. Die Gruppe wurde 1965 durch William und dessen Bruder Wilbert gegründet und nannte sich ursprünglich Four Gents.

■ **Harold Miller** — 1931 — US-Lead-Sänger bei den Rays, die sich 1955 in New York formierten. Noch im gleichen Jahr nahmen sie ersten Platten auf. Größter Hit: „Silhouettes" (10/57 US 3). Die B-Seite dieser Platte war die Nummer „Daddy Cool", die später durch die Darts in GB erfolgreich wurde.

■ **Muhammed Ali/Cassius Clay** — 1942 — US-Sänger (?) und Boxer (!), der mit dem Titel „I Am The Greatest" sich selbst aus der Seele sprach. Die Fans wollten ihn lieber als Boxer sehen — und da war er Meister aller Klassen.

■ **Paul Young** — 1956 — GB-Sänger und Songschreiber. Bereits 1977 gründete er seine erste Gruppe, die Streetband, die auch gleich einen Plattenvertrag erhielt. Ihr einziger Hit war „Toast/Hold On" (11/78 GB 18). Danach verlor Paul seine Stimme — die Gruppe löste sich auf und einige der übriggebliebenen Mitglieder gründeten im September die Q-Tips — Paul war, nachdem er seine Stimme wiedergefunden hatte, wieder als Sänger dabei. Die Q-Tips entwickelten sich schnell zu einer Formation, die bei Live-Auftritten brillierte — ihre Platten blieben jedoch in den Regalen. Nachdem Paul im September 1982 auf über 700 Live-Gigs in nur 2 1/2 Jahren zurückblicken konnte, unterschrieb er einen Solovertrag bei der CBS. Mit der Marvin Gaye Nummer „Wherever I Lay My Hat (That's My Home)" (6/83 GB 1) hatte er dann seinen Durchbruch. Weitere Hits: „Come Back And Stay" (9/83 GB 4, 11/83 D 1, 2/84 US 22), „Love Of The Common People" (11/83 GB 2, D 5), „I'm Gonna Tear Your Playhouse Down" (10/84 GB 9, D 37, 9/85 US 13), „Everything Must Change" (12/84 GB 9, D 28) und „Every Time You Go Away" (3/85 GB 4, 5/85 US 1).

■ **Susanna Hoffs** — 1961 — US-Sängerin und Songschreiberin mit den Bangles, die sich 1981, nachdem sie als Colours gespielt hatten, vorerst Bangs nannten. Anfang 1982 meldete sich eine Gruppe aus New Jersey, die ebenfalls Bangs hieß und die Mädchen aus L.A. aufforderte, sich umzubenennen. Mitte 1982 machten sie ihre ersten Platten als Bangles. Nach etlichen Versuchen gelang ihnen dann mit „Manic Monday" (1/86 US, GB & D 2), geschrieben von Prince unter dem Pseudonym Christopher, ihr erster internationaler Hit. Weitere Hits: „Walk Like An Egyptian" (9/86 US 1, GB 3, 11/86 D 1), „Hazy Shade Of Winter" (11/87 US 2, 2/88 GB 11) und „Eternal Flame" (2/89 US & GB 1, 5/89 D 4). Susanna gilt als Kopf der Girls-Band.

■ **John Crawford** — 1960 — US-Bassist, Songschreiber und Sänger mit Berlin.

Todestage

■ **Billy Stewart** — 1970 — US-Sänger. Er war gerade unterwegs zu einem Auftritt, als er mit seinem Wagen, in dem auch seine Musiker saßen, auf dem Highway 95 den Neuse River in North-Carolina überqueren wollte. Das Auto durchbrach das Brückengeländer und stürzte in den Fluß. Mit ihm kamen zwei weitere Insassen ums Leben. Geboren am 24.3.1937.

■ **Tommy Tucker** — 1982 — US-Blues-Interpret und Komponist. Geboren am 5.3.1933.

Tageshits

1972 — „(Is This The Way To) Amarillo" — Tony Christie — D 1 W.
1976 — „I Write The Songs" — Barry Manilow — US 1 W.
1987 — „Shake You Down" — Gregory Abbott — US 1 W.

18

Geburtstage

■ **Bobby Goldsboro** — 1941 — US-Sänger, Songschreiber und Gitarrist, der zwischen „See The Funny Little Clown" (1/64 US 9) und „Summer (The First Time)" (8/73 US 21, GB 9) mehr als 20 Hits hatte. Sein größter: „Honey" (3/68 US 1, GB 2, 6/68 D 8, 3/75 RE-GB 2, 6/75 RE-D 40). Bobby spielte zwischen 1962 und 1964 als Lead-Gitarrist mit den Candy Men, der Begleitgruppe von Roy Orbison.

David Ruffin

■ **David Ruffin** — 1941 — US-Gospel- und Soulsänger, der zwischen 1964 und 1968 Leadsänger der Temptations war. Größter Hit während seiner Mitgliedschaft in dieser Band: „My Girl" (1/65 US 1, GB 43). Danach machte er als Solist weiter. Sein erster Hit war „My Whole World Ended (The Moment You Left Me)" (2/69 US 9). Es folgte eine kurze, nicht sonderlich erfolgreiche Zusammenarbeit mit seinem älteren Bruder Jimmy, dann machte David weitere Solo Platten — Hit: „Walk Away From Love" (11/75 US 9, GB 10).

■ **Dave Greenslade** — 1943 — GB-Tastenspieler bei der legendären Chris Farlowe Band Thunderbirds. Von 1968 bis 1971 war er Mitglied bei Colosseum, dann Namensgeber für eine eigene Gruppe.

■ **Danny Kaye** — 1913 — US-Schauspieler und Platteninterpret. Richtiger Name David Daniel Kaminski. Seit 1943 machte er Filme, wobei tragikomische Rollen seine Spezialität waren: „Der Hofnarr" (1955), „Jakobowsky und der Oberst" (1958). Zwischen 1963 und 1967 hatte er seine eigene regelmäßige TV-Sendung: „The Danny Kaye Show". Als Platteninterpret war er zusammen mit den Andrews Sisters am erfolgreichsten: „Civilization" (11/47 US 3) und „The Woody Woodpecker" (7/48 US 18). Danny arbeitete viele Jahre intensiv für die UNICEF. Er starb am 3.3.1987.

■ **Tom Bailey** — 1956 — GB-Sänger, Tastenspieler und Songschreiber der 1977 gegründeten Band Thompson Twins. Hits: „Hold Me Now" (11/83 GB 4, 1/84 D 7, US 3), „Doctor! Doctor!" (2/84 GB 3, D 11, 5/84 US 11), „You Take Me Up" (4/84 GB 2, D 24), „Lay Your Hands On Me" (12/84 GB 13, 9/85 US 6, D 39) und „King For A Day" (10/85 GB 22, 1/86 US 8).

■ **Bob Rosenberg** — 1959 — US-Sänger, Songschreiber, Tastenspieler, Schlagzeuger und Mastermind der 1987 gegründeten Formation Will To Power, die mit einem Medley aus Hits von Peter Frampton und Lynyrd Skynyrd ihren ersten Erfolg hatten: „Baby, I Love Your Way/Freebird (Freebaby)" (9/88 US 1, 1/89 GB 6, D 18).

Tageshits

1941 — „We Three (My Echo, My Shadow, And Me)" — Ink Spotso — US 3 W.
1957 — „Singing The Blues" — Guy Mitchell — GB 1 W. (2.mal)
1960 — „Running Bear" — Johnny Preston — US 3 W.
1975 — „Down Down" — Status Quo — GB 1 W.
1975 — „Mandy" — Barry Manilow — US 1 W.
1986 — „That's What Friends Are For" — Dionne & Friends — US 4 W.

19

Geburtstage

■ **Janis Joplin** — 1943 — US-Sängerin und Songschreiberin mit Spitznamen „Pearl", die den Blues sang wie kaum eine Weiße vor oder nach ihr. Janis stammte aus Port Arthur/Texas und kam 1966 nach San Francisco. Noch im gleichen Jahr wurde sie Mitglied bei Big Brother & The Holding Company und wurde 1967 die Sensation beim Monterey Pop Festival. Ab 1968 spielte sie mit einer eigenen Band, die sich Full Tilt Boogie nannte. Ihren größten Single-Hit „Me And Bobby McGee" (1/71 US 1, 4/71 D 8) erlebte sie nicht mehr. Am 4.10.1970 wurde sie herovergiftet in ihrem Motelzimmer gefunden. Textzeile in „Me And Bobby McGee": Freiheit bedeutet, daß du nichts zu verlieren hast! Das Motto von Janis: Leb intensiv, liebe heftig und stirb jung! Janis als Verkörperung der Beatnik-Philosophie. Der Film „The Rose" mit Bette Midler wurde durch das Leben und Sterben von Janis Joplin angeregt.

■ **Phil Everly** — 1939 — US-Sänger, Gitarrist und Songschreiber. Phil ist der jüngere der beiden Everly Brothers (Donald und Philip). Ike und Margaret Everly, die Eltern der beiden, hatten sich in den USA — und da speziell im Mittleren Westen und im Süden — einen Namen als Folk- und Country-Musiker gemacht. In deren Radio-Show traten die Söhne ab 1945 auf. Als sich die Eltern zur Ruhe setzten, machten die Söhne ab 1955 erst als C&W-, dann als Pop-Duo ihre ersten Platten. Mit „Bye Bye Love" (5/57 US 2, GB 6) hatten sie ihren ersten, mit „All I Have To Do Is Dream" (4/58 US & GB 1) ihren größten Hit. Bis 1965 waren die Brüder stetig in den Charts vertreten, dann ließ der Erfolg nach. Schließlich trennten sie sich im Juli 1973, um sich dann aber ab September 1983 doch wieder zu vereinen. Beide hatten sich erfolglos als Solisten versucht. Geburtstag von Don: 1.2.1937 — da stehen weitere Hits.

■ **Shelley Fabares** — 1944 — US-Sängerin und Schauspielerin mit richtigem Vornamen Michele. Mit Elvis Presley spielte sie in drei Filmen, in der „Donna Reed Show" verkörperte sie Mary Stone. 1964 heiratete sie den erfolgreichen Plattenproduzenten Lou Adler — vorher hatte sie mit „Johnny Angel" (3/62 US 1, GB 41) ihren einzigen großen Hit.

■ **Dolly Parton** — 1946 — US-Sängerin, Songschreiberin und Schauspielerin. In der Liste der erfolgeichsten C & W-Interpreten aller Zeiten belegt sie Platz 10 — vor ihr stehen nur noch Männer, und somit ist sie die erfolgreichste Country Sängerin. Dolly machte bereits im zarten Alter von 11 Jahren ihre ersten Plattenaufnahmen und ging 1964 nach Nashville, wo sie von 1967 bis 1973 Ensemblemitglied in der „Porter Wagoner TV-Show" war. Nebenher machte sie jedoch auch Platten als Solistin — ihre erste Chartnotierung erscheint in der C&W-Hitparade im Januar 1967. Ab 1974 war sie dann auch regelmäßig in den Pop-Hitparaden zu finden. Hits: „Jolene" (1/74 US 60, 5/76 GB 7), „Here You Come Aagin" (10/77 US 3, 4/84 GB 75), „9 To 5" (11/80 US 1, 2/81 GB 47, 4/81 D 46 — das war der Titelsong des gleichnamigen Films, in dem Dolly eine Hauptrolle spielte) und im Duett mit Kenny Rogers „Island In The Stream" (8/83 US 1, 10/83 D 11, GB 7).

Robert Palmer

■ **Robert Palmer** — 1949 — GB-Sänger und Songschreiber, der Mitglied bei Alan Bown Set, Dada und Vinegar Joe war, bevor er im Jahre 1974 eine sehr erfolgreiche Solo-Karriere begann. Größte Hits: „Johnny And Mary" (9/80 D 7) und „Looking For Clues" (11/80 GB 33, 2/81 D 3). 1985 sang er dann in einem Projekt zusammen mit den Duran Duran-Musikern Andy und John Taylor und Chic-Drummer Tony Thompson, das sich Power Station nannte. Hits: „Some Like It Hot" (3/85 US 6, GB 14, D 16) und „Get It On" (5/85 GB 22, US 9, D 37). Ab 1986 ging er wieder als Solist — Hits: „Addicted To Love" (2/86 US 1, 5/86 GB 5), „I Didn't Mean To Turn You On" (7/86 GB 9, US 2), „... Simply Irresistible" (7/88 US 2) und „She Makes My Day" (10/88 GB 6).

■ **Rod Evans** — 1945 — GB-Sänger, Songschreiber und Gründungsmitglied bei Deep Purple, der 1970, nach 3 LP's, durch Ian Gillan abgelöst wurde. Trat noch einmal bei Captain Beyond in Erscheinung.

■ **Dewey Bunnell** — 1951 — US-Sänger, Gitarrist und Songschreiber mit America, die mit ihrem ersten auch gleich ihren größten Hit hatten: „Horse With No Name" (12/71 GB 3, 2/72 US 1). In den USA waren sie noch einmal ganz oben mit „Sister Golden Hair" (4/75 US 1).

■ **Guillermo Marchena** — 1947 — Geboren in Wilhelmstad auf der Karibikinsel Curacao, trommelt er sich als Teenager durch etliche Rock-Bands. Ende der 60er Jahre kam er nach Europa, spielte hier erst einmal für ein paar Jahre in einer der vielen Club-Bands. Die folgenden Stationen: Klaus Doldingers Passport, Head, Hearts & Hands, Connexion Latina, Irazu, Maniacs und Percussion Academia. Für die im Dezember 1987 ausgestrahlte Weihnachts-TV-Serie „Anna" sang Guillermo den Song „My Love Is A Tango" (1/88 D 1), der sich zum Knüller entwickelte.

■ **Martha Davis** — 1951 — US-Sängerin und Songschreiberin, die Gründungsmitglied der im Juli 1978 gegründeten Motels war. Die Debüt-LP erschien im September 1979. Hits: „Only The Lonely" (4/82 US 9) und „Suddenly Last Summer" (9/83 US 9). Ab 1987 veröffentlichte Martha Solo-Platten.

■ **Laurie London** — 1944 — GB-Kinderstar, der im Alter von 13 mit „He's Got The Whole World In His Hand" (11/57 GB 12, 3/58 US 1, 8/58 D 5) erfolgreich war.

■ **Johnny O'Keefe** — 1935 — Australischer Rock'n'Roll Sänger, der als der Topinterpret dieses Genres auf dem 5. Kontinent galt. Er kam am 6.10.1978 ums Leben.

■ **Andreas Dorau** — 1964 — Hamburger Sänger und Songschreiber, der im Zuge der NDW mit „Fred vom Jupiter" (3/82 D 21) als Dorau und die Marinas auftauchte und wieder verschwand.

■ **Michael Virtue** — 1957 — GB-Keyboarder mit UB 40.

Todestag

■ **Don Costa** — 1983 — US-Songschreiber und Orchesterleiter. Geboren am 10.6.25.

Tageshits

1957 — „O Billy Boy" — Club Argentina — D 2 W.
1959 — „Smoke Gets In Your Eyes" — Platters — US 3 W.
1967 — „I'm A Believer" — Monkees — GB 4 W.
1974 — „Show And Tell" — Al Wilson — US 1 W.
1974 — „You Won't Find Another Fool Like Me" — New Seekers — GB 1 W.
1980 — „Brass In Pocket" — Pretenders — GB 2 W.
1980 — „Rock With You" — Michael Jackson — US 4 W.
1985 — „I Want To Know What Love Is" — Foreigner — GB 3 W.
1987 — „Showing Out" — Mel & Kim — D 3 W.

20

Geburtstage

■ **Eric Stewart** — 1945 — GB-Sänger, Gitarrist und Songschreiber. Er war Sessionmusiker in einem Studio in Manchester, als Glyn Ellis alias Wayne Fontana für eine Plattenaufnahme eine Begleitgruppe suchte — so entstand 1963 Wayne Fontana & The Mindbenders. Als Wayne die Band im Frühjahr 1966 verließ, nannte sich der Rest nur noch Mindbenders, die dann gleich mit „A Groovy Kind Of Love" (1/66 GB 2, 4/66 US 2) einen Hit hatten — Eric war der Sänger. 1968 fiel die Band auseinander, Eric wurde wieder Studiomusiker, um schließlich 1970 mit Hot Legs und „Neanderthal Man" (7/70 GB 2, US 22, 9/70 D 4) wieder in den Charts aufzutauchen. Aus dieser Band wurde schließlich 10 CC, die in den 70er Jahren jede Menge Hits landen konnten. Die größten: „Rubber Bullets" (5/73 GB 1, 7/73 D 18, 9/73 US 73), „I'm Not On Love" (5/75 GB 1, US 2, 7/75 D 8) und „Dreadlock Holiday" (8/78 GB 1, US 44, 10/78 D 11). Schließlich tauchte Eric in den 80er Jahren im Umfeld von Paul McCartney auf.

■ **Ray Anthony** — 1922 — US-Trompeter und Orchesterleiter, der 1946 seine eigene Band gründete und zwischen 1950 und 1962 regelmäßig Hits veröffentlichte. Richtiger Name: Raymond Antonini. Spielte auch zusammen mit Glenn Miller und Jimmy Dorsey. Mit Frank Sinatra war er mit der Nummer „Melody Of Love" (1/55 US 19) erfolgreich. Hits unter seinem Namen: „At Last" (2/52 US 2), „Dragnet" (8/53 US 2, 12/53 GB 7) und „Peter Gunn" (1/59 US 8). Ray trat als Schauspieler neben Fred Astaire 1955 in „Daddy Long Legs" auf und war längere Zeit mit der Schauspielerin Mamie Van Doren verheiratet, die man in den USA als „Poor Man's Marilyn Monroe" bezeichnete — oder als „Platinum Blonde Sexpot Of Hollywood B-Features".

■ **Billy Powell** — 1942 — US-Sänger mit den O'Jays bis 1976, dann wurde er durch Sam Strain ersetzt. Powell starb am 26.5.1977 an Krebs.

■ **Ronald Townson** — 1941 — US-Sänger mit den 5th Dimension, deren größter Hit „Aquarius/Let The Sunshine In" (3/69 US 1, GB 11, 5/69 D 2) war.

■ **Earl Grant** — 1931 — US-Tastenspieler und Sänger, der mit der Superschnulze „The End" (9/58 US 7, 6/59 D 12) einen Hit hatte. Er starb am 11.6.1970.

■ **Rick Evans** — 1943 — US-Gitarrist und Sänger, der 1962 mit den Eccentrics spielte, bei denen auch Denny Zager war. Nach dem Auseinanderbruch der Band trafen sich die beiden 1968 wieder und nahmen ein Stück auf, das Evans bereits 1964 geschrieben hatte. Nach längerer Anlaufzeit wurde es der größte Hit für Zager & Evans: „In The Year 2525 (Exordium & Terminus)" (6/69 US 1, 8/69 GB & D 1).

■ **Paul Stanley** — 1950 — US-Gitarrist und Songschreiber bei Kiss. Vollständiger Name Paul Stanley Eisen. 1978 machten alle vier Mitglieder der Gruppe eine eigene Solo LP — die von Paul verkaufte über eine Million Exemplare.

■ **Slim Whitman** — 1924 — US-Country-Sänger und „Yodeler". Richtiger Name Otis Dewey Whitman Jr. Slim machte 1950 seine ersten Platten und trat im Jahre 1952 erstmals in GB auf und blieb danach dort bis in die 70er Jahre erfolgreich — Hits: „Indian Love Call" (7/52 US 9, 7/55 GB 7), „Rose Marie" (5/54 US 22, 7/55 GB 1), „Serenade" (6/56 GB 8), „I'll Take You Home Kathleen" (4/57 GB 7) und „Happy Anniversary" (10/74 GB 14). In den US-Country-Charts war er bis zum Ende des Jahres 1981 regelmäßig vertreten.

■ **George Grantham** — 1947 — US-Schlagzeuger, der zu den Mitbegründern von Poco gehörte.

■ **Paul King** — 1960 — GB-Sänger und Songschreiber. 1984 gründete er die Gruppe King, die 1986 wieder auseinanderfiel. Die größten Hits waren: „Love & Pride" (1/85 GB 2, 3/85 D 8, 7/85 US 55) und „Alone Without You" (8/85 (GB 8). Ab 1987 machte Paul unter seinem Namen als Solist weiter.

■ **Robin McAuley** — 1953 — GB-Sänger und Songschreiber, der ab 1987 mit dem deutschen Gitarristen Michael Schenker, dem Bruder von Rudolf Schenker von den Scorpions, als McAuley Schenker Group (oder kurz MSG) zusammenspielt.

■ **Melvyn Prichard** — 1948 — GB-Drummer mit Barclay James Harvest.

Todestag

■ **Alan Freed** — 1965 — Für viele Amerikaner die Inkarnation des „Rock 'n' Roll-Disk-Jockeys", aber auch der Bestechlichkeit dieser Jungs. Wie dem auch sei — er war einer der ersten, der R & B Musik von Farbigen in seinen Sendungen spielte. Geboren am 15.12.1921.

Tageshits

1956 — „16 Tons" — Tennessee Ernie Ford — GB 4 W.
1966 — „Keep On Running" — Spencer Davis Group — GB 1 W.
1968 — „Judy In Disguise" — John Fred — US 2 W.
1968 — „Der letzte Walzer" — Peter Alexander — D 2 W.
1979 — „Le Freak" — Chic — US 3 W. (3. mal)

21

Geburtstage

■ **Mac Davis** — 1941 — US-Sänger, Gitarrist und Songschreiber. Obwohl er sich schon Anfang der 60er Jahre als Musiker versuchte, kam für ihn erst der Erfolg, nachdem Interpreten wie Lou Rawls („You're Good For Me"), Glen Campbell („Within My Memory") und vor allen anderen Elvis Presley („In The Ghetto" und „Don't Cry Daddy") seine Kompositionen aufgenommen hatten. 1969 erhielt Mac einen Plattenvertrag als Solist. Größte Hits: „Baby Don't Get Hooked On Me" (7/72 US 1, 11/72 GB 29) und „Stop And Smell The Roses" (8/74 US 9). Mac hatte in den USA von 1974 bis 1976 eine eigene TV-Show und wirkte in etlichen Filmen als Schauspieler mit.

■ **Billy Ocean** — 1950 — Sänger und Songschreiber, der auf Trinidad geboren und in London aufgewachsen ist. Richtiger Name Leslie Sebastian Charles. Anfang der 70er Jahre singt er als Amateur mit verschiedenen Bands in London und macht schließlich 1974 unter dem Pseudonym Scorched Earth eine erste Singleplatte, die jedoch kein Erfolg wird. Ende 1975 erhält er einen Vertrag bei der Plattenfirma GTO. Mit ihr ist er erfolgreich: „Love Really Hurts Without You" (2/76 GB 2, 4/76 US 22) und „Red Light Spells Danger" (3/77 GB 2, 5/77 D 15). GTO Records wird 1982 an die CBS verkauft, Billy Ocean zieht sich erst für 2 Jahre aus dem Geschäft zurück und dann, erfolgreicher als je zuvor, wieder in die Hitparaden ein: „Caribbean (European) Queen" (8/84 US 1, GB 6, 11/84 D 2), „Loverboy" (12/84 GB 2, US 15, D 12), „Suddenly" (3/85 US 4, 5/85 GB 4), „When The Going Gets Tough, The Tough Get Going" (12/85 US 2, GB 1, 2/86 D 2), „There'll Be Sad Songs (To Make Me Cry)" (4/86 US 1, GB 12, D 36) und „Get Outta My Dreams, Get Into My Car" (2/88 US 1, GB & D 3).

■ **Telly Savalas** — 1924 — US-Lollylutscher und glatzköpfiger Film- und TV-Star, der mit richtigem Vornamen Aristotle heißt. Mit einer gesprochenen Version eines Bread-Hits hatte er einen einzigen Hit in den Charts: „If" (2/75 GB 1, D 4). Seine Karriere als Schauspieler begann erst, als er schon knapp 40 war. Im Film „Birdman Of Alcatraz" (1962) war er so überzeugend, daß er für den Oscar der besten Nebenrolle nominiert wurde. Diese und viele andere Rollen zeigen, daß er als nur „Theo Kojak", den er ab 1973 bis 1978 spielte, unterbewertet wird.

■ **Edwin Starr** — 1942 — US-Soulsänger und Songschreiber, der mit mit richtigem Namen Charles Hatcher heißt. Er begann mit der Gruppe Future Tones und machte 1957 seine ersten Platten. Von 1963 bis 1965 sang er mit Bill Doggett. Unter dem Namen Edwin Starr macht er seit 1965 Platten. Seit diesem Zeitpunkt bis zum Ende der 70er Jahre war er regelmäßig in den Hitparaden — größte Hits: „Twenty-Five Miles" (2/69 US 6, 9/69 GB 36), „War" (7/70 US 1, 10/70 GB 3, D 9), „Contact" (1/79 GB 6) und „H.A.P.P.Y. Radio" (5/79 GB 9).

Richie Havens

■ **Ritchie Havens** — 1941 — US-Sänger und Gitarrist, der es schaffte, die Folk-Musik mit Soul Feeling zu kombinieren. Seinen ersten großen Auftritt hatte er beim Newport Folk Festival 1966, seinen größten beim Woodstock-Festival 1969. Hiterfolg mit dem Beatles-Titel „Here Comes The Sun" (3/71 US 16).

■ **Bibi Johns** — 1930 — Schwedische Schlager- und Jazz-Sängerin, die richtig Birgit Gun Johnson heißt. Sie war in den 50er Jahren in der Bundesrepublik sehr populär. Größter Hit: „Mal Regen und mal Sonnenschein" (7/57 D 8).

■ **Snooks Eaglin** — 1936 — US-Blues-Gitarrist, Sänger und Songschreiber, der seit seiner Kindheit blind ist. Richtiger Vorname Fird. Er spielte Anfang der 50er Jahre mit Allen Toussaint bei den Flamingoes. In den 70er Jahren arbeitete er vorwiegend mit Professor Longhair in seiner Heimatstadt New Orleans. Obwohl unter dem Titel „Lucille" als Autoren Albert Collins und Little Richard Penniman stehen, soll diese Nummer angeblich durch Snooks geschrieben worden sein.

■ **Kristian Schultze** — 1945 — Tastenspieler mit Passport, Snowball und bei vielen vielen Sessions.

■ **Pye Hastings** — 1947 — GB-Gitarrist und Sänger mit Caravan.

Todestag

■ **Jackie Wilson** — 1984 — US-Sänger und Songschreiber. Aus einem Koma, in das er 1975 gefallen war, ist er nie wieder erwacht. Für viele Soulsänger war als Vorbild. Auch weiße Interpreten wie z. B. Rod Stewart gaben an, ihm nachzueifern. Geboren am 9.6.1934.

Tageshits

1955 — „Finger Of Suspicion" — Dickie Valentine — GB 2 W. (2. mal)
1967 — „Goodnight My Love" — Roy Black — D 3 W.
1980 — „Sun Of Jamaica" — Goombay Dance Band — D 9 W.
1984 — „Owner Of A Lonely Heart" — Yes — US 2 W.
1985 — „One Night In Bangkok" — Murray Head — D 2 W.
1989 — „Two Hearts" — Phil Collins — US 2 W.

Merk-Würdiges

1950 — George Orwell bzw. Eric Arthur Blair stirbt und erlebt somit nicht, wie sein 1949 geschriebener Roman „1984" mehr und mehr Wirklichkeit wird. Geboren am 25.6.1903 in Indien.

22

Geburtstage

■ **Sam Cooke** — 1935 — US-Soulsänger und Songschreiber. Sam begann bei den „Highway Q.C's" und stieg 1950 bei den „Soul Stirrers" ein. Hier war er bis 1956 Lead-Sänger. Ab 1956 interessierte er sich mehr für Pop-Musik und machte seine ersten Nicht-Gospel-Aufnahmen noch unter dem Namen Dale Cook. 1957 hatte er seinen ersten Hit: „You Send Me" (10/57 US 1, 1/58 GB 29). Bis 1965 stand er regelmäßig in den Hitparaden, meist mit Songs, die er selbst geschrieben hatte. Am 11.12.1964 wurde er in einem Motel in Los Angeles von einer Frau aus angeblicher Notwehr erschossen — die Umstände wurden nie richtig geklärt. Viele Interpreten sangen die Titel von Sam später nach: Er selbst sollte noch einmal in den Hitparaden erfolgreich sein: eine Jeansfirma hatte einen Werbespot mit einem Lied von ihm unterlegt — es wurde ein Hit: „Wonderful World" (7/60 US 12, GB 27, 3/86 RE-GB 2, 5/86 D 2). Ansonsten ist die Familie Cooke noch in Form seiner Tochter Linda in den Hitparaden, die seit 1964 als Songschreiberin und ab 1976 nach ihrer Hochzeit mit Cecil Womack als „Womack & Womack" Erfolge hat. Außerdem ist noch ein Neffe von Sam Cooke in den Charts gewesen: R.B. Greaves.

■ **Addie Harris** — 1940 — US-Sängerin, die Mitglied bei den „Shirelles" war — ihr Spitzname war „Micki". Die Gruppe hatte sich schon während der Zeit formiert, als die drei Mädchen noch zur Schule gingen. 1958 machten sie ihre erste Platte, ihre letzte Hitnotierung hatten sie 1967. Die größten Erfolge waren „Will You Love Me Tomorrow" (11/60 US 1, 2/61 GB 4) und „Soldier Boy" (3/62 US 1, 5/62 GB 23). Addie starb am 10.6.1982.

■ **James P. Pennington** — 1949 — US-Lead-Sänger, Gitarrist und Songschreiber mit der 1963 gegründeten Band „Exiles" — 1973 verkürzte man den Namen auf „Exile". Die Band machte in ihren Anfangstagen Rockmusik — mit Hilfe der beiden britischen Produzenten Mike Chapman und Nicky Chinn standen sie plötzlich hoch in den Pop-Charts: „Kiss You All Over" (7/78 US 1, GB 6, 10/78 D 3). Seit 1983 ist die Band sehr erfolgreich in den Country-Hitparaden zu finden — es gelang ihr 10mal, Platz 1 zu belegen. 1989 verließ Pennington die Gruppe.

■ **Malcolm McLaren** — 1947 — GB-Manager, Songschreiber und Soundsammler, der für die einen ein Scharlatan, für die anderen ein göttliches Talent ist. Er managte oder war Mastermind hinter Interpreten wie „Sex Pistols", Adam Ant oder „Bow Wow Wow". Malcolm beherrscht nach Aussage seiner Plattenfirma kein einziges Instrument und sieht sich als „musikalischer Maler, der sich ohne falsche Scham in den Klangwelten jedweder Epochen bedient". Nachdem ihm die Punk-Bewegung, an der er fleißig mitgebastelt hat, zeigte, daß man auch ohne Stimme und ohne musikalisches Talent durchaus in die Hitparaden kommen kann, nahm er ab 1982 auch eigene Platten auf. Seine größten Hits: „Buffalo Gals" (12/82 GB 9, 4/83 D 20) und „Double Dutch" (7/83 GB 3, D 14).

■ **Steve Perry** — 1949 — US-Sänger und Songschreiber, der 1977 zur 1973 gegründeten Band Journey stieß. Nebenher machte er auch Platten als Solist. Hits mit Band: „Who's Crying Now" (7/81 US 4, 9/82 GB 46) und „Open Arms" (1/82 US 2), als Solist: „Oh Sherrie" (4/84 US 3, 7/84 D 50). Im Februar 1987 wurde verlautet, Journey werde nicht wieder zusammenspielen — Steve verfolgte seine Solokarriere weiter.

■ **Michael Hutchence** — 1960 — Australischer Sänger und Songschreiber mit der Gruppe INXS. Die Ursprünge der Band gehen zurück in das Jahr 1977. In Sydney wurden die Farriss Brothers gegründet — Michael war schon mit dabei. Ab 1979 nannte sich die Band INXS, die erste Platte erschien im Mai 1980. Zuerst waren sie nur in Australien, dann weltweit erfolgreich. Hits: „What You Need" (1/86 US 5), „Need You Tonight" (10/87 US 1, GB 58, 12/87 D 16, 11/88 RE-GB 2), „Devil Inside" (2/88 US 2, 5/88 D 33), „New Sensation" (1/88 GB 25, 3/88 D 35, 5/88 US 3) und „Never Tear Us Apart" (6/88 GB 24, 8/88 US 7).

■ **Graeme John Douglas** — 1950 — GB-Gitarrist, Tastenspieler und Songschreiber bei den Kursaal Flyers von deren Gründung im Februar 1974 bis zum Februar 1977. Danach spielte er bei Eddie & The Hot Rods.

■ **Nigel Pegrum** — 1949 — GB-Schlagzeuger bei Gnidrolog und Steeleye Span. Nigel spielte auch auf Platten von Michael Chapman, Richard Digance, John Otway & Wild Willy Barrett, Tim Hart, der Stender Band und Bernie's Autobahn Band.

Tageshits

1966 — „The Sound Of Silence" — Simon & Garfunkel — US 1 W. (2. mal)

1977 — „I Wish" — Stevie Wonder — US 1 W.

23

Geburtstage

■ **Robin Zander** — 1952 — US-Sänger, Gitarrist und Songschreiber bei der 1974 gegründeten Band Cheap Trick aus Chicago. 1977 erschien die Debüt-LP. Hits: „I Want You To Want Me" (4/79 US 7, GB 29, 8/79 D 18), „The Flame" (4/88 US 1, 8/88 D 32) und „Don't Be Cruel" (8/88 US 4).

■ **Django Reinhardt** — 1910 — Französischer Jazz-Gitarrist und Songschreiber, der als einer der wenigen europäischen Musiker gilt, der die amerikanische Jazzmusik beeinflußt hat. Er wurde in Belgien geboren, seine richtigen Vornamen sind Jean Baptiste. International bekannt wurde Django durch seine Zusammenarbeit mit dem Geiger Stephan Grappelly, als er mit ihm 1934 das Quintette Du Hot Club De France gründete. 1946 spielte er mit Duke Ellington in den USA. Er sorgte dort stilbildend für die Entwicklung des gesamten Gitarrenspiels. Django, ein Roma, machte in seiner Melodik Einflüsse der Zigeunermusik deutlich. Er starb am 16.5.1953.

■ **Herbert Hildebrandt** — 1943 — Bassist, Sänger und Songschreiber. Er war zwischen 1961 und 1968 Mitglied der Rattles und schrieb und produzierte danach z. B. Pegasus oder Soulful Dynamics. Anfang der 70er Jahre galt er als der erfolgreichste deutsche Komponist — dann wechselte er in das Lager der Kneipen- und Diskothekenbesitzer. 1988, als sich die Rattles wieder neu formierten, war er mit dabei.

■ **Renate Kern** — 1945 — Richtiger Name Renate Proggensee. Zwischen 1965 und 1976 war sie meist in mittleren Positionen in den deutschen Hitparaden und Bierzelten anzutreffen. Größter Erfolg: „Lieber mal weinen im Glück" (8/68 D 10). Inzwischen beglückt sie als Nancy Wood die Country-Fans und Trucker-Freunde. Immerhin schaffte sie es, in die US-C&W Hitparade einzuziehen: „Imagine That" (10/81 C&W 79).

■ **Pat Simmons** — 1950 — US-Gitarrist, Sänger und Songschreiber der im September 1970 gegründeten Formation Doobie Brothers — Doobie ist ein kalifornischer Slangausdruck für einen Marihuana Joint. Die erste Platte der Band erschien im April 1971. Im März 1982 gab die Gruppe ihre Auflösung bekannt — im Frühjahr 1983 erschien die erste Solo Platte von Simmons. Sein größter Erfolg wird „So Wrong" (3/83 US 30). Nachdem die Solo Aktivitäten der einzelnen Doobie Brothers nicht so liefen, wie sie sich das vorgestellt hatten, erschien im Mai 1989 mit „Cycles" eine neue LP dieser Formation, die fast wieder in Originalbesetzung eingespielt wurde — also auch mit Pat. Größte Hits der Doobie Brothers: „Long Train Runnin'" (4/74 US 8), „Black Water" (12/74 US 1), „What A Fool Believes" (1/79 US 1, GB 31), „Real Love" (9/80 US 5) und „The Doctor" (5/89 US 9).

■ **Anita Pointer** — 1948 — US-Sängerin in der Schwesternformation Pointer Sisters. Ihre ersten Plattenaufnahmen machten sie 1971. 1976 traten sie in dem Film „Car Wash" auf. Hits: „Fire" (11/78 US 2, 3/79 GB 34, 5/79 D 35), „He's So Shy" (7/80 US 3), „Slow Hand" (5/81 US 2, 8/81 GB 10), „Automatic" (1/84 US 5, 4/84 GB 2), „Jump (For My Love)" (4/84 US 3, 6/84 GB 6, D 20), „I'm So Excited" (8/84 US 9, 10/84 GB 11) und „Neutron Dance" (11/84 US 6, 1/85 GB 31, 4/85 D 18).

■ **Billy Cunningham** — 1950 — US-Bassist mit der 1967 gegründeten Band Box Tops. 1969 stieg Billy wieder aus.

■ **Earl Falconer** — 1959 — GB-Bassist bei der Band UB 40.

■ **Jo Jo Tyson** — 1959 — Sänger der 1985 in Göttingen gegründeten Gruppe Silent Circle. Größter Hit: „Touch In The Night" (1/86 D 15).

Todestage

■ **Terry Kath** — 1978 — US-Gitarrist und Songschreiber bei Chicago. Er spielte mit einer Pistole, hielt sie aus Spaß an den Kopf und drückte ab — nicht wissend, daß sie geladen war. Für ihn kam als Ersatz Danny Dacus. Terry wurde am 31.1.1946 geboren.

■ **Big Maybelle** — 1972 — US-Sängerin, die auch als Mamie Webster auftrat — ihr richtiger Name war Mabel Louise Smith. Todesursache war ein diabetisches Koma. Geboren am 1.5.1924.

■ **Edward „Kid" Ory** — 1973 — US-Posaunist. Er starb an Lungenentzündung und Herzversagen in Honolulu, Hawaii. Ory wurde am 25.12.1889 geboren.

■ **Vic Ames** — 1978 — US-Sänger mit den Ames Brothers. Geboren am 20.5.1926.

■ **Paul Robeson** — 1976 — US-Sänger. Geboren am 9.4.1898.

Tageshits

1953 — „Comes A-Long A-Love" — Kay Starr — GB 1.W.
1959 — „The Day The Rains Came" — Jane Morgan — GB 1 W.
1965 — „Downtown" — Petula Clark — US 2 W.
1971 — „Knock Three Times" — Dawn — US 3 W.
1988 — „The Way You Make Me Feel" — Michael Jackson — US 1 W.

24

Geburtstage

■ **Neil Diamond** — 1941 — US-Sänger, Songschreiber und Gitarrist, der so viele Nummern schrieb, daß er sie nicht alle selbst aufnehmen konnte. So gab er z. B. den Monkees den Titel „I'm A Believer", die die Nummer rund 10 Millionen mal verkauften. Mit der Folk-Gruppe Roadrunners hatte Neil zwischen 1954 und 1956 die ersten Erfahrungen als Interpret gesammelt. 1961 unterschrieb er seinen ersten Plattenvertrag als Solist — ab 1966 tauchte er regelmäßig in den Hitparaden auf. Seine Millionseller: „Sweet Caroline (Good Times Never Seemed So Good)" (6/69 US 4, 2/71 GB 8, 4/71 D 39), „Cracklin' Rosie" (8/70 US 1, 11/70 GB 3, D 7), „Song Sung Blue" (5/72 US 1, GB 14, D 6) und, zusammen mit Barbra Streisand: „You Don't Bring Me Flowers" (10/78 US 1, GB 5). Als Schauspieler machte er eine gute Figur in einer Neuauflage des alten Al Jolson-Films „The Jazz Singer". Und Neil bringt immer noch Platten auf den Markt — fleißig.

■ **Aaron Neville** — 1941 — US-Sänger und Songschreiber mit seinen Brüdern als Neville Brothers und als Solist. Solo Hit: „Tell It Like It Is" (12/66 US 2) und, im Duett mit Linda Ronstadt, „Don't Know Much" (9/89 US 2, 11/89 GB 2). Die Geschichte der Neville Brothers steht am 17.12. bei Bruder Art.

■ **Jack Scott** — 1936 — Kanadischer Sänger, Songschreiber und Gitarrist, der richtig Jack Scafone Jr. heißt. 1946 zog er mit seinen Eltern von seinem Geburtsort Windsor nach Hazel Park, Michigan. Zwischen 1958 und 1960 war er in den USA mit meist selbstgeschriebenen Liedern erfolgreich. Hits: „My True Love" (6/58 US 3, 10/58 GB 9) und „Burning Bridges" (4/60 US 3, GB 23). In und um Detroit war er auch noch in den 80er Jahren als Interpret unterwegs.

Ray Stevens

■ **Ray Stevens** — 1941 — US-Sänger, Pianist, Schauspieler, Komiker, Songschreiber, Spezialist für sogenannte „Novelty Songs" und Produzent — alles in einer Person. Richtiger Name Ray Ragsdale. In den Hitparaden war er ab 1961 verzeichnet — seinen ersten Top Ten Hit hatte er mit „Ahab, The Arab" (6/62 US 5). Seine Millionseller waren: „Gitarzan" (4/69 US 8), „Everything Is Beautiful" (4/70 US 1, GB 6) und die Flitzer-Nummer „The Streak" (4/74 US & GB 1). Obwohl Ray auch in den 80er Jahren noch sehr witzige und schöne Platten aufnahm, erreichte er nur noch Plätze in den C&W-Charts.

■ **Warren Zevon** — 1947 — Kanadischer Sänger, Sohn russischer Immigranten, Songschreiber und Pianist, der mit dem Titel „Werewolves Of London" (3/78 US 21) erfolgreich war. 1987 tauchte die Platte in Martin Scorseses Film „The Color Of Money" mit Paul Newman und Tom Cruise wieder auf. Für Linda Ronstadt schrieb Warren die Nummer „Poor Poor Pitiful Me" (1/78 US 31).

■ **Detlef Petersen** — 1950 — Tastenspieler und Songschreiber bei Lake, die 1976 entstanden, um 1979 wieder auseinanderzubrechen. Danach tauchte er bei Produktionen von Elephant, Alex Conti, Udo Lindenberg, Gillian Scalici, Volker Lechtenbrink und Hannes Wader auf. Als Lake Mitte der 80er einen neuen Anlauf nahm, war er wieder mit dabei.

■ **Doug Kershaw** — 1936 — US-Country/Cajun-Geiger und Songschreiber, der zusammen mit seinem Bruder Rusty 1953 die ersten Platten aufnahm. Bereits als 12jähriger war Doug zusammen mit seiner Mutter aufgetreten. Mit seinen Brüdern Russell Lee alias Rusty und Nelson alias Pee Wee gründete er die Continental Playboys. Sein autobiographischer Song „Louisiana Man" wurde im Laufe der Jahre von mehr als 600 Interpreten aufgenommen. Viele Pop-Fans kennen Doug auch als Begleitmusiker von Bob Dylan.

■ **John Belushi** — 1949 — US-Sänger, Komiker und Filmschauspieler, der zusammen mit Dan Aykroyd als The Blues Brothers in Erscheinung trat. John war „Jake Blues" — Dan „Elwood Blues". Das Ganze war als Spaß gedacht für die TV-Sendung „Saturday Night Live", aber dann wurde daraus ein richtiger Knüller. Hit für das Duo: „Soul Man" (12/78 US 14). Im Film „Blues Brothers" spielten sich die Jungs selbst — innerhalb von nur 2 Monaten wurden 32 Millionen Dollar eingespielt. Nach einer Überdosis Drogen starb Belushi am 5.3.1982 in Hollywood.

■ **Jim Rutledge** — 1947 — US-Sänger und Songschreiber der Gruppe Bloodrock, bei der er 1970 deren Lead-Sänger Warren Ham ersetzte. Mit Jim kam der einzige Hit dieser Band: „D.O.A." (1/71 US 36).

■ **Michael Chapman** — 1941 — GB-Folk-Musiker der ersten Garnitur.

Todestage

■ **Gene Austin** — 1972 — US-Sänger und Songschreiber. Geboren 24.6.1900.

■ **James „Shep" Sheppard** — 1970 — US-Sänger und Kopf der 1961 gegründeten Band Shep & The Limelites. War zwischen 1956 und 1960 Lead-Sänger der Heartbeats, die mit der Nummer „A Thousand Miles Away" (12/56 US 53) ihren größten Erfolg hatten. Eine Antwort auf dieses Lied wurde der größte Hit für Shep & The Limelites: „Daddy's Home" (3/61 US 2). Jahre später war Cliff Richard mit diesem Titel erfolgreich (11/81 GB 2). James Shepard wurde auf dem Long Island Expressway tot in seinem Auto aufgefunden — man hatte ihn überfallen, ausgeraubt und dann erschlagen.

■ **Gordon MacRae** — 1986 — US-Filmschauspieler und Sänger. Geboren am 12.3.1921.

Tageshits

1958 — „Jailhouse Rock" — Elvis Presley — GB 3 W.
1963 — „Dance On" — Shadows — GB 1 W.
1968 — „The Ballad Of Bonnie & Clyde" — Georgie Fame — GB 1 W.
1972 — „Du lebst in deiner Welt" — Daisy Door — D 4 W.
1976 — „Theme From Mahogany" — Diana Ross — US 1 W.
1977 — „Sunny" — Boney M. — D 2 W.
1987 — „Jack Your Body" — Steve „Silk" Hurly — GB 2 W.
1987 — „At This Moment" — Billy Vera & The Beaters — US 2 W.

25

Geburtstage

Etta James

■ **Etta James** — 1938 — US-Sängerin und Songschreiberin, die richtig Jamesetta Hawkins heißt und den Spitznamen „Miss Peaches" trägt. Sie wurde durch Johnny Otis Mitte der 50er Jahre entdeckt, machte 1954 ihre ersten Plattenaufnahmen und tauchte bis 1970 immer wieder auf mittleren Positionen in den Hitparaden auf. Ihr größter Hit: „Tell Mama" (11/67 US 23).

■ **Richard Finch** — 1954 — US-Bassist und Songschreiber. Zusammen mit Harry Casey (K.C.) war er der Kopf der Discotruppe K.C. & The Sunshine Band, die ab 1974 den Nerv der Diskothekengänger traf. Hits siehe am 31.1. bei Casey.

■ **Sleepy John Estes** — 1899 — US-Blues-Gitarrist, Sänger und Songschreiber. Mit 6 Jahren verlor er beim Baseballspielen sein rechtes Augenlicht, seit 1950 war er ganz blind. Er gehörte zu den ganz großen Country-Blues-Sängern, auf den sich Interpreten wie Bib Bill Broonzy und Arthur Crudup berufen. Er starb am 5.6.1977.

■ **Andy Cox** — 1956 — GB-Gitarrist und Songschreiber. 1978 war Andy Mitbegründer der Gruppe The Beat. Mitte 1983 stieg er wieder aus und formierte mit David Steele, einem weiteren Beat-Mitglied, die Band Fine Young Cannibals.

■ **Roy Black** — 1943 — Richtiger Name Gerd Höllerich. Weichspülkönig im deutschen Schlagergeschäft, in dem er seit 1965 den Schonwaschgang betätigt — Resultat: „Ganz in Weiß" (2/66 D 1), „Goodnight My Love" (12/66 D 1), „Meine Liebe zu dir" (7/67 D 1), „Das Mädchen Carina" (5/69 D 1), „Dein schönstes Geschenk" (11/69 D 1) und neun weitere Top 10 Hits.

■ **Jochen Brauer** — 1932 — Gründete 1957 das gleichnamige Sextett, das zwar mit Platten wenig Erfolg hatte — dafür aber als Showorchester im Kleinformat durch die Jahre in TV-Sendungen zu bewundern war.

■ **Ronnie Brandon** — 1946 — US-Keyboarder bei den McCoys.

Todestag

■ **Chris Kenner** — 1976 — US-Sänger und Songschreiber. Er starb nach einem Herzanfall. Geboren am 25.12.1929.

Tageshits

1957 — „Garden Of Eden" — Frankie Vaughan — GB 4 W.
1958 — „Der lachende Vagabund" — Fred Bertelmann — D 11 W.
1964 — „Das kannst du mir nicht verbieten" — Bernd Spiero — D 8 W.
1969 — „Eloise" — Barry Ryan — D 5 W.
1975 — „Ms. Grace" — Tymes — GB 1 W.
1975 — „Please Mr. Postman" — Carpenters — US 1 W.
1986 — „The Sun Always Shines On TV" — A-Ha — GB 2 W.

Merk-Würdiges

1956 — RCA veröffentlicht die ersten eigenen Produktionen mit Elvis Presley: „Heartbreak Hotel" auf der A-, „I Was The One" auf der B-Seite. Die Platte war dann auch später — am 3.5.1956 — die erste Nummer 1 für Elvis. Sie hielt sich 7 Wochen auf Platz 1.

26

Geburtstage

■ **Eartha Kitt** — 1928 — US-Sängerin, Tänzerin, Schauspielerin. Sie begann ihre Karriere in Paris, bevor sie am Broadway in „New Faces of 1952" einschlug. Hits: „C'est Si Bon" (7/53 US 8) und „Santa Baby" (11/53 US 4). Auch die Briten mochten Eartha: „Under The Bridges Of Paris" (4/55 GB 7). 1983 meldete sie sich nach längerer Pause zurück — mit „Where Is My Man" (12/83 GB 36, 2/84 D 31) und „I Love Men" (7/84 GB 50, D 26) brachte sie sich zumindest in Europa wieder ins Gespräch.

■ **Huey „Piano" Smith** — 1934 — US-R&B-Pianist und Songschreiber. Huey spielte in den frühen 50er Jahren mit Earl King. Von 1951 bis 1954 war er Mitglied der Band von Eddie „Guitar Slim" Jones, und zwischendurch spielte er mit auf vielen Platten von New Orleans Musikern, so z.B. bei Lloyd Price, Smiley Lewis oder auch Little Richard. 1957 gründete er seine eigene Band, die sich Huey „Piano" Smith And The Clowns nannte — Hits: „Rocking Pneumonia And The Boogie Woogie Flu" (7/57 R&B 5) und „Don't You Just Know It" (3/58 R&B 4, US 9) — Sänger der Titel war Bobby Marchan. Beim Hit „Sea Cruise" (4/59 US 11) von Frankie Ford spielten Huey und seine Gruppe mit. In den frühen 70er Jahren zog sich Smith vom Showgeschäft zurück.

■ **Marshall Lieb** — 1939 — US-Sängerin, die zusammen mit Phil Spector und Annette Kleinbard alias Carol Connors im Trio Teddy Bears sang. Sie hatten einen großen Hit mit „To Know Him Is To Love Him" (9/58 US 1, 12/58 GB 2).

■ **Michel Delpech** — 1946 — Französischer Sänger und Songschreiber, dem Jacques Brel auf die Beine half — er brachte ihn auf die Bühne des Pariser Olympia-Theaters. 1965 hatte er seinen ersten großen Hit in seiner Heimat: „Chez Laurette". Es folgten: „L'Inventaire 66" (1966), „Wight Is Wight" (1969), „Pour Une Flirt" (10/71 D 21), „Divorc.s" (1973) und „Le Chasseur" (1975).

■ **Eddie Van Halen** — 1957 — In Holland geborener Gitarrist, Tastenspieler und Songschreiber der US-Band Van Halen, die er mit seinem älteren Bruder Alex gründete — bei ihm sind am 8.5. auch die Hits aufgezählt und die Geschichte der Band nachzulesen.

■ **Alice Babs** — 1924 — Schwedische Jazz-Sängerin, Film- und TV-Star. Richtiger Nachname Nilson. Ab Anfang der 60er Jahre war sie Mitglied im dem Swe-Danes-Trio, in dem auch Svend Asmussen spielte. Mit „After You've Gone" (8/63 GB 43) war sie als Solistin sogar in der britischen Hitparade vertreten. Ebenfalls 1963 nahm sie mit Duke Ellington die LP „Serenade For Sweden" auf. 1975 sah man sie beim Newport Festival.

■ **Cindy** — 1948 — Richtiger Name Jutta Berger. Sie war verheiratet mit Norbert Berger, mit dem sie als Gesangsduo Cindy & Bert seit 1972 in den Hitparaden auftauchte. Ihr größter Hit war „Immer wieder Sonntags" (5/73 D 3).

■ **Peter Hesslein** — 1947 — Gitarrist, der auf Platten von German Bonds, Lucifer's Friend, Les Humphries, James Last, Leinemann, Udo Lindenberg, Marius Müller-Westernhagen und anderen mitspielte.

■ **David Briggs** — 1951 — Lead-Gitarrist der australischen Little River Band, deren erste LP 1976 erschien. Briggs wurde 1980 durch Wayne Nelson ersetzt.

■ **Andrew Ridgeley** — 1963 — GB-Gitarrist, Songschreiber und 50 % von Wham!, die zwischen 1982 und 1986 Hit nach Hit landeten — Ende 1986 trennte sich das Duo. Auflistung der Hits siehe 25.6. bei George Michael.

■ **Anna LaCazzio** — 1962 — US-Sängerin und Tastenspielerin bei Cock Robin. Hits: „When Your Heart Is Weak" (6/85 US 35, 11/85 D 8) und „The Promise You Made" (2/86 D 6, 5/86 GB 28).

■ **Bert Heerink** -1953 — Holländischer Sänger mit Vandenberg. Der Gruppe gelang ein Hit in den USA: „Burning Heart" (1/83 US 39).

■ **Norman Lamont Hassan** — 1958 — GB-Musiker — Percussion, Trombone und Gesang — mit UB 40.

■ **Derek Holt** — 1949 — GB-Bassist und Tastenspieler mit der Climax Blues Band.

■ **Aaron Strobel** — 1958 — Gitarrist und Songschreiber für die Münchener Freiheit.

Todestag

■ **John A. Lomax** — 1948 — Wichtige Persönlichkeit der US-Folkmusik. Geboren am 23.9.1875.

Tageshits

1946 — „Let It Snow! Let It Snow! Let It Snow!" — Vaughn Monroe — US 5 W.
1961 — „Are You Lonesome Tonight?" — Elvis Presley — GB 4 W.
1963 — „Walk Right In" — Rooftop Singers — US 2 W.
1974 — „You're 16" — Ringo Starr — US 1 W.
1974 — „Tiger Feet" — Mud — GB 4 W.

27

Geburtstage

■ **David Seville** — 1919 — US-Songschreiber, Schauspieler und Tontüftler, richtiger Name Ross Bagdasarian. Schon 1939 schrieb er mit an der Nummer „Come On-A-My House", der 1951 ein Riesenhit für Rosemary Clooney wurde. Anfang der 50er war er in Filmen wie „Viva Zapata" (1952) und „Fenster zum Hof" (1954) von Alfred Hitchcock zu sehen. Um neben seiner Aktivität als Schauspieler in Plattenstudios arbeiten zu können, legte er sich das Pseudonym David Seville zu. Nach mehreren Anläufen gelang ihm mit „Witch Doctor" (4/58 US 1) ein großer Hit. Danach erfand er die Chipmunks, indem er sich eines Tricks bediente, den er schon bei „Witch Doctor" angewandt hatte: er sang alle Stimmen, die er dann mit unterschiedlichen Bandgeschwindigkeiten mischte. Hits: „The Chipmunk Song" (12/58 US 1) und „Alvin's Harmonica" (2/59 US 3). Auch nach seinem Tode am 16.1.1972 sind noch Platten von den Chipmunks erschienen — sein Sohn führte den Trick des Vaters fort.

■ **Bobby Bland** — 1930 — US-Blues-Sänger und Songschreiber. Richtige Vornamen Robert Calvin — sein Spitzname ist Blue. Er begann in den späten 40er Jahren in der Gospeltruppe Miniatures. 1949 war er Mitglied bei den Beale Streeters, neben ihm spielten Musiker wie B. B. King, Rosco Gordon oder Johnny Ace. Ab 1952 machte Bobby Solo Platten — ab 1957 war er regelmäßig in den R&B-Hitparaden anzutreffen. Seine erfolgreichsten Cross Over Hits: „Turn Your Love Light" (12/61 R&B 2, US 28) und „Call On Me" (1/63 US 22, R&B 6). Bis in die 80er Jahre tourte er regelmäßig mit B. B. King.

■ **Nick Mason** — 1945 — GB-Schlagzeuger, Songschreiber und 1965 Gründungsmitglied von Pink Floyd. 1981 veröffentlichte Nick die Solo LP „Fictitious Sport". Nachdem es Mitte der 80er Jahre so schien, als würde Pink Floyd endgültig auseinanderbrechen, waren es Nick und David Gilmour, die die Band weiterführten.

■ **Kim Gardner** — 1948 — GB-Bassist mit Ashton, Gardner & Dyke, gegründet 1968. Die Band schaffte einen Singleerfolg: „Resurrection Shuffle" (1/71 GB 3, 3/71 D 22, 6/71 US 40). Kim war vorher bei Creation, die mit „Painter Man" (11/66 GB 36, 4/67 D 8) erfolgreich waren. Kim spielte auch auf Platten von Nike Hugg, Badger und Billy Burnette.

■ **Seth Justman** — 1951 — US-Keyboarder, Sänger und Songschreiber der 1967 gegründeten J. Geils Band. 1970 machten sie ihre ersten Plattenaufnahmen. Nachdem Peter Wolf 1983 die Gruppe verlassen hatte, übernahm Seth den Leadgesang — ein Hit wollte ihnen nicht mehr gelingen.

■ **Elmore James** — 1918 — US-Blues-Sänger, Gitarrist und Songschreiber. Richtiger Nachname Brooks. Er gilt als Vorbild für viele britische R & B Musiker, z.B. Eric Clapton. Elmore begann erst in den 50er Jahren mit Plattenaufnahmen — Hits: „Dust My Broom" (4/52 R&B 9) und „I Believe" (2/53 R&B 9). Bis kurz vor seinem Tod am 24.5.1963 trat er regelmäßig in Chicago auf.

■ **Kevin Coyne** — 1944 — GB-Sänger, Gitarrist und Songschreiber, der Ende der 60er Jahre mit Siren seine ersten Platten machte und ab 1972 jede Menge

Solo-LPs veröffentlichte. Seine Plattenfirma hat ihn immer als Antistar bezeichnet — deshalb blieb er's wohl auch.

■ **Helmut Zacharias** — 1920 — Spielt „swingende" Geige. International war Helmut zweimal erfolgreich: „When The White Lilacs Bloom Again" (9/56 US 12) und „Tokyo Melody" (10/64 GB 9).

■ **Klaus „Major" Heuser** — 1957 — Gitarrist und Songschreiber der Kölner Gruppe BAP, die in den 80er Jahren zum Verkaufsrenner — ob Platte oder Konzert — aufstieg.

■ **Miguel Drummond** — 1964 — GB-Drummer mit der 1983 gegründeten Band Curiosity Killed The Cat.

■ **Brian Downey** — 1951 — GB-Schlagzeuger mit Thin Lizzy, zu deren Gründungsmitgliedern er 1969 gehörte.

■ **Nedra Telley** — 1946 — US-Sängerin mit den Ronettes.

Todestage

■ **Mahalia Jackson** — 1972 — US-„Queen Of Gospelsingers". Sie starb nach einer längeren Herzkrankheit. Geboren am 26.10.1911.

■ **Louis de Funés** — 1983 — Französischer Filmkomiker und Nervensäge. Als „Gendarm" war er permanent penetrant. Geboren am 31.7.1914.

Tageshits

1940 — „All The Things You Are" — Tommy Dorsey — US 2 W.
1962 — „Peppermint Twist" — Joey Dee & The Starliterso — US 3 W.
1962 — „Mexico" — Bob Moore — D 9 W.
1966 — „Michelle" — Overlanders — GB 3 W.
1973 — „Superstition" — Stevie Wonder — US 1 W.
1973 — „Blockbuster" — Sweet — GB 5 W.
1975 — „You Ain't Seen Nothing Yet" — B.T.O. — D 1 W.
1979 — „Hit Me With Your Rhythm Stick" — Ian Dury — GB 1 W.

28

Geburtstage

■ **Mr. Acker Bilk** — 1929 — GB-Pop/Jazz-Klarinettist und Songschreiber. Richtige Vornamen Bernard Stanley — „Acker" ist ein britisches Slangwort für „Kumpel". Nachdem er schon 1947, während seiner Militärzeit in Ägypten, mit dem Klarinettespielen begonnen hatte, war er 1958 soweit, eine eigene Gruppe zu gründen. Ungefähr zur gleichen Zeit hatten der Traditionelle Jazz und der Dixieland einen Boom — er kam also mit seiner Musik zur richtigen Zeit. Zwischen 1960 und 1963 — und dann nochmal 1976 — hatte er seine große Zeit. Hits: „Summer Set" (1/60 GB 5, 5/60 D 24), „Buona Sera" (12/60 GB 7), „That's My Home" (7/61 GB 7), „Stranger On The Shore" (11/61 GB 2, 3/62 D 17, US 1) und „Aria" (8/76 GB 5.

■ **Achim Reichel** — 1944 — Sänger und Songschreiber, der 1960 die Rattles gründete, mit denen er 1963 im Hamburger Starclub einen der vielen Beatbandwettbewerbe gewann. Es folgten 4 Tourneen durch GB, was damals einer Sensation gleichkam. Der erste Hit der Gruppe war „La La La" (6/65 D 19), der größte „Come On And Sing" (2/66 D 11). 1966 mußte Achim zur Bundeswehr. Seine Plattenfirma versuchte ihn als Schlagersänger zu featuren, was gründlich mißlang. 1968 war er mit der Gruppe Wonderland und dem Titel „Moscow" (7/68 D 15) wieder da. 1970 ging er auf einen Elektroniktrip — viel später gab er zu, sich gewundert zu haben, daß die Plattenfirma das alles so wortlos bezahlt und nichts verkauft hat. Nach 5 LPs in diesem Stil — die letzte 1973 — erschien er 1976 als Shantysänger, 1977 als Klabautermann und seit Ende der 70er Jahre spielt er wieder Rock mit deutschen Texten. In den 80er Jahren erschienen etliche schöne LP's — sein größter Single-Erfolg war die Nummer „Der Spieler" (1/83 D 27).

Achim Reichel

■ **Peter Schilling** — 1956 — Sänger und Songschreiber, der es schaffte, sich aus der Masse der NDW-Künstler völlig loszulösen: „Major Tom" (1/83 D 1, 9/83 US 14, 5/84 GB 42) und „Die Wüste lebt" (5/83 D 7) waren seine größten Erfolge.

■ **Brian Keenan** — 1944 — GB-Schlagzeuger, der zwischen 1965 und 1973 Mitglied der US-Gruppe Chambers Brothers war.

■ **Corky Laing** — 1948 — GB-Schlagzeuger für Mountain, West, Bruce & Laing und mit Solo-Platten.

■ **Dave Sharp** — 1959 — GB-Gitarrist und Songschreiber mit der 1981 gegründeten Gruppe Alarm.

■ **Robert Wyatt** — 1945 — GB-Sänger, Drummer, Keyboarder und Songschreiber, der 1966 Softmachine, 1971 Matching Mole gründete. Nach 1972 erschienen etliche Solo LPs von ihm, außerdem spielte er als Studiomusiker z.B. mit Kevin Coyne, Nick Mason oder Phil Manzanera.

■ **Arnold Mühren** — 1944 — Holländischer Bassist und Songschreiber. Von ihm stammen die großen Hits der Cats.

■ **Rick Allen** — 1946 — US-Tastenspieler für die Box Tops.

■ **Martin Leslie Fried** — 1944 — US-Schlagzeuger bei Cyrkle.

Todestage

■ **Billy Fury** — 1983 — GB-Sänger. Er nahm gerade eine neue Platte auf, als ihn ein Herzschlag traf. Geboren am 17.4.1941.

■ **Al Dexter** — 1984 — US-Sänger, Songschreiber und Gitarrist. Geboren am 4.5.1902.

Tageshits

1965 — „Go Now" — Moody Blues — GB 1 W.
1984 — „Relax" — Frankie Goes To Hollywood — GB 5 W.
1989 — „Something's Gotten Hold Of My Heart" — Mark Almond & Gene Pitney — GB 4 W.

Merk-Würdiges

1967 — Im Londoner Saville-Theater findet der erste öffentliche Auftritt von Jimi Hendrix Experience statt. Kurz zuvor war „Hey Joe" erschienen.

29

Geburtstage

■ **Sacha Distel** — 1933 — Französischer Gitarrist, Sänger und Songschreiber. Mit 5 lernte er Klavierspielen, mit 15 Gitarre. Während seines Philosophiestudiums spielte er Dixielandmusik, dann hörte er Dizzy Gillespie und interessierte sich mehr für modernen Jazz. 1950 gewann er einen Nachwuchswettbewerb, noch im gleichen Jahr spielte er mit Stan Getz, dem Modern Jazz Quartet, Lionel Hampton und Gillespie. Sacha galt zu dieser Zeit als ausgezeichneter Jazzgitarrist. Ab 1958 war er dann mit meist selbstgeschriebenen Liedern erfolgreich. In Frankreich hatte er seine größten Erfolge mit „Scoubidou" (1959) und „Mon Beau Chapeu" (1960). International kam er in die Hitparaden mit „Raindrops Keep Fallin' On My Head" (1/70 GB 10), „Adios Amigo" (10/62 D 5). Sacha, der Platten in 5 verschiedenen Sprachen aufnahm, gewann 1963 mit dem von ihm geschriebenen Thema zum französischen Film „The Seven Capital Sins" einen Grammy für das beste Lied des Jahres — es wurde als „The Good Life" ein Hit für Tony Bennett.

David Byron (Rough Diamond)

■ **David Byron** — 1947 — GB-Sänger und Songschreiber der 1969 gegründeten Band Uriah Heep. Zwischen 1971 und 1978 waren sie mit 12 Titeln in der deutschen Hitparade vertreten — in ihrer Heimat gelang ihnen jedoch kein Hit. Größte Erfolge: „Lady In Black" (6/71 D 24, 1/75 RE-D 44, 9/77 RE-D 5), „Easy Livin'" (8/72 D 15), „Spider Woman" (1/73 D 14) und „Free Me" (11/77 D 9). Ende der 70er Jahre wurde David aus der Band gefeuert, weil er sich nicht mehr mit Ken Hensley, dem Kopf der Band, verstand. Er machte danach Solo Platten, gründete Rough Diamond und die Byron Band. David starb am 28.2.1985.

■ **Mark Wynter** — 1943 — GB-Sänger mit richtigem Namen Terry Lewis. Mark galt als die britische Ausgabe von Frankie Avalon und Tommy Sands. Zwischen 1960 und 1964 hatte er neun sogenannte „Teen-Dream Records" in der britischen Hitparade. Die erfolgreichsten Nummern waren „Venus In Blue Jeans" (10/62 GB 4) und „Go Away Little Girl" (12/62 GB 6). Nachdem der Erfolg nachgelassen hatte, wanderte er nach Australien aus und kam später wieder zurück — inzwischen gilt er als passabler Mime in Musicals.

■ **Bobby Scott** — 1937 — US-Sänger, Pianist und Songschreiber sowohl auf dem Pop- als auch auf dem Jazzsektor. Hit: „Chain Gang" (1/56 US 13). Erfolgreichste Komposition: „A Taste Of Honey" — Hit mit den Beatles und Herb Alpert.

■ **Frank Virtue** — 1933 — US-Leadgitarrist und Kopf des Trios Virtues. Sein richtiger Nachname lautet Virtuoso. Die Gruppe wurde schon 1947 gegründet, hatte ihren ersten großen Erfolg aber erst mit „Guitar Boogie Shuffle" (3/59 US 5). 1962 wurde Frank Besitzer eines erfolgreichen Aufnahmestudios in seiner Heimatstadt Philadelphia.

■ **Roddy Frame** — 1963 — GB-Gitarrist, Sänger, Songschreiber und Gründungsmitglied der Aztec Camera. Hits: „Oblivious" (2/83 GB 47, 11/83 RE-GB 18) und „Somewhere In My Heart" (4/88 GB 3).

■ **Bill Kirchen** — 1948 — US-Sänger, Gitarrist und Songschreiber mit der 1967 gegründeten Country/Rockband Commander Cody & His Lost Planet Airmen. Größter Hit: „Hot Rod Lincoln" (3/72 US 9).

■ **Peter Cornelius** — 1951 — Österreichischer Sänger und Songschreiber, der Hits hatte mit: „Du entschuldige — I kenn' di" (11/81 D 8) und „Reif für die Insel" (4/82 D 38).

■ **Tommy Ramone** — 1952 — US-Schlagzeuger der 1974 gegründeten Ramones. Tommy wurde als Tom Erdelyi in Budapest geboren.

■ **Eddie Jackson** — 1961 — US-Bassist und Sänger bei Queensryche.

■ **Alexander Büchel** — 1957 — Keyboardspieler bei BAP.

Todestage

■ **„Cozy" Cole** — 1981 — US-Schlagzeuger mit Jelly Morton, Cab Calloway und Louis Armstrong. Starb an Krebs. Geboren am 17.10.1909.

■ **Jesse Fuller** — 1976 — US-Blues-Musiker. Geboren am 12.3.1896.

■ **Jimmy Durante** — 1980 — US-Komiker, Pianist, Sänger und Songschreiber. Nach einem Herzanfall 1972 war er an den Rollstuhl gefesselt. Goodnight, Mr. Durante — wherever you are! Geboren am 10.2.1893.

Tageshits

1944 — „My Heart Tells Me" — Glen Gray — US 5 W.
1960 — „Starry Eyed" — Michael Holliday — GB 1 W.
1966 — „We Can Work It Out" — Beatles — US 1 W. (2.mal)
1969 — „Albatross" — Fleetwood Mac — GB 1 W.
1977 — „Car Wash" — Rose Royce — US 1 W.
1983 — „Down Under" — Men At Work — GB 3 W.

30

Geburtstage

Genesis

■ **Phil Collins** — 1951 — GB-Schlagzeuger, Sänger, Songschreiber und Produzent. 1970 suchte die Gruppe Genesis mit einer kleinen Anzeige im „Melody Maker" einen neuen Schlagzeuger. Die Band war im Januar 1967 aus den beiden

Amateurformationen Anon und Garden Wall entstanden. Zu den Gründungsmitgliedern gehörten Anthony Phillips, Michael Rutherford, Tony Banks, Peter Gabriel und Schlagzeuger Chris Stewart. Der wurde später durch John Silver und der wieder durch John Mayhew ersetzt. Die 4 Ur-Mitglieder hielten also erst einmal durch — nur mit dem Schlagzeuger wollte es nicht so recht klappen. Auf ihre Anzeige meldete sich Phil Collins, der zu diesem Zeitpunkt bereits auf eine lange Karriere zurückblicken konnte. Schon als Kind war er im Fernsehen, Radio, Film und auf der Bühne in Erscheinung getreten — so war Phil auch einer von denen, die mal den Artful Dodger in „Oliver Twist" gespielt hatten (wie z. B. auch Steve Marriott). Später spielte er in etlichen Gruppen — darunter auch Flaming Youth. Mit Beginn der 70er Jahre war Genesis mehr eine Gruppe, die LP-Verkaufserfolge erzielte. Ab 1978 tauchte sie dann auch verstärkt in den Singlecharts auf. Hits: „That's All" (12/83 GB 16, US 6, D 27), „Invisible Touch" (5/86 US 1, GB 15, D 16), „Land Of Confusion" (11/86 US 4, GB 14, D 7) und „Tonight, Tonight, Tonight" (2/87 US 3, GB 18, D 23). Neben Genesis spielte der „Hyper-Active" Phil Collins auch noch bei seiner Band-Gründung Brand X — außerdem ist er seit 1981 auch als Solist außerordentlich erfolgreich: „In The Air Tonight" (1/81 GB 2, 3/81 D 1, 5/81 US 19), „You Can't Hurry Love" (11/82 US 10, GB 1, 1/83 D 3), „Against All Odds" (2/84 US 1, GB 2, 5/84 D 9), „Sussudio" (1/85 GB 12, D 17, 5/85 US 1) „One More Night" (2/85 US 1, 4/85 GB 4, D 10), im Duo mit Marilyn Martin „Seperate Lives" (10/85 US 1, GB 4), „In The Air Tonight ('88 Remix)" (6/88 GB 4, 8/88 D 4, 2/89 RE-D 3), „A Groovy Kind Of Love" (9/88 GB & US 1, D 3), „Two Hearts" (11/88 US 1, GB 6, D 3) und „Another Day In Paradise" (11/89 US & D 1, GB 2). Damit scheint er immer noch nicht ausgelastet: als Studiomusiker ist er auf so vielen Platten zu hören, daß er wohl mit 2 Stunden Schlaf pro Nacht auskommt. Und auch als Filmschauspieler hat er so ganz nebenbei auch noch Erfolg: „Buster" (1988).

Small Faces

■ **Steve Marriott** — 1947 — GB-Sänger, Gitarrist und Songschreiber. Er hatte erste Erfolge bei der 1965 gegründeten Gruppe Small Faces, die es zwischen 1965 und 1969 auf zwölf Hits in GB brachte — die größten: „All Or Nothing" (8/66 GB 1, 10/66 D 17), „Itchycoo Park" (8/67 GB 3, 10/67 D 17, US 16, 12/75 RE-GB 9) und „Lazy Sunday" (4/68 GB & D 2, 3/76 RE-GB 39). 1968 formierte Steve Humble Pie — einziger Hit: „Natural Born Bugie" (8/69 GB 4, 10/69 D 20). Nach 1974 machte er Steve Marriott All Stars — ohne Erfolg.

■ **Ruth Brown** — 1928 — US-Sängerin, die zwischen 1949 und 1962 Hits hatte. Richtiger Nachname Weston. Ruth wurde durch Duke Ellington entdeckt, der sie an die gerade gegründete Plattenfirma ATLANTIC vermittelte. Ihre ersten Hits standen lediglich hoch in den „R & B-Charts": „So Long" (9/49 R&B 4), „Teardrops From My Eyes" (10/50 R&B 1) oder „5-10-15 Hours" (4/52 R&B 1) — dann kam der Millionseller „(Mama) He Treats Your Daughter Mean" (3/53 US 23). Weitere Pop-Erfolge: „Lucky Lips" (2/57 US 25) — später ein Hit für Cliff Richard — und „This Little Girl's Gone Rockin'" (9/58 US 24). Ruth trat später in TV-Shows auf, spielte am Broadway und in Las Vegas und war zu sehen in den Filmen „Under The Rainbow" (1981) und „Hairspray" (1988).

■ **Marty Balin** — 1943 — US-Sänger und Songschreiber; mit richtigem Namen Martin Buchwald. Formte zusammen mit Paul Kantner 1965 Jefferson Airplane. Hit: „Somebody To Love" (4/67 US 5). 1971 verließ er die Band, um 3 Jahre später aus dem Torso von Jefferson Airplane Jefferson Starship zu gründen. Hit: „Miracles" (8/75 US 3). Im September 1978 verließ Balin die Band. Ein Jahr später präsentierte er die Rockoper „Rock Justice", die glatte 4 Tage im Old Waldorf Club in San Francisco gespielt wurde. Im Frühjahr 1981 veröffentlichte er zuerst die Single „Hearts" (5/81 US 8) und dann seine erste Solo-LP. Im März 1985 bildeten Paul Kantner, Marty und Jack Casady — 3 Urmitglieder von Jefferson Airplane — die Gruppe KBC. 1989 schloß sich dann der Kreis: Fünf Urmitglieder aus den ersten Erfolgstagen von Jefferson Airplane kamen wieder zusammen und veröffentlichten erneut unter ihrem alten Namen Platten.

■ **Jody Watley** — 1959 — US-Sängerin und Songschreiberin. Begann als Tänzerin in der US-TV-Serie „Soul Train". 1977 gründetesie mit Jeffrey Daniels und Howard Hewett das Trio Shalamar. Größter Hit: „The Second Time Around" (11/79 GB 45, US 8). Jeffrey Daniels und Jody verließen 1984 die Band und wurden durch Micki Free und Delisa Davis ersetzt. Jody machte als Solistin weiter und hatte Hits mit „Looking For A New Love" (3/87 US 2, 5/87 GB 13, D 25), „Don't You Want Me" (10/87 US 6), „Real Love" (3/89 US 2, GB 31, 5/89 D 15) und „Everything" (10/89 US 4).

■ **Heidi Brühl** — 1942 — Erst Filmschauspielerin, dann auch Schlagersängerin. Größte Hits: „Chico Chico Charlie" (8/59 D 5), „Wir wollen niemals auseinandergehn" (4/60 D 1) und „100 Mann und ein Befehl" (4/66 D 8).

■ **Horst Jankowski** — 1936 — Gewann zwischen 1955 und 1965 in der Bundesrepublik immer den 1. Preis als bester Jazzpianist. Hit: „A Walk In The Black Forest" (5/65 GB 3, US 12).

■ **Melvin Endsley** — 1934 — US-Country-Sänger und Songschreiber. Erfolgreich war er nur als Autor für andere Interpreten. So stammt von ihm z. B. „Singing The Blues".

■ **Marv Ross** — 1951 — Gitarrist, Sänger und Songschreiber. Zusammen mit seiner Frau Rindy hatte er 1980 als Seafood Mama mit dem Titel „Harden My Heart" einen Hit in seiner Heimatstadt Portland. Nachdem sich die Gruppe mit weiteren Musikern verstärkt hatte, nannte sie sich Quarterflash und nahm „Harden My Heart" (10/81 US 3) erneut auf. Bis 1985 folgten weitere Hits.

Todestage

■ **Professor Longhair** — 1980 — König des New Orleans Piano; geboren am 19.12.1918.

■ **Lightnin' Hopkins** — 1982 — US-Bluesmusiker; Vorname Sam. Für Fachleute galt er als der „kreativste Folkpoet und King of the Blues". Geboren am 15.3.1912.

■ **Warren Smith** — 1980 — US-Rocker der ersten Stunde. Starb nach einem Herzanfall. Geboren am 7.2.1933.

Tageshits

1943 — „Mister Five By Five" — Harry James — US 2 W.
1953 — „Outside Of Heaven" — Eddie Fisher — GB 1 W.
1959 — „One Night/I Got Stung" — Elvis Presley — GB 3 W.
1961 — „Will You Love Me Tomorrow" — Shirelles — US 2 W.
1964 — „Needles And Pins" — Searchers — GB 3 W.
1982 — „Oh Julie" — Shakin' Stevens — GB 1 W.
1982 — „I Can't Go For That" — Hall & Oates — US 1 W.
1988 — „I Think We're Alone Now" — Tiffany — GB 3 W.
1988 — „Need You Tonight" — INXS — US 1 W

31

Geburtstage

■ **Eddie Cantor** — 1892 — US-Sänger, Komiker und Schauspieler. Sein richtiger Name war Edward Israel Iskowitz. Nachdem er bereits mit 2 Jahren seine Eltern, russische Immigranten, verloren hatte, wuchs er bei der Großmutter auf. Ohne eine Grundschulausbildung unterhielt er die Leute an Straßenecken, trat mit 12 in YMCA-Summercamp-Shows auf und gewann 1908 einen Talentwettbewerb. 1912 war er in der Kid Kabaret Review zu sehen und wenig später ein Star bei den Ziegfeld Follies. Sein Filmdebüt gab er 1926 mit „Kid Boots". 1929, beim Wall Street Crash, verlor er zwei Millionen Dollar — ein Zeichen, daß er zu diesem Zeitpunkt schon ein Superstar war. 1936 war er der höchstbezahlte Star im Radio. Nachdem er 1939 einige prominente Persönlichkeiten öffentlich als Faschisten bezeichnet hatte, durfte er nicht mehr im Radio auftreten. Erst nach Eintritt der USA in den Zweiten Weltkrieg gelang ihm ein spektakuläres Comeback. Als 1950 das Fernsehen in den USA an Bedeutung gewann, war er mit einer eigenen „Comedy Hour" dabei. Gesponsort wurde sie nicht wie in seinen großen Tagen von einer Kaffefirma, sondern jetzt von einer Zahnpastafirma. In seiner TV-Show half er Interpreten wie Dinah Shore oder Eddie Fisher auf die Beine. 1952 zog er sich nach einem Herzinfarkt von der Arbeit zurück. 1956 erhielt er für besondere Verdienste um den Film einen Ehren-Oscar. Mit Platten war Eddie von 1917 bis 1934 und dann noch einmal 1950 in den Hitparaden. Hits: „Margie" (2/21 US 1), „No, No, Nora" (11/23 US 1), „I've Got The Yes! We Have No Bananas Blues" (11/23 US 2), „If You Knew Suzie" (7/25 US 1) und „Makin' Whoopee" (2/29 US 2). Er starb am 10.10.1964.

■ **Harry Wayne Casey** — 1951 — US-Songschreiber, Tastenspieler und Lead-Sänger der Gruppe, für die er seinen Nachnamen in K.C. kürzte und damit der Sunshine Band ihren Namen gab: K.C. & The Sunshine Band. Er ist zusammen mit Richard Finch der Kern der Gruppe und schreibt mit ihm die meisten Hits: „Get Down Tonight" (7/75 US 1, 3/75 GB 21), „That's The Way (I Like It)" (8/75 GB 4, 10/75 US 1, D 20), „(Shake, Shake, Shake) Shake Your Booty" (7/76 US 1, GB 22, 9/76 D 23), „I'm Your Boogie Man" (2/77 US 1), „Please Don't Go" (8/79 US 1, 12/79 GB 3, 3/80 D 20) und „Give It Up" (4/83 D 23, 7/83 GB 1). Am 15.1.1982 wurde Harry Casey bei einem Autounfall schwer verletzt. 1983 hatte er sich jedoch wieder soweit erholt, daß er seine eigene Plattenfirma MECA gründen konnte.

■ **Chuck Willis** — 1928 — US-Rock 'n' Roll-Sänger und Songschreiber, der zu den Wegbereitern dieses Genres zählte. Chuck begann 1951 als R & B Künstler beim Okeh-Label. Sein größter Erfolg war seine eigene Komposition „C.C. Rider" (4/57 US 12), schon weil sie von vielen anderen Interpreten nachgesungen wurde — und mit dieser Platte begann im übrigen auch eine der vielen Tanzmanien jener Tage — in diesem Fall der Stroll. Seinen größten Hit als Interpret hat Chuck nicht mehr erlebt — makaber genug: „What Am I Living For" (4/58 US 9) mit der B-Seite „Hang Up My R'n'R Shoes" (4/58 US 24). Stücke von ihm wurden z. B. von Elvis, Buddy Holly oder den Drifters übernommen. Im Frühjahr 1958 erkrankte er an einer Bauchfellentzündung und starb am 10.4. nach einer schweren Operation.

■ **Johnny Rotten** — 1956 — GB-Punker, Sänger und Songschreiber, mit richtigem Namen John Lydon — Johnny Rotten in Anlehnung an den englischen Ausdruck „jolly rotten" = Pottsau. Er war 1975 Mitbegründer der Sex Pistols — Hit: „God Save The Queen" (6/77 GB 2). Im Mai 1978 — inzwischen nannte er sich offiziell wieder Johnny Lydon — verließ er die Sex Pistols und gab die Gründung seiner eigenen Gruppe Public Image Ltd bekannt. Hits: „Public Image" (10/78 GB 9) und „This Is Not A Love Song" (9/83 GB 5, 12/83 D 10). Nach ihrem ersten Hit kürzten sie sich auf P.I.L. ab.

■ **Phil Manzanera** — 1951 — GB-Gitarrist und Songschreiber. 1970 war er Mitbegründer von Quiet Sun, ab Februar 1972 dann mit Roxy Music. Er arbeitete bei Soloprojekten von Bryan Ferry, Andy Mackay, Eno, John Cale und Nico mit. Nach 1975 veröffentlichte er Solo-LP's, machte eine Single unter dem Namen seiner alten Band Quiet Sun, gründete 801, spielte wieder mit Roxy Music, mit Stomu Yamashta, The Explorers und machte 1987 mit John Wetton als Wetton/Manzanera weiter.

Phil Manzanera (Roxy Music)

■ **Mario Lanza** — 1921 — US-Sänger, dessen richtiger Name Alfredo Arnold Cocozza war. Seine große Zeit hatte er zwischen 1950 und 1956. Insgesamt spielte er in 7 Filmen mit. Drei seiner Platten wurden Millionseller: „Be My Love" (12/50 US 1), „The Loveliest Night Of The Year" (4/51 US 3) und „Because You're Mine" (9/52 US 7). Im Film „Der große Caruso" spielte er sein Vorbild. Er starb am 7.10.1959.

■ **Roosevelt Sykes** — 1906 — US-Bluespianist mit dem Spitznamen „The Honeydripper", der aber auch unter den Pseudonymen The Blues Man, Dobby Bragg, Easy Papa Johnson oder Willie Kelly auftrat. Roosevelt schrieb viele bekannte Bluessongs, die er seit den späten 20er Jahren auf Platten produzierte. Er starb am 17.7.83.

■ **Lloyd Cole** — 1961 — GB-Sänger und Songschreiber, der 1982 seine Band Commotions gründete. Ab 1984 waren Lloyd Cole & The Commotions in der britischen Hitparade vertreten. Ihre größten Hits waren „Brand New Friend" (9/85 GB 19) und „Lost Weekend" (11/85 GB 17). Mit der LP „1984 — 1989", auf der alle Hits der Gruppe zusammengefaßt waren, verabschiedete sich die Band von ihren Fans und gab ihre Auflösung bekannt. Cole erklärte gleichzeitig, daß er mit einer Crew amerikanischer Musiker an seinem ersten Soloalbum arbeite.

■ **Bobby Hackett** — 1915 — US-Kornettist, Trompeter und Gitarrist mit den richtigen Vornamen Robert Leo. Bobby galt als einer der legitimen Nachfolger von Bix Beiderbecke. Er spielte u.a. in den Bands von Glenn Miller, Glen Gray, Jackie Gleason und auch mit eigenem Orchester. Er starb am 7.6.1976.

■ **Adrian Vandenberg** — 1954 — Niederländischer Gitarrist, Tastenspieler, Sänger, Songschreiber und Namensgeber der Gruppe Vandenberg. Nachdem er auf 25 LPs in Holland als Sessiongitarrist mitgespielt hatte, danach Mitglied der Gruppe Teaser war, gründete er Anfang der 80er Jahre seine eigene Band.

■ **Terry Kath** — 1946 — US-Gitarrist, Sänger und Songschreiber bei Chicago, zu deren Gründungsmitgliedern er 1967 gehörte. Terry starb nach einem Unfall am 23.1.1978.

■ **Cyril Stapleton** — 1914 — GB-Orchesterchef, der zu den Größen des britischen Radios gehörte. Auf Platte hatte er seinen größten Erfolg mit „Blue Star" (9/55 GB 2).

■ **Allan Lomax** — 1915 — US-Folkmusiker; Sohn von John Lomax, trat als Sänger und Komponist in Erscheinung.

Todestage

■ **Slim Harpo** — 1970 — US-R & B-Interpret. Starb nach einem Herzanfall. Geboren 11.1.1924.

■ **Buster Brown** — 1976 — US-Sänger und Songschreiber. Geboren 15.8.1911.

Tageshits

1959 – „Tom Dooley" – Nilsen Brothers – D 7 W.
1963 – „Diamonds" – Jet Harris & Tony Meehan – GB 3 W.
1968 – „Everlasting Love" – Love Affair – GB 2 W.
1970 – „I Want You Back" – Jackson 5 – US 1 W.
1970 – „Love Grows" – Edison Lighthouse – GB 5 W.
1971 – „My Sweet Lord" – George Harrison – GB 5 W.
1976 – „Mamma Mia" – Abba – GB 2 W.
1976 – „Love Roller Coaster" – Ohio Players – US 1 W.
1981 – „The Tide Is High" – Blondie – US 1 W.
1983 – „Major Tom" – Peter Schilling – D 8 W.

1

Geburtstage

Dr. Hook

■ **Ray Sawyer** – 1937 – US-Sänger mit der 1968 gegründeten Gruppe Dr. Hook und später auch als Solist. Die Band hatte ihren ersten Millionseller mit „Sylvia's Mother" (4/72 US 5, 6/72 GB 2, D 9). Meist trägt Ray witzige, ironische Texte vor, die Shel Silverstein schrieb. Weitere Millionseller waren „The Cover Of 'Rolling Stone'" (12/72 US 6), „Only Sixteen" (1/76 US 6), „Sharing The Night Together" (9/78 US 6), „When You're In Love With A Beautiful Woman" (4/79 US 6, 8/79 D 8, GB 1) und „Sexy Eyes" (2/80 US 5, 3/80 GB 4, 5/80 D 2). Rays Markenzeichen ist eine Augenklappe, die er allerdings nicht zum Spaß trägt: er verlor bei einem Autounfall ein Auge.

■ **Don Everly** – 1937 – US-Sänger und Songschreiber, der ältere der beiden Everly Brothers. Die Eltern der beiden Brüder waren in den USA bekannte Country Musiker. Sie waren es, die dafür sorgten, daß Don & Phil bereits mit 8 bzw. 6 Jahren im Radio auftraten. Chet Atkins machte später einen Vertrag mit den beiden, und damit begann die Karriere des „Nummer 1 Duos der Rock Ära". Die größten Hits: „Wake Up Little Susie" (9/57 US 1, 11/57 GB 2), „All I Have To Do Is Dream" (4/58 US & GB 1), „Bird Dog" (8/58 US 1, GB 2), „Cathy's Clown" (4/60 US & GB 1), „Walk Right Back" (2/61 US 7, GB 1) und „Temptation" (5/61 US 27, GB 1). Ihren letzten Top Ten Hit hatten sie mit „The Price Of Love" (5/65 GB 2, 8/65 D 25).

■ **Rick James** – 1952 – US-Sänger, Keyboardspieler, Gitarrist und Songschreiber. Richtiger Name James Johnson. Rick gilt als Punk/Funk Interpret. In Toronto gründete er 1967 seine erste Gruppe Mynah Birds, in der auch Neil Young und Bruce Palmer (später Buffalo Springfield) sowie Goldy McJohn (später Steppenwolf) spielten. Die Band erhielt sogar einen Vertrag bei der Detroiter Plattenfirma Motown – zu einer Veröffentlichung kam es aber nicht. 1970 ging Rick nach London und gründete dort Main Line. Für die nächsten 7 Jahre ist er abwechselnd in London, Kanada und in den USA. Gerüchte besagen, daß er in dieser Zeit in den USA eine längere Haftstrafe verbüßte, weil er aus der Navy desertierte. 1977 gründet er die Stone City Band. Wenig später erhält er einen Plattenvertrag als Solist – und wieder bei Motown. Jetzt kommt es auch zu Plattenveröffentlichungen – Hits: „You And I" (7/78 US 13) und „Super Freak (Part 1)" (8/81 US 16).

■ **Joe Sample** – 1939 – US-Keyboarder und Songschreiber mit dem in den 50er Jahren gegründeten Modern Jazz Sextet, aus dem dann die Nitehawks, die Jazz Crusaders und schließlich 1972 die Crusaders wurden. Neben seiner Arbeit in dieser Band veröffentlichte er auch Solo Platten und spielte mit L.A. Express.

■ **Bob Shane** – 1934 – US-Sänger und Gitarrist im 1957 in San Francisco gegründeten Kingston Trio. Größte Hits: „Tom Dooley" (9/58 US 1, 11/58 GB 5, D 1), „The Tijuana Jail" (3/59 US 12), „M.T.A." (6/59 US 15) und „Reverend Mr. Black" (4/63 US 8). Nachdem die Gruppe 1968 auseinandergefallen war, gründete Shane 1973 das New Kingston Trio.

■ **Richard Williams** – 1950 – US-Gitarrist in der 1970 gegründeten Gruppe Kansas.

■ **Walter Seyffer** – 1950 – Deutscher Rocksänger mit The Gravers, 9 Days Wonder und Wintergarden.

■ **Tommy Duffy** – 1944 – US-Sänger im Brooklyn Trio Echoes. Hit: „Baby Blue" (3/61 US 12).

■ **Stephanie** – 1965 – Fürstenkind und Sängerin (?) aus Monaco. Franzosen und Deutsche fanden sie unwiderstehlich mit „Irresistible" (4/86 F 1, D 2). Nachfolgehit: „One Love To Give" (9/86 D 10).

Todestag

■ **Dick James** – 1986 – GB-Sänger, Songschreiber, Musikverleger und Boss der Plattenfirma DJM = Dick James Music. Er erlag einem Herzschlag. Geboren 1921.

Tageshits

1957 – siehe Merk-Würdiges, denn 2 Titel auf 1 in GB!
1964 – „I Want To Hold Your Hand" – Beatles – US 7 W.
1969 – „Crimson And Clover" – Tommy James & The Shondells – US 2 W.
1971 – „My Sweet Lord" – George Harrison – D 10 W.
1975 – „Laughter In The Rain" – Neil Sedaka – US 1 W.

Merk-Würdiges

1949 – Für die Schallplatte ein neues Zeitalter: die US-Plattenfirma RCA veröffentlicht die erste Singleplatte, die mit 45 Umdrehungen pro Minute läuft.

1957 – Immer noch belegt Frankie Vaughan mit „Garden Of Eden" Platz 1 in GB. Zum 3. Mal kehrt Guy Mitchell mit „Singing The Blues" auf den Spitzenplatz zurück und muß ihn mit Frankie Vaughan für eine Woche teilen.

2

Geburtstage

Graham Nash

■ **Graham Nash** — 1942 — GB-Gitarrist, Sänger und Songschreiber. Zusammen mit seinem Schulfreund Allan Clarke gründete er 1961 das Duo Two Teens, das sich zu den Fourtones, den Deltas und schließlich, Ende 1962, zu den Hollies mauserte. Zwischen 1963 und 1968 hatte diese Gruppe in GB 13 Top Ten Hits (Auflistung am 5.4. bei Allan Clarke). 1968 stellt sich mehr und mehr heraus, daß Graham mit der musikalischen Richtung der Hollies nicht mehr einverstanden ist. Als dann noch bekannt wird, daß die Gruppe eine ganze LP nur mit Bob Dylan Liedern aufnehmen will, verläßt Nash am 8. Dezember 1968 die Band. Kurz danach beginnen, noch in London, die Proben von David Crosby, Stephen Stills und Graham für ihr neues Trio Projekt. Anfang 1969 unterschreiben sie als Crosby, Stills & Nash, inzwischen in Kalifornien, einen Plattenvertrag mit der amerikanischen Firma Atlantic Records — Sunny California war Graham wohl auch lieber als Rainy Blackpool. Aus dem Trio wird wenig später, durch die Hinzunahme von Neil Young, ein Quartett. Im Laufe der 70er und 80er Jahre spielen die einzelnen Mitglieder in immer wieder kombinierten Variationen zusammen oder nehmen Solo Platten auf. 1982 entscheidet sich Graham für eine erneute Mitgliedschaft bei den Hollies. Da das Projekt nicht übermäßig erfolgreich ist, macht er weiter wie in den 70er Jahren — Ende der 80er Jahre erscheint dann auch nach langer Zeit mal wieder eine LP von Crosby, Stills, Nash & Young. Hits als Crosby, Stills & Nash: „Marrakesh Express" (7/69 US 28, GB 17), „Just A Song Before I Go" (5/77 US 7) und „Wasted On The Way" (6/82 US 9) — größter Hit als Crosby, Stills, Nash & Young: „Woodstock" (3/70 US 11) — größter Solo Hit: „Chicago" (6/71 US 35).

■ **David Whitfield** — 1925 — GB-Sänger. Er war der erste Brite, der es in den USA zu einem Millionseller brachte: „Cara Mia" (6/54 GB 1, 8/54 US 10). Er wurde begleitet vom Orchester Mantovani, der auch unter dem Pseudonym Tulio Trapino Co-Autor dieses Liedes ist. David war in GB zwischen 1953 und 1957 12 mal in den Top Ten. Weitere Hits: „Answer Me" (10/53 GB 1), „Rags To Riches" (12/53 GB 3), „Santa Natale" (11/54 GB 2, US 19), „Ev'rywhere" (7/55 GB 3) und „My September Love" (3/56 GB 3). Nach seiner Karriere als Schlagerstar wechselte David ins operative Knödelfach. Er starb am 16.1.1980.

■ **Stan Getz** — 1927 — US-Tenorsaxophonspieler. Richtiger Name Stanley Gayetzsky. Er begann seine Karriere bei Jack Teagarden (1943), Stan Kenton (1944/45), Benny Goodman und Jimmy Dorsey. Goodman bezeichnete ihn einmal als den „besten Tenorsaxophonisten aller Zeiten". 1947 trat Stan mit eigenem Trio auf und schloß sich noch im gleichen Jahr Woody Herman an, mit dem er bis 1949 spielte. Zusammen mit dem Gitarristen Charlie Byrd hatte er den Welthit „Desafinado" (9/62 US 15, 11/62 GB 11, 2/63 D 16), mit der Sängerin Astrud Gilberto „The Girl From Ipanema" (6/64 US 5, GB 29).

■ **Howard Bellamy** — 1946 — US-Country Sänger, Gitarrist und Songschreiber, der zusammen mit seinem Bruder David schon 1958 als Bellamy Brothers

Bellamy Brothers

auftrat. Zwischen 1968 und 1971 waren die Brüder in einer Band namens Jericho, schließlich gelang ihnen ein Welthit mit „Let Your Love Flow" (1/76 US 1, 4/76 GB 7, D 1). Es folgte noch ein weiterer Pop-Hit: „If I Said You Have A Beautiful Body Would You Hold It Against Me" (5/79 US 39, 8/79 GB 3, D 34). Danach tauchten sie fast ausschließlich in den US-Country-Charts auf — zwischen 1979 und 1988 gelangten sie 10 mal auf Platz 1.

■ **Skip Battin** — 1934 — US-Bassist, richtiger Vorname Clyde. Zusammen mit Gary „Flip" Paxton begann er Ende der 50er Jahre als Duo Skip & Flip — Hits: „It Was I" (6/59 US 11) und „Cherry Pie" (4/60 US 11). Nachdem Skip in den 60er Jahren in verschiedenen Gruppen gespielt hatte, wurde er im Oktober 1969 Mitglied der Byrds. Er blieb bis zum Februar 1973, machte danach eine Solo-LP, ging dann im Februar 1974 zu New Riders Of The Purple Sage und später zu den neuformierten Flying Burrito Brothers.

■ **Mike Brant** — 1947 — Französischer Sänger, der mit „Laisse-Moi T'aimer" (1970) und „Qui Saura" (1972) in Frankreich seine größten Erfolge hatte. In der Bundesrepublik wurde er vor allem durch „Mais Dans La Lumi.re" (12/70 D 34) und „Dis Lui", der französischen Version von „Feelings", bekannt. Bis 1973 konnte Mike 6 Goldene Schallplatten kassieren, und in demselben Jahr wurde er zum Sänger des Jahres in Frankreich gewählt. Am 27.4.1975 beging er Selbstmord.

■ **Derek Victor Shulman** — 1947 — GB-Sänger, Saxophonist und Bassist. Zusammen mit seinen Brüdern Phil und Ray gründete er Howlin' Wolves, die ihren Namen ihn Simon Dupree And The Big Sound änderten. Größter Hit: „Kites" (11/67 GB 9). 1970 waren die drei Brüder Mitglieder von Gentle Giant, die eine Reihe guter LPs veröffentlichten.

■ **John Patrick Weathers** — 1947 — GB-Schlagzeuger bei Eyes Of Blue, Graham Bond's Magick, Greaseband, Piblokto und Gentle Giant.

■ **Alan McKay** — 1948 — US-Gitarrist mit Earth, Wind & Fire. Alan spielte auch auf Platten von Deodato, Ramsey Lewis, Deniece Williams, Emotions, Herbie Hancock u.v.a..

■ **Alan Caddy** — 1940 — GB-Leadgitarrist mit den Tornados. Hits: „Telstar" (8/62 GB 1, 11/62 US 1, D 6) und „Globetrotter" (1/63 GB 5).

■ **Whistling Jack Smith** — 1946 — GB-Pfeife, die mit richtigem Namen Billy Moeller heißt. Einziger Hit „I Was Kaiser Bill's Batman" (3/67 GB 5, US 20, D 4).

■ **Peter Macbeth** — 1943 — GB-Bassist mit den Foundations.

Todestag

■ **Sid Vicious** — 1979 — GB-Bassist bei den Sex Pistols. Er starb nach einer Überdosis Rauschgift. Geboren am 10.5.1957.

Tageshits

1957 — „Sei zufrieden" — Lukas Trio — D 2 W.
1974 — „The Way We Were" — Barbra Streisand — US 1 W.
1976 — „Moviestar" — Harpo — D 4 W.
1980 — „Too Much Too Young" — Specials — GB 2 W.
1981 — „Angel Of Mine" — Frank Duval — D 5 W.
1985 — „I Want To Know What Love Is" — Foreigner — US 2 W.

3

Geburtstage

■ **Melanie** — 1947 — US-Sängerin und Songschreiberin mit Nachnamen Safka. 1967 veröffentlichte die Plattenfirma Columbia ihre Nummer „Beautiful People" — es wurde ein Flop. Erst nach ihrem Wechsel zur Plattenfirma Buddah kam der Erfolg: „Lay Down (Candles In The Rain)" (4/70 US 6) — zusammen mit den Edwin Hawkins' Singers, „Ruby Tuesday" (9/70 GB 9, 12/70 D 6) und „Brand New Key" (10/71 US 1, 1/72 GB 4, D 23). Der letztgenannte Hit erschien auf dem Plattenlabel Neighborhood, das sie 1972 zusammen mit ihrem Mann Peter Schekeryk gegründet hatte. Bis weit in die 80er Jahre veröffentlichte Melanie Platten, die vom Gesang her immer noch so klangen, als habe sie gerade ihre erste Unterrichtsstunde hinter sich und man müsse sie etwas unterstützen.

■ **Frankie Vaughan** — 1928 — GB-Sänger, dessen richtiger Name Frank Abelson lautet. Zwischen 1954 und 1968 brachte er es auf 11 Top Ten Hits in GB, 2 davon zusammen mit den Kaye Sisters — seine erfolgreichsten: „Green Door" (11/56 GB 2), „Garden Of Eden" (1/57 GB 1) und „Tower Of Strength" (11/61 GB 1). Frankie war einer der vielen Briten, die sich auf das Nachsingen amerikanischer Hits für den GB Markt spezialisiert hatten. Als Filmschauspieler trat er 1960 im Film „Machen wir's in Liebe" neben Marilyn Monroe und Yves Montand auf.

■ **Val Doonican** — 1928 — Irischer Sänger und Gitarrist. Vollständige Vornamen Michael Valentine. Schon Mitte der 40er Jahre trat Val im irischen Radio auf, spielte danach Schlagzeug in einer Tourband und kam 1952 mit der Gesangstruppe Four Ramblers nach London. 1959 riet ihm Anthony Newley, es als Solist zu versuchen und verschaffte ihm eine eigene Radiosendung, die „A Date With Val" hieß. Von 1964 bis 1967 war Val mit 5 Top Ten Hits in der britischen Hitparade vertreten: „Walk Tall" (10/64 GB 3), „The Special Years" (1/65 GB 7), „Elusive Butterfly" (3/66 GB 5), „What Would I Be" (11/66 GB 2) und „If The Whole World Stopped Loving" (10/67 GB 3). Seine stark an Perry Como angelehnte Art ließen ihn auch nach seiner Zeit in den Hitparaden weiterhin im Fernsehen präsent sein.

Johnny Guitar Watson

■ **Johnny Guitar Watson** — 1935 — US-Gitarrist, Sänger, Pianist und Songschreiber, der seinen Stil vom Blues zum Discofunk wandelte. Schon 1952 machte er als Young John Watson seine ersten Plattenaufnahmen. In den R&B-Charts tauchte Johnny zum ersten Mal mit „Those Lonely, Lonely Nights" (10/55 R&B 10) auf. Seinen größten Hit hatte er mit „A Real Mother For Ya" (4/77 GB 44, 7/77 US 41).

■ **Stan Webb** — 1946 — GB-Gitarrist, Sänger und Songschreiber mit der 1965 gegründeten Bluesband Chicken Shack. Hit: „I'd Rather Go Blind" (5/69 GB 14). 1973 fiel die Band auseinander. Stan spielte kurz mit Savoy Brown und gründete 1975 Broken Glass, die erfolglos blieben. Dann Stan Webb's Chicken Shack.

■ **Johnny Cymbal** — 1945 — GB-Sänger, Songschreiber und Produzent, der seit seinem 7. Lebensjahr in Kanada lebt. Größter Hit: „Mr. Bass Man" (2/63 US 16, GB 24). Nachdem er als Johnny Cymbal keine Hits mehr hatte, machte er Platten als Derek. Größter Erfolg: „Cinnamon" (10/68 US 11).

■ **John Handy** — 1933 — US-Jazz-Musiker. Spielte Altsaxophon u.a. mit Charles Mingus und als Solist. In den Pop-Charts tauchte er mit „Hard Work" (6/76 US 46) auf.

■ **Dave Davies** — 1947 — GB-Gitarrist und Songschreiber mit den Kinks. Um nicht immer im Schatten seines Bruders Ray zu stehen, versuchte er kurzfristig eine Solokarriere. Hits: „Death Of A Clown" (7/67 GB 3, D 3) und „Susannah's Still Alive" (12/67 GB 20, D 27).

■ **Russell Arms** — 1929 — US-Sänger, der der Star der TV-Show „Your Hitparade" war. Dort sang er die momentanen Hits anderer nach. Sein einziger Erfolg: „Cinco Robles" (1/57 US 22).

■ **Angelo D'Aleo** — 1940 — US-Sänger, erster Tenor der Belmonts, die, nachdem ihr Leadsänger Dion sie 1960 verlassen hatte, mit „Tell Me Why" (5/61 US 18) und „Come On Little Angel" (7/62 US 28) erfolgreich waren.

■ **Alf Klimek** — 1956 — Australischer Sänger und Songschreiber, der 1980 in unseren Breiten mit der Spliff Radio Show bekannt wurde. Vorher war er Sänger und Clown bei der Busby Berkley Roadshow gewesen. Mit 2 Geschwistern und 2 Berliner Musikern gründete er die Formation Other Ones. Hit: „Holiday" (7/87 D 4, US 29).

■ **Bully Buhlan** — 1924 — Sänger, Pianist, Komponist und Jurist; richtiger Name Hans Joachim Buhlan. Hit: „Es war einmal ein Räuber". Er starb am 7.11.1982.

■ **Tony Marshall** — 1938 — Richtiger Name Herbert Anton Hilger. Er hatte einen ersten Achtungserfolg mit einer deutschen Version des französischen Chansons „Aline". Dann wurde er für die Bierzelte und für's Schunkeln entdeckt. Erster Hit: „Schöne Maid" (6/71 D 3). Größter Hitparadenerfolg: „Komm, gib mir deine Hand" (12/71 D 1). Inzwischen auch Moderator einer eigenen TV-Show („Tony Marshall-Show" und „Fröhlicher Alltag").

■ **Laurence Tolhurst** — 1959 — GB-Drummer, Keyboarder und Songschreiber mit der 1976 gegründeten Gruppe The Cure.

■ **Angie Buchzyk** — 1965 — Keyboarderin und Sängerin mit Dominoe.

■ **Jim Lockhart** — 1949 — Irischer Keyboardspieler mit Horslips.

Todestage

■ **Buddy Holly, Big Bopper und Ritchie Valens** — 1959 — US-Musiker, die mit einem Flugzeug gerade auf dem Weg zum nächsten Auftrittsort waren. Sie starben in den Trümmern der Maschine, nachdem diese wenige Minuten nach dem Start in der Nähe von Manson City, Iowa, abgestürzt war.

■ **Joe Meek** — 1967 — GB-Produzent der Tornados, von Mike Berry, den Honeycombs und vielen anderen englischen Interpreten. Er erschoß sich am Todestag seines Idols Buddy Holly. Geboren am 5.4.1929.

Tageshits

1940 — „Careless" — Glenn Miller — US 5 W.
1968 — „Hello Goodbye" — Beatles — D 2 W.
1968 — „Green Tambourine" — Lemon Pipers — US 1 W.
1973 — „Crocodile Rock" — Elton John — US 3 W.
1979 — „Heart Of Glass" — Blondie — GB 4 W.

4

Geburtstage

Alice Cooper

■ **Alice Cooper** — 1948 — US-Sänger, Songschreiber und Schockrocker. Sein richtiger Name ist Vincent Furnier. Nachdem er 1965 eine Band gegründet hatte, die unter etlichen verschiedenen Namen vorwiegend Hits der Rolling Stones nachspielte, nannte sich die Gruppe ab 1966 Alice Cooper. 1969 erschien die erste LP der Band. Schon damals brachte Vincent Schlangen auf die Bühne, und sich selbst malte er bis zur Unkenntlichkeit an. In den Anfangstagen sollte damit auch durchaus das musikalische Unvermögen übertüncht werden. Dies Spiel funktionierte bis 1978, dann war das Publikum Alice im Plunderland satt. Größte Hits: „School's Out" (6/72 US 7, GB 1, D 4), „Elected" (10/72 US 28, GB 4, D 3), „Hello Hurray" (2/73 US 35, GB 6, D 17), „No More Mr. Nice Guy" (4/73 US 25, GB 10 & D 10), „I Never Cry" (7/76 US 12) und „You And Me" (4/77 US 9). Obwohl weitere Platten veröffentlicht wurden, schien Alice Cooper weg vom Fenster. Dann tauchte er jedoch 1989 — diesmal ohne Maske und anderen Firlefanz — wieder auf und war erneut erfolgreich: „Poison" (7/89 GB 2, 9/89 US 7, D 25).

■ **John Steel** — 1941 — GB-Schlagzeuger mit den Animals. Nach dem Auseinanderbruch der Band arbeitete er im Management vom ehemaligen Bandkollegen Chas Chandler, der z. B. Jimi Hendrix für den britischen Markt entdeckte. Beim Comeback der Animals, 1983, war John wieder mit dabei.

■ **Florence LaRue** — 1944 — US-Sängerin mit der 1966 gegründeten Gruppe Fifth Dimension, die zwischen 1967 und 1973 erfolgreich war. Größte Hits: „Aquarius/Let The Sunshine In" (3/69 US 1, GB 11, 5/69 D 2) und „Wedding Bell Blues" (9/69 US 1, 1/70 GB 16).

■ **Frank Zander** — 1942 — Sänger, Songschreiber und Fernsehmoderator. Ururenkel von Frankenstein, der auch als Nick-Nack-Man, Fred Sonnenschein oder Wusel von der Venus firmierte. Frank spielte in der Berliner Band Gloomys Gitarre und sang. Größte Hits als Solist: „Ich trink auf dein Wohl, Marie" (1/75 D 4), „Oh Susi (der zensierte Song)" (1/70 D 2), als Fred Sonnenschein: „Ja, wenn wir alle Englein wären" (8/81 D 1), „Da Da Da, ich weiß Bescheid, du weißt Bescheid" (6/82 D 2) und „Jeannie" (3/86 D 13).

■ **Jerry Shirley** — 1952 — GB-Schlagzeuger mit Humble Pie. Vorher hat er in Gruppen wie Apostolic Intervention, The Wages Of Sin und Little Women gespielt — nachher gründete er Natural Gas und spielte ab Juni 1982 mit Fast Way.

■ **Johnny Gambale** — 1942 — US-Sänger mit den Classics, deren einziger Hit „Till Then" (6/63 US 20) war.

■ **Philip Ehart** — 1950 — US-Drummer mit Kansas.

Todestage

■ **Louis Jordan** — 1975 — US-Sänger und Saxophonspieler, der als „Jerry Lewis des R & B" galt. Starb nach einer Lungenentzündung. Geboren am 8.7.1908.

■ **Alex Harvey** — 1982 — GB-Sänger und Songschreiber der nach ihm benannten Sensational Alex Harvey Band. Befand sich gerade auf Tournee in Belgien, als er einem Herzschlag erlag. Geboren am 5.2.1935.

■ **Karen Carpenter** — 1983 — US-Sängerin, die zusammen mit ihrem Bruder Richard als Carpenters Hits hatte. Starb an Magersucht. Geboren am 2.3.1950.

■ **Liberace** — 1987 — US-Tastenspieler. Starb an AIDS. Geboren am 16.5.1919.

■ **Jethro** — 1989 — US-Sänger. Zusammen mit Henry Haynes trat er als Homer & Jethro auf. Er starb an Krebs. Geboren am 10.3.1923.

■ **Trevor Lucas** — 1989 — Australischer Gitarrist, Sänger, Songschreiber und Produzent. Er starb nach einem Herzanfall. Geboren am 25.12.1943.

Tageshits

1955 — „Mambo Italiano" — Rosemary Clooney — GB 2 W. (2.mal)
1965 — „You've Lost That Lovin' Feelin'" — Righteous Bros. — GB 2 W.
1978 — „Uptown Top Ranking" — Althia & Donna — GB 1 W.
1978 — „Stayin' Alive" — Bee Gees — US 4 W.
1980 — „Another Brick In The Wall" — Pink Floyd — D 4 W.
1984 — „Karma Chameleon" — Culture Club — US 3 W.
1985 — „Shout" — Tears For Fears — D 4 W.
1989 — „When I'm With You" — Sheriff — US 1 W.

5

Geburtstage

■ **Al Kooper** — 1944 — US-Keyboardspieler, Gitarrist, Sänger und Songschreiber. Bereits als 15jähriger wurde er Mitglied der Royal Teens, die gerade den Hit „Short Shorts" gehabt hatten. Danach wurde er Sessionmusiker und versuchte sich als Songschreiber. 1965 gehörte er zu den Autoren des Titels „This Diamond Ring" von Gary Lewis & The Playboys. Im gleichen Jahr erregte er Aufmerksamkeit als Keyboarder auf der Langspielplatte „Highway 61 Revisited" und da besonders mit dem Titel „Like A Rolling Stone". 1966 gründete er Blues Project, ein Jahr später Blood, Sweat & Tears. Mit diesen beiden Gruppen setzte er Akzente in der Jazz-Rock-Musik. Bereits nach der ersten LP verließ er Blood, Sweat & Tears wieder, machte Soloplatten und war als Gastmusiker auf vielen Platten zu hören, so z. B. bei „Electric Ladyland" von Jimi Hendrix oder „Let It Bleed" von den Rolling Stones. Und auch als Produzent hatte er Erfolge: Lynyrd Skynyrd wurde von ihm betreut. Als Sessionmusiker tritt er auch manchmal unter dem Pseudonym Roosevelt Gook auf.

■ **Bobby Brown** — 1969 — US-Sänger und Songschreiber. Begann in der Kindergruppe New Edition, die sich 1982 formierte. Ihre erste erfolgreiche Platte hieß „Candy Girl" (4/83 R&B 1, US 46, GB 1, 7/83 D 22). Weitere Hits: „Cool It Now" (9/84 R&B 1, US 4) und „Mr. Telephone Man" (12/84 US 12, 2/85 GB 19). 1986 löste sich Bobby Brown von der Gruppe und begann als Solist Platten zu veröffentlichen. Hits: „Don't Be Cruel" (8/88 US 8, GB 42, 3/89 RE-GB 13), „My Prerogative" (10/88 US 1, 12/88 GB 6, 2/89 D 15), „Roni" (1/89 US 3, 11/89 GB 21) und „Rock Wit'cha" (8/89 US 7, GB 33).

■ **James R. Cobb** — 1944 — US-Leadgitarrist und Songschreiber. 1965 war er Mitbegründer der Gruppe Classics IV, ab Anfang der 70er Jahre spielte er mit

Atlanta Rhythm Section. Hits der Classics IV: „Spooky" (12/67 US 3), „Stormy" (10/68 US 5) und „Traces" (2/69 US 2); Hits mit Atlanta Rhythm Section: „So In To You" (1/77 US 7) und „Imaginary Lover" (3/78 US 7).

■ **Alex Harvey** — 1935 — GB-Sänger und Songschreiber, der seit Mitte der 50er Jahre Musik mit wechselndem Erfolg und wechselnden Musikern machte. Mit der nach ihm benannten Sensational Alex Harvey Band gelang ihm mit einer Cover-Version von „Delilah" (7/75 GB 7) ein Hit. Ebenfalls erfolgreich war „The Boston Tea Party" (6/76 GB 13). Seit 1954 hatte er erst in Skiffle-Gruppen, dann in R & B Bands gespielt. Nach 1978 löste er seine Band auf, machte aber als Solist weiter. Einen Tag vor seinem Geburtstag starb er nach einem Herzschlag während einer Tournee durch Belgien (4.2.1982).

■ **Claude King** — 1933 — US-Country-Sänger, Gitarrist und Songschreiber, der sich mit der Nummer „Wolverton Mountain" (5/62 US 6) ein einziges Mal unter die Top 10 der Pop-Charts wagte. Starb im Jahre 1983.

■ **Barret Strong** — 1941 — US-Sänger und Songschreiber. Er traf Ende der 50er Jahre auf Berry Gordy Jr., den Gründer von Tamla-Motown. Für Berry nahm er den Titel „Money (That's What I Want)" (2/60 US 23) auf — es wurde sein einziger Hit. Als Songschreiber wurde Barret im Team mit Norman Whitfield eines der erfolgreichsten Autoren-Duos — so schrieben sie z.B. viele Hits der Temptations. Meist wurden ihre Nummern auf Tamla-Motown veröffentlicht.

■ **Henson Cargill** — 1941 — US-Country-Sänger, der nur einen Hit in den Pop-Charts hatte: „Skip A Rope" (12/67 US 25).

■ **Cory Wells** — 1942 — US-Sänger bei Three Dog Night, die 1968 gegründet wurden und bis 1975 Hit an Hit reihten. Die größten waren „Mama Told Me Not To Come" (5/70 US 1, 8/70 GB 3, D 23), „Joy To The World" (3/71 US 1, 5/71 GB 24, D 17) und „Black And White" (8/72 US 1, 10/72 D 24). Ein Neubeginn der Gruppe in den 80er Jahren schlug fehl.

■ **Nigel Olsson** — 1949 — GB-Schlagzeuger bei der schon in Auflösung befindlichen Spencer Davis Group, in der Elton John Band, bei verschiedenen Sessions und als Solist mit eigenen LP's. Größter Single-Hit: „Dancin' Shoes" (12/78 US 18).

■ **Red Buttons** — 1919 — US-Filmschauspieler und Sänger mit richtigem Namen Aaron Chwatt. Sein einziger Hit war „The Ho Ho Song" (5/53 US 9). 1957 erhielt er für seine Rolle in „Sayonara" einen Oscar für die beste Nebenrolle.

■ **Chuck Winfield** — 1943 — US-Bläser bei der Urbesetzung von Blood, Sweat & Tears.

Tageshits

1955 — „Hearts Of Stone" — Fontane Sisters — US 3 W.
1960 — „Why" — Anthony Newley — GB 4 W.
1966 — „My Love" — Petula Clark — US 2 W.
1966 — „Yesterday Man" — Chris Andrews — D 4 W.
1969 — „Blackberry Way" — Move — GB 1 W.
1972 — „Telegram Sam" — T. Rex — GB 2 W.
1977 — „Torn Between Two Lovers" — Mary Mac Gregor — US 2 W.
1983 — „Africa" — Toto — US 1 W.

6

Geburtstage

■ **Mike Batt** — 1950 — GB-Allroundmusiker, Sänger und Songschreiber, der unter etlichen Pseudonymen erfolgreich war. Als Mike Batt: „Summertime City"

Julian Lennon, Mike Batt, Roger Daltrey und Captain Sensible

(8/75 GB 4), als Wombles: „Remember You're A Womble" (4/74 GB 3) oder „Wombling Merry Christmas" (12/74 GB 2). Nebenher war er Produzent für z. B. Steeleye Span oder Kursaal Flyers. Die Nummer „Bright Eyes" (3/79 GB 1) war die erfolgreichste Single des Jahres in GB — geschrieben von Mike Batt, gesungen von Art Garfunkel. Die Musik zum Film „Caravans" stammt ebenfalls von Mike.

■ **Fabian** — 1943 — US-Sänger und Schauspieler, dessen richtiger Name Fabiano Forte ist. Bereits mit 14 Jahren wurde er vom Besitzer der Plattenfirma Chancellor Records entdeckt — er hatte festgestellt, daß der junge Fabian aussah wie eine Mischung aus Elvis Presley und Ricky Nelson. Ohne Zweifel hat Fabian von Presleys Militärzeit profitiert. Die meisten seiner insgesamt 10 Hits fallen in diese Zeit: „Turn Me Loose" (3/59 US 9), „Tiger" (6/59 US 3) und „Hound Dog Man" (11/59 US 9). Das letzte Lied stammte aus dem ersten Film, den er ebenfalls im Jahre 1959 drehte und mit dem seine Schauspielkarriere begann.

■ **Natalie Cole** — 1950 — US-Sängerin, Tochter von Nat „King" Cole. 1975 erschien ihre erste LP; 1978 wurde sie in den USA zur besten Sängerin des Jahres gewählt. Hits: „I've Got Love On My Mind" (1/77 US 5), „Pink Cadillac" (2/88 US & GB 5, 5/88 D 5) und „Miss You Like Crazy" (4/89 US 7, GB 2, D 22).

■ **Dave Berry** — 1941 — GB-Sänger, der richtig David Grundy heißt und ein glühender Verehrer von Chuck Berry war. Deshalb gründete er 1961 die Band Cruisers, die fast ausschließlich Hits von Chuck nachspielte. Als Solist hatte Dave Hits mit „The Crying Game" (8/64 GB 5), „Little Things" (3/65 GB 5) und „Mama" (6/66 GB 5).

■ **Rick Astley** — 1966 — GB-Sänger und Songschreiber. Er begann 1983 als Schlagzeuger bei Give Way, wurde 1984 Leadsänger von FBI und veröffentlichte ab 1987 Soloplatten. Hits: „Never Gonna Give You Up" (8/87 GB & D 1, 12/87 US 1), „Whenever You Need Somebody" (10/87 GB 3, D 1), „When I Fall In Love" (12/87 GB 2, D 6), „Together Forever" (2/88 GB 2, D 5, 4/88 US 1), „She Wants To Dance With Me" (9/88 GB 6, D 10, 12/88 US 6) und „Take Me To Your Heart" (11/88 GB 8, D 10).

■ **Pierre Brice** — 1929 — Französischer Schauspieler und Sänger, der bei uns als Winnetou zu Ruhm kam. Hit: „Ich steh' allein" (4/65 D 9).

■ **Punky Meadows** — 1950 — US-Gitarrist bei Angel.

Todestage

■ **Jesse Belvin** — 1960 — US-Songschreiber und Sänger. Er starb nach einem Autounfall. Geboren am 15.12.1933.

■ **Hugo Montenegro** — 1981 — US-Orchesterchef, der mit „The Good, The Bad And The Ugly" (4/68 US 2, 9/68 GB 1, 12/68 D 17) seinen größten Hit hatte. Hugo wurde 1925 geboren.

Tageshits

1953 — „Don't Let The Stars Get In Your Eyes" — Perry Como — GB 5 W.
1965 — „You've Lost That Lovin' Feelin'" — Righteous Bros.o - US 2 W.
1982 — „The Model" — Kraftwerk — GB 1 W.
1982 — „Centerfold" — J. Geils Band — US 6 W.
1988 — „Could've Been" — Tiffany — US 2 W.

■ **Steve Bronski** — 1960 — GB-Keyboarder und Songschreiber der 1984 gegründeten und nach ihm benannten Gruppe Bronski Beat.

■ **Laurence Scott** — 1946 — GB-Tastenspieler bei Isotope, mit Mike D'Abo, Brian Knight und Long John Baldry. Promovierter Zahnarzt.

■ **David Bryan** — 1962 — US-Keyboarder von Bon Jovi. Richtiger Name David Rashbaum.

■ **Brian Travers** — 1959 — GB-Saxophonist mit UB 40.

■ **Harvey Herskowitz** — 1943 — US-Sänger bei Quotations.

Todestage

■ **Matt Monro** — 1985 — GB-Sänger. Er starb an Krebs. Geboren am 1.12.30.

■ **Guitar Slim** — 1959 — US-Bluesmusiker. Er starb nach einer Lungenentzündung. Geboren am 10.12.1926.

7

Geburtstage

■ **King Curtis** — 1934 — US-Saxophonist und Songschreiber, der bis 1954 in der Band von Lionel Hampton spielte und dann mit Nat Adderly und Oliver Nelson. Nebenher machte er als Solist seine erste eigene Platte im Jahre 1953. Dann gründete er eine eigene Band, die sich Kingpins nannte. Solo-Hit: „Soul Twist" (2/62 US 17). Curtis Ousley — so sein richtiger Name — spielte als Studiomusiker mit Aretha Franklin, Brook Benton, Sam Cooke, Bobby Darin, den McGuire Sisters, den Coasters, den Shirelles, Nat „King" Cole, Andy Williams und hunderten von anderen. Am 13.8.1971 wollte er einen Streit zwischen zwei Männern schlichten — und wurde dabei erstochen.

■ **Warren Smith** — 1933 — US-Rockabilly Sänger und Songschreiber, der mit Interpreten wie Roy Orbison oder Elvis Presley bei der kleinen, aber innovativen Plattenfirma SUN begann. Er kam nur einmal in die Pop-Hitparaden mit „So Long I'm Gone" (6/57 US 72), obwohl z. B. sein „Uranium Rock" oder die Nummer „Red Cadillac And A Black Moustache" ausgezeichnete Rockstücke waren. Der Rummel um seinen Label-Kollegen Elvis war zu groß, um Warren auch noch nach oben zu bringen. Er starb nach einem Herzinfarkt am 30.1.1980.

■ **Alan Lancaster** — 1949 — GB-Bassist mit The Spectres, The Highlights, The Traffic Jam und Status Quo. Nachdem die Band sich Mitte der 80er Jahre erst verabschiedet und dann doch wieder zurückgemeldet hatte, war Alan nicht mehr mit dabei. Statt dessen tauchte er bei der australischen Gruppe Party Boys auf.

■ **Earl King** — 1934 — US-R&B-Sänger, Gitarrist und Songschreiber, dessen richtiger Name Earl Silas Johnson ist. 1953 machte er seine ersten Platten und spielte den typischen New Orleans R&B im Dunstkreis seines Freundes Huey „Piano" Smith. Sein größter Hit war „Those Lonely, Lonely Nights" (8/55 R&B 7).

■ **Juliette Greco** — 1927 — Französische Chansonette und Schauspielerin. Juliette sang Texte von z. B. Sartre oder Camus — das machte sie in den Nachkriegsjahren zu einer typischen Vertreterin der Pariser Existentialistengeneration. Hits für sie waren: „Si Tu T'imagines" (1950), „Les Feuilles Mortes" (1951), „Je Hais Les Dimanches" (1952), „Il N'y a Plus D'aprés" (1959) und „Paname" (1961).

■ **Dieter Bohlen** — 1954 — Songschreiber, Gitarrist und Sänger, der mit dem Duo Modern Talking den Nerv der deutschen Plattenkäufer getroffen hat. Kaum einer bemerkte, daß ein Hit wie der andere klingt — warum sollte er also Änderungen vornehmen. Er schrieb auch für andere Interpreten, z. B. C. C. Catch oder Chris Norman Stücke, die es zu Hitruhm brachten. Nach einigem Ärger mit seinem Kollegen Thomas Anders (Hits von Modern Talking siehe dort — 1.3.) machte Dieter ab Ende 1987 als Solist unter dem Namen Blue System weiter. Hits: „My Bed Is Too Big" (5/88 D 10), „Under My Skin" (10/88 D 6) und „Magic Symphony" (9/89 D 10).

■ **Stoney Browder** — 1949 — US-Gitarrist und Pianist bei Dr. Buzzards Original Savannah Band. Daraus entwickelte sich später Kid Creole.

Tageshits

1942 — „A String Of Pearls" — Glenn Miller — US 2 W.
1970 — „Venus" — Shocking Blue — US 1 W.
1976 — „50 Ways To Leave Your Lover" — Paul Simon — US 3 W.
1977 — „Living Next Door To Alice" — Smokie — D 9 W.
1981 — „Woman" — John Lennon — GB 2 W.
1981 — „Celebration" — Kool & The Gang — US 2 W.
1987 — „Open Your Heart" — Madonna — US 1 W.
1987 — „I Knew You Were Waiting For Me" o - George Michael & Aretha Franklin — GB 2 W.

Merk-Würdiges

1964 — 13.35, New York, Kennedy-Airport. Die Beatles landen und die Polizei sieht sich rund 10 000 Fans gegenüber — sie ist machtlos, der Flughafen ist für Stunden lahmgelegt. Später wird erzählt, daß diese erste US-Beatlemania von der Plattenfirma der Gruppe inszeniert und bezahlt worden sei. Während die Gruppe in den USA landet, erscheint in GB eine neue EP der Fab-Four: „All My Loving", „Ask Me Why", „Money" und „P.S. I Love You" sind darauf zu finden.

1980 — Von August bis November 1979 hatte die Gruppe Pink Floyd in Los Angeles die Aufnahmen zu „The Wall" abgemischt. Am 23. November 1979 war das Doppel-Album erschienen und hatte sich innerhalb von wenigen Wochen 6 Millionenmal verkauft. Jetzt galt es, das Werk auch live aufzuführen. Ort dieser Ur-Aufführung ist die Sportarena von L.A. — vom 7.2. bis zum 13.2. sehen 140 000 Menschen das Spektakel. Danach geht „The Wall" auf Tournee. Erst ein Jahr später, am 13.2.1981, erreicht Pink Floyd die Bundesrepublik und spielt bis zum 20.2. vor insgesamt 88 000 Besuchern in der Dortmunder Westfalenhalle.

8

Geburtstage

■ **England Dan** — 1950 — US-Sänger und Songschreiber, dessen richtiger Name Danny Seals ist. Sein Bruder Jim ist Teil von Seals & Crofts. Danny gründete

1967 mit John Ford Coley und Shane Keister die Gruppe Southwest F.O.B., die ihren größten Erfolg mit „Smell Of Incense" (10/68 US 56) hatten. Nachdem dieses Projekt nicht weiterkam, machten Dan und John Ford als England Dan & John Ford Coley ein Duo. Die größten Erfolge: „I'd Really Love To See You Tonight" (6/76 US 2, 9/76 GB 26), „Nights Are Forever Without You" (10/76 US 10), „We'll Never Have To Say Goodbye Again" (2/78 US 9) und „Love Is The Answer" (3/79 US 10). Danach trennte sich das Duo, und Dan machte als England Dan etliche Soloplatten. Ab 1983 verlegte er sich als Dan Seals mehr auf Country-Songs, ab 1985 gelangen ihm neun Nr.-1-Hits in der Country-Hitparade hintereinander.

■ **Tom Rush** — 1941 — US-Folksänger und Gitarrist. 1963 veröffentlichte er seine erste LP. Obwohl er einige sehr schöne Platten machte, reichte es nicht für den großen kommerziellen Erfolg.

■ **John Williams** — 1932 — US-Orchesterchef, der viele Filmmusiken schrieb, z. B. für „Der weiße Hai" (9/75 US 32), „Star Wars" (8/77 US 10) oder „E. T." (12/82 GB 17).

■ **Lonnie Johnson** — 1889 — US-Blues- und Jazzgitarrist und Sänger. Richtiger Vorname Alonzo. Lonnie spielte mit fast allen Größen der Jazzgeschichte zusammen und machte auch Aufnahmen als Jimmy Jordan oder Tom Jordan. Er starb am 16.6.1970.

■ **Terry Melcher** — 1942 — US-Produzent, Songschreiber und Sänger. Terry ist der Sohn von Doris Day. Er begann mit wenig Erfolg als Terry Day, schließlich nahm er zusammen mit Bruce Johnson, der später zu den Beach Boys ging, erst als Bruce & Terry und dann als Ripcords Platten auf. Nachdem er als Sänger nicht weiterkam, versuchte er sich als Produzent. So betreute er 1964 die LP „Love Him!" seiner Mutter und arbeitete dann an den ersten LPs der Birds. Bis Mitte der 80er Jahre produzierte er mit wechselndem Erfolg.

■ **Vince Neil** — 1961 — US-Sänger. Vollständiger Name Vince Neil Wharton. Seit den Anfangstagen ist er Mitglied der 1981 gegründeten Formation Mötley Crüe. Ihr erstes Album erschien noch im gleichen Jahr. Ab 1984 waren sie in den Single-Hitparaden vertreten — Hits: „Smokin' In The Boys Room" (7/85 US 16), „Girls, Girls, Girls" (5/87 US 12, 8/87 GB 26) und „Doctor Feelgood" (9/89 US 6).

■ **Ray Sharpe** — 1938 — US-Sänger, der 1959 von Lee Hazlewood in Las Vegas entdeckt wurde. Einziger Hit: „Linda Lu" (7/59 US 46), bei dem die Gitarristen Duane Eddy und Al Casey mitspielen.

■ **Larry Verne** — 1936 — US-Interpret, der mit dem Novelty-Titel „Mr. Custer" (8/60 US 1) erfolgreich war.

■ **Creed Bratton** — 1943 — US-Gitarrist mit den Grass Roots, die zwischen 1966 und 1972 erfolgreich waren. Creed verließ die Gruppe 1969 und wurde durch Dennis Provisor ersetzt.

■ **Adolpho „Fito" de la Parra** — 1946 — US-Schlagzeuger bei Canned Heat.

■ **Günther Sigl** — 1947 — Sänger und Songschreiber der 1977 gegründeten Formation Spider Murphy Gang. Hits: „Skandal im Sperrbezirk" (12/81 D 1), „Wo bist du?" (7/82 D 4) und „Ich schau' dich an" (12/82 D5).

■ **Manfred Krug** — 1937 — Vielbeschäftigter Schauspieler, der als Kommissar Stöver mit einem Liebling aus Kreuzberg auf Achse ist. Bevor er aus der DDR rübermachte, war er dort auch ein ernstzunehmender Platteninterpret. Das hat er hier verlernt.

■ **Jochen Schröder** — 1954 — Schauspieler und Sänger.

Todestag

■ **Kurt Edelhagen** — 1982 — Jazzmusiker und Orchesterleiter. Geboren am 5.6.1920.

Tageshits

1941 — „There I Go" — Vaughn Monroe — US 3 W.
1947 — „Huggin' And Chalkin'" — Hoagy Carmichael — US 2 W.
1960 — „Teen Angel" — Mark Dinning — US 2 W.
1975 — „January" — Pilot — GB 3 W.
1975 — „Fire" — Ohio Players — US 1 W.
1982 — „Skandal im Sperrbezirk" — Spider Murphy Gang — D 8 W.
1986 — „When The Going Gets Tough The Tough Get Going" — Billy Ocean — GB 4 W.

James Dean

Merk-Würdiges

1931 — James Dean wird geboren. Er schaffte es, mit nur 3 Filmen zu einer Legende zu werden: „Jenseits von Eden", „Denn sie wissen nicht, was sie tun" und „Giganten" machten ihn zu einem Idol der unverstandenen Jugend. Er starb am 30.9.1955 in den Trümmern seines Porsche — sein dritter Film war gerade fertiggestellt.

9

Geburtstage

■ **Carole King** — 1942 — US-Songschreiberin und Sängerin. Richtiger Nachname Klein. Zusammen mit ihrem damaligen Mann Gerry Goffin bildete sie in den 60er Jahren eines der erfolgreichsten Komponisten-Duos überhaupt. Mehr als 100 Hits schrieben die beiden: „Up On The Roof", „Will You Love Me Tomorrow", „The Locomotion" u.v.a. Carole sorgte im Team für die Musik, Gerry schrieb die Texte. Anfang der 60er Jahre gründeten sie eine eigene Plattenfirma, die aber auf Dauer nicht bestehen konnte. Als Sängerin hatte Carole ihren ersten Hit mit „It Might As Well Rain Until September" (8/62 US 22, GB 3; 10/72 RE-GB 43). 1971 erschien die LP „Tapestry", die sich weltweit über 13 Millionen mal verkaufte. Daraus ausgekoppelt auch ihr größter Hit: „It's Too Late" (5/71 US 1, 8/71 GB 6). Weitere Erfolge: „Sweet Seasons" (1/72 US 9), „Jazzman" (8/74 US 2) und „Nightingale" (1/75 US 9).

■ **Barry Mann** — 1939 — US-Songschreiber und Sänger. Neben dem Team Goffin/King war in New York Barry Mann mit seiner Frau Cynthia Weil ebenfalls sehr erfolgreich. Die beiden schrieben u. a.: „Blame It On The Bossa Nova", „On Broadway", „We've Gotta Get Out Of This Place", „I'm Gonna Be Strong" und, zusammen mit Phil Spector, „You've Lost That Lovin' Feelin'". Barry selbst hatte nur einen Hit: „Who Put The Bomp" (8/61 US 7) — geschrieben von ihm und Gerry Goffin.

■ **Ernest Tubb** — 1914 — US-Countrysänger und Songschreiber mit dem Spitznamen „Texas Troubador". Schon Mitte der 30er Jahre arbeitete er für diverse US-Radiostationen — er trug Lieder seines Lieblingsinterpreten Jimmie Rodgers vor. Seine erste Platte machte er 1936. Nach dem von ihm selbst geschriebenen Millionseller „Walkin' The Floor Over You" (8/41 US 23) siedelte er 1943 nach Hollywood über und spielte in etlichen Filmen mit. Ab 1947 wurden aus seinem eigenen Plattengeschäft in Nashville regelmäßige Radiosendungen ausgestrahlt. Bis zum Ende der 70er Jahre brachte er es in der Country-Hitparade auf 80 Eintragungen als Solist und etliche im Duett mit Red Foley und Loretta Lynn. Außerdem machte er auch noch Platten mit den Andrews Sisters, Wilburn Brothers oder Willie Nelson. Er starb am 6.9.1984.

■ **Holly Johnson** — 1960 — GB-Sänger und Songschreiber mit richtigem Vornamen William. 1978 wurde er Mitglied bei Big In Japan und machte nach einigen Plattenaufnahmen, die keine kommerziellen Erfolge wurden, als Solist weiter. Im August 1980 war er bei der Gründung von Frankie Goes To Hollywood dabei, deren erster Hit 1984 die Hitparaden beherrschte: „Relax" (1/84 GB & D 1, 4/84 US 67, 5/84 RE-GB 2, 1/85 RE-US 10). Weitere Hits: „Two Tribes" (6/84 GB & D 1) und „The Power Of Love" (12/84 GB 1, D 4). 1985 wurde ein mageres Hitjahr für die Band, dann kam „Rage Hard" (9/86 GB 4, D 1). Nachdem die Gruppe im April 1987 offiziell als aufgelöst erklärt wurde, versuchte sich Holly erneut als Solist. Hits: „Love Train" (1/89 GB & D 4), „Americanos" (4/89 GB 4, D 2) und „Atomic City" (6/89 GB 18, D 16).

■ **Major Harris** — 1947 — US-Sänger. Begann seine Karriere mit den Jarmels. Von 1971 — 1974 war er Mitglied bei den Delfonics und machte danach Solo-Platten. Sein größter Hit und ein Millionseller war „Love Won't Let Me Wait" (3/75 US 5, 8/75 GB 37).

■ **Barbara Lewis** — 1943 — US-Sängerin, Songschreiberin und Multi-Instrumentalistin. Barbara hat angeblich schon im Alter von neun Jahren ihre ersten Lieder geschrieben, ihre ersten Platten machte sie 1961. Zwischen 1963 und 1967 war sie erfolgreich. Größter Hit: „Hello Stranger" (5/63 US 3).

■ **Brian Bennett** — 1940 — GB-Schlagzeuger und Songschreiber, der 1961 von den Krewcats als Ersatz für Tony Meehan zu den Shadows kam.

■ **Mark Mathis** — 1942 — US-Sänger mit den Newbeats. Hit: „Bread And Butter" (8/64 US 2, GB 15).

■ **Percy Nathan Rodgers** — 1970 — US-Sänger und Songschreiber mit B.V.S.M.P.. Hits: „I Need You" (1/88 D 3, 7/88 GB 3) und „Be Gentle" (6/88 D 12).

■ **Dennis „Dee Tee" Thomas** — 1951 — US-Saxophonist mit Kool & The Gang.

Todestage

■ **Karl Valentin** — 1948 — Münchener Original, Schauspieler und Schriftsteller. Geboren am 4.6.1882.

■ **Percy Faith** — 1976 — Kanadischer Orchesterchef. Geboren am 7.4.1908.

■ **Bill Haley** — 1981 — US-Musiker, der mit „Rock Around The Clock" den Weg für den Rock 'n' Roll ebnete. Geboren am 6.7.1925.

■ **Sophie Tucker** — 1966 — US-Sängerin. Geboren am 13.1.1884.

Tageshits

1946 — „Doctor, Lawyer, Indian Chief" — Betty Hutton — US 2 W.
1957 — „Don't Forbid Me" — Pat Boone — US 1 W.
1957 — „Too Much" — Elvis Presley — US 3 W.
1957 — „Young Love" — Sonny James — US 1 W. (Bis zum 4.8.1958 veröffentlichte die Zeitschrift „Billboard" in den USA bis zu 4 verschiedene Hitparaden — so kommt es, daß für manche Tage bis zu diesem Zeitpunkt mehrere Nummer 1 Hits genannt werden. Die drei obigen Titel geben dafür ein gutes Beispiel: Pat Boone war Nummer 1 in den Sparten „Juke Box" und „Top 100", Elvis bei „Best Sellers" und „Juke Box" und Sonny James bei den „Jockeys". Ab dem 4.8.1958 kam zu den bestehenden Hitparaden noch eine weitere: „Hot 100". Die „Juke Box" endete am 17.6.1957, die „Jockeys" und die „Top 100" am 28.7.1958 und die „Best Sellers" am 13.10.1958 — von nun an gab es nur noch die alles bestimmenden „Hot 100".)
1959 — „Stagger Lee" — Lloyd Price — US 4 W.
1963 — „Hey Paula" — Paul & Paula — US 3 W.
1974 — „Love's Theme" — Love Unlimited Orchestra — US 1 W.
1976 — „Mamma Mia" — Abba — D 1 W.
1985 — „I Know Him So Well" — Elaine Page & Barbara Dicksono — GB 4 W.
1987 — „Reality" — Richard Sanderson — D 5 W.

10

Geburtstage

■ **Roberta Flack** — 1939 — US-Sängerin und Pianistin, die als Solistin und im Duett mit Donny Hathaway oder Peabo Bryson erfolgreich war. Ende der 60er Jahre wurde sie von Les McCann entdeckt, 1969 erhielt sie einen Plattenvertrag. Solohits: „The First Time Ever I Saw Your Face" (3/72 US 1, 5/72 GB 14), „Killing Me Softly With His Song" (1/73 US 1, GB 6, 4/73 D 30) und „Feel Like Makin' Love" (6/74 US 1, 8/74 GB 34). Hits mit Donny Hathaway: „Where Is The Love" (6/72 US 5, 8/72 GB 29), „The Closer I Get To You" (2/78 US 2, 5/78 GB 42) und „Back Together Again" (5/80 GB 3); mit Peabo Bryson: „Tonight I Celebrate My Love" (7/83 US 16, GB 2).

■ **Jimmy Durante** — 1893 — US-Sänger, Pianist und Songschreiber. Sein Spitzname war Schnoz oder Schnozzola. Über viele Jahre hinweg galt er als einer der erfolgreichsten und beständigsten Komiker in den USA. Seine große Nase und sein langsames Ermorden der englischen Sprache waren sein Markenzeichen. Nach einem Studium als Pianist spielte er ab 1910 in Clubs in Coney Island. 1917 gründete er eine New Orleans Jazzband, die vorwiegend im New Yorker Raum spielte. 1923 gründete er dann ein Trio, das sich Clayton, Jackson & Durante nannte und in New York sehr beliebt war. Ab 1930 spielte er regelmäßig in Filmen mit. Aus „Palooka" stammte das Stück „Inka Dinka Doo" (2/34 US 6). In den 40er Jahren hatte er eigene Radioshows, mit dem Aufkommen des Fernsehens seine eigenen TV-Shows. Bekannt und zugleich unverstanden blieb bis in die 70er Jahre das Ende seiner jeweiligen Shows: nach den Zeilen „Goodnight, Mrs. Calabash, wherever you are" verließ er mit gesenktem Kopf die Bühne. Gerüchte besagen, daß das eine ewige Entschuldigung an seine Frau war, die recht früh starb. Nach 1974 konnte sich Jimmy nur noch im Rollstuhl bewegen. Er starb am 29.1.80.

■ **Chick Webb** — 1902 — US-Schlagzeuger und Bandleader, seine richtigen Vornamen sind William Henry. Chick, der nur 1,30 m groß war und einen Buckel hatte, gilt als einer der ersten, der eine Big Band vom Schlagzeug aus leitete und sie sozusagen vor sich hertrieb. Ella Fitzgerald hatte als Sängerin bei Chick Webb einen Millionseller: „A-Tisket, A-Tasket" (6/38 US 1). Nachdem Chick Webb am 16.6.1939 gestorben war, leitete Ella bis 1942 seine Band weiter.

■ **Ral Donner** — 1943 — US-Sänger, den man auch „Chicago-Elvis" nannte. Sein größter Hit war „You Don't Know What You Got (Until You Lose It)" (7/61 US 4, 9/61 GB 25). Ral sprach die Elvis-Stimme im Film „This Is Elvis". Er starb am 6.4.1984.

■ **Peter Allen** — 1944 — Australischer Sänger, Songschreiber und Pianist, der auch als zeitweiliger Ehemann von Liza Minnelli (1964 — 1967) bekannt wurde. Er schrieb Hits für Olivia Newton-John: „I Honestly Love You" und für Christopher Cross: „The Best That You Can Do". Er selbst brachte zwar schöne Platten, z. B. „I Go To Rio", aber keinen Hit zustande.

■ **Joyce Grenfell** — 1910 — GB-Schauspielerin und Sängerin, die sich ihre Texte meist selbst schrieb. Schon Ende der 30er Jahre begann sie mit Plattenproduktionen. Mit Norman Wisdom nahm sie 1952 eine hinreißend schöne Version von „Narcissus" auf, die einfach zum Mitlachen animiert. Sie starb 1979.

■ **Robbie Nevil** — 1961 — US-Sänger, Songschreiber und Gitarrist. Mit dem Titel „C'est La Vie" (10/86 US 2, 12/86 GB 3, D 2) hatte Robbie seinen ersten Hit, als weitere folgten: „Dominoes" (2/87 US 14, D 27, 5/87 GB 26) und „Wot's It To Ya" (6/87 US 10). Robbie schrieb auch Titel für z. B. El DeBarge, Pointer Sisters oder Vanity.

■ **Bertolt Brecht** — 1889 — Schriftsteller, Songschreiber, Regisseur, Theaterkritiker und Dramaturg. 1933 emigrierte er aus Deutschland, lebte von 1941 bis 1947 in den USA und kehrte 1949 nach Berlin (Ost) zurück. Zu seinen bekanntesten Werken gehören „Die Dreigroschenoper" (1928), „Mutter Courage und ihre Kinder" (1939), „Herr Puntila und sein Knecht Matti" (1940), „Der gute Mensch von Sezuan" (1938-41) und „Der Kaukasische Kreidekreis" (1944/45). Er starb am 14.8.1956.

■ **Rockin' Dopsie** — 1932 — US-Sänger und Akkordeonspieler, der vorwiegend Zydeco-Platten aufnahm. Richtiger Name Alton Jay Rubin. Bereits 1955 spielte er in Lafayette, 1969 nahm er seine ersten Platten auf. Neben Clifton Chenier und Queen Ida gehört er zu den bekanntesten Vertretern der Zydeco-Musik. Auf der Langspielplatte „Graceland" von Paul Simon spielt er als Gastmusiker mit.

■ **Clifford T. Ward** — 1946 — GB-Sänger und Songschreiber, dessen größter Hit „Gaye" (6/73 GB 8) war. Vorher war er Englischlehrer.

■ **Don Wilson** — 1937 — US-Gitarrist und Gründungsmitglied der Ventures.

■ **Cory Lerios** — 1951 — US-Tastenspieler und Sänger mit der 1973 gegründeten Band Pablo Cruise.

Tageshits

1940 — „In The Mood" — Glenn Miller — US 12 W.
1945 — „Rum And Coca Cola" — Andrews Sisters — US 10 W.
1958 — „Don't" — Elvis Presley — US 5 W.
1968 — „Love Is Blue" — Paul Mauriat — US 5 W.
1975 — „Griechischer Wein" — Udo Jürgens — D 8 W.
1979 — „Da Ya Think I'm Sexy" — Rod Stewart — US 4 W.

11

Geburtstage

■ **Gene Vincent** — 1935 — US-Sänger und Songschreiber. Richtiger Name Eugene Vincent Craddock. Im Mai 1955 wird Gene aus der US Navy entlassen, nachdem er sich während einer Dienstfahrt bei einem Motorradunfall das Bein gebrochen hatte. Diese Verletzung sollte ihn für den Rest seines Lebens behindern — so wurde z. B. von vielen Parodisten die merkwürdige Beinhaltung von Gene veralbert. Anfang 1956, inzwischen wieder zu Hause in Norfolk, ist es der Diskjokkey der lokalen Station WCMS, „Sheriff Tex Davis", der auf den jungen Nachwuchsrocker aufmerksam wird und mit ihm dessen geschriebene Songs überarbeitet. Davis sorgt auch für ein Demo Tape, das im April 1956 an Capitol Records geschickt wird, die auf der Suche nach einem eigenen Elvis Presley sind. Sie nehmen Gene unter Vertrag und wenig später erscheint sein erster Hit „Be-Bop-A-Lula" (6/56 US 7, 8/56 GB 16). Nach 1960 siedelt sich Gene in GB an, weil er dort mehr Fans hat als in den USA. Hits: „My Heart" (3/60 GB 16) und „Pistol Packin' Mama" (6/60 GB 15). Am 17.4.1960 werden er und sein Freund Eddie Cochran in einen schweren Autounfall verwickelt — Eddie stirbt. Jahre später, als Gene gerade seinen Vater besucht, fühlt er sich krank. Nach Einlieferung in ein Krankenhaus stirbt er am 12.10.1971 an inneren Blutungen.

■ **Bobby „Boris" Pickett** — 1940 — US-Novelty-Sänger und Songschreiber. Während er sich um eine Karriere als Filmschauspieler bemühte, kam Bobby, der in seiner Jugend im Kino seines Vaters viele Boris Karloff Filme gesehen hatte, auf den Titel „Monster Mash" — für Halloween 1962 genau der richtige Song. Es wurde sein einziger Hit: „Monster Mash" (9/62 US 1, 5/73 RE-US 10, 9/73 GB 3). In GB wurde die Nummer erst 1973 ein Erfolg, weil sich 1962 die BBC geweigert hatte, den Titel zu spielen. Als die Platte 1973 neu veröffentlicht wurde und wieder in die Hitparaden kam, suchte man Bobby — angeblich fand man ihn als Taxifahrer in New York.

■ **Gerry Goffin** — 1939 — US-Songschreiber, der zusammen mit seiner damaligen Frau Carole King, geboren am 9.2.1941, in den 60er Jahren mehr als 30 US-Top Twenty Hits schrieb. Er gilt als einer der erfolgreichsten Songschreiber, der nicht selber gesungen hat. Nach der Scheidung ließ sein Erfolg nach — ganz im Gegensatz zu Carole King.

■ **John Mills** — 1889 — US-Gitarrist, Sänger und ältester der Mills Brothers. Bei den ersten großen Erfolgen der Brüder — „Tiger Rag" (11/31 US 1) und „Dinah" (1/32 US 1) — war er noch mit dabei. John starb 1935, für ihn kam der Vater der Brüder, John Senior, der bis 1956 dabei blieb.

■ **Ray Lake** — 1946 — GB-Sänger bei Real Thing. Hits: „You To Me Are Everything" (7/76 GB 1, D 36, 3/86 RE-GB 5, 5/86 RE-D 13) und „Can't Get By Without You" (9/76 GB 2, 5/86 RE-GB 5, 7/86 D 37). Bei den RE-GB Titeln handelte es sich um sogenannte „Decade Remixes"; die alten Songs wurden also neu bearbeitet.

■ **Sergio Mendes** — 1941 — Brasilianischer Musiker, der zu den Pionieren des Bossa Nova gehört. International wurde er mit der Formation Sergio Mendes & Brazil '66 bekannt. Hits: „The Look Of Love" (5/68 US 4) und „The Fool On The Hill" (8/68 US 6). Ohne Brazil '66 war er erfolgreich mit „Never Gonna Let You Go" (4/83 US 4, 7/83 GB 45).

■ **Josh White** — 1908 — US-Blues/Folk-Sänger, Gitarrist und Songschreiber. Vollständige Vornamen Joshua Daniel. Er war bekannt für sein außergewöhnliches Gitarrentuning. Ende der 20er Jahre arbeitete er als Blindenführer für den Bluesinterpreten Blind Lemon Jefferson. 1932 machte Josh seine ersten Platten als Pinewood Tom oder Tippy Barton. In den 40er Jahren veröffentlichte er Platten als Josh White Trio, zu dem der Klarinettist Sidney Bechet gehörte. Josh starb am 5.9.1969 nach einer Herzoperation.

■ **Johnny G.** — 1949 — GB-Sänger, Multiinstrumentalist und Songschreiber. Richtiger Name John Gotting. John begann in Londoner Pub-Rock-Kreisen als One Man Band. Ende der 70er Jahre war er mit John Spencer, mit dem er noch in den 80er Jahren oft zusammenarbeitete, in der Gruppe Lotus. 1979 brachte er seine erste Solo LP heraus.

■ **Rochelle Fleming** — 1950 — US-Leadsängerin beim Trio First Choice, das als Debronettes gegründet wurde. Hits: „Armed And Extremely Dangerous" (3/73 US 28, 5/73 GB 16) und „Smarty Pants" (8/73 GB 9).

■ **Earl Lewis** — 1941 — US-Leadsänger der Gruppe Channels. Bekannteste Aufnahme: „The Closer You Are" (1956).

■ **Burt Reynolds** — 1936 — US-Filmschauspieler, der auch mal singen durfte: im Film „Smokey And The Bandit 2".

■ **Neil Henderson** — 1953 — GB-Gitarrist und Sänger bei Middle Of The Road, der allerdings erst zu der Gruppe kam, als die Band ihre beste Zeit schon hinter sich hatte.

■ **Gotthilf Fischer** — 1928 — Leiter der gleichnamigen Chöre.

Tageshits

1950 — „Chattanoogie Shoe Shine Boy" — Red Foley — US 8 W.
1950 — „Rag Mop" — Ames Brothers — US 2 W.
1956 — „Eventuell" — Caterina Valente & Peter Alexander — D 7 W.
1967 — „I'm A Believer" — Monkees — D 5 W.
1978 — „Figaro" — Brotherhood Of Man — GB 1 W.
1989 — „Straight Up" — Paula Abdul — US 3 W.

Merk-Würdiges

1963 — 10.30 Uhr bis 23.00 Uhr: die Beatles nehmen ihre gesamte erste LP auf.

12

Geburtstage

■ **Ray Manzarek** — 1935 — US-Tastenspieler und nach dem Tod von Jim Morrison (3.7.71) auch Sänger der Doors. Ihr Stück „Riders On The Storm" (7/71 US 14, 9/71 D 28, GB 22, 3/76 RE-GB 33, 2/79 RE-GB 71) wurde — nicht zuletzt durch Ray's Tastenspiel — ein echter Rock-Klassiker. Die restlichen drei Mitglieder der Gruppe machten noch zwei weitere LPs und trennten sich schließlich 1973. Hit ohne Morrison als Sänger: „The Mosquito" (9/72 US 85, 1/73 D 25). Danach veröffentlichte Ray zwei Solo-LPs „The Golden Scarab" (1974) und „The Whole Thing Started With Rock & Roll" (1975) und zwei weitere LPs mit seiner neuen Gruppe Nite City „Nite City" (1977) und „Golden Days Diamond Nights" (1978). 1983 brachte er zusammen mit Philip Glass eine Rock-Version von Carl Orff's „Carmina Burana" heraus.

■ **Lorne Greene** — 1915 — Kanadischer Schauspieler und TV-Actor. Zwischen 1940 und 1943 war er Chefsprecher beim CBS-Radio. Seine weltweite Karriere begann 1959, als er die Rolle des Ben Cartwright in „Bonanza" übernahm. Die Serie lief bis 1973. In der Rolle des Commander Adama verlegte er von 1978 bis 1980 in der TV-Serie „Battlestar Galactica" seinen Wirkungskreis in den Weltraum. Als Plattenstar hat Lorne einen Hit gesprochen: „Ringo" (11/64 US 1, GB 22). Er starb am 11.9.1987.

■ **Steve Hackett** — 1950 — GB-Gitarrist und Songschreiber. Steve kam im August 1970 als Ersatz für den ausscheidenden Anthony Phillips zu Genesis. Auf den Erfolgsalben „Nursery Cryme", „Foxtrott", „Selling England By A Pound", „The Lamb Lies Down On Broadway" und „A Trick Of The Tale" spielte er mit. Im Juni 1977 verließ er die Band, um sich seinen Soloplänen zu widmen. 1986 tauchte er mit der Band GTR auf — Hit: „When The Heart Rules The Mind" (5/86 US 14).

■ **Will Glahé** — 1902 — Akkordeonspieler und Songschreiber, der mit seinem Orchester in den 30er Jahren in den USA als Polka-König gefeiert wurde. Dort war sein größter Hit der Millionseller „Beer Barrel Polka" (5/39 US 1). In den USA und in Japan gehörte Glahé über viele Jahre zu den umsatzstärksten deutschen Musikern. Er starb am 22.11.1989.

■ **Moe Bandy** — 1944 — US-Countrysänger und Gitarrist. Er begann als Musiker in der Band seines Vaters. Nebenher trat er als Rodeoreiter auf. Mit seiner Gruppe Mavericks hatte er Anfang der 70er Jahre eine eigene TV-Show. Ab 1973 war er als Solist mit rund 50 Titeln in der C&W-Hitparade erfolgreich. Sein größter Erfolg hieß „I Cheated Me Right Out Of You" (10/79 C&W 1). Im Duett mit Joe Stampley hatte er ebenfalls Erfolg — größter Hit der beiden: „Just Good Ol' Boys" (7/79 C&W 1).

■ **Walter Westrupp** — 1946 — Ehemaliger Discjockey. 1969 gründete er mit Bernd Witthüser das Pop Cabaret Witthüser & Westrupp. Später tauchte er als Walter h.c. Meier Pumpe auf.

■ **Kenny Dino** — 1942 — US-Sänger mit einem einzigen Hit: „Your Ma Said You Cried In Your Sleep Last Night" (11/61 US 24).

■ **Gene McDaniels** — 1935 — US-Sänger, der zwischen 1961 und 1963 erfolgreich war. Hits: „A 100 Pounds Of Clay" (3/61 US 3) und „Tower Of Strength" (10/61 US 5, GB 49).

■ **Bernie Paul** — 1950 — Sänger, Songschreiber und Produzent. Richtiger Name Bernd Vonficht. Hits: „Lucky" (9/78 D 6) und „Oh No No" (5/81 D 2). 1989 tauchte Bernie als Sänger der Gruppe Lucky auf — so war der Kreis zum ersten Hit wieder geschlossen.

■ **Vincent James** — 1951 — GB-Sänger mit Sweet Sensation, deren größter Hit „Sad Sweet Dreamer" (9/74 GB 1, 2/75 US 14) war.

■ **Gil Moore** — 1951 — Kanadischer Schlagzeuger und Sänger mit Triumph, gegründet 1975.

■ **Stanley Knight** — 1949 — US-Gitarrist bei Black Oak Arkansas.

Todestag

■ **Sal Mineo** — 1976 — US-Sänger und Schauspieler. Er wurde in Los Angeles auf dem Weg zu seiner Wohnung auf der Straße erstochen. Geboren am 10.1.1939.

Tageshits

1955 — „Sincerely" — McGuire Sisters — US 10 W.
1969 — „(If Paradise Is) Half As Nice" — Amen Corner — GB 2 W.
1972 — „Let's Stay Together" — Al Green — US 1 W.
1977 — „Don't Cry For Me, Argentina" — Julie Covington — GB 1 W.
1983 — „Down Under" — Men At Work — US 1 W. (2. mal)

13

Geburtstage

■ **Peter Gabriel** — 1950 — GB-Sänger, Flötist und Songschreiber. Ende 1966 spielte er in der Schulgruppe Garden Wall und wurde im Januar 1967 Gründungsmitglied von Genesis. Peter verließ die Gruppe im Mai 1975. In seine Zeit fällt der kontinuierliche Aufbau der Gruppe, die ihren Status als Supergruppe sicher auch durch ihn erreichte, denn durch seinen Stil — die Verbindung von Rockmusik und Theater — prägte er das Bild von Genesis entscheidend. Sein Part als Sänger wurde durch den Schlagzeuger Phil Collins übernommen. Peter veröffentlichte nach seiner Genesis-Zeit eine Reihe hervorragender LPs, aus der sich erstaunlicherweise auch kommerziell erfolgreiche Singles auskoppeln ließen. Hits: „Sols-

Peter Gabriel

bury Hill" (4/77 GB 13, 7/77 D 16), „Games Without Frontiers" (2/80 GB 4), „Sledgehammer" (5/86 US 1, GB 4, D 7) und „Big Time" (11/86 US 8, 3/87 GB 13, D 38). Im Duett mit Kate Bush hatte er Erfolg mit „Don't Give Up" (11/86 GB 9, D 27).

■ **Peter Tork** — 1944 — US-Sänger und Gitarrist. Er spielte mit den Phoenix Singers, bevor er 1965 Mitglied der Monkees wurde. Er war der erste, der am 30. Dezember 1968 die Gruppe verließ — um sich aus seinem Vertrag freizukaufen, mußte er 160.000 Dollar bezahlen. Etliche Projekte, die er danach startete, gingen voll daneben. Mitte 1970 fielen die Monkees endgültig auseinander. 1981 tourte Peter mit seiner neuen Band New Monks durch Japan. In einem Interview mit dem National Inquire sagte er, er habe in den letzten Jahren als Kellner gearbeitet und sei ansonsten ein „professioneller ehemalig Erfolgreicher". 1986 waren über die amerikanische Fernsehstation MTV die 52 alten Monkees-Episoden wieder zu sehen — mit großem Erfolg. Daraufhin kamen Peter, Micky Dolenz und David Jones wieder als Monkees zusammen: „That Was Then, This Is Now" (7/86 US 20).

■ **Tennessee Ernie Ford** — 1919 — US-Discjockey, der sich zum Sänger und Songschreiber wandelte und richtig Ernest Jennings Ford hieß. 1948 machte er seine ersten Platten, die dem Countrysektor zuzurechnen sind. Zwischen 1955 und 1965 hatte er eine eigene TV-Show. Später konzentrierte er sich mehr auf Gospelgesang. Hits: „Mule Train" (11/49 US 9), „Give Me Your Word" (1/55 GB 1), „Ballad Of Davy Crockett" (3/55 US 5, 1/56 GB 3) und „16 Tons" (11/55 US 1, 1/56 GB 1).

■ **Gene Ames** — 1925 — US-Sänger und Mitglied der Ames Brothers, die in der Tat Brüder waren, jedoch mit richtigem Nachnamen Urick hießen. Zwischen 1948 und 1960 waren sie erfolgreich — Hits siehe bei Bruder Joe am 3.5. 1960 trennten sich die Brüder.

■ **Roy Dyke** — 1945 — GB-Schlagzeuger, der Mitte der 60er Jahre mit den Remo Four spielte, dann Mitglied bei Ashton, Gardner & Dyke wurde. Als die auseinanderfielen, spielte er mit Badger, Cafe Society, Pat Travers und ab Ende der 70er Jahre in der deutschen Formation Bauer, Garn & Dyke und, da zwischenzeitlich wohl auch in Deutschland zu Hause, bei Plattenaufnahmen von Achim Reichel odergAxel Zwingenberger.

■ **Boudleaux Bryant** — 1920 — US-Songschreiber. Zusammen mit seiner Frau Felice schrieb er 8 Millionseller — darunter Hits für die Everly Brothers, Buddy Holly und Bob Luman. Er starb am 25.6.1987.

■ **King Floyd** — 1945 — US-Sänger und Songschreiber. 1965 machte er seine ersten Platten — mit dem Millionseller „Groove Me" (12/70 US 6) hatte er seinen größten Erfolg.

■ **Edward John Gagliardi** — 1952 — US-Bassist mit Foreigner von der Gründung 1976 bis 1979. 1982 tauchte er bei der Formation Spys auf.

■ **Roger Christian** — 1950 — GB-Sänger und Songschreiber mit den Christians, die er allerdings vor Abschluß der Arbeiten an der ersten LP schon wieder verließ, um eine Solokarriere zu starten. 1989 erschien seine LP „Checkmate".

■ **Tony Butler** — 1957 — GB-Bassist mit der 1982 gegründeten Gruppe Big Country.

■ **Peter Hook** — 1956 — GB-Bassist mit Joy Division, aus der im Mai 1980 nach dem Selbstmord des Leadsängers Ian Curtis New Order wurde.

■ **Dotty McGuire** — 1930 — US-Sängerin mit den McGuire Sisters. Hits der Schwestern siehe morgen bei Phyllis McGuire.

■ **Rod Dees** — 1951 — GB-Bassist bei Showaddywaddy.

■ **Judy Cheeks** — 1954 — US-Sängerin und Songschreiberin.

Tageshits

1943 — „When The Lights Go On Again (All Over The World)" — Vaughn Monroe — US 3 W.
1943 — „I Had The Craziest Dream" — Harry James — US 2 W.
1960 — „Unter fremden Sternen" — Freddy — D 3 W.
1961 — „Calcutta" — Lawrence Welk — US 2 W.
1971 — „One Bad Apple" — Osmonds — US 5 W.
1982 — „A Town Called Malice" — Jam — GB 3 W.

14

Geburtstage

■ **Phyllis McGuire** — 1931 — US-Sängerin mit den McGuire Sisters. Es handelte sich hierbei um drei richtige Schwestern: Christine, Dorothy (siehe gestern) und — die jüngste — Phyllis. In den 50er Jahren waren sie die erfolgreichste weibliche Vokalgruppe in den USA. Hits: „Sincerely" (1/55 US 1, 7/55 GB 14), „Something's Gotta Give" (6/55 US 5), „He" (10/55 US 10) und „Sugartime" (12/57 US 1, 2/58 GB 14). Manager der Mädchen war Alan Freed. Phyllis trat noch in den 80er Jahren als Solo-Künstlerin in Las Vegas auf.

■ **Eric Andersen** — 1943 — US-Songschreiber, Sänger, Gitarrist und Harmonikaspieler, den Tom Paxton 1963 in San Francisco entdeckte, als er zusammen mit Janis Joplin auftrat. Eric schrieb Titel für Judy Collins, Johnny Cash, Joan Baez, Blues Project und Peter, Paul & Mary. Er arbeitete zusammen mit Phil Ochs und Tom Paxton. Als Interpret nahm er für viele Firmen noch mehr Platten auf, die sich nie verkauften. Er wurde auch mal als der neue Bob Dylan bezeichnet — dabei wurde leider übersehen, daß der alte noch da war. Gerade wollte ihn Brian Epstein unter Vertrag nehmen — da starb Brian.

■ **Lillie Bryant** — 1940 — US-Sängerin, die zusammen mit Billy Ford als Billy & Lillie Hits hatte: „La Dee Dah" (1/58 US 9) und „Lucky Ladybug" (12/58 US 14).

■ **Roger Fisher** — 1950 — US-Gitarrist, der 1963 Mitbegründer von The Army war, aus der 1972 White Heart und schließlich 1974 Heart wurde. 1980 verließ Roger Heart, um eine eigene Band zu gründen.

■ **Tim Buckley** — 1947 — US-Sänger, Songschreiber, Schauspieler und Drehbuchautor, der so ziemlich alle Musikrichtungen durchmachte, die der US-Markt anbietet. Er starb am 29.6.1975.

■ **Vic Briggs** — 1945 — GB-Gitarrist mit Brian Auger & Julie Driscoll, Steampacket und ab 1967 mit Eric Burdon. Das war die Zeit, als die Animals mit der GB-Ausgabe von Flower-Power ihre großen Erfolge hatten.

■ **Magic Sam** — 1937 — US-Blues-Sänger, Gitarrist und Songschreiber, mit richtigem Namen Samuel Maghett. Er trat auch als „Good Rocking Sam" auf. Sam starb am 1.12.1969.

■ **Phil Carmen** — 1953 — Schweizer Sänger und Songschreiber, der in Kanada geboren wurde. Mit „On My Way In L.A." (6/85 D 18) hatte er einen ersten Hit.

■ **Doug Simril** — 1946 — US-Gitarrist und Pianist mit Steve Miller Band und Boz Scaggs.

Tageshits

1942 — „Blues In The Night" — Woody Herman — US 4 W.
1953 — „Till I Waltz Again With You" — Teresa Brewer — US 7 W.
1958 — „The Story Of My Life" — Michael Holliday — GB 2 W.
1968 — „Mighty Quinn" — Manfred Mann — GB 2 W.
1970 — „Thank You" — Sly & The Family Stone — US 2 W.
1987 — „Livin' On A Prayer" — Bon Jovi — US 4 W.

15

Geburtstage

■ **Ali Campbell** — 1959 — GB-Sänger und Rhythmusgitarrist bei UB 40, gegründet 1978 und benannt nach dem Formular, auf dem in GB Arbeitslosenunterstützung beantragt wird. Die gemischtrassige Gruppe spielt eine Art Reggae mit weißem Einschlag. Hits: „Red Red Wine" (8/83 GB 1, 10/83 D 12, 1/84 US 34, 8/88 RE-US 1) und — als Mitsängerin tritt Chrissie Hynde von den Pretenders in Erscheinung — „I Got You Babe" (7/85 US 28, GB 1, 9/85 D 15).

■ **Hank Locklin** — 1918 — US-Country-Sänger, Gitarrist und Songschreiber. Nachdem er in den 40er Jahren für das Radio gearbeitet hatte, machte er ab 1949 seine ersten Platten. Bis in die 70er Jahre war er regelmäßig in den Country-Hitparaden vertreten. Sein größter Crossover-Hit hieß „Please Help Me, I'm Falling" (3/60 C&W 1, 5/60 US 8, 8/60 GB 9). Eine seiner bekanntesten Kompositionen ist „Send Me The Pillow You Dream On" (3/58 C&W 5).

■ **Brian Holland** — 1941 — US-Songschreiber, der im Team Holland-Dozier-Holland — das waren sein Bruder Eddie und Lamont Dozier — jede Menge Klassiker und Millionseller für den Künstlerstall von „Tamla-Motown" schrieb. Von Brian allein stammt der Titel „Please Mr. Postman", der mit den Marvelettes, den Beatles und den Carpenters erfolgreich war.

■ **Mike & Dave Milliner** — 1962 — GB-Sänger, Songschreiber und Eintänzer bei den Pasadenas. Die fünf Mitglieder der Gruppe begannen Anfang der 80er Jahre als eine gefragte Dance Company, die sich Finesse nannte. Sie traten in Videos zahlreicher Topstars auf und wirkten in dem Film „Absolute Beginners" mit. 1988 erschien ihr Debüt-Album, das sie zusammen mit Pete Wingfield erarbeitet hatten. Singlehits: „Tribute (Ride On)" (5/88 GB 5, 9/88 D 26) und „Riding On A Train" (9/88 GB 13, 11/88 D 24).

■ **Wencke Myhre** — 1947 — Norwegische Sängerin, die in den 60er/70er Jahren zu den erfolgreichen Schlagerstars in der Bundesrepublik gehörte. Größter Hit: „Beiß nicht gleich in jeden Apfel" (8/66 D 1), mit dem sie 1966 Siegerin beim Deutschen Schlagerfestival war.

■ **Denny Zager** — 1944 — US-Sänger und Songschreiber, der zusammen mit Rick Evans als Zager & Evans den weltweiten Hit „In The Year 2525" (6/69 US 1, 8/69 GB & D 1) hatte. Es blieb die einzige Platte von ihnen, die in den Charts notiert wurde, also ein echtes One-Hit-Wonder.

■ **Melissa Manchester** — 1951 — US-Sängerin, Pianistin und Songschreiberin erst im Backgroundchor ihrer Freundin Bette Midler, den Harlettes, dann als Solistin. Hits: „Midnight Blue" (5/75 US 6), „Don't Cry Out Loud" (11/78 US 10) und „You Should Hear How She Talks About You" (5/82 US 5).

■ **John Helliwell** — 1945 — GB-Saxophonist und Songschreiber beim Alan Bown Set und ab August 1973 mit der 1969 gegründeten Formation Supertramp.

■ **Harold Arlen** — 1905 — Sänger und Songschreiber mit richtigem Namen Hyman Arluck. Er schrieb und sang „Stormy Weather" (3/33 US 1). Zwischen 1930 und 1960 hatte er mehr als 20 von ihm komponierte Top Ten Songs in den USA, darunter „Over The Rainbow" und „Blues In The Night". Er starb am 23.4.1986.

■ **Mick Avory** — 1944 — GB-Schlagzeuger der Kinks von 1964 bis 1977. Bei den großen Hits der Anfangstage war er also mit dabei.

■ **David Brown** — 1947 — US-Bassist mit Santana von 1969 bis 1976. Er wurde durch Douglas Rauch ersetzt.

■ **Michael Craig** — 1960 — GB-Bassist bei Culture Club.

Todestage

■ **Nat „King" Colè** — 1965 — US-Sänger und Pianist. Nat starb nach kurzer Krankheit an Lungenkrebs. Geboren am 17.3.1919.

■ **Little Walter** — 1968 — US-Bluessänger, Gitarrist und Mundharmonikaspieler. Er starb an den Folgen einer Kopfverletzung, die er sich bei einer Prügelei zugezogen hatte. Geboren am 1.5.1930.

■ **Mike Bloomfield** — 1981 — US-Blues-Gitarrist, Mundharmonikaspieler, Pianist und Songschreiber. Er starb an einer Überdosis Drogen, man fand ihn tot in seinem Auto. Geboren am 28.7.1943.

■ **Frederic Loewe** — 1988 — US-Komponist. Geboren am 10.6.1904.

Tageshits

1969 — „Everyday People" — Sly & the Family Stone — US 4 W.
1975 — „You're No Good" — Linda Ronstadt — US 1 W.
1986 — „How Will I Know" — Whitney Houston — US 2 W.

16

Geburtstage

■ **Patti Andrews** — 1920 — US-Leadsängerin und jüngste der Andrews Sisters. Bereits ab Anfang der 30er Jahre traten die Schwestern als Trio auf, 1937 machten sie ihre ersten Platten und es gelang ihnen, in die Lücke zu stoßen, die die Boswell Sisters hinterlassen hatten. Mit mehr als 60 Millionen verkaufter Platten und 90 Chartnotierungen sind die Andrews Sisters zu den erfolgreichsten Mädchentruppen aller Zeiten zu rechnen. Zu ihren größten Erfolgen gehören: „Bei mir bist du schön" (1/38 US 1), „Ferryboat Serenade" (10/40 US 1), „Shoo-Shoo Baby" (12/43 US 1), „Rum & Coca-Cola" (1/45 US 1), „Christmas Island" (12/46 US 7, 12/47 RE-US 20, 1/49 RE-US 26), „I Can Dream, Can't I" (9/49 US 1) und „I Wanna Be Loved" (5/50 US 1). Auf vielen ihrer Platten singen oder spielen sie mit anderen Stars jener Tage zusammen, z. B. mit Les Paul, Danny Kaye, Dick Haymes, Burl Ives, Carmen Miranda, Ernest Tubb, Russ Morgan oder Bing Crosby. Mit Bing hatten sie 23 Hitnotierungen, davon die erfolgreichsten: „Pistol Packin' Mama" (11/43 US 2), „A Hot Time In The Town Of Berlin" (9/44 US 1) und „Don't Fence Me In" (11/44 US 1). Zwischendurch versuchte sich Patti auch als Solistin — ihr größter Erfolg war „The Pussy Cat Song (Nyow! Nyow! Nyow!)" (1/49 US 12). 1974 traten Patti und Maxene — Laverne war 1967 gestorben — im Nostalgie-Broadway-Musical „Over There" auf.

■ **Sonny Bono** — 1935 — US-Songschreiber und Sänger mit dem richtigen Vornamen Salvatore. 1957 begann er als Songschreiber für die Plattenfirma Specialty. Dann wurde er Sessionmusiker für Phil Spector. 1963 nahm er mit Cher, die er 1964 heiratete, als Caesar & Cleo die ersten Platten auf. Ab 1965 nannten sie sich Sonny & Cher und waren erfolgreich (die Hits stehen bei Cher am 20.5.). Ohne Cher hatte Sonny den Erfolg „Laugh At Me" (8/65 US 10, GB 9). 1974 ließen sich die beiden wieder scheiden.

■ **Bill Doggett** — 1916 — US-Tastenspieler und Songschreiber, der schon 1938 seine erste eigene Band gründete. Seine ersten Platten machte er 1939 zusammen mit der Jimmy Munday Band. In den 40er Jahren spielte und arrangierte er mit Lionel Hampton, Louis Jordan, Count Basie und Louis Armstrong. Bei den Ink Spots spielte er kurz als Pianist mit. Den größten Hit unter seinem Namen hatte Bill mit „Honky Tonk (Parts 1 & 2)" (8/56 US 2). Er gilt als „Vater der Swing-Orgel".

■ **Lyn Paul** — 1949 — GB-Sängerin, die richtig Lynda Susan Belcher heißt. Sie war Mitglied bei den 1969 gegründeten New Seekers, die mit „I'd Like To Teach The World To Sing (In Perfect Harmony)" (12/71 GB 1, US 7, 2/72 D 24) ihren größten Hit hatten. Später versuchte sich Lyn als Solistin und sang „It Oughta Sell A Million" (6/75 GB 37). Tat's nicht!

■ **Leon Ware** — 1940 — US-Pianist, Sänger und Songschreiber. Seine erste Platte machte er im Jahre 1972. Sein größter Erfolg war „What's Your Name" (12/79 R&B 42). Von ihm stammen Hits für Ike & Tina Turner, Isley Brothers, Bobby Womack, Merry Clayton, Johnny Nash und Michael Jackson. Nur für sich selbst schrieb Leon nie einen Pophit.

■ **Jimmy Wakely** — 1914 — US-Country-Sänger, Gitarrist und Pianist. Bereits 1937 hatte er sein eigenes Trio. In den frühen 40er Jahren spielte er in Radioshows mit. Das brachte ihm den Spitznamen Melody Kid ein. Von 1952 bis 1957 hatte Jimmy seine eigene Radioshow, 1961 eine TV-Serie mit Tex Ritter. Seine ersten Plattenerfolge gehen zurück bis ins Jahr 1943. Zu seinen erfolgreichsten Platten gehört „One Has My Name (The Other Has My Heart)" (10/48 US 10) als Solist und zusammen mit Margaret Whiting „Slippin' Around" (9/49 US 1). In mehr als 70 Western-Filmen spielte Jimmy mit. Er starb am 25.9.1982.

■ **Herbie & Harold Kalin** — 1939 — US-Sänger und Songschreiber, die als Kalin Twins mit „When" (6/58 US 5, GB 1, 11/58 D 4) und „Forget Me Not" (9/58 US 12) ihre größten Hits hatten.

■ **Otis Blackwell** — 1932 — US-Songschreiber, Pianist und Sänger. Otis gilt als einer der einflußreichsten Autoren des R'n'R, der aber auch Nummern für z. B. Tex Ritter schuf - im Laufe der Jahre schrieb er mehr als 900 Stücke. Otis schneiderte Hits für Elvis, Jerry Lee Lewis oder Jimmy Jones — und keinen für sich.

■ **Andy Taylor** — 1961 — GB-Leadgitarrist und Songschreiber, der 1979 zur ein Jahr zuvor gegründeten Gruppe Duran Duran kam. Mitte der 80er Jahre gab's ein Zwischenspiel bei Power Station. Im Juni 1986 verließ Andy Duran Duran, um eine Solokarriere zu starten. Hit: „Take It Easy" (5/86 US 24).

■ **Wayne King** — 1901 — US-Saxophonist, Orchesterleiter und Songschreiber, der in den USA den Spitznamen „Walzerkönig" trug. Zwischen 1930 und 1941 war er mit knapp 40 Titeln in den amerikanischen Charts. Seine größten Erfolge waren „Dream A Little Dream Of Me" (4/31 US 1) und „Goodnight, Sweetheart" (10/31 US 1). Er starb am 16.7.85.

Tageshits

1957 — „Young Love" — Tab Hunter — US 6 W.
1957 — „Ich weiß was dir fehlt" — Peter Alexander — D 3 W.
1967 — „This Is My Song" — Petula Clark — GB 2 W.
1974 — „The Way We Were" — Barbra Streisand — US 2 W. (2.mal)
1980 — „Coward Of The County" — Kenny Rogers — GB 2 W.
1980 — „Do That To Me One More Time" — Captain & Tennille — US 1 W.
1985 — „Careless Whisper" — Wham! — US 3 W.

17

Geburtstage

■ **Gene Pitney** — 1941 — US-Sänger und Songschreiber, der z. B. für die Crystals „He's A Rebel" oder für Ricky Nelson „Hello Mary Lou" schrieb. Zusammen mit Ginny Arnell nahm er 1959 als Jamie & Jane seine ersten Platten auf. Ab 1960 machte er als Solist Platten und war bis 1968 sehr erfolgreich. Größte Hits: „(The Man Who Shot) Liberty Valance" (4/62 US 4), „Only Love Can Break A Heart" (9/62 US 2), „It Hurts To Be In Love" (7/64 US 7, 10/64 GB 36) und „I'm Gonna Be Strong" (10/64 US 9, GB 2). Nach langer Abwesenheit aus den Hitparaden tauchte er 1989 plötzlich wieder auf: Der Brite Marc Almond nahm mit ihm zusammen „Something's Gotten Hold Of My Heart" (1/89 GB & D 1) auf, mit dem Gene 11/67 in GB einen Platz 5 hatte.

■ **Tommy Edwards** — 1922 — US-Sänger und Songschreiber, der z. B. für Louis Jordan die Nummer „That Chick's Too Young To Fry" schrieb. Als Sänger war er zwischen 1951 und 1960 erfolgreich. Seinen größten Hit hatte er mit „It's All In The Game" (8/58 US 1, 10/58 GB 1), geschrieben im Jahre 1912 von Charles Gates Dawes, der zwischen 1925 und 1929 Vize-Präsident der USA war und 1925 zusammen mit G. A. Chamberlain für den von ihnen entwickelten Dawes-Plan den Friedensnobelpreis erhielt. Den gleichen Titel hatte Tommy im Jahre 1951 schon einmal aufgenommen — da erreichte er nur Platz 18. Er starb am 22.10.1969.

■ **John Leyton** — 1939 — GB-Schauspieler und Sänger, der durch TV-Rollen in GB bekannt wurde. In der Serie „Harper's West One" spielte er den Pop-Sänger Johnny St. Cyr — sein damaliger Manager Robert Stigwood (aus diesem jungen Australier sollte Jahre später eine Schlüsselfigur für die Beatles, Moody Blues, Jimi Hendrix, Cream und die Bee Gees und noch später der Besitzer der Plattenfirma RSO = Robert Stigwood Organisation werden) hatte richtig erkannt, daß die TV-Popularität auch für eine Karriere als Sänger nützlich sein könnte. Ähnlich wie Tab Hunter oder Anthony Newley wurde John Leyton also eher durch einen Zufall Plattenstar. Hits hatte er zwischen 1961 und 1964. Seine ersten waren auch seine größten: „Johnny Remember Me" (8/61 GB 1) und „Wild Wind" (10/61 GB 2). Im Film „Gesprengte Ketten" feierte er 1962 neben Steve McQueen, Charles Bronson, James Coburn, James Garner, David McCallum und Richard Attenborough (damals noch ohne „Sir") seinen größten Erfolg als Schauspieler.

■ **Dodie Stevens** — 1947 — US-Kindersängerin, die richtig Geraldine Ann Pasquale heißt. Ihr größter Hit — sie war bei der Aufnahme des Titels gerade 11 Jahre alt — war „Pink Shoe Laces" (2/59 US 3). Danach ohne weitere große Hits.

■ **Bobby Lewis** — 1933 — US-Sänger, der in einem Waisenhaus aufwuchs und im Alter von 12 Jahren von einer Familie aus Detroit adoptiert wurde. 1956 machte er seine ersten Platten und hatte seine größten Hits mit „Tossin' And Turnin'" (4/61 US 1) und „One Track Mind" (8/61 US 9).

■ **Johnny Bush** — 1935 — US-Sänger, der vom Magazin „Record World" zum vielversprechendsten Sänger des Jahres 1968 gewählt wurde. Irren ist menschlich!

■ **Ray Austin** — 1943 — GB-Folksänger und Songschreiber, der in der Bundesrepublik Platten aufnahm, Rundfunksendungen und Kneipen betreute.

■ **Orwill Hoppy Jones** — 1905 — US-Sänger mit den Inkspots. Er starb am 18.10.1944.

Todestag

■ **Thelonius Monk** — 1982 — US-Jazzpianist und Komponist. Geboren am 10.10.1917.

Tageshits

1956 — „Memories Are Made Of This" — Dean Martin — GB 4 W.
1958 — „Sugartime" — McGuire Sisters — US 4 W.
1962 — „Duke Of Earl" — Gene Chandler — US 3 W.
1966 — „These Boots Are Made For Walkin'" — Nancy Sinatra — GB 4 W.
1968 — „World" — Bee Gees — D 1 W.

18

Geburtstage

■ **Dennis de Young** — 1947 — US-Sänger, Tastenspieler und Songschreiber. 1963 lernte er in Chicago die Brüder John und Chuck Panozzo kennen. Schon zu diesem Zeitpunkt wurde der Grundstock für die Gruppe Styx gelegt. 1968 nannte man sich noch Tradewinds, 1970 dann endgültig Styx. Ab 1974 waren sie erfolgreich: „Lady" (12/74 US 6), „Come Sail Away" (9/77 US 8), „Babe" (10/79 US 1, 1/80 GB 6), „Boat On The River" (3/80 D 5), „The Best Of Times" (1/81 US 3), „Too Much Time On My Hands" (3/81 US 9), „Mr. Roboto" (2/83 US 3, D 8) und „Don't Let It End" (4/83 US 6). Ab 1984 machte Dennis auch Soloplatten, sein größter Erfolg war die Nummer „Desert Moon" (9/84 US 10).

■ **Pee Wee King** — 1914 — US-Akkordeonspieler, Geiger, Songschreiber und Bandleader. Richtiger Name: Julius Frank Kuczynski. Bereits 1936 hatte er mit den Golden West Cowboys seine erste eigene Band. Zwischen 1947 und 1957 hatte er eine eigene Radio- und später TV-Show. Auf Platten war er ab 1948 erfolgreich. Seine größten Erfolge waren die selbst geschriebenen Nummern „Tennessee Waltz" (4/48 US 30) und „Slow Poke" (11/51 US 1). Auf allen Platten von Pee Wee war Redd Stewart der Leadsänger. Der „Tennessee Waltz" wurde in der Version von Lloyd T. „Cowboy" Copas 1948 ein Millionseller.

■ **Juice Newton** — 1952 — US-Country/Pop-Sängerin, richtige Vornamen Judy Kay. Mit 13 machte sie Folkmusik, 1974 ging sie mit ihrer Band Silver Spur nach Los Angeles. Ab 1975 machte sie Platten — nachdem sich die Gruppe 1978 aufgelöst hatte, nur noch als Solistin. Seit diesem Zeitpunkt ist sie regelmäßig in Country-Hitparaden vertreten. Mit ihren Versionen von „Angel Of The Morning" (2/81 US 4, 6/81 D 23) und „Queen Of Hearts" (5/81 US 2, 8/81 D 39), die Millionseller waren, stand sie auch hoch in den Pop-Charts.

Randy Crawford

■ **Randy Crawford** — 1952 — US-Sängerin, die zuerst in Großbritannien erfolgreicher war als in ihrer Heimat. Zwischen 1979 und 1986 hatte sie dort 10 Hits. Ihre größten waren „One Day I'll Fly Away" (8/80 GB 2) und „Almaz" (11/86 GB 4). Beim Titel „Street Life" (8/79 GB 5, US 36) der Crusaders sang sie — auf der Plattenhülle ungenannt — die Leadstimme.

■ **John Travolta** — 1954 — US-Sänger und Schauspieler. Seinen ersten Erfolg als Schauspieler hatte er als Vinnie Barbarino in der TV-Serie „Welcome Back Kotter", die ab 1975 ausgestrahlt wurde. Sein Höhepunkt war die Rolle im Disco-Schinken „Saturday Night Fever" (1977). Weitere Filme von John: „Grease", „Blow Out" und „Urban Cowboy". Hits als Solist: „Let Her In" (5/76 US 10) und „Sandy" (10/78 GB 2, 12/78 D 26). Hits mit Olivia Newton-John im Duett: „You're The One That I Want" (4/78 US & GB 1, 6/78 D 1) und „Summer Night" (8/78 US 5, GB 1, 10/78 D 4).

■ **Hazy Osterwald** — 1922 — Schweizer, der richtig Rolf E. Osterwalder heißt. Er gründete noch in den 40ern das Hazy Osterwald-Sextett, das in den 50er Jahren in vielen deutschen Spielfilmen mitwirkte und einige Hits hatte — sein größter Erfolg war der „Kriminal-Tango" (10/59 D 1).

■ **Marty Simon** — 1948 — GB-Schlagzeuger mit Holy Smoke, Life, Sharks und April Wine. Auch auf Platten von Eno, Leslie West, Patsy Galland oder Wilson Pikkett ist er zu hören.

■ **Jimmy Jewell** — 1945 — GB-Saxophonist und Klarinettist bei Ronniez.Lane'sz.SlimgChance,z.Keefz.Hartley, McGuinness-Flint, Gallagher & Lyle und vielen anderen.

■ **Gazebo** — 1960 — Italienischer Sänger und Songschreiber. Richtiger Name Paul Mazzolini. Größter Hit: „I Like Chopin" (8/83 D 1).

■ **Robin Bachmann** — 1953 — Kanadischer Schlagzeuger. Spielte ab 1971 mit Brave Belt, aus denen sich später Bachmann-Turner Overdrive entwickelte.

■ **Irma Thomas** — 1941 — US-Sängerin. Richtiger Name Irma Lee. Ab 1960 bis 1968 war sie in der R&B-Hitparade zu finden. Ihr größter Pophit war die Nummer „Wish Someone Would Care" (3/64 US 17).

■ **Austin Howard** — 1962 — GB-Leadsänger und Songschreiber mit Ellis, Beggs & Howard, deren erster Hit „Big Bubbles, No Troubles" (7/88 GB 59, 9/88 D 16, 3/89 RE-GB 41) war. Austin hatte vorher einige Soloplatten veröffentlicht, die jedoch nicht erfolgreich waren.

■ **David Blue** — 1941 — US-Sänger und Songschreiber, der ab 1963 ohne nennenswerten Erfolg Platten aufnahm. Er starb am 2.12.1982.

■ **Derek Pellicci** — 1953 — Australischer Schlagzeuger in der Urformation der Little River Band.

■ **Yoko Ono** — 1933 — Japanerin, die 1969 John Lennon heiratete, was angeblich die Trennung der Beatles herbeiführte. Sie nahm zusammen mit John einige Platten auf, die unverkäuflich waren. Auch nach dem Tode ihres Mannes glaubt sie die Welt mit ihrem Gesang beglücken zu müssen — eine Tour von ihr 1986 wurde ein Flop. Wenn sie singt, bekommt man ja-panische Angst!

Tageshits

1955 — „Softly Softly" — Ruby Murray — GB 3 W.
1956 — „Great Pretender" — Platters — US 2 W.
1956 — „Rock And Roll Waltz" — Kay Starr — US 6 W.
1965 — „Tired Of Waiting For You" — Kinks — GB 1 W.
1967 — „Kind Of A Drag" — Buckinghams — US 2 W.
1974 — „Teenage Rampage" — Sweet — D 7 W.
1978 — „Take A Chance On Me" — Abba — GB 3 W.

19

Geburtstage

■ **Smokey Robinson** — 1940 — US-Sänger und Songschreiber mit richtigem Vornamen William, der unzählige Hits für sich, seine Formation Miracles und

Smokey Robinson

andere schrieb. Seine erste Gruppe gründet er schon 1955, er war noch Schüler: Matadors, aus denen sich später die Miracles entwickeln sollten. 1958 erscheint „Got A Job", die erste Single der Miracles, die eine Antwort auf „Get A Job" von den Silhouettes darstellt. 1960 gelingt den Miracles der erste Millionseller für Motown Records: „Shop Around" (12/60 US 2). Weitere Hits: „You've Really Got A Hold On Me" (12/62 US 8), „Mickey's Monkee" (8/63 US 8). Ab 1967 werden die Platten als Smokey Robinson & The Miracles veröffentlicht. Hits: „I Second This Emotion" (11/67 US 4, GB 27), „Baby, Baby Don't Cry" (1/69 US 8) und „The Tears Of A Clown" (8/70 GB 1, 10/70 US 1, D 19). Am 29.1.1972 verläßt Smokey die Miracles, wird Vize-Präsident von Tamla-Motown und veröffentlicht regelmäßig Solo-Platten. Hits: „Cruisin'" (10/79 US 4) und „Being With You" (2/81 US 2, 5/81 GB 1).

■ **Lou Christie** — 1943 — US-Sänger, mit richtigem Namen Lugee Alfredo Giovanni Sacco. Er begann als Sänger der Classics, mit denen er 1960 seine erste Platte aufnahm — kein Hit. 1961 kam er dann als Lugee & The Lions — kein Hit. Schließlich hatte er als Lou Christie zwischen 1963 und 1969 5 Top 40 Hits. Die erfolgreichsten Platten: „Two Faces Have I" (3/63 US 6), „Lightin' Strikes" (12/65 US 1, GB 11) und „I'm Gonna Make You Mine" (8/69 US 10, GB 2, 11/69 D 29).

Falco

■ **Falco** — 1957 — Österreichischer Sänger und Songschreiber, der auf den richtigen Namen Johann Hölzel hört. Er begann als Bassist bei Drahdiwaberl und macht seit 1980 Solo-Platten. Hits: „Der Kommissar" (2/82 D 1) — international war mit diesem Titel die britische Gruppe After The Fire (2/83 US 5, 4/83 GB 47) erfolgreich —, „Rock Me Amadeus" (6/85 D 1, 2/86 US & GB 1), „Vienna Calling" (10/85 D 4, 4/86 US 18, GB 10), „Jeanny, Part 1" (12/85 D 1, 8/86 GB 68) und „Coming Home (Jeanny Part 2, Ein Jahr danach)" (10/86 D 1).

■ **Dave Wakeling** — 1956 — GB-Sänger, Gitarrist und Songschreiber für die im September 1978 gegründete Band The Beat. Hits: „Tears Of A Clown/Ranking Full Stop" (12/79 GB 6), „Hands Off — She's Mine" (2/80 GB 9), „Mirror In The Bathroom" (5/80 GB 4), „Too Nice To Talk To" (12/80 GB 7) und „Can't Get Used To Losing You" (4/83 GB 3). Im Juli 1983 fällt die Band auseinander, Dave gründet mit einem weiteren Mitglied von The Beat General Public.

■ **Eddie Hardin** — 1949 — GB-Keyboarder, Sänger und Songschreiber. Eddie kam im April 1967 als Ersatz für Steve Winwood zur Spencer Davis Group. Da er anscheinend kein vollwertiger Ersatz war, war die große Hitzeit der Band vorbei. Im Oktober 1968 verließen er und Pete York Spencer Davis, um als Hardin & York weiterzuarbeiten. Eddie bezeichnete das Duo als „Die kleinste Big Band der Welt". Ein Erfolg gelang ihnen nicht.

■ **Stan Kenton** — 1912 — US-Pianist, Songschreiber und Bandleader. 1941 gründete er seine erste eigene Jazzband. Zwischen 1944 und 1962 war er immer wieder in den Hitparaden — mal mit Gesangsinterpreten (meist mit June Christy), mal als Pianist mit seinem Orchester. Seine größten Hits — alles Millionseller — waren „Artistry In Rhythm" (11/44 US 16), „Tampico" (7/45 US 3) und „Shoo-Fly Pie And Apple Pan Dowdy" (3/46 US 6). Er starb am 25.8.1979.

■ **Bob Engemann** — 1936 — US-Sänger, von der Gründung im Jahre 1960 bis 1968 mit den Lettermen. Hits siehe 6.11. bei Bandkollege Jim Pike. Nachdem Engemann die Gruppe verlassen hatte, kam für ihn Gary Pike, Jims Bruder.

■ **Mark Andes** — 1948 — US-Bassist und Sänger mit der 1967 in L.A. gegründeten Band Spirit. 1971 war er Mitbegründer von Jo Jo Gunne und ab 1976 Mitglied bei Firefall, die mit „You Are The Woman" (9/76 US 9) ihren größten Hit hatten. 1982 kam er dann zu der Gruppe Heart.

■ **Lee Marvin** — 1924 — US-Filmschaupieler, der für den Film „Westwärts zieht der Wind" ein Liedchen murmelte, das ein Hit wurde: „Wandrin' Star" (2/70 GB 1, 4/70 D 12). Als Filmschauspieler war er ab 1951 erfolgreich im Geschäft — mit Recht. Er starb am 30.8.1987 an Herzversagen.

■ **Alan Merrill** — 1951 — GB-Sänger und Bassist mit den Arrows. Hit: „A Touch Too Much" (5/74 GB 8).

■ **Czeslaw Wydrzycki** — 1939 — Polnischer Jazz-Rock-Musiker. Machte als Niemen recht beeindruckende LPs.

■ **Andy Powell** — 1950 — GB-Gitarrist der 1969 gegründeten Gruppe Wishbone Ash.

■ **Francis Buchholz** — 1950 — Bassist mit den Scorpions.

■ **Tony Iommi** — 1949 — GB-Gitarrist mit Black Sabbath.

Todestag

■ **Bon Scott** — 1980 — Australischer/GB-Sänger mit AC/DC. Scott starb nach einer durchzechten Nacht an seinem eigenen Erbrochenen. Geboren am 9.7.1946.

Tageshits

1966 — „Lightnin' Strikes" — Lou Christie — US 1 W.
1972 — „Without You" — Nilsson — US 4 W.
1972 — „Son Of My Father" — Chicory Tip — GB 4W.
1977 — „When I Need You" — Leo Sayer — GB 3 W.
1977 — „Blinded By The Light" — Manfred Mann's Earthbando — US 1 W.
1983 — „Baby Come To Me" — Patti Austin & James Ingramo - US 2 W.
1983 — „Too Shy" — Kajagoogoo — GB 2 W.

20

Geburtstage

■ **Walter Becker** — 1950 — US-Bassist und Songschreiber. Während seiner Studienzeit traf er an der Uni auf Donald Fagen. 1969 schrieben die beiden die

Filmmusik für „You Gotta Walk It Like You Talk It", ein früher Film von Richard Pryor. Die Platte wird jedoch erst Ende der 70er Jahre veröffentlicht. 1970 werden Walter und Donald Mitglied bei Demian. Über eine Demoaufnahme kommt man nicht hinaus. 1971 — inzwischen wieder als Duo — machen die beiden Demoplatten für andere Künstler, 1972 erhalten sie als Steely Daneinen Plattenvertrag. Die beiden trennten sich in den 80er Jahren — sprechen aber hin und wieder von einem gemeinsamen Comeback — was schön wäre.

■ **Barbara Ellis** — 1940 — US-Sängerin bei den Fleetwoods, die mit „Come Softly To Me" (3/59 US 1, GB 6) und „Mr. Blue" (9/59 US 1) ihre größten Hits hatten. Die Gruppe veröffentlichte bis 1963 weitere Platten.

■ **Nancy Wilson** — 1940 — US-Sängerin im Stil Jazz-Nachtclub, die ihre ersten Platten 1956 aufnahm. Ihr größter Hit war „(You Don't Know) How Glad I Am" (7/64 US 11).

■ **Jerome Geils** — 1946 — US-Gitarrist und Namensgeber der J. Geils Band, die 1967 gegründet wurde. Ihre ersten Platten machten sie 1970. Hits und Millionseller: „Centerfold" (11/81 US 1, 2/82 GB 3, D 13) und „Freeze-Frame" (2/82 US 4, 4/82 GB 27, D 29).

■ **Buffy Sainte-Marie** — 1941 — Kanadische Sängerin, Gitarristin und Songschreiberin indianischer Abstammung. Von ihr sind Titel wie „Universal Soldier", „Until It's Time For You To Go" oder „Up Where We Belong". Ihr größter Hit war „Soldier Blue" (7/71 GB 7, 10/71 D 36) aus dem Film „Das Wiegenlied vom Totschlag".

■ **Randy California** — 1946 — US-Gitarrist mit Spirit, Jay Ferguson, Kaptain Kopter, New Spirit und auf mehreren Solo-LPs.

■ **Alan Hull** — 1945 — GB-Sänger, Pianist, Gitarrist und Songschreiber bei Lindisfarne, die sich Ende der 60er Jahre formierten. Hits: „Meet Me On The Corner" (2/72 GB 5), „Lady Eleanor" (5/72 GB 3) und „Run For Home" (6/78 GB 10, 9/78 US 33).

■ **Stefan Waggershausen** — 1949 — Sänger und Songschreiber, der von seinen jeweiligen Plattenfirmen mal als „Traumrocker", mal als deutscher Bob Dylan angeboten wurde. Hits: „Hallo Engel" (9/80 D 26) und — zusammen mit der Italienerin Alice — „Zu nah am Feuer" (2/84 D 13).

■ **Mark Reilly** — 1960 — GB-Sänger und Songschreiber für Matt Bianco, die ab 1984 erfolgreich waren. Hits: „Get Out Of Your Lazy Bed" (2/84 GB 15, D 31), "Yeh Yeh" (10/85 GB 13, D 7) und „Don't Blame It On That Girl/Wap-Wam-Boogie" (6/88 GB 11).

■ **Jimmy Yancey** — 1898 — US-Bluespianist, Sänger und Songschreiber im Boogie Woogie Stil. Richtige Vornamen James Edward. 1939 machte er seine ersten Platten und blieb bis zu seinem Tode aktiv. Er starb am 17.9.1951.

■ **Heinz Erhardt** — 1909 — Deutscher Schauspieler, Komödiant, Buchautor und manchmal Sänger. Er war sich nie ganz darüber im klaren, ob er heute wieder ein Schelm ist, noch'n Gedicht vortragen soll oder zufällig den Schalk im Nacken hatte. So machte er z. B. eine liebenswerte Version von „Baby, es regnet doch" (1950). Er starb am 5.6.1979.

■ **Murv Shiner** — 1921 — US-Country Sänger, Gitarrist und Songschreiber. Richtiger Vorname Mervin. Er trat bereits als 16jähriger zusammen mit seiner Mutter auf. Seinen einzigen großen Hit hatte er mit dem Millionseller „Peter Cottontail" (3/50 US 8).

■ **Louis Soloff** — 1944 — US-Bläser mit Blood, Sweat & Tears und auf unzähligen Produktionen als Studiomusiker.

Tageshits

1959 — „As I Love You" — Shirley Bassey — GB 4 W.
1964 — „Diane" — Bachelors — GB 1 W.
1965 — „This Diamond Ring" — Gary Lewis — US 2 W.
1984 — „Only You" — Flying Pickets — D 1 W.
1988 — „I Should Be So Lucky" — Kylie Minogue — GB 5 W.
1988 — „Seasons Change" — Expose — US 1.

21

Geburtstage

■ **Jerry Harrison** — 1949 — US-Gitarrist, Keyboarder, Songschreiber und Sänger. Zwischen 1970 und 1974 war er Mitglied in der Band Modern Lovers, die Jonathan Richman begleitete. Im April 1976 sieht Jerry die 1974 gegründete Band Talking Heads und bemüht sich um Mitgliedschaft. Im September 1976 klappt es. Im Frühjahr 1988 erscheint mit „Casual Gods" die erste Solo-LP von Jerry.

■ **Nina Simone** — 1933 — US-Sängerin und Songschreiberin mit richtigem Namen Eunice Waymon. Sie tendierte zum Jazz und spielte gut Piano. Pop-Hits: „I Love You, Porgy" (8/59 US 18), „Ain't Got No — I Got Life/Do What You Gotta Do" (10/68 GB 2) und „To Love Somebody" (1/69 GB 5), eine Cover-Version der Bee Gees-Nummer. In den 70er Jahren beschäftigte sich Nina mehr mit Politik als mit Plattenproduktionen. 1987 wurde ihre Nummer „My Baby Just Cares For Me" (10/87 GB 5, 12/87 D 11) für Chanel-Parfum-Werbung benutzt — das brachte den Titel, der aus dem Jahre 1959 stammt, wieder in die Hitparaden und Nina in Erinnerung.

■ **Paul Newton** — 1945 — GB-Bassist. Spielte neben Greg Lake, Ken Hensley und Lee Kerslake zwischen September 1967 und Sommer 1968 mit den Gods. Danach bis Dezember 1969 mit Mick Box und David Byron bei Spice — diese drei waren dann auch Gründungsmitglieder von Uriah Heep. Paul blieb bis Ende 1971. Im Laufe der langen Geschichte von Uriah Heep wechselte die Besetzung in etlichen Positionen — aber besonders die Bassisten hielten es nie lange aus. Nach Paul kamen Mark Clarke, Gary Thain, John Wetton und Trevor Bolder.

■ **Bob Colin Day** — 1942 — GB-Sänger, der zusammen mit John Alford als Allisons auftrat. Einziger Hit: „Are You Sure" (2/61 GB 2, 6/61 D 11).

■ **Ranking Rogers** — 1961 — GB-Schlagzeuger und Sänger. Er begann als Schlagzeuger für die Punkband Dum Dum Boys. Im Mai 1979 wurde er Mitglied bei The Beat. Als diese Gruppe Juli 1983 auseinanderfiel, machte Ranking mit Dave Wakeling, ebenfalls Mitglied bei The Beat, die neue Formation General Public.

Todestag

■ **Janet Vogel** — 1980 — US-Sängerin mit den Skyliners. Sie beging Selbstmord. Geboren am 10.6.42.

Tageshits

1948 — „I'm Looking Over A Four-Leaf Clover" — Art Mooney — US 5 W.
1963 — „Wayward Wind" — Frank Ifield — GB 3 W.
1972 — „Sacramento" — Middle Of The Road — D 3 W.
1976 — „December '63" — Four Seasons — GB 2 W.
1981 — „Shaddap You Face" — Joe Dolce — GB 3 W.
1981 — „9 To 5" — Dolly Parton — US 1 W.
1987 — „Stand By Me" — Ben E. King — GB 3 W.

22

Geburtstage

■ **Bobby Hendricks** — 1938 — US-Sänger, der bei den Drifters — Lead-Sänger auf „Moonlight Bay" (6/58 US 72) und der B-Seite „Drip Drop" (8/58 US 58)

— und den Swallows war, bevor er seinen einzigen Solo-Hit hatte: „Itchy Twitchy Feeling" (8/58 US 25), bei dem ihn die Coasters begleiteten.

■ **Louise Lopez** — 1943 — US-Sängerin, die zusammen mit ihrer Schwester Lillian die Lead-Vocals für Odyssey sang. Hits: „Native New Yorker" (11/77 US 21, GB 5), „Use It Up And Wear It Out" (6/80 GB 1, 9/80 D 20), „If You're Lookin' For A Way Out" (9/80 GB 6), „Going Back To My Roots" (5/81 GB 4, 7/81 D 13) und „Inside Out" (6/82 GB 3).

■ **Oliver** — 1945 — US-Sänger, der richtig William Oliver Swofford heißt. Er war Mitglied bei The Good Earth, bevor er als Solist Platten machte. Hits: „Good Morning Starshine" (5/69 US 3, 8/69 GB 6) und „Jean" (8/69 US 2). Er tritt heute als Bill Swofford in den USA auf.

■ **Ernie K-Doe** — 1936 — US-Sänger und Songschreiber mit richtigem Namen Ernest Kador Jr. Er machte typischen New Orleans R&B. 1954 nahm er mit den Blue Diamonds, zu denen auch Huey „Piano" Smith gehörte, Platten auf. Ab 1955 versuchte er sich als Solist. Hit: „Mother-In-Law" (3/61 US 1, 5/61 GB 29).

■ **Joachim Witt** — 1949 — Sänger, Gitarrist und Songschreiber. 1977 war er Mitbegründer von Düsenberg. Nach 3 Jahren und 3 LPs stieg er aus und versuchte sich als Solist. Mit dem Titel „Goldener Reiter" (12/81 D 2) hatte er seinen ersten und größten Erfolg.

■ **Billy Mo** — 1923 — Sänger und Trompeter, geboren auf Trinidad. Richtiger Name Peter Mico Joachim. Auf dem Titel „Mitternachts-Blues" (2/58 D 6) von Bert Kaempfert spielt Billy Trompete. Sein größter Solo-Hit als Sänger: „Ich kauf' mir lieber einen Tirolerhut" (2/63 D 1). Billy trat auch als Schauspieler in mehreren Filmen auf.

■ **Del Wood** — 1920 — US-Ragtime-Pianistin und Sängerin, geboren als Adelaide Hazelwood. Ab 1951 trat sie in der Grand Ole Opry auf — in dem Jahr hatte sie auch ihren größten Hit und Millionseller „Down Yonder" (9/51 US 4).

■ **Dirk Darmstaedter** — 1965 — Hamburger Leadsänger und Songschreiber der Formation Jeremy Days. Erster Hit: „Brand New Toy" (3/89 D 11).

■ **Michael Wilton** — 1962 — US-Gitarrist, Sänger und Songschreiber bei Queensryche.

Todestag

■ **Florence Ballard** — 1976 — US-Sängerin, die zur Urbesetzung der Supremes gehörte. Bis zum Jahre 1967, als sie ausstieg und durch Cindy Birdsong ersetzt wurde, hatte die Formation 20 Chart-Hits. Von den Tantiemen der Platten, die die Supremes zwischen 1964 und 1967 verkauft haben, hat sie nach ihrem Ausscheiden nichts mehr erhalten. Einen Rechtsstreit mit ihrer Plattenfirma Tamla Motown — es ging 8,7 Millionen Dollar — hatte sie verloren. Sie starb von ihrem Mann verlassen und völlig verarmt in einem Detroiter Krankenhaus nach einem Herzinfarkt. Geboren wurde sie am 30.6.1943.

Tageshits

1947 — „Managua, Nicaragua" — Freddy Martin — US 3 W.
1947 — „Open The Door, Richard" — Count Basie — US 1 W.
1957 „Young Love" — Tab Hunter — GB 7 W.
1960 — „Theme From A Summer Place" — Percy Faith — US 9 W.
1962 — „Rock-A-Hula Baby/Can't Help Falling In Love" — Elvis Presley — GB 4 W.
1975 — „Make Me Smile" — Steve Harley & Cockney Rebel — GB 2 W.
1975 — „Pick Up The Pieces" — Average White Band — US 1 W.
1988 — „My Love Is A Tango" — Guillermo Marchena — D 2 W.

Merk-Würdiges

1956 — In Hollywood nehmen Grace Kelly und Bing Crosby den Titel „True Love" auf. Er stammt aus dem Film „High Society", in dem die beiden neben Frank Sinatra und Louis Armstrong spielen. Die Platte wird ein Millionseller. Am gleichen Tag im gleichen Jahr zieht Elvis Presley mit seiner ersten Platte in die US-Charts — es ist „Heartbreak Hotel". Die Platte sollte sich 27 Wochen in der Hitparade halten und am 3.5. auf Platz 1 vorstoßen.

23

Geburtstage

■ **Johnny Winter** — 1944 — US-Gitarrist, Sänger und Songschreiber. Gerade 15 Jahre alt nimmt er 1959 als Johnny & The Jammers seine erste Platte auf. Sie heißt analog zum Alter „Schoolday Blues". In der Folgezeit spielt er, mal mit Bruder Edgar (wie Johnny ein Albino), mal ohne, in diversen Gruppen. Dazu gehören Black Plague oder Gene Terry & The Downbeats. 1968 gründet er schließlich mit seinem Bruder seine erste eigene Band. 1969 erhalten sie einen Plattenvertrag von CBS. In den Jahren danach das alte Spiel: mal mit, mal ohne Bruder. Johnny hatte nie einen Singlehit, aber die LP „Life/Johnny Winter And" aus dem Jahr 1971 wurde ein Millionseller.

■ **Rusty Young** — 1946 — US-Gitarrist, Sänger und Songschreiber. Er begann 1964 bei der in Colorado sehr bekannten Gruppe Bonzee Cryque. 1968, Buffalo Springfield lag in ihren letzten Zügen, half er bei der Fertigstellung von deren letzter LP. Die Buffalo Springfield-Mitglieder Jim Messina und Richie Fury gründeten im August 1968 zusammen mit Rusty Young Poco, die Country-Rock spielten. Von der Gründung bis zur Auflösung im Oktober 1984 wechselte die Besetzung von Poco häufig, einzig Rusty blieb immer dabei. 1989 kam dann wieder die Formation von Poco für eine neue LP zusammen, wie sie im August 1968 bestanden hatte: Jim Messina, Richie Fury, George Grantham, Randy Meissner und Rusty Young.

■ **Howard Jones** — 1955 — GB-Soundtüftler, Sänger und Songschreiber, der 1983 in den Hitparaden auftauchte. Hits: „New Song" (9/83 GB 3, 1/84 D 19, US 27), „What Is Love" (11/83 GB 2, 1/84 D 6, 4/84 US 33), „Things Can Only Get Better" (2/85 GB 6, US 5) und „No One Is To Blame" (3/86 GB 16, US 4). Sein Spitzname ist „Synth Wizard", seine Spezialität die vegetarische Küche. 1987 eröffnete er in New York ein dementsprechendes Restaurant, das nach wenigen Monaten abbrannte. Howard ist auch für sein soziales Engagement bekannt. Er arbeitete mit an einem Anti-Heroin-Projekt, einem Rehabilitationszentrum für Drogen- und Alkoholkranke und veranstaltete 1987 ein Benefizkonzert zugunsten der Opfer des Hurrikans Irene.

■ **David Sylvian** — 1958 — GB-Sänger, Gitarrist, Tastenspieler und Songschreiber. Richtiger Nachname Batt. Mit seinem Bruder Steve, der sich den Nachnamen Jansen zulegte, gründete er Mitte der 70er Jahre die Gruppe Japan. Die Gruppe gewann einen Nachwuchswettbewerb der deutschen Plattenfirma Ariola Hansa, die in London gerade eine Dependance eröffnet hatte. 1978 erscheint auf diesem Label auch die erste Platte von Japan, die kein Erfolg wird. Auch „Life In Tokio", produziert von Giorgio Moroder und im Mai 1979 erschienen, wird — mit Ausnahme von Japan (jetzt ist von dem Land die Rede) — kein Erfolg. Mitte 1980 unterschreibt die Gruppe einen neuen Vertrag mit Virgin Records — jetzt stellt sich der Erfolg ein. Allerdings werden im Laufe der nächsten Jahre auch immer wieder alte Aufnahmen der Band, die sie einst bei Hansa aufgenommen haben, wieder neu auf den Markt gebracht und sind nun erfolgreich. Hits: „Ghosts" (3/82 GB 5) und „I Second That Emotion" (7/82 GB 9). Ende 1982 löst sich die Gruppe auf. David arbeitet zusammen mit Ryuichi Sakamoto — die Nummern „Bamboo Houses/Bamboo Music" (8/82 GB 30) und „Forbidden Colours" (7/83 GB 16) werden als Sylvian Sakamoto veröffentlicht. Letzterer Titel stammt aus dem Film „Merry Christmas, Mr. Lawrence", in dem Sakamoto auch mitspielt. Danach arbeitet David als Solist — sein größter Erfolg: „Red Guitar" (6/84 GB 17).

■ **Michael Maxfield** — 1944 — GB-Leadgitarrist mit den Dakotas, die zusammen mit Billy J. Kramer zwischen 1963 und 1965 erfolgreich waren. Die Band wurde von Brian Epstein gemanagt und von George Martin produziert — da war klar, daß vom reichhaltigen Tisch der Beatles auch mal ein Titel für die Dakotas abfallen würde. Einmal waren sie auch ohne Billy J. in den Charts: „The Cruel Sea" (7/63 GB 18).

■ **Robin Gray** — 1957 — GB-Sänger mit den Dead End Kids, die erfolgreich waren mit „Have I The Right" (3/77 GB 6).

■ **Brad Whitford** — 1952 — US-Gitarrist mit Aerosmith, 1970 formiert.

■ **Steve Priest** — 1950 — GB-Bassist der Teenie-Gruppe Sweet, zwischen 1971 und 1978 sehr erfolgreich.

■ **Terry „Tex" Comer** — 1949 — GB-Bassist, Gitarrist und Percussionist mit Warm Dust, Ace und als Studiomusiker.

■ **Jörg Treptow** — 1962 — Gitarrist bei den Teens, die die deutschen Gleichnamigen zwischen 1978 und 1981 beglückten.

■ **Gary Giles** — 1952 — GB-Bassist bei Stray.

Todestag

■ **Stan Laurel** — 1965 — US-Filmschauspieler, der richtig Arthur Stanley Jefferson hieß und zusammen mit Oliver Hardy das Komiker-Duo Dick & Doof darstellte, wobei Stan der Doof war. Geboren am 16.6.1890.

Tageshits

1961 — „Sailor" — Petula Clark — GB 1 W.
1974 — „Devil Gate Drive" — Suzi Quatro — GB 2 W.
1980 — „Crazy Little Thing Called Love" — Queen — US 4 W.

24

Geburtstage

■ **Rupert Holmes** — 1947 — In GB geborener Sänger, Songschreiber und Produzent. Sein Vater war amerikanischer GI, seine Mutter Britin. Als Rupert 6 Jahre alt war, zog die Familie in den US-Staat New York. Während der Schulzeit gründete er seine erste Gruppe, die Nomades, sein Hauptmusikinstrument war die Klarinette. Er schrieb und arrangierte z.B. für die Drifters, Platters, Barbra Streisand, Dolly Parton, Mac Davies, Manhattan Transfer und Gene Pitney — sein größter Erfolg war der Titel „Timothy" (1/71 US 17) für die Gruppe Buoys. Als Produzent betätigte er sich für Sailor, Strawbs, Sparks oder auch John Miles. Sein Erfolg als Interpret kam mit Titeln wie „Escape (The Pina Colada Song)" (10/79 US 1, 1/80 GB 23, 3/80 D 36) und „Him" (1/80 US 6, 3/80 GB 31, 5/80 D 32).

■ **Nicky Hopkins** — 1944 — GB-Tastenspieler und Songschreiber, der als Studiomusiker oder auch als ordentliches Bandmitglied in unglaublich vielen Gruppen mitspielte. So ist er auf „My Generation" der Who zu hören, spielte mit Screaming Lord Sutch oder auch Cyril Davies, begleitete Jeff Beck, Jefferson Airplane, die Steve Miller Band, Quicksilver Messenger Service, die Rolling Stones oder Sweet Thursday. Als er dann 1972 seine erste Solo-LP aufnahm, halfen ihm Rock-Größen wie George Harrison, Mick Taylor, Klaus Voormann, Jim Price oder Bobby Keys — der Erfolg blieb trotzdem aus.

■ **Paul Jones** — 1942 — GB-Sänger und Songschreiber, der richtig Paul Pond heißt. Er war Mitbegründer der Band um Manfred Mann und sang bis zum Jahre 1966 Hits wie „Do Wah Diddy" (7/64 GB 1, 9/64 US 1, D 4) oder „Pretty Flamingo" (4/66 GB 1, 7/66 US 29, D 23). Dann wurde Paul durch Mike d'Abo ersetzt, weil er Solo-Platten machen wollte — mit Erfolg: „High Time" (10/66 GB 4) und „I've Been A Bad Bad Boy" (1/67 GB 5). In den 70er Jahren tauchte er nicht mehr in den Charts auf — dafür in der Original Blues Band.

■ **Dennis Waterman** — 1948 — GB-Schauspieler und Sänger. Wie so viele Fernsehstars kam auch Dennis zu einem Plattenvertrag — er hat das Gesicht, von dem die Plattenbosse ausgehen, daß es sich bei Teenies verkauft. Zumindest einmal gelang es: „I Could Be So Good For You" (10/80 GB 3). In GB hatte er 1962/63 erste Erfolge als Neville Finch in „Fair Exchange", 1976 war er Sergeant Carter in „The Sweeney", was bei uns als „Die Füchse" über die Bildschirme lief. Mit „What Are We Gonna Get 'er Indoors" (12/83 GB 21) hatte er seinen letzten Erfolg.

■ **Michel Legrand** — 1932 — Französischer Pianist und Komponist. Sein Vater war Raymond Legrand, der unter anderem 1952 Geigenarrangements für Dizzy Gillespie schrieb. Michel ging in die USA und nahm dort Platten z. B. mit Frankie Laine auf. Danach schrieb er über 50 Filmmusiken, z. B. 1968 das Thema „Windmills Of Your Mind" aus „The Thomas Crown Affair" oder 1972 „Summer Of '42" — in beiden Fällen erhielt er einen Oscar.

■ **David Newman** — 1933 — US-Saxophonist. Er spielte ab 1954 mit T-Bone Walker, dann für 10 Jahre mit Ray Charles. Schließlich gründete David seine eigene Jazz-Combo und war außerdem auf unzähligen Platten als Sessionmusiker zu hören, darunter bei Joe Cocker, den Neville Brothers, Herbie Mann, B. B. King oder Doldingers Passport.

■ **Stefan Josefus** — 1947 — Schlagzeuger und Songschreiber in der Gruppe Franz K. — von Franz Kafka abgeleitet, weil sich, so Stefan, „die Band genauso mit gesellschaftlichen Widersprüchen beschäftigt wie er". Seit Anfang der 70er Jahre macht Stefan einfachen, unkomplizierten Rock mit deutschen Texten.

■ **Caro** — 1958 — Sängerin und Songschreiberin. Richtiger Name Jos. Caroline Tollenaar. 1978 erhielt sie den Deutschen Schallplattenpreis als „Nachwuchssolistin Pop national". LP-Veröffentlichungen folgten, die sich in keiner Hitparade niederschlugen — ein Beweis, was man von solchen Auszeichnungen zu halten hat. Der Geschmack der Kritiker und der Plattenkäufer stimmen nur höchst selten überein.

■ **Lonnie Turner** — 1947 — US-Bassist der 1973 gegründeten Steve Miller Band. Auch auf Platten von Dave Mason, Eddie Money und Tommy Tutone ist Lonnie zu hören.

■ **Plastic Bertrand** — 1958 — Belgier, der mit richtigem Namen Roger Jovet heißt. Wer schon in seinen Künstlernamen „Plastic" einbringt, kann auch nur gleichnamigen aufnehmen. „Ca Plane Pour Moi" (5/78 D 6) blieb sein einziger Hitmüll.

■ **Ulrik Remy** — 1949 — Liedermacher mit Achtungserfolg „Die Kneipe" (7/74 D 20).

■ **Colin Farley** — 1959 — GB-Bassist und Sänger mit Cutting Crew.

Todestag

■ **Memphis Slim** — 1988 — US-Blues-Veteran Peter Chatman alias Memphis Slim lebte seit 1961 mehr oder weniger fest in Frankreich. In Paris starb er an Nierenversagen. Geboren am 3.9.1915.

Tageshits

1940 — „Indian Summer" — Tommy Dorsey — US 1 W.
1958 — „Get A Job" — Silhouettes — US 2 W.
1968 — „Judy In Disguise" — John Fred — D 2 W.
1973 — „Killing Me Softly" — Roberta Flack — US 4 W.

25

Geburtstage

■ **George Harrison** — 1943 — GB-Sänger, Gitarrist und Songschreiber. Mitte der 50er Jahre wurde er Mitglied in der Gruppe seines Bruders Pete, den Rebels. 1958 kam er zu den Quarrymen, aus denen sich Johnny & The Moondogs, Johnny & The Silver Beatles, Silver Beatles und schließlich im Jahre 1960 die Beatles entwickelten, die zwischen 1962 und 1970 neue Maßstäbe in der Popmusik setzten. Mit „Here Comes The Sun" und „Something" (10/69 US & GB & D 1) schrieb er zwei ihrer schönsten Titel. Auch Nummern wie „Tax Man" oder „While My Guitar Gently Weeps" stammten aus seiner Feder — ansonsten stand er im Schatten des Teams Lennon/McCartney. Nach der Trennung der Gruppe machte auch George wie alle anderen Mitglieder als Solist weiter. Mit „My Sweet Lord" (11/70 US 1, 1/71 GB & D 1) hatte er einen Welthit, bei dem sich später herausstellte, daß er stark an die Nummer „He's So Fine" von den Chiffons angelehnt war — Harrison mußte die Tantiemen teilen. Weitere Hits von ihm waren z. B. „What Is Life" (2/71 US 10, D 3), „Give Me Love (Give Me Peace On Earth)" (5/73 US 1, GB 8, D 28), „All Those Years Ago" (5/81 US 2, GB 13) und „Got My Mind Set On You" (10/87 US 1, GB 2, 12/87 D 7). Nebenher betätigte er sich mit den Travelling Wilburys und als Eigner von Handmade Films. Bemerkenswert war auch sein Einsatz beim Bangladesh Benefizkonzert im Madison Square Garden am 1.8.1971. Er war der erste der „Fab 4", der erkannte: „Es gibt mehr im Leben, als ein Beatle zu sein."

Elkie Brooks

■ **Elkie Brooks** — 1945 — GB-Sängerin, die mit richtigem Namen Elaine Bookbinder heißt — in manchen Publikationen kann man lesen, daß sie die Schwester von Billy J. Kramer ist. Mit 15 Jahren gab sie ihr Debut als „Manchester's Brenda Lee". 1972 gründete sie mit ihrem Mann Peter Gage die Band Vinegar Joe. Die machten schöne Platten, aber keine Hits. Elkie als Solistin war da erfolgreicher: „Pearl's A Singer" (4/77 GB 8). Neben Maggie Bell ist sie sicher eine der besten britischen Rocksängerinnen.

■ **Faron Young** — 1932 — US-Country-Sänger („The Young Sheriff"), der seit 1951 Platten produziert und ab 1953 regelmäßig in den Country-Charts zu finden ist — immerhin brachte er es darin auf insgesamt 85 Hits, darunter 5 mal Platz 1. Auch in den Pop-Charts war er vertreten: „Hello Walls" (5/61 US 12) und „It's Four In The Morning" (7/72 GB 3). Außerdem wirkte er als Schauspieler in etlichen Western mit und war Gründer und Verleger der Zeitschrift „Music City News" in Nashville.

■ **Ralph Edmond Stanley** — 1927 — US-Country-Sänger und Banjo-Spieler, der zusammen mit seinem älteren Bruder Carter Glen 1946 die Clinch Mountain Boys gründete, aus denen dann die Stanley Brothers wurden. Von 1947 bis zum Tod von Carter Glen im Jahre 1966 machten sie Platten, die mit zum Besten gehörten, was im Bereich der Bluegrass-Music jemals aufgenommen wurde. Ihr größter Hit war „How Far To Little Rock" (3/60 C&W 17).

■ **Foster Sylver** — 1962 — US-Sänger mit der erst 9, später 10 Mitglieder zählenden Familientruppe Sylvers, die im Erfolgssog der Jackson 5 oder Osmonds antraten. Als Solist hatte der kleine Foster schon mit 11 einen Hit: „Misdemeanor" (6/73 US 22). Hits als Sylvers: „Boogie Fever" (2/76 US 1) und „Hot Line" (10/76 US 5).

■ **Mike Peters** — 1959 — GB-Sänger, Gitarrist und Songschreiber der 1981 gegründeten Formation Alarm. Vorher hatten sie sich als Punkband Toilets oder als 17 versucht. Im Oktober 1982 veröffentlichten sie ihre erste Platte. Ihr erster Erfolg war „Where Were You Hidden When The Storm Broke" (1/84 GB 22), ihr größter wurde „Rain In The Summertime" (10/87 GB 18).

■ **Juanita Curiel** — 1953 — US-Sängerin der Damen-Disco-Truppe Sugar & Spice, die sich schließlich in Hot umbenannte und mit „Angel In Your Arms" (2/77 US 6) einen Millionseller und ihren größten Hit hatte.

■ **Christian Kolonovits** — 1952 — Österreichischer Keyboarder bei den Milestones. Er machte dann 1979 zusammen mit einem weiteren Österreicher, Richard Schönherz, die Band Einstein, der aber schnell der Geist ausging.

■ **Roy Michaels** — 1942 — US-Bassist und Mitbegründer von Cat Mother & The All Night Newsboys, die einen tanzbaren, entspannten Folk-Rock spielten.

■ **Jim „Daryl" Gilmour** — 1958 — In Schottland geborener Keyboarder und Mitsänger der kanadischen Gruppe Saga.

■ **Stuart Wood** — 1957 — GB-Bassist bei der Schotten-Rock-Band Bay City Rollers.

Tageshits

1956 — „Lisbon Antigua" — Nelson Riddle — US 4 W.
1965 — „I'll Never Find Another You" — Seekers — GB 2 W.
1984 — „Jump" — Van Halen — US 5 W.
1989 — „Belfast Child" — Simple Minds — GB 2 W.

26

Geburtstage

■ **Fats Domino** — 1928 — US-Sänger, Songschreiber und Pianist. Richtiger Vorname Antoine. Fats wurde beeinflußt von Fats Waller und Albert Ammons. Mitte der 40er Jahre kam er in die Band des Trompeters Dave Bartholomew, der sein Talent erkannte und ihm 1949 zu einem Solo-Plattenvertrag bei Imperial Records verhalf. Gleich seine ersten Platten waren in den R&B Charts der USA echte Knüller, so war seine erste Veröffentlichung „The Fat Man" (2/50 R&B 2) schon ein Millionseller. Seine ersten Hits in den Pop-Charts hatte er mit den beiden Millionsellern „Goin' Home" (6/52 US 30) und „Goin' To The River" (6/53 US 24). Dem breiten weißen amerikanischen Publikum wurde Fats bekannt, nachdem Pat Boone mit dessen Titel „Ain't That A Shame" (7/55 US 10 für Fats) eine Nummer 1 in den Charts gelang. Die größten Erfolge für Fats waren „I'm In Love Again" (4/56 US 3, 7/56 GB 12), „Blueberry Hill" (10/56 US 2, 12/56 GB 6), „Blue Monday" (1/57 US 5, 3/57 GB 23), „I'm Walkin'" (3/57 US 4, GB 19), „Valley Of Tears" (5/57 US 6, 7/57 GB 25), „Whole Lotta Loving" (11/58 US 6), „I Want To Walk You Home" (8/59 US 8, 10/59 GB 14), „Be My Guest" (10/59 US 8, 12/59 GB 19) und „Walking To New Orleans" (6/60 US 6, GB 19). Die meisten seiner Hits schrieb Fats zusammen mit Dave Bartholomew. Auf vielen Platten seiner Kollegen ist er als Pianist zu hören — so z. B. bei Lloyd Price oder Joe Turner. Fats wirkte außerdem in 4 Filmen der R'n'R-Zeit mit: „Shake, Rattle & Roll", „Jamboree", „The Big Beat" und „The Girl Can't Help It".

■ **Johnny Cash** — 1932 — US-Country-Sänger, Gitarrist und Songschreiber, der in der ewigen Bestenliste der Country-Interpreten mit insgesamt mehr als 110 Solohits den dritten Platz belegt. Von 1951 bis 1954 war er bei der Air Force — davon alleine 3 Jahre in der Bundesrepublik in Landsberg am Lech. Hier lernte Johnny Songschreiben und Gitarrenspiel, hier gründete er mit den Landsberg Barbarians seine erste Gruppe. Seine Plattenkarriere begann er 1955 wie schon kurz vor ihm Elvis Presley bei Sun Records. Die ersten Hits hießen „I Walk The Line" (9/56 US 17) und „Guess Things Happen That Way" (6/58 US 11). Aber wie Presley sollte er erst richtig erfolgreich werden, nachdem er SUN wieder verlassen hatte. Am 24. Juli 1958 machte Cash seine erste Plattenaufnahme für CBS — und bis 1986 sollte er insgesamt mehr als 1450 Stücke für diese Firma einspielen. Sein größter Pop-Hit war der live im Gefängnis St. Quentin aufgenommene Millionseller „A Boy Named Sue" (7/69 US 2, 9/69 GB 4). Ab 1961 arbeitete er viel mit June Carter zusammen, die er 1968 heiratete. Seine Tochter Rosanna und seine Stieftochter Carlene Carter sind beide erfolgreiche Country-Sängerinnen.

■ **Mitch Ryder** — 1945 — US-Sänger und Songschreiber. Richtiger Name William Levise. 1963, nachdem er bei den Peps gewesen war, gründete er Billy Lee & The Rivieras, die noch im gleichen Jahr ihre erste Platte machten. Im Juli 1965 wollte man sich einen neuen Namen zulegen, tippte im Telefonbuch auf den Namen Mitch Ryder und setzte, um den Namen voller klingen zu lassen, noch Detroit Wheels hinzu. Somit hieß die Formation ab sofort Mitch Ryder & The Detroit Wheels. Ihr erster Hit war ein Medley aus zwei Rock-Oldies: aus „C.C. Rider" und „Jenny Jenny" wurde „Jenny Take A Ride" (12/65 US 10, 2/66 GB 33). Weitere Hits waren „Devil With A Blue Dress On & Good Golly Miss Molly" (10/66 US 4) und „Sock It To Me-Baby" (2/67 US 6). Ab Mitte 1967 versucht sich Mitch als Solist, er schafft als größten Erfolg „What Now My Love" (9/67 US 30). Seine Band Detroit Wheels veröffentlicht ohne ihn drei weitere Singles und löst sich dann auf. 1971 gründet er eine neue Band, Detroit. Weitere Plattenveröffentlichtungen folgen, die jedoch kommerziell nicht erfolgreich sind.

■ **Bob „Bear" Hite** — 1945 — US-Leadsänger, Mundharmonikaspieler und 1966 Mitbegründer von Canned Heat. Ein Auftritt am 16. Juni 1967 beim Monterey Popfestival bringt ihnen einen Vertrag mit Liberty Records ein. Im Oktober des gleichen Jahres erscheint ihre erste LP. Hits: „On The Road Again" (7/68 GB 8, US 16, 10/68 D 13), „Going Up The Country" (12/68 US 11, GB 19) und „Let's Work Together" (1/70 GB 2, 3/70 D 6, 10/70 US 26). Nachdem der Kopf der Gruppe, Al Wilson, die Band verlassen hatte und kurz darauf starb, versank Canned Heat in Bedeutungslosigkeit. Bob Hite starb am 5.4.1981.

■ **Betty Hutton** — 1921 — US-Sängerin mit richtigem Namen Betty June Thornberg. Hollywood Musicalstar in den 40er und 50er Jahren, so war sie z.B. die Annie in „Annie Get Your Gun" (1950). Bereits im Jahre 1938 sang sie in der Band von Vincent Lopez, der ihren Nachnamen in Hutton änderte, und hatte da den Hit „Igloo" (7/39 US 15). Nach Auftritten in den Broadway-Musicals „Two For the Show" und „Panama Hattie" 1940 wurde sie für den Film entdeckt. 1942 spielte sie in „The Fleet's In" ihre erste Hauptrolle. Ab 1944 veröffentlichte sie Platten als Solistin und hatte ihren größten Hit mit „Doctor, Lawyer, Indian Chief" (12/45 US 1) und einen Millionseller mit „I Wish I Didn't Love You So" (9/47 US 5). Ihr Spitzname war „Blonde Bombshell".

■ **Michael Bolton** — 1954 — US-Sänger und Songschreiber, der Stücke für Kenny Rogers, Jefferson Starship oder Jennifer Rush schrieb. Seine erste Rockband gründete er bereits im Alter von 13 Jahren. Mit 15, seine Mutter mußte unterschreiben, bekam er seinen ersten Plattenvertrag. Nach zwei erfolglosen Alben wurde er Mitglied bei Blackjack, mit denen er ebenfalls zwei LPs machte, die sich nicht sonderlich verkauften. Ab 1983 tauchte er dann in der Single-Hitparade als Solist auf. Sein größter Hit: „How Am I Supposed To Live Without You" (10/89 US 1).

■ **Jackie Gleason** — 1916 — US-Sänger, Komponist und Orchesterleiter, der unzählige LPs eingespielt hat. Ein Millionseller für ihn war „Melancholy Serenade" (3/53 US 22) — die Themamusik zur TV-Serie „The Honeymooners". Nebenher war Jackie als Schauspieler in etlichen Filmen zu sehen, hatte seine eigene TV-Show und galt als Komiker der Extra-Klasse. Er starb am 24.6.1987.

■ **Sandie Shaw** — 1947 — GB-Sängerin, richtiger Name Sandra Goodrich. Zwischen 1964 und 1969 hatte sie 8 Top 10 Hits in GB. Die größten waren „(There's) Always Something There To Remind Me" (10/64 GB 1), „Long Live Love" (5/65 GB 1, D 28) und 1967 der „Grand Prix Eurovision"-Siegertitel „Puppet On A String" (3/67 GB 1, 5/67 D 1). 1984 startete sie einen Comebackversuch — „Hand In Glove" (4/84 GB 27).

■ **Paul Cotton** — 1943 — US-Gitarrist und Sänger. Er begann bei Illinois Speed Press, stieg im November 1970 bei Poco ein und brachte die Band mehr auf Rock'n'Roll Kurs. Nach der Auflösung der Gruppe im Oktober 1984 ging er als Songschreiber und Sessionmusiker nach Nashville.

■ **Chic Hetti** — 1930 — US-Sänger mit den Playmates, die zwischen 1958 und 1962 erfolgreich waren. Größter Hit: „Beep Beep" (11/58 US 4). Die Qualitäten der Playmates lagen mehr auf dem komischen als auf dem gesanglichen Sektor.

■ **John Jon** — 1961 — GB-Sänger, richtiger Name John Andrew Foster. John war erst Mitglied bei Bust und kam dann als Ersatzmann für Jimmy Somerville zu Bronski Beat. Hit: „Hit That Perfect Beat" (11/85 GB 3, 1/86 D 4).

■ **Jim Crichton** — 1953 — Kanadischer Bassist, Keyboarder und Songschreiber bei Saga.

■ **Bernie Bremond** — 1963 — Australischer Saxophonist und Sänger mit Johnny Diesel & The Injectors.

Todestage

■ **Gerd Böttcher** — 1985 — In den 60er Jahren gehörte er zu den großen Schlagerstars in der Bundesrepublik. Hits: „Geld wie Heu" (2/62 D 2) und „Für Gaby tu ich alles" (11/62 D 4). Gerd war 48 Jahre alt.

■ **Fernandel** — 1971 — Französischer Filmschauspieler, Komiker und Sänger. Geboren am 8.5.1903.

Tageshits

1966 — „These Boots Are Made For Walking" — Nancy Sinatra — US 1 W.
1969 — „Where Do You Go To My Lovely" — Peter Sarstedt — GB 4 W.
1973 — „Blockbuster" — Sweet — D 4 W.
1977 — „New Kid In Town" — Eagles — US 1 W.

27

Geburtstage

■ **Guy Mitchell** — 1927 — US-Sänger und Schauspieler jugoslawischer Abstammung, richtiger Name Al Cernik. Schon als Kind hatte er einen Plattenvertrag — für Radio-Stationen sang er live. Nach dem Kriege wurde er Sänger in der Band von Carmen Cavallaro. 1950 entdeckte ihn Mitch Miller, der ihn zur CBS brachte und alle seine späteren Platten mit seinem Orchester begleitete. Hits: „My Heart Cries For You" (12/50 US 2), „My Truly, Truly Fair" (6/51 US 2), „Pittsburgh, Pennsylvania" (3/52 US 4), „She Wears Red Feathers" (2/53 GB 1), „Look At That Girl" (8/53 GB 1), „Singing The Blues" (10/56 US 1, 12/56 GB 1, 3/57 D 2), „Rock-A-Billy" (4/57 US 10, GB 1) und „Heartaches By The Number" (10/59 US 1, GB 5, 1/60 D 10). Guy trat auch als Schauspieler im Film, z.B. 1961 im Western „Whispering Smith", und im Fernsehen auf: „The Guy Mitchell Show" 1957/58.

■ **Enrico Caruso** — 1873 — Italienischer Tenor, der als 21jähriger am „Teatro Nuovo" in seiner Heimatstadt Neapel in Morelli's „L'amico Francesco" debütierte. In Palermo hatte er in Ponchielli's „La Gioconda" 1897 seinen ersten großen Erfolg. 1899 trat er in Buenos Aires auf, 1902 in London — 1903 kam er nach New York. Noch auf Zylinder machte er 1898 in Genua seine ersten Schallaufnahmen — seine erste Platte besang er am 18.3.1902 in Mailand. Zum Superstar wurde er nach dem 23. 11. 1903 — an diesem Tag trat er zum erstenmal in der New Yorker Metropolitan Opera auf. Er besaß eine sehr variable Stimme — vom lyrischen Timbre bis zu metallischen Klangfarben — und gute schauspielerische Fähigkeiten. Seine Plattenaufnahme „I Pagliacci — Vesti La Giubba (On With The Play)" wird als erste Goldene Schallplatte aller Zeiten aufgeführt — er hat sie erstmals noch in Italien am 12.11.1902 aufgenommen. Es sollten in den USA weitere Produktionen dieses Titels folgen: Mit Nummer „Victor 81032" stand die Platte im Mai 1904 auf Platz 2 der US-Hitparade — mit Nummer „Victor 88061" im August 1907 auf Platz 1. Weitere Spitzenreiter in den US-Charts waren „Love Is Mine" (5/12) und „Over There" (10/18). Nachdem Enrico bis 1920 regelmäßig an der „Met" aufgetreten war, kehrte er nach Italien zurück und starb am 2.8.1921 in seiner Geburtsstadt Neapel.

Cockney Rebel

■ **Steve Harley** — 1951 — GB-Sänger und Songschreiber. Richtiger Name Steven Nice. 1973 suchte er sich über ein Zeitungsinserat Mitspieler für eine Gruppe, die er schließlich Cockney Rebel nannte. Die ersten beiden Hits erschienen unter diesem Namen: „Judy Teen" (5/74 GB 5) und „Mr. Soft" (8/74 GB 8). Danach hieß die Gruppe Steve Harley & Cockney Rebel — Hit: „Make Me Smile (Come Up And See Me)" (2/75 GB 1, 4/75 D 26). Schließlich blieb nur noch der Name Steve Harley übrig. Hit: „Here Comes The Sun" (7/76 GB 10). Der schönste Titel von Cockney Rebel war nur bei uns erfolgreich: „Sebastian" (3/74 D 30).

■ **Neal Schon** — 1954 — US-Gitarrist, der im Januar 1971 Mitglied bei Santana wurde und dann im Februar 1973 zu den Gründungsmitgliedern von Journey gehörte. Nebenher spielte er auf Platten von Azteca, Sammy Hagar oder Joe Cokker. 1981/82 machte er außerdem mit dem Tastenspieler Jan Hammer das Projekt Schon & Hammer. 1984 veröffentlichte Neal eine Live-LP, auf der neben ihm Sammy Hagar, Kenny Aaronson und Mike Shrieve spielten.

■ **Ben Webster** — 1909 — US-Jazzer, Tenorsaxophonist, Pianist und Komponist. Er begann als Pianist und stieg auf Anregung von Lester Young auf Tenorsaxophon um. 1933 begann Ben bei Fletcher Henderson, spielte dann u.a. mit Cab Calloway und gehörte von 1939 bis 1943 und noch einmal 1948/49 als festes Mitglied zur Duke Ellington Band - in dem Stück „Cotton Tail" spielte er ein zum Klassiker gewordenes Solo. Ben spielte auch auf unzähligen Platten von Oscar Peterson, Coleman Hawkins, Charlie Parker, Dizzy Gillespie, Teddy Wilson, Woody Herman oder Ella Fitzgerald. Er gehörte zu den bedeutendsten Tenorsaxophonisten der Swing-Ära. Am 20.9.1973 starb Ben in Kopenhagen.

■ **Rainhard Fendrich** — 1955 — Österreichischer Sänger und Songschreiber, der mit feinsinnigen Beobachtungen seiner Umwelt speziell in seinem Heimatland Freude verbreitete. In Titeln wie „Strada del sole" (9/81 D 24), „Schickeria" (1/82 D 47), „Es lebe der Sport" (2/83 D 54) oder „Macho Macho" (7/88 D 2) fanden sich nicht nur die Öster-, sondern auch die Westerreicher wieder.

■ **Garry Christian** — 1955 — GB-Leadsänger und Songschreiber der Christians. Mit seinen Brüdern Henry und Roger hat er seit 1974 versucht, einen Plattenvertrag zu bekommen. 1974 traten sie in der Talentshow „Opportunity Knocks" unter dem Namen Natural High auf. Bevor sie dann im März 1986 als Christians einen Plattenvertrag erhielten, nannten sie sich Equal Temperament und Gems. Hits: „Forgotten Town" (1/87 GB 22), „Idle World" (12/87 GB 14), „Harvest For The World" (10/88 GB 8) und „Words" (12/89 GB 18).

■ **Clarence Joseph Garlow** — 1911 — US-Bluesmusiker und Songschreiber. Beeinflußte mit seiner Art, Akkordeon zu spielen, Clifton Chenier, den „King Of Zydeco Music". Pseudonyme von Clarence: Parran oder Bon Ton.

■ **Dexter Gordon** — 1923 — US-Jazz-Saxophonist und Komponist. Er begann 1940 in der Band von Lionel Hampton. Weitere Stationen: Louis Armstrong und Billy Eckstine. Ab Mitte der 40er Jahre dann als Solist in den USA und Europa unterwegs.

■ **Paul Humphries** — 1960 — GB-Tastenspieler und Sänger bei Orchestral Manoeuvres In The Dark.

■ **Kevin Raleigh** — 1952 — US-Sänger und Keyboarder, der 1978 zur 1974 gegründeten Michael Stanley Band kam.

■ **Adrian Smith** — 1957 — GB-Gitarrist bei Iron Maiden.

■ **Vic Faulkner** — 1956 — GB-Bassist bei Hello.

Tageshits

1954 — „Secret Love" — Doris Day — US 8 W.
1961 — „Pony Time" — Chubby Checker — US 3 W.
1964 — „Anyone Who Had A Heart" — Cilla Black — GB 3 W.
1965 — „Das war mein schönster Tanz" — Bernd Spier — D 2 W.
1984 — „Relax" — Frankie Goes To Hollywood — D 6 W.
1988 — „Father Figure" — George Michael — US 2 W.

28

Geburtstage

■ **Joe South** — 1940 — US-Sänger, Gitarrist und Songschreiber. Bereits im Alter von 12 Jahren hatte Joe als Gitarrist regelmäßige Auftritte bei einer Country-Radiostation seiner Heimatstadt Atlanta. 1957 spielte er in der Band von Pete Drake, 1958 veröffentlichte er seine erste Solo-Platte „The Purple People Eater Meets The Witch Doctor" (7/58 US 47). Anfang der 60er Jahre wurde er Session-Gitarrist in Nashville in Muscle-Shoals. Er begleitete Interpreten wie Marty Robbins, Eddy Arnold, Bob Dylan, Aretha Franklin und Simon & Garfunkel. Nebenher schrieb er seine ersten eigenen Titel für die Tams: „Untie Me" (10/62 US 60) und für Billy Joe Royal: „Down In The Boondocks" (7/65 US 9, 10/65 GB 38). Seine größten Hits als Interpret waren „Games People Play" (2/69 US 12, GB 6) und „Walk A Mile In My Shoes" (1/70 US 12). 1971 verabschiedete sich Joe South aus dem Musikgeschäft. Das lag zum Teil an dem dauernden Termindruck, unter dem er sich befand — und am Tod seines Bruders Tommy, der Joe sehr nahe ging. Er zog sich eine Zeitlang in den Urwald von Maui, Hawaii, zurück und begann mit Plattenproduktionen erst wieder 1975. Kein Fall mehr für Hitparaden. Ende 1970 hatte Lynn Anderson mit seiner Komposition „Rose Garden" eine Nummer 1 in der US-Country-Hitparade.

■ **Brian Jones** — 1942 — GB-Lead-Gitarrist bei den Rolling Stones bis zum Juni 1969. Wenig später, am 3.7.1969, fand man ihn tot in seinem Swimmingpool.

Vollständiger Name Lewis Brian Hopkins-Jones. Zu den Plattenerfolgen der Gruppe trug er als Autor nicht bei — er war es allerdings, der das „Böse-Buben-Image" der Band pflegte. Brian hatte schon in einem frühen Erfolgsstadium der Rolling Stones Drogenprobleme — so verabreichte er sich z. B. 1964 seine erste Überdosis. Außerdem war er Alkoholiker und nahm Tabletten, um den Alkoholismus zu bekämpfen. Bis 1967 hatte er bereits zweimal mit einem Nervenzusammenbruch im Krankenhaus gelegen. All dies und sein Asthma verhinderten, daß die Stones 1968 auf Tournee gehen konnten. Hinzu kam, daß Brian an Wahnvorstellungen litt: Er glaubte, daß er nur auf Grund seines Aussehens erfolgreich war, aber kein Talent habe. Außerdem hatte er das Gefühl, daß Keith, Mick und Andrew Oldham sich gegen ihn verschworen hatten. Auf sein Aussehen ist mit Sicherheit zurückzuführen, daß er der Vater von zumindest 6 unehelichen Kindern ist. Als Ersatz für ihn kam Mick Taylor, der vorher bei John Mayall's Bluesbreakers gespielt hatte.

■ **John Fahey** — 1939 — US-Gitarrist, Banjospieler, Songschreiber, Doktor der Philosophie, der seine Doktorarbeit über den Bluesmann Charley Patton schrieb, Plattenfirmenbesitzer, Designer von Plattenhüllen und Talentscout, der z. B. dem Gitarristen Leo Kottke seine erste Plattenaufnahme ermöglichte. Ausgesprochen vielseitig!

■ **Cindy Wilson** — 1957 — US-Sängerin, Gitarristin mit den im Oktober 1976 gegründeten B 52's. Der Gruppenname leitet sich ab von einem Südstaatenspitznamen für die hochtoupierten und dann mittels Haarspray in Form gehaltenen Bienenkorbfrisuren. Mitte 1979 erschien ihre erste LP. Größte Hits: „Rock Lobster" (8/79 GB 37, 10/87 RE-GB 12), „Love Shack" (9/89 US 3) und „Roam" (12/89 US 3).

■ **Barbara Acklin** — 1944 — US-R&B-Sängerin, die 1966 als Barbara Allen ihre erste Platte aufnahm. Ihr größter Pop-Hit: „Love Makes A Woman" (7/68 US 15). Mitte der 60er Jahre war sie häufig als Background-Sängerin bei Chessproduktionen zu hören.

■ **Svend Asmussen** — 1916 — Dänischer Geiger, der bis 1961 mit der Gruppe Swe-Danes und Alice Babs für viele Jahre auf Tournee war. Auch danach hat er noch häufig mit Alice Babs gearbeitet. Er machte auch Platten zusammen mit Toots Thielemans, Stephane Grappelli und Jean-Luc Ponty.

■ **Randy Jackson** — 1955 — US-Sänger, Gitarrist und Tastenspieler des 1975 gegründeten Trios Zebra. Stationen vorher waren Gruppen wie Shepherd's Bush, ein akustisches Duo mit Felix Hanemann und Mealstrom.

■ **Ludwig Hirsch** — 1946 — Österreichischer Sänger und Songschreiber, der dem alten Vorurteil gerecht wird, daß Interpreten aus Austria über nichts lieber singen als über Makabres.

■ **Erika Pluhar** — 1939 — Österreichische Schauspielerin und Chansonsängerin, die am liebsten über sich selbst singt, was auch schon schön makaber ist. Seit 1959 Mitglied des Wiener Burgtheaters.

■ **Eddie Manion** — 1952 — US-Saxophonspieler mit Southside Johnny & Asbury Jukes.

■ **Marty Sanders** — 1941 — US-Lead-Gitarrist bei Jay & The Americans.

■ **Alexander Möbius** — 1964 — Bassist bei den Teens, die weg waren, als sie Twens wurden.

■ **Marcus Lillington** — 1967 — GB-Gitarrist und Songschreiber bei Breathe.

■ **Philip Gould** — 1957 — GB-Schlagzeuger mit Level 42 bis zum Dezember 1987.

Todestage

■ **David Byron** — 1985 — GB-Sänger für Uriah Heep und Solist. Geboren am 29.1.1947.

■ **Bobby Bloom** — 1974 — US-Sänger, der sich in einem Motel in Hollywood erschoß. Nach seinem Hit „Montego Bay" (8/70 GB 3, US 8) wollte ihm kein weiterer Knüller mehr gelingen. Es wird vermutet, daß das der Grund für seinen Selbstmord war. Man kann auch lesen, daß der Pistolenschuß ein Unfall war — jedenfalls konnte Bobby nicht mehr erleben, wie seine Nummer 1986 ein Hit für die britische Gruppe Amazulu wurde.

■ **Frankie Lymon** — 1968 — US-Sänger mit der Gruppe Frankie Lymon & The Teenagers. Er war gerade 25 Jahre alt, als er an einer Überdosis Heroin starb. Geboren am 30.9.1942.

■ **Manfred Weissleder** — 1980 — Er war es, der den Hamburger „Star-Club" etablierte und dafür aus GB alle möglichen Gruppen anheuerte — so auch die Beatles. Weissleder wurde nur 50 Jahre alt.

■ **Jo Vann** — 1984 — US-Sänger mit den Duprees. Geboren am 3.4.1943.

Tageshits

1942 — „Moonlight Cocktail" — Glenn Miller — US 10 W.
1958 — „Magic Moments" — Perry Como — GB 8 W.
1968 — „Cinderella Rockefella" — Esther & Abi Ofarim — GB 3 W.
1970 — „Bridge Over Troubled Water" — Simon & Garfunkel — US 6 W.
1976 — „Theme From S.W.A.T." — Rhythm Heritage — US 1 W.
1981 — „I Love A Rainy Night" — Eddie Rabbitt — US 2 W.

Merk-Würdiges

1966 — Der Cavern Club, in dem die Beatles ab Januar 1961 — eingeführt durch den Diskjockey Bob Wooler — 282mal aufgetreten waren, wird geschlossen. Souvenirjäger sorgen dafür, daß die Bühne, auf denen die Fab. 4 gestanden hatten, rausgerissen und in kleinen Einzeltstückchen verkauft wird. Die Stadt Liverpool überlegte lange, ob sie das Kellergewölbe ganz einreißen sollte. Nachdem das Gelände an der Mathew Street 8 lange als Parkplatz genutzt wurde, wurde der Club 1973 endgültig abgerissen. 50 Schritte weiter, Mathew Street 18, Liverpool L2 6RE, Merseyside, befand sich später das Original Beatles Museum: „Cavern Mecca". Heute befindet sich auf dem Grundstück das Einkaufszentrum Cavern Walks, in dem es auch den New Cavern Club gibt. Liverpool ehrte die Beatles mit Beatles City in der Sell Street, eine kleine Nebenstraße der Hannover Street. Dort befindet sich auch seit 1980 der John Lennon Worldwide Memorial Club. (Hier noch einmal die Eckdaten des Cavern Club:

16.1.1957 — Eröffnung durch Alan Sytner. Anfangs reiner Jazz-Club, der nur ein bißchen Skiffle-Musik gestattete. Ab Juni 1960 dürfen ab und zu auch R'n'R-Bands dort spielen. Der Club wird zur Geburtsstätte des aufkommenden „Merseybeats".

21.3.1961 — Die Beatles treten zum erstenmal im Cavern Club auf. Ab August 1961 spielen sie dort regelmäßig.

9.11.1961 — Brian Epstein besucht zum erstenmal den Cavern Club, um die Beatles zu hören.

18.8.1962 — Ringo Starr spielt zum erstenmal als offizielles Mitglied der Beatles im Cavern Club.

3.8.1963 — Die Beatles treten zum letztenmal im Cavern Club auf. 28.2.1966 — Der Cavern Club schließt wegen finanzieller Schwierigkeiten, eröffnet aber im Laufe des Jahres wieder.

10.2.1973 — Der lange geschlossene Cavern Club erhält noch eine dreimonatige Gnadenfrist von der British Rail, die ihn wegen einer U-Bahn abreißen wollte. Man hoffte, wenigstens den Bühnenbereich retten zu können.

27.5.1973 — Der Cavern Club wird abgerissen. Mick Jagger über den Cavern und den Star Club: „Hab' mir da den Cavern Club angeguckt. Scheißloch das. Ist heute dicht. Wie der Star Club in Hamburg. Dort und hier haben die Beatles gehaust, bevor sie größenwahnsinnig wurden. Nun gibt's nur noch Beat."

29

Geburtstage

■ **Jimmy Dorsey** — 1904 — US-Altsaxophonist, Klarinettist und Bandleader. Er begann 1928 zusammen mit seinem Bruder Tommy als das Dorsey Brothers Orchestra, das es bis zum Jahr 1935 auf 25 Hits brachte. Die größten waren „Lullaby Of Broadway" (4/35 US 1) mit Sänger Bob Crosby und „Chasing Shadows" (6/35 US 1) mit Sänger Bob Eberle. Nachdem sich der Musikgeschmack der Amerikaner geändert hatte, gingen die Brüder getrennte Wege. Jimmy Dorsey brachte es zwischen 1935 und 1950 auf exakt 100 Hits. Davon die größten: „Is It True What They Say About Dixie?" (5/36 US 1), „Change Partners" (10/38 US 1), „The Breeze And I" (5/40 US 1), „I Hear A Rhapsody" (1/41 US 1), „High On A Windy Hill" (2/41 US 1), „Amapola" (3/41 US 1), „My Sister And I" (5/41 US 1), „Green Eyes" (5/41 US 1), „Maria Elena" (5/41 US 1), „Blue Champagne" (7/41 US 1), „Tangerine" (4/42 US 1) und „Besame Mucho" (1/44 US 1). 1953 kamen die Brüder wieder zusammen. Im Januar 1957 unterschrieb Jimmy einen neuen Plattenvertrag ohne seinen Bruder — im April kam der Titel „So Rare" (2/57 US 2) in die Hitparaden. Jimmy starb am 12.6.1957.

■ **Gretchen Christopher** — 1940 — US-Sängerin, die mit ihrer Freundin Barbara Ellis als Duo aufgetreten war. Dann kam als drittes Mitglied Gary Troxel — sie nannten sich Two Girls And A Guy. Nachdem sie „Come Softly To Me" (3/59 US 1, GB 6) aufgenommen hatten, schien ihnen ihr alter Gruppenname zu kompliziert — sie benannten sich in Fleetwoods um. Bis zum Jahre 1963 hatten sie weitere Hits, z. B. „Mr. Blue" (9/59 US 1) oder „Tragedy" (4/61 US 10).

■ **Bernd Witthüser** — 1944 — Sänger, Saitenspieler und Percussionist. Zusammen mit Walter Westrupp gründete er im Juni 1969 das Popkabarett Witthüser & Westrupp, das sich nach 5 LPs im März 1973 wieder trennte. Bernd machte zusammen mit dem Ex-Kattong-Spieler Frank Baier das Duo Baier Westrupp.

Harry Belafonte

■ **Harry Belafonte** — 1927 — US-Sänger und Songschreiber, richtige Vornamen Harold George. Bereits 1949 machte er seine ersten Plattenaufnahmen. Kurz danach spezialisierte er sich auf Folkmusik. Seinen ersten Hit hatte er mit „Jamaica Farewell" (10/56 US 14, 8/57 D 8). Ein Weihnachtsdauerbrenner wurde die Nummer „Mary's Boy Child" (12/56 US 12, 11/57 GB 1, 11/58 RE-GB 10, 12/59 RE-GB 30). Als in der zweiten Hälfte der 50er Jahre Calypso angesagt war, sang Harry die richtigen Stücke: „Banana Boat (Day-O)" (1/57 US 5, 3/57 GB 2, D 1) oder „Island In The Sun" (6/57 US 25, GB 2, 9/57 D 5). Wunderschön war sein Titel „Try To Remember", der nicht in die Hitparaden kam. Zwischen 1953 und 1974 spielte Harry in acht Filmen mit. Am eindrucksvollsten war er in „Carmen Jones" (1955). 1987 übernahm er für den verstorbenen Danny Kaye dessen Platz in der UNICEF.

1

Geburtstage

■ **Glenn Miller** — 1904 — US-Bandleader, der 1937 eine eigene Band gründete. Vorher spielte er Posaune bei Ben Pollack, Red Nichols, Benny Goodman und den Dorsey Brothers. 1935 wurde er de facto Leiter von Ray Noble's American Band. Nebenher arrangierte er für Glenn Gray und andere populäre Orchester jener Jahre. Spätestens ab 1941 war er eine nationale Berühmtheit in den USA. Zwischen 1938 und 1948 hatte er knapp 130 Platten in der amerikanischen Hitparade. Seine größten Erfolge — alles Millionseller — waren: „Moonlight Serenade" (7/39 US 3, 3/54 GB 12, 1/76 RE-GB 13), „In The Mood" (10/39 US 1), „Tuxedo Junction" (2/40 US 1), „Pennsylvania 6-5000" (7/40 US 5), „Chattanooga Choo Choo" (9/41 US 1), „A String Of Pearls" (1/42 US 1), „Moonlight Cocktail" (2/42 US 1) und „(I've Got A Girl In) Kalamazoo" (8/42 US 1). Im September 1942 wurde Glenn Miller Mitglied der Army Air Force und gründete das berühmteste Militärorchester des zweiten Weltkrieges. 1944 betreute er die amerikanischen Truppen in Großbritannien, am 15.12.1944 flog Glenn von London nach Paris mit einer kleinen Sportmaschine, um dort Vorbereitungen für ein Weihnachtskonzert zu treffen. Sein Flugzeug wurde nie wieder gesichtet — man vermutet, daß er über dem Ärmelkanal abgestürzt ist.

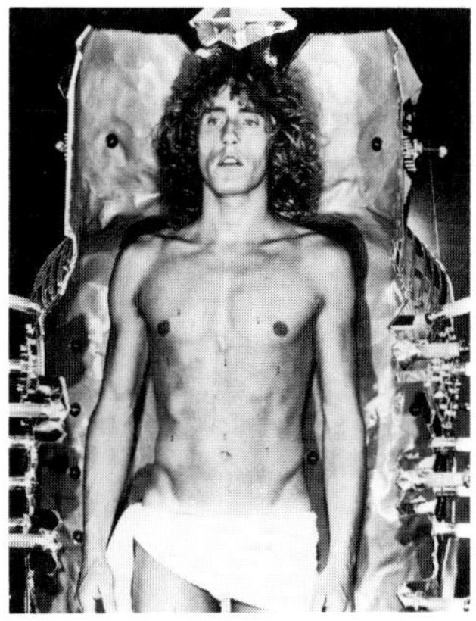

Roger Daltey im Film „Tommy"

■ **Roger Daltrey** — 1945 — GB-Sänger. Er war immer die Stimme, Pete Townshend der Kopf der Who — deshalb die Hits und die Geschichte der Gruppe am 13.5. bei Pete. Als Solist war Roger mit „Giving It All Away" (4/73 GB 5) und „Without Your Love" (9/80 US 20) erfolgreich. Roger war auch als Schauspieler in den Filmen „Tommy", „Lisztomania" und „McVicar" zu sehen.

■ **Mike d'Abo** — 1944 — GB-Sänger, Tastenspieler und Songschreiber. Er war Mitglied bei der Band Of Angels und dann, nachdem Paul Jones im Juli 1966 Manfred Mann verlassen hatte, bei der Manfred Mann Band. Die größten Hits der Gruppe in Mikes Zeit: „Ha Ha Said The Clown" (3/67 GB 4, 5/67 D 1) und „Mighty Quinn" (1/68 GB 1, D 1, 3/68 US 10). Im Juni 1969 verließ er Manfred Mann wieder, spielte den Herodes in „Jesus Christ Superstar", machte zusammen mit Mike Smith das Duo Smith & d'Abo und schließlich schöne, aber erfolglose Solo-Alben.

■ **Dinah Shore** — 1917 — US-Sängerin mit richtigen Vornamen Francis Rose, die zwischen 1940 und 1957 mehr als 80 Hits in den US-Pop-Charts hatte. Ihren ersten Millionseller hatte sie mit „Blues In The Night" (2/42 US 4), weitere große Erfolge waren „I'll Walk Alone" (7/44 US 1), „The Gypsy" (4/46 US 1), „Anniversary Song" (3/47 US 1) und „Buttons And Bows" (9/48 US 1). Zwischen 1951 und 1962 hatte sie eine eigene TV-Show, in den 70ern leitete sie die populäre Talkshow „Dinah's Place".

■ **Tony Ashton** — 1944 — GB-Tastenspieler, Sänger und Songschreiber, der Anfang der 60er Jahre mit Remo Four startete. 1968 war er Mitbegründer von

Ashton, Gardner & Dyke — größter Hit: „Resurrection Shuffle" (1/71 GB 3, 3/71 D 22, 6/71 US 40). Von September 1972 bis Oktober 1973 wàr er Mitglied bei Family, von August 1976 bis September 1977 bei dem Deep Purple-Ableger Paice, Ashton & Lord. Er spielte für unendlich viele Musiker auf deren Platten mit und gilt auch als guter und erfolgreicher Produzent. In den frühen 80ern war er auf UK Channel 4 TV-Moderator einer Musiksendung.

■ **Thomas Anders** — 1963 — Sänger für das Duo Modern Talking, von dem viele vermuten, daß er eigentlich NORA heißt. Wie dem auch sei — die ersten 5 Singles von Modern Talking landeten alle auf Platz 1 in der Bundesrepublik, auch wenn sie alle gleich klangen: „You're My Heart, You're My Soul" (3/85), „You Can Win If You Want" (5/85), „Cherie, Cherie Lady" (9/85), „Brother Louie" (2/86, 8/86 GB 4) und „Atlantis Is Calling" (5/86). Ende 1987 trennte sich Modern Talking, nachdem die Singles des Duos Dieter Bohlen/Thomas Anders nicht mehr gleich auf Platz 1 stürmten. Thomas brachte 1989 seine erste Solo-LP heraus, auf der er an den Stücken mitgeschrieben hat — Hit: „Love Of My Own" (5/89 D 24).

■ **Nik Kershaw** — 1958 — GB-Musiker und Songschreiber, der meist seine Titel im Alleingang aufnimmt. 1983 erschien seine erste Platte „I Won't Let The Sun Go Down On Me" (11/83 GB 47, 6/84 RE-GB 2, 7/84 D 12), die erst nach der zweiten Single „Wouldn't It Be Good" (2/84 GB 4, 4/84 D 2) zu Hitruhm kam. Weitere Hits: „The Riddle" (11/84 GB 3, D 8), „Wide Boy" (3/85 GB 9, D 25) und „Don Quixote" (8/85 GB 10, D 39).

■ **Piet Veerman** — 1943 — Niederländischer Lead-Sänger, Gitarrist und Songschreiber für die Cats, die mit „One Way Wind" (11/71 D 4), „Let's Dance" (6/72 D 3) und „Be My Day" (4/74 D 4) auch bei uns erfolgreich waren.

■ **John Carroll** — 1957 — US-Gitarrist, Keyboarder und Sänger mit Fat City, aus der die Starland Vocal Band wurde, die mit "Afternoon Delight" (5/76 US 1, 8/76 GB 18) ihren einzigen Hit und Millionseller hatte.

■ **Jerry Fisher** — 1942 — US-Sänger, der im November 1972 für kurze Zeit als Ersatz für David Clayton-Thomas zu Blood, Sweat & Tears kam.

Todestag

■ **Gabor Szabo** — 1982 — Ungarischer Jazz-Gitarrist. Geboren am 8.3.1936.

Tageshits

1941 — „Dream Valley" — Sammy Kaye — US 1 W.
1947 — „Open The Door, Richard" — Three Flames — US 1 W.
1969 — „Ob-La-Di Ob-La-Da" — Beatles — D 4 W.
1975 — „Best Of My Love" — Eagles — US 1 W.
1980 — „Atomic" — Blondie — GB 2 W.
1986 — „Kyrie" — Mr. Mister — US 2 W.

2

Geburtstage

■ **Karen Carpenter** — 1950 — US-Sängerin, die die Stimme im Geschwister-Duo Carpenters war. Zusammen mit ihrem Bruder Richard (Tasteninstrumente) und dem Bassisten Wes Jacobs bildete sie 1965 ein Jazzinstrumental-Trio — Karen spielte Schlagzeug. Danach waren die beiden Geschwister die Gründer der Gruppe Spectrum. 1969 schickten Karen und Richard ein Demo-Band als Duo an Herb Alpert, den Besitzer der Plattenfirma A & M — Records. Der nahm die beiden unter Vertrag. Zwischen 1970 und 1981 brachten sie 20 Top-40-Hits auf den Markt. Die drei Erfolgreichsten: „(They Long To Be) Close To You" (6/70 US 1, 9/70 GB 6), „Top Of The World" (10/73 US 1, GB 5, 1/74 D 38) und „Please Mr. Postman" (11/74 US 1, 1/75 GB 2, D 10). Ende der 70er Jahre ließ der Erfolg nach. Am 4.2.1983 starb Karen an Herzversagen, was auf ihre Magersucht zurückgeführt wurde.

Rory Gallagher (links)

■ **Rory Gallagher** — 1949 — GB-Gitarrist, Sänger und Songschreiber. 1965 gründete er Taste, nach 1970 dann die Rory Gallagher Band. Rory war weniger ein Singleartist, dafür aber mit seinen LPs erfolgreich. Er fällt durch eine sehr liebenswürdige Art auf, was von ehemaligen Mitspielern jedoch heftig bestritten wird. Ausgezeichneter Live-Künstler.

■ **Eddie Money** — 1949 — US-Sänger und Songschreiber, der richtig Edward Mahoney heißt. Vor seiner Karriere als Sänger war er Polizist. 1978 erschien seine Debüt-LP, auf der auch sein erster Single-Hit „Baby Hold On" (2/78 US 11) zu finden war. Weitere Hits: „Take Me Home Tonight" (8/86 US 4), „Walk On Water" (10/88 US 9) und „Peace In Our Time" (12/89 US 11).

■ **Tony Meehan** — 1942 — GB-Schlagzeuger und Songschreiber bei den Shadows in deren goldenen Anfangstagen. Er bildete dann ein Duo mit dem Gitarristen Jet Harris, ebenfalls ehemaliges Mitglied der Shadows. Hits der beiden: „Diamonds" (1/63 GB 1), „Scarlett O'Hara" (4/63 GB 2) und „Applejack" (9/63 GB 4). Danach stand er mit der Tony Meehan Combo in den Hitparaden: „Song Of Mexico" (1/64 GB 39).

Lou Reed

■ **Lou Reed** — 1943 — US-Sänger, Gitarrist und Songschreiber bei der 1965 gegründeten Band Velvet Underground. Sein richtiger Name ist Louis Firbank. Nach Auflösung der Band 1970 begann er eine Solo-Karriere. Hit: „Walk On The Wild Side" (2/73 US 16, 5/73 GB 10).

■ **John Bon Jovi** — 1962 — US-Sänger und Songschreiber für die im MÄrz 1983 gegründete Formation Bon Jovi. Richtiger Name John Bongiovi. Im Januar 1984 erscheint ihre Debüt-LP, 1987 werden sie die erfolgreichste amerikanische Rock-Band. Hits: „Runaway" (4/84 US 39), „You Give Love A Bad Name" (9/86 US 1, GB 14), „Wanted Dead Or Alive" (4/87 US 7, GB 13), „Bad Medicine" (9/88 US 1, GB 17), „Born To Be My Baby" (11/88 US 3, GB 22), „I'll Be There For You" (2/

89 US 1, 4/89 GB 18), „Lay Your Hands On Me" (6/89 US 7, 8/89 GB 18) und „Living In Sin" (10/89 US 9, 12/89 GB 35).

■ **Kurt Weill** — 1900 — Deutscher Komponist, Sohn eines jüdischen Kantors. Schüler von Engelbert Humperdinck und Ferruccio Busoni. Bereits 1921 komponierte er seine erste Symphonie. Ab 1926 widmete er sich mehr dem zeitkritischen Musiktheater. Es entstanden Opern wie „Der Protagonist" (1926) und „Der Zar läßt sich photographieren" (1928). Danach Zusammenarbeit mit Bert Brecht: „Die Dreigroschenoper" (1928), „Happy End" (1929) und „Aufstieg und Fall der Stadt Mahagonny" (1930). 1933 emigrierte Weill zuerst nach Paris, dann in die USA. Eine kongeniale Interpretin vieler seiner Lieder wurde seine Frau Lotte Lenya. Er starb am 3.4.1950 in New York.

■ **Dale Bozzio** — 1955 — US-Sängerin und Songschreiberin. 1976 war Dale Playboy-Bunny. Das sollte sich im Verlauf ihrer musikalischen Karriere durch ihre für den Rock 'n' Roll unübliche Bekleidung auf Bühnen auswirken. Zusammen mit ihrem Mann Terry hatte sie in der Band von Frank Zappa gearbeitet. 1980 gründeten sie ihre eigene Band Missing Persons. Für einen Single-Hit reichte es nicht.

■ **Larry Carlton** — 1948 — US-Gitarrist und Songschreiber mit den Crusaders von 1972 bis 1977, als Solist und als gesuchter Studiomusiker. Seine Gitarre ist auf dem Hit „The Theme From Hill Street Blues" (8/81 US 10) von Mike Post zu hören.

■ **Helmut Koellen** — 1950 — Gitarrist und Songschreiber mit Triumvirat und Jail. Im Oktober 1977 veröffentlichte seine Plattenfirma ein Solo-Album von ihm, das „You Won't See Me" hieß — er erlebte es nicht mehr. Er starb am 3.5.1977 an Autoabgasen, als er nachts bei geschlossener Garage ein Kassettenband abhörte.

■ **Jay Osmond** — 1955 — US-Schlagzeuger in der Band seiner Brüder: Osmonds. Inzwischen ist er mit seinen Brüdern Alan, Wayne und Merrill erfolgreich in den Country-Charts.

■ **Keith Potger** — 1941 — Australischer Gitarrist der Seekers, der auch noch die Anfänge der New Seekers mitmachte, sich dann aber mehr um Produktion und Management der Band kümmerte.

■ **Mark Evans** — 1956 — Australischer Bassist mit AC/DC von März 1974 bis Juni 1977. Für ihn kam Cliff Williams.

■ **Paul Dino** — 1939 — US-Sänger, der einen Hit hatte: „Ginnie Bell" (1/61 US 38).

■ **Doc Watson** — 1923 — US-Bluesgitarrist und Songschreiber, richtiger Vorname Arthel.

■ **Barny Murphy** — 1954 — Gitarrist mit der Spider Murphy Gang. Richtiger Name Gerhard Gmell.

Tageshits

1946 — „Personality" — Johnny Mercer — US 2 W.
1961 — „Walk Right Back" — Everly Brothers — GB 3 W.
1963 — „Walk Like A Man" — Four Seasons — US 3 W.
1967 — „Release Me" — Engelbert Humperdinck — GB 6 W.
1974 — „Seasons In The Sun" — Terry Jacks — US 3 W.

3

Geburtstage

■ **Mike Pender** — 1942 — GB-Lead-Gitarrist und Sänger bei den Searchers, Mitte 1960 gegründet und aus Liverpool stammend. Vollständiger Nachname Pendergast. Wie die Beatles versuchten auch die Searchers ihr Glück in Hamburg. Als dann 1963 der Stempel „From Liverpool" eine Art Markenzeichen wurde, begann auch die Plattenkarriere dieser Gruppe. Bis zum August 1964 war Anthony Jackson der Leadsänger der Band. Als er die Searchers verließ, kam zwar mit Frank Allen von Cliff Bennett & The Rebel Rousers ein Ersatz, doch Mike übernahm den Leadgesang. Nach 1966 war dann die Zeit der Bands vom Mersey, dem Fluß, an dem Liverpool liegt, wieder vorbei. Bei den Searchers kam noch erschwerend hinzu, daß sie lediglich Coverversionen in die Hitparaden brachten. Die Band zog noch lange mit ihrem alten Ruhm durch die Lande — dabei wechselte die Besetzung recht häufig. Mike Pender blieb dabei.

■ **Little Junior Parker** — 1927 — US-Sänger und Mundharmonikaspieler, der zu den frühen R&B-Künstlern gehörte, die auf dem Sun-Label Erfolg hatten. Richtiger Vorname Herman. Er spielte Ende der 40er Jahre mit Sonnyboy Williamson und Howlin' Wolf, dann 1951 mit den Beal Streeters und in demselben Jahr gründete er seine eigene Combo, die Blue Flames, die 1952 ihre ersten Plattenaufnahmen machten. 1953 nahm er, nun bei Sun Records gelandet, sein Glanzstück „Mystery Train" auf, das später von seinem Firmenkollegen Elvis Presley gecovert wurde. Er selbst hatte Erfolg mit dem Titel „Feelin' Good" (10/53 R&B 5). In den 60er Jahren machte er Soul- und Blues-Platten — Hits: „Driving Wheel" (5/61 R&B 5), „In The Dark" (11/61 R&B 7) und „Annie Get Your Yo-Yo" (3/62 R&B 6). Er starb am 18.11.1971.

■ **Johnny Tame** — 1947 — Richtiger Name Uwe Reuss. Nahm 1967 den Titel „Sand In My Shoes" auf, der zwar gut war, aber nicht in die Hitparaden kam. 1970 zog er sich aus dem Musikgeschäft zurück, um in der zweiten Hälfte der 70er Jahre im Team mit Peter Maffay als Tame & Maffay wieder aufzutauchen. Auch hier: schöne Platten — kein Erfolg.

■ **Lys Assia** — 1926 — Schweizerin, die 1942 Miss Frankreich wurde. Sie begann Anfang der 50er Jahre und konnte bis 1962 Erfolge als Schlagersängerin in der Bundesrepublik verbuchen. Hier holte sie sich insgesamt 6 Goldene Schallplatten mit Titeln wie „O mein Papa", „Das alte Karussell" oder „Eine weiße Hochzeitskutsche", die schließlich für sie selbst vorfuhr. Sie heiratete einen dänischen Generalkonsul, machte Hotels auf in Dänemark, der Bundesrepublik, der Schweiz, Japan und Südamerika. Versuchtes Comeback in den 70ern — dabei blieb es.

■ **Dunja Rajter** — 1940 — Jugoslawische Sängerin, die seit 1964 in der Bundesrepublik schlagert. Bekannteste Platte ist wohl ihr Lebensmotto: „Ich überleb's" (1979).

■ **Willie Chambers** — 1938 — US-Gitarrist und Sänger, einer der 4 Chambers Brothers, die einen Hit hatten mit „Time Has Come Today" (8/68 US 11).

■ **Anita Hegerland** — 1961 — Norwegische Sängerin, die sich von „Schön ist es auf der Welt zu sein" (2/71 D 2) mit Roy Black zur Ehefrau und Mitsängerin von Mike Oldfield mauserte — so ändern sich die Geschmäcker.

■ **Jance Garfat** — 1944 — US-Bassist und Sänger mit dem Sir Douglas Quintet und Dr. Hook.

■ **Dave Mount** — 1947 — GB-Schlagzeuger mit Mud.

■ **Christopher Hughes** — 1954 — GB-Drummer mit Adam & The Ants.

Todestag

■ **Danny Kaye** — 1987 — Starb an Herzversagen. Geboren am 18.1.1913.

Tageshits

1951 — „If" — Perry Como — US 8 W.
1973 — „Cum On Feel The Noize" — Slade — GB 4 W.
1975 — „I Can Help" — Billy Swan — D 1 W.
1979 — „Heart Of Glass" — Blondie — D 6 W.
1984 — „99 Red Balloons" — Nena — GB 3 W.

4

Geburtstage

■ **Bobby Womack** — 1944 — US-Soulsänger, Gitarrist und Songschreiber. Mit seinen vier Brüdern bildete er die Gospelformation Womack Brothers, aus denen zwischen 1962 und 1964 die Valentinos wurden. Hits: „Lookin' For A Love" (7/62 R&B 8) und „It's All Over Now" (6/64 R&B 94) — letzterer Titel wurde in GB durch die Rolling Stones 7/64 eine Nr. 1. Dann tourte Bobby mit Sam Cooke, um schließlich später dessen Witwe zu heiraten (nebenher sei gesagt, daß sein Bruder Cecil die Tochter von Sam Cooke heiratete und damit als Womack & Womack in den 80er Jahren sehr erfolgreich wurde). Ab 1965 begann Bobby seine Solokarriere und wirkte nebenher als Sessiongitarrist u. a. bei Wilson Pickett, den Box Tops, Joe Tex, Aretha Franklin und Janis Joplin mit. Größte Hits: „Harry Hippie" (12/72 US 31) und „Lookin' For A Love" (2/74 US 10). Beide Titel waren Millionseller.

■ **Shakin' Stevens** — 1948 — GB-Sänger, der richtig Michael Barratt heißt. Er gründet schon in den 60er Jahren Bands wie The Denims oder Shakin' Stevens & The Sunset. 1969 darf er in London den Anheizer für die Rolling Stones spielen, 1977 spielt er in „Elvis". Seit 1980 ist er erfolgreich in den Charts vertreten: „This Ole House" (2/81 GB 1, 4/81 D 5), „You Drive Me Crazy" (5/81 GB 2, D 6), „Green Door" (7/81 GB 1, D 6), „Oh Julie" (1/82 GB 1, D 2), „The Shakin' Stevens EP" (12/82 GB 2), „A Love Worth Waiting For" (3/84 GB 2, D 26), „Merry Christmas Everyone" (12/85 GB 1) oder zusammen mit Bonnie Tyler „A Rockin' Good Way" (1/84 GB 5).

Chris Rea

■ **Chris Rea** — 1951 — GB-Sänger, Gitarrist und Songschreiber, der 1978 in den USA zum „Newcomer des Jahres" gewählt wurde — seine Platte „Fool (If You Think It's Over)" (7/78 US 12, 10/78 GB 30) hatte überzeugt. Doch dann trat eine lange Hit-Pause ein. 1985 kam er wieder: „Stainsby Girls" (3/85 GB 26),"Let's Dance" (6/87 GB 12, D 19), „On The Beach Summer '88" (8/88 GB 12) und „Road To Hell Pt. 2" (10/89 GB 10, D 35).

■ **Dieter Meier** — 1945 — Schweizer Filmregisseur, Texter und Sänger für Yello, die 1980 ihr Debütalbum vorstellten und zu den wenigen Gruppen aus dem deutschprachigen Raum gehören, die anhaltenden internationalen Erfolg für sich verbuchen konnten. Hits: „Vicious Games" (4/85 D 15), „Desire" (7/85 D 16), „Call It Love" (3/87 D 14) und „The Race" (5/88 D 4, 8/88 GB 7).

■ **Chris Squire** — 1948 — GB-Bassist, Sänger und Songschreiber mit der 1968 gegründeten Band Yes, die in den 70er Jahren eine der Top-LP-Gruppen war. Wie fast alle Mitglieder von Yes machte auch Chris Solo-Platten.

■ **Ulrich Roski** — 1944 — Gehört zu den profilierten deutschen Liedermachern. Hit: „Der kleine Mann auf der Straße" (3/74 D 47). Ansonsten mehr ein LP-Künstler.

■ **Miriam Makeba** — 1932 — Südafrikanerin, die mit Hugh Masekela verheiratet war. Sie gilt als „Königin des afrikanischen Chansons". Hit: „Pata Pata" (10/67 US 12, 2/68 D 14).

■ **Umberto Tozzi** — 1952 — Italienischer Sänger und Songschreiber. Größte Hits in unseren Breiten: „Ti Amo" (10/77 D 4) und „Gloria" (7/79 D 8).

■ **Patsy Kensit** — 1968 — GB-Sängerin und Songschreiberin mit Eighth Wonder, die 1985 ihren ersten Hit hatten. Hits: „I'm Not Scared" (2/88 GB 7, 5/88 D 5) und „Cross My Heart" (6/88 GB 13, D 17).

■ **Sonny Hennig** — 1946 — Tastenmann, Gitarrist, Mundharmonikaspieler und Songschreiber bei Ihre Kinder, die schon 1968 Rockmusik mit deutschen Texten machten.

■ **Boon Gould** — 1955 — GB-Gitarrist mit Level 42, die er im März 1987 verließ, um sich danach als Solist zu versuchen.

■ **St. Clair L. Palmer** — 1954 — GB-Sänger mit Sweet Sensation. Hit: „Sad Sweet Dreamer" (9/74 GB 1, 1/75 US 14, D 29).

■ **Michael Wilson** — 1944 — GB-Schlagzeuger mit Dave Dee, Dozy, Beaky, Mick & Tich — er war Mick.

■ **Eric Allandale** — 1936 — GB-Bläser mit Foundations.

■ **Robert Raymond** — 1946 — US-Bassist mit Sugarloaf.

Todestage

■ **Mike Patto** — 1979 — GB-Sänger und Mitglied bei z. B. Spooky Tooth. Geboren am 22.9.1942.

■ **Richard Manuel** — 1986 — US-Sänger und Tastenspieler mit The Band. Nach einem Auftritt in Florida erhängte er sich in seinem Hotelzimmer. Er litt unter starken Depressionen. Geboren am 3.4.1943.

■ **Lloyd „Tiny" Grimes** — 1989 — US-Gitarrist, der seine Karriere als Schlagzeuger, Pianist und Tänzer begonnen hatte. Geboren am 7.7.1916.

Tageshits

1944 — „Besame Mucho" — Jimmy Dorsey — US 7 W.
1967 — „Ruby Tuesday" — Rolling Stones — US 1 W.
1978 — „Love Is Thicker Than Water — Andy Gibb — US 2 W.
1985 — „You're My Heart, You're My Soul" — Modern Talking — D 6 W.
1989 — „Lost In Your Eyes" — Debbie Gibson — US 3 W.

5

Geburtstage

■ **Andy Gibb** — 1958 — GB-Sänger und jüngerer Bruder der Brüder Gibb = Bee Gees. Seine richtigen Vornamen sind Andrew Roy. Zwischen 1977 und 1981 verlief seine Solo-Karriere in den USA sehr erfolgreich: „I Just Want To Be Your Everything" (4/77 US 1, 6/77 GB 26), „(Love Is) Thicker Than Water" (11/77 US 1) und „Shadow Dancing" (4/78 US 1). In den 80er Jahren wollte Andy kein weiterer Super-Hit mehr gelingen. 1983 spielte er am Broadway eine Hauptrolle in „Joseph And The Amazing Technicolour Dreamcoat". Im Frühjahr 1988 war er in GB und hatte gerade einen neuen Plattenvertrag mit ISLAND unterschrieben —

dann starb er am 10.3.1988 in einem Krankenhaus in Oxford. Man hat Andy oft mit Drogen in Verbindung gebracht — als offizielle Todesursache aber wurde Herzversagen genannt.

■ **Eddy Grant** — 1948 — GB-Sänger, Songschreiber, Gitarrist, Pianist und Produzent. Richtige Vornamen Edward Montague. Seine erste Gruppe gründet er 1965 mit Schulfreunden — die Proben sind schwierig, da Eddy der einzige ist, der überhaupt ein Instrument spielt. 1966 tritt diese Gruppe mit von Ska beeinflußtem R&B auf — nun nennen sie sich Equals. Sie erhalten einen Plattenvertrag, aber die ersten Veröffentlichungen sind Flops. Ihr erster Hit wird die ursprüngliche B-Seite „Baby Come Back" (7/67 D 11, 5/68 GB 1, 9/68 US 32), die 1967 in Deutschland als Single veröffentlicht wird. 1972 verläßt Eddy die Equals und gründet eine eigene Produktions- und Plattenfirma, auf der er auch seine weiteren Soloplatten veröffentlicht. Solohits: „Do You Feel My Love" (11/80 GB 8), „I Don't Wanna Dance" (10/82 GB 1, D 7), „Electric Avenue" (1/83 GB 2, D 9, 4/83 US 2) und „Gimme Hope Jo'Anna" (1/88 GB 7, 5/88 D 4).

■ **Paul Evans** — 1938 — US-Sänger und Songschreiber. Er schrieb „When" für die Kalin Twins und „Roses Are Red" für Bobby Vinton. Zu seinen eigenen Hits gehören „7 Little Girls Sitting In The Back Seat" (9/59 US 9, 11/59 GB 25) und „Happy-Go-Lucky-Me" (5/60 US 10). Nachdem Paul für viele Jahre aus den Hitparaden verschwunden war, tauchte er plötzlich zumindest in GB wieder auf mit „Hello, This Is Joanie" (12/78 GB 6).

Murray Head

■ **Murray Head** — 1946 — GB-Sänger, Songschreiber und Schauspieler, der bei „Jesus Christ Superstar" als Judas mitmachte — Single-Hit: „Superstar" (1/70 US 74, 1/71 RE-US 14). Aus dem Musical „Chess" sang er den Hit „One Night In Bangkok" (11/84 GB 12, D 1, 2/85 US 3). Sehr schön, aber leider nicht erfolgreich: seine Langspielplatte „Say It Ain't So" (1975).

■ **J. B. Lenoir** — 1929 — US-Blues-Gitarrist und Sänger. Seit Anfang der 50er Jahre nahm er Platten auf. Größter Erfolg: „Mama, Talk To Your Daughter" (7/55 R&B 11). Seine bekannteste Aufnahme: „Eisenhower Blues" (1954). Der britische Blues-Erneuerer John Mayall gab Lenoir immer als sein Idol an. Er starb am 29.4.1967.

■ **Tommy Tucker** — 1933 — US-Sänger und Pianist, richtiger Name Robert Higgenbotham. Einziger Hit: „Hi-Heel Sneakers" (2/64 US 11, GB 23). Nach Einatmung giftiger Dämpfe beim Streichen des Fußbodens in seinem New Yorker Haus starb Tommy am 17.1.1982.

■ **Eddie Hodges** — 1947 — US-Sänger und Schauspieler. Im Film „A Hole In The Head" (1959) spielte er Frank Sinatras Sohn. Hits: „I'm Gonna Knock On Your Door" (6/61 US 12, 9/61 GB 37) und „(Girls, Girls, Girls) Made To Love" (6/62 US 14, 8/62 GB 37).

■ **Richard Sanderson** — 1953 — GB-Sänger und Songschreiber. Mit dem Titel „Reality" (3/82 D 20, 1/87 RE-D 1), der in dem Film „La Boum — Die Fete" zu hören war, traf er mitten in die kleinen Herzchen der Teenies. Es blieb sein einziger Treffer.

■ **Clodagh Rodgers** — 1947 — Irische Sängerin. Ihre größten Hits: „Come Back And Shake Me" (3/69 GB 3, 7/69 D 39), „Goodnight Midnight" (7/69 GB 4) und „Jack In The Box" (3/71 GB 4, D 39). Nach 1971 war's wieder aus.

■ **Gary Grainger** — 1952 — GB-Gitarrist und Schlagzeuger mit Strider, auf Tournee mit den Faces und dann in der Band von Rod Stewart, mit dem er einige Hits zusammen schrieb.

■ **Derek Skinner** — 1944 — GB-Schlagzeuger, der 1963 bei der schwedischen Gruppe Spotnicks einstieg.

Todestage

■ **Cowboy Copas, Patsy Cline, Hawkshaw Hawkins** — 1963 — US-Country-Stars, die auf dem Wege von Kansas City nach Nashville waren, nachdem sie ein Benefizkonzert für die Witwe von DJ Cactus Jack Call gegeben hatten, der kurz zuvor bei einem Autounfall umgekommen war. Ihre Privatmaschine stürzte in der Nähe von Dyersburg, Tennessee ab — alle Insassen waren tot.

■ **John Belushi** — 1982 — US-Sänger, Filmschauspieler und Komiker. Mitglied der Blues Brothers. Starb nach einer Überdosis Drogen. Geboren am 24.1.1949.

Tageshits

1949 — „I've Got My Love To Keep Me Warm" — Les Brown — US 1 W.
1949 — „I Powder Your Face With Sunshine" — Evelyn Knight — US 1 W.
1960 — „Banjo Boy" — Jan & Kjeld — D 10 W.
1966 — „Ballad Of The Green Berets" — Barry Sadler — US 5 W.
1966 — „Ganz in weiß" — Roy Black — D 4 W.
1977 — „Love Theme From A Star Is Born" — Barbra Streisand — US 3 W.
1983 — „Billie Jean" — Michael Jackson — US 7 W & GB 1 W.

Merk-Würdiges

1960 — Seit General Douglas McArthur 1945 von der Kapitulation der japanischen Truppen in die USA zurückgekehrt war, hatte kein weiterer Soldat einen solchen Presse- und Publikumsrummel verursacht wie Elvis Presley bei seiner Entlassung aus der Armee. Nach zwei Jahren „Dienst fürs Vaterland" wurde er in Fort Dix, New Jersey als Feldwebel verabschiedet. Wenig später erschienen die LP „Elvis Is Back" und immer noch 1960 der Film und die Platte „G.I. Blues".

6

Geburtstage

■ **Bob Wills** — 1905 — US-Country-Sänger, Fiddler und Songschreiber. „King Of Western Swing". 1929 machte er seine erste eigene Gruppe, die Wills Fiddle Band, aus denen später die Light Crust Doughboys wurden. 1933 gründete er die Texas Playboys, und ab 1939 hatte er Erfolg. Speziell seine Komposition „San Antonio Rose" (6/39 US 15) und Neuauflagen davon, "New San Antonio Rose" (11/40 US 11, 3/43 RE-US 19), sollte ihn bekannt machen. Weitere Hits waren „We Might As Well Forget It" (9/44 US 11) und „You're From Texas" (11/44 US 14). Zwischen 1934 und 1958 hatte Bob in Tulsa eine eigene Radioshow. Wie so viele andere seiner C&W-Kollegen trat auch er in etlichen Westernfilmen auf. 1962, 1964, 1969 und 1973 erlitt er jeweils einen Herzinfarkt. Der letzte ließ ihn im Dezember 1973 in ein Koma gleiten, aus dem er nicht mehr erwachte. Bob starb am 13.5.1975.

■ **Mary Wilson** — 1944 — US-Sängerin. Zusammen mit Diana Ross und Florence Ballard gründete sie 1959 die Primettes, aus denen 1961 die Supremes wurden. Während die übrigen Mitglieder freiwillig wechselten oder ausgetauscht wurden, blieb Mary am längsten dabei. Noch 1978 tourte sie zusammen mit Karen Ragland und Karen Jackson durch GB — immer noch als Supremes. Nach dieser Tour untersagte man ihr, weiterhin unter diesem Gruppennamen aufzutreten. Im Herbst 1979 veröffentlichte sie eine Solo-LP, 1984 erschien ihre Biographie „Dreamgirl: My Life As A Supreme".

■ **Sylvia Robinson** — 1936 — US-Sängerin, die zusammen mit Mickey Baker als Mickey & Sylvia den Hit „Love Is Strange" (1/57 US 11) hatte. Ihr Mädchenname war Sylvia Vanderpool. Bereits 1950 nahm sie als Little Sylvia ihre ersten Platten auf. Bis 1962 arbeitete sie mit McHouston „Mickey" Baker zusammen. Dann heiratete sie Joe Robinson, den Besitzer von All Platinum/Vibration Records. Auf Vibration tauchte sie auch wieder als Solistin in den Charts auf mit dem Millionseller „Pillow Talk" (3/73 US 3). Inzwischen ist sie die Besitzerin von Sugarhill Records, auf der viele Jahre die besten Rapper von Harlem und der Bronx zu hören waren. In Fachkreisen wird Sylvia als die dynamischste schwarze Frau im Musikgeschäft bezeichnet.

■ **David Gilmour** — 1944 — GB-Super-Gitarrist und Songschreiber. Er begann 1966 mit der Gruppe Jokers Wild und ging 1968 für Syd Barrett zu Pink Floyd. Im Juni 1978 erschien seine erste Solo-LP, im März 1984 die zweite. Danach schien es, als sei Pink Floyd endgültig gestorben. 1987 war es vor allem David, der zusammen mit Nick Mason für ein Fortbestehen von Pink Floyd sorgte.

Kiki Dee

■ **Kiki Dee** — 1947 — GB-Sängerin mit richtigem Namen Pauline Matthews. Sie machte jahrelang — auch in deutscher Sprache — Platten, ohne Erfolg zu haben. Dann kam der erste Hit mit „Amoureuse" (11/73 GB 13) und schließlich „I've Got The Music In Me" (9/74 GB 19, US 12). Im Duett mit Elton John hatte sie den Welthit „Don't Go Breaking My Heart" (7/76 GB & US 1, D 5).

■ **Wes Montgomery** — 1925 — US-Jazz-Gitarrist. Richtige Vornamen John Leslie. Schon früh entwickelte Wes eine eigene Spieltechnik und beeinflußte damit ganze Generationen anderer Musiker. Er begann 1948 bei Lionel Hampton, 1957 machte er seine ersten Soloplatten. Er starb am 15.6.1968.

■ **Joseph Schmidt** — 1904 — Geboren in Davidende in Rumänien, wurde Joseph, nachdem er im April 1928 in einem Berliner Funkhaus zur Probe vorgesungen hatte, zu dem Tenor, der in kaum einem Radioprogramm der ersten Hälfte der 30er Jahre fehlen durfte. Titel wie „Ein Lied geht um die Welt", „Heut ist der schönste Tag in meinem Leben" oder „Tiritomba" machte er zu Gassenhauern. Als er 1937 von einer Tournee durch die Schweiz, die USA, Mexico und Cuba zurückkehrte, hatte sich die Stimmung geändert — Schmidt war Jude. Er emigrierte zuerst nach Belgien und dann in die Schweiz — dort starb er in einem Internierungslager am 16.11.1942.

■ **Jürgen von Manger** — 1923 — Als „Tegtmeier" Verbreiter des „Ruhr-Deutsch". Er verkörpert den Kumpel und seine sprachliche Unbeholfenheit, die allerdings nicht auf Gedankenarmut schließen lassen sollte. Bleibense Mensch!

■ **Flora Purim** — 1942 — Brasilianische Sängerin, Gitarristin und Percussionistin. Das Percussionspielen brachte ihr Airto Moreira bei, den sie dann heiratete und mit dem sie etliche Platten zusammen aufnahm. Sie machte aber auch Platten z. B. mit Miles Davis.

■ **Walter „Furry" Lewis** — 1893 — US-Blues-Gitarrist und Mundharmonikaspieler. Seit den 20er Jahren nahm er Platten auf. Er starb am 14.9.1981.

■ **Mickey Jupp** — 1944 — GB-Sänger, Gitarrist und Songautor, der viele tolle Lieder für sich als Solist oder seine Gruppe Legend schrieb — und nie erfolgreich war. Schade!

■ **Tony Klatka** — 1946 — US-Trompeter für Woody Herman und Blood, Sweat & Tears.

■ **Hugh Grundy** — 1945 — GB-Drummer bei den Zombies.

Tageshits

1943 — „I've Heard That Song Before" — Harry James — US 13 W.
1965 — „My Girl" — Temptations — US 1 W.
1971 — „Baby Jump" — Mungo Jerry — GB 2 W.
1972 — „Komm, gib mir deine Hand" — Tony Marshall — D 2 W.
1976 — „I Love To Love" — Tina Charles — GB 3 W.
1976 — „Love Machine Part 1" — Miracles — US 1 W.
1982 — „The Lion Sleeps Tonight" — Tight Fit — GB 3 W.
1989 — „Something's Gotten Hold Of My Heart" — Mark Almond & Gene Pitney — D 4 W.

7

Geburtstage

■ **Peter Wolf** — 1946 — US-Sänger und Songschreiber. Richtiger Nachname Blankfield. Bei einem Bostoner Radiosender arbeitete Peter als Discjockey und war bekannt für sein umfassendes Wissen auf dem Gebiet der R&B-Musik. Die Band, die 1969 die J. Geils Band werden sollte, nannte sich zuerst Hallucinations, dann J. Geils Blues Band. Seit 1967 war Peter als Sänger dabei. 1971 erschien die erste LP der Band, am 27. Juni 1971 spielten sie zusammen mit den Allman Brothers, Mountain und den Beach Boys bei der letzten Veranstaltung im „Fillmore East". Danach wurde der Laden geschlossen. Hits: „Must Of Got Lost" (11/74 US 12), „Centerfold" (11/81 US 1, 2/82 GB 3, D 13) und „Freeze-Frame" (2/82 US 4, 4/82 GB 27, D 29). Im Januar 1983 verläßt Peter die Band und startet eine Solo-Karriere. Hits: „Lights Out" (7/84 US 12) und „Come As You Are" (2/87 US 15).

■ **Taylor Dayne** — 1962 — US-Sängerin. Richtiger Name Leslie Wonderman. Sie begann als Tänzerin und war dann bei der Heavy-Metal Gruppe Felony. Danach startete sie eine Solokarriere. Hits: „Tell It To My Heart" (9/87 US 7, 1/88 GB 3, D 1), „Prove Your Love" (2/88 US 7, GB 8, 4/88 D 4), „I'll Always Love You" (6/88 US 3, D 38), „Don't Rush Me" (9/88 D 33, 11/88 US 2) und „With Every Beat Of My Heart" (10/89 US 5).

■ **Danyel Gérard** — 1941 — Richtiger Name Gérard Daniel Kherlakian, Sohn eines Armeniers und einer Italienerin, aufgewachsen in Rio de Janeiro. Mit 12 kam er dann nach Paris. 1954 wurde Danyel Mitglied in der Rock-Band The Dangers. Als Komponist vieler französischer Hits machte er sich einen Namen — auch Udo Jürgens oder Caterina Valente sangen Lieder von ihm. Seinen ersten Hit in Frankreich hatte Danyel dann 1962 mit „Petit Gonzales". Sein größter Hit hieß „Butterfly" (4/71 D 1, 9/71 GB 11).

■ **Hamilton Bohannon** — 1942 — US-Sänger, Songschreiber und Schlagzeuger. Nach abgeschlossenem Studium arbeitete Hamilton als Musiklehrer. Von

1965 bis 1967 trommelte er in der Band von Stevie Wonder, dann wurde er Bandleader und Arrangeur für die Künstler der Plattenfirma Motown, die gerade auf Tournee waren. Ab 1974 machte er eigene Platten. Größter Hit: „Disco Stomp" (5/75 GB 6, 8/75 D 3).

■ **Chris White** — 1943 — GB-Bassist, Songschreiber und Produzent. Mitglied bei den Zombies. Ende der 80er Jahre entschlossen sich die Zombies zu einer Reunion, Chris war mit dabei.

■ **Matthew Fisher** — 1946 — GB-Tastenspieler und Songschreiber mit Procol Harum. 1968/69 spielte er mit Joe Cocker, dann machte er Solo-Platten und begleitete Screaming Lord Sutch, Jerry Lee Lewis oder Gary Brooker.

Todestag

■ **Jack Anglin** — 1963 — US-Country-Star im Duo Johnny & Jack. Anglin war auf dem Weg zur Beerdigung von Patsy Cline, als er mit seinem Auto auf einer Ausfallstraße von Nashville tödlich verunglückte. Geboren am 13.5.1916.

Tageshits

1970 — „Whole Lotta Love" — Led Zeppelin — D 5 W.
1979 — „Wandrin' Star" — Lee Marvin — GB 3 W.
1988 — „Tell It To My Heart" — Taylor Dayne — D 5 W.

Merk-Würdiges

1902 — Geburtstag von Heinz Rühmann, der in solchen Filmen wie „Die 3 von der Tankstelle", „Die Feuerzangenbowle" oder „Der brave Soldat Schwejk" mitspielte. Er hat auch einige Schallplatten aufgenommen — teilweise mehr gesprochen, teilweise mehr gesungen.

8

Geburtstage

■ **Randy Meisner** — 1947 — US-Bassist und Songschreiber. Zwischen 1964 und 1968 spielte er mit der Gruppe Poor, im August 1968 war er dann Gründungsmitglied bei Poco. Er blieb jedoch nur bis zum April 1969, spielte vom Mai dieses Jahres bis zum Juni 1971 in der Stone Canyon Band von Rick Nelson, dann in der Tourband von Linda Ronstadt. Alle Musiker dieser Gruppe entschlossen sich im August 1971, die Eagles zu gründen. Im September 1977 verließ Randy die Eagles wieder, um eine Solokarriere zu starten. Im November 1980 erscheint seine erste LP. Hit: „Hearts On Fire" (2/81 US 19). Bei der Reunion von Poco war Randy wie alle anderen Urmitglieder wieder mit dabei.

■ **Peggy March** — 1948 — US-Sängerin. Geboren als Margaret Battavio. Sie gilt als die jüngste Sängerin, die je einen Nr. 1 Hit in den USA hatte, nämlich als Little Peggy March mit „I Will Follow Him" (3/63 US 1, 7/63 D 20). Danach war sie fast ausschließlich in der Bundesrepublik erfolgreich, in die sie übersiedelte. Hits: „Mit 17 hat man noch Träume" (8/65 D 2), „Memories Of Heidelberg" (3/67 D 1) und „Romeo und Julia" (10/67 D 1).

■ **Gary Numan** — 1958 — GB-Synthy-Techno-Popper der frühen Generation. Sein erster Hit erschien noch als Tubeway Army: „Are Friends Electric" (5/79 GB 1, 8/79 D 23); alle weiteren nur noch als Gary Numan: „Cars" (9/79 GB 1, 3/80 US 9), „Complex" (11/79 GB 6), „We Are Glass" (5/80 GB 5), „I Die: You Die" (8/80 GB 6), „She Got Claws" (8/81 GB 6) und „We Take Mystery (To Bed)" (6/82 GB 9).

■ **Keef Hartley** — 1944 — GB-Schlagzeuger bei Rory Storm & The Hurricanes, Artwoods, John Mayall Band, seiner eigenen Keef Hartley Band von 1968 — 1973, und schließlich bei Dog Soldier. Zwischendurch arbeitete Keef immer als Studiomusiker, so z. B. bei Lothar Meid, Michael Chapman oder Vinegar Joe.

■ **Mickey Dolenz** — 1945 — US-Schlagzeuger und Sänger mit den Monkees. Schon als Kind spielte der Sohn des Schauspielers George Dolenz in der US-TV-Serie „Circus Boy". Dann veröffentlichte er erfolglos eine Single und wurde schließlich im Oktober 1965 Gründungsmitglied der Monkees. Als 3 der 4 ehemaligen Monkees 1986 ein Comeback versuchten, war Mickey dabei: „That Was Then, This Is Now" (6/86 US 20).

■ **Carol Bayer-Sager** — 1947 — US-Sängerin und Songschreiberin. Schon als Teenager schrieb sie die Nummer „A Groovy Kind Of Love", die mit den Mindbenders ein Hit wurde. Ihre Lieder wurden durch die Doobie Brothers, Carly Simon, Frank Sinatra, Michael Jackson, Aretha Franklin u. v. a. zu Hits gemacht. Für viele Filmmusiken schrieb sie die Texte. 1982 heiratete sie Burt Bacharach. Carol gelangen mit „You're Moving Out Today" (5/77 GB 6) und „Stronger Than Before" (5/81 US 30) eigene Hits.

■ **Cheryl Baker** — 1954 — GB-Sängerin bei Bucks Fizz, die im März 1981 für den Grand Prix Eurovision zusammenkamen. Cheryl hatte zu diesem Zeitpunkt bereits Erfahrungen in einer ähnlichen Gruppe hinter sich. 1978 gehörte sie zu der Formation Co-Co, die zum gleichen Zweck zusammengestellt worden waren. Co-Co und „Bad Old Days" (4/78 GB 13) gewannen den Grand Prix nicht, Bucks Fizz schaffte es mit „Making Your Mind Up" (3/81 GB 1, D 5). Danach entschlossen sich die vier Mitglieder, die Kunstformation weiter bestehen zu lassen. Es kam zu weiteren Hits: „The Land Of Make Believe" (11/81 GB 1, 2/82 D3), „My Camera Never Lies" (3/82 GB 1, 5/82 D 31), „Now Those Days Are Gone" (6/82 GB 8) und „New Beginnings (Mamba Seyra)" (6/86 GB 8).

■ **Dick Hyman** — 1927 — US-Komponist, Tastenspieler und Arrangeur. Dick spielte mit Teddy Wilson, Benny Goodman, Lester Young, Mitch Miller und Percy Faith. Größter Hit mit seinem Jazz-Trio: „Moritat — A Theme From The Three Penny Opera" (1/56 US 8, 3/56 GB 9).

■ **Lew DeWitt** — 1938 — US-Country-Sänger und Songschreiber. Richtige Vornamen Lewis Calvin. Er ist einer der 4 Statler Brothers — von denen keiner Statler hieß. Sie formierten sich schon 1955 als Kingsmen, von 1963 bis 1971 arbeiteten sie mit Johnny Cash zusammen. Ab 1965 machten sie auch eigene Platten. Im Laufe der Jahre gelangen ihnen über 60 Country-His. Crossover-Hit, geschrieben von Lew: „Flowers On The Wall" (9/65 C&W 2, 11/65 US 4, 2/66 GB 38). 1982 schied Lew aus und wurde durch Jimmy Fortune ersetzt. Eine angestrebte Solo-Karriere ging nie richtig los.

■ **Ralph Ellis** — 1942 — GB-Gitarrist in den Urtagen der Swinging Blue Jeans. 1966 wurde er durch Terry Sylvester (später Hollies) ersetzt.

■ **Clive Burr** — 1957 — Schlagzeuger und Sänger mit Iron Maiden von April 1980 bis Januar 1983. Sein Nachfolger wird Nicko McBrian, der von der Gruppe Trust kommt. Genau mit dieser Band macht Clive Burr anschließend eine LP.

■ **Richard Darbyshire** — 1960 — GB-Sänger, Gitarrist und Songschreiber mit Living In A Box. Erster Hit: „Living In A Box" (4/87 GB 5, D 4, 6/87 US 17), weitere Hits: „Blow The House Down" (2/89 GB 10, D 28) und „Room In Your Heart" (9/89 GB 5).

■ **Dave Lambert** — 1949 — GB-Gitarrist, Sänger und Songschreiber mit den Strawbs.

■ **Gabor Szabo** — 1936 — Ungarischer Jazz-Gitarrist und Songschreiber, der 1956 in die USA ging. Er starb am 1.3.1982.

■ **Peter Gill** — 1964 — GB-Schlagzeuger mit Frankie Goes To Hollywood.

■ **Steve Grantley** — 1962 — GB-Schlagzeuger mit Eighth Wonder.

■ **Michael Allsup** — 1947 — US-Gitarrist bei Three Dog Night.

■ **Pauline Murray** — 1958 — GB-Sängerin bei Penetrations.

Todestage

■ **Ron „Pig-Pen“ McKernan** — 1973 — US-Keyboardspieler, Sänger und Gründungsmitglied von Grateful Dead. Er wurde tot in seinem Hotelzimmer aufgefunden. Man sprach von Leberleiden. Geboren am 8.9.1946.

■ **Doc Green** — 1989 — US-Sänger mit den Drifters. Starb an Krebs. Geboren am 8.10.1934.

■ **Stuart Hamblen** — 1989 — US-Sänger und Schauspieler. Starb nach einer Gehirntumoroperation. Geboren am 20.10.1908.

Tageshits

1947 — „Anniversary Song“ — Dinah Shore — US 2 W.
1975 — „If“ — Telly Savalas — GB 2 W.
1975 — „Have You Never Been Mellow“ — Olivia Newton-John — US 1 W.
1976 — „Mississippi“ — Pussycat — D 5 W.
1986 — „Chain Reaction“ — Diana Ross — GB 3 W.

9

Geburtstage

■ **Lloyd Price** — 1933 — US-R&B-Sänger, Pianist und Songschreiber. Im Jahre 1949 gründete er seine erste eigene Band. Ab 1952 war er in der US-R&B-Hitparade sehr erfolgreich: „Lawdy Miss Clawdy“ (5/52 R&B 1) mit Fats Domino am Klavier und „Ooh Ooh Ooh“ (11/52 R&B 4). Gerade schwang sich der Rhythm & Blues zum Renner auch für ein weißes Publikum auf, da mußte Lloyd von 1953 bis 1956 in die Army. Zurück, gründete er eine eigene Plattenfirma, mußte aber dann wenig später einen Vertrag mit ABC Paramount abschließen. 1963 versuchte er es dann noch einmal und gründete die Plattenfirma Double-L. Inzwischen war er ein arrivierter Star geworden. Hits: „Stagger Lee“ (12/58 US 1, 2/59 GB 7), „Personality“ (4/59 US 2, 6/59 GB 9, 8/59 D 17) und „I'm Gonna Get Married“ (8/59 US 3, GB 23).

■ **Mark Lindsay** — 1944 — US-Sänger, Saxophonist und Songschreiber mit Paul Revere & The Raiders, deren Ursprünge bis 1959 zurückgehen. Mark und Paul Revere hatten zu diesem Zeitpunkt ein Instrumentalduo gegründet, das seinen ersten Hit mit „Like, Long Hair“ (3/61 US 38) hatte. Richtigen Erfolg sollten sie allerdings erst ab 1966 haben. Hits: „Kicks“ (3/66 US 4), „Hungry“ (6/66 US 6), „Good Thing“ (12/66 US 4) und „Him Or Me — What's It Gonna Be“ (4/67 US 5). Ab 1969 versuchte sich Mark als Solist. Sein größter Erfolg war der Millionseller „Arizona“ (12/69 US 10). Mark blieb den Raiders allerdings verbunden: er produzierte sie auch weiterhin.

■ **Keely Smith** — 1928 — US-Sängerin in der Band von Louis Prima, mit dem sie von 1953 bis 1962 verheiratet war. Ihren ersten Hit hatte sie als Mitglied von Louis Prima & His Orchestra: „Oh, Babe!“ (11/50 US 12). Hit des Ehepaares: „That Old Black Magic“ (11/58 US 18). Kurz davor war Keely im Duett mit Frank Sinatra erfolgreich: „How Are Ya' Fixed For Love?“ (5/58 US 22). 1959 traten Louis und Keely in dem erfolgreichen Spielfilm „Hey Boy, Hey Girl“ auf. Als Solistin hatte sie dann noch einmal einen Hit in GB: „You're Breaking My Heart“ (3/65 GB 14).

■ **Martin David Fry** — 1958 — GB-Sänger und Songschreiber mit der 1980 gegründeten Gruppe ABC. Hits: „Poison Arrow“ (2/82 GB 6, 1/83 US 25), „The Look Of Love“ (5/82 GB 4, 8/82 D 36, US 18), „All Of My Heart“ (9/82 GB 5) und „Be Near Me“ (4/85 GB 26, 8/85 US 9). Schön und erfolgreich war auch die Hymne an Smokey Robinson: „When Smokey Sings“ (6/87 GB 11, US 5). Schon seit Ende 1984 kann man bei ABC von einem Duo sprechen. Martin und der Gitarrist Mark White bilden den Stamm, ansonsten kommen wechselnde Studiomusiker hinzu.

■ **Chris Thompson** — 1948 — Neuseeländischer Sänger, Gitarrist und Songschreiber. 1974 kam Chris nach Großbritannien und wurde zwei Jahre später Mitglied bei Manfred Mann's Earthband — seine Stimme war es, die z.B. die Titel „Blinded By The Light“ (8/76 GB 6, 11/76 US 1) und „Davy's On The Road Again“ (5/78 GB 6, 7/78 D 26) zum Hit machte. 1979 startete Thompson seine eigene Gruppe Night — größte Single-Erfolge: „Hot Summer Nights“ (6/79 US 18) und „If You Remember Me“ (8/79 US 17, 10/79 GB 42). Nach zwei LPs machte er als Solist weiter und war auch wieder als Gastsänger bei Manfred Mann zu hören. Durch die 80er Jahre erschienen immer wieder Soloplatten von Chris. Seinen größten Erfolg hatte er mit „The Challenge (Face It)“ (7/89 D 5). Es handelte sich dabei um die Titelmelodie vom Tennisturnier Wimbledon 1989.

■ **Mickey Gilley** — 1936 — US-Country-Sänger und Pianist, der bereits 1953 seine ersten Platten aufnahm. 1964 machte er eine eigene Plattenfirma, zwischen 1961 und 1989 war er Mitbesitzer am „Gilley's“ Nightclub in Houston, der im Film „Urban Cowboy“ eine Rolle spielte. Als Sänger hatte Mickey das Pech, ein Cousin von Jerry Lee Lewis zu sein — da er recht ähnlich wie dieser sang, wurde ihm immer vorgeworfen, ihn zu kopieren. 1974 bekam er einen Plattenvertrag mit dem Playboy-Label von Hugh Hefner, auf dem er hintereinander vier Nr. 1 in den C&W Charts hatte. In denen ist er noch heute regelmäßig vertreten und brachte es inzwischen auf über 16 Nr.-1-Hits. Sein größter Crossover-Erfolg war ein Stück aus dem Film „Urban Cowboy“: „Stand By Me“ (5/80 C&W 1, US 22).

■ **Jeffrey Osborne** — 1948 — US-Sänger, Songschreiber und Schlagzeuger. 1970 wird er Mitglied der R&B-Funkband LTD (steht für Love, Togetherness & Devotion). Mit dem Millionseller „(Everytime I Turn Around) Back In Love Again“ (10/77 US 4) erzielen sie ihren größten Erfolg. Im Januar 1982 entschließt sich Jeffrey, als Solist weiterzumachen. Noch im gleichen Jahr hat er seine ersten eigenen Erfolge. Seit dieser Zeit ist er regelmäßig in den R&B-Charts — Pophits: „On The Wings Of Love“ (9/82 US 29, 6/84 GB 11), „Don't You Get So Mad“ (7/83 US 25) und „Stay With Me Tonight“ (11/83 US 30, 4/84 GB 18).

■ **Katja Ebstein** — 1945 — Kam über die Liedermacherszene zum Schlager. Hits: „Der Stern von Mykonos“ (11/73 D 4) und „Es war einmal ein Jäger“ (7/75 D 4). Auch wenn sie sich darüber heute in Talkshows ereifert — der Jäger bleibt ihr Markenzeichen.

■ **Jim Cregan** — 1946 — GB-Gitarrist, Bassist und Sänger in diversen Bands: Blossom Toes, Stud, Rod Stewart Band, Cockney Rebel u.a. Er gilt als gesuchter Studiomusiker.

■ **Trevor Burton** — 1949 — GB-Gitarrist bei Move, Balls und ab 1976 mit der Steve Gibbons Band. Auch als Studiomusiker mit Gary Wright, Luther Grosvenor, Jim Capaldi und Paul Kossoff.

■ **Robin Trower** — 1945 — GB-Gitarrist mit Paramounts, Procol Harum, Jude und schließlich seiner eigenen Robin Trower Band.

■ **John Lee** — 1944 — Australischer Sänger bei New World, die Anfang der 70er Jahre fünf Hits hatten — die größten: „Tom Tom Turnaround“ (7/71 GB 6, D 10) und „Sister Jane“ (5/72 GB 9).

■ **Jimmy Fadden** — 1948 — US-Gitarrist und Bassist bei der Nitty Gritty Dirt Band und als Studiomusiker.

■ **Billy Ford** — 1925 — US-Sänger im Duett mit Lillie Bryant. Hit: „La Dee Dah“ (1/58 US 9) als Billy & Lillie.

■ **Clayton Moss** — 1962 — GB-Leadgitarrist mit Cross.

■ **Jaap Schilder** — 1943 — NL-Gitarrist mit den Cats.

Tageshits

1957 – „Cindy oh Cindy" – Wolfgang Sauer – D 3 W.
1959 – „Venus" – Frankie Avalon – US 5 W.
1968 – „Mama" – Heintje – D 3 W.
1974 – „Jealous Mind" – Alvin Stardust – GB 1 W.
1981 – „Fade To Grey" – Visage – D 7 W.
1985 – „You Spin Me Round (Like A Record)" – Dead Or Alive – GB 2 W.
1985 – „Can't Fight This Feeling" – REO Speedwagon – US 3 W.

10

Geburtstage

■ **Dean Torrence** – 1940 – US-Sänger. Noch während der Schulzeit gründete er mit Jan Berry die Barons. Jan und Dean und ein weiteres Barons- Mitglied namens Arnie Ginsburg nahmen 1958 in Jans Garage den Titel „Jenny Lee" (6/58 US 8) auf – weil Dean für eine sechsmonatige Reserveübung zum Militär mußte, erschien die Platte unter dem Namen Jan & Arnie. Als Dean vom Militär zurückkam, ging Arnie zur Marine. Jan & Dean unterschrieben einen neuen Vertrag mit der Plattenfirma DORE, einer Unterfirma von Herb Alpert. Hit: „Baby Talk" (8/59 US 10). Ihre größten Erfolge hatten sie bei LIBERTY: „Surf City" (6/63 US 1, 8/63 GB 26) und „The Little Old Lady (From Pasadena)" (6/64 US 3). Jan & Dean gelten als Mitbegründer des Surf-Sounds. Nachdem Jan am 19. April 1966 einen schweren Autounfall erlitten hatte, war ihre Karriere beendet. Dean nahm noch Platten als The Legendary Masked Surfers auf und eröffnete ein Designstudio in Hollywood. 1978 wurde der biographische Film „Dead Man's Curve" gezeigt – dem Duo gelang ein Comeback.

■ **Bix Beiderbecke** – 1903 – US-Jazzkornettist, Pianist und Komponist deutscher Abstammung. Richtige Vornamen Leon Bismarck. Als Vertreter des Chicago-Stils war er an dessen Umwandlung zum Swing beteiligt. Bix erwarb sich einen ersten Ruf als exzellenter Musiker bei Frankie Trumbauer. Danach spielte er mit Jean Goldkette und Paul Whiteman. Unter seinem Namen finden sich in den Hitparaden zwei Titel: „In A Mist" (2/28 US 20) – eine Pianonummer von ihm – und „At The Jazz Band Ball" (2/28 US 15). 1950 erschien ein Film in den Kinos, der an sein Leben angelehnt war: „Young Man With A Horn". Bix starb am 6.8.1931.

■ **Neneh Cherry** – 1964 – US-Sängerin und Songschreiberin, die in Stockholm geboren wurde. Sie ist die Stieftochter des Jazztrompeters Don Cherry. Neneh kann ohne Zweifel zu den großen Aufsteigerinnen des Jahres 1989 gezählt werden. Anfang der 80er Jahre sang sie mit der GB-New-Wave-Gruppe Rip Rick & Panic, aus denen Float Up CP wurde. In der Folge sang sie im Hintergrund von den Slits und bei The The. Hits als Solistin: „Buffalo Stance" (12/88 GB 3, D 2, 4/89 US 3) und „Man Child" (5/89 GB 5, D 2).

■ **Tina Charles** – 1955 – GB-Sängerin, richtiger Name Tina Hoskins. Sie begann mit 5000 Volts, bevor sie 1976 als Solistin Platten aufnahm. Hits: „I Love To Love" (2/76 GB 1, D 6, 7/87 RE-D 5), „Dance Little Lady Dance" (8/76 GB 6, 10/76 D 8, 9/87 RE-D 20) und „Dr. Love" (12/76 GB 4, 2/77 D 20).

■ **Tom Scholz** – 1947 – US-Gitarrist, Keyboarder und Songschreiber für die 1975 gegründete Band Boston. Hits: „More Than A Feeling" (10/76 US 5, 1/77 GB 22, D 15), „Don't Look Back" (8/78 US 4, GB 43) und – nach 8 Jahren ohne neue Platte – „Amanda" (9/86 US 1).

■ **Marianne Rosenberg** – 1955 – Schlagersängerin, seit 1970 erfolgreich. In der Bundesrepublik hatte sie sechs Hits unter den Top 10 – die größten: „Er ist nicht wie du" (1/72 D 5) und „Marleen" (11/76 D 5). Nachdem sie in den Hitparaden eine längere Pause eingelegt hatte, meldete sie sich 1989 mit verändertem Outfit und einer neuen LP zurück.

■ **Jethro** – 1923 – US-Saitenspieler. Richtiger Name Kenneth Burns. Im Duo mit Henry Haynes war er bekannt als Homer & Jethro. Hits siehe bei Homer am 27.7. Jethro starb am 2.4.1989.

■ **Ted Mc Kennan** – 1950 – GB-Schlagzeuger mit Tear Gas und später dann bei Alex Harvey Band, Rory Gallagher, Greg Lake und Michael Schenker Group.

■ **Norman Blake** – 1938 – US-Country-Session-Gitarrist und Sänger. Er arbeitete mit Kris Kristofferson, Johnny Cash oder Bob Dylan und machte auch etliche Solo-LP's.

■ **Pete Nelson** – 1945 – GB-Sänger mit Flowerpot Men – Hit: „Let's Go To San Francisco" (8/67 GB 4, 10/67 D 23) – und White Plains – Hit: „My Baby Loves Lovin'" (2/70 GB 9, 4/70 US 13).

■ **Johnnie Allan** – 1938 – US-Cajun-Country-Musiker. Er machte eine herrliche „Von Null auf Hundert in 5,9 Sekunden Version" von Chuck Berrys „Promised Land".

■ **Bunny DeBarge** – 1955 – US-Sängerin mit der Familientruppe DeBarge.

■ **Martin Mann** – 1944 – Sänger mit richtigem Namen Mario Löprich. Größter Hit: „Meilenweit" (6/71 D 8).

Todestage

■ **Andy Gibb** – 1988 – GB-Sänger und jüngerer Bruder der Bee Gees. Offizielle Todesursache: Herversagen. Geboren am 5.3.1958.

■ **Doc Green** – 1989 – US-Sänger der Drifters. Geboren am 8.10.1934.

Tageshits

1951 – „Be My Love" – Mario Lanza – US 1 W.
1960 – „Poor Me" – Adam Faith – GB 1 W.
1962 – „Hey, Baby" – Bruce Channel – US 3 W.
1979 – „I Will Survive" – Gloria Gaynor – US 2 W.
1986 – „Brother Louie" – Modern Talking – D 4 W.

11

Geburtstage

■ **Bobby McFerrin** – 1950 – US-Jazzänger und Songschreiber, dessen Stimme enorm wandlungsfähig ist. Er stammt aus einer sehr musikalischen Familie. Sein Vater war es, der Sidney Poitier im Film „Porgy & Bess" die Stimme lieh. Am Anfang der 80er Jahre trat Bobby als Solist in Erscheinung. Dabei klang er wie eine Doo-Wop-Gruppe, benutzte seinen Körper als Rhythmusinstrument und setzte sogar das Geräusch des Atmens als Instrument ein. So war er also ein angesehener Jazz-Interpret, als ihm mit „Don't Worry Be Happy" (7/88 US 1, 9/88 GB 2, D 1) aus dem Film „Cocktail" ein weltweiter Pophit gelang. Wer Bobby einmal auf der Bühne gesehen hat weiß, daß dieser Mann auch ohne Pop-Hits auskommen kann.

■ **Lawrence Welk** — 1903 — US-Leader von Polka- und Tanzbands seit Mitte der 20er Jahre. Lawrence selbst spielte Akkordeon. In der amerikanischen Pop-Hitparade tauchte er zum erstenmal 1938 auf. Hits: „I Won't Tell A Soul (I Love You)" (11/38 US 8), „The Moon Is A Silver Dollar" (3/39 US 7), „Don't Sweetheart Me" (3/44 US 2) und „Oh Happy Day" (1/53 US 5). Ab dem 2. Juni 1955 hatte er eine eigene TV-Show, die bis in die 70er Jahre lief und zum Hit und Millionseller „Calcutta" (12/60 US 1) führte.

■ **Mark Stein** — 1947 — US-Sänger und Keyboardspieler mit der 1966 gegründeten Vanilla Fudge, die als eine der ersten Heavy Rockbands gelten. Vanilla Fudge kann man auch als Pioniere der „Long Versions" bezeichnen. 1968 veröffentlichten sie die LP „The Beat Goes On". Darauf ein Stück, das innerhalb von 12 Minuten die gesamte Geschichte der Musik erzählt. Für Single-Hitparaden wurden einige Stücke radikal gekürzt — zu radikal. Von dem, was Vanilla Fudge wollte, blieben nur noch Fragmente übrig. Hit: „You Keep Me Hanging On" (7/67 US 6, GB 18). Nachdem die Band 1970 auseinandergefallen war, gründete Mark Boomerang und spielte später mit Tommy Bolin, Dave Mason und Les Dudek.

■ **Harvey Mande** — 1945 — US-Gitarrist und Songschreiber, der mit der Charlie Musslewhite Band begann und ab 1968 auch Soloplatten veröffentlichte. Außerdem war er auf etlichen Platten von Barry Goldberg, Canned Heat, John Mayall, Don Sugarcane Harris oder Love zu hören. Harvey war mit seinem Gitarrenstil stets seiner Heimatstadt Chicago und dem Blues verbunden. Die Rolling Stones hätten ihn angeblich gern als Ersatz für den scheidenden Mick Taylor gehabt.

■ **Blue Weaver** — 1947 — GB-Keyboarder. Richtiger Vorname Mick. Er begann seine Karriere in der 1966 gegründeten Formation Amen Corner. Nachdem die Band wieder auseinandergefallen war, versuchte er sich als Wynder K. Frog, spielte mit Keef Hartley, Fairweather, den Strawbs und ab Mitte der 70er Jahre mit den Bee Gees. Außerdem ist er auf unendlich vielen Platten der unterschiedlichsten Interpreten zu hören.

■ **George Kooymans** — 1948 — NL-Gitarrist, Songschreiber und Kopf von Golden Earring. Hits: „Radar Love" (9/73 GB 7, D 5, 5/74 US 13) und „Twilight Zone" (11/82 US 10).

■ **Nina Hagen** — 1955 — Sängerin, Songschreiberin und Selbstdarstellerin, die über einen enormen Stimmumfang verfügt.

■ **Bob Lander** — 1942 — Schwedischer Gitarrist und Songschreiber, richtiger Name Bob Starander. Er war Mitglied in der 1957 gegründeten Gruppe Spotnicks. Größter Hit: „If You Could Read My Mind" (10/72 D 2).

■ **Art Todd** — 1920 — US-Sänger, der mit seiner Frau als Art & Dotty Todd Erfolg hatte: „Broken Wings" (2/53 GB 6) und „Chanson D'Amour (Song Of Love)" (4/58 US 6).

■ **Katie Kissoon** — 1951 — GB-Sängerin, die im Duett mit ihrem Bruder als Mac & Katie Kissoon auftrat. Hits siehe 11.11.

■ **Bruce Watson** — 1961 — GB-Gitarrist und Songschreiber mit Big Country.

■ **Lenny Wolf** — 1962 — US-Sänger und Songschreiber, geboren in Hamburg, mit der Heavy-Metal-Gruppe Kingdom Come.

■ **Mike Percy** — 1961 — GB-Bassist mit Dead Or Alive.

Todestage

■ **Sonny Terry** — 1986 — US-Bluesmusiker. Geboren 24.10.1911.

■ **Ken Colyer** — 1988 — GB-Traditional Jazz Trompeter, Gitarrist und Bandleader. Geboren am 18.4.1928.

Tageshits

1950 — „The Cry Of The Wild Goose" — Frankie Laine — US 2 W.
1955 — „Give Me Your Word" — Tennessee Ernie Ford — GB 7 W.
1965 — „It's Not Unusual" — Tom Jones — GB 1 W.
1967 — „Love Is Here And Now You're Gone" — Supremes o - US 1 W.
1978 — „Wuthering Heights" — Kate Bush — GB 4 W.
1989 — „Too Many Broken Hearts" — Jason Donovan — GB 2 W.

Merk-Würdiges

1967 — Dick James, der Verleger der Beatles, gibt bekannt, daß bisher 446 verschiedene Versionen von „Yesterday" erschienen sind.

12

Geburtstage

James Taylor

■ **James Taylor** — 1948 — US-Sänger, Gitarrist und Songschreiber. Zusammen mit seinem älteren Bruder Alex gründete er 1964 die Fabulous Corsairs. 1965 hatte er einen Nervenzusammenbruch, 1966 gründete er mit seinem Freund Danny Kortchmar die Gruppe Flying Machine. 1968 ging er nach England und begann dort seine Solokarriere auf dem Apple-Label der Beatles. Nach der Rückkehr in die USA gelang James mit „Fire And Rain" (9/70 US 3, 11/70 GB 42) ein erster, mit „You've Got A Friend" (6/71 US 1, 8/71 GB 4), geschrieben von Carole King, ein Riesen-Hit. Weitere Top Ten Titel: „Mockingbird" (2/74 US 5, GB 34) — im Duett mit Carly Simon, mit der er zwischen 1972 und 1982 verheiratet war -, „How Sweet It Is (To Be Loved By You)" (6/75 US 5) und „Handy Man" (6/77 US 4). Zusammen mit Art Garfunkel und Paul Simon war er noch mit dem Titel „(What A) Wonderful World" (1/78 US 17) erfolgreich. Er schreibt wunderschöne Lieder. Zusammen mit Danny Wilson war er 1973 in dem Film „Two Lane Blacktop" zu sehen.

■ **Paul Kantner** — 1942 — US-Gitarrist, Sänger und Songschreiber. Im Jahre 1965 war er Gründungsmitglied von Jefferson Airplane. Hits: „Somebody To Love" (5/67 US 5) und „White Rabbit" (7/67 US 8). Nach Umbenennung der Gruppe in Jefferson Starship am 19.3.1974 war Paul weiter mit dabei. Hits: „Miracles" (9/75 US 3), „Count On Me" (3/78 US 8) und „Jane" (11/79 US 14, 1/80 GB 21). 1984 verließ Kantner die Gruppe, die ihren Namen 1985 aus rechtlichen Gründen auf Starship abkürzte. Im März 1985 gründete Paul die KBC Band (mit Paul Kantner, Marty Balin und Jack Casady, alles Gründungsmitglieder von Jefferson Airplane). Ende 1988 kommt es zu einer Reformierung von Jefferson Airplane, bei der fast wieder die Originalbesetzung von einst zusammenspielt. Neben seinen Verpflichtungen in den schon genannten Bands veröffentlicht Paul auch Solo-LPs oder ist auf Platten von Grace Slick, David Crosby, Papa John Creach oder Mickey Heart zu hören.

■ **Gordon MacRae** — 1921 — US-Filmschauspieler — in den Musicalklassikern „Oklahoma" und „Carousel" — und Sänger. Er begann im Orchester von Hoarce Heidt und nahm unendlich viele Duette mit Jo Stafford auf, z. B. „My Darling, My Darling" (11/48 US 1), „'A'- You're Adorable (The Alphabet Song)" (3/49 US 4) und „Whispering Hope" (8/49 US 4). Solo-Hits: „It's Magic" (7/48 US 9), „Hair Of Gold, Eyes Of Blue" (8/48 US 7) oder „The Secret" (9/58 US 18). Er starb am 24.1.1986.

■ **Liza Minnelli** — 1946 — US-Sängerin und Schauspielerin, Tochter von Judy Garland und Regisseur Vincente Minnelli. Schon als Kind tanzte sie auf der Bühne, während ihre Mutter sang. 1972 spielte Liza die Rolle der Sally Bowls in dem Film „Cabaret" — weitere Filme u. a. „New York, New York" (1977) und „Arthur — Kein Kind von Traurigkeit" (1981). Ihr größter LP-Erfolg war „Liza With A 'Z'" (1972), ihr größter Single-Erfolg das von den Pet Shop Boys produzierte Stück „Losing My Mind" (8/89 GB 6, D 17).

Al Jarreau

■ **Al Jarreau** — 1940 — US-Sänger mit ungewöhnlicher Stimmartistik. Er gewann viermal den „Grammy" als bester Jazz-Vocalist. Hits: „We're In This Love Together" (8/81 US 15), „Mornin'" (3/83 US 21, 5/83 GB 28) und „Moonlightning Theme" (3/87 GB 8, 5/87 US 23).

■ **Jesse Fuller** — 1896 — US-Blues-Interpret und Songschreiber mit dem Spitznamen „Lone Cat". In den 20er Jahren trat er als Filmschauspieler in Hollywood-Filmen auf. Ab den 50er Jahren veröffentlichte er Schallplatten. Er starb am 29.1.1976 an Herzversagen.

■ **Les Holroyd** — 1948 — Bassist, Keyboardspieler und Songschreiber mit Barclay James Harvest, gegründet im September 1966. Vorher spielte er mit der Bluesgruppe Heart & Soul & The Wickeds.

■ **Paul Kuhn** — 1928 — Orchesterchef des SFB und guter Jazz-Pianist, der auch als Sänger erfolgreich war — größte Hits: „Der Mann am Klavier" (8/55 D 4), „Die Farbe der Liebe" (6/58 D 3) und „Es gibt kein Bier auf Hawaii" (10/63 D 5).

■ **Peter Orloff** — 1947 — Schlagersänger und Songschreiber. Sein erster Hit war „Es ist nie zu spät" (9/67 D 17), sein größter, für den er eine Goldene Schallplatte erhielt: „Ein Mädchen für immer" (3/71 D 16).

■ **Ricky King** — 1948 — Gitarrist mit den Hit Kids und ab 1976 mit Solo-Platten. Hits: „Verde" (8/76 D 3) und „La R.ve" (1/77 D 7). Richtiger Name Hans Lingenfelder.

■ **Steve Harris** — 1956 — GB-Bassist, Songschreiber und im Mai 1976 Mitbegründer von Iron Maiden.

■ **Mark Valentino** — 1942 — US-Sänger, richtiger Name Anthony Busillo. Einziger Hit: „The Push And Kick" (11/62 US 27).

■ **Marlon Jackson** — 1957 — US-Sänger, Mitglied der Jackson 5.

■ **Simon Booth** — 1956 — GB-Gitarrist und Songschreiber mit Working Week. Vorher spielte er mit Weekend.

■ **Mike Gibbins** — 1949 — GB-Schlagzeuger mit Badfinger.

■ **Brian O'Hara** — 1941 — GB-Gitarrist mit den Fourmost.

Todestag

■ **Charlie Parker** — 1955 — US-Jazz-Saxophonist, Komponist und Bandleader. Todesursache: Magendurchbruch, Lungenentzündung, Leberzirrhose und Herzattacke. Geboren am 29.8.1920.

Tageshits

1949 — „Cruising Down The River" — Blue Barron — US 7 W.
1954 — „I See The Moon" — Stargazers — GB 5 W.
1977 — „Chanson D'Amour" — Manhattan Transfer — GB 3 W.
1983 — „Total Eclipse Of The Heart" — Bonnie Tyler — GB 2 W.
1988 — „Never Gonna Give You Up" — Rick Astley — US 2 W.

13

Geburtstage

■ **Neil Sedaka** — 1939 — US-Sänger und Songschreiber, seit 1958 auf beiden Gebieten ein As. Neil begann 1955 seine Karriere als Mitglied der Linc-Tones, aus denen ein Jahr später die Tokens wurden. Die Gruppe machte auch Plattenaufnahmen, die jedoch nicht erfolgreich waren. 1958 verließ Neil die Band und arbeitete als Solist weiter. Damit war das Kapitel Tokens erst einmal beendet — 1960 wurde die Gruppe mit neuen Mitgliedern wieder belebt. Einzig Ur-Mitglied Hank Medress war noch mit von der Partie. Neil Sedakas erster Hit hieß „Oh Carol" (10/59 US 9, GB 3), sein zunächst einmal größter: „Breaking Up Is Hard To Do" (7/62 US 1, GB 7). Nach 1966 verschwand Neil für acht Jahre aus den Hitparaden. Erst als er 1974 auf dem neuen Label von Elton John (Rocket Records) Platten aufnahm, kam der Erfolg zurück: „Laughter In The Rain" (11/74 US 1, 6/74 GB 15) und „Bad Blood" (9/75 US 1). Hit für Vater Neil und Tochter Dara: „Should've Never Let You Go" (5/80 US 19).

■ **Mike Stoller** — 1933 — US-Songschreiber. Zusammen mit Jerry Leiber schrieb Mike die größten und bekanntesten Hits der Rock 'n' Roll Ära. Ihr Erfolg begann 1951 mit „Hard Times", gesungen von Charles Brown. Kurz danach erreichte Little Willie Littlefield mit „K. C. Lovin'" die Hitparaden — Jahre später war der Song, umbenannt in „Kansas City", ein Millionseller für Wilbert Harrison. Big Mama Thornton nahm „Hound Dog" auf, später mit Elvis Presley ein Knüller — alleine für Elvis sollten die beiden 23 Hits schreiben, darunter die Nummern „(You're So Square) Baby I Don't Care", „Don't", „Jailhouse Rock", „Just Tell Her Jim Said Hello", „King Creole", „She's Not You" oder „Treat Me Nice". 1954 gründeten Mike und Jerry ein eigenes Plattenlabel. Die Robins, aus denen später die Coasters wurden, nahmen nun die Kompositionen der beiden auf — und damit begann der richtig große Erfolg. Nummern wie „Charlie Brown", „Poison Ivy",

„Yakety Yak" und viele mehr wurden von diesem Team geschrieben. Als Produzenten traten sie noch in den 70ern mit Stealers Wheel in Erscheinung. Die Tantiemen für die vielen Songs rollen heute noch — die beiden müssen wohl nie wieder arbeiten.

■ **Sammy Kaye** — 1910 — US-Holzbläser, Komponist und Orchesterleiter. Zwischen 1937 und 1953 hatte er mehr als 100 Hits. Seine erfolgreichsten waren „Rosalie" (10/37 US 1), „Love Walked In" (3/38 US 1), „Dream Valley" (12/40 US 1), „Daddy" (5/41 US 1), „Chickery Chick" (10/45 US 1), „I'm A Big Girl Now" (3/46 US 1), „The Old Lamp-Lighter" (11/46 US 1), der Millionseller „It Isn't Fair" (2/50 US 2) und „Harbor Lights" (9/50 US 1). Er starb am 2.6.1987.

Triumvirat

■ **Jürgen Fritz** — 1953 — Keyboarder und Songschreiber mit Triumvirat, 1970 gegründet. Die Gruppe hatte in den USA drei LPs in den Hitparaden — der größte Erfolg war „Spartacus" (6/75 LP-US 27). Nach 1980 sah man Jürgen mit wechselnden Projekten, mal sehr kommerziell, mal weniger. 1986 gründete er The Motive. Inzwischen ist er ein anerkannter Songschreiber und Produzent.

■ **Chris Roberts** — 1944 — Schlagersänger, richtiger Name Christian Klusacek. Seit 1967 ist er mit Hits in der Hitparade vertreten — die größten: „Ich bin verliebt in die Liebe" (11/70 D 3), „Hab' ich dir heute schon gesagt, daß ich dich liebe" (9/71 D 3) und „Du kannst nicht immer 17 sein" (2/74 D 3).

■ **Ronnie Rogers** — 1959 — GB-Gitarrist und Songschreiber mit T'Pau. Bereits 1982 traf er in der Gruppe Lazers auf die Sängerin Carol Decker. 1986 gründete Ronnie dann mit ihr T'Pau.

■ **Daniel Bennie** — 1940 — US-Sänger mit den Reflections. Hit: „(Just Like) Romeo & Juliet" (4/64 US 6).

■ **Donald York** — 1949 — US-Sänger mit Sha Na Na.

■ **Adam Clayton** — 1960 — Irischer Bassist mit U 2.

Tageshits

1948 — „Manana (Is Soon Enough For Me)" — Peggy Lee — US 7 W.
1953 — „She Wears Red Feathers" — Guy Mitchell — GB 4 W.
1954 — „Make Love To Me!" — Jo Stafford — US 7 W.
1965 — „8 Days A Week" — Beatles — US 2 W.
1965 — „Downtown" — Petula Clark — D 10 W.
1976 — „December '63" — Four Seasons — US 3 W.

14

Geburtstage

■ **Quincy Jones** — 1933 — US-Trompeter und Sänger, Produzent und Arrangeur, Plattenfirmenbesitzer und Songschreiber — was er anpackt, macht er gut. Er begann als Jazztrompeter und spielte zwischen 1950 und 1953 mit Lionel Hampton. 1961 wurde er Musikdirektor für die Firma Mercury Records, 1964 deren Vizepräsident. Zwischendurch blieb ihm genug Zeit, für viele Filme und TV-Serien die Musik zu schreiben. Immerhin brachte es Quincy auf 19 Grammys. Er gilt als Arrangeur und Produzent von hunderten von erfolgreichen Platten. Sein wohl größter Wurf gelang ihm über die LP „Off The Wall" zu „Thriller" — er machte damit aus Michael Jackson einen Superstar. Hitparadenerfolge unter seinem Namen: „Stuff Like That" (6/78 US 21, GB 34) — für die Aufnahme sangen Ashford & Simpson und Chaka Khan — oder „Razzamatazz" (6/81 GB 11). 1989 veröffentlichte er mit „Back On The Block" eine LP, die als musikalisch richtungsweisend in die 90er Jahre gilt. Darauf der Titel „I'll Be Good To You" (11/89 US 18) — hier singen Ray Charles und Chaka Khan.

■ **Les Brown** — 1912 — US-Orchesterchef und Klarinettist mit den vollständigen Vornamen Lester Raymond. Er begann als Arrangeur für Jimmy Dorsey und Larry Clinton, bevor er Ende der 30er Jahre seine eigene Band gründete. Seit 1939 hatte er auf Platten Erfolg. Seine größten Hits waren der Millionseller „Sentimental Journey" (3/45 US 1), „My Dreams Are Getting Better All The Time" (3/45 US 1) — auf beiden Platten sang Doris Day — und „I've Got My Love To Keep Me Warm" (12/48 US 1) — diese Aufnahme war der letzte große Instrumentalhit der Big-Band-Ära und ebenfalls ein Millionseller. Les begleitete auch Hits von den Ames Brothers und Teresa Brewer. Ab 1947 begann eine langjährige Zusammenarbeit mit Bob Hope in Radio und Fernsehen und auf Tourneen. Auch in Fernsehshows von Steve Allen und Dean Martin trat er mit seinem Orchester regelmäßig auf.

■ **Les Baxter** — 1922 — US-Orchesterchef, Pianist und Komponist, der seit den 50er Jahren erfolgreich war. Er war vorher Mitglied in Mel Tormes Gesangsgruppe The Mel-Tones und wurde dann Arrangeur für viele Hits der Plattenfirma Capitol, z. B. für Nat „King" Cole. Hits für Les: „April In Portugal" (4/53 US 2), „Unchained Melody" (4/55 US 1, GB 10) oder „The Poor People Of Paris" (2/56 US 1).

■ **Phil Phillips** — 1931 — US-Sänger und Gitarrist, der mit der Gospelgruppe Gateway Quartet begann, richtiger Name John Phillip Baptiste. Nach seinem einzigen großen Erfolg „Sea Of Love" (7/59 US 2) als Phil Phillips With The Twilights wurde er Diskjockey.

■ **Ollie Halsall** — 1949 — GB-Gitarrist mit Patto, Neil Innes, Grimms, Scaffold, Tempest, Kevin Ayers und Boxer. In der Filmversion von „Jesus Christ Superstar" spielt er Gitarre — ausgezeichnet.

■ **Jona Lewie** — 1947 — GB-Sänger und Songschreiber. Erst erfolgreich als Terry Dactyl & The Dinosaurs mit „Seaside Shuffle" (7/72 GB 2, 9/72 D 22), dann unter seinem Namen. Hit: „Stop The Cavalry" (11/80 GB 3, 2/81 D 2).

■ **Jasper Carrott** — 1945 — GB-Sänger, der mit „Funky Moped/Magic Roundabout" (8/75 GB 5) seinen größten Erfolg hatte.

■ **Peter Skellern** — 1947 — GB-Sänger und Songschreiber. Hits: „You're A Lady" (9/72 GB 3, 11/72 D 23) und „Hold On To Love" (3/75 GB 14).

■ **Walter Parazaider** — 1945 — US-Bläser mit Chicago und als Studiomusiker z. B. mit den Bee Gees oder Leon Russell.

■ **Hermann Van Veen** — 1945 — Gilt als die stärkste Theaterpersönlichkeit der Niederlande. Brachte schöne LPs mit schönen Texten heraus.

■ **Steve Lambert** — 1963 — GB-Sänger, Gitarrist und Songschreiber mit Roman Holliday. Hit: „Don't Try To Stop It" (7/83 GB 14).

■ **Chris Redburn** — 1957 — GB-Bassist mit Kenny.

Tageshits

1942 — „(There'll Be Bluebirds Over) The White Cliffs Ofo Dover" — Kay Kyser — US 1 W.
1963 — „Summer Holiday" — Cliff Richard — GB 2 W.
1981 — „Jealous Guy" — Roxy Music — GB 2 W.
1981 — „9 To 5" — Dolly Parton — US 1 W. (2.mal)
1987 — „Everything I Own" — Boy George — GB 2 W.
1987 — „Jacob's Ladder" — Huey Lewis & The News — US 1 W.

15

Geburtstage

■ **Mike Love** — 1941 — US-Sänger, Saxophonist und Songschreiber — neben Brian Wilson der wichtigste Mann bei den Beach Boys, die 1961 gegründet wurden und seitdem mehr als 30 Hits in den US-Top 40 hatten. Die größten: „Surfin' U.S.A." (3/63 US 3, 8/63 GB 34), „Surfer Girl" (8/63 US 7), „Be True To Your School" (11/63 US 6), „Fun, Fun, Fun" (2/64 US 5), „I Get Around" (5/64 US 1, 7/64 GB 7, D 38), „When I Grow Up (To Be A Man)" (9/64 US 9, GB 27), „Dance, Dance, Dance" (11/64 US 8, 1/65 GB 24), „Help Me, Rhonda" (4/65 US 1, 6/65 GB 27, D 10), „California Girls" (7/65 US 3, 9/65 GB 26, D 30), „Barbara Ann" (1/66 US 2, GB 3, 3/66 D 2), „Sloop John B" (4/66 US 3, GB 2, 6/66 D 1), „Wouldn't It Be Nice" (7/66 US 8), „Good Vibrations" (10/66 US 1, GB 1, D 8), „Do It Again" (7/68 GB 1, US 20, 9/68 D 4), „I Can Hear Music" (2/69 GB 10, US 24, 4/69 D 13), „Break Away" (6/69 GB 6, 8/69 D 29), „Cotton Fields" (5/70 GB 5, 8/70 D 29), „Rock & Roll Music" (6/76 US 5, GB 36), „Lady Linda" (6/79 GB 6) und „Kokomo" (9/88 US 1, 11/88 GB 25, 1/89 D 7). Zusammen mit den Fat Boys hatten die Beach Boys noch den Hit „Wipeout" (7/87 US 12, GB 2, 10/87 D 30).

■ **Harry James** — 1916 — US-Trompeter, Komponist und Orchesterchef. Er begann mit Ben Pollack 1935/36, spielte die nächsten beiden Jahre mit Benny Goodman. Ab 1938 hatte Harry dann eine eigene Band. Hits: „You Made Me Love You" (11/41 US 5), „I Don't Want To Walk Without You" (2/42 US 1), „Easter Parade" (4/42 US 11, 4/46 RE-US 23), „Sleepy Lagoon" (4/42 US 1), „Mister Five By Five" (11/42 US 1), „I Had The Craziest Dream" (11/42 US 1), „I've Heard That Song Before" (1/43 US 1) — die beiden letzten Titel mit der Sängerin Helen Forrest — und mit dem Frischling Frank Sinatra „All Or Nothing At All" (6/43 US 1), „I'll Get By (As Long As I Have You)" (4/44 US 1) mit dem Sänger Dick Haymes, aufgenommen im April 1941, „I'm Beginning To See The Light" (1/45 US 1) mit der Sängerin Kitty Kallen und „It's Been A Long Long Time" (10/45 US 1) ebenfalls mit Kitty Kallen. Harry blieb aktiv im Musikgeschäft bis zu seinem Tod am 5.7.1983.

■ **Sam „Lightnin'" Hopkins** — 1912 — US-Bluessänger, Gitarrist und Songschreiber. Sam galt als einer der letzten großen Streetsinger. Mit Alger „Texas" Alexander arbeitete er von den späten 20ern bis in das Jahr 1937 und dann wieder von 1945 bis in die 50er. Seine ersten Platten nahm er 1946 auf. Zu seinen großen Hits gehört die Nummer „Shotgun Blues" (9/50 R&B 5). Er starb am 30.1.1982.

■ **Ry Cooder** — 1947 — US-Gitarrist der Superklasse, Sänger und Songschreiber mit Rising Sons, Captain Beefheart's Magic Band, auf der Debut-LP von Little Feat, mit den Rolling Stones und als Solist. Er brachte 1979 mit „Bop Till You Drop" die erste im Digitalverfahren aufgenommene Rock-LP auf den Markt. Ry hat etliche Filmmusiken geschrieben, darunter z. B. für „Paris, Texas" (1985).

Ry Cooder

■ **Dee Snider** — 1955 — US-Sänger und Songschreiber mit der 1976 gegründeten Heavy Rockband Twisted Sister. Die Gruppe hatte sich während ihrer Karriere für längere Zeit nach GB abgesetzt, weil sie in den USA als Billigkopie von Kiss angesehen wurde. Erste Hits für Twisted Sister: „I Am (I'm Me)" (3/83 GB 18) und „We're Not Gonna Take It" (7/84 US 21).

■ **Carl Smith** — 1927 — US-Country-Sänger und Gitarrist. Seine erste Frau war June Carter. Er begann in den 40er Jahren, hatte seinen ersten Country-Hit mit „Let's Live A Little" (6/51 C&W 2) und seine erste Nr. 1 mit „Let Old Mother Nature Have Her Way" (10/51 C&W 1). Danach sollten knapp 100 weitere Hits folgen. 1977 zog sich Carl aus dem Musikgeschäft auf seine Farm in Tennessee zurück.

■ **Sly Stone** — 1944 — US-Sänger, Songschreiber, Gitarrist und Keyboarder für seine Band Sly & The Family Stone, die 1967 die ersten LPs auf den Markt brachte. Die größten Hits: „Dance To The Music" (2/68 US 8, 7/68 GB 7), „Everyday People" (11/68 US 1, 3/69 GB 32), „Hot Fun In The Summertime" (8/69 US 2), "Thank You (Fallettinme Be Mice Elf Agin)" (1/70 US 1), „Family Affair" (11/71 US 1, 1/72 GB 15) und „If You Want Me To Stay" (6/73 US 12). Sly gilt als Mit-Initiator des San Francisco Psychedelic Soul.

■ **Terence Trent d'Arby** — 1962 — US-Sänger und Songschreiber. Er versuchte sich als Journalist, Boxer und Soldat — die Army war es schließlich, die ihn in die Bundesrepublik schickte. Noch während seiner Militärzeit stieg er in die Frankfurter Gruppe Touch ein. Anfang 1987 tauchte Terence dann — inzwischen in London ansässig — als Solist auf. Er wurde gefeiert als „Die Zukunft des Soul"! Erste Hits: „If You Let Me Stay" (2/87 GB 7, 6/87 D 27), „Wishing Well" (6/87 GB 4, 8/87 D 18, 1/88 US 1) und „Sign Your Name" (1/88 GB 2, D 7, 5/88 US 4). Er trägt die schmückenden Beinamen „Großmaul", „Schönling", „New Prince Of Pop", „Jahrzehntereignis" und „Soulwunder". Ende 1989 veröffentlichte er seine von der Plattenfirma heiß erwartete zweite LP — sie floppte.

■ **Rockwell** — 1964 — US-Sänger und Songschreiber. Richtiger Name Kennedy Gordy — er ist der Sohn des Tamla-Motown-Gründers Barry Gordy. Seine erste Single-Veröffentlichung wurde ein Millionseller: „Somebody's Watching Me" (1/84 US 2, GB 6, 3/84 D 2). Möglich daß die Tatsache, daß im Hintergrund Michael Jackson mitsang, der Platte zum Erfolg verhalf. Ein weiterer Knüller dieses Formats wollte Herrn Rockwell Gordy nicht mehr gelingen.

■ **Zarah Leander** — 1902 — Konzert- und Schlagersängerin und UFA-Filmstar der 30er Jahre. Richtiger Nachname Hedberg. Bekannteste Aufnahmen von ihr waren „Der Wind hat mir ein Lied erzählt", „Ich weiß, es wird einmal ein Wunder geschehn" oder „Kann denn Liebe Sünde sein?". Sie starb am 23.6.1981.

■ **Arif Mardin** — 1932 — US-Produzent der Sonderklasse. Er arbeitete mit Aretha Franklin, Roberta Flack, Bette Midler, Laura Nyro, Wilson Pickett, Herbie Mann, Average White Band, The Rascals, Bee Gees u. v. a.

■ **Eddie Calvert** — 1922 — GB-Trompeter. Hits: „Oh Mein Papa" (12/53 US 6, GB 1), „Cherry Pink And Apple Blossom White" (4/55 GB 1), „John & Juli" (7/55 GB 6) und „Mandy" (2/58 GB 9). Er starb am 7.8.1978.

■ **Hughie Flint** — 1942 — GB-Drummer mit Manfred Mann, Alexis Korner, John Mayall, Alan Price, Savoy Brown, Chicken Shack, McGuinness-Flint und schließlich mit der Blues Band.

■ **Sabrina** — 1968 — Italienische Sängerin, Nachname Salerno. Mit „Boys" (8/87 D 2, 2/88 GB 60, 6/88 RE-GB 3) und „All Of Me" (7/88 D 16, 10/88 GB 25) auch im Rest-Europa erfolgreich.

■ **Joachim Kühn** — 1944 — Gilt als einer der besten und vielseitigsten Jazz-Rock-Pianisten in Europa.

■ **Phil Lesh** — 1940 — US-Bassist mit Grateful Dead. Richtiger Name Philip Chapman.

■ **Howard Scott** — 1946 — US-Gitarrist mit War.

■ **Steve Coy** — 1962 — GB-Schlagzeuger mit Dead Or Alive.

Todestag

■ **Lester Young** — 1959 — US-Jazz-Bläser und Komponist. Er starb nach einem Herzanfall. Geboren am 27.8.1909.

Tageshits

1941 — „Song Of The Volga Boatmen" — Glenn Miller — US 1 W.
1947 — „Managua, Nicaragua" — Guy Lombardo — US 1 W.
1947 — „Heartache" — Ted Weems — US 13 W.
1952 — „Wheel Of Fortune" — Kay Starr — US 10 W.
1969 — „Dizzy" — Tommy Roe — US 4 W.
1975 — „Black Water" — Doobie Brothers — US 1 W.
1980 — „Together We Are Beautiful" — Fern Kinney — GB 1 W.
1986 — „Sara" — Starship — US 1 W.

Merk-Würdiges

1956 — In New York findet die Uraufführung von „My Fair Lady" statt. Das Musical entwickelt sich zum erfolgreichsten Stück der modernen Theatergeschichte.

16

Geburtstage

■ **Nancy Wilson** — 1954 — US-Gitarristin, Sängerin und Songschreiberin. Zusammen mit ihrer Schwester Ann Herz der Gruppe Heart. Nancy singt Background in der Band und spielt Rhythmus-Gitarre. Sie begann als Folksängerin, während ihre Schwester Mitglied bei der Hardrockgruppe White Heart wurde. Zu dieser Gruppe stieß dann auch Nancy, die Band benannte sich in Heart um. Hits: „Magic Man" (7/76 US 9), „Barracuda" (5/77 US 11, 8/77 D 8), „Tell It Like It Is" (11/80 US 8), „Never" (9/85 US 4, 3/88 GB 8), „These Dreams" (1/86 US 1 — war in GB Rückseite von „Never"), „Alone" (5/87 US 1, GB 3, D 18) und „Who Will You Run To" (8/87 US 7, GB 30).

■ **Jerry Lewis** — 1926 — US-Komiker, Filmschauspieler und Sänger. Richtiger Name ist Joseph Levitch. 1946 begann er, mit Dean Martin zu arbeiten. Ab 1949 drehten sie gemeinsam Filme, in denen Lewis meist den liebenswürdigen Trottel und Martin den Latin-Lover spielte. Diese erfolgreiche Partnerschaft überdauerte immerhin 10 Jahre und 17 Filme. Gemeinsamer Hit: „That Certain Party" (12/48 US 22). 1956 war es angeblich Dean Martin, der als Solist weitermachen wollte. Mit und ohne Martin hat Jerry um die 40 Filme gedreht. Als Sänger war er nicht so erfolgreich wie Dean Martin, sein einziger erwähnenswerter Hit hieß „Rock-A-Bye Your Baby With A Dixie Melody" (11/56 US 10, 2/57 GB 12) — immerhin ein Millionseller. Der Titel war 10 Jahre zuvor ein Hit für Al Jolson in dessen Film „Al Jolson Story".

■ **Jerry Jeff Walker** — 1942 — US-Sänger, Gitarrist und Songschreiber. Richtiger Name Paul Crosby. 1966 gründete er Circus Maximus, die dann auch LPs veröffentlichte. Ab 1968 arbeitete Jerry vorwiegend als Solist. Er schrieb den Titel „Mr. Bojangles" (7/68 US 77), mit dem allerdings nicht er, sondern die Nitty Gritty Dirt Band einen Hit hatte (1/71 US 9). Als Songautor ist Jerry Spitzenklasse, als Interpret durchschnittlich.

■ **Ray Benson** — 1951 — US-Gitarrist, Sänger, Songschreiber und Leader der 1970 gegründeten Country-Swing-Gruppe Asleep At The Wheel. Ab 1974 waren sie regelmäßig in den Country-Hitparaden vertreten. Ihren größten Erfolg hatten sie mit dem Titel „The Letter That Johnny Walker Read" (8/75 C&W 10).

■ **Betty Johnson** — 1932 — US-Sängerin, die ihren ersten Hit mit dem frommen Wunsch „I Want Eddie Fisher For Christmas" (11/54 US 22) und ihren größten mit „I Dreamed" (11/56 US 9) hatte. Ihr letzter Hit war ähnlich witzig wie ihr erster: „You Can't To Heaven On Rollerskates" (1/59 US 99).

■ **Jerry Goodman** — 1943 — US-Geiger in der 1965 gegründeten Band Flock. Ihre Musik wurde als eine Kombination aller Bands, die man je gehört hat, mit einer Combo, die noch nie zu hören war, bezeichnet. Später spielte er beim Mahavishnu Orchestra und als Studiomusiker.

■ **Michael Bruce** — 1948 — US-Gitarrist und Tastenspieler, der zu den Gründungsmitgliedern von Alice Cooper gehörte, bis der 1975 seine gesamte Mannschaft auswechselte. Michael veröffentlichte eine Solo-LP und war dann bei den Billion Dollar Babys zu hören.

■ **Polo Hofer** — 1949 — Schweizer Sänger und Kopf der Gruppe Rumpelstilz. Mit dem Stück „Kiosk" (6/77 D 46) wurde sie über die Grenzen des Alpenlandes hinaus bekannt. Allerdings ist das Stück nicht typisch für die Band — sie verstand es, eine gute Mischung aus Rock, Pop und Jazz zu spielen. Nach Auflösung der Gruppe gründete Polo Schmetterling und kam ab 1980 schließlich als Solist.

■ **Guesch Patti** — 1953 — Französische Sängerin, Tänzerin und Songschreiberin. Richtiger Name Patricia Porasse — ihr Pseudonym kombinierte sie aus Kosewörtern ihrer Kindheit. Guesch Patti begann als Elevin an der Pariser Oper und wurde dann Solotänzerin in verschiedenen Companies. Dann spielte sie die Hauptrolle in dem Musical „Les Miserables" und gründete danach das Trio Dacapo. 1987 erschien ihre Debüt-Single „Etienne" (11/87 D 9). Nachfolgehit: „Let Be Must The Queen" (5/88 D 21).

Todestage

■ **Tammi Terrell** — 1970 — US-Sängerin, richtiger Name Tammi Montgomery. 1961 machte sie ihre ersten Platten und arbeitete dann in der James Brown Revue. Bekannt wurde sie durch ihre Hits mit Marvin Gaye. Größte Hits: „Your Precious Love" (9/67 US 5) und „Onion Song" (11/69 GB 9). Tammi brach während eines Konzertes mit Marvin auf der Bühne zusammen, wenig später starb sie an einem Gehirntumor. Sie war gerade 23 Jahre alt.

■ **Aaron Thibeaux „T-Bone" Walker** — 1975 — US-Blues-Musiker. Er starb nach einer Lungenentzündung. Geboren am 28.5.1910.

■ **Arthur Godfrey** — 1983 — US-Sänger. Geboren am 31.8.1903.

Tageshits

1940 – „Darn That Dream“ – Benny Goodman – US 1 W.
1946 – „Oh! What It Seemed To Be“ – Frankie Carle – US 11 W.
1956 – „It's Almost Tomorrow“ – Dream Weavers – GB 2 W.
1968 – „(Sittin' On) The Dock Of The Bay“ – Otis Redding – US 4 W.
1974 – „Billy, Don't Be A Hero“ – Paper Lace – GB 3 W.
1987 – „Stay“ – Bonnie Bianco & Pierre Cosso – D 4 W.

17

Geburtstage

■ **Nat „King“ Cole** – 1917 – US-Sänger, Pianist und Songschreiber mit richtigem Namen Nathaniel Adams Coles. Schon im Jahre 1934 hatte er seine eigene Band. 1939 gründete er das King Cole Trio, in dem Oscar Moore elektrische Gitarre spielte, was zum damaligen Zeitpunkt außergewöhnlich war. Schnell wurde das Trio als Instrumental-Combo in den gesamten USA populär. Als Nat dann zu singen begann, war seine künftige Karriere klar. Der erste Hit hieß „Straighten Up And Fligh Right“ (4/44 US 9). Es folgten: „(I Love You) For Sentimental Reasons“ (11/46 US 1), „The Christmas Song“ (11/46 US 3, 12/47 RE-US 23, 1/49 RE-US 24, 1/53 RE-US 30), „Nature Boy“ (4/48 US 1), „Mona Lisa“ (6/50 US 1), „Too Young“ (4/51 US 1), „Pretend“ (2/53 US 2, 4/53 GB 2), „Answer Me (My Love)“ (2/54 US 6), „A Blossom Fell“ (2/55 GB 3, 5/55 US 2), „When I Fall In Love“ (4/57 GB 2, 12/87 RE-GB 4) und „Ramblin' Rose“ (8/62 US 2, GB 5, 10/62 D 18). Nat starb am 15.2.1965.

■ **John Sebastian** – 1944 – US-Sänger, Gitarrist, Mundharmonikaspieler und Songschreiber für Lovin' Spoonful, 1965 durch ihn gegründet. John begann bei der Even Dozen Jug Band, arbeitete als Sessionmusiker, war dann mit Mama Cass Elliot und Denny Doherty – später Mamas & Papas – und Zal Yanovsky bei den Mugwumps. Zwischen 1965 und 1968 hatte Lovin' Spoonful neun Top 20 Hits in den USA. Die größten waren „Daydream“ (2/66 US 2, 4/66 GB 2, D 30), „Did You Ever Have To Make Up Your Mind?“ (5/66 US 2) und „Summer In The City“ (7/66 US 1, GB 8, D 5). 1968 löste sich die Gruppe auf, und John machte als Solist weiter. Mit der Thema-Musik zur TV-Serie „Welcome Back Kotter“ gelang ihm ein weiterer Hit mit dem Millionseller „Welcome Back“ (3/76 US 1).

■ **Claire Grogan** – 1962 – GB-Sängerin und Songschreiberin mit Altered Images, gegründet 1979. Schuld daran, daß sie einen Plattenvertrag bekamen, war Claire – sie war nämlich der Star in den Kultfilmen „Gregory's Girl“ und „Comfort & Joy“. 1984 löste sich die Gruppe wieder auf. Hits: „Happy Birthday“ (9/81 GB 2), „I Could Be Happy“ (12/81 GB 7) und „Don't Talk To Me About Love“ (3/83 GB 7).

■ **Adam Wade** – 1937 – US-Sänger, TV-Moderator und Schauspieler mit drei Top Ten Hits 1961 – dann wieder aus: „Take Good Care Of Her“ (3/61 US 7), „The Writing On The Wall“ (5/61 US 5) und „As If I Didn't Know“ (7/61 US 10). Adam war der erste Schwarze, der im Tagesprogramm und über eine der großen US-Networks eine Gameshow bekam: „Musical Chairs“ im Jahre 1975.

■ **Lewis Mathis** – 1939 – US-Sänger, der zusammen mit seinem Bruder als Dean & Mark auftrat. Einziger Hit: „Tell Him No“ (3/59 US 42). Nachdem Larry Henley dazugekommen war, nannten sie sich Newbeats. 1964/65 gelangen ihnen drei Top 20 Hits. Ihr größter Erfolg hieß „Bread And Butter“ (8/64 US 2).

■ **Werner Lämmerhirt** – 1949 – Ausgezeichneter Gitarrist, Songschreiber und gefühlvoller deutscher Blues-Sänger, der etliche Solo-LPs veröffentlichte und auf Platten von z. B. Hannes Wader zu hören ist.

■ **Vito Picone** – 1940 – US-Lead-Sänger des weißen Doo-Wop Quintetts Elegants, das nur einen einzigen Hit hatte: „Little Star“ (7/58 US 1, 9/58 GB 25).

■ **Paul Pilnick** – 1944 – GB-Gitarrist mit Jackie Lomax, Stealers Wheel, Badger, Def School und Joe Egan.

■ **Bob Johnson** – 1944 – GB-Gitarrist, Sänger und Songschreiber mit Steeleye Span.

■ **Clarence Collins** – 1939 – US-Sänger mit Little Anthony & The Imperials.

■ **Rena Jones** – 1954 – US-Sängerin mit Champaign.

■ **Mike Lindup** – 1959 – GB-Keyboarder und Sänger mit Level 42.

■ **Scott Gorham** – 1951 – GB-Gitarrist bei Thin Lizzy.

■ **Harold Brown** – 1946 – US-Schlagzeuger mit War.

■ **Pat Lloyd** – 1948 – GB-Gitarrist mit den Equals.

Todestag

■ **Samuel George** – 1982 – US-Lead-Sänger und Schlagzeuger mit den Capitols, die vorher als 3 Caps auftraten. Als Capitols gelang ihnen ein Top 10 Hit: „Cool Jerk“ (4/66 US 7). Er war 40 Jahre alt, als er erstochen wurde.

Tageshits

1945 – „Ac-Cent-Tchu-Ate The Positive“ – Johnny Mercer – US 2 W.
1956 – „The Poor People Of Paris“ – Les Baxter – US 6 W.
1958 – „Tequila“ – The Champs – US 5 W.
1960 – „Running Bear“ – Johnny Preston – GB 2 W.
1966 – „The Sun Ain't Gonna Shine Anymore“ – Walker Brothers – GB 4 W.
1979 – „I Will Survive“ – Gloria Gaynor – GB 4 W.

18

Geburtstage

■ **Wilson Pickett** – 1941 – US-Soulsänger und Songschreiber, der zu den bekanntesten und erfolgreichsten dieses Genres in den 60er Jahren gehörte. 1959 wurde er Mitglied bei den legendären Falcons, einem R & B-Quintett aus Detroit – einziger Hit mit Wilson als Leadsänger: „I Found A Love“ (3/62 US 75, R&B 6). Ab 1963 machte er Soloplatten. Nach einigen nicht sonderlich erfolgreichen Singles kam Wilson mit dem Gitarristen und Produzenten Steve Cropper in Memphis zusammen. Mit ihm begann Wilsons Aufstieg. Seine größten Hits waren „Land Of 1000 Dances“ (7/66 US 6, 9/66 GB 22), „Funky Broadway“ (8/67 US 8) und die beiden Millionseller „Don't Let The Green Grass Fool You“ (1/71 US 17) und „Don't Knock My Love Pt. 1“ (4/71 US 13).

■ **Peter Kraus** – 1939 – Er begann seine Karriere als Schauspieler in Filmen wie „Das fliegende Klassenzimmer“. Als die deutsche Plattenindustrie merkte, daß sich Rock 'n' Roll verkaufte, machte sie aus Peter einen Elvis-Verschnitt. Etliche Titel von Presley sang Kraus in deutscher Sprache. Hits: „Hula Baby“ (7/58 D 1) und „Sweety“ (8/62 D 1). Er machte auch Platten mit Conny, Alice und Ellen Kessler und mit Jörg Maria Berg als James Brothers – Hit: „Wenn“ (11/58 D 5). Peter Kraus ist noch heute im Geschäft als Entertainer, TV-Moderator und Rock 'n' Roller.

■ **Irene Cara** — 1959 — US-Sängerin und Schauspielerin. Schon als Kind trat sie im spanisch sprechenden Radio und TV in New York auf. Mit 8 spielte sie im Broadway-Musical „Maggie Flynn", mit 10 sang sie zusammen mit Roberta Flack und Sammy Davis Jr. zu Ehren von Duke Ellington im Madison Square Garden. Ab 16 war sie verstärkt in Fernsehserien zu sehen, so auch in „Roots". 1980 bewarb sie sich um eine Rolle in „Fame", die sie auch erhielt. Schließlich durfte sie auch den Titelsong singen, der zum Hit wurde: „Fame" (6/80 US 4, 7/82 GB 1). Es folgten weitere Filme, z. B. „Cotton Club" und weitere Hits, z. B. "Flashdance... What A Feeling" (4/83 US 1, 6/83 GB 2, D 3) und „Breakdance" (3/84 US 8).

■ **Charley Pride** — 1938 — US-Country-Sänger. Er war der erste Schwarze, der in dieser Sparte zum Superstar aufstieg. Inzwischen bringt er es auf rund 30 Nr. 1 Hits in den C&W-Charts. Sein größter Crossover-Erfolg war der Millionseller „Kiss An Angel Good Mornin'" (11/71 US 21).

■ **Barry Wilson** — 1947 — GB-Schlagzeuger. 1961 wurde er Mitglied der Paramounts, bei denen er bis Oktober 1966 blieb. Im Juli 1967 ging er zu Procol Harum, die ihren Hit „A Whiter Shade Of Pale" bereits aufgenommen hatten. Außerdem ist Barry als Studiomusiker beschäftigt.

■ **Travis Pritchett** — 1939 — US-Sänger, der zusammen mit Bob Weaver das Duo Travis & Bob bildete; einziger Hit: „Tell Him No" (3/59 US 8).

■ **Kenny Lynch** — 1939 — GB-Cover-Sänger von US-Hits, z. B. „Up On The Roof" (12/62 GB 10) und „You Can Never Stop Me Loving You" (6/63 GB 10).

■ **Taja Sevelle** — 1962 — US-Sängerin und Songschreiberin, die in Minneapolis geboren und deshalb von Prince entdeckt wurde. Erster Hit: „Love Is Contagious" (2/88 GB 7).

■ **John Hartman** — 1950 — US-Schlagzeuger mit den Doobie Brothers.

■ **Robert Lee Smith** — 1936 — US-Soulsänger mit den Tams, die 1960 ihre ersten Platten aufnahmen.

Tageshits

1944 — „Mairzy Doats" — Merry Macs — US 5 W.
1950 — „Music! Music! Music!" — Teresa Brewer — US 4 W.
1961 — „Mit 17 fängt das Leben erst an" — Ivo Robico — D 2 W.
1965 — „The Last Time — Rolling Stones — GB 3 W.
1967 — „Penny Lane" — Beatles — US 1 W.
1967 — „Dear Mrs. Applebee" — David Garrick — D 2 W.
1972 — „Heart Of Gold" — Neil Young — US 1 W.
1972 — „Without You" — Nilsson — GB 4 W.
1978 — „Night Fever" — Bee Gees — US 8 W.

19

Geburtstage

■ **Clarence „Frogman" Henry** — 1937 — US-Sänger, Pianist, Posaunist und Songschreiber. Er begann mit der Bobby Mitchell R&B-Band von 1953 bis 1955. Danach als Solist. Erster Hit: „Ain't Got No Home" (12/56 US 20) — mit dieser Nummer handelte er sich den Spitznamen „Frogman" ein. Seine größten Hits wurden „But I Do" (3/61 US 4, GB 3) und „You Always Hurt The One You Love" (5/61 US 12, GB 6).

■ **Moms Mabley** — 1897 — US-Comedian; richtiger Name Loretta Mary Aiken. Sie veröffentlichte etliche Comedy-LP's — in den Hitparaden stand sie mit dem ernsten Stück „Abraham, Martin And John" (7/69 US 35). In diesem Lied geht es um Abraham Lincoln, Martin Luther King und John F. Kennedy — alle drei wurden erschossen. Moms fragt in ihrem Lied, warum müssen gerade die Menschen, die den Frieden wollen, so sterben. Das Lied war auch ein Hit für Dion und für die Miracles. Moms starb am 23.5.1975.

■ **Terry Hall** — 1959 — GB-Sänger und Songschreiber. Er kam 1978 zu den Coventry Specials, die sich wenig später auf Specials abkürzten. Zwischen 1979 und Terrys Weggang im November 1981 gelangen der Gruppe sieben Top 10 Hits — die größten waren „Too Much Too Young" (1/80 GB 1) und „Ghost Town" (1/81 GB 1). Danach kam Terry zu Fun Boy Three, die sich 1983 nach fünf Top 20 Hits in GB wieder auflösten — größte Hits: „Tunnel Of Love" (2/83 GB 10), „Our Lips Are Sealed" (4/83 GB 7) und zusammen mit Bananarama „It Ain't What You Do, It's The Way That You Do It" (2/82 GB 4). Ende 1983 schließlich gründete Terry Colour Field — Hit: „Thinking Of You" (1/85 GB 12).

■ **Robin Luke** — 1942 — US-Sänger, TV-Serienschauspieler und Songschreiber. Sein einziger Hitparadenerfolg hieß „Susie Darlin'" (8/58 US 5, 10/58 GB 23). Inspiriert wurde er zum Lied durch seine jüngere Schwester Susie.

■ **Bongo** — 1955 — Richtiger Name Douglas Wilgrove. Zusammen mit Bruce machte er als Bruce & Bongo den Ausdruck „Geil" (3/86 D 1) salonfähig.

■ **Lennie Tristano** — 1919 — US-Jazz-Pianist, Komponist und Bandleader. Schon als Kind erblindete Lenny nach einer spanischen Grippe völlig. Trotzdem lernte er neben Klavier auch Klarinette, Saxophon und Cello. Er gilt als Pionier des Cool- und Free-Jazz. Lennie starb am 18.11.1978.

■ **Ricky Wilson** — 1953 — US-Gitarrist mit den 1976 gegründeten B 52's. Seine Schwester Cindy ist die Sängerin der Band.

■ **Derek Longmuir** — 1952 — GB-Schlagzeuger bei den Bay City Rollers.

■ **Wolfgang Ambros** — 1952 — Österreichischer Sänger und Songschreiber.

■ **Ornette Coleman** — 1930 — US-Jazz-Saxophonist.

■ **Paul Atkinson** — 1946 — GB-Leadgitarrist mit den Zombies.

Todestage

■ **Paul Kossoff** — 1976 — GB-Gitarrist und Songschreiber. Er starb während eines Fluges von Los Angeles nach New York im Schlaf. Geboren am 14.9.1950.

■ **Gary Thain** — 1976 — GB-Bassist, der von 1969 bis 1971 bei der Keef Hartley Band und von 1972 bis 1975 mit Uriah Heep spielte. Er starb an einer Überdosis Tabletten.

Tageshits

1964 — „Little Children" — Billy J. Kramer — GB 2 W.
1973 — „Mama Loo" — Les Humphries Singers — D 3 W.

20

Geburtstage

■ **Jerry Reed** — 1937 — US-Sänger, Gitarrist und Songschreiber, der Rock- und Countrymusik vermischte. Vollständiger Name Jerry Reed Hubbard. Pop-Hits: „Amos Moses" (10/70 US 8) und „When You're Hot, You're Hot" (5/71 US 9). Er schrieb auch Hits für andere, z. B. für Gene Vincent „Crazy Legs" und für Elvis „Guitar Man". Als Schauspieler war er unter anderem in „Gator" und „Smokey & The Bandit" zu sehen.

■ **Vera Lynn** — 1919 — GB-Sängerin, die mit richtigem Namen Margaret Welsh heißt. Sie begann als Sängerin im Ambrose Orchestra und galt später als die erfolgreichste britische Sängerin während des 2. Weltkrieges und in den Jahren danach. Größte Hits: der Millionseller „Auf Wiederseh'n (Sweetheart)“ (6/52 US 1, 11/52 GB 10), „Forget Me Not“ (11/52 GB 7) und „My Son, My Son“ (10/54 GB 1, US 28). Im britischen Fernsehen konnte man Vera Lynn noch für viele Jahre genießen. Den Kinobesuchern ist ihr Titel „We'll Meet Again“ (1/54 US 29) spätestens wieder ab 1964 in den Ohren. Im Film „Dr. Seltsam oder wie ich lernte die Bombe zu lieben“ fliegt Peter Sellers, der in dem Streifen gleich mehrere Rollen spielt, auf eben dieser Bombe am Schluß des Filmes wie ein Rodeoreiter auf seinem Zossen aus dem Flugzeug. Dazu erklingt das Lied von Vera Lynn.

■ **Ozzy Nelson** — 1906 — US-Bandleader, Songschreiber, Sänger, Multi-Instrumentalist, Radio- und TV-Star und Vater von Ricky Nelson. 1930 leitete er seine erste professionelle Tanzband. Als Sängerin trat darin ab 1932 Harriet Hilliard auf, die mit richtigem Namen Peggy Lou Snyder hieß. Ozzy, richtige Vornamen Oswald George, heiratete sie 1935. Damit ist klar: sie ist die Mutter von Ricky Nelson. Zwischen 1930 und 1940 hatte Ozzy rund 40 Hits. Die beiden größten hießen „And Then Some“ (7/35 US 1) und „White Sails (Beneath A Yellow Moon)“ (7/39 US 2). Beide wurden auch von Ozzy gesungen. Ab 1944 hatte das Ehepaar als Ozzy & Harriet eine regelmäßige Radioshow. Von 1952 bis 1966 wurde die Familiengeschichte ins Fernsehen verlegt. Damit begann die Karriere von Sohn Ricky. Ozzy starb am 3.6.75.

■ **Joe Rivers** — 1937 — US-Sänger, der zusammen mit seiner Partnerin Johnnie Richardson das R&B-Duo Johnnie & Joe bildete. Sie waren einmal erfolgreich mit „Over The Mountain, Across The Sea“ (5/57 US 8, 9/60 RE-US 89).

Carl Palmer

■ **Carl Palmer** — 1950 — GB-Schlagzeuger, Songschreiber und Sänger. Karrierestationen: Chris Farlowe, Crazy World Of Arthur Brown, Atomic Rooster, Emerson, Lake & Palmer, P.M. und Asia.

■ **Mike Settle** — 1941 — US-Sänger mit First Edition. Er wurde später durch Kin Vassy ersetzt. Mike war danach auf zwei LPs von John Stewart zu hören.

■ **Vaughn Meader** — 1936 — US-Comedykünstler. Er hatte 1962 in den USA einen Millionseller mit der LP „The 1. Family“ (12/62 LP US 1), auf der das Leben der Familie Kennedy auf den Arm genommen wurde; dafür gab es einen Grammy als „Album des Jahres“. Nachdem John F. Kennedy am 22.11.63 durch ein Attentat getötet worden war, verschwand die LP am nächsten Tag aus den Plattenläden.

■ **Jimmie Vaughan** — 1951 — US-Gitarrist und Stevie Rays älterer Bruder. Jimmie war 1975 Mitbegründer der Fabulous Thunderbirds.

■ **Fonso Martin** — 1956 — GB-Sänger und Percussionist bei Steel Pulse.

Todestag

■ **Archie Bleyer** — 1989 — US-Pianist, Orchesterchef und Gründer der Plattenfirma Cadence. Geboren am 12.6.1909.

Tageshits

1959 — „Smoke Gets In Your Eyes“ — Platters — GB 1 W.
1961 — „Surrender“ — Elvis Presley — US 2 W.
1968 — „The Legend Of Xanadu“ — Dave Dee & Co. — GB 1 W.
1971 — „Me And Bobby McGee“ — Janis Joplin — US 2 W.
1971 — „Hot Love“ — T. Rex — GB 6 W.
1982 — „I Love Rock 'n' Roll“ — Joan Jett & The Blackhearts — US 7 W.

Merk-Würdiges

1960 — Nach einer längeren Unterbrechung, bedingt durch seine Zeit beim Militär, betritt Elvis wieder ein Aufnahmestudio. Viele hatten vorausgesagt, daß er nie wieder das werden würde, was er vor dem März 1958 war: der „King Of R'n'R“. Für 2 Jahre spielte Elvis statt Gitarre Soldat — am 5. März 1960 wurde er entlassen — am 20. März um 20.00 Uhr stand er also wieder vor einem Mikrophon — es war das Studio B der RCA in Nashville. Innerhalb der nächsten 11 Stunden nahm er sechs neue Titel auf: „Make Me Know It“ und „Soldier Boy“ noch am 20., „Stuck On You“, „Fame And Fortune“, „Mess Of Blues“ und „It Feels So Right“ am 21. März. Zu den Musikern, die ihn begleiteten, gehörten seine alten Freunde Scotty Moore, D.J. Fontana, Hank Garland, Bob Moore und Floyd Cramer. Elvis zeigte sich in Hochform — die Unker sollten Unrecht behalten.

1969 — John Lennon heiratet in Gibraltar die 8 Jahre ältere Yoko Ono Cox. Für viele Kenner und Freunde der Beatles war damit der Grundstein für die Trennung der Band gelegt.

21

Geburtstage

■ **Son House** — 1902 — US-Sänger, Gitarrist und Songschreiber. Richtige Vornamen: Eddie James. Man nennt ihn den Vater des Folk-Blues, und sollte das auch ein wenig hochgestochen klingen — verdient hat er es. Bekannte Blues-Musiker wie Robert Johnson oder Muddy Waters wurden durch ihn schon früh gefördert. 1930 nahm Son seine ersten Platten auf. In den 40er Jahren gab es eine lange Pause — jahrelang arbeitete er für die New York Central Railroad. 1964, als das Interesse am Blues in der amerikanischen Jugend wach wurde, besann man sich auf Son House. Mit etlichen der großen weißen Bluesmusiker nahm er danach wieder Platten auf, so z. B. mit Al Wilson, der den Stil der US-Band Canned Heat bestimmte.

■ **Otis Spann** — 1930 — US-Pianist, Sänger und Mundharmonikaspieler. Otis machte ab 1953 Musik mit Muddy Waters, Sunnyland Slim, Little Walter oder Jimmy Rogers, mit denen er den sogenannten Chicago-Style entwickelte. In vielen Bluespublikationen konnte man lesen, er sei ein Halbbruder von Muddy Waters — das stimmt nicht. Allerdings hat er schon in jungen Jahren mit Waters zusammen gespielt. Aber auch auf Platten von Chuck Berry, Bo Diddley, Howlin' Wolf, Sonny Boy Williamson und Little Walter ist Otis zu hören. Er war für viele Jahre der Hauspianist von Chess Records. 1964 nahm er in London mit Eric Clapton und Jimmy Page eine LP auf, dann folgte noch eine fruchtbare Zusammenarbeit mit Fleetwood Mac: „The Biggest Thing Since Colossus“, aufgenommen mit Otis Spann, Peter Green, Danny Kirwan, John McVie und S. P. Leary ist ein Knüller. Otis starb am 24.4.1970.

■ **Ray Dorset** — 1946 — GB-Sänger und Songschreiber, der mit der Gruppe Mungo Jerry 1969 in GB ein Skiffle-Revival einleitete. So besehen kann man ihn als Mungo Jerry bezeichnen. Größte Hits: „In The Summertime" (6/70 GB 1, US 3, D 1), „Baby Jump" (2/71 GB 1, D 11), „Lady Rose" (5/71 GB 5, D 7) und „Alright, Alright, Alright" (7/73 GB 3, D 12). Später versuchte sich Dorset als Solist — ohne Erfolg.

■ **Roger Hodgson** — 1950 — GB-Sänger, Gitarrist, Bassist und Songschreiber mit Supertramp. Hits siehe 22.7. Im November 1982 trennte sich Roger von der Band und machte als Solist weiter.

■ **Vivian Stanshall** — 1943 — GB-Sängerin mit der 1966 gegründeten Bonzo Dog Doo-Dah Band. In den Anfangstagen spielte die Gruppe eine Mixtur aus Tanzmusik und traditionellem Jazz. Die ersten Singles waren Flops. Dann spielten sie mit in der „Magical Mystery Tour" der Beatles. Paul McCartney produzierte dann unter dem Pseudonym Apollo C. Vermouth den einzigen Hit der Gruppe: „I'm The Urban Spaceman" (11/68 GB 5). Es nützte der Band auch nichts, daß sie später das Doo-Dah aus ihrem Namen strich.

■ **Hubert Kah** — 1961 — Sänger und Songschreiber mit Hubert Kah. Richtiger Nachname Kemmler. 1982 schwemmte ihn die NDW in die Hitparade: „Rosemarie" (4/82 D 3) und „Sternenhimmel" (9/82 D 2). Nach einer Pause erschien 1986 die LP „Tensongs", die englische Texte brachte und nach internationalen Maßstäben produziert war; Singlehit davon: „Limousine" (6/86 D 8).

■ **Rose Stone** — 1945 — US-Keyboardspielerin mit Sly & The Family Stone.

■ **Franco Mussida** — 1947 — Italienischer Gitarrist und Sänger bei PFM (Premiata Formeria Marconi).

Todestag

■ **Dean Martin Jr.** — 1987 — US-Sänger. Er stirbt nach einem Flugzeugunglück. Geboren am 12.10.1951.

Tageshits

1942 — „Rose O'Day (The Filla-Da-Gusha Song)" — Freddy Martin — US 2 W.
1953 — „The Doggie In The Window" — Patti Page — US 8 W.
1955 — „Tom Dooley" — Kingston Trio — D 5 W.
1964 — „She Loves You" — Beatles — US 2 W.
1964 — „I Want To Hold Your Hand" — Beatles — D 5 W.
1981 — „Keep On Loving You" — REO Speedwagon — US 1 W.
1987 — „Lean On Me" — Club Nouveau — US 2 W.

22

Geburtstage

■ **Harry Vanda** — 1947 — Australischer Gitarrist und Songschreiber der 1964 gegründeten Easybeats. Geboren wurde Harry als Johannes Vandenberg in den Niederlanden. Größter Hit: „Friday On My Mind" (10/66 GB 6, 1/67 D 10, 3/67 US 16). 1969 fielen die Easybeats wieder auseinander. Mit seinem ehemaligen Bandkollegen George Young bildete Harry ein recht erfolgreiches Autorenduo — sie versuchten sich später als Band Of Hope, Marcus Hook, Paintbox und Flash & The Pan — Hits für letztere: „Waiting For A Train" (5/83 GB 7) und „Midnight Man" (4/85 D 7).

George Benson

■ **George Benson** — 1943 — US-Gitarrist und Sänger. In seinen Jugendjahren machte er R&B — so nahm er schon 1954 eine erste Platte für RCA auf, spielte als 19jähriger mit Brother Jack McDuff und wurde in den frühen 70er Jahren der Hausmusiker für CTI Records. Für etliche Jahre gehörte George mehr der Sparte Jazz an, 1976 tauchte er dann auch in den Pophitparaden auf. Hits: „This Masquerade" (6/76 US 10), „On Broadway" (3/78 US 8), „Give Me The Night" (7/80 US 4, GB 7), „Love X Love" (10/80 GB 10), „Turn Your Love Around" (10/81 US 5, GB 29) und „In Your Eyes" (9/83 GB 7). Sein Gitarrenspiel wurde durch Wes Montgomery stark beeinflußt.

■ **Keith Relf** — 1943 — GB-Sänger, Mundharmonikaspieler und Songschreiber. 1963 war er bei der Gründung der Yardbirds mit dabei, die folgende Hits hatten: „For Your Love" (3/65 GB 3, 5/65 US 6, 8/65 D 21) und „Heart Full Of Soul" (6/65 GB 2, US 9, 9/65 D 24). Im Laufe der Jahre wechselten bei den Yardbirds häufig die Musiker, Keith blieb. 1969 gründete er Renaissance, die schöne LPs, aber keine kommerziellen Hits hervorbrachten. Er starb am 14.5.76.

■ **Tony McPhee** — 1944 — GB-Gitarrist, Sänger und Songschreiber, der Mitte der 60er Jahre vom aufkommenden Blues-Boom in GB profitierte. Ab 1964 spielte er in der Formation Groundhogs, die sich 1966 auflöste. Tony war dann auf Platten von Champion Jack Dupree (1966) und Eddie Boyd (1967) zu hören. 1968 wurden die Groundhogs mit Tony und einem weiteren Urmitglied, dem Bassisten Peter Cruickshank, wieder neu formiert. 1969 änderte die Gruppe ihre Richtung, mehr Rock als Blues, und erreichte dadurch ein größeres Publikum. 1973 veröffentlichte Tony ein Solo-Album, daraufhin brach die Band auseinander. Schon 1975 formierte Tony wieder eine Neuauflage der Groundhogs, die nur noch ihn als ursprüngliches Mitglied beinhaltete. Tony ist auch als Sessionmusiker bei z. B. Mike Batt oder der John Dummer Blues Band zu hören.

■ **Jeremy Clyde** — 1944 — GB-Sänger, Gitarrist und Songschreiber. Zusammen mit Chad Stuart, wie er Brite und Schauspielschüler, war er als Chad & Jeremy zwischen 1964 und 1966 in den USA populär. Hit: „Summer Song" (8/64 US 7). 1967 trennten sich die zwei. Die Konkurrenz durch ein ähnlich gelagertes Duo, das ebenfalls aus GB kam und sich David & Jonathan nannte, war zu groß. Die beiden wandten sich wieder der Schauspielerei zu, und Jeremy spielte z. B. 1976 die Hauptrolle in der TV-Serie „Sexton Blake".

■ **Roger Whittaker** — 1936 — GB-Sänger und Songschreiber, geboren in Nairobi als Sohn eines Kolonialbeamten. Er wurde als der Sänger der schweigenden, Kaffee trinkenden, Mehrheit bezeichnet, der von sich selbst behauptet, nie ein Sexsänger gewesen zu sein — stimmt, seine ersten Erfolge hat er gepfiffen. Seit 1969 ist er erfolgreich. Hits: „Durham Town (The Leavin')" (11/69 GB 12), „I Don't Believe In If Anymore" (4/70 GB 8), „The Last Farewell" (4/75 US 19, 7/75 GB 2, 10/75 D 19), „River Lady (A Little Goodbye)" (4/76 D 4), „Albany" (3/82 D 3) und „Abschied ist ein scharfes Schwert" (2/84 D 9). Zusammen mit Des O'Connor hatte er den Hit „The Skye Boat Song" (11/86 GB 10).

■ **Blue Barron** — 1911 — US-Orchesterchef und Posaunist. Richtiger Name Harry Friedland. Zwischen 1938 und 1951 war er erfolgreich. Sein größter Hit war der Millionseller „Cruising Down The River" (1/49 US 1). Die Platte wurde in den Charts abgelöst von einer anderen Version dieses Titels, interpretiert durch Russ Morgan.

■ **Andrew Lloyd Webber** — 1948 — GB-Wunderkind und Komponist von zahlreichen und überaus erfolgreichen Musicals: „Joseph And His Amazing Technicolour Dreamcoat" (1968), „Jesus Christ Superstar" (1970), „Evita" (1976), „Cats" (1981), „Starlight Express" (1984), „Phantom Of The Opera" (1985), „Aspects Of Love" (1986), „Chess" (1986). Zu den meisten Musicals schrieb Tim Rice den Text.

■ **Johnny Ferguson** — 1937 — US-Sänger, der in den späten 50er Jahren als Diskjockey arbeitete. Wie so viele vor und nach ihm glaubte er, besser zu sein als die, deren Platten er auflegte. Sein einziger Hit war „Angela Jones" (2/60 US 27).

■ **Chuck Jackson** — 1945 — US-Leadsänger mit den Independants, die den Millionseller „Leaving Me" (4/73 US 21) hatten. Er ist nicht verwandt mit dem Solosänger Chuck Jackson.

■ **André Heller** — 1945 — Österreicher, Sänger und Songschreiber. „Wer bin ich eigentlich" fragt er in einem seiner Texte. Bei seinem vielseitigen Tun ist diese Frage berechtigt.

■ **Mike Roger** — 1930 — Richtiger Name Hermann Glöckler. Er stand mit „Let's Slop" (6/63 D 10) in der Hitparade. Er starb am 12.4.1984.

■ **Patrick Olive** — 1947 — GB-Gitarrist und Percussionist für Hot Chocolate.

■ **Randy Hobbs** — 1948 — US-Bassist bei den McCoys, Johnny und Edgar Winter.

Todestag

■ **Mark Dinning** — 1986 — US-Sänger, der einem Herzschlag erlag. Geboren 17.8.1933.

Tageshits

1962 — „Wonderful Land" — Shadows — GB 8 W.
1975 — „Bye Bye Baby" — Bay City Rollers — GB 6 W.
1975 — „My Eyes Adored You" — Frankie Valli — US 1 W.
1980 — „Going Underground" — Jam — GB 3 W.
1980 — „Another Brick In The Wall" — Pink Floyd — US 4 W.
1986 — „These Dreams" — Heart — US 1 W.

23

Geburtstage

■ **Lale Andersen** — 1910 — Sängerin und Schauspielerin, die richtig Liselotte Helene Berta Bunnenberg hieß. 1939 hatte sie mit „Lili Marleen" (aufgenommen am 2.8.1939) den ersten Millionseller, den es je in Deutschland gab — sie verkaufte innerhalb etlicher Jahre mehr als eine Million Schallplatten und erhielt dafür eine „Goldene". Das Lied hatte Norbert Schultze 1938 komponiert — den Text hatte er vom im 1. Weltkrieg geschriebenen Stück „Der junge Wachtposten" übernommen. International nahm man 1940 Notiz von diesem Lied. Der deutsche Besatzungssender Radio Belgrad spielte „Lili Marleen" abends vor 22.00 Uhr als Schlußmelodie — schnell wurde die Platte auch den alliierten Soldaten bekannt. Sir Winston Churchill und John Steinbeck sollen die Nummer als ihr Lieblingsstück bezeichnet haben. „Lili Marleen" wurde in insgesamt 42 verschiedene Sprachen übersetzt und gilt als das Lied des 2. Weltkrieges. Lale Andersen hatte von ihrem weltweiten Bekanntheitsgrad wenig — nach dem Krieg war sie schnell vergessen. Erst 1960 tauchte sie wieder auf. Sie sang eine der 3 erfolgreichen deutschen Versionen von „Ein Schiff wird kommen" (9/60 D 1) — die beiden anderen stammten von Catarina Valente (10/60 D 1) und Melenia Mercouri (10/60 D 8). Hollywood interessierte sich für die Geschichte von Lale — ein Film über ihr Leben wurde gedreht, ein Erfolg war er nicht. Lale starb am 29.8.1972.

Chaka Khan

■ **Chaka Khan** — 1953 — US-Sängerin, richtiger Name Yvette Marie Stevens. Als Teenager arbeitete sie für die Black Panther Bewegung. Während dieser Zeit legte sie sich den Namen Chaka Khan zu, wobei Chaka „Feuer" bedeutet. 1969 wurde sie Mitglied bei Shades Of Black, 1970 bei Look & Chain und Lyfe und 1972 als Ersatz für Paulette McWilliams Leadsängerin bei Ask Rufus, aus denen schließlich im August 1973 nur noch Rufus wurde. Ihr Hitdebüt gaben sie mit dem von Stevie Wonder geschriebenen Millionseller „Tell Me Something Good" (6/74 US 3). Danach nannte man sich Rufus featuring Chaka Khan. Hit: „Sweet Thing" (1/76 US 5) — ebenfalls ein Millionseller. Ab 1978 nannte sich die Gruppe Rufus & Chaka Khan, im August 1979 trennte sie sich ganz von der Gruppe, und seit 1980 erschienen ihre Platten nur noch unter ihrem Namen. Hits: „I'm Every Woman" (10/78 US 21, 12/78 GB 11, 5/89 GB 8 — es handelt sich hierbei um einen Remix), „I Feel For You" (9/84 US 3, GB 1, 11/84 D 4) — auf dem Grandmaster Melle Mel rapt und Stevie Wonder Mundharmonika spielt, „Eye To Eye" (4/85 GB 16) und „Ain't Nobody (Remix)" (7/89 GB 6, D 9).

■ **Louisiana Red** — 1936 — US-Bluesmusiker und Songschreiber. Richtiger Name Iverson Minter. Seine Mutter starb eine Woche nach seiner Geburt an Lungenentzündung. 1941 wurde sein Vater vom Ku-Klux-Klan gelyncht. Iverson wuchs zuerst bei seiner Großmutter auf, danach in einem Waisenhaus. Mit 16 war er Mitglied einer Straßengang, die bei einem Einbruch in ein Lebensmittelgeschäft die Kasse mitnahm. Er wurde als einziger erwischt, kam in ein Erziehungsheim, danach zum Militär — und ab nach Korea. Wer eine solche Jugend hat, kann als Bluesmusiker viel erzählen.

■ **Dave Bartram** — 1952 — GB-Sänger mit der R'n'R-Revivalgruppe Showaddywaddy, die zwischen 1974 und 1982 zehn Top 10 Hits hatte. Ihre größten Hits: „Hey Rock 'n' Roll" (5/74 GB 3, 7/74 D 13), „Three Steps To Heaven" (5/75 GB 2, 7/75 D 39), „Under The Moon Of Love" (11/76 GB 1, D 4), „When" (3/77 GB 3, D 9) „You Got What It Takes" (7/77 GB 2, D 28) und „I Wonder Why" (3/78 GB 2, 5/78 D 20). Die meisten dieser Hits waren aufgewärmte Rock-Klassiker.

■ **Marti Pellow** — 1966 — GB-Leadsänger und Songschreiber der Gruppe Wet Wet Wet. Richtiger Name Mark McLoughlin. Die Band wurde 1982 als Vortex Motion gegründet, änderte aber noch im gleichen Jahr ihren Namen in Wet Wet Wet — der Name stammt aus einer Zeile des Scritti Politti-Songs „Getting, Having And Holding". Hits: „Wishing I Was Lucky" (4/87 GB 6), „Sweet Little Mystery" (8/87 GB 5), „Angel Eyes (Home And Away)" (12/87 GB 5, 2/88 D 17), „Temptation" (3/88 GB 12) und „Sweet Surrender" (9/89 GB 6, 11/89 D 37).

■ **Alan Blaikley** — 1940 — GB-Songschreiber. Zusammen mit Ken Howard bildete er ein Songschreiberteam, das in den 60er Jahren lediglich von Lennon/McCartney übertroffen wurde. Alleine für die Gruppe Dave Dee, Dozy, Beaky, Mick & Tich schrieben sie zehn Top 10 Hits. Ihre Nummern wurden außerdem Erfolge für die Honeycombs, Herd, Lulu, Bay City Rollers, Petula Clark, Engelbert Humperdinck oder Elvis Presley.

■ **Joan Crawford** — 1908 — US-Schauspielerin, die gelegentlich auch mal eine Platte besang. Größter Hit: „It's All So New To Me" (4/39 US 19). Sie starb am 10.5.1977. Ihr richtiger Name war Lucille Le Sueur.

Todestage

■ **Bill Kenny** — 1978 — US-Gitarrist und Sänger. Er kam für Gerry Daniels zu den Inkspots, und mit ihm der Erfolg für die Band. Hits: „Address Unknown" (10/39 US 1), „We Three (My Echo, My Shadow And Me)" (10/40 US 1), „I'm Making Believe" (10/44 US 1), „Into Each Life Some Rain Must Fall" (11/44 US 1), „The Gypsy" (5/46 US 1) und „To Each His Own" (8/46 US 1). Nach 1951 war die Hitzeit für die Inkspots zu Ende. 1952 trennte sich die Gruppe. Fortan gab es zwei konkurrierende Inkspots. Geboren wurde Bill 1915.

■ **Jacob Miller** — 1980 — Kopf der Reggae-Band Inner Circle. Er starb nach einem Autounfall. Geboren am 4.5.1956.

Tageshits

1946 — „Oh! What It Seemed To Be" — Frank Sinatra — US 8 W.
1961 — „Wooden Heart" — Elvis Presley — GB 6 W.
1963 — „Our Day Will Come" — Ruby & The Romantics — US 1 W.
1974 — „Dark Lady" — Cher — US 1 W.
1985 — „Easy Lover" — Philip Bailey & Phil Collins — GB 4 W.

■ **Nena** — 1960 — Sängerin und Songschreiberin. Richtiger Name Gabriele Kerner. 1982 kam sie im Zuge der NDW in die Hitparaden mit „Nur geträumt" (9/82 D 2). Weitere Hits: „99 Luftballons" (1/83 D 1, 1/84 US 2, GB 1), „Leuchtturm" (5/83 D 2), „? (Fragezeichen)" (12/83 D 3), „Irgendwie, irgendwo, irgendwann" (10/84 D 3) und „Feuer und Flamme" (5/85 D 8). 1986 läßt der kommerzielle Erfolg nach, Ende 1989 erscheint sie mit einer neuen LP, die erstaunlich reifer klingt. Erster Single-Hit daraus: „Wunder gescheh'n" (11/89 D 19).

Can (2. von links: Holger Czukay)

■ **Holger Czukay** — 1938 — Bassist und Songschreiber mit der Kölner Gruppe Can seit deren Gründung 1968. Ende der 70er Jahre fiel die Band auseinander, um Ende der 80er Jahre erneut zusammenzukommen. Holger brachte zwischenzeitlich etliche Solo-LPs auf den Markt, die von den Avantgardisten hoch gelobt wurden.

■ **Mike Kellie** — GB-Schlagzeuger mit Art, Spooky Tooth, Three Man Army. Auf Produktionen von Joe Cocker, Gary Wright, Luther Grosvenor, Jim Capaldi, Peter Frampton, Paul Kossoff, Splinter, Only Ones u. a. ist er zu hören.

■ **Lee Oskar** — 1946 — US-Mundharmonikaspieler, Sänger und Songschreiber. Geboren in Kopenhagen/Dänemark. Er war Gründungsmitglied der Gruppe War und machte ausgezeichnete Solo-LPs. Außerdem ist er ein gesuchter Studiomusiker in L.A.

■ **Colin Peterson** — 1946 — Australischer Schlagzeuger. Nachdem im Februar 1967 Robert Stigwood die bis zu diesem Zeitpunkt lediglich in Australien erfolgreichen Bee Gees unter Vertrag genommen hatte, wurden im März des gleichen Jahres zu den drei Brüdern der Gitarrist Vince Melouney und Colin engagiert. Im März 1969 verließen sowohl Vince als auch Colin nach internen Streitigkeiten der Brüder die Band.

■ **Su Kramer** — 1946 — Sängerin. Sie wurde 1968 aus 3000 Bewerberinnen für die weibliche Hauptrolle „Sheila" im Musical „Hair" ausgewählt und spielte in München in über 500 Vorstellungen mit. Danach machte sie Schlager. Ihr größter Hit wurde „Kinder der Liebe" (2/74 D 27).

■ **Dave Appell** — 1922 — US-Leader der Band Applejacks. Hit: „Mexican Hat Rock" (9/58 US 16). Er wurde später Produzent von z. B. Tony Orlando & Dawn.

24

Geburtstage

■ **Nick Lowe** — 1949 — GB-Bassist, Sänger und Songschreiber. Zusammen mit dem Gitarristen Brinsley Schwarz gründet er 1965 Kippington Lodge, die in den darauffolgenden Jahren fünf Singles veröffentlichen, die alle nicht in die Hitparaden kommen. Im Oktober 1969 entschließen sich Nick und Brinsley, die Gruppe in Brinsley Schwarz umzubenennen. Es erscheinen 4 LPs, die ebenfalls keinen kommerziellen Knüller werden. Im März 1975 trennt sich die Gruppe, Nick wird Produzent von Kursaal Flyers, Dr. Feelgood und Graham Parker. Unter den Pseudonymen Disco Brothers und Tartan Horde veröffentlicht er zwei Singles — ohne Erfolg. Im August 1976 erscheint seine erste Solosingle — wir ahnen es bereits: ohne Erfolg. In der Folge produziert er Damned, Elvis Costello, die Clovers — zu diesem Zeitpunkt war Huey Lewis Mitglied der Gruppe — und Dave Edmunds. Im Juli 1977 wird Nick Mitglied in Edmunds' Gruppe Rockpile. Nebenher versucht er sich weiter an einer Solokarriere. Ab 1978 gelingen ihm endlich Hits: „I Love The Sound Of Breaking Glass" (3/78 GB 7) oder „Cruel To Be Kind" (7/79 US & GB 12). Wie Mickey Jupp, den er auch produzierte, Graham Parker, Elvis Costello, Ian Dury oder Dave Edmunds gehört auch Nick Lowe zu den Fans von Chuck Berry, was man etlichen seiner Produktionen deutlich anhört.

■ **Billy Stewart** — 1937 — US-Sänger, Komponist und Tastenspieler. Spitzname: „Fat Boy". Er begann seine Karriere als Sänger bei den Rainbows in seiner Heimatstadt Washington. Bei dieser Band waren auch spätere Stars wie Marvin Gaye und Don Covay. Später spielte Billy in der Begleitband von Bo Diddley Keyboards — der förderte ihn und vermittelte ihm einen Plattenvertrag bei Chess Records, für die Billy zwischen 1956 und 1967 Platten aufnahm. Seinen größten Hit hatte er mit einer eigenwilligen Version von Gershwins „Summertime" (7/66 US 10, 9/66 GB 39). Zusammen mit Musikern seiner Band kam er bei einem tragischen Autounfall am 17.1.1970 ums Leben.

Tageshits

1958 — „Catch A Falling Star" — Perry Como — US 1 W.
1973 — „Love Train" — O'Jays — US 1 W.
1979 — „Tragedy" — Bee Gees — US 2 W.
1984 — „Hello" — Lionel Richie — GB 6 W.

Merk-Würdiges

1945 — Das US-Fachblatt Billboard veröffentlicht seine erste LP-Hitparade — sie umfaßt 10 Positionen (heute 200). Die ersten 3: 1. „Collection Of Favorites“ mit dem Nat „King“ Cole Trio; 2. „Glenn Miller & Ork“ mit dem gleichnamigen und 3. „Meet Me In St. Louis“ mit Judy Garland.

25

Geburtstage

■ **Aretha Franklin** — 1942 — US-Soul-Sängerin, deren Karriere 1961 begann und bis heute anhält. Bereits mit 14 Jahren nahm sie ihre ersten Platten auf. 1960 erhielt sie einen Plattenvertrag von Columbia Records, die sie mehr als Gospel/Jazzsängerin produzierten. Erst als sie ab 1967 mit ihren Platten auf Atlantic Records erschien und ihren Stil in Soulmusic umgewandelt hatte, kam der Erfolg. Ihre größten Hits: „I Never Loved A Man (The Way I Love You)“ (3/67 US 9), „Respect“ (4/67 US 1, 6/67 GB 10, 8/67 D 23), „Baby I Love You“ (7/67 US 4, GB 39), „Chain Of Fools“ (12/67 US 2, 3/68 D 36), „(Sweet Sweet Baby) Since You've Been Gone“ (3/68 US 5), „Think“ (5/68 US 7, GB 26, 8/68 D 32), „I Say A Little Prayer“ (8/68 US 10, GB 4, 11/68 D 40), „See Saw“ (11/68 US 14), „Don't Play That Song“ (8/70 US 11, GB 13), „Bridge Over Troubled Water“ (4/71 US 6), „Spanish Harlem“ (7/71 US 2, 10/71 GB 14, D 6), „Rock Steady“ (10/71 US 9), „Day Dreamin'“ (3/72 US 5) und „Until You Come Back To Me (That's What I'm Gonna Do)“ (11/73 US 3, 2/74 GB 26) — allen genannten Platten ist gemein, daß sie Millionseller waren. In der ewigen Bestenliste der R&B-Künstler belegt Aretha Franklin hinter James Brown den zweiten Platz. Nach 1976 wurde sie von vielen abgeschrieben — dann meldete sich die „Queen Of Soul“ wieder zurück mit „Freeway Of Love“ (6/85 US 3) und „Who's Zoomin' Who“ (9/85 US 7, 1/86 GB 11). Sie machte in den 80ern einige interessante Duett-Platten — z. B. mit Eurythmics, Keith Richards und, die erfolgreichste, mit George Michael: „I Knew You Were Waiting (For Me)“ (1/87 GB & US 1, D 5).

Elton John

■ **Elton John** — 1947 — GB-Sänger, Pianist und Songschreiber. Richtiger Name Reginald Kenneth Dwight. Er begann bereits 1961 mit Bluesology, die ab 1965 professionell Musik machten. Die erste Platte von Bluesology hieß „Come Back Baby“, geschrieben von Elton. Im Dezember 1966 wird Long John Baldry der Sänger der Formation, die sich kurz darauf in John Baldry Show umbenennt. Im Juni 1967 kommt Elton mit dem Texter Bernie Taupin zusammen. Im Oktober veröffentlicht Baldry eine Soloplatte, die ein Nr.-1-Hit wird. Die B-Seite, „Lord You Made The Night Too Long“, ist die erste Komposition, die John und Taupin auf Platte veröffentlichen. Im März 1968 erscheint die erste Platte von Elton John, im Juni 1969 erscheint die erste Solo-LP — seither ist er ein Superstar. Sein erster Single-Hit ist einer seiner schönsten: „Your Song“ (11/70 US 8, 1/71 GB 7). Seine größten Hits: „Crocodile Rock“ (11/72 GB 5, US 1, D 3), „Goodbye Yellow Brick Road“ (9/73 GB 6, US 2), „Benny And The Jets“ (2/74 US 1), „Don't Let The Sun Go Down On Me“ (6/74 GB 16, US 2), „Lucy In The Sky With Diamonds“ (11/74 GB 10, US 1, 2/75 D 31), „Philadelphia Freedom“ (3/75 GB 12, US 1), „Someone Saved My Life Tonight“ (6/75 GB 22, US 4), „Island Girl“ (10/75 GB 14, US 1), „Sorry Seems To Be The Hardest Word“ (11/76 GB 11, US 6, D 29), „Mama Can't Buy You Love“ (6/79 US 9) und „Little Jeannie“ (5/80 US 3, GB 33, 7/80 D 23). Alle genannten Titel waren Millionseller. Seine erste Nr. 1 in GB gelang ihm im Duett mit Kiki Dee: „Don't Go Breaking My Heart“ (7/76 GB & US 1, D 5) — ebenfalls ein Millionseller. Elton war auch durch die 80er Jahre erfolgreich — Hits: „Nikita“ (10/85 GB 3, D 1, 1/86 US 7) und „I Don't Wanna Go On With You Like That“ (6/88 US 2, GB 30, D 22). Am 14.2.1984 heiratet Elton die deutsche Tontechnikerin Renate Blauel — warum, weiß kein Mensch. Auf der anderen Seite: Elton steckte viel Geld in den Fußballclub Watford, obwohl er nicht Fußball spielte.

■ **Johnny Burnette** — 1934 — US-Sänger und Songschreiber. Er gehörte zu denen, die Mitte der 50er Jahre Rockabilly-Music machten. Im Johnny Burnette Trio spielte er mit seinem Bruder Dorsey und einem Freund namens Paul Burlison. Die späteren Hits von Johnny als Solist haben allerdings wenig mit Rockabilly zu tun: „Dreamin'“ (7/60 US 11, 9/60 GB 5) und „You're 16“ (10/60 US 8, 1/61 GB 3). Am 14.8.1964 verunglückte er tödlich beim Angeln. Sein Sohn Rocky (* 12.6.53) wurde ebenfalls Sänger.

■ **Hoyt Axton** — 1938 — US-Sänger und Songschreiber — als Autor allerdings wesentlich erfolgreicher. Das Talent hat er wohl von seiner Mutter geerbt, die für Elvis die Nummer „Heartbreak Hotel“ schrieb. Hoyt sorgte z. B. für „Greenback Dollar“ mit dem Kingston Trio, „Joy To The World“ und „Never Been To Spain“ für Three Dog Night, „The Pusher“ mit Steppenwolf oder den „No No Song“ mit Ringo Starr.

■ **Vicky Lawrence** — 1949 — US-Sängerin, Schauspielerin und kurzfristig Ehefrau von Bob Russell, der Songs wie „Honey“ oder „Little Green Apples“ geschrieben hat. Für seine Frau bastelte er mit „The Night The Lights Went Out In Georgia“ (2/73 US 1) deren einzigen Hit. Vicky war zwischen 1967 und 1969 regelmäßig in der Carol Burnett Show beschäftigt, ab 1983 Star in der US-TV-Serie „Mama's Family“.

■ **Frankie Carle** — 1903 — US-Pianist, Bandleader und Songschreiber. Richtiger Name Francis Nunzio Carlone. Schon als Teenager spielte er in Tanzkapellen, gründete seine eigene Band, war von 1939 bis 1943 bei Hoarce Heidt, wurde dort Co-Leader und begann dann 1944 mit eigener Band. Hits: „Oh! What It Seemed To Be“ (1/46 US 1) und „Rumours Are Flying“ (9/46 US 1). In beiden Fällen hieß die Sängerin Marjorie Hughes — es handelte sich dabei um Frankies Tochter. Nach 1949 ließ der Erfolg nach.

■ **Bonnie Guitar** — 1924 — US-Gitarristin und Sängerin. Richtiger Nachname Buckingham. Bereits in den frühen 50er Jahren hatte sie eine eigene Gruppe, Mitte der 50er arbeitete sie als Sessiongitarristin in Los Angeles. 1958 gründete sie ihre eigene Plattenfirma, danach wurde sie Director of Country Music für DOT und ABC-Paramount. Ihren größten Erfolg als Interpretin hatte Bonnie mit dem Crossover-Hit „Dark Moon“ (4/57 US 6).

■ **Anita Bryant** — 1940 — US-Sängerin, die 1958 Miss Oklahoma und 2. bei der Wahl zur Miss America wurde. Zwischen 1959 und 1964 war sie mit 11 Platten in den Charts. Ihre größten Hits hießen „Paper Roses“ (4/60 US 5, GB 24) und „In My Little Corner Of The World“ (7/60 US 10).

■ **Wolf Maahn** — 1955 — Sänger, Gitarrist und Songschreiber. Der gebürtige Berliner, der in München aufwuchs, gehört inzwischen zur Kölner Rockszene. Er machte zwei schöne LPs mit der Food Band (1980/81), ab 1982 veröffentlichte er LPs in deutscher Sprache unter seinem Namen.

■ **Michael Stanley** — 1948 — US-Sänger, Gitarrist und Songschreiber, der Anfang der 70er Jahre zwei Folk-Alben veröffentlichte und 1974 seine eigene Gruppe gründete. Der größte Hit dieser Band war „He Can't Love You“ (11/80 US 33).

■ **John Rowles** — 1947 — Neuseeländischer Sänger, der 1968 mal kurz mit zwei Titeln in den GB-Charts auftauchte: „If I Only Had Time" (3/68 GB 3, 6/68 D 15) und „Hush Not A Word To Mary" (6/68 GB 12, 10/68 D 37).

■ **Steve Norman** — 1960 — GB-Percussionist und Saxophonist mit der 1979 gegründeten Band Spandau Ballet.

■ **Maizie Williams** — 1951 — GB-Sängerin bei Boney M., geboren auf Montserrat.

■ **Jack Hall** — 1947 — US-Bassist mit Wet Willie, Yellow Dog und der Charlie Daniels Band.

Todestag

Duster Bennett — 1976 — GB-Blues-Musiker der Extra-Klasse. Starb leider viel zu früh nach einem Autounfall. Geboren am 23.9.1946.

Tageshits

1950 — „If I Knew You Were Comin' I'd've Baked A Cake" — Eileen Barton — US 10 W.
1967 — „Happy Together" — Turtles — US 3 W.
1972 — „A Horse With No Name" — America — US 3 W.
1989 — „The Living Years" — Mike & The Mechanics — US 1 W.
1989 — „Like A Prayer" — Madonna — GB 3 W.

26

Geburtstage

Diana Ross

■ **Diana Ross** — 1944 — US-Lead-Sängerin der Supremes und ab 1970 als Solo-Künstlerin erfolgreich. Hits als Supremes: „Where Did Our Love Go" (7/64 US 1, 9/64 GB 3, 11/64 D 16), „Baby Love" (10/64 US & GB 1, 12/64 D 15), „Come See About Me" (11/64 US 1, 1/65 GB 27), „Stop! In The Name Of Love" (2/65 US 1, GB 7, 5/65 D 3), „Back In My Arms Again" (5/65 US 1), „I Hear A Symphony" (10/65 US 1), „You Can't Hurry Love" (8/66 US 1, GB 3), „You Keep Me Hanging On" (10/66 US 1, 12/66 GB 8), „Love Is Here And Now You're Gone" (1/67 US 1, GB 17) und „Happening" (4/67 US 1, GB 6). Ab diesem Zeitpunkt wurden die Platten als Diana Ross & The Supremes veröffentlicht — und der Hitreigen ging weiter: „Love Child" (10/68 US 1, GB 15), und die Trennungsnummer „Someday We'll Be Together" (11/69 US 1, GB 13). Auch als Solistin hatte sie Spitzenpositionen in den USA inne: „Ain't No Mountain High Enough" (8/70 US 1, GB 6), „Touch Me In The Morning" (6/73 US 1, GB 9), „Theme From Mahogany (Do You Know Where You're Going To)" (11/75 US 1, 4/76 GB 5), „Love Hangover" (4/76 US 1, GB 10) und „Upside Down" (7/80 GB 2, US 1, D 3). Zweimal schaffte Diana Ross die Spitze in GB: „I'm Still Waiting" (4/71 GB 1) und „Chain Reaction" (1/86 GB 1, D 11). Zu den nun schon erwähnten Hits kommen unzählige Plätze 2 — 10 und Titel, die sie mit Michael Jackson, Marvin Gaye, Smokey Robinson, Stevie Wonder oder den Temptations aufgenommen hat. Es sei nur noch einer erwähnt, der 9 Wochen hintereinander auf Platz 1 in den USA stand: „Endless Love" (7/81 US 1, 9/81 GB 7) mit Diana und Lionel Richie.

■ **Al Jolson** — 1886 — US-Schauspieler und Sänger, richtiger Name Asa Yoelson und geboren im russischen St. Petersburg. Bereits 1912 hatte er seinen ersten Millionseller: „Ragging The Baby To Sleep" (7/12 US 1). Weitere „Goldene": „The Spaniard That Blighted My Life" (5/13 US 1), „Swanee" (5/20 US 1), „Sonny Boy" (10/28 US 1) aus dem Film „The Singing Fool" — diese Platte gilt als der erste Millionseller, der durch einen Film gemacht wurde — „The Anniversary Song" (2/47 US 2), „My Mammy" (2/47 US 18) und „April Showers" (4/47 US 15). Al war es auch, der im ersten Spielfilm mit Musik zu hören war: „The Jazz Singer" (1927). Über Jolson wurden zwei Filme gedreht: „The Jolson Story" und „Jolson Sings Again". Er starb am 23.10.1950.

■ **Fred Parris** — 1936 — US-Lead-Sänger und Songschreiber mit den Five Satins. Hit: „In The Still Of The Night" (9/56 US 24). Nachdem Fred die Platte aufgenommen hatte, kam er zur Army nach Japan — die Band löste sich auf. Dann wurde die Nummer ein Hit und die Five Satins reformierten sich mit einem anderen Lead-Sänger: Bill Baker. Als Fred im Januar 1958 aus der Armee entlassen wurde, trat er seinen alten Job bei der Band wieder an und Baker mußte gehen. Der letzte Hit der Gruppe wurde 1961 notiert, 1982 veröffentlichte Fred als Fred Parris & The Five Satins ein Medley aus alten 50er Hits mit dem Titel „Memories Of Days Gone By" (2/82 US 71).

■ **Rufus Thomas** — 1917 — US-R&B-Sänger, Songschreiber, Tanzerfinder und Diskjockey. Er begann seine Karriere als Mitglied der Rabbit Foot Minstrels im Jahre 1935. Als Solist machte er 1950 seine ersten Platten. Auf dem Sun-Label hatte er mit der Nummer „Bear Cat" (4/53 R&B 3) seinen ersten Erfolg. Es handelte sich bei diesem Lied um einen Antwortsong zu Big Mama Thorntons „Hound Dog". Pophits für ihn waren „Walking The Dog" (10/63 US 10) und „Do The Funky Chicken" (2/70 US 28, 4/70 GB 18). Von 1953 bis 1974 arbeitete er als Diskjockey bei einer Rundfunkstation in Memphis. Seine Tochter ist die bekannte Soulsängerin Carla Thomas.

■ **Teddy Pendergrass** — 1950 — US-Sänger und Schlagzeuger. 1969 begann er seine Karriere als Drummer bei Harold Melvin & The Blue Notes. 1970 löste er deren Lead-Sänger John Atkins ab — jetzt wurde die Band erst richtig erfolgreich. Hits: „If You Don't Know Me By Now" (9/72 US 3, 1/73 GB 9) und „The Love I Lost (Part 1)" (9/73 US 7, 1/74 GB 21) — beide Platten waren Millionseller. 1976 kam Teddy als Solist. Hit und Millionseller: „Close The Door" (7/78 US 25). Am 18.3.1982 erlitt er einen schweren Verkehrsunfall, von dem er sich so gut erholte, daß er ab 1984 wieder Platten machen konnte. Im Duett mit der zu diesem Zeitpunkt völlig unbekannten Whitney Houston kam er wieder in die Charts: „Hold Me" (6/84 US 46, R&B 5, 1/86 GB 44).

■ **Steve Tyler** — 1948 — US-Lead-Sänger und Songschreiber der 1970 gegründeten Band Aerosmith. Größte Hits: „Dream On" (10/73 US 59, 1/76 RE-US 6) und „Walk This Way" (11/76 US 10). Anfang der 80er Jahre fiel die Band auseinander — kam dann aber im April 1984 wieder zusammen. Hits: „Dude (Looks Like A Lady)" (10/87 US 14), „Angel" (1/88 US 3), „Love In An Elevator" (9/89 US 5, GB 13) und „Janie's Got A Gun" (11/89 US 4).

■ **Bruce Low** — 1913 — Niederländer mit richtigem Namen Ernst Bjelke. Star des Deutschen Schlagers in den 50er Jahren — Hits: „Leise rauscht es am Missouri" (1950), „So viel Wind und keine Segel" und „Tabak und Rum" (1953), „Das alte Haus von Rocky Docky" (1955), „Wenn die Sonne scheint in Texas" (3/56 D 3) und „Und es weht der Wind" (9/56 D 2). Nachdem man in den 60er Jahren kaum etwas von Bruce hörte, war er ab 1971 wieder da mit „Noah" (9/71 D 5), „Das Kartenspiel" (4/74 D 6) und „Die Legende von Babylon" (8/78 D 6). Bruce starb am 4.3.1990.

Rod Lauren — 1940 — US-Sänger, der für die Firma RCA die Lücke schließen sollte, die die Militärzeit von Elvis riß. Man warf Rod mit einem enormen Werbeaufwand auf den Markt — heraus kam ein Hitchen: „If I Had A Girl" (12/59 US 31). Dann kam Elvis wieder — und weg war Rod.

■ **Ronnie McDowell** — 1950 — US-Sänger, ein weiterer Ersatz-Elvis. Nach dem Tode seines Idoles sang er „The King Is Gone" (9/77 US 13), es wurde sein einziger Hit und ein Millionseller.

■ **Richard Tandy** — 1948 — GB-Tasten- und Gitarrenspieler mit ELO. Als Studiomusiker war er auf Platten von Kiki Dee, Dave Edmunds oder den Everly Brothers zu hören.

■ **William Lyall** — 1953 — GB-Tastenspieler und Flötist bei Pilot, Alan Parsons Project und als Studiomusiker bei Dollar und Sheena Easton.

■ **Susanne Sulley** — 1963 — GB-Sängerin, die im Oktober 1980 zu Human League kam.

■ **Klaus Hoffmann** — 1951 — Filmschauspieler und Liedermacher.

■ **Fran Sheehan** — 1946 — US-Bassist bei Boston.

Todestag

■ **Eddie Lang** — 1933 — US-Gitarrist. Er starb an den Folgen einer Mandeloperation. Geboren am 25.10.1902.

Tageshits

1949 — „Cruising Down The River" — Russ Morgan — US 7 W.
1955 — „The Ballad Of Davy Crockett" — Bill Hayes — US 5 W.
1969 — „I Heard It Through The Grapevine" — Marvin Gaye — GB 3 W.
1977 — „Rich Girl" — Hall & Oates — US 2 W.
1983 — „Is There Something I Should Know" — Duran Durano — GB 2 W.
1988 — „Man In The Mirror" — Michael Jackson — US 2 W.
1988 — „Don't Turn Around" — Aswad — GB 2 W.

27

Geburtstage

■ **Sarah Vaughan** — 1924 — US-Sängerin und Pianistin, die zwischen 1949 und 1966 erfolgreich war. Sie studierte zwischen 1930 und 1939 Piano; 1942 gewann sie einen Amateur-Wettbewerb im Apollo Theater in Harlem — das führte zu einem Vertrag bei der Band von Earl Hines als Sängerin und zweite Pianistin. Die nächsten Stationen waren Billy Eckstine und Dizzy Gillespie — mit letzterem nahm sie den Klassiker „Lover Man" auf. Ab 1945 machte sie als Solistin Platten — ihr Spitzname war „The Divine One". Hits für Sarah: „Nature Boy" (7/48 US 9), „Make Yourself Comfortable" (11/54 US 6), „Whatever Lola Wants" (4/55 US 6) und „Broken Hearted Melody" (7/59 US 7, 9/59 GB 7). Auch in den 80er Jahren war sie noch aktiv.

■ **Tony Banks** — 1950 — GB-Tastenspieler, Sänger und Songschreiber. Er gehörte im Januar 1967 zu den Musikern, denen Jonathan King den Namen Genesis gab, und zu den dreien, die in den 80ern noch von der Band übrig geblieben waren. Wie alle anderen Mitspieler veröffentlichte auch Banks Solo-LPs, die allerdings nicht so erfolgreich waren wie die seiner Kollegen. 1989 brachte er mit Bankstatement ein neues Projekt.

■ **Bo Winberg** — 1939 — Schwedischer Gitarrist, Songschreiber und Kopf der Spotnicks. Über die Jahre hinweg ist Bo der Band treu geblieben — er war es auch, der der Gruppe den typischen Sound gab. Hits: „Hava Nagila" (1/63 GB 13) und „If You Could Read My Mind" (10/72 D 2).

■ **Tom Edwards** — 1923 — US-Rundfunk-Diskjockey, der einer der ersten war, der Elvis Presley im Radio unterstützte. Er selbst hatte mit zwei gesprochenen Platten, die mit Musik untermalt waren, Erfolg. Es ging bei den Nummern um Probleme zwischen Jugendlichen und Eltern. Den Erwachsenen erklärte er „What Is A Teenage Girl?" (2/57 US 57) und auf der anderen Seite der Platte „What Is A Teenage Boy?". Tom starb am 24.7.1981.

■ **Leroy Carr** — 1905 — US-Blues-Pianist. In den 20er Jahren begleitete er verschiedene Interpreten bei Tanzveranstaltungen und sogenannten House Partys. Ab Ende der 20er Jahre machte er eigene Platten, meist begleitet von Scrapper Blackwell. Der „Sloppy Drunk Blues" handelt von einer Vorliebe von Leroy, weshalb er dann am 29.4.1935 an Trunksucht starb.

■ **Richard Hayman** — 1920 — US-Tasten- und Harmonikaspieler und Orchesterchef. Er war zwischen 1953 und 1961 erfolgreich — Hit: „Ruby" (4/53 US 3).

■ **Roland Heck** — 1949 — Tastenspieler bei Joy Unlimited, die sich später in Joy & The Hitkids umbenannten. Als die Sängerin Joy Fleming die Band verließ, nannte man sich nur noch Hitkids.

■ **Andy Bown** — 1947 — GB-Gitarrist, Keyboarder und Songschreiber in der im September 1966 gegründeten Gruppe Herd, die sich im Oktober 1969 auflöste. Andy spielte in der Folgezeit mit Mike Hugg, Leslie Duncan, Memphis Slim, Tim Hardin, Chris Jagger, Marmalade, Pink Floyd und Peter Frampton, veröffentlichte 1972, '73 und '76 jeweils eine Solo-LP und spielt seit 1973 Baß bei Status Quo.

■ **Janis Martin** — 1940 — US-Sängerin, die kurz nachdem Elvis Presley bei RCA einen Plattenvertrag unterschieben hatte, von der gleichen Firma entdeckt wurde. Man war bei der RCA der Ansicht, Janis sei der weibliche Elvis. Bereits mit 11 hatte sie Auftritte im Radio, mit 13 nahm sie neben Ernest Tubb am Tobacco Festival teil. Mit 15 erhielt sie ihren Plattenvertrag — einziger Erfolg: „Will You, Willyum" (5/56 US 50). Danach versuchte die RCA, den Bezug zu Elvis zu verdeutlichen, aber „My Boy Elvis" wurde ein Flop. Nach 1958 und einem Baby war ihre Karriere beendet — trotz etlicher Comebackversuche.

■ **Bill Mackenzie** — 1957 — GB-Sänger und Songschreiber, der zusammen mit Alan Rankine 1976 das Kabarett-Combo Absorbic Ones bildete. 1979 benannten sie sich in Associates um, gründeten ein eigenes Label und veröffentlichten ihre erste Platte. Ihr erster wurde ihr größter Erfolg: „Party Fears Two" (2/82 GB 9). Im Februar 1985 trennte sich die Gruppe.

■ **Clark Datchler** — 1961 — GB-Sänger und Songschreiber, der, nachdem er zwei erfolgreiche Soloplatten bei RAK-Records veröffentlicht hatte, 1985 Mitbegründer des Trios Johnny Hates Jazz war. Hits: „Shattered Dreams" (4/87 GB 5, 6/87 D 7, 3/88 US 2), „I Don't Want To Be A Hero" (8/87 GB 11, D 17, 7/88 US 31) und „Turn Back The Clock" (11/87 GB 12, 1/88 D 19).

■ **Felix Haug** — 1952 — Schweizer Vielzweckmusiker und Songschreiber, der über Yello und Ping Pong zu Double kam und damit Erfolg hatte: „The Captain Of Her Heart" (10/85 D 10, 1/86 GB 8, 6/86 US 16).

■ **John Marascalco** — 1931 — US-Songschreiber, der viele der großen R'n'R-Nummern der 50er Jahre schrieb — z. B. „Rip It Up" oder „Good Golly Miss Molly".

■ **Walter Stocker** — 1953 — GB-Lead-Gitarrist bei den Babys und als Studiomusiker mit Air Supply und Rod Stewart.

Tageshits

1959 — „Side Saddle“ — Russ Conway — GB 4 W.
1965 — „Stop! In The Name Of Love“ — Supremes — US 2 W.
1968 — „Lady Madonna“ — Beatles — GB 2 W.
1972 — „How Do You Do“ — Windows — D 8 W.
1976 — „Save Your Kisses For Me“ — Brotherhood Of Man — GB 6 W.
1978 — „Das Lied der Schlümpfe“ — Vader Abraham — D 4 W.
1982 — „Seven Tears“ — Goombay Dance Band — GB 3 W.

Merk-Würdiges

1952 — Mit der Nummer 175 erscheint die erste Platte auf dem SUN-Label von Sam Phillips: „Drivin' Slow/Flat Tire“ mit Johnny London. Vorher hatte Phillips mit der Nummer 174 den Titel „Blues In My Condition“ mit Walter Horton und Jack Kelly angekündigt und Testpressungen an die ortsansässigen Radio-Stationen verschickt. Das Interesse war allerdings so gering, daß Phillips die Platte erst gar nicht auf den Markt brachte. Auch die Saxophon-Nummer von Johnny London sollte nicht der große Wurf für SUN-RECORDS werden. Mit SUN 209 erschien am 19. Juli 1954 „That's All Right“ mit Elvis — spätestens da änderten sich für Sam Phillips die Zeiten.

28

Geburtstage

■ **Paul Whiteman** — 1890 — US-Violinist und Orchesterchef, der als der populärste Bandleader der Vor-Swing-Ära gilt. Paul begann als Violinist im Denver & San Francisco Symphony Orchestra. 1919 gründete er seine erste eigene Band. Zwischen 1920 und 1954 hatte er 220 Hits. Die Position 1 der amerikanischen Hitparade nahm er 26mal ein. Seine größten Erfolge und Millionseller waren: „Whispering/Japanese Sandman“ (10/20 US 1), „Wang Wang Blues“ (12/20 US 2), „3 O'Clock In The Morning“ (11/22 US 1) und „Linger Awhile“ (2/24 US 1). Paul war es, der am 12.2.1924 in der New Yorker Aeolian Hall mit seinem Orchester George Gershwin bei der Premiere von „Rhapsody In Blue“ begleitete, der in den späten 20ern mit Bix Beiderbecke und anderen großen Jazzmusikern spielte und der mit Bing Crosby 1927 die ersten Platten aufnahm. So singt Bing z. B. den Titel „My Blue Heaven“ (10/27 US 1), bei dem außerdem noch Red Nichols Trompete spielt. Paul starb am 29.12.1967.

■ **Sally Carr** — 1948 — GB-Sängerin mit Middle Of The Road, die musikalisch ihrem Name alle Ehre machten. 1970 in Schottland gegründet, blieben sie nach ersten Erfolgen im italienischen Genua mittellos hängen und konnten die Rückfahrt nach GB nicht bezahlen. Und wie das Märchen es will, hat ein RCA-Direktor in seinem italienischen Urlaubsort die Gruppe gehört und sie gleich ins Studio geschickt. Die erste Single, die im Oktober 1970 erschien, wurde 6 Monate später ihr erster Hit: „Chirpy Chirpy Cheep Cheep“ (4/71 D 2, 6/71 GB 1). Und damit begann der Regen von goldenen Schallplatten in den Schoß der kleinen Sally. Weitere Hits: „Tweedle Dee Tweedle Dum“ (6/71 D 15, 9/71 GB 2), „Soley Soley“ (10/71 D 2, 12/71 GB 5), „Sacramento“ (1/72 D 1, 4/72 GB 23), „Samson And Delilah“ (4/72 D 2, 7/72 GB 26), „Bottom's Up“ (9/72 D 2) und „Yellow Boomerang“ (3/73 D 6).

■ **Thad Jones** — 1923 — US-Trompeter, Komponist und Bandleader. Richtige Vornamen: Thaddeus Joseph. Er begann im Count Basie Orchester, aus dem sich Thad zusammen mit Mel Lewis zur Jones-Lewis Big Band entwickelte. Im Laufe seiner Karriere spielte er mit vielen berühmten Jazzmusikern zusammen. Im Februar 1985 wurde er Chef der Count Basie Band. Wenig später, am 20.8.1986 erlag er einem Krebsleiden.

■ **Jay Livingston** — 1915 — US-Songschreiber; von ihm stammen Evergreens wie „Tammy“, „Golden Earrings“, „Buttons & Bows“, „Mona Lisa“, oder auch „Whatever Will Be, Will Be“. Die meisten Songs schrieb Jay zusammen mit Ray Evans. Bereits 1948 hatte das Team Lingston/Evans seinen ersten Hit. Sie erarbeiteten auch viele Musiken für Film und Fernsehen, so stammt z. B. die Titelmelodie zu „Bonanza“ von ihnen.

■ **Charlie Mc Coy** — 1941 — US-Mundharmonikaspieler. Er ist als Sessionmusiker auf vielen Platten großer US-Stars zu hören. Seine Bandbreite reicht von Folk-Rock (Bob Dylan) über Jazz, (Quincy Jones), Country (Waylon Jennings) und Rock bis zu Pop (B. J. Thomas).

■ **John Evan** — 1948 — GB-Keyboarder, in dessen Gruppe John Evan's Smash 1966/67 Musiker wie Ian Anderson und Glenn Cornick spielten, die im November 1967 Jethro Tull gründeten. Daraufhin löste John seine Band auf, studierte Chemie und schloß sich im April 1970 seinen alten Kollegen bei Jethro Tull wieder an. Er blieb bis zum Juni 1980 und machte danach als Sessionmusiker weiter.

■ **Mark Spiro** — 1957 — US-Keyboarder und Sänger, der 1985/86 als Studiomusiker bei Anne Murray, Laura Branigan und Richard T. Bear auftauchte.

■ **Charles Portz** — 1945 — US-Bassist mit den Nightriders, aus denen die Crossfires wurden und daraus wieder die Turtles.

■ **Milan Williams** — 1948 — US-Tastenspieler, Sänger, Gitarrist und Songschreiber mit den Commodores.

Todestage

■ **Arthur „Big Boy“ Crudup** — 1974 — US-Bluesgitarrist und Sänger. Er starb völlig verarmt nach einem Schlaganfall. Geboren am 24.8.1905.

■ **W. C. Handy** — 1958 — US-Blues-Songschreiber und Kornettist. Geboren am 16.11.1873.

Tageshits

1963 — „Foot Tapper“ — Shadows — GB 1 W.
1970 — „Bridge Over Troubled Water“ — Simon & Garfunkel — GB 3 W.
1981 — „This Ole House“ — Shakin' Stevens — GB 3 W.
1981 — „Rapture“ — Blondie — US 2 W.
1983 — „99 Luftballons“ — Nena — D 1 W.
1987 — „Respectable“ — Mel & Kim — GB 1 W.

29

Geburtstage

■ **Bobby Kimball** — 1947 — US-Leadsänger und Songschreiber mit Toto. Richtiger Name Robert Toteaux. Er sang vorher mit S.S. Fools und als 1978 die Gruppe Toto gegründet wurde, waren alle Mitglieder bereits gesuchte Studiomusiker. Auch nach der Gründung sind sie auf vielen Platten anderer Interpreten zu hören, so auch Bobby Kimball. Hits mit Toto: „Hold The Line“ (10/78 US 5, 2/79 GB 14, D 23), „Rosanna“ (4/82 US 5, 4/83 GB 12) und „Africa“ (10/82 US 1, 2/83

GB 3, 9/82 D 14). 1984 verließ Bobby die Gruppe und wurde durch Dennis Frederiksen ersetzt. 1985 wurde Bobby Mitglied von Far Corporation, eine Formation, die von Frank Farian gegründet wurde. Der größte Erfolg dieser Gruppe war ein Nachzieher des alten Led Zeppelin-Stücks „Stairway To Heaven" (11/85 GB 8, D 14). 1989 veröffentlichte Bobby Soloplatten.

■ **Terry Jacks** — 1946 — Kanadischer Sänger, Gitarrist, Songschreiber und Produzent. Er begann als Rhythmusgitarrist und Leadsänger bei der kanadischen Gruppe Chessmen. Während einer TV-Show für einen kanadischen Fernsehsender lernte er Susan Pesklevits kennen, die er später heiratete und mit der er das Quartett Poppy Family gründete — Hit und Millionseller: „Which Way You Goin' Billy" (4/70 US 2, 8/70 GB 7). 1973 zerbrachen sowohl die Gruppe als auch die Ehe, und beide machten als Solisten weiter. Terry hatte den größeren Erfolg mit „Seasons In The Sun" (1/74 US 1, 3/74 GB & D 1) und „If You Go Away" (6/74 GB 8, D 24) — beide Titel übrigens Kompositionen von Jacques Brel mit englischen Texten von Rod McKuen, im Original „Le Moribond" bzw. „Ne Me Quitte Pas".

■ **Vangelis** — 1943 — Griechischer Multimusiker und Komponist mit richtigem Namen Evangelos Papathanassiou. Er begann als Mitglied der Rockband Formynx. Nachdem in Griechenland das Militär an die Macht gekommen war, flüchtete Vangelis 1967 nach Paris. Mit anderen Exilgriechen gründete er die Band Aphrodite's Child, die mit einer Melodie, die Johann Pachelbel nachempfunden war, 1968 einen Millionseller hatte: „Rain And Tears" (10/68 D 28, GB 30). Nach Auflösung der Band arbeitete er als Studiomusiker und brachte Soloprojekte — Hit: „Chariots Of Fire" (9/81 GB 12, 2/82 US 1) aus dem gleichnamigen Film — für diesen Titel erhielt er einen Oscar. Seit 1980 arbeitet er nebenher mit Jon Anderson, dem Sänger der Gruppe Yes, als Jon & Vangelis — Hits: „I Hear You Now" (1/80 GB 8) und „I'll Find My Way Home" (12/81 GB 6, 2/82 D 6).

■ **Moon Mullican** — 1909 — US-Countrypianist, Sänger und Bandleader. Richtiger Vorname Aubrey. Er galt als der „King Of Hillbilly Piano Players" und beeinflußte mit seinem Pianostil den aufkommenden Rock 'n' Roll. Schon Mitte der 30er Jahre hatte er seine erste eigene Band, Anfang der 40er Jahre spielte er mit den Blue Ridge Playboys und den Texas Wanderers, um schließlich ab 1946 Platten als Solist aufzunehmen. Seine größten Erfolge waren: „New Pretty Blond (Jole Blon)" (2/47 C&W 2) und „I'll Sail My Ship Alone" (3/50 C&W 1). Er starb am 1.1.1967.

■ **Pearl Bailey** — 1918 — US-Sängerin und Schauspielerin. Mit 13 gewann sie ihren ersten Nachwuchswettbewerb, ihren zweiten gewann sie im Apollo in New York. 1946 hatte sie ihre ersten Erfolge als Schauspielerin, 1947 nahm sie ihre ersten Platten auf. Zu ihren großen Filmerfolgen gehören „Carmen Jones" (1954), „St. Louis Blues" (1958) zusammen mit Nat King Cole, „Porgy & Bess" (1959) und „All The Fine Young Cannibals" (1960). Nach dem letztgenannten Film benannte sich im übrigen die britische Gruppe Fine Young Cannibals. Ihr größter Pop-Erfolg hieß „Takes Two To Tango" (9/52 US 7).

■ **Mike Shepstone** — 1944 — GB-Schlagzeuger und Songschreiber mit der britischen Band I Rokes, die in Italien Mitte der 60er Jahre so populär war wie die Beatles. Größter Hit: „Piangi Con Me (Cry With Me)"; 1967 ein Millionseller in Italien. Eine englischsprachige Version des von den Bandmitgliedern geschriebenen Titels wurde im gleichen Jahr in den USA ein Hit für die Grass Roots: „Let's Live For Today" (6/67 US 8). 1973 gründete Mike zusammen mit Peter Dibbins das Duo Shepstone & Dibbins, das zumindest hier in der Bundesrepublik mit „Shady Lady" (1/74 D 45) in die Hitparaden kam.

■ **Eden Kane** — 1942 — GB-Sänger, richtiger Name Richard Sarstedt. Von 1961 bis 1964 hatte er fünf Top Ten Hits: „Well I Ask You" (6/61 GB 1), „Get Lost" (9/61 GB 10), „Forget Me Not" (1/62 GB 3), „I Don't Know Why" (5/62 GB 7) und „Boys Cry" (1/64 GB 8). Als der Erfolg nachließ, ging Eden mit seinen Brüdern Clive und Peter als Sarstedt Brothers — ohne Erfolg. Clive und Peter hatten sich auch als Solisten versucht — Clive mit wenig, Peter mit großem Glück.

■ **Donny Conn** — 1930 — US-Sänger mit dem Trio Playmates, deren größter Hit „Beep Beep" (11/58 US 4) war.

■ **Andy Parker** — 1953 — GB-Schlagzeuger bei UFO.

Tageshits

1941 — „Amapola" — Jimmy Dorsey — US 10 W.
1969 — „Atlantis" — Donovan — D 2 W.
1975 — „Lady Marmalade" — La Belle — US 1 W.
1986 — „Living Doll" — Cliff Richard & The Young Ones — GB 3 W.
1986 — „Rock Me Amadeus" — Falco — US 3 W.

30

Geburtstage

Eric Clapton

■ **Eric Clapton** — 1945 — GB-Gitarrist, Sänger und Songschreiber. Seine Karriere begann im Januar 1963 bei den Roosters. Im September des gleichen Jahres wurde er Mitglied bei Casey Jones & The Engineers, um schließlich im Oktober desselben Jahres Mitglied bei den Yardbirds zu werden. Dort blieb er bis zum März 1965, dann ging er zu John Mayall's Bluesbreakers, blieb bis zum Juli 1966 und gründete dann mit Ginger Baker und Jack Bruce eine der ersten sogenannten Supergruppen: Cream — Hits: der Millionseller „Sunshine Of Your Love" (1/68 US 5, 10/68 GB 25) und „White Room" (10/68 US 6, 1/69 GB & D 28). Im November 1968 war es damit wieder vorbei, ab Februar 1969 bis Februar 1970 spielte er bei Blind Faith, einer weiteren Supergruppe, in der neben Eric und Ginger Ric Grech und Steve Winwood spielten. Im Frühjahr 1970 spielte er dann für drei Monate mit Delaney, Bonnie & Friends und machte von Mai 1970 bis April 1971 als Derek & The Dominos weiter — Hit: „Layla" (3/71 US 51, 5/72 RE-US 10, 8/72 GB 7, 3/82 RE-GB 4). Im April 1974 erschien die erste Gruppe unter seinem Namen. In den dazwischenliegenden Jahren hat er als Studiomusiker an unzähligen Produktionen mitgearbeitet und im nachhinein zugegeben, daß er unter Drogenproblemen zu leiden hatte. Hits: „I Shot The Sheriff" (7/74 US 1, GB 9, 9/74 D 4), „Lay Down Sally" (12/77 GB 39, US 3), „Promises" (10/78 US 9, GB 37). Clapton, der den Spitznamen „Slowhand" trägt, kann über die Jahre hinweg auf hervorragende LP-Verkäufe und auf einen treuen Stamm von Fans zurückblicken.

■ **Frankie Laine** — 1913 — US-Sänger, richtiger Name Frank LoVecchio. Er begann seine Karriere 1937 mit der Freddy Carlone Band — dort löste er Perry Como ab, der mit Erfolg eine Solokarriere startete. Vorher hatte Frankie die Jahre der Depression unter anderem dadurch überstanden, daß er in sogenannten „Dance Marathon Contests" mitmachte und jahrelang den Weltrekord mit 3501 Stunden hielt — aufgestellt in Atlantic City im Jahre 1932. Laine blieb nicht lange bei Freddy Carlone. Wenig später wurde er Sänger bei einem Radiosender in New York. Nach dem 2. Weltkrieg war er zusammen mit dem Pianisten Carl Fischer die Sensation in einem Hollywood Nachtclub. Von 1947 bis 1969 hatte er Hits (alle jetzt genannten Titel sind Millionseller): „That's My Desire" (3/47 US 4), „That Lucky Old Sun" (8/49 US 1), „Mule Train" (11/49 US 1), „The Cry Of The Wild

Goose" (2/50 US 1), „Jezebel" (5/51 US 2), „Jealousy" (11/51 US 3), „Sugar Bush" (mit Doris Day) (6/52 US 7), „High Noon" (7/52 US 5, 11/52 GB 7) und „I Believe" (2/53 US 2, 4/53 GB 1). Außerdem erfolgreich, ohne jedoch Millionseller zu sein: „Hey Joe" (8/53 US 6, 10/53 GB 1), „Answer Me" (10/53 US 24, GB 1) und „A Woman In Love" (11/55 US 19, 9/56 GB 1). Nebenher nahm Frankie noch Duett-Platten auf mit Jimmy Boyd: „Tell Me A Story" (3/53 US 4, 5/53 GB 5), Johnnie Ray, Jo Stafford und Doris Day.

■ **Jim Dandy** — 1948 — US-Sänger und Songschreiber; richtiger Name Jim Mangrum. Im Juli 1971 benannte sich eine Amateurgruppe namens Knowbody Else um in Black Oak Arkansas. In dieser Stadt wurde Jim geboren. Noch im gleichen Jahr 1971 erschien die erste LP der Gruppe in den Hitparaden. Der größte Singlehit war „Jim Dandy" (12/73 US 25). 1980 löste sich die Band auf — als Grund wurden Schwierigkeiten mit der Plattenfirma und ein Herzinfarkt von Jim angegeben. 1984 veröffentlichte Jim eine Soloplatte. Angeblich sollte er Mitglied der Gruppe Black Sabbath werden, daraus ist allerdings nichts geworden.

■ **Wolfgang Niedecken** — 1951 — Sänger und Songschreiber für die Kölner Gruppe BAP, die sich in den 80er Jahren zur führenden deutschen Rockband entwickelte. Nebenher machte Wolfgang mit den Komplizen eine Langspielplatte, die sich wie die BAP-LPs hervorragend verkaufte. Die größten Single-Erfolge der Band waren „Verdamp lang her" (8/82 D 13) und „Fortsetzung folgt..." (9/88 D 10).

■ **Lene Lovich** — 1954 — US-Sängern und Songschreiberin. Sie wurde als Marlene Premilovich in Detroit mit englischer Mutter und jugoslawischem Vater geboren. Mit 13 Jahren kehrte sie mit ihrer Mutter nach GB zurück. 1979 erschien sie dann mit „Lucky Number" (2/79 GB 3) zum ersten Mal in den britischen Charts — es blieb ihr größter Erfolg. Sie wurde u. a. als „Englands Antwort auf Nina Hagen" — als wenn die Engländer wirklich darauf hätten antworten wollen, „Horror-Mieze", „Mischung aus Rapunzel und Rosenrot" oder auch „erfrischender Nicht-Routinier" bezeichnet.

■ **Randy Vanwarmer** — 1955 — US-Sänger, Gitarrist und Songschreiber, der im Alter von 12 Jahren, nachdem sein Vater bei einem Autounfall ums Leben gekommen war, mit seiner Mutter nach GB zog. Hier versuchte er auch sein Glück als Musiker, ging dann aber doch zurück in die USA und hatte dort seinen ersten Erfolg mit dem Millionseller „Just When I Needed You Most" (3/79 US 4, 8/79 GB 8).

■ **Sonny Boy Williamson** — 1914 — US-Bluessänger und Mundharmonikaspieler. Richtige Vornamen John Lee. Dieser hier gilt als der Original-Sonny Boy Williamson. Er arbeitete bis 1945 in kleineren Bands in Chicago, dann als Solist — größter Erfolg: „Shake The Boogie" (2/47 R&B 4). Er wurde am 1.6.1948 ermordet.

■ **Rolf Harris** — 1930 — Australischer Sänger, Pianist und Songschreiber. Hits: „Tie Me Kangaroo Down, Sport" (7/60 GB 9, 6/63 US 3), „Sun Arise" (10/62 GB 3) und „Two Little Boys" (11/69 GB 1). Rolf hatte ab 1970 regelmäßige Fernsehsendungen über die BBC und tat sich besonders mit Kinderprogrammen hervor.

■ **Samuel McFadin** — 1952 — US-Gitarrist und Leadsänger mit Flash Cadillac & The Continental Kids, einer Gruppe von sechs Studenten, die Musik im Stil der 50er Jahre machte. Hit: „Did You Boogie (With Your Baby)" (8/76 US 29). Auf dieser Platte ist auch der bekannte DJ Wolfman Jack zu hören.

■ **Tracy Chapman** — 1964 — US-Sängerin, Gitarristin und Songschreiberin. 1988 war sie der Newcomer des Jahres. Ihr erster Hit hieß „Fast Car" (6/88 GB 5, US 6).

■ **Graeme Edge** — 1942 — GB-Schlagzeuger und Songschreiber bei Moody Blues. Ab 1975 machte auch er nebenher Solo-LPs.

■ **Dave Ball** — 1950 — GB-Gitarrist mit Procol Harum und Bedlam.

Todestage

■ **Soeur Sourire** — 1985 — Belgische Nonne, die Selbstmord beging. Ihr richtiger Name war Jeanine Deckers, als Ordensschwester nannte sie sich Soeur Luc-Gabrielle. Mit dem selbstgeschriebenen Titel „Dominique" (11/63 US 1, GB 7, 1/64 D 6) hatte sie ihren größten Plattenerfolg. In den USA und in GB war sie als Singing Nun bekannt. „Schwester Lächeln" wurde 52 Jahre alt.

■ **Mantovani** — 1980 — Italienischer Geiger, Songschreiber und Orchesterchef. Geboren am 15.11.1905.

■ **Dick Haymes** — 1980 — In Argentinien am 13.9.1916 geborener Sänger.

Tageshits

1940 — „When You Wish Upon A Star" — Glenn Miller — US 5 W.
1956 — „Rock'n' Roll Waltz" — Kay Starr — GB 1 W.
1957 — „Butterfly" — Andy Williams — US 3 W.
1957 — „Party Doll" — Buddy Knox — US 1 W.
1957 — „Cindy oh Cindy" — Margot Eskens — D 10 W.
1963 — „He's So Fine" — Chiffons — US 4 W.
1968 — „Bleib bei mir" — Roy Black — D 1 W.
1974 — „Sunshine On My Shoulder" — John Denver — US 1 W.
1985 — „One More Night" — Phil Collins — US 2 W.

31

Geburtstage

■ **Herb Alpert** — 1937 — US-Trompeter, Songschreiber, Sänger, Produzent und Plattenfirmenbesitzer. Zusammen mit Lou Adler managte er Jan & Dean. Die beiden produzierten auch 15 Novelty-Hits, darunter der Titel „Alley-Oop" von Dante & The Evergreens (5/60 US 15). Zusammen mit seinem Freund Jerry Moss gründete Herb aus den Initialen der beiden Nachnamen „A&M Records"; es begann 1962 in einer Garage — es wurde eine Weltfirma. Für 200 Dollar produzierten sie den ersten Hit von Herb: „The Lonely Bull" (10/62 US 6, 1/63 GB 22). Weitere Hits: „Taste Of Honey" (9/65 US 7, 2/66 D 29), „This Guy's In Love With You" (5/68 US 1, GB 3, 9/68 D 37), „Rise" (7/79 US 1, 10/79 GB 13) und „Diamonds" (4/87 US 5, 6/87 GB 27, D 15) — hier singen Janet Jackson und Lisa Keith.

■ **Richard Chamberlain** — 1935 — US-Schauspieler und Teilzeit-Sänger. Populär wurde er Anfang der 60er Jahre, als in der US-TV-Serie „Dr. Kildare" seine Doktorspiele übertragen wurden. Diese Popularität nutzte die Filmfirma MGM, um einige Platten mit Richard zu produzieren. 1962 und 1963 erreichten 5 Titel die US- bzw. GB-Charts. Größter Erfolg war das Thema aus dem amerikanischen Vorläufer der „Schwarzwaldklinik": „Theme From Dr. Kildare (3 Stars Will Shine Tonight)" (6/62 US 10, GB 12). Weitere Hits für ihn waren „Love Me Tender" (10/62 US 21, GB 15), „All I Have To Do Is Dream" (2/63 US 14) und „Hi-Lili, Hi-Lo" (2/63 GB 20). Bei uns wurde Chamberlain bekannt durch die Fernsehfilme „Shogun" und „Dornenvögel".

■ **John D. Loudermilk** — 1934 — US-Songschreiber und Sänger. Seine ersten musikalischen Erfahrungen machte er als Schlagzeuger für die Heilsarmee. Hier lernte er auch das Spielen von Gitarre, Ukulele, Trompete und Saxophon. Mit 12 Jahren trat er neben Tex Ritter im Fernsehen auf, mit 13 hatte er als Johnny Dee eine eigene Radioshow. In einer seiner Sendungen sang er über den Titel „A Rose And A Baby Ruth", den er selbst geschrieben hatte. George Hamilton IV nahm den Titel auf, es wurde ein Top-Ten-Hit. John ging hin und nahm als Ebe Sneezer oder Johnny Dee seine ersten Platten auf. Als Dee hatte er den Hit „Sittin' In The Balcony" (3/57 US 38). Eddie Cochran hörte den Titel, nahm ihn ebenfalls auf und hatte damit mehr Erfolg (3/57 US 18). In der Folgezeit schrieb Loudermilk jede Menge Titel, die andere zu Hits machten: „Tobacco Road", „Indian Reservation", „Abilene", „Norman", „Sad Movies", „Waterloo" oder „Ebony Eyes". Hits als John D. Loudermilk: „Language Of Love" (11/61 US 32, 1/62 GB 13) und „Blue Train" (12/63 D 26).

■ **Shirley Jones** — 1934 — US-Schauspielerin und Sängerin. In den 50er Jahren spielte sie in Filmmusicals wie „Oklahoma" und „Carousel". 1960 gewann sie einen Oscar für die beste Nebenrolle im Film „Elmer Gantry". 1969 brillierte sie in dem TV-Film „Silent Night, Lonely Night". Zusammen mit ihrem Stiefsohn David Cassidy bildete sie den Nucleus der Partridge Family, die als Fernsehserie 1970 bis 1974 erfolgreich war. Es handelte sich hierbei um eine offensichtlich sehr musikalische Familie, die in jeder Folge ein Liedchen trällerte. Leadsänger dieses Familienunternehmens war David Cassidy — bei ihm stehen auch die Hits am 12.4.

■ **Al Goodman** — 1947 — US-Sänger und Songschreiber mit den Corvettes und den Vipers, die sich in Moments umbenannten. Ab 1968 bis ins Jahr 1980 war die Gruppe erfolgreich: der Millionseller „Love On A Two Way Street" (4/70 US 3), „Sexy Mama" (1/74 US 17), „Dolly My Love" (7/75 GB 10) und „Jack In The Box" (1/77 GB 7). Mitte der 70er Jahre traten sie mit der Instrumentalgruppe Whatnuts auf als Moments & Whatnuts — Hit: „Girls" (3/75 GB 3, 5/75 D 31). Ende der 70er Jahre änderten sie wieder ihren Namen in Ray, Goodman & Brown — Hit: der Millionseller „Special Lady" (1/80 US 5).

■ **Lefty Frizzell** — 1928 — US-Country-Sänger, Gitarrist und Komponist. Richtiger Name William Orville. Von 1950 bis zu seinem Tode stand er regelmäßig in den Country-Hitparaden. Seinen größten Crossover-Hit hatte er mit „I Want To Be With You Always" (8/51 US 29). Er starb am 19.7.1975.

■ **Mouth** — 1937 — Holländischer Sänger, richtiger Name Willem Duyn. Er begann als Schlagzeuger im Holland-Quartett, wurde Sänger bei den Jay-Jays, dann Disc-Jockey und gründete 1970 die Band Speedway. 1971 startete er das Duo Mouth & MacNeal — Hits siehe 5.5. bei Maggie MacNeal.

■ **Pat McGlynn** — 1958 — GB-Gitarrist. Er kam im November 1977 für Ian Mitchell zu den Bay City Rollers, die zu diesem Zeitpunkt schon in den letzten Zügen lagen. Kriterium war ein Gesicht für Teenie-Zeitschriften (das nicht ewig bleibt). 1978 erschien die erste Solo-LP von McGlynn.

■ **Heinz Gietz** — 1924 — Komponist, Produzent und Arrangeur. Er begann als Jazzpianist und machte sich dann als Schlagerkomponist einen Namen. Aus seiner Feder stammen unzählige Hits, darunter „Ohne Krimi geht die Mimi nie ins Bett", „Zuckerpuppe" und „Pigalle" für Bill Ramsey, „Steig in das Traumboot der Liebe", „Ich wär so gern bei dir" und „Manuel" für Caterina Valente oder Titel für Gerhard Wendland. Außerdem arbeitete er viele Jahre für Fernsehshows von z. B. Harald Juhnke. Gietz starb am 24.12.1989.

Thijs van Leer (Focus)

■ **Thijs Van Leer** — 1948 — Niederländischer Keyboarder, Flötist und Songschreiber. Er war Gründungsmitglied von Focus und machte auch Soloplatten.

■ **Mick Ralphs** — 1944 — GB-Gitarrist, Pianist und Songschreiber. 1968 war er Mitbegründer von Mott The Hoople und 1973 von Bad Company.

■ **Richard Hughes** — 1950 — US-Schlagzeuger mit den Winter Brüdern.

AC/DC

■ **Angus Young** — 1959 — Australischer Leadgitarrist und Songschreiber bei AC/DC. Markenzeichen: Schuljungenuniform mit kurzen Hosen.

■ **Allan Nichol** — 1946 — US-Leadgitarrist mit den Turtles.

■ **Rod Allen** — 1944 — GB-Gitarrist bei den Fortunes.

Todestag

■ **O'Kelly Isley** — 1986 — US-Sänger mit den Isley Brothers. Geboren am 25.12.1937.

Tageshits

1945 — „My Dreams Are Getting Better All The Time" — Les Brown — US 7 W.
1945 — „Candy" — Johnny Mercer, Jo Stafford & Pied Pipers — US 1 W.
1956 — „Tiritomba" — Margot Eskens — D 7 W.
1960 — „My Ole Man's A Dustman" — Lonnie Donegan — GB 4 W.
1962 — „Don't Break The Heart That Loves You" — Connie Francis — US 1 W.
1962 — „Zwei kleine Italiener" — Conny — D 6 W.
1973 — „Killing Me Softly" — Roberta Flack — US 1 W.
1973 — „Twelfth Of Never" — Donny Osmond — GB 1 W.
1984 — „Footloose" — Kenny Loggins — US 3 W.

1

Geburtstage

■ **Ronnie Lane** — 1948 — GB-Bassist, Sänger und Songschreiber mit der im Juni 1965 gegründeten Gruppe Small Faces. Daraus entwickelten sich nach dem Weggang von Steve Marriott und der Hinzunahme von Ron Wood und Rod Stewart im Februar 1969 die Faces, die bis zum Mai 1973 bestanden. Im September des gleichen Jahres gründete er seine eigene Formation Ronnie Lane & Slim Chance. Im weiteren Verlauf der 70er Jahre machte er noch Platten mit Ron Wood und Pete Townshend und war als Studiomusiker bei Roy Harper und den Wings zu hören. Ende der 70er Jahre erschien eine Solo-LP von Ronnie, dann wurde bekannt, daß er an Multipler Sklerose erkrankt sei.

Jimmy Cliff

■ **Jimmy Cliff** — 1948 — Jamaicanischer Sänger und Songschreiber. Richtiger Name James Chambers. Er macht seit 1962 Platten und gehört zu den ersten, die mit Reggae-Musik Erfolg hatten. Hits: „Wonderful World, Beautiful People" (10/69 GB 6, 12/69 US 25), „Vietnam" (4/70 D 15) und „Wild World" (8/70 GB 8). Zu seinen Glanzkompositionen gehören auch „You Can Get It If You Really Want" oder „Many Rivers To Cross". Als Filmstar trat er in „The Harder They Come" (1972) auf, in dem ein junger Musiker seine ländliche Heimat verläßt, um in der Stadt sein Glück zu versuchen — Jimmy spielte sich selbst.

■ **Debbie Reynolds** — 1932 — US-Schauspielerin und Sängerin, die mit richtigen Vornamen Mary Frances heißt. Ihren ersten Film machte sie 1948. Sie verkörperte in Hollywood den Typ „nettes Mädchen von nebenan". 1950 spielte sie in „3 Little Words" die Boop-Boop-A-Doo-Sängerin Helen Kane, die Ende der 20er Jahre in den USA erfolgreich war und das Original von „I Wanna Be Loved By You" sang. 1952 spielte sie neben Gene Kelly in „Singing In The Rain". Ihre beiden größten Erfolge als Sängerin hatte Debbie mit Titeln, die sie in Filmen sang: aus „Two Weeks With Love" stammte der Millionseller „Aba Daba Honeymoon" (2/51 US 3), den sie zusammen Carleton Carpenter sang, und aus „Tammy & The Bachelor" stammt „Tammy" (7/57 US 1, GB 2). Es folgten ein paar weitere Platten, dann war die Gesangskarriere wieder vorbei. Debbie war vom 26.9.1955 bis 1959 mit dem damaligen Gesangsstar Eddie Fisher verheiratet. Der verließ Debbie, um einer der Ehemänner von Liz Taylor zu werden. Der Ehe Reynolds/Fisher entstammt Carrie Fisher, die in „Star Wars" Prinzessin Leia spielte.

■ **Amos Milburn** — 1927 — US-Blues- und R&B-Pianist, Sänger und Songschreiber. 1945 gründete er eine eigene Band und machte 1946 seine ersten Plattenaufnahmen. Seine bekanntesten Nummern, die alle Platz 1 in der US-R&B-Hitparade belegten, waren der „Chicken Shack Boogie" (11/48), „Bewildered" (12/48), „Roomin' House Boogie" (9/49) und „Bad Bad Whiskey" (11/50). Nachdem Amos 1970 einen ersten Schlaganfall erlitten hatte, zog er sich aus dem Musikgeschäft zurück. Nach einem zweiten Schlaganfall starb er am 3.1.1980.

■ **Arthur Smith** — 1921 — US-Country-Saitenspieler und Songschreiber mit dem Beinamen „Guitar Boogie". Seinen größten Crossover-Erfolg hatte er mit der Nummer „Guitar Boogie" (7/48 US 25). In den 50er Jahren richtete er sich ein eigenes Aufnahmestudio ein, in dem er Mitte der 50er Jahre mit Don Reno für MGM den Instrumentaltitel „Feudin' Banjos" einspielte. Diese Aufnahme wurde später durch Eric Weissberg als „Duelling Banjos" im Film „Deliverance" bekannt. Arthur mußte Rechtsanwälte bemühen. Nach zwei Jahren gewann er den Prozeß und gilt inzwischen offiziell als Komponist dieses Titels.

■ **Alberta Hunter**— 1895 — US-Blues-Sängering und Songschreiberin, die auch als May Alix, Helen Roberts oder Josephine Beatty sang. Ihre ersten Platten machte sie 1921 zusammen mit dem Fletcher Henderson Orchestra. 1922 sprang Alberta für Bessie Smith in der Musik-Komödie „How Come" ein. Im Verlaufe ihrer langen Karriere machte sie mit fast allen Großen des Jazz und Blues Platten. Unter ihrem Namen wird ein Hit notiert: „Beale Street Blues" (10/27 US 16). Sie starb am 17.10.1984.

■ **Bob Nolan** — 1908 — US-Country-Sänger und Songschreiber. Richtiger Name Robert Clarence Nobles. 1934 war er Gründungsmitglied der Sons Of The Pioneers, die im gleichen Jahr auch ihre ersten Platten machten. Im Laufe ihrer Karriere war die Gruppe auch in vielen Filmen zu sehen. Größte Hits: „Tumbling Tumbleweeds" (12/34 US 13) und „Cool Water" (8/41 US 25). Zusammen mit Vaughn Monroe waren die Sons Of The Pioneers mit „Cool Water" (7/48 US 9) noch einmal in den Hitparaden. Nolan brachte auch als Solist Platten auf den Markt. Er starb am 15.6.1980.

■ **Art Lund** — 1915 — US-Sänger und Schauspieler, der seine Karriere als Art London in der Band von Jimmie Joy begann, bevor er zu Benny Goodman kam. In dessen Band hatte er seinen ersten Hit mit „Winter Weather" (1/42 US 24) — ein Duett mit Peggy Lee. Nach einer Unterbrechung durch seine Militärzeit kehrte Art zu Benny Goodman zurück und hatte mit ihm den Hit „Blue Skies" (8/46 US 9). Ab 1947 machte er Soloplatten. Seine erste war auch seine erfolgreichste: der Millionseller „Mam'selle" (4/47 US 1). 1956 war Art der Star im Broadway-Musical „The Most Happy Fella".

■ **Jim Brown** — 1934 — US-Sänger, der Anfang der 50er Jahre mit seiner Schwester Maxine als Duo auftrat, bis 1955 die jüngere Schwester dazustieß und man sich nun The Browns nannte. Mit „The Three Bells" (8/59 US 1, GB 6) und „The Old Lamplighter" (3/60 US 5) gelang ihnen der Einzug in die Pop-Hitparaden. Bis zu diesem Zeitpunkt waren sie mehr in den Country-Charts vertreten gewesen. Zumindest Jim wurde ein Country-Star, der bis in die 80er Jahre erfolgreich war — die beiden Schwestern machten ein Tonstudio auf.

■ **Philip Margo** — 1942 — US-Schlagzeuger, Gitarrist und Sänger mit The Tokens. Hits: „Tonight I Fell In Love" (3/61 US 15) und „The Lion Sleeps Tonight" (11/61 US 1, GB 11, 3/62 D 23). Ab 1973 machten drei der Tokens, die Brüder Philip und Mitch und Jay Siegel, als Cross Country weitere Plattenaufnahmen. Größter Erfolg: „In The Midnight Hour" (8/73 US 30).

■ **John Barbata** — 1945 — US-Schlagzeuger, der mit den Sentinels begann, dann im Juni 1966 zu den Turtles ging und mit denen die großen Hits trommelte. Dann ersetzte er Dallas Taylor bei Crosby, Stills, Nash & Young und kam schließlich im Jahre 1974 zu Jefferson Starship. Außerdem war er bei etlichen Platten bekannter Interpreten wie Dave Mason, Ry Cooder oder John Sebastian als Studiomusiker dabei.

■ **Gil Scott-Heron** — 1949 — US-Sänger, Pianist und Songschreiber, der sich in seinen Liedern kritisch mit der Situation der Schwarzen in den USA und Südafrika auseinandersetzt. Aber auch Atomkrieg, Drogen oder Alkohol sind Gegenstand seiner Songs. Das ist kein Stoff für Hitparaden.

■ **Frank Gari** — 1942 — US-Schauspieler und Sänger, der 1960/61 mit drei Titeln in der amerikanischen Hitparade notiert wurde und danach nie wieder auftauchte. Sein größter Erfolg hieß „Lullaby Of Love" (4/61 US 23).

■ **Billy Currie** — 1950 — GB-Tastenspieler und Songschreiber für die 1973 gegründeten Ultravox, die auch die „Könige des Elektro-Pop" genannt wurden. Er ist auch auf Platten von Visage, Phillip Lynott und Gary Numan zu hören.

■ **Alan Blakely** — 1942 — GB-Gitarrist, Tastenspieler, Sänger und Songschreiber mit den Tremeloes.

■ **Jeff Porcaro** — 1954 — US-Schlagzeuger mit Toto und ein gesuchter Studiomusiker.

■ **Simon Cowe** — 1948 — GB-Gitarrist, Mandolinenspieler und Sänger mit Lindisfarne und Jack The Lad.

■ **Rudolf Isley** — 1939 — US-Sänger und Songschreiber mit den Isley Brothers.

■ **Mark White** — 1961 — GB-Gitarrist und Songschreiber mit ABC.

Todestage

■ **Scott Joplin** — 1917 — US-Ragtime Komponist. Geboren am 24.11.1868.

■ **Marvin Gaye** — 1984 — US-Soul-Sänger und Songschreiber. Er wurde von seinem Vater während eines Streits erschossen — einen Tag vor seinem Geburtstag, dem 2.4.1939.

Tageshits

1961 — „Pigalle" — Bill Ramsey — D 3 W.
1967 — „Let's Spend The Night Together" — Rolling Stones — D 3 W.
1974 — „Dan The Banjo Man" — Dan The Banjo Man — D 1 W.
1989 — „Eternal Flame" — Bangles — US 1 W.

2

Geburtstage

■ **Marvin Gaye** — 1939 — US-Soul-Sänger und Songschreiber. Stationen seiner Karriere: Rainbows, seine erste eigene Band Marquees (1957) und dann Mitglied bei Harvey & The Moonglows — Hit: „Ten Commandments Of Love" (10/58 US 9). 1960 ging Marvin Gaye nach Detroit und wurde Sessiondrummer bei Tamla Motown. 1961 heiratete er Anna Gordy, die Schwester des Tamla-Motown-Chefs Barry Gordy Jr. Damit wurde er Mitglied im Motown-Clan. Zuerst spielte er Schlagzeug bei den frühen Hits von Smokey Robinson & The Miracles, dann brachte er Soloplatten auf den Markt. Seine 4. Single wurde der erste Erfolg: „Stubborn Kind Of Fellow" (10/62 US 46). Größte Hits: „I Heard It Through The Grapevine" (11/68 US 1, 2/69 GB 1), „Let's Get It On" (7/73 US 1, 9/73 GB 31), „Got To Give It Up" (4/77 US 1, GB 7) und „Sexual Healing" (10/82 US 3, GB 4, D 23). Dazu kommen jede Menge Top-Ten-Hits, Aufnahmen mit Diana Ross, Tammi Terrell, Mary Wells und Kim Weston. Am 1.4.1984 wurde Marvin von seinem Vater erschossen.

■ **Leon Russell** — 1941 — US-Multiinstrumentalist, Songschreiber und Sänger. Er nahm auch unter dem Namen Hank Wilson Country-Platten auf. Als Studiomusiker spielte Leon mit vielen Größen zusammen — von Jerry Lee Lewis über Bob Lind, The Crystals, Frank Sinatra, Glen Campbell, Bob Dylan, Rolling Stones, Joe Cocker bis Phil Spector. Er gilt als der erste Supersessionspieler der USA. 1970 organisierte er die Band für die „Mad Dogs & Englishmen"-Tour von Joe Cocker — die machte auch Leon zum Star. Es erschienen Solo-Platten von ihm, die zwar schön, aber nicht sehr erfolgreich waren. Größter Hit: „Tight Rope" (8/72 US 11).

Emmylou Harris

■ **Emmylou Harris** — 1947 — US-Sängerin, Gitarristin und Songschreiberin, die in den späten 60er Jahren als Folkinterpretin begann und ihre ersten Plattenaufnahmen 1969 machte. Danach spielte und sang sie viel im Umkreis der Flying Burrito Brothers und mit Gram Parsons, mit dem sie befreundet bis zu dessen Tode 1973 befreundet war. 1975 gründete sie ihre eigene Band und wurde erfolgreich in den Country-Charts. Alleine oder im Duett mit z. B. Dolly Parton, Linda Ronstadt, Earl Thomas Conley, Charlie Louvin, Buck Owens oder Don Williams brachte sie es auf rund 50 Hits in diesem Musikgenre. Siebenmal belegte sie Platz 1 — für Spitzenpositionen in der Pop-Hitparade reichte es nicht.

■ **Herbert Mills** — 1912 — US-Sänger mit den Mills Brothers, deren Karriere schon in den 30er Jahren begann und rund 40 Jahre anhielt. „Tiger Rag" (11/31 US 1) war ihr erster Millionseller. Weitere Hits: „Dinah" (1/32 US 1), „Paper Doll" (10/42 US 20, 7/43 RE-US 1), „You Always Hurt The One You Love" (6/44 US 1), „Glow Worm" (9/52 US 2, 1/53 GB 10) und „Cab Driver" (1/68 US 23), ihr letzter Erfolg. Alleine der Titel „Paper Doll" verkaufte sich 6 Millionen mal.

■ **Serge Gainsbourg** — 1928 — Französischer Schauspieler, Sänger, Pianist, Gitarrist und Songschreiber. Richtiger Name Lucien Ginzburg. Seinen ersten Hit hatte er 1959 mit „Le Poinconneur de Lilas". Weitere Erfolge waren „La Javanaise" (1962), „Bonnie & Clyde" (1968) zusammen mit Brigitte Bardot, „Je Suis Venu Te Dire Que Je M'en Vais" (1974), „Aux Armes Et Caetera" (1978) und „Love On The Beat" (1984). Sein größter internationaler Erfolg gelang ihm zusammen mit Jane Birkin und der Nummer „Je T'aime... Moi Non Plus" (7/69 D 3, GB 2, 10/69 RE-GB 1, US 58).

■ **Keren Jane Woodward** — 1963 — GB-Sängerin mit Bananarama, deren erste Platte 1981 erschien. Hits: „Really Saying Something" (4/82 GB 5), „Shy Boy" (7/82 GB 4), „Na Na Hey Hey Kiss Him Goodbye" (2/83 GB 5) — eine Coverversion des alten Hits von Steam, „Cruel Summer" (7/83 GB 8, 9/83 D 24, 7/84 US 9), „Robert de Niro's Waiting" (3/84 GB 3, D 7), „Venus" (5/86 GB 8, US 1, D 2) — eine Neuaufnahme des alten Hits von Shocking Blue, „I Heard A Rumour" (7/87 GB 14, US 4, D 37), „Love In The First Degree" (10/87 GB 3, D 21), „I Want You Back" (4/88 GB 5, D 29) und „Help" (2/89 GB 3, D 8).

■ **Jürgen Drews** — 1947 — Sänger und Gitarrist. Begann in der Hamburger Beat-Gruppe Die Anderen, ging zu den Les Humphries Singers und begann eine Solo-Karriere. Größter Hit: „Ein Bett im Kornfeld" (6/76 D 1).

■ **Lou Monte** — 1917 — US-Sänger und Gitarrist, der seinen ersten Hit mit „At The Darktown Strutters' Ball" (2/54 US 7) und seinen größten mit „Pepino The Italian Mouse" (12/62 US 5) hatte.

■ **Kurt Winter** — 1946 — Gitarrist. 1969 ersetzte er für rund drei Jahre den ausscheidenden Randy Bachmann in der kanadischen Gruppe Guess Who.

Larry Coryell

■ **Larry Coryell** — 1943 — US-Jazz-Rock-Gitarrist und Songschreiber der Sonderklasse. Er machte als Solist oder mit Eleventh House hervorragende Langspielplatten.

■ **David Robinson** — 1953 — US-Schlagzeuger mit Jonathan Richman & Modern Lovers. 1966 war er Gründungsmitglied der Cars.

■ **Gregory Abbott** — 1956 — US-Sänger und Songschreiber. Erster Hit: „Shake You Down" (10/86 US 1, GB 6, 1/87 D 13).

■ **Max Greger** — 1926 — Saxophonist und Leiter seines eigenen Orchesters. Größter Single-Hit: „Bongo Rock" (2/57 D 7).

■ **Alex Conti** — 1952 — Gitarrist in vielen verschiedenen deutschen Bands — Atlantis, Lake, Rudolf Rock & Die Schocker — und auch als Solist.

■ **Leon Wilkeson** — 1952 — US-Bassist mit Lynyrd Skynyrd und der Rossington Collins Band.

■ **Phil Castrodale** — 1942 — US-Sänger mit den Reflections.

■ **Glen Dale** — 1943 — GB-Gitarrist mit den Fortunes.

Todestag

■ **Buddy Rich** — 1987 — US-Jazz-Schlagzeuger und Orchesterchef. Geboren am 30.6.1917.

Tageshits

1964 — „Can't Buy Me Love" — Beatles — GB 3 W.
1966 — „19th Nervous Breakdown" — Rolling Stones — D 2 W.
1977 — „Knowing Me, Knowing You" — Abba — GB 5 W.

3

Geburtstage

■ **Doris Day** — 1924 — US-Schauspielerin und Sängerin, richtiger Name Doris von Kappelhoff. Doris wollte Tänzerin werden — verletzte sich jedoch an den Beinen und entschied sich für den Gesang. Sie begann ihre Karriere Ende der 30er Jahre in der Band von Barney Rapp, der in Cincinatti, der Heimatstadt von Doris, neben einer eigenen Band auch einen eigenen Nachtclub leitete. Barney war es, dem der Nachname Kappelhoff nicht zusagte und der Doris empfahl, sich Day zu nennen — nach ihrem zu diesem Zeitpunkt besten Gesangsstück „Day After Day". Die nächsten Stationen waren die Bands von Fred Waring und Bob Crosby. Zwischen 1943 und 1946 war Doris die Sängerin der Les Brown Band. Hits: „My Dreams Are Getting Better All The Time" (3/45 US 1) und „Sentimental Journey" (3/45 US 1). Ab Ende 1947 erschienen dann die Platten unter ihrem Namen — Hits: „Love Somebody" (5/48 US 1) „It's Magic" (7/48 US 2), „A Guy Is A Guy" (3/52 US 1), „Secret Love" (1/54 US 1, 4/54 GB 1) oder „Whatever Will Be Will Be (Que Sera, Sera)" (6/56 US 2, GB 1, 1/57 D 2). Doris machte auch Platten zusammen mit Frankie Laine: „Sugarbush" (6/52 US 7, 11/52 GB 8) — und Johnny Ray: „A Full Time Job" (12/52 US 20, 4/53 GB 11). Ab 1949 gehörte Doris zu den beliebtesten US-Schauspielerinnen — das lag vor allem an ihrem natürlichen und unaffektierten Wesen. Dazu kam eine gehörige Portion komisches Talent. Zu ihren großen Filmerfolgen gehören „Bettgeflüster" (1959), „Mitternachtsspitzen" (1960) und „Ein Hauch von Nerz" (1961). Es durfte wohl in der Tat nur ein Hauch von Nerz sein, denn von Doris Day stammt der Ausspruch, daß es „ein Verbrechen ist, ein Tier zu töten, um daraus einen Mantel zu machen".

■ **Tony Orlando** — 1944 — US-Sänger mit richtigem Namen Michael Anthony Orlando Cassavitis. Mit „Halfway To Paradise" (5/61 US 39) und „Bless You" (8/61 US 15, GB 5) hatte er die ersten Erfolge — danach lief erst einmal nichts mehr. Er arbeitete in der Plattenindustrie als Promotionmann, dann als Manager für einen Musikverlag. Ende der 60er Jahre formierte sich in einem New Yorker Studio eine Gruppe namens Wind — Leadsänger war Tony Orlando. Hit: „Make Believe" (9/69 US 28). 1970 erhielt Hank Medress — einst Mitglied der Tokens und jetzt Produzent für Bell-Records — ein Demoband von Telma Hopkins und Joyce Vincent, die sich selbst Dawn nannten, zugeschickt. Er bat Tony, doch noch eine Lead-Stimme über das fertige Band zu singen — und damit begann der Erfolg von Tony Orlando & Dawn. Die größten Hits (und alles Millionseller): „Candida" (7/70 US 3, 11/70 D 16, 1/71 GB 9), „Knock Three Times" (11/70 US 1, 2/71 D 3, 4/71 GB 1), „Tie A Yellow Ribbon Round The Ole Oak Tree" (2/73 US & GB 1, 5/73 D 9), „Say, Has Anybody Seen My Sweet Gypsy Rose" (7/73 US 3, GB 12, 9/73 D 37) und „He Don't Love You (Like I Love You)" (3/75 US 1). 1977 zog sich Tony Orlando aus dem Musikgeschäft zurück, um wenig später erneut als Solist in Erscheinung zu treten.

■ **Jan Berry** — 1941 — US-Sänger. Zusammen mit seinem Schulfreund Dean Torrence gründete er noch während seiner Zeit auf der High School in Los Angeles eine Gruppe namens Barons. Jan und Dean und ein weiteres Mitglied der Barons, Arnie Ginsburg, nahmen in der Garage von Jan den Titel „Jennie Lee" (6/58 US 8) auf. Kurz darauf mußte Dean zum Militär, und die Nummer „Jennie Lee" erschien auf dem Doris-Day-Label Arwin. Als Interpreten wurden Jan & Arnie genannt. Als Dean 1959 zurückkehrte, ging Arnie zur Navy. Das Duo Jan & Dean erhielt einen Plattenvertrag von Herb Alperts Firma Dore. Hits: „Baby Talk" (8/59 US 10), „Surf City" (6/63 US 1, 8/63 GB 26), „Drag City" (12/63 US 10), „Dead Man's Curve" (3/64 US 8) und „The Little Old Lady (From Pasadena)" (6/64 US 3). Beim Titel „Surf City" half der Beach Boy Brian Wilson beim Texten und Singen. Dean Torrence half seinerseits bei der Aufnahme „Barbara Ann" der Beach Boys: er sang die Leadstimme. Am 19. April 1966 verunglückte Jan schwer bei einem Autounfall. Nach „Dead Man's Curve", einem biographischen Film über das Duo, versuchten die beiden 1978 ein Comeback.

■ **Philippe Wynne** — 1938 — US-Leadsänger der Spinners ab Januar 1971. Er kam zur Gruppe für G. C. Cameron, der sich als Solist versuchen wollte. Hits mit Wynne: „I'll Be Around" (8/72 US 8), „Could It Be I'm Falling In Love" (12/72 US 4, 4/73 GB 11), „One Of A Kind (Love Affair)" (4/73 US 11), zusammen mit Dionne Warwicke: „Then Came You" (7/74 US 1, 10/74 GB 29), „They Just Can't Stop It (The Games People Play)" (8/75 US 5) und „The Rubber Band Man" (9/76 US 2, GB 16) — alle genannten Platten sind Millionseller. Anfang 1977 verließ Wynne die Spinners, er wurde durch John Edwards ersetzt. Aus der geplanten Solokarriere von Wynne wurde nichts. Er starb am 14.7.1984. In den USA nannte sich die Gruppe übrigens immer nur Spinners — in GB mußten sie im Dezember 1970 ihren Namen in Motown Spinners umändern, weil es eine sehr populäre Folkgruppe aus Liverpool gab, die ebenfalls Spinners hieß. Nachdem die Gruppe ab 1972 nicht mehr bei Motown unter Vertrag war, nannten sie sich in GB Detroit Spinners.

■ **Marlon Brando** — 1924 — US-Filmschauspieler. Erster größerer Erfolg 1947 in der Broadway-Aufführung von Tennessee Williams' „A Streetcar Named Desire" (Endstation Sehnsucht). Erster Filmerfolg 1950 „The Men" unter Fred Zinnemann. 1954 wurde Brando mit dem Film „On The Waterfront" (Faust im Nakken) zum Star. Egal was er spielte — Mark Anton, Napoleon, Fletcher Christian, den Paten, Walter E. Kurtz, den letzten Tangotänzer oder einen lederbefrackten jugendlichen Gangster — was er am meisten haßte, war das Auswendiglernen von Texten. Trat auch als Platteninterpret in Erscheinung.

■ **Wayne Newton** — 1942 — US-Sänger, Multiinstrumentalist und Las Vegas-Nr.-1-Entertainer. Sein Erfolg begann nach einem Auftritt in der Jackie Gleason TV-Show im Jahre 1962. Bobby Darin sah ihn in dieser Sendung, nahm ihn unter Vertrag und produzierte seine erste Platte. Sein erster Hit war Bert Kaempferts „Danke Schön" (7/63 US 13), sein größter „Daddy Don't You Walk So Fast" (4/72 US 4).

■ **Jeff Barry** — 1938 — US-Songschreiber und Sänger. Zusammen mit seiner Frau Ellie Greenwich schrieb er viele Hits der frühen 60er Jahre: „Da Doo Ron Ron", „Be My Baby", „Then He Kissed Me", „Tell Laura I Love Her", „Hanky Panky", „River Deep, Mountain High" oder „Leader Of The Pack" stammen von den beiden. Als Interpreten stand das Ehepaar auch in den Hitparaden — sie nannten sich Raindrops. Größter Hit: „The Kind Of Boy You Can't Forget" (8/63 US 17).

■ **Don Gibson** — 1928 — US-Country-Sänger, Gitarrist und Songschreiber — so stammen z. B. der erste Hit von Faron Young „Sweet Dreams" (1956) und der Ray Charles-Hit „I Can't Stop Loving You" von Don, dessen Spitzname „Mr. Country Soul" ist. Seine größten Pop-Hits: „Oh Lonesome Me" (3/58 US 7), „Blue Blue Day" (6/58 US 20) und „Sea Of Heartbreak" (6/61 US 21, 8/61 GB 14). Alle seine Aufnahmen wurden durch Chet Atkins produziert.

■ **Richard Thompson** — 1949 — GB-Gitarrist und Songschreiber, der zu den großen britischen Folkrockstars gezählt wird. 1967 war er Gründungsmitglied bei Fairport Convention. Er blieb bis zum Januar 1971. Danach machte er Soloplatten, sang zusammen mit seiner Frau Linda, arbeitete als Sessionmusiker und tauchte im Oktober 1972 als Mitglied der Albion Country Band auf. In der Nachfolgezeit immer wieder Platten als Richard & Linda Thompson oder Zusammenarbeit mit J. J. Cale, T-Bone Burnett, Gerry Rafferty, Julie Covington, Sandy Denny u. v. a. Man spricht im Zusammenhang mit Richard Thompson immer von dem bestgehüteten Geheimnis der britischen Insel.

■ **Richard Manuel** — 1943 — US-Sänger und Tastenspieler für The Band, die 1967 in Woodstock gegründet wurde. Alle Mitglieder spielten vorher in der Begleitgruppe Hawks von Ronnie Hawkins. Die Gruppe gab ihr letztes Konzert (The Last Waltz) Ende November 1976 — am Thanksgiving Day — und löste sich dann auf. Am 4.3.1986 nahm sich Manuel das Leben.

■ **Mel Schacher** — 1951 — US-Bassist und Sänger, der seine Karriere als Mitglied in den letzten Tagen von Questionmark & The Mysterians begann, dann 1969 zu Fabulous Pack kam, aus denen 1970 Grandfunk Railroad wurde. 1976, als sich Leadsänger Mark Farner als Solist versuchen wollte, fiel die Gruppe auseinander — Mel machte mit den anderen im Trio Flint weiter.

■ **Joe Vann** — 1943 — US-Leadsänger mit den Duprees. Richtiger Name Joseph Canzano. Größter Hit: „You Belong To Me" (8/62 US 7). Ende der 60er Jahre benannte sich die Gruppe um in The Italian Asphalt & Pavement Company, die es mit „Check Yourself" (5/70 US 97) nur auf einen Beinahe-Hit brachte. Joe starb am 28.2.1984.

■ **Jimmy McGriff** — 1936 — US-Jazz- und R&B-Keyboarder und Songschreiber der Extraklasse. In den Pop-Charts war er auch zu finden — größter Hit: „I've Got A Woman, Part 1" (10/62 US 20).

■ **Dee Murray** — 1946 — GB-Bassist von Oktober 1968 bis Juli 1969 bei der Spencer Davis Group, dann in der Begleitband von Elton John und als Studiomusiker.

■ **Nick Richards** — 1960 — GB-Sänger, Songschreiber und 1985 Gründer der Band Boys Don't Cry, die mit ihrer Debut-Single gleich einen Hit landete: „I Wanna Be A Cowboy" (4/86 US 12, 9/86 D 41).

■ **Eddie Murphy** — 1961 — US-Schauspieler und Sänger. Erster Hit: „Party All The Time" (10/85 US 2, 2/86 D 9), geschrieben und produziert durch Rick James. Eddie gilt als ausgesprochen komisches Talent. Bekannteste Filme: „Beverly Hills Cop", „48 Hours" und „The Golden Child".

■ **John Griffith** — 1962 — US-Sänger, Gitarrist und Keyboarder. 1980 spielte er mit den Ratfinks, die ihren Namen dann in Red Rockers änderten.

■ **Miguel Bos.** — 1956 — Spanischer Sänger, Songschreiber und Schauspieler, der bereits mit 15 seinen ersten Kinofilm machte und in den darauffolgenden Jahren weitere 13 Filme drehte.

■ **David Nicholson** — 1952 — GB-Bassist, Keyboarder und Songschreiber mit Blue.

■ **Barry Pritchard** — 1944 — GB-Lead-Gitarrist bei den Fortunes, die zwischen 1965 und 1972 erfolgreich waren.

■ **Mick Mars** — 1955 — US-Leadgitarrist und Songschreiber mit Mötley Crüe.

Todestag

■ **Kurt Weill** — 1950 — US-Komponist deutscher Abstammung. Schrieb seine erfolgreichsten Musiken zu Texten von Bert Brecht. Geboren am 2.3.1900.

Tageshits

1961 — „Runaway" — Del Shannon — US 4 W.
1971 — „Just My Imagination" — Temptations — US 2 W.
1976 — „Disco Lady" — Johnny Taylor — US 4 W.
1989 — „Looking For Freedom" — David Hasselhoff — D 8 W.

4

Geburtstage

■ **Muddy Waters** — 1915 — US-Blues-Gitarrist, Sänger und Songschreiber der Extraklasse. Richtiger Name McKinley Morganfield. 1941 nahm er seine ersten Platten auf. Seine bekanntesten Aufnahmen sind: „Long Distance Call" (4/51 R&B 8), „I'm Your Hoochie Coochie Man" (3/54 R&B 3) und „Manish Boy" (7/55 R&B 5). In Blues-Büchern wird er „The Living Legend" genannt — das hat sich inzwischen überholt. Muddy starb am 30.4.1983.

■ **Berry Oakley** — 1948 — US-Bassist und Songschreiber mit der Allman Brothers Band, die Anfang der 70er Jahre groß rauskam. Der Erfolg hielt nicht lange an — zwei wichtige Mitglieder der Band starben bei Motorradunfällen: Duane Allman am 29.10.1971 und Berry Oakley am 11.11.1972.

■ **Doug Ferguson** — 1947 — GB-Bassist. Er begann 1968 bei Strange Brew, die sich später auf Brew verkürzten. Dann für rund ein Jahr mit der Mike Scott Band, wieder für 6 Monate zurück zu Brew und schließlich mit Andy Ward und Andy Latimer in der Begleitgruppe von Philip Goodhand-Tait. Diese drei Musiker gründeten zusammen mit Peter Bardens im Frühjahr 1972 Camel.

■ **Dave Hill** — 1952 — GB-Gitarrist mit Ambrose Slade, die sich auf Slade abkürzten und ab 1971 erfolgreich waren. Mitte der 70er Jahre ließ der Erfolg von Slade nach, 1983 tauchten sie jedoch wieder in den oberen Regionen der Hitparaden auf — nun auch zum erstenmal in den USA.

■ **Major Lance** — 1941 — US-Soulsänger, der zwischen 1963 und 1965 erfolgreich war. Nachdem er sich als Amateurboxer und Tänzer bei Record Hop TV-Shows versucht hatte, sang er mit den Five Gospel Harmonaires und wurde Mitglied bei den Ideals. 1959 machte er seine ersten Soloplatten. Hits: „The Monkey Time" (7/63 US 8) und „Um, Um, Um, Um, Um, Um" (1/64 US 5, GB 40). 1975 gründete er zusammen mit Al Jackson von den MG's ein eigenes Plattenlabel. Zwischen 1978 und 1981 saß er wegen Drogenhandels im Gefängnis.

■ **Gary Moore** — 1954 — Irischer Songschreiber, Sänger und Gitarrist. Ab der ersten Hälfte der 70er Jahre spielte er mit Dr. Strangely Strange, Skid Row, Thin Lizzy, Colosseum und als Solist. Seine größten Erfolge — der Gesang kam von Phil Lynott — waren „Parisienne Walkways" (4/79 GB 8), „Empty Rooms" (8/84 GB 51, 7/85 RE-GB 23) und „Out In The Fields" (5/85 GB 5, 7/85 D 14).

■ **Peter Haycock** — 1952 — GB-Sänger, Gitarrist und Songschreiber mit der 1968 gegründeten Climax Chicago Blues Band, die das Chicago irgendwann aus ihrem Namen gestrichen hat. Mit dem Streichen des Städtenamens ging allerdings auch viel vom Blues verloren. Hits: „Couldn't Get It Right" (10/76 GB 10, 2/77 US 3) und „I Love You" (2/81 US 12).

■ **Julie Forsyth** — 1958 — GB-Sängerin. Sie war auf Donovans LP „Cosmic Wheels" zu hören und wurde dann Mitglied der Guys 'n' Dolls, die mit „There's A Whole Lot Of Loving" (3/75 GB 2) und „You Don't Have To Say You Love Me" (2/76 GB 5) Erfolg hatten.

■ **Hugh Masekela** — 1939 — Südafrikanischer Trompeter, Band-Leader, Sänger und Songschreiber. Sein einziger Hit: „Grazing In The Grass" (6/68 US 1). Er war verheiratet mit der Sängerin Miriam Makeba.

■ **Dicken** — 1950 — GB-Sänger, Lead-Gitarrist und Songschreiber bei Mr. Big, gegründet 1973. Richtiger Name Jeff Robert Pain. Einziger Hit: „Romeo“ (2/77 GB 4). Nachdem die Band auseinanderfiel, machte er als Solist weiter.

■ **Margo J. Sylvia** — 1936 — US-Lead-Sängerin der 1956 gegründeten Tune Weavers, die mit „Happy, Happy Birthday Baby“ (9/57 US 5) ihren einzigen Hit hatten.

■ **Kris Jensen** — 1942 — US-Sänger und Gitarrist mit einem Hit. „Torture“ (9/62 US 20).

■ **Pip Pyle** — 1950 — GB-Drummer mit Hatfield & The North, National Health und als Studiomusiker.

Todestag

■ **Red Sovine** — 1980 — US-Country-Sänger. Geboren am 17.7.1918.

Tageshits

1963 — „Summer Holiday“ — Cliff Richard — GB 1 W. (2.mal)
1964 — „Can't Buy Me Love“ — The Beatles — US 5 W.
1982 — „Too Shy“ — Kajogoogoo — D 5 W.
1987 — „Let It Be“ — Ferry Aid — GB 3 W.
1987 — „Nothing's Gonna Stop Us Now“ — Starship — US 2 W.

5

Geburtstage

■ **Allan Clarke** — 1941 — GB-Sänger und Songschreiber mit den Hollies. Vorher hatte er zusammen mit Graham Nash als Duo Guytones und Two Teens gespielt, nach Hinzunahme von anderen Mitgliedern wurden daraus die Fourtones, die Deltas und schließlich 1962 die Hollies. Anfang 1963 waren alle britischen Plattenfirmen auf der Suche nach weiteren Beatles. Ein EMI-Produzent entdeckte die Hollies im Cavern Club in Liverpool und lud sie zum Vorspielen nach London ein. Die Hollies bestanden den Test und machten bereits am 4.4.1963 ihre ersten Plattenaufnahmen. Größte Hits: „Just One Look“ (2/64 GB 2), „I'm Alive“ (5/65 GB 1, 8/65 D 16), „I Can't Let Go“ (2/66 GB 2, 5/66 D 30), „Bus Stop“ (6/66 GB & US 5, D 9), „Stop Stop Stop“ (10/66 GB 2, US 7, D 4), „Carrie-Anne“ (6/67 GB 3, US 9, D 8), „Sorry Suzanne“ (3/69 GB 3, D 7), „He Ain't Heavy, He's My Brother“ (10/69 GB 3, D 9, 12/69 US 7, 9/88 RE-GB 1 — der erneute Erfolg läßt sich dadurch erklären, daß die Nummer von der US-Bierfirma „Miller Light“ für einen TV-Spot verwendet wurde), „Long Cool Woman (In A Black Dress)“ (2/72 D 15, 6/72 US 2, 9/72 GB 32), „The Air That I Breathe“ (2/74 GB 2, D 4, 4/74 US 6). Mitte der 70er Jahre fiel die Gruppe auseinander, 1983 formierte sie sich wieder neu. Zwischendurch versuchte Allan sich mehrfach glücklos als Solist. Für Alan Parsons sang er auf dessen LP „I Robot“.

■ **Tony Williams** — 1928 — US-Sänger und 1953 Mitbegründer der Platters. 1954 machten sie ihre ersten Plattenaufnahmen, darunter auch die Nummer „Only You“, die dann aber von der Plattenfirma Federal als nicht veröffentlichungswürdig abgetan wurde. 1955 wechselten die Platters zu Mercury und nahmen das Stück erneut auf. Tony sang die Lead-Stimme auf allen großen Hits der Formation: „Only You (And You Alone)“ (10/55 US 5, 1/57 D 13), „The Great Pretender“ (12/55 US 1) — in GB erschienen diese beiden Stücke als A- und B-Seite (9/56 GB 5), — „My Prayer“ (7/56 US 1, 11/56 GB 4), „Twilight Time“ (4/58 US 1, GB 3) und „Smoke Gets In Your Eyes“ (11/58 US 1, 1/59 GB 1). Im Juni 1960 trennte sich Tony von den Platters und versuchte sich als Solist — für ihn kam Sonny Turner. Tony hatte keinen Hit ohne die Platters — und die keinen mehr ohne Tony. Der Name Platters geistert noch heute durch die Clubszene. Wer da unter diesem Namen auftritt, weiß der Geier — mit den Original-Platters hat es wenig zu tun.

■ **Joe Meek** — 1929 — GB-Plattenproduzent und Sound-Tüftler. Richtiger Vorname Robert. Nach seiner Militärzeit, in der er als Radartechniker gearbeitet hatte, wurde er Ingenieur beim Fernsehen und dann in einem Plattenstudio. Er wirkte mit an den frühen Hits von Lonnie Donegan und begann, eigene Stücke zu schreiben. So stammt z. B. „Put A Ring On Her Finger“ — mit Tommy Steele ein Hit — von ihm. Danach wurde er Freiberufler, baute ein eigenes Studio im Norden von London und gründete sein eigenes Plattenlabel. Sein erster Erfolg auf seinem eigenen Label war „Angela Jones“ (6/60 GB 7) mit Michael Cox. Robert Stigwood brachte den Schauspieler John Leyton zu Joe Meek, um mit ihm Plattenaufnahmen zu machen. Damit begann der große Erfolg von Meek. Vielen weiteren britischen Interpreten verhalf er zu Hits: Mike Berry & The Outlaws, Tornados, Heinz, Honeycombs oder Screaming Lord Sutch z. B. Nachdem der Erfolg für Joe nachließ, beging er am Todestag seines Idols Buddy Holly Selbstmord — am 3.2.1967.

■ **Gale Storm** — 1922 — US-Sängerin und Schauspielerin mit richtigem Namen Josephine Owaissa Cottle. Sie kam Ende der 30er Jahre nach Hollywood und war durch die 40er und in den frühen 50er Jahren Hauptdarstellerin in vielen Filmen. Zwischen 1952 und 1955 hatte sie eine eigene TV-Serie, „My Little Margie“, und von 1956 bis 1960 die „Gale Storm Show“. In den USA stand sie zwischen 1955 und 1957 mit 6 Platten in den Top 10. Größte Hits: „I Hear You Knocking“ (10/55 US 2) und „Dark Moon“ (4/57 US 4).

■ **Dave Swarbrick** — 1941 — GB-Violinist und Sänger, der mit Martin Carthy Platten aufnahm und ab September 1969 mit Fairport Convention spielte. Zwischendurch war er als Studiomusiker bei Plattenproduktionen von Sandy Denny, Al Stewart, Alain Stivell, Heads, Hands & Feet oder Seekers dabei.

■ **Pia Zadora** — 1955 — US-Sängerin. Richtiger Nachname Schipani. Als Solistin international mäßig erfolgreich. Hit im Duett mit Jermaine Jackson: „When The Rain Begins To Fall“ (10/84 D 1). Solohits: „Let's Dance Tonight“ (2/85 D 11) und „Little Bit Of Heaven“ (6/85 D 10). Ihr millionenschwerer Ehemann kaufte sie in Filme wie „Butterfly“ (1982), „A Lonely Lady“ (1983) oder „Hairspray“ (1988) ein.

■ **David LaFlamme** — 1941 — US-Violinist, Gitarrist, Sänger und Songschreiber für It's A Beautiful Day, die 1969 den Titel „White Bird“ aufnahmen, ohne daß er in die Charts kam. David LaFlamme nahm das Stück auf einer Solo-LP noch einmal auf — diesmal erreichte es im Dezember 1976 einen schlappen Platz 89 in den USA.

■ **Frank Warner** — 1903 — US-Sänger, Banjospieler und Songschreiber. Er war Vizepräsident der Country Dance & Song Society of America. Frank war jemand, der sich Zeit seines Lebens für die traditionelle amerikanische Volksmusik einsetzte.

■ **Crispian St. Peters** — 1944 — GB-Sänger und Gitarrist, richtiger Name Robin Peter Smith. Hits: „You Were On My Mind“ (1/66 GB 2, 5/66 D 23, 7/67 US 36) und „Pied Piper“ (3/66 GB 5, 6/66 US 4, D 11).

■ **Stan Ridgway** — 1954 — US-Sänger und Songschreiber der 1979 gegründeten Band Wall Of Voodoo — größter Hit: „Mexican Radio“ (3/83 US 58, GB 64). Ab 1983 machte er Soloplatten — Hit: „Camouflage“ (7/86 GB 4, 9/86 D 8).

■ **Billy Bland** — 1932 — US-Sänger, der 1955 seine ersten Platten machte. Sein größter Hit war die Nummer „Let The Little Girl Dance“ (2/60 US 7, 5/60 GB 15).

■ **Agnetha** — 1950 — Schwedische Sängerin mit Abba. Vollständiger Name Agnetha Ase Fältskog. Sie machte auch Solo-Platten.

■ **Everett Morton** — 1951 — GB-Schlagzeuger mit The Beat. Vorher spielte er in der Band von Joan Armatrading.

■ **Nicholas Caldwell** — 1944 — US-Sänger mit den Whispers.

Todestage

■ **Danny** — 1983 — US-Sänger mit Danny & The Juniors. Danny beging Selbstmord. Geboren am 10.5.1941.

■ **Bob Hite** — 1981 — US-Sänger mit Canned Heat. Geboren am 26.2.1945.

Tageshits

1941 — „I Hear A Rhapsody" — Jimmy Dorsey — US 2 W.
1975 — „Lovin' You" — Minnie Riperton — US 1 W.
1976 — „Rocky" — Frank Farian — D 4 W.

6

Geburtstage

Bob Marley

■ **Bob Marley** — 1945 — Jamaicanischer Reggae-Musiker, der richtig Robert Nesta Marley hieß. 1961 nahm er seine ersten Platten auf, hatte allerdings erst Erfolg, nachdem ihn der gebürtige weiße Jamaicaner und Eigner der „Island Records" Chris Blackwell unter Vertrag nahm. Bob war die Kultfigur der Reggaebewegung. Hits: „No Woman No Cry" (9/75 GB 22, 6/81 RE-GB 8), „Jamming/Punky Reggae Party" (12/77 GB 9), „Is This Love" (2/78 GB 9), „Could You Be Loved" (6/80 GB 5, 8/80 D 13), „Buffalo Soldier" (5/83 GB 4) und „One Love/People Get Ready" (4/84 GB 5). In den USA konnte er sich mit seinen Liedern nie durchsetzen. Dort war Eric Clapton mit dem von Bob geschriebenen Titel „I Shot The Sheriff" erfolgreich. Als Geburtstag von Bob Marley kann man sehr oft den 6. Februar lesen. In der Platte „Burnin'" ist auf der Innenhülle ein Auszug aus dem Paß von Bob Marley zu finden. Dort steht als Geburtsdatum einwandfrei der 6. April. Bob starb am 11.5.1981.

■ **Merle Haggard** — 1938 — US-Country-Sänger, Gitarrist, Geiger und Songschreiber. Als Jugendlicher begann er eine ziemlich krumme Laufbahn — er machte so gut wie alles, was der liebe Gott verboten hatte, und verbrachte einige Jahre in Erziehungsheimen und Gefängnissen. 1957 landete er schließlich wegen Raubüberfall für fast 3 Jahre im berüchtigten Zuchthaus von San Quentin. Danach arbeitete er in Clubs und machte 1962 seine ersten Plattenaufnahmen. 1965 bekam er einen Plattenvertrag bei Capitol. Seine beiden größten Crossover-Hits waren „Okie From Muskogee" (10/69 C&W 1, US 41) und „If We Make It Through December" (10/73 C&W 1, US 28). In der Liste der erfolgreichsten Country-Interpreten aller Zeiten belegt Merle Platz 4. Bis zum Ende des Jahre 1988 brachte er es auf knapp 90 Hits, davon waren 34 auf Platz 1 der C&W-Hitparade. Dazu kommen 4 weitere erste Plätze, die er im Duett mit Clint Eastwood, Janie Fricke, George Jones und Willie Nelson gesungen hat. Nur natürlich, daß auch der US-Film auf einen solch bekannten Interpreten zurückgreift. Ebenso war er in mehreren TV-Serien zu sehen. Haggard gilt als einer der schillerndsten und auch aufrichtigsten Country-Musiker.

■ **Michelle Gilliam Phillips** — 1944 — US-Sängerin. Geboren als Holly Michelle Gilliam. 1962 begann sie in der Gruppe Journeymen, aus denen später die Mamas & Papas werden sollten, die zwischen 1966 und 1967 ihre großen Hits hatten: „California Dreaming" (1/66 US 4, 4/66 GB 23, D 31), „Monday, Monday" (4/66 US 1, GB 3, 6/66 D 2) und „Dedicated To The One I Love" (2/67 US 2, GB 2, 5/67 D 26). Michelle trennte sich noch 1970 von ihrem Mann John Phillips, den sie 1962 geheiratet hatte und der ebenfalls bei den Mamas & Papas war, und versuchte sich als Schauspielerin. Im Film „The Last Movie" spielte sie neben Dennis Hopper eine Hauptrolle — sie heiratete ihn später für 8 Jahre. Weitere Filme: „Dillinger" und Ken Russells Film-Bio von Rudolph Valentino im Jahre 1976. 1977 nahm sie eine Soloplatte auf, die floppte.

■ **Julian Dawson** — 1954 — GB-Sänger, Songschreiber und Multi-Instrumentalist. Er begann Ende der 70er Jahre mit eigenen Gruppen wie Heartbeats oder Hit Factory und sang auf Platten von Roger Sutcliffe, Ray Austin, der Stender Band und Bernie's Autobahn Band. 1982 machte er seine erste Soloplatte, 1984 das Projekt The Flood, 1985/86 dann die Produktion der Langspielplatte „As Real As Disneyland" im Can-Studio in Köln. Auch auf LPs von Hannes Wader und Lydie Auvray ist er zu hören.

■ **Michael Damian** — 1962 — US-Sänger, Tastenspieler, Songschreiber und Schauspieler. 1979 nahm er eine Debütsingle auf — sie wurde nichts. Seit 1981 spielt er in der täglich ausgestrahlten amerikanischen Seifenoper „The Young & The Restless" und seit 1985 veröffentlicht er Solo-LPs. Bisher einziger Hit: „Rock On" (3/89 US 1) aus dem Film „Dream A Little Dream". Es handelt sich dabei um eine Coverversion des alten David Essex Hits.

■ **Hedy West** — 1938 — US-Sängerin, Gitarristin und Songschreiberin, deren Komposition „500 Miles" durch verschiedene Künstler zu einem Welthit wurde. Anfang der 80er Jahre zog sie sich nach der Geburt einer Tochter aus dem Musikgeschäft zurück.

■ **Julie Rogers** — 1943 — GB-Sängerin mit richtigem Namen Julie Rolls. Mit einer Cover-Version des argentinischen Stückes „La Novia" hatte sie den Hit „The Wedding" (8/64 GB 3, 11/64 US 10, 4/65 D 16). Ein zweiter Erfolg war „Like A Child" (12/64 GB 21).

■ **Gerry Mulligan** — 1927 — US-Jazz-Saxophonist, Komponist und Bandleader. Er spielte 1946/47 in der Band von Gene Krupa, mit Miles Davis 1948-50 und brachte 1951 seine erste Solo-Platte heraus.

■ **David Hanselmann** — 1952 — Sänger und Songschreiber mit Message, Triumvirat, Overdrive, Fire Horse, als Evans & Hanselmann, mit Anne Haigis und Paul Vincent und als Solist — mal unter seinem Namen, mal unter Pseudonymen, z. B. O'Hara.

■ **Bernd Spier** — 1944 — Deutscher Schlagersänger. Größte Hits: „Das kannst du mir nicht verbieten" (12/63 D 1) und „Das war mein schönster Tanz" (1/65 D 1). Bis Ende der 60er Jahre hatte er weitere Hits.

■ **Delf Jacobs** — 1947 — Sänger und Liederschreiber, der 1973 die erfolglose aber schöne LP „Meine Lieder" veröffentlichte, auf der sich auch das „Abendlied eines Friedhofgärtners" befand.

■ **Patrick Hernandez** — 1952 — Belgischer Sänger und Songschreiber, der mit „Born To Be Alive" (3/79 D 1, 6/79 US 16, GB 10) einen Disco-Hit landete.

■ **Tony Connor** — 1947 — GB-Drummer mit Audience, Jackson Heights und ab 1974 mit Hot Chocolate.

■ **Stan Cullimore** — 1962 — GB-Gitarrist, Sänger und Songschreiber mit den Housemartins.

Todestag

■ **Ral Donner** — 1984 — US-Sänger, Spitzname „Chicago-Elvis", stirbt an Krebs. Geboren am 10.2.1943.

Tageshits

1956 — „It's Almost Tomorrow" — Dream Weavers — GB 1 W. (2. mal)
1957 — „Butterfly" — Charlie Gracie — US 2 W.
1957 — „Round And Round" — Perry Como — US 2 W.
1963 — „Ich kauf mir lieber einen Tirolerhut" — Billy Mo — D 4 W.
1968 — „Mighty Quinn" — Manfred Mann — D 1 W.
1974 — „Hooked On A Feeling" — Blue Swede — US 1 W.
1974 — „Seasons In The Sun" — Terry Jacks — GB 4 W.

Merk-Würdiges

1971 — Die Rolling Stones stellen in Cannes ihre eigene Plattenfirma „Rolling Stones Records" vor. Markenzeichen: die rausgestreckte Zunge.

7

Geburtstage

■ **Billie Holiday** — 1915 — US-Blues-Sängerin — in diesem Fach gilt sie als die größte aller Zeiten. Sie wurde geboren als Eleanor Gough. Den Namen Holiday übernahm sie von dem Gitarristen Clarence Holiday, dessen uneheliche Tochter sie war. Nach schweren Anfangsjahren wurde Billie 1933 von dem Jazzkritiker John Hammond entdeckt. Sie nahm einen Hit mit Benny Goodman auf — „Riffin' The Scotch" (1/34 US 6) — und begann 1935 eine erfolgreiche Zusammenarbeit mit Teddy Wilson, die bis 1938 dauerte. In den späten 30ern sang sie dann mit Count Basie und Artie Shaw. Sie war auch als Mitautorin vieler Stücke bekannt — z.B. „God Bless The Child", das z.B. von Blood, Sweat & Tears aufgenommen wurde. Ihre größten Erfolge in den Pop-Hitparaden: „The Way You Look Tonight" (11/36 US 3), „Pennies From Heaven" (1/37 US 3), „Carelessly" (4/37 US 1) und „I'm Gonna Lock My Heart" (8/38 US 2). Billie starb am 17.7.1959. 1972 wurde ihre Lebensgeschichte in dem Film „Lady Sings The Blues" erzählt — ihr Part wurde durch Diana Ross verkörpert.

■ **John Oates** — 1949 — US-Sänger, Gitarrist, Tastenspieler und Songschreiber. 1967, er war Mitglied bei den Masters, traf John auf Daryl Hall. Sie entdeckten gemeinsame Interessen, taten sich zusammen und spielten in verschiedenen R&B-Gruppen, gingen dann getrennte Wege und trafen 1969 in der Band Gulliver wieder zusammen. Nach erneuter Trennung für einige Jahre unterschrieben sie 1972 einen gemeinsamen Plattenvertrag als Hall & Oates. 1974 erschien die LP „Abandoned Luncheonette", die später als das erste richtige Album der beiden bezeichnet wurde. Seit 1976 belegen sie Spitzenplätze in den Hitparaden. Größte Hits: „Sara Smile" (1/76 US 4), „Rich Girl" (1/77 US 1), „Kiss On My List" (11/80 GB 33, 1/81 US 1), „Private Eyes" (8/81 US 1), „I Can't Go For That (No Can Do)" (11/81 US 1, 1/82 GB 8) und „Maneater" (10/82 US 1, GB 6, 12/82 D 15) — alle genannten Platten sind Millionseller. Auch erfolgreich: „She's Gone" (2/74 US 60, 7/76 RE-US 7), „Out Of Touch" (9/84 US 1, 12/84 D 15) und „Everything Your Heart Desires" (4/88 US 3).

■ **Janis Ian** — 1951 — US-Sängerin, Gitarristin, Pianistin und Songschreiberin. Richtiger Name Janis Eddy Fink. Schon mit 3 erhielt sie Klavierunterricht, mit 11 spielte sie Gitarre, mit 12 schrieb sie ihre eigenen Lieder und trat öffentlich auf. Mit 16 machte sie ihre erste Platte, es wurde der Hit „Society's Child (Baby I've Been Thinking)" (5/67 US 14), den erst keine US-Rundfunkstation spielen wollte. Erst nachdem sie damit in einem Leonard Bernstein TV-Special aufgetreten war, hatte sie, gerade 16 Jahre alt, ihren ersten Hit. Danach veröffentlichte sie noch diverse LPs bei verschiedenen Firmen, aber mit 19 schien ihre Karriere beendet. 1974 kam sie dann mit der LP „Stars" auf den Markt. Im Titelsong wird vom Auf und Ab, von den Ängsten und Hoffnungen der sogenannten Stars gesungen. Auf dieser LP war auch ihr größter Single-Erfolg: „At Seventeen" (6/75 US 3).

■ **Percy Faith** — 1908 — Kanadischer Orchesterleiter, Pianist und Komponist. In den 20er Jahren spielte er zu Stummfilmen in Kinos die Klavierbegleitung. 1950 wurde er bei der Plattenfirma CBS als A&R-Mann angestellt. Im gleichen Jahr schrieb er für Guy Mitchell den Hit „My Heart Cries For You". Auf vielen Platten von Tony Bennett, Rosemary Clooney, Sarah Vaughan, Doris Day und Johnny Mathis ist Percy Faith mit seinem Orchester zu hören. Er selbst war auf dem Instrumentalsektor für viele Jahre unschlagbar. Er brachte es auf insgesamt 85 LPs für die CBS und hatte Hits mit „Delicado" (4/52 US 1), „Song From Moulin Rouge" (4/53 US 1) und „Theme From A Summer Place" (1/60 US 1, 3/60 GB 2). Percy starb am 9.2.1976.

■ **Simon Climie** — 1960 — GB-Sänger und Songschreiber. 1981 entschließt sich Simon, Songschreiber zu werden, und unterschreibt einen Vertrag bei Chrysalis-Music. Seine Lieder werden durch Interpreten wie Pat Benatar, Smokey Robinson, Leo Sayer, Roger Daltrey oder Jeff Beck zu Hits. 1985 trifft er während der Aufnahmen der Gruppe Scritti Politti auf Rob Fisher. Im März 1986 unterschreiben die beiden als Climie Fisher einen Vertrag mit der EMI. Im August 1986 erscheint ihre Debüt-Single „This Is Me" (5/88 GB 22), die erst nach einer späteren Wiederveröffentlichung in die Hitparaden kommt. Auch der zweiten Single „Keeping The Mystery Alive" (4/88 D 35) ergeht es so. Ab August 1987 klappt es dann auf Anhieb — Hits: „Love Changes (Everything)" (9/87 GB 67, 11/87 D 7, 3/88 RE-GB 2, 5/88 US 23) und „Rise To The Occasion" (12/87 GB 10, 2/88 D 14). Als Autor ist Simon Climie für den Aretha Franklin/George Michael-Hit „I Knew You Were Waiting (For Me)" verantwortlich.

■ **Bobby Bare** — 1935 — US-Country-Gitarrist, Sänger und Songschreiber. 1956 nahm er seine ersten Platten auf und hatte Erfolg mit „The All American Boy" (12/58 US 2), der allerdings als Interpreten irrtürmlich Bill Parsons aufführte. Als diese Platte in die Hitparade kam, war Bobby Bare gerade beim Militär — deshalb tourte Bill Parsons durch die USA und bewegte zur Platte von Bobby Bare die Lippen. Weitere Pophits von Bobby: „Detroit City" (6/63 US 16, 7/64 D 40) und „500 Miles Away From Home"g(10/63 US 10).gIn den Country-Hitparaden tauchte er regelmäßig bis 1986 auf und brachte es dort auf rund 70 Hits. Sein erfolgreichster war „Marie Laveaux" (5/74 C&W 1), sein einziger Spitzenreiter in diesen Charts. Bobby sang auch in deutscher Sprache und hatte da den Hit „Alle glauben, daß ich glücklich bin" (4/65 D 26).

■ **Mongo Santamaria** — 1922 — Kubanischer Percussionist, Bandleader und Songschreiber. Richtiger Vorname Ramon. 1950 kam er über Mexico City nach New York und spielte drei Jahre in der Band von Perez Prado, danach für sieben Jahre mit Tito Puente. Außerdem war er auf Platten von George Shearing, Dizzy Gillespie oder Jack McDuff zu hören. Ab 1958 machte Mongo auch eigene Platten. Seine Musik kann man als Fusion von Latin, R&B, Jazz und Soul bezeichnen. Einen Single-Hit verbuchte er mit „Water Melon Man" (3/63 US 10).

■ **Pat Bennett** — 1947 — US-Sängerin mit den Chiffons. Hits: „He's So Fine" (2/63 US 1, 4/63 GB 16), „One Fine Day" (6/63 US 5, GB 29) und „Sweet Talking Guy" (5/66 US 10, GB 31, 3/72 RE-GB 4). Die vier Sängerinnen der Chiffons nahmen als The Four Pennies auch noch für eine andere Firma Platten auf, die jedoch nicht sonderlich erfolgreich waren.

■ **Charley Thomas** — 1937 — US-Lead-Sänger der Drifters von 1964 — 1966. Er kam als Ersatz für Rudy Lewis, der 1964 nach einem Herzanfall gestorben war. Hits der Drifters mit Charley Thomas: „Under The Boardwalk" (6/64 US 4) und „Saturday Night At The Movies" (11/64 US 18, 4/72 GB 3).

■ **Steve Ellis** — 1950 — GB-Sänger, Songschreiber und Kopf von Love Affair. Hit: „Everlasting Love" (1/68 GB 1). Ende 1969, nach vier weiteren Top 20-Hits, fiel die Gruppe auseinander — Steve gründete die Band Ellis, mit der zwei LPs erschienen, und sang 1976 mit den Widowmakers.

■ **Carol Douglas** — 1948 — US-Sängerin. Sie begann Anfang der 70er Jahre als Mitglied bei den Chantels, als die ihre Hitzeit schon hinter sich hatten und sang ab 1974 als Solistin. Einziger Hit: „Doctor's Orders" (11/74 US 11).

■ **Florian Schneider** — 1947 — Computer-Musiker mit Kraftwerk, eine der wenigen deutschen Bands, die internationale Erfolge hatte. Hits: „Autobahn" (5/75 D 9, GB 11, US 25) und „Computer Love/The Model" (12/81 GB 1).

■ **Mick Abrahams** — 1943 — GB-Gitarrist mit Jethro Tull, seiner eigenen Band Blodwyn Pig, als Solist und als Studiomusiker bei Gary Wright.

■ **Spencer Dryden** — 1943 — US-Schlagzeuger mit Jefferson Airplane und den Musikern aus deren Umfeld, ab 1971 dann mit New Riders Of The Purple Sage.

■ **Hugo Strasser** — 1922 — Chef des gleichnamigen Orchesters. Ab 1967 findet man ihn mit der jeweiligen „Tanzplatte des Jahres" regelmäßig in der deutschen LP-Hitparade.

■ **Bill Kreutzmann** — 1946 — US-Schlagzeuger mit Grateful Dead und als Studiomusiker mit den Dead-Kollegen, Crosby & Nash oder David Bromberg.

■ **Ravi Shankar** — 1940 — Indischer Sitarspieler, bei dem George Harrison Unterricht nahm.

■ **Freddie Hubbard** — 1938 — US-Jazz-Trompeter, Pianist und Komponist.

Todestag

■ **Kit Lambert** — 1981 — Manager und Produzent der Who bis in die 70er Jahre.

Tageshits

1962 — „Johnny Angel" — Shelley Fabares — US 2 W.
1973 — „The Night The Lights Went Out In Georgia" — Vicki Lawrence — US 2 W.
1973 — „Get Down" — Gilbert O'Sullivan — GB 2 W.
1979 — „I Will Survive" — Gloria Gaynor — US 1 W. (2.mal)
1986 — „Geil" — Bruce & Bongo — D 4 W.

Merk-Würdiges

1956 — Die Plattenfirma Columbia Records erklärt, daß zukünftig alle Pop-Platten als 45er erscheinen und daß die 78er Veröffentlichungen nur noch dem „Hillbilly-Markt" erhalten bleiben.

8

Geburtstage

■ **Jacques Brel** — 1929 — Französischer Chansonsänger und Songschreiber belgischer Herkunft. Themen seiner Lieder waren meist die kleinen Leute, seine Heimat Flandern oder Kritik an sozialen Mißständen und der bürgerlichen Gesellschaft. Zu seinen erfolgreichsten Liedern zählen „Quand On N'a Que L'Amour" (1956), „Le Moribond" (1961), „Ne Me Quitte Pas", „Le Plat Pays" (beide 1962),

Jacques Brel

„Les Bonbons" (1967) und „Vesoul" (1968). „Ne Me Quitte Pas" wurde als „If You Go Away" auch im englischsprachigen Raum durch andere Interpreten ein Hit. Seine kommerziellste Komposition war „Le Moribond", die in der englischen Version mit Terry Jacks — „Seasons In The Sun" — ein Welthit wurde. Brel starb am 9.10.1978.

■ **Julian Lennon** — 1963 — GB-Gitarrist, Sänger und Songschreiber. Unüberhör- und -sehbar der Sohn von John Lennon. 1984 erschienen seine ersten Platten — Hits: „Too Late For Goodbyes" (10/84 GB 6, 12/84 D 26, 1/85 US 5) und „Valotte" (10/84 US 9). Sein Plattendebüt gab er allerdings schon bei der Nummer „Ya Ya", die auf der LP „Walls And Bridges" seines Vaters zu finden ist — Julian spielte, gerade 11 Jahre alt, bei dieser Aufnahme Schlagzeug.

■ **Connie Stevens** — 1938 — US-Schaupielerin und Sängerin. Richtiger Name Concetta Rosalie Ann Ingolia. Sie spielte in der Fernsehserie „Hawaiian Eye" von 1959 bis 1963 die Rolle der Cricket Blake, 1964/65 war sie die Wendy in „Wendy And Me". Zusammen mit Edward „Kookie" Byrnes hatte sie den Hit „Kookie, Kookie (Lend Me Your Comb)" (4/59 US 4, GB 27). Als Solistin war Connie erfolgreich mit „16 Reasons" (2/60 US 3, 5/60 GB 9). Neben Debbie Reynolds und Liz Taylor war auch sie eine der Ehefrauen von Eddie Fisher.

■ **Roger Chapman** — 1942 — GB-Sänger und Songschreiber mit dem Spitznamen „Chappo". Er gehörte zu den Gründungsmitgliedern von Family und Streetwalkers. Außerdem ist er auf Platten von Ellis, Thin Lizzy, Mike Batt, den Riffburglars oder Box Of Frogs zu hören. Ab 1979 machte Roger auch Soloplatten. Als Sänger für Mike Oldfield hatte er den Hit „Shadow On The Wall" (10/83 D 4).

■ **Steve Howe** — 1947 — GB-Gitarrist und Songschreiber, der über die Gruppen Syndicates, The In Crowd, Tomorrow und Bodast im März 1970 für Peter Banks zu Yes kam. 1981 wurde er Mitglied bei Asia, 1986 machte er zusammen mit Steve Hackett und anderen die Gruppe GTR. Steve veröffentlichte auch zwei Solo-LPs und war auf Platten von Lou Reed, den Dregs oder Frankie Goes To Hollywood zu hören.

■ **John Schneider** — 1954 — US-Schauspieler und Countrysänger. Er spielte von 1979 bis 1985 den Bo Duke in der TV-Serie „The Dukes Of Hazzard". In den Country-Charts ist er seit 1981 erfolgreich. Sein größter Crossover-Hit war „It's Now Or Never" (5/81 US 14).

■ **Reg Isidore** — 1949 — GB-Schlagzeuger mit Peter Bardens, Quiver, High Tensions, Skaterlines und der Robin Trower Band.

■ **Patty Pravo** — 1948 — Italienische Sängerin. Richtiger Name Nicoletta Strambelli. Größter Hit: „La Bambola" (11/68 D 35).

■ **Alexander Pfeil** — 1968 — Schlagzeuger und Sänger der Formation Okay.

Todestag

■ **King Oliver** — 1938 — US-Jazzmusiker. Geboren am 11.5.1885.

Tageshits

1965 — „Concrete & Clay" — Unit 4 Plus 2 — GB 1 W.
1978 — „Matchstalk Men And Matchstalk Cats And Dogs" — Brian & Michael — GB 3 W.
1989 — „The Look" — Roxette — US 1 W.

9

Geburtstage

■ **Carl Perkins** — 1932 — US-Sänger, Gitarrist und Songschreiber. Wie viele der jungen Rock 'n' Roll-Interpreten Mitte der 50er Jahre war auch Carl Perkins bei der kleinen Firma Sun unter Vertrag. Ende 1955 schrieb er den Song „Blue Suede Shoes" — im Januar 1956 nahm er die Platte auf. Als er richtig in die Promotion dafür einsteigen wollte, verunglückte er am 21.3.1956 auf der Fahrt zu einer New Yorker TV-Station. Sein Bruder wurde bei dem Autounfall getötet, ebenso sein Manager. Carl mußte für einige Monate ins Krankenhaus und konnte so für seine Platte nichts mehr tun. Inzwischen hatte Elvis Presley „Blue Suede Shoes" ebenfalls aufgenommen — vielleicht wäre es nicht dazu gekommen, wäre Perkins nicht verunglückt. Die Karriere von Carl, die noch gar nicht richtig begonnen hatte, war damit schon wieder beendet. „Blue Suede Shoes" (3/56 US 2, 5/56 GB 10) blieb sein größter Erfolg. Für viele war Carl Perkins der definitive Rockabilly-Künstler. Die Beatles nahmen seine Kompositionen „Matchbox", „Honey Don't" und „Everybody's Trying To Be My Baby" auf. Carl machte später Countrymusic und brachte 1986 mit alten Kumpels aus der Sun-Zeit — Roy Orbison, Jerry Lee Lewis und Johnny Cash — die LP „Class Of '55".

■ **Gene Parsons** — 1944 — US-Schlagzeuger, Gitarrist, Bassist und Sänger. Er begann 1963 für fast drei Jahre bei den Castaways, dann für knapp zwei Jahre mit Cajun Gib & Gene. Im Frühjahr 1968 wurde er Mitglied bei Nashville West und im November 1968 löste er Keven Kelley als Schlagzeuger bei den Byrds ab. Im August 1972 verließ Gene die Gruppe wieder und machte Soloplatten. Danach tourte er mit Gib Guilbeau alias „Cajun Gib" als Duo, spielte nochmal kurzfristig bei den wiedervereinigten Flying Burrito Brothers und arbeitete dann als A&R Mann für eine Plattenfirma.

■ **Paul Robeson** — 1898 — US-Sänger und Schauspieler. 1925 spielte er in London die Titelrolle in Eugene O'Neills „Emperor Jones", 1933 dieselbe Rolle in der Filmversion. 1930 spielte er in London den Othello, 1932 in „Showboat" und 1936 in der „Showboat"-Verfilmung. Seine größten Erfolge als Platteninterpret hatte er mit „Steal Away" (12/25 US 13), „Deep River" (10/27 US 19) und „Ol' Man River" (6/28 US 7). In den 30er und 40er Jahren wirkte er in mehreren Filmen mit. Paul starb am 23.1.1976.

■ **Blackie Lawless** — 1956 — US-Leadsänger, Songschreiber und Bassist bei der 1982 von ihm gegründeten Gruppe W.A.S.P. = We Are Sexual Perverts bzw. White Anglo Saxon Protestants. Spitzname der Band „Metzgergesellen des Heavy-Rock". Blackie war vorher Mitglied bei den New York Dolls in den letzten Monaten deren Bestehens und bei dem Duo Sister gewesen. Erste Hits mit W.A.S.P.: „Mean Man" (3/89 GB 21) und „The Real Me" (5/89 GB 23).

■ **Les Gray** — 1946 — GB-Leadsänger von Mud, gegründet 1966. Ihre Hitzeit dauerte von 1973 bis 1976. Größte Hits: „Tiger Feet" (1/74 GB 1, D 6), „Lonely This Christmas" (11/74 GB 1) und „Oh Boy" (4/75 GB 1, D 2). Nach Mud machte Les Soloplatten — größter Erfolg: „A Groovy Kind Of Love" (2/77 GB 32).

■ **Philip Wright** — 1948 — GB-Leadsänger und Schlagzeuger der 1969 gegründeten Gruppe Paper Lace. Hits: „Billy, Don't Be A Hero" (2/74 GB 1) und „The Night Chicago Died" (5/74 GB 3, US 1, 7/74 D 3).

■ **Manfred Thiers** — 1951 — Bassist in verschiedenen Formationen, z.B. Gash und Randy Pie. Außerdem Studiomusiker bei allen möglichen Produktionen. Seine Bandbreite geht von A La Carte über Volker Lechtenbrink, Peter Cornelius, Peter Schilling, Novalis bis zu Elephant.

■ **Emil Stucchio** — 1944 — US-Leadsänger mit den Classics; einziger Hit: „Till Then" (6/63 US 20). Die Gruppe begann als Perennials und machte 1959 die ersten Platten.

■ **Mark Kelly** — 1961 — GB-Keyboarder mit Marillion.

Todestage

■ **Phil Ochs** — 1976 — US-Folk-Sänger und Songschreiber. Erhängte sich in der Wohnung seiner Schwester. Geboren am 19.12.1940.

■ **Brook Benton** — 1988 — US-Sänger. Starb nach Entzündung der Rückenmarkhaut. Geboren am 19.9.1931.

Tageshits

1966 — „You're My Soul And Inspiration" — Righteous Brothers — US 3 W.
1977 — „Dancing Queen" — Abba — US 1 W.
1983 — „Let's Dance" — David Bowie — GB 3 W.
1984 — „Big In Japan" — Alphaville — D 3 W.
1988 — „Get Outta My Dreams, Get Into My Car" — Billy Ocean — US 2 W.
1988 — „Heart" — Pet Shop Boys — GB 3 W.

10

Geburtstage

■ **Brian Setzer** — 1959 — US-Leadsänger, Gitarrist und Songschreiber mit den Stray Cats, die sich 1979 in New York formierten und dann nach GB gingen. Dort war der klassische 50er Rockabilly, wie er von der Gruppe gespielt wurde, sehr beliebt. Hits: „Rock This Town" (2/81 GB 9, 9/82 US 9), „Stray Cat Strut" (4/81 GB 11, 12/82 US 3) und „(She's) Sexy And Seventeen" (8/83 US 5, GB 29). Alle drei Hits wurden von Dave Edmunds produziert. Nachdem sich die Stray Cats 1984 aufgelöst hatten, machte Brian Soloplatten. Im Frühjahr 1989 kam die Originalbesetzung der Stray Cats wieder zusammen.

■ **Sheb Wooley** — 1921 — US-Countrysänger, Songschreiber und Schauspieler. In „High Noon" (1952) spielte er den Killer Ben Miller und in der TV-Serie „Rawhide" von 1959 bis 1965 den Peter Nolan. Außerdem war er in „Rocky Mountain", „Giant" und „Hoosiers" zu sehen. Ab Mitte der 50er Jahre nahm Sheb Platten auf. Größter Erfolg: „The Purple People Eater" (6/58 US 1, GB 12). Der deutsche Nachzieher hieß — kongenial übersetzt — „Wumba-Tumba-Schokoladeneisverkäufer" (4/59 D 4) und war ein Hit für Bill Ramsey. Nebenher hatte Sheb unter dem Pseudonym Ben Colder Erfolg. Meist machte er als Ben Parodien auf Pop/Country-Hits. So wurde aus „Don't Go Near The Indians" bei Sheb alias Ben „Don't Go Near The Eskimos" (11/62 US 62) und der Titel „Harper Valley P.T.A." wurde einfach fortgesetzt: „Harper Valley P.T.A. (Later That Same Day)" (10/68 US 67). In den 60er Jahren war er auch in den Country-Hitparaden erfolgreich. Größter Erfolg: „That's My Pa" (1/62 C&W 1).

■ **Bobbie Smith** — 1936 — US-Leadsänger mit den Spinners, die als Domingoes gegründet und sich 1961 in Spinners umbenannten. Im Laufe der Jahre änderte sich die Besetzung der Gruppe recht häufig. Zu denen, die über längere Zeiträume in der Band waren, gehört Bobby. 1970 wurde die Gruppe auf dem britischen Markt in Motown Spinners und, nachdem sie dieses Plattenlabel verlassen hatten, in Detroit Spinners umbenannt, um eine Verwechslung mit der Liverpooler Folkgruppe Spinners auszuschließen. Hits: „I'll Be Around“ (8/72 US 3), „Could It Be I'm Falling In Love“ (12/72 US 4, 4/73 GB 11), „One Of A Kind (Love Affair)“ (4/73 US 11), zusammen mit Dionne Warwicke „Then Came You“ (7/74 US 1, 10/74 GB 29), „They Just Can't Stop It (The Games People Play)“ (8/75 US 5), „The Rubber Band Man“ (9/76 US 2, GB 16) und „Working My Way Back To You“ (12/79 US 2, 2/80 GB 1, 5/80 D 12). Alle genannten Platten sind Millionseller.

■ **Ricky Valance** — 1940 — GB-Sänger, der mit einer Cover-Version des Ray Peterson Hits „Tell Laura I Love Her“ (8/60 GB 1) erfolgreich war, obwohl sich die BBC weigerte, das Lied zu spielen. Es blieb sein einziger Erfolg.

■ **Katrina Leskanich** — 1959 — Sängerin und Gitarristin des englisch/amerikanischen Quartetts Katrina & The Waves. Hits: „Walking On Sunshine“ (3/85 US 9, 5/85 GB 8, D 28) und „That's The Way“ (7/89 US 16).

■ **Nate Nelson** — 1932 — US-Leadsänger. Er kam 1954 zu den 1952 in Chicago gegründeten Flamingos. Hit: „I Only Have Eyes For You“ (6/59 US 11). 1966 wurde Nate Mitglied der Platters. Er starb am 1.6.1984.

■ **Martin Denny** — 1921 — US-Komponist, Arrangeur und Pianist. Größter Hit als The Exotic Sounds Of Martin Denny: „Quiet Village“ (4/59 US 4) und als Martin Denny & His Orchestra: „A Taste Of Honey“ (7/62 US 50).

■ **Dave Peverett** — 1950 — GB-Sänger, Gitarrist und Songschreiber mit Savoy Brown und ab 1971 mit Foghat. Größter Erfolg: „Slow Ride“ (12/75 US 20). Dave trägt den Spitznamen „Lonesome“.

■ **Rolf-Hans Müller** — 1928 — Pianist, Komponist und von 1958 bis Ende der 70er Jahre Leiter des SWF-Tanzorchesters. Er schrieb einige Fernsehmelodien, die bekannteste: „Salto Mortale“.

■ **Bernd Clüver** — 1948 — Seit 1973 als Schlagersänger erfolgreich. Hits: „Der Junge mit der Mundharmonika“ (2/73 D 1) und „Der kleine Prinz“ (8/73 D 1). Inzwischen ist Bernd auch als Hörfunkmoderator tätig.

■ **Bunny Wailer** — 1947 — Jamaicanischer Bassist, Sänger und Congaspieler bei den Wailers. Richtiger Name Neville O'Reilly Livingston. Mit den Wailers spielten z.B. Peter Tosh und Bob Marley. Seit 1980 veröffentlicht Bunny auch Solo-LPs.

Todestage

■ **Chuck Willis** — 1958 — US-Rock 'n' Roller. Erlitt im Frühjahr 1958 eine Bauchfellentzündung und starb nach einer schweren Operation. (Andere Quellen schreiben, daß er nach einem Autounfall gestorben sei). Geboren am 31.1.1928.

■ **Stu Sutcliffe** — 1962 — GB-Bassist in den Anfangstagen der Beatles. Als die Gruppe nach einem Gastspiel im „Starclub“ nach Liverpool zurückkehrte, blieb Stu in Hamburg, um Malerei zu studieren. Im Alter von 21 Jahren starb er an einem Gehirntumor.

Tageshits

1953 — „Broken Wings“ — Stargazers — GB 1 W.
1954 — „Wanted“ — Perry Como — US 8 W.
1965 — „I'm Telling You Now“ — Freddie & The Dreamers — US 2 W.
1968 — „Congratulations“ — Cliff Richard — GB 2 W.

Merk-Würdiges

1912 — Das Wetter ist ausgesprochen freundlich und die Voraussagen sind ausgezeichnet: Die Titanic verläßt den Hafen von Southampton und begibt sich auf 2 Reisen — die erste und die letzte.

1956 — Das Publikum ist ausgesprochen unfreundlich zu Nat „King“ Cole: In Birmingham, Alabama, steigen 6 weiße Anti-Rhythm & Blues Fanatiker während eines Konzertes auf die Bühne und verprügeln ihn.

1970 — Paul McCartney ist ausgesprochen unfreundlich zu seinen Band-Kollegen: Er gibt bekannt, daß er nicht mehr mit den Beatles spielen werde — eine Woche später kommt seine erste Solo-LP auf den Markt.

1970 — Ray Manzarek ist ausgesprochen freundlich zu seinem Band-Kollegen Jim Morrison: Nachdem der während eines Konzertes der Doors das Publikum höflich gefragt hatte „Would you like to see my genitals?“, drängte Ray ihn von der Bühne.

11

Geburtstage

■ **Neville Staples** — 1956 — Jamaicanischer Sänger. Mitte des Jahres 1977 tauchte er neben Terry Hall als Leadsänger der Specials auf, die als Begründer des „New Ska Blue Beat Movement“ galten. Die Band hatte insgesamt sieben Platten in der britischen Hitparade — alle standen unter den Top Ten. Größte Hits: „Too Much Too Young“ (1/80 GB 1) und „Ghost Town“ (6/81 GB 1). Nach der Veröffentlichung von „Ghost Town“ verließen Hall und Staples und ein weiteres Mitglied der Specials, Lynval Golding, die Band, um als Fun Boy Three weiter erfolgreich zu sein. Hits: „It Ain't What You Do, It's The Way That You Do It“ (2/82 GB 4) — diese Nummer machten sie zusammen mit Bananarama — und „Our Lips Are Sealed“ (4/83 GB 7).

■ **Lee Sheridan** — 1949 — GB-Sänger mit Brotherhood Of Man, die 1976 beim Grand Prix Eurovision in Den Haag mit dem Titel „Save Your Kisses For Me“ (3/76 GB 1, D 2, 5/76 US 27) gewannen. Weitere Hits: „United We Stand“ (2/70 GB 10, 4/70 US 13), „Angelo“ (7/77 GB 1, 9/77 D 14) und „Figaro“ (1/78 GB 1).

■ **Stuart Adamson** — 1958 — GB-Sänger, Songschreiber und Gitarrist. Zwischen 1978 und 1982 war er zusammen mit Richard Jobson der Nucleus von den Skids. Dann gründete Adamson seine eigene Gruppe, die er Big Country nannte und die ab 1983 erfolgreich war. Hits: „In A Big Country“ (5/83 GB 17, 10/83 US 17), „Wonderland“ (1/84 GB 8), „Look Away“ (4/86 GB 7, D 19) und „King Of Emotion“ (8/88 GB 16).

■ **Tony Victor** — 1943 — US-Sänger mit den Classics. Größter Hit: „Till Then“ (6/63 US 20).

■ **Delroy Pearson** — 1970 — GB-Sänger mit den Five Star, bestehend aus 5 Geschwistern. Erster Hit: „All Fall Down“ (5/85 GB 15).

Todestag

■ **Dave** — 1988 — US-Soulsänger. Nachname Prater. Im Duett mit Samuel Moore als Sam & Dave erfolgreich. Er starb bei einem Autounfall. Geboren am 9.5.1937.

Tageshits

1963 — „How Do You Do It“ — Gerry & The Pacemakers — GB 3 W.
1970 — „Let It Be“ — Beatles — US 2 W.
1970 — „Oh Lady Mary“ — Peter Alexander — D 2 W.
1977 — „Knowing Me Knowing You“ — Abba — D 2 W.
1981 — „Kiss On My List“ — Hall & Oates — US 3 W.
1988 — „I Should Be So Lucky“ — Kylie Minogue — D 2 W.

12

Geburtstage

■ **Billy Vaughn** — 1919 — US-Orchesterchef und Arrangeur, der seine Karriere als Sänger mit den Hilltoppers begann. Hits: „P.S.: I Love You" (6/53 US 4) und „Only You" (1/56 GB 3). 1955 verließ Billy die Hilltoppers und wurde Musikchef bei Dot-Records. So war er es z. B., der die Hits von Pat Boone, Gale Storm und den Fontane Sisters arrangierte und mit seinem Orchester begleitete. Instrumental-Hits für Billy Vaughn: „Melody Of Love" (12/54 US 2), „The Shifting Whispering Sands (Pt. 1 & 2)" (9/55 US 5, 1/56 GB 20), „Sail Along Silvery Moon" (12/57 US 5, 6/58 D 1), „La Paloma" (8/58 US 20, 10/58 D 1) und „Wheels" (2/61 US 28, D 1). Ein Hit der Fontane Sisters, featuring Billy Vaughn's Orchestra: „Hearts Of Stone" (12/54 US 1). In der Rockära hatte Billy mehr Erfolge als jeder andere Orchesterchef.

■ **David Cassidy** — 1950 — US-Schauspieler und Sänger. Er war einer der Hauptdarsteller der TV-Serie „Partridge Family", die von 1970 bis 1974 im US-Fernsehen lief. Es handelte sich dabei um eine sehr musikalische Familie, die in jeder Folge ein Liedlein trällerte — einige davon wurden Hits: „I Think I Love You" (10/70 US 1, 2/71 GB 18, D 32), „Doesn't Somebody Want To Be Wanted" (2/71 US 6), „I'll Meet You Halfway" (5/71 US 9) und „Breaking Up Is Hard To Do" (7/72 US 28, GB 3). Neben seiner Mitgliedschaft in der Partridge Familiy machte David ab 1971 auch Solo-Platten, Hits: „Cherish" (11/71 US 9), „How Can I Be Sure" (5/72 US 25, 9/72 GB 1), „Daydreamer" (10/73 GB 1, 12/73 D 27). 1978 erklärte David: „Ich mußte einfach aufhören zu arbeiten. Ich habe 18 Stunden am Tag sieben Tage die Woche gearbeitet. Jetzt ist es genug." Zu diesem Zeitpunkt lief im Fernsehen gerade „Man Under Cover", worin er den Officer Dan Shay spielte. Nach etlichen Jahren Abwesenheit in der Hitparade war er mit „The Last Kiss" (2/85 GB 6) wieder da.

■ **John Kay** — 1944 — Deutschstämmiger Sänger, Gitarrist und Songschreiber der kanadischen Gruppe Steppenwolf; richtiger Name Joachim Krauledat. 1958 wanderte er mit seinen Eltern nach der Flucht aus der DDR nach Kanada aus. 1967 gründete er die Gruppe Sparrow, die eine erfolglose Single veröffentlichte. Die Gruppe zog von Kanada nach Kalifornien und benannte sich um in Steppenwolf — nach dem gleichnamigen Roman von Hermann Hesse. Ab 1968 waren sie erfolgreich. Größte Hits: „Born To Be Wild" (7/68 US 2, GB 30, 10/68 D 20), „Magic Carpet Ride" (10/68 US 3, 1/69 D 11) und „Rock Me" (3/69 US 10). Im Februar 1972 verkündete John, die Gruppe würde sich auflösen, und kurz darauf erschien seine erste Solo-LP. Genau zwei Jahre später reformierte er die Gruppe. Dieses Mal-als-Solist-mal-als-Steppenwolf-Spiel machte er durch die 80er Jahre hindurch weiter.

■ **Lionel Hampton** — 1913 — US-Vibraphonist, Schlagzeuger, Pianist, Sänger und Bandleader. Seine ersten Platten machte er 1929 als Schlagzeuger und Pianist mit Paul Howard. Wenig später spielte er mit Louis Armstrong und im Laufe der nächsten Jahrzehnte sollte Lionel mit allem spielen, was im Swing und Jazz Rang und Namen hat. Mit seinem Orchester wird er in den Pophitparaden zwischen 1937 und 1950 aufgeführt. Seine größten Erfolge waren „After You've Gone" (11/37 US 6), „Hey! Ba-Ba-Re-Bop" (3/46 US 9) und „Rag Mop" (2/50 US 7).

■ **Herbie Hancock** — 1940 — US-Keyboarder, Komponist und Bandleader. Schon 1961 arbeitete er in New York mit Donald Byrd zusammen. Danach spielte er mit Oliver Nelson, Eric Dolphy, Dexter Gordon und von 1963 bis 1968 mit Miles Davis. Herbie ist sowohl im Jazz- als auch im Poplager erfolgreich. 1974 veröffentlichte er die Solo LP „Head Hunters" — darauf der Single-Hit: „Rockit" (7/83 GB 8, 9/83 D 6).

■ **Helen Forrest** — 1918 — US-Sängerin. Zwischen 1938 und 1943 sang sie in den Bands von Artie Shaw, Benny Goodman und Harry James — die jeweils größten Hits: „They Say" (12/38 US 1) und „Thanks For Ev'rything" (1/39 US 1) mit Shaw, „I Can't Love You Anymore (Anymore Than I Do)" (5/40 US 5) und „Taking A Chance On Love" (4/43 US 1) mit Goodman und „I Don't Want To Walk Without You" (2/42 US 1) und „I've Heard That Song Before" (1/43 US 1) mit James. 1944 hatte sie auch als Solistin Erfolg: „Time Waits For No One" (7/44 US 2). Außerdem sang Helen sehr erfolgreich im Duett mit Dick Haymes — der größte Hit: „I'll Buy That Dream" (9/45 US 2).

■ **Herbert Grönemeyer** — 1956 — Schauspieler, Sänger und Songschreiber. Ab Mitte der 70er Jahre war er auf der Bühne, später auch in Filmen zu sehen. So spielte er u. a. eine Hauptrolle in „Das Boot" (1981). Seine ersten Platten machte Herbert als Leadsänger der Gruppe Ocean; ab 1981 als Solist. 1984 kam die Platin-LP „4630 Bochum", darauf der Single-Erfolg „Männer" (6/84 D 7). Super-LP 1986: „Sprünge", 1988 „Ö", daraus der Hit „Was soll das" (4/88 D 3).

■ **Hound Dog Taylor** — 1917 — US-Bluesgitarrist, Pianist, Sänger und Songschreiber. Richtige Vornamen Theodore Roosevelt. Schon in der zweiten Hälfte der 20er Jahre arbeitete er mit Interpreten wie Elmore James oder Sonny Boy Williamson (Alex Miller), doch erst ab Anfang der 60er Jahre machte er Platten. Taylor starb am 17.12.1975.

■ **Ned Miller** — 1925 — US-Countrysänger und Songschreiber, der mit dem Crossover-Hit „From A Jack To A King" (12/62 US 6, 2/63 GB 2) seinen größten Erfolg hatte. In den Country-Charts wird er noch in den 70er Jahren notiert.

■ **Will Sergeant** — 1958 — GB-Gitarrist und Songschreiber mit der 1978 gegründeten Formation Echo & The Bunnymen. Bevor Will zur Gruppe kam, war er Chef eines Restaurants gewesen.

■ **Tiny Tim** — 1930 — US-Novelty-Sänger und Ukulelespieler. Richtiger Name Herbert Khaury. Sein größter Hit war die Gag-Nummer „Tip Toe Thru The Tulips" (5/68 US 17).

■ **Alexander Briley** — 1956 — US-Sänger mit Village People. Er ist in der Gruppe der G.I.

Todestage

■ **Mike Roger** — 1984 — Deutscher Sänger. Er starb an einem Leberleiden. Geboren am 22.3.1930.

■ **Josephine Baker** — 1975 — Französische Sängerin und Tänzerin amerikanischer Herkunft. Geboren am 3.6.1906.

Tageshits

1957 — „Cumberland Gap" — Lonnie Donegan — GB 5 W.
1958 — „River Kwai March" — Mitch Miller — D 13 W.
1969 — „Aquarius/Let The Sunshine In" — Fifth Dimension — US 6 W.
1969 — „Liebeslied" — Peter Alexander — D 3 W.
1971 — „Hey Tonight" — CCR — D 2 W.
1975 — „Philadelphia Freedom" — Elton John — US 2 W.
1980 — „Working My Way Back To You" — Spinners — GB 2 W.
1982 — „Der Kommissar — Falco — D 3 W.

13

Geburtstage

■ **Al Green** — 1946 — US-Sänger und Songschreiber, der ab 1967 Platten aufnahm. Hits und alles Millionenseller: „Tired Of Being Alone" (7/71 US 11, 10/71 GB

4), „Let's Stay Together" (12/71 US 1, GB 7), „Look What You Done For Me" (4/72 US 4), „I'm Still In Love With You" (7/72 US 3, GB 35), „You Ought To Be With Me" (10/72 US 3), „Call Me (Come Back Home)" (2/73 US 10), „Here I Am (Come And Take Me)" (7/73 US 10) und „Sha-La-La (Make Me Happy)" (9/74 US 7, 11/74 GB 20). Nachdem seine Karriere Ende der 70er Jahre nachließ, wurde Al Gospelsänger und Priester bei der „Full Tabernacle Church" in Memphis. 1988 tauchte er als Duettpartner von Annie Lennox wieder in den Hitparaden auf: „Put A Little Love In Your Heart" (11/88 US 9, GB 28, 1/89 D 20) aus dem Film „Scrooged — Die Geister, die ich rief...". 1989 sang Al den Titel „The Message Is Love" (10/89 GB 38, 12/89 D 6), der von Arthur Baker & The Backbeat Disciples veröffentlicht wurde.

■ **Peabo Bryson** — 1951 — US-Soul-Sänger und Songschreiber der sanften Richtung. Man bezeichnet ihn als den King of the Black Love Ballad. Er begann 1965 mit Al Freeman & The Upsetters. Von 1968 bis 1973 sang er bei Moses Dillard & The Tex-Town Display. 1970 machte er nebenher seine erste Solo-Platte, ab 1976 war er erfolgreich in den R&B-Charts; sein größter Crossover-Erfolg kam, als Roberta Flack durch tragische Umstände ihren Partner Donny Hathaway verloren hatte. Peabo sang mit ihr „Tonight, I Celebrate My Love" (7/83 US 16, GB 2). Danach verzeichnete er den Solo Hit „If Ever You're In My Arms Again" (5/84 US 10). Auch im Duett mit Natalie Cole war Peabo zu hören.

Lowell George (Little Feat)

■ **Lowell George** — 1945 — US-Sänger, Gitarrist und Songschreiber. Nachdem er bei Factory, den Standells, den Seeds und kurz bei Frank Zappa gespielt hatte, gründete er im März 1970 Little Feat. Größter Plattenerfolg: die Live-LP „Waiting For Columbus", die im März 1978 erschien und ein Millionseller wurde. Auf vielen LPs anderer Interpreten hat Lowell mitgearbeitet und auch Soloplatten veröffentlicht. Im April 1979 löste er Little Feat auf. Zwei Monate später, am 29.6.1979, starb er.

■ **Louis Johnson** — 1955 — US-Bassist, Gitarrist, Tastenspieler, Sänger und Songschreiber. Mit seinem Bruder George wurde er von Quincy Jones entdeckt, protegiert und produziert. 1971 schlossen sich die Brüder Billy Preston an. Mitte der 70er Jahre spielten sie dann wieder mit Quincy Jones. Hits als Brothers Johnson: „I'll Be Good To You" (5/76 US 3), „Strawberry Letter 23" (7/77 US 5, GB 35) und „Stomp" (2/80 GB 6, US 7). Wie sein Bruder ist auch Louis ein gesuchter Studiomusiker.

■ **John Casady** — 1944 — US-Bassist mit Jefferson Airplane von 1965 bis 1973. Nebenher war er 1970 Mitbegründer von Hot Tuna, deren letzte LP 1977 erschien. Zwischenzeitlich spielte John auf vielen Platten, die im Dunstkreis der Jefferson Airplane Musiker erschienen sind. Mitte der 80er Jahre tauchte er wieder zusammen mit Paul Kantner und Marty Balin als KBC Band auf.

■ **Horace Kay** — 1934 — US-Sänger bei den Tams, die 1960 ihre ersten Platten aufnahmen. Hit: „What Kind Of Fool (Do You Think I Am)" (12/63 US 9). Eine Wiederveröffentlichung des Titels „Hey Girl Don't Bother Me" (7/64 US 41, 7/71 GB 1) brachte die Band in den 70er Jahren wieder ins Gespräch, zumindest in GB.

■ **Lester Chambers** — 1940 — US-Percussionist, Mundharmonikaspieler und Sänger mit den Chambers Brothers. Auch auf Platten von Bonnie Raitt und Ry Cooder war er zu hören.

■ **Roy Loney** — 1946 — US-Sänger und Gitarrist mit den Flamin' Groovies, die sich vorher Chosen Few und Lost And Found nannten. Roy machte auch Soloplatten.

■ **Jim Pons** — 1943 — US-Bassist mit den Leaves, dann bei Turtles, Mothers Of Invention und Flo & Eddie.

■ **Wayne Lewis** — 1957 — US-Keyboarder, Sänger und Songschreiber mit der 1976 gegründeten Gruppe Atlantic Starr.

■ **Pieter Sweval** — 1948 — US-Bassist mit Looking Glass, 1971 gegründet. Ab 1975 spielte er mit Starz.

Tageshits

1956 — „Poor People Of Paris" — Winifred Atwell — GB 3 W.
1957 — „All Shook Up" — Elvis Presley — US 9 W.
1959 — „Come Softly To Me" — Fleetwoods — US 4 W.
1967 — „Something Stupid" — Nancy & Frank Sinatra — GB 2 W.
1968 — „Honey" — Bobby Goldsboro — US 5 W.
1968 — „Sind Sie der Graf von Luxemburg" — Dorthe — D 2 W.
1974 — „Bennie & The Jets" — Elton John — US 1 W.
1985 — „We Are The World" — USA For Africa — US 4 W.
1987 — „Respectable" — Mel & Kim — D 2 W.

Merk-Würdiges

1962 — In Hamburg und Umgebung erschienen Plakate mit der Aufschrift: „Die Not hat ein Ende! Die Zeit der Dorfmusik ist vorbei! Am Freitag, den 13. April eröffnet der Starclub!"

1971 — Die Rolling Stones haben sich von DECCA-Records abgenabelt und ihre eigene Plattenfirma gegründet. Damit hinken sie, wie bei vielen anderen Dingen auch, den Beatles um einige Jahre hinterher. Als erste Single erscheint auf ihrem ROLLING-STONES-Label (hervorstechendes Merkmal: die rote Zunge) an diesem Tag „Brown Sugar/Bitch/Let It Rock". Genau eine Woche später die LP „Sticky Fingers", die sich als ein Meisterwerk entpuppt und zum Besten gehört, was von den Jungs bis dato kam und noch kommen sollte.

14

Geburtstage

■ **Ritchie Blackmore** — 1945 — GB-Gitarrist und Songschreiber. Ab Frühjahr 1962 spielte er in der Band von Screaming Lord Sutch, den Savages und 1963 mit den Outlaws, die durch Joe Meek betreut wurden. Bei Plattenaufnahmen von Meeks Künstlern sind im Hintergrund immer wieder die Outlaws zu hören, so z. B. bei Heinz, Tom Jones, John Leyton oder Mike Berry. 1964/65 wurde Ritchie Mitglied bei den Wild Boys, die die Begleitgruppe von Heinz wurden. Ende 1965 blieben drei der Wild Boys in Hamburg hängen, spielten auf Platten von Künstlern der Firma Polydor — es ist also durchaus möglich, daß Ritchie Blackmore auf einer Platte von Freddy Quinn im Hintergrund spielt — und gründeten dann die Three Musketiers. 1966 spielte Ritchie in der Begleitgruppe von Neil Christian, den Crusaders. 1967 gründete er, wieder in Hamburg, Mandrake Root. Ende desselben Jahres sucht Jon Lord, der gerade im Hintergrund bei den Flowerpot Men spielt, für eine eigene Band einen Gitarristen. Im Februar 1968 gründen sie Roundabout, im April des Jahres ändern sie ihren Namen in Deep Purple. Als Vorbild dient der Gruppenname von Vanilla Fudge. Ihr erster Hit ist „Hush" (8/68 US 4). Ab 1970 ist die Gruppe in GB erfolgreich — Hits: „Black Night" (8/70 GB & D 2) und „Smoke On The Water" (5/73 US 4, 8/73 D 20, 4/77 GB 21). Ende 1974 wird bekannt, daß sich Ritchie von der Gruppe trennt, im Frühjahr 1975 kommt er mit seinem eige-

Rainbow

nen Projekt Rainbow — Hits: „Since You've Been Gone" (9/79 GB 6), All Night Long" (2/80 GB 5) und „I Surrender" (1/81 GB 3). Ende 1984 wird bekannt, daß sich Deep Purple in der ursprünglichen Erfolgsformation vom Anfang der 70er Jahre mit Blackmore, Glover, Gillan, Lord und Paice wieder formiert. Angeblich hatte man jedem Mitglied zwei Millionen Dollar geboten, um wieder zusammenzuspielen. Es erschien die LP „Perfect Strangers".

■ **Loretta Lynn** — 1935 — US-Country-Sängerin. Mädchenname Loretta Webb. Mit 14 Jahren heiratete sie Oliver Lynn. In der Country-Hitparade brachte sie es zwischen 1960 und 1980 auf knapp 80 Hits — 16mal belegte sie Platz 1. Mit Conway Twitty sang sie etliche Platten im Duett. In ihrem Buch „Coal Miner's Daughter" erzählt sie ihre Lebensgeschichte — das Buch wurde inzwischen verfilmt.

■ **June Millington** — 1949 — US-Sängerin, Gitarristin und Songschreiberin mit der 1970 gegründeten Mädchentruppe Fanny. Vorher hatte sie bei Svelts und Wild Honey gespielt. Die Idee zum Gruppennamen Fanny kam von George Harrison. Größter Erfolg: „Butter Boy" (2/75 US 29). Kurz darauf fiel die Band auseinander. June brachte mit ihrer Schwester Jean eine Duett-LP auf den Markt und machte dann als Solistin weiter.

■ **Buddy Knox** — 1933 — US-Sänger und Songschreiber. Richtiger Vorname Wayne. Er war Mitglied bei Jimmy Bowen & The Rhythm Orchids — Hit: „I'm Stikkin' With You" (2/57 US 14). Außerdem hatte er die Solo Hits „Party Doll" (2/57 US 1, 5/57 GB 29) und „Hula Love" (9/57 US 9). Später gründete Buddy Knox ein eigenes Plattenlabel.

■ **Peter Bursch** — 1949 — Deutscher Ausnahmegitarrist, der bei mehreren deutschen Rockbands mitspielte, so z. B. bei Bröselmaschine und Hölderlin. 1976 erschien seine erste Solo-LP. Er schrieb einige Lehrbücher über das Gitarrenspiel.

■ **Tony Burrows** — 1942 — GB-Sänger, Songschreiber und Produzent. Er sang mit Kestrels, Ivy League, Flowerpot Men, Edison Lighthouse, White Plains oder The Pipkins. Er ist aber auch auf Platten von z. B. Elton John, John Barry, Matthew Fisher, Chris Spedding oder Kiki Dee zu hören.

■ **Hellmut Hattler** — 1952 — Bassist, Sänger, Percussionist und Songschreiber mit der im Mai 1971 gegründeten Formation Kraan. Außerdem spielte er mit Guru Guru, Lilienthal, Bassball, Fehlfarben, Heartware und machte Solo-LPs.

■ **Sonja Kristina** — 1949 — GB-Sängerin, Gitarristin, Pianistin und Songschreiberin mit Curved Air. Größter Hit: „Back Street Luv" (8/71 GB 4).

■ **Patrick Fairley** — 1946 — GB-Bassist und Gitarrist bei Marmalade.

■ **Jerry Knight** — 1952 — US-Bassist, Sänger und Keyboarder bei Raydio, Bill Withers und diversen anderen Produktionen.

■ **Larry Ferguson** — 1948 — GB-Keyboarder mit Hot Chocolate.

Todestag

■ **Pete Farndon** — 1983 — GB-Bassist mit den Pretenders. Er starb nach einer Überdosis Drogen in der Badewanne. Geboren am 12.6.52.

Tageshits

1945 — „I'm Beginning To See The Light" — Harry James — US 2 W.
1958 — „He's Got The Whole World (In His Hands)" — Laurie London — US 4 W.
1966 — „Somebody Help Me" — Spencer Davis Group — GB 2 W.
1975 — „Fox On The Run" — Sweet — D 6 W.
1979 — „Bright Eyes" — Art Garfunkel — GB 6 W.
1979 — „What A Fool Believes" — Doobie Brothers — US 1 W.
1979 — „Dschingis Khan" — Dschingis Khan — D 4 W.
1980 — „It's A Real Good Feeling" — Peter Kent — D 2 W.

15

Geburtstage

Dave Edmunds

■ **Dave Edmunds** — 1944 — GB-Gitarrist, Sänger, Songschreiber und Produzent. Nachdem er in Gruppen wie 99ers, Raiders und Image gespielt hatte, nahm er mit Human Beans die erste Platte auf. Im Frühjahr 1968 und nachdem die erste Platte ein Flop war, änderten sie ihren Namen in Love Sculpture. Hier gelang der erste Hit mit „Sabre Dance" (11/68 GB 5, 2/69 D 28). Im Frühjahr 1969 fällt die Band auseinander. 1970 nimmt Dave einen alten Smiley Lewis Titel auf: „I Hear You Knocking" (11/70 GB 1, US 4, 1/71 D 3). Seine Plattenfirma EMI ist an dem Titel nicht interessiert. Inzwischen hatte sein Manager Gordon Mills sein eigenes Label gegründet, MAM. Darauf wird die Nummer veröffentlicht und verkauft mehr als 3 Millionen Exemplare. In der Folgezeit ist Dave im Duett mit Nick Lowe und mit der Gruppe Rockpile erfolgreich. Weitere Solohits für Dave: „Baby I Love You" (1/73 GB 8), „Born To Be With You" (6/73 GB 5) und "Girls Talk" (6/79 GB 4). Als Produzent arbeitet er für Shakin' Stevens, Stray Cats, Fabulous Thunderbirds, Flamin' Groovies, Everly Brothers, Mason Ruffner, Nick Lowe, Elvis Costello, Dion und viele andere.

■ **Marty Wilde** — 1939 — GB-Sänger und Songschreiber, der zwischen 1958 und 1962 erfolgreich war. Größte Hits: „Endless Sleep" (7/58 GB 4), „Donna" (3/59 GB 3), „A Teenager In Love" (6/59 GB 2) und „Sea Of Love" (9/59 GB 3) — alles britische Nachzieher von US-Hits. Dann heiratete Marty, der mit richtigem Namen Reginald Smith hieß, Joyce Baker, Mitglied der Vernon Girls, die Anfang der 60er Jahre einige Hits in GB hatten. Die Kinder der beiden, Ricky und Kim, traten in die Fußstapfen der Eltern. Zumindest die Tochter Kim, geboren am 18.11.1960, mit Erfolg.

■ **Roy Clark** — 1933 — US-Country-Sänger und Saitenspieler. In den späten 40er Jahren gewann er zweimal die National Country Music Banjo Competition

Ab 1963 ist er in der Country Hitparade mit mehr als 50 Songs vertreten. Sein größter Crossover-Hit war „Yesterday When I Was Young" (6/69 US 19). Roy spielte auch in einigen Fernsehserien mit.

■ **Bessie Smith** — 1894 — US-Blues-Sängerin und Songschreiberin, die zum Besten zu zählen war, was es auf diesem Gebiet gab. Am Beginn ihrer Sängerkarriere tourte sie mit der Band von Ma Rainey. Ihre Plattenkarriere begann mit dem Millionseller „Downhearted Blues" (6/23 US 1). Sie trat auch neben Louis Armstrong und anderen Top-Jazzmusikern auf. 1929 war ihre Plattenkarriere wieder beendet. Sie starb am 26.9.1937 nach einem Autounfall.

■ **Marsha Hunt** — 1949 — GB-Sängerin, die eine Hauptrolle in der Londoner Version des Musicals „Hair" spielte. Danach war sie mit ihren Aktivitäten jedoch mehr in den Klatschspalten der Regenbogenpresse als in den Hitparaden zu finden. Sie machte in einigen Gruppen oder auch als Solistin immer mal wieder den Versuch, Erfolg zu landen — einziger: „Keep The Customer Satisfied" (5/70 GB 41, D 30). Ihr größter Erfolg war 1975 ein Gerichtsbeschluß: Mick Jagger wurde als der Vater von Marsha Hunts Tochter Karis benannt. Any promotion is good promotion?

■ **Samantha Fox** — 1966 — GB-Mädchen von Seite 3 mit den Maßen 92-59-84. Bei soviel Brustumfang vermutete man auch Stimme. Für die Charts reichte sie: „Touch Me (I Want Your Body)" (3/86 GB 3, D 4, 10/86 US 4), „Do Ya Do Ya (Wanna Please Me)" (6/86 GB 10, D 5), „Nothing's Gonna Stop Me Now" (5/87 GB 8, D 6), „Naughty Girls (Need Love Too)" (3/88 US 3, 5/88 GB 31, D 21) und „I Only Wanna Be With You" (1/89 GB 16, 3/89 D 25, US 31).

■ **Nick Kamen** — 1962 — GB-Sänger. Er wurde durch einen Werbespot für Jeans bekannt, in dem er in einem Waschsalon einen coolen Striptease hinlegte. Madonna sah wohl den Spot und schrieb Nick einen ersten Hit, den sie auch produzierte: „Each Time You Break My Heart" (11/86 GB 5, 1/87 D 8). Weiterer Erfolg: „Loving You Is Sweeter Than Ever" (3/87 GB 16).

■ **Michael Chapman** — 1947 — Australischer Songschreiber, der im Team mit Nicky Chinn ab Anfang der 70er Jahre, meistens für RAK-Records von Mickie Most jede Menge Teenage-Hits schrieb. Vor allem Sweet, Mud, Suzi Quatro und Smokie profitierten von Chinn/Chapman. Ihr Erfolg ist dem des Teams Leiber/Stoller ebenbürtig.

■ **Bob Luman** — 1938 — US-Rockabilly-Sänger, Songschreiber und Gitarrist. Hit: „Let's Think About Living" (9/60 US 7, GB 6). Bis ins Jahr 1978 war er regelmäßig in der C&W-Hitparade vertreten. Er starb am 27.12.1978.

■ **Wooley Wolstenhome** — 1947 — GB-Keyboarder und Sänger mit der 1966 aus den Blues Keepers entstandenen Formation Barclay James Harvest. Richtiger Vorname Stuart. Im Juni 1979 verließ er die Band, um Solopläne zu verfolgen.

■ **Phil Mogg** — 1952 — GB-Sänger und Songschreiber mit UFO, 1969 von ihm gegründet. Bekannteste Nummer: „Boogie" (7/71 D 30); größter Erfolg: „Prince Kajuku" (10/71 D 26).

■ **Graeme Clark** — 1966 — GB-Bassist, Songschreiber und Sänger mit Wet Wet Wet.

■ **Christian Berg** — 1965 — Keyboarder mit Okay.

Tageshits

1965 — „The Minute You're Gone" — Cliff Richard — GB 1 W.
1967 — „Somethin' Stupid" — Frank & Nancy Sinatra — US 4 W.
1972 — „First Time Ever I Saw Your Face" — Roberta Flack — US 6 W.
1972 — „Amazing Grace" — Royal Scots Dragoon Guards Band — GB 5 W.
1974 — „This Flight Tonight" — Nazareth — D 1 W.
1985 — „Live Is Life" — Opus — D 7 W.
1989 — „She Drives Me Crazy" — Fine Young Cannibals — US 1 W.
1989 — „Eternal Flame" — Bangles — GB 4 W.

16

Geburtstage

■ **Dusty Springfield** — 1939 — GB-Sängerin. Richtiger Name Mary Catherine Isabel Bernadette O'Brien. Sie begann in der Formation The Lana Sisters und machte dann mit ihrem Bruder Tom und Tim Field Anfang der 60er Jahre das Folk-Trio The Springfields — Hits: „Island Of Dreams" (12/62 GB 5) und „Say I Won't Be There" (3/63 GB 5). Ab Herbst 1963 arbeitete Dusty als Solistin. Bis 1968 hatte sie alleine in GB zehn Top 10 Hits; größter Erfolg: „You Don't Have To Say You Love Me" (3/66 GB 1, 5/66 US 4). Cliff Richard sagte über Dusty, sie habe die schwärzeste Stimme, die er je bei einer weißen Frau gehört habe. Und Martha Reeves, eine farbige amerikanische Sängerin, hielt Dusty sogar für eine Schwarze. Zwischen 1973 und 1978 machte sie keine Plattenaufnahmen — mit einer Ausnahme: Sie sang auf einer Platte von Anne Murray im Hintergrund (1975). 1978 startete sie einen Comebackversuch, aber schließlich war es die britische Disco-Pop-Truppe Pet Shop Boys, die Dusty wieder in die Hitparaden brachte — zu dritt sangen sie „What Have I Done To Deserve This" (8/87 GB 2, D 3, 12/87 US 2). Dann wieder als Solistin: „Nothing Has Been Proved" (2/89 GB 16) aus dem Film „Scandal", der von der Profumo-Affäre handelt, und „In Private" (12/89 GB 14).

■ **Gerry Rafferty** — 1947 — GB-Sänger, Gitarrist und Songschreiber. 1968 wurde er Mitglied in der Folkgruppe Humblebums, die 1970 nach zwei LPs auseinanderfielen. 1971 veröffentlichte Gerry seine erste Solo-LP, die kein Erfolg wurde. 1972 gründete er Stealers Wheel, die „eine schottische Version von Crosby, Stills, Nash & Young sein sollten — Hit: „Stuck In The Middle With You" (3/73 US 6, 5/73 GB 8, 7/73 D 29). Im März 1975 trennte sich die Gruppe. Gerry hatte in den folgenden Jahren Schwierigkeiten mit seinem Management und seiner Plattenfirma. 1978 erhielt er einen neuen Plattenvertrag und veröffentlichte die LP „City To City". Darauf war auch der Hit „Baker Street" (2/78 GB 3, 4/78 US 2, D 3). Der einzige weitere Hit wurde „Night Owl" (5/79 GB 5). In den 80er Jahren veröffentlichte er weitere Platten, die wenig beeindruckten. Im November 1987 produzierte er die schottischen Zwillinge Proclaimers.

■ **Henry Mancini** — 1924 — US-Orchesterleiter und Komponist. Zwischen 1952 und 1958 war er bei „Universal Pictures" als festangestellter Komponist beschäftigt. Dann schrieb er 1958 die Titelmelodie für die TV-Serie „Peter Gunn", ein Millionseller für ihn und ein Hit für andere (z. B. Ray Anthony, Duane Eddy, Emerson, Lake & Palmer und The Art Of Noise). Mancini-Hits waren „Moon River" (10/61 US 11, GB 44, 3/62 D 40), „How Soon" (9/64 GB 10) und der Millionseller „Love Theme From Romeo & Juliet" (5/69 US 1). Im Laufe seiner Karriere gewann er 4 Oscars und 20 Grammys — mit der Musik zur TV-Serie „Die Dornenvögel" (2/84 GB 23, 12/85 D 25) wurde er auch den Hausfrauen bei uns bekannt.

■ **Bobby Vinton** — 1935 — US-Sänger; richtige Vornamen Stanley Robert. Sein Vater war Bandleader — der Sohn gründete noch während seiner Schulzeit die erste eigene Band. Für Dick Clark's „Caravan Of Stars" spielte diese Formation 1960 als Backing-Band für die auftretenden Interpreten. Von 1962 bis 1975 war Bobby dann als Solist erfolgreich. Hits: „Roses Are Red (My Love)" (6/62 US 1, 8/62 GB 15, D 18), „Blue Velvet" (8/63 US 1), „There! I've Said It Again" (11/63 US 1, GB 34), „Mr. Lonely" (10/64 US 1), „I Love How You Love Me" (11/68 US 9) und „My Melody Of Love" (9/74 US 3).

■ **Herbie Mann** — 1930 — US-Flötist, Saxophonist und Songschreiber. Richtiger Name Herbert Jay Solomon. Er war einer der ersten, der den Bossa Nova im Jazz verarbeitete und mit half, die Grenzen zwischen den verschiedenen musikalischen Lagern aufzuheben, indem er R & B, Hard-Rock, Calypso, Reggae und Disco-Sound in seine Titel einbezog. Seine ersten Platten nahm er mit dem Mat Mathews Quintet im Jahre 1953 auf — schon seit 1954 auch Soloplatten. Seine vielleicht schönste Nummer: „Memphis Underground" (5/69 US 44). Größter Hit: „Hijack" (2/75 US 14).

■ **Roy Hamilton** — 1929 — US-R&B/Balladen-Sänger. Er boxte in der Schwergewichtsklasse um die Golden Gloves. 1947 gewann er einen ersten Preis in einem Amateurwettbewerb im Apollo-Theatre. 1948 begann Roy dann mit den Searchlight Gospel Singers. Als Solist war er erfolgreich zwischen 1954 und 1961. Sein erster Hit hieß „You Never Walk Alone" (2/54 R&B 1, US 21), sein größter "Unchained Melody" (4/55 US 6). Er starb am 20.7.1969.

■ **Perry Botkin Jr.** — 1933 — US-Produzent, Komponist und Arrangeur. Zusammen mit Barry De Vorzon schrieb er den Titel „Cotton's Dream" für den Film „Bless The Beasts And Children". Dann wurde der Titel der Themasong für die TV-Serie „The Young And The Restless". Schließlich turnte die Rumänin Nadia Comaneci zu dieser Melodie bei den Olympischen Spielen 1976 in Montreal — jetzt wurde sie als „Nadia's Theme" (8/76 US 8) ein Hit.

■ **Charlie Chaplin** — 1889 — Geboren in London; begann als Filmkomiker 1914 in Hollywood. Charlie war nicht nur Schauspieler, sondern auch Regisseur, Drehbuchautor, Produzent und Komponist, der z.B. den Welthit „Limelight" schrieb. Der Titel war mit Frank Chacksfield und seinem Orchester im Mai 1953 ein Platz 5 in den USA. Chaplin starb am 25.12.1977.

■ **Kurt Maloo** — 1953 — Schweizer Multimusiker mit Troppo, Ping Pong, solo und zusammen mit Felix Haug als Double — Hit: „The Captain Of Her Heart" (10/85 D 10, 1/86 GB 8, 6/86 US 16).

■ **Jimmy Osmond** — 1963 — US-Sänger und jüngster der Osmond-Brüder. Hits als „Little Jimmy Osmond": „Long Haired Lover From Liverpool" (4/72 US 38, 11/72 GB 1) und „Tweedle Dee" (1/73 US 59, 3/73 GB 4).

■ **Peter Ustinov** — 1921 — Britischer Schauspieler, Schriftsteller und Regisseur. Und was ist mit seinem Gesang — Quo Vadis?

■ **Ed Townsend** — 1929 — US-R&B-Sänger. Größter von zwei Hits: „For Your Love" (4/58 US 13).

■ **Stefan Grossman** — 1945 — US-Gitarrist mit den Fugs und als Solist.

■ **Jukka Toldnen** — 1952 — Finnischer Gitarrist.

Todestag

■ **Morris Stoloff** — 1980 — US-Orchesterleiter und Pianist. Geboren am 1.8.1898.

Tageshits

1954 — „Secret Love" — Doris Day — GB 1 W.
1966 — „These Boots Are Made For Walkin'" — Nancy Sinatra — D 5 W.
1969 — „The Israelites" — Desmond Dekker — GB 1 W.
1973 — „Der Junge mit der Mundharmonika" — Bernd Clüver — D 4 W.
1977 — „Don't Give Up On Us" — David Soul — US 1 W.

17

Geburtstage

■ **James Last** — 1929 — Deutscher Orchesterleiter, Komponist und Bassist. Als junger Bassist gewann er 1950 in der Bundesrepublik den Jazzpoll. Ab 1955 komponierte und arrangierte er für Freddy, Lolita, Caterina Valente oder Helmut Zacharias. 1964 erhielt er mit seinem Orchester einen Plattenvertrag bei Polydor. Seither ist er weltweit erfolgreich mit der James Last Band. Alleine in GB stand er zwischen 1967 und 1987 mit 52 Platten in der LP-Hitparade und belegt damit den zweiten Platz hinter Elvis Presley — die erfolgreichsten: „This Is James Last" (4/67 GB 6), „Ten Years Non-Stop Jubilee" (7/75 GB 5), „Make The Party Last" (11/75 GB 3), „Last The Whole Night Long" (4/79 GB 2) und „Leave The Best To Last" (9/85 GB 10). In der deutschen LP-Hitparade brachte es James Last zwischen 1965 und 1985 auf knapp 100 Eintragungen. Den ersten Platz belegte er mit 13 LPs — wobei seine erfolgreichsten LPs nicht unbedingt Platz 1 belegen mußten. Mehr als 750.000 verkaufte LPs erreichte er mit „Käpt'n James bittet zum Tanz" (11/68 D 8) und „Auf Last geht's los" (10/77 D 2). Den Platin-Status — also mehr als 500.000 verkaufte LPs — schaffte er mit sechs weiteren LPs. Außerdem: 21 LPs erreichten Verkaufszahlen, die über der 250.000 Marke lagen und somit vergoldet wurden.

■ **Billy Fury** — 1941 — GB-Sänger, richtiger Name Ronald Wycherly. Zwischen 1959 und 1966 hatte er elf Hits in den Top 10. Größte Erfolge: „Halfway To Paradise" (5/61 GB 3), „Jealousy" (9/61 GB 2), „Like I've Never Been Gone" (2/63 GB 3) und „When Will You Say I Love You" (5/63 GB 3). Außerdem trat er als Filmschauspieler in Erscheinung: in „That'll Be The Day" spielte er die Rolle des Stormy Tempest. Weitere Mitspieler waren Ringo Starr und David Essex. Im September 1982 versuchte Billy ein Comeback. Er starb am 28.1.1983.

■ **Chris Barber** — 1930 — GB-Posaunist. 1949 gründete er seine erste eigene Band. 1950 spielte er neben Lonnie Donegan in der Band von Ken Colyer, aus der 1954 die Chris Barber's Jazzband wurde. Zu dieser Band stieß als Solist Monty Sunshine, dessen Klarinette dann den größten Erfolg für die Chris Barber's Jazzband brachte: „Petite Fleur" (1/59 US 5, GB 3, 3/59 D 2). Chris selbst spielte bei dieser Nummer ironischerweise gar nicht mit. Die bekannteste Nummer von Barber ist jedoch „Ice Cream". 1967 schrieb Paul McCartney einen Titel für Chris Barber: „Cat Call".

■ **Bill Ramsey** — 1931 — US-Sänger, richtiger Name William McCreery Ramsey. Er kam 1952 mit der US-Airforce in die Bundesrepublik, arbeitete hier für den AFN und später auch als Diskjockey für RTL und SR. Seine musikalische Karriere begann er als Gewinner mehrerer Jazzwettbewerbe. Nebenher ließ er sich auch auf Schlager ein — Hits: „Wumba Tumba Schokoladeneisverkäufer" (4/59 D 4), „Souvenirs" (9/59 D 1), „Pigalle" (2/61 D 1), „Zuckerpuppe" (8/61 D 5) und „Ohne Krimi geht die Mimi nie ins Bett" (10/62 D 3). Im Laufe der Jahre spielte Bill in knapp 30 Filmen mit und moderierte im Fernsehen Musiksendungen.

■ **Jan Hammer** — 1948 — Tschechischer Keyboarder und Komponist, der 1968 in die USA kam. Er begann als Barpianist in Boston, dann begleitete er Sarah Vaughan ein Jahr durch die USA, Kanada und Japan. Danach spielte er mit Jeremy Steig, von 1970 bis 1974 im Mahavishnu Orchestra, dann arbeitete er mit Jeremy Goodman. Es folgten weitere Plattenproduktionen mit David Earle und Neil Schon. Dann kam für Jan der große Erfolg mit einer Musik, mit der er bis zu diesem Zeitpunkt wenig zu tun hatte: der TV-Renner „Miami Vice" wurde von ihm musikalisch betreut — „Miami Vice Theme" (9/85 US 1, GB 5, 12/85 D 37, 1/88 Re-D 5) und „Crockett's Theme" (4/87 D 4, 9/87 GB 2).

■ **Michael Sembello** — 1954 — US-Gitarrist, Produzent, Komponist und Sänger. Zwischen 1974 und 1979 spielte er Gitarre auf den LPs von Stevie Wonder. Aus dem Film „Flashdance" stammt Michael's größter Hit: „Maniac" (6/83 US 1, 8/83 GB 43, D 6). Er ist ein gesuchter Studiomusiker.

■ **Pete Shelley** — 1955 — GB-Gitarrist und Songschreiber. Richtiger Name: Peter McNeish. Zusammen mit Howard DeVoto gründete er 1975 die New Wave Punkcombo Buzzcocks. Größte Hits: „Ever Fallen In Love (With Someone You Shouldn't've)" (9/78 GB 12) und „Promises" (11/78 GB 20). 1981 löste sich die Band auf. Pete machte als Solist weiter.

■ **Alexander Graves** — 1930 — US-Sänger mit den Moonglows. Hits: „Sincerely" (3/55 US 20) und „Ten Commandments Of Love" (9/58 US 22).

Todestage

■ **Eddie Cochran** — 1960 — US-Rockstar. Eine Woche lang hatte er im Hippodrom in Bristol gespielt. In den frühen Morgenstunden fuhr er mit einem Auto Richtung London, als in der Höhe von Chippenham ein Reifen platzte. Cochran zog sich etliche schwere Kopfverletzungen zu. In einem Krankenhaus in Bath starb er wenige Stunden nach dem Autounfall. Mit in dem Auto hatten Songschreiber Sharon Sheeley und sein Rock-Kollege Gene Vincent gesessen, die den Unfall überlebten. Allerdings wurde Gene schwer verletzt und mußte mehrere Monate im Krankenhaus liegen. Eddie wurde am 3.10.1938 geboren.

■ **Felix Pappalardi** — 1983 — US-Bassist, Songschreiber und Produzent mit Mountain. Er war 44 Jahre alt, als er von seiner Frau erschossen wurde.

Tageshits

1943 — „Moonlight Becomes You" — Bing Crosby — US 2 W.
1953 — „(How Much Is) That Doggie In The Window" — Lita Roza — GB 1 W.
1971 — „Joy To The World" — Three Dog Night — US 6 W.
1982 — „My Camera Never Lies" — Bucks Fizz — GB 1 W.

Merk-Würdiges

1964 — In GB wird das erste Album der Rolling Stones veröffentlicht: es heißt „Rolling Stones".

1970 — Von Paul McCartney erscheint die erste Solo-LP mit dem Titel „McCartney". Er spielt alle Instrumente selbst.

18

Geburtstage

■ **Clarence „Gatemouth" Brown** — 1924 — US-Blues & Country-Sänger, Gitarrist, Violinist, Schlagzeuger und Songschreiber. Bis in die frühen 40er Jahre machte er Country/Bluegrass-Music dann 1947 seine ersten Blues-Platten. Hits: „Mary Is Fine" (11/49 R&B 8) und „My Time Is Expensive" (11/49 R&B 9). Clarence war der bekannteste „Texas Blues Gitarrist" in den frühen 50er Jahren. Schließlich kehrte er zur Country-Musik zurück und machte erfolgreich Platten mit Roy Clark.

■ **Hayley Mills** — 1946 — GB-Kinderschauspielerin. 1959 bekam sie in dem Film „Tiger Bay" ihre erste Rolle. Dafür wurde sie bei den Berliner Filmfestspielen ausgezeichnet und erhielt daraufhin einen Fünf-Jahres-Vertrag bei Walt Disney. 1960 gewann sie für ihre Rolle im Film „Pollyanna" einen Kinderehrenoscar. Mit zwei Platten war Hayley in der amerikanischen Hitparade vertreten: „Let's Get Together" (9/61 US 8, GB 17) aus dem Film „The Parent Trap" und „Johnny Jingo" (3/62 US 21).

■ **Ken Colyer** — 1928 — GB-Dixielandtrompeter, Gitarrist und Bandleader. 1949 gründete er seine erste eigene Band, 1951 spielte er mit Christie Bros Stompers, ab 1953 mit Ken Colyer's Jazzmen. Zeitweise waren in seiner Gruppe auch Lonnie Donegan und Chris Barber. Chris übernahm 1954 Ken und seine Musiker und machte daraus eine Band unter seinem Namen. Ken starb am 11.3.1988.

■ **John Kane** — 1946 — Australischer Sänger mit New World, die zwischen 1971 und 1973 in den GB-Charts fünf Hits hatten. Größte: „Tom Tom Turnaround" (7/71 GB 6, D 10) und „Sister Jane" (5/72 GB 9).

■ **Little Brother Montgomery** — 1906 — US-Bluespianist und Sänger. Eurreal Wilford sind seine richtigen Vornamen. Er machte ab 1930 Solo-Platten und begleitete Produktionen anderer Blues-Sänger.

■ **Shirlie** — 1962 — GB-Sängerin und Komponistin. Nachname: Holliman. Zusammen mit ihrer dunkelhäutigen Kollegin Pepsi De Macque gehörte sie der Gruppe Wham! an. Ab 1987 waren sie erfolgreich als Pepsi & Shirlie — Hits: „Heartache" (1/87 GB 2, 3/87 D 8) und „Goodbye Stranger" (5/87 GB 9, D 31).

■ **Skip Spence** — 1946 — Kanadischer Schlagzeuger und Gitarrist mit dem richtigen Vornamen Alexander. Als Schlagzeuger spielte er bei Jefferson Airplane, als Gitarrist mit Moby Grape. 1969 veröffentlichte er eine Solo-LP.

■ **Mike Vickers** — 1941 — GB-Gitarrist, Saxophonist, Flötist und Klarinettist in den Ur-Tagen von Manfred Mann.

■ **Tony Reeves** — 1943 — GB-Bassist — und manchmal auch Flötist — mit John Mayall, Colosseum und Greenslade.

■ **Andy Kyriacou** — 1958 — GB-Schlagzeuger der 1980 gegründeten Band Modern Romance.

■ **Glen Hardin** — 1939 — US-Tastenspieler für die Crickets nach Buddy Hollys Tod.

■ **Bo Katzman** — 1952 — Schweizer Sänger, Songschreiber und Leiter der gleichnamigen Band.

■ **Les Pattinson** — 1958 — GB-Bassist mit Echo & The Bunnymen.

Todestag

■ **Johnny Young** — 1974 — US-Blues-Gitarrist und Sänger. Er starb nach einem Herzanfall. Geboren am 1.1.1917.

Tageshits

1970 — „All Kinds Of Everything" — Dana — GB 2 W.
1981 — „Making Your Mind Up" — Bucks Fizz — GB 3 W.
1987 — „I Knew You Were Waiting (For Me)" — Aretha Franklin & George Michael — US 2 W.

19

Geburtstage

Alexis Corner

■ **Alexis Korner** — 1928 — Gitarrist, Sänger und Songschreiber, der in Paris geboren wurde und nach eigener Aussage Europäer war. Richtiger Name Alexis Körner. 1961 gründete er Blues Incorporated, in der viele junge englische Musiker ihr Handwerk lernten. Zu den ersten Mitgliedern gehörten Cyril Davies, Charlie Watts und Dick Heckstall-Smith. Bis die Band 1967 auseinanderfiel waren dabei:

Mick Jagger, Jack Bruce, Ginger Baker, Hughie Flint, Graham Bond, Long John Baldry und Terry Cox. Alexis half bei der Gründung von Led Zeppelin und Free. Seine weiteren Projekte waren New Church und ab 1970 CCS (Collective Consciousness Society) — Hits: „Whole Lotta Love" (10/70 GB 13), „Walkin'" (2/71 GB 7, 5/71 D 15) und „Tap Turns On The Water" (9/71 GB 5, 11/71 D 28). Er starb am 1.1.1984.

Alan Price

■ **Alan Price** — 1942 — GB-Tastenspieler, Sänger, Songschreiber, Arrangeur und Produzent. Er spielte die Keyboards auf den ersten Hits der Animals: „The House Of the Rising Sun" (6/64 GB 1, 8/64 US 1, D 10, 10/72 RE-GB 25, 9/82 RE-GB 11) und „We've Gotta Get Out Of This Place" (7/65 GB 2, US 13, 10/65 D 31). 1965 verließ er die Animals und formierte Alan Price Set — Hits: „Simon Smith & His Amazing Dancing Bear" (3/67 GB 4) und „The House That Jack Built" (8/67 GB 4). Anfang der 70er Jahre erschien er zusammen mit einem britischen Pop-Star der 60er Jahre, Georgie Fame, als Fame & Price Together — Hit: „Rosetta" (4/71 GB 11, 7/71 D 43). 1974 brachte Price die wunderschöne LP „Between Yesterday And Today" — daraus ausgekoppelt wurde der „Jarrow Song" (5/74 GB 6). 1976 und 1983 kamen die originalen Animals kurzfristig und für einige Plattenproduktionen wieder zusammen. 1989 hatte Alan bei uns den Hit „Changes" (3/89 D 29) — VW verwendete den Titel für einen Werbespot.

■ **Mark Volman** — 1947 — US-Sänger, Gitarrist und Songschreiber, der mit seinem Freund Howard Kaylan 1961 seine erste Gruppe gründete und Zeit seines Musiklebens zusammenarbeitete. Zuerst machten sie die Nightriders, aus denen Crossfires wurde, die 1963 ihre ersten Platten machten. 1965 erfolgte die Umbenennung in Turtles. Hits: „Happy Together" (2/67 US 1, GB 12, 5/67 D 11), „She'd Rather Be With Me" (5/67 US 3, GB 4, 8/67 D 23) und „Elenore" (10/68 US 6, GB 7). Nachdem die Band 1970 auseinandergefallen war, wurden die beiden Mitglieder bei Frank Zappa's Mothers Of Invention. 1972 machten sie als Duo Platten — sie nannten sich Phlorescent Leech & Eddie, später dann Flo & Eddie. 1985 tourten sie wieder als Turtles.

■ **Tim Curry** — 1946 — GB-Schauspieler und Sänger; Er spielte ab 1968 für 15 Monate in der Londoner Aufführung von „Hair" mit. Im 1975 produzierten Film „The Rocky Horror Picture Show" war er Dr. Frank N. Furter, der Transvestit aus dem Weltraum. Seit Anfang der 80er Jahre ist Tim auch als Rock-Sänger mit guten, aber erfolglosen Platten zu finden. Seine einzigen Hiterfolg hatte er mit „I Do The Rock" (2/80 D 26).

■ **Eva Graham** — 1943 — GB-Sängerin, richtiger Name Evelyn May Beatson. Sie war die Leadstimme der New Seekers, die sich 1969 formierten. Hits: „Never Ending Song Of Love" (7/71 GB 2, 9/71 D 4), „I'd Like To Teach The World To Sing (In Perfect Harmony)" (12/71 GB 1, US 7, 2/72 D 24), „Beg, Steal Or Borrow" (3/72 GB 2, 4/72 D 5) und „You Won't Find Another Fool Like Me" (11/73 GB 1).

■ **Jule Neigel** — 1966 — Sängerin und Songschreiberin. Richtige Vornamen Juliane Natascha. Geboren in dem kleinen sibirischen Dorf Barnaul an der sowjetisch/chinesischen Grenze — ihr Vater war deutschstämmig und übersiedelte 1972 in die Bundesrepublik. Mit 16 wird Jule Sängerin in einer Punkband, dann mit den Stealers, die gängige Pop-Titel nachspielen. 1987 wird sie mit vier weiteren Musikern als Jule Neigel Band die Nachwuchsband des Jahres. Jule schreib die meisten Texte für die Gruppe. Erster Hit: „Schatten an der Wand" (5/88 D 30)

■ **Henner Hoier** — 1945 — Sänger mit den Rivets von 1964 bis 1969. Danach für zwei Jahre zu den Rattles und dann für ein Jahr zu den Les Humphries Singers Schließlich als Solist — größter Erfolg: „Beautiful Sunday" (7/72 D 31). 1988, als sich die Rattles wieder neu formierten, war Henner mit dabei.

■ **Bobby Russell** — 1941 — US-Songschreiber und Sänger. Für andere schrieb er Welthits wie „Honey", „Little Green Apples" oder „The Night The Lights Went Out In Georgia". Er brachte es nur einmal auf einen Top-30-Hit: „Saturday Morning Confusion" (7/71 US 28).

■ **Dickie Goodman** — 1934 — US-Komödiant. Richtiger Vorname Richard Zusammen mit seinem Partner Bill Buchanan war er als Buchanan & Goodman erfolgreich: „The Flying Saucer (Part 1 & 2)" (8/56 US 3). In den 70er Jahren bastelte Dickie alleine weiter — Hit: „Mr. Jaws" (9/75 US 4). Er starb am 6.11.1989

Todestage

■ **Willie Mabon** — 1985 — US-Blues-Pianist, Sänger und Mundharmonikaspieler. Er starb in Paris nach langer Krankheit. Geboren am 24.10.1925.

■ **Steve Conway** — 1952 — GB-Sänger. Er starb nach einer Herzoperation Geboren am 24.10.1920.

Tageshits

1941 — „There'll Be Some Changes" — Benny Goodman — US 4 W.
1941 — „High On A Windy Hill" — Jimmy Dorsey — US 2 W.
1980 — „Call Me" — Blondie — US 5 W.
1982 — „Ein bißchen Frieden" — Nicole — D 5 W.
1986 — „A Different Corner" — George Michael — GB 3 W.
1986 — „Kiss" — Prince — US 2 W.

Merk-Würdiges

1980 — Das hat es in der Geschichte der Billboard Country Hitparade noch nie gegeben: auf den ersten fünf Plätzen Sängerinnen: 1. Crystal Gayle, 2. Dottie West 3. Debbie Boone, 4. Emmylou Harris, 5. Tammy Wynette (mit George Jones)!

20

Geburtstage

■ **Luther Vandross** — 1951 — US-Sänger, Produzent und Songschreiber. Er begann als Sänger von Werbejingles und wurde dann Session-Sänger. Seine ersten Hits in der R&B Hitparade hatte er schon 1976 als Luther. Ab 1981 stand er dann mit vollständigem Namen auch in den Pop Charts — Hit: „Stop To Love" (11/86 US 15, 9/87 GB 24). Er wirkt auf unzähligen LPs anderer Künstler mit und war nebenher Mitglied der Studiogruppe Round Tree.

■ **Johnny Tillotson** — 1939 — US-Sänger, der zwischen 1960 und 1965 erfolgreich war. Größte Hits: „Poetry In Motion" (10/60 US 2, 12/60 GB 1, 2/61 D 38), „Without You" (8/61 US 7), „It Keeps Right On A-Hurtin'" (5/62 US 3), „You Can Never Stop Me Loving You" (8/63 US 18, 12/63 D 21) und „Talk Back Trembling Lips" (11/63 US 7). Die deutsche Version von „You Can Never Stop Me Loving You" wurde mit Bernd Spier ein Platz 1 in der Bundesrepublik.

■ **Craig Frost** — 1948 — US-Keyboarder, der 1972 als vierter Mann zur Hardrockband Grand Funk Railroad kam. Mit ihm und dem Fortfall von „Railroad" begann für Grand Funk die erfolgreichste Zeit. Nach 1976 fiel die Band auseinander; Craig wurde Mitglied bei Flint und spielte später in der Silver Bullet Band von Bob Seger.

■ **Bob Braun** — 1929 — US-Interpret mit richtigem Namen Robert Earl Brown. Einziger Hit: „Till Death Do Us Part" (7/62 US 26), eine Sprechplatte. Er moderierte eine TV-Show in Cincinnati.

Tageshits

1974 — „TSOP" — MFSB — US 2 W.
1981 — „Shaddup You Face" — Joe Dolce — D 3 W.
1985 — „We Are The World" — USA For Africa — GB 2 W.

Robert Smith (The Cure)

21

Geburtstage

■ **Iggy Pop** — 1947 — US-Sänger, Songschreiber und Schlagzeuger. Richtiger Name James Jewel Osterberg. 1964 wurde Iggy Schlagzeuger und Sänger bei den Iguanas (aus dieser Zeit stammt auch der Name Iggy), später spielte er als Drummer für Junior Wells, Buddy Guy oder die Shangri-Las. 1965 wurde er Mitglied bei den Prime Movers, 1966 kam er als Drummer zur Butterfield Blues Band. 1967 gründete er die Psychedelic Stooges, die sich ab 1969 nur noch Stooges nannten. 1971 fiel die Band auseinander, danach verdiente sich Iggy seinen Lebensunterhalt als Rasenmäher auf Golfplätzen in Florida. 1972 kommt es durch Protektion von David Bowie, mit dem Iggy dessen Hit „Chiny Girl" schrieb, zu einer Neuauflage der Stooges, 1974 fallen sie wieder auseinander. 1975 verschwindet Iggy ganz von der Bildfläche. Wie sich später herausstellte, war er für längere Zeit in einer psychiatrischen Klinik, um von seinen Drogenproblemen geheilt zu werden. Der einzige, der ihn in dieser Zeit besuchte, war David Bowie. Im April 1977 erschien Iggys erste Solo-LP: „The Idiot". Seither veröffentlicht er in regelmäßigen Abständen weitere Platten.

■ **Anthony Quinn** — 1915 — US-Schauspieler mit irisch-mexikanischen Eltern. Er wurde in Chihuahua, Mexiko, geboren. Seit 1936 wirkte er in Hollywood meist in Western und Abenteuerfilmen mit. Zweimal gewann er einen Oscar als bester Nebendarsteller: „Viva Zapata!" (1952) und „Lust For Life" (1956). Begeistern konnte er speziell in „La Strada" (1954) und „Zorba The Greek" (1964). Als Platteninterpret hatte er einen Hit — zumindest bei uns: „I Love You, You Love Me" (11/67 D 25).

■ **Ernie Maresca** — 1939 — US-Songschreiber und Sänger, der es immer wieder schaffte, sich so an Hits anzulehnen, daß daraus wieder neue Hits wurden und sich doch niemand beklaut fühlte. Von ihm stammen die Nummern „Runaround Sue" oder „The Wanderer" — es wurden Hits für Dion. Für sich selbst bastelte er „Shout! Shout! (Knock Yourself Out)" (3/62 US 6). Dabei ist es dann auch geblieben.

■ **Ira Louvin** — 1924 — US-Countrysänger. Richtiger Name Lonnie Ira Loudermilk. Zusammen mit seinem Bruder Charlie war er bei den Foggy Mountain Boys, danach in einer eigenen Radioshow. Mitte der 40er Jahre spielte er mit Charlie Monroe's Kentucky Partners, ab 1947 wieder mit seinem Bruder als Louvin Brothers. Die ersten Platten machten sie 1949, der größte Erfolg war „I Don't Believe You've Met My Baby" (1/56 C&W 1). Insgesamt hatten die Brüder in der C&W-Hitparade 12 Eintragungen. 1963 trennten sie sich. Ira starb am 20.6.1965.

■ **Robert Smith** — 1959 — GB-Sänger, Gitarrist und Songschreiber mit der 1976 gegründeten Formation Easycure, aus der später The Cure wurde. Ab 1980 waren sie erfolgreich — größte Hits: „The Love Cats" (10/83 GB 7), „Lullaby" (4/89 GB 5, D 3) und „Love Song" (8/89 US 2, GB 18, D 21).

■ **Paul Davis** — 1948 — US-Sänger und Songschreiber, der ab 1970 Platten machte. Größte Hits: „I Go Crazy" (8/77 US 7) — die Nummer hielt sich 40 Wochen in den Charts — und „'65 Love Affair" (2/82 US 6).

■ **John Weider** — 1947 — GB-Violinist und Gitarrist. Er begann 1963 mit John Mayall, war von 1967 bis 1968 bei den Animals, danach bei Family und Stud. Er arbeitete als Studiomusiker und nahm auch Soloplatten auf.

■ **Kralle Krawinkel** — 1949 — Gitarrist und Songschreiber mit Trio und auf Platten von Marius Müller-Westernhagen. Richtiger Vorname: Gerd.

■ **Alan Wagner** — 1947 — GB-Gitarrist mit Foundations.

■ **Willie Bath** — 1949 — GB-Bassist mit Rough Diamond.

■ **Nicole Barclay** — 1951 — US-Keyboarderin mit Fanny.

Todestage

■ **Earl Hooker** — 1970 — US-Bluesmusiker, starb an Tuberkulose. Geboren am 15.1.1930.

■ **Sandy Denny** — 1978 — GB-Folk-Sängerin. Sie starb an den Folgen eines Treppensturzes. Geboren am 6.1.1941 (man kann auch 16.1. lesen).

Tageshits

1951 — „How High The Moon" — Les Paul & Mary Ford — US 9 W.
1956 — „Heartbreak Hotel" — Elvis Presley — US 8 W.
1958 — „Twilight Time" — Platters — US 1 W.
1962 — „Good Luck Charm" — Elvis Presley — US 2 W.
1973 — „Tie A Yellow Ribbon Round The Old Oak Tree" — Dawn — GB & US 4 W.
1975 — „Shame Shame Shame" — Shirley & Co. — D 3 W.
1979 — „Knock On Wood" — Amii Stewart — US 1 W.
1984 — „Against All Odds" — Phil Collins — US 3 W.

22

Geburtstage

Peter Frampton

■ **Peter Frampton** — 1950 — GB-Gitarrist, Sänger und Songschreiber. Als 16jähriger begann er mit Herd. Hits: „From The Underworld" (9/67 GB 6, 12/67 D 11) und „Paradise Lost" (12/67 GB 15). Bei der Gründung von Humble Pie im Jahre 1969 war er mit dabei — einziger Single-Hit: „Natural Born Bugie" (8/69 GB 4, 10/69 D 20). Im Juli 1972 gründet Peter Frampton's Camel, 1974 kommt er als Solist. Ende 1975 will er sich angeblich aus dem Plattengeschäft zurückziehen und gibt ein Abschiedskonzert, das als Doppel-LP „Frampton Comes Alive" zu einem Verkaufsknüller wird. Darauf die Single-Auskoppelungen: „Show Me The Way" (2/76 US 6, 5/76 GB 10) und „I'm In You" (5/77 US 2, 7/77 GB 41). Danach folgen noch weitere Plattenveröffentlichungen. Im Juni 1978 bricht er sich bei einem Autounfall mehrere Knochen — kommt aber wieder auf die Beine. Die Hits werden jedoch seltener.

■ **Paul Carrack** — 1951 — GB-Keyboarder und Sänger mit Ace, die einen Hit hatten: „How Long" (11/74 GB 20, 3/75 US 3). Nach der Trennung von Ace kam er als Ersatz für Brian Eno zu Roxy Music und wurde dann Mitglied bei Squeeze und Nick Lowe. Mit Mike Rutherford gründete Paul 1985 Mike & The Mechanics und sang deren Hits „Silent Running" (11/85 US 6, 2/86 GB 21, D 8), „All I Need Is A Miracle" (3/86 US 5, 6/86 D 26) und „The Living Years" (1/89 US 1, GB 2, 4/89 D 13). Nebenbei wirkte er mit am Solo-Projekt von Roger Waters — „Radio K.A.O.S." — und machte außerdem immer mal wieder Soloplatten — Hit: „Don't Shed A Tear" (11/87 US 9).

■ **Glen Campbell** — 1936 — US-Gitarrist, Sänger und Songschreiber, der sowohl in den Pop- als auch in den Country-Charts zu finden ist. Er begann in der Band seines Onkels Dick Bill und blieb von 1954 bis 1958. 1960 war er Mitglied bei den Champs. Er profilierte sich als Studiomusiker und begleitete 1965 die Beach Boys. Zwischen 1968 und 1972 hatte er seine eigene TV-Show: „The Glen Campbell Goodtime Hour". Als Filmschauspieler war er in „True Grit Norwood" und „Strange Homecoming" zu sehen. Größte Hits: „Wichita Lineman" (11/68 US 3, 1/69 GB 7), „Galveston" (3/69 US 4, 5/69 GB 14), „Rhinestone Cowboy" (5/75 US 1, 10/75 GB 4, D 31) und „Southern Nights" (2/77 US 1, 5/77 GB 28, D 18) — alles Millionseller.

■ **Charles Mingus** — 1922 — US-Jazz-Bassist, Komponist und Orchesterleiter. Von 1941 bis 1943 spielte er mit Louis Armstrong, von 1946 bis 1948 bei Lionel Hampton und später mit Charlie Parker und Duke Ellington. Etwa Mitte der 50er Jahre stellte er sich auf eigene Füße. Mingus war auch bei den Nicht-Jazzern hoch angesehen; so widmete ihm z.B. Joni Mitchell 1979 eine LP, auf der sie gleich vier Kompositionen von Charles interpretierte. Mingus gilt als einer der wichtigsten Wegbereiter des Free-Jazz. Er starb am 5.1.1979.

■ **Mel Carter** — 1943 — US-Sänger und Schauspieler. Mel sang in seiner Heimatstadt schon im Radio, als er erst 4 Jahre alt war. Mit 9 stand er zusammen mit Lionel Hampton auf der Bühne. In den frühen 50er Jahren wurde er Mitglied in verschiedenen Gospelgruppen. 1957 wählte man ihn zum Top-Gospeltenor. Seine erste Soloplatte nahm Mel 1959 auf. Größter Hit: „Hold Me, Thrill Me, Kiss Me" (6/65 US 8). Als Schauspieler sah man ihn in TV-Serien wie „Quincy" oder „Magnum P.I.".

■ **Arthur Baker** — 1955 — US-Diskjockey, Mixer und Produzent. Mitte der 80er Jahre machte er sich einen Namen mit Remixversionen von Cyndi Lauper, Hall & Oates, Bruce Springsteen, Diana Ross, New Edition oder Freeze. 1989 veröffentlichte er als Arthur Baker & The Backbeat Disciples die erste Platte unter seinem Namen. Hit: „The Message Is Love" (10/89 GB 38, 12/89 D 6), gesungen von Al Green.

■ **Joshua Rifkin** — 1944 — US-Pianist und Songschreiber. Er studierte Kompositionslehre in Deutschland bei Karl-Heinz Stockhausen. Schon früh interessierte er sich für Folkmusic und wurde Mitglied der Even Dozen Jug Band. 1978 arrangierte er für Judy Collins die LP „Wild Flowers", auf der die Nummer „Both Sides Now" ist. 1970 veröffentlichte er drei LPs mit Piano Rags von Scott Joplin. Das Baroque Ensemble Of The Mersey Side Kammermusikgesellschaft leitete er noch nebenher.

■ **Larry Groce** — 1948 — US-Pop-Folksänger und Songschreiber. Er begann als Verfasser von Kinderliedern für die Plattenproduktionen von Walt Disney. Mit einem Noveltysong, der live im McCabe's in Santa Monica aufgenommen wurde, hatte er seinen einzigen Hit: „Junk Food Junkie" (1/76 US 9).

■ **Pete Carr** — 1950 — US-Gitarrist und Sänger mit Partner Lenny LeBlanc (beide waren Sessionmusiker in dem Studio „Muscle Shoals, Alabama") als Duo LeBlanc & Carr. Hit: „Falling" (10/77 US 13).

■ **Manfred Boecker** — 1952 — Percussion und Gesang mit BAP. Spitzname „Schmal".

■ **Craig Logan** — 1969 — GB-Bassist mit Bros. 1989 ließ er die Zwillinge allein.

Todestag

■ **Earl Hines** — 1983 — US-Jazz- und Blues-Pianist. Spitzname „Fatha". Geboren am 28.12.1903.

Tageshits

1944 — „It's Love-Love-Love" — Guy Lombardo — US 2 W.
1961 — „Babysitter-Boogie" — Ralph Bendix — D 5 W.
1965 — „Ticket To Ride" — Beatles — GB 3 W.
1967 — „Memories Of Heidelberg" — Peggy March — D 2 W.
1974 — „Seasons In The Sun" — Terry Jacks — D 8 W.
1989 — „Like A Prayer" — Madonna — US 3 W.

Merk-Würdiges

1968 — In einem TV-Special wollte Herb Alpert aus Anlaß seines zehnten Albums seinem Publikum etwas Besonderes bieten — der Trompeter wollte ein Lied singen. Es war das Stück „This Guy's In Love", das nicht als Platte veröffentlicht werden sollte. Aber schon kurz nach der Sendung war die Nachfrage so groß, daß Alpert es erst auf einer LP veröffentlichte und später auch als Single — es wurde ein Millionseller. Ein schönes Märchen.

23

Geburtstage

■ **Roy Orbison** — 1936 — US-Sänger und Songschreiber. Schon 1952 hatte er seine eigene Gruppe, die Wink Westeners; Mitte der 50er Jahre gründete er die Teen Kings, mit denen er Ende 1955 im Studio von Norman Petty den Titel „Ooby Dooby" aufnahm, der in West Texas und New Mexico als Platte erschien. Wenige Wochen später nahm er das gleiche Stück noch einmal auf — diesmal in Memphis in den Sun-Studios. Jetzt schaffte Roy den Hitparadeneintritt: „Ooby Dooby" (6/56 US 59). Als Songschreiber erregte er 1958 Aufsehen, als die Everly Brothers seine Komposition „Claudette" aufnahmen. Zwischen 1960 und 1965 gelangen Roy Welthits: „Only The Lonely" (6/60 US 2, 8/60 GB 1), „Running Scared" (4/61 US 1, GB 9), „Crying" (8/61 US 2, GB 9), „It's Over" (4/64 US 9, GB 1) und „Oh, Pretty Woman" (8/64 US & GB 1, 11/64 D 1). Nach 1965 trafen ihn private Schicksalsschläge: seine Frau Claudette starb 1966 nach einem Motorradunfall, zwei seiner Söhne kamen 1968 beim Brand seines Hauses ums Leben. Längere Zeit hörte man nichts mehr von Roy Orbison, bis er 1980 mit Emmylou Harris eine Platte produzierte. Zusammen mit seinen alten Sun-Kollegen Jerry Lee Lewis, Carl Perkins und Johnny Cash erschien 1986 die LP „Class Of '55". Eine ganze Reihe hochkarätiger Interpreten drückten am 30.9.1987 durch ihre Mitwirkung bei der Produktion des Videos „A Black And White Night — Starring Roy Orbison" aus, daß sie Fans von ihm sind. Dazu gehörten u.a. Bruce Springsteen, Jackson Browne oder Elvis Costello. Gleichzeitig begann Orbison mit den Aufnahmen zu einer neuen Solo-LP — wenig später wurde er Mitglied im Projekt The Traveling Wilburys. In dieser Band spielten und sangen neben Roy Bob Dylan, Jeff Lynne, Tom Petty und George Harrison. Im Herbst 1988 erschien die LP „Traveling Wilburys Vol.1", die weltweit viel Beachtung fand. Dann wurde gerade die Veröffentlichung seiner Solo-LP „Mystery Girl" annonciert, als Roy am 6.12.1988 verstarb. Die erste Auskoppelung aus der LP war „You Got It" (1/89 US 9, GB 3, D 9).

■ **Michael Narada Walden** — 1952 — US-Sänger, Songschreiber, Schlagzeuger und Produzent. Als Teenager spielte er mit Gruppen wie Ted Nugent & The Amboy Dukes, MC 5, Bob Seger System oder Deacon Williams & The Soul Revival. 1972 wurde er Mitglied im Mahavishnu Orchestra von John McLaughlin. Nachdem sich die Band 1976 aufgelöst hatte, machte Walden Soloplatten und arbeitete als Studiomusiker für Jeff Beck, Carlos Santana, Weather Report, Rick James, Roy Buchanan, Tommy Bolin u. v. a. Außerdem machte er sich einen Namen als Produzent von Stacy Lattisaw, Don Sherry oder Sister Sledge.

■ **John Miles** — 1949 — GB-Sänger, Keyboarder, Gitarrist und Songschreiber. Alan Parsons produzierte mit ihm in den Abbey Road Studios den Hit „Music" (3/76 GB 3, 5/76 D 10). Flugs wurde er als „Komet am Hitparadenhimmel Englands" bezeichnet. 1977 ging's langsam wieder abwärts: „Slow Down" (3/77 US 34, 6/77 GB 10). Auf diversen LPs von Alan Parsons ist er als Sänger und Gitarrist zu hören. Auch in der Live-Band von Tina Turner spielt John mit.

■ **Lee Majors** — 1940 — US-Schauspieler und Gelegenheitssänger. Von 1965 bis 1969 spielte er in der TV-Serie „Big Valley" den Heath Barkley, in „Shiloh Ranch" (1970/71) Roy Tate, in „Own Marshall" von 1971 bis 1974 Jess Randon, in „The 6 Million Dollar Man" von 1974 bis 1978 Col. Steve Austin und schließlich in „The Fall Guy" (die Serie hieß bei uns „Ein Colt für alle Fälle") ab 1981 den Colt Seavers. Der Titelsong dieser Serie wurde bei uns ein Hit: „Unknown Stuntman" (9/85 D 11).

■ **Ray Peterson** — 1939 — US-Sänger; ab 1958 mit Platten auf dem Markt. Hits: „Tell Laura I Love Her" (6/60 US 7) und „Corinna, Corinna" (11/60 US 9, 1/61 GB 41, D 7).

■ **Steve Clark** — 1960 — GB-Leadgitarrist bei Def Leppard.

Todestage

■ **Peter Ham** — 1975 — GB-Gitarrist und Kopf der Iveys, aus denen sich Badfinger entwickelte. Als der Erfolg nachließ, hängte er sich auf. Geboren am 27.4.1947.

■ **Harold Arlen** — 1986 — US-Komponist und Sänger. Geboren am 15.2.1905.

Tageshits

1954 — „I See The Moon" — Stargazers — GB 1 W. (2.mal)
1964 — „World Without Love" — Peter & Gordon — GB 2 W.
1969 — „Get Back" — Beatles — GB 6 W.
1977 — „Don't Leave Me This Way" — Thelma Houston — US 1 W.
1983 — „Come On Eileen" — Dexy's Midnight Runners — US 1 W.
1988 — „Where Do Broken Hearts Go" — Whitney Houston — US 2 W.

24

Geburtstage

■ **Barbra Streisand** — 1942 — US-Schauspielerin, Sängerin und Songschreiberin. Richtige Vornamen Barbara Joan. 1962 gab sie ihr Debut am Broadway in „I Can Get It From Your Wholesale" und spielte 1964 in „Funny Girl" die Hauptrolle. In der Kinoversion von „Funny Girl" gab sie 1968 ihr Filmdebut — zusammen mit Katherine Hepburn gewann sie gleich den Oscar als „Beste Schauspielerin des Jahres". Mit einem Lied aus „Funny Girl" begann auch ihre Karriere als Sängerin: „People" (4/64 US 5). Es folgten weitere Hits wie „The Way We Were" (11/73 US 1, 3/74 GB 31), „Evergreen" (12/76 US 1, 4/77 GB 3) und „Woman In Love" (9/80 US & GB 1, 11/80 D 1). Hits mit Duettpartnern: „You Don't Bring Me Flowers" (10/78 US 1, GB 5) mit Neil Diamond; „Guilty" (11/80 US 3, GB 34, 1/81 D 15) mit Barry Gibb, „No More Tears (Enough Is Enough)" (10/79 US 1, GB 3, D 31) mit Donna Summer und „Till I Loved You" (10/88 US 25, GB 16, 12/88 D 26) mit Don Johnson. Auch als Schauspielerin war Barbra weiter in den Kinos zu sehen: „A Star Is Born", „Hello Dolly", „Funny Lady", „The Way We Were" und viele andere. In „Yentl" (1983) war sie gleichzeitig Produzent, Regisseur und Hauptdarstellerin.

■ **Tony Visconti** — 1944 — US-Produzent. Er begann als Gitarrist in Schulbands, wurde dann Bassist und Begleitmusiker von Tony Bennett oder Milton Berle. Mit seiner Frau nahm er ein Demo als Tony & Sigrid auf, das zwar von der RCA veröffentlicht wurde, aber nicht in die Hitparaden kam. Danach ging er nach Großbritannien und arbeitete dort mit Move, Procol Harum, Joe Cocker, Georgie Fame oder Danny Cordell. Seine ersten großen Erfolge als Produzent hatte Tony mit T. Rex und David Bowie. Auch die Strawbs, Mary Hopkin (die er später heiratete), Tom Paxton oder Ralph McTell, Thin Lizzy, Osibisa, Gentle Giant, Boomtown Rats oder die Stranglers gehör(t)en zu seinen Klienten.

■ **Captain Sensible** — 1954 — GB-Bassist, Gitarrist und Sänger. Richtiger Name Ray Burnes. Nachdem er ab 1970 bei verschiedenen Bands gespielt hatte, wurde er im Mai 1976 Gründungsmitglied bei The Damned. Im Februar 1978 fiel die Band auseinander. Sensible, der bei The Damned Baß gespielt hatte, wurde nun Gitarrist und Mitglied bei den Softies. Danach gründete er eine Gruppe namens King. 1979 kam es zu einer Wiederbelebung von The Damned, seit 1982 ist er nebenher auch Solist: „Happy Talk" (6/82 GB 1) und „Wot" (8/82 GB 26, 12/82 D 4). Im August 1984 verläßt er The Damned.

■ **Doug Clifford** — 1945 — US-Schlagzeuger, der zur Urbesetzung von Creedence Clearwater Revival gehörte, 1972 eine Soloplatte veröffentlichte und in den 70er Jahren auf Platten von Tom Fogerty, der Don Harrison Band und anderen zu hören war.

■ **Robert Knight** — 1945 — US-Sänger, der ab 1960 Platten machte. Seinen ersten Hit hatte er mit „Everlasting Love“ (9/67 US 13, 1/68 GB 40, 3/74 RE-GB 19). Ein weiterer Erfolg war „Love On A Mountain Top“ (11/73 GB 10).

■ **Jack Blades** — 1954 — US-Bassist und Sänger mit Night Ranger, die 1982 ihr Debütalbum veröffentlichten. Hits: „Sister Christian“ (3/84 US 5) und „Sentimental Street“ (5/85 US 8).

■ **Steve York** — 1948 — GB-Bassist mit Graham Bond, East Of Eden, Manfred Mann Chapter 3, Dada, Vinegar Joe und als Studiomusiker.

■ **Glen Cornick** — 1947 — GB-Bassist von 1968 bis 1971 bei Jethro Tull, dann Wild Turkey, Karthago und schließlich mit Bob Welch in Paris.

■ **Freddy Scott** — 1933 — US-Sänger und Songschreiber mit Hits von 1963 bis 1967. Größter Erfolg: „Hey Girl“ (7/63 US 10).

■ **Hubert Ann Kelly** — 1947 — US-Sängerin bei Hues Corporation. Größter Hit war der Millionseller „Rock The Boat“ (5/74 US 1, 7/74 GB 6, D 7).

■ **Bernard St. Clair Lee Calhoun Henderson** — 1944 — US-Sänger, ebenfalls bei Hues Corporation.

■ **Boris Williams** — 1958 — GB-Schlagzeuger mit The Cure.

Todestag

■ **Otis Spann** — 1970 — US-Blues-Musiker. Auch nach einem Herzanfall hatte Otis seinen Alkoholkonsum nicht eingeschränkt — Anfang 1970 stellten die Ärzte bei ihm Leberkrebs fest. Vermutlich starb er an akutem Herzversagen. Geboren am 21.3.1930.

Tageshits

1948 — „Now Is The Hour“ — Bing Crosby — US 3 W.
1953 — „I Believe“ — Frankie Laine — GB 9 W.
1959 — „It Doesn't Matter Anymore“ — Buddy Holly — GB 3 W.
1965 — „Game Of Love“ — Wayne Fontana & The Mindbenders — US 1 W.
1968 — „What A Wonderful World/Cabaret“ — Louis Armstrong — GB 4 W.
1978 — „Rivers Of Babylon“ — Boney M. — D 17 W.
1982 — „Ebony And Ivory“ — Stevie Wonder & Paul McCartney — GB 3 W.

Merk-Würdiges

1982 — Nicole gewinnt mit „Ein bißchen Frieden“ für die Bundesrepublik den Grand Prix Eurovision.

25

Geburtstage

■ **Björn Ulvaeus** — 1945 — Schwedischer Gitarrist und Komponist für ABBA. Erste Erfolge hatte er Anfang der 60er Jahre mit den Hootenanny Singers, die Schlager mit Folk-Repertoire mischten. Dann kam es zur Zusammenarbeit mit Benny Andersson, der als Tastenspieler von den Hep Stars kam. Benny ist verlobt mit der Sängerin Anni-Frid Lyngstad, Björn heiratet 1971 Agnetha Fältskog, ebenfalls Schlagersängerin in Schweden. 1972 veröffentlichen die vier unter dem Gruppennamen Björn, Benny, Agnetha & Anni-Frid ihre erste Platte „People Need Love“, die in der schwedischen Hitparade Platz 2 belegt. 1973 kürzen sie ihren Gruppennamen nach ihren Initialen auf ABBA und nehmen mit „Ring Ring“ an der schwedischen Vorentscheidung zum Grand Prix Eurovision teil — der Titel wird nicht genommen. Dafür gewinnen sie dann ein Jahr später mit „Waterloo“ (4/74 GB & D 1, 6/74 US 6) diesen europäischen Wettbewerb. Eine Karriere beginnt, die sie zur erfolgreichsten Gruppe nach den Beatles macht und ihnen bis 1983 jede Menge Hits beschert: In GB belegen sie mit neun Titeln Platz 1, ebenso in Deutschland, in den USA immerhin einmal Platz 1. Die größten Hits: „Fernando“ (3/76 GB & D 1, 9/76 US 13), „Dancing Queen“ (8/76 GB & D 1, 12/76 US 1) und „Take A Chance On Me“ (2/78 GB 1, D 3, 4/78 US 3). 1978 wird die Ehe von Björn und Agnetha geschieden. Ab 1983 gehen die ABBA- Mitglieder getrennte Wege — Björn veröffentlicht 1984 mit Benny Andersson und Tim Rice das gemeinsam geschriebene Musical „Chess“.

■ **Ella Fitzgerald** — 1918 — US-First Lady of Jazz! 1934 gewann sie einen Amateur-Wettbewerb im „Harlem Operahouse“ und im „Apollo Theatre“. 1935 wurde sie Mitglied bei Chick Webb & His Orchestra — Hit: „A-Tisket, A-Tasket“ (6/38 US 1). Nach dem Tode von Chick 1939 leitete Ella die Band weiter bis 1942. Ab 1936 erschienen von ihr auch Soloplatten. Hits zusammen mit den Ink Spots: „I'm Making Believe“ (11/44 US 1) und „Into Each Life Some Rain Must Fall“ (11/44 US 1). Ihre letzte erwähnenswerte Hitnotierung hatte sie mit „Mack The Knife“ (5/60 US 27). Dieser Titel war am 13.2.1960 live in der Deutschlandhalle in Berlin aufgenommen worden.

■ **Andy Bell** — 1964 — GB-Sänger von Erasure, gegründet 1985 als neues Projekt von Vince Clark, der vorher schon Depeche Mode, Yazoo und Assembly aus der Taufe gehoben hatte. Andy hatte vorher in der Gruppe Void gesungen und sich dann auf eine Anzeige im Melody Maker gemeldet, die Vince aufgegeben hatte. Hits für Erasure: „Sometimes“ (10/86 GB 2, 12/86 D 2), „Victim Of Love“ (5/87 GB 7, D 26), „The Circus“ (10/87 GB 6, D 30), „Ship Of Fools“ (2/88 GB 6, D 9), „Chains Of Love“ (6/88 GB 11, D 18, US 12), „A Little Respect“ (10/88 GB 4, D 34, US 14), „Crackers International“ (12/88 GB 2, D 18) und „Drama!“ (9/89 GB 4, D 12).

■ **Fish** — 1958 — GB-Sänger und Songschreiber. Richtiger Name Derek William Dick. 1980 kam er zu der im Dezember 1978 gegründeten Formation Silmarillion, die sich von nun an auf Marillion abkürzte. Ab 1982 tauchten sie in den Hitparaden auf: „Kayleigh“ (5/85 GB 2, D 7), „Lavender“ (9/85 GB 5, D 39) und „Incommunicado“ (5/87 GB 6, D 22). Im September 1988 trennte sich Fish wegen musikalischer Differenzen von der Gruppe und startete eine Solo-Karriere. Erster Hit: „State Of Mind“ (10/89 GB 32).

■ **Albert King** — 1923 — US-Bluessänger, Gitarrist und Schlagzeuger. Richtiger Name Albert Nelson. Ende der 40er/ Anfang der 50er Jahre war er in der Gospelgruppe Harmony Kings. Seine ersten Platten nahm er 1953 auf — 1956 gründete er eine eigene Gruppe. Zwischen 1961 und 1979 war Albert regelmäßig in den R&B-Charts zu finden. Größte Erfolge: „Don't Throw Your Love On Me So Strong“ (12/61 R&B 14) und „Cold Feet“ (1/68 R&B 20, US 67).

■ **Earl Bostic** — 1913 — US-Alt-Saxophonist, Klarinettist, Flötist, Songschreiber und Orchesterchef. Er spielte zusammen mit Cab Calloway, Lionel Hampton und der Band von Paul Whiteman. 1944 gründete er seine eigene Combo. Mit der Nummer „Flamingo“ (11/51 R&B 1) kam er zwar nicht in die Pop-Hitparaden, hatte aber trotzdem einen Millionseller. Earl starb am 28.10.1965.

■ **Mike Kennedy** — 1946 — Sänger und Gitarrist. Richtiger Name Michael Kogel. Anfang der 60er Jahre spielte er mit Michael & The Firebirds. Damit nahm er den Titel „Der Knüller Mausi Müller“ auf. Der deutsche Produzent Nils Nobach brachte Michael mit der spanischen Gruppe Los Bravos zusammen, mit denen er dann den Millionseller „Black Is Black“ (6/66 GB 2, 8/66 US & D 4) aufnahm. Im Nachhinein wurde allerdings bekannt, daß außer Michael von der Gruppe Los Bravos niemand bei der Produktion im Studio anwesend war. Es folgte ein weiterer Hit mit „I Don't Care“ (9/66 GB 16, 11/66 D 15). 1969 trennte sich Michael von der Band und trat unter dem Namen Mike Kennedy in Spanien als Solist auf. Mit „La Lluvia“ hatte er dort wochenlang einen Platz 1 in der Hitparade. Danach versuchte er wieder, in Deutschland oder in England Fuß zu fassen, was ihm allerdings nicht gelang. Schließlich landete er wieder in Spanien.

26

■ **Cory Daye** — 1953 — US-Lead-Sängerin mit Dr. Buzzard's Original Savannah Band. Größter Erfolg: „Whispering/ Cherchez La Femme/Se Si Bon" (11/76 US 27). Die Band versuchte, den Stil der 30er Jahre in das Zeitalter der Diskotheken zu übertragen. Nachdem der Gründer der Gruppe, August Darnell, 1980 die Band verlassen hatte, um Kid Creole & The Coconuts zu gründen, verschwand der Dr. in der Versenkung.

■ **Steven Ferrone** — 1950 — GB-Schlagzeuger und Studiomusiker mit Brian Auger's Oblivion Express, Bloodstone und als Ersatz für den verstorbenen Robbie McIntosh bei der Average White Band. Steven gilt als gesuchter Studiomusiker.

Creedence Clearwater Revival

■ **Stu Cook** — 1945 — US-Bassist in der Urbesetzung von Creedence Clearwater Revival. Danach spielte er auf Platten seiner ehemaligen Bandkollegen Doug Clifford und Tom Fogerty, der Don Harrison Band und Roky Erickson & The Aliens.

■ **Tony Christie** — 1943 — GB-Sänger, richtiger Name Anthony Fitzgerald. Hits: „I Did What I Did For Maria" (5/71 GB 2, 7/71 D 4) und „Is This The Way To Amarillo" (11/71 GB 18, D 1).

■ **Dave Lawson** — 1945 — GB-Tastenspieler bei Episode Six, Alan Bown und Greenslade. Danach als Studiomusiker mit z. B. Sally Oldfield, Shadows, John Martyn, Bill Wyman oder Jimmy Page.

■ **Jerry Leiber** — 1933 — US-Songschreiber, der zusammen mit Mike Stoller viele der frühen R 'n' R-Hits schrieb (s. Geburtstag von Mike am 13.3.).

■ **Michael Brown** — 1949 — US-Keyboarder und Songschreiber für die 1966 gegründete Formation Left Banke, Montage, Stories und Beckies. Richtiger Nachname Lukowsky.

■ **Billy Rankin** — 1959 — GB-Gitarrist, Sänger, Keyboarder und Songschreiber, der 1976 mit Zal spielte und dann nach einigen Umwegen 1981 Mitglied bei Nazareth wurde. Ab 1983 als Solist.

Tageshits

1958 — „Whole Lotta Love" — Marvin Rainwater — GB 3 W.
1959 — „Die Gitarre und das Meer" — Freddy — D 14 W.
1960 — „Stuck On You" — Elvis Presley — US 4 W.
1964 — „Oh My Darling Caroline" — Ronny — D 8 W.
1970 — „ABC" — Jackson 5 — US 2 W.
1970 — „Mademoiselle Ninette" — Soulful Dynamics — D 2 W.
1977 — „Lay Back In The Arms Of Someone" — Smokie — D 5 W.
1987 — „La Isla Bonita" — Madonna — GB 2 W.
1988 — „Heart" — Pet Shop Boys — D 4 W.

Geburtstage

■ **Duane Eddy** — 1938 — US-Gitarrist und Songschreiber, der durch Lee Hazlewood 1957 entdeckt und gefördert wurde. Hits: „Rebel Rouser" (6/58 US 6, 9/58 GB 19), „Fourty Miles Of Bad Road" (6/59 US 9, 9/59 GB 11), „Because They're Young" (5/60 US 4, 8/60 GB 2), „Pepe" (12/60 US 18, GB 2, 2/61 D 26) und „(Dance With The) Guitar Man" (10/62 US 12, GB 4). Eddy gilt mit seiner Twangy-Guitar als der Nr. 1 R'n'R-Instrumentalist. Nachdem er ab Mitte der 60er Jahre für fast 20 Jahre aus den Charts verschwunden war, hatte er zusammen mit der Gruppe Art Of Noise wieder Erfolg: „Peter Gunn" (3/86 GB 8, D 17, 5/86 US 50). 1987 erschien eine neue LP von ihm, die er zusammen mit Musikern wie Jeff Lynne, Paul McCartney, George Harrison, John Fogerty oder Ry Cooder aufgenommen hatte.

■ **Bobby Rydell** — 1940 — US-Sänger mit richtigem Namen Robert Louis Ridarelli. Zu seinen Schulfreunden gehörten Fabian und Frankie Avalon — alle aus Philadelphia und alle hatten nur ein Ziel: Stars werden. Mit Frankie als Trompeter spielte Bobby — er war der Schlagzeuger — 1956 bei Rocco & The Saints, 1957 machte er seine ersten Platten. Wie viele andere High-School-Rocker jener Tage spielte auch Bobby in einigen belanglosen Filmen mit. Bobbys Hits: „We Got Love" (10/59 US 6), „Wild One" (2/60 US 2, GB 7), „Swinging School" (5/60 US 5), „Volare" (7/60 US 4, 9/60 GB 22) und „Forget Him" (3/63 GB 13, 11/63 US 4). Nach 1963 hatte er keinen Hit mehr: die Beatles kamen und die High-School-Saubermänner traten ab.

Giorgio Moroder & Japan

■ **Giorgio Moroder** — 1944 — Südtiroler Sänger, Songschreiber und Produzent, der mehrere Instrumente spielt und fünf Sprachen spricht. Als Giorgio hatte er bei uns die Hits „Looky, Looky" (6/69 D 26) und „Underdog" (2/71 D 22). Seit Anfang der 80er Jahre gilt er als erfolgreicher Autor in den USA, der etliche erfolgreiche Film-Musiken schrieb — so erhielt er z. B. für „Midnight Express", „Flashdance" sowie für den Titelsong zu „Top Gun" je einen Oscar. Hits für ihn: Zusammen mit Paul Engemann „Reach Out" (8/84 D 1 — es handelte sich bei dem Titel um das offizielle Thema der Olympischen Spiele in L.A.) und mit Phil Oakey „Together in Electric Dreams" (9/84 GB 3). Für die Olympischen Spiele 1988 in Korea schrieb Giorgio die Nummer „Hand in Hand" (9/88 D 1), die weltweit erfolgreich war. Die Vermutung, daß Moroder mit seinen Kompositionen bisher 150 Goldene Schallplatten eingeheimst hat, ist durchaus richtig! Die Bandbreite der von ihm produzierten Musiker reicht von Michael Holm, Ricky Shayne und Mary Roos über Donna Summer bis hin zu Sigue Sigue Sputnik.

Gary Wright

■ **Gary Wright** — 1943 — US-Tastenspieler, Sänger und Songschreiber, der 1967 in GB mithalf, die Gruppe Spooky Tooth zu gründen. Als die 1970 auseinanderfiel, machte er als Solist weiter — ohne Erfolg. Von 1973 bis 1974 erneut mit Spooky Tooth. Und schließlich endgültig als Solist. Hits: „Dream Weaver" (1/76 US 2) und „Love Is Alive" (4/76 US 2). Bereits als Siebenjähriger hatte Gary 1950 in der Fernsehserie „Captain Video" mitgespielt.

■ **Maurice Williams** — 1938 — US-Sänger und Songschreiber. 1955 gründete er die Royal Charms, aus denen wenig später die Gladiolas wurden. Hit: „Little Darlin'" (4/57 US 41). 1959 änderten sie erneut ihren Namen: Maurice Williams & The Zodiacs. Hit: „Stay" (10/60 US 1, GB 14) — mit diesem von Maurice geschriebenen Titel hatten später die 4 Seasons, Jackson Browne und die Hollies ebenfalls Top 20 Hits.

■ **Ma Rainey** — 1886 — US-Blues-Sängerin. Geboren als Gertrude Malissa Pridgett. Sie gilt als „Pionierin der Blues Sängerinnen" und war Vorbild von Bessie Smith. 1923 nahm sie ihre ersten Platten auf. Hit: „See See Rider Blues" (1/25 US 14) — auf der Platte spielten u. a. Louis Armstrong und Fletcher Henderson. Ma war auch unter den Pseudonymen Mama Can Can, Lila Patterson oder Anne Smith bekannt. 1933 zog sie sich aus dem Plattengeschäft zurück. Nach einem Herzanfall starb sie am 22.12.1939. 1985 wurde ihr Leben im Broadway-Musical „Ma Rainey's Black Bottom" dargestellt.

■ **Roger Taylor** — 1960 — GB-Schlagzeuger, der von der Punkgruppe Scent Organs 1979 zur ein Jahr vorher gegründeten Gruppe Duran Duran kam und nebenher bei Arcadia spielte. Im April 1986 kündigt Roger an, er wolle für ein Jahr Pause machen und sich erholen. Er kehrte nicht zu Duran Duran zurück.

■ **Jörgen Ingmann** — 1925 — Dänischer Gitarrist und Songschreiber. Seine Version von „Apache" (1/61 US 2, D 6) war lediglich in GB nicht erfolgreich — da schafften das die Shadows. Zusammen mit Grethe Ingmann gewann er 1963 in London für Dänemark den Grand Prix Eurovision mit dem Titel „Dansevise". Größter Erfolg für Jörgen bei uns: „Drina- Marsch" (3/64 D 5).

■ **Jimmy Hall** — 1949 — US-Sänger, Saxophonist und Songschreiber für Wet Willie, die typischen „Southern Boogie-Rock" machten. Hit: „Keep On Smilin'" (5/74 US 10). Die Band bestand von 1970 bis 1980. Nach 1980 spielte Jimmy auf Platten von z. B. Jeff Beck oder Charlie Daniels.

■ **Claudine Clark** — 1941 — US-Sängerin und Songschreiberin. Sie machte 1958 ihre ersten Platten. Hit: „Party Lights" (6/62 US 5). Außerdem nahm sie noch unter dem Pseudonym Joy Dawn Platten auf.

■ **Ronny Dayton** — 1946 — US-„Hot-Rod"-Musiker. Richtiger Name Bucky Wilkin. Hit für Ronny & The Daytonas: „G.T.O." (8/64 US 4).

■ **Tony Murray** — 1945 — GB-Bassist mit den Troggs.

Todestag

■ **Count Basie** — 1984 — US-Jazz-Pianist und Orchesterleiter. Geboren am 21.8.1904.

Tageshits

1971 — „Rose Garden" — Lynn Anderson — D 4 W.
1975 — „Another Somebody Done Somebody Wrong Song" — B. J. Thomas — US 1 W.
1980 — „Call Me" — Blondie — GB 1 W.

27

Geburtstage

■ **Peter Ham** — 1947 — GB-Gitarrist und Songschreiber. Im Juli 1968, nachdem er für zwei Jahre in der Begleittruppe von David Garrick gespielt hatte, unterschrieb er einen Plattenvertrag mit Apple-Records. Paul McCartney hatte ein Demoband von ihm gehört und war interessiert — Peters Gruppe nannte sich Iveys. Nach einigen erfolglosen Plattenveröffentlichungen änderte die Band im Dezember 1969 ihren Namen in Badfinger. Jetzt setzte es Hits: „Come And Get It" (1/70 GB 4, US 7, 4/70 D 34), „No Matter What" (10/70 US 8, 1/71 GB 5, 3/71 D 32) und „Day After Day" (12/71 US 4, GB 10, 3/72 D 25). Peter schrieb auch etliche Hits für andere Interpreten, so z. B. den Nummer 1 Hit für Harry Nilsson „Without You". Als der Erfolg nachließ, erhängte sich Ham am 23.4.1975.

■ **Sheena Easton** — 1959 — GB-Sängerin und Schauspielerin, richtiger Name Sheena Orr. 1980 begann sie ihre Karriere in der BBC TV Dokumentation „The Big Time", in der sie eine Sängerin spielte. Hits: „Morning Train (Nine To Five)" (7/80 GB 3, 2/81 US 4, D 5), „For Your Eyes Only" (6/81 GB 8, US 4, 9/81 D 5) aus dem gleichnamigen James Bond Film und „The Lover In Me" (11/88 US 2, 1/89 GB 15, D 26). Auch erfolgreich im Duett mit Kenny Rogers: „We've Got Tonight" (1/83 US 6, GB 28).

■ **Ace Frehley** — 1950 — US-Gitarrist, Sänger und Songschreiber mit Kiss und solo. Richtiger Vorname ist Paul. Als Solist hatte er den Hit „New York Groove" (10/78 US 13). Markenzeichen der 1972 gegründeten Gruppe Kiss war bunte Gesichtsbemalung, ohne die man die Mitglieder nie antraf. Erst 1982 legten sie dieses für die Musik unbedeutende Image ab. Im selben Jahr verließ Ace die Gruppe und kam wenig später mit seiner eigenen Band Frehley's Comet.

■ **Cuba Gooding** — 1944 — US-Lead-Sänger von Main Ingredient. Als er bei der Band den am 4.7.1971 verstorbenen Donald McPherson ersetzte, kam die große Zeit der Gruppe. Hits und Millionseller: „Everybody Plays The Fool" (7/72 US 3) und „Just Don't Want To Be Lonely" (2/74 US 10, 6/74 GB 27).

■ **Ann Peebles** — 1947 — US-Sängerin und Songschreiberin. Erste Erfolge in der R&B-Hitparade hatte sie 1969. Ihre Komposition „I Can't Stand The Rain" (9/73 US 38) wurde mit Eruption 1978 erneut ein Hit.

■ **Maxine Brown** — 1932 — US-Sängerin mit den Browns, eine aus drei Geschwistern bestehende Formation. Hit: „The Three Bells" (7/59 US 1, 9/57 GB 6, D 19). Danach wollte den dreien nur noch ein Hit gelingen: „The Old Lamplighter" (3/60 US 5).

■ **Kate Pierson** — 1948 — US-Organistin und Sängerin mit den B 52's, die im Oktober 1976 gegründet wurden.

Todestage

■ **Mike Brant** — 1975 — Französischer Pop-Star. Er nahm sich aus ungeklärten Gründen das Leben — er war auf dem Höhepunkt seiner Karriere. Geboren am 2.2.1947.

■ **Z. Z. Hill** — 1984 — US-R&B-Interpret. Er starb nach einem Herzinfarkt. Geboren am 30.9.1935.

Tageshits

1946 — „I'm A Big Girl Now" — Sammy Kaye — US 1 W.
1963 — „I Will Follow Him" — Little Peggy March — US 3 W.
1967 — „Puppet On A String" — Sandie Shaw — GB 3 W.
1968 — „Words" — Bee Gees — D 3 W.
1987 — „You're The Voice" — John Farnham — D 2 W.

28

Geburtstage

■ **Peter Anders** — 1941 — US-Sänger, Songschreiber und Produzent; richtiger Name Peter Andreoli. Zusammen mit Vincent Poncia und anderen US-Studiomusikern nahm er Mitte der 60er Jahre unter verschiedenen Gruppennamen Titel auf. Als Videls (1960), Trade Winds: „New York's A Lonely Town" (2/65 US 32) und als Innocence: „There's Got To Be A Word!" (12/66 US 34). In den späten 60er Jahren brachten Anders und Poncia als Duo eine LP, ab 1972 machte Peter Soloplatten.

■ **Edwin Jobson** — 1955 — GB-Multi-Instrumentalist. Er spielte mit Fat Grapple, Curved Air, Bryan Ferry, Roxy Music, Jethro Tull und U.K.. Machte auch als Solist Platten und gilt in GB als gesuchter Studiomusiker.

■ **Enid Williams** — 1960 — GB-Bassistin und Sängerin mit Girlschool, die zusammen mit der Formation Motorhead als Headgirl einen Hit hatten: „St. Valentine's Day Massacre" (2/81 GB 5).

■ **Bob Robertson** — 1951 — GB-Saxophonist und Pianist mit Supercharge und Rumour.

■ **Brian Miller** — 1947 — GB-Keyboarder mit Isotope, Turning Point und Sally Oldfield.

■ **Vito Balsamo** — 1946 — US-Leadsänger mit Vito & The Salutations, die es 1962/63 auf zwei kleinere Hits brachten.

■ **Andy LeGear** — 1960 — GB-Leadgitarrist von Rosetta Stone, die in die Fußstapfen der Bay City Rollers treten sollten.

■ **John Wolters** — 1945 — US-Schlagzeuger und Sänger bei Dr. Hook.

Todestag

■ **Tom Donahue** — 1975 — US-Disk-Jockey und Produzent. Geboren am 21.5.1928.

Tageshits

1958 — „Witch Doctor" — David Seville — US 3 W.
1960 — „Do You Mind" — Anthony Newley — GB 1 W.
1966 — „You Don't Have To Say You Love Me" — Dusty Springfield — GB 1 W.
1979 — „Heart Of Glass" — Blondie — US 1 W.
1980 — „Weekend" — Earth & Fire — D 4 W.

29

Geburtstage

■ **Duke Ellington** — 1899 — US-Pianist, Songschreiber, Leiter eines eigenen Orchesters und eine der bekanntesten Persönlichkeiten in der Jazzgeschichte. Richtige Vornamen Edward Kennedy. Er war seit 1918 als Bandleader tätig. 1923 kam er nach New York und spielte ab 1927 für 5 Jahre im New Yorker „Cotton Club". Als Komponist beeinflußte er zahlreiche Musiker, auch des modernen und Free-Jazz. Hits: „Three Little Words" (10/30 US 1), „Cocktail For Two" (5/34 US 1), „Moon Glow" (10/34 US 2), „Solitude" (10/34 US 2) und „I Let A Song Go Out Of My Heart" (3/38 US 1). Unvergessen bleibt auch Duke Ellington's Thema „Take The 'A' Train" (7/41 US 11, 7/43 RE-US 19), geschrieben durch Billy Strayhorn. Er nahm auch viele Platten zusammen mit Ella Fitzgerald auf. Duke starb am 24.5.1974.

■ **Klaus Voormann** — 1938 — Geboren in Berlin. 1966 wurde sein Jahr: er entwarf für die Beatles-LP „Revolver" das Cover, und er löste Jack Bruce als Bassist bei Manfred Mann ab. Danach wurde Klaus gesuchter Studiomusiker in GB und USA und spielte von 1969 bis 1974 in der Plastic Ono Band. Er machte mit beim „Concert For Bangladesh", ist auf Platten zu hören von Carly Simon, Howlin' Wolf, Gary Wright, B. B. King, Jerry Lee Lewis, Peter Frampton, Art Garfunkel, Donovan, Keith Moon, Nilsson und den Solo-Alben der einzelnen Beatles — um nur ein paar zu nennen. Anfang der 80er Jahre kehrte Klaus in die Bundesrepublik zurück, um hier als Produzent zu arbeiten. Erstes Erfolgsprojekt: Trio.

■ **Lonnie Donegan** — 1931 — GB-Sänger, Songschreiber und Saitenspieler. Richtiger Vorname Anthony. Er gilt als der erste Superstar in GB in den 50er Jahren. In Ken Colyer's Band kreierte er den „Skiffle Sound" — 1953 spielte er dann mit Chris Barber. 1954 nahm er „Rock Island Line" (1/56 GB 8, 3/56 US 8) auf, der sich 2 Jahre später zum Hit entwickelte. Bis Ende 1962 hatte er in GB siebzehn Top 10 Hits; die größten: „Cumberland Gap" (4/57 GB 1), „Gamblin' Man/Putting On The Style" (6/57 GB 1). „Does Your Chewing Gum Lose Its Flavour (On The Bedpost Over Night)" (2/59 GB 3, 8/61 US 5) und „My Old Man's A Dustman" (3/60 GB 1).

■ **Tommy James** — 1947 — US-Sänger, Songschreiber und Leader der durch ihn 1959 gegründeten Band Tommy James & The Shondells. Richtiger Name Thomas Jackson. 1963 nahmen sie den Titel „Hanky Panky" (6/66 US 1, GB 38, 8/66 D 3) auf, der sich jedoch erst 3 Jahre später durchsetzen konnte. Weitere Hits: „I Think We're Alone Now" (2/67 US 4), „Mony Mony" (4/68 US 3, 6/68 GB 1, D 3), „Crimson And Clover" (12/68 US 1, 3/69 D 2) und „Crystal Blue Persuasion" (6/69 US 2). Ab 1970 trat Tommy als Solist auf — Hit: „Draggin' The Line" (6/71 US 4). Nach 9jähriger Hitpause kam er dann mit „Three Times In Love" (1/80 US 19).

■ **Russ Morgan** — 1904 — US-Pianist, Songschreiber, Posaunist und Orchesterchef. Seit 1935 war Russ in den USA mit seinem Orchester erfolgreich. Größte Hits: „The Merry-Go-Round Broke Down" (6/37 US 1), „I've Got A Pocketful Of Dreams" (8/38 US 1) — bei dem Titel ist Morgan auch als Sänger zu hören -, der Millionseller „Cruising Down The River" (2/49 US 1) und „Forever And Ever" (3/49 US 1). Als Komponist hatte er u.a. den erfolgreichen Hit „You're Nobody Till Somebody Loves You". Russ starb am 8.8.1969.

■ **Ray Barretto** — 1929 — US-Percussionist, Songschreiber, Arrangeur und Bandleader. Bekannt wurde er, als er Mongo Santamaria in den 50er Jahren bei Tito Puente ablöste. Nach vier Jahren in der Band gründete Ray sein eigenes Projekt Charanga, machte Platten als Solist und war als Studiomusiker bei den Rolling Stones, George Benson, Herbie Mann, Bee Gees, Average White Band u. v. a. zu hören. Unter seinem Namen hatte er den Hit „El Watusi" (4/63 US 17).

■ **Carl Gardner** — 1928 — US-Sänger. 1954 kam er zu den 1947 gegründeten Robins, deren Hit „Smokey Joe's Cafe" (12/55 R&B 10) er mitsang. Ebenfalls 1955 gründete Carl die Coasters, deren Leadsänger er wurde. Hits: Yakety Yak" (6/58

US 1, 8/58 GB 12), „Charlie Brown" (2/59 US 2, GB 6), „Along Come Jones" (5/59 US 9) und „Poison Ivy" (8/59 US 7, 10/59 GB 15).

■ **Vincent Poncia** — 1942 — US-Sänger, Songschreiber und Produzent. Zusammen mit seinem Freund Peter Anders in mehreren Bands, z. B. Videls, Trade Winds oder Innocence. Ab Anfang der 70er Jahre arbeitete er verstärkt als Produzent, so z. B. für Melissa Manchester, Ringo Starr, Kiss, Fanny oder Ellen Foley.

■ **April Stevens** — 1936 — US-Sängerin, die zusammen mit ihrem Bruder, der sich Nino Tempo nannte, die Hits „Deep Purple" (9/63 US 1, 11/63 GB 17) und „Whispering" (12/63 US 11, GB 20) hatte. April machte auch als Solistin Platten — bekanntester Titel: „Teach Me Tiger" (11/59 US 86).

■ **Donald Mills** — 1915 — US-Sänger mit den Ende der 20er Jahre gegründeten Mills Brothers. Von 1956-1982 waren die Mills Brothers nur noch ein Trio — und später bestanden sie nur noch aus Donald und seinem Sohn John.

■ **Otis Rush** — 1934 — US-Blues-Sänger, Gitarrist und Mundharmonikaspieler. Er hatte eine eigene Gruppe, die er Little Otis nannte. Größter Erfolg unter seinem Namen: „I Can't Quit You Baby" (10/56 R&B 6).

■ **Deborah Iyall** — 1954 — US-Sängerin des San Francisco New Wave Quintetts Romeo Void, das 1979 gegründet wurde. Einziger Hit: „A Girl In Trouble (Is A Temporary Thing)" (9/84 US 35).

■ **Hugh Hopper** — 1945 — GB-Bassist bei Soft Machine, als Solist, bei Isotope und als Songschreiber.

■ **Mark Kendall** — 1957 — US-Leadgitarrist und Songschreiber mit Great White.

■ **Bob „Willard" Henke** — 1951 — US-Bassist bei Dr. Hook.

■ **Michael Karoli** — 1948 — Gitarrist bei Can.

Todestage

■ **Cisco Houston** — 1961 — US-Folk-Sänger und Gitarrist. Geboren am 18.8.1918.

■ **Leroy Carr** — 1935 — US-Blues-Pianist und Sänger, der sich buchstäblich zu Tode gesoffen hat. Geboren am 27.3.1905.

■ **J. B. Lenoir** — 1967 — US-Bluesmusiker. Er starb an den Folgen eines Autounfalls. Geboren am 5.3.1929.

Tageshits

1950 — „The Third Man Theme" — Anton Karas — US 11 W.
1955 — „Cherry Pink And Apple Blossom White" — Perez Prado — GB 2 W.
1978 — „Night Fever" — Bee Gees — GB 2 W.

Merk-Würdiges

1968 — Das Musical „Hair" erlebt seine Broadway-Premiere. Wie die meisten Musicals hatte man es vorher schon ausprobiert. Am 17.10.1967 kam es im Public Theatre am Off-Broadway heraus und schlug wie eine Bombe ein. „Hair" wurde am Broadway 1750 mal gegeben und gilt damit als eines der erfolgreichsten Musicals.

30

Geburtstage

■ **Bobby Vee** — 1943 — US-Sänger, richtiger Name Robert Thomas Velline. Adept von Buddy Holly, von dessen Tod er profitierte. Mit seinem Bruder und einigen Freunden gründete Bobby 1959 die Shadows. In Bobby Vee's Heimatstadt Fargo in North Dakota sollte am 3.2.1959 Buddy Holly auftreten. Wie bekannt stürzte Holly vorher ab. Die Shadows hatten das gesamte Repertoire von Holly drauf — sie traten an dem bewußten Abend statt ihres Idols auf. Wenig später erhielten sie einen Plattenvertrag, die erste Platte erschien noch als Bobby Vee & The Shadows, danach nur noch unter seinem Namen. Hits: „Take Good Care Of My Baby" (8/61 US 1, 10/61 GB 3), „Run To Him" (11/61 US 2, GB 6), „The Night Has A Thousand Eyes" (12/62 US 3, 2/63 GB 3) und „Come Back When You Grow Up" (7/67 US 3). Bobby war auch in etlichen Musikfilmen zu sehen, die in den 60er Jahren nach dem Motto „schnell und inhaltslos" gedreht wurden.

■ **Willie Nelson** — 1933 — US-„King Of The Outlaw Country Movement" und Songschreiber, z. B. „Crazy" für Patsy Cline oder „Hello Walls", 1961 mit Faron Young ein Millionseller. Seine ersten Platten in den C&W-Charts hatte er 1962. Inzwischen brachte er es dort auf über 100 Eintragungen und ist in der Liste der erfolgreichsten Country-Interpreten auf Platz 8 vorgerückt. Größter Pophit für Willie: „Always On My Mind" (3/82 US 5). Er sang auch im Duett mit Waylon Jennings und Julio Iglesias. Hit für Julio/Willie: „To All The Girls I've Loved Before" (3/84 US 5, GB 17, 5/84 D 24). Willie trat auch in verschiedenen Filmen auf, z. B. „The Electric Horseman" oder „Honeysuckle Rose".

■ **Jerry Lordan** — 1934 — GB-Gitarrist, Sänger und Songschreiber. Mit einem Freund machte er Mitte der 50er Jahre das Duo Lee & Jerry Elvin. 1960 sah Jerry als Sänger — Hit: „Who Could Be Bluer" (2/60 GB 17). Einen Namen machte er sich jedoch als Komponist von Instrumentalhits. So schrieb er für Jörgen Ingmann und The Shadows den Welthit „Apache" und für letztere auch „Atlantis" und „Wonderful Land", das Jahre später auch ein Hit für Mike Oldfield wurde.

■ **Johnny Horton** — 1927 — US-Country- und Pop-Sänger. 1951 machte er seine ersten Platten. Hits: „The Battle Of New Orleans" (4/59 US 1, 6/59 GB 16, 8/59 D 17), „Sink The Bismarck" (3/60 US 3) und „North To Alaska" (9/60 US 4, 1/61 GB 23). Johnny starb nach einem Autounfall am 5.11.1960. Als Geburtsdatum liest man auch oft den 3.4. oder den 30.11.

■ **„Reverend" Gary Davis** — 1896 — US-Saiten- und Mundharmonikaspieler, Pianist, Bluessänger und Songschreiber. Schon in jungen Jahren war er teilweise, ab 1926 vollkommen blind. Er galt als einer der besten Gospel-, Blues- und Ragtimegitarristen und Sänger. Er starb am 5.5.1972.

■ **Bobby Marchan** — 1930 — US-Sänger. 1955 begann er als Solist, wurde dann Mitglied bei Huey 'Piano' Smith & The Clowns. 1959 hörte man ihn wieder als Solist — Hit: „There's Something On Your Mind, Pt. 2" (6/60 US 31).

■ **Mike Deacon** — 1945 — GB-Keyboardspieler mit Greatest Show On Earth, Juicy Lucy, Vinegar Joe, Suzi Quatro oder auch bei John Entwhistle's Ox. Gesuchter Studiomusiker in GB.

■ **Johnny Farina** — 1941 — US-Gitarrist und Songschreiber. Zusammen mit seinem Bruder Santo hatte er als Santo & Johnny den Instrumentalhit: „Sleep Walk" (7/59 US 1, 10/59 GB 22).

■ **Richard Shoff** — 1944 — US-Sänger mit den Sandpipers, die als The Grads begannen.

■ **Merrill Osmond** — 1953 — US-Sänger mit den Osmonds.

Todestage

■ **Richard Farina** — 1966 — US-Sänger, Songschreiber und Multi-Instrumentalist. Der Sohn irisch-kubanischer Eltern belieferte Mitte der 50er Jahre die IRA mit Waffen, als die für ihn noch den Anschein einer romantischen Rebellenbewegung hatte. Ende der 50er Jahre traf er Mimi, die jüngere Schwester von Joan Baez, die er heiratete. Es folgten Reisen durch Europa, 1963 Plattenaufnahmen in London, Auftritte bei Folkfestivals, so auch 1965 in Newport. Seine Lieder wurden später von Fairport Convention, Sandy Denny oder Ian Matthews übernommen. Richard starb nach einem Motorradunfall. Geboren wurde er 1936.

■ **Muddy Waters** — 1983 — US-Bluesmusiker, der an einem Herzschlag starb. Geboren am 4.4.1915.

Tageshits

1949 — „Careless Hands" — Mel Torme — US 1 W.
1954 — „Such A Night" — Johnnie Ray — GB 1 W.
1955 — „Cherry Pink And Apple Blossom White" — Perez Prado — US 10 W.
1966 — „Good Lovin'" — Young Rascals — US 1 W.
1977 — „Southern Nights" — Glen Campbell — US 1 W.
1983 — „Beat It" — Michael Jackson — US 3 W. (2.mal)
1983 — „True" — Spandau Ballet — GB 4 W.
1984 — „People Are People" — Depeche Mode — D 3 W.
1988 — „Theme From S-Express" — S-Express — GB 2 W.

1

Geburtstage

■ **Rita Coolidge** — 1945 — US-Sängerin, Tochter eines Baptisten und einer Cherokee-Indianerin. Schon in den 60er Jahren sang Rita in einer Band namens R.C. & The Moonpies. In den späten 60er Jahren heiratete ihre Schwester Priscilla den Songschreiber und Produzenten Booker T. Jones, der mit der Band Booker T. & The MG's erfolgreich war — das half der Karriere von Rita. Sie nahm an der Joe Cocker Tour „Mad Dogs & Englishmen" teil und wurde Mitglied bei Delaney & Bonnie. 1969 hatte sie dann als Solistin die erste Notierung in den US-Charts. Größte Solo-Hits: „(Your Love Has Lifted Me) Higher And Higher" (5/77 US 2) und „We're All Alone" (7/77 GB 6, 9/77 US 7). Für den James Bond Film „Octopussy" sang sie „All Time High" (7/83 US 36). Von 1973 bis 1979 war sie verheiratet mit Kris Kristofferson.

■ **Judy Collins** — 1939 — US-Sängerin, Gitarristin, Pianistin und Songschreiberin. Ihre ersten Platten veröffentlichte sie 1961. Über längere Zeiträume war Judy hinter Joan Baez Amerikas Folksong-Interpretin Nr. 2. Ab 1968 wurde sie dann einem breiten Publikum bekannt. Hits: „Both Sides Now" (11/68 US 8, 1/70 GB 14), „Amazing Grace" (12/70 GB 5, US 15, 3/71 D 22) und „Send In The Clowns" (5/75 GB 6, US 36, 9/77 RE-US 19). Die engagierte Interpretin zog zwischen 1962 und 1965 mit Pete Seeger und Phil Ochs durch den Süden der Vereinigten Staaten, um die Schwarzen zu ermuntern, von ihrem Wahlrecht Gebrauch zu machen. Später sang die überzeugte Pazifistin gegen den Vietnam-Krieg.

■ **Sonny James** — 1929 — US-Country- und Pop-Sänger, Gitarrist und Songschreiber. Spitzname „The Southern Gentleman". Richtiger Name James Loden. Ab 1953 konnte er Erfolge verzeichnen. Bis 1983 stand er mit mehr als 70 Titeln in der C&W Hitparade, 23 mal belegte er Platz 1. Seine größten Crossover-Erfolge waren „Young Love" (12/56 US 1, 2/57 GB 11) und „First Date, First Kiss, First Love" (3/57 US 25).

■ **Little Walter** — 1930 — US-Sänger, Gitarrist und Mundharmonikaspieler und Songschreiber. Richtiger Name Marion Walter Jacobs. Er entwickelte eine eigene Art, Blues-Mundharmonika zu spielen. Ab 1947 machte er Soloplatten. Größte Hits: „Juke" (9/52 R&B 1) und „My Babe" (3/55 R&B 1). Die Rolling Stones geben ihn als den Musiker an, der sie am meisten beeinflußt habe — sie übernahmen seine Komposition „Confessin' The Blues". Walter starb am 15.2.68 an den Folgen einer Kopfverletzung, die er sich bei einer Prügelei zugezogen hatte.

■ **Ray Parker Jr.** — 1954 — US-Gitarrist, Sänger und Songschreiber. Er begann seine Karriere als Studiomusiker für Boz Scaggs, LaBelle, Barry White, Marvin Gaye und Stevie Wonder. Ab 1977 war er erfolgreich mit seiner Gruppe Raydio. Hits: „Jack & Jill" (1/78 US 8, 4/78 GB 11) und „You Can't Change That" (4/79 US 9). Ab 1980 hieß die Band dann Ray Parker Jr. & Raydio. Hit: „A Woman Needs Love (Just Like You Do)" (3/81 US 4). Ab 1982 arbeitete Ray als Solist. Hits: „The Other Woman" (3/82 US 4) und „Ghostbusters" (6/84 US 1, 8/84 GB 2, D 4).

■ **Big Maybelle** — 1924 — US-Blues-Sängerin, deren richtiger Name Mabel Louise Smith war. Sie trat auch als Mamie Webster auf. Ab 1944 machte sie Schallplatten — mal mit dem Christine Chatman Orchestra, mit Quincy Jones, mal mit King Curtis. Solo-Hits: „Gabbin' Blues" (1/53 R&B 3) und „My Country Man" (11/53 R&B 5). In den 60er Jahren war sie der Star im „Apollo Theater" und in der „Carnegie Hall" in New York. Ab 1967 war sie häufiger krank, sie starb am 23.1.1972.

■ **Kate Smith** — 1907 — US-Sängerin, deren Hit-Karriere von 1927 bis 1948 reichte. Hits: „When The Moon Comes Over The Mountain" (9/31 US 1) — mit diesem Titel begann Kate ihre Radiosendungen, die sie über viele Jahre betreute, um dann Moderatorin einer Fernsehshow zu werden — und „River, Stay 'Way From My Door" (1/32 US 1). Kate Smith war es, die den von Irving Berlin 1918 für die patriotische Show „Yip, Yip, Haphank" geschriebenen Titel „God Bless America" (4/39 US 10, 7/40 RE-US 5, 1/42 RE-US 23) populär machte. Irving selbst hatte 1918 entschieden, das Stück nicht zu verwenden: ihm schien es ein bißchen überzogen. Nachdem Kate den Titel aufgenommen hatte, wurde er innerhalb kürzester Zeit zur inoffiziellen Nationalhymne. Kate starb am 17.6.1986.

■ **Owen Paul** — 1962 — GB-Sänger und Songschreiber, der ab 1983 Solo-Platten machte. Vorher war er Mitglied in einer Band namens The Venigmas. Einziger Hit: „My Favorite Waste Of Time" (5/86 GB 3, 8/86 D 21).

■ **Mimi Farina** — 1945 — US-Sängerin, die mit ihrem Ehemann Richard Farina drei LPs aufgenommen hat, die keine kommerziellen Erfolge wurden. Sie ist die Schwester von Joan Baez.

■ **Costa Cordalis** — 1944 — Grieche, der mit 16 Jahren in die Bundesrepublik kam. Seit 1965 singt er Schlager. Größter Hit: „Anita" (12/76 D 3).

■ **Phil Smith** — 1959 — GB-Saxophonist mit Haircut 100 und auf Platten von Toyah und Chi Coltrane.

■ **Steve Farris** — 1957 — US-Gitarrist mit Mr. Mister, die ab 1984 Platten aufnehmen.

■ **Rick Driscoll** — 1957 — GB-Gitarrist mit Kenny.

Todestag

■ **Spike Jones** — 1965 — US-Songschreiber und Sound-Tüftler. Geboren am 14.12.1911.

Tageshits

1965 — „Mrs. Brown You've Got A Lovely Daughter" — Herman's Hermits — US 3 W.
1971 — „Double Barrell" — Dave & Ansil Collins — GB 2 W.
1976 — „Let Your Love Flow" — Bellamy Brothers — US 1 W.

2

Geburtstage

■ **Bing Crosby** — 1904 — US-Sänger, richtige Vornamen Harry Lillis. Er gilt als der populärste Entertainer in der ersten Hälfte des 20. Jahrhunderts. Entdeckt wurde er 1926 durch den Orchesterleiter Paul Whiteman, der ihn und seinen damaligen Partner Al Rinker engagierte. Nachdem mit Harry Barris ein dritter Sänger hinzukam, nannten sie sich die Rhythm Boys. 1930 trennte sich das Trio von Whiteman — 1931 erhielt Bing einen Solo-Vertrag für CBS-Radio. Die nächsten 30 Jahre sahen Bing Crosby mit insgesamt 340 Eintragungen in der amerikanischen Pop-Hitparade — 23 davon mit den Andrews Sisters. Er hatte insgesamt 16 Millionseller Singles und belegte 40 mal Platz 1 in den USA. Die Anzahl der Platten, die er aufgenommen hat, ist nicht mehr nachzuvollziehen — aber sein Titel „White Christmas" (10/42 US 1, 12/43 RE-US 6, 12/44 RE-US 5, 12/45 RE-US 1, 12/46 RE-US 1, 12/47 RE-US 3, 12/48 RE-US 6, 12/49 RE-US 5, 12/50 RE-US 13, 12/51 RE-US 13, 12/53 RE-US 21, 12/54 RE-US 21, 12/55 RE-US 7, D 6, 12/56 RE-US 65, RE-D 12, 12/57 RE-US 34, 12/58 RE-US 66, 12/59 RE-US 59, 12/60 RE-US 26, 12/61 RE-US 12, 12/62 RE-US 38, 12/77 GB 5) dürfte eine der Platten sein, die sich im Laufe der Jahre weltweit am meisten verkauft hat. Die Angaben schwanken zwischen 30 und über 130 Millionen Platten — nur von diesem Titel. Bing wirkte in mehr als 50 Filmen mit. In „Weg zum Glück" spielte Crosby einen Pfarrer — der Streifen wurde 1945 mit dem Oscar für den besten Film des Jahres ausgezeichnet. Bing starb in Madrid am 14.10.1977.

■ **Engelbert Humperdinck** — 1936 — GB-Sänger, der in Madras, Indien geboren wurde und 1947 nach England kam. Richtiger Name Arnold George Dorsey. 1958 machte er seine ersten Platten unter seinem richtigen Namen — aber erst als der Tom Jones Manager ihm 1965 den Namen Engelbert Humperdinck (in Anlehnung an den deutschen Komponisten) verpaßte, begann sein Erfolg. Hits: „Release Me" (1/67 GB 1, 4/67 US 4, D 20), „The Last Waltz" (8/67 GB 1, US 25, 10/67 D 14) und der Millionseller „After The Lovin'" (10/76 US 8). Er brachte es bis Ende der 60er Jahre auf acht Top 10 Hits in GB — und entschwand dann nach Las Vegas, wo er noch heute ein Star ist. Die deutschen Produzenten Jack White und Dieter Bohlen sorgten dafür, daß auch in den 80er Jahren immer wieder Platten von Engelbert erschienen.

■ **Lou Gramm** — 1950 — US-Sänger und Songschreiber, erst mit Black Sheep, dann ab 1976 mit Foreigner, deren erste LP im Jahre 1977 mehr als 3 Millionen mal verkauft wurde. Hits: „Feels Like The First Time" (3/77 US 4, 5/78 GB 39), „Cold As Ice" (7/77 US 6, 7/78 GB 24), „Hot Blooded" (7/78 US 3, 10/78 GB 42), „Double Vision" (9/78 US 2), „Urgent" (7/81 US 4, 10/81 D 12), „Waiting For A Girl Like You" (10/81 US 2, 12/81 GB 8, 3/82 D 29), „I Want To Know What Love Is" (12/84 US & GB 1, D 3), „Say You Will" (12/87 US 6, D 22) und „I Don't Want To Live Without You" (3/88 US 5). Ab 1987 erschienen auch Soloplatten von Lou. Hits: „Midnight Blue" (1/87 US 5) und „Just Between You And Me" (10/89 US 6).

■ **Link Wray** — 1929 — US-Rock-Gitarrist, Sänger und Songschreiber indianischer Abstammung. In den frühen 50er Jahren wurde er Mitglied der Familiengruppe Palomino Ranch Gang und nahm als Lucky Wray 1956 seine ersten Platten auf. Als Link Wray & His Ray Men hatte er den Hit „Rumble" (4/58 US 16). 1977 erschien eine Rockabilly-LP von ihm, zusammen mit Robert Gordon.

■ **Dr. Robert** — 1961 — GB-Sänger, Gitarrist und Songschreiber für die Blow Monkeys, die ab 1985 erfolgreich waren. Erste Hits: „Digging Your Scene" (3/86 GB 12, D 25, 5/86 US 14) und „It Doesn't Have To Be This Way" (1/87 GB 5). Zusammen mit Kym Mazelle hatte Robert, der mit Nachnamen Howard heißt, den Hit „Wait" (1/89 GB 7, 3/89 D 26).

■ **Teddy Stauffer** — 1902 — Schweizer Bandleader, der 1929 nach Berlin ging und mit seinen Original Teddies den Deutschen bis 1938 Swing Musik vorsetzte. Richtige Vornamen Ernest Henri. 1941 wanderte er nach Amerika aus und war mit dafür verantwortlich, daß aus dem mexikanischen Fischerdorf Acapulco ein Jet Set Treff wurde.

■ **Lesley Gore** — 1946 — US-Sängerin und Schauspielerin. Sie wurde durch Quincy Jones entdeckt, während sie in einem Hotel in Manhattan sang. Zwischen 1963 und 1967 war sie erfolgreich. Größte Hits: „It's My Party" (5/63 US 1, GB 9 und „You Don't Own Me" (12/63 US 2).

■ **Marcus Meyn** — 1966 — Sänger und Songschreiber im 1981 gegründeten Synthi-Trio Camouflage. Hits: „The Great Commandment" (10/87 D 14), „Stranger's Thoughts" (3/88 D 20) und „Love Is A Shield" (5/89 D 9).

■ **Randy Cain** — 1945 — US-Sänger mit den Four Gents, 1965 gegründet. 196? machten sie, inzwischen in Delfonics umgetauft, ihre ersten Platten. 1971 wurde Randy durch Major Harris ersetzt.

■ **Manfred Maurenbrecher** — 1950 — Berliner Sänger, Pianist und Songschreiber, der von Herwig Mitteregger entdeckt wurde. Seit 1982 bringt er LPs auf den Markt.

■ **John Verity** — 1944 — GB-Gitarrist und Sänger bei Argent seit deren Gründung 1969, als Studiomusiker und als Solist.

■ **Goldy McJohn** — 1945 — Kanadischer Keyboarder mit Steppenwolf.

■ **Hilton Valentine** — 1943 — GB-Gitarrist in den Ur-Tagen der Animals. Als Geburtstag liest man auch den 21.5.

■ **John Callis** — 1951 — GB-Gitarrist mit den Rezillos und ab 1980 dann am Synthesizer für Human League.

■ **Prescott Niles** — 1954 — US-Bassist mit The Knack.

Todestage

■ **Larry Clinton** — 1985 — US-Bandleader und Komponist. Geboren am 17.8.1909.

■ **June Hutton** — 1973 — US-Sängerin. Geboren am 11.8.1921.

Tageshits

1942 — „Deep In The Heart Of Texas" — Alvino Ray — US 1 W.
1963 — „From Me To You" — Beatles — GB 7 W.
1970 — „Spirit In the Sky" — Norman Greenbaum — GB 2 W.
1977 — „Porque Te Vas" — Jeanette — D 1 W.
1981 — „Morning Train (Nine To Five)" — Sheena Easton — US 2 W.
1987 — „(I Just) Died In Your Arms" — Cutting Crew — US 2 W.

3

Geburtstage

■ **James Brown** — 1928 — US-R&B- und Soul-König, Sänger und Songschreiber, der auf der Bühne wie besessen agiert. In den R&B-Charts belegt er in der Auflistung der erfolgreichsten Interpreten aller Zeiten vor Aretha Franklin Platz 1. Er gründete Mitte der 50er Jahre seine eigene Gruppe Famous Flames — damit machte er im November 1955 ein Demoband seiner eigenen Komposition „Please Please Please" (4/56 R&B 5, US 105), das ihm 1956 einen Plattenvertrag brachte. Seinen ersten größeren Hit hatte er mit „Try Me" (11/58 R&B 1, US 48). Größte Erfolge: „Papa's Got A Brand New Bag" (7/65 US 8, 9/65 GB 25), „I Got You (I Feel

James Brown

Christopher Cross

Good)" (11/65 US 3, 2/66 GB 29), „It's A Man's Man's Man's World" (4/66 US 8, /66 GB 13), „Cold Sweat" (7/67 US 7), „I Got The Feelin'" (3/68 US 6) und „Get Up I Feel Like Being A Sexmachine" (7/70 US 15, 10/70 GB 32, D 29). Nach 1974 wollte ihm auch in den USA kein Hit mehr gelingen – die Ära James Brown schien vorbei. Doch dann sang er für „Rocky IV" den Titel „Living In America" (12/85 US 4, GB 5, 1/86 D 12) und war wieder da. Ende der 80er Jahre und nach mehreren Zusammenstößen mit dem Gesetz verlegte er seine Bühnenarbeit ins Gefängnis.

■ **Frankie Valli** – 1934 – US-Sänger. Richtiger Name Francis Castelluccio. 1949 war er Mitbegründer des Variety Trio, das Ende 1952 wieder auseinanderbrach. 1953 nahm er unter dem Namen Frank Valley die Platte „My Mother's Eyes" auf, die so wenig verkauft wurde, das sie heute unter Sammlern 200 $ wert ist. Nach einem weiteren Versuch als Mitglied der Variatones, wurde er 1956 Mitglied der Gruppe The Four Lovers, die nun auch einen ersten Hit hatten: „You're The Apple Of My Eye" (5/56 US 62). Nach etlichen Umbesetzungen entwickelten sich daraus 1961 die Four Seasons. Ab 1962 hatten sie Hit auf Hit: „Sherry" (8/62 US 1, 10/62 GB 8), „Big Girls Don't Cry" (10/62 US 1, 1/63 GB 13), „Walk Like A Man" (1/63 US 1, 3/63 GB 12), „Rag Doll" (6/64 US 1, 8/64 GB 2, 11/64 D 28). Ab 1966 startete Frankie Valli teils neben seiner Arbeit bei den Four Seasons, teils aber auch als jemand, der nie wieder zur Band zurückkehren wollte, eine eigene Karriere. Hits: „Can't Take My Eyes Off You" (5/67 US 2), „My Eyes Adored You" (11/74 US 1, 2/75 GB 5) und „Grease" (5/78 US 1, 8/78 GB 3, 10/78 D 24). Nebenher – meist mit wechselnden Musikern – immer mal wieder eine Platte als Four Seasons. Hits: „Who Loves You" (8/75 US 3, GB 6) oder „December, 1963 (Oh, What A Night)" (12/75 US & GB 1, 3/76 D 16). Und auch in den 80er Jahren kommen noch neue Platten von Frankie Valli mit den Four Seasons.

■ **Dave Dudley** – 1928 – US-Country-Sänger, Gitarrist und Songschreiber. Richtiger Name David Pedruska. Nachdem er als Semiprofessional in verschiedenen Baseball Teams gespielt hatte und sich dabei Armverletzungen zugezogen hatte, arbeitete er ab 1955 als DJ. Zuerst gründete er dann ein Trio und machte später als Solist weiter. Bei uns wurde er durch ein Lied der Gruppe Truck Stop – Ich möcht'so gern Dave Dudley hör'n" (5/78 D 20) – bekannter als mit seinen eigenen Liedern. Größte Hits in den USA: „Six Days On The Road" (6/63 C&W 2, US 32) und „The Pool Shark" (3/70 C&W 1). Dave gilt als Guru der Trucker.

■ **Mary Hopkin** – 1950 – GB-Sängerin, die auf dem Platten-Label der Beatles – Apple Records – ihre großen Hits hatte: „Those Were The Days" (9/68 GB 1, D 1, US 2), „Goodbye" (4/69 GB 2, US 13, D 15), „Temma Harbour" (1/70 GB 6, US 39) und „Knock Knock Who's There" (3/70 GB 2, 5/70 D 12). Wenig später heiratete sie den bekannten britischen Produzenten Toni Visconti und sang nur noch ab und zu im Hintergrund auf Platten von Ralph McTell, David Bowie oder Thin Lizzy. 1981 war sie die Sängerin der Formation Sundance, die allerdings erfolglos blieb.

■ **George Moustaki** – 1934 – Geboren als Sohn griechischer Emigranten in Alexandria. Richtiger Name Joseph Moustacci. Mit 17 kam er nach Paris, arbeitete als Journalist und machte erste Kompositionen. 1958 schrieb er den Text für das Chanson „Milord" – es wurde ein Hit für Edith Piaf. Als Interpret war George durch die 60er Jahre ein Star in Frankreich. Zu seinen größten Erfolgen muß man „Le Méteque" aus dem Jahre 1969 zählen.

■ **Christopher Cross** – 1951 – US-Sänger, Gitarrist und Songschreiber. Richtiger Nachname Geppert. 1971 wurde er Mitglied in der Hardrockband Flash, die in den USA im Vorprogramm von Led Zeppelin und Deep Purple spielten. 1973 verließ er die Gruppe und konzentrierte sich mehr auf das Schreiben von Pop-Balladen. 1975 gründete er seine eigene Band, 1978 erhielt er einen Plattenvertrag. Hits: „Ride Like The Wind" (2/80 US 2), „Sailing" (6/80 US 1), „Arthur's Theme (Best That You Can Do)" (8/81 US 1, 1/82 GB 7) und „Think Of Laura" (12/83 US 9).

■ **Pete Seeger** – 1919 – US-Folksänger, Gitarrist und Songschreiber. Mentor der gesamten Folk-Szene der 50er und 60er Jahre in den USA. Hits hatte er nicht – aber schöne Titel wie „We Shall Overcome", „Where Have All The Flowers Gone" oder seine Version von „Guantanamera".

■ **Andy Fisher** – 1930 – Österreichischer Bassist und Sänger. Richtiger Name Johann Ernst Fischer. Die Zeit zwischen 1936 und 1947 verbringt er in England. Ab 1950 ist er Pianist in einem amerikanischen Club in Salzburg. Dort wechselt er irgendwann mal zum Baß. Im Sommer 1966 wird er ins Kölner Electrola Studio bestellt – er bringt seinen Baß mit, der jedoch nicht gefragt war. Man suchte nach einem Sänger, der der englischen Aussprache einigermaßen mächtig war. So war man auf ihn gekommen. Er sang einige Liedchen, die man als Novelty Songs bezeichnen kann: „Oh What A Kiss" (9/66 D 20) und „Mr. Cannibal" (11/66 D 21). Nach 1972 war er als Sänger nicht mehr gefragt. Er wechselte ins Verlagsgeschäft und ist seit Ende der 70er Jahre im Verlag von Ralph Siegel tätig.

■ **Joe Ames** – 1924 – US-Sänger und ältester der Ames Brothers, die zwischen 1949 und 1960 in den USA erfolgreich waren. Richtiger Nachname der Brüder: Urick. Größte Hits: „Rag Mop" (1/50 US 1), „Sentimental Me" (1/50 US 1), „Undecided" (9/51 US 2), „You You You" (6/53 US 1) und „The Naughty Lady Of Shady Lane" (11/54 US 3, 2/55 GB 6).

■ **David Ball** – 1959 – GB-Tastenspieler und Songschreiber. 1979 war er neben Marc Almond Mitbegründer des Techno-Pop-Duos Soft Cell. Hits siehe bei Marc am 9.7. 1984 fiel Soft Cell wieder auseinander.

■ **Pete Staples** – 1944 – GB-Bassist mit Ten Foot Five und ab 1965 mit den Troggs. Bei einer Reunion der Troggs 1972 war Peter wieder mit dabei.

■ **Steve Jones** – 1955 – GB-Gitarrist und Sänger mit Sex Pistols, Professionals, Generation X und Iggy Pop.

■ **John Richardson** – 1947 – GB-Schlagzeuger mit den Rubettes und als Studiomusiker.

■ **Philip Cilia** – 1960 – GB-Gitarrist und Songschreiber im Duo Waterfront.

Todestage

■ **Helmut Koellen** – 1977 – Saitenspieler bei Triumvirat. Er hatte gerade seine erste Solo-LP fertiggestellt. In der geschlossenen Garage hörte er sich Bänder im Kassettengerät des Autos an und ließ dabei den Motor laufen. Geboren am 2.3.1950.

■ **Les Harvey** – 1972 – GB-Gitarrist mit Stone The Crows. Er starb während eines Konzertes in Swansea durch einen Stromschlag seines Mikrophons.

■ **Dalida** – 1987 – Sängerin. Starb an einer Überdosis Tabletten. Geboren am 17.1.1933.

Tageshits

1969 — „Crimson And Clover" — Tommy James & Shondells — D 1 W.
1975 — „Oh Boy" — Mud — GB 2 W.
1975 — „He Don't Love You" — Tony Orlando & Dawn — US 3 W.
1976 — „Fernando" — Abba — D 7 W.
1980 — „Geno" — Dexy's Midnight Runners — GB 2 W.
1986 — „Addicted To Love" — Robert Palmer — US 1 W.

4

Geburtstage

■ **Nickolas Ashford** — 1942 — US-Sänger, Songschreiber und Produzent. 1964 traf er in einer Harlemer Kirche Valerie Simpson. Noch im gleichen Jahr machten die beiden als Valerie & Nick einige erfolglose Singles. 1966 hatten sie mit der Komposition „Let's Go Get Stoned", gesungen durch Ray Charles, ihren ersten Hit als Autoren. 1967 wurde ihr Titel „Ain't No Mountain High Enough" mit Marvin Gaye und Tammi Terrell ihr erster Top-20-Hit in den USA. Die gleiche Nummer wird später mit Diana Ross eine Nummer 1. 1973 unterschrieben sie einen Plattenvertrag und veröffentlichten als Ashford & Simpson Platten. Eigener Hit: „Solid" (11/84 US 12, 1/85 GB 3, D 2). Sie schrieben/produzierten für viele Topstars von Motown und später auch anderen Plattenfirmen.

■ **Jackie Jackson** — 1951 — US-Sänger, richtige Vornamen: Sigmund Esco. Jackie ist der älteste der diversen Jackson-Brüder und bei der Gründung als Trio im Jahre 1963 dabei. Im Laufe der nächsten Jahre kommen die jüngeren Brüder sukzessive zur Band, und man nennt sich Jackson 5. 1968 machen sie ihre ersten Platten, der Leadsänger ist Michael Jackson. Seit 1976 — sie wechselten von der Plattenfirma Motown zu Epic/CBS — nannten sie sich nur noch Jacksons.

■ **Maynard Ferguson** — 1928 — Kanadischer Jazz-Trompeter und Orchesterleiter. Er spielte in verschiedenen Bigbands in den USA, z.B. bei Jimmy Dorsey und Stan Kenton. 1957 gründete er ein eigenes Orchester. Seinen größten Pophit hatte er mit „Gonna Fly Now (Theme From „Rocky")" (4/77 US 28).

■ **Ron Carter** — 1934 — US-Jazz-Bassist, Sänger und Songschreiber, der weitere Instrumente beherrscht. Er spielt auf über 500 teils historisch bedeutsamen Platten mit und veröffentlicht regelmäßig Soloplatten.

■ **Ronnie Bond** — 1943 — GB-Schlagzeuger und 1964 Gründungsmitglied der Troggs. Nachdem sich die Band 1969 getrennt hatte, veröffentlichte Ronnie eine Soloplatte, 1972 war er bei der Reformierung der Gruppe wieder mit dabei.

■ **Jacob Miller** — 1956 — Jamaicanischer Sänger, Songschreiber und Kopf der Reggaetruppe Inner Circle, deren größter Single-Erfolg „Everything Is Great" (2/79 GB 37) war. Jacob starb nach einem Autounfall am 23.3.1980.

■ **Al Dexter** — 1902 — US-Country-Sänger, Songschreiber, Geiger und Gitarrist. Geboren als Clarence Albert Poindexter. Seine ersten Platten machte er 1936. Hits: „Pistol Packin' Mama" (6/43 US 1) und „Guitar Polka" (3/46 US 16). Er starb am 28.1.1984.

■ **Peggy Santiglia** — 1944 — US-Leadsängerin der Angels, löste 1962 Linda Jansen ab. Mit ihr kam der Hit My Boyfriend's Back" (8/63 US 1).

■ **Bruce Day** — 1951 — US-Bassist und Sänger ab 1977 in der 1973 gegründeten Formation Pablo Cruise. Vorher spielte er bei Santana.

■ **Ed Cassidy** — 1930 — US-Drummer, ab 1967 bis 1970 Mitglied von Spirit. Nachdem die Band auseinandergefallen war, formierte sie sich Mitte der 70er Jahre wieder neu.

■ **George Wadenius** — 1945 — Schwedischer Gitarrist und Bassist bei Blood, Sweat & Tears und als Studiomusiker.

■ **Richard Burns** — 1941 — US-Leadsänger der Hondells, die mit „Little Honda" (9/64 US 9) ihren einzigen Hit hatten.

■ **Colin Bass** — 1951 — GB-Bassist bei Foundations, Clancy, Steve Hillage und Camel. Der Name ist Programm.

■ **Zal Cleminson** — 1949 — GB-Gitarrist mit der Sensational Alex Harvey Band, Nazareth und als Studiomusiker.

■ **Jay Aston** — 1961 — GB-Sängerin mit Bucks Fizz. Hits siehe bei Kollegin Cheryl Baker am 8.3.

Todestag

■ **Paul Butterfield** — 1987 — US-Sänger, Mundharmonikaspieler und Songschreiber. Geboren am 17.12.1942.

Tageshits

1940 — „The Woodpecker Song" — Glenn Miller — US 7 W.
1946 — „Prisoner Of Love" — Perry Como — US 3 W.
1956 — „No Other Love" — Ronnie Hilton — GB 6 W.
1961 — „Blue Moon" — Marcels — GB 2 W.
1963 — „Wini Wini" — Tahiti Tamoures — D 4 W.
1974 — „Waterloo" — Abba — GB 2 W.
1974 — „The Loco-Motion" — Grand Funk — US 2 W.
1985 — „Move Closer" — Phyllis Nelson — GB 1 W.

5

Geburtstage

■ **Johnnie Taylor** — 1937 — US-Sänger. Er begann in den frühen 50er Jahren mit der Gospelgruppe Highway QZ's und wurde danach Mitglied bei den 5 Echoes, mit denen er 1954 seine ersten Platten aufnahm. Danach kam er als Ersatz für Sam Cooke zu den Soul Stirrers und machte 1961 seine ersten Soloplatten. Hits „Who's Making Love" (10/68 US 5), „I Believe In You (You Believe In Me)" (6/73 US 11) und „Disco Lady" (2/76 US 1, 4/76 GB 25).

■ **Tammy Wynette** — 1942 — US-Country-Sängerin. Richtiger Name Virginia Wynette Pugh. 1966 hatte sie ihren ersten Erfolg in der US-Country-Hitparade, ihr letzter wird 1980 notiert. Insgesamt brachte sie es auf 20 Nr.-1-Hits. Ihre größten Crossover-Erfolge waren „D-I-V-O-R-C-E" (6/68 US 63, 6/75 GB 12) und „Stand By Your Man" (11/68 US 19, 4/75 GB 1, 7/75 D 36). Sie war zwischen 1968 und 1975 mit dem Country Star George Jones verheiratet.

■ **Eddy Amoo** — 1950 — GB-Gitarrist, Sänger, Keyboarder und Songschreiber bei Real Thing. Er kam 1976 zur 1970 gegründeten Band und mit ihm der Erfolg „You To Me Are Everything" (6/76 GB 1, 3/86 RE-GB 5, 5/86 D 13), „Can't Get By Without You" (9/76 GB 2, 5/86 RE-GB 6) und „Can You Feel The Force" 2/79 GB 5, 8/86 RE-GB 24). Bei den „RE-GB" handelt es sich um Re-Mix-Versionen.

■ **Ian McCulloch** — 1959 — GB-Gitarrist, Sänger, Songschreiber und Kopf von Echo & The Bunnymen. Ian gründete im Mai 1977 die Crucial Three. Proben der Band führten zu nichts. Im Juli 1978 versuchten sie sich als A Shallow Madness — wieder nichts. Im November 1978 gaben sie dann ihr Debüt als Echo & The Bunnymen und unterschrieben wenig später einen Plattenvertrag. Hits: „The Cutter" (1/83 GB 8) und „The Killing Moon" (1/84 GB 9).

■ **Maggie MacNeal** — 1950 — Holländische Sängerin im Duo Mouth & MacNeal. Richtiger Name Sjoukje van't Spijker. Hits: „How Do You Do" (2/72 D 5, 4/72 US 8), „Hello-A" (6/72 D 1) und „I See A Star" (5/74 GB 8). Maggie war auch auf Platten von Jan Akkerman, Cuby & The Blizzards und Livin' Blues zu hören. Ihre Versuche als Solistin schlugen fehl.

■ **Kevin Saunderson** — 1964 — US-Mastermind, Studiozauberer, Songschreiber und Produzent mit Inner City. Seine Mutter sang angeblich in der Urbesetzung der Supremes. Kevin gilt als einer der gefragtesten Produzenten der Richtung Dancefloor, so machte er z. B. Remix-Versionen von Aufnahmen der Wee Papa Girl Rappers, von Nench Cherry oder Paula Abdul.

■ **Blind Willie McTell** — 1901 — US-Blues-Gitarrist, Sänger und Songschreiber. Richtige Vornamen Willie Samuel. Er machte ab den 20er Jahren Platten. Starb am 19.8.1959.

■ **Monica Lewis** — 1925 — US-Sängerin. Erfolgreich in den 40er und 50er Jahren. Größter Erfolg: „Midnight Masquerade" (4/47 US 16). Später wurde sie TV- und Filmschauspielerin.

■ **Ace Cannon** — 1934 — US-Alt-Saxophonist. Er spielte in Bill Black's Combo. Als Solist hatte er den Instrumentalhit „Tuff" (12/61 US 17).

■ **Bill Ward** — 1948 — GB-Schlagzeuger und Songschreiber mit Black Sabbath.

■ **Kevin Paul Mooney** — 1962 — GB-Bassist in den Anfangstagen von Adam & The Ants.

■ **Peter Rubin** — 1942 — Ab 1969 in der deutschen Hitparade. Hits: „Azzurro" (2/69 D 17) und „Immer Mehr" (6/69 D 16).

Todestage

■ **„Reverend" Gary Davis** — 1972 — US-Bluesmusiker. Geboren am 30.4.1896.

■ **Wolfgang Neuss** — 1989 — Kabarettist und Schauspieler. War durch Drogenmißbrauch gekennzeichnet und starb an Krebs. Geboren am 3.12.1923.

Tageshits

1945 — „Dream" — Pied Pipers — US 1 W.
1956 — „Hot Diggity" — Perry Como — US 1 W.
1960 — „Cathy's Clown" — Everly Brothers — GB 7 W.
1962 — „Soldier Boy" — Shirelles — US 3 W.
1966 — „Pretty Flamingo" — Manfred Mann — GB 3 W.
1979 — „Reunited" — Peaches & Herb — US 4 W.
1984 — „The Reflex" — Duran Duran — GB 4 W.
1986 — „Midnight Lady" — Chris Norman — D 6 W.

6

Geburtstage

■ **Bob Seger** — 1945 — US-Sänger, Songschreiber und Gitarrist, der ab 1966 Platten aufnahm. 1964 hatte er sein erstes eigenes Rocktrio, Decibels. Danach spielte er mit Town Criers und Doug Brown & The Omens. Die Omens-Musiker nahmen im März 1966 unter dem Pseudonym Beach Bums eine Parodie auf „The Ballad Of The Green Berets" auf. Bei ihnen waren es „Yellow Berets". Barry Sadler

Bob Seger

drohte rechtliche Schritte an, daraufhin wurde die Platte zurückgezogen. Im Mai 1966 nahm Bob die erste Platte unter seinem Namen auf. Ab Januar 1968 hatte er dann einen Vertrag als Bob Seger System mit Capitol Records — Hit: „Ramblin' Gamblin' Man" (12/68 US 17). Ab 1971 wird Bob Solokünstler oder läßt sich durch die Silver Bullet Band begleiten. Hits: „Night Moves" (12/76 US 4), „Still The Same" (5/78 US 4, 9/78 D 30), „Fire Lake" (2/80 US 6), „Against The Wind" (5/80 US 5), „Tryin' To Live My Life Without You" (9/81 US 5), „Shame On The Moon" (12/82 US 2) und „Shake Down" (5/87 US 1).

■ **Herbie Cox** — 1939 — US-Leadsänger der Cleftones — eine Doo-Wop-Gruppe, die 1955 gegründet wurde und sich zuerst Silverstones nannte. Zwischen 1956 und 1962 waren sie in den Hitparaden vertreten, ihr größter Hit war „Heart And Soul" (5/61 US 18). In den 70er Jahren traten sie in sogenannten Revivalshows wieder auf.

■ **Carmen Cavallaro** — 1913 — US-Pianist und Orchesterleiter. Größter Hit, basierend auf einem Thema von Chopin, war der Millionseller „Polonaise in A" (6/45 US 3). Mit einer Gesangsversion dieser Melodie hatte Perry Como im gleichen Jahr seine erste Nr. 1.

■ **Hanns Dieter Hüsch** — 1925 — Kabarettist mit Format und Orgel. 1956 gründete er in Mainz das Kabarett „Arche Nova", dessen Leiter er bis 1962 war. Seither solo. Eine seiner Hauptfiguren: Hagenbuch, der zugibt.

■ **Mary MacGregor** — 1948 — US-Sängerin. Ihr erster war auch ihr größter Hit und gleichzeitig ein Millionseller: „Torn Between Two Lovers" (11/76 US 1, 2/77 GB 4, 4/77 D 40).

■ **Rudolph Valentino** — 1895 — US-Schauspieler und Idol der Stummfilmzeit. Richtiger Name Rodolpho Guglielmi di Valentina. Gestorben am 23.8.1926.

■ **Davey Johnstone** — 1951 — GB-Gitarrist in der Begleitband von Elton John und als Studiomusiker. Machte auch Soloplatten.

■ **Colin Earl** — 1942 — GB-Keyboarder mit Mungo Jerry und Foghat.

■ **Larry Steinbachek** — 1960 — GB-Keyboarder mit Bronski Beat.

Todestage

■ **Dickie Valentine** — 1971 — GB-Sänger, der bei einem Autounfall ums Leben kam. Geboren am 4.11.1929.

■ **Kay Winding** — 1983 — Dänischer Posaunist und Komponist. Todesursache: Gehirntumor. Geboren am 18.5.1922.

Tageshit

1944 — „I Love You" — Bing Crosby — US 5 W.
1950 — „The Third Man Theme" — Guy Lombardo — US 11 W.
1967 — „Spanisch war die Nacht" — Peter Alexander — D 1 W.

7

Geburtstage

■ **Teresa Brewer** — 1931 — US-Sängerin. Richtiger Name Teresa Breuer. Schon im Alter von 5 Jahren machte sie in einer lokalen Radioshow mit. Ab 1949 veröffentlichte sie Platten und wurde in den 50er Jahren zum Star. Hits: „Music! Music! Music!" (2/50 US 1), „Till I Waltz Again With You" (12/52 US 1), „Ricochet (Rick-O-Shay)" (10/53 US 2), „Let Me Go, Lover!" (12/54 US 6, 2/55 GB 9), „A Tear Fell" (2/56 US 5, 4/56 GB 2), „A Sweet Old Fashioned Girl" (6/56 US 7, GB 3) und „You Send Me " (11/57 US 8).

■ **Jimmy Ruffin** — 1939 — US-Sänger und Bruder von David Ruffin, der ebenfalls Platten besang und zwischen 1964 und 1968 Lead-Sänger der Temptations war. Jimmy begann 1961 als Background-Musiker bei Motown Produktionen. Hits für Jimmy: „What Becomes Of The Broken Hearted" (8/66 US 7, 10/66 GB 10, 7/74 RE-GB 4), „Farewell Is A Lonely Sound" (2/70 GB 8), „I'll Say Forever My Love" (7/70 GB 7), „It's Wonderful" (10/70 GB 6) und „Hold On To My Love" (3/80 US 10, 5/80 GB 7). Er nahm auch mit seinem Bruder Platten auf, die allerdings nicht erfolgreich waren.

■ **Johnny Maestro** — 1939 — US-Sänger. Richtiger Nachname Mastrangelo. Er sang die Leadstimme in der 1955 gegründeten Gruppe Crests, die ab 1957 Platten aufnahm. Größter Hit: „16 Candles" (11/58 US 2). Ab 1961 war er als Solist erfolgreich — Hit: „Model Girl" (2/61 US 20) und Ende der 60er Jahre als Leadsänger von Brooklyn Bridge — Hit: „Worst That Could Happen" (12/68 US 3).

■ **Bill Danoff** — 1946 — US-Sänger und Songschreiber. Er schrieb mit am John Denver Hit „Take Me Home, Country Roads" und war zusammen mit seiner Frau Taffy im Folk Quintet Fat City. Beide waren dann auch mit der Starland Vocal Band erfolgreich. Hit: „Afternoon Delight" (5/76 US 1, 8/76 GB 18) auf dem Platten-Label von John Denver.

■ **Pete Wingfield** — 1948 — GB-Tastenspieler, Songschreiber, Produzent und Sänger. Er begann mit der Band Jellybread. 1975 brachte er dann eine Solo-LP mit dem Single-Hit: „18 With A Bullet" (6/75 GB 7, 8/75 US 15). Pete ist ein gesuchter britischer Studiomusiker und Produzent.

■ **Jim Lowe** — 1927 — US-Sänger, Songschreiber und DJ — damit begann seine Karriere. Für Rusty Draper schrieb er den Hit „Gambler's Guitar". Dann war er selbst erfolgreich mit „The Green Door" (9/56 US 1, GB 8, 4/57 D 15). Diese Nummer wurde 1981 eine Nummer 1 für Shakin' Stevens.

■ **Keith** — 1949 — US-Sänger. Richtiger Name James Barry Keefer. Einziger Top Ten Erfolg: „98.6" (12/66 US 7, GB 24) — als Background Chor hört man die Tokens.

■ **Rick West** — 1943 — GB-Gitarrist mit den Tremeloes. Richtiger Name Richard Westwood.

■ **Ray Monette** — 1946 — US-Gitarrist, der Paul Warren bei Rare Earth ablöste.

■ **Max-Him** — 1960 — Disco Fuzzy. Hit: „Lady Fantasy" (8/85 D 21).

Tageshits

1949 — „'A' — You're Adorable" — Perry Como — US 2 W.
1954 — „Secret Love" — Doris Day — GB 1 W. (2.mal)
1964 — „Don't Throw Your Love Away" — Searchers — GB 2 W.
1966 — „Monday Monday" — Mamas & Papas — US 3 W.
1977 — „Free" — Deniece Williams — GB 2 W.
1977 — „Hotel California" — Eagles — US 1 W.
1988 — „Wishing Well" — Terence Trent D'Arby — US 1 W.

8

Geburtstage

■ **Rick Nelson** — 1940 — US-Sänger, TV-Star und Schauspieler. Richtige Vornamen Eric Hilliard. Sohn des bekannten Bandleaders Ozzie und der Sängerin Harriet Nelson. Ab März 1949 trat Ricky zusammen mit seinem Bruder David in der Radio-Show der Eltern auf, die „The Adventures Of Ozzie & Harriet" hieß und von 1952 bis 1966 ins Fernsehen verlegt wurde. Ricky machte ab 1957 Platten und wurde zum ersten Teenager-Idol der Rock-Ära. Nach drei Hits für die Plattenfirma Verve wechselte er zu Imperial, die ihm als Begleitgruppe die Band von Bob Luman zur Verfügung stellte. Als Lead-Gitarrist spielte darin James Burton. Hits: „A Teenager's Romance" (5/57 US 2), „Poor Little Fool" (7/58 US 1, GB 4), „Travellin' Man" (4/61 US 1, 10/61 D 29) und die B-Seite davon: „Hello Mary Lou" (5/61 US 9, 7/61 D 2). In GB wurde die Platte „Hello Mary Lou/Travellin' Man" (6/61 GB 2) als Doppel-A-Seite gezählt. Bis hierhin erschienen die Platten unter Ricky Nelson. Ab jetzt strich er das „Y", weil er, wie er sagte, dafür nun zu alt sei. Weitere Hits: „Teenage Idol" (8/62 US 5, GB 39), „It's Up To You" (12/62 US 6, GB 22) und „For You" (12/63 US 6, GB 14). Ab 1969 firmierte er als Rick Nelson & The Stone Canyon Band — Hit: „Garden Party" (9/72 US 6). Als Filmschauspieler blieb er vor allem in der Rolle eines jungen Scharfschützen im Film „Rio Bravo" (1959) in Erinnerung. Er starb am 31.12.1985.

■ **Gary Glitter** — 1940 — GB-Sänger und Songschreiber, richtiger Name Paul Gadd. Als Paul Russell & His Rebels kam er Ende der 50er Jahre zum erstenmal in das Musikgeschäft. Im Januar 1960 erschien seine erste Platte als Paul Raven, im November 1961 gründete er Paul Raven & Boston International, im Juni 1968 veröffentlichte er eine Platte als Paul Monday, im Oktober 1969 als Rubber Buckett, im Oktober 1970 — er nannte sich wieder Paul Raven — war er auf der LP „Jesus Christ Superstar" als Priester zu hören . Ab 1972 glitzerte er als Gary. Hits: „Rock & Roll" (6/72 GB 2, US 7, 8/72 D 4), „I'm The Leader Of The Gang (I Am)" (7/73 GB 1, D 6), „I Love You Love Me Love" (11/73 GB 1, D 8), „Always Yours" (6/74 GB 1, D 14) und „Another Rock & Roll Christmas" (12/84 GB 7). 1988 setzt ihm die britische Band Timelords im Lied „Doctorin' The Tardis" (6/88 GB 1, D 28) ein musikalisches Denkmal: „Everybody Loves Gary Glitter".

■ **Robert Johnson** — 1911 — US-Bluessänger, Gitarrist und Songschreiber. Um 1930 arbeitete er mit Son House, später mit Howlin' Wolfe, Sonny Boy Williamson und Elmore James. In einem Hotel in San Antonio machte er 1936, im Hinterzimmer eines Bürohaus in Dallas 1937 seine einzigen Plattenaufnahmen. Lediglich der „Terra Plain Blues" entwickelte sich zu dem, was man bei dem Race-Markt jener Tage als Hit ansehen konnte. Für viele gilt Robert als Wegbereiter der Rockmusik — und das, obwohl er am 16.8.1938 starb. In der Tat wurde z.B. sein Titel „Crossroads Blues" von vielen Rockmusikern nachgespielt. Interpreten wie Jimi Hendrix, Johnny Winter, Muddy Waters oder Bonnie Raitt geben Johnson als ihr Vorbild an. Der Film „Crossroads" (1986) mit der Musik von Ry Cooder und Sonny Terry lehnt sich an das kurze Leben von Johnson an.

■ **Toni Tennille** — 1943 — US-Sängerin, die zusammen mit ihrem Mann Daryl Dragon als Captain & Tennille zwischen 1975 und 1979 erfolgreich war. Hits, alles Millionseller: „Love Will Keep Us Together" (4/75 US 1), „The Way I Wanna Touch You" (9/75 US 4, 1/76 GB 28), „Lonely Night (Angel Face)" (1/76 US 3), „Shop Around" (5/76 US 4), „Muskrat Love" (9/76 US 4) und „Do That To Me One More Time" (10/79 US 1, 2/80 GB 7, 6/80 D 33). 1984 erschien eine Solo-LP von Toni, 1987 eine zweite — beide erregten kein besonderes Aufsehen.

■ **Philip Bailey** — 1951 — US-Sänger, Percussionist und Songschreiber. 1971 kam er von der Stoval Sister's Band zu Earth, Wind & Fire als zweiter Leadsänger neben Maurice White. Zusätzlich zur Band-Arbeit veröffentlichte er Solo-Platten, meist religiöser Art. 1984 kam dann die LP „Chinese Wall". Hier sang er ein Duett mit Phil Collins: „Easy Lover" (11/84 US 2, 1/85 D 5, 3/85 GB 1). Danach war Philip auch als Solist akzeptiert. Außerdem sang er gelegentlich auf Platten von Deniece Williams, Kenny Loggins oder auch Stevie Wonder.

■ **Paul Samwell-Smith** — 1943 — GB-Bassist und Songschreiber bei den Yardbirds. Im Juni 1966 verließ er die Band und wurde durch Jimmy Page ersetzt, der wenig später zum Leadgitarristen aufstieg. Paul wurde Produzent verschiedener GB-Interpreten und tauchte Ende der 70er Jahre als Studiomusiker auf Platten von Chris de Burgh, Illusion, Cat Stevens oder Carly Simon wieder auf. Dann gründete er Box Of Frogs.

■ **Red Nichols** — 1905 — US-Trompeter und Bandleader. Richtige Vornamen Ernest Loring — „Red" wegen seiner roten Haare. In ihren Anfangstagen haben Musiker wie Glenn Miller, die Dorsey Brüder, Benny Goodman oder Gene Krupa in seiner Band gespielt. Red war auch der Kopf der Charleston Chasers, die zwischen 1927 und 1931 erfolgreich waren. Hit und Millionseller für Red Nichols & His 5 Pennies: „Ida, Sweet As Apple Cider" (11/27 US 1). Er starb am 28.6.1965.

■ **John Fred** — 1941 — US-Sänger mit John Fred & His Playboy Band. Richtiger Name John Fred Gourrier. 1956 gründete er die Playboys als weiße Gruppe, die Rhythm & Blues spielen sollte. Ab 1958 machte er Platten — Hit und Millionseller: „Judy In Disguise (With Glasses)" (11/67 US 1, 1/68 GB 3, D 1). Der Songtitel war als Parodie auf den Beatles-Song „Lucy in The Sky (With Diamonds)" gedacht.

Alex van Halen

■ **Alex Van Halen** — 1955 — US-Schlagzeuger und Songschreiber. Wie sein Bruder Edward in Nijmegen/Niederlanden geboren. Die Familie wanderte 1968 in die USA aus. Früh spielten die Brüder als Mammoth, dann als Rat Salade und schließlich ab 1974 als Van Halen. Ab 1978 hatten sie Single-Erfolge.

■ **Billy Burnette** — 1953 — US-Gitarrist, Sänger und Songschreiber, der versucht in die Fußstapfen seines Vaters Dorsey Burnette zu treten. Seine ersten Platten machte er im Alter von 11 Jahren, Anfang der 80er Jahre erscheinen seine ersten LPs. Im August 1988 wird er — neben einem weiteren Amerikaner namens Rick Vito — einer der beiden Nachfolger von Lindsey Buckingham bei Fleetwood Mac.

■ **Fernandel** — 1903 — Französischer Filmschauspieler und Sänger. Richtiger Name: Fernand Joseph Désiré Contandin. Er hatte Erfolge in grotesk-komischen Rollen — aber auch als Charakterkomiker, z. B. in „Die Tochter des Brunnenmachers" (1940). Bei uns wurde Fernandel vor allem bekannt als Pfarrer in den „Don Camillo und Peppone„-Filmen der 50er Jahre. Er starb am 25.2.1971.

Keith Jarrett

■ **Keith Jarrett** — 1945 — US-Jazz-Tastenspieler und Komponist mit Weltniveau.

■ **Chris Frantz** — 1951 — US-Schlagzeuger und Songschreiber mit Talking Heads und Tom Tom Club.

■ **Rouven** — 1967 — Israelischer Sänger. Ältester Sohn von Daliah Lavi. 1986 kam seine erste Platte: „Together" (1/87 D 53).

Todestag

■ **Graham Bond** — 1974 — GB-Keyboardspieler und Leiter der Graham Bond Organisation. Er sprang in der Finsbury Park Station vor den einfahrenden U-Bahnzug; keiner wußte, warum. Geboren am 28.10.1937.

Tageshits

1948 — „Nature Boy" — Nat „King" Cole — US 8 W.
1976 — „Fernando" — Abba — GB 4 W.
1976 — „Welcome Back Kotter" — John Sebastian — US 1 W.
1982 — „Chariots Of Fire" — Vangelis — US 1 W.

Merk-Würdiges

1970 — Mit „Let It Be" erscheint die letzte LP der Beatles. Es ist weniger eine Gemeinschaftsproduktion der Band, sondern eher eine Sammlung bisher unveröffentlichter Songs, die durch die Mangel von Phil Spector gedreht wurden. Der hatte die Nummern mit einem Streichorchester unterlegt, was bei den Beatles und besonders bei Paul McCartney auf Ablehnung stieß.

9

Geburtstage

■ **Tommy Roe** — 1942 — US-Sänger, Gitarrist und Songschreiber. Noch während seiner Schulzeit gründete er 1958 die Gruppe Satins, die 1960 den Titel „Sheila" aufnahm, den Tommy im Alter von 14 geschrieben hatte. Diese Version sollte allerdings keine Spuren in den Charts hinterlassen. Ab 1962 dann als Solist. Er nahm den Titel „Sheila" (7/62 US 1, 9/62 GB 3, D 9) erneut auf — diesmal klappte es. Weitere Hits: „Everybody" (10/63 US 3, GB 9, 2/64 D 32), „Sweet Pea" (6/66 US 8), „Hooray For Hazel" (9/66 US 6), „Dizzy" (2/69 US 1, 4/69 GB 1, D 4) und „Jam Up Jelly Tight" (11/69 US 8). Mitte der 60er Jahre war Tommy nach GB ausgewandert — 1969 kehrte er in die USA zurück. Wie viele seiner Kollegen, die in den USA in den 60er Jahren erfolgreich waren, wandte sich Tommy nach seiner Erfolgszeit als Popinterpret der Country-Music zu. Sein größter Hit dort: „Let's Be Fools Like That Again" (12/86 C&W 38).

■ **Billy Joel** — 1949 — US-Sänger, Pianist und Songschreiber. Richtige Vornamen William Martin. 1964 gründete er seine erste Gruppe — die Echos, aus denen später die Lost Souls wurden. In den späten 60er Jahren spielte er mit den Hassles, danach zusammen mit Schlagzeuger Jon Small im Hardrock-Duo Attila, und seit 1974 ist er als Solist erfolgreich. Hits: „Just The Way You Are" (11/77 US 3, 2/78 GB 19), „My Life" (11/78 US 3, GB 12), „It's Still Rock & Roll To Me" (5/80 US 1, 8/80 GB 14), „Tell Her About It" (7/83 US 1, 12/83 GB 4), „Uptown Girl" (9/83

Billy Joel

US 3, GB 1, 12/83 D 18), „An Innocent Man“ (12/83 US 10, 2/84 GB 8), „You're Only Human (Second Win)“ (7/85 US 9) und „We Didn't Start The Fire“ (9/89 GB 8, US 1, 11/89 D 4).

■ **Drafi Deutscher** — 1946 — Sänger, Songschreiber und Produzent. Seinen ersten Hit hatte er mit „Teeny“ (11/63 D 26). Es folgten: „Shake Hands“ (4/64 D 2), „Cinderella Baby“ (12/64 D 3), „Heute male ich dein Bild Cindy Lou“ (5/65 D 3) und „Marmor, Stein und Eisen bricht“ (11/65 D 1). Mit einer englischen Version dieses Titels wurde er in der US-Hitparade als Drafi aufgelistet: „Marble Breaks And Iron Bends“ (5/66 US 80). Als Interpret trat er seit den 70er Jahren mehr in den Hintergrund oder unter Pseudonymen auf, z. B. als Masquerade: „Guardian Angel“ (12/83 D 2). Nr. 1 wurde er nicht, weil die deutsche Version dieses Titels — „Jenseits von Eden“ mit Nino de Angelo — diesen Platz für 2 Monate belegte. Ab Mitte der 80er Jahre machte Drafi zusammen mit Oliver Simon das Duo Mixed Emotions, mit dem er die Disco-Schiene abdecken wollte. Hits: „You Want Love“ (10/86 D 4), „Bring Back (Sha Na Na)“ (3/87 D 13) und „Just For You“ (9/88 D 12). Drafi gehört zu den beständigsten Figuren im deutschen Schlagergeschäft, der sich gegen alle möglichen Anfechtungen durchsetzen konnte — mit Recht, wie mir scheint.

■ **Hank Snow** — 1914 — Seit Ende der 40er Jahre der bekannteste kanadische Country-Interpret und Songschreiber. Richtige Vornamen Clarence Eugene; Spitzname: „The Singing Ranger“. Bereits 1936 machte er seine ersten Aufnahmen und ging dann Mitte der 40er Jahre in die USA. Größte Hits in den Pop-Charts waren „I'm Movin' On“ (7/50 US 27) und der MIllionseller „I Don't Hurt Anymore“ (7/54 US 22). Zwischen 1949 und 1974 hatte er über 40 Top-Ten-Country-Hits.

■ **Nokie Edwards** — 1939 — US-Leadgitarrist und Songschreiber bei den Ventures bis 1968. In diesem Jahr wurde er durch Jerry McGee ersetzt und kehrte 1972 zurück. Hits: „Walk — Don't Run“ (7/60 US 2, 9/60 GB 8), „Perfidia“ (11/60 US 15, GB 4), „Walk Don't Run '64“ (7/64 US 8) und „Hawaii Five-O“ (3/69 US 4).

■ **Steve Katz** — 1945 — US-Sänger, Gitarrist und Songschreiber. Er begann mit den Ragtime Jug Stompers, dann bei Jim Kweskin's Even Dozen Jug Band. 1965 war er Mitbegründer von Blues Project — in dieser Band spielte auch Al Kooper. Katz und Kooper gründeten 1968 Blood, Sweat & Tears. 1972 wurde Steve Mitglied bei American Flyer und arbeitete dann als A&R-Manager bei Mercury Records.

■ **Paul David Heaton** — 1962 — GB-Sänger, Songschreiber und 1984 Gründer der Band Housemartins. Größte Hits: „Happy Hour“ (6/86 GB 3) und „Caravan Of Love“ (12/86 GB 1, D 2). Im Februar kündigt Heaton an, man habe die Band lediglich auf drei Jahre projektiert — die Zeit sei nun um und man würde sich auflösen. Gesagt, getan — im Mai 1988 erschien die letzte Single der Band. Mitte 1989 kommt ein neues Projekt von Heaton: Zusammen mit Dave Hemmingway, ebenfalls vorher Mitglied bei den Housemartins, erscheint er als Beautiful South. Erste Hits: „Song For Whoever“ (6/89 GB 2) und „You Keep It All In“ (9/89 GB 8, 11/89 D 37).

■ **David Gahan** — 1962 — GB-Leadsänger und Mitbegründer von Depeche Mode. Seit 1981 in den Charts: „See You“ (2/82 GB 6), „Everything Counts“ (7/83 GB 6, D 23), „People Are People“ (4/84 GB 4, D 1, 5/85 US 13), „Master And Servant“ (8/84 GB 9, D 2), „Stripped“ (2/86 GB 15, D 4), „Strangelove“ (5/87 GB 16, D 2, 7/87 US 76, 9/88 RE-US 50), „Never Let Me Down Again“ (9/87 GB 22, D 2) und „Behind The Wheel/Route 66“ (1/88 GB 21, D 6).

■ **Richard Hudson** — 1948 — GB-Saitenspieler, Sänger und Songschreiber mit den Strawbs, für die er zusammen mit einem weiteren Mitglied der Band — John Ford — deren größten Hit schrieb: „Part Of The Union“ (1/73 GB 2, 3/73 D 31). Danach machte er mit Ford das Duo Hudson — Ford. Hit: „Pick Up The Pieces“ (8/73 GB 8). Die zwei erschienen 1979 unter der Bezeichnung The Monks. Hit: „Nice Legs Shame About Her Face“ (4/79 GB 19).

■ **Richie Furay** — 1944 — US-Gitarrist, Sänger und Songschreiber. 1966 war er Mitbegründer von Buffalo Springfield und 1968 von Poco. Ab 1974 spielte er mit der Souther-Hillman-Furay Band und ging schließlich als Solist. Ende der 80er Jahre war Richie bei einer Reunion von Poco wieder mit dabei.

■ **Frank Chacksfield** — 1914 — GB-Pianist und Orchesterleiter. Er begann schon in den 30er Jahren als Bandleader, ab 1948 machte er Platten. Sein größten Erfolge wurden „Limelight (Terry's Theme)“ (5/53 US 5, GB 2) und der Millionseller „Ebb Tide“ (8/53 US 2, 2/54 GB 9).

■ **Sonny Curtis** — 1937 — US-Gitarrist und Songschreiber der Mitte der 50er Jahre gegründeten Crickets. Er spielte auch auf Platten von Waylon Jennings, Eric Clapton, Crystal Gayle, Charlie Door, Bobby Bear oder Ricky Skaggs.

■ **Dave** — 1937 — US-Soulsänger. Nachname Prater. Er trat zusammen mit Sam Moore als Sam & Dave auf. Am 11.4.1988 kam Dave bei einem Autounfall ums Leben. Hits siehe 12.10. bei Sam.

■ **Clint Holmes** — 1946 — US-Sänger, der in England geboren wurde und als Kind mit den Eltern in die USA auswanderte. Dort hatte er mit dem Millionseller „Playground In My Mind“ (3/73 US 2) seinen größten Erfolg.

■ **Don Dannemann** — 1944 — US-Leadgitarrist und Songschreiber mit Cyrkle. Hit: „Red Rubber Ball“ (5/66 US 2, 9/66 D 32). In den 70er Jahren arbeitete er als Produzent.

■ **Steffi Stephan** — 1947 — Bassist bei Udo Lindenberg und Peter Maffay. Gesuchter Studiomusiker, der auch Soloplatten aufnahm.

■ **John Edwards** — 1953 — GB-Bassist mit Status Quo in deren Spätphase ab Mai 1986.

■ **Pete Birrell** — 1941 — GB-Bassist mit Freddie & The Dreamers.

■ **Mike Millward** — 1942 — GB-Gitarrist mit Fourmost.

Tageshits

1942 — „Tangerine“ — Jimmy Dorsey — US 6 W.
1942 — „I Don't Want To Walk Without You“ — Harry James — US 2 W.
1964 — „Hello Dolly“ — Louis Armstrong — US 1 W.
1970 — „American Woman/No Sugar Tonight“ — Guess Who — US 3 W.
1970 — „Let It Be“ — Beatles — D 1 W.
1981 — „Stand And Deliver“ — Adam & The Ants — GB 5 W.
1983 — „Bruttosozialprodukt“ — Geier Sturzflug — D 4 W.
1987 — „Nothing's Gonna Stop Us Now“ — Starship — GB 4 W.

10

Geburtstage

■ **Graham Gouldman** — 1946 — GB-Gitarrist, Sänger und Songschreiber. In seiner Heimatstadt Manchester gründete er 1963 seine erste Band, die Whirlwinds, dann 1965 die Mockingbirds. Die Gruppe veröffentlichte einige erfolglose Singles und spielte als Warm-Up-Band regelmäßig vor der BBC TV-Sendung „Top of the Pops". Inzwischen verdiente er aber auch schon gut als Songschreiber für die Yardbirds, Herman's Hermits, Hollies, Jeff Beck oder Wayne Fontana. 1966 und 1967 veröffentlicht Graham als Solist etliche Singles, die wieder nichts werden. Im März 1968 wird er als Ersatz für Bob Lang Mitglied der Mindbenders, aber schon im November des gleichen Jahres fällt die Gruppe endgültig auseinander. Gouldman und Eric Stewart kaufen das Inner City Recording Studio in Manchester und benennen es um in Strawberry Studios. Im Oktober 1969 ist Graham in den USA und schreibt dort für das Bubblegum-Unternehmen Kasenatz/Katz. Wer sich bei den Projekten dieser Firma hinter Ohio Express, Crazy Elephant, 1910 Fruitgum Company versteckt, läßt sich mit Bestimmtheit nicht mehr sagen. Jedenfalls wird das Lied „Sausalito (Is The Place To Go)" (9/69 US 86) von Graham Gouldman gesungen. Im November 1969 buchen Kasenatz/Katz die Strawberry Studios für drei Monate. Gouldman und Stewart rufen Lol Creme und Kevin Godley, mit denen sie bereits vorher zusammen gearbeitet hatten, und machen dort Aufnahmen für die US-Firma. Graham schreibt und singt zu diesem Zeitpunkt auf einem großen Hit von Freddie & The Dreamers, „Susan's Tuba", der in Frankreich ein Millionseller wird. Im August 1970 wird von dem Geld, das sie von Kasenatz/Katz bekommen, das Strawberry Studio neu eingerichtet. Während Graham, Eric, Lol und Kevin die neuen Instrumente testen, schreiben sie den Titel „Neanderthal Man" (7/70 GB 2, US 22, D 4), nehmen ihn als Hotlegs auf und verkaufen ihn an Philips Records für 500 Pfund Vorschuß. Die Platte verkauft sich weltweit 2 Millionen mal. 1971 spielen die vier auf einer Reihe von Studioproduktionen und entschließen sich 1972 zur Gründung der Gruppe 10 CC — und da prasselt es Hits: „Rubber Bullets" (5/73 GB 1, 7/73 D 18), „I'm Not In Love" (5/75 GB 1, US 2, 7/75 D 8), „The Things We Do For Love" (11/76 GB 6, 1/77 US 5) und „Dreadlock Holiday" (8/78 GB 1, 10/78 D 11). Anfang der 80er Jahre veröffentlicht Graham Soloplatten, 10 CC fällt auseinander. Als offizieller Termin für die Auflösung wird der Oktober 1983 angegeben. Wenig später macht Graham zusammen mit dem US-Künstler Andrew Gold ein neues Projekt: Wax — Hit: „Building A Bridge To Your Heart" (8/87 GB 12, 10/87 D 19).

■ **Larry Williams** — 1935 — US-Pianist, Sänger und Songschreiber. Er begann in der Begleitgruppe von Lloyd Price, in dessen Fußstapfen er auch treten wollte. Hits als Solist: „Short Fat Fannie" (6/57 US 5, 9/57 GB 21) und „Bony Maronie" (11/57 US 14, 1/58 GB 11). Danach hörte man lange nichts mehr von ihm — 1960 wurde er wegen Drogenhandels verurteilt. Später munkelten böse Zungen, er würde mehr an den Mädchen verdienen, die für ihn laufen, als an seinen Platten, die er immer noch aufnahm. Dann konnte man lesen, daß er am 7.1.1980 durch einen Revolverschuß getötet worden sei — Bandenkrieg im Rotlichtbezirk?

■ **Dave Mason** — 1946 — GB-Gitarrist, Sänger und Songschreiber. Im April 1967 wurde er, nachdem er vorher als Roadie für Spencer Davis und mit den Hellions gearbeitet hatte, Gründungsmitglied von Traffic. Die Nummer „Hole In My Shoe" (9/67 GB 2) wurde durch ihn gesungen. Wenig später, im Dezember 1967, verließ er die Band nach musikalischen Differenzen mit Steve Winwood. Kurze Zeit spielte er mit Delaney und Bonnie Bramlett, dann begann er eine Solo-Karriere. Hit: „We Just Disagree" (9/77 US 12). Als Studiomusiker ist Dave auf Platten der Rolling Stones, von George Harrison, Cass Elliott, Graham Nash, den Wings, Steven Stills, Ron Wood oder Donovan zu hören.

■ **Donovan** — 1946 — GB-Sänger, Songschreiber und Gitarrist. Nachname Leitch. Er gilt als der bekannteste britische Folk-Sänger. Hits: „Catch The Wind" (3/65 GB 4, 5/65 US 23), „Colours" (6/65 GB 4), „Sunshine Superman" (7/66 US 1, 10/66 D 7, 12/66 GB 3), „Mellow Yellow" (11/66 US 2, 1/67 D 16, GB 8), „Hurdy Gurdy Man" (5/68 GB 4, US 5, 8/68 D 11) und „Atlantis" (12/68 GB 23, 2/69 D 1, 4/69 US 7). Dann ging er zwischen 1974 und 1981 unter wie das von ihm besungene Eiland. Wiederbelebungsversuche in den 80er Jahren scheiterten.

■ **Jackie Lomax** — 1944 — GB-Sänger mit Dee & The Dynamites und den Undertakers, die in Hamburg zur gleichen Zeit wie die Beatles spielten. Brian Epstein nahm Jackie unter Vertrag und bildete um ihn die Gruppe Lomax Alliance. Nach dem Tod von Epstein war er der erste Künstler auf Apple-Records. Die Single „Sour Milk Sea" wurde 1968 geschrieben und produziert von George Harrison. Auf der 1969 produzierten LP „Is This What You Want?" spielten George Harrison, Eric Clapton, Ringo Starr und Paul McCartney — nichts passierte. Danach ging Jackie desillusioniert in die USA, kam 1974 zurück nach GB und wurde Mitglied bei Badger — wieder nichts.

■ **Bono** — 1960 — Irischer Sänger und Songschreiber. Richtiger Name Paul Hewson. 1976 gründete er mit Freunden Feedback. Die Band spielte auf kleinen Veranstaltungen in erster Linie Coverversionen von Hits und benannte sich in The Hype um. Als Dick Evans ging, um die Virgin Prunes zu gründen, wurde der Bandname noch einmal geändert, in U2. Den Namen Bono Vox hatte Paul aus einer Werbung für einen Gehörgerätehändler, der sich Bono Vox — gute Stimme — nannte. Hits: „New Years Day" (1/83 GB 10), „Pride (In the Name Of Love)" (9/84 GB 3, US 33, D 28), „With Or Without You" (3/87 US 1, GB 4, D 7), „I Still Haven't Found What I'm Looking For" (6/87 US 1, GB 6, D 13), „Desire" (10/88 GB 1, US & D 3), „Angel Of Harlem" (12/88 GB 9, US 14, D 40), „When Love Comes To Town" (4/89 GB 6) — zusammen mit B. B. King — und „All I Want Is You" (6/89 GB 4).

■ **Sly** — 1952 — Jamaicanischer Schlagzeuger und Songschreiber. Vollständiger Name Noel Charles Dunbar. 1969 spielte er auf dem Hit „Double Barrel" von Dave & Ansil Collins mit. Mitte der 70er Jahre galten Sly und der Bassist Robbie Shakespeare als das Schlagzeuger/Baß-Team im Reggae. Sie spielten auf fast allen Platten von jamaicanischen Künstlern mit, z.B. Peter Tosh, Jimmy Cliff, Bunny Wailer oder Burning Spear. 1977 veröffentlichte Sly zwei Solo-LPs, 1978 gründete er — wieder zusammen mit Robbie — eine eigene Plattenfirma. Im selben Jahr traten sie als Sly & Robbie in Erscheinung. 1987 nehmen sie die hervorragende LP „Rhythm Killers" auf, auf der auch die Nummer „Boops (Here To Go)" (3/87 GB 12) zu finden ist.

■ **Fred Astaire** — 1899 — US-Tänzer, Choreograph, Schauspieler und Sänger. Richtiger Name Frederick Austerlitz. Zusammen mit seiner Schwester bildete er zwischen 1917 und 1931 ein Team, das in den wichtigsten Broadway-Musicals jener Zeit auftrat. Danach machte Fred als Solist in rund 40 Filmen mit, davon in zehn zusammen mit Ginger Rogers. Als Sänger hatte er zwischen 1929 und 1951 36 Hits in der US-Pophitparade, davon 8 mal einen Platz 1. Größte Erfolge: „Night And Day" (12/32 US 1) und „Cheek To Cheek" (8/35 US 1). Als Tänzer war er für unzählige Vorbild, nicht zuletzt für Michael Jackson, der Fred Astaire immer verehrte und ihm auch seine Autobiographie „Moonwalk" widmete. Fred starb am 22.6.1987 an einem Lungenleiden.

■ **Dimitri Tiomkin** — 1899 — US-Pianist und Komponist russischer Herkunft, der 1925 in die USA emigrierte. Seit den frühen 30er Jahren hat er für unzählige Hollywoodfilme der unterschiedlichsten Machart Musik geschrieben. Alleine für die Musik zu dem Film „High Noon" (1952) gewann er zwei Oscars. Auch für „The High And The Mighty" (1954) und „The Old Man And The Sea" (1958) wurde er mit je einem Oscar ausgezeichnet. Unvergessen auch seine Musiken für „Gunfight At The OK Coral" (1957), „Rio Bravo" (1959), „The Alamo" (1960), „The Guns Of Navarone" (1961) oder „Tchaikovsky" (1970). Tiomkin starb am 11.11.1979.

■ **Bert Weedon** — 1920 — GB-Gitarrist und Songschreiber. In den frühen 50er Jahren spielte er mit Stephane Grappelli, Django Reinhardt und Ted Heath, in den späten 60er Jahren dann mit Cliff Richard und Dickie Valentine. Als Solist war Bert erfolgreich mit dem „Guitar Boogie Shuffle" (5/59 GB 10). Seine Gitarrenschulen „Play In A Day" und „Play Everyday" haben viel Einfluß auf die jungen britischen Musiker gehabt. Die Bücher wurden über eine Million mal verkauft.

■ **Ron Banks** — 1951 — US-Leadsänger der Dramatics, die 1966 ihre ersten Plattenaufnahmen machten. Hits: „Whatcha See Is Whatcha Get" (7/71 US 9) und „In The Rain" (2/72 US 5). 1978 machte Banks beim George Clinton Projekt Brides Of Funkenstein mit — Erfolg: „Disco To Go" (9/78 R&B 7). Ab 1983 war Ron Banks Solist — Erfolg: „Make It Easy On Yourself" (12/83 R&B 31).

■ **Arthur Alexander** — 1940 — US-R&B-Sänger und Songschreiber. 1960 nahm er seine ersten Platten auf. Größte Hits: „You Better Move On" (3/62 US 24) — später ein Erfolg für die Rolling Stones — und „Anna (Go To Him)" (11/62 R&B 10, US 68) — dieser Titel ist auf der ersten LP der Beatles zu finden. Beide Nummern waren Kompositionen von Alexander.

■ **Danny** — 1941 — US-Leadsänger. Nachname Rapp. Er war 1955 Mitbegründer der Juvenairs, aus denen wenig später Danny & The Juniors wurden. Hits: „At the Hop" (12/57 US 1, GB 3, 7/76 RE-GB 39) und „Rock 'n' Roll Is Here To Stay" (3/58 US 19). Danny starb am 5.4.1983 durch Selbstmord.

■ **Jay Ferguson** — 1947 — US-Sänger und Keyboarder mit der 1967 gegründeten Band Spirit. Als die 1970 auseinanderfiel, gründete er Jo Jo Gunne, deren größter Hit „Run Run Run" (3/72 GB 6, US 27) war. Jay versuchte sich als Solist und hatte einen Hit mit „Thunder Island" (1/78 US 9).

■ **Sid Vicious** — 1957 — GB-Bassist, Sänger und Songschreiber, der im Februar 1977 von den Flowers Of Romance zu den Sex Pistols kam. Sid, mit richtigem Namen John Simon Beverly, veröffentlichte eine Solo-LP. Er starb am 2.2.1979.

■ **Roland Kaiser** — 1950 — Sänger und Songschreiber. Seit 1976 ist er im Schlagergeschäft. Größter Hit: „Santa Maria" (9/80 D 1).

■ **Henry Fambrough** — 1938 — US-Sänger mit den Spinners.

■ **Vic Elmes** — 1947 — GB-Gitarrist mit Christie.

Tageshits

1947 — „Linda" — Ray Noble — US 2 W.
1969 — „Ich sing ein Lied für dich" — Heintje — D 2 W.
1986 — „Rock Me Amadeus" — Falco — GB 1 W.
1986 — „West End Girls" — Pet Shop Boys — US 1 W.

11

Geburtstage

■ **Irving Berlin** — 1888 — US-Komponist, geboren in Temun, Russland. 1892 flüchtete er mit seinem Vater, einem Kantor, vor den Kosaken-Pogromen in die USA. In der Lower East Side von New York wächst Israel Baline, so der richtiger Name von Irving auf. Mit 14 verläßt er sein Zuhause, spielt in Saloons Piano und tritt als singender Kellner auf. 1907 wird das erste Lied von Irving verlegt: „Marie From Sunny Italy". 1910 hat er seinen einzigen Eintrag in der Liste der US-Hits als Interpret mit dem Novelty-Song „Oh, How That German Could Love!" (6/10 US 10). Mit dem aufkommenden Erfolg des Ragtime gelingt Irving sein erster Monstererfolg als Songschreiber: „Alexander's Ragtime Band" wird 1911 veröffentlicht und gehört schnell zum Repertoire jeder Band dieser Zeit. Alleine bis 1947 werden in der US-Hitparade acht verschiedene Versionen dieses Titels unter den ersten 6 notiert — 2 davon, Arthur Collins & Byron Harlan (1911) und Bing Crosby & Connee Boswell (1938) sogar auf Platz 1. Irving schreibt auch etliche Musicals, darunter z.B. „Annie Get Your Gun" (1946). Sein berühmtestes Lied dürfte jedoch, neben vielen anderen unsterblichen Evergreens, der Titel „White Christmas" sein. Diese Nummer in der Version von Bing Crosby wird als die meistverkaufte Platte der Welt genannt. Irving Berlin verstarb am 22.9.1989 im Alter von 101 Jahren.

■ **Eric Burdon** — 1941 — GB-Sänger und Songschreiber. Er begann als Sänger mit den Animals. Hits: „The House Of The Rising Sun" (6/64 GB 1, 8/64 US 1, 9/64 D 10, 10/72 RE-GB 25, 9/82 RE-GB 11), „Don't Let Me Be Misunderstood" (2/65 GB 3, US 15) und „We've Gotta Get Out Of This Place" (7/65 GB 2, US 13, 10/65 D 31). Nachdem Alan Price 1966 die Band verlassen hatte, formierte Eric Eric Burdon & The Animals — Hits: „See See Rider" (9/66 US 10) und „San Franciscan Nights" (8/67 US 9, 10/67 GB 7, D 20). Es folgte seine Drogenzeit; 1970 war er wieder da mit Eric Burdon & War, Hit: „Spill The Wine" (5/70 US 3, 11/70 D 28). Danach schien er wie vom Erdboden verschluckt. Udo Lindenberg buddelte ihn Ende der 70er Jahre wieder aus und nahm ihn mit auf Tournee. Es erschienen neue Platten von Eric, 1977 und 1983 kam es für jeweils eine Plattenproduktion zu einer Reunion der alten Animals. Er spielte in Filmen mit — aber der große Erfolg blieb aus. 1986 erschien seine Autobiographie „I Used To Be An Animal But I'm All Right Now" — 1988 kam eine gleichnamige Solo LP. Eine seiner schönsten Platten: „When I Was Young" (4/67 US 15, D 31).

■ **Alma Gluck** — 1884 — US-Sängerin, geboren in Bukarest, Rumänien. Im Alter von 5 ging sie mit ihren Eltern in die USA, wo sie aufwuchs. Richtiger Name Reba Fiersohn. Ihre Karriere begann am 16. November 1909: Im New Yorker Metropolitan Opera House trat sie in der Rolle der Sophie in Jules Massenet's im Jahre 1892 geschriebenen Oper „Werther" auf. Am nächsten Morgen zeigten sich die Kritiker begeistert und Alma Gluck war ein Star. Ihre Aufnahme „Carry Me Back To Old Virginny" (2/15 US 1) — 1915 ein Millionseller in den USA — gilt als die erste Platte, die auf zwei Seiten bespielt war. Bis dato war immer nur auf einer Seite Musik. Somit heißt die erste B-Seite aller Zeiten: „Old Black Joe". Zwischen 1911 und 1919 brachte es Alma auf 19 Hits in den USA. Aus ihrere ersten Ehe ging die erfolgreiche Schriftstellerin und Kritikerin Marcia Davenport hervor. In zweiter Ehe war Alma verheiratet mit dem Geiger Efrem Zimbalist, der sie auf den meisten ihrer Platten begleitete — der gemeinsame Junior wurde ein bekannter Film- und TV-Schauspieler (so z.B. als der Privatdetektiv Stuart Bailey aus „77 Sunset Strip" oder in „The F.B.I."), dessen Tochter Stephanie wiederum kennt man inzwischen aus „Remington Steele". Alma Gluck starb am 27.10.1938.

■ **King Oliver** — 1885 — US-Kornettist, Bandleader und Songschreiber. Richtiger Vorname Joseph. Gleich nach dem 1. Weltkrieg wurde er zu einer der US-Jazz-Größen, in dessen Band z.B. auch der junge und unbekannte Louis Armstrong spielte. Er war einer der ersten Schwarzen, der mit einer Jazzband kommerziell erfolgreiche Platten aufnahm. Zu Olivers größten Hits gehören „Dipper Mouth Blues" (1/24 US 9) und „St. James' Infirmary" (2/30 US 9). Er starb am 8.4.1938.

■ **Carla Bley** — 1938 — US-Pianistin, Sängerin, Songschreiberin und Bandleaderin — eine vielseitige Jazzinterpretin. Geboren wurde sie als Carla Borg.

■ **Don Howard** — 1935 — US-Sänger, der mit 17 seinen einzigen Hit hatte, den Millionseller „Oh Happy Day" (12/52 US 4).

■ **Les Chadwick** — 1943 — GB-Bassist mit Gerry & The Pacemakers.

Todestage

■ **Lester Flatt** — 1979 — US-Countrymusiker. Geboren am 28.6.1914.

■ **Bob Marley** — 1981 — Kultfigur der Reggae-Bewegung. Starb an Krebs. Geboren am 6.4.1945.

Tageshits

1959 — „Happy Organ" — Dave Cortez — US 1 W.
1968 — „Delilah" — Tom Jones — D 8 W.
1985 — „19" — Paul Hardcastle — GB 5 W.
1985 — „Crazy For You" — Madonna — US 1 W.
1987 — „La Isla Bonita" — Madonna — D 5 W.

12

Geburtstage

■ **Steve Winwood** — 1948 — GB-Sänger, Keyboarder, Komponist und Produzent. Er begann seine Karriere 1963 bei der Spencer Davis Group. Hits: „Keep On Running" (12/65 GB 1, 3/66 D 8), „Somebody Help Me" (3/66 GB 1, 5/66 D 8),

Steve Winwood

„Gimme Some Loving" (11/66 GB 2, D 12, US 7) und „I'm A Man" (1/67 GB 9, 3/67 US 10, D 17). Im April war er 1967 Mitbegründer von Traffic — Hit: „Hole In My Shoe" (9/67 GB 2, 11/67 D 21). 1969 dann Mitbegründer von Blind Faith für nur eine LP. Danach wurde Traffic neu formiert und hielt bis 1974. Steve arbeitete in der Folge mit Stomu Yamashta und Klaus Schulze. Ab 1977 solo — Hits: „While You See A Chance" (2/81 US 7), „Higher Love" (6/86 US 1, GB 13), „Valerie" (9/87 GB 19, US 9) und „Roll With It" (6/88 US 1), „Don't You Know What The Night Can Do" (8/88 US 6) und „Holding On" (11/88 US 11).

■ **Billy Swan** — 1942 — US-Sänger, Songschreiber, Keyboarder, Gitarrist und Produzent. An der Tür zu Elvis Presleys Haus Graceland stand in den 60er Jahren Billy Swan und kontrollierte die Besucher. In den späten 50er Jahren hatte er Mert Mitley & The Rhythm Steppers gegründet. Songs, die er geschrieben hatte, wurden hin und wieder von anderen aufgenommen, so z. B. 1962 von Clyde McPhatter „Lover Please". Billy ging dann nach Nashville, produzierte die ersten drei Alben von Tony Joe White und tourte mit Kris Kristofferson — bis er einen eigenen Hit hatte: „I Can Help" (9/74 US 1, 12/74 GB 6, D 1). 1986 gründete er mit Randy Meisner Black Tie.

■ **Ian Dury** — 1942 — GB-Sänger und Songschreiber. 1970 gründete Ian Kilburn & The High Roads, die 1974 ihre erste LP aufnahmen — veröffentlicht wurde sie erst 1978, nachdem Ian als Solist Erfolg hatte und die Band im Juni 1976 auseinandergefallen war. Seine ersten beiden Singles sind ausgesprochen schöne Beispiele für den britischen Pub-Rock in der zweiten Hälfte der 70er Jahre: „Sex & Drugs & Rock 'n' Roll" und „Sweet Gene Vincent". An Gene Vincent erinnern auch die Auftritte von Ian, der als 7jähriger an Kinderlähmung erkrankte und deshalb teilweise verkrüppelt ist. Seine ersten Hits hatte er mit „What A Waste" (4/78 GB 9), „Hit Me With Your Rhythm Stick" (12/78 GB 1, 2/79 D 22) und „Reasons To Be Cheerful" (8/79 GB 3).

■ **Burt Bacharach** — 1928 — US-Songschreiber und Pianist. Zusammen mit Hal David schrieb er fast alle frühen Hits für Dionne Warwick, etliche für Gene Pitney. Er war verheiratet mit der Schauspielerin Angie Dickinson, dann mit Carole Bayer-Sager, mit der er im Team weiter für Hits sorgt. Auch Burt versuchte sich als Platteninterpret, jedoch ohne Erfolg.

■ **James Purify** — 1944 — US-Sänger, der zusammen mit seinem Cousin Bobby Dickey als James & Bobby Purify einen Hit hatte: „I'm Your Puppet" (9/66 US 6, 4/76 GB 12). Dickey verließ Ende der 60er Jahre James, der als Solist bis 1974 weitermachte, dann wurde Ben Moore „Bobby Purify".

■ **Klaus Doldinger** — 1936 — Einer der vielseitigsten deutschen Jazzmusiker und Songschreiber für Film und Fernsehen mit einer „Unendlichen Geschichte", für die man keinen Passport braucht.

■ **Billy Squier** — 1950 — US-Sänger, Gitarrist und Songschreiber. Er begann mit den Sidewinders und Piper, danach als Solist — Hits: „The Stroke" (5/81 US 17) und „Rock Me Tonite" (7/84 US 15).

■ **Billy Duffy** — 1961 — GB-Leadgitarrist und Songschreiber, der von Theatre Of Hate im April 1983 zu Death Cult kam, die sich ab Januar 1984 nur noch Cult nannten.

■ **Shannon** — 1957 — US-Sängerin. Vollständiger Name Brenda Shannon Greene. Hits: der Millionseller „Let The Music Play" (11/83 US 8, 1/84 GB 14, D 5) und „Give Me Tonight" (4/84 GB 24, D 26).

■ **Ian McLagan** — 1946 — GB-Tastenspieler mit Small Faces, später Faces, als Studiomusiker und Solist.

■ **Terry McKee** — 1960 — GB-Schlagzeuger mit Rosetta Stone.

■ **Robert MacVitte** — 1946 — US-Schlagzeuger mit Sugarloaf.

Tageshits

1945 — „There! I've Said It Again" — Vaughn Monroe — US 6 W.
1956 — „Steig in das Traumboot der Liebe" — Club Indonesia — D 6 W.
1958 — „All I Have To Do Is Dream" — Everly Brothers — US 5 W.
1962 — „Heißer Sand" — Mina — D 9 W.
1979 — „Born To Be Alive" — Patrick Hernandez — D 5 W.
1984 — „Hello" — Lionel Richie — US 2 W.

13

Geburtstage

Stevie Wonder

■ **Stevie Wonder** — 1950 — US-Multimusiker, Sänger, Songschreiber und Produzent. Richtiger Name Steveland Morris Hardaway/Judkins. Im August 1962 veröffentlichte er als Little Stevie Wonder seine erste Platte, seit 1963 ist er erfolgreich; als Solist belegte er 8mal Platz 1 in der US-Hitparade: „Fingertips, pt. 2" (6/63 US 1), „Superstition" (11/72 US 1, 2/73 GB 11, D 21), „You Are The Sunshine Of My Life" (3/73 US 1, 5/73 GB 7), „You Haven't Done Nothin'" (8/74 US 1, 10/74 GB 30), „I Wish" (12/76 US 1, GB 12, 2/77 D 30), „Sir Duke" (4/77 US 1, GB 2, D 10), „I Just Called To Say I Love You" (8/84 US, GB & D 1) und „Part-Time Lover" (9/85 US 1, GB 3, D 12). Er machte auch Aufnahmen mit anderen Motown-Künstlern und mit Paul McCartney: „Ebony And Ivory" (4/82 US, GB & D 1). Da Stevie ausgezeichnet Mundharmonika spielt, ist er auch auf vielen Platten anderer Interpreten zu hören.

■ **Joe Brown** — 1941 — GB-Sänger und Gitarrist. Er begann mit der Skiffle-Gruppe The Spacemen. Ab 1959 traten die gleichen Musiker als Joe Brown & The Bruvvers auf, die drei Top-10-Hits hatten: „A Picture Of You" (6/62 GB 2), „It Only Took A Minute" (11/62 GB 6) und „That's What Love Will Do" (2/63 GB 3). In den frühen 70er Jahren gründete er mit seiner Frau Vicky — Anfang der 60er Jahre als eins der Vernons Girls in der britischen Hitparade — die auf Country getrimmte Truppe Brown's Home Brew. Außerdem versuchte er sich als Schauspieler. Seine Tochter Sam Brown wurde Ende der 80er Jahre als Sängerin erfolgreich.

■ **Ritchie Valens** — 1941 — US-Sänger, Gitarrist und Songschreiber. Hit: „Donna" (11/58 US 2, 3/59 GB 29). Richtiger Name Richard Valenzuela. Er war auf dem Weg nach ganz oben, als er am 3.2.1959 zusammen mit Buddy Holly und Big Bopper abstürzte. Der Film „La Bamba" brachte 1987 sein Leben in die Kinos.

■ **Mary Wells** — 1943 — US-Sängerin und Songschreiberin. Sie machte ab 1961 Platten — größte Hits: „The One Who Really Loves You" (3/62 US 8), „You Beat Me To The Punch" (8/62 US 9), „Two Lovers" (12/62 US 7) und „My Guy" (4/64 US 1, GB 5, 7/72 RE-GB 14). Alle genannten Platten wurden geschrieben und produziert von Smokey Robinson. Mary nahm auch im Duett mit Marvin Gaye Titel auf.

■ **Johnny Wright** — 1914 — US-Countrysänger. Zusammen mit Jack Anglin im Duo Johnny & Jack, die 1947 ihre ersten Platten aufnahmen. Bereits 1938 hatten die beiden die Tennessee Mountain Boys gegründet. Ihren größten Erfolg hatten Johnny & Jack mit „Oh Baby Mine (I Get So Lonely)" (4/54 C&W 1). Sie blieben bis zum Tode von Jack Anglin zusammen. Verheiratet war Johnny mit der Sängerin Kitty Wells.

■ **Jack Anglin** — 1916 — US-Countrysänger und Gitarrist im Duo Johnny & Jack. Er starb am 7.3.1963.

■ **Johnny Logan** — 1955 — Australischer Sänger und Songschreiber. Richtiger Name: Sean Patrick O'Hara. 1980 gewann er den Grand Prix Eurovision für Irland mit dem Titel „What's Another Year" (5/80 GB 1, D 2). 1987 gewinnt er mit der von ihm selbst geschriebenen Nummer „Hold Me Now" (5/87 GB & D 2) noch einmal den Grand Prix — wieder für Irland.

■ **Eberhard Schoener** — 1938 — Tastenspieler, Komponist und Multimedialist. Er arbeitete u.a. mit Musikern von Police und Deep Purple zusammen und als Solist.

■ **Senta Berger** — 1941 — Österreichische Schauspielerin und Sängerin. Bereits mit 17 erhält sie ein festes Engagement am Theater in der Josefstadt. Ab 1959 als Filmschauspielerin — dem breiten TV-Publikum wird sie in „Babeck" (1968), „Kir Royal" (1985) und „Die schnelle Gerdi" (1989) bekannt. 1989 erscheint ihre LP „Wir werden sehen...." — wie wir sahen, sahen wir nichts in den Hitparaden.

■ **Danny Kirwan** — 1950 — GB-Gitarrist, Sänger und Songschreiber. Er begann mit Boiler House, von 1968 bis 1972 bei Fleetwood Mac, danach mit Chris Youlden und als Solist.

■ **Black** — 1942 — Sänger im Duo Schobert & Black. Richtiger Name Lothar Lechleiter. Schobert war der Songschreiber — Black die Stimme.

■ **Overend Watts** — 1949 — GB-Bassist, Sänger und Songschreiber mit Mott The Hoople und British Lions.

■ **Kim McAuliffe** — 1959 — GB-Gitarristin, Sängerin und Songschreiberin bei Girlschool.

■ **Magic Dick** — 1945 — US-Mundharmonikaspieler für die J. Geils Band. Richtiger Name Richard Salwitz.

■ **Paul Thompson** — 1951 — GB-Schlagzeuger im Dunstkreis um Roxy Music und seine Ableger.

■ **Marlon Hargis** — 1949 — US-Keyboarder und Sänger mit Exile.

Todestage

■ **James Gideon Tanner** — 1960 — US-Country-Musiker. Geboren am 6.6.1885.

■ **Bob Wills** — 1975 — US-Countrymusiker. Geboren am 6.3.1905.

■ **Joan Weber** — 1981 — US-Sängerin mit einem Hit: „Let Me Go, Lover" (12/54 US 1, 2/55 GB 16). Geboren 1936.

■ **Chet Baker** — 1988 — US-Jazz-Trompeter und Sänger. Starb nach einem Sturz aus dem Fenster seines Hotelzimmers in Amsterdam. Man vermutete Drogenmißbrauch. Geboren am 23.12.1929.

Tageshits

1955 — „Stranger In Paradise" — Tony Bennett — GB 2 W.
1965 — „King Of The Road" — Roger Miller — GB 1 W.
1967 — „Penny Lane" — Beatles — D 2 W.
1967 — „The Happening" — Supremes — US 1 W.
1978 — „Rivers Of Babylon" — Boney M. — GB 5 W.
1978 — „If I Can't Have You" — Yvonne Elliman — US 1 W.
1989 — „I'll Be There For You" — Bon Jovi — US 1 W.
1989 — „Hand On Your Heart" — Kylie Minogue — GB 1 W.

14

Geburtstage

■ **Bobby Darin** — 1936 — US-Sänger, Pianist, Gitarrist, Schlagzeuger, Songschreiber und Filmschauspieler. Richtiger Name Walden Robert Cassotto. Für seine Rolle im Film „Captain Newman, M.D." wurde er für einen Oscar nominiert. Im März 1956 hatte er seine ersten Platten als Mitglied der Jaybirds gemacht. Seinen ersten Hit hatte er mit „Splish Splash" (6/58 US 3, 8/58 GB 18), seinen zweiten mit „Early In The Morning" (7/58 US 24). Diesen Titel hatte er als Ding Dongs schon vor „Splish Splash" für eine andere Plattenfirma aufgenommen. Jetzt hatte seine neue Plattenfirma die Rechte gekauft und das Stück als Rinky-Dinks veröffentlicht. Weitere Hits: „Dream Lover" (4/59 US 2, GB 1), „Mack The Knife" (8/59 US & GB 1, 12/59 D 31), „You Must Have Been A Beautiful Baby" (9/61 US 5, GB 10), „Things" (7/62 US 3, GB 2), „You're The Reason I'm Living" (1/63 US 3) und „If I Were A Carpenter" (9/66 US 8, GB 9). Zwischen 1960 und 1967 war er mit der Schauspielerin Sandra Dee verheiratet, 1968 gründete er seine eigene Plattenfirma. Bobby starb am 20.12.1973.

Jack Bruce

■ **Jack Bruce** — 1943 — GB-Bassist, Keyboarder, Sänger und Songschreiber mit Graham Bond, John Mayall und Manfred Mann — hier spielte er z. B. auf der Platte „Pretty Flamingo" mit. Mitte 1966 gründet er zusammen mit Eric Clapton und Ginger Baker Cream — Hits: „I Feel Free" (12/66 GB 11, 4/67 D 27), „Sunshine Of Your Love" (1/68 US 5, 10/68 GB 25) und „White Room" (10/68 US 6, 1/69 GB 28, D 28). Anfang 1969 fällt die Band wieder auseinander, Jack macht als Solist weiter, gründet West, Bruce & Laing und noch später eine eigene Band. Als Studiomusiker ist er auf diversen Platten von Kollegen zu hören.

■ **Sidney Bechet** — 1897 — US-Klarinettist, Saxophonist und Komponist. Stark im New Orleans Jazz verwurzelt — er spielte z.B. mit King Oliver, Mamie Smith oder Duke Ellington. Millionseller in Frankreich: „Les Oignons" (1949). Seine Komposition „Petite Fleur" war 1959 ein Hit für Chris Barber. Bechet starb 1959 an seinem Geburtstag in der Nähe von Paris.

■ **David Byrne** — 1952 — US-Sänger, Gitarrist, Songschreiber und Mulimediakünstler. Anfang der 70er Jahre beginnt er seine musikalische Karriere in einem Duo namens Wizadi, dann mit Artistics und ab Mai 1977 als Talking Heads. Die veröffentlichen seit 1978 Platten — Hits: „Once In A Lifetime" (2/81 GB 14), „Burning Down The House" (7/83 US 9) und „Road To Nowhere" (11/85 GB & D 6). David veröffentlicht auch Soloplatten. Bemerkenswert ebenfalls sein Film „True Stories" und die entsprechende Musik dazu.

■ **Fab Morvan** — 1966 — US-Sänger. Geboren auf Haiti, mit der Familie 1970 nach Miami ausgewandert. 1985 traf er auf Rob Platus, mit dem er Milli Vanilli gründete. 1989 galten sie in den USA als die Newcomer des Jahres, denen Hit auf Hit gelang: „Girl You Know It's True" (7/88 D 1, 10/88 GB 3, 1/89 US 2), „Baby Don't Forget My Number" (12/88 D 9, GB 16, 4/89 US 1), „Blame It On The Rain" (7/89 D 3, 10/89 US 1) und „Girl I'm Gonna Miss You" (8/89 US 1, D & GB 2).

■ **Tom Cochrane** — 1953 — Kanadischer Sänger, Gitarrist und Songschreiber. Der Cousin von Eddie Cochran (der das „e" aus seinem Namen strich) kam im November 1977 in die 1976 gegründete Formation Red Rider. Vorher hatte er bereits verschiedene Singles veröffentlicht und für einen Film den Soundtrack geschrieben. 1980 kam das Debütalbum der Gruppe, ab Mitte der 80er Jahre erscheinen die Platten als Tom Cochrane & Red Rider.

■ **Ian Astbury** — 1962 — GB-Sänger, Songschreiber und Kopf der 1982 gegründeten Formation Southern Death Cult, die sich ab Juli 1983 nur noch Death Cult und ab Januar 1984 nur noch Cult nannten. Hits: „She Sells Sanctuary" (5/85 GB 15), „Rain" (10/85 GB 17), „Love Removal Machine" (2/87 GB 18) und „Lil' Devil" (5/87 GB 11).

■ **Jay Beckenstein** — 1951 — US-Saxophonist, Songschreiber und Kopf von Spyro Gyra, die mit „Morning Dance" (6/79 US 24, GB 17) ihren größten Single-Erfolg hatten.

■ **Al Ciner** — 1947 — US-Gitarrist, Sänger und Songschreiber mit American Breed, Rufus, Three Dog Night, Tina Turner und Daddy Dewdrops.

■ **Troy Shondell** — 1940 — US-Sänger und Songschreiber. Hit: „This Time" (9/61 US 6, 11/61 GB 22). Später versuchte er sich als Country-Interpret.

■ **Gene Cornish** — 1944 — Kanadischer Gitarrist, Sänger und Bassist mit den Young Rascals, Rascals, Bulldog und Fotomaker.

■ **Mike Preston** — 1934 — GB-Sänger. Hits: „Mr. Blue" (10/59 GB 12) und „Marry Me" (3/61 GB 14).

■ **Art Grant** — 1950 — GB-Bassist bei der Edgar Broughton Band.

■ **Derek Leckenby** — 1943 — GB-Gitarrist mit Herman's Hermits.

Todestage

■ **Sidney Bechet** — 1959 — siehe oben.

■ **Keith Relf** — 1976 — GB-Sänger und Songschreiber. Er wurde von seinem 8jährigen Sohn tot aufgefunden — in der Hand hielt er eine elektrische Gitarre. Geboren am 22.3.43.

Tageshits

1949 — „Riders In The Sky (A Cowboy Legend)" — Vaughn Monroe — US 12 W.
1949 — „Forever And Ever" — Russ Morgan — US 3 W.
1955 — „Unchained Melody" — Les Baxter — US 2 W.
1955 — „Dance With Me Henry" — Georgia Gibbs — US 3 W.
1960 — „Wir wollen niemals auseinandergehn" — Heidi Brühl — D 7 W.
1973 — „Get Down" — Gilbert O'Sullivan — D 10 W.
1977 — „When I Need You" — Leo Sayer — US 1 W.
1988 — „Anything For You" — Gloria Estefan & Miami Sound Machine — US 2 W.
1988 — „Perfect" — Fairground Attraction — GB 1 W.

15

Geburtstage

Mike Oldfield

■ **Mike Oldfield** — 1953 — GB-Multimusiker und Songschreiber, der mit seiner Schwester Sally schon im Alter von 14 Jahren die Gruppe Sallyangie gründete und auch Platten aufnahm. Nächster Schritt war die Band Barefeet, dann 1971 mit Kevin Ayers in dessen Gruppe The Whole World erst als Bassist, dann als Gitarrist. 1972 machte er dann eine Solo-LP, die ihn mit einem Schlag weltberühmt machte: „Tubular Bells". Für die Produktion dieser LP brauchte er 8 Monate — er spielte fast alle Instrumente selbst. Als dann Passagen daraus im Film „The Exorcist" zu hören waren, kam es zum Hit: „Tubular Bells" (2/74 US 7, 6/74 GB 31). Danach war Mike speziell in Europa erfolgreich. Hits: „In Dulce Jubilo/On Horseback" (12/75 GB 4), „Portsmouth" (11/76 GB 3), „Moonlight Shadow" (5/83 GB 4, D 2), gesungen von Maggie Reilly, „Shadow On The Wall" (10/83 D 3), gesungen von Roger Chapman, „Pictures In The Dark" (12/85 D 4) und „Innocent" (7/89 D 8) — auf den beiden letzten Platten singt Anita Hegerland, die einst zusammen mit Roy Black als Kinderstar „Schön ist es auf der Welt zu sein" trällerte und inzwischen Frau Oldfield ist.

■ **Eddy Arnold** — 1918 — US-Country-Sänger und Songschreiber. Vollständiger Vorname: Richard Edward, Spitzname: The Tennessee Ploughboy. Er wurde populär an Nashvilles „Grand Ole Opry" als Sänger in der Band von Pee Wee King & His Golden West Cowboys, mit denen er zwischen 1940 und 1943 auftrat. 1945 übernahm Colonel Tom Parker für 8 Jahre sein Management und machte ihn zum Star. Eddy gilt als einer der erfolgreichsten Country Interpreten aller Zeiten und als der erste, der in Country- und Pophitparaden gleichermaßen erfolgreich war — in den USA nennt man das einen „Crossover Artist". Seine große Zeit war zwischen 1947 und 1966. Millionseller: „I'll Hold You In My Heart (Till I Can Hold You In My Arms)" (11/47 US 22), „Anytime" (5/48 US 17), „Bouquet Of Roses" (6/48 US 13) und „Just A Little Lovin' (Will Go A Long, Long Way)" (9/48 US 13). Nach langer Abwesenheit aus den Spitzenpositionen der Verkaufshitaparden gelang ihm mit „Make The World Go Away" (10/65 US 6, 2/66 GB 8) wieder ein Knüller.

Eno

■ **Brian Eno** — 1948 — GB-Synthesizer-Spieler und Sound-Tüftler. Vollständiger Name: Brian Peter George St. John Le Baptiste de la Salle Eno. 1971 gehört er zu den Gründungsmitgliedern von Roxy Music. Im Juli 1973 verläßt er die Gruppe. Danach als Solist und als Studiomusiker z. B. mit David Bowie oder Talking Heads.

■ **Trini Lopez** — 1937 — US-Sänger, Gitarrist und Songschreiber, dessen große Zeit zwischen 1963 und 1967 lag. Speziell in den aufkommenden Diskotheken wurden die Platten von Trini häufig gespielt. Die beiden größten Hits waren „If I Had A Hammer" (7/63 US 3, 9/63 GB 4, 11/63 D 2) und „America" (12/63 D 3).

■ **Graham Goble** — 1947 — Australischer Gitarrist, Sänger und Songschreiber. Er gründete 1972 die Band Mississippi, aus der 1975 die Little River Band wurde. Von den ursprünglichen Mitgliedern ist inzwischen nur noch Graham Goble übrig geblieben.

■ **Dennis Frederiksen** — 1951 — US-Sänger, der 1984 für den ausscheidenden Bobby Kimball den Leadgesang bei Toto übernahm. Dennis wiederum wurde 1986 durch Joseph Williams abgelöst.

■ **Rod Coombes** — 1946 — GB-Schlagzeuger mit Lulu, Cat Stevens, Jeff Beck, Juicy Lucy, Stealers Wheel oder auch Strawbs.

■ **Tich** — 1944 — GB-Lead-Gitarrist mit Dave Dee, Dozy, Beaky, Mick & Tich. Richtiger Name: Ian Amey.

■ **Julian Brookhouse** — 1963 — GB-Gitarrist mit der 1983 gegründeten Gruppe Curiosity Killed The Cat.

Tageshits

1959 — „A Fool Such As I/I Need Your Love Tonight" — Elvis Presley — GB 5 W.
1971 — „Knock Three Times" — Dawn — GB 5 W.
1976 — „Boogie Fever" — Sylvers — US 1 W.
1982 — „A Little Peace" — Nicole — GB 2 W.
1982 — „Ebony And Ivory" — Paul McCartney & Stevie Wonder — US 7 W.

16

Geburtstage

■ **Janet Jackson** — 1966 — US-Sängerin und jüngstes von 9 Kindern aus dem Jackson-Clan. 1973 trat sie während einer Show ihrer Brüder im MGM Grand Hotel in Las Vegas zum erstenmal öffentlich auf. 1977 war sie in verschiedenen Fernsehsendungen zu sehen, wenig später spielte sie in „Fame". 1982 machte sie ihre erste, noch nicht sonderlich erfolgreiche LP. 1986 wurde sie über Nacht ein Superstar. Hits: „What Have You Done For Me Lately" (2/86 US 4, GB 3, 6/86 D 8), „Nasty" (5/86 US 3, GB 19, 7/86 D 9), „When I Think Of You" (8/86 US 1, GB 10, 10/86 D 36), „Let's Wait Awhile (1/87 US 2, 3 /87 GB 3, 5/87 D 34), „Miss You Much" (9/89 US 1, D 16, GB 22) und „Rhythm Nation" (11/89 US 2).

■ **Woody Herman** — 1913 — US-Jazzmusiker, der als Klarinettist und Saxophonist in verschiedenen Bands spielte, bevor er 1936 Leiter seines eigenen Orchesters wurde. Richtige Vornamen Woodrow Charles. Er spielte erst Blues, dann in den 40er Jahren Swing/Bepop. Berühmt wurde der auf 4 Saxophonen gespielte „Four Brothers" Sound. Strawinsky widmete Woody sein „Ebony-Concerto". Hits, auf denen er manchmal auch als Sänger zu hören war: „Blue Flame" (3/41 US 5), „Blues In The Night" (12/41 US 1), „Amen" (6/42 US 5), „Laura" (4/45 US 4) und „Caldonia" (5/45 US 2). Woody starb am 29.10.1987.

■ **Richard Page** — 1953 — US-Leadsänger, Bassist und Songschreiber. Ende der 70er Jahre gründete er die Gruppe Pages, aus der 1982 Mr. Mister wurde. Begonnen hatte er als Session-Musiker für Quincy Jones, James Ingram, Molly Hatchet und als Songschreiber für Donna Summer, Michael Jackson, Kenny Loggins und Al Jarreau. 1984 erschien die erste Platte von Mr. Mister — Hits: „Broken Wings" (9/85 US 1, 12/85 D 8, GB 4), „Kyrie" (12/85 US 1, 2/86 D 7, GB 11) und „Is It Love" (3/86 US 8).

■ **Robert Fripp** — 1946 — GB-Gitarrist, Keyboarder, Produzent und Songschreiber. 1967 formte er Giles, Giles & Fripp, die sich 1969 in King Crimson umbenannten. Er arbeitete häufig und gerne mit Brian Eno zusammen und spielte auch auf Platten von David Bowie, Hall & Oates, Peter Gabriel und Talking Heads.

Billy Cobham

■ **Billy Cobham** — 1944 — US-Schlagzeuger der Sonderklasse und Songschreiber — zu Hause im Jazz wie im Rock. Er brachte etliche gute Soloplatten auf den Markt — bemerkenswert seine Session mit Carlos Santana und John McLaughlin auf „Love, Devotion And Surrender" (1973).

■ **Hazel O'Connor** — 1955 — GB-Sänger-, Songschreiber- und Schauspielerin, die ab 1978 Platten machte und 1980 die Hauptrolle im Punk-Film „Breaking Glass" spielte. Hits: „Eighth Day" (8/80 GB 5) aus eben diesem Film und „Will You" (5/81 GB 8).

17

Geburtstage

■ **Udo Lindenberg** — 1946 — Sänger, Schlagzeuger und Songschreiber, der wesentlich dazu beitrug, die deutschsprachige Rockmusik salonfähig zu machen. In den 70er Jahrn entwickelte er sich vom Schlagzeuger diverser Bands, dazu gehörten Klaus Doldingers Motherhood, Klaus Doldingers Passport, Emergency und Niagara, zum Star der Jugendlichen, die keine Schlager mehr hören wollten. Er veröffentlichte eine ganze Reihe von erfolgreichen LPs, seine Tourneen waren regelmäßig ausverkauft. Zu seinen Single-Erfolgen zählen „Wozu sind Kriege da" (10/81 D 18) im Duett mit Pascal Kravetz, „Sonderzug nach Pankow" (2/83 D 5) und „Horizont" (3/87 D 18).

■ **Taj Mahal** — 1940 — US-Sänger, Songschreiber und Multi-Instrumentalist. Richtiger Name Henry Saint Clair Fredericks. Er gründete 1965 mit Ry Cooder die Blues-Rock-Band Rising Sons, spielte dann mit Canned Heat und brachte 1968 seine erste Solo-LP heraus — er ist aber auch Studiomusiker. So ist er z. B. auf den frühen Platten der Pointer Sisters zu hören.

■ **Jesse Winchester** — 1944 — US-Sänger, Gitarrist und Songschreiber, der ab 1971 LPs aufnahm, produziert von Robbie Robertson von The Band oder Todd Rundgren. 1973 wurde Jesse Kanadier, um dem US-Einberufungsbefehl zu entgehen. Nach einer Amnestie für Wehrdienstverweigerer im Jahre 1977 kam er wieder in die USA. Größter Chart-Erfolg: „Say What" (4/81 US 32).

■ **Enya** — 1961 — Irische Sängerin, Pianistin und Songschreiberin. Richtiger Name Enya Ni Bhraonàin. 1980 kommt sie zu der 1976 gegründeten Familiengruppe Clannad (= gälisch für Familie). Sie war auf zwei LPs mit dabei und verließ die Gruppe dann 1982 wieder. Nachdem sie für die BBC mehrere Filmmusiken geschrieben hatte, kam 1988 der erste Solohit für Enya: „Orinoco Flow (Sail Away)" (10/88 GB 1, D 2, 1/89 US 24).

■ **Andy Latimer** — 1949 — GB-Gitarrist, Bassist, Sänger, Flötist, Tastenspieler und Songschreiber bei Brew, der Begleitgruppe von Philip Goodhand-Tait, und schließlich ab 1971 mit Camel. Gab es in der Gruppe im Laufe der Jahre auch etliche Umbesetzungen — Andy war immer mit dabei!

Bill Bruford

■ **Bill Bruford** — 1950 — GB-Schlagzeuger und Songschreiber bei Yes (1970 bis 1972) und bei King Crimson (1973 bis 1975 und wieder von 1981 bis 1984). Er ist auch als Sessionmusiker für Genesis zu hören und machte auch Soloplatten. 1989 brachte er zusammen mit den Yes-Kollegen Rick Wakeman, Jon Anderson und Steve Howe eine neue LP heraus.

■ **Jock Bartley** — 1959 — Kanadischer Gitarrist und Sänger mit der US-Band Firefall, die 1974 gegründet wurde. Vorher hatte er mit den Fallen Angels von Gram Parsons und als Ersatz für Tommy Bolin bei Zaphyr gespielt.

■ **Ralph Tresvant** — 1968 — US-Gänger mit New Edition, 1982 als Kindergruppe gegründet. Hits: „Candy Girl" (4/83 GB 1), „Cool It Now" (9/84 US 4), „Mr. Telephone Man" (12/84 US 12, 2/85 GB 19) und „If It Isn't Love" (6/88 US 7).

■ **Liberace** — 1919 — US-Tastenspieler — sein Klavier war meist wohltemperiert. Bekanntester Titel: „September Song" (5/52 US 27). Er war viele Jahre ein Star in Las Vegas. Starb am 4.2.1987.

■ **Isaak Holt** — 1932 — US-Schlagzeuger und Songschreiber im Ramsey Lewis Trio und später mit Eldee Young, der ebenfalls bei Lewis spielte, als Young-Holt Unlimited. Hit und Millionseller: „Soulful Strut" (11/68 US 3).

■ **Jan Leyers** — Belgischer Sänger, Gitarrist und Songschreiber im Männerduo Soulsister, das sich 1987 formierte. 1989 erschien die Debüt-LP — darauf der erste Hit: „The Way To Your Heart" (2/89 D 4).

■ **Glenn Gregory** — 1958 — GB-Sänger und Songschreiber der 1980 gegründeten Gruppe Heaven 17. Hits: „Temptation" (4/83 GB 2, D 11) und „Come Live With Me" (6/83 GB 5).

■ **Jonathan Richman** — 1951 — US-Gitarrist und Songschreiber. Hits: „Roadrunner" (7/77 GB 11) und „Egyptian Reggae" (10/77 GB 5, 1/78 D 13).

■ **Roger Earl** — 1946 — GB-Schlagzeuger. Zwischen 1968 und 1971 spielte er mit Savoy Brown und war dann Mitbegründer von Foghat.

■ **Nicky Chinn** — 1945 — GB-Songschreiber im Team mit Michael Chapman. Dort stehen am 15.4. die Erfolge des Duos.

■ **Allen Wentz** — 1951 — US-Bassist, Tastenspieler und Sänger mit Wild Cherry, Garcons und Lizzy Mercier Descloux.

■ **Barbara Lee** — 1947 — US-Sängerin mit den Chiffons. Hits siehe 7.4. bei Pat Bennett.

■ **Darrell Sweet** — 1947 — GB-Schlagzeuger mit den Shadettes, aus denen sich Nazareth entwickelte.

■ **William Spooner** — 1949 — US-Gitarrist und Sänger mit den Tubes seit 1975.

Todestage

■ **Django Reinhardt** — 1953 — Französischer Jazzmusiker. Er starb an den Folgen einer Gehirnblutung. Geboren in Belgien am 23.1.1910.

■ **Ernie Freeman** — 1981 — US-Produzent und Arrangeur. Starb nach einem Herzschlag. Geboren am 16.8.1922.

Tageshits

1953 — „Song From Moulin Rouge' (Where Is Your Heart)" — Percy Faith — US 10 W.
1958 — „Who's Sorry Now?" — Conny Francis — GB 6 W.
1964 — „My Guy" — Mary Wells — US 2 W.
1970 — „Back Home" — England World Cup Squad — GB 3 W.
1970 — „House Of The Rising Sun" — Frijid Pink — D 1 W.
1981 —"Bette Davis Eyes" — Kim Carnes — US 5 W.
1987 — „With Or Without You" — U2 — US 3 W.

■ **Paul Di'Anno** — 1959 — GB-Sänger, der zur Ur-Besetzung der 1977 gegründeten Band Iron Maiden gehört. 1981 — man war auf dem Weg zum Erfolg — verließ Paul die Band und wurde durch Bruce Dickinson, vorher bei Samson, ersetzt.

■ **George Johnson** — 1953 — US-Gitarrist, zusammen mit seinem jüngeren Bruder Louis als Brothers Johnson. Hits siehe 13.4. beim Bruder.

■ **Dietmar Schönherr** — 1926 — Österreicher, aufgewachsen in Potsdam. Richtiger Name Dietmar Edler von Schönleiten. Filmschauspieler, TV-Moderator; textet und singt Chansons.

■ **Pervis Jackson** — 1938 — US-Sänger mit den Spinners.

Tageshits

1952 — „Kiss Of Fire" — Georgia Gibbs — US 7 W.
1952 — „Blue Tango" — Leroy Anderson — US 5 W.
1957 — „Rock-A-Billy" — Guy Mitchell — GB 1 W.
1962 — „Nut Rocker" — B. Bumble & The Stingers — GB 1 W.
1975 — „Stand By Your Man" — Tammy Wynette — GB 3 W.
1980 — „What's Another Year" — Johnny Logan — GB 2 W.
1986 — „The Chicken Song" — Spitting Image — GB 3 W.
1986 — „Greatest Love Of All" — Whitney Houston — US 3 W.

18

Geburtstage

■ **Perry Como** — 1912 — US-Sänger mit richtigem Namen Pierino Como. 1933 verließ er seinen gutgehenden Friseurladen, um Sänger in der Freddy Carlone Band zu werden. Von 1937 bis 1942 sang er in der Ted Weems Band und schließlich ab 1943 als Solist. Es begann eine beispiellose Karriere, die ihm zwischen 1943 und 1975 147 Hitnotierungen brachte. Zu seinen Super-Hits gehören: „Till The End Of Time" (8/45 US 1), „Prisoner Of Love" (3/46 US 1), „Surrender" (6/46 US 1), „Chi-Baba, Chi-Baba (My Bambino Go To Sleep)" (5/47 US 1), „'A' — You're Adorable" (4/49 US 1), „Some Enchanted Evening" (4/49 US 1), „Hoop-Dee-Doo" (4/50 US 1), „If" (1/51 US 1), "Don't Let The Stars Get In Your Eyes" (12/52 US 1, GB 1), „No Other Love" (6/53 US 1), „Wanted" (3/54 US 1, 6/54 GB 4), „Hot Diggity (Dog Ziggity Boom)" (3/56 US 1, 5/56 GB 4), „Round And Round" (2/57 US 1) und „Catch A Falling Star/Magic Moments" (1/58 US & GB 1, 4/58 D 16). Zwischen 1948 und 1963 hatte er eine eigene TV-Show.

■ **Joe Turner** — 1911 — US-R&B-Sänger und Songschreiber. Er begann in seinen frühen Tagen im Team mit Boogie-Woogie Pianist Pete Johnson. Ein erster großer Erfolg kam mit dem „Spirituals To Swing" Konzert 1938 in der Carnegie Hall. Noch im gleichen Jahr machte Joe seine ersten Soloplatten — nebenher war er aber auch noch Sänger im Pete Johnson All-Star Orchestra. Hit: „S.K. Blues, Pt. 1&2" (5/45 R&B 3). Als Solist kassierte Joe Millionseller für „Chains Of Love" (9/51 US 30), „Honey Hush" (12/53 US 23), „Flip Flop And Fly" (3/55 R&B 2) und "Corrina, Corrina" (4/56 R&B 2). Er sang vor Bill Haley „Shake, Rattle And Roll" (5/54 R&B 1, 8/54 US 22). Noch 1982 trat er öffentlich auf. Er starb am 23.11.1985.

■ **Kai Winding** — 1922 — Dänischer Posaunist und Komponist. Seine Familie wanderte 1934 in die USA aus, dort spielte Kai 1940 bei Shorty Allen, 1941 u. a. bei Alvino Rey und ab 1942 in Army Bands. Nach dem Militär ging er zu Benny Goodman (1945/46), Stan Kenton (1947) und Charlie Ventura (1948). Danach arbeitete er mit eigenen Gruppen und vor allem als Studiomusiker. In den 50er Jahren spielte Kay mit Jay Jay Johnson zusammen in einem Quintett, in den 60er Jahren war er u. a. Komponist für Filmmusiken. Aus dieser Zeit stammt auch sein einziger Hitparadenerfolg: „More" (7/63 US 8) — Thema aus dem Film „Mondo Cane". Er arbeitete auch als Produzent, Agent, Veranstalter und als Lehrer und trat regelmäßig bei Jazz-Festivals auf. Kai starb am 6.5.1983.

■ **Alma Cogan** — 1932 — GB-Sängerin, die ihre Karriere neben Audrey Hepburn im Chor von „High Button Shoes", einem West End Musical in London begann. 1952 machte sie ihre ersten Platten — Hits: „Bell Bottom Blues" (3/54 GB 4), „I Can't Tell A Waltz From A Tango" (12/54 GB 6), „Dreamboat" (5/55 GB 1) und „Never Do A Tango With An Eskimo" (12/55 GB 6). Ihre bekannteste Nummer bei uns war der „Tennessee Waltz" (11/64 D 10). In Großbritannien war sie die erste Sängerin, die zwischen 1959 und 1961 über ITV eine regelmäßige TV-Sendung im Hauptprogramm hatte. Sie starb am 26.10.1966.

■ **Reinhold Heil** — 1954 — Sänger, Tastenspieler und Songschreiber. Er begann Mitte der 70er Jahre in der Jazz/Rock Formation Bakmak. Ab Dezember 1977 war in der Band von Nina Hagen, aus der sich im Mai 1980 die Gruppe Spliff entwickelte. Hits: „Carbonara" (5/82 D 5) und „Das Blech" (11/82 D 5). Ende 198[illegible] trennte sich die Gruppe, Reinhold produzierte Nena und nahm zusammen mit Rosa Precht unter dem Projektnamen Cosa Rosa Platten auf. Er entwickelte sich zu einem gesuchten Studiomusiker und Produzenten.

■ **Toyah** — 1958 — GB-Sängerin, Songschreiberin und Schauspielerin. Nachname Wilcox. Markenzeichen: hübsch bunt am Kopf. 1976 hatte sie ihren ersten Fernsehauftritt, danach war sie im Kino zu sehen, so auch im Film „Quadrophenia" (1978). Im selben Jahr machte sie auch ihre ersten Platten, seit 1981 ist sie erfolgreich - Hits: „Four From Toyah" (EP) (2/81 GB 4) und „Thunder In The Mountains" (10/81 GB 4). 1987 heiratete sie Robert Fripp, den Kopf von King Crimson.

■ **Sandra** — 1962 — Sängerin im Trio Arabesque. Größter Hit: „Marigot Bay" (2/81 D 8). 1985 kam Sandra Lauer, produziert durch ihren damaligen Freund und späteren Ehemann Michael Cretu, als Solistin mit „Maria Magdalena" (7/85 D 1). Weitere Hits: „In The Heat Of The Night" (11/85 D 2), „Hi! Hi! Hi!" (9/86 D 7), „Everlasting Love" (9/87 D 5), „Stop For A Minute" (2/88 D 9), „Secret Land" (10/88 D 7) und „We'll Be Together ('89 Re-Mix)" (1/89 D 9).

■ **Michael Cretu** — 1957 — Tastenspieler, Sänger, Songschreiber und Produzent. Michael ist auf Soloplatten, auf LPs von Boney M., A La Carte, Peter Cornelius, Peter Kent, Hubert Kah oder beim Projekt Moti Special zu hören. Als Solist hatte er den Single-Erfolg „Samurai" (10/85 D 12), mit Moti Special „Cold Days Hot Nights" (3/85 D 3) und „Don't Be So Shy" (6/85 D 9).

Yes

■ **Rick Wakeman** — 1949 — GB-Tastenspieler und Songschreiber mit Strawbs, Yes und als Studiomusiker — so ist er auf etlichen LPs von David Bowie zu hören, z. B. „Space Oddity", spielte mit Elton John, Al Stewart, Lou Reed, Hudson & Ford oder Philip Goodhand-Tait. Ab 1972 brachte er auch etliche Solo-LPs. 1989 schlossen sich mit Jon Anderson, Bill Bruford, Steve Howe und Rick alte Yes-Musiker für eine neue LP zusammen.

■ **Albert Hammond** — 1942 — GB-Songschreiber, Gitarrist und Sänger. Mit seinem Kollegen Mike Hazlewood schrieb er viele Hits. Unter Pseudonymen sangen sie auch in verschiedenen Gruppen mit, z. B. Family Dogg oder Magic Lanterns. Als Solist hatte Albert ab Anfang der 70er Jahre Erfolg: „It Never Rains In Southern California" (10/72 US 5, 2/73 D 9) und „Free Electric Band" (5/73 GB 19, D 4).

■ **Thomas Gottschalk** — 1950 — TV-Moderator, Supernase und einmaliges Mitglied bei GLS-United, zusammen mit 2 Kollegen. Wetten daß „Rapper's Deutsch" (4/80 D 49) die einzige Chartnotierung war — Na sowas!

■ **Wreckless Eric** — 1954 — GB-Sänger, Gitarrist, Tastenspieler und Songschreiber, der etliche schöne aber erfolglose LPs veröffentlichte. Richtiger Name Eric Goulden.

■ **William Wallace** — 1949 — Kanadischer Bassist und Sänger ab 1972 mit Guess Who.

■ **Simon Ellis** — 1961 — GB-Keyboarder und Songschreiber mit Ellis, Beggs & Howard.

■ **Feliciano Tavares** — 1948 — US-Sänger und einer der fünf Brüder Tavares.

■ **George Weyman** — 1949 — GB-Drummer bei Edison Lighthouse.

Todestage

■ **Leroy Anderson** — 1975 — US-Orchesterleiter und Komponist. Geboren am 29.6.1908.

■ **Ian Curtis** — 1980 — GB-Lead-Sänger und Songschreiber für Joy Division, aus denen nach Ians Tod New Order wurde. Ian beging aus Depressionen Selbstmord — er hängte sich auf.

Tageshits

1946 — „The Gypsy" — Dinah Shore — US 8 W.
1959 — „Kansas City" — Wilbert Harrison — US 2 W.
1961 — „On The Rebound" — Floyd Cramer — GB 1 W.
1963 — „If You Wanna Be Happy" — Jimmy Soul — US 2 W.
1967 — „Silence Is Golden" — Tremeloes — GB 3 W.
1968 — „Tighten Up" — Archie Bell & The Drells — US 2 W.
1974 — „The Streak" — Ray Stevens — US 3 W.
1974 — „Sugar Baby Love" — Rubettes — GB 4 W.
1981 — „In The Air Tonight" — Phil Collins — D 1 W.
1985 — „Don't You (Forget About Me)" — Simple Minds — US 1 W.

19

Geburtstage

■ **Pete Townshend** — 1945 — GB-Gitarrist, Songschreiber und Kopf der 1964 gegründeten Who. Schon Anfang der 60er Jahre spielten drei der Who-Mitglieder bei den Detours zusammen. Als mit Keith Moon der vierte Mann kam, nannten sie sich High Numbers — als solche veröffentlichten sie ihre erste Platte „I'm The Face/Zoot Suit" — ohne Erfolg. Kurz darauf kam die Umbenennung in Who und die erste Single „I Can't Explain" (2/65 GB 8), auf der als Session-Gitarrist Jimmy Page zu hören ist. Weitere Hits: „My Generation" (11/65 GB 2, 1/66 D 6), „I'm A Boy" (9/66 GB 2, 11/66 D 10), „Happy Jack" (12/66 GB 3, 2/67 D 4, 4/67 US 24), „Pictures Of Lily" (4/67 GB 4, 6/67 D 5) oder „Pinball Wizard" (3/69 GB 4, US 19, 5/69 D 25). Der letzte Titel stammt aus der Rock-Oper „Tommy", die zu einem Knüller für die Band wurde — man machte daraus einen abendfüllenden Spielfilm. Durch die 70er Jahre gab es weitere Erfolge für Who — bis Keith Moon schließlich am 7.9.1978 starb. Die einzelnen Mitglieder hatten sich inzwischen auch bereits mit Solo-Projekten beschäftigt — die Band bröckelte ab. Pete veröffentlichte schon 1972 seine erste Solo-LP — ein Treffer gelang ihm mit der „White City"-LP im Jahre 1985, darauf der Single-Hit „Face The Face" (11/85 US 26, D 15). 1986 zeigte er sich als Buchautor: „Horse's Neck". Am Ende der 80er Jahre kamen die Who für eine Tournee erneut zusammen.

■ **Martyn Ware** — 1956 — GB-Synthesizerspieler und Songschreiber, der zur 1977 gegründeten Formation Human League gehörte. Im Oktober 1980, bevor es richtig los ging, stieg er wieder aus. Eine Platte, 1978 ohne Erfolg veröffentlicht, entwickelte sich Jahre später zum Hit: „Being Boiled" (1/82 GB 6, 5/86 D 6). Martyn hatte inzwischen Heaven 17 gegründet. Die erste Platte erschien im März 1981 — Hits: „Temptation" (4/83 GB 3, D 11) und „Come Live With Me" (6/83 GB 5). 1987 ist Ware Coproduzent der überaus erfolgreichen ersten LP „The Hard Line According To Terence Trent d'Arby".

■ **Barbara Joyce Lomas** — 1952 — US-Leadsängerin mit der 1972 gegründeten Formation King Davis House Rockers, die sich umbenannten in Madison Streeet Express und schließlich zum New Yorker Disco-Septett B. T. Express wurden — B. T. steht für Brooklyn Trucking. Hits: „Do It ('Til You're Satisfied)" (9/74 US 2, 2/75 D 33) und „Express" (1/75 US 4, 3/75 GB 34, D 34) — beide Titel waren Millionseller.

Grace Jones

■ **Grace Jones** — 1952 — Jamaicanische Kleiderständerin, Sängerin, Songschreiberin und Filmschauspielerin (1985 als „May Day" Gegenspielerin von Roger Moore alias James Bond in „A View To A Kill"). 1976 war sie ein gesuchtes Model, das auf dem Cover von Vogue und Elle erschien. 1977 veröffentlichte sie ihre erste Platte: sie hieß „Sorry" — zu spät, sie war draußen. Hits: „I've Seen That Face Before" (8/81 D 16) und „Slave To The Rhythm" (10/85 GB 12, D 4).

■ **Ben Volpeliere-Pierrot** — 1965 — GB-Sänger und Songschreiber der 1983 gegründeten Gruppe Curiosity Killed The Cat. Die erste Platte „Misfit" erschien im August 1986, wurde aber erst knapp ein Jahr später als Wiederveröffentlichung ein Hit. Größte Erfolge: „Down To Earth" (12/86 GB 3, 3/87 D 32), „Ordinary Day" (4/87 GB 11), „Misfit" (6/87 GB 7) und „Name And Number" (9/89 GB 14).

■ **Yazz** — 1960 — GB-Sängerin. Richtiger Name Yasmin Evans. Nachdem sie als Studiomusikerin den britischen Mixern und Diskjockeys Coldcut bei „Doctorin' The House" (2/88 GB 6, 4/88 D 11) die Stimme geliehen hatte, versuchte sie sich mit Erfolg als Solistin. Hits: „The Only Way Is Up" (7/88 GB 1, D 3), „Stand Up For Your Love Rights" (10/88 GB 2, D 11), „Fine Time" (2/89 GB 9, D 32) und „Where Has All The Love Gone?" (4/89 GB 16, D 40).

■ **Paul Brady** — 1947 — GB-Sänger, Multi-Instrumentalist und Songschreiber. Er begann in Gruppen wie Kult und Rockhouse, war bis 1972 Mitglied der Johnstons und spielte dann mit Planxty. Ab Anfang der 80er Jahre machte er Soloplatten. Von seinen Musikerkollegen hochgeschätzt — so spielte er z. B. im Vorprogramm von Dire Straits und Eric Clapton — reichte es aber nie für einen Erfolg.

Seine Titel machten andere zu Hits. So stammt z. B. der Tina Turner Hit „Paradise Is Here" von Paul.

■ **Mickey Newbury** — 1940 — US-Sänger und Songschreiber, der Erfolge für Elvis Presley, Jerry Lee Lewis, Ray Charles, Johnny Cash, Kenny Rogers und viele andere schrieb. Richtiger Vorname Milton. Für sich selbst langte es nur zu „An American Trilogy" (11/71 US 26) — mehr der Country-Musik zuzuordnen.

■ **Joey Ramone** — 1952 — US-Sänger der Ramones. Richtiger Name Jeffrey Hyman. Die Band wurde 1974 gegründet und gilt als Amerikas populärste Punk-Rock-Band. Erster Hit: „Sheena Is A Punk Rocker" (5/77 GB 22). Größter Hit: „Baby I Love You" (1/80 GB 8).

■ **Alexandra** — 1942 — Vollständiger Name Alexandra Doris Nefedov. Hits: „Zigeunerjunge" (4/68 D 22), „Sehnsucht" (4/68 D 12) und „Erstes Morgenrot" (7/69 D 17). Sie verunglückte tödlich bei einem Autounfall am 31.7.1969.

■ **Philip Rudd** — 1946 — Australischer Drummer bei AC/DC. Er gehörte von der Gründung 1974 bis August 1983 zur Gruppe und wurde dann durch Simon Wright ersetzt.

■ **Robin Otis** — 1965 — Bassist, Gitarrist, Sänger und Songschreiber mit der deutschen Formation Okay.

■ **Dusty Hill** — 1949 — US-Sänger, Bassist und Songschreiber in der texanischen Gruppe ZZ Top.

■ **Romeo Challenger** — 1950 — GB-Drummer mit Black Widow und Showaddywaddy.

■ **Jerry Hyman** — 1947 — US-Posaunist mit Blood, Sweat & Tears seit der ersten LP 1968.

■ **Mike Wegdwood** — 1950 — GB-Bassist mit Curved Air und Caravan.

Todestag

■ **Coleman Hawkins** — 1969 — US-Jazzmusiker, Tenorsaxophonist. Geboren am 21.11.1904.

Tageshits

1973 — „You Are The Sunshine Of My Life" — Stevie Wonder — US 1 W.

1973 — „See My Baby Jive" — Wizzard — GB 4 W.

20

Geburtstage

Helmut Fest (EMI-Chef) und Joe Cocker

■ **Joe Cocker** — 1944 — GB-Sänger und Songschreiber. Er begann 1959 mi den Cavaliers, die sich später Vance Arnold And The Avengers nannten. 1964 erhielt Joe seinen ersten Solovertrag. Seine Version der Beatles Nummer „I'll Cry Instead" war ein Flop. Mit einer anderen Beatles Coverversion lief es dagegen besser: „With A Little Help From My Friends" (10/68 GB 1, 12/68 D 3). Weitere Hits „Delta Lady" (9/69 GB 10), „The Letter" (4/70 US 7, 7/70 GB 39) und „You Are So Beautiful" (1/75 US 5). Erst 1982 tauchte Joe nach Alkohol- und Drogenproblemen wieder auf. Zusammen mit Jennifer Warnes sang er „Up Where We Belong" (8/82 US 1, 1/83 GB 7, D 6). Nun brachte er auch wieder als Solist tolle LPs. Sein größter Single-Erfolg wurde „When The Night Comes" (6/89 D 25, 10/89 US 11).

Cher

■ **Cher** — 1946 — US-Sängerin. Richtiger Name Cherilynn Sarkasian La Pierre (andere Schreibweisen durchaus möglich!). Sie begann als Sessionsängerin bei Phil Spector. 1963 heiratete sie ihren Kollegen Salvatore Bono — im gleichen Jahr erschien eine Platte der beiden als Caesar & Cleo. Außerdem versuchte sie sich 1964 als Solistin — sie nannte sich Bonnie Jo Mason oder Cherilyn. 1965, nun als Sonny And Cher, begann die Zeit der Hits: „I Got You Babe" (7/65 US & GB 1, 10/65 D 3), „Baby Don't Go" (8/65 US 8, GB 11), „The Beat Goes On" (1/67 US 6, GB 29, 3/67 D 24), „All I Ever Need Is You" (10/71 US 7, 1/72 GB 8) und „A Cowboy's Work Is Never Done" (2/72 US 8). Ab 1965 funktionierte auch ihre Solo-Karriere — Hits: „Bang Bang (My Baby Shot Me Down)" (3/66 US 2, GB 3, 6/66 D 17), „Gypsys, Tramps And Thieves" (9/71 US 1, 11/71 GB 4, D 25), „Half-Breed" (8/73 US 1, 11/73 D 29) und „Dark Lady" (1/74 US 1, GB 36). Am 26. Juni 1974 wurde sie von Sonny Bono geschieden, 4 Tage später heiratete sie Gregg Allman von der Allman Brothers Band. Schon 9 Tage später kündigte sie an, daß sie sie sich wieder scheiden lassen wolle. Nach 5 Jahren Hitpause kehrte sie zurück mit „Take Me Home" (2/79 US 8). Seit 1982 macht Cher auch als Schauspielerin von sich reden. 1984 wird sie für den Oscar für die beste Nebenrolle im Film „Silkwood" nominiert. 1988 gewinnt sie den Oscar als beste Schauspielerin für ihre Rolle in „Moonstruck". Und auch ihre Platten verkaufen sich weiter: „I Found Someone" (11/87 US 10, GB 5), „We All Sleep Alone" (4/88 US 14), zusammen mit Peter Cetera „After All" (3/89 US 6), „If I Could Turn Back Time" (7/89 US 3, 9/89 GB 6, D 16) und „Just Like Jesse James" (10/89 US 8).

■ **Jane Wiedlin** — 1958 — US-Gitarristin, Sängerin, Songschreiberin und Schauspielerin. 1978 ist sie Mitbegründerin der weiblichen Rockgruppe Go-Go's. Hits: „We Got The Beat" (1/82 US 2) und „Vacation" (7/82 US 8). 1983 veröffentlicht sie eine Solo LP und singt im Duett mit Russell Mael von den Sparks den Titel „Cool Places" (4/83 US 49). 1984 verläßt Jane die Go-Go's und wird durch Paula Jean Brown ersetzt. Sie arbeitet weiter an ihrer Solokarriere — Hit: „Rush Hour" (5/88 US 9, 8/88 GB 12).

■ **Teddy Randazzo** — 1937 — US-Sänger und Songschreiber. Er begann als Akkordeonspieler und Sänger bei den Three Chuckles, die in den Filmen „Rock Rock Rock" und „The Girl Can't Help It" auftraten. Größter Hit: „Runaround" (11/54 US 20). Ab 1958 als Solist — größter Hit „The Way Of A Clown" (4/60 US 44). Einen Namen machte er sich als Songschreiber von z. B. „Goin' Out Of My Head".

■ **Nick Heyward** — 1961 — GB-Sänger, Gitarrist und Songschreiber, der 1980 Haircut 100 gründete. Hits: „Favourite Shirts (Boy Meets Girl)" (10/81 GB 4), „Love Plus One" (1/82 GB 3), „Fantastic Day" (4/82 GB 9) und „Nobody's Fool"

8/82 GB 9). 1983 begann er eine Solo-Karriere — Hits: „Whistle Down The Wind" 3/83 GB 13), „Take That Situation" (6/83 GB 11) und „Blue Head For A Blue Day" 9/83 GB 14).

■ **Shorty Long** — 1940 — US-Sänger, Pianist und Songschreiber. Richtige Vornamen Frederick Earl. 1962 machte er seine ersten Platten. Größter Hit: „Here Comes The Judge" (6/68 US 8, GB 30, 10/68 D 38). Er ertrank am 29.6.1969.

■ **Tato Gomez** — 1953 — Chilenischer Bassist und Sänger, der seit Mitte der 70er Jahre in der Bundesrepublik lebt. Er gründete hier die Gruppe Santiago und machte sich als Songschreiber und Produzent einen Namen.

■ **Paula** — 1942 — US-Sängerin mit richtigem Namen Jill Jackson. Zusammen mit Ray Hildebrand bildete sie das Duo Paul & Paula — Hits: „Hey Paula" (12/62 US 1, 2/63 GB 8, 4/63 D 16) und „Young Lovers" (3/63 US 6, GB 9).

■ **Steve Broughton** — 1950 — GB-Drummer in der Edgar Broughton Band und als Studiomusiker mit Roy Harper, Mike Oldfield oder Sean Tyler.

■ **Terry Smith** — 1943 — GB-Gitarrist mit J. J. Jackson, If, Zzebra und als Studiomusiker bei Georgie Fame und Tony Ashton.

■ **John und Susan Cowsill** — 1960 — US-Zwillinge, die in der Familengruppe Cowsills sangen.

■ **Vic Ames** — 1926 — US-Sänger mit den Ames Brothers. Hits siehe Bruder Joe am 3.5. Vic starb am 23.1.1978.

■ **Jimmy Henderson** — 1954 — US-Leadgitarrist mit Black Oak Arkansas.

■ **Steve George** — 1955 — US-Keyboarder, Sänger, Songschreiber und Saxophonist mit Mr. Mister.

■ **Brian Nash** — 1963 — GB-Gitarrist mit Frankie Goes To Hollywood.

■ **Warren Cann** — 1951 — Kanadischer Schlagzeuger und Songschreiber mit der 1973 gegründeten Gruppe Tiger Lily, aus der 1976 Ultravox wurde.

Tageshits

1965 — „Where Are You Now (My Love)" — Jackie Trent — GB 1 W.
1967 — „Groovin'" — Young Rascals — US 2 W.
1972 — „Metal Guru" — T. Rex — GB 4 W.
1978 — „With A Little Luck" — Wings — US 2 W.
1989 — „Forever Your Girl" — Paula Abdul — US 2 W.
1989 — „Ferry Cross The Mersey" — The Christians, Hollyo Johnson, Paul McCartney, Gerry Marsden & Stocko Aitken Waterman — GB 3 W.

Merk-Würdiges

1851 — Emile Berliner wird in Hannover geboren. Mit 19 wandert er in die USA aus, wo er 1877 das Kontaktmikrophon erfindet. Durch diese und weitere Erfindungen leistet er einen entscheidenden Beitrag zur Verbreitung des Telefons. Zehn Jahre später, 1887 erfindet er das Grammophon und die Schallplatte — aber nicht genug: er entwickelt auch noch ein Verfahren zur Schallplattenherstellung.

21

Geburtstage

■ **Ronald Isley** — 1941 — US-Leadsänger und Songschreiber für die Isley Brothers. Die drei Brüder O'Kelly, Rudolph und Ronald gründeten in ihrer Heimatstadt Cincinnati in den frühen 50er Jahren eine Gospeltruppe. 1957 zogen sie nach New York und machten ihre ersten Plattenaufnahmen. Ihren ersten nennenswerten Erfolg hatten sie mit „Shout" (9/59 US 47), den Joey Dee 1962 und Lulu 1964 zu einem Hit machten. Größte Hits der Isley Brothers: „It's Your Thing" (3/69 US 2), „That Lady" (7/73 US 6, 9/73 GB 14) und „Fight That Power" (6/75 US 4). In GB waren sie meist mit anderen Titeln erfolgreich: „This Old Heart Of Mine" (4/66 GB 47, 10/68 RE-GB 3) und „Behind A Painted Smile" (4/69 GB 5, 7/69 D 35). 1973 hatte sich das Trio erweitert: die beiden jüngeren Brüder Ernie und Marvin und Cousin Chris Jasper kamen dazu. Diese drei waren es auch, die sich 1984 von der Band lösten und als Isley, Jasper, Isley weitermachten.

■ **Tony Sheridan** — 1940 — GB-Sänger, Gitarrist und Songschreiber. Richtiger Name Anthony Esmond Sheridan McGinnity. Er begann als Skifflemusiker und wurde dann Begleitmusiker von Marty Wilde, Conway Twitty, Gene Vincent und vielen anderen Musikern, die durch die britischen Lande zogen. 1961 machte er, inzwischen in Hamburg, zusammen mit den Beat Brothers, hinter denen sich die Beatles versteckten, Plattenaufnahmen. Im Sog der Beatlemania wurden „My Bonnie" (12/61 D 32, 2/64 US 26) und „Skinny Minny" (7/64 D 3) zu Hits. Dazwischen lag der Solohit „Let's Slop" (7/63 D 10). In der Folgezeit wurde versucht, aus Tony Sheridan einen deutschsprachigen Rocker zu machen — die Produktionen wirken eher peinlich. Inzwischen lebt Tony in der Bundesrepublik.

■ **Leo Sayer** — 1948 — GB-Sänger und Songschreiber, der durch Adam Faith, einen britischen Rockstar der 60er Jahre, betreut und zum Star gemacht wurde. Richtige Vornamen Gerard Hugh. 1972 begann er seine Laufbahn als Mitglied der Patches. Deren Manager war Dave Courtney, Ex-Schlagzeuger von Adam Faith. Courtney und Sayer schrieben einige Stücke, die sie Adam Faith vorspielten — der nahm Leo gleich unter Vertrag. Hits: „The Show Must Go On" (12/73 GB 2, 3/74 D 7), „Long Tall Glasses" (9/74 GB 4, D 27, 2/75 US 9), „You Make Me Feel Like Dancing" (10/76 GB 2, US 1, D 9), „When I Need You" (1/77 GB & US 1) und „More Than I Can Say" (7/80 GB 2, 9/80 US 2, D 8). In den 80er Jahren hörte man wenig von Leo, was an vertraglichen Schwierigkeiten mit Management und Plattenfirma lag.

■ **Fats Waller** — 1904 — US-Jazztastenspieler, Sänger und Songschreiber, richtiger Vorname Thomas. Seit 1929 war er Solist und Leiter einer eigenen Gruppe. Er gilt als einer der stilbildenden Pianisten des Swing und schrieb so berühmte Standards wie „Ain't Misbehavin'" (11/29 US 17), sein erster Hit, „Honeysuckle Rose" (2/35 US 17) oder „I'm Gonna Sit Right Down And Write Myself A Letter" (6/35 US 5). Größte Hits — alles Spitzenreiter in den USA: „Trukkin'" (8/35), „A Little Bit Independent" (12/35), „All My Life" (5/36), „It's A Sin To Tell A Lie" (6/36), „Smarty" (7/37) und „Two Sleepy oPeople" (11/38). Er starb am 15.12.1943.

■ **Vince Crane** — 1943 — GB-Keyboarder, Sänger und Songschreiber. Richtiger Name Vincent Rodney Chessman. Zusammen mit Arthur Brown schrieb er den Hit „Fire" (6/68 GB 1, 9/68 US 2, D 3) für die Crazy World Of Arthur Brown, in der er auch Mitglied war. 1969 gründete er mit Bandkollege Carl Palmer Atomic Rooster — Hit: „The Devil's Answer" (7/71 GB 4, 9/71 D 25). Später spielte er noch mit Dexy's Midnight Runners. Im Februar 1989 verübte Vince Selbstmord, indem er eine Überdosis Schlaftabletten nahm.

■ **Tom Donahue** — 1928 — US-Disc-Jockey, der vielen großen Gruppen aus San Francisco als Produzent zur Seite stand, so z. B. Grateful Dead. Er war es, der Jefferson Airplane zu einem Schallplattenvertrag verhalf. Er starb am 28.4.1975.

■ **Dennis Day** — 1917 — US-Sänger. Richtiger Name Eugene Patrick McNulty. Von 1930 bis in die 60er Jahre spielte und sang er in der Jack Benny Show. Seinen größten Erfolg als Interpret hatte er mit „Mam'selle" (5/47 US 8). Er starb am 22.5.1988.

■ **Tim Lever** — 1961 — GB-Tastenspieler und Saxophonist ab August 1983 mit der 1980 gegründeten Dead Or Alive.

■ **Marcie Blane** — 1944 — US-Sängerin mit einem Hit: „Bobby's Girl" (10/62 US 3).

Todestage

■ **Vaughn Monroe** — 1973 — US-Sänger und Bandleader. Geboren am 7.10.1911.

■ **Juan Llossas** — 1957 — Tango-König. Geboren am 27.7.1900.

Tageshits

1964 — „Juliet" — Four Pennies — GB 1 W.
1966 — „Hundert Mann und ein Befehl" — Freddy — D 3 W.
1977 — „I Don't Want To Talk About It/First Cut Is The o Deepest" — Rod Stewart — GB 4 W.
1977 — „Sir Duke" — Stevie Wonder — US 3 W.
1983 — „Let's Dance" — David Bowie — US 1 W.
1984 — „Send Me An Angel" — Real Life — D 4 W.
1988 — „With A Little Help From My Friends/She's Leavingo Home" — Wet Wet Wet/Billy Braggs — GB 4 W.

22

Geburtstage

■ **Charles Aznavour** — 1924 — Französischer Schauspieler, Sänger und Songschreiber armenischer Abstammung. Richtiger Name Shahnour Varenagh Aznavourian. Er gehört zu denen, deren Karriere durch Edith Piaf gefördert wurde. Zu seinen großen Hits in Frankreich gehören „Viens Au Creux De Mon Epauls" (1954), „Sur Ma Vie" (1955), „On Ne Sait Jamais" (1956), „Sa Jeunesse (Hier Encore)" (1957), „Je Ne Peux Pas Rentrer Chez Moi" (1959), „Tu Te Laisse Aller" (1960), „Je M'Voyais Déjà" (1961), „La Mama" (1963), „La Bohème" (1966), „Désormais" (1969), „Mourir D'Aimer" (1971) und „Comme Ils Disent" (1973). Hits außerhalb Frankreichs: „Du läßt dich geh'n" (10/62 D 14) und „She" (6/74 GB 1, 8/74 D 33). Zu seinen beeindruckendsten Filmleistungen gehört die Hauptrolle in „Schießen Sie auf den Pianisten" (1959).

■ **Morrissey** — 1959 — GB-Sänger und Songschreiber. Vornamen Stephen Patrick. Im November 1982 gründete er The Smiths. die erste Single erschien im Mai 1983, der erste Hit hieß „This Charming Man" (11/83 GB 25). Danach entwikkelte sich die Gruppe schnell zu einer Kultband, die sich im Herbst 1987 auflöste — Größte Hits: „Heaven Knows I'm Miserable Now" (6/84 GB 10) und „Sheila Take A Bow" (4/87 GB 10). Ab 1988 arbeitet Morrissey als Solist: „Suedehead" (2/88 GB 5, 4/88 D 29), „Everyday Is Like Sunday" (6/88 GB 9), „The Last Of The Famous International Playboys" (2/89 GB 6) und „Interesting Drug" (4/89 GB 9).

■ **Kenny Ball** — 1931 — GB-Trompeter, Sänger und Songschreiber für seine Band Kenny Ball & His Jazzmen, 1958 gegründet. Hits: „Midnight In Moscow" (11/61 GB 2, 1/62 D 29, US 2), „March Of The Siamese Children" (2/62 GB 4), „The Green Leaves Of Summer" (5/62 GB 7) und „Sukiyaki" (1/63 GB 10). Mit dem Beginn der Beatära 1963 war es wieder aus.

■ **Iva Davis** — 1955 — Australischer Sänger, Gitarrist und Songschreiber. Er gründete im Januar 1980 Flowers — noch im gleichen Jahr hatte die Band ihren ersten Top 10 Hit in Australien. Im Februar 1981 kam die Umbennenung in Icehouse. Ab 1983 auch international erfolgreich: „Hey Little Girl" (2/83 GB 17, 4/83 D 5), „Crazy" (10/87 US 14, 2/88 GB 38) und „Electric Blue" (2/88 US 7).

■ **Dalbello** — 1959 — Kanadische Sängerin, Schauspielerin, Moderatorin und Songschreiberin. Vorname Lisa. Mit 12 schrieb sie ihre ersten Lieder, mit 13 war sie eine gefragte Nachwuchsmoderatorin. Sie schrieb Stücke für Heart, Queensryche und die englischen Texte für Nena. Größter Hit für sie selbst: „Tango" (11/87 D 43).

■ **Al Corley** — 1955 — US-Schauspieler, Sänger und Songschreiber. Vom Denver-Clan zum Rock 'n' Roll. Speziell in der Bundesrepublik haben ehemalige Serienschauspieler auch Plattenerfolge — für Al war es „Square Rooms" (9/84 D 13).

■ **Bruce Rowlands** — 1941 — GB-Schlagzeuger bei Joe Cocker, Grease Band, Gallagher & Lyle, Fairport Convention, Bryan Ferry, Ralph McTell, Bill Wyman, Slim Chance u.v. a.

■ **Al Brown** — 1934 — US-Bandleader mit Al Brown's Tunetoppers, gegründet 1953. Einziger Hit: „The Madison" (4/60 US 23).

■ **Bernie Taupin** — 1950 — GB-Texter für Elton John. Er machte auch Solo-Platten, die allerdings nicht erfolgreich waren.

■ **Jerry Dammers** — 1954 — GB-Tastenspieler und Songschreiber für Specials. Man liest als Geburtsdatum auch den 22.4.

Todestag

■ **Dennis Day** — 1988 — US-Sänger. Geboren am 21.5.1917.

Tageshits

1948 — „You Can't Be True, Dear" — Ken Griffin — US 7 W.
1961 — „Mother-In-Law" — Ernie K. Doe — US 1 W.
1965 — „Ticket To Ride" — Beatles — US 1 W.
1965 — „The Last Time" — Rolling Stones — D 3 W.
1968 — „Young Girl" — Union Gap feat. Gary Puckett — GB 4 W.
1972 — „Am Tag, als Conny Kramer starb" — Juliane Werding — D 1 W.
1976 — „Silly Love Songs" — Wings — US 1 W.

23

Geburtstage

■ **Rosemary Clooney** — 1928 — US-Sängerin, die in den 50er Jahren zu den populärsten Künstlern gehörte. Sie begann in den späten 40er Jahren in der Band von Tony Pastor. Ab Anfang der 50er Jahre war sie dann Solistin, hatte ihren ersten Hit jedoch im Duett mit Guy Mitchell: „You're Just In Love" (2/51 US 24). Weitere Hits für Rosemary: „Come On-A-My House" (7/51 US 1), „Tenderly" (3/52 US 17), „Half As Much" (5/52 US 1, 11/52 GB 3), „Botch-A-Me (Ba-Ba-Baciami Piccina)" (6/52 US 2), „Hey There" (7/54 US 1, 9/55 GB 4), „This Ole House" (8/54 US 1, 10/54 GB 1), „Mambo Italiano" (11/54 US 10, GB 1) und „Mangos" (3/57 US 10, GB 17). Als Schauspielerin wirkte sie in mehr als 50 Filmen mit, darunter „White Christmas". Nach einer längeren Periode persönlicher Schwierigkeiten tauchte sie Ende der 70er als erfolgreiche Jazz- und Balladensängerin wieder auf.

■ **Artie Shaw** — 1910 — US-Klarinettist, Komponist und Orchesterleiter. Richtiger Name Arthur Arshawsky. Er spielte mit verschiedenen Bands, z.B. Red Nichols und Vincent Lopez, bevor er 1936 eines der erfolgreichsten Orchester der Swing-Ära gründete. Neben Benny Goodman gilt er als der größte Klarinettist dieser Zeit. Hits: „Begin The Beguine" (9/38 US 1), „They Say" (12/38 US 1), „Thanks For Ev'rything" (1/39 US 1) und „Frenesi" (7/40 US 1). Shaw war 8mal verheiratet — zu seinen Ehefrauen gehörten Lana Turner und Ava Gardner. Später wurde er Theaterproduzent und startete in den 80er Jahren ein neues Orchester.

■ **Norman Johnson** — 1944 — US-Leadsänger mit den Showmen, die Anfang der 60er Jahre eine Hymne auf den Rock 'n' Roll sangen: „It Will Stand" (11/61 US 61, 7/64 RE-US 80). 1968 unterschrieb Norman einen Plattenvertrag bei Invictus, einer von den Tamla-Motown Songschreibern Holland/Dozier/Holland gegründeten Plattenfirma. Norman, der den Spitznamen „General" trägt, gründete die Gentlemen, die wenig später in Chairmen Of The Board umbenannt wurden. Hits: „Give Me Just A Little More Time" (1/70 US 3, 8/70 GB 3), „(You've Got Me) Dangling On A String" (5/70 US 38, 11/70 GB 5) und „Pay To The Piper" (11/70 US 13, 5/71 GB 34). 1976 fiel die Gruppe auseinander, Norman machte sechs Flopsingles. 1981 kam es zu einer Reunion der Gruppe, diesmal als Chairmen. Kevin Rowland von Dexy's Midnight Runners hat Johnsons Gesangsstil übernommen.

■ **Helen O'Connell** — 1920 — US-Sängerin, die zwischen 1939 und 1943 im Orchester von Jimmy Dorsey sang — meist im Duett mit Bob Eberly. Hits: „Amapola" (3/41 US 1), „Green Eyes" (5/41 US 1) und „Tangerine" (4/42 US 1). Als Solistin hatte sie Anfang der 50er Jahre noch einige Erfolge — größter Hit: „Slow Poke" (12/51 US 8). 1953 begann sie zusammen mit Bob und Ray Anthony eine TV-Show.

■ **Baltimora** — 1957 — Irischer Sänger und Tänzer, der in Italien sein Glück machte. Richtiger Name Jimmi McShane. Hits: „Tarzan Boy" (5/85 D 3, 8/85 GB 3, 10/85 US 13) und „Woody Boogie" (9/85 D 20).

■ **Robert Blackwell** — 1918 — US-Komponist vieler früher Rock 'n' Roll-Hits, wie z. B. „Long Tall Sally" oder „Rip It Up".

■ **Rick Fenn** — 1953 — GB-Gitarrist mit Hamilton Gray und 10 CC. Er arbeitete auch mit Mike Oldfield oder Nick Mason.

■ **Bill Hunt** — 1947 — GB-Tastenspieler und Bläser mit Hannibal, ELO und Wizzard.

■ **Robert Moog** — 1934 — Erbastler des Gleichnamigen.

■ **Daniel Klein** — 1946 — US-Bassist mit der J. Geils Band.

Todestage

■ **Moms Mabley** — 1975 — US-Sängerin. Geboren am 19.3.1897.

■ **Eddy Howard** — 1963 — US-Orchesterchef, Sänger und Songschreiber. Geboren am 12.9.1914.

Tageshits

1960 — „Cathy's Clown" — Everly Brothers — US 5 W.
1970 — „Du" — Peter Maffay — D 4 W.
1988 — „Ella elle l'a" — France Gall — D 4 W.

24

Geburtstage

■ **Bob Dylan** — 1941 — US-Songschreiber, Sänger, Gitarrist und gelegentlich auch mal Filmschauspieler. Richtiger Name Robert Allen Zimmermann — zu seinem Künstlernamen inspirierte ihn der Poet Dylan Thomas. Im Dezember 1960 kam er nach New York und begann in den Folk Clubs von Greenwich Village zu spielen. Im Oktober 1961 erhielt er einen Plattenvertrag von der CBS. Kaum ein Musiker setzte im Laufe seiner Karriere so viele Trends wie er: erst war er, neben Joan Baez, Sprecher der Folk-Protest-Bewegung, dann Initiator des Folk-Rock 1965. Hits: „Times They Are A-Changin'" (3/65 GB 9), „Subterranean Homesick Blues" (4/65 US 39, GB 9), „Like A Rolling Stone" (7/65 US 2, GB 4, 10/65 D 13), „Positively 4th Street" (10/65 US 7, GB 8), „Rainy Day Women 12 & 35" (4/66 US 2, GB 7) und „Lay Lady Lay" (7/69 US 7, 9/69 GB 5). Unendlich viele seiner Kompositionen wurden durch andere Interpreten zu Hits gemacht.

Bob Dylan

■ **Patti LaBelle** — 1944 — US-Sängerin. Richtiger Name Patricia Holt. 1961 waren Patti und Cindy Birdsong Mitglieder der Gruppe Ordetts, während die beiden Schulfreundinnen Sarah Desh und Nona Hendryx in der Band Bell Capris sangen. Als sich beide Gruppen 1962 auflösten, machten die vier Mädchen als Patti LaBelle & The Blue Belles weiter. 1967 ging Cindy Birdsong zu den Supremes; 1971 wurde aus dem langen Namen LaBelle. Hit und Millionseller: „Lady Marmalade" (1/75 US 1, D 17, 3/75 GB 17). Nach 1976 sah man die Mädchen als Solisten — Hits für Patti: „New Attitude" (2/85 US 17) und — zusammen mit Michael McDonald — „On My Own" (3/86 US 1, 5/86 GB 2, 7/86 D 18).

■ **Dave** — 1945 — GB-Sänger, Gitarrist und Songschreiber. Nachname: Peacock. 1970 spielte er kurz zusammen mit Charles Hodges in der Band Black Claw, 1975 waren die beiden gemeinsam in der Albert Lee Band, mit dem Schlagzeuger Mick Burt gründeten sie schließlich das Trio Chas & Dave, das ab 1978 in den Hitparaden auftauchte. Hits: „Rabbit" (11/80 GB 8) und „Ain't No Pleasing You" (3/82 GB 2). Ihre Musik ist eine Mischung aus Rock 'n' Roll mit Cockney-Texten = Rockney. Das war außerdem der Spitzname von Mick und der Name ihrer Plattenfirma. Zusammen mit dem Fußballteam Tottenham Hotspurs hatten sie den Hit „Ossie's Dream (Spurs Are On Their Way To Wembley)" (5/81 GB 5) und mit Match Room Mob „Snooker Loopy" (5/86 GB 6). Dave war auch auf Platten von Magna Carta und Dave Edmunds zu hören.

■ **Rosanna Cash** — 1955 — US-Country-Sängerin und Songschreiberin. Tochter von Johnny Cash. Ab Ende der 70er Jahre ist sie in der Country-Hitparade erfolgreich und brachteges auf bisher zehn Nr.-1-Hits.gEinziger Crossover-Erfolg: „Seven Year Ache" (2/81 C&W 1, 4/81 US 22).

■ **Chong** — 1940 — Kanadier, vollständiger Name Thomas Chong. Zusammen mit dem Kalifornier Richard Marin alias Cheech gilt er als einer der führenden Rockparodisten. Hits als Cheech & Chong: „Basketball Jones featuring Tyrone Shoelaces" (9/73 US 15) und „Earache My Eye featuring Alice Bowie" (8/74 US 9). Ab 1980 sah man das Team auch in Filmen.

■ **Charly Antolini** — 1937 — Schweizer Schlagzeuger, der sich auf dem Gebiet des Jazz und des Schlagers zu Hause fühlt.

■ **Archie Shepp** — 1937 — US-Jazzsaxophonist, Pianist, Songschreiber und Bandleader.

■ **Derek Quinn** — 1942 — GB-Leadgitarrist mit Freddy & The Dreamers.

■ **Steve Upton** — 1946 — GB-Schlagzeuger mit Wishbone Ash.

Todestage

■ **Duke Ellington** — 1974 — US-Jazzgeschichte. Er starb an Lungenkrebs. Geboren am 29.4.1899.

■ **Elmore James** — 1963 — US-Bluesmusiker. Starb nach einem Herzanfall. Geboren am 27.1.1918.

Tageshits

1952 — „A Guy Is A Guy" — Doris Day — US 1 W.
1957 — „Butterfly" — Andy Williams — GB 2 W.
1962 — „Good Luck Charm" — Elvis Presley — GB 5 W.
1969 — „Get Back" — Beatles — US 5 W und D 2 W.
1971 — „Butterfly" — Danyel Gérard — D 15 W.
1975 — „Shining Star" — Earth, Wind & Fire — US 1 W.

25

Geburtstage

■ **Paul Weller** — 1958 — GB-Leadsänger, Gitarrist und Songschreiber für The Jam, eine der Pionierbands des New Wave, die 1975 gegründet wurde und 1977 die ersten Platten veröffentlichte. Die größten von insgesamt neun Top-Ten-Hits: „Going Underground" (3/80 GB 1, 1/83 RE-GB 21), „Start" (8/80 GB 1), „Town Called Malice" (2/82 GB 1) und „Beat Surrender" (12/82 GB 1). Anfang 1983 löste sich The Jam auf — im März 1983 erschien die erste Singleplatte von Wellers neuem Projekt Style Council. Hits: „Speak Like A Child" (3/83 GB 4), „Long Hot Summer" (8/83 GB 3), „My Ever Changing Moods" (2/84 GB 5, US 29), „Groovin' (You're The Best Thing)" (5/84 GB 5), „Shout To The Top" (10/84 GB 7), „Walls Come Tumbling Down!" (5/85 GB 6) und „It Didn't Matter" (1/87 GB 9).

■ **Kitty Kallen** — 1926 — US-Sängerin, die seit Anfang der 40er Jahre Platten besang. Sie begann im Orchester von Jack Teagarden und wechselte dann zu Jimmy Dorsey — Hits: „They're Either Too Young Or Too Old" (12/43 US 2) und „Besame Mucho" (1/44 US 1). Ab 1945 sang sie in der Band von Harry James — Hits: „I'm Beginning To See The Light" (1/45 US 1) und „It's Been A Long Long Time" (10/45 US 1). Ab 1949 war Kitty dann als Solistin erfolgreich: „Little Things Mean A Lot" (4/54 US 1, 6/54 GB 1), „In The Chapel In The Moonlight" (7/54 US 4) und „My Coloring Book" (12/62 US 18).

■ **Norman Petty** — 1927 — US-Pianist, Songschreiber und Produzent. In den frühen 50er Jahren leitete er ein eigenes Trio und baute sich 1954 in Clovis, Texas, ein eigenes Studio. Dort nahm er seine beiden größten Erfolge auf: den Duke Ellington Titel „Mood Indigo" (9/54 US 14) und „On The Alamo" (12/54 US 29). Aus dem Gewinn dieser beiden Platten baute er sein Studio weiter aus und nahm dort z. B. mit Buddy Knox den Millionseller „Party Doll" auf. Danach lud er auch auswärtige Musiker ein, sein Studio zu benutzen — so kamen auch Buddy Holly & The Crickets. Norman wurde ihr Manager und wird auch als Mitautor etlicher Nummern genannt. 1958 trennte sich Holly von Petty, der nach Buddys Tod die Rechte an bisher unveröffentlichten Aufnahmen und Demobändern kaufte, sie in seinem Studio überarbeitete und aller Kritik zum Trotz zu kommerziellen Erfolgen machte. Weitere Hits aus seinem Studio waren „Sugar Shack" mit Jimmy Gilmour & The Fireballs oder „Wheels" mit den String-A-Longs. In den frühen 70er Jahren verkaufte er seine Rechte an den Buddy-Holly-Songs an Paul McCartney. Norman starb am 15.8.1984.

■ **Miles Davis** — 1926 — US-Jazztrompeter, Songschreiber und Bandleader. Er gilt als einer der einflußreichsten, aber auch umstrittensten Jazzmusiker aller Zeiten. Der deutsche Jazzkritiker Werner Burkhard über ihn: „Wieder einmal hat der Liebe Gott, wie schon bei Richard Wagner und noch bei Herbert von Karajan, in einem Anfall von Zerstreutheit eine große Begabung an ein großes Arschloch vergeben." In den 40er Jahren spielte Miles in den Bands von Charlie Parker, Benny Carter und Billy Eckstine. Aus seinen Memoiren, die Ende der 80er Jahren erschienen, kann man ersehen, daß es sich bei Miles um einen schwierigen Zeitgenossen handelt, der sich und seinen Einfluß selbst so einschätzt: „Ich habe fünf- oder sechsmal die Musik revolutioniert."

■ **Tom T. Hall** — 1936 — US-Country-Sänger, Gitarrist und Songschreibe Bereits mit 16 Jahren hatte er seine eigene Band, die Kentucky Travelers. Danac wurde er Diskjockey und war zwischen 1957 und 1961 beim AFN in der Bundesrepublik zu hören. 1964 ging er nach Nashville. Ab 1967 tauchte er regelmäßig i den Country-Hitparaden auf und brachte es da auf sieben Nr.-1-Hits und über 5 Notierungen. Sein größter Crossover-Hit war „I Love" (12/73 US 12). Bekann wurde Tom durch seine Art, in Liedern Geschichten zu erzählen, so auch in de für Jeannie C. Riley 1968 geschriebenen „Harper Valley P.T.A.".

■ **Klaus Meine** — 1948 — Sänger und Songschreiber mit der deutsche Gruppe Copernicus. 1971 wechselte er dann zu den Scorpions. Diese Band gehö zu den wenigen deutschen Formationen, die in den USA, Frankreich und Japa enorme LP-Verkäufe haben. Die größten Single-Hits: „Rock You Like A Hurricane (3/84 US 25) und „Still Loving You" (11/84 D 14).

■ **Jessi Colter** — 1947 — US-Sängerin, Keyboarderin und Songschreiberin Richtiger Name Miriam Johnson Jennings. Mit 16 heiratete sie den Rock-Gitarri sten Duane Eddy, von dem sie 1968 geschieden wurde — 1969 heiratete sie de Country Künstler Waylon Jennings. Pop-Hit: „I'm Not Lisa" (4/75 US 4).

■ **Poli Palmer** — 1943 — GB-Tastenspieler und Schlagzeuger mit Matthew Southern Comfort, Family, Streetwalkers, Peter Frampton, Roger Chapman, Pete Townshend Deep Feelings, Bakerloo, Blossom Toes und solo. Richtiger Vorname John.

■ **Jürgen Zeltinger** — 1949 — Kölner Liedermacher, der seine lyrische Texte mit zarter Rockmusik unterlegt. Nach wie vor hoffen seine Fans, daß er ma so alt wird, wie er heute schon aussieht.

■ **Jean Millington** — 1950 — US-Bassistin und Songschreiberin bei Fanny Als Studiomusikerin war sie auch auf Platten von David Bowie, Keith Moon ode Barbra Streisand zu hören.

■ **Mitchell Margo** — 1947 — US-Tastenspieler, Schlagzeuger und Sänger mi The Tokens, aus denen 1973 Cross Country wurden.

■ **Hal David** — 1921 — US-Texter; zusammen mit Burt Bacharach schrieb e unzählige Hits.

■ **Robert Steinhardt** — 1950 — US-Violinist, Sänger und Songschreiber i der Band Kansas bis 1982.

■ **Brian Davison** — 1942 — GB-Schlagzeuger mit Nice, Refugee und Every Which Way.

■ **John Grimaldi** — 1955 — GB-Gitarrist bei Argent ab 1974.

Todestage

■ **Sonny Boy Williamson** — 1965 — US-Sänger und Mundharmonikaspieler auch bekannt Rice Miller. Geboren am 5.12.1899.

■ **Roy Brown** — 1981 — US-R&B-Sänger und Songschreiber. Geboren am 10.9.1925.

Tageshits

1946 — „The Gypsy" — Ink Spots — US 13 W.
1961 — „You're Driving Me Crazy" — Temperance 7 — GB 1 W.
1981 — „Stars On 45" — Stars On 45 — D 7 W.
1985 — „Everything She Wants" — Wham! — US 2 W.

26

Geburtstage

■ **Peggy Lee** — 1920 — US-Sängerin, Songschreiberin und Schauspielerin. Richtiger Name Norma Delores Egstrom. Sie begann als Nachtclub-Sängerin in Hollywood mit den Bands von Jack Wardlaw und Will Osborne. 1941 sah Benny Goodman Peggy und verpflichtete sie für seine Band bis 1943. Hits: „Somebody Else Is Taking My Place" (3/42 US 1) und — ihr erster Millionseller — „Why Don't You Do Right?" (1/43 US 4). Als Solistin war sie ab 1945 erfolgreich. Hits: „Golden Earrings" (11/47 US 2), „Manana" (1/48 US 1), „Lover" (6/52 US 3), „Mr. Wonderful" (3/56 US 14, 5/57 GB 5) und „Fever" (7/58 US 8, GB 5). Ab 1950 trat Peggy in etlichen Filmen auf. Für ihre Rolle in „Pete Kelly's Blues" (1955) war sie sogar für einen Oscar nominiert. Auch nach ihren großen Erfolgen als Solistin arbeitete sie weiter mit Quincy Jones, Duke Ellington und anderen. Ihr letzter Hit war das von Leiber/Stoller geschriebene „Is That All There Is" (9/69 US 11). Yes, that's all — but it maybe it hasn't been so bad.

Stevie Nicks

■ **Stevie Nicks** — 1948 — US-Sängerin und Songschreiberin. Zusammen mit Lindsey Buckingham war sie Mitglied in der Gruppe Fritz. Nachdem die Band 1971 auseinandergefallen war, arbeiteten sie als Duo weiter. 1973 nahmen sie ihre Debüt-LP auf. Als die ein Flop wurde, arbeitete Buckingham als Sessionmusiker und tourte mit Don Everly, während Stevie als Bedienung in einer Kneipe in Hollywood jobbte. Als die ausgelaugte britische Band Fleetwood Mac Anfang 1975, nach dem Fortgang von Bob Welch, nach einer Blutauffrischung suchte, stieß sie auf dieses Duo. Mit Buckingham-Nicks ging es bei Fleetwood Mac wieder aufwärts. 1977 erschien die LP „Rumours", die sich über 25 Millionen mal verkaufte. Ab 1981 erschienen auch Solo-Platten von Stevie — Hits: „Stop Draggin' My Heart Around" (8/81 US 3), „Stand Back" (6/83 US 5), „Talk To Me" (11/85 US 4, 2/86 D 28) und „Rooms On Fire" (5/89 US & GB 16).

■ **Levon Helm** — 1943 — US-Schlagzeuger in der kanadischen Gruppe Levon & The Hawks, die in der ersten Hälfte der 60er Jahre den Rocker Ronnie Hawkins begleitete. 1965 bot Bob Dylan den Musikern an, seine Begleitgruppe zu werden — sie nahmen an. Nachdem Dylan mit seinem Motorrad verunglückt war und eine längere Pause einlegen mußte, nannten sich die Jungs The Band und brachten 1968 ein vielbeachtetes Album „Music From The Big Pink" auf den Markt. Levon wurde später ein gesuchter Studiomusiker und veröffentlichte auch Soloplatten.

■ **Hank Williams Jr.** — 1949 — US-Countrysänger, Songschreiber und Multi-Instrumentalist. Richtiger Vorname Randall. Er hatte es lange schwer, sich vom Vorbild seines Vaters abzuheben, was ihm aber inzwischen gelungen ist. Seit 1964 steht er in den Country-Charts und ist dort inzwischen mit mehr als 80 Titeln notiert, davon mehr als 10mal auf Platz 1. Hank gilt als exzellenter Showman, 1987 und 1988 wählte ihn die Country Music Association zum Entertainer des Jahres.

■ **Ray Ennis** — 1942 — GB-Leadgitarrist, Sänger und Songschreiber bei den Swinging Blue Jeans, die sich im Mai 1958 als The Bluegenes formierten. Bis zu diesem Zeitpunkt hatte Ray Skifflemusik gespielt. 1963 benannten sie sich in Swinging Blue Jeans um. Als mit den Beatles der Mersey-Beat hochgespült wurde, kam auch der Erfolg für Ennis und seine Musiker. Hits: „Hippy Hippy Shake" (12/63 GB 2, 3/64 US 24, D 9) und „You're No Good" (6/64 GB 3). 1968 ging die Gruppe nach etlichen Umbesetzungen auseinander, 1973 reformierte Ray sie wieder mit neuen Musikern, um auf Nostalgietour durch Europa zu gehen. 1976 tauchte er mit Racing Cars und dem Hit „They Shoot Horses, Don't They" (2/77 GB 14) auf.

■ **Marian Gold** — 1958 — Sänger und Songschreiber mit Alphaville, einer Band aus Münster, die 1984 mit ihrem ersten Hit kam: „Big In Japan" (2/84 D 1, 8/84 GB 8, 11/84 US 66). Es folgten „Sounds Like A Melody" (6/84 D 3), „Forever Young" (10/84 D 4, 3/85 US 93, 10/88 RE-US 67) und „Dance With Me „ (4/86 D 11).

■ **Colin Vearncombe** — 1951 — GB-Sänger, Gitarrist, Tastenspieler und Songschreiber. Im Januar 1981 gründet er das Trio Black. Zwischen 1981 und 1985 erscheinen einige Singles, die alle erfolglos sind. Ab 1986 — inzwischen arbeitet Colin allein unter dem Namen Black — ist er erfolgreich: „Wonderful Life" (9/86 GB 72, 8/87 RE-GB 8, 10/87 D 2), „Sweetest Smile" (6/87 GB 8) und „Everything's Coming Up Roses" (1/88 D 11).

■ **Wayne Hussey** — 1959 — GB-Gitarrist, Sänger und Songschreiber. Er spielte mit Pauline Murray, Dead Or Alive und der Ska-Punkgruppe Walkie Talkies, bevor er im Juni 1983 Mitglied von Sisters Of Mercy wurde. Im Dezember 1985 war er Gründungsmitglied von Sisterhood, die sich kurz darauf in Mission umbenannten. Größte Hits: „Waste Land" (1/87 GB 11) und „Tower Of Strength" (2/88 GB 12).

■ **Chris Duffy** — 1960 — GB-Sänger und Songschreiber mit Waterfront, die im Oktober 1988 die Platte „Cry" (4/89 US 10, GB 17) veröffentlichten, die erst ein halbes Jahr später ein Hit wurde.

■ **Mick Ronson** — 1949 — GB-Gitarrist, Tastenspieler, Bassist und Sänger. Mitglied bei Mott The Hoople, Sessions für David Bowie, Bob Dylan, David Cassidy, Meatloaf, Dalbello oder Lou Reed — und auch als Solist auf Platten zu haben.

■ **Philip-Michael Thomas** — 1949 — US-Schauspieler und Sänger. Als Detective Ricardo Tubbs ist er seit 1984 in „Miami Vice" erfolgreich, als Sänger weniger.

■ **Garry Peterson** — 1945 — Kanadischer Schlagzeuger mit Guess Who von deren Gründung bis 1976, dann mit Burton Cummings und 1984 auf einer LP von BTO.

■ **Bernie Flint** — 1952 — GB-Sänger, dessen größter Erfolg „I Don't Want To Put A Hold On You" (3/77 GB 3) war.

■ **Jaki Liebezeit** — 1939 — Schlagzeuger mit Can und später gesuchter Studiomusiker.

■ **Verden Allen** — 1944 — GB-Tastenspieler mit Mott The Hoople.

Todestage

■ **Billy Powell** — 1977 — US-Sänger und Gründungsmitglied der O'Jays. Starb an Krebs. Geboren am 20.1.1942.

■ **Jimmie Rodgers** — 1933 — US-Country-Star und „Father Of Country Music". Starb an TBC. Geboren am 8.9.1897.

Tageshits

1945 — „Sentimental Journey" — Les Brown — US 9 W.
1962 — „Stranger On The Shore" — Mr. Acker Bilk — US 1 W.
1966 — „Paint It Black" — Rolling Stones — GB 1 W.
1973 — „Frankenstein" — Edgar Winter Group — US 1 W.
1979 — „Sunday Girl" — Blondie — GB 3 W.
1980 — „Der Nippel" — Mike Krüger — D 5 W.
1984 — „Let's Hear It For The Boys" — Deniece Williams — US 2 W.

27

Geburtstage

■ **Cilla Black** — 1943 — GB-Sängerin. Richtiger Name Priscilla White. Sie war das Fräulein an der Garderobe im „Cavern Club", als sie von Brian Epstein unter Vertrag genommen wurde. Er hatte gehört, wie sie gelegentlich als „Swinging Cilla" mit Bands wie Kingsize Taylor & The Dominoes oder den Beatles aufgetreten war — seine Nase war richtig. Zwischen 1963 und 1974 hatte sie insgesamt elf Top Ten Hits. Größte Erfolge: „Anyone Who Had A Heart" (2/64 GB 1, 5/64 D 37), „You're My World" (5/64 GB 1, 7/64 US 26), „You've Lost That Lovin' Feeling" (1/65 GB 2), „Surround Yourself With Sorrow" (2/69 GB 3) und „Something Tells Me (Something Is Gonna Happen Tonight)" (11/71 GB 3).

■ **Don Williams** — 1939 — US-Country-Sänger, Gitarrist, Songschreiber und Filmschauspieler. Richtige Vornamen Donald Ray. Er schaffte mehr als 15 Nr. 1 Country Hits, aber auch Erfolge in der Pop-Hitparade. Don begann in der Pop-Folk-Gruppe Pozo-Seco Singers, arbeitete ab Anfang der 70er Jahre als Songschreiber in Nashville und nahm auch Soloplatten auf. Seit 1972 ist er in den Country-Charts. Pop-Hits: „I Recall A Gypsy Woman" (6/76 GB 13) und „I Believe In You" (9/80 US 24).

■ **Siouxsie Sioux** — 1957 — GB-Sängerin, Gitarristin, Pianistin und Songschreiberin. Richtiger Name Susan Dallion. Die Gruppe Banshees formierte sich 1976; zur ersten Besetzung gehörte auch Sid Vicious, der Schlagzeug spielte — später ging er zu den Sex Pistols. Hits für Siouxsie & The Banshees: „Hongkong Garden" (8/78 GB 7), „Dear Prudence" (10/83 GB 3), „This Wheel's On Fire" (1/87 GB 14) und „Peek-A-Boo" (7/88 GB 16). Am Anfang der 80er Jahren machte sie mit einem weiteren Mitglied der Banshees eine Nebenband: Creatures — Hit: „Right Now" (7/83 GB 14).

■ **Ramsey Lewis** — 1935 — US-Keyboarder und Songschreiber. Er spielte zuerst mit den Clefs — als die 1955 auseinanderbrachen, machte Lewis mit dem Bassisten Eldee Young und dem Schlagzeuger Isaac „Red" Holt das Ramsey Lewis Trio — Hit: „The In Crowd" (7/65 US 5). 1965 fiel das Trio auseinander. Holt und Young machten als Young-Holt Trio weiter. Lewis holte sich als neuen Bassisten Cleveland Eaton und als Schlagzeuger Maurice White (später Earth, Wind & Fire). Hit: „Wade In The Water" (7/66 US 19, 4/72 GB 31). 1982 kam die ursprüngliche Formation wieder zusammen.

Bruce Cockburn (Stealing Fire)

■ **Bruce Cockburn** — 1945 — Kanadischer Sänger, Gitarrist und Songschreiber. Seit 1971 veröffentlicht er Soloplatten, die erst nur in Kanada, später auch in den USA erfolgreich waren. Größter Hit: „Wondering Where The Lions Are" (3/80 US 21). Seine politisch und sozial engagierten Stücke eignen sich offensichtlich nicht für die oberen Hitparadenplätze — schade, hier kommt mal mehr als „Liebe Triebe, tra-la-la".

■ **Neil Finn** — 1958 — Neuseeländischer Sänger und Gitarrist. Im Mai 1977 ersetzt er Phil Judd, der im Oktober 1972 Gründungsmitglied war, bei Split Enz. Ebenfalls Gründungsmitglied der Band war Neils älterer Bruder Tim. Neil sorgte für den ersten Hit der Band, „I Got You" (8/80 GB 12). 1985 verläßt Tim die Gruppe, um Soloplatten zu machen. Neil gründet daraufhin die neue Band Crowded House. Hits: „Don't Dream It's Over" (1/87 US 2, 5/87 D 13, GB 27) und „Something So Strong" (5/87 US 7).

■ **Peter Sears** — 1948 — US-Bassist und Tastenspieler. Er spielte bei z. B. Steamhammer, Rod Stewart, Ron Wood oder Kim Fowley, bevor er 1975 Mitglied bei Jefferson Starship wurde.

■ **Marty Kristian** — 1947 — GB-Gitarrist und Sänger deutscher Abstammung bei den New Seekers — geboren in Leipzig mit richtigem Namen Martin Vanags.

■ **James Mitchell** — 1949 — US-Sänger mit den Detroit Emeralds.

Todestage

■ **Onie Wheeler** — 1984 — US-Country-Sänger, Komponist und Mundharmonikaspieler. Geboren am 10.11.1921.

■ **Little Willie John** — 1968 — US-R&B-Musiker. Starb nach einem Herzanfall im Washington Staatsgefängnis, in dem er eine Strafe wegen Totschlag absaß. Geboren am 15.11.1937.

Tageshits

1955 — „Cherry Pink & Apple Blossom White" — Eddie Calvert — GB 4 W.
1961 — „Wheels" — Billy Vaughn — D 11 W.
1965 — „Long Live Love" — Sandie Shaw — GB 3 W.
1967 — „Puppet On A String" — Sandie Shaw — D 8 W.
1972 — „Oh Girl" — Chi-Lites — US 1 W.

28

Geburtstage

■ **John Fogerty** — 1945 — US-Gitarrist, Sänger und Songschreiber — Kopf von Creedence Clearwater Revival, die schon 1959 als Blue Velvets ihre ersten Platten machten. 1964 nannten sie sich Golliwogs, 1967 kam der Erfolg mit dem Namen CCR. Hits: „Proud Mary" (1/69 US 2, 4/69 D 4, GB 8), „Bad Moon Rising" (5/69 US 2, 7/69 D 8, GB 1), „Green River" (8/69 US 2, 10/69 D 8, GB 19), „Travelin' Band/Who'll Stop The Rain" (1/70 US 2, 4/70 D 4, GB 8), „Up Around The Bend" (4/70 US 4, 6/70 D & GB 3), „Lookin' Out My Back Door" (8/70 US & D 2), „Have You Ever Seen The Rain" (1/71 US 8, 3/71 GB 36), „Hey Tonight" (2/71 D 1) und „Sweet Hitch-Hiker" (7/71 US 6 & D 6, GB 36). Im Oktober 1972 trennte sich die Gruppe. John Fogerty machte eine „One Man Band", die er Blue Ridge Rangers nannte. Hit: „Jambalaya (On The Bayou)" (12/72 US 16), dann weitere Platten unter seinem Namen, Hit: „Rockin' All Over The World" (9/75 US 27, D 40). Danach schien es vorbei zu sein — im nachhinein hörte man, daß er Schwierigkeiten mit seiner Plattenfirma hatte, die ihn für Jahre auf Eis legte. Doch dann: „Old Man Down The Road" (12/84 US 10) — er bringt es!

■ **Gladys Knight** — 1944 — US-Sängerin, die mit zwei Vettern, ihrem älteren Bruder Merald und ihrer Schwester Brenda das Familienunternehmen Gladys Knight & The Pips schon 1952 begründete. Erste Platten ab 1958 — Hits: „Every Beat Of My Heart" (5/61 US 6), „I Heard It Through The Grapevine" (10/67 US 2), „Neither One Of Us (Wants To Be The First To Say Goodbye)" (1/73 US 2, 5/73 GB 31), „Midnight Train To Georgia" (9/73 US 1, 5/76 GB 10), „I've Got To Use My Imagination" (11/73 US 4), „Best Thing That Ever Happened To Me" (2/74 US 3, 8/75 GB 7), „On And On" (5/74 US 5), „The Way We Were/Try To Remember" (4/75 GB 4, US 11) und „Baby Don't Change Your Mind" (5/77 GB 4), „Come Back And Finish What You Started" (6/78 GB 15), „Love Overboard" (1/88 US 13) und „Licence To Kill" (6/89 GB 6, D 3) aus dem gleichnamigen James-Bond-Film.

■ **Aaron „T-Bone" Walker** — 1910 — US-Sänger, Gitarrist, Pianist und Songschreiber. „T-Bone" ist eine Verballhornung seines richtigen zweiten Vornamens: Thibeaux. Er war einer der ersten Blues-Gitarristen, der sein Instrument — schon 1935 — elektrisch verstärkte. Schon Mitte der 20er Jahre tourte er mit Medicine Shows. 1929 machte er seine ersten Plattenaufnahmen und spielte zwischen 1930 und 1934 u. a. mit Cab Calloway, Milt Larkins und Ma Rainey. 1940 gründete „T-Bone" seine eigene Band, spielte aber auch als Studiomusiker, z. B. bei Freddie Slack's „Riffette" (5/43 US 19). Hits unter seinem Namen: „Bobby Sox Blues" (1/47 R&B 3), „Call It Stormy Monday (But Tuesday Is Just As Bad)" (1/48 R&B 5) und „T-Bone Shuffle" (3/49 R&B 7). Walker galt als einer der ersten Rockmusiker, noch bevor es den Begriff überhaupt gab. B. B. King bezeichnete sich immer als Schüler von Walker. Aaron starb am 16.3.1975.

■ **Steve Strange** — 1959 — GB-Sänger und Songschreiber. Richtiger Nachname Harrington. Er war Roadie für Generation X, dann zusammen mit Chrissie Hynde Mitbegründer der Moors Murderers Ende 1977, dann mit Photon und schließlich eröffnete er die Diskothek Bill's Club zusammen mit dem Schlagzeuger Rusty Egan, der vorher bei Rich Kids war. Für viele gilt Steve als Begründer des „New Romantic-Trends", der sich ab 1978 abzeichnete. Hits: „Fade To Grey" (12/80 GB 8, 2/81 D 1) und „Mind Of A Toy" (3/81 GB 13, 6/81 D 10) mit Visage. Mitte der 80er Jahre eröffnete er die Londoner Diskothek Camden Palace, ein Gegenstück zum Londoner Studio '54, danach versuchte er sich als Sänger von Strange Cruise, aber das Publikum fiel nicht ein zweites Mal auf einen singenden Disko-Kleiderständer herein.

■ **Billy Vera** — 1944 — US-Sänger und Songschreiber. Richtiger Name William McCord Jr. 1967/68 nahm er zusammen mit Judy Clay Platten auf. Noch 1968 hörte man ihn als Billy & The Beaters. 1979 belebte er die Beaters wieder und nahm im Januar 1981, live im Roxy in L.A., den Titel „At This Moment" (9/81 US 79, 11/86 RE-US 1) auf. In der amerikanischen TV-Serie „Family Ties" hatte man „At This Moment" wieder gespielt — deshalb der erneute Einstieg in die Charts.

■ **Kylie Minogue** — 1968 — Australische Sängerin. Sie begann als Schauspielerin in der TV-Serie „Neighbours" — als die in GB gezeigt wurde, war sie dort innerhalb weniger Wochen auch als Sängerin gefragt. Ihren ersten Hit hatte sie in Australien mit einem Nachzieher von Little Eva's „Locomotion" (8/88 GB 2, D & US 3). Ihre weiteren Hits wurden durch das britische Produzententeam Stock/Aitken/Waterman so hingebügelt, daß sie sich zu absoluten Knüllern entwickelten: „I Should Be So Lucky" (1/88 GB & D 1, 5/88 US 28), „Got To Be Certain" (5/88 GB 2, D 6), mit Jason Donovan „Especially For You" (12/88 GB 1, D 10), „Hand On Your Heart" (5/89 GB 1, D 17) und „Never Too Late" (11/89 GB 4).

■ **Roland Gift** — 1962 — GB-Sänger und Songschreiber für die Gruppe Fine Young Cannibals. Seit 1985 sind sie erfolgreich — Hits: „Johnny Come Home" (6/85 GB 8, 8/85 D 16), „Suspicious Minds" (1/86 GB 8, D 37), „She Drives Me Crazy" (1/89 GB 5, D 2, US 1) und „Good Thing" (4/89 GB 7, D 8, US 1). Zwischendurch betätigte sich Roland auch als Schauspieler: im Film „Sammy & Rosie Get Laid" spielte er die männliche Hauptrolle und wirkte in „Scandal" mit.

■ **Prince Buster** — 1938 — Jamaicanischer Musiker und Songschreiber, der als Mitbegründer der Reggae-Bewegung gilt. Richtiger Nachname Campbell. Er brachte schon 1962 Platten auf den Markt, die Ska- und Blue-Beat-Elemente enthielten, aus denen sich später der Reggae entwickelte. Einziger Hit: „Al Capone" (2/67 GB 18).

■ **Andy Kirk** — 1898 — US-Bläser und Bandleader. Er spielte bereits in den 20er Jahren in diversen Bands, bevor er ab Mitte der 30er Jahre als Andy Kirk & His Twelve Clouds Of Joy Erfolg hatte: „Until The Real Thing Comes Along" (7/36 US 1) und „I Won't Tell A Soul (I Love You)" (10/38 US 1).

■ **Papa John Creach** — 1917 — US-Geiger mit Bands wie Jefferson Airplane oder Hot Tuna. Er brachte auch Solo-LP's.

■ **Brad Hopkins** — 1963 — Bassist und Songschreiber mit der kanadischen Gruppe Chalk Circle.

■ **Valerie Dore** — 1963 — Italo-Disco-Hupfdohle. Erster Hit: „The Night" (11/84 D 5). Richtiger Name Monica Stucchi.

■ **Tony Mansfield** — 1943 — GB-Drummer mit Billy J. Kramer & The Dakotas.

■ **Ray Laidlaw** — 1948 — GB-Schlagzeuger mit Lindisfarne und Jack The Lad.

■ **Cathy Carr** — 1936 — US-Sängerin. Größter Hit: „Ivory Tower" (3/56 US 2).

Tageshits

1964 — „You're My World" — Cilla Black — GB 4 W.
1966 — „When A Man Loves A Woman" — Percy Sledge — US 2 W.
1983 — „Flashdance — What A Feeling" — Irene Cara — US 6 W.
1983 — „Candy Girl" — New Edition — GB 1 W.
1988 — „One More Try" — George Michael — US 3 W.

29

Geburtstage

■ **Gary Brooker** — 1945 — GB-Keyboarder, Songschreiber und Sänger. Ab 1962 spielte er mit den Paramounts, die 1963 einen Plattenvertrag bei Parlophone erhielten und sechs Singles und eine EP aufnahmen, von denen lediglich „Poison Ivy" (1/64 GB 35) in den Charts auftauchte. Nebenher spielten die Musiker, zu denen neben Gary auch Robin Trower und Barrie „B.J." Wilson gehörten, als Begleitgruppe von Sandie Shaw und Chris Andrews. Ende 1966 schrieb Gary zusammen mit Keith Reid einige Nummern, die er zusammen mit Studiomusikern aufnahm. Es war geplant, eine feste Gruppe erst dann zu gründen, wenn sich ein Erfolg einstellen sollte — die erste Veröffentlichung war der Titel „A Whiter Shade Of Pale" (5/67 GB 1, US 5, 7/67 D 1, 4/72 RE-GB 13). Die Band wurde nun als Procol Harum gegründet — wieder waren Robin Trower und B.J. Wilson mit dabei. Weitere Hits: „Homburg" (10/67 GB 6, US 34, D 15) und „Conquistador" (5/72 US 16, 8/72 GB 22). 1977 fiel die Band auseinander. Gary spielte als Studiomusiker, z.B. für Eric Clapton auf der LP „Another Ticket", und ist seit 1979 auch mit Soloplatten auf dem Markt.

■ **Bob Hope** — 1903 — US-Komiker britischer Herkunft — er wurde als Leslie Townes Hope in London geboren. Ab 1907 lebte er in den USA. Schon in den 20er Jahren spielte er auf den Bühnen der Vaudeville-Theater, 1934 in seinem ersten Film und hatte 1938 seine erste Hauptrolle in „The Big Broadcast Of 1938". Meist stellte Bob in seinen unzähligen Filmrollen den Typ eines Versagers dar, der stets das Beste will und es dann doch vergeigt — doch blieb er dabei stets witzig. Zusammen mit Bing Crosby war er in etlichen Streifen zu sehen — und auf Platten zu hören. Sein größter Hiterfolg war die Nummer „Two Sleepy People" (1/39 US

15) — hier allerdings zusammen mit Shirley Ross. Mit der Popularisierung des Fernsehens Anfang der 50er Jahre in den USA wurde der Bekanntheitsgrad von Bob Hope noch größer.

■ **Sir Monti Rock III.** — 1942 — US-Sänger von Disco Tex & The Sex-O-Lettes, die sich aus Studiomusikern unter der Leitung von Bob Crewe zusammensetzten. Sein richtiger Name ist Joseph Moses Aponte Montanez Jr., geboren in der Bronx und Besitzer einer Kette von Friseurläden, die „Mr. Monti's Salons" heißt. Hits: „Get Dancing" (11/74 US 10, GB 8, 2/75 D 27) und „I Wanna Dance Wit' Choo" (4/75 GB 6, US 23, 6/75 D 40). Im Film „Saturday Night Fever" spielt Sir Monti einen Diskjockey.

■ **Irmin Schmidt** — 1937 — Tastenspieler und Songschreiber der Gruppe Can. Er genoß eine klassische Ausbildung als Pianist und Orchesterleiter. 1968 wurde Can gegründet. Pop-Hits: „Spoon" (12/71 D 8) und „I Want More" (8/76 GB 26). Irmin schrieb auch Musik für TV-Serien und Filme. 1989 kam Can nach langen Jahren Pause wieder zusammen.

■ **Rebbie Jackson** — 1950 — US-Sängerin und ältestes Mitglied der Jackson Familie. Richtiger Vorname Maureen. 1974, als sich die Jackson 5 und auch diverse Brüder als Stars etabliert hatten, begann Rebbie mit regelmäßigen Auftritten — erst zusammen mit den Jacksons und ab 1977 als Solistin. Michael verhalf seiner Schwester zu einem Hit: „Centipede" (10/84 US 24).

■ **Francis „Mike" Rossi** — 1949 — GB-Leadgitarrist, Sänger, Songschreiber und Kopf von Status Quo. Als Geburtsdatum liest man auch 29.4. oder 25.5. Hits siehe bei Band-Kollegen Rick Parfitt am 12.10.

■ **Roy Crewdson** — 1941 — GB-Gitarrist bei Freddie & The Dreamers.

■ **Mel Gaynor** — 1959 — GB-Drummer ab 1982 mit Simple Minds.

Todestage

■ **Fanny Brice** — 1951 — US-Komödiantin, Tänzerin und Sängerin. Geboren am 29.10.1891.

■ **John Cipollina** — 1989 — US-Gitarrist. Geboren am 24.8.1943.

Tageshits

1943 — „That Old Black Magic" — Glenn Miller — US 1 W.
1961 — „Travellin' Man" — Ricky Nelson — US 1 W.
1965 — „Help Me Rhonda" — Beach Boys — US 2 W.
1972 — „Beautiful Sunday" — Daniel Boone — D 5 W.
1976 — „Love Hangover" — Diana Ross — US 2 W.
1982 — „House Of Fun" — Madness — GB 2 W.
1989 — „The Look" — Roxette — D 5 W.

Merk-Würdiges

1942 — Mitten im schönsten kalifornischen Frühling steht in einem Studio in L.A. Bing Crosby und nimmt den Titel „White Christmas" auf, der sich im Laufe der Jahre zur meistverkauften Single aller Zeiten mausern sollte.

1950 — Wilhelm Bendow stirbt — seine Sketche sind auch lange Jahre nach seinem Tode — Loriot sei Dank — immer noch Renner.

1982 — Romy Schneider stirbt in Paris. Richtiger Name Rosemarie Albach. Geboren am 23. 9.1938.

30

Geburtstage

■ **Benny Goodman** — 1909 — US-Klarinettist, Songschreiber und Orchesterchef. Schon mit 16 Jahren spielte er mit Art Kassel. Zwischen 1925 und 1929 machte er sich einen Namen bei Ben Pollack, spielte dann mit Arnold Johnson, Red Nichols und wurde in New York ein gesuchter Studiomusiker. 1934 gründete er seine erste eigene Band. Bis 1953 hat Goodman mehr als 160 Hits in der amerikanischen Hitparade, darunter 16 mal Platz 1. Seine größten Erfolge — es handelt sich um Platten, die 4 Wochen oder länger den ersten Platz belegten: „Goody-Goody" (2/36 US 1), „The Glory Of Love" (2/36 US 1) — die ersten beiden Titel wurden von Helen Ward gesungen, „Goodnight, My Love" (1/37 US 1) gesungen von Ella Fitzgerald, „Don't Be That Way" (3/38 US 1), „And The Angels Sing" (4/39 US 1) gesungen von Martha Tilton; „There'll Be Some Changes Made" (3/41 US 1) gesungen von Louise Tobin und „Jersey Bounce" (3/42 US 1). 1956 drehte man einen Film über den „King Of Swing", die „Benny Goodman Story". Er starb am 13.6.1986.

■ **Marie Frederikson** — 1958 — Schwedische Leadsängerin und Gitarristin mit dem Duo Roxette, das 1986 mit „Pearls Of Passion" seine erste LP veröffentlichte. Marie war bereits vorher ein Solo-Star in Schweden. 1988 erschien die LP „Look Sharp", die 1989 singlescheibchenweise die amerikanische Hitparade bevölkerte: „The Look" (2/89 US 1, 4/89 D 1, GB 7), „Dressed For Success" (4/89 US 14, 7/89 D 16) und „Listen To Your Heart" (8/89 US 1, 10/89 D 7) und „Dangerous" (12/89 US 2).

■ **Henk Bruysten** — 1946 — Niederländischer Gitarrist, Bassist und Songschreiber für Hank The Knife & The Jets, die er 1975 gründete. Er spielte zuerst Baß in der ebenfalls aus den Niederlanden stammenden Gruppe Long Tall Ernie & The Shakers. Als er in diese Band keine eigenen Titel einbringen durfte, gründete er seine eigene Formation — Hits: „Guitar King" (7/75 D 4) und „Stan The Gunman" (11/75 D9).

■ **Jean-Jacques Kravetz** — 1947 — Französischer Tastenspieler, der in der Bundesrepublik zu Hause ist. Er spielte zusammen mit City Preachers, Frumpy, Udo Lindenberg, Peter Maffay, als Solist und gilt als gesuchter Studiomusiker.

■ **Robert Tepper** — 1958 — US-Sänger, Keyboarder, Gitarrist und Bassist. Erster Hit: „No Easy Way Out" (1/86 US 22) aus dem Film „Rocky IV".

■ **Nicky „Topper" Headon** — 1957 — GB-Schlagzeuger mit Clash, ab 1986 auch als Solist.

■ **Lenny Davidson** — 1944 — GB-Gitarrist und Bassist mit Dave Clark Five.

■ **Pete Way** — 1952 — GB-Bassist mit UFO.

Todestage

■ **Paul Desmond** — 1977 — US-Jazzsaxophonist und Komponist. Starb an Krebs. Geboren am 25.11.1924.

■ **Carl Radle** — 1980 — GB-Bassist. Starb an einem chronischen Nierenleiden. Geboren am 18.6.1945.

Tageshits

1964 — „Love Me Do" — Beatles — US 1 W.
1970 — „Everything Is Beautiful" — Ray Stevens — US 2 W.
1977 — „Orzowei" — Oliver Onions — D 1 W.

31

Todestag

■ **Billy Strayhorn** — 1967 — US-Komponist und Pianist. Starb an Krebs. Geboren am 29.11.1915.

Geburtstage

■ **Peter Yarrow** — 1938 — US-Sänger und Songschreiber mit Peter, Paul & Mary, die 1961 gegründet wurden und zwischen 1962 und 1970 erfolgreich waren. Vorher war Peter bereits als Solist Folksänger. Hits für das Trio: „Puff The Magic Dragon" (3/63 US 2), „Blowin' In The Wind" (6/63 US 2, 10/63 GB 13, 1/64 D 32) und „Leaving On A Jet Plane" (10/69 US 1, 1/70 GB 2). 1971 fiel das Trio auseinander, alle drei versuchten sich als Solointerpreten. Peter nahm sogar Titel in deutscher Sprache auf — halten wir ihm zugute, daß er nicht verstanden hat, was er da für ein Zeugs sang. 1978 kamen sie noch einmal zusammen — aber der Folk-Zug war abgefahren. Als Songautor gelang Peter mit dem Titel „Torn Between Two Lovers" (11/76 US 1) für Mary McGregor ein Knüller.

■ **Junior Campbell** — 1947 — GB-Gitarrist, Keyboarder, Sänger und Songschreiber. Richtiger Vorname William. Aus der Gruppe Dean Ford & The Gaylords wurde 1966 Marmalade — Hits: „Ob-la-di, Ob-la-da" (12/68 GB 1, D 2), „Reflections Of My Life" (12/69 GB 3, 3/70 D 36, US 10) und „Rainbow" (7/70 GB 3, 10/70 D 21). Ab 1972 versuchte sich Campbell als Solist — Hit: „Hallelujah Freedom" (10/72 GB 10).

■ **Clint Eastwood** — 1930 — US-Schauspieler und Regisseur. Erste große Erfolge hatte er als Rowdy Yates in der TV-Serie „Rawhide", in der er vom Start im Jahre 1959 bis zum Ende 1966 mitspielte. Drei Spaghetti-Western, zwischen 1964 und 1966 in Italien produziert, machten ihn zum Weltstar. In „Westwärts zieht der Wind" (1969) wurde Clint zum Sänger — und in Carmel Bürgermeister. Zusammen mit Merle Haggard: Bar Room Buddies" (5/80 C&W 1) und Ray Charles: „Beer's To You" (11/80 C&W 55) aus dem Film „Any Which Way You Can" stand er sogar in der Country-Hitparade.

■ **Peter Frankenfeld** — 1913 — Schauspieler, Komödiant und Universalunterhalter. Er begann schon 1948 im Radio — er entwickelte Sendungen wie „Funk & Flachs", „Frankfurter Wecker", „So ein Zufall" und „Peter's Bastelstunde". Auch beim aufkommenden Fernsehen in der Bundesrepublik mischte er von Anfang an mit. Anfänglich in großkarierter Jacke in Sendungen wie „Toi, Toi, Toi", „Wer will, der kann" oder „1:0 für Sie". Später im dunklen Anzug für die Aktion Sorgenkind in „Vergißmeinnicht" und „Musik ist Trumpf". Er starb am 4.1.1979.

■ **Johnny Diesel** — 1966 — US-Gitarrist und Songschreiber. Als Johnny 11 Jahre alt war, wanderte er mit seinen Eltern nach Australien aus. Im Sommer 1986 gründete er dort, in Perth, seine Band Johnny Diesel & The Injectors. Die erste Single erschien im Frühjahr 1989.

■ **John Bonham** — 1948 — GB-Schlagzeuger und Songschreiber mit Band Of Joy und ab Juli 1968 mit den New Yarbirds, aus denen wenig später Led Zeppelin wird. John spielte auch mit Joe Cocker, Chris Farlowe, den Wings, Roy Wood und Tim Rose. Er starb am 25.9.1980.

■ **Corey Hart** — 1962 — Kanadischer Sänger, Keyboarder und Songschreiber. Hits: „Sunglasses At Night" (5/84 US 7) und „Never Surrender" (6/85 US 3, 8/85 D 37).

■ **David Sterry** — 1954 — Australischer Sänger, Gitarrist und Songschreiber für Real Life. Erster Hit: „Send Me An Angel" (1/84 US 29, 4/84 D 1, 5/89 RE-US 26).

■ **Augie Meyer** — 1940 — US-Tastenspieler beim Sir Douglas Quintet.

■ **Wendy Smith** — 1963 — GB-Sängerin mit der 1978 gegründeten Band Prefab Sprout.

Tageshits

1947 — „Mam'selle" — Frank Sinatra — US 1 W.
1975 — „Before The Next Teardrop Falls" — Freddy Fender — US 1 W.
1980 — „Theme From Mash" — The Mash — GB 3 W.
1980 — „Funky Town" — Lipps Inc.

1

Geburtstage

■ **Pat Boone** — 1934 — US-Sänger und Filmschauspieler, Ur-Ur-Enkel des legendären Pioniers Daniel Boone. Richtige Vornamen: Charles Eugene. Pat machte 1953 seine ersten Platten. Zwischen 1955 und 1962 gehörte er zu den US-Super-Stars. Hits: „Ain't That A Shame" (7/55 US 1, 11/55 GB 7), „I'll Be Home" (2/56 US 4, 4/56 GB 1), „I Almost Lost My Mind" (6/56 US 1, 8/56 GB 14), „Don't Forbid Me" (12/56 US 1, 2/57 GB 2), „Love Letters In The Sand" (5/57 US 1, GB 2, 10/57 D 12), „April Love" (10/57 US 1, 12/57 GB 7), „Moody River" (5/61 US 1, 7/61 GB 18) und „Speedy Gonzales" (6/62 US 6, GB 2, 8/62 D 1). 1954, noch vor dem Beginn seiner Karriere, heiratete er Shirley Foley, die Tochter des bekannten US-Country-Stars Red Foley. Debby, eine der vier Boone-Töchter, hatte mit „You Light Up My Life" (9/77 US 1 — 10 Wochen lang!) einen Hit. Ansonsten tritt auch die Gesamtfamilie bei Plattenaufnahmen als Boone-Family in Erscheinung. Pat, der im Gegensatz zu Elvis immer das Image des Saubermanns hatte, war der letzte Versuch des konservativen Amerika, gegen den Rock 'n' Roll und seine aufkommenden Stars wie Fats Domino, Chuck Berry oder Little Richard einen „anständigen" Landsmann zu setzen. In 15 Filmen zeigte Pat seinen Landleuten, wie ein anständiger Amerikaner zu leben pflegte.

■ **Marilyn Monroe** — 1926 — US-Schauspielerin und Sängerin. Richtiger Name Norma Jean Baker. Ihre ersten Filmrollen erhielt sie 1948. Mit ihren Rollen in „Asphalt Djungle" und „All About Eve" 1950 wurde sie zum Star, nach „Niagara", „Gentlemen Prefer Blondes" und „How To Marry A Millionaire" wurde sie zum Superstar. Sie spielte den Typ naive Sexbombe wie keine andere und wurde zu dem Sexsymbol überhaupt. In ihren Filmen sang sie oft sehr schöne Lieder, erstaunlicherweise stand sie aber nur einmal in der Hitparade: „River Of No Return" (7/54 US 30) — erstaunlich, weil sie sehr professionell gesungen hat. Weitere Filmhöhepunkte waren „River Of No Return" und „There's No Business Like Show Business" 1954, „Seven Year Itch" 1955, „Bus Stop" 1956, „The Princess And The Showgirl" 1957, „Some Like It Hot" 1959, „Let's Make Love" 1960 und „The Misfits" 1961. Marilyn starb am 5.8.1962.

■ **Nelson Riddle** — 1921 — US-Posaunist, Komponist und Orchesterchef. Er spielte in den 40er Jahren mit Charlie Spivak und Tommy Dorsey. Nelson war es, der den angeschlagenen Frank Sinatra Anfang der 50er Jahre wieder ins Lot brachte. Nelson begleitete u.a. mit seinem Orchester Plattenaufnahmen von Nat King Cole, Ella Mae Morse und — noch in den 80er Jahren — Linda Ronstadt. Riddle selbst hatte mit seinem Orchester den Hit „Lisbon Antigua" (12/55 US 1), eine Melodie, die in Portugal im Jahre 1937 geschrieben worden war und durch ihn wieder auf Hochglanz poliert wurde. 1975 erhielt er für seine Musik zum Film „The Great Gatsby" einen Oscar. Er starb am 6.10.1985.

■ **Johnny Bond** — 1915 — US-Country-Sänger, Songschreiber und Schauspieler. Richtiger Name Cyrus Whitfield Bond. Durch Gene Autry kam er zum Film und wirkte in vielen B-Western als singender Cowboy mit. Er schrieb auch Bücher, so z. B. die „Tex Ritter Story" und „Reflections", seine Autobiographie. Am liebsten sang Johnny über Betrunkene — so hatte er seinen größten Hit mit „10 Little Bottles" (2/65 C&W 2). Johnny starb am 12.6.1978.

Ron Wood (Faces)

■ **Ron Wood** — 1947 — GB-Gitarrist, Bassist, Sänger und Songschreiber mit den Faces und Rolling Stones. Er gehört zur Garde der besten britischen Gitarristen, ist ein gesuchter Studiomusiker, veröffentlicht auch Soloplatten und ist auf LPs von Eric Clapton über Band bis Bob Dylan zu hören.

■ **Graham Russell** — 1950 — Australischer Sänger und Songschreiber für die 1976 gegründete Gruppe Air Supply, die ab 1980 international erfolgreich war. Die größten der insgesamt acht Top 10 Hits in den USA: „All Out Of Love" (6/80 US 2, 9/80 GB 11), „The One That You Love" (5/81 US 1) und „Making Love Out Of Nothing At All" (7/83 US 2).

■ **Jason Donovan** — 1968 — Australischer TV-Schauspieler und Sänger. Schon mit 11 spielte er in einer TV-Serie mit. Seine internationale Karriere begann als Partner von Kylie Minogue in „Neighbours" — als diese Serie in GB ausgestrahlt wurde, machten Stock Aitken Waterman die beiden Hauptakteure zu Teenie-Stars. Hits: „Nothing Can Divide Us" (9/88 GB 5), im Duett mit Kylie „Especially For You" (12/88 GB 1, D 10) und „Too Many Broken Hearts" (3/89 GB 1, D 16), „Sealed With A Kiss" (6/89 GB 1, D 4), „Everyday (I Love You More)" (9/89 GB 2, D 19) und „When You Come Back To Me" (12/89 GB 2).

■ **Linda Scott** — 1945 — US-Sängerin, richtiger Name Linda Joy Sampson. 1961 war ihr Jahr: „I've Told Every Little Star" (3/61 US 3, 5/61 GB 7) und „Don't Bet Money Honey" (7/61 US 9). Nach 1964 war sie aus den Hitparaden verschwunden.

■ **Charlene** — 1950 — US-Sängerin. Geboren als Charlene D'Angelo, späterer Nachname Duncan. 1977 nahm sie eine Platte auf, die fünf Jahre später ihr größter Hit werden sollte: „I've Never Been To Me" (9/77 US 97, 3/82 RE-US 3, 5/82 GB 1).

■ **Mike Levine** — 1949 — Kanadischer Keyboarder und Songschreiber mit Triumph. Die Musiker dieses Trios spielten bereits 1975 zum erstenmal zusammen. 1978 machten sie ihre erste Tournee durch die USA.

■ **Alan Wilder** — 1959 — GB-Tastenspieler, Sänger und Songschreiber. Er begann mit den Hitmen und stieg im Januar 1982 als Ersatz für den ausscheidenden Vince Clarke bei Depeche Mode ein.

■ **Konstantin Wecker** — 1947 — Sänger, Songschreiber, Pianist. Motto: „Genug ist nicht genug".

■ **Simon Gallup** — 1960 — GB-Bassist, der im Januar 1980 für Michael Dempsey zu Cure kam.

■ **Mike Joyce** — 1963 — GB-Schlagzeuger in der 1982 gegründeten Formation Smiths und ab 1985 mit Adult Net.

Todestage

■ **Sonny Boy Williamson** — 1948 — US-Mundharmonikaspieler. Wurde in Chicago ermordet. Geboren am 30.3.1914.

■ **Nat Nelson** — 1984 — US-Sänger mit den Flamingos. Geboren am 10.4.1932.

Tageshits

1959 — „Battle Of New Orleans" — Johnny Horton — US 6 W.
1961 — „Surrender" — Elvis Presley — GB 4 W.
1963 — „It's My Party" — Lesley Gore — US 2 W.
1963 — „Schuld war nur der Bossa Nova" — Manuela — D 5 W.
1968 — „Mrs. Robinson" — Simon & Garfunkel — US 3 W.

Merk-Würdiges

1967 — Von den Beatles erscheint die LP „Sgt. Pepper's Lonely Hearts Club Band", die als Meilenstein in der Pop Geschichte angesehen wird. Noch am gleichen Tag wird die Platte vergoldet. John Lennon zu dieser LP: „Es war ein Höhepunkt".

2

Geburtstage

■ **Tony Hadley** — 1960 — GB-Sänger. 1976 war er bei der Gründung der Makers dabei, aus denen 1979 Spandau Ballet wurde. Die Band ist seit 1980 erfolgreich. Hits: „To Cut A Long Story Short" (11/80 GB 5), „Chant No. 1 (I Don't Need This Pressure On)" (7/81 GB 3), „True" (4/83 GB 1, 6/83 D 9, 8/83 US 4), „Gold" (8/83 GB 2, 10/83 D 16, 12/83 US 29), „Only When You Leave" (6/84 GB 3, D 26, US 34), „Fight For Ourselves" (7/86 GB 15, D 32) und „Through The Barricades" (11/86 GB 6, D 14).

■ **Antone „Chubby" Tavares** — 1947 — US-Leadsänger der aus fünf Brüdern bestehenden Gruppe Tavares, die von 1964 bis 1969 als Chubby & The Turnpikes auftraten. Hits: „It Only Takes A Minute" (7/75 US 10, 5/86 GB 46), „Heaven Must Be Missing An Angel" (6/76 US 15, GB 4), „Don't Take Away The Music" (10/76 GB 4, 12/76 US 34) und „Whodunit" (3/77 US 22, GB 4).

■ **Sammy Turner** — 1932 — US-Sänger. Richtiger Name Samuel Black. Er begann als Leadsänger bei den Twisters und hatte dann als Solist Erfolg mit einem alten englischen Volkslied aus dem Jahr 1750: „Lavender-Blue" (6/59 US 3). Es folgte „Always" (11/59 US 19, GB 26). Dann nahm er für diverse Plattenfirmen, so z. B. für Motown, 20th Century Fox oder Verve Platten auf, die allerdings nicht erfolgreich waren.

■ **Jimmy Jones** — 1937 — US-Sänger. Er begann Anfang der 50er Jahre als Stepp-Tänzer, wurde 1955 Mitglied der R&B Gruppe Spark Of Rhythm und gründete 1956 seine eigene Band Savoys, die er später in Pretenders umbenannte. Erst als Solist hatte er Erfolg: „Handy Man" (12/59 US 2, 3/60 GB 3) und „Good Timin'" (4/60 US 3, 6/60 GB 1).

■ **Marvin Hamlisch** — 1944 — US-Pianist und Komponist von zahlreichen Soundtracks. Hit: „The Entertainer" (3/74 GB 25, US 3, 7/74 D 15) aus dem Film „Der Clou". Für das Stück „The Way We Were" aus dem gleichnamigen Film erhielt Marvin 1973 einen Oscar und einen Grammy.

■ **Charlie Watts** — 1941 — GB-Schlagzeuger, der seine Karriere 1961 bei Blues Incorporated begann, bevor er 1962 zu den Gründungsmitgliedern der Rolling Stones gehörte.

■ **Otis Williams** — 1936 — US-Leadsänger der Charms, die 1953 ihre ersten Platten aufnahmen. Hits: „Hearts Of Stone" (11/54 US 15) und „Ivory Tower" (3/56 US 11). Später wurde Otis Country-Sänger.

■ **Graham Bonney** — 1945 — GB-Sänger, der in der Bundesrepublik erfolgreicher war als in seiner Heimat. Richtiger Nachname Bradley. Größte Hits: „Supergirl" (3/66 GB 19, 8/66 D 8), „Das Girl mit dem La-la-la" (11/66 D 8) und „Siebenmeilenstiefel" (10/67 D 6).

■ **Charles Miller** — 1939 — US-Saxophonist, Flötist und Sänger mit War und als Studiomusiker.

■ **Bernhard Lloyd** — 1960 — Programmierer an den Rhythmusmaschinen von Alphaville.

■ **Michael Steele** — 1959 — US-Bassistin, Sängerin und Songschreiberin für die Bangles.

■ **David White** — 1965 — GB-Gitarrist und Songschreiber bei Brother Beyond.

■ **William Guest** — 1941 — US-Sänger mit Gladys Knight & The Pips.

Todestag

■ **Sammy Kaye** — 1987 — US-Bläser, Songschreiber und Bandleader. Geboren am 13.3.1910.

Tageshits

1956 — „Moonglow And Theme From 'Picnic'" — Morris Stoloff — US 3 W.
1962 — „I Can't Stop Loving You" — Ray Charles — US 5 W.
1966 — „Strangers In The Night" — Frank Sinatra — GB 3 W.
1973 — „My Love" — Paul McCartney & Wings — US 4 W.
1979 — „Hot Stuff" — Donna Summer — US 1 W.
1984 — „Wake Me Up Before You Go Go" — Wham! — GB 2 W.

3

Geburtstage

Curtis Mayfield

■ **Curtis Mayfield** — 1942 — US-Sänger und Songschreiber. Er begann 1957 als Sänger der Roosters, die sich 1958 in Impressions umbenannten. In diesen Anfangstagen war der Lead-Sänger der Band Jerry Butler. Der wiederum startete 1958 eine Solo-Karriere — jetzt übernahm Curtis die Leadstimme. Hits: „It's All Right" (9/63 US 4) und „Amen" (11/64 US 7). Curtis verließ die Impressions 1970 und machte als Solist weiter — Hits: „Freddie's Dead" (8/72 US 4) und „Superfly" (11/72 US 8). Er gilt als ausgezeichneter Songschreiber, der für viele andere Interpreten Lieder verfaßte.

■ **Ian Hunter** — 1946 — GB-Sänger, Gitarrist und Songschreiber. Gesucht wurde im Melody Maker ein Sänger für die Gruppe Silence — Ian meldete sich. Kurz darauf wurde die Band in Mott The Hoople umgetauft — das war 1969. Erfolg hatte die Band erst, nachdem David Bowie half. Hits: „All The Young Dudes" (8/72 GB 3, US 37) und „Roll Away The Stone" (11/73 GB 8, 2/74 D 25). Ende 1974 fiel die Gruppe auseinander. In der Folgezeit spielte Ian mal solo — Hit: „Once Bitten Twice Shy" (5/75 GB 14), mal gemeinsam mit Mick Ronson in der Hunter-Ronson Band. Auch auf Platten von Alan Foley oder Mountain ist Ian zu hören.

■ **Suzi Quatro** — 1950 — US-Sängerin, Bassistin und Songschreiberin, die in GB ihr Glück machte. Hits: „Can The Can" (5/73 GB 1, 7/73 D 1), „48 Crash" (7/73 GB 3, 9/73 D 2), „Devil Gate Drive" (2/74 GB 1, D 2) und „If You Can't Give Me Love" (3/78 GB 4, D 5). In ihrer Heimat hatte sie nur einen Hit im Duett mit Smokie-Leadsänger Chris Norman: „Stumblin' In" (11/78 GB 41, D 2, 1/79 US 4).

■ **Deniece Williams** — 1951 — US-Sängerin und Songschreiberin. Von 1972 bis 1975 war sie Mitglied bei Wonderlove, der Backing Group von Stevie Wonder. Danach startete sie eine Solokarriere — Hits: „Free" (12/76 US 25, 4/77 GB 1), „Let's Hear It For The Boy" (4/84 US 1, GB 2, 6/84 D 10). Zusammen mit Johnny Mathis hatte sie mit „Too Much, Too Little, Too Late" (4/78 US 1, GB 3) Erfolg.

■ **Josephine Baker** — 1906 — Französische Tänzerin, Sängerin und Filmschauspielerin amerikanischer Herkunft. 1925 hatte sie mit der Tanzgruppe Black Birds in Paris ihren Durchbruch. Sie im Bananenrock — einfach göttlich! Sie feierte Erfolge in den Folies-Bergère. Josephine setzte sich sehr für die Gleichberechtigung der Rassen ein und adoptierte zahlreiche Kinder verschiedener Nationalitäten. Sie starb am 12.4.1975.

■ **Mickey Finn** — 1947 — GB-Gitarrist und Percussionist. Im Oktober 1969 kam er für Steve Peregrine Took zu T. Rex und bildete dort zusammen mit Marc Bolan den Nucleus dieser Band, wobei festgestellt werden muß, daß neben Marc Bolan bei T. Rex wenig Land zu gewinnen war.

■ **Michael Clarke** — 1943 — US-Schlagzeuger mit den Byrds, den Flying Burrito Brothers, Firefall und als Studiomusiker auf Platten von Sean Phillips, Chris Hillman, Barry McGuire oder Roger McGuinn.

■ **Dan Hill** — 1954 — Kanadischer Sänger und Songschreiber. Hits: „Sometimes When We Touch" (11/77 US 3, 2/78 GB 13) und „Can't We Try" (5/87 US 6).

■ **Billy Powell** — 1952 — US-Tastenspieler bei Lynyrd Skynyrd, 38 Special, Rossington-Collins Band und mit Allen Collins.

■ **Doro** — 1964 — Sängerin und Songschreiberin mit Warlock. Richtiger Name Dorothea Pesch.

■ **Anita Harris** — 1944 — GB-Sängerin. Größter Hit: „Just Lovin' You" (6/67 GB 6).

■ **Florian Pilkington-Miksa** — 1950 — GB-Schlagzeuger mit Curved Air.

Todestage

■ **Mississippi Fred McDowell** — 1972 — US-Bluesmusiker. Geboren am 12.1.1904.

■ **Ozzie Nelson** — 1975 — US-Sänger, Multi-Instrumentalist, Bandleader, Songschreiber und TV-Star. Geboren am 20.3.1906.

Tageshits

1950 – „Hoop-Dee-Doo“ – Perry Como with Fontane Sisters – US 2 W.
1957 – „Love Letters In The Sand“ – Pat Boone – US 7 W.
1967 – „Respect“ – Aretha Franklin – US 2 W.
1972 – „I'll Take You There“ – Staple Singers – US 1 W.
1978 – „Too Much, Too Little, Too Late“ – Johnny Mathis & Deniece Williams – US 1 W.
1985 – „You Can Win If You Want“ – Modern Talking – D 1 W.
1989 – „Rock On“ – Michael Damian – US 1 W.

4

Geburtstage

■ **Cliff Bennett** – 1940 – GB-Sänger mit Cliff Bennett & The Rebel Rousers, gegründet 1959. In den nächsten neun Jahren ist er ständig auf Tournee in Großbritannien und der Bundesrepublik. Zeitweilig gehören zu seiner Gruppen Frank Allen – später mit den Searchers, Roy Young, Nicky Hopkins oder Chas Hodges. 1961 nimmt er zwei Bläser in die Band, daraufhin wird er von Joe Meek produziert. Mit seiner Hilfe kann Cliff vier Platten veröffentlichen, die aber alle floppen. Beat mit Bläsersätzen setzt sich erst durch, nachdem die erste Liverpoolwelle abgeebbt ist. Hits: „One Way Love“ (10/64 GB 9) und „Got To Get You Into My Life“ (8/66 GB 6). Nach dem Auseinanderbruch der Band gründet er 1969 Toe Fat – mit Ken Hensley und Lee Kerslake spielen hier 2 Musiker mit, die wenig später Uriah Heep gründen sollten. 1971 macht er Cliff Bennett's Rebellion und 1974 Shanghai.

■ **Freddy Fender** – 1937 – US-Sänger und Songschreiber mexikanischer Abkunft. Richtiger Name Baldemar Huerta. Zwischen 1956 und 1959 machte er für kleine Plattenlabel Songs in spanischer Sprache mit Rockabilly-Touch. 1960 bis 1963 verbrachte er im Staatsgefängnis von Louisisana wegen Drogenvergehens. Zwischen 1963 und 1968 veröffentlichte er Platten auf einem kleinen Label in New Orleans. Der Erfolg kam erst, als Freddy ein Lied teilweise in englisch, teilweise in spanisch sang: „Before The Next Teardrop Falls“ (2/75 US 1). Auch der nachfolgende Titel wurde ein Millionseller: „Wasted Days And Wasted Nights“ (6/75 US 8). Nach 1976 war es mit dem Erfolg wieder vorbei.

■ **Gordon Waller** – 1945 – GB-Sänger und Gitarrist mit dem 1964 gegründeten Duo Peter & Gordon. Peter Ashers Schwester Jane war Paul McCartneys Freundin. Und da bekanntlich kleine Geschenke die Freundschaft erhalten, reichte Paul an Peter & Gordon die Nummer „A World Without Love“ (3/64 GB 1, 5/64 US 1) weiter. Weitere Hits: „I Go To Pieces“ (1/65 US 9), „True Love Ways“ (4/65 GB 2, US 14) und „Lady Godiva“ (9/66 GB 16, US 6). Einer der schönsten Titel des Duos war „Woman“ (2/66 GB 28, US 14). Möglich daß das der größte Hit der beiden geworden wäre, hätte man gewußt, daß Paul McCartney auch diesen Titel geschrieben hat – er benutzte das Pseudonym Webb. 1968 fiel das Duo auseinander – Soloversuche von Waller schlugen fehl.

■ **Jimmy McCulloch** – 1952 – GB-Gitarrist. Er begann Mitte der 60er Jahre mit der schottischen Gruppe One In A Million. Populär wurde er als Mitglied von Thunderclap Newman. Weitere Stationen waren John Mayall, Stone The Crows, Blue, und schließlich spielte er ab Frühjahr 1974 mit den Wings. Dort blieb er bis zum November 1977, schloß sich kurzfristig den Small Faces an, spielte auf Platten von Nick Gilder, Roy Harper und Roger Daltrey und hatte gerade seine eigene Band Dukes gegründet, als er unter ungeklärten Umständen am 27.9.1979 starb.

■ **El DeBarge** – 1962 – US-Leadsänger und Keyboarder der fünfköpfigen Familientruppe DeBarge, die seit 1983 erfolgreich ist. Platten erscheinen unter seinem Namen, als El DeBarge With DeBarge oder nur als DeBarge. Hits: „Rhythm Of The Night“ (2/85 US 3, 4/85 GB 4, 6/85 D 19), „Who's Holding Donna Now“ (6/85 US 6) und „Who's Johnny“ (4/86 US 3) aus dem Film „Nr. 5 lebt“.

■ **Den Harrow** – 1962 – Italienischer Sänger, der in Boston (USA) geboren wurde und seit seinem 4. Lebensjahr seinen Wohnsitz in Mailand hat. Richtiger Name Manuel Stefano Carry. Er bringt typisch italienischen Disco-Sound. Hits: „Bad Boy“ (1/86 D 20), „Charleston“ (5/86 D 18), „Don't Break My Heart“ (4/87 D 4) und „Tell Me Why“ (6/87 D 22).

■ **Ricky Shane** – 1944 – Sänger, Sohn eines Libanesen und einer Französin, aufgewachsen im Libanon. Richtiger Name Charles Albert Tabet. Ersten Erfolg als Schlagersänger hat er in Italien mit „Stanotte“. Neben Udo Jürgens spielte Ricky im Film „17 Jahr, blondes Haar“. Hits: „Ich sprenge alle Ketten“ (7/67 D 20) und „Mamy Blue“ (10/71 D 7). Comebackversuche Ende der 80er Jahre scheiterten.

■ **Willy Hagara** – 1927 – Österreichischer Postbeamter, Schlagersänger und Filmschauspieler. 1946 wurde er bei einem Nachwuchswettbewerb entdeckt. Größte Hits: „Casetta in Canada“ (2/58 D 3), „Freunde für's Leben“ (1/60 D 8), „Pepe“ (2/61 D 9) und „Caterina“ (7/62 D 7).

■ **Peter Van Hooke** – 1950 – GB-Schlagzeuger, der als Studiomusiker auf Platten von Van Morrison, Marshall Hain, Ches Jankel, Sheena Easton, Sally Oldfield und vielen anderen spielte, bevor er 1985 Mitglied bei Mike & The Mechanics wurde.

■ **Roger Ball** – 1944 – GB-Saxophonist, Tastenspieler und Songschreiber für Mogul Trash, Vinegar Joe, Mike McGear und Kiki Dee, bevor er 1972 Gründungsmitglied der Average White Band wurde.

■ **Oliver Nelson** – 1932 – US-Saxophonist, Flötist, Komponist und Bandleader. Er machte Aufnahmen mit Louis Jordan, Count Basie, Quincy Jones oder Wes Montgomery. Oliver starb am 27.10.1975.

■ **Karl Valentin** – 1882 – Münchener Volksschauspieler und Schriftsteller mit hintergründigem Humor. Richtiger Name Valentin Fey. Er starb am 9.2.1948.

■ **Colin McKee** – 1961 – GB-Bassist mit Rosetta Stone.

Tageshits

1969 – „Dizzy“ – Tommy Roe – GB 1 W.
1983 – „Every Breath You Take“ – Police – GB 4 W.

5

Geburtstage

■ **Tom Evans** – 1947 – GB-Bassist, Sänger und Songschreiber bei Badfinger. Mitte der 60er Jahre haben drei der vier Musiker, die sich 1968 erst Iveys und ab Dezember 1969 Badfinger nannten, als Begleitgruppe von David Garrick gespielt. Tom Evans und Peter Ham hatten der neugegründeten Beatles Firma „Apple“ ein Demo-Band geschickt, das Paul McCartney so gut gefiel, daß er ihnen einen Vertrag anbot. Hits siehe Peter Ham am 27.4.. Nach dem Selbstmord von Ham im April 1975 löste sich die Gruppe auf, kam 1978 aber wieder für einige Jahre zusammen. Tom nahm sich am 18.11.1983 das Leben.

■ **Don Reid** – 1945 – US-Country-Leadsänger. 1960 kam er zu dem 1955 gegründeten Gospeltrio Kingsmen. Um nicht mit der gleichnamigen Popgruppe erwechselt zu werden, benannte man sich ab 1963 in Statler Brothers um. Den Namen übernahmen sie von einer zufällig auf dem Tisch liegenden Schachtel mit Papiertüchern — sie hätten sich also auch Kleenex Brothers oder Tempo Brüder nennen können. Mit dem Titel „Flowers On The Wall" (9/65 C&W 2, 11/65 US 4, 2/66 GB 38) hatten sie ihren ersten großen Erfolg. Inzwischen sind sie mit über 60 Titeln immer noch in den Country-Hitparaden vertreten.

■ **Bill Hayes** — 1926 — US-Schauspieler und Sänger. Star in verschiedenen TV-Serien, darunter „Your Shows Of Shows" und „Days Of Our Lives". Hit: „The Ballad Of Davy Crockett" (2/55 US 1, 1/56 GB 2). Der Titel stammte aus einer Walt Disney Serie und wurde im Original von Fess Parker gesungen. Da der den Titel aber noch nicht auf Platte veröffentlicht hatte, nahm Bill ihn auf und hatte damit einen Hit. Die Originalversion von Fess kam erst später auf den Markt.

■ **Ronnie Dyson** — 1950 — US-Sänger aus der Garde der vielen jungen Musiker, die durch das Musical „Hair" in das Showgeschäft gekommen sind. Hit: „(If You Let Me Make Love To You Then) Why Can't I Touch You" (6/70 US 8). In der R&B-Hitparade war Ronnie bis 1983 erfolgreich.

■ **Laurie Anderson** — 1950 — US-Violinistin, Sängerin, Songschreiberin und Performancekünstlerin. Neben den vielen künstlerischen Arbeiten von Laurie nimmt die Musik nur wenig Raum ein. Sicher war sie selbst überrascht, als ihre Platte „O Superman" (10/81 GB 2) ein Hit wurde. Das Stück war 8 Minuten lang und wurde von den britischen Disco-Kids als die Platte gewählt, die man auflegen muß, wenn man die Tanzfläche leer haben will.

■ **Keith Marshall** — 1956 — GB-Sänger, Leadgitarrist und Songschreiber bei Hello. Hits: „Tell Him" (11/74 GB 6, 1/75 D 32) und „New York Groove" (10/75 GB 9, D 7). Die 80er Jahre sahen Keith als Solisten. Sein größter Erfolg hieß „Only Crying" (4/81 GB 12, 7/81 D 5).

■ **Richard Butler** — 1956 — GB-Sänger und Songschreiber der 1977 gegründeten Gruppe Psychodelic Furs. Hits: „Pretty In Pink" (8/86 GB 18) und „Heartbreak Beat" (3/87 US 26).

■ **Kurt Edelhagen** — 1920 — Pianist und Leiter eines eigenen Orchesters. 1953 machte er die ersten Aufnahmen mit Caterina Valente. Er starb am 8.2.1982.

■ **Freddy Stone** — 1946 — US-Gitarrist. Richtiger Name Fred Stewart. Zusammen mit seinem Bruder Sly bildete er den Kern von Sly & The Family Stone.

■ **Gottlieb Wendehals** — 1941 — Erfolgreiches Pseudonym von Werner Böhm, Songschreiber, Pianist und Sänger. Größte Hits: „Herbert" (1/80 D 4) und „Polonäse Blankenese" (11/81 D 1).

■ **Floyd Butler** — 1941 — US-Sänger mit The Friends Of Distinction. Hits siehe 4.11. bei Harry Elston.

Todestage

■ **Heinz Erhardt** — 1979 — Deutscher Schauspieler, Kabarettist, Schriftsteller, Komponist, Sänger, Komiker, Film- und Fernsehstar. „Das große Heinz-Erhardt-Buch" konnte sich lange in den Bestsellerlisten halten. Es faßte viele seiner „humorvollen besinnlichen erbaulichen liebenswürdigen hintergründig ernsten versteckt provozierenden Verse" (Klappentext) zusammen. Geboren am 20.2.1909.

■ **Sleepy John Estes** — 1977 — US-Blues-Gitarrist und Sänger. Geboren am 25.1.1899.

Tageshits

1954 — „Little Things Mean A Lot" — Kitty Kallen — US 9 W.
1961 — „Runnin' Scared" — Roy Orbison — US 1 W.
1972 — „Es fährt ein Zug nach Nirgendwo" — Christian Anders — D 2 W.
1976 — „No Charge" — J. J. Barrie — GB 1 W.

6

Geburtstage

■ **Gary U. S. Bonds** — 1939 — US-Sänger und Songschreiber. Richtiger Nachname Anderson. Hits: „New Orleans" (10/60 US 6, 1/61 GB 16), „Quarter To Three" (5/61 US 1, 7/61 GB 7) und „School Is Out" (7/61 US 5). Nach 1962 schien seine Zeit vorbei — Anfang der 80er Jahre produzierte Bruce Springsteen mit ihm neue Platten. Hit: „This Little Girl" (4/81 US 11).

■ **Joe Stampley** — 1943 — US-Country-Sänger und Songschreiber. Er machte 1957 seine ersten Platten und wurde Mitte der 60er Jahre Leadsänger der Uniques. Ab 1971 dann wieder als Solist, der vorwiegend in den Country Charts anzutreffen war — viermal belegte er Platz 1. Sein größter Pop Erfolg war der „Soul Song" (11/72 C&W 1, 1/73 US 37).

■ **Jürgen Marcus** — 1949 — Sänger. Im Jahre 1969 spielte er im Musical „Hair" die Rolle des Claude (Wassermann). Danach Schlagersänger — Hits: „Eine neue Liebe ist wie ein neues Leben" (7/72 D 2), „Festival der Liebe" (2/73 D 3) und „Ein Lied zieht hinaus in die Welt" (3/75 D 3). Bis in die 80er Jahre erfolgreich.

■ **James Gideon Tanner** — 1885 — US-Country-Geiger, Bandleader und Komiker mit Gid Tanner & His Skillet Lickers. Millionseller: „Down Yonder" (8/34 US 10). Er starb am 13.5.1960.

■ **Peter Holm** — 1947 — In Stockholm geborener Sänger und Ex-Ehemann von Denver-Biest Joan Collins. Mit dem Titel „Monia" hatte er 1968 einen Nr.-1-Hit in Frankreich. Die Franzosen bezeichneten ihn als Viking-Crooner.

■ **Dee C. Lee** — 1961 — GB-Sängerin und Songschreiberin. Sie begann als Chorsängerin mit Wham! und Style Council. Ab 1985 dann als Solistin — erster Hit: „See The Day" (11/85 GB 3, 1/86 D 36).

Tangerine Dream

■ **Edgar Froese** — 1944 — Synthesizerspieler, Gitarrist und Songschreiber bei Tangerine Dream aus Berlin. Er nahm auch Solo-LPs auf.

■ **Jane Palmer** — 1952 — Kölner Sängerin. Sie machte Soloplatten, sang dann mit der Palmer Band, im Chor der Wolf Maahn Band und 1988 unter dem Namen Carol Cayne.

■ **Peter Albin** — 1944 — US-Bassist, Sänger und Songschreiber mit Big Brother & The Holding Company.

■ **Shorty Beck** — 1948 — Niederländischer Schlagzeuger bei Shocking Blue. Richtiger Name Cornelies van der Beek.

■ **Terry Williams** — 1947 — US-Sänger mit den New Christy Minstrels, First Edition und Kenny Rogers.

■ **Richard Sinclair** — 1948 — GB-Bassist und Sänger mit Caravan, Hatfield & The North und Camel.

Tageshits

1942 — „Somebody Else Is Taking My Place" — Benny Goodman — US 3 W.
1964 — „Chapel Of Love" — Dixie Cups — US 3 W.
1970 — „Yellow River" — Christie — GB 1 W.
1983 — „Juliet" — Robin Gibb — D 6 W.
1987 — „You Keep Me Hanging On" — Kim Wilde — US 1 W.
1987 — „I Wanna Dance With Somebody (Who Loves Me)" — Whitney Houston — GB 2 W.

7

Geburtstage

■ **Tom Jones** — 1940 — GB-Sänger. Richtiger Name Thomas Jones Woodward. Wie Dean Martin war auch Tom Jones Bergarbeiter. Nebenher trat er als Tommy Scott auf und gründete 1963 ein Trio namens Senators. Nach dem Wechsel von Wales nach London trat er ab 1964 als Solist in Erscheinung. Hits: „It's Not Unusual" (2/65 GB 1, 4/65 US 10, 5/87 RE-GB 17), „Green Green Grass Of Home" (11/66 GB 1, US 11, 1/67 D 6), „I'll Never Fall In Love Again" (7/67 GB 2, 9/67 US 49, D 38, 7/69 RE-US 6), „I'm Coming Home" (11/67 GB 2, 2/68 D 40), „Delilah" (2/68 GB 2, D 1, US 15), „Help Yourself" (7/68 GB 5, D 1, US 35) und „She's A Lady" (1/71 GB 13, D 7, US 2). Nachdem er für etliche Jahre als Star in Las Vegas sein geregeltes Einkommen hatte, tauchte er plötzlich wieder in den Hitparaden auf: „A Boy From Nowhere" (4/87 GB 2) und, zusammen mit Art Of Noise, „Kiss" (10/88 GB 5, D 16, 12/88 US 31), eine Komposition von Prince.

Prince

■ **Prince** — 1958 — US-Sänger, Songschreiber, Filmschauspieler, Multiinstrumentalist und Produzent. Richtiger Name Prince Rogers Nelson. 1977 erhielt er seinen ersten Plattenvertrag; seit 1979 ist er erfolgreich. Hits: „I Wanna Be Your Lover" (11/79 US 11, 1/80 GB 41), „1999" (10/82 US 44, 1/83 GB 25, 6/83 RE-US 12, 1/85 RE-GB 2), „Little Red Corvette" (2/83 US 6, 4/83 GB 54, 11/83 RE-GB 66, 1/85 als B-Seite von „1999" RE-GB 2), „When Doves Cry" (6/84 US 1, GB 4, 8/84 D 16), „Let's Go Crazy" (8/84 US 1, 2/85 GB 7), „Purple Rain" (9/84 GB 8, US 2, D 5), „Raspberry Beret" (5/85 US 2, 7/85 GB 25, D 35), „Kiss" (2/86 US 1, GB 6, D 4), „Sign Of The Times" (3/87 US 3, GB 10, D 35), „U Got The Look" (8/87 US 2, GB 11), „Alphabet St." (4/88 US 8, GB 9, D 18) und „Batman" (6/89 US 1, GB 2, D 10).

■ **Paddy McAloon** — 1957 — GB-Sänger, Songschreiber und Gitarrist bei der 1978 gegründeten Gruppe Prefab Sprout. Der Name leitet sich ab von Pepper Sprout aus dem Nancy Sinatra Hit „Jackson", was Paddy falsch verstanden hatte. 1984 hatten sie ihren ersten Plattenvertrag, nachdem sie im Jahr zuvor auf einem Independant-Label einen Erfolg hatten. Hits: „When Love Breaks Down" (11/8 GB 25) und „The King Of Rock'n'Roll" (4/88 GB 7).

■ **Joey Scarbury** — 1955 — US-Sänger und Pianist, der mit 13 seine erste Platte machte. Danach war er auf Produktionen des Hitmachers Mike Post zu hören und als Backgroundsänger bei Loretta Lynn. Als Mike Post einen Sänger für das Thema zur TV-Serie „Greatest American Hero" suchte, erinnerte er sich wieder an Joey und nahm die Platte mit ihm auf. Es wurde, glauben Sie's oder nicht, sein einziger Hit: „Theme From mGreatest American Herol (Believe It Or Not)" (5/8 US 2).

■ **Roberto Blanco** — 1937 — Sänger. Er wurde in Tunis als Sohn kubanischer Eltern geboren. Richtiger Nachname Zerquera. Ständiger Gast in den Fernsehshows von ARD und ZDF — wenn nicht als Sänger, dann bei Tennisübertragungen. Der Stand seiner Schlagerkarriere drückt sich am besten mit seinem größten Hit aus: „Heute so, morgen so" (8/69 D 10). Seit 1971 ist er deutscher Staatsbürger.

■ **Dolores Gray** — 1924 — US-Sängerin, Tänzerin und Schauspielerin, die ihre Karriere in Radioshows von Rudy Vallee begann. 1945 war sie dann in der Band von Wayne King. Ab Anfang der 50er Jahre nahm sie auch Platten auf. Ihr größter Hit wurde „Shrimp Boats" (11/51 US 16).

■ **Clarence White** — 1944 — US-Gitarrist und Sänger mit den Byrds, Everly Brothers, Flying Burritos, Rick Nelson, Gene Clark, Randy Newman, Maria Muldaur, Joe Cocker, Rita Coolidge oder Arlo Guthrie. Er starb am 14.6.1973.

■ **Miguel Rios** — 1944 — Spanischer Sänger, der zusammen mit dem Orchester seines Onkels Waldo de los Rios den Hit „A Song Of Joy" (6/70 US 14, GB 16 8/70 D 1) aufnahm.

■ **Mickey Jones** — 1946 — GB-Leadgitarrist und Sänger bei Man, auch als Sessionmusiker für Peter Frampton.

■ **Dean Martin** — 1917 — US-Sänger und Schauspieler. Auch dieses Datum wird als sein Geburtstag genannt. Die Meinungen, ob der 17. oder 7. richtig ist gehen auseinander — ich habe mich für den 17. entschieden.

Todestage

■ **Meade Lux Lewis** — 1964 — US-R&B-Pianist und Songschreiber. Er starb nach einem Autounfall. Geboren am 4.9.1905.

■ **Bobby Hackett** — 1976 — US-Trompeter. Geboren am 31.1.1915.

Tageshits

1941 — „My Sister And I" — Jimmy Dorsey — US 2 W.
1947 — „Mam'selle" — Art Lund — US 2 W.
1952 — „Here In My Heart" — Al Martino — US 3 W.
1957 — „Yes Tonight, Josephine" — Johnnie Ray — GB 3 W.
1969 — „Das Mädchen Carina" — Roy Black — D 3 W.
1975 — „Whispering Grass" — Windsor Davies & Don Estelle — GB 3 W.
1975 — „Thank God I'm A Country Boy" — John Denver — US 1 W.
1982 — „Ebony And Ivory" — Paul McCartney & Stevie Wonder — D 5 W.
1986 — „Spirit In The Sky" — Doctor & The Medics — GB 3 W.
1986 — „Live To Tell" — Madonna — US 1 W.

8

Geburtstage

■ **Nancy Sinatra** — 1940 — US-Sängerin und Schauspielerin, Tochter von Ol' Blue Eyes. Von 1965 bis 1971 war sie erfolgreich — mal mit Papi, mal mit Lee Hazlewood, mal als Solistin. Hits — solo: „These Boots Are Made For Walking" (1/66 US & GB 1, 3/66 D 1), „How Does That Grab You, Darlin'?" (4/66 US 7, GB 19, 7/66 D 10) und „Sugar Town" (11/66 US 5, 1/67 GB 8) — mit Papi: „Somethin' Stupid" (3/67 US & GB 1, 5/67 D 2) — mit Lee Hazlewood: „Jackson" (6/67 US 14, 8/67 D 8) und „Did You Ever" (8/71 GB 2). Zwischen 1960 und 1965 war sie mit ihrem Kollegen Tommy Sands verheiratet. Ihre ersten TV-Auftritte hatte sie schon 1959 neben ihrem Vater und Elvis Presley, mit dem sie auch in dem Film „Speedway" spielte.

■ **Boz Scaggs** — 1944 — US-Sänger, Gitarrist und Songschreiber. Richtige Vornamen William Royce. Er begann, mal mit, mal ohne Steve Miller, in Bands wie Markmen (1959), Ardells (1961), Fabulous Knighttrains (1961) und Wigs (1963). 1964 geht Boz nach Europa — in Schweden macht er seine erste Solo-LP, die jedoch auch nur dort erscheint. Bis 1967 zieht er durch die Welt — dann kehrt er in die Staaten zurück und wird im September 1967 Mitglied in der Steve Miller Band. Ende 1968 — nach zwei LPs, verläßt er Steve aus „musikalischen Differenzen" und macht 1969 mit hervorragenden Studiomusikern, z.B. Duane Allman, eine tolle Solo-LP, die allerdings kein Erfolg wird — den hat er ab Anfang der 70er Jahre — Hit und Millionseller: „Lowdown" (7/76 US 3).

■ **Bonnie Tyler** — 1953 — GB-Sängerin und Songschreiberin. Richtiger Name: Gaynor Hopkins. Mit 17 gewinnt sie einen Nachwuchswettbewerb. Danach wird sie in ihrer Heimat Wales zu einer Größe in der Pub- und Club-Szene. 1976 muß sie sich einer Kehlkopfoperation unterziehen — danach hat sie die Stimme, die ihr Markenzeichen wird: weiblicher Rod Stewart. Hits: „Lost In France" (10/76 GB 9, 2/77 D 3), „It's A Heartache" (12/77 GB 4, D 2, 3/78 US 3), „Total Eclipse Of The Heart" (2/83 GB 1, 4/83 D 16, 7/83 US 1) und „Holding Out For A Hero" (2/84 US 34, 5/85 D 19, 8/85 GB 2). Zusammen mit Shakin' Stevens gelang ihr der Hit „A Rockin' Good Way" (1/84 GB 5, D 22).

■ **Mick Hucknall** — 1960 — GB-Sänger und Songschreiber. Zwischen 1979 und 1983 veröffentlichte er in GB mit seiner Gruppe Frantic Elevators etliche erfolglose Platten und gründete 1984 Simply Red. Damit kam der Erfolg — Hits: „Money's Too Tight (To Mention)" (6/85 GB 13, 7/86 US 28), „Holding Back The Years" (11/85 GB 51, 4/86 US 1, RE-GB 2), „The Right Thing" (2/87 GB 11, US & D 27), „Ev'ry Time We Say Goodbye" (11/87 GB 11), „Its Only Love" (1/89 GB 13, D 21) und „If You Don't Know Me By Now" (4/89 GB 2, US 1, D 19).

■ **Julie Driscoll** — 1947 — GB-Sängerin. Sie arbeitete noch für den Fan-Club der Yardbirds, als sie sich Steampacket anschloß. Zur Band gehörten bereits Musiker wie Rod Stewart, Long John Baldry oder Brian Auger. Als Brian eine eigene Band gründete, war Julie mit dabei. Hit für Julie Driscoll, Brian Auger & The Trinity: „This Wheel's On Fire" (4/68 GB 5). Nachdem Julie 1969 die Band verlassen hatte, heiratete sie den Rockjazzpianisten Keith Tippett und sang in dessen Gruppe Centipede.

■ **Jürgen von der Lippe** — 1948 — Sänger undSongschreiber. Richtiger Nachname Dohrenkamp. Erste Erfolge verbuchte er als Mitglied der Gebrüder Blattschuß, an deren großem Hit „Kreuzberger Nächte" (10/78 D 2) er gerade noch mitgearbeitet hatte. Seit 1978 tritt er als Solist aud und veröffentlichte etliche LPs — größte Single-Hits: „Guten Morgen, liebe Sorgen" (6/87 D 3) und „Dann ist der Wurm drin" (9/87 D 28). Seit 1980 moderiert er regelmäßige Fernsehsendungen wie „WWF-Club", „Show-Start", „So isses", „Donnerlippchen" und „Geld oder Liebe".

■ **Robert Pilatus** — 1965 — Sänger, Sohn eines US-Soldaten, Mutter Deutsche — geboren in New York, aufgewachsen in München. Nach Arbeiten als Fotomodell, Tänzer und Backing-Sänger tritt er 1987 mit seinem Kollegen Fab Morvan als Empire Bizarre in Erscheinung, 1988 als Milli Vanilli. Hits s. bei Fab am 14.5.

■ **Jeff Rich** — 1953 — GB-Drummer. Seit 1974 arbeitet er als Studiomusiker — z.B. bei 2 LPs von Stretch, Jackie Lynton, Charles Musclewhite und Judie Tzuke. Seit Mitte 1986 ist er Mitglied bei Status Quo.

■ **Nick Rhodes** — 1962 — GB-Keyboarder, Gitarrist und Songschreiber mit Duran Duran und Arcadia.

■ **Russel Christian** — 1956 — GB-Saxophonist und Sänger mit den Christians.

■ **Doris May Pearson** — 1966 — GB-Sängerin in der Geschwistergruppe 5 Star.

■ **Neil Mitchell** — 1968 — GB-Tastenspieler bei Wet Wet Wet.

■ **Mick Box** — 1947 — GB-Leadgitarrist mit Uriah Heep.

■ **Chuck Negron** — 1942 — US-Sänger mit Three Dog Night.

Todestage

■ **Laverne Andrews** — 1967 — US-Sängerin mit den Andrews Sisters. Starb an Krebs. Geboren am 6.7.1915.

■ **Jimmy Rushing** — 1972 — US-Sänger. Starb nach kurzer Krankheit. Geboren am 26.8.1903.

Tageshits

1957 — „Heimatlos" — Freddy — D 5 W.
1967 — „A Whiter Shade Of Pale" — Procol Harum — GB 6 W.
1974 — „Band On The Run" — Paul McCartney & Wings — US 1 W.
1985 — „Everybody Wants To Rule The World" — Tears For Fears — US 2 W.

Merk-Würdiges

1969 — Brian Jones gibt nach einem Treffen mit Mick Jagger und Keith Richard bekannt, daß er die Rolling Stones verläßt. Begründung: „Ich möchte meine Art von Musik spielen — und die Musik der Stones ist nicht mehr meine Musik".

9

Geburtstage

■ **Cole Porter** — 1891 — US-Komponist und Texter. Er gehörte zu den bedeutendsten US-Musical- und Songschreibern. Seine Lieder wurden Evergreens. Neben Irving Berlin war er der einzige, der sowohl die Musik als auch die Texte dazu selbst verfaßte. Dabei schien es erst nicht so gut zu laufen für den jungen Cole. Seine ersten Stücke für Broadwaymusicals 1915 und 1916 blieben erfolglos. Er ging nach Paris, wurde Fremdenlegionär und später französischer Artillerieoffizier. Nach dem Krieg heiratete er und blieb in den 20er Jahren in Europa. Hin und wieder schrieb er mal ein Stück, bis er schließlich 1928 in die USA zurückkehrte und für die Broadwayshow „Paris" den Hit „Let's Do It" schrieb. Damit begann der große Erfolg. Zu seinen bekanntesten Musicals zählen „Around The World In 80 Days" (1946) "Kiss Me Kate" (1948), „Can Can" (1953), „Silk Stockings" (1955). Er schrieb auch Filmmusiken, so z. B. für „High Society" (1956). Zu seinen unvergessenen Melodien gehören „Begin The Beguine", „Don't Fence Me In", „Night And Day", „I've Got You Under My Skin" oder „True Love". Einmal stand er auch selbst in der Hitparade: „You're The Top" (1/35 US 10) aus dem Musical „Anything Goes" — er sang und begleitete sich selbst auf dem Piano. 1937 erlitt Cole einen schweren Reitunfall, bei dem sein Pferd auf ihn stürzte und ihm beide Beine zertrümmerte. Er mußte zahllose Operationen über sich ergehen lassen, verlor aber schließlich doch 1958 sein rechtes Bein. Der Film „Night & Day" (1946) behandelte das Leben von Cole Porter — Cole wurde von Cary Grant gespielt. Cole starb am 15.10.1964.

■ **Les Paul** — 1916 — US-Gitarrist. Richtiger Name Lester William Pollfuss. Er begann seine Karriere in den 30ern als Country Musiker und Komiker — auch unter den Namen Hot Rod Red oder Rhubarb Red. Zwischen 1939 und 1940 spielte er mit Fred Waring. Danach arbeitete er für etliche Jahre als Studiomusiker oder mit seinem eigenen Trio, z.B. bei Bing Crosby und seinem Hit „It's Been A Long Long Time" (10/45 US 1). Ab 1948 als Solist — hier auch erstmals erfolgreich mit dem Mehrspurverfahren. Zusammen mit seiner Frau Mary Ford war er zwischen 1950 und 1961 erfolgreich. Größte Hits: „Mockin' Bird Hill" (2/51 US 2), „How High The Moon" (3/51 US 1), „The World Is Waiting For The Sunrise" (8/51 US 2) und „Vaya Con Dios" (6/53 US 1, 11/53 GB 7) — alles Millionseller. Er entwarf die Les Paul Gitarre für die Firma Gibson und machte sich damit in Gitarristenkreisen unsterblich.

■ **Jackie Wilson** — 1934 — US-Sänger und Songschreiber. Er begann seine Karriere in einer Gospel-Gruppe, wurde Amateurboxer und trat als Gesangssolist auf. 1953 kam er als Ersatz für Clyde McPhatter zu Billy Ward & His Dominoes. Hit mit Jackie als Leadsänger: „You Can't Keep A Good Man Down" (9/53 R&B 8). Ab 1957 dann wieder als Solist. Hits: „Reet Petite" (11/57 GB 6, 11/86 RE-GB 1, 1/87 D 4), „Lonely Teardrops" (11/58 US 7), „Night" (3/60 US 4), „Baby Work Out" (3/63 US 5), „(Your Love Keeps Lifting Me) Higher And Higher" (8/67 US 6, 5/69 GB 11, 7/87 RE-GB 15) und „I Get The Sweetest Feeling" (7/68 US 34, 7/72 GB 9, 5/75 RE-GB 25, 2/87 RE-GB 3). Am 29.9.1975 fiel er nach einem Herzanfall in ein Koma, aus dem er nicht mehr erwachte. Er starb, nachdem er all die Jahre im Krankenhaus gelegen hatte, am 21.1.1984. Viele der großen Soul- und Popstars nahmen ihn zum Vorbild. Sein Patenkind ist die inzwischen erfolgreiche Jody Watley.

■ **Johnny Ace** — 1929 — US-Sänger, Tastenspieler und Songschreiber. Richtiger Name John Marshall Alexander jr. Er spielte in der Band von B.B. King und gründete dann, zusammen mit Earl Forrest und Bobby Bland, The Beale Streeters — danach trat er als Solist auf. Hits: „My Song" (8/52 R&B 1), „The Clock" (7/53 R&B 1) und „Pledging My Love" (1/55 R&B 1, US 17). Am heiligen Abend des Jahres 1954 trat er in Houston auf. Noch hinter der Bühne spielte er zum Spaß Russisches Roulette — aus Spaß wurde Ernst. Eine Kugel löste sich, und Johnny starb einen Tag später. Seinen einzigen Pop-Hit erlebte er nicht mehr.

Deep Purple

■ **Jon Lord** — 1941 — GB-Tastenspieler und Songschreiber. Im Alter von 9 begann er mit Klavierunterricht. Seine ersten Versuche als Profimusiker machte er in der Bill Ashton Combo, dem National Youth Orchestra, bei Red Bludds Bluesicians, aus denen die Art Woods Combo und schließlich 1963 die Artwoods wurden. Bis 1967 veröffentlichten sie erfolglos Singles und LPs. Der letzte Versuch für die Band war die Namensänderung in St. Valentine Day's Massacre. Danach arbeitete Jon als Studiomusiker, z. B. bei Flowerpot Men zusammen mit Nick Simper. Mit ihm und einigen anderen Musikern gründete Jon im Februar 1968 Roundabout, aus denen einen Monat später die erste Formation von Deep Purple hervorging. Bei Deep Purple blieb er bis zum Frühjahr 1976, dann machte er das Trio Paice, Ashton & Lord bis September 1977. 1978 wurde er Mitglied bei Whitesnake und bei einer Reunion der Erfolgsformation von Deep Purple war er wieder mit dabei. Zwischendurch veröffentlichte Jon immer wieder mal Soloplatten.

■ **Peter Byrne** — 1954 — GB-Sänger, der sich Anfang der 80er Jahre mit Rob Fisher zusammentat und Naked Eyes gründete. Hits: „Always Something There To Remind Me" (3/83 US 8) und „Promises Promises" (7/83 US 11). Nachdem keine weiteren Hits gelangen, trennten sich die beiden und Rob Fisher machte mit Simon Climie die Formation Climie Fisher.

■ **Mitch Mitchell** — 1947 — GB-Schlagzeuger. Richtiger Vorname: John. Er spielte in der Sessionband der TV-Sendung „Ready, Steady, Go" und mit Georgie Fame's Blue Flames, bevor er im September 1966 zu Jimi Hendrix Experience kam. Nach dem Auseinanderbruch dieses Trios war er bei Ramatam, Free Creek, Randy California, Roger Chapman oder Dave Morrison zu hören.

Bill MacCormick, Brian Eno, Lloyd Watson, Francis Monkman, Simon Phillips, Phil Manzanera

■ **Francis Monkman** — 1949 — GB-Synthesizerspieler mit Curved Air, Camel, Sky, Phil Manzanera und als Studiomusiker. Machte auch Solo-LPs.

■ **Trevor Bolder** — 1950 — GB-Bassist mit den Spiders From Mars, der Begleitband von David Bowie, dann bei Uriah Heep. Er ist auch auf Platten von Dana Gillespie oder Wishbone Ash zu hören.

■ **Terry Uttley** — 1951 — GB-Bassist mit Smokie. 1983/84 spielte er auf Platten von Agnetha und Verity.

■ **Stuart Edwards** — 1946 — GB-Leadgitarrist mit Edison Lighthouse.

■ **Donald Duck** — 1934 — US-Filmschauspieler — nicht unbedingt mit einer ausgebildeten Gesangsstimme!

■ **Billy Hatton** — 1941 — GB-Bassist mit Fourmost.

Tageshits

1958 — „Purple People Eater" — Sheb Wooley — US 6 W.
1979 — „Love You Inside Out" — Bee Gees — US 1 W.
1984 — „Time After Time" — Cyndi Lauper — US 2 W.

10

Geburtstage

Howlin' Wolf — 1910 — US-Bluesmusiker. Richtiger Name Chester Burnett. Er galt als einer der originellsten unter den schwarzen Blues-Sängern. In den 30er Jahren spielte er zusammen mit Robert Johnson und Sonny Boy Williamson — nebenher arbeitete er weiter als Farmer. 1947 gründete er mit Junior Parker und dem damals 13jährigen James Cotton ein eigenes Trio — und auch hier hatte er wieder eine Nebentätigkeit: er war Diskjockey bei einer Radiostation in Memphis. Ab 1948 nahm er Platten für das Sun-Label auf, das damals noch durch Chess vertrieben wurde. Hits: „How Many More Years" (12/51 R&B 4), „Smoke Stack Lightning" (3/56 R&B 8) und „I Ask For Water" (11/56 R&B 8). Viele seiner Kompositionen wurden später von Rock-Interpreten übernommen. Chester starb am 10.1.1976 an Krebs.

Judy Garland — 1922 — US-Filmschauspielerin und Sängerin. Richtiger Name Frances Gumm. Sie begann als Kinderstar und spielte ihre erste Rolle in „Broadway Melody Of 1938" (1937) — sie sang einen Geburtstagsgruß für Clark Gable. Im Film „The Wizard Of Oz" (1939), der sie weltberühmt machte, sang sie „Somewhere Over The Rainbow" (9/39 US 5). Danach stand Judy bis Mitte der 50er Jahre regelmäßig in der Hitparade — Hits: „"I'm Nobody's Baby" (7/40 US 3), zusammen mit Gene Kelly „For Me And My Gal" (1/42 US 3), „The Trolley Song" (11/44 US 5) und — zusammen mit Bing Crosby — „Yah-Ta-Ta Yah-Ta-Ta (Talk, Talk, Talk)" (5/45 US 5). Anfang der 50er Jahre war sie Star auf den Bühnen von London und New York. Nachdem sie einige Jahre persönliche Schwierigkeiten hatte, kehrte sie 1954 mit dem Film „A Star Is Born" wieder ins Filmgeschäft zurück, in dem sie bis 1963 blieb. Liza Minnelli ist ihre Tochter. Judy starb am 22.6.1969 in London.

Shirley Alston — 1941 — US-Leadsängerin und Songschreiberin für die Shirelles. Richtiger Nachname Owens. Schon während ihrer Schulzeit gründete sie die Gruppe Poquellos, daraus entwickelten sich die Shirelles, die 1958 ihre ersten Platten aufnahmen. Hits: „Will You Love Me Tomorrow" (11/60 US 1, 2/61 GB 4), „Dedicated To The One I Love" (1/61 US 3), „Soldier Boy" (3/62 US 1, 5/62 GB 23) und „Foolish Little Girl" (3/63 US 4, GB 38). 1975 verließ Shirley die Gruppe, um eine Solo-Karriere zu starten — daraus ist wohl nichts geworden.

■ **Don Costa** — 1925 — US-Komponist, Dirigent, Arrangeur und Produzent. In den 40er/50er Jahren arrangierte er für Vic Damone, Sarah Vaughan, Vaughn Monroe, Eydie Gormé, Steve Lawrence und machte dann aus dem 16jährigen Paul Anka einen Star. Mit seinem Orchester hatte Don den Hit „Never On Sunday" (8/60 US 19, D 37, 10/60 GB 27). Danach gründete er eine eigene Produktionsfirma, die z.B. Little Anthony & The Imperials oder Trini Lopez betreute. Auch Frank Sinatra wurde über etliche Jahre durch Don Costa und sein Orchester begleitet. Barbra Streisand, Perry Como, Dean Martin oder die Osmonds — alles Interpreten, mit denen Don zusammen gearbeitet hat. Er starb am 19.1.1983.

■ **Frederic Loewe** — 1904 — US-Musical-Komponist, der in Wien als Friedrich Löwe geboren wurde und seit 1924 in den USA lebte. Ab Anfang der 40er Jahre arbeitete er zusammen mit dem Texter Alan Jay Lerner. Zu seinen größten Erfolgen gehören „Paint Your Wagon" (1951), „My Fair Lady" (1956), „Camelot" (1960) und der Film „Gigi" (1958). Loewe starb am 15.2.1988.

Perry Kibble — 1949 — US-Tastenspieler, Sänger und Songschreiber bei den 1971 gegründeten Taste Of Honey, die zwei große Hits hatten: „Boogie Oogie Oogie" (6/78 US 1, GB 3, 10/78 D 40) und „Sukiyaki" (3/81 US 3).

■ **Ian Mosley** — 1953 — GB-Schlagzeuger mit Darryl Way's Wolf, der holländischen Gruppe Trace, Steve Hackett, Sally Oldfield, Renaissance, Charlene und schließlich mit Marillion.

■ **Mark Shaw** — 1961 — GB-Sänger und Songschreiber für die 1983 gegründeten Then Jericho. Hits: „The Motive" (7/87 GB 18) und „Big Area" (1/89 GB 13).

■ **Janet Vogel** — 1942 — US-Sängerin mit den Skyliners. Größter Hit: „Since I Don't Have You" (2/59 US 12). Sie beging am 21.2.1980 Selbstmord.

■ **Rick Price** — 1944 — GB-Bassist mit Move, Wizzard, Roy Wood und Brains.

Todestag

■ **Addie Harris** — 1982 — US-Sängerin, eine der 4 Shirelles. Geboren am 22.1.1940.

Tageshits

1944 — „I'll Get By (As Long As I Have You)" — Harry James — US 6 W.
1950 — „Sentimental Me" — Ames Brothers — US 1 W.
1972 — „Candy Man" — Sammy Davis jr. — US 3 W.
1972 — „Vincent" — Don McLean — GB 2 W.
1974 — „Waterloo" — Abba — D 4 W.
1978 — „You're The One That I Want" — John Travolta & Oliviao Newton-John — US 1 W.
1985 — „19" — Paul Hardcastle — D 6 W.
1989 — „Wind Beneath My Wings" — Bette Midler — US 1 W.
1989 — „Sealed With A Kiss" — Jason Donovan — GB 2 W.

11

Geburtstage

■ **Joey Dee** — 1940 — US-Sänger und Songschreiber. Richtiger Name Joseph DiNicola. 1958 gründete er in New Jersey Joey Dee & The Starlighters, die mit der aufkommenden Twist-Welle sich und das New Yorker Lokal Peppermint Lounge nach oben spülten. Hits: „The Peppermint-Twist — Part 1" (11/61 US 1, 2/62 GB 33), „Shout — Part 1" (3/62 US 6), „Ya Ya" (8/62 D 4) und „What Kind Of Fool Is This" (9/62 US 18). Nach 1963 ließ der Erfolg in den USA aus — bei uns war er weiterhin beliebt: „Bitte, bitte, Baby" (1/64 D 30). Bei den späten Starlighters spielten Musiker wie Felix Cavaliere, Gene Cornish und Eddie Brigati, aus denen später die Young Rascals wurden. Auch Jimi Hendrix war 1965/6 Mitglied der Begleitband von Joey Dee.

■ **James „Pookie" Hudson** — 1934 — US-Leadsänger der Spaniels, die sich 1952 formierten. 1955 kam es zu personellen Veränderungen in der Gruppe — auch Hudson verließ die Band kurzfristig, kehrte aber schon 1956 wieder zurück. Größter Hit: „Goodnite Sweetheart, Goodnite" (6/54 US 24). 1961 verließ er die Band wieder und gründete 1975 die New Spaniels.

■ **Donnie van Zant** — 1952 — US-Sänger und Songschreiber, der nach Sweet Rooster, diversen weiteren Gruppen und der Tätigkeit als Bremser bei der Bahn 1975 38 Special gründete. Möglich daß die Tatsache, daß Donnies älterer Bruder Ronnie Mitglied von Lynyrd Skynyrd war, den Abschluß eines Plattenvertrages beflügelte. 1977 erschien die Debüt-LP von 38 Special. Hits: „Caught Up In You" (5/82 US 10), "Like No Other Night" (5/86 US 14) und „Second Chance" (2/89 US 6).

■ **Gunter Gabriel** — 1944 — Sänger und Songschreiber, der lange Zeit als der deutsche Johnny Cash verkauft wurde. Erfolgreich war er zwischen 1974 und 1978. Hits: „Er ist ein Kerl (der 30-Tonner-Diesel)" (2/74 D 16), „Hey Boß, ich brauch' mehr Geld" (5/74 D 6), „Hey, Yvonne (Warum weint Mami)" (10/74 D 5) und „Komm unter meine Decke" (12/75 D 7).

■ **Lynsey De Paul** — 1950 — GB-Sängerin und Songschreiberin. Richtiger Nachname Rubin. Hits: „Sugar Me“ (8/72 GB 5, 12/72 D 16), „No Honestly“ (11/74 GB 7) und zusammen mit Mike Moran „Rock Bottom“ (3/77 GB 19, 5/77 D 4).

■ **Jud Strunk** — 1936 — US-Sänger und TV-Komiker. Vollständiger Name Justin Strunk Jr. Größter Hit: „Daisy A Day“ (2/73 US 14). Er starb am 15.10.1981.

■ **Glenn Leonard** — 1947 — US-Sänger. 1975 kam er für den ausscheidenden Damon Harris zu den Temptations. Bei der 1988er Lineup war er nicht mehr mit dabei.

■ **John Lawton** — 1946 — GB-Sänger mit Lucifer's Friend, den Les Humphries Singers und ab 1976 für 2 Jahre mit Uriah Heep. Danach machte er eine Solo-LP, kam erneut zu Lucifer's Friend und Rebel.

■ **Frank Beard** — 1959 — US-Schlagzeuger und Songschreiber der 1969 gegründeten ZZ Top.

Todestag

■ **Earl Grant** — 1970 — US-Organist und Sänger. Starb nach Autounfall. Geboren am 20.1.1931.

Tageshits

1966 — „Paint It Black“ — Rolling Stones — US 2 W.
1966 — „Sloop John B.“ — Beach Boys — D 5 W.
1969 — „The Ballad Of John And Yoko“ — Beatles — GB 3 W.
1977 — „I'm Your Boogie Man“ — K. C. & The Sunshine Band — US 1 W.

Merk-Würdiges

1969 — Von David Bowie erscheint die Platte „Space Oddity“, die den Grundstein für eine weltweite Karriere legt — es beginnt jedoch schleppend: Am 6. September 69 kommt die Platte in die britischen Charts und erreicht Platz 48 — für eine Woche, dann fällt sie wieder raus. Am 20. September 69 kommt sie erneut in die Hitparade — diesmal ein Platz 5 und 13 Wochen drin. Im Januar 1973 dann die US-Charts — Platz 15. Im Oktober 1975 wieder die Briten — diesmal endlich ein Platz 1!

12

Geburtstage

■ **Reg Presley** — 1943 — GB-Sänger, Songschreiber und Kopf der Troggs. Richtiger Name Reg Maurice Ball. Gegründet 1964 als The Troglodytes wurde die Formation 1965 durch den Manager der Kinks, Larry Page, entdeckt. 1965 waren sie die führende Punk-Band in Großbritannien. 1966 kürzten sie ihren Namen auf Troggs und brachten ihre erste Platte auf den Markt. Wegen sogenannter „suggestive lyrics“ (zweideutiger Texte) wurden die Stücke häufig in den Rundfunkanstalten rund um die Erde (oder zumindest da, wo man englisch versteht) nicht gespielt — trotzdem hatten sie jede Menge Hits: „Wild Thing“ (5/66 GB 2, US 1, 7/66 D 7), „With A Girl Like You“ (7/66 GB 1, US 29, 9/66 D 2), „I Can't Control Myself“ (9/66 GB 2, US 43, 11/66 D 2), „Anyway That You Want Me“ (12/66 GB 8, D 13), „Give It To Me“ (2/67 GB 12, D 10) und „Love Is All Around“ (10/67 GB 5, 1/68 D 15, US 7). Die letztgenannte Platte stellte die Band in den USA in die „Flower-Power“ Ecke — worüber sich Reg köstlich amüsierte. Anfang der 70er Jah waren die Troggs am Ende — es erschienen zwar noch weitere Platten, aber de Zug war abgefahren.

■ **Archie Bleyer** — 1909 — US-Pianist und Orchesterchef. Schon 1934 trat e mit eigener Band auf. 1952 gründete er die Plattenfirma Cadence, auf der Interpre ten wie Julius La Rosa, die Chordettes oder die Everly Brothers Hits hatte Erfolge für Archie auf seinem eigenen Label: „Hernando's Hideaway“ (5/54 US 2 — mit einem Kastagnetten-Solo von Maria Alba — und „The Naughty Lady C Shady Lane“ (12/54 US 17). 1964 zog sich Bleyer aus dem Plattengeschäft zurüc Er starb am 20.3.1989.

■ **Len Barry** — 1942 — US-Sänger, richtiger Name Leonard Borisoff. E begann als Leadsänger der 1957 gegründeten Band Dovells. Hits: „Bristol Stomp (9/61 US 2) und „You Can't Sit Down“ (4/63 US 3). Danach verließ Len di Gruppe und versuchte sich als Solist. Hits: „1-2-3“ (9/65 US 2, 11/65 GB 3, 1/66 38) und „Like A Baby“ (1/66 US 27, GB 10). Nach Beendigung seiner Karrier wurde er als Kellner in einer Bar in Philadelphia gesehen.

■ **Roy Harper** — 1941 — GB-Underground Folk-Rock-Sänger, der etliche LP veröffentlichte, die jedoch kaum Beachtung fanden. Dafür liebten ihn die briti schen Musiker. Pink Floyd holten sich Roy als Sänger für die Nummer „Have Cigar“, Led Zeppelin widmeten ihm das Stück „Hats Off To Harper“. Auf seine LPs spielten als Gastmusiker Mitglieder von Pink Floyd, Led Zeppelin, Who, Ye oder 1970 mal die komplette Besetzung von The Nice mit — es nützte nichts.

■ **Vic Damone** — 1928 — US-Sänger und Schauspieler. Richtiger Name Vit Farinola. Ihn zählt man zu den erfolgreichsten Balladensängern der Nachkriegs zeit. In den Hitparaden war er zwischen 1947 und 1965 mit mehr als 40 Titeln ver treten. Größte Hits: „Again“ (4/49 US 6), „You're Breaking My Heart“ (6/49 US 1 „Tzena, Tzena, Tzena“ (7/50 US 6), „My Heart Cries For You“ (12/50 US 4), „M Truly, Truly Fiar“ (6/51 US 4) und „On The Street Where You Live“ (4/56 US 4 5/58 GB 1). Vic trat in etlichen Filmen auf und leitete 1956/7 eine eigene TV Show.

■ **Klaus Eberhartinger** — 1950 — Österreichischer Sänger und Songschrei ber, der im November 1983 zur 1977 gegründeten Erste Allgemeine Verunsiche rung stößt. Mit ihm kommt auch der Erfolg in der Bundesrepublik. Hits: „Ba-B Banküberfall“ (1/86 D 7), „Märchenprinz“ (4/86 D 16), „Heisse Nächte i Palermo“ (7/86 D 16), „Küss' die Hand, schöne Frau“ (11/87 D 2) und „An de Copacabana“ (2/88 D 11).

■ **Brad Delp** — 1951 — US-Lead-Sänger und mit Tom Scholz Mitte der 70e Jahre Gründer von Boston. Hits siehe 10.3. bei Scholz. Als die Band nach 8 Jahre wieder mit einem neuen Titel in den Hitparaden auftauchte, waren nur noch Bra und Tom mit dabei.

■ **Barry Bailey** — 1948 — US-Lead-Gitarrist mit Badger (1974) und Atlant Rhythm Section. Er spielte auch auf Platten von Al Kooper, Paul Davis — „Rid 'em Cowboy“ (1975) — Mylon Lefevre und Frankie Miller.

■ **Lyn Collins** — 1948 — US-Sängerin. Sie begann Mitte der 60er Jahre mi Charles Pikes & The Scholars und wurde ab 1969 Mitglied in der Revue von Jame Brown. Hin und wieder durfte sie unter der Produktionsleitung von Brown auc mal eine Soloplatte aufnehmen. Größter Erfolg: „Think (About It)“ (7/72 R&B 9)

■ **Pete Farndon** — 1952 — GB-Bassist für 2 Jahre mit der australischen Banc Bushwackers und dann 1978 Gründungsmitglied bei den Pretenders. Im Juni 198 wurde er durch Malcolm Foster ersetzt — Pete hatte Drogenprobleme. Die führter auch zu seinem Tode am 14.4.1983.

■ **Rocky Burnette** — 1953 — US-Sänger, Sohn von Johnny Burnette. Er ver sucht, in die Fußstapfen seines Vaters zu treten. Erster Hit: „Tired Of Toein' Th Line“ (6/80 US 8).

■ **Chick Corea** — 1941 — US-Jazz-Tastenspieler, Komponist und Bandleader der als einer der bedeutendsten Pianisten des Rock-Jazz gilt. Richtige Vorname Armando Anthony. Er spielte u.a. zusammen mit Herbie Mann oder Miles Davis und gründete 1971 Return To Forever.

Chick Corea

Dale Krantz — 1952 — US-Sängerin mit der Rossington Collins Band, die 979 von vier der fünf überlebenden Mitglieder von Lynyrd Skynyrd gegründet urde. Dale hatte vorher im Hintergrund von 38 Special gesungen.

Bun E. Carlos — 1951 — US-Drummer mit Cheap Trick. Richtiger Name rad Carlson.

Todestage

Jimmy Dorsey — 1957 — US-Orchesterchef, Bruder von Tommy Dorsey. eboren am 29.2.1904.

Johnny Bond — 1978 — US-Country-Sänger und Schauspieler. Geboren am .6.1915.

Tageshits

1943 — „Taking A Chance On Love" — Benny Goodman — US 3 W.
1961 — „Travellin' Man" — Ricky Nelson — US 1 W (2.mal)
1965 — „Back In My Arms Again" — Supremes — US 1 W.
1965 — „Heute male ich dein Bild, Cindy Lou" — Drafi Deutscher — D 3 W.
1971 — „Want Ads" — Honey Cone — US 1 W.
1976 — „Combine Harvester" — Wurzels — GB 2 W.
1976 — „Silly Love Songs" — Wings — US 4 W. (2.mal)
1982 — „Goody Two Shoes" — Adam & The Ants — GB 2 W.

13

Geburtstage

■ **Deniece Lisa Maria Pearson** — 1968 — GB-Leadsängerin mit der eschwistertruppe Five Star. 1983 baten die drei Schwestern Lorraine, Doris und eniece ihren Vater, einen ehemaligen Profigitarristen und Songschreiber, ein erade selbstgeschriebenes Stück aufnehmen zu dürfen. Vater Buster hatte wähend der 60er Jahre als Mitglied einer Tourband Interpreten wie Wilson Pickett, ee Dorsey, Desmond Dekker oder Jimmy Cliff durch Großbritannien begleitet. ußerdem hatte er für ein unanbhängiges Reggae-Label als Songschreiber und roduzent gearbeitet. Nach dieser ersten Aufnahme der Töchter, von der der Vater egeistert war, machte er ein Demo von einem Stück, das Lorraine geschrieben atte, und mit dieser Nummer hatten sie dann im September 1983 ihren ersten ernsehauftritt. Inzwischen hatten sich noch die beiden Brüder Stedman und Delroy zu den Schwestern gesellt — und man trat als Five Star auf. Ab 1985 waren sie regelmäßig in der britischen Hitparade — die größten Hits: „System Addict" (1/86 GB 3, 3/86 D 19), „Rain Or Shine" (9/86 GB 2) und „The Slightest Touch" (4/87 GB 4).

■ **Slim Dusty** — 1927 — Australischer Sänger, der auf seinem Kontinent der populärste Country-Interpret ist. Richtiger Name David Gordon Kirkpatrick. Mit der sicher nicht nur für Australier gräßlichen Vorstellung „Pub With No Beer" (1/59 GB 3) gelang ihm auch ein Hit außerhalb von Känguruh-Land. Bei uns sang Bobbejaan die deutsche Version „Ich steh an der Bar und habe kein Geld" (3/60 D 6) — genauso schlimm.

■ **Esther Ofarim** — 1941 — Israelische Sängerin, die zusammen mit ihrem Mann Abi als Esther & Abi Ofarim erfolgreich war. Richtiger Name Esther Zaied. Größte Hits: „Morning Of My Life" (7/67 D 2) und „Cinderella Rockefella" (2/68 GB 1, D 5). Ab Anfang der 70er Jahre machte sie ohne Mann und Hits weiter.

■ **Bobby Freeman** — 1940 — US-Sänger und Songschreiber. Im Alter von 14 Jahren gründete er die Gruppe Romancers, später die Vocaleers. Erfolgreich war er aber erst als Solist — Hits: „Do You Want To Dance" (5/58 US 5) und „C'mon And Swim" (7/64 US 5).

■ **Jorge Santana** — 1954 — Mexikanischer Gitarrist, kleiner Bruder von Carlos. 1971 gründete er die Band Malo, die bis 1974 hielt. Größter Hit: „Suavecito" (3/72 US 18). Jorge spielte auch bei den Fania All Stars und als Solist.

■ **Robert Donaldson** — 1954 — US-Keyboarder und Trompeter mit seiner Band Bo Donaldson & The Heywoods, die mit dem Paper Lace-Nachzieher „Billy, Don't Be A Hero" (4/74 US 1) ihren größten Hit hatte.

■ **Attila Zoller** — 1927 — Ungarischer Jazz-Gitarrist und Komponist, der zusammen mit Albert Mangelsdorff, Oscar Pettiford oder Kenny Clarke spielte. 1959 ging er in die USA und spielte dort mit Stan Getz und von 1962 bis 1965 mit Herbie Mann. Daneben gab es natürlich auch Solo-LPs.

■ **Dennis Locorriere** — 1949 — US-Gitarrist, Sänger und Songschreiber. Durch ihn und Ray Sawyer wurde 1968 die Gruppe Dr. Hook gegründet.

■ **Howard Leese** — 1951 — Kanadischer Tastenspieler mit Heart und als Studiomusiker bei Dixon Hause, Randy Meisner und Spirit.

■ **Nicole Boeuf** — 1967 — Leadsängerin mit Mysterious Art. Hits: „Das Omen Teil I" (5/89 D 1) und „Karma — Omen II" (11/89 D 9).

■ **Rolf Brendel** — 1957 — Schlagzeuger mit Nena.

Todestage

■ **Clyde McPhatter** — 1972 — US-Sänger, der nach einem Herzanfall starb. Geboren am 5.11.1933.

■ **Benny Goodman** — 1986 — US-King Of Swing. Geboren am 30.5.1909.

Tageshits

1942 — „Jersey Bounce" — Benny Goodman — US 4 W.
1970 — „Long And Winding Road" — Beatles — US 2 W.
1970 — „In The Summertime" — Mungo Jerry — GB 8 W.
1977 — „Ma Baker" — Boney M. — D 3 W.
1981 — „Being With You" — Smokey Robinson — GB 2 W.
1987 — „Always" — Atlantic Starr — US 1 W.

14

Geburtstage

■ **Burl Ives** — 1909 — US-Filmschauspieler, Sänger, Buchautor, Geschichtenerzähler und Banjospieler. Vollständiger Name Burle Icle Ivanhoe Ives. In unzähligen Charakterrollen spielte er am Broadway, im Fernsehen und in Filmen — neben James Dean war er 1955 im Film „East Of Eden" (Jenseits von Eden) zu sehen, 1958 erhielt er den Oscar für die beste Nebenrolle im Film „The Big Country" (Weites Land). Noch im gleichen Jahr spielte er Big Daddy in „Cat On A Hot Tin Roof" (Die Katze auf dem heißen Blechdach). 1959 wirkte er neben Alec Guiness in dem britischen Film „Our Man In Havanna" (Unser Mann in Havanna) mit. Wenn es darum ging, Großgrundbesitzer aus dem Süden der USA darzustellen, war Ives die richtige Besetzung. Für seine Arbeit auf dem Gebiet der Country- und Folk-Musik erhielt er mehrere Auszeichnungen — von den 40ern bis zu den 60ern galt er als einer der populärsten Folksänger. Schon Anfang der 30er Jahre begann er, sich im verstärkten Maße für die amerikanische Volksmusik zu interessiern. Fast zwei Jahre zog er durch die USA, verdiente sich mit verschiedenen Jobs sein Geld, trat als Sänger und Banjospieler auf und sammelte Folksongs, die er später, als er mehr als 500 zusammenhatte, in Büchern veröffentlichte. Auch in den Pop-Hitparaden war er anzutreffen: „Lavender Blue (Dilly Dilly)" (2/49 US 16), „Riders In The Sky (Cowboy Legend)" (4/49 US 21), „On Top Of Old Smoky" (5/51 US 10), „A Little Bitty Tear" (12/61 US & GB 9, 7/62 D 38) und „Funny Way Of Laughin'" (4/62 US 10, GB 29).

■ **Rod Argent** — 1945 — GB-Keyboarder, Sänger und Songschreiber, der 1963 die Zombies gründete. Hits: „She's Not There" (8/64 GB 12, 10/64 US 2), „Tell Her No" (1/65 US 6) und „Time Of The Season" (2/69 US 3). Als der letzte Hit in den Charts stand, hatte sich die Band bereits aufgelöst. Rod startete sein eigenes Projekt Argent. Größter Hit: „Hold Your Head Up" (3/72 GB 5, 6/72 US 5). Im Juni 1976 fiel auch diese Band auseinander, und Rod versuchte sich als Solist. In der Verkleidung als San José gelang ihm pünktlich zur Fußballweltmeisterschaft mit „Argentine Melody (Cancion de Argentina)" (6/78 GB 14) ein Hit. Unter dem Hit stand: feat. Rodriguez Argentina. Als Studiomusiker war Rod bei unzähligen Produktionen mit dabei.

■ **Boy George** — 1961 — GB-Sänger und Songschreiber für Culture Club. Richtiger Nachname O'Dowd. Er begann seine Karriere als kurzfristiges Mitglied bei Bow Wow Wow und gründete 1981 Culture Club. Hits: „Do You Really Want To Hurt Me" (9/82 GB 1, 11/82 D 1, US 2), „Time (Clock Of The Heart)" (11/82 GB 3, 1/83 D 16, 4/83 US 2), „Church Of The Poison Mind" (4/83 GB 2, D 23, 10/83 US 10), „Karma Chameleon" (9/83 GB 1, D 2, 12/83 US 1), „Victims" (12/83 GB 3), „It's A Miracle" (3/84 GB 4), „Miss Me Blind" (3/84 US 5), „War Song" (9/84 GB 2, US 17) und „Move Away" (3/86 GB 7, US 12, D 21). Anfang 1987 erklärt George, daß er ab jetzt als Solist in Erscheinung treten will. Hits: „Everything I Own" (3/87 GB 1, D 8) und „To Be Reborn" (11/87 GB 13).

■ **Nick van Eede** — 1959 — GB-Sänger und Songschreiber mit der Gruppe Cutting Crew, die als die Neuentdeckung des Jahres 1986 gefeiert wurde. Hits: „(I Just) Died In Your Arms" (8/86 GB 4, 10/86 D 4, 3/87 US 1) und „I've Been In Love Before" (10/86 GB 31, 1/87 D 44, 9/87 US 9, 11/87 RE-GB 24).

■ **Muff Winwood** — 1943 — GB-Bassist und Plattenproduzent, der in den Anfangstagen der Spencer Davis Group mitspielte und immer im Schatten seines jüngeren Bruders Stevie stand.

■ **Alan White** — 1949 — GB-Schlagzeuger mit der Plastic Ono Band und ab 1972 mit Yes. Er machte auch Soloplatten und gilt als gesuchter Studiomusiker.

■ **Julie Felix** — 1941 — US-Sängerin, die ihren Erfolg in GB suchte. Dort baute man sie zum Gegenpol von Joan Baez auf. Einziger Hit: „If I Could (El Condor Pasa)" (4/70 GB 19).

Gianna Nannini

■ **Gianna Nannini** — 1954 — Italienische Rock-Röhre und Songschreiberin

■ **Jimmy Lea** — 1952 — GB-Bassist, Tastenspieler und Songschreiber fü Slade. Hits am 4.4. bei Dave Hill.

■ **DeGarmo Chris** — 1963 — US-Gitarrist und Songschreiber bei Queensr che.

Todestage

■ **Wynonie Harris** — 1969 — US-Sänger. Geboren am 24.8.1915.

■ **Clarence White** — 1973 — US-Gitarrist bei den Byrds. Er wurde von eine betrunkenen Frau überfahren. Geboren am 7.6.1944.

Tageshits

1941 — „Maria Elena" — Jimmy Dorsey — US 6 W.
1975 — „Sister Golden Hair" — America — US 1 W.
1986 — „On My Own" — Pattie La Belle und Michael McDonald — US 3 W.

15

Geburtstage

■ **Harry Nilsson** — 1941 — US-Sänger und Songschreiber, der in den frühe 60er Jahren als Johnny Niles sein Glück versuchte. Richtiger Name Harry Edwar Nelson III. Seine Titel wurden aufgenommen von den Ronettes, den Monkees ode Three Dog Night. Er lieferte nicht nur die Kompositionen ab, sondern sang si auch als Demo auf Band. Bei der Gelegenheit stellte man fest, daß er selbst übe eine gute Stimme verfügte. Hits: „Everybody's Talking" (8/69 US 6, GB 23) „Without You" (12/71 US 1, 2/72 GB 1, D 12) und „Coconut" (6/72 US 8). Nilsso galt als enger Freund von John Lennon und Ringo Starr.

■ **Waylon Jennings** — 1937 — US-Country-Sänger, Bassist und Songschrei ber. Zusammen mit Willie Nelson, Tompall Glaser und Jessi Colter — seine Fra seit 1969 — gehört er zu den „Outlaws" der US-Country-Musik. In der zweite Hälfte der 50er Jahre arbeitete er in Lubbock/Texas als DJ und freundete sich mi Buddy Holly an. Buddy produzierte 1958 Waylons erste Platte „Jole Blon". Weni später wurde Waylon Bassist in der Begleitband von Buddy Holly. Dem Flugzeug absturz am 3.2.1959 entging er, weil er mit Big Bopper um einen Platz in de Maschine geknobelt und verloren hatte. Anfang der 60er Jahre gründete Waylo eine stark folk-orientierte Gruppe, die er Waylors nannte. Ab 1965 war er dann als Solist bei RCA — was er da jedoch singen sollte, mißfiel ihm mehr und mehr. Zusammen mit Willie Nelson protestierte er Anfang der 70er Jahre gegen die Bevormundung der Interpreten seitens der Firmen und Produzenten. Danach durfte er seine Platten selbst produzieren — das stempelte ihn zum „Outlaw". Cross Over Erfolge in den Pop Charts: „Luckenbach, Texas (Back To the Basics Of Love)" (5/77 US 25) und „Theme From The Dukes Of Hazzard (Good Ol' Boys)" (9/80 US 21). Er war auch erfolgreich im Duett mit Willie Nelson: „Good Hearted Woman" (2/76 US 25). In der ewigen Bestenliste der Country-Musiker belegt Waylon Platz 11. Spitzenreiter in den C&W-Charts wurde er bis Ende 1988 alleine oder im Duett mit anderen Künstlern 16mal.

■ **Terri Gibbs** — 1954 — US-Country-Sängerin und Pianistin, die seit ihrer Geburt blind ist. Als Kind sang sie in einer Gospelgruppe und hatte ab 1974 eine eigene Band: Sound Dimension. In ihrer Heimatstadt Augusta arbeitete sie zwischen 1975 und 1980 im Restaurant „Steak & Ale", dann gelang ihr der Hit „Somebody's Knockin'" (1/83 US 13). Seit diesem Zeitpunkt ist sic regelmäßig in der Country-Hitparade zu finden.

■ **David Rose** — 1910 — US-Komponist, Pianist und Orchesterleiter, der in London geboren wurde und im Alter von 4 Jahren mit seinen Eltern nach Chicago zog. Er studierte am Chicago Musical College, spielte Ende der 20er Jahre als Pianist in verschiedenen Bands und arbeitete als Arrangeur. 1936 machte er sich einen Namen, als er für Benny Goodman den Titel „It's Been So Long" (2/36 US 1) arrangierte. Ende der 30er Jahre wurde er freier Arrangeur in Hollywood. Dort heiratete er Martha Raye (1938 — 1941) und Judy Garland (1941 — 1943). 1943 nahm er seine erste eigene Platte auf: „Holiday For Strings" (6/43 US 2). Weitere Hits: „Calypso Melody" (3/57 US 42 — trotzdem ein Millionseller!) und „The Stripper" (5/62 US 1). Er schrieb und arrangierte für viele TV-Serien, z.B. „Bonanza" oder „Little House On The Prairie", und Filme die Musik. Speziell Tony Martin und der Komiker Red Skelton arbeiteten mit David in Radio- und Fernsehprogrammen; auf vielen Platten von Connie Francis ist David mit seinem Orchester zu hören.

■ **Johnny Hallyday** — 1943 — Französischer Sänger, der sich allen gängigen Trends über mehr als 20 Jahre immer wieder anpaßte — deshalb wurde er wohl auch als Chamäleon-Idol bezeichnet. Richtiger Name Jean Philippe Smet. Seinen ersten Hit hatte er 1960 mit "Souvenirs, Souvenirs". 1961, der Twist war gerade angesagt, brachte er die französische Version von „Let's Twist Again": „Viens Danser Le Twist". Am liebsten sah er sich — wie in seinem Hit von 1963 — als „L'Idole De La Jeunesse". Zu seinen letzten großen Erfolgen gehörte im Jahre 1986 „Quelque Chose De Tennessee". Johnny war verheiratet mit seiner Kollegin Silvie Vartan und ist der Vater von David Hallyday.

■ **Steve Walsh** — 1951 — US-Sänger, Songschreiber und Tastenspieler. Steve wurde 1972 Mitglied in der ein Jahr zuvor gegründeten Band White Clover, die sich wenig später in Kansas umbenannte. Hits: „Carry On Wayward Son" (12/76 US 11) und „Dust In The Wind" (1/78 US 6). Im Januar 1981 verließ Steve die Band — er wurde ersetzt durch John Elefante — und machte Soloplatten. Ende 1983 fiel Kansas auseinander. 1986 kam es mit Steve zu einer Neuformierung — Hit: „All I Wanted" (11/86 US 19).

■ **Demis Roussos** — 1946 — Griechischer Sänger mit Aphrodite's Child und als Solist. Hit für die Band: „Rain And Tears" (5/68 D 29, 11/68 GB 30). Solo-Hits: „Good-bye, My Love, Good-bye" (4/73 D 1), „Happy To Be On An Island In The Sun" (11/75 GB 5) und „The Roussos Phenomenon" (6/76 GB 1). Die letztgenannte Platte war eine EP, auf der sich vier Stücke befanden, von denen zwei bereits vorher bei uns in der Hitparade standen: „Forever And Ever" (5/73 D 26), „Sing An Ode To Love", „So Dreamy" und „My Friend The Wind" (9/73 D 7).

■ **Neil Arthur** — 1958 — GB-Synthesizerspieler, Sänger, Songschreiber und 50 % von Blancmange. 1978 war Neil Mitglied der Viewfinders. Als er auf Steven Luscombe traf, gründeten sie gemeinsam L360. Nachdem dieses Projekt nicht funktionierte, trennten sie sich, kamen erneut zusammen und gründeten jetzt Blancmange — den Namen haben sie von einem britischen Pudding übernommen. Hits: „Living On The Ceiling" (10/82 GB 7) und „Don't Tell Me" (4/84 GB 8). 1986 ging man wieder auseinander.

■ **Erroll Garner** — 1921 — US-Jazzpianist, der zu den großen der Jazz-Geschichte gehört. Nur ein einziges Mal tauchte er in den Pop Hitparaden auf: „Misty" (10/54 US 30) — das Stück hat er selbst geschrieben und wurde fünf Jahre später ein Hit für Johnny Mathis. Garner starb am 2.1.1977.

■ **Brett Gillis** — 1957 — US-Sänger und Gitarrist mit Rubicon, die in den späten 70er Jahren zwei LPs aufnahmen. 1979 wurde daraus das Trio Stereo und noch später Night Ranger, die 1982 ihre erste LP veröffentlichten.

■ **Richie Puente** — 1953 — US-Percussionist und Clavinettist mit Foxy. Er spielte auch mit Mink DeVille oder Peter Frampton.

■ **Paul Michiels** — 1948 — Belgischer Sänger, Keyboarder und Songschreiber mit Soulsister.

■ **Noddy Holder** — 1950 — GB-Sänger, Gitarrist und Songschreiber für Slade. Hits siehe bei Dave Hill am 4.4.

■ **Russel Hitchcock** — 1949 — Australischer Sänger im Duo Air Supply. Hits siehe 1.6. bei Partner Graham Russell.

■ **Scott Rockenfield** — 1963 — US-Drummer mit Queensryche.

■ **Michael Lutz** — 1949 — US-Bassist mit Brownsville Station.

Todestage

■ **Wes Montgomery** — 1968 — US-Gitarrist. Geboren am 6.3.1925.

■ **Bob Nolan** — 1980 — US-Country-Sänger und Songschreiber. Geboren am 1.4.1908.

■ **Pete de Freitas** — 1989 — Westindischer Schlagzeuger der britischen Gruppe Echo & The Bunnymen. Starb nach einem Verkehrsunfall. Geboren am 2.8.1961.

Tageshits

1956 — „I'll Be Home" — Pat Boone — GB 5 W.
1963 — „Sukiyaki" — Kyo Sakamoto — US 3 W.
1974 — „Billy, Don't Be A Hero" — Bo Donaldson & Theo Heywoods — US 2 W.
1974 — „The Streak" — Ray Stevens — GB 1 W.
1985 — „You'll Never Walk Alone" — The Crowd — GB 2 W.
1987 — „I Wanna Dance With Somebody (Who Loves Me) — Whitney Houston — D 5 W.

16

Geburtstage

■ **Ian Matthews** — 1946 — GB-Sänger und Songschreiber. Vollständiger Name Ian Matthew McDonald. 1966 wird er Mitglied bei der Gruppe Pyramid, die eine erfolglose Single veröffentlicht. Im Herbst 1967 kommt er als Leadsänger zu Fairport Convention. Nach zwei LPs mit dieser Gruppe gründet er im Januar 1969 Matthews Southern Comfort — größter Hit: „Woodstock" (9/70 GB 1, 12/70 D 27, 3/71 US 23). Ab Januar 1971 ist Ian dann als Solist zu hören — größter Hit: „Shake It" (11/78 US 13).

■ **Edward Levert** — 1942 — US-Sänger mit der 1958 gegründeten Band Triumphs. Als Mascots machten sie 1961 ihre erste Platte — dann nannten sie sich nach einem Diskjockey aus Cleveland namens Eddie O'Jay ÒJays. Hits: „Backstabbers" (7/72 US 3, 9/72 GB 14), „Love Train" (1/73 US 1, 3/73 GB 9), „For The Love Of Money" (4/74 US 9), „I Love Music" (11/75 US 5, 1/76 GB 13, 4/78 RE-GB 36) und „Use Ta Be My Girl" (4/78 US 4, 6/78 GB 12). Zwei Söhne von Edward, Gerald und Sean, sind Mitglieder des Trios Levert.

Lamont Dozier

■ **Lamont Dozier** — 1940 — US-Songschreiber und Sänger. Zusammen mit den beiden Brüdern Brian und Eddie Holland gehörte er zu den erfolgreichsten Songschreibern von Tamla Motown. Versuche, Selbstgeschriebenes auch selbst zu singen, waren nicht sonderlich erfolgreich. 1961 machte er Platten als Lamont Anthony. Anfang der 70er Jahre sang er dann im Duett mit Brian Holland und wieder als Solist unter seinem richtigen Namen — größter Hit: „Trying To Hold On To My Woman" (12/73 US 15).gDie Zusammenarbeit desgSongschreiberteams Holland/Dozier/Holland bei Motown endete 1968 — sie gründeten ihre eigene Firma „Invictus/Hot Wax".

■ **Billy „Crash" Craddock** — 1939 — US-Country-Sänger mit Rock 'n' Roll Einschlag. Er begann zusammen mit seinem Bruder Ronald Mitte der 50er Jahre in der Rockband Four Rebels, die 1957 ihre ersten Platten machte. 1959 versuchte er sich als Solist — scheiterte und zog sich aus dem Musikgeschäft zurück. Anfang der 70er Jahre kehrte er wieder — diesmal mit mehr Erfolg — größter Pop-Hit: „Rub It In" (6/74 US 16). In den Country-Hitparaden tauchte er bis 1983 auf, dann war wieder Sense.

■ **John Rostill** — 1942 — GB-Bassist und Songschreiber. Er begann mit der Gruppe Interns. Als Brian Locking von den Shadows Zeuge Jehovas wurde und deshalb keine Musik mehr machen wollte, kam John 1967 zu dieser Gruppe und blieb bis zur offiziellen Auflösung im Oktober 1969. John starb am 26.11.1973.

■ **Stan Laurel** — 1890 — GB-Schauspieler, der Dünne bei Dick & Doof. Richtiger Nachname Jefferson. 1917 drehte er in den USA zusammen mit Oliver Hardy seinen ersten Film „Lucky Dog". Der 1937 aufgenommene Titel „Trail Of The Lonesome Pine" (11/75 GB 2) brachte Laurel & Hardy einen posthumen Hit. Er starb am 23.2.1965.

■ **Gino Vannelli** — 1952 — Kanadischer Sänger und Songschreiber. Ab 1974 erfolgreich — Hits: „I Just Wanna Stop" (9/78 US 4) und „Living Inside Myself" (3/81 US 6).

■ **Klaus Lage** — 1950 — Jahrelang hatte er sich als Folk-Rock-Sänger versucht — mit der Klaus Lage Band klappte es dann: „1000 und eine Nacht (Zoom!)" (6/84 D 5) und dann „Faust auf Faust" (10/85 D 10).

■ **Peter Hoorelbeke** — 1945 — US-Schlagzeuger, der 1971 zur 1969 gegründeten Band Rare Earth kam, dort Pete Rivera ersetzte und auch den Leadgesang übernahm.

■ **Ian Mosley** — 1953 — GB-Schlagzeuger bei Curved Air, The Gordon Giltrap Band, Steve Hackett und seit November 1983 bei Marillion.

■ **Malcolm Paul Mortimer** — 1953 — GB-Schlagzeuger bei Gentle Giant, G. T. Moore & The Reggae Guitar und Jona Lewie.

Todestage

■ **Lonnie Johnson** 1970 US-Blues- und Jazzgitarrist und Sänger. Geboren am 8.2.1889.

■ **James Honeyman-Scott** — 1982 — GB-Gitarrist mit den Pretenders. Starb an einer Überdosis Drogen. Geboren am 4.11.1957.

■ **Chick Webb** — 1939 — US-Jazz-Schlagzeuger. Starb an Tuberkulose. Geboren am 10.2.1902.

Tageshits

1956 — „Wayward Wind" — Gogi Grant — US 8 W.
1973 — „Can The Can" — Suzi Quatro — GB 1 W.
1975 — „Paloma Blanca" — George Baker Selection — D 13 W.
1979 — „Ring My Bell" — Anita Ward — GB 2 W.
1979 — „Hot Stuff" — Donna Summer — US 2 W. (2.mal)
1979 — „Pop Musik" — M — D 6 W.
1984 — „Two Tribes" — Frankie Goes To Hollywood — GB 9 W.
1986 — „Atlantis Is Calling (S.O.S. For Love)" — Modern Talking — D 4 W.

Merk-Würdiges

1967 — In Monterey, Kalifornien, beginnt ein dreitägiges Festival. Organisiert wird es von dem Produzenten Lou Adler und John Phillips von den Mamas & Papas. Eine solche Ansammlung von Musik-Cracks innerhalb von 3 Tagen hat es bis dato noch nicht gegeben — um nur ein paar zu nennen: Otis Redding, Jefferson Airplane, The Who, Canned Heat, The Byrds, Blood, Sweat & Tears, Janis Joplin oder Jimi Hendrix.

17

Geburtstage

■ **Dean Martin** — 1917 — US-Sänger und Schauspieler. Richtiger Name Dino Crocetti. Nachdem er alles mögliche versucht hatte — Bergmann, Boxer, Tankwart usw., kam er als 27jähriger auf die Idee, Sänger zu werden. 1946 benötigte der Eigner eines Clubs in Atlantic City für seinen Laden einen Knüller. Er brachte Dean zusammen mit dem Nachwuchskomiker Jerry Lewis auf die Bühne. Dean und Jerry drehten in den folgenden Jahren eine Reihe von erfolgreichen Komödien. Die beiden machten auch Platten zusammen. Ihr größter Erfolg war „That Certa in Party" (12/48 US 22). Ende der 50er Jahre zeigte Dean in zumindest zwei Filmen, daß er über ein beachtliches Darstellungsvermögen verfügt. Danach drehte er Unterhaltungsfilme, Sexkomödien und Western, z. B. 1959 „Rio Bravo". Daneben lief ab Anfang der 50er Jahre eine erstaunliche Gesangskarriere, die ihm zwischen 1948 und 1969 vierzig Hits bescherte — die größten waren „That's Amore" (11/53 US 2, 1/54 GB 2), „Memories Are Made Of This" (12/55 US & GB 1), „Return To Me" (4/58 US 4, 6/58 GB 2) und „Everybody Loves Somebody" (6/64 US 1, 8/64 GB 11, 10/64 D 20). Dean zählt auch zu dem Clan um Frank Sinatra. Von 1965 bis 1974 hatte Dean eine eigene Fernsehshow in den USA. Als Geburtstag kann man auch den 7. 6. lesen.

■ **Barry Manilow** — 1944 — US-Sänger, Pianist und Songschreiber. Richtiger Name Barry Allan Pinkus. Er begann als Jingleschreiber — auf dem Gebiet sollte er auch dann noch Erfolge haben, als er schon als Interpret etabliert war. Der McDonald Slogan: „You Deserve A Break Today" ist untrennbar mit Barrys Stimme verbunden. Als Musiker hatte er 1972 die ersten Erfolge — er traf auf Bette Midler, die ihn zu ihrem musikalischen Begleiter machte. Ab 1974 war Barry dann selbst ein Star — größte Hits: „Mandy" (11/74 US 1, 2/75 GB 11, D 37, 12/78 RE-D 19), „I Write The Songs" (11/75 US 1), „Looks Like We Made It" (5/77 US 1), „Can't Smile

Without You" (2/78 US 3) und „Copacabana (At The Copa)" (6/78 US 8, GB 42, 11/78 D 23), alles Millionseller.

■ **Chris Spedding** — 1944 — GB-Gitarrist, Sänger und Songschreiber. Er spielte fest in den Gruppen Battered Ornaments, 1967 mit Pete Brown gegründet, der Jack Bruce Band und den Sharks, 1973 mit Andy Fraser gegründet. In GB ist er wohl einer der meistbeschäftigten Studio-Rock-Gitarristen, der auf Platten so unterschiedlicher Interpreten wie Elton John, Nina Hagen, Tom Waits, Gilbert O'Sullivan, Harry Nilsson, John Cale, David Essex, Roy Harper, Wombles, Jeff Wayne, Mike Batt oder Lesley Duncan zu hören ist — um nur ein paar zu nennen. Als Solist hat er eine stattliche Reihe sehr guter Rock 'n' Roll-Platten veröffentlicht. Größter Hit: „Motor Bikin'" (8/75 GB 14, 11/75 D 20).

■ **Red Foley** — 1910 — US-Country-Sänger und Songschreiber, der auch als Gospelsänger bekannt war. Richtige Vornamen Clyde Julian. Seit den 40er Jahren war er erfolgreich in den Country-Charts vertreten. Größte Pop-Hits: „Smoke On The Water" (9/44 US 7), „Chattanoogie Shoe Shine Boy" (1/50 US 1) und „Cincinatti Dancing Pig" (9/50 US 7). Schon in den 30er Jahren war Red regelmäßig in Radiosendungen zu hören. Mit dem aufkommenden Fernsehen war er auch dort im gleichen Maße vertreten. Red Foley war der Schwiegervater von Pat Boone. Er starb am 19.9.1968.

■ **Lenny LeBlanc** — 1951 — US-Bassist, Sänger und Songschreiber. Zusammen mit Pete Carr als Duo LeBlanc & Carr erfolgreich — größter Hit: „Falling" (10/77 US 13). Lenny und Pete waren beide Studiomusiker in den Muscleshoal Studios in Alabama.

■ **Dickey Doo** — 1939 — US-Sänger und Leader von Dickey Doo & The Don'ts. Richtiger Name Dave Alldred. Dickey war vorher Schlagzeuger bei den Rhythm Orchids. Größter Hit mit der eigenen Gruppe: „Click Clack" (2/58 US 28).

■ **Ian Cussick** — 1953 — GB-Sänger und Songschreiber, der bei vielen Produktionen aus der Bundesrepublik mitspielte, so z. B. 1979 bei Wintergarden, 1980 Duesenberg, 1981 Mario Hene oder 1983 Elephant. Er machte auch Soloplatten.

■ **Eric Lewis** — 1949 — GB-Bassist und Pianist mit Middle Of The Road.

■ **Norman Kuhlke** — 1942 — GB-Drummer in der Ur-Besetzung der Swinging Blue Jeans.

Todestag

■ **Kate Smith** — 1986 — US-Sängerin und TV-Moderatorin. Geboren am 1.5.1907.

Tageshits

1965 — „Crying In The Chapel" — Elvis Presley — GB 1 W.
1967 — „Groovin'" — Young Rascals — US 2 W. (2. mal)
1978 — „You're The One That I Want" — John Travolta & Olivia Newton-John — GB 9 W.
1978 — „Shadow Dancing" — Andy Gibb — US 7 W.
1989 — „I'll Be Loving You Forever" — New Kids On The Block — U.

18

Geburtstage

■ **James Paul McCartney** — 1942 — GB-Sänger, Bassist, Pianist (beherrscht allerdings auch alle anderen Instrumente), Songschreiber und einer der erfolgreichsten Musiker aller Zeiten. Zusammen mit seinem Bandkollegen John Lennon schrieb er unzählige Millionseller für die Beatles — zwischen 1962 und 1978 alleine oder mit anderen insgesamt 43 Millionseller. Am 11. April 1970 erklärte Paul, er wolle nie wieder mit John Lennon Platten aufnehmen. Am 17. April erschien seine erste Soloplatte, die er zu Hause im Alleingang aufgenommen hatte. 1971 gründete er die Wings, in der neben ihm seine Frau Linda, der Gitarrist Danny Laine, der Drummer Danny Seiwell und wenig später noch der Gitarrist Henry McCullough mitspielten. Ab Ende der 70er Jahre fungiert Paul als Solist. Aus den vielen Hits, die er geschrieben hat, ragt eine Platte heraus: „Yesterday". Von dieser Komposition gab es bis zum Ende des Jahres 1972 schon fast 1200 verschiedene Versionen — es ist damit das Lied, das am häufigsten auf Platte aufgenommen wurde. Einen anderen Rekord hält die Platte „Mull Of Kintyre", die 1977 erschien: sie wurde allein in GB 2,5 Millionen mal verkauft und wurde damit die meistverkaufte Single Großbritanniens — sie löste „She Loves You" von den Beatles ab. 1990 wurde Paul von der amerikanischen Plattenindustrie mit einem Grammy für sein Lebenswerk ausgezeichnet.

■ **Alison Moyet** — 1961 — GB-Sängerin und Songschreiberin. Vollständiger Name Genevieve Alison-Jane Moyet, ihr französischer Vater gab ihr den Spitznamen Alf. Sie sang mit Gruppen wie Vicars und Screaming Abdabs, bevor sie Anfang 1982 zusammen mit Vince Clark, der gerade Depeche Mode verlassen hatte, Yazoo gründete. Hits: „Only You" (4/82 GB 2), „Don't Go" (7/82 GB 3, D 4) und „Nobody's Diary" (5/83 GB 3, D 18). Mitte 1983 gehen beide wieder getrennte Wege — Clark machte erst Assembly und dann Erasure, Moyet wird Solistin. Hits: „All Cried Out" (10/74 GB 8, D 9), „That Ole Devil Called Love" (3/85 GB 2, D 29), „Is This Love" (12/86 GB 3, D 15), „Weak In The Presence Of Beauty" (3/87 GB 6, D 18) und „Love Letters" (11/87 GB 4).

■ **Don „Sugarcane" Harris** — 1938 — US-Jazzmusiker und Songschreiber. Don hatte als Kind Geigenunterricht — sein Geld jedoch verdiente er erst einmal als Pianist und Sänger in lokalen Gruppen und dann als Bassist und Gitarrist mit seinem langjährigen Partner Dewey Terry als Duo Don & Dewey. Danach erst begann seine internationale Karriere als Geiger. Mitte der 60er Jahre spielte er mit Johnny Otis, Little Richard und schließlich mit Frank Zappa und John Mayall. Er gilt als einer der führenden Jazz-Rock-Geiger.

■ **Kay Kyser** — 1906 — US-Trompeter und Leiter eines eigenen Orchesters, das eins der populärsten der sogenannten „Sweet Dance Bands" war. Ab 1935 war er in den Hitparaden zu finden und brachte er bis 1948 auf 78 Notierungen, 6 Millionseller und zehn Nr.1 Hits: „The Umbrella Man" (12/38), „Three Little Fishes" (5/39), „(Lights Out) Until Reveille" (7/41), „(There'll Be Bluebirds Over) The White Cliffs Of Dover" (12/41), „Who Wouldn't Love You" (4/42), „Jingle, Jangle, Jingle" (7/42), „He Wears A Pair Of Silver Wings" (7/42), „Strip Polka" (10/42), „Praise The Lord And Pass The Ammunitions!" (10/42), „Ole Buttermilk Sky" (9/46) und „Woody Woodpecker" (6/48 US 1). Kay starb am 23.7.1985.

■ **Johnny Pearson** — 1925 — GB-Pianist, Bandleader und Songschreiber. Mit dem Sounds Orchestral hatte er den Welthit „Cast Your Fate To The Wind" (12/64 GB 5, 3/65 D 14, US 10). Als Solist hatte er einen weiteren Hit mit „Sleepy Shores" (12/71 GB 8). Ansonsten ist er auf Plattenproduktionen von Cilla Black, Shirley Bassey, Lena Horn oder Conny Francis zu hören.

■ **Carl Radle** — 1945 — GB-Bassist mit Eric Clapton, Leon Russell, Joe Cokker, George Harrison, Freddie King, Delaney & Bonnie und J. J. Cale. Carl war ein gesuchter Studiomusiker. Er starb am 30.5.1980.

Tageshits

1977 — „Lucille" — Kenny Rogers — GB 1 W.
1977 — „Dreams" — Fleetwood Mac — US 1 W.
1984 — „Self Control" — Laura Branigan — D 6 W.
1988 — „Doctorin' The Tardis" — Timelords — GB 1 W.
1988 — „Together Forever" — Rick Astley — US 1 W.

19

Geburtstage

■ **Guy Lombardo** — 1902 — Kanadischer Orchesterchef, der zusammen mit seinen Brüdern Carmen und Lebert 1924 eine eigene Band gründete, die sich Guy Lombardo & His Royal Canadians nannte. Später kam als vierter Bruder noch Victor zur Band. Guy war der Leader, Carmen spielte Saxophon und war der Sänger. Bis 1955 hatten die Brüder über 100 Millionen Platten verkauft und waren in der US-Hitparade insgesamt 26 mal auf Platz 1! Der erste Hit hieß „Charmaine!" (9/27 US 1) — 7 Wochen an der Spitze (!) und 1951 ein Millionseller für Mantovani. Im Laufe der Jahre wurde die Band in ganz Nord-Amerika zu einem festen Bestandteil des Silvesterabends: Sie spielte im Radio. Das Neue Jahr war in greifbarer Nähe, wenn Guy Lombardo mit dem Titel „Auld Lang Syne" begann — in die Hitparade kam er mit diesem Titel jedoch nie. Und weil alle Kanadier und Amerikaner ihn mochten, machte er für sie „The Sweetest Music This Side Of Heaven". Zu seinen größten Hits gehören neben „Charmaine!" Titel wie „You're Driving Me Crazy! (What Did I Do?)" (11/30), „We Just Can't Say Goodbye" (8/32), „Stars Fell On Alabama" (10/34), „Red Sails In The Sunset" (10/35), „Boo Hoo" (3/37), „September In The Rain" (4/37), „It Looks Like Rain In Cherry Blossom Lane" (5/37) und „The Third Man Theme" (3/50) — alle genannten Titel waren zumindest einen Monat oder länger auf Platz 1 in den USA! Guy starb am 5.11.1977, sein Bruder Carmen am 17.4.1971.

■ **Paula Abdul** — 1963 — US-Sängerin, Tänzerin und Choreographin. Als Mitte der 80er Jahre die Videos immer wichtiger wurden, ließen sich viele Interpreten Tanzschritte beibringen. Paula half dabei, so z. B. Janet Jackson, Z. Z. Top oder auch George Michael. Irgendwann war ein Produzententeam der Meinung, wer aussieht wie Paula und sich so bewegen kann, muß auch singen können. Hits: „Straight Up" (12/88 US 1, 3/89 GB & D 3), „(It's Just) The Way That You Love Me" (12/88 US 88, 9/89 RE-US 3), „Forever Your Girl" (3/89 US 1, 6/89 GB 24, D 17), „Cold Hearted" (6/89 US 1, D 38) und „Opposites Attract" (12/89 US 1).

■ **Shirley Goodman** — 1936 — US-Sängerin. Als Shirley Pixley machte sie zusammen mit Leonard Lee 1952 ihre ersten Platten. Hit für Shirley & Lee: „Let The Good Times Roll" (8/56 US 20). 1963 trennten sich die beiden und damit schien es aus zu sein. Shirley machte jedoch zusammen mit Jesse Hill als Shirley & Jesse weiter und arbeitete in New Orleans mit Mac Rebennack alias Dr. John. 1975 trat sie wieder in Gesellschaft auf: Shirley & Company brachten „Shame, Shame, Shame" (1/75 US 12, GB 6, D 1), einen der ersten Disco-Hits.

■ **Peter Bardens** — 1945 — GB-Tastenspieler mit den Cheynes (neben Mick Fleetwood), 1964 Them, Shotgun Express (neben Rod Stewart und Peter Green), Village und Camel. 1978 trennte er sich von Camel, weil er sich mit dem anderen kreativen Kopf der Band, Andy Latimer, zerstritten hatte. 1987 erschien seine Solo-LP „Seen One Earth", aus der mit „In Dreams" (12/87 D 32) sein erster Hit ausgekoppelt wurde.

■ **Elaine „Spanky" McFarlane** — 1942 — US-Lead-Sängerin und Songschreiberin mit Spanky & Our Gang, gegründet 1966. Größter Hit: „Sunday Will Never Be The Same" (5/67 US 9). 1982 machte sie bei einer Reunion der Mamas & Papas als Ersatz für die verstorbene Mama Cass mit.

■ **Ann Wilson** — 1950 — US-Sängerin und Songschreiberin mit Heart. Hits und Geschichte der Band siehe bei ihrer Schwester Nancy am 16.3. Zusammen mit Mike Reno hatte Ann den Hit „Almost Paradise... Love Theme From Footloose" (5/84 US 7) und mit Robin Zander „Surrender To Me (From „Tequila Sunrise")" (12/88 US 6).

■ **Al Wilson** — 1939 — US-Sänger und Schlagzeuger, der bei den Jewels, den Rollers und mit Johnny „Legs" Harris & The Statesmen seine Karriere begann. Einen ersten Hit als Solist/Sänger hatte er, produziert durch Johnny Rivers, schon 1968 — aber erst mit „Show And Tell" (10/73 US 1) kam der große Erfolg.

■ **Tommy de Vito** — 1928 — US-Gitarrist und Sänger. Er gründete 1955 zusammen mit seinem Bruder Nick, Frankie Valli und Hank Majewski die Variatones, aus denen 1956 die Four Lovers und 1961 die Four Seasons wurden. 1971 zog er sich aus dem Musikgeschäft zurück.

■ **Nick Drake** — 1948 — GB-Sänger, Gitarrist und Songschreiber, der in Burma geboren wurde, seine ersten beiden Lebensjahre in Bombay verbrachte und 1950 mit seinen Eltern nach GB übersiedelte. Zwischen 1970 und 1972 hat er drei hervorragende LPs veröffentlicht, die sich allerdings nicht sonderlich verkauften. Am 25.11.1974 wurde er tot aufgefunden.

■ **Charlie Drake** — 1925 — GB-Sänger, mehr dem Nonsens verschrieben. Hits: „Splish Splash" (8/58 GB 7) und „My Boomerang Won't Come Back" (10/61 GB 14, 2/62 US 21). Er wurde später TV-Star in GB.

■ **Larry Dunn** — 1953 — US-Keyboarder mit Earth, Wind & Fire. Richtiger Name Lawrence Dunnhill. Als Studiomusiker ist er auch auf Produktionen von Ramsey Lewis, Deniece Williams, Ronnie Laws, Lenny White oder Hubert Laws zu finden.

■ **Robin Box** — 1944 — GB-Gitarrist. Erst Sessionmusiker bei Peter & Gordon und Paul Jones, dann Lead-Gitarrist bei White Plains.

■ **Gwen Owens** — 1953 — US-Sängerin, eine vom Trio Hot — größter Hit und Millionseller: „Angel In Your Arms" (2/77 US 6).

■ **Snips** — 1951 — GB-Sänger mit den Sharks oder der Baker Gurvitz Army. Dann als Solist — guter Sänger, wenig Erfolg.

■ **Mark DeBarge** — 1959 — US-Sänger, Trompeter und Saxophonist mit der Familientruppe DeBarge.

Tageshits

1959 — „Roulette" — Russ Conway — GB 2 W.
1961 — „Moody River" — Pat Boone — US 1 W.
1965 — „I Can't Help Myself" — Four Tops — US 1 W.
1969 — „Jumping Jack Flash" — Rolling Stones — GB 2 W.
1971 — „It's Too Late/I Feel The Earth Move" — Carole King — US 5 W.
1971 — „Chirpy Chirpy Cheep Cheep" — Middle Of The Road — GB 5 W.

Merk-Würdiges

1956 — Es wurde bekanntgegeben, daß die beiden Schauspieler Jerry Lewis und Dean Martin nach insgesamt 16 Filmen nicht weiter gemeinsam vor der Kamera stehen wollen. Als letzter Streifen war gerade „Hollywood Or Bust" abgedreht worden. Die Initiative ging von Lewis aus, der nicht immer vor oder hinter dem meist relaxt stehenden oder sitzenden Martin Mätzchen machen wollte. Es wurde damals gemunkelt, daß damit zumindest die Karriere von Dean Martin beendet sei — falsch, wie wir heute wissen. Martin hatte vorgesorgt und schon ab 1949 erfolgreich Soloplatten aufgenommen.

20

Geburtstage

■ **Brian Wilson** — 1942 — US-Keyboarder, Bassist, Mitsänger und Songschreiber für die Beach Boys, die die einzige Band war, die dem Ansturm der Beatles in den USA im Jahre 1964 standhalten konnte. Die Gruppe formierte sich 1961, nannte sich erst Kenny & The Cadets, Carl & The Passions und Pendletones. Noch 1961 machten sie ihre erste Platte als Beach Boys. Zu diesem Zeitpunkt waren in der Gruppe die Brüder Brian, Carl (Gitarre) und Dennis Wilson (Schlagzeug), außerdem als Lead-Sänger Mike Love und Al Jardine (Gitarre). Die größten Hits: „I Get Around" (5/64 US 7, GB 1, 8/64 D 38), „Help Me, Rhonda" (4/65 US 1, 6/65 GB 27, D 10), „Barbara Ann" (1/66 US 2, GB 3, 3/66 D 2), „Sloop John B." (4/66 US 3, GB 2, 6/66 D 1), „Good Vibrations" (10/66 US & GB 1, D 8, 7/76 RE-GB 18) und „Do It Again" (7/68 GB 1, US 20, 9/68 D 4). 1988 kam, nachdem Brian 1966 schon einmal sein Glück als Solist versucht und es dabei zum Hit „Caroline, No" (3/66 US 32) gebracht hatte, eine Solo-LP von ihm auf den Markt.

■ **Lionel Richie** — 1949 — US-Sänger, Keyboarder und Songschreiber. Er gründete 1967 The Mighty Mystics, aus denen noch im gleichen Jahr die Commodores wurden, ab 1981 nahm er Soloplatten auf. Die ersten Hits für die Commodores werden 1974 aufgeführt — die größten waren „Three Times A Lady" (6/78 US 1, 8/78 GB 1, D 30) und „Still" (9/79 US 1, 11/79 GB 4). Hits als Solist: „Truly" (10/82 US 1, GB 6), „All Night Long" (9/83 US 1, GB 2, 11/83 D 2), „Hello" (2/84 US & GB 1, 4/84 D 2), „Say You, Say Me" (11/85 US 1, GB 8, D 12) und „Dancing On The Ceiling" (7/86 US 2, GB 7, D 13). Nebenher hatte er noch einen Knüller im Duett mit Diana Ross: „Endless Love" (7/81 US 1, 9/81 GB 7). Weitere Erfolge als Songschreiber: „Lady" für Kenny Rogers und „We Are The World" für USA For Africa.

■ **Mickie Most** — 1936 — GB-Songschreiber, Produzent und Sänger. Richtiger Name Michael Hayes. In den späten 50er Jahren trat er zusammen mit Alex Murray alias Alex Wharton als The Most Brothers auf. Begleitet wurden sie von den späteren Shadows Hank Marvin, Bruce Welch und Jet Harris. 1959 heiratete Mikkie eine Südafrikanerin und ließ sich in deren Heimat für drei Jahre nieder. Er gründete Mickie Most & The Playboys und machte Cover-Versionen amerikanischer Hits für den südafrikanischen Markt. Auf diese Weise gelangen ihm dort elf Nr.-1-Hits in Folge. 1962 kehrte er nach Großbritannien zurück und begann dort, da er als Sänger erfolglos war, als Produzent. Seine erste erfolgreich produzierte Gruppe waren die Animals. Nach „House Of The Rising Sun" war er ein gemachter Mann. Die Nashville Teens, Herman's Hermits, Donovan, Lulu, die Jeff Beck Group mit Sänger Rod Stewart — sie alle wurden durch ihn mit Erfolg produziert. 1969 machte Mickie seine eigene Plattenfirma RAK, die es im Jahre 1973 schaffte, von 18 Veröffentlichungen 14 in die Hitparade zu bringen. Darunter waren Platten von Cozy Powell, Suzi Quatro, Mud, Hot Chocolate oder Kenny. Weitere Top-Erfolge hatte er mit Smokie, Chris Spedding, New World, CCS, Harpo oder den Arrows.

■ **Chet Atkins** — 1924 — US-Country-Gitarrist, Produzent und Förderer von Pianist Floyd Cramer. Richtige Vornamen Chester Burton. Nachdem er ab 1942 in diversen Radioshows gearbeitet hatte — so z. B. 1946 in der Show von Red Foley — machte er 1946 seine erste Soloplatte. Ab 1947 nahm er eine Reihe erfolgreicher LPs für RCA auf, ab 1950 war er in Nashville und wurde dort Studiomusiker und Produzent, so z. B. für Interpreten wie Hank Snow, Waylon Jennings, Perry Como oder Al Hirt. Von 1968 bis 1982 war er Vize-Präsident von RCA-Records. Er gilt als der Mann, der den „Nashville Sound" mitprägte. Als größten Solo-Erfolg konnte er für sich „Yakety Axe" (6/65 C&W 4) verbuchen.

■ **Cyndi Lauper** — 1953 — US-Sängerin und Songschreiberin. Ihre ersten Schritte machte sie bei den Blue Angels, seit 1984 ist sie erfolgreich als Solistin. Hits: „Girls Just Want To Have Fun" (12/83 US & GB 2, 3/84 D 6), „Time After Time" (4/84 US 1, GB 3, D 6), „She Bop" (7/84 US 3, D 19), „True Colors" (8/86 US 1, GB 12, D 18) und „I Drove All Night" (5/89 US 6, GB 7, D 19).

■ **Anne Murray** — 1945 — Kanadische Sängerin, die 1969 ihre ersten Plattenaufnahmen machte. Sie und Joni Mitchell waren die ersten Kanadierinnen, die es zu Millionsellern in den USA brachten. Hits: „Snowbird" (7/70 US 8, 10/70 GB 23) und „You Needed Me" (7/78 US 1, 12/78 GB 22). Ab 1983 tauchte sie nur noch selten in den Pop-Hitparaden auf, dafür aber regelmäßig in den C&W-Charts.

■ **Eric Dolphy** — 1928 — US-Jazz-Musiker. Eric spielte Altsaxophon, Flöte und Bassklarinette im Bereich zwischen Hardbop und Free Jazz. Er starb am 29.6.1964.

■ **Jerry Keller** — 1937 — US-Sänger und Songschreiber. Einziger Hit: „Here Comes Summer" (6/59 US 14, 8/59 GB 1).

■ **Billy Guy** — 1936 — US-Sänger, der 1955 Gründungsmitglied der Coasters war und über die Jahre bei der Gruppe blieb.

■ **Alan Longmuir** — 1949 — GB-Bassist und Pianist für die Bay City Rollers.

■ **Nigel Morris** — 1948 — GB-Schlagzeuger mit Stomu Yamashta und Isotope.

■ **Nigel John Taylor** — 1960 — GB-Bassist mit Duran Duran und Power Station.

■ **Kelly Johnson** — 1958 — GB-Gitarristin und Sängerin mit Girlschool.

■ **Michael Anthony** — 1955 — US-Bassist bei Van Halen.

Todestag

■ **Ira Louvin** — 1965 — US-Countrysänger. Er starb nach einem Autounfall. Geboren am 21.4.1924.

Tageshits

1942 — „Sleepy Lagoon" — Harry James — US 4 W.
1963 — „I Like It" — Gerry & The Pacemakers — GB 4 W.
1964 — „Shake Hands" — Drafi Deutscher — D 2 W.
1970 — „Spirit In The Sky" — Norman Greenbaum — D 1 W.
1981 — „Stars On 45" — Stars On 45 — US 1 W.
1987 — „Head To Toe" — Lisa Lisa & Cult Jam — US 1 W.
1987 — „Star Trekkin'" — The Firm — GB 2 W.
1988 — „Im Nin' Alu" — Ofra Haza — D 8 W.

21

Geburtstage

Ray Davies (The Kinks)

■ **Ray Davies** — 1944 — GB-Sänger, Gitarrist und Songschreiber für die 1962 gegründeten Kinks. Richtige Vornamen Raymond Douglas. Zusammen mit seinem Bruder Dave Nucleus der Band. Hits: „You Really Got Me" (8/64 GB 1, US 7, 12/64 D 39), „All Day And All Of The Night" (10/64 GB 2, 12/64 US 7, D 22), „Tired Of Waiting For You" (1/65 GB 1, 3/65 US 6, D 22), „Sunny Afternoon" (6/66 GB 1, 8/66 US 14, D 7), „Dandy" (11/66 D 1), „Waterloo Sunset" (5/67 GB 2, 7/67 D 7), „Lola" (7/70 G & D 2, US 9), „Apeman" (12/70 GB 5, D 9) und „Come Dancing" (8/83 GB 12, 5/83 US 6). Mögen sie auch nicht mehr in den Single-Charts auftauchen — gute LPs machen sie immer noch.

■ **O. C. Smith** — 1932 — US-Sänger. Richtige Vornamen Ocie Lee. Schon während seiner Militärzeit in der US Air Force von 1951 bis 1955 begann er als Sänger.

Danach war er bei der Sy Oliver Band, machte 1956 erste Soloplatten und war von 1961 bis 1963 Leadsänger in der Band von Count Basie. Erfolge als Solist hatte er ab 1968: „Son Of Hickory Holler's Tramp" (2/68 US 40, 5/68 GB 2, 8/68 D 19), „Little Green Apples" (8/68 US 2) und „Daddy's Little Man" (8/69 US 34).

■ **Lalo Schifrin** — 1932 — Argentinischer Pianist, Komponist und Dirigent. Richtiger Vorname Boris. Er studierte Musik, Soziologie und Jura an den Universtäten von Buenos Aires und von 1953 bis 1955 als Stipendiat ergänzend Musik in Paris. Lalo gilt als einer der erfolgreichsten Komponisten Hollywoods, der als Partner von Dizzy Gillespie auch Anerkennung als Jazzmusiker fand. Bekannteste Filmmusiken: „Cincinatti Kid" (1965) und „Bullit" (1968) — erfolgreichste Musiken zu TV-Serien: „Mannix" und „Mission: Impossible" (1/68 US 41). Hit in GB mit seinem Orchester: „Jaws" (10/76 GB 14).

Deodato

■ **Deodato** — 1942 — Brasilianischer Tastenspieler, Komponist, Arrangeur und Produzent. Vollständiger Name Eumire Deodato Almeida. Er hatte seinen größten Hit als Interpret mit „Also sprach Zarathustra" (2/73 US 2, 5/73 GB 7, D 21). Als Produzent betreute er von 1979 bis 1982 Kool & The Gang.

■ **Nils Lofgren** — 1953 — US-Gitarrist, Sänger und Songschreiber. Er spielte in der Band von Neil Young, dann bei Grin und ab 1976 als Solist mit etlichen schönen, aber erfolglosen Platten. Seit 1984 spielt er in der Band von Bruce Springsteen.

■ **Chris Britton** — 1945 — GB-Gitarrist mit den Troggs von 1965 bis 1969. Bei den Hits spielte er die Leadgitarre. Als Solist brachte er 1969 eine erfolglose LP heraus.

■ **Brenda Holloway** — 1946 — US-Sängerin und Songschreiberin. Größter Hit: „Every Little Bit Hurts" (5/64 US 13). Später sang sie im Hintergrundchor bei Joe Cocker.

■ **Mark Brzezicki** — 1957 — GB-Schlagzeuger mit der 1982 formierten Gruppe Big Country. Als Studiomusiker ist er auch z.B. bei Pete Townshend oder Midge Ure zu hören.

■ **Jon Hiseman** — 1944 — GB-Schlagzeuger und Songschreiber mit u. a. John Mayall, Jack Bruce und Colosseum.

■ **Alan Silson** — 1951 — GB-Gitarrist und Mundharmonikaspieler mit Smokie.

■ **Joey Molland** — 1947 — GB-Gitarrist mit Badfinger und Natural Gas.

■ **Joey Kramer** — 1950 — US-Drummer mit Aerosmith.

Todestag

■ **Bert Kaempfert** — 1980 — Orchesterchef und Songschreiber. Geboren am 16.10.1923.

Tageshits

1941 — „Daddy" — Sammy Kaye — US 8 W.
1947 — „Peg O' My Heart" — Harmonicats — US 8 W.
1975 — „Love Will Keep Us Together" — Captain & Tennille — US 4 W.
1980 — „Crying" — Don McLean — GB 3 W.

22

Geburtstage

Kris Kristofferson, Rita Coolidge

■ **Kris Kristofferson** — 1936 — US-Sänger, Gitarrist, Songschreiber und Schauspieler. Viele seiner Kompositionen machten andere zu Hits — so wurde z. B. „Me And Bobby McGee" zum größten Erfolg von Janis Joplin. Kris selbst hatte einen Millionseller mit „Why Me" (4/73 US 16). Zwischen 1973 und 1979 war er mit Rita Coolidge verheiratet, mit der er auch gemeinsam Platten aufnahm. Als Schauspieler machte er ab 1971 auf sich aufmerksam — im Film „Cisco Pike" (1972) spielte er die Hauptrolle, in „Pat Garrett And Billy The Kid" (1973) war er als Billy zu sehen. Weitere bekannte Rollen in „A Star Is Born" (1976), „Convoy" (1978) oder „Heaven's Gate" (1980).

■ **Peter Asher** — 1944 — GB-Sänger, Songschreiber und Produzent. Zusammen mit Gordon Waller bildete er das zwischen 1964 und 1967 erfolgreiche Duo Peter & Gordon — Hits: „A World Without Love" (3/64 GB 1, 5/64 US 1), „Nobody I Know" (6/64 GB 10, US 12), „I Go To Pieces" (1/65 US 9), „True Love Ways" (4/65 GB 2, US 14), „To Know You Is To Love You" (6/65 GB 5, US 24) und „Lady Godiva" (9/66 GB 16, US 6). 1968 trennten sich Peter & Gordon — Peter wurde A&R Manager bei der Beatles-Firma APPLE. Seit Anfang der 70er Jahre arbeitet er als erfolgreicher Produzent in den USA, z. B. für James Taylor, Linda Ronstadt oder in den 80er Jahren für 10.000 Maniacs.

■ **Jimmy Castor** — 1943 — US-Sänger, Saxophonist und Songschreiber. Bereits in seinen Jugendtagen war er mit Frankie Lymon zusammen, den er 1957 bei den Teenagers ersetzte. Ein Jahr zuvor hatte er bereits den selbstgeschriebenen Titel „I Promise To Remember" mit der Gruppe Juniors aufgenommen. Beim Titel „Rinky Dink" von Dave „Baby" Cortez aus dem Jahr 1962 spielt Jimmy das Saxophon. Sein erster Solo-Erfolg wird im Jahre 1966 verzeichnet: „Hey, Leroy, Your Mama's Calling You" (12/66 US 31). 1972 gründete er The Jimmy Castor Bunch — und mit diesem Haufen hatte er seine größten Erfolge: „Troglodyte (Cave Man)" (5/72 US 6) und „The Bertha Butt Boogie (Part 1)" (2/75 US 16). Später schwenkte er zu sehr auf die Disco-Masche um.

23

Todd Rundgren

■ **Todd Rundgren** — 1948 — US-Sänger, Gitarrist, Produzent und Songschreiber. Er begann in Bands wie Money und Woody's Truckstop. 1967 gründete er Nazz, 1970 veröffentlichte er Platten unter dem Pseudonym Runt — Hit: „We Gotta Get You A Woman" (11/70 US 20). 1972 kam er dann als Solist unter seinem Namen — größter Hit: „Hello It's Me" (10/73 US 5). Danach machte er Utopia, die mit „Set Me Free" (2/80 US 27) einen Hit hatten. Er produzierte Gruppen und Interpreten wie Badfinger, Tubes, Grand Funk, Fanny, Sparks, New York Dolls oder auch Meat Loaf und Patti Smith.

■ **Jimmy Somerville** — 1961 — GB-Sänger und Songschreiber. 1984 war er Mitbegründer des Trios Bronski Beat — Hits mit Jimmy als Sänger: „Smalltown Boy" (6/84 GB & D 3), „Why?" (9/84 GB 6, D 5) und — im Duett mit Marc Almond — „I Feel Love (Medley)" (4/85 GB 3, D 16). Im Mai 1985 verließ er die Band und wurde durch John Jon ersetzt — Jimmy gründete zusammen mit Keyboarder Richard Coles das Duo Communards. Hits: „Don't Leave Me This Way" (8/86 GB 1, D 5, 12/86 US 40), „So Cold The Night" (11/86 GB 8, D 14) und „Never Can Say Goodbye" (11/87 GB 4, D 6). Ab 1989 machte er Soloplatten — Hit: „Comment Te Dire Adieu" (11/89 GB 14, D 25).

■ **Green Gartside** — 1956 — GB-Sänger und Songschreiber der 1977 gegründeten Gruppe Scritti Politti. Vollständiger Nachname Strohmeyer-Gartside. Ab 1981 ist er in der britischen Hitparade zu finden. Hits: „Wood Beez (Pray Like Aretha Franklin)" (3/84 GB 10), „The Word Girl" (5/85 GB 6), „Perfect Way" (9/85 US 11) und „Oh Patti (Don't Feel Sorry For Lover Boy)" (5/88 GB 13).

■ **„Campino" Andreas Frege** — 1962 — Sänger und Songschreiber der Toten Hosen, die sich mit „Hier kommt Alex" (11/88 D 32) plötzlich und unerwartet in den Hitparaden fanden. Dabei wollten sie doch nur ein kleines bißchen Horrorschau machen.

■ **Howard Kaylan** — 1945 — US-Leadsänger der 1963 gegründeten Band Turtles. Richtiger Nachname Kaplan. Seine Karriere war an die seines Bandkollegen Mark Volman gekoppelt (siehe 19.4.).

■ **Alan Osmond** — 1949 — US-Gitarrist, Sänger und Songschreiber mit den Osmonds — der älteste der Brüder. Alan hat auch etliche Hits der Gruppe produziert.

■ **Tommy Cunningham** — 1965 — GB-Drummer mit Wet Wet Wet.

Todestage

■ **Judy Garland** — 1969 — US-Schauspielerin und Sängerin. Sie starb an einer Überdosis Schlaftabletten in London. Geboren am 10.6.1922.

■ **Fred Astaire** — 1987 — US-Tänzer. Starb nach Lungenleiden. Geboren am 10.5.1899.

Tageshits

1940 — „Imagination" — Glenn Miller — US 3 W.
1968 — „This Guy's In Love With You" — Herb Alpert — US 4 W.
1974 — „Always Yours" — Gary Glitter — GB 1 W.

Geburtstage

■ **Adam Faith** — 1940 — GB-Sänger und Schauspieler. Richtiger Name Terence Nelhams. 1956 war Adam Mitbegründer einer Skiffle-Gruppe, die sich The Worried Men nannte. 1958 machte er seine ersten Platten, die alle Flops wurden — er war zu diesem Zeitpunkt einer der vielen britischen Versuche, Elvis zu kopieren. 1959 nahm er einen erneuten Anlauf — jetzt klappte es. Die größten von 24 Hits: „What Do You Want" (11/59 GB 1), „Poor Me" (1/60 GB 1) und „Someone Else's Baby" (4/60 GB 2). Bis 1966 war er mit Hits erfolgreich, danach produzierte er z. B. Roger Daltrey oder managte z. B. Leo Sayer.gAdam gehört heute zur grauen Eminenz im GB-Plattengeschäft.

■ **June Carter** — 1929 — US-Country-Sängerin und Songschreiberin. Sie war Mitglied in der Carter Family, nebenher aber auch Solistin. Sie begann schon 1943 mit ihren Schwestern Helen und Anita als Carter Sisters. Anfang der 60er Jahre schrieb sie das Stück „Ring Of Fire", das ein großer Hit für ihren späteren Ehemann — sie haben 1968 geheiratet — Johnny Cash wurde. Mit ihm zusammen nahm sie dann auch etliche Duett-Platten auf.

■ **Zeb Turner** — 1915 — US-Country-Boogie-Woogie-Spezialist und Songschreiber. Richtiger Name William Edward Grisham. Von ihm stammt das Stück „That's When The Heartaches Begin". Zeb spielte mit in dem Film „Carling Clementine". Seine einzigen Erfolge waren „Tennessee Boogie" (9/49 C&W 11) und „Chew Tobacco Rag" (4/51 C&W 8). Er starb am 10.1.1978.

■ **Rosetta Hightower** — 1944 — US-Sängerin, die 1960 ihre ersten Platten als Mitglied der Orlons machte. Hits: „The Wah Watusi" (6/62 US 2), „Don't Hang Up" (10/62 US 4) und „South Street" (2/63 US 3). Nach 1968 versuchte sie ihr Glück in Großbritannien als Solistin — erfolglos.

■ **Betty Dragstra** — 1952 — Holländische Sängerin mit Pussycat. Die Band hatte ihren größten Hit mit der Nummer „Mississippi" (1/76 D 1, 8/76 GB 1).

■ **Richard Coles** — 1962 — GB-Keyboarder und Songschreiber mit den Communards.

■ **Paul Goddard** — 1945 — US-Bassist mit Atlanta Rhythm Section und Al Kooper.

■ **Hannes Wader** — 1942 — Schreibt seit 1968 seine eigenen Songs; profilierte sich auf der legendären Burg Waldeck.

■ **Dotty Todd** — 1923 — US-Sängerin. Sie war zusammen mit ihrem Mann Art (siehe 11.3.) erfolgreich.

Todestage

■ **Zarah Leander** — 1981 — Schwedische Sängerin und Filmschauspielerin. Geboren am 15.3.1907.

■ **Elton Britt** — 1972 — US-Country-Sänger und Songschreiber. Geboren am 7.7.1917.

Tageshits

1951 — „Too Young" — Nat „King" Cole — US 5 W.
1960 — „Three Steps To Heaven" — Eddie Cochran — GB 2 W.
1966 — „Paperback Writer" — Beatles — GB 2 W.
1973 — „Rubber Bullets" — 10 CC — GB 1 W.
1984 — „The Reflex" — Duran Duran — US 2 W.

24

Geburtstage

Mike Fleetwood

Jeff Beck

■ **Mick Fleetwood** — 1942 — GB-Schlagzeuger. Er spielte mit den Cheynes, Bo Street Runners, Peter B's Looners und Shotgun Express, bevor er im Juli 1966 zu John Mayall's Bluesbreakers kam. Mit ihm waren zu diesem Zeitpunkt bei Mayall Peter Green und John McVie. Alle drei wurden schon nach einem Monat wieder gefeuert und gründeten eine eigene Band: Peter Green's Fleetwood Mac, die sehr bluesorientierte Musik spielte. Hits aus dieser Periode: „Albatross" (12/68 GB 1, 3/69 D 19, 5/73 RE-GB 2), „Man Of The World" (4/69 GB 2, 7/69 D 37) und „Oh Well" (10/69 GB 2, 12/69 D 5). Inzwischen hatte man Peter Green aus dem Namen gestrichen, schließlich verließ er die Band, und es begann ein Personalkarussell, das nur Mick und John McVie überstanden. Mitte der 70er Jahre war die Band weg vom Fenster, dann stand sie plötzlich wieder in den Charts mit der hervorragenden LP „Rumours", aus der etliche Single-Hits ausgekoppelt wurden: „Dreams" (4/77 US 1, 7/77 GB 24), „Don't Stop" (7/77 US 3) und „You Make Loving Fun" (10/77 US 9). Zur Band war das US-Duo Lindsey/Buckingham gestoßen, das wie eine Blutauffrischung wirkte. Weitere Hits: „Tusk" (10/79 US 8, GB 6, 11/79 D 7), „Hold On „ (6/82 US 4), „Big Love" (3/87 US 5, GB 9, 5/87 D 17), „Little Lies" (8/87 US 4, GB 5, 10/87 D 3) und „Everywhere" (12/87 US 14, 4/88 GB). Nebenher veröffentlichte Mick auch Platten als Solist oder als Mick Fleetwood's Zoo.

■ **Colin Blunstone** — 1945 — GB-Sänger und Gitarrist mit den Zombies. Hits: „She's Not There" (8/64 GB 12, 10/64 US 2), „Tell Her No" (1/65 US 6, GB 42) und — aufgenommen 1967, denn die Gruppe war Ende dieses Jahres auseinandergefallen — „Time Of The Season" (2/69 US 3). Colin versuchte sich unter dem Pseudonym Neil MacArthur und nahm einen alten Zombies-Hit wieder neu auf — seine Version von „She's Not There" (2/69 GB 34) schlug jedoch nicht sonderlich ein. 1972 sang er schließlich unter seinem eigenen Namen — Hits: „Say You Don't Mind" (2/72 GB 15) und „I Don't Believe In Miracles" (11/72 GB 31). Seinen letzten Hiterfolg hatte er als Gast-Sänger bei einem Titel von Dave Stewart: „What Becomes Of The Brokenhearted?" (3/81 GB 13). Auch er ist auf Platten von Alan Parsons zu hören — außerdem mit Mike Batt und Keats. Ende der 80er Jahre kamen die Zombies wieder in der Originalbesetzung zusammen, Colin war mit dabei.

■ **Jeff Beck** — 1944 — GB-Gitarrist der Sonderklasse und Songschreiber. Im März 1965 wurde er Nachfolger von Eric Clapton bei den Yardbirds, ab Februar 1967 hatte er seine eigene Band bis Juli 1972, danach spielte er mit Beck, Bogert, Appice bis zum April 1974. Von seinen Mitspielern, die es nie lange mit ihm aushielten, wurde Beck als musikalisch hoch-, moralisch jedoch unterentwickelter Mensch hingestellt. Er machte etliche Soloplatten und gilt als gesuchter Studiomusiker. Als Solist — und hier sang er dann auch mal — hatte er seinen größten Hit mit „Hi-Ho Silver Lining" (3/67 GB 14, 11/72 RE-GB 17, 10/82 RE-GB 62).

■ **Andrew McClusky** — 1959 — GB-Synthesizerspieler, Sänger, Bassist, Gitarrist und Songschreiber für die 1978 formierte Band Orchestral Manoeuvres In The Dark, erfolgreich ab 1980 — Hits: „Enola Gay" (10/80 GB 8), „Souvenir" (8/81 GB 3, 11/81 D 39), „Joan Of Arc" (10/81 GB 5), „Maid Of Orleans (The Waltz Of Joan Of Arc)" (1/82 GB 4, 3/82 D 1), „Locomotion" (4/84 GB 5), „So In Love" (5/85 GB 27, 7/85 D 18, US 26), „If You Leave" (3/86 US 4, 5/86 GB 48), „(Forever) Live And Die" (9/86 GB 11, US 19, D 8) und „Dreaming" (3/88 US 16, D 26).

■ **Curt Smith** — 1961 — GB-Sänger, Bassist und Songschreiber des 1981 gegründeten Duos Tears For Fears. Ihren ersten Hit hatten sie mit „Mad World" (10/82 GB 3, 12/82 D 21). Größte Hits: „Change" (2/83 GB 4), „Pale Shelter" (4/83 GB 5), „Shout" (12/84 GB 4, D 1, 6/85 US 1), „Everybody Wants To Rule The World" (3/85 GB 2, US 1, D 11, 5/86 RE-GB 5), „Head Over Heels" (6/85 GB 12, 9/85 US 3) und „Sowing The Seeds Of Love" (9/89 GB 5, US 2, D 11).

■ **Arthur Brown** — 1944 — GB-Sänger und Songschreiber, der mit der 1966 gegründeten Formation Crazy World Of Arthur Brown einen Hit hatte: „Fire" (6/68 GB 1, 9/68 US 2, D 3). Danach machte er gute LPs, die jedoch keine Verkaufserfolge wurden. Anfang der 80er Jahre machte er einen erneuten Versuch mit seinem ehemaligen Bandkollegen Vince Crane — schön gemacht, aber wieder kein Hit. Er sang auch auf der ersten LP von Alan Parsons.

■ **Gene Austin** — 1900 — US-Sänger, Pianist und Songschreiber. Richtiger Name Eugene Lucas. Er gilt als der populärste Sänger der zweiten Hälfte der 20er Jahre. Zwischen 1925 und 1929 belegte er 9mal Platz 1 in der US-Hitparade. Seine größten Erfolge und gleichzeitig Millionseller waren: „My Blue Heaven" (12/27 US 1) und „Ramona" (5/28 US 1). Er starb am 24.1.1972.

■ **Patrick Moraz** — 1948 — Schweizer Tastenspieler. Er begann mit eigener Band, spielte dann bei Mainhorse, Refugee und schließlich ab 1974 mit Yes. 1976 ging er als Solist, wurde dann 1981 als Ersatz für Mike Pinder Mitglied bei Moody Blues und außerdem noch Partner von Bill Bruford.

■ **Chris Wood** — 1944 — GB-Flötist, Saxophonist, Tastenspieler und Sänger. Er war Mitglied bei Traffic und Ginger Baker's Air Force. Chris war ein gesuchter Studiomusiker, der auf Platten von Fat Mattress, Sky, Jimi Hendrix, Free Creek oder Crawler mitspielte. Er starb am 12. 7. 1983.

■ **Wilfried** — 1950 — Österreichischer Sänger und Songschreiber. Nachname Scheutz. Er versuchte sich als Rocksänger, war 1977 Mitbegründer der Gruppe Antipasta, aus der wenig später die Erste Allgemeine Verunsicherung werden sollte — als die erfolgreich wurden, war Wilfried jedoch nicht mehr mit dabei.

■ **Charlie Whitney** — 1944 — GB-Gitarrist mit Family, Streetwalkers, Roger Chapman, Rhead Brothers, Eddie Money und Axis Point.

■ **Astro** — 1957 — GB-Trompeter und Ansager für UB 40. Richtiger Name Terence Wilson. Bei den Bühnenshows ist er die zentrale Figur.

■ **Glenn Allan Medeiros** — 1970 — US-Sänger, geboren auf Hawaii. Teeniepopper — Hit: „Nothing's Gonna Change My Love For You" (2/87 US 12, 8/87 D 20, 6/88 GB 1).

Todestag

■ **Jackie Gleason** — 1987 — US-Orchesterleiter und Filmschauspieler. Starb an Krebs. Geboren am 26.2.1916.

Tageshits

1950 — „I Wanna Be Loved" — Andrews Sisters — US 2 W.
1955 — „Unchained Melody" — Jimmy Young — GB 3 W.
1965 — „I'm Alive" — Hollies — GB 1 W.
1989 — „Satisfied" — Richard Marx — US 1 W.
1989 — „Back To Life" — Soul II Soul — GB 4 W.

25

Geburtstage

■ **George Michael** — 1963 — GB-Sänger und Songschreiber. Richtiger Name Georgios Panayiotou. Mit seinem Freund Andrew Ridgeley und anderen gründete er 1979 eine Ska-Band namens Executives. 1981 änderten die beiden ihren Stil und Namen: Wham! — Hits: „Young Guns (Go For It)" (10/82 GB 3, 1/83 D 20), „Bad Boys" (5/83 GB 2, D 12), „Club Tropicana" (7/83 GB 3, 9/83 D 12), „Wake Me Up Before You Go-Go" (5/84 GB 1, D 2, 9/84 US 1), „Freedom" (10/84 GB 1, D 14, 7/85 US 3), „Everything She Wants/Last Christmas" (12/84 GB 2, 2/85 D 8, US 1), „I'm Your Man" (11/85 GB 1, US 3, D 7) und „The Edge Of Heaven" (6/86 GB 1, D 4, US 10). Ende 1986 kündigten die beiden Mitglieder von Wham! an, nun getrennte Wege zu gehen — George hatte schon mal vorab zwei Singles im Alleingang veröffentlicht: „Careless Whisper" (8/84 GB 1, D 3, 12/84 US 1) und „A Different Corner" (4/86 GB 1, D & US 7). Weitere Solo-Hits: „I Knew You Were Waiting (For Me)" (1/87 GB & US 1, D 5) im Duett mit Aretha Franklin, „I Want Your Sex" (6/87 GB & D 3, US 2), „Faith" (10/87 GB 2, US 1, D 5), „Father Figure" (1/88 GB 11, US 1, D 18), „One More Try" (4/88 GB 8, US 1, D 22), „Monkey" (7/88 GB 13, US 1, D 24) und „Kissing A Fool" (10/88 US 5, 12/88 GB 18).

■ **Carly Simon** — 1945 — US-Sängerin und Songschreiberin. Mit ihrer Schwester Lucy tauchte sie im April 1964 als Simon Sisters auf. Nach einigen Kinder- und Folkplatten, heiratete Lucy 1966. Carly machte als Solistin weiter — ab 1971 mit Erfolg: „That's The Way I've Always Heard It Should Be" (4/71 US 10), „You're So Vain" (12/72 US 1, GB 3, 2/73 D 8), „Nobody Does It Better" (7/77 US 2, GB 7, 11/77 D 31), „You Belong To Me" (8/77 US 6), „Jesse" (8/80 US 11) und „Coming Around Again" (10/86 US 18, 1/87 GB 10, 4/87 D 21). Vom 3.11.1972 bis 1982 war sie mit James Taylor verheiratet, mit dem sie den Hit „Mockingbird" (2/74 US 5, GB 34) sang.

■ **Ian McDonald** — 1946 — GB-Multiinstrumentalist. 1968 stieg er in die ein Jahr zuvor gegründete Formation Giles, Giles & Fripp ein, aus der im Januar 1969 King Crimson wurde. Im Dezember 1969 verließ Ian die Band wieder und gründete mit einem weiteren ehemaligen Mitglied McDonald & Giles. 1971 spielte er mit Centipede und auf „Electric Warrior" von T. Rex. 1974 kam er erneut als Mitglied zu King Crimson, 1976 spielte er dann in den USA mit Ian Lloyd. Bei der Gelegenheit lernten sich die Musiker kennen, die noch im gleichen Jahr Foreigner gründeten. Im September 1980 stieg Ian dort wieder aus.

■ **Tim Finn** — 1952 — Neuseeländischer Sänger, Tastenspieler und Songschreiber. 1972 wurde in Auckland der Grundstock für die Gruppe Split Enz gelegt — 1976 erschien die erste LP. Mit ihrer Musik war die Band in ihrer Heimat und in Australien besonders erfolgreich. Erster internationaler Hit: „I Got You" (8/80 GB 12, US 53). 1983 erschien mit „Escape" die Debüt-LP von Tim als Solist. Darauf war der Titel „Fraction Too Much Friction", der zwar nicht die Hitparaden aufrollte, dafür aber sehr schön war.

■ **Eddie Floyd** — 1935 — US-Soul-Sänger und Songschreiber. 1955 war er Gründungsmitglied der Falcons, deren Leadsänger er wurde. Hit: „You're So Fine" (4/59 US 17). 1961 kam als zusätzlicher Leadsänger Wilson Pickett. 1963 fiel die Band auseinander, und Eddie machte als Solist weiter — Hits: „Knock On Wood" (9/66 US 28, 3/67 GB 19) und „Bring It On Home To Me" (10/68 US 17).

■ **Clifton Chenier** — 1925 — US-Sänger und Songschreiber. Er galt als der „King Of Zydeco-Music", der Cajun-Music der Farbigen — Hauptinstrument ist das Akkordeon. Seine ersten Platten machte er im Jahre 1954, nachdem er von einem Talentscout auf der Straße entdeckt worden war. Er starb am 12.12.1987.

■ **David Paich** — 1954 — US-Keyboarder, Sänger und Songschreiber für Toto. Die Gruppe wurde 1978 gegründet, vorher spielte David mit Rural Still Life.

■ **Clint Warwick** — 1949 — GB-Bassist bei der Ur-Formation von Moody Blues.

■ **Allen Lanier** — 1946 — US-Keyboarder, Gitarrist und Sänger mit Blue Öyster Cult.

■ **Michael Krautter** — 1969 — Keyboarder und Songschreiber mit Mysterious Art.

Todestage

■ **Boudleaux Bryant** — 1987 — US-Songschreiber. Starb an Krebs. Geboren am 13.2.1920.

■ **Johnny Mercer** — 1976 — US-Songschreiber und Sänger. Geboren am 18.11.1909.

Tageshits

1964 — „It's Over" — Roy Orbison — GB 2 W.
1966 — „Paperback Writer" — Beatles — US 1 W.
1977 — „Show You The Way To Go" — The Jacksons — GB 1 W.
1977 — „Got To Give It Up" — Marvin Gaye — US 1 W.
1988 — „Foolish Beat" — Debbie Gibson — US 1 W.
1988 — „I Owe You Nothing" — Bros. — GB 2 W.

Merk-Würdiges

1903 — In Indien wird Eric Arthur Blair geboren. 1922 wird er Beamter der britischen Polizeitruppe in Indien, ab 1927 lebt er für mehrere Jahre in Armut in Paris und London, dann kämpft er 1936 auf republikanischer Seite im spanischen Bürgerkrieg. Nach einer Verwundung kehrt er nach Großbritannien zurück und arbeitet als sozialkritisch engagierter Journalist und Schriftsteller. International bekannt wird er 1945 durch die gegen die Diktatur gerichtete Satire „Farm der Tiere" und schließlich durch den 1949 geschriebenen Roman „1984" — er warnt darin vor der Ausschaltung des Individuums und vor totaler Überwachung durch den Staat. Sein Pseudonym als Schriftsteller war George Orwell — er starb am 21.1.1950.

1967 — Aus den Abbey-Road-Studios wird in der weltweiten Fernsehsendung „Our World" der Titel „All You Need Is Love" der Beatles uraufgeführt. Dabei sind, teilweise als Mitwirkende: Marianne Faithfull, Keith Moon, Eric Clapton, Graham Nash, Gary Leeds und die Rolling Stones-Mitglieder Mick Jagger und Keith Richards. Die Schätzungen, wieviele Zuschauer diese Sendung hatte, schwanken zwischen 150 und 400 Millionen.

26

Geburtstage

Georgie Fame

■ **Georgie Fame** — 1943 — GB-Sänger und Pianist. Richtiger Name Clive Powell. Er gilt als einer der besten britischen R&B-Interpreten. Sein Plattendebüt gab Georgie als Pianist auf „Pistol Packin' Mama" von Gene Vincent. 1961 wurde er Mitglied in Billy Furys Begleitgruppe The Blue Flames. 1962, mittlerweile ohne Billy Fury, expandierten die Blue Flames von vier auf sieben Musiker und spielten Jazzrock mit Bläsern. 1963 erhielt Georgie dann einen Plattenvertrag als Solist — Hits: „Yeh Yeh" (12/64 GB 1, 2/65 US 21), „Get Away" (6/66 GB 1) und „Ballad Of Bonnie And Clyde" (12/67 GB 1, 2/68 D 9, US 7). Danach machte er mit Alan Price das Duo Fame & Price Together — Hit: „Rosetta" (4/71 GB 1).

■ **Billy Davis Jr.** — 1940 — US-Sänger mit der 1966 gegründeten Gruppe Fifth Dimension. Hits: „Up-Up And Away" (6/67 US 7), „Stoned Soul Picnic" (6/68 US 3), „Aquarius/Let The Sunshine In" (3/69 US 1, GB 11, 5/69 D 2), „Wedding Bell Blues" (9/69 US 1, 1/70 GB 26), „One Less Bell To Answer" (11/70 US 2) und „(Last Night) I Didn't Get To Sleep At All" (4/72 US 8). Im November 1975 verläßt Billy mit einem weiteren Mitglied von Fifth Dimension, Marilyn McCoo, mit der er auch verheiratet ist, die Gruppe, um als Duo weiterzumachen. Hit: „You Don't Have To Be A Star (To Be In My Show)" (9/76 US 1, 3/77 GB 7). 1980 trennen sich die beiden beruflich.

■ **Big Bill Broonzy** — 1893 — US-Country-Blues- Sänger und Gitarrist. Er war einer der ersten, der es schaffte, auch ein weißes Publikum für sich zu begeistern. Hit: „Romance In The Dark" (11/40 US 23), zusammen mit Lil Green. Er hat auf andere Bluesinterpreten seiner Zeit enorm viel Einfluß ausgeübt. Bill starb am 14.8.1958.

■ **Mick Jones** — 1955 — GB-Gitarrist und Songschreiber. Zusammen mit Joe Strummer (siehe 21.8.) gründete er 1976 die Gruppe Clash. Mick blieb bis 1983 und gründete dann Big Audio Dynamite. Erster Hit: „E = MC 2 (Ie Equals Em Cee Squared)" (3/86 GB 11).

■ **Patti Smythe** — 1957 — US-Sängerin, die 1982 mit Scandal ihre ersten Platten veröffentlichte. Ein erster Erfolg stellte sich mit „The Warrior" (6/84 US 7) ein. Ab 1987 machte Patti Soloplatten.

■ **Rindy Ross** — 1951 — US-Sänger und Saxophonist mit Seafood Mama, die in ihrer Heimatstadt Portland 1980 mit „Harden My Heart" (10/81 US 3) ihren ersten regionalen Hit hatten, der allerdings erst zum Erfolg wurde, nachdem sie sich 1981 in Quarterflash umbenannt und den Titel noch einmal neu produziert hatten.

■ **Terri Nunn** — 1961 — US-Sängerin und Songschreiberin mit Berlin. Größter Hit: „Take My Breath Away" (6/86 US 1, 9/86 D 3, GB 1), das Lovetheme aus dem Film „Top Gun".

■ **Chris Isaak** — 1956 — US-Sänger, Gitarrist und Songschreiber. Richtige Vornamen Christopher Josef. 1985 machte er seine ersten Platten.

■ **Jean Knight** — 1943 — US-Soul-Sängerin mit einem Hit: „Mr. Big Stuff" (5/71 US 2).

■ **Richard McCracken** — 1948 — GB-Bassist mit Taste, Stud, Spencer Davis, Kevin Ayers, Axis Point und anderen.

■ **Larry Taylor** — 1942 — US-Bassist mit Canned Heat, Harvey Mandel, John Mayall und Tom Waits.

■ **Junior Daye** — 1950 — GB-Sänger mit Sweet Sensation.

Tageshits

1943 — „As Time Go By" — Rudy Vallee — US 4 W.
1953 — „I'm Walking Behind You" — Eddie Fisher — GB 1 W.
1961 — „Quarter To Three" — Gary U. S. Bonds — US 2 W.
1965 — „Mr. Tambourine Man" — Byrds — US 1 W.
1976 — „You To Me Are Everything" — Real Thing — GB 3 W.
1982 — „I've Never Been To Me" — Charlene — GB 1 W.

27

Geburtstage

■ **Bruce Johnston** — 1944 — US-Sänger. Zusammen mit Terry Melcher, dem Sohn von Doris Day, hatte er Anfang der 60er Jahre eine Gruppe namens Ripchords — größter Hit: „Hey Little Cobra" (12/63 US 4). Nebenher hatten sie 1964 als Bruce & Terry zwei kleinere Hits. Als Brian Wilson von den Beach Boys Ende 1964 erklärte, er wolle sich nur noch aufs Komponieren und Produzieren konzentrieren, wurde er im Januar 1965 durch Glen Campbell ersetzt — der wiederum im April 1965 durch Bruce. Seit den 70er Jahren ist Bruce mal mit den Beach Boys, mal als Solist zu hören.

■ **Doc Pomus** — 1925 — US-Songschreiber. Richtiger Vorname Jerome. Zusammen mit Mort Shuman war er an vielen großen Hits der 50er und 60er Jahre beteiligt. Neben Leiber und Stoller waren sie das erfolgreichste Songschreiberteam im R&B- und Rockbereich. Ihre größten Erfolge hatten sie in den 60er Jahren. Obwohl durch eine Kinderlähmung behindert, begann Doc als Bluessänger. In dieser Zeit schrieb er Lieder für Joe Turner oder Ray Charles. Zusammen mit Leiber/Stoller schrieb er den Hit „Young Blood" für die Coasters. Die erste erfolgreiche Zusammenarbeit mit Mort Shuman war 1959 der Titel „A Teenager In Love" von Dion & The Belmonts. Es folgten Hits für Fabian, Andy Williams, Bobby Darin, Jimmy Clanton, Gary U.S. Bonds, Gene McDaniels, die Drifters, Jay & The Americans, Ben E. King, Elvis Presley und viele andere.

■ **Björn Thelin** — 1942 — Schwedischer Bassist in der Ur-Besetzung der Spotnicks.

■ **Louis Risbrook** — 1953 — US-Bassist mit B. T. Express.

Merk-Würdiges

1971 — Der in Berlin geborene Bill Graham — richtiger Name Wolfgang Grajonca — schließt nach einem Abschiedskonzert das Fillmore East in New York. Im Herbst des gleichen Jahres wird auch das Fillmore West in San Francisco geschlossen. Begründung: die zu hohen Gagenforderungen der bekannten Bands.

Tageshits

1958 — „On The Street Where You Live" — Vic Damone — GB 2 W.
1960 — „Everybody's Somebody's Fool" — Connie Francis — US 2 W.
1964 — „World Without Love" — Peter & Gordon — US 1 W.
1970 — „The Love You Save/I Found That Girl" — Jackson 5o — US 2 W.
1970 — „El Condor Pasa" — Simon & Garfunkel — D 8 W.
1981 — „One Day In Your Life" — Michael Jackson — GB 2 W.
1981 — „Bette Davis Eyes" — Kim Carnes — US 4 W. (2.mal)
1987 — „I Wanna Dance With Somebody (Who Loves Me)" — Whitney Houston — US 2 W.

28

Geburtstage

■ **Lester Flatt** — 1914 — US-Country-Gitarrist und Sänger. Als Profi begann er 1939. Mit Earl Scruggs machte er 1948 eine eigene Band, die „Foggy Mountain Boys" hieß und eine der besten der Bluegrass Music wurde. Bekannteste Aufnahme: „Foggy Mountain Breakdown (Theme From „Bonny & Clyde")" (3/68 US 55) — das Stück hatten die beiden erstmals 1949 aufgenommen. 1969 trennten sich Lester und Earl. Lester starb am 11.5.1979.

■ **Richard Rodgers** — 1902 — US-Komponist. Zusammen mit dem Texter Lorenz Hart schrieb er von 1919 bis 1943 Hits, z. B. „My Funny Valentine" (1937). Danach arbeitete er zusammen mit Oscar Hammerstein und schuf mit ihm Musical-Welterfolge, wie „Oklahoma!" (1943), „South Pacific" (1949), „The King And I" (1951), „The Sound Of Music" (1959) und auch Filmmusiken. Richard starb am 30.12.1979.

■ **George Morgan** — 1924 — US-Country-Sänger und Songschreiber. Seinen größten Country-Hit hatte er mit „Candy Kisses" (2/49 C&W 1). In der Pop-Hitparade war er ein einziges Mal: „Room Full Of Roses" (10/49 US 25). Bis kurz vor seinem Tode machte George Platten — er starb am 7.7.1975.

■ **Bobby Harrison** — 1943 — GB-Schlagzeuger in der Ur-Formation von Procol Harum. Er blieb bis Juli 1967 und gründete seine eigene Gruppe Freedom. Er spielte 1973/74 mit Snafu und Matthew Fisher.

■ **Dave Knights** — 1945 — GB-Gitarrist und Bassist ebenfalls in der Ur-Besetzung von Procol Harum. Er verließ die Gruppe im März 1969 und ging ins Management. Sowohl er als auch der vorgenannte Bobby Harrison spielen auf dem größten Hit von Procol Harum, „A Whiter Shade Of Pale", mit.

Todestage

■ **Red Nichols** — 1965 — US-Orchesterleiter. Geboren am 8.5.1905.

■ **Peter Kreuder** — 1981 — König der Evergreens. Geboren am 18.8.1905.

■ **Harry Mills** — 1982 — US-Sänger mit den Mills Brothers. Geboren am 19.8.1913.

Tageshits

1941 — „Dolores" — Tommy Dorsey — US 1 W.
1947 — „Chi-Baba, Chi-Baba (My Bambino Go To Sleep)" — Perry Como — US 3 W.
1947 — „Temptation (Tim-Tayshun)" — Red Ingle — US 1 W.
1957 — „Gamblin' Man/Putting On The Style" — Lonnie Donegano — GB 2 W.
1962 — „Come Outside" — Mike Sarne — GB 2 W.
1969 — „Love Theme From 'Romeo And Juliet'" — Henry Mancini — US 2 W.
1969 — „The Israelites" — Desmond Dekker — D 2 W.
1975 — „I'm Not In Love" — 10 CC — GB 2 W.
1976 — „Let Your Love Flow" — Bellamy Brothers — D 5 W.
1980 — „Coming Up" — Paul McCartney — US 3 W.
1986 — „The Edge Of Heaven" — Wham! — GB 2 W.

29

Geburtstage

Whitesnake

■ **Ian Paice** — 1948 — GB-Schlagzeuger, Songschreiber und Produzent. Zusammen mit Rod Evans kam er im März 1968 von der Gruppe Maze zur Gründungsmannschaft von Deep Purple. Vorher hatte er in Gruppen wie Georgie & The Rave Ons, Shindigs und M 15 gespielt. Nachdem sich Deep Purple im März 1976 aufgelöst hatte, machte Ian mit Jon Lord und Tony Ashton das Trio Paice, Ashton & Lord bis zum September 1977. Im Juli 1979 wird Ian für David Dowle Drummer bei Whitesnake, die sich im Herbst 1981 auflösen. Ian spielt auf einigen LPs mit Gary Moore, und als schließlich im Herbst 1984 Deep Purple wieder in der Erfolgsbesetzung vom Anfang der 70er Jahre zusammenkommen, ist Ian natürlich auch wieder dabei.

■ **Leroy Anderson** — 1908 — US-Komponist, Dirigent und Arrangeur. 1935 wurde er Arrangeur für Arthur Fiedler & The Boston Pops Orchestra. Fiedler war es auch, der viele Kompositionen von Leroy Anderson vorstellte. Hits als Leroy Anderson & His „Pops" Concert Orchestra: „The Syncopated Clock" (3/51 US 12) — das Stück wurde bekannt als das Thema aus der Fernsehsendung „Late Show" — und „Blue Tango" (12/51 US 1). Beide Titel waren Millionseller. Viele werden Anderson als Autor des Liedes „Sleigh Ride", ein amerikanischer Christmas-Standard, und von seinem Stück „The Typewriter" (11/53 US 21) kennen, zu dem Jerry Lewis in einem seiner Filme Schreibmaschine schrieb. Leroy starb am 18.5.1975.

■ **Gitte** — 1946 — Dänische Sängerin; Nachname Haenning-Johansson. Ab 1963 ist sie regelmäßig in der deutschen Hitparade. Sie verfügt über eine ausgezeichnete Stimme, was sie auch auf einer Jazz-Platte hören ließ. Diese LP war unverkäuflich, weil die Konsumenten immer an „Ich will 'nen Cowboy als Mann" (7/63 D 1) oder — mit Rex Gildo — „Vom Stadtpark die Laternen" (9/63 D 1) dachten. Weitere Hits für Gitte waren Titel wie „Jetzt dreht die Welt sich nur um dich" (6/64 D 8), „Man muß schließlich auch mal nein sagen können" (8/66 D 14), „Weiße Rosen" (10/69 D 13), „Ich hab' die Liebe verspielt in Monte Carlo" (8/74 D 10), „So schön kann doch kein Mann sein" (12/74 D 14), „Laß mich heute nicht allein" (3/76 D 13), „Freu dich bloß nicht zu früh" (10/80 D 10) und „Die Frau, die dich liebt" (12/80 D 12). In den 80er Jahren wurde sie anspruchsvoller in ihren Texten und damit für die Hitparaden zu gut.

■ **Dervin & Lincoln Gordon** — 1948 — GB-Zwillinge, die 1965 als Leadsänger (Dervin), Rhythmus-Gitarrist (Lincoln) und Songschreiber (beide) zu den Equals kamen. Ende 1966 erschien die erste Platte der Gruppe, die als A-Seite „Hold Me Closer" brachte. Dieser Titel verfehlte die Hitparade, die Rückseite „Baby Come Back" (7/67 D 11, 5/68 GB 1, 9/68 US 32) wurde jedoch von den Diskjockeys gespielt und ein Hit. Weitere Erfolge waren „Softly Softly" (12/68 D 6), „Green Light" (3/69 D 7), „Michael And The Slipper Tree" (4/69 GB 24, D 7), „Viva Bobby Joe" (7/69 GB 6, 9/69 D 12), „Rub A Dub Dub" (12/69 GB 34, 2/70 D 4) und „Black Skin Blue Eyed Boys" (12/70 GB 9, 2/71 D 35).

■ **Colin Hay** — 1953 — Australischer Sänger, Gitarrist und Songschreiber von Men At Work, 1979 von dem gebürtigen Schotten Colin in Melbourne gegründet. Hits: „Down Under" (4/82 D 9, 11/82 US 1, 1/83 GB 1), „Who Can It Be Now?" (7/82 US 1), „Overkill" (4/83 US 3, GB 21, D 30) und „It's A Mistake" (7/83 US 6, GB 33, D 19). 1985 fiel die Band auseinander. 1987 erschien eine Soloplatte von Colin, die wenig beeindruckte.

■ **Little Eva** — 1945 — US-Sängerin. Richtiger Name Eva Narcissus Boyd. Sie war Babysitter bei Carole King und ihrem damaligen Mann Gerry Goffin, als die beiden ihr den Vorschlag machten, eine neue Komposition zu singen: „The Loco-Motion" (6/62 US 1, 9/62 GB 2, 11/62 D 23, 7/72 RE-GB 11). Weitere Hits: „Let's Turkey Trot" (2/63 US 20, GB 13) und — zusammen mit Big Dee Irvin — „Swinging On A Star" (5/63 US 38, 11/63 GB 7).

■ **Johnnie Richardson** — 1945 — US-Sängerin, die zusammen mit Joe Rivers als Johnnie & Joe auftrat. Größter Hit: „Over The Mountain, Across The Sea" (5/57 US 8). 1963 war sie Mitglied bei den Jaynetts — einziger Hit: „Sally, Go 'Round The Roses" (9/63 R&B 4).

■ **Leonard Lee** — 1935 — US-Sänger und Songschreiber. Zusammen mit Shirley Goodman (siehe 19.6.) war er als Shirley & Lee erfolgreich. Er versuchte sich dann als Solist — ohne Hits. Leonard starb am 23.10.1976.

■ **Ilfo** — 1962 — In Berlin geborener Keyboarder im deutsch-britischen Duo Picnic At The Whitehouse. Größter Single-Erfolg: „We Need Protection" (3/86 D 36).

■ **Rainer Baumann** — 1949 — Gitarrist mit Frumpy, Randy Pie, Achim Reichel und anderen. Ab 1980 machte er auch Solo-LPs.

■ **Billy Storm** — 1938 — US-Leadsänger der Valiants. Danach als Solist mit einem Hit: „I've Come Of Age" (4/59 US 28).

■ **Stedman Pearson** — 1964 — GB-Sänger mit der Geschwistertruppe 5 Star, die 1983 gegründet wurde.

■ **Carlo Santanna** — 1947 — GB-Gitarrist und Sänger bei Paperlace.

Todestage

■ **Lowell George** — 1979 — US-Sänger, Gitarrist und Songschreiber mit Little Feat und als Solist. Als Todesursache wurde Herzanfall angegeben. Geboren am 13.4.1945.

■ **Shorty Long** — 1969 — US-Sänger. Kenterte mit seinem Boot und ertrank. Geboren am 20.5.1940.

■ **Tim Buckley** — 1975 — US-Interpret. Starb an einer Überdosis Heroin. Geboren 14.2.1947.

■ **Eric Dolphy** — 1964 — US-Jazzmusiker. Geboren am 20.6.1928.

Tageshits

1961 — „Runaway" — Del Shannon — GB 3 W.
1974 — „Sundown" — Gordon Lightfoot — US 1 W.
1974 — „She" — Charles Aznavour — GB 4 W.
1985 — „Frankie" — Sister Sledge — GB 4 W.
1985 — „Heaven" — Bryan Adams — US 1 W.

30

Geburtstage

■ **Stefan Zauner** — 1952 — Sänger, Tastenspieler und Songschreiber. Seine musikalische Laufbahn begann 1965 als Schlagzeuger in der Gruppe Changers — mit in der Band war der ebenfalls noch junge Harold Faltermeyer. 1966 spielte Stefan Baß bei Melodic Sound, ab 1972 studierte er für zwei Jahre Bildende Künste in Basel, arbeitete danach als Maler und spielte ab Oktober 1975 mit Amon Düül II — nebenher erschien im September 1976 seine erste Solo-LP „Narziss", im Dezember 1977 „Prism & Views". Ende der 70er, Anfang der 80er Jahre war Stefan in Los Angeles, um hier sein Glück als Musiker zu versuchen — 1981 kehrte er frustriert nach Munchen zurück und gründete die Münchener Freiheit. Im Frühjahr 1982 erschien die erste LP „Umsteiger". Hits: „Ohne Dich (schlaf ich heut nacht nicht ein)" (1/86 D 2), „Tausendmal du" (4/86 D 9), „So lang' man Träume noch leben kann" (12/87 D 2), „Bis wir uns wiederseh'n" (3/88 D 11). Der schönste Titel der Gruppe, "Rumpelstilzchen", kam nicht in die Charts — lag es vielleicht daran, daß es im Text hieß: „Ach wie gut das niemand weiß, daß mein Stilzchen Rumpel heißt"? Jeder darf doch sein Stilzchen nennen, wie er will! Ende 1988 hatte die Gruppe als Freiheit auch in Großbritannien Erfolg: „Keeping The Dream Alive" (12/88 GB 14), eine englische Version von „So lang' man Träume noch leben kann".

■ **Peter Alexander** — 1926 — Österreichischer Sänger, Filmschauspieler und Gastgeber einer eigenen Fernsehshow. Richtiger Nachname Neumayer. Peterchen sollte Mitglied der Wiener Sängerknaben werden — er weigerte sich. Schade, sonst wäre vielleicht alles anders gekommen — so aber gewann er 1954 den Sängerwettbewerb „Bella Musica" vor Vico Torriani und Gerhard Wendland. Größte Hits: „Der Mond hält seine Wacht" (10/55 D 1), „Ich weiß was dir fehlt" (12/56 D 1), „Bambina" (6/58 D 2), „Ich zähle täglich meine Sorgen" (2/60 D 2), „Spanisch war die Nacht" (3/67 D 1), „Verbotene Träume" (8/67 D 1), „Der letzte Walzer" (11/67 D 1), „Liebesleid" (3/69 D 1), „Hier ist ein Mensch" (11/70 D 2), „Die kleine Kneipe" (5/76 D 2) und „Der Papa wird's schon richten" (11/81 D 3). Außerdem hatte er Hits im Duett mit Caterina Valente, Conny Froboess, Bibi Johns, Peter Hinnen und Bill Ramsey.

■ **Glenn Shorrock** — 1944 — GB-Sänger und Songschreiber in der 1975 in Australien gegründeten Little River Band. Als Teenager wanderte er mit seinen Eltern nach Australien aus und wurde Mitglied der in den 60er Jahren sehr erfolgreichen Teeniebopper-Band Twilights und spielte mit Esperanto. Ab 1976 hatte die Little River Band internationalen Erfolg: „Reminiscing" (7/78 US 3), „Lonesome Loser" (7/79 US 6) und „The Night Owl" (8/81 US 6). Im Juni 1983 verließ Glenn die Gruppe, um eine Solo-Karriere zu starten — er wurde durch John Farnham ersetzt. 1987 kehrte Glenn zur Band zurück — Farnham machte seinerseits Soloplatten.

■ **Stanley Clarke** — 1951 — US-Bassist und Songschreiber aus dem Jazz-Rock-Bereich, der allerdings auch Tasteninstrumente, Gitarre und Flöte spielen nd singen kann. Er war Mitglied bei Return To Forever und arbeitete als gesuch-er Studiomusiker z. B. mit Aretha Franklin, Santana, Deodato, Al DiMeola, Paul McCartney, La Toyah Jackson oder George Duke. Außerdem veröffentlichte er Solo-LPs. 1989 tauchte er in der Gruppe Animal Logic auf.

Buddy Rich — 1917 — US-Jazz-Schlagzeuger und Orchesterleiter. Richtiger Vorname Bernard. Buddy spielte ab 1938 bei Bunny Berigan, Artie Shaw (1939), Tommy Dorsey (1939-42, 44-46) und Harry James (1953/54). Zwischendurch war r auch mit Nat „King" Cole, Charlie Parker oder ab 1946 mit eigenem Orchester u hören. Unter den Schlagzeugern galt er als einer der größten Techniker. Buddy tarb am 2.4.1987.

Dave Van Ronk — 1936 — US-Folk-Blues-Sänger, Gitarrist und Songschrei-er. Mitte der 50er Jahre spielte er in Traditional Jazzbands, danach kümmerte er ich um die Folkszene in Greenwich Village und trat dort zusammen mit Musikern vie Jack Elliott, Phil Ochs oder Bob Dylan auf. 1963 spielte er beim Newport Folk estival und gründete die Ragtime Jug Stompers. Viele Fans glaubten damals, Dave würde einmal ein großer Star — falsch!

June Valli — 1930 — US-Sängerin. Sie hatte ab 1952 Erfolg, nachdem sie in Arthur Godfrey's „Talent Scouts" TV-Programm gewonnen hatte. Hits: „Crying In The Chapel (8/53 US 4), „Unchained Melody" (5/55 US 29) und „Apple Green" 3/60 US 29).

■ **Gene Cotton** — 1944 — US-Sänger und Songschreiber. 1967 nahm er seine rste LP auf. Größter Hit: „Before My Heart Finds Out" (2/78 US 23).

Larry Henley — 1941 — US-Leadsänger des Trios Newbeats. Größte Hits: Bread And Butter" (8/64 US 2, GB 15) und „Run Baby Run (Back Into My Arms)" 10/65 US 12, 10/71 GB 10).

Florence Ballard — 1943 — US-Sängerin in der Ur-Formation der Supre-nes. Florence stieg 1967 aus und wurde durch Cindy Birdsong ersetzt. Sie starb m 22.2.1976.

Eddie Rambeau — 1943 — US-Sänger und Songschreiber. Richtiger Name Edward Flurie. Größter Hit: „Concrete & Clay" (5/65 US 35).

Billy Brown — 1946 — US-Sänger, dessen Karriere parallel zu der von Al Goodman verlief (siehe 31.3.).

■ **Larry Hall** — 1941 — US-Sänger. Einziger Hit: „Sandy" (11/59 US 15).

Andy Scott — 1949 — GB-Gitarrist mit Sweet.

Theo Klouwer — 1947 — Holländischer Schlagzeuger mit Cats.

Tageshits

1956 — „Rock Around The Clock" — Bill Haley — D 4 W.
1973 — „Give Me Love" — George Harrison — US 1 W.
1973 — „Skweeze Me, Pleeze Me" — Slade — GB 3 W.
1979 — „Are Friends Electric" — Tubeway Army — GB 4 W.
1979 — „Ring My Bell" — Anita Ward — US 2 W.
1980 — „Funky Town" — Lipps Inc. — D 10 W

1

Geburtstage

■ **Deborah Harry** — 1945 — US-Sängerin, Songschreiberin und Filmschaus-pielerin. Sie begann in der Folk-Rock-Band Wind In The Willows, die im Jahre 1968 eine LP veröffentlichte. Danach arbeitete sie als Playboy-Bunny und Barfrau.

Deborah Harry (Blondie)

Anfang der 70er Jahre stieg sie als Sängerin in die Glitterrock-Band Stilettoes ein. Mitglied in dieser Band wurde später auch Gitarrist Chris Stein. 1974 trennten sich Harry und Stein von der Band und gründeten Angel & The Snakes, aus denen dann 1975 Blondie wurde. Hits: „Denis" (2/78 GB 2, 4/78 D 9), „Heart Of Glass" (1/79 GB & D 1, 3/79 US 1), „Sunday Girl" (5/79 GB 1, D 6), „Dreaming" (9/79 GB 2, D 26), „Atomic" (2/80 GB 1, 3/80 D 20, 6/80 US 39), „Call Me" (3/80 US & GB 1, 5/80 D 14), „The Tide Is High" (11/80 GB & US 1, D 15) und „Rapture" (1/81 GB 5, US 1). Im Spätherbst 1982 trennte sich Blondie; Deborah machte als Solistin weiter — Hit: „French' Kissin' (In The USA)" (11/86 GB 8, 1/87 D 28).

■ **John Farnham** — 1949 — GB-Sänger, der im Alter von 10 Jahren mit seinen Eltern von England nach Australien auswanderte. Mit 18 machte er seine erste Singleplatte, die Platz 1 in der australischen Hitparade belegte: „Sadie (The Cleaning Lady)". Bis 1981 veröffentlichte er jede Menge Singles und LPs als Solist. 1982 wurde er dann für Glenn Shorrock Leadsänger bei der Little River Band. Ab 1986 dann wieder als Solist — Hits: „You're The Voice" (3/87 D 1, GB 6) und „Age Of Reason" (9/88 D 20).

■ **Delaney Bramlett** — 1939 — US-Gitarrist, Sänger und Songschreiber. Zusammen mit Bonnie, seiner Frau, machte er ab 1968 Platten. 1969 gingen sie mit der britischen Supergruppe Blind Faith auf Tournee. Kurz darauf spielte Eric Clapton bei Delaney, Bonnie & Friends — allerdings war das nicht von Dauer. 1982 brach alles auseinander: Band und Ehe. Beide machten Solo, dabei hieß doch ihr größter Hit „Never Ending Song Of Love" (5/71 US 13).

■ **Bobby Day** — 1932 — US-Sänger und Songschreiber. Richtiger Name Robert Byrd. 1950 gründete er die Hollywood Flames — Hit: „Buzz-Buzz-Buzz" (11/57 US 11) — diese Band kannte man auch als The Flames, 4 Flames, Hollywood 4 Flames, Jets, Tangiers und schließlich als Satellites. Größter Hit für Bobby Day: „Rock-in Robin" (8/58 US 2). 1960 arbeitete er zusammen mit Earl Nelson, der schon bei den Hollywood Flames der Leadsänger des einzigen Hits gewesen war, im Duo Bob & Earl, wurde dann jedoch von Bob Relf ersetzt.

■ **Willie Dixon** — 1915 — US-Sänger, Gitarrist, Bassist, Komponist und Produzent. Als James Dixon gewann er 1936 in Chicago die Schwergewichtsmeisterschaft im Boxen um die Golden Gloves. Er gründete als erste Combo die Five Breezes, dann die Four Jumps Of Jive und das Big Three Trio. Dixon schrieb Hunderte von Bluestiteln und produzierte bis in die 70er Jahre den größten Teil der in Chicago aufgenommenen Bluesplatten. Er selbst stand nur einmal in der R&B-Hitparade, und zwar mit „Walking The Blues" (9/55 R&B 6).

■ **Dan Aykroyd** — 1952 — Kanadischer Filmschauspieler, Sänger, Komiker und Songschreiber. Zusammen mit John Belushi trat er kzwischen 1975 und 1979 in der NBC-TV-Show „Saturday Night Live" als Blues Brothers oder Bees auf. Womit sie wohl nicht gerechnet hatten — als Blues Brothers waren sie auch als Plattenverkäufer gut im Geschäft: „Soul Man" (12/78 US 14). Nach dem Tod von Belushi am 5.3.1982 machte Dan vorwiegend als Filmschauspieler weiter, z. B. in „Ghostbusters".

■ **Alvino Rey** — 1911 — US-Gitarrist und Bandleader. Richtiger Name Alvin McBurney. Über die Stationen Russ Morgan, Freddy Martin und Hoarce Heidt gründete er 1939 seine eigene Band, mit der er zwischen 1941 und 1948 erfolgreich war. Sein größter Hit hieß „Deep In The Heart Of Texas" (2/42 US 1). Alvino gilt als einer der ersten Musiker, der eine elektrisch verstärkte Gitarre spielte.

■ **James Cotton** — 1935 — US-Bluessänger, Gitarrist, Mundharmonikaspieler und Songschreiber. 1954 nahm er seine ersten Platten für SUN Records auf, von 1955 bis 1966 war er in der Band von Muddy Waters. Danach gründete er seine eigene Bluesband und nahm Platten als Solist oder als Begleitmusiker auf — ein Hit wollte ihm nie gelingen.

■ **Evelyn „Champagne" King** — 1960 — US-Sängerin, die mit der Disco-Welle hochschwappte. Sie arbeitete in dem Studio, in dem sie entdeckt wurde, vorher als Putzfrau. Größte Hits: „Shame" (6/78 US 9) und „Love Come Down" (8/82 US 17, GB 7).

■ **Leon Chancler** — 1952 — US-Schlagzeuger. 1971 begann er bei Herbie Hancock und entwickelte sich zu einem gesuchten Studiomusiker, der z. B. mit Santana, Flora Purim, den O'Jays oder George Duke Platten aufnahm.

■ **Jack Grunsky** — 1945 — Geboren in Graz. Als er 4 Jahre alt war, ging er mit seiner Familie nach Kanada, 1965 kehrte er nach Europa zurück. Er machte einige LPs, die sich nicht verkauften. Jack singt, spielt Gitarre und komponiert.

■ **Marc Benno** — 1947 — US-Songschreiber, Gitarrist, Sänger und Keyboarder. Ende der 60er Jahre gründete er mit Leon Russell den Asylum Choir. Er spielte auf Platten von Rita Coolidge und Johnny Nash und in den 70ern auch als Solist.

■ **John Ford** — 1948 — GB-Bassist, Sänger und Songschreiber, dessen Karriere parallel zu der von Richard Hudson verlief. (siehe 9.5.)

■ **June Monteiro** — 1946 — US-Sängerin mit den Toys, Auf Jamaica geboren. Größter Hit: „A Lover's Concerto" (9/65 US 2, 11/65 GB 5).

■ **Fred Schneider** — 1951 — US-Keyboarder und Sänger mit der 1976 gegründeten Formation B 52's.

■ **Vito Bratta** — 1961 — US-Gitarrist und Songschreiber bei White Lion.

Tageshits

1944 — „I'll Be Seeing You" — Bing Crosby — US 4 W.
1965 — „Crying In The Chapel" — Elvis Presley — GB 1 W. (2. mal)
1967 — „Windy" — Association — US 4 W.
1972 — „Song Sung Blue" — Neil Diamond — US 1 W.
1972 — „Take Me Back 'Ome" — Slade — GB 1 W.
1989 — „Baby Don't Forget My Number" — Milli Vanilli —

2

Geburtstage

■ **Tom Springfield** — 1934 — GB-Sänger und Songschreiber. Richtiger Name Dion O'Brien. Zusammen mit seiner jüngeren Schwester Dusty und Tim Field gründete er 1960 die Springfields. Hits: „Silver Threads And Golden Needles" (9/62 US 20), „Island Of Dreams" (12/62 GB 5) und „Say I Won't Be There" (3/63 GB 5). Im Oktober 1963 trennte sich Dusty von der Gruppe und begann eine Solo-Karriere. Tom arbeitete als Produzent, vor allem seine Zusammenarbeit mit den Seekers, für die er die Titel „I'll Never Find Another You", „A World Of Our Own", „The Carneval Is Over" oder „Georgie Girl" schrieb, machte ihn erfolgreich.

■ **Marvin Rainwater** — 1925 — US-Sänger und Songschreiber. Richtiger Nachname des Cherokee-Indianers ist Percy, Rainwater war der Mädchenname seiner Mutter. Nach einem Studium der Tiermedizin wurde er 1946 Mitglied in der Truppe um Red Foley. Nebenher begann Marvin, Songs zu schreiben, die schließlich von Teresa Brewer, Justin Tubb und Connie Francis aufgenommen wurden. Das brachte ihm einen eigenen Plattenvertrag und die Hits „Gonna Find Me A Bluebird" (5/57 US 18) und „Whole Lotta Woman" (3/58 GB 1). Anfang der 60er Jahre mußte er sich einer Stimmbandoperation unterziehen, die ihn erst einmal als Sänger aus dem Rennen warf.

■ **Rex Gildo** — 1939 — Richtiger Name Ludwig Alexander Hirtreiter. Seit 196 ist er als Duettpartner von Conny oder Gitte oder als Solist erfolgreich im deutschen Schlagergeschäft. Größte Solo-Erfolge: „Das Ende der Liebe" (12/60 D 8), „Kleiner Gonzales" (9/62 D 2), „Maddalena" (3/63 D 4), „Zwei blaue Vergißmeinnicht" (5/63 D 4), „Fiesta Mexicana" (10/72 D 5), „Marie, der letzte Tanz ist nur für dich" (10/74 D 6) und „Der letzte Sirtaki" (9/75 D 9). Zusammen mit Gitte hatte e die Hits „Vom Stadtpark die Laternen" (9/63 D 1) und „Jetzt dreht die Welt sich nur um dich" (6/64 D 8).

■ **Randy Starr** — 1930 — US-Sänger, Gitarrist und Songschreiber. Richtige Name Warren Nadel. Hit: „After School" (4/57 US 32). Zusammen mit dem in Nürnberg geborenen Frank Metis bildete er Ende der 50er Jahre das Instrumental duo Islanders — Hit: „The Enchanted Sea" (9/59 US 15). Ab 1970 arbeitete er in seinem Beruf als Zahnarzt.

■ **Joe Puerta** — 1951 — US-Leadsänger, Bassist und Songschreiber mit Ambrosia. Hits: „How Much I Feel" (9/78 US 3) und „Biggest Part Of Me" (4/80 US 3). Als Studiomusiker spielte er auf Platten von Chi Coltrane, dem Alan Parson Project, Al Stewart und Chris Rea. In der zweiten Hälfte der 80er Jahre tauchte Jo bei Bruce Hornsby auf.

■ **Cheryl Ladd** — 1951 — US-Schauspielerin und Sängerin. Mädchenname Cheryl Jean Stoppelmoor. 1973 heiratete sie David Ladd, Sohn des legendären Alan Ladd. Bekannt wurde Cheryl, als sie für Farrah Fawcett in die TV-Serie „Charlie's Angels" einstieg. Größter Gesangserfolg: „Think It Over" (7/78 US 34).

■ **Lee Allen** — 1926 — US-Tenorsaxophonspieler auf zahllosen Platten, die in den 50er Jahren in New Orleans aufgenommen wurden. Er gehört außerdem fes zur Band von Fats Domino. Solo-Platte: „Walkin' With Mr. Lee" (1/58 US 54).

■ **Leapy Lee** — 1942 — GB-Sänger und Songschreiber. Richtiger Name Lee Graham. Größter Hit: „Little Arrows" (8/68 GB 2, 10/68 US 16, D 4).

■ **Alfie Khan** — 1944 — Richtiger Name Joachim Heider. Eher Komponist und Arrangeur als Interpret; Produzent vieler deutscher Schlagersänger.

■ **Schobert** — 1941 — Richtiger Name Wolfgang Schulz. Zusammen mi Lothar Lechleiter trat er als Schobert & Black auf. Sie gehörten zu den bekanntesten Interpreten der deutschen Liedermacherszene.

■ **Paul Williams** — 1939 — US-Sänger bei den Temptations, der 1960 zu den Gründungsmitgliedern gehörte. 1971 wurde er durch Richard Street ersetzt. Pau starb am 17.8.1973.

■ **Hans Bathelt** — 1950 — Schlagzeuger bei einer der vielen verschiedenen Formationen von Triumvirat aus Köln. Zwischen 1972 und 1976 trommelte er au vier LPs der Band.

■ **Peter Cruickshank** — 1945 — GB-Bassist mit Groundhogs.

■ **Peter Briquette** — 1954 — GB-Bassist mit Boomtown Rats.

Tageshits

1954 — „Cara Mia" — David Whitfield — GB 10 W.
1960 — „Milord" — Edith Piaf — D 3 W.
1966 — „Strangers In The Night" — Frank Sinatra — US 1 W.
1969 — „Something In The Air" — Thunderclap Newman — GB 3 W.
1977 — „So You Win Again" — Hot Chocolate — GB 3 W.
1977 — „Gonna Fly Now" — Bill Conti — US 1 W.
1983 — „Baby Jane" — Rod Stewart — GB 3 W.
1988 — „Dirty Diana" — Michael Jackson — US 1 W.

3

Geburtstage

■ **Vince Clarke** — 1960 — GB-Songschreiber und Tastenspieler. Vince ist einer der schillerndsten Persönlichkeiten des britischen Elektro-Pop. 1976 gründete er Depeche Mode — Hits: „New Life" (6/81 GB 11) und „Just Can't Get Enough" (9/81 GB 8). Im Dezember 1981 verließ er die Band und gründete mit der Sängerin Alison Moyet Yazoo — Hits: „Only You" (4/82 GB 2), „Don't Go" (7/82 GB 3, D 4) und „Nobody's Diary" (5/83 GB 3, D 18). Alison setzte sich im Herbst 1983 ab und wurde als Solistin erfolgreich, Vince nahm zusammen mit Feargal Sharkey als Assembly „Never Never" (11/83 GB 4, 1/84 D 19) auf. 1985 kam es zu einer kurzen erfolglosen Zusammenarbeit mit Paul Quinn; im selben Jahr machte Vince mit Andy Bell ein neues Projekt als Erasure — größte Hits: „Sometimes" (10/86 GB 2, 12/86 D 2), „Chains Of Love" (6/88 GB 11, D 18, US 12), „A Little Respect" (10/88 GB 4, D 34, 12/88 US 14), „Crackers International" (12/88 GB 2, D 18), „Drama" (9/89 GB 4, D 12) und „You Surround Me" (12/89 GB 15, D 38).

■ **Johnny Lee** — 1945 — US-Country-Sänger und Songschreiber. Richtiger Name John Lee Ham. In den frühen 60er Jahren spielte er in Rockbands, dann gründete er seine eigene Gruppe Road Runners. Nachdem er als Soldat in Vietnam gewesen war, kspielte er mit der Band von Mickey Gilley in dessen Club in Pasadena/Texas. Später eröffnete er einen eigenen Club, nur wenige Meilen von Mickeys entfernt. Nebenher versuchte er immer wieder eine Solokarriere. Die begann mit „Lookin' For Love" (7/80 US 5) aus dem Film „Urban Cowboy". In der Folgezeit war er häufig in den Country-Hitparaden vertreten — so gelang ihm da fünfmal ein Platz 1, für Spitzenplätze in den Pop-Hitparaden reichte es nicht mehr.

■ **Judith Durham** — 1943 — Australische Lead-Sängerin der Seekers, die sich 1964 in Melbourne formierten. Noch im gleichen Jahr kamen sie nach GB. Hits: „I'll Never Find Another You" (1/65 GB 1, 3/65 US 4, 6/65 D 25), „A World Of Our Own" (4/65 GB 3, US 19), „The Carnival Is Over" (10/65 GB 1, 1/66 D 14), „Morningtown Ride" (11/66 GB 2) und „Georgy Girl" (12/66 US 2, 2/67 GB 3). Ab 1967 versuchte sie sich als Solistin — einziger Charterfolg: „Olive Tree" (6/67 GB 33).

■ **Johnnie Wilder** — 1949 — US-Leadsänger von Heatwave, 1972 in Kaiserslautern gegründet, hier war Wilder G.I. — Hits und Millionseller: „Boogie Nights" (1/77 GB 2, 4/77 D 31, 7/77 US 2), „The Groove Line" (1/78 GB 12, 5/78 US 7) und „Always And Forever" (1/78 US 18, 11/78 GB 9). 1979 hatte Johnnie einen schweren Autounfall und ist seitdem vom Hals abwärts gelähmt.

■ **Paul Barrère** — 1948 — US-Gitarrist und Sänger mit Little Feat. Er machte auch Soloplatten und spielte als Studiomusiker mit Nicolette Larson, Robert Palmer, Carly Simon, Johnny Nash oder Bonnie Raitt.

■ **Mississippi John Hurt** — 1893 — US-Bluesgitarrist, Sänger und Songschreiber, der seit den 20er Jahren Platten aufnahm. Er starb am 2.11.1966.

■ **Laura Branigan** — 1957 — US-Sängerin. Hits: „Gloria" (7/82 US 2, 12/82 GB 5), „Solitaire" (3/83 US 7) und „Self Control" (4/84 US 4, D 1, 7/84 GB 5).

■ **Stephen Pearcy** — 1959 — US-Sänger und Songschreiber mit Ratt, Anfang der 80er Jahre gegründet. Ihr erster Hit war „Round And Round" (6/84 US 12).

■ **Fontella Bass** — 1940 — US-Sängerin und Tastenspielerin. Größter Erfolg: „Rescue Me" (10/65 US 4, 12/65 GB 11).

■ **Mike Corby** — 1955 — GB-Gitarrist, Keyboarder und Sänger mit der 1976 gegründeten Gruppe Babys.

■ **Chris Tait** — 1965 — Gitarrist und Sänger mit der kanadischen Gruppe Chalk Circle.

■ **Stephen Morgan** — 1960 — Australischer Bassist und Sänger bei Icehouse.

Todestage

■ **Brian Jones** — 1969 — GB-Gitarrist mit den Rolling Stones. Man fand ihn ertrunken in seinem Swimmingpool nach Einnahme von Drogen und Alkohol. Geboren am 28.2.1942.

■ **Jim Morrison** — 1971 — US-Sänger und Songschreiber mit den Doors. Er starb in seiner Badewanne in Paris — offizielle Todesursache Herzversagen. Geboren am 8.12.1943.

■ **Fred McDowell** — 1972 — US-Bluesmusiker. Geboren am 12.1.1904.

■ **Rudy Vallee** — 1986 — US-Sänger, Schauspieler und Songschreiber. Geboren am 28.7.1901.

Tageshits

1943 — „Comin' In On A Wing And A Prayer" — Song Spinners — US 3 W.
1948 — „Woody Woodpecker" — Kay Kyser — US 6 W.
1953 — „I Believe" — Frankie Laine — GB 6 W. (2.mal)
1959 — „Dream Lover" — Bobby Darin — GB 4 W.
1965 — „I Can't Help Myself" — 4 Tops — US 1 W. (2.mal)
1965 — „Il Silencio" — Nini Rosso — D 12 W.
1968 — „Baby Come Back" — Equals — GB 3 W.
1982 — „Happy Talk" — Captain Sensible — GB 2 W.
1982 — „Don't You Want Me" — Human League — US 3 W.
1989 — „Das Omen (Teil 1)" — Mysterious Art — D 9 W.

4

Geburtstage

■ **Louis Armstrong** — 1900 — US-Jazzmusiker, Trompeter, Sänger, Songschreiber und die Inkarnation des New Orleans Jazz. Er fand in King Oliver 1917 seinen Lehrmeister, spielte in Kid Ory's Band und danach mit Fate Marable für 2 Jahre auf einem Mississippidampfer. 1922 war er wieder mit King Oliver, ab 1924 mit Fletcher Henderson und verschiedenen anderen Bands, bis er 1926 seine eigene Band gründete. Zu diesem Zeitpunkt galt er schon als der Welt größter Jazz-Trompeter. Richtig populär wurde er dann, als er nicht nur Trompete spielte, sondern auch noch sang — seine rauhe Stimme kam beim Publikum enorm an. Zu seinen Hits in den Pop-Charts gehören: „All Of Me" (2/32 US 1), „Takes Two To Tango" (10/52 US 19, 12/52 GB 6), „Mack The Knife" (2/56 US 20, 4/56 GB 8, D 17), „Hello Dolly" (2/64 US 1, 6/64 GB 4, D 8) und „What A Wonderful World" (2/68 GB 1, 5/68 D 8, 2/88 US 32, 7/89 RE-D 6). Auch auf Platten von Fletcher Henderson, King Oliver, Bessie Smith, Carly Smith und Clarence Williams ist er zu hören. Armstrong, dessen Spitznamen „Pops" und „Satchmo" waren, spielte auch in diversen Filmen mit — so z. B. in „High Society". Er starb am 6.7.1971.

■ **Mitch Miller** — 1911 — US-Orchesterleiter und Produzent für Interpreten wie Tony Bennett, Johnny Mathis, Frank Sinatra, Frankie Laine und auch das Orchester von Percy Faith. Er hat eine Ausbildung als klassischer Oboist und spielte zwischen 1936 und 1947 mit dem CBS Symphonie-Orchester. In den 50er Jahren machte er sich zuerst einen Namen mit seinen „Sing Along With Mitch"-LPs und Fernsehsendungen. Hits mit seinem eigenen Orchester: „Tzena Tzena Tzena" (7/50 US 3), „Yellow Rose Of Texas" (8/55 US 1, 10/55 GB 2, 4/56 D 14) und „River Kwai March" (1/58 US 20, 3/58 D 1).

■ **John Waite** — 1955 — GB-Sänger, Bassist und Songschreiber. 1976 war John Mitbegründer der Babys. Hits: „Isn't It Time" (10/77 US 13) und „Everytime I Think Of You" (1/79 US 13). Im Frühjahr 1981 löste sich die Band auf — John machte als Solist weiter. Erster Hit: „Missing You" (6/84 US 1, 9/84 GB 9, D 13). 1988 gehörte er zu den Gründungsmitglieder von Bad English — Hits: „When I See You Smile" (9/89 US 1) und „Price Of Love" (12/89 US 5).

■ **Jeremy Spencer** — 1948 — GB-Gitarrist, Sänger und Songschreiber. Er gehörte im Juli 1967 zu den Gründungsmitkgliedern von Fleetwood Mac, nachdem er vorher mit dem Levi Set gespielt hatte. 1970 erschien eine Solo-LP von ihm. Im Februar 1971 sagte er den übrigen Bandmitgliedern während einer US-Tournee in einem Hotel in L.A., er gehe mal kurz vor die Tür — er wurde zwei Jahre nicht mehr gesehen. Später wird bekannt, daß auch Jeremy wie schon vor ihm Peter Green den Erfolgsdruck bei Fleetwood Mac nicht mehr ausgehalten hatte. Er schloß sich der Sekte Children of God an und veröffentlichte 1973 eine LP mit dem Titel „Jeremy Spencer & The Children Of God". Erst 1979 erschien dann wieder eine neue LP von ihm.

■ **Charlie Monroe** — 1903 — US-Country-Musiker, der zusammen mit seinen Brüdern Bill und Birch zwischen 1929 und 1934 in Chicago auftrat. 1936, nun nur noch mit Bill, spielten sie für zwei Jahre als Monroe Brothers und machten ihre ersten Platten. 1938 trennten sich die beiden, Charlie gründete seine eigene Band, Kentucky Partners, mit der er schöne, aber nicht sonderlich erfolgreiche Platten aufnahm. Charlie starb am 27.9.1975.

■ **Bill Withers** — 1938 — US-Sänger, Gitarrist und Songschreiber. 1970 machte Bill seine ersten Platten, produziert von Booker T. Jones. Hits: „Ain't No Sunshine" (7/71 US 3, 2/89 D 30), „Lean On Me" (4/72 US 1, 8/72 GB 18), „Use Me" (8/72 US 2) und „Lovely Day" (12/77 US 30, GB 7, 9/88 RE-GB 4, 11/88 D 27). Zusammen mit dem Saxophonisten Grover Washington jr. hatte er den Hit „Just The Two Of Us" (2/81 US 2, 5/81 GB 34).

■ **Alan „Blind Owl" Wilson** — 1943 — US-Sänger, Gitarrist, Mundharmonikaspieler und Songschreiber mit Canned Heat. John Lee Hooker bezeichnete ihn einmal als den größten Mundharmonikaspieler aller Zeiten. Hits siehe 26.2. bei Bob Hite. Alan starb am 3.9.1970.

■ **Champion Jack Dupree** — 1910 — US-Blues-Pianist, Sänger und Songschreiber, der seit 1958 vorwiegend in Europa wohnt. Er gilt schon zu Lebzeiten als Blueslegende.

■ **Gilbert Lopez** — 1934 — US-Sänger mit den Tune Weavers. Gilbert ist der Bruder von Margo Sylvia, die die Leadsängerin dieser Gruppe war.

■ **Ralph Johnson** — 1951 — US-Drummer mit Earth, Wind & Fire.

Todestag

■ **Donald McPherson** — 1971 — US-Leadsänger von Main Ingredient. Er hatte Leukämie. Geboren am 9.7.1941.

Tageshits

1953 — „I'm Walking Behind You" — Eddie Fisher — US 7 W.
1958 — „All I Have To Do Is Dream/Claudette" — Everly Brothers — GB 7 W.
1958 — siehe Merk-Würdiges.
1964 — „I Get Around" — Beach Boys — US 2 W.
1964 — „Liebeskummer lohnt sich nicht" — Siw Malmkvist — D 10 W.
1977 — „Yes Sir, I Can Boogie" — Baccara — D 8 W.
1987 — „It's A Sin" — Pet Shop Boys — GB 3 W.

Merk-Würdiges

1958 — Noch immer ist Vic Damone mit „On The Street Where You Live" auf Platz 1 in GB. Die Everly Brothers kommen dazu — somit sind 2 Platten gemeinsam für eine Woche auf Platz 1.

5

Geburtstage

■ **Huey Lewis** — 1950 — US-Sänger, Songschreiber, Mundharmonikaspieler und Produzent. Richtiger Name Hugh Anthony Cregg. 1967 trampte er als Straßenmusiker durch Europa und wurde dann Mitglied bei Slippery Elm und Clover, die im November 1976 eine erste Single veröffentlichten — Leadsänger war Huey, Produzent Nick Lowe. 1977 brachte Clover vier weitere Singles und zwei LPs — ohne Erfolg. Außerdem begleiteten sie Elvis Costello auf seiner LP „My Aim Is True". Im Mai 1979 trennte sich Clover, genau ein Jahr später gründete er Huey Lewis & The News. Hits: „Do You Believe In Love" (2/82 US 7), „Heart And Soul" (9/83 US 8), „I Want A New Drug" (1/84 US 6), „The Heart Of Rock 'n' Roll" (4/84 US 6), „If This Is It" (7/84 US 6), „The Power Of Love" (6/85 US 1, 9/85 GB 11, D 16, 3/86 RE-GB 9), „Stuck With You" (8/86 US 1, GB 12, D 15), „Hip To Be Square" (10/86 US 3), „Jacob's Ladder" (1/87 US 1), „Doing It All For My Baby" (8/87 US 6) und „Perfect World" (7/88 US 3).

■ **Smiley Lewis** — 1913 — US-R&B-Sänger, Gitarrist und Songschreiber. Richtiger Name Overton Ames Lemons. Er hatte musikalisch die gleichen Wurzeln wie Fats Domino, war gesanglich vielleicht sogar noch besser als dieser, kam beim weißen Publikum jedoch nicht an. Seine ersten Platten machte Smiley 1947. Er selbst hatte seinen größten Erfolg mit „I Hear You Knocking" (9/55 R&B 2). Coverversionen seiner Nummern wurden Pop-Hits für andere, z. B. „I Hear You Knokking" für Gale Storm und Dave Edmunds oder „One Night" für Elvis Presley. Smiley starb am 7.10.1966.

Robbie Robertson (The Band)

■ **Robbie Robertson** — 1944 — Kanadischer Lead-Gitarrist, Sänger und Songschreiber mit The Band, vormals Begleitgruppe von Ronnie Hawkins und Bob Dylan. Hits: „Up On Cripple Creek" (11/69 US 25); in GB erfolgreicher: „The Weight" (9/68 GB 21) und „Rag Mama Rag" (4/70 GB 16). The Band löste sich 1976 auf. 1987 erschien eine hervorragende Solo-LP von Robertson, aus der „Somewhere Down The Crazy River" (7/88 GB 15) ausgekoppelt wurde.

■ **Michael Monarch** — 1946 — US-Gitarrist mit der 1967 in Kanada gegründeten Gruppe Sparrow. Nach einer erfolglosen Platte wechselte die Band den Standort — sie ging nach Kalifornien — und den Namen — man nannte sich nun Steppenwolf. Im April 1969 verließ Michael die Gruppe und wurde durch Larry Byrom ersetzt. 1977 tauchte Michael in der Heavy Metal Band Detective wieder auf.

■ **Michael Sadler** — 1954 — Kanadischer Leadsänger, Keyboarder, Bassist und Songschreiber. 1976 war er bei der Gründung von Saga dabei, vorher hatte er bei Flood gespielt. 1978 erschien die erste LP von Saga, dann wurde die Gruppe in Europa und speziell in der Bundesrepublik so bekannt, daß sogar kKanadier der Ansicht waren, Saga sei eine deutsche Formation. Größter Hit: „On The Loose" (12/82 US 26).

John Lennon

Kate Bush

The Beach Boys

Heart

Herbert Grönemeyer

Diana Ross

Dusty Springfield

Stevie Nicks

Cliff Richard

The Scorpions

Howard Carpendale

David Bowie

Dave Edmunds

Clinnie Fisher

Paul McCartney

he Alarm

Marillion

Tina Turner

e Cocker

Nathalie Cole

■ **Michael Heltau** — 1933 — Österreichischer Schauspieler und Sänger. Er gilt als der beste deutschsprachige Interpret der Lieder von Jacques Brel.

■ **Victor Unitt** — 1946 — GB-Gitarrist mit Pretty Things und der Edgar Broughton Band.

■ **Dick Scoppettone** — 1945 — US-Gitarrist und Sänger mit Harper's Bizarre.

■ **Rainer Petry** — 1944 — Rhythmus-Gitarrist und Sänger mit den Lords.

Todestag

■ **Harry James** — 1983 — US-Trompeter und Orchesterchef. Geboren am 15.3.1916.

Tageshits

1941 — „The Band Played On" — Guy Lombardo — US 2 W.
1947 — „Peg O' My Heart" — Buddy Clark — US 6 W.
1952 — „Delicado" — Percy Faith — US 1 W.
1986 — „There'll Be Sad Songs" — Billy Ocean — US 1 W.

6

Geburtstage

■ **Bill Haley** — 1925 — US-Sänger, Gitarrist und Songschreiber. Er begann in den 40er Jahren mit Country-Musik und gründete 1948 die 4 Aces Of Western Swing. Im gleichen Jahr machte Bill mit dieser Band auch seine erste Platte: „Too Many Parties, Too Many Pals". 1950 gründete er die Saddlemen. Ab 1951 stieg Bill dann auf R & B um und brachte mit „Rock The Joint" 1952 schon sehr deutlich Rock'n'Roll. 1953 ließ er sein Cowboy-Image ganz fallen und benannte die Gruppe um in Bill Haley & His Comets. Die erste Platte unter diesem neuen Namen war dann auch die erste Rock'n'Roll Platte in den Charts: „Crazy Man Crazy" (5/53 US 12). Größter Hit: „Rock Around The Clock" (5/54 US 23, 1/55 GB 17, 5/55 RE-US 1, 10/55 RE-GB 1, 4/56 D 1, 9/56 RE-GB 5, 12/56 RE-GB 24, 1/57 RE-GB 22, 4/68 RE-GB 20, 3/74 RE-GB 12, RE-US 39) — diese Platte dürfte der Auslöser für die Rock'n'Roll Welle gewesen sein und verkaufte sich im Laufe der Jahre mehr als 20 Millionen mal. Sie wurde am 12.4.1954 aufgenommen und zum Hit, nachdem der Titel am Anfang des Films „Blackboard Jungle" („Saat der Gewalt") zu hören gewesen war. Weitere Hits für Bill: „Shake, Rattle & Roll" (8/54 US 7, 12/54 GB 4), "Burn That Candle" (11/55 US 9) und „See You Later, Alligator" (1/56 US 6, 3/56 GB 7, 9/56 RE-GB 12, 2/57 D 14). Nach 1958 war seine Hit-Zeit vorbei. Haley starb am 9.2.1981.

■ **Gene Chandler** — 1937 — US-Sänger und Songschreiber. Richtiger Name Eugene Dixon. 1955 gründete er seine erste Gruppe, die Gaytones. 1957 wurde er Mitglied bei den Dukays, danach verbrachte er drei Jahre bei der US-Army in Deutschland und kehrte schließlich zu den Dukays zurück. Mit dieser Band khatte er zwei kleinere Hits, bevor er als Solist — jedoch mit der Band ungenannt als Begleitung — seinen ersten Hit landete: „Duke Of Earl" (1/62 US 1). Weitere Hits: „Groovy Situation" (7/70 US 12) und „Get Down" (2/79 GB 11).

■ **Jet Harris** — 1939 — GB-Bassist und Songschreiber in der ersten Erfolgsbesetzung der Shadows. Ab 1962 war er dann mit dem Shadows-Kollegen Tony Meehan und als Solist erfolgreich. Größter Solo-Hit: „Man With The Golden Arm" (8/62 GB 12). Hits mit Meehan: „Diamonds" (1/63 GB 1), „Scarlett O'Hara (4/63 GB 2) und „Applejack" (9/63 GB 4). Comebackversuche schlugen regelmäßig fehl wegen sogenannter „mental problems". 1975 sagte Jet in einem Interview: „2 Flaschen Wodka am Tag, das ist so mein Level".

■ **Della Reese** — 1931 — US-Sängerin. Richtiger Name Delloreese Patricia Early. Sie sang zuerst zwischen 1945 und 1949 Gospels mit Mahalia Jackson, dann wurde sie Mitglied bei Erskine Hawkins und den Clara Ward Singers. Ab 1957 als Solistin — größter Hit: „Don't You Know" (9/59 US 2). In den USA gilt sie auch als hervorragende Schauspielerin, die eigene TV-Shows moderierte.

■ **Laverne Andrews** — 1915 — US-Sängerin, älteste der drei Andrews Sisters. Hits siehe 3.2. bei Schwester Maxine. Laverne starb am 8.6.1967.

■ **Jan Bradley** — 1944 — US-Sänger. 1962 nahm Jan seine erste Platte auf. Einziger Hit: „Mama Didn't Lie" (1/63 US 14).

■ **Rik Elswit** — 1945 — US-Gitarrist. Er kam 1971 zur 1968 gegründeten Formation Dr. Hook.

■ **Graham Oliver** — 1952 — GB-Gitarrist mit Saxon, gegründet 1977.

■ **John Keeble** — 1959 — GB-Drummer mit Spandau Ballet.

■ **David Smith** — 1952 — GB-Sänger mit Real Thing.

Todestage

■ **Louis Armstrong** — 1971 — US-Jazzkönig der Trompete. Er starb an den Folgen einer Herzschwäche in New York. Geboren am 4.7.1900.

■ **Van McCoy** — 1979 — US-Multiinstrumentalist. Todesursache: Herzschlag. Geboren am 6.1.1944.

Tageshits

1963 — „Easier Said Than Done" — Essex — US 2 W.
1963 — „Barcarole in der Nacht" — Connie Francis — D 4 W.
1968 — „Delilah" — Peter Alexander — D 2 W.
1974 — „Rock The Boat" — Hues Corporation — US 1 W.
1985 — „Sussudio" — Phil Collins — US 1 W.

Merk-Würdiges

1964 — In London findet unter Anwesenheit von Prinzessin Margret und Lord Snowdon die Uraufführung des ersten Kinofilms der Beatles „A Hard Day's Night" statt.

7

Geburtstage

■ **Ringo Starr** — 1940 — GB-Schlagzeuger, Sänger, Songschreiber und Filmschauspieler. Richtiger Name Richard Starkey. Er spielte in der Eddie Clyton Skiffle Group und bei Rory Storm & The Hurricanes, bevor er vom 18. August 1962 bis zu deren Ende Mitglied der Beatles wurde — danach als Solist. Hits: „It Don't Come Easy" (4/71 GB & US 4, D 5), „Back Off Boogaloo" 4/72 GB 2, US 9, 7/72 D 12), „Photograph" (10/73 GB 8, US 1, D 5), „You're Sixteen" (12/73 US 1, 2/74 GB 4, D 19), „Oh My My" (3/74 US 5, 7/74 D 34), „Only You" (11/74 US 6, GB & D 28) und „No No Song" (2/75 US 3). Ringo wurde einmal gefragt, warum er so viele Ringe an den Fingern habe; Antwort: „Weil ich sie nicht alle an die Nase kriege." — Ach ja, ein lieber Kerl.

■ **Charlie Louvin** — 1927 — US-Country-Sänger und Songschreiber. Richtiger Name Charlie Elzer Loudermilk. 1943 arbeitete er zusammen mit seinem Bruder Ira als Foggy Mountain Boys in einer eigenen Radioshow, 1947 traten sie zum erstenmal gemeinsam als Louvin Brothers auf, 1949 machten sie ihre ersten Platten. 1963 trennten sie sich. Charlie spielte mit in den Filmen „Music City USA" und „Golden Guitar". Die größten Erfolge: „I Don't Believe You've Met My Baby" (1/56 C&W 1) als Louvin Brothers, „I Don't Love You Anymore" (6/64 C&W 4) für Charlie als Solist. Ihr Gesangsstil wurde von anderen Duos kopiert, z. B. den Everly Brothers.

■ **Anton Karas** — 1906 — Österreichischer Zitherspieler und Komponist. Er war 43 Jahre alt, als er die Musik zum Film „Der dritte Mann" schrieb. Sie wurde zum Welthit und Millionseller: „The Third Man Theme" (2/50 US 1). 1966 eröffnete Karas in Wien ein Lokal, das er „Der 3. Mann" nannte. Abends führte er den Titel dann live vor — die Lichter wurden heruntergedreht und die Kellner mußten aufhören, die Gäste zu bedienen — die warn's ja auch schon. Mit diesem einen Hit hat Karas sich gesund gezittert. Er starb am 10.1.1985.

■ **Joe Zawinul** — 1932 — Österreichischer Komponist und Jazz-Rock Multiinstrumentalist. Richtige Vornamen Josef Erich. Er wurde ab Anfang der 50er Jahre als Pianist und Baßtrompeter in Jazzgruppen aktiv. So war er z. B. 1952 bei Hans Koller, danach spielte er mit Fatty George und Friedrich Gulda. 1959 engagierte ihn Maynard Ferguson für seine Gruppe. Von 1961 bis 1970 spielte er im Quintett von Cannonball Adderly. Ende 1971 gründete Joe Weather Report, die bis 1985 weltweit erfolgreich war. 1987 stellte er eine neue Gruppe vor: Weather Update.

■ **Lloyd „Tiny" Grimes"** — 1916 — US-Gitarrist und Sänger, der als Mitentwickler des „Bop" gilt. Er war Mitglied bei Cats & The Fiddle und dem Art Tatum Trio, bevor er Ende der 40er Jahre ein eigenes Trio und eine eigene Band, die Rokking Highlanders, gründete. Grimes, der auf einer Gitarre mit nur vier Saiten zu spielen pflegte, gehörte zu den ersten, die dieses Instrument elektrisch verstärkten. In den R&B-Charts der USA war er einmal anzutreffen: „Midnight Special" (11/48 R&B 12). Er starb am 4.3.1989 an Hirnhautentzündung.

■ **Elton Britt** — 1917 — US-Country-Sänger und Jodler. Richtiger Name James Britt Baker. In den 30er Jahren machte er seine ersten Schallplatten und schaffte mit der Nummer „There's A Star-Spangled Banner Waving Somewhere „ (9/42 US 7) den bis kzu diesem Zeitpunkt meistverkauften Country Song. Elton trat auch in vielen Filmen und TV-Shows in Erscheinung. Er starb am 23.6.1972.

■ **Mary Ford** — 1928 — US-Sängerin. Richtiger Name Colleen Summer. Sie war erfolgreich mit ihrem Mann — verheiratet von 1949 bis 1963 — als Les Paul & Mary Ford. Hits siehe 9.6. Mary starb am 30.9.1977.

■ **Rob Townsend** — 1947 — GB-Schlagzeuger mit Family. Danach als Studiomusiker mit Medicine Head, Kevin Ayers, Axis Point und anderen. Ab 1982 Mitglied der Blues Band und nebenher noch mit der Dave Kelly Band.

■ **Clive Jackson** — 1962 — Leadsänger und Gitarrist — genannt „The Doctor" — von Doctor & The Medics. Hit: „Spirit In The Sky" (5/86 GB 1, 7/86 D 9).

■ **Marcus Gabler** — 1968 — Sänger, Synthesizerspieler und Songschreiber bei O.K.. Hits: „Okay!" (2/88 D 2) und „Education" (6/88 D 32).

■ **Fancy** — 1946 — Sänger. Richtiger Name Manfred Alois Segieth. Hits: „Slice Me Nice" (7/84 D 11), „Chinese Eyes" (9/84 D 9), „Lady Of Ice" (1/87 D 13) und „Flames Of Love" (5/88 D 14).

■ **Toto Cutugno** — 1944 — Italienischer Sänger und Songschreiber. Größter Erfolg in unseren Landen: „L'Italiano" (6/83 D 23).

■ **Jim Rodford** — 1945 — GB-Bassist bei Argent, Phoenix und ab 1978 mit den Kinks.

■ **Larry Reinhardt** — 1948 — US-Gitarrist. Er kam 1970 zur 1966 gegründeten Band Iron Butterfly.

■ **Warren Entner** — 1944 — US-Gitarrist mit den Grassroots.

■ **David Hodo** — 1950 — US-Sänger mit Village People.

Todestag

■ **George Morgan** — 1975 — US-Countrymusiker. Geboren 28.6.1924.

Tageshits

1960 — „Good Timin'" — Jimmy Jomes — GB 3 W.
1962 — „The Stripper" — David Rose — US 1 W.
1966 — „Sunny Afternoon" — Kinks — GB 2 W.
1973 — „Will It Go Round In Circles" — Billy Preston — US 2 W.
1984 — „When Doves Cry" — Prince — US 5 W

8

Geburtstage

■ **Louis Jordan** — 1908 — US-Sänger, Klarinettist, Saxophonist und Songschreiber. Für viele gilt er als der Vater des modernen R & B. Er begann als Profimusiker schon 1929 mit Louis Armstrong, spielte dann in verschiedenen Orchestern mit, u. a. mit Chick Webb. 1938 machte Louis seine erste eigene Band, die er Elks Rendezvous nannte, daraus entwickelte sich 1939 Tympany Five. Ab 1942 spielte er in etlichen Filmen mit. Hits: „G.I. Jive" (5/44 US 1), „Is You Is Or Is You Ain't (Ma' Baby)" (7/44 US 2), „Caldonia Boogie" (6/45 US 6), „Buzz Me" (1/46 US 9), „Stone Cold Dead In The Market (He Had It kComing)" (7/46 US 7) mit Ella Fitzgerald, „Choo Choo Ch'Boogie" (8/46 US 7), „Ain't Nobody Here But Us Chikkens" (1/47 US 6), „Open The Door, Richard" (3/47 US 6), „Baby, It's Cold Outside" (6/49 US 9) wieder mit Ella und „Saturday Night Fish Fry" (10/49 US 21 und trotzdem Millionseller!). Bis in das Jahr 1973 machte er Platten. Louis starb am 4.2.1975.

■ **Billy Eckstine** — 1914 — US-Sänger und Leiter eines eigenen Orchesters. Er begann seine Karriere mit Earl Hines, mit dem er zwischen 1939 und 1943 sang und den Hit „Stormy Monday Blues" (4/43 US 23) hatte. Dann gründete Billy eine eigene Jazzband, in der solche Cracks wie Charlie Parker, Dizzy Gillespie, Art Blakey, Miles Davis und als Sängerin Sarah Vaughan mitwirkten. Von 1945 bis 1956 war er als Solist erfolgreich — sein Spitzname war Mr.B., sein richtiger Name William Clarence Eckstein. Hits: „A Cottage For Sale" (10/45 US 8), „Prisoner Of Love" (4/46 US 10), „My Foolish Heart" (3/50 US 6) und „I Apologize" (3/51 US 6) — alle genannten Titel sind Millionseller.

■ **Steve Lawrence** — 1935 — US-Sänger und Schauspieler. Richtiger Name Steven Leibowitz. Ab 1952 nahm er seine ersten Platten auf. Er heiratete 1957 die Sängerin Eydie Gorme, mit der er auch einige Platten im Duett sang. Solo-Hits: „Party Doll" (2/57 US 5), „Footsteps" (3/60 US 7, GB 4) und „Go Away Little Girl" (11/62 US 1).

■ **Jai Johanny Johanson** — 1944 — US-Schlagzeuger mit der Allman Brothers Band, die gleich zwei Drummer hatte. Zwischendurch spielte er als Studiomusiker für Charlie Daniels, Marshall Tucker Band und Sea Level. Richtiger Name John Lee Johnson.

■ **Jerry Vale** — 1932 — US-Sänger. Richtiger Name Genaro Louis Vitaliano. Er war zwischen 1953 und 1966 in den USA erfolgreich. Größter Hit: „You Don't Know Me" (7/56 US 14).

■ **Willie Wilson** — 1947 — GB-Schlagzeuger mit Syd Barrett, Quiver, Cochise, Sutherland Brothers, David Gilmour, Roy Harper und Pretty Things.

■ **Walter Scheel** — 1919 — Ex-Bundespräsident und Sänger. Hit: „Hoch auf dem gelben Wagen" (7/74 D 5). Gilt auch als Mann mit Pferdeverstand.

■ **Ricky Wolff** — 1945 — GB-Gitarrist mit Flowerpot Men und White Plains.

■ **Andy Fletcher** — 1961 — GB-Synthesizer-Spieler mit Depeche Mode.

Tageshits

1950 — „Mona Lisa" — Nat „King" Cole — US 8 W.
1957 — „(Let Me Be Your) Teddy Bear" — Elvis Presley — US 7 W.
1965 — „I'm Alive" — Hollies — GB 2 W.
1972 — „Lean On Me" — Bill Withers — US 3 W.
1972 — „Puppy Love" — Donny Osmond — GB 5 W.
1989 — „Good Thing" — Fine Young Cannibals — US 1 W.

9

Geburtstage

Simple Minds

■ **Jim Kerr** — 1959 — GB-Sänger und Songschreiber in der 1977 gegründeten Formation Johnny & The Self Abusers, aus der im Februar 1978 Simple Minds wurde. Erste Charterfolge konnten sie 1979 verzeichnen. Hits: „Don't You (Forget About Me)" (2/85 US 1, 4/85 GB 7, D 4), „Alive & Kicking" (10/85 GB 7, US 3, D 17), „Sanctify Yourself" (1/86 US 14, GB 10, D 38), „All The Things She Said" (4/86 GB 9, US 28), „Belfast Child" (2/89 GB 1, D 3), „This Is Your Land" (4/89 GB 13, D 25) und „Kick It In" (7/89 GB 15).

■ **Ed Ames** — 1927 — US-Sänger und Schauspieler. Zusammen mit seinen Brüdern Gene, Joe und Vic (alias Ulrick) startete er schon während der Schulzeit in Boston ein Quartett, das sich Ames Brothers nannte. Ende der 40er Jahre erhielten sie einen Plattenvertrag — Hits siehe beim ältesten Bruder Joe am 3.5. 1959 fiel die Formation auseinander, Ed besuchte eine Schauspielschule und begann dann eine Karriere als TV-Darsteller, z. B. für 4 Jahre als Indianer Mingo in der Serie „Daniel Boone". Nebenher hatte er ab 1965 auch wieder als Sänger Erfolg — größter Hit: „My Cup Runneth Over" (1/67 US 8). Ab Anfang der 70er Jahre war er nicht mehr in den Hitparaden.

■ **Marc Almond** — 1959 — GB-Sänger und Songschreiber. Vollständige Vornamen Peter Marc. 1979 gründete er zusammen mit Dave Ball das Duo Soft Cell. Größte Hits: „Tainted Love" (8/81 GB 1, 10/81 D 1, 1/82 US 8 — in den USA blieb die Platte insgesamt 43 Wochen in den Charts!), „Say Hello, Wave Goodbye" (2/82 GB 3, D 29), „Torch" (5/82 GB 2) und „What" (8/82 GB 3). Anfang 1984 fiel das Duo auseinander — Marc machte als Solist weiter und hatte seinen ersten Hit zusammen mit Bronski Beat: „I Feel Love (Medley)" (4/85 GB 3, D 16). Erster Top 30 Hit als Solist: „Stories Of Johnny" (8/85 GB 23), größter Hit: „Something's Gotten Hold Of My Heart" (1/89 GB & D 1) — als Gast wird Gene Pitney ausgewiesen.

■ **Joe Liggins** — 1916 — US-Sänger, Pianist, Songschreiber und Bandleader. Schon früh versuchte er einen Big-Band-Sound mit einer kleinen Combo zu erreichen. Einen ersten großen Erfolg hatte er mit „The Honeydripper" (8/45 R&B 1, 10/45 US 13). Die Platte wurde zum Millionseller. Weitere Hits waren „Got A Right To Cry" (2/46 US 12) und „Pink Champagne" (6/50 US 30). Diese beiden Titel erreichten 1950 Millionseller-Status. Joe blieb bis zu seinem Tod am 1.8.1987 mit Auftritten und Plattenaufnahmen im Musikgeschäft.

■ **Bon Scott** — 1946 — Australischer Sänger und Songschreiber schottischer Herkunft. 1966 begann er in der Gruppe Valentines, Mitte 1970 gründete er Fraternity. Ende 1974 kam er für Dave Evans als Leadsänger zu AC/DC, die 1973 in Sydney gegründet wurden. Ihren größten Hit hatte die Gruppe mit „Touch Too Much" (2/80 GB 29, 4/80 D 13). Bon starb am 19.2.1980 und wurde durch Brian Johnson ersetzt.

■ **Lee Hazlewood** — 1929 — US-Sänger, Songschreiber und Produzent. Zusammen mit dem von ihm entdeckten Duane Eddy schrieb er eine Reihe von Instrumental-Hits. In den 60er Jahren sang dann Lee — Hits, zusammen mit Nancy Sinatra: „Jackson" (6/67 US 14, 8/67 D 8), „Lady Bird" (10/67 US 20, 12/67 D 33) und „Did You Ever" (8/71 GB 2).

■ **Debbie Sledge** — 1954 — US-Sängerin und älteste der Geschwikstertruppe Sister Sledge, die 1971 ihre ersten Plattenaufnahmen machten. Hits: „He's The Greatest Dancer" (2/79 US 9, GB 6), „We Are Family" (4/79 US 2, GB 8, 7/79 D 26, 11/84 RE-GB 33), „Lost In Music" (8/79 GB 17, 9/84 RE-GB 4, 11/84 D 18) und „Frankie" (6/85 GB 1, D 13).

■ **Peter Beil** — 1937 — Deutscher Schlagersänger und Trompeter. Größte Hits: „Corinna, Corinna" (5/61 D 6), „Dein Zug fährt durch die Nacht" (2/63 D 11) und „Kleine Nervensäge, Monika" (4/63 D 11).

■ **Donald McPherson** — 1941 — US-Leadsänger von Main Ingredient. Er starb am 4.7.1971 und wurde durch Cuba Gooding ersetzt.

Todestag

■ **Kai Warner** — 1982 — Deutscher Orchesterchef. Geboren am 27.10.1926.

Tageshits

1955 — „Rock Around The Clock" — Bill Haley — US 8 W.
1955 — „Learning The Blues" — Frank Sinatra — US 2 W.
1964 — „House Of The Rising Sun" — Animals — GB 1 W.
1966 — „Paperback Writer" — Beatles — US 1 W. (2.mal)
1977 — „Undercover Angel" — Alan O'Day — US 1 W.
1983 — „Every Breath You Take" — Police — US 8 W.
1988 — „The Flame" — Cheap Trick — US 2 W.
1988 — „Nothing's Gonna Change My Love For You" — Glenn Medeiros — GB 4 W.

10

Geburtstage

■ **Neil Tennant** — 1954 — GB-Sänger und Songschreiber mit den Pet Shop Boys. Bevor er 1984 mit Chris Lowe dieses Duo gründete, gab er die Teenager-Postille „Smash Hits" heraus. Die erste Version von „West End Girls" (11/85 GB 1, D 2, 3/86 US 1), aufgenommen noch 1984, war ein Flop — erst ein Aufpolieren brachte den gewünschten Erfolg. Weitere Hits: „It's A Sin" (6/87 GB & D 1, 9/87

US 9), zusammen mit Dusty Springfield „What Have I Done To Deserve This" (8/87 GB 2, D 4, 12/87 US 2), „Always On My Mind" (12/87 GB & D 1, 3/88 US 4), „Heart" (4/88 GB & D 1), „Domino Dancing" (9/88 GB 7, D 3, US 18) und „It's Alright" (7/89 GB 5, D 3). Mit Hilfe der Pet Shop Boys brachten es Dusty Springfield und Liza Minnelli zumindest in Europa zu einem Comeback.

Arlo Guthrie

■ **Arlo Guthrie** — 1947 — US-Sänger, Gitarrist und Songschreiber. Sohn des legendären Woody Guthrie. Mit der LP „Alice's Restaurant" machte er im November 1967 — sein Vater war gerade einen Monat tot — auf sich aufmerksam. Es war ein 19 Minuten langer Sprechblues, der den typischen Schnick-Schnack der Flower-Power-Hippie-Generation aufzeichnete — 1969 wurde aus dieser Vorlage gar ein Film. Hit für Arlo: „The City Of New Orleans" (7/72 US 18), geschrieben von Steve Goodman.

■ **Ian Whitcomb** — 1941 — GB-Sänger, Songschreiber und Buchautor. Als Interpret hatte er den Hit „You Turn Me On (Turn On Song)" (5/65 US 8). Als Autor schrieb er ein interessantes Buch über die Entwicklung der Pop-Musik vom Rag zum Pop: „After The Ball".

■ **Sandy Stewart** — 1937 — US-Sängerin. Richtiger Name Sandra Ester Galitz. Sie arbeitete schon als Teenager in den TV-Shows von Eddie Fisher und Perry Como mit. Ihr einziger Hit: „My Coloring Book" (12/62 US 20).

■ **Ronnie James Dio** — 1948 — US-Sänger und Songschreiber mit Elf, Ritchie Blackmore's Rainbow und Black Sabbath. Ronnie brachte auch Solo-Platten - Hit: „Rock'n'Roll Children" (8/85 GB 26).

■ **Rik Emmett** — 1953 — Kanadischer Gitarrist, Sänger und Songschreiber mit Triumph, 1975 gegründet. Rik hatte vorher bei Act III gespielt. Hits: „Hold On" (6/79 US 38) und „Somebody's Out There" (8/86 US 27).

■ **Beaky** — 1944 — GB-Gitarrist und Schlagzeuger mit der Formation Dave Dee, Dozy, Beaky, Mick & Tich. Richtiger Name John Dymond.

■ **Dave Smalley** — 1949 — US-Gitarrist mit den Raspberries von der Gründung 1970 bis 1973. Danach mit Dynamite.

■ **Derry Grehan** — 1957 — Kanadischer Gitarrist und Songschreiber für Honeymoon Suite.

■ **Jerry Miller** — 1943 — US-Gitarrist und 1966 Gründungsmitglied von Moby Grape.

Todestage

■ **Jelly Roll Morton** — 1941 — US-R&B-Pianist. Geboren am 20.9.1885.

■ **John Hammond** — 1987 — US-Jazzmusiker. Geboren am 15.12.1910.

■ **Arthur Fiedler** — 1979 — US-Violinist und Leiter vom Boston Pops Orchestra. Geboren am 17.12.1894.

Tageshits

1940 — „Make-Believe Island" — Mitchell Ayres — US 2 W.
1961 — „Tossin' And Turnin'" — Bobby Lewis — US 7 W.
1965 — „Satisfaction" — Rolling Stones — US 4 W.
1976 — „Afternoon Delight" — Starland Vocal Band — US 2 W.

11

Geburtstage

■ **Tab Hunter** — 1931 — US-Filmschauspieler und Sänger. Richtiger Name Arthur Gelien. Er machte seine ersten Filme 1948. 1957, inzwischen ein etablierter Filmstar, nahm er auch Platten auf — Hits: „Young Love" (1/57 US & GB 1) und „Ninety-Nine Ways" (3/57 US 11, GB 5). 1971 sagte Hunter: „Das mit dem Star ist vorbei. Ich hatte in den letzten Jahren Glück. Jetzt bin ich nur einer von vielen Schauspielern, der einen Job sucht. Und schauspielern ist immer noch das, was ich am besten kann."

■ **Mel** — 1966 — GB-Sängerin mit Schwester Kim als Duo Mel & Kim. Vollständiger Name Melanie Appleby. Vor ihrer Sangeskarriere zählten sie zu der Crème de la Crème der Londoner kFotomodellszene. Das Produzententeam Stock/Aitken/Waterman schrieb den beiden folgende Hits: „Showing Out" (9/86 GB 3, 12/86 D 1), „Respectable" (3/87 GB & D 1), „F.L.M." (7/87 GB 7, D 17) und „That's The Way It Is" (2/88 GB 10, D 18). Mel starb am 18.1.1990 an Krebs.

■ **Terry Garthwaite** — 1938 — US-Gitarristin, Sängerin und Songschreiberin bei Joy Of Cooking, eine der ersten Rockbands, die von zwei Mädchen geleitet wurde — Terry und Tony Brown. Die Gruppe wurde 1967 gegründet und hielt sich bis 1973, danach machte Terry als Solistin weiter. 1977 gründete sie Joy, eine Neuauflage der alten Band, die sich jedoch nicht über eine LP hinaus hielt. Danach arbeitete Terry wieder als Solistin.

■ **Commander Cody** — 1944 — US-Sänger und Tastenspieler mit Commander Cody And His Lost Planet Airmen, gegründet 1968. Richtiger Name Gordon Frayne. Die Band spielt eine Mischung aus Boogie-Woogie, Western Swing, Country und Rockabilly — nichts für die Hitparaden. Als Geburtstag wird auch der 19.7. genannt.

■ **Thurston Harris** — 1931 — US-Sänger und Saxophonist. 1953 machte er als Mitglied der Lamplighters seine ersten Plattenaufnahmen. Als Solist hatte er mit „Little Bitty Pretty One" (10/57 US 6) seinen größten Erfolg. Harris starb am 14.4.1990 nach einem Herzschlag.

■ **Bonnie Pointer** — 1951 — US-Sängerin und 1969 Mitbegründerin der Pointer Sisters. Hits und Geschichte der Gruppe siehe bei Schwester Anita am 23.1. Bonnie trennte sich 1978 von der Familientruppe und versuchte sich als Solistin — ihr größter Hit wurde „Heaven Must Have Sent You" (6/79 US 11).

■ **Bill Snyder** — 1916 — US-Tastenspieler, Komponist und Bandleader, der mit seinem Orchester einen Millionseller hatte: „Bewitched" (4/50 US 3) aus dem Broadway Musical „Pal Joey".

■ **Peter Brown** — 1953 — US-Sänger, Keyboarder, Songschreiber und Soundtüftler. Hits: „Do Ya Wanna Get Funky With Me" (9/77 US 18) und, zusammen mit Betty Wright, „Dance With Me" (3/78 US 8).

■ **Richie Sambora** — 1960 — US-Leadgitarrist bei der im März 1983 gegründeten Gruppe Bon Jovi.

Todestag

■ **George Gershwin** — 1937 — US-Komponist der Sonderklasse. Starb während einer Gehirntumor-Operation in Hollywood. Geboren am 26.9.1898.

Tageshits

1960 — „Alley-Oop" — Hollywood Argyles — US 1 W.
1970 — „Mama Told Me Not To Come" — Three Dog Night — US 2 W.
1981 — „Ghost Town" — Specials — GB 3 W.
1987 — „Alone" — Heart — US 3 W.

12

Geburtstage

Christine McVie

■ **Christine McVie** — 1943 — GB-Sängerin, Tastenspielerin und Songschreiberin. Als sie noch mit Nachnamen Perfect hieß und in der Blues-Gruppe Chicken Shack sang, mit der sie eine Reihe guter LPs aufnahm, wählten sie die Briten zur besten Blues-Sängerin. Hit mit Chicken Shack: „I'd Rather Go Blind" (5/69 GB 14). Die zweite Blues-Gruppe von Format, die es in den späten 60er Jahren in GB gab, war Fleetwood Mac. Bei einer Plattensession lernte Christine den Bassisten John McVie kennen, den sie wenig später heiratete. Im August 1970, nachdem Peter Green Fleetwood Mac verlassen hatte, stieg Christine dort ein. Es folgten ein paar laue Jahre, bis ihnen 1975 erneut Hits gelangen — darunter die sensationelle LP „Rumours", die weltweit über 15 Millionen mal verkauft wurde. Single-Hits: „Go Your Own Way" (1/77 US 10, GB 38, 4/77 D 11), „Dreams" (4/77 US 1, 7/77 GB 24, 9/77 D 33), „Don't Stop" (4/77 GB 32, 7/77 US 3), „You Make Loving Fun" (10/77 US 9), „Tusk" (10/79 US 8, GB 6, D 7), „Sara" (12/79 US 7, GB 37), „Hold Me" (6/82 US 4), „Oh Diane" (12/82 GB 9), „Big Love" (3/87 US 5, GB 9, 5/87 D 17), „Little Lies" (8/87 US 4, GB 5, 10/87 D 3) und „Everywhere" (11/87 US 14, 4/88 GB 4). 1984 erschien Christine auch mit Solo-Platten — Hits: „Gotta Hold On Me" (1/84 US 10) und „Love Will Show Us How" (4/84 US 30).

■ **Liz Mitchell** — 1952 — Jamaicanische Sängerin. 1969 spielt sie mit bei der Berliner Aufführung von „Hair", Anfang der 70er Jahre wird sie Mitglied der Les Humphries Singers. Mit Malcolm Magaron, einem weiteren Mitglied dieser Truppe, macht sie Malcolm Locks. Von ihrer Freundin Marcia Barrett, die in Hamburg wohnt, kommt der Vorschlag, gemeinsam zu einer neuen Gruppe zu gehen, die Frank Farian gegründet hatte — Boney M.. Frank Farian sagte einmal, daß alle Mitglieder austauschbar seien, ohne daß die Gruppe darunter leiden würde — bis auf Liz Mitchell. Die größten Hits: „Daddy Cool" (7/76 D 1, 12/76 GB 6), „Sunny" (12/76 D 1, 3/77 GB 3), „Ma Baker" (5/77 D 1, GB 2), „Belfast" (10/77 GB 8, D 1), „Rivers Of Babylon/Brown Girl In The Ring" (4/78 GB & D 1, 6/78 US 30), „Rasputin" (9/78 D 1, GB 2), „Mary's Boy Child/Oh My Lord" (12/78 GB & D 1), „Hooray! Hooray! It's A Holi-Holiday" (4/79 GB 3, D 4) und „El Lute" (8/79 D 1, GB 12).

■ **Oscar Hammerstein** — 1895 — US-Texter. Nachdem Oscar vergeblich versucht hatte, Bühnenstücke zu schreiben, begann er in den 20er Jahren mit Texten für Broadway-Shows. Nach anfänglichen Schwierigkeiten hatte er Erfolg, z. B. mit „Show Boat" (1928) oder „Carmen Jones" (1943). Als der Librettist Lorenz Hart, der eng mit Richard Rodgers zusammengearbeitet hatte, starb, begann die Zusammenarbeit von Oscar und Richard. Es entstanden u. a. Klassiker wie „Oklahoma!" (1943), „Carousel" (1945), „South Pacific" (1949), „The King And I" (1951), „The Sound Of Music" (1959). Viele der Musicals wurden erfolgreich verfilmt. Hammerstein produzierte nicht nur viele seiner eigenen Shows, sondern auch für andere, so z. B. „Annie Get Your Gun". Für „Oklahoma!" erhielt Oscar 1944 den Pulitzer-Preis. Er starb am 23.8.1960.

■ **Bill Cosby** — 1937 — US-Filmschauspieler, Komiker, Sänger und Songschreiber. Größter Pop-Hit: „Little Ole Man (Uptight — Everything's Alright)" (9/67 US 4). Als LP-Verkäufer ist er kauf dem Komiker-Sektor in den USA nicht zu schlagen. Seine ersten 7 LPs, erschienen ab 1964, wurden alle Millionseller. In der TV-Serie „I Spy" spielte er neben Robert Culp die Hauptrolle, „The Cosby Show" war für NBC jahrelang ein Renner.

■ **Jeff Christie** — 1946 — GB-Multimusiker und Sänger mit seiner Band Christie. 1968 hatte er einen Titel geschrieben und sich als Interpreten die Tremeloes vorgestellt. Als die dankend ablehnten, machte er seine eigene Band und nahm den Titel selbst auf: „Yellow River" (5/70 GB 1, 7/70 D 2, US 23). Nachfolgehit: „San Bernadino" (10/70 GB 7, D 1).

■ **John Wetton** — 1949 — GB-Bassist, Sänger und Songschreiber bei Mogul Trash, Family, King Crimson, Uriah Heep, Roxy Music und ab 1981 als Leadsänger von Asia — Hits: „Heat Of The Moment" (4/82 US 4, 7/82 D 7) und „Don't Cry" (7/83 US 10, GB 33). Ab 1987 spielte er mit Phil Manzanera als Wetton/Manzanera.

■ **Swamp Dog** — 1942 — US-Sänger und Produzent. Richtiger Name Jerry Williams jr. Als Little Jerry machte er 1954 seine ersten Platten. Als Little Jerry Williams hatte er seinen ersten Hit: „Baby, You're My Everything" (1/66 R&B 32). Ab Anfang der 70er trat er als Swamp Dog auf — Hit: „Mama's Baby — Daddy's Maybe" (4/70 R&B 33).

■ **Walter Egan** — 1948 — US-Sänger und Songschreiber. Hit und Millionseller: „Magnet And Steel" (5/78 US 8). Diese Platte wurde mit Hilfe von Fleetwood Mac-Musikern aufgenommen und produziert.

■ **Van Cliburn** — 1934 — US-Pianist. Vollständiger Name Harvey Lavan Cliburn. Seine Aufnahme des „Piano Concert No. 1" (1958) von Tschaikowski war die erste Klassik-LP, die es zum Millionseller in den USA brachte.

■ **Eric Carr** — 1950 — US-Drummer, ab 1981 für Peter Criss mit Kiss.

Todestage

■ **Minnie Riperton** — 1979 — US-Sängerin und Songschreiberin. Starb an Krebs. Geboren am 8.11.1948.

■ **Chris Wood** — 1983 — GB-Sänger und Muliinstrumentalist. Starb nach längerer Krankheit an einem Leberleiden. Geboren am 24.6.44.

Tageshits

1952 — „Auf Wiederseh'n Sweetheart" — Vera Lynn — US 9 W.
1957 — „All Shook Up" — Elvis Presley — GB 7 W.
1958 — „Sail Along Silvery Moon" — Billy Vaughn — D 10 W.
1962 — „I Can't Stop Loving You" — Ray Charles — GB 2 W.
1969 — „In The Year 2525" — Zager & Evans — US 6 W.
1969 — „The Ballad Of John And Yoko" — Beatles — D 3 W.
1975 — „Tears On My Pillow" — Johnny Nash — GB 1 W.
1980 — „Xanadu" — Olivia Newton-John — GB 2 W.
1982 — „Maid Of Orleans" — OMD — D 4 W.
1986 — „Papa Don't Preach" — Madonna — GB 3 W.
1986 — „Holding Back The Years" — Simply Red — US 1 W.

13

Geburtstage

■ **Jim McGuinn** — 1942 — US-Gitarrist, Sänger, Keyboarder, Songschreiber und Mitbegründer der Byrds. Im Jahre 1964 begannen sie als Jet Set, nannten sich dann Beefeaters, entschlossen sich dann jedoch für Byrds — mit Absicht falsch geschrieben, sozusagen à la Beatles. McGuinn hatte vorher mit den Limelighters, dem Chad Mitchell Trio und als Begleitmusiker von Bobby Darin und Judy Collins gearbeitet. Im Januar 1965 trafen die Byrds auf Bob Dylan, der bei der gleichen Plattenfirma unter Vertrag war. Er überließ ihnen die Nummer „Mr. Tambourine Man" (5/65 US & GB 1, 8/65 D 2). Von den Byrds ist als Musiker nur McGuinn an der Gitarre zu hören, ansonsten wurde sie von Studiomusikern aufgenommen und von den Byrds gesungen. Weitere Hits: „All I Really Want To Do" (7/65 US 40, GB 4, 11/65 D 27) und „Turn! Turn! Turn!" (10/65 US 1, GB 26, 11/65 D 8). 1967 änderte Jim, unter dem Einfluß eines ostasiatischen Subud-Kults, seinen Vornamen in Roger um. 1969 war er schließlich der letzte, der von der Original-Besetzung übrig geblieben war. Bis 1973 arbeitete er mit wechselnden Musikern weiter als Byrds. Danach machte er Solo-Platten und wurde Mitglied in Bob Dylans Rolling Thunder Revue. 1977 gründete Roger Thunderbyrd. Wenig später machte er mit seinen alten Bandkollegen Gene Clark und Chris Hillman Platten als McGuinn, Clark, Hillman — Hit: „Don't You Write Her Off" (3/79 US 33). Nach 1980 machte er wieder als Solist weiter.

■ **Silvio Francesco** — 1927 — Silvio wurde in Paris als Sohn einer Artistenfamilie geboren, lernte verschiedene Instrumente und gilt als guter Klarinettist. Sein größter Erfolg als Solist hieß „Babatschi" (7/56 D 15). Zusammen mit seiner Schwester Caterina Valente trat er in vielen Shows auf und machte mit ihr im Duett Platten — mal unter ihren Namen — Hit: „The Peppermint-Twist" (2/62 D 8), mal als Club Indonesia — Hit: „Steig in das Traumboot der Liebe" (4/56 D 1), Club Italia — Hit: „Ich wär so gern bei dir" (4/57 D 2), Club Argentina — Hit: „O Billy Boy" (12/56 D 1), Club Manhattan, Club HonolulugHit:z."ItsygBitsygTeeniegWeenie Honolulu-Strand-Bikini" (8/60 D 1) oder als Catrin's Madison Club — Hit: „Madison in Mexico" (11/62 D 4).

■ **Ernest Gold** — 1921 — US-Komponist, geboren in Wien und 1939 in die USA ausgewandert. Von den 40ern bis in die 60er Jahre komponierte und arrangierte er zahllose Filmmusiken. Sein größter Erfolg war die Musik zum Film „Exodus", die in der Version vom Piano-Duo Ferrante & Teicher 1960 ein Millionseller wurde. Außerdem schrieb er für „On The Beach" und „It's A Mad Mad Mad Mad World". Ernest ist der Vater von Songschreiber und Sänger Andrew Gold.

■ **Jay Uzzell** — 1942 — US-Sänger und Leader der Corsairs, einem R&B-Vocal-Quartett, das aus den drei Brüdern Jay, James & Moses Uzzell und ihrem Cousin George Wooten bestand. Spitzname von Jay: Bird. Ihre ersten Plattenaufnahmen machten sie 1961. Größter Hit: „Smoky Places" (12/61 US 12).

■ **Stephen Jo Bladd** — 1942 — US-Drummer mit der J. Geils Band.

■ **Jörg Sieber** — 1961 — Leadsänger bei Dominoe.

Tageshits

1957 — „Banana Boat Song" — Harry Belafonte — D 13 W.
1959 — „Lonely Boy" — Paul Anka — US 4 W.
1974 — „Rock Your Baby" — George McCrae — US 2 W.
1981 — „Bette Davis Eyes" — Kim Carnes — D 7 W.
1985 — „A View To A Kill" — Duran Duran — US 2 W.

Merk-Würdiges

1973 — Im John Wayne Theater in Buena Park, Kalifornien, schmeißt Phil Everly wütend seine Gitarre auf den Boden und geht während des Konzertes von der Bühne. Sein Bruder Don, die anderen 50% der Everly Brothers, sagt zum Publikum: „Die Everly Brothers sind bereits seit 10 Jahren gestorben."
1985 — Live-Aid findet in GB und den USA simultan statt — es wird zu dem Musikereignis des Jahres und bringt dem Initiator Bob Geldof eine Nominierung für den Friedens-Nobelpreis ein.

14

Geburtstage

■ **Woody Guthrie** — 1912 — US-Vater der Folk-Musik. Richtige Vornamen Woodrow Wilson. Schon zur Zeit der großen Wirtschaftskrise schrieb er Lieder, die die Amerikaner zu mehr Solidarität aufriefen — so stammt z. B. „This Land Is Your Land" aus dieser Zeit. 1939 befreundete er sich mit Pete Seeger, mit dem er 1941 die Almanac Singers gründete, aus denen die Weavers hervorgingen. Woodys Gesangsstil wurde später von Bob Dylan und vielen anderen Folk-Sängern übernommen. 1954 mußte Guthrie wegen eines unheilbaren Nervenleidens, das er von seiner Mutter geerbt hatte, in ein New Yorker Krankenhaus. Dort starb er am 3.10.1967. Viele seiner Stücke sind im Laufe der Jahre zu einem festen Bestandteil der amerikanischen Volksmusik geworden. Sein Sohn Arlo übernahm etliche der Lieder in sein Repertoire und kopierte auch die Art und Weise seines Vortrags — an das Genie seines Vaters kam er jedoch nie heran.

■ **Karel Gott** — 1939 — Geboren in Pilsen, begann er als Jazzsänger in Prager Cafés. 1963 machte er seine ersten Schallplatten. Seit dieser Zeit zählt Karel zu den beliebtesten Sängern in der CSSR. In der Bundesrepublik ist er mehr als „Goldene Stimme aus Prag" bekannt, die meist Seichtes vorträgt. Hits: „Weißt du wohin" (5/67 D 33, 1/69 RE-D 9) und „Einmal um die ganze Welt" (10/70 D 10). Die Jüngeren kennen seine Stimme von der Einleitungsmelodie zur TV-Serie „Biene Maja".

■ **Vince Taylor** — 1939 — GB-Sänger, Songschreiber und Gitarrist, der sich Ende der 50er Jahre als GB-Elvis versuchte. Als er in seiner Heimat nicht landen konnte, versuchte er sein Glück in Frankreich. Dort gelang ihm 1961 mit dem selbstgeschriebenen Titel „Brand New Cadillac" ein Hit.

■ **Bob Scholl** — 1938 — US-Sänger und Leader der Mellow-Kings, einer weißen Gesangsgruppe, die mit der Nummer „Tonite, kTonite" (8/57 US 77, 1/61 RE-US 95) ihren größten Hit hatte. Bob starb am 27.8.1975.

■ **Del Reeves** — 1933 — US-Country-Sänger, Gitarrist, Songschreiber und Gastgeber einer eigenen TV-Show. Man nennt ihn auch den „Dean Martin Of Country Music". Ab 1961 ist er im Plattengeschäft — größter Hit: „Girl On The Billboard" (3/65 C&W 1).

■ **Chris Cross** — 1954 — GB-Bassist mit Ultravox. Richtiger Nachname Allen.

Todestage

■ **Clarence White** — 1973 — US-Gitarrist und Sänger in der vierten Generation der Byrds. Wurde von einer Frau überfahren. Geboren am 7.6.1944.

■ **Philippe Wynne** — 1984 — US-Sänger. Starb während eines Konzertes an einem Herzanfall. Geboren am 3.4.1938.

Tageshits

1962 — „Roses Are Red" — Bobby Vinton — US 4 W.
1962 — „Ich schau den weißen Wolken nach" — Nana Mouskouri — D 7 W.
1979 — „Bad Girls" — Donna Summer — US 5 W.
1986 — „Lessons In Love" — Level 42 — D 6 W.

15

Geburtstage

■ **Linda Ronstadt** — 1946 — US-Sängerin. Sie begann schon während ihrer Schulzeit, zusammen mit ihrer Schwester und einem Bruder als Folktrio The 3 Ronstadts. 1964 gründete sie die Gruppe Stone Poneys. Hit: „Different Drum" (11/67 US 13). Ab 1968 kennt man Linda als Solistin. In ihrer Begleitgruppe spielten 1971 Glenn Frey, Don Henley, Randy Meisner und Bernie Leadon, die wenig später die Eagles werden sollten. Größte Hits für Linda: „You're No Good" (12/74 US 1), „When Will I Be Loved" (4/75 US 2), „Blue Bayou" (9/77 US 3, 1/78 GB 35), zusammen mit James Ingram aus dem Film „An American Tail" den Titel „Somewhere Out There" (12/86 US 2, 7/87 GB 8) und zusammen mit Aaron Neville „Don't Know Much" (9/89 US 2, 11/89 GB 2). Die meisten ihrer Hits wurden von Peter Asher, einst Peter & Gordon produziert.

■ **Trevor Horn** — 1949 — GB-Sänger, Gitarrist, Songschreiber und Produzent. Nachdem er in der Band von Tina Charles gespielt hatte, mit der er auch befreundet war, gründete Trevor 1979 zusammen mit Geoff Downes das Duo Buggles, das mit seiner ersten Platte gleich einen Knüller landete: „Video Killed The Radio Star" (9/79 GB 1, 11/79 US 40, D 2). Beide Buggles wurden 1980 Mitglieder bei Yes — Trevor als Sänger für Jon Anderson, Geoff an den Tasten für Rick Wakeman. Aber schon nach einer LP und einer US-Tour fiel die Band wieder auseinander. Horn wurde ein einflußreicher Produzent, der u.a. ABC, Dollar, Frankie Goes To Hollywood und die deutsche Band Propaganda in die Charts brachte. Zu seinen größten kErfolgen gehörte die Platte „Do They Know It's Xmas" der Band Aid, die als die meistverkaufte Single aller Zeiten in GB gilt. Musiker, die mit ihm gearbeitet haben, bezeichnen ihn als knallhart, was wohl noch freundlich ausgedrückt ist.

■ **Wolfgang Michels** — 1951 — Sänger, Gitarrist und Songschreiber, der schon als 15jähriger mit Eigenkompositionen im Vorprogramm der German Bonds auftrat. 1967 schickte er ein Band zur BBC nach London — sein Titel „Desert Walker" landete bei einem Wettbewerb dieser Station nach „Jumping Jack Flash" der Rolling Stones auf Platz 2. Alexis Korner hörte Wolfgang in dieser Sendung und lud ihn nach London ein. 1969 gründete Michels Percewood's Onagram, die einige gute LPs veröffentlichten und sich 1974 wieder auflösten. Wolfgang wurde Produktmanager bei der Plattenfirma Metronome, trat weiter als Solist auf, machte nun auch LPs in deutscher Sprache und tauchte 1990 mit einem neuen Projekt auf, daß sich — in Anlehnung an seine erste Gruppe — Percewood nannte.

■ **Cowboy Copas** — 1913 — US-Country-Sänger und Gitarrist. Richtige Vornamen Lloyd Estel. Er gilt als Spezialist für Songs im 3/4 Takt und gehört zu den ersten, die den Song „Tennessee Waltz" (5/48 C&W 3) aufnahmen. Seinen größten Pop-Hit hatte er mit „Don't Leave My Poor Heart Breaking" (12/51 US 15), seine größten Country-Hits mit „Signed Sealed & Delievered" (1/48 C&W 2, 9/61 RE-C&W 10) und „Alabam" (7/60 C&W 1). Er kam bei einem Flugzeugabsturz zusammen mit Patsy Cline und Hawkshaw Hawkins am 5.3.1963 ums Leben.

■ **Millie Jackson** — 1944 — US-Sängerin und Songschreiberin. Anfang der 60er Jahre arbeitete sie als Model in New York, ab 1964 sang sie hauptberuflich, 1970 machte sie ihre ersten Platten. Nebenher gründete sie das Trio Facts Of Life. Millies Solo-Hits: „Ask Me What You Want" (3/72 US 27) und „Hurts So Good" (9/73 US 24).

■ **Johnny Sea** — 1940 — US-Country-Sänger und Gitarrist. Richtiger Nachname Seay. Von 1959 bis 1968 stand er in den Country-Charts. Seine höchste Notierung in den Pop-Hitparaden hatte er mit „Day For Decision" (6/66 US 35), einer patriotischen Antwortplatte auf den Titel „Eve Of Destruction" von Barry McGuire.

■ **Tommy Dee** — 1940 — US-Country-DJ, der nach dem Tod von Buddy Holly, Big Bopper und Ritchie Valens eben über diesen Flugzeugabsturz ein Lied schrieb. Carol Kay sang, Tommy sprach dazwischen seinen Text: „Three Stars" (3/59 US 11).

■ **Geoffrey Richardson** — 1950 — GB-Geiger, Gitarrist und Flötist mit Caravan, Rupert Hine, Murray Head und Penguin Cafe Orchestra.

■ **David Pack** — 1952 — US-Leadgitarrist, Tastenspieler und Sänger von Ambrosia. Er arbeitete auch mit Alan Parsons und als Solist.

■ **Alicq§ia Bridges** — 1953 — US-Sängerin und Songschreiberin. Größter Hit: „I Love The Nightlife (Disco 'Round)" (7/78 US 5, 11/78 GB 32, 3/79 D 35).

■ **Artimus Pyle** — 1948 — US-Schlagzeuger mit Lynyrd Skynyrd, Atlanta Rhythm Section und APB.

■ **Ian Campbell** — 1948 — GB-Gitarrist und Flötist für Middle Of The Road.

■ **Peter Lewis** — 1945 — US-Gitarrist mit Peter & The Wolves und Moby Grape.

■ **Mick Hannes** — 1951 — Gitarrist mit Franz K.

Todestag

■ **Bill Justis** — 1982 — US-Saxophonist. Geboren am 14.10.1926.

Tageshits

1955 — „Dreamboat" — Alma Cogan — GB 2 W.
1974 — „Sugar Baby Love" — Rubettes — D 6 W.
1989 — „If You Don't Know Me By Now" — Simply Red — US 1 W.

16

Geburtstage

■ **Stewart Copeland** — 1952 — US-Schlagzeuger und Songschreiber. Mitte der 70er Jahre spielte er auf zwei LPs von Curved Air, dann mit Eberhard Schoener und Anfang 1977 war er Mitbegründer von Police. Nebenher brachte Stewart im Juli 1978 als Klark Kent eine 10-Inch LP auf den Markt, die allerdings ein Flop wurde. Er brachte auch Solo-Platten unter seinem Namen auf den Markt und spielte ab 1989 mit Animal Logic.

■ **Desmond Dekker** — 1941 — Jamaicanischer Sänger und Songschreiber. Richtiger Nachname Dacres. Neben Jimmy Cliff gehört er zu den ersten erfolgreichen Reggaemusikern. Hits: „007 (Shanty Town)" (7/67 GB 14), „Israelites" (3/69 GB 1, 5/69 US 9, D 1, 5/75 RE-GB 10), „It Mek" (6/69 GB 17, 9/69 D 17) und „You Can Get It If You Really Want" (8/70 GB 2, 11/70 D 9).

■ **Mindy Carson** — 1927 — US-Sängerin und Radio/TV-Moderatorin. Nachdem sie im Radio-Nachwuchswettbewerb „Stairway To The Stars" gewonnen hatte, begann Mindy 1946 in der Band von Paul Whiteman und wurde noch im gleichen Jahr Sängerin in der Band von Harry Cool. Hit mit Harry: „Rumors Are Flying" (10/46 US 12). Danach sang sie als Solistin. Größte Hits: „Candy And Cake" (3/50 US 12), „My Foolish Heart" (4/50 US 6) und „Wake The Town And Tell The People" (8/55 US 13). 1958 trat sie in der Broadway-Show „The Body Beautiful" auf und zog sich in den 60er Jahren aus dem Showgeschäft zurück.

■ **William Bell** — 1939 — US-Sänger und Songschreiber. Richtiger Nachname Yarborough. 1953 begann er in der Band von Rufus Thomas, war dann Gründer der Formation Del Rios und sang später im Orchester von Phineas Newborn. Von 1962 bis Mitte 1965 war er in der US Army und setze anschließend seine Solo-Karriere, die er bereits 1961 gestartet hatte, weiter fort. Hits, zusammen mit Judy Clay: „Private Number" (11/68 GB 8) und als Solist der Millionseller „Tryin' To Love Two" (2/77 US 10). William war Besitzer der von ihm gegründeten Plattenfirmen Peachtree und Wilbe — bei letzterer erschienen ab Mitte der 80er Jahre seine Platten.

■ **Anthony Jackson** — 1940 — GB-Bassist und Leadsänger der 1960 gegründeten Formation Searchers bis zum August 1964. Folglich ist er der Sänger aller großen Hits der Gruppe: „Sweets For My Sweet" (6/63 GB 1), „Sugar And Spice" (10/63 GB 2), „Needles And Pins" (1/64 GB 1, 3/64 US 13, D 8) und „Don't Throw Your Love Away" (4/64 GB 1, US 16, 6/64 D 37). Er wurde kdurch den Neuzugang Frank Allen — bis dahin Mitglied bei Cliff Bennett & The Rebel Rousers — am Baß ersetzt, und Mike Pender übernahm den Leadgesang. Jackson gründete Tony Jackson & The Vibrations, die es auf drei Singles brachten — der einzige Erfolg: „Bye Bye Baby" (10/64 GB 38). Ab Mitte 1965 arbeitete er dann ganz als Solist — ohne Hit.

■ **Ray Major** — 1949 — GB-Gitarrist und Sänger. Ersetzte 1975 Ariel Bender bei Mott The Hoople, danach British Lions.

■ **John Arthy** — 1942 — Tubaspieler, Bassist und Leiter vom Pasadena Roof Orchestra.

■ **Thomas Boggs** — 1947 — US-Schlagzeuger bei den Box Tops.

Todestage

■ **Harry Chapin** — 1981 — US-Sänger und Songschreiber. Kam bei einem Verkehrsunfall ums Leben — auf Long Island fuhr ihm von hinten ein LKW in seinen blauen 1975er VW-Golf. Chapin erlitt einen Herzschlag. Geboren am 7.12.1942.

■ **Wayne King** — 1985 — US-Bandleader mit dem Spitznamen „The Waltz King". Geboren am 18.6.1906.

Tageshits

1964 — „It's All Over Now" — Rolling Stones — GB 1 W.
1966 — „Hanky Panky" — Tommy James & The Shondells — US 2 W.
1966 — „Juanita Banana" — Peels — D 1 W.
1977 — „Da Doo Ron Ron" — Shaun Cassidy — US 1 W.

17

Geburtstage

■ **Spencer Davis** — 1941 — GB-Gitarrist und Namensgeber der Spencer Davis Group, gegründet 1963 mit Stevie Winwood als Leadsänger (Hits am 12.5.). Spencer war zu diesem Zeitpunkt Deutschlehrer an der Universität in Birmingham. Nachdem Stevie Winwood 1967 die Band verlassen hatte, um Traffic zu gründen, fiel die Gruppe in Bedeutungslosigkeit zurück.

■ **Zoot Money** — 1942 — GB-Keyboarder und Sänger. Richtiger Name George Bruno. Er spielte kurze Zeit mit Blues Incorporated, 1963/4 gründete er die Big Roll Band. 1968 war er bei Eric Burdon & The Animals, dann als Solist und Studiomusiker bei verschiedenen Plattenproduktionen, so z. B. mit Peter Green oder Family. Ab 1972 spielte er mit Ellis und ab 1974 wieder als Studiomusiker mit z. B. Scaffold, Eddie Harris, Alexis Korner, Kevin Coyne, Eric Burdon, Lonnie Donegan, Georgie Fame oder auch als Solist auf der LP „Mr. Money" (1980). Bei einer Neuauflage der Animals 1983 war Zoot wieder mit dabei.

■ **Phoebe Snow** — 1952 — US-Sängerin, Gitarristin und Songschreiberin. Richtiger Nachname Laub. Ihre Karriere begann Anfang der 70er Jahre in Greenwich Village. Hits: „Poetry Man" (1/75 US 5) und — zusammen mit Paul Simon — „Gone At Last" (8/75 US 23). 1981 trat eine lange Pause ein, aus der sie 1989 mit „Something Real", einer hervorragenden kLP, zurückkehrte.

■ **Red Sovine** — 1918 — US-Country-Sänger, Gitarrist und Songschreiber. Richtige Vornamen Woodrow Wilson. Er galt als „King Of Truckersongs". Ab 1947 spielte er mit einer eigenen Band, den Echo Valley Boys. Als Solist hatte er ab Mitte der 50er Jahre Erfolg — erster Nummer 1 Hit in den Country-Charts: „Giddyup Go" (11/65). Dann war er mit dem Millionseller „Teddy Bear" (7/76 US 40, 6/81 GB 4) auch in den Pop-Charts vertreten. Er starb am 4.4.1980 nach einem Verkehrsunfall.

■ **Mandy Smith** — 1970 — GB-Sängerin. Richtige Vornamen Amanda Luise. Mandy hatte schon sehr jung mit dem ältesten Rolling Stone Bill Wyman ein Verhältnis, was ihr Schlagzeilen brachte — und die wiederum einen Plattenvertrag. Hits: „I Just Can't Wait" (3/87 D 14) und „Boys And Girls" (5/88 D 23). Mitte 1989 heiratete sie Bill Wyman und eröffnete mit ihm in London den Freßladen „Sticky Fingers".

■ **David Hasselhoff** — 1952 — US-Schauspieler und Sänger. Durch die TV-Serie „Knight Rider", die in den USA von 1982 bis 1986 lief und die bei uns erst ab 1988 gezeigt wurde, gewann er die Herzen der Kinder, die ihn zum „beliebtesten männlichen TV-Star" wählten und seine Single „Looking For Freedom" (3/89 D 1) zu seinem ersten Hit machten. Es folgte „Is Everybody Happy" (6/89 D 8).

■ **Dorthe** — 1947 — Dänische Sängerin. Nachname Larsen. In der Bundesrepublik war sie ab 1964 erfolgreich — Hits: „Sind Sie der Graf von Luxemburg?" (2/68 D 5) und „Wärst Du doch in Düsseldorf geblieben" (8/68 D 10). Von 1967 bis 1971 war sie mit dem Opernsänger René Kollo verheiratet, was seiner Stimme nicht schadete und ihrer nichts nützte.

■ **Milva** — 1939 — Italienische Sängerin. Richtiger Name Maria Ilva Biolcati. Bekannteste Nummern bei uns: „Zusammenleben“ (10/78 D 22) und „Du hast es gut“ (7/81 D 41).

■ **Gale Garnett** — 1942 — Neuseeländische-Sängerin aus der Folk-Ecke. Sie kam 1951 in die USA und trat später in etlichen TV-Serien als Schauspielerin auf. Hit: „We'll Sing In The Sunshine“ (8/64 US 4).

■ **Eric Campbell** — 1950 — GB-Bassist und Pianist mit Middle Of The Road.

■ **Geezer Butler** — 1949 — GB-Bassist bei Black Sabbath. Richtiger Vorname Terry.

■ **Mick Tucker** — 1948 — GB-Schlagzeuger mit Sweet.

Todestage

■ **Billie Holiday** — 1959 — US-Bluessängerin. Starb nach einer Überdosis Heroin. Geboren am 7.4.1915.

■ **John Coltrane** — 1967 — US-Jazz-Saxophonist. Starb an den Folgen eines schweren Leberleidens. Geboren am 23.9.1926.

■ **Roosevelt Sykes** — 1983 — US-Blues-Pianist, Sänger und Songschreiber. Geboren am 31.1.1906.

Tageshits

1972 — „Michaela“ — Bata Illic — D 2 W.
1976 — „The Roussos Phenomenon“ — Demis Roussos — GB 1 W.
1982 — „Fame“ — Irene Cara — GB 2 W.

Merk-Würdiges

1891 — Haile Selassie I., Kaiser von Äthiopien wird geboren. Für viele Reggae-Musiker und -Anhänger (Rastafarier) war er derjenige, der sie einst ins gelobte Land Afrika zurückführen sollte. Er starb am 27.8.1975.

1899 — James Cagney wird in New York geboren. Er begann als Varieté-Sänger und Steptänzer — ab 1931 Filmschauspieler. Markenzeichen: Aggressivität, Unmoral — Inbegriff des kleinen Gangsters. Und wenn das gerade nicht gefragt war, spielte er den unbezähmbaren Iren. Er starb am 30.3.1986.

1939 — Cab Calloway nimmt den Titel „Jumpin Jive“ auf, der als der erste Millionseller des R & B gilt.

1968 — In London wird der Zeichentrickfilm „Yellow Submarine“ uraufgeführt, für den die Beatles außer älteren Stücken vier neue Nummern schrieben.

18

Geburtstage

■ **Dion** — 1939 — US-Sänger und Songschreiber. Richtiger Name Dion Di Mucci. Er gründete 1957 Dion & The Timberlanes und ein Jahr später Dion & The Belmonts — Hits: „A Teenager In Love“ (4/59 US 5, 6/59 GB 26) und „Where Or When“ (12/59 US 3). Danach hatte er als Solist Hits: „Runaround Sue“ (9/61 US 1, 11/61 GB 11), „The Wanderer“ (12/61 US 2, 2/62 GB 10, 5/76 RE-GB 16), „Lovers Who Wander“ (4/62 US 3), „Ruby Baby“ (1/63 US 2) und „Abraham, Martin & John“ (10/68 US 4). Nachdem er mehrfach versucht hatte — z.B. 1967 und 1972 — wieder mit den Belmonts ins Geschäft zu kommen, sang Dion etliche Jahre christliche Lieder. 1989 kehrte er mit der durch Dave Edmunds und Bryan Adams produzierten LP ”Yo Frankie“ ins Rock-Geschäft zurück.

■ **Martha Reeves** — 1941 — US-Sängerin. Sie begann ihre Karriere als Sängerin mit den Del-Phis. 1962 gründete sie eine eigene Band, die sie Martha & The Vandellas nannte. Hits: „Heatwave“ (8/63 US 4), „Quicksand“ (11/63 US 8), „Dancing In The Street“ (8/64 US 2, 10/64 GB 28, 1/69 RE-GB 4, 4/69 D 37), „Nowhere To Run“ (2/65 US 8, 4/65 GB 26), „I'm Ready For Love“ (10/66 US 9, 12/66 GB 29) und „Jimmy Mack“ (2/67 US 10, GB 21, 8/70 RE-GB 21). Im November 1967 verlängerte sie den Gruppennamen in Martha Reeves & The Vandellas und hatte damit den Hit: „Honey Chile“ (11/67 US 11, 1/68 GB 30). Nach 1972 machteMartha Solo-Platten.

■ **Frank Farian** — 1941 — Sänger, Songschreiber und Produzent. Richtiger Name Franz Reuther. Er begann Anfang der 60er Jahre in der Umgebung von Saarbrücken mit der von ihm gegründeten Gruppe Frankie Farian und die Schatten, die 1963/4 ihre ersten Platten veröffentlichten. 1968 löste er die Band, die es nicht zu einem Hit brachte, wieder auf. Als Solist erhielt er einen Plattenvertrag — er nannte sich nun Frank Reuther und nach einigen Flops schließlich Frank Farian. Ab Ende 1973 wurde er in den Hitparaden notiert — sein größter Erfolg war der Millionseller „Rocky“ (2/76 D 1). Mit der Band Boney M., für die er die Songs schrieb, die er produzierte und kstimmlich zum größten Teil vertrat, hatte er ab 1976 weltweiten Erfolg — hier seien nur die Millionseller und die Platten genannt, mit denen er einen Platz 1 in einer internationalen Hitparade erreichte: „Daddy Cool“ (7/76 D 1, 12/76 GB 6), „Ma Baker“ (5/77 D 1, GB 2), „Rivers Of Babylon“ (4/78 D & GB 1, 6/78 US 30), „Mary's Boy Child — Oh My Lord“ (12/78 D & GB 1) und „El Lute“ (8/79 D 1). Nach 1981 schien er die Lust an diesem Projekt verloren zu haben — ab 1988 hatte er als Produzent und Songschreiber mit dem Duo Milli Vanilli wieder internationale Erfolge.

■ **Danny McCulloch** — 1945 — GB-Bassist. Er spielte ab Ende 1962 mit der Gruppe Savages, in der Lord Sutch der Sänger war. Ab 1966 tauchte er bei den Animals auf, wirkte 1968 als Solist und spielte 1971 mit Reg King.

■ **Lou Busch** — 1910 — US-Pianist und Songschreiber. Ab den späten 40er Jahren arbeitete er als Arrangeur für Kay Starr oder Dean Martin. Unter dem Pseudonym Joe „Fingers“ Carr veröffentlichte er rund 15 Solo-Piano-Alben, daraus ausgekoppelt „Sam's Song“ (6/50 US 7) und „Portuguese Washerwomen“ (5/56 US 19). Lou starb am 19.9.1979.

■ **„Papa“ Dee Allen** — 1931 — US-Percussionspieler und Songschreiber mit War. Richtige Vornamen Thomas Sylvester. Co-Autor war er u.a. bei den Stücken „World Is A Ghetto“, „Low Rider“, „Summer“, „The Cisco Kid“ und „Why Can't We Be Friends“. Er starb am 30.8.1988 an Gehirnblutung.

■ **Ricky Skaggs** — 1954 — US-Country-Sänger und Multi-Instrumentalist. Nachdem er lange Jahre in Richtung Popstar produziert worden war, hatte er ab Anfang der 80er Jahre Erfolg in den Country Charts. Sein erster Hit hieß „Crying My Heart Out Over You“ (1/82 C&W 1).

■ **Audrey Landers** — 1958 — US-Sängerin und Schauspielerin. Bekannt wurde sie durch die Rolle der Afton Cooper, die sie zwischen 1981 und 1984 in der TV-Serie „Dallas“ spielte. Bei uns war sie auch als Sängerin erfolgreich mit „Manuel Goodbye“ (4/83 D 10) und „Little River“ (10/83 D 28). In „Chorus Line“ (1985) beeindruckte Audrey als Tänzerin.

■ **Sreamin' Jay Hawkins** — 1929 — US-Sänger und Songschreiber. Richtiger Vorname Jalacy. Nach einer Karriere als Amateur-Boxer machte er Mitte der 50er Jahre Platten. Bekannteste Aufnahme: „I Put A Spell On You“ (1956).

■ **Robin McDonald** — 1943 — GB-Gitarrist und Bassist mit den Dakotas, der Begleitband von Billy J. Kramer. Von Juni 1968 bis März 1969 spielte er mit Cliff Bennett und danach in der Begleitgruppe von Engelbert.

■ **Phil Harris** — 1948 — GB-Leadgitarrist mit Ace von der Gründung im Dezember 1972 bis zum März 1976.

■ **Wally Bryson** — 1949 — US-Gitarrist mit den Raspberries, Tattoo und Fotomaker.

Brian Auger

■ **Brian Auger** — 1939 — GB-Keyboarder und Songschreiber mit Steampakket, Trinity, Oblivion Express, Solo-LPs und als Studiomusiker.

■ **Lonnie Mack** — 1941 — US-Gitarrist und Sänger. Richtiger Nachname McIntosh. Größter Hit: „Memphis" (6/63 US 5), eine Instrumentalversion des Chuck Berry Songs.

■ **Georg Kreisler** — 1922 — Österreichischer Kabarettist, Komponist und Schriftsteller. Er schrieb viele skurril-makabre Chansons und veröffentlichte etliche LPs.

■ **Glenn Hughes** — 1950 — US-Sänger mit Village People. Er war kder „Mann in Leder".

■ **Cesar Zuiderwyk** — 1950 — Niederländischer Schlagzeuger bei Golden Earring.

■ **Tim Lynch** — 1946 — US-Gitarrist mit Flamin' Groovies.

■ **Dave Vasco** — 1948 — GB-Leadgitarrist bei Clancy.

■ **Johnny B. Frank** — 1957 — US-Bassist bei Kingdom Come.

■ **Don Allen** — 1938 — US-Schlagzeuger mit den String-A-Longs.

■ **Nigel Twist** — 1958 — GB-Schlagzeuger mit Alarm.

■ **Terry Chambers** — 1955 — GB-Schlagzeuger mit XTC.

Todestage

■ **Robert Fuller** — 1966 — US-Leadsänger und Gitarrist mit Bobby Fuller 4. Die Umstände seines Todes blieben ungeklärt — die Polizei vermutete Selbstmord, Freunde sprachen von Mord. Geboren am 22.10.1943.

■ **Nico** — 1988 — Geboren als Christa Päffgen in Köln. 1965 wurde sie Sängerin bei Velvet Underground. Andy Warhol, zu diesem Zeitpunkt Manager der Band, hatte sie empfohlen. Sie starb im Alter von 44 Jahren auf Ibiza an Gehirnblutungen, die sie sich bei einem Sturz von ihrem Zweirad zugezogen hatte.

Tageshits

1942 — „Jingle, Jangle, Jingle" — Kay Kyser — US 8 W.
1960 — „I'm Sorry" — Brenda Lee — US 3 W.
1963 — „Confessin'" — Frank Ifield — GB 2 W.
1964 — „Rag Doll" — Four Seasons — US 2 W.
1983 — „Baby Jane" — Rod Stewart — D 3 W.

19

Geburtstage

■ **George Hamilton IV.** — 1937 — US-Pop/Country/Folksänger, Gitarrist, Songschreiber und TV-Moderator. Seit Mitte der 50er Jahre ist er in den Pop-Charts erfolgreich. Hits: „A Rose And A Baby Ruth" (11/56 US 6), „Why Don't They Understand" (12/57 US 10, 3/58 GB 22) und „Abilene" (6/63 US 15, C&W 1). Von Anfang der 60er Jahre bis 1978 ist er erfolgreich in den Country-Charts vertreten.

■ **Bernie Leadon** — 1947 — US-Gitarrist, Sänger und Songschreiber. Er begann 1958 mit Scottsville Squirrell Barkers, war von 1964 bis 1968 Mitglied bei Hearts & Flowers, von August 1968 bis Mai 1969 bei Dillard & Clark, spielte für 5 Monate in der Begleitgruppe von Linda Ronstadt, den Corvettes, und wurde im September 1969 Mitglied der Flying Burrito Brothers. Im April 1971 spielte er erneut für vier Monate mit Linda Ronstadt und wurde im August 1971 Gründungsmitglied der Eagles. Bernie blieb bis September 1975 und wurde durch Joe Walsh ersetzt. Er spielte in der Bernie Leadon/Michael Georgiades Band und arbeitete als Studiomusiker mit David Bromberg, Andy Fairweather-Low, Chris Hillman, Helen Reddy, Chi Coltrane, Rita Coolidge und Stephen Stills.

■ **Allen Collins** — 1952 — US-Leadgitarrist mit Lynyrd Skynyrd, der 1977 den Flugzeugabsturz überlebte, bei dem Sänger Ronnie van Zant, Stevie Gaines und dessen Schwester Carrie ums Leben kamen. 1982 gründete Allen mit den früheren Lynyrd Skynyrd Kollegen Gary Rossington, Bill Powell und Leon Wilkeson die Rossington-Collins Band. Als diese Gruppe 1982 auseinanderfiel, machte er weiter mit der Allen Collins Band. Seit einem Autounfall 1986 war er von der Taille abwärts gelähmt. Am 23.1.1990 starb Allen an Lungenentzündung.

■ **Keith Godchaux** — 1948 — US-Tastenspieler. Er spielte in der Begleitband von Dave Mason und ab 1971 mit Grateful Dead — mit ihm zusammen kam seine Frau Donna. Beide wurden im April 1979 gebeten, die Band wegen „musikalischer Differenzen" zu verlassen. Zu weiteren Plänen kam es nicht — zwei Tage nach seinem 32. Geburtstag hatte Keith einen Autounfall, an dessen Folgen er am 23.7.1979 starb.

■ **Brian May** — 1947 — GB-Gitarrist, Songschreiber und gelegentlich auch Sänger mit Queen. Noch als Teenager war er in der Gruppe The Others, die eine Single in Großbritannien und den USA veröffentlichte. 1967 gründete er Smile, die es ebenfalls auf eine Single-Veröffentlichung brachte. 1970 gehört Brian zu den Gründungsmitgliedern von Queen.

■ **Vikki Carr** — 1938 — US-Sängerin. Richtiger Name Florencia Bisenta de Casillas Martinez Cordona. Anfang der 60er Jahre war sie regelmäßig in der TV-Show von Ray Anthony zu sehen. Ihr größter Hit war „It Must Be Him" (6/67 GB 2, 9/67 US 3).

■ **Sue Thompson** — 1926 — US-Sängerin. Richtiger Name Eva Sue McKee. Größte Hits: „Sad Movies (Make Me Cry)" (9/61 US 5), „Norman" (12/61 US 3, 7/62 D 27), „James (Hold The Ladder Steady)" (9/62 US 17) und „Paper Tiger" (1/65 US 23, GB 30).

■ **Silver Pozzoli** — 1953 — Italienischer Sänger. Er begann angeblich als Backgroundsänger für David Crosby, Steve Winwood oder Stevie Wonder. 1983 wurde er Leadsänger der Gruppe Club House — Hit: „Do It Again/Billie Jean" (7/83 GB 11). 1985 sah man ihn als Solist — erster Hit: „Around My Dream" (5/85 D 9).

■ **Juliane Werding** — 1956 — Sängerin, Gitarristin und Songschreiberin. 1971 machte sie ihre ersten Platten. Größte Hits: „Am Tag, als Conny Kramer starb" (6/72 D 1), „Wenn du denkst, du denkst, dann denkst du nur, du denkst" (10/75 D 4), „Nacht voll Schatten" (9/83 D 13) und „Stimmen im Wind" (3/86 D 18).

Allan Gorrie — 1946 — GB-Bassist und Sänger mit der Average White and. Als Studiomusiker spielte er z. B. bei Chaka Khan, B.A. Robertson oder Talk alk.

Todestag

Lefty Frizzell — 1975 — US-Country-Interpret. Geboren am 31.3.1928.

Bay City Rollers

Tageshits

1967 — „All You Need Is Love" — Beatles — GB 3 W.
1975 — „Give A Little Love" — Bay City Rollers — GB 3 W.
1975 — „Listen To What The Man Said" — Wings — US 1 W.
1980 — „It's Still Rock 'n' Roll To Me" — Billy Joel — US 2
1986 — „Invisible Touch" — Genesis — US 1 W.

20

Geburtstage

Carlos „Devadip" Santana

■ **Carlos Santana** — 1947 — Geboren in Mexico, machte er 1966 in San Francisco seine eigene Band Santana. Carlos gilt als Gitarrist der Extraklasse, der ausgezeichnete Jazz-Rock-Platten macht. Außerdem tritt er als Songschreiber und gelegentlicher Sänger in Erscheinung. Er spielte zusammen mit John McLaughlin und Stanley Clarke, wenn er nicht gerade mit seiner Band unterwegs war. Hits für Santana: „Evil Ways" (1/70 US 9), „Black Magic Woman" (11/70 US 4, 1/71 D 14), „Oye Como Va" (2/71 US 13), „Everybody's Everything" (10/71 US 12), „Samba Pa Ti" (9/74 GB 27), „She's Not There" (10/77 GB 11, US 27), „Winning" (4/81 US 17) und „Hold On" (8/82 US 15).

■ **Kim Carnes** — 1945 — US-Sängerin, Pianistin und Songschreiberin. Zusammen mit ihrem Mann Dave Ellingson und Kenny Rogers war sie in den späten 60er Jahren Mitglied der New Christy Minstrels. 1971 verließen Kim und Dave die Gruppe und nahmen für den Film „Vanishing Point" (Fluchtpunkt San Francisco) den Titel „Nobody Knows" auf. 1974 erschien Kims erste Solo-LP. Bevor sie als Solistin Erfolg hatte, schrieb und sang sie viele verschiedene Werbejingles. Seit 1978 ist sie in den Charts — Hits: „Don't Fall In Love With A Dreamer" (3/80 US 4) — zusammen mit Kenny Rogers — und „Bette Davis Eyes" (3/81 US 1, 5/81 GB 10, D 1).

■ **John Lodge** — 1945 — GB-Bassist. Er begann bei El Riot & The Rebels, gründete die Carpetbaggers, war danach bei John Bull Breed und den Falcons, bevor er im September 1966 für Clint Warwick zu den Moody Blues kam. Zwei Mitglieder dieser Band, nämlich Ray Thomas und Mike Pinder, hatten mit John bereits bei El Riot & The Rebels gespielt. Neben seiner Mitgliedschaft bei den Moody Blues machte er Solo-Platten oder im Doppel mit seinem Bandkollegen Justin Hayward.

■ **T. G. Sheppard** — 1944 — US-Sänger, dessen richtiger Name Bill Browder ist. Als Brian Stacey versuchte er sich Anfang der 60er Jahre als Pop-Star — ohne Erfolg. Danach arbeitete er etliche Jahre als Plattenpromoter, um sich schließlich 1974 der Country-Musik zuzuwenden. Seinen ersten Country Nr. 1 Hit hatte er noch im gleichen Jahr mit „Devil In The Bottle" (11/74 C&W 1). Größter Pop Hit: „I Loved 'Em Every One" (3/81 US 37). „T.G." steht als Kürzel für „The Good". Durch die 80er Jahre war er regelmäßig in den Country-Hitparaden und belegte 14mal Platz 1.

■ **John Almond** — 1946 — GB-Keyboarder und Holzbläser. Ende der 60er Jahre spielte er bei John Mayall, dann brachte er 1969 eine in Hollywood aufgenommene LP heraus. Danach gründete er Johnny Almond & The Music Machine und schließlich mit dem Gitarristen Jon Mark die Mark Almond Band, die leicht verdaulichen Gesangs-Jazz-Rock machte.

■ **Jo Ann Campbell** — 1938 — US-Sängerin. Größter Hit: „(I'm Not The Girl On) Wolverton Mountain" (8/62 US 38). Zusammen mit ihrem Mann Troy Seals tauchte sie als Jo Ann & Troy ein kletztes Mal auf einer unteren Position in der Hitparade auf.

■ **Dig Wayne** — 1962 — US-Sänger in der britischen Band Jo Boxers, die ab 1983 erfolgreich war. Hits: „Boxer Beat" (2/83 GB 3) und „Just Got Lucky" (5/83 GB 7).

■ **Tony Thorpe** — 1947 — GB-Gitarrist, Sänger und Tastenspieler mit den Rubettes.

■ **Paul Cook** — 1956 — GB-Schlagzeuger bei den Sex Pistols und nach deren Trennung mit den Professionals.

■ **Sleepy La Beef** — 1935 — US-Rockabilly-Sänger. Richtige Vornamen Thomas Paulsley.

■ **Michael McNeil** — 1958 — GB-Tastenspieler mit Simple Minds.

Todestag

■ **Roy Hamilton** — 1969 — US-Sänger. Starb an einem Schlaganfall. Geboren am 16.4.1929.

Tageshits

1940 — „Fools Rush In (Where Angels Fear To Tread)" — Glenn Miller — US 1 W.
1956 — „Why Do Fools Fall In Love" — Frankie Lymon & The o Teenagers — GB 3 W.
1961 — „Temptation" — Everly Brothers — GB 2 W.
1963 — „Surf City" — Jan & Dean — US 2 W.
1968 — „Grazing In The Grass" — Hugh Masekela — US 2 W.
1968 — „Jumpin' Jack Flash" — Rolling Stones — D 2 W.
1987 — „It's A Sin" — Pet Shop Boys — D 6 W.

Merk-Würdiges

1940 — Die US-Fachzeitschrift Billboard veröffentlicht die erste wöchentliche Pop-Hitparade: „Best Sellers In Stores". Sie umfaßt 10 Positionen. Der erste Spitzenreiter war „I'll Never Smile Again" mit Tommy Dorsey und seinem Orchester — Sänger des Titels war Frank Sinatra. Neben dieser Hitparade gab es in den USA noch folgende Charts: „Music Box Machine", „Billboard Regional Favorites" und „Radio Airplay Charts". Noch heute ist es üblich, daß die US-Hitparade für das kommende Wochenende erscheint — deshalb schlägt sich das Ergebnis dieser ersten Hitparade auch erst in unseren Tageshits am 27. Juli nieder.

21

Geburtstage

Cat Stevens

■ **Cat Stevens** — 1947 — GB-Sänger, Gitarrist und Songschreiber. Richtiger Name Stephen Demetri Georgiou. Ab 1966 war er in den Charts vertreten. Erste Erfolge: „Matthew And Son" (1/67 GB 2, 4/67 D 36) und „I'm Gonna Get Me A Gun" (3/67 GB 6). Für andere Interpreten hatte er bereits Hits geschrieben, so z. B. für die Tremeloes „Here Comes My Baby" oder für P.P. Arnold „First Cut Is The Deepest". Ende 1967 schien seine Karriere beendet. Ärzte stellten fest, daß er TB hatte — 1970 kehrte er genesen zurück, besser den je: „My Lady kD'Arbanville" (6/70 GB 8, 9/70 D 23), „Peace Train" (9/71 US 7), „Morning Has Broken" (1/72 GB 9, 3/72 D 37, US 6), „Oh Very Young" (3/74 US 10) und „Another Saturday Night" (8/74 US 6, GB 19, 10/74 D 37). Bis 1977 erschienen weitere, sehr schöne Platten — dann zog er sich ganz aus dem Geschäft zurück. Im Februar 1979 wurde er Mohammedaner und nannte sich fortan Yusuf Islam.

■ **Kay Starr** — 1922 — US-Sängerin. Richtiger Name Katherine Starks. Seit 1948 ist sie in den USA als Solistin erfolgreich. Sie begann als Hillbilly-Sängerin, sang dann in den Bands von Glenn Miller, Bob Crosby und Charlie Barnett ur schließlich als Solistin. Hits: „Hoop-Dee-Doo" (5/50 US 2), „Bonaparte's Retrea (5/50 US 4), „I'll Never Be Free" (8/50 US 3) mit Tennessee Ernie Ford, „Wheel (Fortune" (2/52 US 1), „Comes A-Long A-Love" (9/52 US 9, 12/52 GB 1), „Side E Side" (1/53 US 3, 4/53 GB 7), „Changing Partners" (12/53 US 7, 3/54 GB 4), „Roc And Roll Waltz" (12/55 US 1, 2/56 GB 1) und „My Heart Reminds Me" (9/57 US 9

■ **Kim Fowley** — 1942 — US-Songschreiber, Produzent, Manager, Keyboard und Sänger, der in Manila geboren wurde. Sohn des Schauspielers Dougl Fowley, der in der Fernsehserie „Wyatt Earp" den Doc spielte. Kim begann sein Karriere als Straßensänger, Schuhputzer, Tänzer und Wahrsager, um dann 195 mit den Jayhawks und den Sleepwalkers zu spielen. Seit dieser Zeit hat er ein O für Talente. Er produzierte 1959 Paul Revere & The Raiders, dann die Murmaid Hollywood Argyles, B. Bumble & The Stingers und die Rivingtons — alle brachte Hits unter seiner Regie, teilweise sogar mit Titeln, die er geschrieben hat. Mitt der 60er Jahre ging er nach GB, produzierte dort Slade, Family, Dave Mason un Jim Capaldi. Seit 1967 nahm er auch regelmäßig Solo-LPs auf. Sehr vielseitig!

■ **Taco** — 1955 — Indonesischer Sänger, in Holland aufgewachsen. Nachnam Ockerse. 1974 kam er in die Bundesrepublik, gründete hier 1979 Taco's Bizz un machte ab 1981 Soloplatten. Größter Hit: „Puttin' On The Ritz" (10/82 D 20, 6/8 US 4) — der Titel wurde 1929 von Irving Berlin geschrieben.

■ **Barry Whitham** — 1946 — GB-Schlagzeuger mit Herman's Hermits.

■ **Larry Tolbert** — 1950 — US-Schlagzeuger mit Raydio und als Studiomusker.

■ **Lee Aaron** — 1962 — Kanadische Sängerin und Songschreiberin.

Tageshits

1958 — „Yakety Yak" — Coasters — US 1 W.
1958 — „Hard Headed Woman" — Elvis Presley — US 2 W.
1966 — „Get Away" — Georgie Fame — GB 1 W.
1973 — „Bad, Bad Leroy Brown" — Jim Croce — US 2 W.
1973 — „Welcome Home" — Peters & Lee — GB 1 W.

22

Geburtstage

■ **Don Henley** — 1947 — US-Schlagzeuger, Sänger und Songschreiber kfür di Eagles. Er begann im Sommer 1963 in der Gruppe Four Speeds, ging dann zu Feli city, die 1969 ihren Namen in Shiloh umänderten und 1970 unter der Regie vo Kenny Rogers eine Platte produzierten, die laut Don grauenhaft war. Don wurd im April 1971 Mitglied in der Begleitband von Linda Ronstadt, um schließlich in August 1971 bei der Gründung der Eagles dabeizusein. Im Gegensatz zu Grupper wie Byrds oder Flying Burrito Brothers, die mehr Country-Rock spielten, brachter die Eagles einen Schuß mehr Rock in die Platten. Hits: „Witchy Woman" (9/72 US 9), „Best Of My Love" (11/74 US 1), „One Of These Nights" (5/75 US 1, 8/75 GE 23), „Lyin' Eyes" (9/75 US 2, 11/75 GB 23), „Take It To The Limit" (12/75 US 4 3/76 GB 12), „New Kid In Town" (12/76 US 1, GB 20), „Hotel California" (2/77 US 1, 4/77 GB 8, D 6), „Heartache Tonight" (10/79 US 1, GB 40), „The Long Run" (12/ 79 US 8) und „I Can't Tell You Why" (2/80 US 8). 1981 verkündeten die übrig gebliebenen Mitglieder, nun Solo-Projekte verfolgen zu wollen. Hits für Don: „Leather And Lace" (10/81 US 6) zusammen mit Stevie Nicks, „Dirty Laundry" (10/82 US 3), „The Boys Of Summer" (11/84 US 5, 2/85 GB 12), „All She Wants To Do Is Dance" (2/85 US 9) und „The End Of The Innocence" (6/89 US 8).

Supertramp

Richard Davies — 1944 — GB-Tastenspieler, Sänger und Songschreiber für Supertramp. Er begann Ende der 60er Jahre in der Band Joint. 1969 gründete er Supertramp. Eigentlich sollte die Gruppe Daddy heißen, doch dann nahm man als Vorlage für den Gruppennamen das Buch „The Autobiography Of A Supertramp" von W.H. Davies, erschienen 1910. Hits: „Dreamer" (2/75 GB 13, 9/80 US 15), „The Logical Song" (3/79 GB 7, US 6, 6/79 D 23), „Breakfast in America" (6/79 GB 9, 9/79 D 34), „Take The Long Way Home" (10/79 US 10) und „It's Raining Again" (10/82 US 11, GB 26, D 32).

Margaret Whiting — 1924 — US-Sängerin, die ab 1946 als Solistin erfolgreich war. Anfang der 40er Jahre sang sie zusammen mit den Orchestern von Freddie Slack — z.B. den Hit „That Old Black Magic" (2/43 US 10) — Billy Butterfield — „Moonlight In Vermont" (2/45 US 15 und Millionseller!) — und Paul Weston — „It Might As Well Be Spring" (10/45 US 6). Hits als Solistin: „Guilty" (12/46 US 4), „Now Is The Hour (Maori Farewell Song)" (2/48 US 2) „A Tree In The Meadow" (7/48 US 1), „Far Away Places" (12/48 US 2), zusammen mit Johnny Mercer „Baby, It's Cold Outside" (5/49 US 3), zusammen mit Jimmy Wakely „Slippin' Around" (9/49 US 1). Bis 1967 blieb sie im Plattengeschäft.

■ **George Clinton** — 1940 — US-Sänger und Songschreiber. Schon in den 50er Jahren gründete George seine erste Gruppe, die Parliaments. Hit: „(I Wanna) Testify" (7/67 US 20). Daraus entwickelten sich die Gruppen Parliament — Hits und Millionseller: „Tear The Roof Off The Sucker (Give Up The Funk)" (5/76 US 5) und „Flashlight" (2/78 US 16) — und Funkadelic — Hit und Millionseller: „One Nation Under A Groove (Part I)" (9/78 US 28). In beiden Bands war Clinton der Kopf. Er leitete jedoch noch weitere Gruppen, die ebenfalls Plattenaufnahmen machten: Bootsy's Rubber Band, Brides Of Funkenstein, Parlet, Horny Horns, P. Funk All Stars und andere. Ab 1982 kam George dann als Solist. Größter Erfolg: „Atomic Dog" (1/83 R&B 1). Sein Spitzname ist „Mr. Funkadelic".

■ **Chuck Jackson** — 1937 — US-Sänger. 1957 verließ er das College und wurde Mitglied in der Gospelgruppe Raspberry Singers. Von 1957 bis 1959 war er bei den Dell-Vikings. Seine erste Platte als Solist machte er 1960. Größter Hit: „Any Day Now (My Wild Beautiful Bird)" (4/62 US 23).

■ **Bobby Sherman** — 1945 — US-Schauspieler und Sänger, Star in vielen TV-Shows, so z.B. zwischen 1964 und 1966 in „Shinding", von 1968 bis 1970 in „Here Come The Brides" und 1971/72 „Getting Together". Ende der 60er Jahre machte man ein paar Platten mit Bobby, die sich zu Hits entwickelten: „Little Woman" (8/69 US 3), „La La La (If I Had You)" (11/69 US 9), „Easy Come, Easy Go" (2/70 US 9) und „Julie, Do Ya Love Me" (8/70 US 5) — alles Millionseller.

■ **Otto Waalkes** — 1948 — Laut eigener Aussage „Interpret für geistige Lockerungsübungen". Er bringt in regelmäßigen Abständen LPs, TV-Shows und Filme. Sehr erfolgreich waren seine LPs „Otto II" (4/74 D 1), „Oh, Otto" (5/75 D 2), „Otto — Das 4. Programm" (5/76 D 1); „Otto — Das Wort zum Montag" (5/77 D 4), „Ottocolor" (6/78 D 7), „Der ostfriesische Götterbote" (12/79 D 2), „Otto versaut Hamburg" (11/81 D 7) oder „Hilfe, Otto kommt" (11/83 D 4) — alle LPs wurden zumindest vergoldet! Sein Erstlingswerk „Otto — Der Film" (1985) wurde zum kommerziell erfolgreichsten deutschen Film dieses Jahres. Otto selbst sieht sich gerne als den „Außerfriesischen".

■ **Estelle Bennett** — 1944 — US-Sängerin. 1958 begann sie mit ihrer Schwester Veronica und ihrer Cousine Nedra Talley Ross als Darling Sisters. 1962 arbeiteten sie als Gesangsgruppe für Produktionen von Phil Spector, der aus den dreien die Gruppe Ronettes formte, die sich 1966 wieder trennte. Hits siehe 10.8. bei Veronica.

■ **Mireille Mathieu** — 1946 — Französische Sängerin, die lange als die Nachfolgerin von Edith Piaf gehandelt wurde. In Frankreich hatte sie ihren größten Erfolg mit „Mon Credo" (1966). Ab diesem Zeitpunkt war sie auch bei uns erfolgreich. Hits: „Hinter den Kulissen von Paris" (4/69 D 5), „Akropolis Adieu" (9/71 D 3) und „La Paloma Ade" (10/73 D 1).

■ **Thomas Wayne** — 1940 — US-Sänger, der mit Nachnamen Perkins hieß. Sein Bruder Luther spielte in den 50er Jahren mit Johnny Cash. Thomas brachte es auf einen Hit: „Tragedy" (1/59 US 5). Er starb am 15.8.1971.

■ **Al DiMeola** — 1954 — US-Gitarrist und Komponist. Er wurde 1974 als Mitglied von Chick Coreas Return To Forever bekannt. Ab 1975 machte er Soloplatten.

Tageshits

1965 — „Mr. Tambourine Man" — Byrds — GB 2 W.
1967 — „Meine Liebe zu dir" — Roy Black — D 2 W.
1985 — „Rock Me Amadeus" — Falco — D 4 W.
1989 — „Toy Soldier" — Martika — US 2 W.
1989 — „You'll Never Stop Me Loving You" — Sonia — GB 2 W.

23

Geburtstage

■ **David Essex** — 1947 — GB-Sänger, Songschreiber und Schauspieler. Richtiger Name David Cook. Er begann 1964 als Schlagzeuger in der Gruppe Everons. 1965 machte er seine erste Soloplatte, die wie die sieben folgenden Singles — alle aufgenommen zwischen 1965 und 1970 — durchfiel. Bekannt wurde David dann durch das Musical Godspell, in dem er ab Oktober 1971 den Jesus spielte. 1972 spielte er mit Ringo Starr im Film „That'll Be The Day". Der Film wurde ein großer Erfolg. Im September 1973 erhielt David einen Plattenvertrag, mit dem dann seine eigentliche Plattenkarriere begann. Produziert wurde er von Jeff Wayne. Hits: „Rock On" (8/73 GB 3, 11/73 US 5), „Gonna Make You A Star" (10/74 GB 1), „Hold Me Close" (9/75 GB 1), „Oh What A Circus" (8/78 GB 3) und „A Winter's Tale" (12/82 GB 2). Inzwischen ist David Essex als Schauspieler etabliert. 1974 spielte er neben Adam Faith und Larry Hagman in „Stardust", der Fortsetzung von „That'll Be The Day", 1978 im Londoner West End im Musical „Evita" Che Guevara und 1983 Fletcher Christian in einer Musicalversion von „Meuterei auf der Bounty".

■ **Tony Joe White** — 1943 — US-Sänger, Gitarrist und Songschreiber. Hits: „Polk Salad Annie" (7/69 US 8) und „Groupie Girl" (6/70 GB 22). Er schrieb z.B. für Brook Benton den Hit „Rainy Night In Georgia" — bezeichnet sich selbst als „Bayou Rock Singer". Seine Hits wurden durch Billy Swan produziert. Bemerkenswert ist die Zusammenarbeit von Tony mit Tina Turner auf deren LP „Foreign Affair", die 1989 erschien.

■ **Andy Mackay** — 1946 — GB-Saxophonist und Songschreiber. Er spielte Oboe im Londoner Symphony Orchestra, bevor er 1971 zu Roxy Music kam. Er brachte auch etliche Solo-LPs heraus und gehört in GB zu den gesuchten Studiomusikern. So ist er auf Platten von den Rock Follies, Mickey Jupp, Godley & Creme, Paul McCartney oder den Pet Shop Boys zu hören.

24

■ **Cleveland Duncan** — 1935 — US-Leadsänger der 1954 gegründeten Gruppe Penguins. Ihr größter Hit hieß „Earth Angel (Will You Be Mine)" (12/54 US 8, R&B 1), von dem behauptet wird, daß es die erfolgreichste R&B-Platte aller Zeiten sei, was die anhaltende Popularität angeht.

■ **Dennis Greaves** — 1957 — GB-Sänger, Gitarrist und Songschreiber, der Ende der 70er Jahre die Gruppe Nine Below Zero gründete,gdie in ihren Anfangstagengmeist Coverversionen von R&B-Nummern spielte. Nachdem einige erfolglose Singles erschienen waren, löste Dennis die Band auf und gründete im Sommer 1982 das Quintett Truth. Größter Erfolg: „Confusion (Hits Us Everytime)" (1/83 GB 22). 1986 trennte sich Dennis von drei Mitgliedern und machte mit Gründungsmitglied Mick Lister als Duo weiter.

■ **Madeline Bell** — 1942 — US-Sängerin, die 1964 in GB einen Plattenvertrag bekam. Nachdem ihr größter Erfolg die Aufnahme „I'm Gonna Make You Love Me" (2/68 US 26) blieb, gründete sie 1969 zusammen mit Roger Cook Blue Mink. Hits: „Melting Pot" (11/69 GB 3), „Good Morning Freedom" (3/70 GB 10, 6/70 D 31), „Banner Man" (5/71 GB 3, 7/71 D 38) und „Randy" (6/73 GB 9). Noch während ihrer Zeit mit Blue Mink machte sie 1973 erneut einen Solovertrag, der jedoch in den Hitparaden keine Spuren hinterließ.

■ **Dino Danelli** — 1945 — US-Schlagzeuger mit den Young Rascals. 1973/74 spielte er mit Bulldog, 1977 mit Pepper, 1978/79 mit Photo Maker und ab 1982 mit Little Steven.

■ **Martin Lee Gore** — 1961 — GB-Gitarrist, Synthesizerspieler und Songschreiber für Depeche Mode. Hits siehe 9.5. bei David Gahan. 1989 erschien seine erste Solo-LP „Conterfeit".

■ **Blair Thornton** — 1950 — Kanadischer Gitarrist mit Bachman-Turner Overdrive von 1974 bis 1979. Er ersetzte Tim Bachman.

■ **Lee Marrow** — 1957 — Seine Plattenfirma bezeichnete ihn als „Geheimtip der deutschen Dance-Music-Szene" — Hits: „Shanghai" (7/85 D 8) und „Sayonara" (11/85 D 24).

■ **Tim Kellett** — 1964 — GB-Trompeter und Keyboarder seit Oktober 1985 mit Simply Red.

Todestage

■ **Keith Godchaux** — 1979 — US-Tastenspieler mit Grateful Dead. Er starb an den Folgen eines Autounfal0ls. Geboren am 19.7.1948.

■ **Kay Kyser** — 1985 — US-Trompeter und Orchesterchef. Geboren am 18.6.1906.

■ **Hans-Arno Simon** — 1989 — Songschreiber und Sänger. Geboren am 19.9.1919.

Tageshits

1960 — „Mustafa" — Leo Leandros — D 2 W.
1964 — „A Hard Day's Night" — Beatles — GB 3 W.
1966 — „Paperback Writer" — Beatles — D 2 W.
1969 — „Honky Tonk Women" — Rolling Stones — GB 5 W.
1973 — „Hell Raiser" — Sweet — D 2 W.
1977 — „I Feel Love" — Donna Summer — GB 4 W.
1977 — „Looks Like We Made It" — Barry Manilow — US 1 W.
1983 — „Wherever I Lay My Hat" — Paul Young — GB 3 W.
1988 — „Hold On To The Night" — Richard Marx — US 1 W.

Geburtstage

■ **Heinz** — 1942 — GB-Bassist und Sänger, der in Hagen geboren wurde. Nachname: Burt. Er begann 1960 bei den Tornados, die zuerst die Begleitgruppe von Billy Fury waren, dann aber mit der durch Joe Meek produzierten Platte „Telstar" (8/62 GB 1, 11/62 US 1, D 6) einen Instrumentalhit hatten. Die Tornados gelten heute im Rückblick als die erste britische Gruppe, die einen Platz 1 in der amerikanischen Hitparade schaffte. Heinz — der erste männliche Wasserstoffblondi der britischen Popszene und Sexprotz der Gruppe — versuchte sich ab Mitte des Jahres 1963 als Solist — Hit: „Just Like Eddie" (8/63 GB 5), eine Hommage an Eddie Cochran. Ende der 60er Jahre zog sich Heinz zurück, nachdem er in einigen Popfilmen mitgespielt hatte. 1976 tauchte er als Schauspieler im Fernsehen auf.

■ **Robert Farnon** — 1917 — Kanadischer Songschreiber und Orchesterleiter, der als der einflußreichste Arrangeur für „Light kMusic" gilt. Er begann als Komponist für CBC, spielte mit Percy Faith, hatte schließlich für CBC eine eigene Show und arbeitete für kommerzielle Radiostationen. Im Zweiten Weltkrieg kam er mit einem kanadischen Armee-Musikkorps nach England. Nach 1945 blieb er in England und schrieb für mehr als 30 Filme die Musik, darunter „Expresso Bongo" (1959) mit Cliff Richard. Speziell in die Ohren bundesdeutscher Zuhörer gelangte Robert Farnon mit der Erkennungsmelodie der Radio- und TV-Sendungen von Chris Howland: „Melody Fair".

■ **Ulli Günther** — 1942 — Als „Lord Ulli" Sänger und Chef der Lords. Hits: „Shakin' All Over" (8/65 D 11), „Poor Boy" (10/65 D 12) und „Gloryland" (9/67 D 5). Die Band fiel auseinander und formierte sich 1976 in alter Besetzung. Ulli macht hin und wieder Soloplatten — aber manchmal ist er auch gerade wieder mit den Lords zusammen.

■ **Barbara Jean Love** — 1941 — US-Sängerin mit Friends Of Distinction.

■ **Hans Wollrath** — 1953 — Soundtüftler mit BAP, Spitzname „Fonz".

■ **Mike Karn** — 1958 — GB-Saxophonist mit Japan. Richtiger Name Anthony Michaelides.

■ **Alan Whitehead** — 1946 — GB-Schlagzeuger mit Marmalade.

Todestage

■ **Hans Albers** — 1960 — Sänger und Filmschauspieler. Geboren am 22.9.1892.

■ **Peter Sellers** — 1980 — GB-Sänger und Filmschauspieler. Starb nach einem Herzanfall. Geboren am 8.9.1925.

Tageshits

1943 — „You'll Never Know" — Dick Haymes — US 7 W.
1943 — „Let's Get Lost" — Vaughn Monroe — US 7 W.
1954 — „Three Coins In The Fountain" — Four Aces — US 1 W.
1968 — „I Pretend" — Des O'Connor — GB 1 W.
1971 — „Indian Reservation" — Raiders — US 1 W.
1971 — „Get It On" — T. Rex — GB 4 W.
1972 — „Metal Guru" — T. Rex — D 1 W.
1976 — „Don't Go Breaking My Heart" — Kiki Dee & Elton John — GB 6 W.
1976 — „Kiss And Say Goodbye" — Manhattans — US 2 W.
1982 — „Eye Of The Tiger" — Survivor — US 6 W.

Merk-Würdiges

1978 — Der durch Robert Stigwood produzierte Film „Sgt. Peppers Lonely Hearts Club Band" wird in New York uraufgeführt. Obwohl Interpreten wie Peter Frampton (als Billy Shears) oder die Bee Gees (als The Henderson Brothers) mitspielen und Musikcracks wie Aerosmith, Alice Cooper oder Earth, Wind & Fire am Soundtrack beteiligt sind, wird der Film und die dazugehörige Platte ein Flop bei Kritikern und — wesentlich wichtiger — bei den Konsumenten. Der Markt reagierte richtig und akzeptierte keine Abziehbildchen.

25

Geburtstage

■ **Walter Brennan** — 1894 — US-Filmschauspieler und Plattenbesprecher. Zwischen 1929 und 1972 trat er in mehr als 100 Filmen auf — er erhielt drei Oscars für die beste Nebenrolle in den Filmen „Come & Get It" (1936, in diesem Jahr setzte es den ersten Oscar überhaupt für einen „Best Supporting Actor"), „Kentucky" (1938) und „The Westener" (1940). Zwischen 1957 und 1963 spielte er in der TV-Serie „The Real McCoys" den Opa. Sein größter Plattenhit war „Old Rivers" (4/62 US 5, 6/62 GB 38). Walter starb am 21.9.1974.

■ **Verdine White** — 1951 — US-Bassist und Percussionist mit Earth, Wind & Fire. Außerdem ist er als Studiomusiker mit Ramsey Lewis, Deodato, Emotions, Star Gard, Valerie Carter oder Harvey Mason zu hören.

■ **Steve Goodman** — 1948 — US-Sänger, Gitarrist und Songschreiber, der von Kris Kristofferson entdeckt wurde. Er schrieb für Arlo Guthrie den Hit "The City Of New Orleans". Seine bekannteste Nummer war „Banana Republics". Steve starb am 20.9.1984.

■ **Don Ellis** — 1934 — US-Jazz-Trompeter, Komponist und Bandleader. Richtige Vornamen Donald Johnson. Zahlreiche Neuerungen im Jazz in den 60er und 70er Jahren wurden durch Ellis maßgeblich beeinflußt. Don starb am 17.12.1978.

■ **Mark Clarke** — 1950 — GB-Bassist mit Colosseum (1970/71), Uriah Heep (1971/72), Tempest (1972/73) und Rainbow (1977). Zwischendurch war er als Studiomusiker bei Ken Hensley, Natural Gas, Richard T. Bear, Billy Squire, Michael Bolton, Ian Hunter, Mountain oder Henry Gross.

■ **Jim McCarty** — 1943 — GB-Schlagzeuger mit den Yardbirds, danach bildete er ein Duo mit Keith Relf und spielte dann mit Renaissance und Box Of Frogs.

■ **Bruce Woodley** — 1942 — Australischer Saitenspieler mit den Seekers.

■ **Gary Shaugnessy** — 1953 — GB-Leadgitarrist mit Sweet Sensation.

■ **Manuel Charlton** — 1941 — GB-Gitarrist mit Nazareth.

■ **Tom Dawes** — 1944 — US-Bassist bei Cyrcle.

Todestag

■ **Big Mama Thornton** — 1984 — US-R&B-Sängerin. Sie starb nach Herzschlag. Geboren am 11.12.1926.

Tageshits

1942 — „Don't Sit Under The Apple Tree (With Anyone Else Buto Me)" — Glenn Miller — US 2 W.
1970 — „Close To You" — Carpenters — US 4 W.
1987 — „Who's That Girl" — Madonna — GB 1 W.

Merk-Würdiges

1965 — Bob Dylan kehrt gerade von einer Tour durch GB zurück — und alles scheint anders zu sein. Beim Newport Folk Festival wird er angekündigt durch Peter Yarrow von Peter, Paul & Mary und überrascht alle. Mit ihm betreten die Musiker der Paul Butterfield Blues Band die Bühne. Das erste Stück, das erklingt, ist „Maggie's Farm" — Bob spielt zum ersten Mal mit einer elektrischen Gitarre. Das Publikum ist baff — er ist nicht einmal mehr angezogen wie ein Folksänger. Bob trägt eine schwarze Lederjacke, ein Rüschenhemd, schwarze Jeans und — das absolute Symbol vom Swinging London dieser Tage — Stiefeletten mit Absätzen. Die Zuhörer applaudieren nicht mehr. Jemand brüllt: „Geh zurück zur Ed Sullivan Show!". Dylan zu diesem Abend später: „Ich hatte keine Tränen in den Augen — ich war nur überrascht und wahrscheinlich ein bißchen besoffen."

26

Geburtstage

Mick Jagger

■ **Mick Jagger** — 1943 — GB-Sänger, Songschreiber, Mundharmonikaspieler und Filmschauspieler. Vollständige Vornamen Michael Philip. Nachdem er in London ab 1960 mit der Gruppe Little Boy Blue & The Blue Boys gesungen hatte, in die er auch seinen Freund aus Kindertagen Keith Richard — beide stammen aus Dartford in Kent — brachte, dann zusammen mit Alexis Korner bei Blues Incorporated war, kam es am 12. Juli 1962 zum ersten Auftritt der Rolling Stones. In der Band spielten Mick, Keith, Brian Jones, Dick Taylor und Tony Chapman. Im Dezember 1962 kam als neues Mitglied William Perks alias Bill Wyman für Dick und im Januar 1963 Charlie Watts für Tony — damit war die Gruppe in der Besetzung, die ab 1964 sehr erfolgreich sein sollte und die trotz aller Unkenrufe immer noch als Band besteht — mit Ausnahme des verstorbenen Brian Jones. Für ihn kam im Juni 1969 Mick Taylor, der seinerseits 1975 durch Ron Wood ersetzt wurde. Im Laufe der Jahre hatten die Rolling Stones in ihrer Heimat GB acht Nummer 1 Hits, in den USA ebenfalls acht, und in der Bundesrepublik belegten sie sechsmal Platz 1. Die größten der großen Hits: „(I Can't Get No) Satisfaction" (8/65 GB, US & D 1) und „Get Off Of My Cloud" (10/65 GB, US & D 1). Millionseller waren außerdem: „Ruby Tuesday" (1/67 GB 3, US 1, D 1 — B-Seite dieses Titels war in den USA „Let's Spend The Night Together"), „Honky Tonk Women" (7/69 GB & US 1, D 2), „Angie" (9/73 GB 5, US 1, D 2) und „Miss You" (5/78 US 1, GB 3, D 12). Als Solist tauchte Mick 1985 in den Charts auf: „Just Another Night" (2/85 US 12, GB 32, D 16). Weitere Hits ohne die Rolling Stones waren, zusammen mit den Jacksons „State Of Shock" (6/84 US 3, GB 14, D 23) und im Duett mit David Bowie „Dancing In The Street" (8/85 US 7, GB 1, D 5). Als Filmschauspieler sah man ihn in „Ned Kelly" und „Performance" (beide 1970).

Roger Taylor

27

■ **Roger Taylor** — 1949 — GB-Schlagzeuger und Songschreiber mit Queen. Vollständiger Nachname Meddows-Taylor. 1967 gründete er mit Brian May die Band Smile. Ende 1970 sind die beiden die Begründer von Queen. Nebenher macht er Solo-LPs und war 1987 Gründer und Gitarrist der Gruppe Cross.

■ **Brenton Wood** — 1941 — US-Sänger, Songschreiber und Pianist. Richtiger Name Alfred Smith. 1958 machte er seine ersten kPlatten mit Little Freddy & The Rockets. Seinen größten Hit als Solist hatte Brenton mit „Gimme Little Sign" (8/67 US 9, 12/67 GB 8, D 25).

■ **Dobie Gray** — 1942 — US-Sänger, Songschreiber und Schauspieler. Richtiger Name Leonard Victor Ainsworth. Seinen ersten Hit hatte er mit „The In Crowd" (1/65 US 13, GB 25). Nach einigen erfolglosen Jahren schloß er sich 1971 der Band Pollution an, um 1973 wieder mit einem Solo-Hit zu überraschen: „Drift Away" (2/73 US 5). Als Schauspieler war er am Broadway und in der L.A. Produktion von „Hair" zu sehen.

■ **Erskine Hawkins** — 1914 — US-Trompeter, Bandleader und Songschreiber. Von 1936 bis 1948 war er mit eigenem Orchester in den Hitparaden vertreten. Größte Hits: „Tuxedo Junction" (12/39 US 7 — Glenn Miller hatte mit dem gleichen Titel eine Nr. 1, Komponist ist jedoch Erskine) und „Tippin' In" (4/45 US 9).

■ **Miranda Joyce** — 1962 — GB-Saxophonistin, Songschreiberin und Sängerin der 1980 gegründeten Belle Stars. Größte Hits: „Iko Iko" (6/82 GB 35 — im Film „Rain Man" mit Dustin Hoffman und Tom Cruise war die Nummer zu hören, deshalb kam sie erneut in die Charts: 3/89 US 14, 5/89 D 30) und „Sign Of The Times" (1/83 GB 3).

■ **Duncan Mackay** — 1950 — GB-Tastenspieler mit Baker Gurvitz Army, John Hiseman, Cockney Rebel und 10 CC. Auch auf Platten von Alan Parsons und Kate Bush ist er zu hören — und als Solist.

■ **Neil Landon** — 1941 — GB-Sänger mit Ivy League, Flowerpot Men, Fat Mattress, Main Horse Airline; ab 1974 in der Bundesrepublik mit eigener Band und mit Rudolf Rock & Die Schocker.

■ **Bobby Hebb** — 1941 — US-Sänger, Songschreiber und Multi-Instrumentalist. Größter Hit: „Sunny" (6/66 US 2, 9/66 GB 12).

■ **Al Banks** — 1937 — US-Leadsänger der Turbans. Größter Hit: „When You Dance" (11/55 US 33). 1961 löste sich die Gruppe auf.

■ **Danny Stagg** — 1960 — US-Gitarrist und Bassist bei Kingdom Come.

Geburtstage

■ **Bobbie Gentry** — 1944 — US-Sängerin, Gitarristin, Pianistin, Bassistir Banjospielerin und Songschreiberin. Geboren als Roberta Streeter. Sie überraschte die Pop-Welt mit der Eigenkomposition „Ode To Billie Joe" (8/67 US 1, G 13, 12/67 D 23). Weitere Hits: „I'll Never Fall In Love Again" (8/69 GB kl, 12/69 [27) und — zusammen mit Glen Campbell — „All I Have To Do Is Dream" (12/6 GB 3, 2/70 US 27). Seit 1978 ist sie mit dem Sänger Jim Stafford verheiratet.

■ **Harvey Fuqua** — 1929 — US-Lead-Sänger der Moonglows, die heute al eine der klassischen R & B-Gruppen der 50er Jahre gelten. Die Gruppe begann al Crazy Sounds, wurde dann jedoch durch den populären Discjockey Alan Freed au Moonglows umgetauft. Allerdings machten sie auch Platten als Moonlighters Hits: „Sincerely" (3/55 US 20) und „See Saw" (9/56 US 25). 1958 verließ Fuqua die Gruppe, versammelte um sich herum neue Musiker, zu denen auch Marvin Gaye gehörte, und machte Platten als Harvey & The Moonglows. Größter Hit: „Ter Commandments Of Love" (9/58 US 22). Anfang der 60er Jahre gründete Fuqua ein eigenes Plattenlabel und produzierte dafür 1961 die von ihm zusammengestellte Gruppe Spinners. 1972 fanden die Moonglows erneut zusammen, Fuqua war wieder mit dabei, und brachten „Sincerely '72" (8/72 R&B 43).

■ **Homer** — 1918 — US-Country-Gitarrist. Richtiger Name Henry D. Haynes Zusammen mit Kenneth C. Burns bildete er ab 1932 das Duo Homer & Jethro. Die beiden brachten witzige Parodien auf große Pop-Hits. Selbst in den Pop-Charts waren sie mit „The Battle Of Kookamonga" (9/59 US 14), einer Parodie auf „The Battle Of New Orleans". Homer starb am 7.8.1971.

■ **Maureen McGovern** — 1949 — US-Sängerin. Hits: „The Morning After" (6/73 US 1 — aus dem Film „Poseidon Adventure"), „The Continental" (6/76 GB 16 und „Different Worlds" (7/79 US 18 — Thema der TV-Serie „Angie").

■ **Nick Reynolds** — 1933 — US-Sänger und Gitarrist mit dem Kingston Trio Die Gruppe löste sich 1968 auf.

■ **Michael Vaughn** — 1950 — GB-Lead-Gitarrist und Sänger mit Paper Lace

■ **Bernd Clüser** — 1965 — Sänger und Songschreiber mit der Gruppe Fux Erster Hit: „Überdosis Glück" (10/87 D 45).

■ **Juan Llossas** — 1900 — „Tango-König". Gestorben am 21.5.1957.

■ **Mark Stanway** — 1957 — GB-Keyboarder bei Magnum.

■ **Suzi Carr** — 1953 — US-Sängerin mit Will To Power.

Tageshits

1952 — „Half As Much" — Rosemary Clooney — US 3 W.
1962 — „I Remember You" — Frank Ifield — GB 7 W.
1975 — „The Hustle" — Van McCoy — US 1 W.
1980 — „Use It Up And Wear It Out" — Odyssey — GB 2 W.
1986 — „Sledgehammer" — Peter Gabriel — US 1 W.

Tageshits

1940 — „I'll Never Smile Again" — Tommy Dorsey — US 12 W.
1974 — „Annie's Song" — John Denver — US 2 W.
1974 — „Rock Your Baby" — George McCrae — GB 3 W.
1985 — „There Must Be An Angel" — Eurythmics — GB 1 W.
1985 — „Everytime You Go Away" — Paul Young — US 1 W.

28

Geburtstage

■ **Michael Bloomfield** — 1943 — US-Gitarrist und Songschreiber mit Bob Dylan, John Hammond, Al Kooper, Moby Grape, der Paul Butterfield Blues Band, Electric Flag, als Trio mit John Paul Hammond und Dr. John, KGB, Blues Blood, James Cotton Blues Band und mit etlichen Solo-LPs. Michael starb am 15.2.1981.

■ **Simon Kirke** — 1949 — GB-Schlagzeuger mit Maniacs, Heatwave, Black Cat Bones und schließlich Free. Nachdem sich diese Band aufgelöst hatte, gründeten Simon und Paul Rodgers 1973 Bad Company. Als Studiomusiker ist er auf Platten von Frankie Miller, Jim Diamond, Jim Capaldi, Jon Lord und anderen zu hören.

■ **Rudy Vallee** — 1901 — US-Sänger, Bandleader, Saxophonist, Klarinettist, Songschreiber und Schauspieler. Richtige Vornamen Herbert Pryor. Zwischen 1929 und 1946 hatte er als Rudy Vallee & His Connecticut Yankees jede Menge Hits in den USA — 5 mal belegte er den ersten Platz: „Honey" (3/29), „Stein Song (University Of Maine)" (3/30), „Brother, Can You Spare A Dime?" (11/32), „Vieni, Vieni" (10/37) und „As Time Goes By" (3/43). Er starb am 3.7.1986.

■ **Frankie Yankovic** — 1915 — US-Akkordeonspieler, Songschreiber und Plattenfirmabesitzer. Er machte seine ersten Platten 1932 mit dem Slowene Folk Orchestra auf seinem eigenen „Yankee-Label" — er selbst nannte sich und seine Band Frankie Yankovic & His Yanks. Hits: „Just Because" (5/48 US 9) und der Millionseller „Blue Skirt Waltz" (3/49 US 12). Frankie ist Mitglied der International Polka Hall Of Fame und erhielt 1986 den ersten jemals vergebenen Grammy Award für die beste Polka Aufnahme.

■ **Steven Peregrine Took** — 1949 — GB-Percussionspieler und Hintergrundsänger mit Tyrannosaurus Rex, 1967 als Duo durch Marc Bolan gegründet. 1969 verließ er Marc und wurde durch Mickey Finn ersetzt. Steven gründete Pink Fairies. Er starb am 27.10.1980.

■ **Rachel Sweet** — 1962 — US-Sängerin und Songschreiberin. Hits: „B-A-B-Y" (12/78 GB 35) und — zusammen mit Rex Smith, einem Star aus etlichen Broadway-Musicals — „Everlasting Love" (6/81 US 32, 8/81 GB 35).

■ **Jonathan Edwards** — 1946 — US-Sänger und Songschreiber. 1965 gründete er die Bluegrass Band Sugar Creek. Einziger Hit und Millionseller als Solist: „Sunshine" (11/71 US 4). Danach mehr als Produzent.

■ **Rick Wright** — 1945 — GB-Tastenspieler und Sänger bei der 1965 gegründeten Formation Pink Floyd und mit Soloplatten. Er spielte zwischendurch auch z. B. mit Zee.

■ **Peter Doyle** — 1949 — Australischer Sänger mit den New Seekers von 1970 bis 1973. Für ihn kam Peter Oliver.

■ **George Cummings** — 1938 — US-Gitarrist mit Dr. Hook.

■ **Gregg Guiffria** — 1951 — US-Tastenspieler mit Angel.

Tageshits

1945 — „On The Atchinson, Topeka, And The Santa Fe" — Johnny Mercer — US 8 W.
1951 — „Come On-A My House" — Rosemary Clooney — US 8 W.
1956 — „I Want You, I Need You, I Love You" — Elvis Presley — US 1 W.
1956 — „I Almost Lost My Mind" — Pat Boone — US 4 W.
1956 — „Heimweh" — Freddy — D 14 W.
1958 — „Patricia" — Perez Prado — US 1 W.
1960 — „Please Don't Tease" — Cliff Richard — GB 1 W.
1966 — „Out Of Time" — Chris Farlowe — GB 1 W.
1973 — „I'm The Leader Of The Gang" — Gary Glitter — GB 4 W.
1979 — „I Don't Like Mondays" — Boomtown Rats — GB 4 W.
1979 — „So bist du" — Peter Maffay — D 3 W.

29

Geburtstage

■ **Randy Sparks** — 1933 — US-Kopf und Initiator der New Christy Minstrels, gegründet 1961 und schnell eine der führenden Folk-Gruppen der 60er Jahre. Mitglieder der Band waren Musiker wie Barry McGuire oder Kenny Rogers, die sich später auf eigene Füße stellten. Der größe Hit der Gruppe hieß „Green, Green" (6/63 US 14), geschrieben von Sparks und McGuire.

■ **Michael Holm** — 1943 — Einer der fleißigsten deutschen Songschreiber und Produzenten, der auch als Sänger in den Hitparaden war. Zwischen 1962 und 1981 hatte er jede Menge Hits — die größten: „Mendocino" (8/69 D 3), „Tränen lügen nicht" (10/74 D 1) und „Mußt Du jetzt gerade gehen, Lucille" (7/77 D 4). Ende der 80er Jahre war er international erfolgreich mit seiner New Age Gruppe Cusco.

■ **Geddy Lee** — 1953 — Kanadischer Sänger, Bassist und Songschreiber im Trio Rush. Ab 1977 in der amerikanischen Hitparade — größte Hits: „Spirit Of Radio" (3/80 GB 13) und „New World Man" (9/82 US 21). Nebenher nahm Geddy mit dem kanadischen Komiker Duo Bob & Doug McKenzie die Platte „Take Off" (1/82 US 16) auf.

■ **John Sykes** — 1959 — GB-Gitarrist, Sänger und Songschreiber. Er spielte bei Tygers Of Pan Tang (1981) und Thin Lizzy (ab Dezember 1981). Im November 1983 wurde er Mitglied bei Whitesnake und neben David Coverdale der Hauptlieferant für deren Songs.

■ **Mikis Theodorakis** — 1925 — Griechischer Komponist. Wurde bekannt durch seine Musik zum Film „Alexis Sorbas" (1964).

Todestage

■ **Cass Elliot** — 1974 — US-Sängerin mit den Mamas & Papas. Sie starb nach einem Herzanfall, nachdem sie sich an einem Sandwich verschluckt hatte. Wo, ist unklar — mal heißt es, in einem Londoner Hotel, mal in der Londoner Wohnung von Harry Nilsson. Geboren am 19.9.1943.

■ **Sir John Barbirolli** — 1970 — Britischer Dirigent. Geboren am 2.12.1899.

■ **Pete Drake** — 1988 — US-Steelgitarrist. Geboren am 8.10.1932.

Tageshits

1955 — „Rose Marie" — Slim Whitman — GB 11 W.
1967 — „Light My Fire" — Doors — US 3 W.
1972 — „Alone Again (Naturally)" — Gilbert O'Sullivan — US 4 W.
1974 — „Theo, wir fahr'n nach Lodz" — Vicky Leandros — D 1 W.

Merk-Würdiges

1965 — In London erlebt „Help", der zweite Film der Beatles, seine Welturaufführung.

30

Geburtstage

■ **Paul Anka** — 1941 — Kanadischer Sänger und Songschreiber. Während er mit einem Onkel in Los Angeles vom Juli bis zum September 1956 die Sommerferien verbringt, versucht er einen ersten Schritt ins Showgeschäft. Sein Vater, Besitzer eines Restaurants in Ottawa, finanziert ihm die Produktion einer Platte: „I Confess". Obwohl im Hintergrund die R&B-Gruppe Cadettes singt, die gerade den Hit „Stranded In The Jungle" hat, wird die Platte ein Flop. Im Oktober 1956, jetzt wieder als Schüler in Kanada, beginnt Paul mit der Arbeit an dem Lied „Diana". Zu diesem Song inspirierte ihn der Babysitter der Anka Familie Diana Ayoub, die zu diesem Zeitpunkt 18 und deshalb für Paulchen unerreichbar war — er war gerade 15. Im April 1957 gewinnt er eine Reise nach New York. Auch hier klopft er wieder an die Türen aller nur erreichbaren Plattenfirmen. Don Costa von ABC Records ist von dem Jungen begeistert und nimmt ihn unter Vertrag. Ein Jahr später ist Paul Anka dank „Diana" (7/57 US 1, 9/57 GB 1, 12/57 D 2) Millionär. Die größten seiner vielen Hits: „I Love You Baby" (11/57 GB 3), „You Are My Destiny" (1/58 US 7, GB 6), „(All Of A Sudden) My Heart Sings" (12/58 US 15, GB 10, 5/59 D 7), „Lonely Boy" (6/59 US 1, GB 3, D 8), „Put Your Head On My Shoulder" (8/59 US 2, 10/59 GB 7, D 25), „Puppy Love" (2/60 US 2, GB 33) und „You're Having My Baby" (7/74 US 1, 9/74 GB 6, 11/74 D 15). Den letzten Titel sang er — obwohl nicht auf der Platte vermerkt — im Duett mit Odia Coates. Auch als Songschreiber und Texter für andere Interpreten hat Paul Anka ein glückliches Händchen. So war z.B. sein Titel „It Doesn't Matter Anymore" für Buddy Holly die einzige Nr. 1 in GB. Der Titel „She's A Lady" war 1971 ein Millionseller für Tom Jones und 1969 schrieb Paul den englischen Text zum ursprünglich französischen Lied „My Way", der durch Frank Sinatra zum Welthit wurde. Zwischen 1958 und 1962 spielte Paul in etlichen Hollywoodfilmen. Für den Kriegsfilm „The Longest Day" (1962) komponierte er den Titelsong und spielte auch selber mit. Auch noch am Ende der 80er Jahre ist er im Plattengeschäft — produziert durch Jack White (!).

Kate Bush

■ **Kate Bush** — 1958 — GB-Sängerin und Songschreiberin. 1974 hört Dave Gilmour von Pink Floyd Kate eigene Lieder singen, zahlt für sie ein Studio für Demoaufnahmen und verschafft ihr einen Vertrag bei der EMI. Die entscheiden, mit Kate als Sängerin noch zu warten, ermutigen sie weitere Lieder zu schreiben, ihre Stimme auszubilden und Tanz- und Schauspielunterricht zu nehmen. Das macht sie auch — nebenher sammelt sie Live Erfahrung in Londoner Pubs mit ihrer K.T. Bush Band. Im Januar 1978 wird dann ihre erste Platte veröffentlicht: „Wuthering Heights" (2/78 GB 1, 4/78 D 11). Weitere Hits: „The Man With The Child In His Eyes" (6/78 GB 6), „Babooshka" (7/80 GB 5, 9/80 D 14) und „Running Up That Hill" (8/85 GB & D 3, US 30). Im Duett mit Peter Gabriel hatte sie noch den Hit „Don't Give Up" (11/86 GB 9, D 27).

■ **Chris Howland** — 1928 — GB-Discjockey, TV-Moderator und Sänkger. Er kam mit der britischen Armee nach Deutschland und wurde 1946 Ansager beim BFN in Hamburg. 1952 kam er zum NWDR und wurde schnell der populärste Discjockey in der Bundesrepublik — Spitzname: Mr. Pumpernickel. Ab 1954 spielte er auch in Filmen mit. Seine TV-Sendung „Musik aus Studio B" war richtungsweisend. Seine Fernsehserie „Vorsicht Kamera" gibt es in abgewandelter Form noch heute in der ARD — Chris Howland versteht in dieser Beziehung Spaß. Auf Platte war er erstmals 1957 zu hören — über den Titel „The Japanese Farewell Song" von Kay Cee Jones sprach er einen deutschen Text und machte damit daraus das „Japanische Abschiedslied". Als Schlagersänger war er erfolgreich mit „Fraulein" (5/58 D 3), „Das hab' ich in Paris gelernt" (5/59 D 3) und „Hämmerchen-Polka" (11/61 D 4). Als Discjockey war er für viele hierzulande ein Vorbild — als Sänger nicht unbedingt.

■ **Edd Byrnes** — 1933 — US-Schauspieler und Plattenbesprecher. Richtiger Name Edward Breitenberger. In der TV-Serie „77 Sunset Strip" (1958-1963) spielte er Gerald Lloyd Kookson III, genannt Kookie, der sich ewig mit einem Kamm durch die Haarpracht fuhr. Ein tolles Thema für eine Platte: „Kookie, Kookie (Lend Me Your Comb)" (4/59 US 4, GB 27) — den Gesangspart übernahm Connie Stevens. Nachdem er in den USA weder im Fernsehen noch in Filmen weitere Angebote erhielt, spielte er ab 1967 in Europa in etlichen Spaghetti Western mit. In den 70er Jahren war er wieder zurück in den USA und wirkte mit in endlosen Episoden von zahllosen Actionserien.

■ **Chris McGuire** — 1929 — US-Sängerin und die älteste der McGuire Sisters, die zwischen 1954 und 1962 in den USA sehropopulär waren. Hits: „Goodnight Sweetheart, Goodnight" (6/54 US 7), „Sincerely" (1/55 US 1, 7/55 GB 14), „Something's Gotta Give" (6/55 US 5) und „Sugartime" (12/57 US 1).

David Sanborn

■ **David Sanborn** — 1945 — US-Saxophonist der Sonderklasse. Er spielte mit der Paul Butterfield Blues Band, auf Platten von B.B. King, Henry Gross, Bruce Springsteen, Cat Stevens, Ian Hunter u. v. a. Brachte sehr schöne Solo-LPs.

■ **Joyce Jones** — 1949 — US-Sängerin. Sie sang im Damen Soul Trio Debronettes, das 1973 in First Choice umbenannt wurde. Größte Hits: „Armed And Extremely Dangerous" (3/73 US 28, 5/73 GB 16) und „Smarty Pants" (8/73 GB 9).

■ **Frank Stallone** — 1950 — US-Sänger und Bruder von Rambo und Rocky. Hit: „Far From Over" (7/83 US 10, 11/83 D 11) aus dem Film „Staying Alive".

■ **Hugh Nicholson** — 1949 — GB-Gitarrist. Er begann 1971 mit Marmalade und spielte ab 1974 mit Blue.

■ **Jeffrey Hammond-Hammond** — 1946 — GB-Bassist mit Jethro Tull zwischen 1971 und 1975.

■ **Buddy Guy** — 1936 — US-Blues-Gitarrist und Sänger. Richtiger Vorname George. Ab 1953 machte er professionell Musik.

Tageshits

1949 — „Some Enchanted Evening" — Perry Como — US 5 W.
1966 — „Wild Thing" — Troggs — US 2 W.
1977 — „I Just Want To Be Your Everything" — Andy Gibb — US 3 W.
1984 — „Two Tribes" — Frankie Goes To Hollywood — D 1 W.
1988 — „Roll With It" — Steve Winwood — US 4 W.

31

Geburtstage

■ **Lobo** — 1943 — US-Sänger, Gitarrist und Songschreiber. Richtiger Name Kent Lavoie. Er spielte mit einigen Gruppen zusammen — Rumours, Sugar Beat, Me & The Other Guys und 1961 Legends, in der u.a. Jim Stafford und Gram Parsons waren — und kam dann Anfang der 70er Jahre als Solist. Hits: „Me And You And A Dog Named Boo" (4/71 US 5, 6/71 GB 4, D 15), „I'd Love You To Want Me" (9/72 US 2, 10/73 D 1, 6/74 GB 5) und „Don't Expect Me To Be Your Friend" (12/72 US 8). Bis zum Ende der 70er Jahre hatte er Pop Hits und tauchte danach mehr in den Country Hitparaden auf. Zusammen mit Narvell Feltz und Kenny Earle bildete er außerdem die Country Gruppe Wolfpack.

■ **Gary Lewis** — 1946 — US-Schlagzeuger, Sänger und Kopf der 1964 gegründeten Band Gary Lewis & The Playboys. Richtiger Nachname, wie sein Vater, der Filmschauspieler Jerry Lewis, Levitch (siehe 16.3.). Hits der Band: „This Diamond Ring" (1/65 US 1), „Count Me In" (4/65 US 2), „Save Your Heart For Me" (7/65 US 2), „Everybody Loves A Clown" (9/65 US 4), „She's Just My Style" (12/65 US 3), „Sure Gonna Miss Her" (3/66 US 9) und „Green Grass" (5/66 US 8). Anfang 1967 wurde Gary zum Militär eingezogen, und nach 1968 fiel die Band auseinander.

■ **Roy Milton** — 1907 — US-R&B-Sänger, Schlagzeuger und Bandleader. Beeinflußt durch die Gospelmusik gründete Milton in den späten 20er Jahren diverse Combos. In den 30ern hatte er mit Roy Milton & His Solid Senders seine erste Band. Mitte der 40er Jahre veröffentlichte er seine ersten Platten auf einem eigenen Label. Seine erste Hitparadennotierung war der Millionseller „R. M. Blues" (8/46 US 20). Von diesem Zeitpunkt bis zum Jahre 1953 hatte Roy knapp zwanzig Top Ten Hits in den US-R&B-Charts. Roy blieb bis in die 80er Jahre im Musikgeschäft und starb nach einem Schlaganfall im September 1983.

■ **Bob Welch** — 1946 — US-Sänger, Gitarrist und Songschreiber. Er begann mit Head West, wurde 1971 Mitglied bei Fleetwood Mac, blieb bis 1974, gründete Paris und machte danach als Solist weiter. Hit: „Sentimental Lady" (10/77 US 8) — im Hintergrund sangen Christine McVie und Lindsey Buckingham von Fleetwood Mac.

■ **Daniel Boone** — 1942 — GB-Sänger und Songschreiber. Richtiger Name Peter Lee Sterling. 1958 gründete er die Band Beachcombers, ging 1959 als Studiomusiker nach London und schrieb Songs für Tom Jones und Kathy Kirby. Hits für Daniel: "Daddy Don't You Walk So Fast" (8/71 GB 17) und „Beautiful Sunday" (4/72 GB 21, D 1, 6/72 US 15).

■ **Bonnie Brown** — 1937 — US-Sängerin. Mit ihren Geschwistern Maxine und Jim Edward war sie ab 1955 erfolgreich. Zuerst traten sie als Jim Edward, Maxine & Bonnie Brown auf, ab 1959 dann als The Browns. In der Zeit hatten sie auch ihre größten Hits: „The Three Bells" (7/59 US 1, 9/59 GB 6, D 19) und „The Old Lamplighter" (3/60 US 5). 1967 fiel das Trio auseinander — Jim Edward und Maxine arbeiteten weiter als kSolointerpreten.

■ **Norman Cook** — 1963 — GB-Bassist und Sänger mit den Housemartins. Nachdem die Band sich 1988 aufgelöst — sie war nach eigener Aussage nur für drei Jahre konzipiert gewesen — veröffentlichte Norman 1989 seine erste Soloplatte: „Won't Talk About It" (7/89 GB 29).

■ **Ivan Rebroff** — 1931 — Richtiger Name Hans Rippert. Er kommt aus Berlin und gilt als Vorzeige-Don-Kosake. Einzige Hitnotierung: „Legende von den 12 Räubern" (8/67 D 28). Auf dem LP Sektor brachte Ivan zwischen 1968 und 1980 neun LPs in die Hitparade, drei davon wurden vergoldet: „Volksweisen aus dem alten Rußland" (1968), „Kosaken müssen reiten" (1970) und „Mein Rußland, du bist schön" (1971).

■ **C.C. Catch** — 1964 — NL-Sängerin mit richtigem Namen Caroline Müller. Sie wird produziert durch Dieter Bohlen, der ihr auch die Songs schreibt. Größte Hits: „'Cause You Are Young" (2/86 D 9), „Strangers By Night" (4/86 D 9), „Heartbreak Hotel" (9/86 D 8) und „Backseat Of Your Cadillac" (10/88 D 10).

■ **Daniel Ash** — 1957 — GB-Gitarrist und Sänger mit der 1978 gegründeten Formation Bauhaus und nach deren Trennung im Juli 1983 mit Tones On Tail und Love & Rockets.

■ **Hugh MacDowell** — 1953 — GB-Cellist seit 1971 mit ELO, zeitweise auch mit Wizzard.

■ **Morey Carr** — 1932 — US-Sänger mit den Playmates.

■ **Carlo Karges** — 1951 — Gitarrist und Songschreiber mit Nena.

■ **Karl Green** — 1947 — GB-Bassist mit Herman's Hermits.

Todestage

■ **Jim Reeves** — 1964 — US-Country-Pop-Sänger. Stürzte mit einer Privatmaschine ab. Geboren am 20.8.1924.

■ **Alexandra** — 1969 — Gerade war sie als Sängerin erfolgreich — da hatte sie einen Autounfall, den sie nicht überlebte. Geboren am 19.5.1942.

Tageshits

1959 — „Living Doll" — Cliff Richard — GB 6 W.
1968 — „Mony Mony" — Tommy James & Shondells — GB 2 W.
1971 — „You've Got A Friend" — James Taylor — US 1 W.

1

Geburtstage

Grateful Dead

■ **Jerry Garcia** — 1942 — US-Gitarrist, Sänger, Songschreiber und Produzent. Richtige Vornamen Jerome John. 1964 war er Mitbegründer von Mother McCree's Uptown Jug Champions, die im Laufe der nächsten Monate etliche Namensänderungen durchmachen. 1965 ist man gerade bei Warlocks, Ende des Jahres dann bei Grateful Dead — diesen Namen hatte Garcia zufällig in einem Oxford Dictionary gefunden. 1966 werden die ersten LPs von Grateful Dead veröffentlicht. Als Produzent erscheint Jerry 1966 erstmalig für Jefferson Airplane — 1970 produziert er die neue Gruppe New Riders Of The Purple Sage und spielt bei den Platten auch mit. 1971 macht er seine erste Solo-LP. 1986, Grateful Dead ist auf Tournee u.a. mit Bob Dylan und Tom Petty & The Heartbreakers, leidet Garcia unter unerkärlicher Müdigkeit — im Juli stellen Ärzte fest: Diabetes. 1987, nach siebenjähriger LP-Pause erscheint In The Dark — darauf der Titel Touch Of Grey (7/87 US 9), der sich zum ersten Top Ten Hit von Grateful Dead mausert.

■ **Morris Stoloff** — 1898 — US-Orchesterleiter, Komponist und Violinist, der bereits als Kind mit dem Los Angeles Philharmonic Orchestra spielte. 1928 — der Film entdeckte den Ton und dazu die notwendige Musik — wurde Morris Konzertmeister für die Filmfirma Paramount und 1936 Musikdirektor bei Columbia Pictures, deren gesamte musikalische Direktion er 1940 übernahm. Morris gewann drei Oscars für seine Orchestrierung der Filme Cover Girl (1944), The Jolson Story (1946) und Song Without End (1960). Sein größter Hit in den Pop Charts war Moonglow And Theme From 'Picnic' (4/56 US 1, 6/56 GB 7). Morris starb am 16.4.1980.

■ **Robert Cray** — 1953 — US-Gitarrist, Sänger, Songschreiber und 1973 Begründer der nach ihm benannten Band. Lange Zeit mehr in Blues Insiderkreisen bekannt, hatte er 1985 mit der LP False Accusations seinen ersten großen Erfolg. Größter Single Hit: Smoking Gun (2/87 US 22) von der LP Strong Persuader, die als eine der höchst plazierten Blues LPs in der US Musikgeschichte gilt — sie erreichte Platz 13.

■ **Lionel Bart** — 1930 — GB-Songschreiber mit dem richtigen Nachnamen Begleiter. 1956 gründete er zusammen mit Tommy Steele die Cavemen. Nachdem sich Tommy zum Star gemausert hatte, verlegte sich Lionel mehr aufs Songschreiben. Von ihm stammen z. B. Living Doll von Cliff Richard und Do You Mind von Anthony Newley. Mit dem Beginn der 60er Jahre kümmerte er sich mehr um Musical- und Filmmelodien. So schrieb er z. B. das Buch, die Musik und die Texte für Oliver! (1968).

■ **Joe Elliot** — 1959 — GB-Sänger und Songschreiber mit der 1977 gegründeten Band Def Leppard. Hits: Photograph (3/83 US 12), Rock Of Ages (6/83 US 16), Animal (8/87 GB 6, 10/87 US 19), Hysteria (11/87 GB 26, 1/88 US 10), Love Bites (7/88 GB 11, US 1) und Pour Some Sugar On Me (2/89 GB 15, US 12).

■ **Geoff Britton** — 1943 — GB-Drummer mit Gun, East Of Eden, Wild Angels, Wings, Rough Diamond, Manfred Mann's Earthband, Raphael Ravenscroft und Keys.

■ **Boz Burrell** — 1946 — GB-Bassist und Sänger mit King Crimson, Centipede und ab 1974 mit Bad Company. Richtikger Vorname Raymond.

■ **Rick Coonce** — 1947 — US-Schlagzeuger mit den Grass Roots.

Todestag

■ **Joe Liggins** — 1987 — US-Sänger und Bandleader. Geboren am 9.7.1916.

Tageshits

1959 — Am Tag, als der Regen kam — Dalida — D 7 W.
1963 — (You're The) Devil In Disguise — Elvis Presley — GB 1 W.
1964 — A Hard Day's Night — Beatles — US 2 W.
1970 — The Wonder Of You — Elvis Presley — GB 6 W.
1981 — Green Door — Shakin' Stevens — GB 4 W.
1981 — Jessie's Girl — Rick Springfield — US 2 W.
1987 — La Bamba — Los Lobos — GB 2 W.
1987 — Shakedown — Bob Seger — US 1 W.

Merk-Würdiges

1971 — Im New Yorker Madison Square Garden sehen 40 000 Besucher zwei Wohltätigkeitsveranstaltungen, die von George Harrison zugunsten der notleidenden Bevölkerunggin Ostpakistan organisiert werden — The Concert For Bangla Desh. Die Künstler stellen sich uneigennützig zur Verfügung — es ist eine ganze Latte von klangvollen Namen: neben George Harrison Ravi Shankar, Ringo Starr, Leon Russell, Bob Dylan, Badfinger, Eric Clapton, Billy Preston, Klaus Voormann und viele andere. Die Konzerte werden mitgeschnitten, der Erlös soll Bangla Desh zur Verfügung gestellt werden. An Nettoeinnahmen werden 243.418 $ verbucht — aus den Erlösen vom Verkauf des produzierten Dreifach Albums werden 10 Millionen Dollar erwartet. Schwierigkeiten der bei verschiedenen Plattenfirmen exklusiv unter Vertrag stehenden Künstler verhindern jedoch eine zügige Überweisung der Gelder. George Harrison überweist schließlich aus seiner Tasche 2 Millionen Dollar, und es dauert bis zum Jahre 1981 bis ein weiterer Scheck in Höhe von 8,8 Millionen Dollar an die UNICEF geht. Harrison hatte es gut gemeint, aber es zeigte sich, daß auch bei Rockkonzerten für wohltätige Zwecke mehr Geschäftstüchtigkeit gefragt war, als Harrison und seine Organisation an den Tag legten.

2

Geburtstage

■ **Andrew Gold** — 1951 — US-Sänger, Multi-Instrumentalist und Songschreiber. Sohn des Komponisten Ernest Gold und der Sängerin Marni Nixon. Schon Mitte der 60er Jahre gründete er zusammen mit Peter Bernstein, dem Sohn von Elmar, verschiedene Gruppen, die sich Doberman, Herd oder Wails nannten. 1969, wieder mit Peter, Carla Bonoff u.a., gründet er Bryndle. Die Gruppe erhält einen Plattenvertrag, arbeitet ksechs Monate an einer LP, die dann jedoch nicht veröffentlicht wird. 1971 geht Bryndle auseinander — immer noch mit Peter Bernstein gründet Andrew die Rangers. 1974 tourt er für neun Monate mit Linda Ronstadt und spielt auf ihrer LP „Heart Like A Wheel" — so ist er z.B. auf der Single Auskopplung „You're No Good" als Leadgitarrist, Pianist, Schlagzeuger und Percussionist zu hören. 1975 wird seine erste Solo LP veröffentlicht, nebenher spielt er als Studiomusiker auf unzähligen Platten von Kollegen mit. Auch hier ein Beispiel: auf Art Garfunkels „I Only Have Eyes For You" spielt Andrew Gitarre, Piano und Schlagzeug. Ab 1977 ist er dann als Solist erfolgreich — Hits: „Lonely Boy" (3/77 US 7, GB 11), "Thank You For Being A Friend" (2/78 US 25, 10/78 GB 42) und „Never Let Her Slip Away" (3/78 GB 5). 1985 macht er zusammen mit dem Briten Graham Gouldman Wax. Hit: „Building A Bridge To Your Heart" (8/87 GB 12, 10/87 D 19).

■ **Andy Fairweather-Low** — 1950 — GB-Sänger, Gitarrist und Songschreiber mit Amen Corner, 1966 gegründet. Hits: „Bend Me, Shape Me" (1/68 GB 3), „High In The Sky" (7/68 GB 6), „(If Paradise Is) Half As Nice" (1/69 GB 1, 4/69 D 12, 2/76 RE-GB 34) und „Hello Suzie" (6/69 GB 4, 9/69 D 14). Anfang der 70er Jahre wurde Andy der Kopf von Fair Weather — Hit: „Natural Sinner" (7/70 GB 6, 10/70 D 24). Ab 1974 dann machte er Soloplatten — Hits: „Reggae Tune" (9/74 GB 10) und „Wide Eyed And Legless" (12/75 GB 6). Neben weiteren Solo Veröffentlichungen ist Andy als Studiomusiker zu hören bei den Who, Ian Dury, Georgie Fame, 1985 mit Willie & The Poor Boys und 1989 auf der wunderschönen LP „The Weather Inside" von Helen Watson — beim Titel „Hanging Out The Washing (In A Small Back Yard)" singt er im Duett mit Helen und zeigt dabei noch einmal seine Qualitäten als Sänger.

■ **Hank Cochran** — 1935 — US-Sänger und Songschreiber. Richtiger Name Garland Perry. Er nahm zusammen mit dem jungen Eddie Cochran als Cochran Brothers, obwohl die beiden nicht miteinander verwandt waren, Rockabilly-Platten auf. Nachdem sich das Duo getrennt hatte, ging Hank 1959 nach Nashville und arbeitete dort als Songschreiber. Von ihm stammen Titel wie „I Fall To Pieces", „Funny Way Of Laughin'" oder „Make The World Go Away". In der Country-Hitparade gelangen Hank ein paar kleinere Hits, der größte war „Sally Was A Good Old Girl" (9/62 C&W 20).

■ **Steve Hillage** — 1951 — GB-Gitarrist, Synthesizerspieler, Sänger, Songschreiber und Produzent. Er spielte mit Spyrogyra, Caravan,gKhan, Ottawa Company,gKevin Ayers, Decadence, Gong und ab 1976 als Solist. 1985 produzierte er die erste LP von Cock Robin.

■ **Clive Wright** — 1953 — US-Gitarrist mit Cock Robin. Die Band wird durch Steve Hillage produziert, der beim Hit „When Your Heart Is Weak" (5/85 US 35, 11/85 D 8) auch Gitarre spielt.

■ **Inga Rumpf** — 1946 — „Deutschlands wahre Rock-Frau". Mit 17 sang sie mit den City Preachers. Zusammen mit ihrer Preacher Kollegin Dagmar Krause nahm sie als I. D. Company eine Platte auf. Ab März 1970 war sie bei der Rockband Frumpy, 1972 dann bei Atlantis. 1975 erschien ihre erste Solo-LP „Second Hand Mädchen", für die sie sich ihre Lieder selbst bastelte.

■ **Doris Kenner** — 1941 — US-Sängerin in der R&B-Mädchengruppe Shirelles, die noch während der Schulzeit der Mitglieder kals Poquellos gegründet wurde. Die ersten Platten wurden 1958 aufgenommen. Doris, die mit richtigem Nachnamen Coley heißt, verließ 1968 die Gruppe, kam jedoch 1975 wieder zurück. Hits der Shirelles siehe 10.6. bei Shirley Alston.

■ **Apollonia** — 1961 — US-Sängerin und Songschreiberin, die mit richtigem Namen Patty Kotero heißt. Sie war Chefin der Gruppe Apollonia 6, die aus dem Dunstkreis von Prince kam. Neben ihm spielte sie die Hauptrolle in dem Film „Purple Rain" (1983). Die beiden anderen Mitglieder der Gruppe, Brenda Bennett und Susan Moonsie, waren vorher bei Vanity 6. Der größte Hit des Trios war „Sex Shooter" (9/84 R&B 14).

■ **Pete de Freitas** — 1961 — GB-Schlagzeuger und Songschreiber mit Echo & The Bunnymen. Pete kam im September 1979 zur 1977 gegründeten Band. Er starb nach einem Verkehrsunfall am 15.6.1989.

■ **Dave Govan** — 1940 — US-Sänger mit den Jayhawks, aus denen später die Vibrations wurden, die auch als Marathons Platten aufnahmen.

■ **Garth Hudson** — 1937 — US-Tastenspieler mit Band. Gesuchter Studiomusiker.

■ **Edward Patten** — 1939 — US-Sänger mit Gladys Knight & The Pips.

Todestage

■ **Enrico Caruso** — 1921 — Italienischer Tenor. Geboren am 27.6.1873.

■ **Brian Cole** — 1972 — US-Bassist bei Association. Starb an einer Überdosis Heroin. Geboren 1944.

Tageshits

1941 — „Intermezzo (Souvenir de Vienne)" — Guy Lombardo — US 1 W.
1969 — „Oh Happy Day" — Edwin Hawkins Singers — D 4 W.
1975 — „One Of These Nights" — Eagles — US 1 W.
1976 — „Ein Bett im Kornfeld" — Jürgen Drews — D 6 W.
1980 — „Magic" — Olivia Newton-John — US 4 W.
1982 — „Ich will Spaß" — Markus — D 2 W.
1986 — „The Lady In Red" — Chris de Burgh — GB 3 W.
1986 — „Glory Of Love" — Peter Cetera — US 2 W.

Merk-Würdiges

1939 — Lale Andersen steht mit einem kleinen Ensemble unter der Leitung von Bruno Seidler-Winkler im Studio und nimmt „Lili Marleen" auf. Dieses Lied sollte sie im Laufe ihres Lebens noch öfter auf Platte bannen — doch die Version vom 2.8.1939 ist die Urfassung.

3

Geburtstage

■ **Michel Polnareff** — 1944 — Französischer Sänger und Songschreiber, der auch bei uns erfolgreich war. Er ist der kSohn des aus Rußland stammenden Komponisten Leon Poll. Mitte der 60er Jahre wurde Michel von einem französischen Verleger sozusagen auf der Straße entdeckt: Er war Pflastermaler und sang selbstverfaßte Lieder. Schon zu diesem Zeitpunkt konnte „Michel le Hippie" rund 200 eigene Kompositionen vorweisen. Seine größten Erfolge in Frankreich waren „L'Amour Avec Toi" (1966), „La Poupée Qui Fait Non" (10/66 D 15), „Ame C.line" (1967), „Je Suis Un Homme" (1970), „On Ira Tous Au Paradis" (1972) und „Lettre A France" (1977). In Deutschland war er noch mit „Love Me Please Love Me" (10/66 D 21), der deutschen Version von „La Poupée Qui Fait Non": „Meine Puppe sagt non" (11/66 D 38) und „Ta Ta Ta" (6/67 D 33) erfolgreich. In den 70er Jahren komponierte er die Musik für das klassische Theaterstück „Rabelais". 1975 kamen im Tokioer Butokan Theater 16.000 Zuschauer, um seinen Auftritt zu bewundern. Im gleichen Jahr nahm er eine Langspielplatte in englischer Sprache auf, um damit auf dem amerikanischen Markt zu debütieren — ohne Erfolg, obwohl darauf Musiker wie Andrew Gold, Lee Ritenour, Lee Sklar, Steve Cropper oder Nigel Olssen mitspielten.

■ **Ian Bairnson** — 1953 — GB-Gitarrist, Bassist, Sänger, Percussionist und Songschreiber. 1974 kam er als vierter Mann zu Pilot. Er arbeitete auch für Alan Parsons Project, als Solist, mit Panarama und mit Keats. Als Studiomusiker ist Ian außerdem auf Platten von Bucks Fizz, Esther Ofarim oder Eberhard Schoener zu hören — das beweist eine große Bandbreite.

■ **James Hetfield** — 1963 — US-Sänger, Gitarrist und Songschreiber mit Metallica. Die Band brachte 1983 ihre erste LP auf den Markt. Mit den Titeln „Harvester Of Sorrow" (9/88 GB 20) und „One" (2/89 US 35, 4/89 GB 13) hatten sie ihre ersten Single-Hits.

■ **Sean Tyla** — 1947 — GB-Gitarrist und Songschreiber mit Man, Ducks Deluxe und ab 1977 als Kopf der eigenen Gruppe Tyla Gang. Ab 1980 als Solist.

■ **John Graham** — 1951 — US-Gitarrist und Percussionspieler, der im Juni 1973 zu Earth, Wind & Fire kam.

■ **Ian Crichton** — 1956 — Kanadischer Gitarrist und Songschreiber für Saga.

■ **B. B. Dickerson** — 1949 — US-Bassist mit War.

■ **Beverly Lee** — 1941 — US-Sängerin mit den Shirelles.

Tageshits

1946 — „To Each His Own" — Freddy Martin — US 2 W.
1946 — „I Surrender" — Perry Como — US 1 W.
1961 — „Well I Ask You" — Eden Kane — GB 1 W.
1963 — „So Much In Love" — Tymes — US 1 W.
1963 — „Ich will 'nen Cowboy als Mann" — Gitte — D 10 W.
1968 — „Hello, I Love You" — Doors — US 2 W.
1968 — „Du sollst nicht weinen" — Heintje — D 4 W.
1985 — „Into The Groove" — Madonna — GB 4 W.
1985 — „Shout" — Tears For Fears — US 3 W.

Merk-Würdiges

1963 — Samstag abend. Im Cavern Club in Liverpool stehen auf dem Programm: Escorts, Roadrunners, Johnny Ringo & The kColts, Sapphires, Merseybeats und die Beatles. Es ist der 294. und letzte Auftritt der Beatles in diesem Club, in dem ihre Karriere begann. Am 21.3.1961 hatten sie ihren ersten Auftritt im Cavern. Sie wechselten sich an diesem Abend mit den Bluegenes ab, aus denen später die Swinging Blue Jeans wurden. In diesen nur zweieinhalb Jahren hatte sich für die Beatles unendlich viel verändert. Es waren bereits die Singleplatten „Love Me Do", „Please Please Me" und „From Me To You" veröffentlicht. Am 12.8.1963 wird „She Loves You" erscheinen — die Platte springt sofort von 0 auf Platz 1. Es lagen für diese Single schon 500.000 Vorbestellungen vor. Die Zukunft der Beatles war also, als sie ihren letzten Auftritt im Cavern Club hatten, gesichert.

4

Geburtstage

■ **Timi Yuro** — 1940 — US-Sängerin. Vollständiger Name Rosemarie Timothy Aurro Yuro. Schon 1952 begann sie zu singen: im italienischen Restaurant ihrer Eltern. 1959 erhielt sie ihren ersten Plattenvertrag. Ihren ersten und größten Hit hatte sie mit „Hurt" (7/61 US 4), einem englischsprachigen Nachzieher des Fausto Leali Hits „A Chi". 1980 verlor sie ihre Stimme und mußte sich mehreren Operationen unterziehen.

■ **Big Dee Irwin** — 1939 — US-Sänger, der mit richtigem Namen Difossco Ervin heißt. Während seiner Militärzeit bei der Air Force gründete er, stationiert auf Grönland, 1954 die Pastels. Vom Militär entlassen machte die Gruppe professionell weiter und brachte es zu einem Hit: „Been So Long" (3/58 US 24). 1959 fiel die Band auseinander, und Irwin machte als Solist weiter — einen Hit hatte er jedoch nur im Duett mit Little Eva: „Swinging On A Star" (5/63 US 38, 11/63 GB 7). Später trat er als Produzent der Gruppe Tribe in Erscheinung und nahm 1976 Platten als Difossco auf.

■ **Samantha Sang** — 1953 — Australische Sängerin, die richtig Cheryl Gray heißt und bereits 1961 an einer Radiostation in Melbourne ihre Karriere begann. Ende der 60er Jahre war sie in ihrer Heimat ein Top-Star. Anfang der 70er kam sie nach GB, wo sie auf die Bee Gees traf. Robert Stigwood, der Manager der Gruppe, gab ihr den Rat, ihren Namen in Samantha Sang zu ändern. Mit Hilfe der Bee Gees — Barry und Robin schrieben den Song, und Barry sang auch mit — schaffte sie einen Hit: „Emotion" (11/77 US 3, 2/78 GB 11).

Klaus Schulze

■ **Klaus Schulze** — 1947 — Tastenspieler und Songschreiber, gilt als das „deutsche Elektronik-Genie". Er spielte mit Tangerine Dream, Ash Ra Tempel, ab 1971 als Solist und ist ein gesuchter Studiomusiker.

■ **Frankie Ford** — 1939 — US-Sänger mit richtigem Namen Frank Guzzo. Noch während seiner Schulzeit gründete er seine eigene Band Syncopaters. 1958 nahm er als Solist seine ersten Platten auf. Größter Hit: „Sea Cruise" (2/59 US 14), begleitet und geschrieben von Huey „Piano" Smith. Neben den vielen New Orleans Künstlern bei der Plattenfirma Ace wirkte Frankie Ford wie ein Exot: erstens weil er weiß war, zweitens weil er wie ein Abklatsch von Elvis Presley und Ricky Nelson wirkte.

■ **Thomas Brück** — 1953 — Bassist, Sänger und Songschreiber mit Action Set und im Januar 1971 Mitbegründer von Satin Whale. Er schrieb auch Filmmusiken und ist inzwischen mehr als Produzent tätig.

■ **Paul Martin Layton** — 1947 — GB-Bassist und Sänger mit den New Seekers. Paul war vorher ein gefeierter Kinderstar.

■ **Paul Reynolds** — 1962 — GB-Leadgitarrist, Sänger und Songschreiber mit A Flock Of Seagulls.

■ **David Carr** — 1943 — GB-Keyboarder mit den Fortunes.

■ **Roy Flowers** — 1951 — GB-Schlagzeuger bei Sweet Sensation.

Tageshits

1956 — „My Prayer" — Platters — US 5 W.
1958 — „Poor Little Fool" — Ricky Nelson — US 2 W.
1960 — „Shakin' All Over" — Johnny Kidd & The Pirates — GB 1 W.
1966 — „With A Girl Like You" — Troggs — GB 2 W.
1973 — „Morning After" — Maureen McGovern — US 2 W.

Merk-Würdiges

1980 — Seit sechs Jahren hatte John Lennon keine Platte mehr aufgenommen. Auch in der Presse war es ruhig um John und Yoko geworden. Am 2.7.1980 hatten sie noch einmal Schlagzeilen gemacht. Eine Holstein-Kuh, die die beiden in Besitz hatten, wurde für den Rekordpreis von 265.000 Dollar an Steve Potter verkauft. (Der Geisteszustand von Herrn Potter wurde nie untersucht. Allerdings hat er sie für einen Vergnügungspark, die New Yorker State Fairgrounds in Syracuse, N.Y. erworben.) Jetzt gehen John und Yoko in die Hit Factory in Manhattan, um in diesem Aufnahmestudio mit der Produktion der LP „Double Fantasy" zu beginnen — eine Plattenfirma, die das Album veröffentlichen soll, steht noch nicht fest. Erst am 22.9.80 erklärt David Geffen, daß auf seinem neuen unabhängigen Plattenlabel „Geffen Records" die Platte erscheinen wird. Das geschieht dann auch am 17.11.1980.

5

Geburtstage

■ **Rick Derringer** — 1947 — US-Sänger, Gitarrist und Songschreiber, mit richtigem Namen Richard Zehringer. 1963 gründete er Rick & The Raiders. Daraus wurde die Rick Z. Combo und ab 1965 die McCoys. Der Titel „My Girl Sloopy" der Vibrations, erschienen im März 1964, wurde der erste Millionseller für die McCoys: „Hang On Sloopy" (8/65 US 1, GB 5, 11/65 D 5). Weiterer Hit: „Fever" (11/65 US 7, GB 44, 2/66 D 34). 1969 wurden die McCoys die Begleitband von Johnny Winter, auch bei Bruder Edgar mischten sie mit. Ab 1974 machte Rick auch Soloplatten — Hit: „Rock And Roll, Hoochie Koo" (1/74 US 23). Als Studiomusiker tauchte er auf bei Steely Dan, Dan Hartman, Todd Rundgren, Bette Midler, Donald Fagen, Meatloaf, Bonnie Tyler und vielen anderen.

■ **Pete Burns** — 1959 — GB-Sänger und Songschreiber für Dead Or kAlive. Richtige Vornamen: Peter Jozzepi. Sein Plattendebüt gab Pete Burns Ende der 70er Jahre mit der Gruppe Nightmares In Wax. Diese Gruppe verließ er, um 1980 Dead Or Alive zu gründen. Nach drei auf Indie-Labels veröffentlichten Singles erhielten sie 1982 einen Vertrag bei einer großen Plattenfirma. Ihren ersten Single-Erfolg hatten sie mit „That's The Way (I Like It)" (3/84 GB 22), einer Coverversion des Hits der K.C. & The Sunshine Band, produziert durch den Deutschen Zeus B. Held. Der richtig große Erfolg sollte sich einstellen, nachdem Dead Or Alive den Produzenten gewechselt hatten — ab jetzt waren Stock/Aitken/Waterman für die Platten verantwortlich. Hits: „You Spin Me Round (Like A Record)" (12/84 GB 1, 3/85 D 2, 6/85 US 11), „Lover Come Back To Me" (4/85 GB 11, D 21) und „Brand New Lover" (9/86 GB 31, 11/86 US 15). Bei einem Schönheitswettbewerb zwischen Boy George und Pete Burns würde Marc Almond verlieren.

■ **Damita Jo** — 1940 — US-Sängerin mit Nachnamen DuBlanc. Angeblich soll sie schon 1951 mit Steve Gibson & The Red Caps gesungen haben — nicht nur das, sie soll ihn auch noch geheiratet haben. Ab 1958 sang Damita dann auch als Solistin — Hits: „I'll Save The Last Dance For You" (10/60 US 22), ein Antwortsong zu dem Drifters-Lied „Save The Last Dance For Me", und „I'll Be There" (7/61 US 12).

■ **Sammi Smith** — 1943 — US-Country-Sängerin, die bereits im zarten Alter von 12 Jahren öffentlich auftrat. 1967 kam sie nach Nashville. Seit dieser Zeit ist sie in den Country-Hitparaden zu finden. Erste Erfolge hatte sie 1968 — ihr größter Hit war der Millionseller „Help Me Make It Through The Night" (1/71 US 8).

■ **Airto Moreira** — 1941 — Brasilianischer Percussionspieler, Schlagzeuger, Pianist, Sänger und Songschreiber, der von seinen Kollegen „Der Einzigartige" genannt wird. Er ist verheiratet mit seiner ständigen musikalischen Partnerin Flora Purim.

■ **Bobby Braddock** — 1940 — US-Country-Songschreiber, Sänger und Pianist. In den Jahren 1965/66 spielte er in der Band von Marty Robbins, danach als Solist. Für Tammy Wynette schrieb er den Hit „D.I.V.O.R.C.E.", für George Jones „He Stopped Loving Her Today", „Her Name Is..." und viele andere.

■ **Rick van der Linden** — 1946 — Niederländischer Tastenspieler, Songschreiber und Arrangeur mit Ekseption, als Solist, mit Jan Akkerman und Trace.

■ **Chris Jagger** — 1949 — GB-Sänger, Bruder von Mick Jagger. Er machte einige Platten, mit denen er lediglich unter Beweis stellte, daß er seinem Bruder nicht unähnlich sieht.

■ **Gregory Leskiw** — 1947 — Kanadischer Gitarrist und Sänger mit Wild Rice, Guess Who (von Juli 1970 bis April 1972) und Mood Jgajga.

■ **Richard Huxley** — GB-Gitarrist mit Dave Clark Five.

Todestage

■ **Marilyn Monroe** — 1962 — US-Schauspielerin und Sängerin. Gestorben wohl durch eine Überdosis Schlaftabletten — geklärt wurde das nie. Geboren am 1.6.1926.

■ **Richard Burton** — 1984 — GB-Schauspieler. Geboren am 10.11.1925.

Tageshits

1944 — „Swinging On A Star" — Bing Crosby — US 9 W.
1944 — „G.I. Jive" — Louis Jordan — US 2 W.
1965 — „Help!" — Beatles — GB 3 W.
1967 — „Ha Ha Said The Clown" — Manfred Mann — D 1 W.
1978 — „Miss You" — Rolling Stones — US 1 W.
1989 — „Batdance (From „Batman")" — Prince — US 1 W.
1989 — „Swing The Mood" — Jive Bunny & The Mastermixers — GB 5 W.

Merk-Würdiges

1957 — Seit dem September 1952 hatte sich die in Philadelphia über den Sender WFIL-TV Channel 6 ausgestrahlte Sendung „Bandstand" mehr und mehr bei den Teenagern beliebt gemacht. Ab jetzt wurde die Sendung an jedem Wochentag um 15.00 Uhr über die Senderkette der ABC in den ganzen USA ausgestrahlt und nannte sich demzufolge auch „American Bandstand". In der ersten Sendung traten u. a. Billy Williams mit „I'm Gonna Sit Right Down And Write Myself A Letter" und die Chordettes mit „Just Between You And Me" auf. Einen Tag später war die Hauptattraktion Dale Hawkins mit „Suzie Q.", und am dritten Tag besang der gerade aufkommende Star Paul Anka seine „Diana". Im Laufe der Jahre sollten mit Ausnahme von Elvis Presley alle bedeutenden Stars in dieser Sendung auftreten. Sie machte den Moderator der Sendung, Dick Clarke, zum Star und Millionär.

6

Geburtstage

■ **Mike Sarne** — 1939 — GB-Sänger, Filmschauspieler und Regisseur. Richtiger Name Michael Scheur. Er begann seine Schauspielerkarriere 1957; 1962 nahm er, mehr als Joke gedacht, zusammen mit der Schauspielerin Wendy Richard den Titel „Come Outside" (5/62 GB 1) auf. Auch seine nächste Schallplatte sang er im Duett, diesmal mit Billie Davis: „Will I What?" (8/62 GB 18). Nach 1963 widmete er sich wieder dem Filmgeschäft. 1970 wurde er nach zwei Filmen, in denen er Regie geführt und das Drehbuch geschrieben hatte, von der Kritik derart zerrissen, daß er von der Bildfläche verschwand.

■ **Pat McDonald** — 1952 — US-Sänger und Songschreiber zusammen mit seiner Frau Barbara Kooyman im Duo Timbuk 3. Pat begann in der Rockgruppe Essentials, die sich 1984 auflöste. Danach zogen er und Barbara als Straßensänger mit auf Kassette aufgenommener Baß- und Schlagzeugbegleitung durch die Lande. Sie selbst spielten dazu noch Gitarre und Mundharmonika. 1986 erschien ihre erste Langspielplatte. Hit: „The Future's So Bright I Gotta Wear Shades" (10/86 US 19, 1/87 GB 21).

■ **Carol Pope** — 1949 — Kanadische Sängerin und Songschreiberin, die in Manchester geboren wurde und mit ihren Eltern auswanderte, als sie fünf war. Sie begann als Mitglied bei einer Band namens O, daraus wurde Bullwhip Brothers, X-Rated Bullwhip Brothers und schließlich Mitte der 70er Jahre Rough Trade.

■ **Ricky Echolette** — 1960 — Tastenspieler, Bassist, Gitarrist und Songschreiber für Alphaville. Richtiger Name: Wolfgang Neuhaus. 1985 löste er Frank Mertens, den Keyboardspieler, in der Gruppe ab.

■ **Robert Mitchum** — 1917 — US-Filmschauspieler, der zu den großen Hollywoodstars gehört. Als Sänger fand man ihn zumindest einmal in den Country-Charts: „Little Old Wine Drinker Me" (5/67 C&W 9).

■ **Allan Holdsworth** — 1948 — GB-Gitarrist und Violinist. Er spielte u. a. mit Nucleus, Tempest, Bill Bruford, Soft Machine, Jean-Luc Ponty und als Solist.

■ **Randy DeBarge** — 1958 — US-Sänger und Bassist in der Geschwistertruppe DeBarge.

■ **Jamie Kensit** — 1963 — GB-Gitarrist und Keyboarder mit Eighth Wonder. Man liest auch den 5.8. als Geburtsdatum.

■ **Mike Elliott** — GB-Saxophonist mit den Foundations.

■ **Baden Powell** — 1936 — Brasilianischer Jazz-Gitarrist.

Todestag

■ **Bix Beiderbecke** — 1931 — US-Jazztrompeter deutscher Abstammung. Er starb an einer Lungenentzündung. Geboren am 10.3.1903.

Tageshits

1960 — „Moonlight" — Ted Herold — D 4 W.
1966 — „Strangers In The Night" — Frank Sinatra — D 7 W.
1973 — „Goodbye, My Love, Goodbye" — Demis Roussos — D 1 W.
1984 — „High Energy" — Evelyn Thomas — D 4 W.
1988 — „The Only Way Is Up" — Yazz & Plastic Population — GB 5 W.

Merk-Würdiges

1954 — An diesem Tag startet eine unglaubliche Karriere. Die kleine Plattenfirma Sun Records in Memphis veröffentlicht die erste Single-Platte ihres neuen Künstlers Elvis Presley. Die Platte hat die Nummer SUN 209. Auf der A-Seite ist „That's Alright Mama", auf der B-Seite „Blue Moon Of Kentucky". Die Platte kann sich in keiner Hitparade — weder in den Hot 100 noch in den R&B oder den Country-Charts — plazieren. Seine erste Platte in einer Hitparade wird, mit der Nummer SUN 217, „Baby Let's Play House/I'm Left, You're Right, She's Gone" (7/55 C&W 5). Seine erste Nummer 1 in einer Hitparade ist SUN 223: „I Forgot To Remember To Forget" (9/55 C&W 1). In der R&B-Hitparade taucht er zum erstenmal mit "Heartbreak Hotel" (3/56 R&B 3, US 1) auf — jetzt ist er jedoch bereits bei dem Mediengiganten RCA unter Vertrag.

7

Geburtstage

■ **B.J. Thomas** — 1942 — US-Sänger. B.J. steht für Billy Joe. Er kbegann noch als Schüler mit der Gruppe Triumphs — Hit: „I'm So Lonesome I Could Cry" (2/66 US 8). Danach als Solist: „Hooked On A Feeling" (11/68 US 5), „Raindrops Keep Fallin' On My Head" (11/69 US 1, 2/70 GB 38), „I Just Can't Help Believing" (6/70 US 9) und „(Hey Won't You Play) Another Somebody Done Somebody Wrong Song" (2/75 US 1). Inzwischen ist B.J. mehr auf den Gebieten Country und Gospel zu Hause. So gelangen ihm z. B. in den 80er Jahren mit „Whatever Happened To Old Fashioned Love" (2/83 C&W 1) und „New Looks From An Old Lover" (7/83 C&W 1) Spitzenpositionen. Bemerkenswert auch der Titel „Rock & Roll Shoes" (8/84 C&W 14), den er im Duett mit Ray Charles sang.

■ **Freddie Slack** — 1910 — US-Boogie-Woogie-Pianist, Bandleader und Komponist, der mit Ben Pollack (1935/36), Jimmy Dorsey (1936-39) und Bill Bradley spielte. Bei Bradley ist er auf dem Hit „Beat Me, Daddy, Eight To The Bar" (8/40 US 2) zu hören. Von 1942 bis 1946 wird er mit einem eigenen Orchester und 10 Hits in den USA verzeichnet. Als Sängerinnen waren meist Ella Mae Morse oder Margaret Whiting zu hören. Hits: „Cow Cow Boogie" (7/42 US 9) und „The House Of Blue Lights" (5/46 US 8). Freddie starb am 10.8.1965.

■ **Andy Fraser** — 1952 — GB-Bassist, Keyboarder, Sänger und Songschreiber. Nachdem er zwei Monate bei John Mayall gespielt hatte, schmiß der ihn raus. So kam er pünktlich im Mai 1968 zur Gründung von Free. Im Mai 1971 trennte sich die Gruppe. Andy gründete Toby und war im Januar 1972 bei einer Reunion von Free wieder mit dabei. Im Juli 1972 verließ er Free erneut und gründete mit Chris Spedding Sharks. 1975 erschienen Platten der Andy Fraser Band, nebenher spielte er auf LPs von Eno und Robert Palmer.

■ **Tim Renwick** — 1949 — GB-Gitarrist und Songschreiber. Er spielte bei der Albion Country Band und war Mitbegründer von Quiver, die sich ab 1973, nachdem die Brüder Sutherland dazugekommen waren, Sutherland Brothers & Quiver nannten. Tim gilt außerdem als gesuchter Studiomusiker, der auf Platten von Al Stewart, Dana Gillespie, Gary Brooker, Elton John, Cliff Richard oder Andy Gibb zu finden ist.

■ **Bruce Dickinson** — 1958 — GB-Sänger und Songschreiber. Er begann mit der Gruppe Samson und kam 1981 für Paul Di'anno zu Iron Maiden. Hits: „Run To The Hills" (2/82 GB 7, 12/85 RE-GB 26), „Two Minutes To Midnight" (8/84 GB 11), „Can I Play With Madness" (3/88 GB 3, D 23), „The Evil That Men Do" (8/88 GB 5) und „The Clairvoyant" (11/88 GB 6).

■ **Stan Freberg** — 1926 — US-Radiodiscjockey — schon vor dem 2. Weltkrieg, Sprecher von Zeichentrickfiguren und ab 1951 Platteninterpret. Seine Stärke waren Satiren auf endlose TV-Serien. Größte Erfolge: „St. George & The Dragonet" (10/53 US 1) und „Sh-Boom" (10/54 US 14, GB 15).

■ **Felice Bryant** — 1925 — US-Songschreiberin. Zusammen mit ihrem Mann Boudleaux bildete sie eines der erfolgreichen Komponistenteams der 50er und 60er Jahre.

■ **Roland Kirk** — 1936 — US-Jazz-Multi-Instrumentalist und Komponist. Er starb am 5.12.1977.

■ **Ron Holden** — 1939 — US-Sänger mit einem Hit: „Love You So" (4/60 US 7).

■ **Charles Pope** — 1936 — US-Sänger bei den Tams.

Todestage

■ **Homer** — 1971 — US-Country-Gitarrist. Geboren am 27.7.1918.

■ **Babe Norvel Hardy** — 1957 — US-Filmkomiker. Geboren am 15.1.1892.

■ **Esther Phillips** — 1984 — US-Sängerin. Geboren am 23.12.1935.

■ **Eddie Calvert** — 1978 — GB-Trompeter. Geboren am 15.3.1922.

Tageshits

1954 — „Sh-Boom" — Crew-Cuts — US 9 W.
1965 — „I'm Henry VIII. I Am" — Herman's Hermits — US 1 W.
1971 — „How Can You Mend A Broken Heart" — Bee Gees — US 4 W.
1972 — „Hello-A" — Mouth & McNeal — D 8 W.
1976 — „Don't Go Breaking My Heart" — Elton John & Kiki Dee — US 4 W.
1982 — „Come On Eileen" — Dexy's Midnight Runners — GB 4 W.

8

Geburtstage

■ **Joe Tex** — 1933 — US-Sänger und Songschreiber. Richtiger Name Joseph Arrington. Im berühmten Apollo-Theatre in Harlem gewann er 1954 einen Nachwuchswettbewerb. 1955 veröffentlichte er seine ersten Platten, aber erst ab 1964 war er erfolgreich. Hits: „Hold What You've Got" (12/64 US 5), „Skinny Legs And All" (10/67 US 10), „I Gotcha" (1/72 US 2, 6/72 D 33) und „Ain't Gonna Bump No More (With No Big Fat Woman)" (4/77 US 12, GB 2, 7/77 D 25). Zusammen mit Solomon Burke, Arthur Conley, Don Covay und Ben E. King machte er eine Platte als Soul Clan — einziger Hit: „Soul Meeting" (7/68 R&B 34). Joe schrieb auch Hits für andere Interpreten, z. B. James Brown oder Jerry Butler. Für die Bühnenshow von Mick Jagger gilt er als Vorbild. 1972 trat Joe zum moslemischen Glauben über und nannte sich fürderhin Joseph Hazziez. Er starb am 13.8.1982.

■ **Mel Tillis** — 1932 — US-Country-Sänger und Songschreiber. Seine ersten Erfolge als Sänger hatte er 1958 — in den Country Charts hatte er im Laufe der Jahre 6mal Platz 1 inne: „I Ain't Never" (8/72), „Good Woman Blues" (10/76), „Hard Healer" (1/77), „I Believe In You" (5/78), „Coca Cola Cowboy" (6/79) und „Southern Rains" (12/80). Mel sang auch im Duett mit z. B. Webb Pierce, Glen Campbell und Nancy Sinatra. Als Songschreiber lieferte er für andere Interpreten Hits wie „Detroit City" oder „Ruby, Don't Take Your Love To Town". Mel gilt als der berühmteste Stotterer in der Country-Musik — sein Stottern hat sich schon zu seinem Markenzeichen entwickelt. Wenn er singt, geht's flüssig. Mel wirkte auch in etlichen Filmen mit.

■ **Victor Young** — 1900 — US-Orchesterleiter und Komponist. Er begann als Konzertviolinist, wurde dann Bandleader und dirigierte die Radioshows von Al Jolson und anderen. Für viele Filme schrieb er die Musik. Seinen ersten Millionseller hatte er zusammen mit Judy Garland: „Over The Rainbow" (9/39 US 5). Weitere Millionseller, zusammen mit Bing Crosby: "Too-Ra-Loo-Ra-Loo-Ral" (10/44 US 4) und „Galway Bay" (1/49 US 3). Die größten Hits für ihn und sein Orchester waren „She's A Latin From Manhattan" (6/35 US 1), „The High And The Mighty" (8/54 US 6) und „Around The World In 80 Days" (5/57 US 13). Victor starb am 11.11.1956.

■ **Michael Johnson** — 1944 — US-Sänger und Gitarrist. 1966 studierte er klassische Gitarre in Spanien. Zusammen mit John Denver tourte er 1967/68 im Chad Mitchell Trio. Seit 1978 arbeitete er als Solist — Hits: „Bluer Than Blue" (4/78 US 12) und „This Night Won't Last Forever" (8/79 US 19). Ab Mittegderg80er Jahre tauchte Michaelgingden Country-Hitparaden auf. Hits: „Give Me Wings" (9/86 C&W 1) und „The Moon Is Still Over Her Shoulder" (1/87 C&W 1).

■ **Webb Pierce** — 1926 — US-Country-Sänger, den man als schillernde Figur bezeichnete — ihm gehört die Luxusvilla mit dem gitarrenförmigen Swimming-Pool, den Touristen in Nashville heute noch gerne besichtigen. Seit 1952 ist Webb erfolgreich. Seine ersten 31 Platten erreichten die Top Ten der Country & Western Charts. Anfangs spielten Musiker wie Faron Young und Floyd Cramer in seiner Begleitgruppe. Größte Hits: „More And More" (11/54 US 22) — ein Millionseller — und „I Ain't Never" (8/59 US 24). Seine Erfolge reichen bis in die 80er Jahre.

■ **Jimmy Witherspoon** — 1923 — US-Blues-Sänger, Bassist und Songschreiber. Er machte 1945 seine ersten Platten und hatte seinen größten Erfolg mit „Ain't Nobody's Business Pt. 1 & 2" (3/49 R&B 1). Er arbeitete mit Count Basie, Gerry Mulligan, Woody Herman, Earl Hines, Mel Lewis, Eric Clapton und auch als Solist.

■ **David Grant** — 1956 — GB-Sänger und Songschreiber im Duo Linx, deren größter Hit „Intuition" (3/81 GB 7) war. 1982 fiel das Duo auseinander, David Grant machte als Solist weiter. Hits: „Watching You, Watching Me" (7/83 GB 10) und im Duett mit Jaki Graham „Could It Be I'm Falling In Love" (3/85 GB 5).

■ **The Edge** — 1961 — Irischer Gitarrist und Gründungsmitglied von U2. Mit richtigem Namen heißt er Dave Evans. „The Edge" wird er genannt, weil er angeblich ein so kantiges Gesicht hat. Seine Markenzeichen sind Stoppelbart und schwarzer Hut.

■ **Philip Balsley** — 1939 — US-Sänger mit den 1955 gegründeten Kingsmen, die ab Mitte der 60er Jahre als Statler Brothers erfolgreich waren.

■ **Chris Foreman** — 1958 — GB-Gitarrist und Songschreiber. Spitzname: Chrissie-Boy. Er war 1976 Gründungsmitglied von Madness.

■ **Gerald Dellmann** — 1954 — Tastenspieler bei der Kölner Band Satin Whale und Gänsehaut — Hit: „Karl, der Käfer" (4/83 D 23).

■ **Ali Score** — 1956 — GB-Schlagzeuger und Songschreiber mit A Flock Of Seagulls.

■ **Don Jacobucci** — 1938 — US-Sänger mit den Regents, die sich ab 1962 Runarounds nannten.

■ **Jay David** — 1942 — US-Schlagzeuger mit Dr. Hook.

Todestage

■ **Cannonball Adderley** — 1975 — US-Jazzmusiker. Er erlag einem Gehirnschlag. Geboren am 15.9.1928.

■ **Russ Morgan** — 1969 — US-Pianist und Orchesterchef. Geboren am k29.4.1904.

■ **Ferré Grignard** — 1982 — Belgischer Sänger und Songschreiber. Seine bekannteste Aufnahme war „Ring Ring I've Got To Sing". Er wurde 43 Jahre alt.

Tageshit

1952 — „Vaya Con Dios (May God Be With You)" — Les Paul & Mary Ford — US 11 W.
1960 — „Itsy Bitsy Teenie Weenie Yellow Polkadot Bikini" — Brian Hyland — US 1 W.
1963 — „Sweets For My Sweet" — Searchers — GB 2 W.
1983 — „Codo" — DÖF — D 5 W.
1987 — „I Still Haven't Found What I'm Looking For" — U2 — US 2 W.

9

Geburtstage

■ **Whitney Houston** — 1963 — US-Sängerin, die musikalisch stark vorbelastet ist: ihre Mutter ist Emily „Cissy" Drinkard Houston, Lead-Sängerin der Sweet Sensations, die als Gruppe Platten auf dem Markt hatten und außerdem zu den besten Begleitgesangsformationen gehörten — z. B. sind sie auf etlichen Hits von Elvis Presley zu hören. Cissy Houston machte auch Soloplatten. Zur Familie gehört auch Dionne Warwick — sie ist Whitneys Cousine. 1985 erschien die erste Solo-LP von Whitney — sie wurde zum absoluten Knüller. Hits: „Saving All My Love For You" (8/85 US 1, 11/85 GB 1, 1/86 D 18), „How Will I Know" (12/85 US 1, GB 5, 3/86 D 26), „Greatest Love Of All" (3/86 US 1, GB 8, 5/86 D 30), „I Wanna Dance With Somebody (Who Loves Me)" (5/87 US, GB & D 1), „Didn't We Almost Have It All" (8/87 US 1, GB 14, D 20), „So Emotional" (10/87 US 1, GB 5), „Where Do Broken Hearts Go" (2/88 US 1, GB 14), „Love Will Save The Day" (5/88 GB 10, 7/88 US 9, D 37) und „One Moment In Time" (9/88 US 5, GB & D 1).

■ **Kurtis Blow** — 1959 — US-Sänger, Rapper, Diskjockey und Songschreiber. Richtiger Name Kurt Walker. 1976 beginnt er als rappender DJ in Clubs in Harlem. In dieser Zeit beginnt auch seine Zusammenarbeit mit Grandmaster Flash. Im November 1979 erhält Kurtis einen Plattenvertrag und gehört mit zu den ersten, die für eine 12-Inch-Rappplatte Gold erhalten. Es war die Aufnahme „The Breaks (Part 1)" (9/80 US 87). Weitere Hits: „Christmas Rappin'" (12/79 GB 30) und „If I Ruled The World" (1/86 GB 24).

■ **Barbara Mason** — 1947 — US-Sängerin und Songschreiberin. Ihr erster war auch ihr größter Hit: „Yes, I'm Ready" (5/65 US 5). Bis Mitte der 80er Jahre blieb sie im Plattengeschäft.

■ **Peter Leslie Gavin** — 1946 — GB-Schlagzeuger mit Shades, Bluesologie, Jody Grind, Heads, Hand & Feet, Vinegar Joe und anderen.

■ **John „Pazz" Parry** — 1946 — GB-Sänger mit den Bonzo Dogs, Pasadena Roof Orchestra und als Solist.

■ **Marinus Gerritsen** — 1946 — Niederländischer Bassist, Keyboarder und Songschreiber mit Golden Earring.

■ **Billy Henderson** — 1939 — US-Sänger mit den Spinners.

■ **Benjamin Orr** — 1955 — US-Sänger und Bassist mit den Cars.

Tageshits

1947 — „Smoke! Smoke! Smoke! (That Cigarette)" — Tex Williams — US 6 W.
1947 — „Peg O' My Heart" — Three Suns — US 4 W.
1967 — „San Francisco" — Scott McKenzie — GB 4 W.
1975 — „Barbados" — Typically Tropical — GB 1 W.
1975 — „Jive Talkin'" — Bee Gees — US 2 W.
1980 — „The Winner Takes It All" — Abba — GB 2 W

10

Geburtstage

■ **Eddie Fisher** — 1928 — US-Sänger und Schauspieler. Mit 18 Jahren sang er in der Band von Buddy Morrow. 1949 wurde er in den USA bekannt durch seine Auftritte in Eddie Cantors Radioshow. Ein Jahr später war er ein Star. Seine erfolgreichste Zeit hatte er in der ersten Hälfte der 50er Jahre. Die größten Hits: „Any Time" (12/51 US 2), „Tell Me Why" (1/52 US 4), „Wish You Were Here" (7/52 US 1, 11/53 GB 8), „Lady Of Spain/Outside Of Heaven" (9/52 US 6, 1/53 GB 1), „I'm Walking Behind You" (5/53 US & GB 1), „Oh! Mein Papa" (12/53 US 1, GB 9), „I Need You Now" (9/54 US 1, 11/54 GB 13) und „Cindy, Oh Cindy" (10/56 US 10, GB 5). Bis auf den letzten waren alle aufgeführten Titel Millionseller. Danach machte Eddie mehr als Ehemann bekannter Damen von sich reden: Am 26.9.1955 heiratete er die Sängerin Debbie Reynolds, die er drei Jahre später wegen Liz Taylor sitzen ließ. Die wiederum ließ ihn allein, um Richard Burton zu heiraten. Eddie tröstete sich später mit Connie Stevens. Wer mehr über dieses Thema wissen will, sollte seine Biographie lesen: „Eddie — My Life, My Loves", 1981 erschienen. Als Schauspieler wirkte er u. a. in „All About Eve" (1950) oder „Butterfield 8" (1960) mit. Im Fernsehen hatte er zwischen 1953 und 1959 regelmäßige eigene Shows.

■ **Jimmy Dean** — 1928 — US-Country-Sänger, Pianist, Gitarrist und Songschreiber. Richtiger Name: Seth Ward. Er begann seine Karriere 1948 mit den Tennessee Haymakers und gründete 1952 seine eigene Gruppe Texas Wild Cats. Ab 1953 war er dann als Solist erfolgreich. Größte Pop-Hits: „Big Bad John" (10/61 US 1, GB 2, 1/62 D 39), „P.T. 109" (3/62 US 8) — dieses Lied behandelt den Einsatz von John F. Kennedy auf einem Torpedoboot namens P.T. 109, das 1943 versenkt wurde. Wie wir wissen, überlebte er — und „I. O. U." (5/76 US 35). Die letzte Platte erreichte keine hohe Plazierung, war aber ein Millionseller und ein Dank von Jimmy Dean an seine Mutter.

■ **Patti Austin** — 1948 — US-Sängerin, die 1981 einen Plattenvertrag von ihrem Patenonkel Quincy Jones erhielt. Als Kind wurde sie von Dinah Washington und Sammy Davis jr. protegiert. Mit 19 sang sie regelmäßig Werbejingles. Auf Platten von Michael Jackson, Billy Joel, Paul Simon und vielen anderen CTI- und CBS-Künstlern ist sie zu hören. Auf der kLP „The Dude" von Quincy Jones, erschienen im April 1981, ist sie ebenfalls als Sängerin zu hören. 1982 kam dann ihre erste Solo-LP. Hit: der Millionseller „Baby Come To Me" (4/82 US 1, 2/83 GB 11) im Duett mit James Ingram. 1988 spielte sie in dem Film „Tucker" mit.

■ **Bobby Hatfield** — 1940 — US-Sänger mit dem mblue-eyed soul duol Righteous Brothers, das 1962 gegründet wurde. Hits: „You've Lost That Lovin' Feelin'" (12/64 US & GB 1, 4/65 D 27, 2/69 RE-GB 10, 11/77 RE-GB 42), „Unchained Melody" (7/65 US 4, GB 14), „(You're My) Soul And Inspiration" (3/66 US 1, GB 15, 6/66 D 34) und „Rock And Roll Heaven" (5/74 US 3). Bobby brachte auch Soloplatten — ohne Erfolg.

■ **Veronika Bennett** — 1945 — US-Sängerin und Kopf der Ronettes, die 195 in New York als die Darling Sisters begannen. Ab 1962 arbeiteten sie als Hintergrundsängerinnen für Produktionen von Phil Spector, der aus ihnen die Ronettes formte. Hits: „Be My Baby" (8/63 US 2, 10/63 GB 4) und „Baby, I Love You" (12/63 US 24, GB 11). Phil Spector produzierte die Gruppe, die 1966 auseinanderfiel und heiratete 1968 Veronika, die sich jetzt Ronnie nannte. 1974 wurden sie geschieden Veronika machte auch Platten als Ronnie Spector — ohne Erfolg.

■ **Ian Anderson** — 1947 — GB-Sänger, Flötist und Songschreiber. Er gründete 1963 die Blades, die sich nach dem Lieblingsclub von James Bond benannten Aus dieser Gruppe entwickelte sich 1965 die John Evans Band, aus der dann 196 Jethro Tull wurde. Hits: „Living In The Past" (5/69 GB 3, 11/72 US 11), „Sweet Dream" (11/69 GB 7, 1/70 D 14), „The Witch Promise" (1/70 GB 4, 4/70 D 28) und „Bungle In The Jungle" (11/74 US 12).

■ **Andy Creswell-Davis** — 1949 — GB-Sänger, Keyboarder und Songschreiber mit der 1979 gegründeten Formation Korgis. Vorher hatte er mit Blue Crew Strange Fruit, Kynd und Stackridge gearbeitet. Nachdem Korgis sich 1980 aufgelöst hatte, spielte er für Tears For Fears. 1984 kam Korgis wieder zusammen.

■ **Les Humphries** — 1940 — GB-Tastenspieler und Songschreiber. Er begann in der Formation Wonderland und war ab 1969 Leiter der Les Humphries Singers. Hits: „We Are Goin' Down Jordan" (9/71 D 3), „Mexico" (9/72 D 2), „Mama Loo" (3/73 D 1) und „Kansas City" (1/74 D 2).

■ **Thomas Kretschmer** — 1948 — Gitarrist im Panikorchester von Udo Lindenberg, mit Kravetz, Gebrüder Engel, Ulla Meinecke, Rainer Baumann und Stefan Waggershausen.

■ **Lary Larden** — 1945 — US-Leadsänger — zusammen mit seinem Bruder Dennis — und Gitarrist mit Every Mother's Son. Größter Hit: „Come On Down To My Boat" (5/67 US 6).

■ **Jeff „Locks" Limbo** — 1960 — Dänischere Sängeren, Liedesreiberen und Blickfängen der Hardrockformation Fate.

■ **Sal Cuomo** — 1939 — US-Sänger mit den Regents, die sich ab 1962 Runarounds nannten.

■ **Lorraine Samantha Jean Pearson** — 1967 — GB-Sängerin mit 5 Star.

■ **Mick Clarke** — 1946 — GB-Bassist mit den Rubettes.

Todestag

■ **Freddie Slack** — 1965 — US-Boogie-Woogie-Pianist, Komponist kund Bandleader. Geboren am 7.8.1910.

Tageshits

1956 — „Whatever Will Be Will Be" — Doris Day — GB 6 W.
1959 — „A Big Hunk O'Love" — Elvis Presley — US 2 W.
1961 — „You Don't Know" — Helen Shapiro — GB 3 W.
1963 — „Fingertips, Part 2" — Stevie Wonder — US 3 W.
1974 — „Feel Like Makin' Love" — Roberta Flack — US 1 W.

11

Geburtstage

■ **Joe Jackson** — 1954 — GB-Sänger, Songschreiber und Pianist. 1974 kam er zur britischen Pub-Band Edward Bear, 1976 zu Arms And Legs, mit denen er drei erfolglose Singles veröffentlichte, die er geschrieben hatte. 1977 verläßt er die Gruppe und wird in Portsmouth im Playboy-Club der Hauspianist. 1978 versucht er in London, Demos von eigenen Songs an eine Plattenfirma zu bringen. Schließlich erhält er einen Vertrag bei A&M-Records. Im Oktober 1978 wird seine erste Platte veröffentlicht: „Is She Really Going Out With Him" (6/79 US 21, 8/79 GB 13). Weitere Hits: „It's Different For Girls" (1/80 GB 5), „Steppin' Out" (8/82 US 6, 1/83 GB 6, 5/83 D 28) und „You Can't Get What You Want (Til You Know What You Want)" (4/84 US 15).

■ **Guy Villari** — 1942 — US-Leadsänger der 1958 gegründeten Gruppe Desires. Im gleichen Jahr nahmen sie eine Demo-Platte mit dem Titel „Barbara-Ann" auf, die für die Schwester eines Mitglieds der Gruppe geschrieben worden war. Wenig später nannte man sich Regents, und Anfang der 60er Jahre fiel die Band auseinander. Als der Titel nun endlich als „Barbara-Ann" (5/61 US 13) in die Hitparaden kam, existierte die Gruppe schon gar nicht mehr. Doch nach diesem Erfolg kam man erneut zusammen, nannte sich Runarounds und nahm den Titel „Runaround" (7/61 US 28) auf. Danach war endgültig Sense.

■ **Eric Carmen** — 1949 — US-Sänger, Bassist, Gitarrist und Songschreiber mit der 1970 gegründeten Band Raspberries. Hits: „Go All The Way" (7/72 US 5), „I Wanna Be With You" (11/72 US 16) und „Overnight Sensation" (9/74 US 18). Die Gruppe fiel 1975 auseinander — Eric machte als Solist weiter. Hit: „All By Myself" (12/75 US 2, 4/76 GB 12) — er war nicht allein: Rachmaninoff war mit dem zweiten Satz aus seinem zweiten Klavierkonzert mit von der Partie und ließ grüßen.

■ **June Hutton** — 1921 — US-Sängerin, die ab Anfang der 40er Jahre in verschiedenen US-Gruppen sang, so z. B. bei den Pied Pipers zwischen 1944 und 1950. Sie war auch zusammen mit Frank Sinatra, als der seine ersten großen Hits unter der Leitung von Axel Stordahl aufnahm. Diesen Axel hat June dann auch geheiratet. Als Solistin war sie Anfang der 50er Jahre erfolgreich — größter Hit: „Say You're Mine Again" (5/53 US 21). June starb am 2.5.1973.

■ **Erik Braunn** — 1950 — US-Leadgitarrist und Songschreiber mit Iron Butterfly. Als 17jähriger spielte er bei dem kbekanntesten Stück von Iron Butterfly „In-A-Gadda-Da-Vida" mit, verließ im September 1969 die Band, gründete Flintwhistle und formierte Iron Butterfly im Februar 1975 neu. Man veröffentlichte zwei LPs, die Erik fast im Alleingang geschrieben hatte und auf denen er jetzt auch als Leadsänger auftauchte. Danach ging die Band erneut auseinander.

■ **Charlie Sexton** — 1968 — US-Sänger, Gitarrist, Tastenspieler und Songschreiber, der 1985 seine erste LP vorlegte. Bereits mit 13 spielte er in der Joe-Ely-Band, war bei Plattenproduktionen von Bob Dylan, Don Henley, Keith Richards und Ron Wood dabei. Erster Solo-Hit: „Beat's So Lonely" (12/85 US 17).

■ **Alan Frew** — 1959 — Kanadischer Sänger und Songschreiber der Gruppe Glass Tiger, gegründet 1982. Alan war im Alter von 16 aus Schottland nach Kanada eingewandert. 1986 erschien die Debüt-LP von Glass Tiger. Hits: „Don't Forget Me (When I'm Gone)" (7/86 US 2, 10/86 GB 29, D 32) und „Someday" (11/86 US 7, 3/87 D 26).

■ **Michael Hugg** — 1942 — GB-Schlagzeuger und Songschreiber mit Manfred Mann in den Anfangstagen, als die Band noch kommerziell war. Die 70er Jahre zeigten Hugg als Solist. Außerdem spielte er mit McGuinness Flint (1972) und 1984 mit Lords Of The New Church.

■ **Curt Cress** — 1952 — Einer der besten deutschen Schlagzeuger. Er spielte z. B. mit Emergency, Atlantis, Passport oder Saga und gilt als gesuchter Studiomusiker.

■ **Bill Hurd** — 1948 — GB-Tastenspieler und Sänger mit den Rubettes. 1979 tauchte er in der Begleitgruppe von Suzi Quatro auf.

■ **Richie Ramone** — 1957 — US-Schlagzeuger, der 1983 zu den Ramones kam. Richtiger Nachname Beau.

■ **Jeff Hanna** — 1947 — US-Gitarrist mit der Nitty Gritty Dirt Band.

■ **Michael James Kale** — 1943 — Kanadischer Bassist mit Guess Who.

■ **Bryan Bassett** — 1954 — US-Lead-Gitarrist mit der Gruppe Wild Cherry.

■ **Paul Gendler** — 1960 — GB-Gitarrist mit Modern Romance.

■ **Hammish Seeloghan** — 1964 — GB-Sänger mit den Pasadenas.

■ **Peter „Max" Donath** — 1944 — Schlagzeuger mit den Lords.

Todestag

■ **Percy Mayfield** — 1984 — US-Sänger, Pianist und Songschreiber. Starb nach einem Herzanfall. Geboren am 12.8.1920.

Tageshits

1960 — „Please Don't Tease" — Cliff Richard — GB 2 W. (2.mal)
1962 — „Breaking Up Is Hard To Do" — Neil Sedaka — US 2 W.
1984 — „Ghostbusters" — Ray Parker Jr. — US 3 W.

12

Geburtstage

Steve Phillips, Mark Knopfler, Guy Fletcher, Brendan Croker

■ **Mark Knopfler** — 1949 — GB-Gitarrist, Sänger und Songschreiber. Im Juli 1977 kratzen er, ein Teilzeitlehrer, sein Bruder David, ein Sozialarbeiter, der abgebrochene Soziologe John Illsley, und der Sessionschlagzeuger Pick Withers 120 Pfund zusammen, nehmen dafür in London ein Demoband mit fünf Liedern auf und nennen sich, um ihre finanzielle Situation klarzustellen, Dire Straits, was soviel bedeutet wie „vollkommen abgebrannt". Ein Band mit diesen Songs erreicht den BBC-Discjockey Charlie Gillet, der es in seiner wöchentlichen Sendung „Honky Tonk" spielt. Ein Mitarbeiter einer Plattenfirma hört die Sendung, ist von den Stücken stark beeindruckt und nimmt die Band unter Vertrag. Im Januar 1978, noch bevor eine erste Platte aufgenommen wurde, spielt Dire Straits für 16 Termine im Vorprogramm von Talking Heads während einer GB-Tournee. Im Februar nehmen sie, produziert durch Muff Winwood, für nur 12.500 Pfund ihre erste LP auf. Im Mai 1978 erscheint „Sultans Of Swing" (2/79 US 4, GB 8, 6/79 D 20) — dieses Stück war eine der fünf Nummern auf dem Demoband. Weitere Hits: „Romeo And Juliet" (1/81 GB 8), „Private Investigations" (9/82 GB 2), „Money For Nothing" (7/85 GB 4, US 1, 10/85 D 19), „So Far Away" (4/85 GB 20, 3/86 US 19) und „Walk Of Life" (11/85 US 7, 1/86 GB 2, D 15). Mark schreibt und spielt auch für andere Kollegen, z. B. für Bob Dylan oder Tina Turner. Ende 1989 wurde bekannt, daß er mit einem neuen Projekt namens Notting Hillbillies eine LP veröffentlichen würde. Gerüchte, damit würden die Dire Straits sterben, dementierte Mark.

■ **Buck Owens** — 1929 — US-Country-Sänger, Gitarrist, Saxophonist, Trompeter und Songschreiber. Richtige Vornamen Alvis Edgar. Er machte seit Anfang der 50er Jahre Musik mit seiner eigenen Band Schoolhouse Playboys und spielte als Sessiongitarrist für Stars wie Wanda Jackson, Faron Young oder Sonny James. Dann war er Leadgitarrist in der Band von Tommy Collins. Seit 1975 arbeitete er als Solist. Zwischen 1963 und 1972 war er 20mal auf Platz 1 der Country-Charts — seine erste Nr. 1 war „Act Naturally" (4/63), 1965 neu aufgenommen von den Beatles und von Ringo Starr gesungen. Sein größter Pop-Erfolg war „I've Got A Tiger By The Tail" (2/65 US 25). Im Laufe seiner Karriere hat er mit etlichen Interpreten, darunter Emmylou Harris und Dwight Yoakam, im Duett gesungen. Mit letzterem hatte Buck den Hit „Streets Of Bakersfield" (7/88 C&W 1).

■ **Porter Wagoner** — 1927 — US-Country-Sänger und Songschreiber. Er ist seit Mitte der 50er Jahre erfolgreich. Größter Hit in den Country-Charts: „Misery Loves Company" (1/62 C&W 1), geschrieben von Jerry Reed. Porter war es, der in seiner seit 1960 laufenden regelmäßigen Fernsehsendung ab 1967 Dolly Parton auftreten ließ. Somit machte er sie zum Star. Die beiden sangen zusammen im Duett den Hit „Please Don't Stop Loving Me" (8/74 C&W 1).

■ **Percy Mayfield** — 1920 — US-Sänger, Pianist und Songschreiber. Ende der 40er Jahre kam Percy von Texas an die Westküste und nahm dort für Specialty Platten mit Amos Milburn, Cecil Gant und Jesse Belvin auf, bevor er 1950 eine eigene Band gründete. Percy wurde einer der ersten großen R&B-Stars und setzte seine Karriere bis in die 80er Jahre fort. Sein erster kMillionseller war „Please Send Me Someone To Love" (10/50 R&B 1, US 26). Percy schrieb auch für andere Interpreten, z. B. für Ray Charles „Hit The Road Jack". Er starb am 11.8.1984.

Ron Mael (Sparks)

■ **Ron Mael** — 1948 — US-Tastenspieler und Songschreiber. Richtiger Name Ronald Day. Ende der 60er Jahre gründete er mit seinem Bruder Russell die Band Halfnelson. Nach zwei erfolglosen LPs gingen die Brüder 1972 nach GB, um dort Sparks zu gründen. Hits: „This Town Ain't Big Enough For The Both Of Us" (5/74 GB 2, 7/74 D 12), „Amateur Hour" (7/74 GB 7, 9/74 D 12) und „Beat The Clock" (7/79 GB 10).

■ **Kid Creole** — 1950 — US-Sänger, Songschreiber und Produzent. Richtiger Name: Thomas August Darnell Browder, auch bekannt als Argyle Knepf. Mitte der 50er Jahre gründete er in New York Dr. Buzzard's Original Savannah Band, die sogenannte Mulatto-Music machten und es zum Hit „Whispering/Cherchez La Femme/Se Si Bon" (11/76 US 27) brachten. 1979 gründete er Kid Creole & The Coconuts. Damit hatte er die Hits „I'm A Wonderful Thing Baby" (5/82 GB 4), „Stool Pidgeon" (7/82 GB 7) und „Annie I'm Not Your Daddy" (10/82 GB 2). Kid machte auch Soloplatten.

■ **Heintje** — 1955 — Niederländischer Kindersänger. Richtiger Name Hendrik Nikolaus Simon. 1965 wurde er bei einem Talentwettbewerb von dem holländischen Manager Addy Kleyngeld entdeckt. Addy brachte Heintje zu dem deutschen Produzenten Wolfgang Roloff, der gerade als Ronny selbst ein erfolgreicher Interpret war. 1966 machte Heintje seine ersten Platten, als 12jähriger hatte er seinen ersten Hit: „Mama" (1/68 D 1). Weitere Erfolge: „Du sollst nicht weinen" (5/68 D 1), „Heidschi Bumbeidschi" (10/68 D 1) und „Ich sing' ein Lied für dich" (4/69 D 1). Nach dem Stimmbruch — 1971 — ließ der Erfolg nach.

■ **Joe Jones** — 1926 — US-Sänger und Pianist. Er war in den frühen 50er Jahren als Pianist und Kammerdiener bei B. B. King beschäftigt. 1954 nahm er seine ersten Platten auf. Seinen größten Hit hatte er mit „You Talk Too Much" (9/60 US 3). Als Produzent arbeitete er mit den Dixie Cups und Alvin Robinson.

■ **Tanita Tikaram** — 1969 — GB-Sängerin, Gitarristin und Songschreiberin, die in Münster geboren wurde. 1988 brachte sie ihre erste LP und war eine der großen Überraschungen des Jahres. Hits: „Good Tradition" (7/88 GB 10) und „Twist In My Sobriety" (10/88 GB 22, 1/89 D 2).

■ **Pat Metheny** — 1954 — US-Jazz-Gitarrist und Songschreiber. Zusammen mit David Bowie schrieb und interpretierte er die Musik zum Film „The Falcon & The Snowman" — Titel: „This Is Not America" (2/85 US 32, GB 14, D 5).

■ **Albie Donnelly** — 1947 — GB-Saxophonist, Flötist und Sänger mit Supercharge. Als Studiomusiker ist er auch zu hören bei Graham Parker oder den Boomtown Rats.

■ **Rod Bernard** — 1940 — US-Sänger mit einem Hit: „This Should Go On Forever" (3/59 US 20). Eben nicht!

■ **Jürgen Dehmel** — 1958 — Bassist und Songschreiber mit der Gruppe Nena.

■ **Roy Hay** — 1961 — GB-Gitarrist und Keyboarder mit Culture Club.

■ **Ozzie Yue** — 1947 — GB-Gitarrist und Sänger mit Supercharge.

■ **Peter Hofmann** — 1944 — Wagnert zwischen Rock und Lohengrin.

Todestag

■ **Kyu Sakamoto** — 1985 — Japanischer Sänger, der es als erster Japaner schaffte, ganz oben in der amerikanischen Hitparade zu stehen: „Sukiyaki" (5/63 US 1, GB 6, 8/63 D 2). Richtig hieß das Lied „Ue O Muite Aruko", was soviel bedeutet wie: Ich schau' nach vorne, wenn ich gehe. Kyo war eins der über 520 Opfer, die beim Absturz eines japanischen Jumbo-Jets ums Leben kamen — nur vier überlebten.

Tageshits

1961 — „Schöner fremder Mann" — Connie Francis — D 3 W.
1967 — „A Whiter Shade Of Pale" — Procol Harum — D 1 W.
1972 — „School's Out" — Alice Cooper — GB 3 W.
1978 — „Three Times A Lady" — Commodores — US 2 W.
1989 — „Right Here Waiting" — Richard Marx — US 3 W.

Merk-Würdiges

1967 — Der erste Auftritt von Fleetwood Mac beim National Jazz & Blues Festival. Danach erhielten sie — weil die Band beeindruckte — einen Plattenvertrag.

13

Geburtstage

■ **Tony Bennett** — 1926 — US-Sänger mit richtigem Namen Anthony Dominick Benedetto. Schon während seiner High-School-Zeit trat er als Sänger auf, in der US Army sang er in verschiedenen Bands. Bob Hope gab dem jungen Tony ennett 1950 die erste Möglichkeit zu einem Auftritt vor großem Publikum. Noch n gleichen Jahr erhielt er einen Plattenvertrag mit CBS. Dort war auch Percy aith mit seinem Orchester unter Vertrag, der in den folgenden Jahren alle Aufahmen von Tony begleiten sollte. Hits: „Because Of You" (6/51 US 1), „Cold, Cold leart" (7/51 US 1), „Rags To Riches" (9/53 US 1), „Stranger In Paradise" (11/53 S 2, 4/55 GB 1) und „In The Middle Of An Island" (8/57 US 9). Tony machte bis 1 die 80er Jahre Platten.

Feargal Sharkey — 1958 — GB-Sänger, der 1978 erste Erfolge als Leadsäner der Undertones hatte: „Teenage Kicks" (10/78 GB 31) und „Jimmy Jimmy" (4/9 GB 16). Ihr größter Hit wurde „My Perfect Cousin" (4/80 GB 9). Im Juni 1983 iste sich die Band auf — Sharkey machte zusammen mit Vince Clark Assembly. lit: „Never, Never" (11/83 GB 4). Ab Ende 1984 kam er dann als Solist. Hits: „A ood Heart" (10/85 GB 1, 12/85 D 4) und „You Little Thief" (1/86 GB 5, D 30).

Dan Fogelberg — 1951 — US-Sänger, Gitarrist, Tastenspieler und Songchreiber. Er machte seine erste LP 1971 und war als Gastmusiker auf Platten z. B. on Jackson Browne, Van Morrison oder Randy Newman zu hören. Solo-Hits: „onger" (12/79 US 2), „Same Old Lang Syne" (12/80 US 9), „Hard To Say" (8/81 S 7), „Leader Of The Band" (11/81 US 9) und „The Language Of Love" (2/84 US 3).

George Shearing — 1919 — GB-Pianist und Songschreiber, seit Geburt lind. Mit 18 machte er seine ersten Platten. Zwischen 1939 und 1946 wurde er iehrfach von den Briten zum besten Swing-Pianisten gewählt. 1946 ging er in die JSA, 1948 spielte er mit dem Oscar Pettiford Trio und leitete wenig später ein)uartett mit Buddy Franco, bevor er 1949 sein eigenes Quintett gründete — Hit: September In The Rain" (5/49 US 25). Shearings größter Erfolg als Songautor var der angeblich innerhalb von zehn Minuten geschriebene Titel „Lullaby Of irdland" (1952).

Craig Douglas — 1941 — GB-Sänger; richtiger Name Terry Perkins. Er ehört auch zu der Garde der britischen Interpreten, die sich auf das Nachsingen on US-Hits spezialisiert hatten. Das brachte ihm zwischen 1959 und 1962 sieben op Ten Hits ein. Sein größter Hit war „Only Sixteen" (8/59 GB 1), im Original ein itel von Sam Cooke.

Dave Baby Cortez — 1938 — US-Organist, Sänger und Songschreiber. Vollständiger Name David Cortez Clowney. Er sang in der Gruppe Pearls, war dann in en späten 50er Jahren Sessionkeyboarder und hatte mit „The Happy Organ" (3/9 US 1) seinen größten und mit „Rinky Dink" (7/62 US 10) einen weiteren Instruientalhit.

Jimmy McCracklin — 1921 — US-Bluesänger, Pianist und Harmonikaspieer. Mitte der 40er Jahre war er Profiboxer, 1945 nahm er seine ersten Platten auf. 949 formte er mit den Blues Blasters eine eigene Band. Sein größter Hit war „The Valk" (2/58 US 7).

Joe Scott Hill — 1939 — US-Gitarrist und Sänger mit Priscilla Coolidge und esse Ed Davis, danach mit Canned Heat und den Flying Burrito Brothers.

Sean James Stokes — 1940 — GB-Sänger und Bassist mit den Bachelors.

Ian Haugland — 1964 — Norwegischer Schlagzeuger mit der schwedischen iruppe Europe.

Cliff Fish — 1949 — GB-Bassist und Sänger mit Paper Lace.

Todestage

Joe Tex — 1982 — US-Sänger und Songschreiber. Starb nach einem Herzanall. Geboren am 8.8.1933.

King Curtis — 1971 — US-Saxophonist. Er wurde vor seinem Apartmenhaus in New York während einer Schlägerei erstochen. Es war Freitag, der 13. ieboren am 7.2.1934.

Bill Chase — 1974 — US-Trompeter, Komponist und Bandleader. Er spielte uerst Schlagzeug, dann Trompete. Zu seinen musikalischen Stationen gehörten Aaynard Ferguson, dann Stan Kenton, Woody Herman, bevor er 1971 seine Jazz-Rockgruppe Chase gründete. Von der Fachzeitschrift „Downbeat" wurde das erste Chase-Album 1971 zur Pop-LP des Jahres gewählt. Bill starb, knapp 40 Jahre alt, bei einem Flugzeugabsturz.

Tageshits

1964 — „Do Wah Diddy Diddy" — Manfred Mann — GB 2 W.
1966 — „Summer In The City" — Lovin' Spoonful — US 3 W.
1973 — „Can The Can" — Suzi Quatro — D 8 W.
1983 — „Give It Up" — K.C. & The Sunshine Band — GB 3 W.

14

Geburtstage

David Crosby

■ **David Crosby** — 1941 — US-Sänger, Gitarrist und Songschreiber. Richtiger Nachname van Cortland. Nachdem er mit Les Baxter's Balladeers gespielt hatte, war er im August 1964 Gründungsmitglied von Jet Set, die sich in Beefeaters umbenannten. Die drei Mitglieder dieser Band, Jim McGuinn, Gene Clark und David wurden, nachdem Michael Clarke und Chris Hillman im Oktober 1964 dazustießen, die Gründungsmannschaft der Byrds. Im Oktober 1967 bezweifelte David öffentlich die Umstände der Ermordung von John F. Kennedy — die Byrds schmissen ihn raus. Er produzierte Joni Mitchell und spielte sporadisch bei Buffalo Springfield — als die sich auflösten, gründete er mit Stephen Stills und Graham Nash das Trio Crosby, Stills & Nash. Hits: „Marrakesh Express" (7/69 US 28, GB 17), „Just A Song Before I Go" (5/77 US 7) und „Wasted On The Way" (6/82 US 9). Im Juni 1969 erweiterte sich das Trio mit Neil Young zum Quartett, Hit: „Woodstock" (3/70 US 11), allerdings nur für drei LPs. David machte mit Graham Nash LPs und arbeitete auch als Solist. 1988 kam das Quartett noch einmal für die LP „American Dream" zusammen.

■ **Buddy Greco** — 1926 — US-Komponist, Arrangeur, Jazz-Pianist und Sänger, der mit richtigem Vornamen Armando heißt. 1948 hatte er mit „Ooh Look-A There, Ain't She Pretty" (12/47 US 15) einen Millionseller. Kurz darauf wurde er Sänger in der Band von Benny Goodman, in der er sich auch als Pianist betätigte. Hit: „It Isn't Fair" (4/50 US 13). 1960 wird er mit seinem eigenen Orchester und dem Millionseller „The Lady Is A Tramp" (7/60 GB 26) in den Hitparaden aufgeführt.

■ **Dash Crofts** — 1940 — US-Sänger, Schlagzeuger, Saitenspieler und Keyboarder. Er begann, damals schon zusammen mit Jim Seals, in der Gruppe Champs, die ihren Hit „Tequila" (3/58 US 1, GB 5) allerdings schon hinter sich hatten. Als Mitglieder der Champs wirkten Jim und Dash zum Beispiel bei „Too Much Tequila" (1/60 US 30) mit. Mitte der 60er Jahre gründeten sie die Dawnbreakers und kamen 1970 schließlich als Duo Seals & Crofts. Hits: „Summer Breeze" (9/72 US 6), „Diamond Girl" (5/73 US 6) und „Get Closer" (4/76 US 6).

■ **Sharon Bryant** — 1956 — US-Sängerin und Songschreiberin in der 1976 gegründeten Band Atlantic Starr, bestehend aus acht Männern und einer Frau. Größter Hit: „Secret Lovers" (12/85 US 3, 3/86 GB 10). 1985 verließ Sharon die Gruppe und wurde durch Barbara Weathers ersetzt. Zusammen mit ihrem Mann baute Sharon ein Studio auf, gründete eine Produktionsfirma und kam 1989 mit ihrer ersten Solo-LP. Hit: „Let Go" (8/89 US 34).

■ **David Hallyday** — 1966 — Französischer Sänger, Songschreiber und Filmschauspieler, Sohn von Johnny Hallyday und Sylvie Vartan. 1987 spielte David in der US-Filmkomödie „He's My Girl" eine Hauptrolle und sang auch den Titelsong. Danach wurde er als der neue Teenie-Star bezeichnet, was sich nicht bewahrheitete.

■ **Larry Graham** — 1946 — US-Bassist und Sänger mit Sly & The Family Stone und ab 1973 mit eigener Band, der Graham Central Station. Größter Hit: „Your Love" (8/75 US 39). Die 80er Jahre brachten ihn als Solist — Hit: „One In A Million You" (6/80 US 9).

■ **Tim Bogert** — 1944 — US-Bassist mit Vanilla Fudge, Cactus, Beck, Bogert & Appice, Boxer, Rod Stewart und schließlich 1981 mit einer Solo-LP.

■ **Luisa Fernandez** — 1961 — Spanische Sängerin, die seit 1973 in Hamburg lebt. Hit: „Lay Love On You" (2/78 D 7). Zusammen mit Peter Kent war sie erfolgreich mit „Solo Por Ti" (9/86 D 18).

■ **Gil Bridges** — 1942 — US-Saxophonist mit Rare Earth. Betätigte sich auch als Flötist, Percussionist und Sänger.

■ **George Newsome** — 1947 — GB-Schlagzeuger mit der 1968 gegründeten britischen Climax Blues Band.

Ulla Meinecke

■ **Ulla Meinecke** — 1953 — Sängerin und Songschreiberin. Mit Udo Lindenbergs Hilfe wurde sie 1977 als „Rock-Mieze" gepowert.

Todestage

■ **Joe Venuti** — 1978 — US-Jazz-Geiger. Er starb an Krebs. Geboren am 1.9.1904.

■ **Johnny Burnette** — 1964 — US-Sänger und Songschreiber. Kam bei einem Angelunfall ums Leben. Geboren am 25.3.1934.

■ **Big Bill Broonzy** — 1958 — US-Blues-Interpret. Starb an Lungenkrebs. Geboren am 26.6.1893.

■ **Bertolt Brecht** — 1956 — Deutscher Schriftsteller, Songtexter, Regisseur, Theaterkritiker, Dramaturg, Kriegsgegner und Marxist. Geboren am 10.2.1889.

■ **Roy Buchanan** — 1988 — US-Rock- und Bluesgitarrist. Er erhängte sich in einer Gefängniszelle in Fairfax, nachdem er wegen Trunkenheit festgenommen worden war. Geboren am 23.9.1939.

Tageshits

1948 — „You Call Everybody Darlin'" — Al Trace — US 6 W.
1948 — „Love Somebody" — Doris Day & Buddy Clark — US 5 W.
1953 — „Moulin Rouge" — Mantovani — GB 1 W.
1966 — „I Got You Babe" — Sonny & Cher — US 3 W.
1968 — „Fire" — Crazy World Of Arthur Brown — GB 1 W.
1972 — „Little Willy" — Sweet — D 1 W.
1978 — „You're The One That I Want" — John Travolta & Olivia Newton-John — D 6 W.

15

Geburtstage

■ **Jackie Brenston** — 1930 — US-Sänger, Songschreiber und Saxophonist. Er spielte in der Band von Ike Turner, den Kings Of Rhythm. Im Frühjahr nahm er mit dieser Band den Titel „Rocket 88" (5/51 R&B 1) auf — der Produzent der Platte, der legendäre „Sun" Sam Phillips, verkaufte das Band an die Plattenfirma CHESS, die die Nummer unter dem Namen Jackie Brenston & His Delta Cats veröffentlichte. Es blieb der einzige Hit für Brenston. Von vielen wird diese Nummer als der erste richtige R'n'R-Song bezeichnet. Jackie starb am 15.12.1979.

■ **Hugo Winterhalter** — 1909 — US-Orchesterchef, der zwischen 1950 und 1963 für die Plattenfirma RCA arbeitete und da viele der großen Hits von Eddie Fisher, Perry Como, Kay Starr, den Fontane Sisters, Eddy Arnold und Ames Brothers begleitete. Er selbst hatte mit seinem Orchester von 1949 bis 1956 knapp 30 Hits in den USA, davon neun unter den Top Ten — der größte Erfolg: „Canadian Sunset" (7/56 US 2) mit dem Pianosolo von Eddie Heywood. Hugo starb am 17.9.1973.

■ **Oscar Peterson** — 1925 — Kanadischer Komponist, Pianist und Bandleader. Seine Popularität als Jazzmusiker kann durchaus mit der von Louis Armstrong gleichgestellt werden. Er arbeitete als Solist, im Trio und mit vielen hochkarätigen Kollegen.

■ **Bobby Caldwell** — 1951 — US-Sänger, Gitarrist, Saxophonist, Bassist, Pianist und Songschreiber, der schon als Teenager seine erste Gruppe, die Rooftops gründete, mit denen er auf Teenie-Veranstaltungen spielte. Früh verlegte er sich auf das Schreiben von Musiken für Werbejingles und war dann verantwortlich für mehr als 100 Soundtracks für Walt Disneys „New Mickey Mouse Club"-TV-Show. In den frühen 70er Jahren spielte Bobby mit Johnny Winter, bevor er noch in den 70ern seine ersten Platten aufnahm, auf denen er meist sämtliche Instrumente selbst spielte. Sein größter Erfolg war „What You Won't Do For Love" (12/78 US 9). Seine Kompositionen werden inzwischen von Roberta Flack, Dionne Warwick, Toni Tennille, Natalie Cole oder Peabo Bryson aufgenommen.

■ **Stix Hooper** — 1938 — US-Schlagzeuger und Songschreiber. Richtiger Vorname Nesbert. In den 50er Jahren gründete er das Modern Jazz Sextet, aus denen die Nite Hawks, die Jazz Crusaders und ab 1972 die Crusaders wurden. Stix veröffentlichte neben der Gruppenarbeit auch Soloplatten.

■ **Bobby Helms** — 1933 — US-Countrysänger, Gitarrist und Songschreiber. Mit der Nummer „Fraulein" (3/57 C&W 1, 7/57 US 36) hatte er seinen ersten Crossover-Erfolg. Weitere Pophits: „My Special Angel" (10/57 US 7, GB 22) und „Jingle Bell Rock" (12/57 US 6).

■ **Sylvie Vartan** — 1944 — Französische Sängerin, die mit "La Plus Belle Pour Aller Danser" (1964), „Deux Minutes Trente-Cinque De Bonheurs" (1967), „Mariza" (1968), „J'ai Un Problème" (1973) und „Qu'est-ce Qui Fait Pleurer Les

Blondes" (1976) ihre größten Erfolge in Frankreich hatte. Den Hit aus dem Jahr 1973 sang sie zusammen mit ihrem damaligen Mann Johnny Hallyday.

■ **Buster Brown** — 1911 — US-Sänger, Mundharmonikaspieler und Songschreiber. Er machte in den 40er Jahren seine ersten Platten und schrieb sich den Hit „Fannie Mae" (12/59 R&B 1, 2/60 US 38). Er starb am 31.1.1976.

■ **Jimmy Webb** — 1946 — US-Songschreiber und Sänger. Erfolgreich war er jedoch nur als Autor von Hits mit Glen Campbell, Fifth Dimension und Richard Harris.

■ **Nino Ferrer** — 1934 — Französischer Sänger und Songschreiber italienischer Herkunft. In Frankreich hatte er mit „Mirza" (1966), „Le Téléfon" (1967, 8/67 D 19) und „Le Sud" (1975) seine größten Erfolge.

■ **Pete York** — 1942 — GB-Schlagzeuger und Songschreiber mit Spencer Davis Group, Hardin & York und als Studiomusiker.

■ **Thomas Aldridge** — 1950 — US-Schlagzeuger mit Black Oak Arkansas, Pat Travers und Ozzy Osbourne.

■ **MCA** — 1967 — US-Sänger mit den Beastie Boys. Richtiger Name Adam Yauch. Hits bei Kind Ad-Rock am 31.10.

■ **Kate Taylor** — 1949 — US-Sängerin und jüngere Schwester von James Taylor.

■ **Bill Pinkney** — 1933 — US-Sänger mit den Drifters.

■ **Floyd Ashton** — 1933 — US-Sänger mit den Tams.

Todestage

■ **Thomas Wayne** — 1971 — US-Sänger. Kam bei einem Autounfall ums Leben. Geboren am 22.7.1940.

■ **Norman Petty** — 1984 — US-Songschreiber. Geboren am 25.5.1927.

Tageshits

1953 — „No Other Love" — Perry Como — US 4 W.
1960 — „It's Now Or Never" — Elvis Presley — US 5 W.
1964 — „Everybody Loves Somebody" — Dean Martin — US 1 W.
1981 — „Endless Love" — Diana Ross & Lionel Richie — US 9 W.
1987 — „I Just Can't Stop Loving You" — Michael Jackson — GB 2 W.
1988 — „The Twist" — Fat Boys & Chubby Checker — D 1 W.

Merk-Würdiges

1969 — Das 3-Tage-Festival in Woodstock beginnt. Motto: „Peace & Music". Es kommen etwa 400 000 Zuschauer; es treten u. a. auf: Crosby, Stills, Nash & Young, Jimi Hendrix, CCR, Canned Heat, Janis Joplin, Richie Havens, Who, Joan Baez, Santana, Joe Cocker, Iron Butterfly.

16

Geburtstage

■ **Madonna** — 1958 — US-Sängerin und Songschreiberin. Richtiger Name Louise Ciccone. In ihrer Heimatstadt Bay City in Michigan nahm sie Unterricht in Ballett, Jazz und Modern Dance. In den späten 70er Jahren kam sie nach New

Madonna

York und trat dort für zwei Jahre mit der Tanzcompany von Pearl Lange & Alvin Ailey auf. Danach ging sie nach Paris, nahm Gesangsunterricht und trat eine Zeitlang in der Truppe des Discokünstlers Patrick Hernandez auf. Frustriert ging sie Anfang der 80er Jahre zurück nach New York, lernte dort Gitarre, Keyboard und Schlagzeug spielen. Dann nahm sie ihre ersten selbstgeschriebenen Songs auf, die in der Discoszene auf Anhieb erfolgreich waren und schließlich ab 1983 auch im Pop-Radio — Hits: „Holiday" (10/83 US 16, 1/84 GB 6, 3/84 D 9, 8/85 RE-GB 2), „Borderline" (3/84 US 10, 1/86 GB 2), „Lucky Star" (3/84 GB 14, 8/84 US 4), „Like A Virgin" (11/84 US 1, GB 3, D 4), „Material Girl" (2/85 US 2, GB 3, D 13), „Crazy For You" (3/85 US 1, 6/85 GB 2, D 26), „Angel" (4/85 US 5, 6/85 D 31, 9/85 GB 5), „Into The Groove" (7/85 GB 1, D 3), „Dress You Up" (8/85 US 5, 10/85 D 20, 12/85 GB 5), „Gambler" (10/85 GB 4, D 25), „Live To Tell" (4/86 US 1, GB 2, D 12), „Papa Don't Preach" (6/86 US & GB 1, D 2), „True kBlue" (10/86 US 3, GB 1, D 6), „Open Your Heart" (12/86 US 1, GB 4, D 17), „La Isla Bonita" (3/87 US 4, GB & D 1), „Who's That Girl" (7/87 US & GB 1, D 2), „Causing A Commotion" (9/87 US 2, GB 4, D 14), „Like A Prayer" (3/89 US & GB 1, D 2), „Express Yourself" (6/89 US 2, GB 5, D 3) und „Cherish" (8/89 US 2, D 16, GB 3). Sie trat auch — zur Überraschung von vielen nicht mal schlecht — als Schauspielerin in Erscheinung.

■ **James Taylor** — 1953 — US-Sänger, der im Februar 1978 zur 1964 gegründeten Formation Kool & The Gang kam. Um sich vom gleichnamigen Folkrocker abzuheben, setzte James hinter seinen Vornamen die Buchstaben J. T. Hits mit J. T.: „Lady's Night" (10/79 US 8, GB 9, 1/80 D 18), „Too Hot" (1/80 US 5, GB 23), „Celebration" (10/80 US 1, GB 7, 12/80 D 17), „Get Down On It" (12/81 GB 3, 2/82 US 10), „Joanna" (11/83 US 2, 2/84 GB 2, D 18) und „Cherish" (5/85 GB 4, 7/85 US 2, D 5). Im Februar 1988 verließ er die Gruppe und startete eine Solokarriere.

■ **Al Hibbler** — 1915 — US-Sänger für acht Jahre mit der Band von Duke Ellington und schließlich ab 1951 als Solist — Hits: „Unchained Melody" (4/55 US 3, GB 2) und „He" (10/55 US 4). Al ist seit seiner Geburt blind, was sich bei den Auftritten mit Ellingtons Orchester jedoch nicht vermittelte. Der Duke ging immer Schulter an Schulter mit Al zum Mikrofon. Dort blieb er stehen, und nach dem Auftritt holte Ellington Hibbler wieder ab.

■ **Ernie Freeman** — 1922 — US-Pianist, Komponist und Orchesterchef. Er leitete die Aufnahmen vieler Künstler, z. B. Frank Sinatra, Dean Martin, Sammy Davis jr. oder Connie Francis. Zwischen 1957 und 1962 veröffentlichte er Instrumentaltitel, darunter den Hit „Raunchy" (11/57 US 4). Er machte auch Platten als Sir Chauncey und ist der Pianist bei den Aufnahmen von B. Bumble & The Stingers, Hit: „Nut Rocker" (3/62 US 23, 4/62 GB 1, 1/72 RE-GB 19). Ernie starb am 16.5.1981.

■ **Gary Loizzo** — 1945 — US-Sänger und Gitarrist mit Gary & The Nite Lights, die er 1966 in Chicago gründete. Noch im selben Jahr und nach einer nicht erfolgreichen Single-Platte änderten sie ihren Namen in American Breed. Ihr größter Hit wurde der Millionseller „Bend Me, Shape Me" (12/67 US 5, 2/68 GB 24, D 9).

■ **Fess Parker** — 1925 — US-Schauspieler und Sänger. Er spielte die Hauptrolle im Film „Davy Crockett" (1955), der gleichnamigen Serie (1954/55) und in der TV-Serie „Daniel Boone" (1964-70). Hits: „Ballad Of Davy Crockett" (3/55 US 5) und „Wringle Wrangle" (1/57 US 12).

■ **Kevin Ayers** — 1944 — GB-Bassist und Songschreiber in der von ihm 1965 gegründeten Band Soft Machine. Dort blieb er bis 1968, spielte bis 1970 bei Whole World, 1974 mit Soporifics, danach solo und als Studiomusiker — so z. B. mit Alan Parsons auf der LP „Islands".

■ **Eydie Gormé** — 1931 — US-Sängerin, die 1956 ihre ersten Platten machte. 1957 heiratete sie Steve Lawrence, mit dem sie im Duett sang. Hits als Solistin: „Love Me Forever" (12/57 US 24, GB 21), „Yes My Darling Daughter" (5/62 GB 10) und „Blame It On The Bossa Nova" (1/63 GB 32, US 7, 7/63 D 18). Hit für Steve & Eydie: „I Want To Stay Here" (7/63 US 28, GB 3).

■ **Ralf Bendix** — 1924 — Sänger. Richtiger Name Karl-Heinz Schwab. Mitte der 50er Jahre gewann er einen Nachwuchswettbewerb, den er zum Spaß mitmachte — er war Direktor bei der Fluggesellschaft TWA. Hits: „Sie hieß Mary Anne" (6/56 D 2) und „Babysitter-Boogie" (5/61 D 1). Er hatte bis 1976 Erfolg, auch als Produzent z. B. von Heino, und als Songschreiber.

■ **Ketty Lester** — 1934 — US-Fernsehschauspielerin und Sängerin. Richtiger Name Revoyda Frierson. Lediglich 1962 brachte sie es auf vier Notierungen in den Charts. Größter Hit: „Love Letters" (2/62 US 5, 4/62 GB 4). Mit dem gleichen Titel hatten Dick Haymes 1945 und Alison Moyet 1987 Erfolg.

■ **Barry Hay** — 1948 — Niederländischer Sänger, Flötist und Songschreiber bei Golden Earring, gegründet 1961. Ihre international erfolgreichsten Titel waren „Radar Love" (10/73 D 5, 12/73 GB 7, 5/74 US 13) und „Twilight Zone" (11/82 US 10).

■ **Bill Evans** — 1929 — US-Jazzpianist und Komponist. Er spielte im Sextett von Miles Davis und gehörte zu den stilbildenden Pianisten des Jazz nach dem Bebop. Bill starb am 15.9.1980.

■ **Gordon Fleet** — 1945 — GB-Schlagzeuger mit der 1964 gegründeten australischen Formation Easybeats. Vorher spielte er mit den Mojos, die von Brian Epstein gemanagt wurden.

■ **Barbara George** — 1942 — US-Sängerin und Songschreiberin, die ihren größten Hit mit „I Know (You Don't Love Me No More)" (11/61 US 3) hatte.

■ **Shel Shapiro** — 1944 — GB-Songschreiber und Mitglied bei der Band The Rokes, die in den 60er Jahren in Italien sehr populär war. Millionseller: „Piangi Con Me" (1967).

■ **Bernd Zamulo** — 1944 — Bassist mit den Lords aus Berlin.

Todestage

■ **Robert Johnson** — 1938 — US-Bluessänger, Gitarrist und Songschreiber. Er starb im Krankenwagen auf dem Weg ins Krankenhaus — es wird berichtet, daß er entweder erstochen oder vergiftet wurde. Geboren am 8.5.1911.

■ **Elvis Presley** — 1977 — US-Rock 'n' Roll-Star. Am nächsten Tag hätte er einen Auftritt gehabt. Ginger Alden entdeckte ihn in seinem Badezimmer in Graceland — tot. Als Todesursache wurde Herzversagen vermutet. Später wurde bekannt, daß überhöhter Drogenkonsum den größten Anteil am Tode hatte. Geboren am 8.1.1935.

Tageshits

1975 — „Can't Give You Anything (But My Love)" — Stylistics — GB 3 W.
1986 — „Papa Don't Preach" — Madonna — US 2 W.

17

Geburtstage

■ **Kevin Rowland** — 1953 — GB-Sänger, Gitarrist und Songschreiber, der 1977 in der Gruppe Lucy & The Lovers seine Karriere begann. Als nächstes spielte er auf der Platte „Johnny Won't Get To Heaven" der Kill Joys. Im Juli 1978 schließlich gründete Kevin Dexys Midnight Runners. Hits: „Geno" (3/80 GB 1), „There There, My Dear" (7/80 GB 7), k"Come On Eileen" (7/82 GB 1, 9/82 D 6, 1/83 US 1) und „Jackie Wilson Said (I'm In Heaven When You Smile)" (10/82 GB 5). Im Herbst 1983 wird es still um die Band. 1985 erscheint eine LP — Rowland besteht darauf, daß davon keine Single ausgekoppelt wird. Im Herbst 1986 kommt mit „Because Of You" (11/86 GB 13) zwar wieder eine Platte von Dexy's Midnight Runners, de facto ist es jedoch eine Soloplatte von Kevin. Danach tritt für längere Zeit wieder Funkstille ein, Mitte 1988 kommt er als Kevin Rowland Of Dexy's Midnight Runners mit neuen Platten.

■ **Belinda Carlisle** — 1958 — US-Sängerin und Songschreiberin. Sie begann in der L.A.-Punk-Band Germs und war 1978 Mitbegründerin der Go-Go's. Hits: „We Got The Beat" (1/82 US 2) und „Vacation" (7/82 US 8). Ab 1985 führte sie ihre Karriere als Solistin fort: „Mad About You" (5/86 US 3), „Heaven Is A Place On Earth" (9/87 US 1, 12/87 GB 1, D 3), „I Get Weak" (1/88 US 2, GB 10, 4/88 D 38), „Circle In The Sand" (4/88 US 7, GB 4, 6/88 D 9) und „Leave A Light On" (9/89 US 11, GB 4, 11/89 D 15).

■ **Georgia Gibbs** — 1920 — US-Sängerin. Unter ihrem richtigen Namen Fredda Gibson (oder Gibbons) trat sie 1937/38 in der „Lucky Strike Radio Show" auf und sang in den frühen 40er Jahren — jetzt als Georgia Gibbs — mit Hudson DeLange, Frankie Trumbauer, Artie Shaw und in der „Garry Moore — Jimmy Durante Show" — "Her Nibs, Miss Gibbs". Ab 1950 war sie als Solistin erfolgreich. Größte Hits: „Kiss Of Fire" (4/52 US 1), „Tweedle Dee" (1/55 US 2, 4/55 GB 20), „Dance With Me Henry (Wallflower)" (3/55 US 1) und „The Hula Hoop Song" (10/58 US 32, 1/59 D 6).

■ **Maria McKee** — 1964 — US-Sängerin, Songschreiberin und Gitarristin. Mit 16 trat sie mit ihrem Halbbruder Brian MacLean, der vorher mit Love gespielt hatte, in L.A.-Clubs auf. Danach gründete sie Lone Justice, die U2 und Alarm auf deren US-Tournee begleitete. 1985 erschien ihre erste LP. Maria schrieb den Titel „A Good Heart", mit dem Feargal Sharkey eine Nr. 1 in der britischen Hitparade hatte.

■ **Larry Clinton** — 1909 — US-Trompeter, Songschreiber und Bandleader. Zwischen 1937 und 1941 und wieder von 1948 bis 1950 hatte er ein eigenes Orchester. Damit brachte er es auf die Hits „Cry, Baby Cry" (3/38 US 1), „My Reverie" (8/38 US 1), „Heart And Soul" (10/38 US 1) und „Deep Purple" (2/39 US 1). Wenn er nicht gerade seine eigene Band leitete, spielte er z. B. mit Tommy und/oder Jimmy Dorsey. Larry starb am 2.5.1985.

■ **Wayne Raney** — 1921 — US-Sänger und Mundharmonikaspieler, der zuerst mit den Raney Family Gospel Singers, dann mit den Delmore Brothers und schließlich als Solist auftrat. Sein größter Hit war „Why Don't You Howl Off And Love Me" (7/49 C&W 1, 10/49 US 22).

■ **Mark Dinning** — 1933 — US-Sänger, Bruder der drei Dinning Sisters. Seine ersten Platten machte er 1957, sein größter Hit hieß „Teen Angel" (12/59 US 1, 3/60 GB 37), geschrieben von seiner Schwester Jeannie. Er starb am 22.3.1986.

■ **Luther Allison** — 1939 — US-Bluessänger und Gitarrist. Er gründete 1954 mit seinem Bruder Gran die Gruppe Rolling Stones, später umbenannt in die Four Jivers, und arbeitete auch als Solist.

■ **Sam Butera** — 1927 — US-R&B-Saxophonist und Sänger. Der Enkel italienischer Einwanderer, geboren in New Orleans, machte Ankfang der 50er Jahre Platten mit eigener Band.

■ **Steve Price** — 1951 — US-Schlagzeuger mit Pablo Cruise und als Studiomusiker für Grace Slick, Rick James, Alex Call oder Mary Jane Girls.

■ **Topsy Küppers** — 1931 — Österreichische Schauspielerin, Chansonette und Theaterleiterin. Sie war verheiratet mit Georg Kreisler.

■ **Colin Moulding** — 1955 — GB-Bassist und Songschreiber mit der 1976 gegründeten New Wave Band XTC.

■ **Sib Hashian** — 1949 — US-Drummer von 1975 bis 1980 bei Boston.

■ **Ed Sanders** — 1939 — US-Sänger und Gitarrist mit der 1956 gegründeten Band Fugs, als Solist und mit Vanity.

■ **Bernd Noske** — 1946 — Sänger und Percussionspieler mit Birth Control.

■ **Gary Talley** — 1947 — US-Leadgitarrist mit den Box Tops.

Todestag

■ **Paul Williams** — 1973 — US-Sänger mit den Temptations. Wurde mit einem Kopfschuß tot in seinem Auto aufgefunden. Geboren am 2.7.1939.

The Three Degrees

Tageshits

1968 — „People Got To Be Free" — Rascals — US 5 W.
1974 — „The Night Chicago Died" — Paper Lace — US 1 W.
1974 — „When Will I See You Again" — Three Degrees — GB 2 W.

18

Geburtstage

■ **Johnny Preston** — 1939 — US-Sänger. Vollständiger Name: John Preston Courville. Johnny wurde durch den Diskjockey und Songschreiber J. P. „Big Bopper" Richardson entdeckt, der für ihn den ersten Hit „Running Bear" (10/59 US 1, 2/60 GB 1, 4/60 D 36) schrieb. Möglich daß in der Folge des Todes von Big Bopper — man erinnert sich an den Absturz mit Buddy Holly und Ritchie Valens — diese Komposition durch die US-Sender besonders gepusht wurde. Es reichte noch für zwei weitere Hits: „Cradle Of Love" (3/60 US 7, GB 2) und „Feel So Fine" (6/60 US 14, 8/60 GB 18). Danach war das Thema — und Johnny Preston — für die Medien vergessen.

■ **Cisco Houston** — 1918 — US-Folk-Sänger, Gitarrist und Songschreiber. Richtige Vornamen Gilbert Vandine. Er war mit Interpreten wie Woody Guthrie befreundet und mit Pete Seeger in den Almanac Singers aktiv. Er selbst hatte unter seinem Namen den Erfolg „Rose, Rose, I Love You" (6/51 US 21). Während der 50er Jahre trat er in Folk-Clubs und Universitäten zusammen mit Sonny Terry und Brownie McGhee auf. Cisco gehörte zu denjenigen, die die Folkmusik Ende der 50er/Anfang der 60er Jahre in Amerika auch für die Jugendlichen interessant machten. So war z.B. Bob Dylan einer seiner Bewunderer. Cisco starb am 29.4.1961.

■ **Vince Melouney** — 1945 — Australischer Gitarrist in den Anfangstagen der Bee Gees. Im Februar 1967 — die drei Bee Gees hatten gerade einen Vertrag mit Robert Stigwood, zu diesem Zeitpunkt noch Partner von Brian Epstein, unterschrieben — wurden zwei australische Musiker zusätzlich engagiert. Einer war Vince, der andere Colin Peterson. Als im März 1969 innerhalb der drei Brüder schwere Richtungsstreitigkeiten aufflammten und sie zeitweise das Handtuch schmissen, verschwanden Melouney und Peterson von der Bildfläche.

■ **Carl Wayne** — 1944 — GB-Sänger und 1964 Gründer von Carl Wayne & The Vikings. Die Gruppe, in der sich auch der Schlagzeuger Bev Bevan befand, machte drei erfolglose Singles und wurde dann im Februar 1966 zur ersten Besetzung von Move. Zu dieser Mannschaft gehörte jetzt auch Roy Wood, der mehr und mehr die Oberhand in dieser Band gewann. Ende 1969 verließ Carl die Band und wurde durch Jeff Lynne ersetzt. Carl wurde Mitarbeiter bei Fernsehstationen.

■ **Barbara Harris** — 1945 — US-Sängerin im New Yorker Soul-Trio Toys. 1965 traten sie in der TV-Show „Shinding" auf, danach brachten sie es zum Hit und Millionseller „A Lover's Concerto" (9/65 US 2, 11/65 GB 5) und „Attack" (12/65 US 18, GB 36). Danach waren sie noch einmal in dem Film „The Girl in Daddy's Bikini" zu sehen. Nach 1966 hatten sie keine Hits mehr.

■ **Peter Kreuder** — 1905 — Pianist und Komponist. König der Evergreens. Er komponierte Operetten, Musicals, Filmmusiken und Schlager. Im Laufe der Jahre brachte er es auf rund 200 Filmmusiken und ca. 1.200 Schlager. Zu seinen bekanntesten gehören „Sag beim Abschied leise Servus", „Ich wollt, ich wär ein Huhn", „Ich brauche keine Millionen", „Wenn die Sonne hinter den Dächern versinkt", „Für eine Nacht voller Seligkeit" oder „Goodbye, Johnny". Peter starb am 28.6.1981.

■ **Patrick Swayze** — 1952 — US-Schauspieler, Sänger und Songschreiber. Bei uns wurde er bekannt mit „Fackeln im Sturm" und „Dirty Dancing". Im letztgenannten Film sang er den selbstgeschriebenen Hit „She's Like The Wind" (12/87 US 3, 3/88 GB 17, D 14). Zu diesem Zeitpunkt war er so populär — er hätte auch Hänschen Klein auf Ki-Swaheli singen können, es wäre ein Hit geworden.

■ **Sarah Dash** — 1945 — US-Sängerin mit Pattie LaBelle & the Blue Belles, später auf La Belle abgekürzt. Außerdem war sie zu hören auf Platten der Marshall Tucker Band, Alice Cooper, David Johansen oder ihrer ehemaligen Kollegin Nona Hendryxs. 1980 veröffentlichte Sarah auch eine Solo-LP.

■ **Volker Lechtenbrink** — 1944 — Schauspieler, Sänger und Songschreiber. Seinen ersten Erfolg hatte er im Film „Die Brücke" (1959). Größter Singlehit: „Der Macher" (4/76 D 19).

■ **Ron Strykert** — 1957 — Australischer Gitarrist mit der 1979 gegründeten Band Men At Work.

■ **Dennis Elliott** — 1950 — GB-Schlagzeuger bei Foreigner und als Studiomusiker, z. B. bei Ian Hunter.

Tageshits

1956 — „Don't Be Cruel/Hound Dog" — Elvis Presley — US 11 W.
1958 — „Volare — Nel Blu Dipinto Di Blu" — Domenico Modugno — US 5 W.
1966 — „Yellow Submarine/Eleanor Rigby" — Beatles — GB 4 W.
1973 — „Touch Me In The Morning" — Diana Ross — US 1 W.
1979 — „Good Times" — Chic — US 1 W.
1979 — „El Lute" — Boney M. — D 8 W.
1984 — „Careless Whisper" — George Michael — GB 3 W.

19

Geburtstage

■ **Ian Gillan** — 1945 — GB-Sänger und Songschreiber. Im Mai 1965 kam er zur 1963 gegründeten Formation Episode Six. Mit ihm machte die Gruppe etliche Singles, die speziell im Libanon erfolgreich waren. Die Gruppe spielte für zwei Monate in Beirut — zu diesem Zeitpunkt waren alle drei Singles in den libanesischen Top Ten. Ian Gillan dazu: „Die Hitparade wurde von ein paar Plattenläden

Ian Gillan Band

zusammengestellt. Alles in allem haben sie nicht viel verkauft, aber für uns war das der erste Vorgeschmack des Startums." Mit einigen Veränderungen, aber immer mit Roger Glover und Ian, hielt die Gruppe bis zum Juni 1969. Dann gingen beide zu Deep Purple und gehörten zur erfolgreichsten Besetzung dieser Band. Ian Gillan hatte sich zu diesem Zeitpunkt auch schon einen Namen im Musical „Jesus Christ Superstar" gemacht — er sang die Hauptrolle. Hits für Deep Purple: „Black Night" (8/70 GB & D 2), „Strange Kind Of Woman" (2/71 GB 8, 4/71 D 8), „Fireball" (11/71 GB 15, D 19) und „Smoke On The Water" (5/73 US 4, 8/73 D 20, 4/77 GB 21). Im Juni 1973 verließ Ian wieder Deep Purple und gründete 1975 die Ian Gillan Band, die sich ab August 1978 nur noch Gillan nannte — Hits: „Trouble" (10/80 GB 14) und „New Orleans" (3/81 GB 17). LPs dieser Formation waren Anfang der 80er Jahre überaus erfolgreich. 1983 sang Ian kurzfristig bei Black Sabbath, 1984 kam die alte Erfolgsbesetzung von Deep Purple wieder zusammen.

■ **Johnny Nash** — 1940 — US-Sänger, Gitarrist, Songschreiber und Schauspieler, den viele für einen Jamaicaner halten. Er wuchs in Houston/Texas auf. Kaum 13 Jahre alt, sang er regelmäßig in Radioshows und im Fernsehen. Seine Plattenkarriere begann 1957, erster Hit: „A Very Special Love" (12/57 US 23). Zusammen mit Paul Anka und George Hamilton IV war er erfolgreich mit „The Teen Commandments" (12/58 US 29). Die nächsten Jahre machte er erfolglos weiter Platten und schrieb Songs, die durch andere Hits wurden, z. B. „What Kind Of Love Is This" mit Joey Dee (1962). 1965 gründete er seine eigene Plattenfirma JoDa. Ab 1968, inzwischen produzierte er seine Platten auf Jamaica, hatte er wieder Hits: „Hold Me Tight" (8/68 GB 5, 9/68 US 5, D 22), „You Got Soul" (1/69 GB 6), „Cupid" (4/69 GB 6, 11/69 US 39), „Stir It Up" (4/72 GB 13, 2/73 US 12), „I Can See Clearly Now" (6/72 GB 5, 9/72 US 1) und „Tears On My Pillow" (6/75 GB 1, 9/75 D 28).

■ **Jonathan** — 1940 — GB-Sänger und Songschreiber. Richtiger Name Roger James Cook. Zusammen mit Roger Greenaway als David & Jonathan erfolgreich. Hits: „Michelle" (1/66 GB 11, US 18) und „Lovers Of The World Unite" (7/66 GB 7). Beide hatten vorher schon in der Gruppe Kestrels gesungen und für die Fortunes den Hit „You've Got Your Troubles" geschrieben. Auch Freddie & The Dreamers und Petula Clark hatten Hits kmit Songs von Greenaway/Cook. Mitte 1968 hörten sie mit David & Jonathan auf, arbeiteten aber als Songschreiberteam weiter zusammen. Andy Williams, White Plains und Blue Mink — hier sang Roger Cook mit Madeline Bell — hatten Top Ten Hits von „Cookaway Music". 1976 ging Jonathan nach Nashville und schrieb dort für Interpreten wie Don Williams oder Crystal Gayle Country-Hits.

■ **Ginger Baker** — 1939 — GB-Schlagzeuger und Songschreiber. Richtiger Vorname Peter. Er begann als Schlagzeuger bei Acker Bilk und Terry Lightfoot. Danach traf er auf den Bassisten Jack Bruce in der Band von Bert Courtley, spielte mit Blues Incorporated und dann 1963 wieder mit Jack Bruce in der Graham Bond Organisation. Weitere Stationen waren Cream, Blind Faith, Ginger Baker's Airforce und Baker-Gurvitz Army. Als Sessionmusiker ist er sehr gefragt — sein Ausflug in den Afro-Rock ist bemerkenswert.

■ **Billy J. Kramer** — 1943 — GB-Sänger mit Billy J. Kramer & The Dakotas, 1963 gegründet. Richtiger Name William Howard Ashton. Vorher spielte er mit der Liverpooler Band The Coasters und wurde da von Brian Epstein entdeckt. Epstein war es, der ihn mit der Manchester Band Dakotas zusammenbrachte. Produzent der neuen Formation war George Martin. Hits: „Do You Want To Know A Secret" (5/63 GB 3), „Bad To Me" (8/63 GB 1, 5/64 US 9) und „Little Children" (2/64 GB 1, 4/64 US 7). Billy versuchte sich später als Solist — ohne Erfolg. Angeblich ist seine Schwester Elkie Brooks.

■ **Bonnie Bianco** — 1963 — US-Sängerin. Richtige Vornamen Lory Lynn. Zusammen mit Pierre Cosso sang sie den vom italienischen Autorentrio Oliver Onions geschriebenen Titel „Stay" (3/87 D 1) aus dem Fernseh-Rockmärchen „Cinderella '87", in dem sie auch mitspielte. Im Sog dieses Erfolgs kam „Miss You So" (5/87 D 9) ebenfalls in die Hitparaden. Danach ging Aschenputtel wieder die Erbsen zählen. Auch Produzent Dieter Bohlen konnte da nicht helfen — er ist eben nicht taub.

■ **Don Fardon** — 1943 — GB-Sänger. Richtiger Name Donald Maughn. Er begann mit der Band Sorrows, die sich bis 1967 hielt. Hit: „Take A Heart" (9/65 GB 21). Danach machte er als Solist weiter und war erfolgreich mit „(The Lament Of The Cherokee) Indian Reservation" (8/68 US 20, 10/70 GB 3, 1/71 D 9).

■ **Elliot Lurie** — 1948 — US-Leadgitarrist und Sänger für die 1969 gegründete Band Looking Glass. Größter Hit war für sie der Millionseller „Brandy (You're A Fine Girl)" (6/72 US 1). 1973 fiel die Band auseinander, Elliot versuchte sich als Solist.

■ **Joey Tempest** — 1963 — Schwedischer Sänger und Songschreiber mit Europe. Hits: „The Final Countdown" (9/86 D 1, 11/86 GB 1, 1/87 US 8), „Rock The Night" (11/86 D 17, 1/87 GB 12, 5/87 US 30), „Carrie" (2/87 D 22, 4/87 GB 22, 8/87 US 3) und „Superstitious" (8/88 D 21, GB 34, US 31).

■ **John Deacon** — 1951 — GB-Bassist und Songschreiber für Queen. Wie die anderen Mitglieder dieser Gruppe legte sich auch John ein Nebenprojekt zu, es hieß Immortals.

■ **Inga** — 1949 — Sängerin, mit richtigem Namen Ingrid Franke-Schulz. Zusammen mit ihrem damaligen Mann Wolfgang Preuß bildete sie in den 60er Jahren das Duo Inga & Wolf. Größter Erfolg, geschrieben von Reinhard Mey: „Gute Nacht, Freunde" (3/72 D 22).

■ **Harry Mills** — 1913 — US-Sänger mit den Mills Brothers. Er kstarb am 28.6.1982.

Todestage

■ **Dorsey Burnette** — 1979 — US-Rockabilly-Sänger und Songschreiber. Er starb nach einem Herzanfall. Geboren am 28.12.1932.

■ **Blind Willie McTell** — 1959 — US-Sänger, Gitarrist und Songschreiber. Geboren am 5.5.1901.

Tageshits

1950 — „Good Night Irene" — Weavers with Gordon Jenkins — US 13 W.
1957 — „Tammy" — Debbie Reynolds — US 5 W.
1967 — „All You Need Is Love" — Beatles — US 1 W und D 6 W.
1978 — „Three Times A Lady" — Commodores — GB 5 W.
1985 — „We Don't Need Another Hero" — Tina Turner — D 4 W.

20

Geburtstage

■ **Robert Plant** — 1948 — GB-Sänger und Songschreiber. Nachdem die Yardbirds im Juli 1968 auseinandergefallen sind, beschließen Jimmy Page und Bassist

Chris Dreja als New Yardbirds weiterzumachen — die Gruppe wird für eine zehntägige Tour durch Skandinavien gebucht. Als Page neue Musiker in die Gruppe aufnehmen will, geht Chris Dreja und wird Photograph. Der ehemalige Sessionmusiker und Arrangeur John Paul Jones kommt als Bassist. Terry Reid und B. J. Wilson von Procol Harum lehnen das Angebot, Mitglied der Gruppe zu werden, ab. Reid schlägt jedoch den 19jährigen R&B Sänger Robert Plant vor. Jimmy Page und der Bandmanager Peter Grant sehen Robert Plant bei einem Auftritt mit der Band Hobbstweedle in Birmingham. Plant hatte sein Plattendebüt bereits 1966 als Mitglied der Gruppe Listen gegeben. 1967 veröffentlichte er zwei Solo-Singles, die beide erfolglos blieben. Im gleichen Jahr wurde er Mitglied von Band Of Joy (diese Band hat damals keine Platten veröffentlicht — 1978 brachte die Polydor Archivmaterial heraus). Page macht Robert ein Angebot — er nimmt an und schlägt John Bonham als Schlagzeuger für die New Yardbirds vor. Nachdem die Gruppe innerhalb von zwei Wochen ihre erste LP aufgenommen hat, beginnt sie mit der Tournee. Zurück in GB hört Jimmy Page einen Spruch von Keith Moon, der ihm gefällt: „...fällt runter wie ein bleierner Zeppelin (... going down like a lead Zeppelin)". Damit meinte Keith immer Auftritte, die absolut in die Hose gingen. Page streicht das „a" aus „Lead" und fertig ist „Led Zeppelin". Hits: „Whole Lotta Love" (11/69 US 4, 2/70 D 1), „Immigrant Song" (11/70 US 16, 1/71 D 6), „Black Dog" (12/71 US 15) und „The Ocean" (6/73 D 8) — die Gruppe zählt mehr zu den LP-Verkäufern. Das schönste Stück von Led Zeppelin wurde, wohl wegen der Länge, nie als Single veröffentlicht — „Stairway To Heaven". Nach dem Tode von John kBonham am 25.9.1980 erklärten die übrigen Mitglieder, sie wollten nach dem „loss of our dear friend" nicht mehr als Gruppe weitermachen. Ab April 1981 singt Plant mit seiner immer mal wieder zusammenkommenden Band Honeydrippers und veröffentlicht im Juli 1982 seine erste Solo-LP. Hits: „Big Log" (7/83 GB 11, 9/83 US 20) — und als Sänger der Honeydrippers — „Sea Of Love" (10/84 US 3).

■ **Jim Reeves** — 1924 — US-Country-Sänger und Songschreiber. Richtige Vornamen: James Travis. Möglich, daß er ein großer Baseballspieler geworden wäre, aber eine Verletzung des Fußgelenks stoppte die angehende Karriere. Wenn man die angenehme Stimme von Jim Reeves hört, verwundert es nicht, daß er als nächstes Diskjockey wurde. Er arbeitete in Shreveport, Louisiana, dem „Home Of Louisiana Hayride". 1950 machte er dann seine ersten Plattenaufnahmen, 1953 hatte er einen ersten Millionseller und den Top Country Hit des Jahres: „Mexican Joe" (4/53 US 23). Seit dieser Platte gehörte er in den USA zu den wenigen Künstlern, die sich sowohl in der Country- als auch in der Pophitparade gleichzeitig behaupten konnten. Seine größten Hits waren: „Four Walls" (4/57 US 11), „He'll Have To Go" (12/59 US 2, 4/60 GB 12), „I Love You Because" (2/64 GB 5), „I Won't Forget You" (6/64 GB 3, 11/64 C&W 3) und „Distant Drums" (4/66 C&W 1, 8/66 GB 1, 12/66 D 37). Zum Zeitpunkt des letztgenannten großen Erfolges war Jim bereits tot — am 31.7.1964 stürzte er mit seiner Privatmaschine ab. Seine Platten wurden sowohl in GB als auch in den USA in regelmäßigen Abständen wieder veröffentlicht. Noch in den 80er Jahren tauchte er mit seinen Singles in der Country Hitparade auf. Typisch amerikanisch erscheint mir, daß die letzte Top Ten Eintragung in der C&W-Hitparade, „Have You Ever Been Lonely (Have You Ever Been Blue)" (11/81 C&W 5), ein Duett mit Patsy Cline ist — Patsy kam wie er bei einem Flugzeugunglück ums Leben, im Jahre 1963.

■ **Isaac Hayes** — 1942 — US-Sänger, Pianist, Songschreiber und Produzent. Er begann als Sessionmusiker für Aufnahmen von Otis Redding und anderen Künstlern des STAX-Labels. Zusammen mit dem Songschreiber David Porter komponierte er eine Reihe von bekannten Soul-Hits wie „Soul Man" oder „Hold On! I'm A Comin'". Ende der 60er Jahre veröffentlichte Isaac seine ersten Platten. Sein größter Hit wurde „Theme From Shaft" (10/71 US 1, 12/71 GB 4, 2/72 D 35) aus dem Film „Shaft". Dafür erhielt er einen Oscar. Er hatte auch weitere Erfolge als Komponist für Filmmusiken, z. B. „Tough Guys" und „Truck Turner".

■ **Phil Lynott** — 1951 — GB-Sänger, Bassist und Songschreiber. Sohn brasilianisch-irischer Eltern. Er begann mit Black Eagles, Skid Row, Sugar Shack und Orphanage. 1970 gründete er Thin Lizzy — Hits: „Whisky In The Jar" (1/73 GB 6, 3/73 D 7), „The Boys Are Back In Town" (5/76 GB 8, US 12, D 19), „Waitin' For An Alibi" (3/79 GB 9) und „Killer On The Loose" (9/80 GB 10). Zwischendurch machte er Soloplatten und war auf Aufnahmen von Gary Moore, Jeff Wayne - „War Of The Worlds" — und anderen zu hören. Hits mit Gary: „Parisienne Walkways"

Thin Lizzy

(4/79 GB 8) und „Out In The Fields" (5/85 GB 5, 7/85 D 14). Lynott starb, nachdem er eine Woche im Koma gelegen hatte, am 4.1.1986.

■ **Doug Fieger** — 1952 — US-Sänger, Gitarrist und Songschreiber. Anfang der 70er Jahre begann er als Bassist mit der Gruppe kSky. Mitte der 70er Jahre arbeitete er als Sessionmusiker und war bei dieser Gelegenheit auch kurzfristig mit der Kölner Gruppe Triumvirat zusammen. Zur Gründung von Knack kam es im Mai 1978 — Hits: „My Sharona" (6/79 US 1, GB 6, 8/79 D 12) und „Good Girls Don't" (9/79 US 12). 1982 fiel die Band auseinander, Fieger gründete Doug Fieger's Taking Chances. Als Gast-Sänger war er 1983 bei Was (Not Was) auf der LP „Born To Laugh At Tornadoes" zu hören.

■ **Jack Teagarden** — 1905 — US-Jazzmusiker, stilbildender Posaunist des traditionellen Jazz und auch Sänger. Richtige Vornamen Weldon John. Seine Karriere begann bei Ben Pollack im Jahre 1928. Bei ihm blieb er bis 1933, spielte dann mit Red Nichols, Benny Goodman und Paul Whiteman und zwischendurch immer mal wieder mit einem eigenen Orchester. Hits: „Someone Stole Gabriel's Horn" (9/33 US 7) und „The Sheik Of Araby" (6/39 US 14). Zwischen 1947 und 1951 spielte er mit den All Stars von Louis Armstrong. Jack starb am 15.1.1964.

■ **Jim Pankow** — 1947 — US-Posaunist und Songschreiber mit Chicago seit deren Gründung im Jahre 1966. Jim schrieb z. B. „Make Me Smile" (4/70 US 9), „Just You And Me" (9/73 US 4) oder „Old Days" (4/75 US 5). Nebenher arbeitete er auch als Studiomusiker bei Leon Russell, den Bee Gees, Knack, Joe Vitale, Toto, Don Felder, Rufus oder David Foster.

■ **Ralf Hütter** — 1946 — Stimme, Songschreiber und Elektroniker bei der aus Düsseldorf stammenden Synthesizer- und Computerband Kraftwerk. Hits: „Autobahn" (3/75 US 25, 5/75 GB 11, D 9) und „Computerlove/The Model" (12/81 GB 1), „Das Model" (3/82 D 7) und „Musique Non Stop" (11/86 D 13).

■ **Leslie Knauer** — 1957 — US-Sängerin mit Promises, die nur bei uns Erfolg hatten: „Baby It's You" (1/79 D 4) und „Let's Get Back Together" (5/79 D 18).

■ **Richard Zatorski** — 1957 — Australischer Keyboarder und Songschreiber mit Real Life.

■ **Gary Lalonde** — 1955 — Kanadischer Bassist mit Honeymoon Suite.

■ **John Lantree** — 1940 — GB-Bassist mit Honeycombs.

■ **Mike McKenzie** — 1955 — GB-Gitarrist bei Child.

Todestage

■ **"Papa" Dee Allen** — 1988 — US-Percussionspieler bei War. Er starb an einer Gehirnblutung. Geboren am 18.7.1931.

■ **Thad Jones** — 1986 — US-Bläser und Komponist. Er starb an einem Krebsleiden. Geboren am 28.3.1923.

Tageshits

1977 — „Angelo" — Brotherhood Of Man — GB 1 W.
1977 — „Best Of My Love" — Emotions — US 4 W.

21

Geburtstage

■ **Count Basie** — 1904 — US-Jazz-Pianist, Komponist und Arrangeur. Er spielte mit fast allen großen Namen des Pop und kJazz zusammen und galt bei vielen als die Nummer 2 direkt hinter Duke Ellington. Nachdem William Basie — so sein richtiger Name — einige Jahre lang Varietékünstler bei ihren Auftritten begleitet hatte, spielte er zunächst mit Walter Page's Blue Devils und dann von 1929 bis 1935 mit der Band von Bennie Moten. Nach dessen Tod nahm Basie die besten Musiker dieser Formation und gründete seine eigene Band, die innerhalb von zwei Jahren eine der anerkanntesten in der Jazz-Szene wurde. Durch seine außergewöhnlichen Solisten — vor allen Dingen Tenorsaxophonist Lester Young -, den Sänger Jimmy Rushing und das einfache, aber swingende Pianospiel des Count selbst konnte er sich einen dauerhaften internationalen Ruf schaffen. Mehr als vier Jahrzehnte galt der Name Basie als Synonym für das Beste aus dem Bereich der Big-Band-Musik. Sein größter kommerzieller Erfolg war die Novelty-Nummer „Open The Door, Richard!" (2/47 US 1). Der Count starb am 26.4.1984.

■ **Kenny Rogers** — 1941 — US-Sänger, erfolgreich auf dem Pop- und Country-Sektor. Richtige Vornamen Kenneth Donald. Nachdem er ab 1958 in der High School Band Scholars gespielt hatte, begann er als Bassist und Sänger im Bobby Doyle Trio, einer populären, jazzig angehauchten Formation aus Houston. Danach kurz sang er mit Kirby Stone Four und war ab 1966 einer der New Christy Minstrels. 1967 gründete Kenny die First Edition, die nach den ersten beiden großen Erfolgen in Kenny Rogers & The First Edition umbenannt wurde. Hits: „Just Dropped In (To See What Condition My Condition Was In)" (2/68 US 5), „Ruby, Don't Take Your Love To Town" (6/69 US 6, 10/69 GB 2) und „Something's Burning" (2/70 GB 8, US 11). Seit Mitte der 70er Jahre bringt Kenny Solo- oder Duettplatten auf den Markt. Solo-Hits: „Lucille" (3/77 US 5, GB 1, 7/77 D 10), „She Believes In Me" (4/79 US 5), „Coward Of The County" (11/79 US 3, 1/80 GB 1, 4/80 D 18), „Lady" (10/80 US 1, GB 12) und „I Don't Need You" (6/81 US 3). Kenny mit Dolly Parton: „Islands In The Stream" (8/83 US 1, 10/83 D 11, GB 7); mit Sheena Easton: „We've Got Tonight" (1/83 US 6, GB 28); mit Kim Carnes: „Don't Fall In Love With A Dreamer" (3/80 US 4) und mit Kim Carnes & James Ingram: „What About Me?" (9/84 US 15). Damit nicht genug: als „Host" betreute Kenny die TV-Variety-Show „Rollin'" im Jahre 1972 und spielte in den Filmen „The Gambler", „Coward Of The County" und „Six Pack" mit.

■ **Jackie DeShannon** — 1944 — US-Songschreiberin und Sängerin. Richtiger Name ist Sharon Myers. Als Sherry Lee Myers machte sie 1959 ihre ersten Plattenaufnahmen. 1960 ging sie nach Los Angeles und begann da, als Songschreiberin zu arbeiten. Inzwischen hat sie weit über 600 Stücke geschrieben,.darunter Hits für die Byrds, Brenda Lee, Rick Nelson, Bobby Vee, Searchers oder auch Helen Shapiro — einem breiten amerikanischen Publikum wurde sie bekannt, als sie 1964 für 26 Konzerte im Vorprogramm der Beatles auftrat. Jackie hat außerdem in mehreren Filmen mitgespielt. Ein Superwurf gelang ihr als Co-Autorin der Nummer „Bette Davis Eyes" für Kim Carnes. Jackie selbst stand in den Hitparaden mit „What The World Needs Now Is Love" (5/65 US 7) und „Put A Little Love In Your Heart" (6/69 US 4).

■ **Joe Strummer** — 1952 — GB-Sänger, Gitarrist und Songschreiber mit der 1976 gegründeten Band Clash. Geboren wurde er als kJohn Mellors in Ankara, Türkei. Er begann in der R&B-Gruppe 101ers. Clash war eine der ersten erfolgreichen Punk-Bands in GB. Größte Hits: „London Calling" (12/79 GB 11, 5/88 RE-GB 46), „Bankrobber" (8/80 GB 12) und „Rock The Casbah" (1/82 GB 30, 10/82 US 8). Nachdem sich etliche der Ur-Mitglieder von Clash getrennt hatten, löste Strummer die Gruppe im Frühjahr 1986 auf — endgültig?

■ **Peter Slaghuis** — 1963 — Niederländischer Friseur — semmelblond, Diskjockey, Scratcher, Songschreiber und Experte im Discomixing — laut Aussage seiner Plattenfirma. Sein erstes Projekt nannte Peter Video Kids — damit hatte er den Hit „Woodpeckers From Space" (2/85 D 4). 1988 kam er mit Hithouse — Hit: „Jack To The Sound Of The Underground" (11/88 GB 14, 1/89 D 6). Außerdem sorgte Peter mit seinem Remix auch für den Erfolg von Nu Shooz mit „I Can't Wait" (3/86 US 3, 5/86 GB 2, D 1).

■ **James Burton** — 1939 — US-Gitarrist. Mit 16 spielte er das Solo auf „Suzie Q" von Dale Hawkins, dann auf vielen frühen Hits mit Ricky Nelson, und von 1969 bis 1977 wirkte er auf den Platten von Elvis Presley als Studiomusiker mit. 1971 nahm er die Solo-LP „The Guitar Sound Of James Burton" auf — kein Erfolg. James ist nach wie vor ein gesuchter Studiomusiker.

■ **Christiane Legrand** — 1930 — Französische Sängerin, die von 1955 bis 1957 mit den Blue Stars, von 1958 bis 1960 mit Double Six Of Paris und danach als Solistin mit den Swingle Singers sang. 1964 schrieb ihr Bruder Michel die Musik für den Film „Die Regenschirme von Cherbourg". Ihre Stimme war auf dem Soundtrack zu hören. Mit „Les Parapluies De Cherbourg" hatte sie in demselben Jahr dann auch einen Hit in Frankreich.

■ **Glenn Hughes** — 1952 — GB-Bassist und Sänger, der von 1968 bis 1973 mit Trapeze spielte. Danach war er vom Juni 1973 bis März 1976 Mitglied bei Deep Purple. Nach einer sechsmonatigen Neuauflage von Trapeze ab 1977 versuchte sich Glenn als Solist.

■ **Tom Coster** — 1941 — US-Tastenspieler und Songschreiber für Santana. Er kam als Ersatz für Gregg Rolie. Danach machte er als Studiomusiker und Solist weiter.

■ **Kim Sledge** — 1957 — US-Sängerin mit der Geschwistertruppe Sister Sledge.

■ **Axel Breitung** — 1957 — Tastenspieler und Songschreiber für Silent Circle.

■ **Harold Reid** — 1939 — US-Sänger mit den Statler Brothers.

Todestag

■ **Joe Dassin** — 1980 — Französischer Schlagersänger. Geboren am 5.11.1938.

Tageshits

1943 — „In The Blue Of The Evening" — Tommy Dorsey — US 3 W.
1953 — „I Believe" — Frankie Laine — GB 3 W. (3. mal)
1968 — „Mony Mony" — Tommy James & The Shondells — GB 1 W. (2. mal)
1971 — „I'm Still Waiting" — Diana Ross — GB 3 W

22

Geburtstage

■ **Ron Dante** — 1945 — US-Sänger, der etliche Millionseller hatte — jedoch nie unter seinem Namen. Immer kam er mit Studiomusikern zusammen, die sich meist nur für die jeweiligen Plattenaufnahmen trafen. Zuerst mit den Detergents: „Leader Of The Laundromat" (12/64 US 19), eine Parodie auf den Hit der Shangri-Las „Leader Of The Pack". Dann wurde Ron die Stimme der Archies — Hits: „Sugar Sugar" (7/69 US 1, 10/69 GB & D 1) und „Jingle Jangle" (11/69 US 10, 2/70 D 7). Und auch für die Cuff Links lieferte er den Gesang — Hits: „Tracy" (9/69 US 9, 11/69 GB 4) und „When Julie Comes Around" (3/70 GB 10). Versuche, Ron als Solisten aufzubauen, schlugen fehl. Ab 1975 produzierte er Barry Manilow.

John Lee Hooker

■ **John Lee Hooker** — 1917 — US-Bluessänger, Gitarrist und Songschreiber. Zwischen 1931 und 1933 arbeitete er mit Robert Nighthawk, danach mit diversen Gospelgruppen, so z. B. mit den Fairfield Four 1938. 1943 ging John nach Detroit, 1948 machte er seine ersten Plattenaufnahmen: „Boogie Chillen'" (1/49 R&B 1), „I'm In The Mood" (10/51 R&B 1, US 30). Beide Platten werden 1948 als Millionseller aufgeführt, ebenso — obwohl nie in den Hitparaden — der Titel „Dimples" (1963). 1980 spielte John Lee im Film „Blues Brothers" mit. Ende 1989 brachte er die ausgezeichnete LP „The Healer" heraus, bei der so bekannte Musiker wie Carlos Santana, Bonnie Raitt, Robert Cray, Los Lobos, Canned Heat oder George Thorogood mitwirkten.

■ **Roland Orzabal** — 1961 — GB-Gitarrist, Keyboarder, Sänger und Songschreiber für Tears For Fears. Vollständiger Name: Roland Orzabal de la Quintana. Zusammen mit Curt Smith, mit dem er im Alter von 13 bereits in einer Schulband und 1980 in Graduate gespielt hatte, gründete er 1981 Tears For Fears. Hits: „Mad World" (10/82 GB 3, 12/82 D 21), „Change" (2/83 GB 4), „Pale Shelter" (4/83 GB 5, 6/83 D 25), „Shout" (12/84 GB 4, D 1, 6/85 US 1), „Everybody Wants To Rule The World" (3/85 GB 2, US 1, D 11, 5/86 RE-GB 5), „Head Over Heels" (6/85 GB 12, 9/85 US 3) und „Sowing The Seeds Of Love" (9/89 GB 5, US 2, D 11).

■ **Sonny Thompson** — 1923 — US-Pianist, Songschreiber und Bandleader. Richtiger Vorname Alfonso. Er machte seine ersten Plattenaufnahmen im Jahre 1946 und spielte auf vielen Titeln der Plattenfirmen King, Federal und DeLuxe bis in die 50er Jahre. Er selbst war erfolgreich mit „Long Gone" (5/48 R&B 1, 7/48 US 29). Diese Instrumentalaufnahme wird 1948 als Millionseller gezählt.

■ **Bob Flanigan** — 1926 — US-Leadsänger der Four Freshmen, die sich 1948 als Toppers formierten. 1950 wurden sie Profis, nachdem sie durch Stan Kenton entdeckt worden waren, der ihnen einen Plattenvertrag verschaffte. 1951 traten sie in dem Film „Rich, Young And Pretty" auf. Hits: „Mood Indigo" (11/54 US 24) und „Graduation Day" (5/56 US 17).

■ **Dale Hawkins** — 1938 — US-Rockabilly-Sänger, Gitarrist, Songschreiber und Bandleader. Richtige Vornamen Delmar Allen. 1956 nahm er seine ersten Platten auf und hatte seinen kgrößten Erfolg mit dem Original von „Suzie Q" (6/57 US 27).

■ **Frank Marino** — 1954 — US-Gitarrist, Sänger und Songschreiber, der 1970 in Montreal die Gruppe Mahogany Rush gründete. Ab Ende der 70er Jahre erschienen die Platten der Band, die einen eher mäßigen Heavy-Metal-Sound hatten, als Frank Marino & The Mahogany Rush. Ein Hit gelang der Gruppe nicht.

■ **Ian Mitchell** — 1958 — GB-Bassist mit Bay City Rollers, Rosetta Stone und schließlich mit seiner eigenen Band, in der er Leadsänger, Gitarrist, Keyboarder und Songschreiber war.

■ **James DeBarge** — 1963 — US-Sänger und Tastenspieler in der Geschwistertruppe DeBarge. Er kam 1982 zur bereits bestehenden Formation.

■ **Sam Neely** — 1948 — US-Sänger und Songschreiber. Größter Hit: „Loving You Just Crossed My Mind" (9/72 US 29).

■ **Donna Godchaux** — 1947 — US-Sängerin seit 1974 mit Grateful Dead und New Riders Of The Purple Sage.

■ **Debbie Peterson** — 1961 -US-Schlagzeugerin und Songschreiberin mit den Bangles.

■ **Fred Milano** — 1939 — US-Sänger mit den Belmonts.

Tageshits

1958 — „When" — Kalin Twins — GB 5 W.
1963 — „Bad To Me" — Billy J. Kramer — GB 3 W.
1964 — „Where Did Our Love Go?" — Supremes — US 2 W.
1970 — „Make It With You" — Bread — US 1 W.
1970 — „In The Summertime" — Mungo Jerry — D 7 W.
1982 — „Adios Amor" — Andy Borg — D 5 W.
1987 — „Who's That Girl" — Madonna — US 1 W.
1988 — „Girl You Know It's True" — Milli Vanilli — D 6 W.

23

Geburtstage

■ **Bob Crosby** — 1913 — US-Sänger, Bandleader und Songschreiber. Zwischen 1935 und 1942 war er immer mal wieder Sänger in der Band der Dorsey Brothers. Bei ihnen sang er z. B. den Hit „Lullaby Of Broadway" (4/35 US 1). Nach diesem Erfolg gründete er seine eigene Band, die sich vor allem auf Dixieland-Jazz spezialisierte. Ihren ersten Hit hatte sie mit „In A Little Gypsy Tea Room" (6/35 US 1), gesungen jedoch nicht von Bob, sondern von Frank Tennille, dem Vater von Toni. Weitere Hits: „Whispers In The Dark" (8/37 US 1), „Day In, Day Out" (9/39 US 1), „Over The Rainbow" (9/39 US 2), „With The Wind And The Rain In Your Hair" (3/40 US 2) und „Down Argentine Way" (11/40 US 2). Bob Crosby & His Orchestra wird bis ins Jahr 1951 mit Hits verzeichnet und gilt als eine der Top Dance-Bands jener Tage. Bobs Orchester begleitete natürlich auch einige Hits seines älteren Bruders Bing, so z. B. „You Must Have Been A Beautiful Baby" (12/38 US 1).

■ **Rick Springfield** — 1949 — Australischer Sänger, Gitarrist und Songschreiber. Er begann in der Gruppe Zoot — als daraus nichts wurde, ging er 1972 in die USA und versuchte sich als kSolist. Er brachte es zum Hit „Speak To The Sky" (8/72 US 14). Als danach seine Karriere nicht richtig weiterlief, versuchte sich Rick als Schauspieler und wurde in der US-Vorlage zur „Schwarzwald-Klinik", „General Hospital", in der er eine Hauptrolle spielte, einem breiten Publikum bekannt. Er nahm einen erneuten Anlauf als Rockstar — jetzt klappte es besser. Hits: „Jessie's Girl" (3/81 US 1, 3/84 GB 43), „Don't Talk To Strangers" (3/82 US 2) und „Love Somebody" (3/84 US 5).

■ **Tex Williams** — 1917 — US-Country-Sänger, Gitarrist und Songschreiber. Richtiger Vorname Sol. 1930 arbeitete Tex bei einem Sender in Illinois, Mitte der 30er Jahre zog er mit seiner Band, den Reno Racketeers, nach Kalifornien und trat in vielen Westernfilmen auf. Dann wurde er Sänger der Spade Cooley Band und gründete 1946 wieder eine eigene Gruppe, Western Caravan. Von da an war er bis 1974 regelmäßig in den Country-Hitparaden vertreten. In den 60er Jahren hatte er eine eigene Fernsehserie. Sein größter Crossover-Hit war „Smoke! Smoke! Smoke! (That Cigarette)" (7/47 US 1). Tex starb am 11.10.1985.

■ **Gene Kelly** — 1912 — US-Tänzer, Schauspieler und Sänger. Neben Fred Astaire gilt er als der größte singende Tänzer der Filmgeschichte. Seine Karriere begann 1938 am Broadway in „Leave It To Me". Speziell seine Auftritte in „Ein Amerikaner in Paris" (1951) oder „Singin' In The Rain" (1952) sind bemerkenswert. Im Gegensatz zu Astaire brachte es Gene jedoch nur auf zwei Hits in der US-Hitparade, und die auch noch nur im Duett mit Judy Garland. Der größere der beiden: „For Me And My Gal" (1/42 US 3), Titelsong seines ersten Filmes.

■ **David** — 1942 — GB-Sänger und Songschreiber. Richtiger Name Roger Greenaway. Bis 1976 verlief seine Karriere parallel zu der seines Kollegen Jonathan (siehe 19.8.). Als der sich in die USA abgesetzt hatte, machte David als Songschreiber und Produzent in GB weiter. So wurden durch ihn z. B. die Drifters wieder für die 70er Jahre aufpoliert.

■ **Vicky Leandros** — 1948 — Sängerin, geboren in Griechenland, aufgewachsen in Hamburg. Vater Leo war zwischen 1957 und 1963 mit Schlagern erfolgreich — die Tochter setzte den Erfolg ab 1965 fort. 1972 siegte sie mit dem Titel „Après Toi" für Luxemburg beim Grand Prix Eurovision — das machte sie auch international bekannt. Hits: „Messer, Gabel, Schere, Licht" (7/65 D 16), „Après Toi/Dann kamst Du/Come What May" (4/72 D 11, GB 2) und „Theo, wir fahr'n nach Lodz" (5/74 D 1).

■ **Rita Pavone** — 1945 — Italienische Sängerin, die bereits 1963 in ihrer Heimat den Millionseller „La Partita Di Pallone" hatte. Bei uns sang sie Hits wie „Wenn ich ein Junge wär'" (12/63 D 2), zusammen mit Paul Anka „Kiddy Kiddy Kiss Me" (1/65 D 7) und „Arrivederci Hans" (7/68 D 6).

■ **Bobby Gubby** — 1961 — GB-Sänger mit Bucks Fizz, der als Bobby G. im Dezember 1984 den selbstgeschriebenen Titelsong für eine Fernsehserie der BBC, „Big Deal" (12/84 GB 65, 10/85 RE-GB 46), veröffentlichte.

■ **Keith Moon** — 1947 — GB-Schlagzeuger mit den Who. 1975 veröffentlichte er seine einzige Solo-LP „Two Sides Of The Moon". Er starb am 7.9.1978 und wurde durch Kenny Jones von den Faces ersetzt.

■ **Anthony Micale** — 1942 — US-Leadsänger mit den Reflections. Größter Hit: „(Just Like) Romeo & Juliet" (4/64 US 6).

■ **Marion Valentino** — 1955 — GB-Sängerin und Gitarristin mit kDoll. Einziger Hit: „Desire Me" (1/79 GB 28).

Todestage

■ **Oscar Hammerstein** — 1960 — US-Songschreiber — mit Richard Rodgersz.bildetegergeinesgderz.erfolgreichsten Musicalautorengespanne in den USA. Geboren am 12.7.1895.

■ **Rudolph Valentino** — 1926 — Hollywoods Stummfilmstar. Geboren am 6.5.1895.

Tageshits

1969 — „Honky Tonk Women" — Rolling Stones — US 4 W.
1975 — „Fallin' In Love" — Hamilton, Joe Frank & Reynolds — US 1 W.
1980 — „Ashes To Ashes" — David Bowie — GB 2 W.
1986 — „I Want To Wake Up With You" — Boris Gardiner — GB 3 W.

24

Geburtstage

■ **Arthur Crudup** — 1905 — US-Bluessänger, Gitarrist und Songschreiber. Er trat auch unter den Namen Percy Lee oder Elmer James auf. In den 40er Jahren sang er in der Gospelgruppe Harmonizing Four, seine ersten Platten machte er 1941. Zusammen mit Elmore James und Sonny Boy Williamson machte er Tourneen. Zwischen 1953 und 1959 zog er sich ganz aus dem Musikgeschäft zurück. 1959 — inzwischen hatte ihn Elvis Presley als den Interpreten genannt, der ihn am meisten beeinflußte — machte er erneut Platten. 1970 tourte er durch England, 1974 mit Bonnie Raitt. Seinen ersten Hit hatte Arthur mit „Rock Me, Mama" (5/45 R&B 3). Vor allem wurde er bekannt durch seinen Titel „That's All Right", später einer der ersten Hits für Elvis Presley. Auch die Elvis-Nummer „My Baby Left Me" war ein Titel von Arthur „Big Boy" Crudup. Elvis bedankte sich artig bei Crudup im Jahre 1956 — aber Geld hat er nie geschickt. Kurz vor dem Tode von Crudup wollten die Verleger von Elvis 60 000 Dollar an ihn überweisen — aber dann änderten sie doch ihre Meinung, weil ein Prozeß billiger gewesen wäre. So starb Crudup am 28.3.1974 in völliger Armut.

■ **Wynonie Harris** — 1915 — US-R&B-Sänger, Schlagzeuger und Songschreiber, der als einer derjenigen gilt, die die Ära des R'n'R vorbereiten halfen. Er begann schon in den 30er Jahren mit einer eigenen Combo — er sang und spielte Schlagzeug. 1944 machte er seine ersten Platten mit der Lucky Millinder's Band. Johnny Otis brachte ihn schließlich auf den R&B-Trip. Er spielte in den Bands von Lionel Hampton und Big Joe Turner. Zwischen 1946 und 1952 war Wynonie mit 15 Platten in den R&B-Charts vertreten. Seine beiden größten Hits waren „Good Rokkin' Tonight" (5/48 R&B 1) und „All She Wants To Do Is Rock" (8/49 R&B 1). Bis in die 60er Jahre nahm er Platten auf und starb — inzwischen Kellner in einer Kneipe — am 14.6.1969.

■ **Mason Williams** — 1938 — US-Gitarrist und Songschreiber. Seine kbekannteste Nummer ist „Classical Gas" (6/68 US 2, 8/68 GB 9), für viele andere Gitarristen eine Übungsnummer. Wenn sie die spielen können, sind sie schon gut. Als Songschreiber besorgte Mason für Esther & Abi Ofarim die Nummer „Cinderella Rockefella" und schrieb etliche erfolgreiche TV- und Film-Themen.

Jim Capaldi

■ **Jim Capaldi** — 1944 — GB-Drummer, Sänger und Songschreiber. Im Alter von 17 Jahren begann er, zusammen mit Luther Grosvenor und Dave Mason, bei den Hellions, die sich in Deep Feeling umbenannten. Im April 1967 kam es zur Gründung von Traffic — Jim blieb bis zum Ende dieser Gruppe im Dezember 1974. Schon ab 1972 hatte er auch Soloplatten aufgenommen — seine größten Erfolge: „Love Hurts" (10/75 GB 4, 12/75 D 12) und „That's Love" (4/83 US 28).

■ **Ken Hensley** — 1945 — GB-Tastenspieler, Sänger und Songschreiber. 1965 gehörte er zu den Gründungsmitgliedern der Gruppe Gods. Die Band hielt bis zum Februar 1969, dann wurde Ken für vier Monate Mitglied in der Cliff Bennett Band, spielte für ein halbes Jahr bei Toe Fat und war schließlich im Dezember 1969 Gründungsmitglied von Uriah Heep. Ken machte auch Solo-LPs und spielte mit Blackfoot.

■ **Louis Teicher** — 1924 — US-Pianist. Ab 1947 spielte er zusammen mit Arthur Ferrante als Duo Ferrante & Teicher. Hits: „Theme From The Apartment" (7/60 US 10), „Exodus" (11/60 US 2, 3/61 GB 6), „Tonight" (10/61 US 8) und „Midnight Cowboy" (11/69 US 10).

■ **John Cipollina** — 1943 — US-Gitarrist und Songschreiber mit Quicksilver Messenger Service von 1965 bis 1970. Anschließend spielte er mit seiner eigenen Band Copperhead, bei Man und den Dinosaurs. Er starb am 29.5.1989.

Jean Michael Jarre

■ **Jean-Michel Jarre** — 1948 — Französischer Tastenspieler. Internationaler Hit: „Oxygene IV" (8/77 GB 4, D 16). Ein weiterer Erfolg in Frankreich war „Rendez-Vous" (1986).

■ **Carl Mann** — 1942 — US-Sänger, Pianist und Songschreiber. Im Alter von 12 Jahren gründete er seine erste Band, 1957 machte er seine ersten Plattenaufnahmen. Carl versuchte immer von allem ein bißchen, erst ein bißchen Country-Music, dann ein bißchen Rock 'n' Roll und Rhythm & Blues. 1959 unterzeichnete er bei Sun Records einen Vertrag. Gleich seine erste Platte war recht erfolgreich: „Mona Lisa" (6/59 US 25). Offensichtlich aber hatte Carl sich übernommen — immerhin war er zu diesem Zeitpunkt erst 17 Jahre alt. Er mußte für längere Zeit pausieren. Als er wieder zurückkam, war sein Zug schon wieder abgefahren. Von 1962 bis 1964 spielte er in der Band von Carl Perkins. Zwischen 1967 und 1974 klinkte er sich ganz aus dem Musikgeschäft aus und tauchte 1976 mit „Twilight Time" (5/76 C&W 100) wieder mal ein bißchen auf. Ob „Mona Lisa", „Pretend" oder „Twilight Time" — immer waren es Coverversionen von alten Nummern, die er nachsang.

■ **Jeffrey Daniel** — 1955 — US-Sänger des im November 1978 zusammengestellten Trios Shalamar. Er blieb bis zum Januar 1984, ging dann nach England und wurde dort Fernsehmoderator des britischen Ablegers der US-Serie „Soul Train". Genau in dieser Serie hatte Jeffrey vor seiner Karriere mit Shalamar den Eintänzer gemimt.

■ **James Brady** — 1944 — US-Sänger im L.A.-Trio Sandpipers. Ihre größten Hits hatten sie mit „Guantanamera" (7/66 US 9, 9/66 GB 7, 11/66 D 22) und „Come Saturday Morning" (12/69 US k17).

■ **William Winfield** — 1929 — US-Leadsänger der Harptones, die sich 1953 als R&B-Gruppe in Harlem formierten und zuerst Harps nannten.

■ **David Freiberg** — 1938 — US-Bassist mit Quicksilver Messenger Service und Jefferson Starship.

■ **Malcolm Duncan** — 1945 — GB-Saxophonist mit Average White Band und als Studiomusiker.

■ **Geff Harrison** — 1948 — GB-Sänger mit der deutschen Band Kin Ping Meh von 1972 bis 1976. Danach als Solist.

■ **Zeus B. Held** — 1950 — Multi-Musiker und Produzent. Er spielte zwischen 1973 und 1978 mit Birth Control, dann als Solist.

■ **Ernie Wright** — 1939 — US-Sänger mit Little Anthony & The Imperials.

■ **Mike Derosier** — 1951 — Kanadischer Drummer mit Heart.

■ **Mark Bedford** — 1961 — GB-Bassist mit Madness.

Todestag

■ **Louis Prima** — 1978 — US-Sänger und Trompeter. Geboren am 7.12.1912.

Tageshits

1940 — „Where Was I?" — Charlie Barnet — US 2 W.
1959 — „Three Bells" — Browns — US 4 W.
1974 — „(You're) Having My Baby" — Paul Anka & Odia Coates — US 3 W.
1985 — „Power Of Love" — Huey Lewis & The News — US 2 W.

25

Geburtstage

Elvis Costello

■ **Elvis Costello** — 1954 — GB-Sänger, Gitarrist und Songschreiber, Sohn des Bandleaders Ross McManus, deshalb ist sein richtiger Name Declan Patrick McManus. Schon sehr früh beginnt Elvis, eigene Songs zu schreiben. Mit 16 verläßt er die Schule und wird Computer-Operator in einer Fabrik in Liverpool. Nebenher tritt er als D. P. Costello in Folk-Clubs auf — Costello ist der Mädchenname seiner Mutter. 1976 gründet er die Country-Rock-Gruppe Flip City, die ein Demo aufnimmt und an die gerade gegründete Plattenfirma Stiff schickt. Die macht einen Vertrag mit Elvis und veröffentlicht wenig später seine ersten Platten. Hits: „Oliver's Army" (2/79 GB 2), „I Can't Stand Up For Falling Down" (2/80 GB 4), „A Good Year For The Roses" (10/81 GB 6) und „Veronica" (3/89 GB 31, US 19).

■ **Gene Simmons** — 1949 — US-Bassist, Sänger und Songschreiber der 1972 gegründeten Hardrockband Kiss. Im Januar 1974 unterschreiben sie einen Plattenvertrag. Hits: „Rock And Roll All Nite (Live Version)" (11/75 US 12), „Beth" (9/76 US 7), „I Was Made For Loving You" (5/79 US 11, 7/79 D 2) und „Crazy Crazy Nights" (10/87 GB 4). Bis zum Jahre 1983 war die Gruppe bei ihren Auftritten angemalt wie Grock in seinen besten Tagen. Am 18.9.1983 traten sie exklusiv für MTV ohne Masken auf k- ob's ein allseitiges Erschrecken gab, ist nicht überliefert. Gene, der mit richtigem Nachnamen Klein heißt, machte auch Soloplatten.

■ **Damian McKee** — 1958 — GB-Sänger und Gitarrist mit Rosetta Stone. Die Band war als Nachfolger für die Bay City Rollers gedacht — nur die deutschen Teenies fielen darauf rein. Hit: „(If Paradise) Is Half As Nice" (3/78 D 20).

■ **Leonard Bernstein** — 1918 — US-Komponist, Pianist und Dirigent. Ab 1945 schrieb er Musiken für Broadway-Shows, so z. B. für „Peter Pan" (1950) und „Candide" (1956). 1957 schrieb er die Musik zur „West Side Story", der Text stammte von Stephen Sondheim nach Shakespeare's „Romeo & Julia". Von 1959 bis 1969 war er Chefdirigent des New Yorker Philharmonic Orchestra. Bernstein schrieb auch Sinfonien, Ballette, Bühnen- und Filmmusiken.

■ **James Warren** — 1951 — GB-Sänger, Gitarrist, Bassist, und Songschreiber für die 1979 gegründete Formation Korgis. 1968 begann James bei Dawn, dann kam er zu Stackridge, die musikalisch zwischen den Beatles und den Wurzels lagen. Hits für Korgis: „If I Had You" (6/79 GB 13) und „Everybody's Got To Learn Sometime" (5/80 GB 5, 10/80 US 18). Anfang der 80er Jahre fiel die Band auseinander. James konzentrierte sich mehr aufs Songschreiben und auf Studioarbeit. 1984 kam Korgis noch einmal zusammen.

■ **Robert Stolz** — 1880 — Österreicher und König der Operette. Bis 1938 war er Kapellmeister am Theater an der Wien, dann wanderte er über Paris in die USA aus. 1946 kehrte er nach Wien zurück. Er komponierte über 60 Operetten, z. B. „Frühling im Prater (1949), über 100 Filmmusiken, darunter „Zwei Herzen im Dreivierteltakt" (1930), und über 2000 Lieder. Er starb am 27.6.1975.

■ **Rob Halford** — 1951 — GB-Sänger mit Judas Priest, die 1969 gegründet wurden und ab 1974 Platten veröffentlichten. Hits: „Take On The World" (1/79 GB 14), „Living After Midnight" (3/80 GB 12) und „Breaking The Law" (6/80 GB 12).

■ **Wayne Shorter** — 1933 — US-Saxophonist, Komponist und Bandleader. Er spielte u. a. mit Miles Davis, Art Blakey und Weather Report.

■ **Nigel Durham** — 1965 — GB-Schlagzeuger mit Saxon.

■ **Walter Williams** — 1942 — US-Sänger mit den O'Jays.

Todestag

■ **Stan Kenton** — 1979 — US-Bandleader. Geboren am 19.2.1912.

Tageshits

1958 — „Little Star" — Elegants — US 1 W.
1958 — „Bird Dog" — Everly Brothers — US 1 W.
1960 — „Apache" — Shadows — GB 5 W.
1962 — „The Locomotion" — Little Eva — US 1 W.
1973 — „Brother Louie" — Stories — US 2 W.
1973 — „Young Love" — Donny Osmond — GB 4 W.
1979 — „We Don't Talk Anymore" — Cliff Richard — GB 4 W.
1979 — „My Sharona" — Knack — US 6 W.
1986 — „Holiday Rap" — M. C. Miker „G" & Deejay Sven — D 5 W.

26

Geburtstage

■ **Jimmy Rushing** — 1903 — US-Sänger, der mit vielen der großen Bands zusammen sang. Richtige Vornamen James Andrew. Seine größten Erfolge hatte er als Sänger der Band von Count Basie, in der er zwischen 1936 und 1948 sang. Hits vom Count mit Jimmy: „Stop Beatin' Round The Mulberry Bush" (10/38 US 6), „Jimmy's Blues" (10/45 US 10) und „Blue Skies" (9/46 US 8) — es handelt sich hierbei um die Version, die auch im gleichnamigen Film zu hören ist. Nebenher machte Jimmy auch Plattenaufnahmen mit Benny Goodman, so z. B. „This Year's Kisses" (1/37 US 1), Earl Hines, Dave Brubeck, Bob Crosby oder Benny Moten und gute Blues-Platten. Jimmy starb am 8.6.1972.

■ **Vic Dana** — 1942 — US-Sänger, der zwischen 1961 und 1970 mit 15 Platten in den Pop-Hitparaden vertreten war. Sein größter Erfolg war „Red Roses For A Blue Lady" (2/65 US 10).

■ **Valerie Simpson** — 1946 — US-Sängerin und Songschreiberin, meist zusammen mit ihrem Mann Nickolas Ashford (siehe 4.5.).

■ **Chris Curtis** — 1941 — GB-Schlagzeuger und Songschreiber mit den Searchers. Richtiger Name Christopher Crummey.

■ **Billy Rush** — 1952 — US-Gitarrist mit Asbury Jukes, die mit Southside Johnny spielten.

■ **Robert Cowsill** — 1950 — US-Gitarrist und Sänger mit den Cowsills.

■ **John O'Neill** — 1957 — GB-Gitarrist und Songschreiber mit den Undertones.

Tageshits

1965 — „I Got You Babe" — Sonny & Cher — GB 2 W.
1967 — „Ode To Billie Joe" — Bobbie Gentry — US 4 W.
1972 — „Brandy (You're A Fine Girl)" — Looking Glass — US 1 W.
1978 — „Grease" — Frankie Valli — US 2 W.

27

Geburtstage

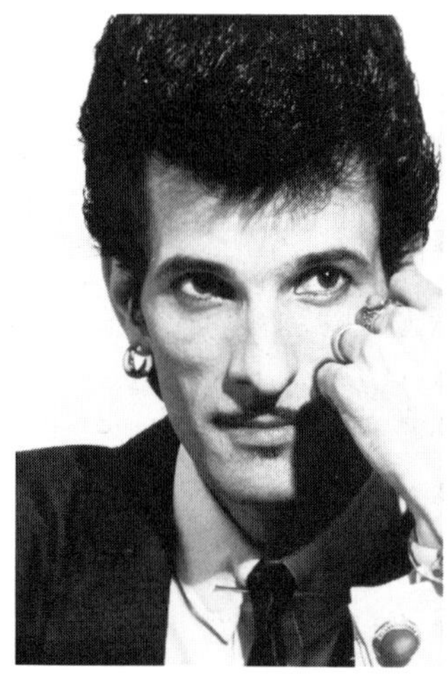

Mink deVille

■ **Willie DeVille** — 1950 — US-Sänger, Gitarrist und Songschreiber. Richtiger Name William Borsay. Mitte der 70er Jahre gründete er die Gruppe Mink DeVille, die sich zwar als Punkrockgruppe bezeichnete, aber doch mehr Rhythm & Blues brachte. 1977 erschien die Debüt-LP der Gruppe, darauf auch der erste Hit „Spanish Stroll" (8/77 GB 20). Willie macht sehr schöne LPs und gilt als der Mann mit dem schönsten Diamanten im Gebiß.

■ **Tommy Sands** — 1937 — US-Sänger und Filmschauspieler. Von 1960 bis 1965 war er verheiratet mit Nancy Sinatra. Zwischen 1957 und 1960 stand er mit elf Titeln in der amerikanischen Hitparade. Größte Hits: „Teen-Age Crush" (2/57 US 2), "Goin' kSteady/Ring My Phone" (5/57 US 16) und „The Old Oaken Booket" (8/60 GB 25). Als Schauspieler trat Tommy 1962 in „Der längste Tag" auf, in der Fernsehserie „Hawaii 5-O" war er in den frühen 70ern in zahlreichen Episoden zu sehen.

■ **Daryl Dragon** — 1942 — US-Tastenspieler und Songschreiber, Sohn des ekannten US-Orchesterleiters Carmen Dragon. Daryl arbeitete erst für die Beach oys — Mike Love war es dann auch, der ihm den Spitznamen „Captain" gab -, ann zusammen mit seiner Frau Toni Tennille als Captain & Tennille. Die meisten lits jedoch schrieb nicht Daryl, sondern Toni (siehe 8.5.).

■ **Markus** — 1959 — Sänger und Songschreiber, mit Nachnamen Möhrl. Er auchte mit der „NDW" auf und sang unbekümmert „Ich will Spaß" (6/82 D 1). usammen mit Nena spielte er in einem Film, hatte einen weiteren Hit mit „Kleine aschenlampe brenn'" (5/83 D 5) und schien ausgebrannt. Dann tauchte er usammen mit dem Briten Mark Jefferis als T.X.T. auf — Hit: „Girl's Got A Brand lew Toy" (7/85 D 21). 1987 kam Markus wieder als Solist.

■ **Glenn Matlock** — 1956 — GB-Bassist. Er spielte bei den Sex Pistols, bis er 977 rausgeschmissen und durch Sid Vicious ersetzt wurde. Danach gründete lenn die Rich Kids und Anfang der 80er Jahre die Spectors.

■ **Alice Coltrane** — 1937 — US-Jazz-Keyboardspielerin, Harfinistin und Komonistin. Ihr Mädchenname ist McLeod. 1966 heiratete sie John Coltrane, in desen Quartett sie im selben Jahr Mitglied geworden war.

■ **Hans Scheibner** — 1936 — Deutscher Lästerlyriker, der — so seine Platenfirma — bissig und liebevoll, witzig, frech und traurig zugleich sein kann. Im TV rhalten wir ihn „Scheibnerweise".

■ **Suzanne Doucet** — 1946 — Schlagersängerin und Songschreiberin. Sie war uch als TV-Moderatorin lange auf dem Schirm. Größte Hits: „Das geht doch keien etwas an" (5/64 D 10) und „Okay, ich geh'" (9/64 D 19).

■ **Carter Glen Stanley** — 1925 — US-Country-Gitarrist und Sänger. Zusamnen mit seinem jüngeren Bruder Ralph Edmond gründete er 1946 die Clinch Aountain Boys. Später traten sie als Stanley Brothers auf. Größter Hit: „How Far o Little Rock" (3/60 C&W 17). Carter starb am 1.12.1966.

■ **Phil Shulman** — 1937 — GB-Sänger, Trompeter und Flötist. Zusammen mit einen Brüdern Ray und Derek bildete er den Nucleus von Simon Dupree & The Big Sound, deren größter Hit der Titel „Kites" (11/67 GB 9) war. Ab 1969 machten ie als Gentle Giant weiter.

■ **Lester Young** — 1909 — US-Jazz-Tenorsaxophonist und Komponist. Er pielte von 1936 bis 1940 mit Count Basie, außerdem mit Benny Goodman, Colenan Hawkins oder Ted Wilson. Populär wurde er durch seine Plattenaufnahmen nit Billie Holiday. Lester starb am 15.3.1959.

■ **Alex Lifeson** — 1953 — Kanadischer Gitarrist, Sänger und Songschreiber m Rocktrio Rush, das 1973 seine erste LP veröffentlichte. Hits: „Spirit Of Radio" 3/80 GB 13), „Tom Sawyer" (10/81 GB 25) und „New World Man" (9/82 US 21).

■ **Laurie Wisefield** — 1952 — GB-Gitarrist und Songschreiber mit Home und ab 1974 als Ersatz für Ted Turner mit Wishbone Ash.

■ **Jeff Cook** — 1949 — US-Gitarrist, Geiger und Sänger für kAlabama.

■ **Michael Kunzi** — 1958 — Bassist und Sänger mit der Münchener Freiheit.

■ **Malcolm Allured** — 1945 — GB-Drummer mit Showaddywaddy.

Todestage

■ **Brian Epstein** — 1967 — GB-Manager der Beatles und vieler anderer GB-Künstler. Er wurde tot zu Hause aufgefunden — man sprach von Selbstmord. Geboren am 19.9.1934.

■ **Bob Scholl** — 1975 — US-Sänger mit den Mello-Kings. Starb nach einem Bootsunfall. Geboren am 14.7.1938.

Tageshits

1964 — „Have I The Right" — Honeycombs — GB 2 W.
1977 — „Float On" — Floaters — GB 1 W.
1988 — „Monkey" — George Michael — US 2 W.

28

Geburtstage

■ **David Soul** — 1943 — US-Schauspieler und Sänger. Richtiger Nachname Solberg. Er spielte zwischen 1975 und 1979 den Ken Hutchinson in der TV-Serie „Starsky & Hutch". Seine erste größere Rolle in einer TV-Serie hatte er jedoch schon von 1968 bis 1970 als Joshua Bolt in „Here Come The Brides". Bereits Mitte der 60er Jahre hatte David als Folksänger gearbeitet. Nach seinen Erfolgen als Hutch war man der Meinung, daß er sich auch als Platteninterpret gut machen würde. Zumindest 1977 klappte es — Hits: „Don't Give Up On Us" (12/76 GB & US 1), „Going In With My Eyes Open" (3/77 GB 2), „Silver Lady" (8/77 GB 1) und „Let's Have A Quiet Night In" (12/77 GB 8).

■ **Hugh Cornwall** — 1949 — GB-Gitarrist, Sänger und Songschreiber mit den 1975 gegründeten Stranglers. Die Punkwelle spülte sie nach oben. Vorher hatten sie mehr den Doors-Stil gepflegt. In der Nach-Punkzeit waren sie allerdings dann auch einige der wenigen Gruppen, die nicht wieder in den Mülltonnen verschwanden. Größte Hits: „Golden Brown" (1/82 GB 2), „Strange Little Girl" (7/82 GB 7) und „All Day And All Of The Night" (1/88 GB 7). Hugh macht außerdem Soloplatten, brachte 1979 zusammen mit Robert Williams eine Platte heraus und schrieb 1986 ein Stück für den Anti-Atomkriegsfilm „When The Wind Blows".

■ **John Perkins** — 1931 — Kanadischer Sänger mit den 1952 gegründeten Crew-Cuts, die dazu durch die Four Lads animiert wurden, die von derselben Schule kamen. Sie hatten als Canadaires begonnen und im Frühjahr 1954 ihren Namen in Crew-Cuts geändert. Im selben Jahr begannen sie, Lieder schwarzer R&B-Gruppen zu covern. Hits: „Crazy 'Bout Ya Baby" (5/54 US 8), „Sh-Boom" (7/54 US 1, 10/54 GB 12), „Ko Ko Mo (I Love You So)" (1/55 US 6), „Earth Angel" (2/55 US 3, 4/55 GB 4) und „Gum Drop" (8/55 US 10). Nachdem sich in der zweiten Hälfte der 50er Jahre auch beim weißen Publikum die Originalkaufnahmen durchsetzen konnten, verschwanden die Crew-Cuts wieder in der Versenkung, 1963 lösten sie sich auf.

■ **Billy Grammer** — 1925 — US-Country-Sänger und Gitarrist. Seine ersten Platten machte er 1949. Er wurde einer der ersten großen Sessiongitarristen in Nashville und spielte auf vielen großen Hits anderer Künstler mit. Als Solist hatte er seinen größten Erfolg mit „Gotta Travel On" (11/58 US 4).

■ **Lothar Meid** — 1942 — Bassist in vielen verschiedenen Bands — begonnen hat er bei Gunther Hampel, spielte mit Embryo, Passport, Amon Düül II und 18 Karat Gold. Er machte Soloplatten, versuchte sich als Schauspieler und arbeitete in den letzten Jahren viel mit Marius Müller-Westernhagen.

■ **Clem Cattini** — 1938 — GB-Schlagzeuger mit den Tornados und in der Folgezeit als Sessionmusiker bei Joe Cocker, Lou Reed, den Bee Gees, Justin Hayward, Mike Batt und vielen anderen zu hören.

■ **Daniel Seraphine** — 1948 — US-Schlagzeuger und Songschreiber mit Chicago.

■ **Kim** — 1961 — GB-Sängerin zusammen mit ihrer Schwester im Duo Mel & Kim. Nachname Appleby. Hits siehe bei Mel am 11.7.

■ **Ann Honey Lantree** — 1943 — GB-Schlagzeugerin mit den Honeycombs.

■ **Ken Andrews** — 1946 — GB-Tastenspieler, Schlagzeuger und Vibraphonist mit Middle Of The Road.

■ **Wayne Osmond** — 1951 — US-Gitarrist und Saxophonist mit den Osmonds.

Tageshits

1948 — „Twelfth Street Rag" — Pee Wee Hunt — US 8 W.
1961 — „Wooden Heart" — Joe Dowell — US 1 W.
1968 — „Do It Again" — Beach Boys — GB 1 W.

29

■ **Dave Jenkins** — 1947 — US-Gitarrist, Bassist und Leadsänger von Pablo Cruise. Vorher war er bei Stoneground. Pablo Cruise stand zweimal unter den ersten 10: „Whatcha Gonna Do?“ (4/77 US 6) und „Love Will Find A Way“ (6/78 US 6). Nach 1982 wollte ihnen kein Hit mehr gelingen.

Geburtstage

Michael Jackson in „Moonwalker“

■ **Michael Jackson** — 1958 — US-Sänger, Songschreiber und Tänzer. Gerade ein frischer Teenager, stand er schon mit seinen Brüdern in den Charts als Jackson 5, ab 1976 dann als Jacksons. Hits: „I Want You Back“ (11/69 US 1, 1/70 GB 2), „ABC“ (3/70 US 1, 5/70 GB 8), „The Love You Save“ (5/70 US 1, 8/70 GB 7), „I'll Be There“ (9/70 US 1, 11/70 GB 4), „Mama's Pearl“ (1/71 US 2, 4/71 GB 25), „Never Can Say Goodbye“ (4/71 US 2, 7/71 GB 33), „Dancing Machine“ (3/74 US 2), „Enjoy Yourself“ (11/76 US 6), „Show You The Way To Go“ (4/77 US 28, 6/77 GB 1), „Shake Your Body (Down To The Ground)“ (2/79 US 7, GB 4) und „State Of Shock“ (6/84 US 3, GB 14) — letzter Titel zusammen mit Mick Jagger. Neben seiner Karriere mit den Brüdern machte Michael schon früh auch als Solist von sich reden: „Got To Be There“ (10/71 US 4, 2/72 GB 5), „Rockin' Robin“ (3/72 US 2, 5/72 GB 3), „Ben“ (8/72 US 1, 11/72 GB 7), „Don't Stop 'Til You Get Enough“ (7/79 US 1, 9/79 GB 3, 11/79 D 13), „Rock With You“ (11/79 US 1, 2/80 GB 7), „One Day In Our Life“ (5/81 GB 1), „Billie Jean“ (1/83 US & GB 1, D 2) und „Beat It“ (2/83 US 1, 4/83 GB 3, D 2). Die beiden letzten kTitel stammten von der LP „Thriller“, die mit weit über 45 Millionen verkauften Exemplaren die LP sein dürfte, die bisher am häufigsten über die Ladentheke gereicht wurde. Danach ging es weiter: „I Just Can't Stop Loving You“ (8/87 US & GB 1, D 2), „Bad“ (9/87 US 1, GB 3, D 4), „The Way You Make Me Feel“ (11/87 US 1, GB 3, D 12), „Man In The Mirror“ (2/88 US 1, GB 21, D 23) und „Dirty Diana“ (5/88 US 1, D 3, 7/88 GB 4). Michael machte auch noch Platten mit anderen Interpreten, so z. B. mit Paul McCartney „The Girl Is Mine“ (11/82 US 2, GB 8) und „Say Say Say“ (10/83 US 1, GB 2, D 12). Wer mehr darüber wissen will, wie man zu einer schlanken Nase kommt, kann das nachlesen in Michaels Autobiographie „Moonwalk“, 1988 erschienen.

■ **Dinah Washington** — 1924 — US-Blues-Sängerin. Richtiger Name Ruth Lee Jones. Ihre Zusammenarbeit mit Lionel Hampton von 1943 bis 1946 machte sie auch als Jazz-Sängerin populär. Hits: „What A Diff'rence A Day Makes“ (5/59 US 8) und mit Brook Benton „Baby (You've Got What It Takes)“ (1/60 US 5) und „A Rockin' Good Way (To Mess Around And Fall In Love)“ (5/60 US 7). Dinah war siebenmal verheiratet. Sie starb am 14.12.1963.

■ **Tony Eyers** — 1947 — GB-Produzent und Songschreiber, der 1975 durch Zufall auch Mitglied einer Gruppe wurde. Studiomusiker hatten einen Titel von ihm aufgenommen, der sich zum Hit mauserte. Für TV-Verpflichtungen wurden Dummies gesucht, die zum Vollplayback einen netten Eindruck hinterlassen konnten. Tony machte mit, wodurch sich die Suche nach geeigneten Musikern schon mal um eine Person verringerte. Die Band nannte sich erst Airbus und dann 5000 Volts — Hits: „I'm On Fire“ (9/75 GB 4, D 1, US 26) und „Dr. Kiss Kiss“ (7/76 GB 8).

Charlie Parker

■ **Charlie Parker** — 1920 — US-Jazz-Saxophonist, Komponist und Bandleader, Spitzname „Bird“. Er gilt als einer der Wegbereiter des Bebop und war in den 40er Jahren stilbildend für die Entwicklung des Modern Jazz. Er starb am 12.3.1955.

■ **Pebbles** — 1964 — US-Sängerin und Songschreiberin. Richtiger Name Perri McKissack. Erste musikalische Erfahrungen sammelte sie bei Con Funk Shun und Sister Sledge. 1988 erschien ihre erste Solo-LP. Single-Hits: „Girl Friends“ (1/88 US 5, 3/88 GB 8, 5/88 D 14) und „Mercedes Boy“ (5/88 US 2).

■ **Dick Halligan** — 1943 — US-Tastenspieler, Posaunist und Flötist mit Blood Sweat & Tears.

■ **Chris Copping** — 1945 — GB-Bassist und Tastenspieler mit Procol Harum ab 1970.

■ **Rick Downey** — 1953 — US-Schlagzeuger und Sänger, der 1981 zu Blue Öyster Cult kam.

Todestage

■ **Lale Andersen** — 1972 — Schlagersängerin. Geboren am 23.3.1910.

■ **Jimmy Reed** — 1976 — US-Blues-Sänger. Geboren am 6.9.1925.

■ **Ingrid Bergman** — 1982 — Schwedische Filmschauspielerin. Sie starb an Krebs. Geboren am gleichen Tag des Jahres 1915.

Tageshits

1942 — „We Wouldn't Love You“ — Kay Kyser — US 2 W.
1970 — „War“ — Edwin Starr — US 3 W.
1977 — „Magic Fly“ — Space — D 1 W.
1981 — „Japanese Boy“ — Aneka — GB 1 W.
1981 — „Dance Little Bird“ — Electronica's — D 8 W.
1987 — „Never Gonna Give You Up“ — Rick Astley — GB 5 W.
1987 — „La Bamba“ — Los Lobos — US 3 W.

30

Geburtstage

■ **John Phillips** — 1935 — US-Gitarrist, Sänger und Songschreiber. Er begann in der Gruppe Smoothies zusammen mit Scott McKenzie, mit dem zusammen er dann auch im Folk-Trio Journeymen war, das nach 1961 drei Langspielplatten bei Capitol veröffentlichte. 1964 gründete Phillips zusammen mit Denny Doherty, Michelle Gilliam und Cass Elliott New Journeymen. Ende 1965 unterschrieben sie einen Plattenvertrag und benannten sich in Mamas & Papas um. Barry McGuire hatte inzwischen die John Phillips Komposition „California Dreamin'" aufgenommen und im Oktober 1965 veröffentlicht. Mit dem gleichen Playback nahmen nun die Mamas & Papas eine eigene Version des Titels auf, der im März 1966 ein Millionseller wurde. Hits siehe am 6.4. bei Michelle Gilliam Phillips, die John 1962 geheiratet hatte. Im Juli 1968 fielen die Mamas & Papas und das Ehepaar Phillips auseinander. Im Mai 1970 erschien eine erste LP von John Phillips, auf der sein einziger Solohit „Mississippi" (5/70 US 32) zu finden war. Ende 1971 kommt die Gruppe wieder zusammen, aber nach einer einzigen LP fällt sie wieder auseinander. Im Juli 1980 wird Phillips wegen Kokainbesitz verhaftet. Im April 1981 wird er zu fünf Jahren Gefängnis verurteilt, aber schon nach 30 Tagen wird die Strafe umgewandelt in 250 Stunden gemeinnützige Arbeit. Er unternimmt eine Vortragsreise durch die USA, bei der er gegen Dorgen predigt. Im März 1982 machen John und Denny Doherty eine Reunion-Tour. Den Part der beiden Sängerinnen — Michelle ist inzwischen mit Dennis Hopper verheiratet, Mama Cass in New York im Alter von 32 Jahren verstorben — übernehmen Johns Tochter Mackenzie und Spanky McFarlane, die früher mit Spanky & Our Gang zusammen war. Diese Formation veröffentlicht kein neues Material, die Tour durch die USA ist jedoch sehr erfolgreich. Als bisher letzten erfolgreichen Song schrieb John Phillips zusammen mit Scott McKenzie für die Beach Boys 1988 den Hit „Kokomo". Für Scott hatte John einst den Welthit „San Francisco" komponiert.

■ **Kitty Wells** — 1919 — US-Country-Sängerin — „The Queen Of Country Music". Geboren als Muriel Ellen Deason in Nashville. Dort sang sie bereits als 16jährige über einen Lokalsender. 1938 heiratete sie Johnny Wright, der ebenfalls Countrysänger war. Er verpaßte ihr den Bühnennamen Kitty Wells. 1949 machte sie ihre ersten Platten und hatte 1952 ihre erste kNummer 1 in der amerikanischen Country-Hitparade: „It Wasn't God Who Made Honky Tonk Angels" (8/52 US 27). Bis zum Anfang der 70er Jahre war sie regelmäßig in den Country-Hitparaden zu finden. 1976 wurde sie in die „Country Music Hall of Fame" aufgenommen. Der Sohn von Johnny Wright und Kitty Wells, Bobby Wright, machte schon mit elf Jahren seine ersten Platten und ist seit 1967 ebenfalls in den Country-Hitparaden zu finden.

■ **Dana** — 1951 — Irische Sängerin, die mit richtigem Namen Rosemarie Brown heißt und noch als Schülerin für ihr Heimatland am 21.3.1970 in Amsterdam den Grand Prix Eurovision mit „All Kinds Of Everything" (4/70 GB 1, D 4) gewann. Weitere Hits: „Please Tell Him That I Said Hello" (1/75 GB 8) und „It's Gonna Be A Cold Cold Christmas" (12/75 GB 4). Dana nimmt zwar immer noch ab und zu Platten auf, arbeitet aber in der Hauptsache als Pantomimin.

■ **Peter Maffay** — 1949 — Sänger, Gitarrist und Songschreiber, richtiger Nachname Makkay. Er wandelte sich im Laufe der Jahre vom Schlager- zum Rock-Sänger — wobei bemerkt werden muß, daß es seine sanften Lieder sind, die die Hits brachten: „Du" (4/70 D 1), „Josie" (10/75 D 9), „Und es war Sommer" (10/76 D 5), „So bist Du" (4/79 D 1), „Über 7 Brücken mußt du geh'n" (12/80 D 4) und „Lieber Gott" (2/82 D 6). Allerdings sollte man bemerken, daß Peter mehr ein LP- als ein Singleverkäufer ist.

■ **Rudi Schuricke** — 1914 — Mit unglaublichem Schmelz sang Rudi Schuricke von dem, wovon die Menschen in der Nachkriegszeit in der Bundesrepublik träumten: In „Die Caprifischer" schwärmt er von Sonne, Wellen und blauem Himmel. Diesen Titel hatte er bereits 1943 aufgenommen, aber erst 1946 wurde er zum Verkauf freigegeben — und machte Rudi Schuricke zum Star. Seinen letzten Hit hatte er 1954 mit „Weiße Perlen bedeuten Tränen" — jetzt kam die Zeit des Rock 'n' Roll und Belcanto-Schnulzen waren nicht mehr gefragt. Über Schuricke konnte man trotzdem bewundernd lesen: „Er war der einzige, der eine Schnulze richtig singen konnte." Er konzentrierte sich jetzt nur noch auf seinen Beruf als Hotelier, den er seit 1950 neben der Singerei ausgeübt hatte.

■ **Kenny Andrews** — 1952 — US-Sänger, der ab 1978/79 als Ersatz für Den Hegarty zur 1976 gegründeten Formation Darts kam. Hit mit Kenny: „Duke Of Earl" (7/79 GB 6).

■ **John MacNally** — 1941 — GB-Gitarrist und Sänger mit den Searchers.

■ **Micky Moody** — 1950 — GB-Gitarrist und Sänger mit Zoot Money, Juicy Lucy, Snafu und Whitesnake.

■ **Chuck Colbert** — 1944 — US-Bassist mit American Breed.

■ **Ronald Beitle** — 1954 — US-Schlagzeuger mit Wild Cherry.

Todestag

■ **Thomas Sylvester „Papa Dee" Allen** — 1988 — US-Sänger und Songschreiber mit War. Geboren am 18.7.1931.

Tageshits

1941 — „Green Eyes" — Jimmy Dorsey — US 4 W.
1947 — „Near You" — Francis Craig — US 17 W.
1957 — „Diana" — Paul Anka — GB 9 W.
1969 — „In The Year 2525" — Zager & Evans — GB 3 W.
1969 — „In The Ghetto" — Elvis Presley — D 2 W.
1971 — „Co-Co" — Sweet — D 7 W.
1975 — „Get Down Tonight" — K.C. & The Sunshine Band — US 1 W.
1980 — „Sailing" — Christopher Cross — US 1 W.
1986 — „Higher Love" — Steve Winwood — US 1 W.

31

Geburtstage

Van Morrison

■ **Van Morrison** — 1945 — GB-Sänger und Songschreiber. Richtige Vornamen George Ivan. Er begann mit 15 bei der Band Monarchs als Saxophonist und gründete 1964 Them. Hits: „Baby Please Don't Go" (1/65 GB 10), „Here Comes The Night" (3/65 GB 2, 5/65 US 24) und „It's All Over Now Baby Blue" (2/74 D 13). Die letzte Nummer entwickelte sich bei uns erst zu einem Hit, nachdem sie im TV-Krimi „Die Rocker" als Hintergrundmelodie gelaufen war. Morrison hatte sich schon 1966 von Them gelöst und als Solist — vorwiegend in den USA — Platten aufgenommen. Hits: „Brown Eyed Girl" (7/67 US 10), „Domino" (11/70 US 9) und „Whenever God Shines His Light" (12/89 GB 20) im Duett mit seinem Glaubensbruder Cliff Richard. Van kann mit einem festen Stamm von Fans rechnen.

■ **Arthur Godfrey** — 1903 — US-Sänger, der seine große Zeit von 1947 bis 1952 hatte. Hits: „Too Fat Polka" (11/47 US 2), „Slap'er Down Again, Paw" (2/48 US 7) und „Dance Me Loose" (12/51 US 6). Arthur ist eine der bekanntesten Persönlichkeiten in der Geschichte des US-Fernsehens und Radios. Zwischen 1949 und 1959 war seine TV-Show für angehende Künstler als Sprungbrett ein Muß. Interpreten wie die Everly Brothers, Pat Boone oder die McGuire Sisters machte er bekannt. Wer ihn bis 1953 noch nicht kannte, erfuhr spätestens von seiner Show, als er während einer Live-Sendung Julius LaRosa rausschmiß. Arthur Godfrey starb am 16.3.1983.

Debbie Gibson

■ **Debbie Gibson** — 1970 — US-Sängerin und Songschreiberin, richtige Vornamen Deborah Ann. Sie richtete sich schon als 13jährige zu Hause ein kleines Studio ein, in dem sie eigene Titel aufnahm. Ihr erstes Geld verdiente sie sich mit Werbespots, in denen sie sang oder schauspielerte. Mit der LP „Out Of The Blue" kam 1987 der Erfolg. Ihr erster selbstgeschriebener (!) Hit war „Only In My Dreams" (5/87 US 4, 9/87 GB 54, 3/88 RE-GB 11). Weitere Hits: „Shake You Love" (10/87 US 4, 1/88 GB 7), „Out Of The Blue" (1/88 US 3, 5/88 GB 19), „Foolish Beat" (4/88 US 1, 7/88 GB 9), „Lost In Your Eyes" (1/89 US 1, GB 34) und „Electric Youth" (4/89 US 11, GB 14, D 18).

■ **Rick Roberts** — 1949 — US-Sänger, Gitarrist und Songschreiber, der 1971 zu den Flying Burrito Brothers kam, 1972 und 1973 jeweils eine Soloplatte veröffentlichte und 1974 die Country-Rockband Firefall gründete. Die Band stand zwischen 1976 und 1983 elfmal in der amerikanischen Hitparade. Ihr größter Erfolg war „You Are The Woman" (8/76 US 9).

■ **Tony De Franco** — 1959 — US-Leadsänger in der Familien-Gruppe De Franco Family. Ihr größter Hit war der Millionseller k"Heartbeat — It's A Lovebeat" (9/73 US 3).

■ **Glenn Tilbrook** — 1957 — GB-Gitarrist, Sänger und Songschreiber der 1974 gegründeten Band U.K. Squeeze, die das U.K. später strich.

■ **Rudolf Schenker** — 1948 — Gitarrist und Songschreiber für die Scorpions.

■ **Gina Schock** — 1957 — US-Schlagzeugerin ab 1979 mit der 1978 gegründeten Band Go-Go's.

■ **Jerry Allison** — 1939 — US-Schlagzeuger, Sänger und Songschreiber für die Crickets mit und ohne Buddy Holly.

■ **Peter Gage** — 1947 — GB-Gitarrist mit Gene Washington, Dada, Vinegar Joe, Elkie Brooks und als Studiomusiker.

Tageshits

1946 — „To Each His Own" — Freddy Martin — US 2 W.
1961 — „Johnny Remember Me" — John Leyton — GB 3 W.
1963 — „My Boyfriend's Back" — Angels — US 3 W.
1968 — „Help Yourself" — Tom Jones — D 5 W.
1974 — „Love Me For A Reason" — Osmonds — GB 3 W.
1985 — „I Got You Babe" — UB 40 & Chrissie Hynde — GB 1 W.
1987 — „Voyage Voyage" — Desireless — D 5 W.

Merk-Würdiges

1928 — Uraufführung der „Dreigroschenoper" im Berliner Theater am Schiffbauerdamm. Das Publikum war empört und hingerissen, geschockt oder euphorisch. Was Weill/Brecht da auf die Bühne gebracht hatten, war das Berlin, das viele so gerne verdrängten, das Berlin der Bettler, Dirnen, Penner, Zerlumpten und Hinterhof-Existenzen.

1

Geburtstage

Barry Gibb, Michael Jackson, Diana Ross

■ **Barry Gibb** — 1946 — Sänger und Songschreiber für die Bee Gees; ältester der drei Brüder, die bereits Mitte der 50er Jahre als Blue Cats öffentlich auftraten. Dann wanderte die Familie nach Australien aus — 1967 kehrten die Gibbs nach GB zurück, in Australien waren sie zu der Zeit schon Stars als Bee Gees. Hits: „Massachusetts" (9/67 GB 1, 11/67 D 1, US 11), „World" (11/67 GB 9, 1/68 D 1), „Words" (1/68 GB 8, D 1, US 15), „I've Gotta Get A Message To You" (8/68 GB 1, US 8, D 3), „Lonely Days" (12/70 US 3, GB 33, D 25) und „How Can You Mend A Broken Heart" (6/71 US 1). Zwischen 1972 und 1975 hatte es den Anschein, als sei die Karriere der Bee Gees beendet. Die Brüder zogen sich mehr und mehr voneinander zurück und siedelten sich in den USA an. Doch dann: „Jive Talkin'" (5/75 US 1, GB 5, 8/75 D 23), „You Should Be Dancing" (7/76 US 1, GB 5, D 16), „Love So Right" (9/76 US 3, 12/76 D 38), „How Deep Is Your Love" (9/77 US 1, GB 3, 5/78 D 21), „Stayin' Alive" (12/77 US 1, 2/78 GB 4, D 2), „Night Fever" (2/78 US 1, 4/78 GB 1, D 2), „Too Much Heaven" (11/78 US 1, GB 3, D 10), „Tragedy" (2/79 US & GB 1, D 2), „Love You Inside Out" (4/79 US 1, GB 13, D 21) und „You Win Again" (9/87 GB & D 1). Die Solo-Aktivitäten von Barry waren nicht sonderlich erfolgreich, doch als Duettpartner hatte er drei Hits — mit Samantha Sang: „Emotion" (11/77

JS 3, 2/78 GB 11) und mit Barbra Streisand: „Guilty" (11/80 US 3, GB 34, 1/81 D 5) und „What Kind Of Fool" (1/81 US 10).

Gloria Estefan — 1957 — US-Sängerin und Songschreiberin, die in Havanna geboren wurde. 1973 formieren sich die Miami Latin Boys in Miami. Sie spielen vorwiegend in Restaurants, bei Hochzeiten und auf Partys. 1974 ist Gloria bei einem Auftritt dieser Band anwesend — der Kopf der Gruppe, Emilio Estefan, bietet ihr an, in der Band zu singen. Ab 1975 wird sie ständiges Mitglied und die Gruppe nennt sich ab jetzt Miami Sound Machine. 1978 heiraten Emilio und Gloria. 1979 veröffentlichen sie ihre erste selbst finanzierte LP in spanischer Sprache. Sie werden in Mittel- und Südamerika zu Stars. Ab September 1984 produzieren sie ihre Platten auch in englischer Sprache. Damit werden sie auch für den übrigen Markt interessant. Ab August 1987 erscheinen die Platten als Gloria Estefan & Miami Sound Machine, ab 1989 nur noch als Gloria Estefan. Hits: „Dr. Beat" (8/84 GB 6, 10/84 D 7), „Conga" (10/85 US 10), „Bad Boy" (3/86 US 8, 5/86 GB 16, D 6), „Words Get In The Way" (6/86 US 5), „Rhythm Is Gonna Get You" (5/87 US 5, 12/88 GB 16), „Can't Stay Away From You" (11/87 US 6, 2/89 GB 7), „Anything For You" (3/88 US 1, 7/88 GB 10), „1-2-3" (6/88 US 3, 10/88 GB 9), „Don't Wanna Lose You" (7/89 US 1, GB 6) und „Here We Are" (12/89 US 6).

Conway Twitty — 1933 — US-Sänger und Songschreiber. Richtiger Name Harold Lloyd Jenkins. Conway machte Ende der 50er Jahre für Sun Records seine ersten Aufnahmen. 1958 hatte er den Superhit „It's Only Make Believe" (9/58 US & GB 1). Es folgten „Mona Lisa" (7/59 US 29, GB 5, US 29) und „Lonely Boy Blue" (12/59 US 6). Nach 1962 ließ der Erfolg in den Pophitparaden nach. Ab 1966 war Conway dann ständiger Gast in den Country-Hitparaden. In der Liste der erfolgreichsten kCountry-Interpreten belegt er Platz 5. Ein Crossover-Erfolg gelang ihm noch einmal mit „You've Never Been This Far Before" (7/73 C&W 1, US 22). Twitty ist in den USA so bekannt, daß er sich in Hendersonville, Tennessee, für seine Fans einen eigenen Komplex gebaut hat, den er Twitty City nennt.

Boxcar Willie — 1931 — US-Countrysänger. Richtiger Name Lecil Travis Martin. Er sang bereits als 10jähriger in Radiosendungen, arbeitete dann als Diskjockey und kam 1975 wieder zurück zur aktiven Musik. In den 80er Jahren gelangen ihm einige kleinere Hits in den Country-Charts, der größte war „Bad News" (3/82 C&W 36).

Archie Bell — 1944 — US-Sänger und Songschreiber. Noch während seiner Schulzeit gründete er eine eigene Band, die ihre ersten Platten 1967 machte: Archie Bell & The Drells. Ihren größten Erfolg hatten sie mit dem Millionseller „Tighten Up" (3/68 US 1). Als die Platte in den Hitparaden stand, war Archie gerade beim Militär. Ein Nachfolgehit gelang noch mit „I Can't Stop Dancing" (7/68 US 9), danach schaffte es keine Platte mehr unter die ersten 20.

Peter Hewson — 1950 — GB-Sänger, Songschreiber und Gründer von Chicory Tip, die mit einem englischen Nachzieher von „Nachts scheint die Sonne", geschrieben von Michael Holm und Giorgio Moroder, erfolgreich waren: „Son Of My Father" (1/72 GB 1, 3/72 D 18).

■ **Gerhard Wendland** — 1921 — Er machte bereits in den 30er Jahren seine ersten Schallplatten und war bis ins Jahr 1966 erfolgreich. Seine bekannteste Aufnahme hieß „Tanze mit mir in den Morgen" (9/61 D 1).

■ **Joe Venuti** — 1904 — US-Geiger, der zu den führenden Musikern neben Stephane Grappelly auf dem Gebiet des Jazz gehörte. Joe hat sein Geburtsdatum Zeit seines Lebens verschleiert. Daten zwischen dem 3.12.1894 und dem 1.9.1904 sind in der Literatur zu finden — nehmen wir das frischeste. Er starb am 14.8.1978.

■ **Greg Errico** — 1949 — US-Drummer mit Sly & The Family Stone, Santana und als Studiomusiker z. B. bei Lee Oscar, Bill Wyman oder David Soul.

■ **Diane Ray** — 1941 — US-Sängerin mit einem einzigen Hit: „Please Don't Talk To The Lifeguard" (8/63 US 31).

■ **Bruce Foxton** — 1955 — GB-Bassist mit Jam, der 1984 eine Soloplatte veröffentlichte.

■ **Russ Field** — 1949 — GB-Gitarrist bei Showaddywaddy.

■ **Steve Goetzman** — 1950 — US-Drummer mit Exile.

Tageshits

1962 — „Sheila" — Tommy Roe — US 2 W.
1962 — „Paradiso" — Connie Francis — D 2 W.
1984 — „What's Love Got To Do With It" — Tina Turner — US 3 W.

2

Geburtstage

■ **Jimmy Clanton** — 1940 — US-Sänger und Songschreiber. Er grünkdete die Rockets, die 1958 bei Ace Records vorspielten — Jimmy erhielt einen Vertrag. Seinen ersten Hit „Just A Dream" (7/58 US 4) nahm er dann jedoch mit erfolgreichen Sessionmusikern aus New Orleans auf. Dazu gehörten Huey Piano Smith, Earl King oder Lee Allen. Weitere Hits wurden „Go, Jimmy, Go" (12/59 US 5) und „Venus In Blue Jeans" (8/62 US 7).

■ **Joe Simon** — 1943 — US-Sänger und Songschreiber, der mit den Golden Tones 1960 seine ersten Plattenaufnahmen machte. Ab 1965 war er als Solist erfolgreich. Seine größten Hits waren „The Chokin' Kind" (3/69 US 13), „Drowning In The Sea Of Love" (11/71 US 11) und „Power Of Love" (7/72 US 11) — alles Millionseller. Außerdem hatte Joe Erfolg mit „Get Down, Get Down (Get On The Floor)" (4/75 US 8). Sein bekanntester Titel in Europa war „Step By Step" (2/73 US 37, 6/73 GB 14). In der R&B-Hitparade war Joe bis in die 80er Jahre erfolgreich.

■ **Jack White** — 1944 — Songschreiber, Produzent und Sänger. Richtiger Name Horst Nussbaum. Hennes Weisweiler, der Fußballtrainer, entdeckte den jungen Horst für Victoria Köln — er wurde Profi. Über etliche andere Clubs kam er nach Holland — 1967 machte er seine ersten Schallplatten, die Flops waren. Danach wurde Jack Diskjockey und Besitzer einer eigenen Diskothek.gSchließlich entdeckte er sein Talent als Songschreiber und Produzent — er betreute Interpreten wie Tanja Berg, Jürgen Marcus, Roberto Blanco, Nina & Mike oder auch Tony Marshall mit Erfolg. Inzwischen ist er in die USA übergesiedelt und dort erfolgreich mit Laura Branigan, Audrey Landers, David Hasselhoff, Engelbert u. a.

■ **Russ Conway** — 1927 — GB-Pianist und Komponist. Richtiger Name Trevor H. Stanford. 1955 wurde er, nachdem er längere Zeit bei der Navy gewesen war, Clubpianist. Danach begleitete er Lita Rosa, Gracie Fields und andere und unterschrieb dann einen Vertrag als Solist bei der EMI. Russ brachte es zwischen 1957 und 1963 auf rund zwanzig Hits, seine beiden größten waren „Side Saddle" (2/59 GB 1) und „Roulette" (5/59 GB 1).

■ **Robert Lee Dickey** — 1939 — US-Sänger. Zusammen mit James Purify, seinem Cousin, bildete er Ende der 50er Jahre das Duo James & Bobby Purify. Größter Hit: „I'm Your Puppet" (10/66 US 6, 4/76 GB 12). Ende der 60er Jahre beendete Dickey die Zusammenarbeit — James machte als Solist weiter, bis 1974 Ben Moore kam und sich fortan Bobby Purify nannte.

■ **Steve Porcaro** — 1957 — US-Tastenspieler, Sänger und Songschreiber. 1978 gehörte er zu den Gründungsmitgliedern von Toto. Wie alle Mitglieder der Band ist auch Steve ein gesuchter Studiomusiker.

■ **Mik Kaminski** — 1951 — GB-Geiger, Cellospieler und Songschreiber. Er kam im September 1973 zum Electric Light Orchestra. Unter dem Pseudonym Violinski gelang ihm der Hit „Clog Dance" (2/79 GB 17).

■ **Rosalind Ashford** — 1943 — US-Sängerin mit den Vandellas, die Martha Reeves auf Platten und bei Konzerten begleiteten.

■ **Michael Rother** — 1950 — Multimusiker mit Kraftwerk, Neu und ab 1976 solo.

■ **Richard Coughlan** — 1947 — GB-Schlagzeuger und Songschreiber mit Caravan.

■ **Horace Silver** — 1928 — US-Pianist, Komponist und Bandleader. Musikrichtung Hardbop.

■ **Fritz McIntyre** — 1958 — GB-Keyboarder mit Simply Red.

Tageshits

1961 — „La Paloma" — Freddy — D 5 W.
1972 — „Alone Again (Naturally)" — Gilbert O'Sullivan — o US 2 W.
1972 — „You Wear It Well" — Rod Stewart — GB 1 W.
1974 — „Rock Your Baby" — George McCrae — D 10 W.
1989 — „Cold Hearted" — Paula Abdul — US 1 W.

3

Geburtstage

■ **Al Jardine** — 1942 — US-Sänger und Gitarrist. Er gehörte zur Ur-Besetzung von Kenny & The Cadets (Kenny war Brian Wilson), aus denen Carl & The Passions, die Pendeltons und schließlich im Jahre 1961 die Beach Boys wurden. Al verließ dann jedoch im Februar 1962 die Band, um sein Studium fortzusetzen und wurde durch den Gitarristen David Marks ersetzt. Der spielt auch auf einigen der frühen Platten der Beach Boys mit. Als der Zug aber richtig in Fahrt kam, war es Brian Wilson, der die Band wieder in der Ur-Besetzung haben wollte — Al kam im Januar 1963 zurück. David gründete die Gruppe Dave Marks & The Marksmen.

■ **Gary Walker** — 1944 — US-Sänger und Schlagzeuger, der mit richtigem Nachnamen Leeds heißt. Gary spielte schon als junger Teenager Schlagzeug und war 1963 Mitgründer der Standells, die er jedoch nach den ersten zwei Singles wieder verließ. Er wurde dann erst Mitglied in der Band von Johnny Rivers, danach in der von P. J. Proby. Im August 1964 gründete er mit John Maus und Scott Engel die Walker Brothers. Hits der Band siehe Scott Engel (9.1.). Im Mai 1967 kündigte das Trio an, es werde sich trennen. Gary gründete die Gruppe Rain, die bedeutungslos blieb. Im August 1975 kam die Band in ihrer Urbesetzung wieder zusammen, nach dem Juli 1978 fielen sie wieder auseinander. Solo-Aktivitäten von Gary hatten mittleren Erfolg.

■ **Memphis Slim** — 1915 — US-Blues-Sänger, Pianist und Songschreiber. Richtiger Name Peter Chatman. Wie der Name schon sagt, stammt er aus Memphis, kam 1937 nach Chicago und spielte dort mit Bill Broonzy. 1940 machte er seine ersten Plattenaufnahmen. Zu seinen großen Hits gehören „Messin' Around" (5/48 R&B 1), „Blue And Lonesome" (7/49 R&B 2) und „The Come Back" (11/53 R&B 3). 1961 zog er nach Paris, wo er auch am 24.2.1988 starb.

■ **Hank Thompson** — 1925 — US-Country-Sänger, Gitarrist und Songschreiber. Seine richtigen Vornamen lauten Henry William. Er war einer der führenden Western-Swing-Band-Leader der 50er Jahre. Seine erste eigene Band hieß His Brazos Valley Boys, seine ersten Platten machte er 1946. Seinen ersten Hit hatte Hank mit „Humpty Dumpty Heart" (1/48 C&W 2). Weitere Hits: „The Wild Side Of Life" (3/52 C&W 1, 6/52 US 27) — diese Platte stand 15 Wochen auf Platz 1 und wurde ein Millionseller, „Rub-A-Dub-Dub" (5/53 C&W 1), „Wake Up Irene" (12/53 C&W 1) — ein Antwortsong auf das Lied „Goodnight klrene" — und „Squaws Along The Yukon" (8/58 C&W 2). Die Liste seiner Erfolge reicht bis ins Jahr 1983.

■ **Tompall Glaser** — 1933 — US-Country-Sänger. Ältester der Glaser Brothers, die 1957 einen Plattenvertrag bei dem Label von Marty Robbins unterzeichneten. Erfolgreich waren sie jedoch zwischen 1966 und 1973. Dann trennten sie sich und kamen für die Jahre 1980 bis 1982 erneut zusammen. Ihre größten Hits waren „Rings" (8/71 C&W 7) und „Lovin' Her Was Easier (Than Anything I'll Ever Do Again)" (5/81 C&W 2). Nebenher versuchten sich alle drei Glaser-Brüder als Solisten, Chuck mit dem geringsten, Jim mit dem meisten Erfolg. Tompall blieb Mittelmaß.

■ **Vivi Bach** — 1940 — Dänische Sängerin. Richtiger Nachname Bak. Eins der skandinavischen Mädchen, die mit ihrem netten Akzent (Smörebröd-Röm-Töm-Töm-Töm) bei uns bekannt wurden. Sie moderierte zusammen mit ihrem Mann Dietmar Schönherr die TV-Sendung „Wünsch Dir was" und macht heute Kinderbücher. Ihren größten Hit hatte sie im Duett mit Gerhard Wendland: „Hey Viv Hey Gerhard" (7/63 D 38).

■ **Freddie King** — 1934 — US-Bluessänger, Gitarrist und Songschreiber. Richtiger Nachname: Christian. Er gründete in den 50er Jahren in Chicago eine eigene Band, die Every Hour Blues Boys. 1956 machte er seine ersten Platten als Solist. Größter Pop-Hit: „Hide Away" (4/61 US 29). Er starb am 28.12.1976.

■ **Eric Bell** — 1947 — GB-Gitarrist mit der 1969 gegründeten Gruppe Thin Lizzy. Er trennte sich von dieser Band im Januar 1974 und spielte 1975/76 in der Noel Redding Band.

■ **Don Brewer** — 1948 — US-Schlagzeuger, Sänger und Songschreiber mit Terry Knight & The Pack und 1968 Gründungsmitglied von Grand Funk Railroad.

■ **George Biondo** — 1945 — US-Bassist. Er löste im Juni 1970 Nick St. Nicholas in der Gruppe Steppenwolf ab.

■ **Leroy Smith** — 1952 — GB-Tastenspieler mit Sweet Sensation.

Todestag

■ **Al Wilson** — 1970 — US-Sänger, Gitarrist und Mundharmonikaspieler sowie Songschreiber mit Canned Heat. Man fand ihn im Garten seines Bandkollegen Bob „The Bear" Hite. Al Wilson, der an starken Depressionen litt, starb an einer Überdosis Beruhigungstabletten. Geboren am 4.7.1943.

Virgin

Tageshits

1949 — „You're Breaking My Heart" — Vic Damone — US 4 W.
1955 — „Yellow Rose Of Texas" — Mitch Miller — US 6 W.
1960 — „Kalkutta liegt am Ganges" — Vico Torriani — D 2 W.
1966 — „Sunshine Superman" — Donovan — US 1 W.
1977 — „Way Down" — Elvis Presley — GB 5 W.
1983 — „Sweet Dreams" — Eurythmics — US 1 W.
1983 — „Red Red Wine" — UB 40 — GB 3 W.
1984 — „Reach Out" — Georgio Moroder — D 4 W.

4

Geburtstage

■ **Meade Lux Lewis** — 1905 — US—„Barrel House"-Pianospieler und Komponist. 1929 nahm er den „Honky Tonk Train Blues" auf, der mit Keith Emerson 1976 ein Erfolg wurde. Lewis galt als einer der glanz- und effektvollsten Boogie-Pianisten. Er kam bei einem Autounfall am 7.6.1964 ums Leben.

■ **Gary Duncan** — 1946 — US-Sänger und Songschreiber mit Quicksilver Messenger Service, gegründet 1965. Nach 1972 hörte man zunächst nichts mehr von der Band; 1975 gab's eine kurze Reunion, 1986 erschien die LP „Peace By Piece" — Gary ist immer noch der Leadsänger, außerdem Gitarrist und Synthesizerspieler.

■ **Bruno Kassel** — 1954 — Schlagzeuger und Percussionist in der Kölner Gruppe Tenderness. Inzwischen ist er ein erfolgreicher Photograph.

■ **Ronald LaPread** — 1946 — US-Bassist und Songschreiber mit den Commodores.

■ **Greg Elmore** — 1946 — US-Schlagzeuger in der ersten Erfolgsphase von Quicksilver Messenger Service.

■ **Merald Knight** — 1942 — US-Sänger und Percussionspieler mit Gladys Knight & The Pips.

■ **Peter Behrens** — 1947 — Schlagzeuger (?) mit Trio und als Solist.

■ **Martin Chambers** — 1951 — GB-Schlagzeuger mit Pretenders und als Studiomusiker.

■ **Oliver Kreysig** — 1965 — Schlagzeuger mit Camouflage.

■ **Rudolf Schock** — 1915 — Kammersänger, Tenor. Er verkaufte mehr als 12 Millionen Schallplatten. Er starb am 13.11.1986.

Tageshits

1943 — „It Can't Be Wrong" — Dick Haymes — US 1 W.
1961 — „Michael" — Highwaymen — US 2 W.
1965 — „Help" — Beatles — US 3 W.
1968 — „I've Gotta Get A Message To You" — Bee Gees — GB 1 W.
1971 — „Uncle Albert/Admiral Halsey" — Paul McCartney — US 1 W.
1976 — „Dancing Queen" — Abba — GB 6 W.
1976 — „You Should Be Dancing" — Bee Gees — US 1 W.
1982 — „Eye Of The Tiger" — Survivor — GB 4 W.
1982 — „Abracadabra" — Steve Miller Band — US 1 W.
1989 — „Swing The Mood" — Jive Bunny & The Mastermixers — D 3 W.

Merk-Würdiges

1962 — Zum erstenmal sind John, Paul, George und Ringo dabei, als The Beatles eine eigene Platte aufzunehmen. Sie befinden sich im Studio 2 von EMI's St. John's Wood Studio. Den Tag über proben sie sechs Nummern. Zwei davon — „Love Me Do" und „PS. I Love You" — werden am Abend aufgenommen. Erst nach 17 Takes ist George Martin mit „Love Me Do" zufrieden. Von Ringo Starrs Qualitäten als Schlagzeuger war er nicht sonderlich überzeugt. Deshalb beschloß Martin, für den nächsten Aufnahmetermin — genau eine Woche später, am 11. September — mit Andy White einen Sessionschlagzeuger zu engagieren. Die kVersion von „Love Me Do", auf der Ringo Starr Schlagzeug spielt, ist dann schließlich die Version, die als erste Single der Beatles am 5. Oktober erscheint und in der englischen Hitparade Platz 17 erreicht. Wie die Geschichte weitergeht, siehe 11. September.

5

Geburtstage

Queen

■ **Freddie Mercury** — 1946 — GB-Sänger und Songschreiber, geboren als Frederick Bulsara auf Sansibar. Er begann bei Wreckage und versuchte sich dann als Solist mit einer Neuaufnahme des Beach Boys-Hits „I Can Hear Music" unter dem Pseudonym Larry Lurex. 1971 kam es zur Gründung von Queen. Hits: „Killer Queen" (10/74 GB 2, 12/74 D 12, 2/75 US 12), „Bohemian Rhapsody" (11/75 GB 1, 1/76 D 7, US 9), „Somebody To Love" (11/76 GB 2, D 21, US 13), „We Are The Champions/We Will Rock You" (10/77 GB 2, US 4, D 13), „Crazy Little Thing Called Love" (10/79 GB 2, D 13, 12/79 US 1), „Another One Bites The Dust" (8/80 US 1, GB 7, 10/80 D 6), „Radio Ga-Ga" (2/84 GB & D 2, US 16), „I Want To Break Free" (4/84 GB 3, D 4), „A Kind Of Magic" (3/86 GB 3, D 6), „I Want It All" (5/89 GB 3, D 9) und „Break Through" (7/89 GB 7, D 29). Einen Hit hatte die Gruppe zusammen mit David Bowie: „Under Pressure" (11/81 GB 1, US 29, D 21). Freddie machte auch Soloplatten — die erfolgreichsten: „Love Kills" (9/84 GB 10, D 25), „I Was Born To Love You" (4/85 GB 11, D 17) und „The Great Pretender" (3/87 GB 4, D 26). Wunderschön auch die Zusammenarbeit mit der nicht nur stimmlich ihm sehr ähnlichen Montserrat Caballé: „Barcelona" (11/87 GB 8).

■ **John Stewart** — 1939 — US-Sänger, Gitarrist und Songschreiber. Er begann mit Cumberland Three und war von 1961, als Ersatz für Dave Guard, bis 1967 beim Kingston Trio. Danach machte er Soloplatten, erst mit Natur-, dann mit elektrischer Gitarre und Rockbegleitung — Hit: „Gold" (5/79 US 5). Zu seinen größten Erfolgen als Songschreiber gehört „Daydream Believer", das durch die Monkees zum Hit wurde.

■ **Dean Ford** — 1946 — GB-Sänger, Gitarrist und Mundharmonikaspieler. Richtiger Name Thomas McAleese. Er gründete 1961 Dean Ford & The Gaylords, aus denen 1966 Marmalade wurde. Hits: „Ob-La-Di, Ob-La-Da" (12/68 GB 1, D 2), „Reflections Of My Life" (12/69 GB 3, 3/70 D 36, US 10) und „Rainbow" (7/70 GB 3, 10/70 D 21). 1975 verläßt Dean die Gruppe, emigriert in die USA und nimmt eine erste Solo-LP auf, die von Alan Parsons produziert wird.

■ **Paulie Carmen** — 1953 — US-Sängerin mit Champaign, die sich nach ihrer Heimatstadt, nicht nach dem Getränk benannten. Die Gruppe setzte sich zusammen aus Musikern, die in einem Studio in Champaign arbeiteten. Nachdem sie mit ihren Aufnahmen für andere Interpreten fertig waren, sangen sie sich hin und wieder ein Liedlein. Daraus wurde dann die Band, die mit „How 'Bout Us" (2/81 US 12, 5/81 GB 5) einen Hit hatte. Bis 1984 kamen weitere Erfolge, dann fiel das gemischtrassige Sextett in die Bedeutungslosigkeit zurück.

■ **Dweezil Zappa** — 1969 — US-Sänger, Gitarrist, Songschreiber kund Sohn von Frank Zappa, der als 17jähriger seine erste Solo-LP „Havin' A Bad Day" veröffentlichte, dann auf der LP „Heartbeat" von Don Johnson, mit den Fat Boys und Maria Vidal spielte. 1988 erschien Dweezils nächste LP „My Guitar Wants To Kill Your Mama".

■ **Dave „Clem" Clempson** — 1949 — GB-Gitarrist und Songschreiber bei Michael Chapman, Bakerloo, Colosseum, Humble Pie, Rough Diamond und auf Platten von Cozy Powell, Jack Bruce oder Rod Argent.

■ **Al Stewart** — 1945 — GB-Sänger, Songschreiber und Gitarrist, der seit Ende der 60er Jahre Platten macht. Hits: „Year Of The Cat" (12/76 US 8, GB 31) und „Time Passages" (10/78 US 7), produziert von Alan Parsons.

■ **Loudon Wainwright III.** — 1946 — US-Songschreiber, Sänger und Gitarrist, der in die Kategorie satirischer Folkpoeten gehört. Größter Pop-Erfolg: „Dead Skunk" (1/73 US 16).

■ **Buddy Miles** — 1946 — US-Schlagzeuger und Songschreiber mit Electric Flag, eigener Band, Jimi Hendrix, Carlos Santana oder Nils Lofgren.

■ **Sunnyland Slim** — 1907 — US-Bluessänger, Pianist und Songschreiber. Richtiger Name Albert Luandrew. Er macht seit 1946 Platten und spielte u.a. mit Muddy Waters und Tampa Red.

■ **Sal Solo** — 1958 - GB-Sänger, Gitarrist, Keyboarder und Songschreiber für Classix Nouveaux. Größter Erfolg: „Is It A Dream" (3/82 GB 11). Ab Ende 1984 hatte Sal als Solist Hits, der größte war „San Damiano (Heart And Soul)" (12/84 GB 15).

■ **Albert Mangelsdorff** — 1928 — Jazz-Posaunist. Er spielt mehrstimmig, indem er in sein Instrument mehr singt als bläst.

■ **Dieter Hallervorden** — 1935 — Komiker, Filmschauspieler und Platteninterpret. Hits: „Du, die Wanne ist voll" (11/78 D 4) mit Helga Feddersen, „Punker Maria" (1/81 D 20) und „Tierischer Tango" (9/81 D 18).

■ **Walt Ford** — 1931 — US-Sänger mit den Rays.

Todestag

■ **Josh White** — 1969 — US-Bluesmusiker. Geboren am 11.2.1915.

Tageshits

1964 — „The House Of The Rising Sun" — Animals — US 3 W.
1977 — „Sorry I'm A Lady" — Baccara — D 4 W.
1981 — „Tainted Love" — Soft Cell — GB 2 W.

6

Geburtstage

■ **Roger Waters** — 1944 — GB-Sänger, Bassist und Songschreiber mit Pink Floyd, gegründet 1965. In den Anfangstagen war es mehr Syd Barrett, der die musikalische Richtung der Band bestimmte. Nachdem der 1968 Pink Floyd verlassen hatte, sorgte Roger für die Wandlung von einer Psychedelic- zu einer Superband. Durch die 70er bis zum Jahr 1984 waren es vor alklen Dingen die LPs von Pink Floyd, die sich weltweit in den Hitparaden durchsetzen konnten. Im Mai 1984 erschien die erste Solo-LP von Roger „The Pros And Cons Of Hitch Hiking", danach schien die Band auseinanderzufallen. Als 1987 Rogers Kollegen David Gil mour, Nick Mason und Rick Wright für neue Produktionen zusammenkamen wollte Roger gerichtlich verhindern, daß sie den Namen Pink Floyd weiter benutz ten — er verlor den Prozeß. Weitere Solo-Aktivitäten von Roger waren — woh weil die Fans von Pink Floyd sauer auf sein Vorgehen reagierten — nicht meh erfolgreich. Single-Hits für Pink Floyd: „Arnold Layne" (3/67 GB 20), „See Emil Play" (6/67 GB 6, 9/67 D 25), „Money" (5/73 US 13), „Another Brick In The Wall (12/79 GB, US & D 1) und „Not Now John" (5/83 GB 30). Von den vielen erfolgrei chen LPs sollte man „Dark Side Of The Moon" erwähnen: diese Platte schaffte es weit über 560 Wochen in der US-Hitparade zu stehen, und verkaufte allein in der USA über 10 Millionen Exemplare.

■ **Jimmy Reed** — 1925 — US-Sänger, Gitarrist, Mundharmonikaspieler und Songschreiber. Richtige Vornamen James Mathis. Der Bluesmusiker Eddie Taylo brachte Jimmy schon das Gitarrespielen bei, als der gerade sieben Jahre alt war 1953 machte Jimmy seine ersten Platten, ab 1955 war er vorwiegend in der R&B Hitparade sehr erfolgreich. Von 1957 bis 1963 war er auch in den Pophitparaden vertreten. Seine beiden größten Hits waren „Honest I Do" (9/57 US 32) und „Baby What Do You Want Me To Do" (2/60 US 37). Elvis übernahm Titel von Jimmy, z. B „Big Boss Man" oder „Ain't That Loving You Baby". Reeds Nummer „Bright Lights Big City" gibt es in etlichen Versionen. Er starb am 29.8.1976.

■ **Buster Bloodvessel** — 1958 — GB-Leadsänger der 1980 gegründeten Ska Revival-Band Bad Manners. Richtiger Name Douglas Trendle. Die Gruppe kam genau richtig zum Two-Tone-Dancemusic Movement. Hits: „Special Brew" (9/80 GB 3), „Can Can" (6/81 GB 3), „Walking In The Sunshine" (9/81 GB 10) und „My Girl Lollipop (My Boy Lollipop)" (7/82 GB 9).

■ **Sylvester** — 1947 — US-Sänger und Songschreiber. Nachname James. Er arbeitete in San Francisco mit der Gruppe Cockettes. Ab 1978 — mit dem Auf kommen der Discowelle — war er als Solist erfolgreich: „Dance (Disco Heat)" (8/78 US 19, 11/78 GB 29) und „You Make Me Feel (Mighty Real)" (8/78 GB 8, 11/78 D 35, 1/79 US 36). Sylvester starb am 16.12.1988.

Herwig Mitteregger

■ **Herwig Mitteregger** — 1953 — Schlagzeuger, Sänger und Songschreiber Er begann bei der Lokomotive Kreuzberg, kam dann zur Nina Hagen Band, Spliff und schließlich mit Soloplatten. Als Studiomusiker ist er auch auf LPs von Ulla Meinecke und Maurenbrecher zu hören.

■ **Mick Waller** — 1944 — GB-Schlagzeuger mit der Jeff Beck Group, Steampacket und als Studiomusiker für Rod Stewart, Long John Baldry oder Andy Bown.

■ **Dave Bargeron** — 1942 — US-Bläser bei Blood, Sweat & Tears, ab 1970 für Jerry Hyman. Dave spielt auch auf Platten von Donald Fagen, Joe Cocker, Michael Franks oder Paul Simon.

■ **James Litherland** — 1949 — GB-Gitarrist mit Bandit, Colosseum oder Dick Heckstall-Smith.

■ **Pal Gamst Waaktaar** — 1961 — Norwegischer Gitarrist mit A-Ha.

■ **Stella Barker** — 1954 — GB-Sängerin mit den Belle Stars.

■ **Banner Thomas** — 1954 — US-Bassist mit Molly Hatchet.

■ **Louis Molino** — 1954 — US-Drummer mit Cock Robin.

Todestag

■ **Ernest Tubb** — 1984 — US-Country-Sänger. Geboren am 9.2.1914.

Tageshits

1952 — „I Wish You Were Here" — Eddie Fisher — US 1 W.
1967 — „The Last Waltz" — Engelbert Humperdinck — GB 5 W.
1975 — „Sailing" — Rod Stewart — GB 4 W.
1975 — „Rhinestone Cowboy" — Glen Campbell — US 2 W.
1980 — „Upside Down" — Diana Ross — US 4 W.
1980 — „Start" — Jam — GB 1 W.
1986 — „Venus" — Bananarama — US 1 W.

7

Geburtstage

■ **Buddy Holly** — 1936 - US-Sänger, Gitarrist und Songschreiber. Richtiger Name Charles Hardin Holley. Innerhalb von nur zwei Jahren wurde er einer der Superstars des R 'n' R. Buddy veröffentlichte Platten unter seinem Namen und mit seinen Mitmusikern als Crickets — erst nach seinem Tode erschienen die Platten als Buddy Holly & The Crickets. Hits unter dem Gruppennamen: „That'll Be The Day" (8/57 US & GB 1, 1/58 RE-GB 29), „Oh, Boy!" (11/57 US 10, GB 3) und „Maybe Baby" (3/58 US 17, GB 4). Hits als Buddy Holly: „Peggy Sue" (11/57 US 3, GB 6, 4/68 RE-GB 32), „Rave On" (5/58 US 37, GB 5), „It Doesn't Matter Anymore" (2/59 GB 1, US 13), „Brown Eyed Handsome Man" (6/63 GB 3, D 29), „Bo Diddley" (6/63 GB 4) und „Wishing" (9/63 GB 10). Holly stürzte am 3.2.1959 zusammen mit Ritchie Valens und Big Bopper mit einer kleinen Sportmaschine ab — alle Insassen waren tot.

■ **Chrissie Hynde** — 1951 — US-Sängerin, Gitarristin und Songschreiberin. Sie gründete 1978 in London die Gruppe Pretenders — vorher hatte sie für den „New Musical Express" Musikkritiken geschrieben. Hits: „Brass In Pocket" (11/79 GB 1, 2/80 US 14), „Talk Of The Town" (4/80 GB 8), „I Go To Sleep" (11/81 GB 7) und „Back On The Chain Gang" (10/82 GB 17, 12/82 US 5). 1982 verließ Bassist Pete Farndon die Band und starb am 14.4.1983, Gitarrist James Honeyman-Scott starb am 16.6.1982. Chrissie bekam im Feburar 1983 ein Kind von Ray Davies, heiratete am 5.5.1984 den Simple Minds Sänger Jim Kerr, von dem sie 1985 auch ein Baby bekam — die Pretenders schienen am Ende. Da kam eine Platte von UB 40 mit der Gast-Sängerin Hynde: „I Got You Babe" (7/85 US 28, GB 1, 9/85 D 15). 1986 erschien Chrissie mit neuen Musikern — Robbie McIntosh und Blair Cunningham von Haircut 100, T. M. Stevens und Bernie Worrell von Talking Heads — wieder als Pretenders: „Don't Get Me Wrong" (10/86 US 14, GB 10) und „Hymn To Her" (12/86 GB 8).

■ **Al Caiola** — 1920 — US-Gitarrist und Orchesterchef. Richtige Vornamen Alexander Emil. Er arbeitete mit Hugo Winterhalter und Percy Faith, für den er z. B. bei „Delicado" (4/52 US 1) kGitarre spielte. Dann ging er zur Filmfirma United Artists kam und war dort verantwortlich für die Musik zum Film „The Magnificent Seven" (12/60 US 35, 7/61 GB 34). Ebenfalls ein Hit für Al wurde die Musik zur Fernsehserie „Bonanza" (4/61 US 19).

■ **Little Milton** — 1934 — US-Sänger und Gitarrist. Richtiger Name James Campbell. Er spielte erst mit Eddie Cussicks Band, war dann Sessiongitarrist für Trumpet Records, hatte 1951 eine eigene Band und spielte schließlich bei Ike Turner. Der brachte ihn im Juli 1953 zu Sun-Records. Miltons erste Platte erschien im Dezember desselben Jahres und hieß „Beggin' My Baby". Ein Hit wollte ihm nicht gelingen. Erst von 1962 bis 1983 war er regelmäßig in der R&B-Hitparade zu finden. Sein größter Erfolg hieß „We're Gonna Make It" (3/65 US 25, R&B 1).

■ **Jermaine Stewart** — 1962 — US-Sänger und Songschreiber des typischen Disco-Genres. Schon als Teenager trat er als Tänzer in der bekannten amerikanischen TV-Musiksendung „Soul Train" auf. Dann arbeitete er als Backgroundsänger für Shalamar, Gladys Knight, Millie Jackson oder Culture Club. Ab 1984 kam er regelmäßig in die Hitparaden. Die größten Erfolge: „We Don't Have To Take Our Clothes Off" (5/86 US 5, 8/86 GB 2), „Say It Again" (1/88 GB 7, 3/88 US 6, 6/88 D 27), „Get Lucky" (4/88 GB 13, 6/88 D 6) und „Don't Talk Dirty To Me" (10/88 D 4).

■ **Robin Beck** — 1961 — US-Sängerin und Songschreiberin. Das Geburtsjahr dürfte eher 1956 sein, denn als sie mit „First Time" (10/88 GB 1, 12/88 D 1) an die Spitze der Hitparaden kam, war sie laut eigener Aussage schon über 30. Das Lied war ursprünglich lediglich ein Werbejingle für Coca-Cola und wurde dann zum Popsong aufgeblasen. In ihrer Heimat hatte Robin viele Jahre als Backgroundsängerin gearbeitet. So soll sie laut Aussage ihrer Plattenfirma für Chaka Khan, David Bowie, Irene Cara oder Michael McDonald gesungen haben. Mit letzterem Namen dürfte sie sehr vertraut sein — in Florida hat sie als Bedienung in einem Fast-Food-Restaurant gearbeitet. Da man einer über 30jährigen nicht zumuten wollte, vom „ersten Mal" zu singen, machte man sie jünger — da sie klein und zierlich ist, durchaus glaubhaft. Nachfolgehits gelangen ihr nur bei uns: „Save Up All Your Tears" (3/89 D 10) und „Tears In The Rain" (10/89 D 22).

■ **Gloria Gaynor** — 1949 — US-Sängerin, die Anfang der 70er Jahre bei Soul Satisfiers sang. Danach war sie als Solistin erfolgreich mit „Never Can Say Goodbye" (11/74 US 9, GB 2, 1/75 D 13) und „I Will Survive" (12/78 US 1, 2/79 GB 1, 4/79 D 7).

■ **Ronnie Dove** — 1940 — US-Sänger, der zwischen 1964 und 1966 insgesamt elf Platten unter den ersten 40 in den USA hatte — die größten Hits: „Right Or Wrong" (10/64 US 14) und „One Kiss For Old Times' Sake" (3/65 US 14).

■ **Dave King** — 1953 — US-Bassist in den deutschen Gruppen Snowball, Embryo, Niagara und bei Eberhard Schoener, Peter Maffay, Udo Lindenberg, Donna Summer, Herbert Grönemeyer, Amanda Lear, Boney M. oder Caro.

■ **Johnny Duncan** — 1931 — US-Sänger, der in GB mit Skiffle-Musik Erfolg hatte — der größte war „Last Train To San Fernando" (7/57 GB 2).

■ **Sonny Rollins** — 1929 — US-Saxophonist und Komponist. Richtige Vornamen Theodore Walter. Neben John Coltrane gilt er als eikner der wichtigsten Saxophonisten zwischen späten Bebop und Free Jazz.

■ **Alexander Grünwald** — 1954 — Keyboarder mit der Elastic Rock Band, Munju, Wolfhoundund schließlich mit der Münchener Freiheit.

■ **Arthur Ferrante** — 1921 — US-Pianist — im Duo mit Louis Teicher erfolgreich (siehe 24.8.).

■ **Harald Schäfer** — 1961 — Ab Mitte 1986 neuer Keyboarder für Axel Breitung bei Silent Circle.

■ **Margot Chapman** — 1957 — US-Sängerin und Keyboarderin für die Starland Vocal Band.

■ **Alfa Anderson** — 1946 — US-Sängerin mit der 1976 gegründeten Band Chic.

■ **Calvin Williams** — 1966 — US-Sänger bei B.V.S.M.P..

Todestag

■ **Keith Moon** — 1978 — GB-Drummer mit den Who. Todesursache war eine Überdosis Heminervin, ein von seinem Arzt verordnetes Beruhigungsmittel. Geboren am 23.8.1946.

Tageshits

1940 — „The Breeze And I" — Jimmy Dorsey — US 1 W.
1985 — „Dancing In The Street" — David Bowie & Mick Jagger — GB 4 W.
1985 — „St. Elmo's Fire" — John Parr — US 2 W.

8

Geburtstage

■ **Peter Sellers** — 1925 — GB-Schauspieler und eine der schillerndsten Persönlichkeiten des britischen Showgeschäfts. Richtige Vornamen: Richard Henry. Er gehörte zu den besten und vielseitigsten Schauspielern in GB und drehte von 1951 bis 1979 Filme. Zu seinen bemerkenswertesten gehören „Dr. Seltsam oder Wie ich lernte die Bombe zu lieben" (1964), „What's New Pussycat" (1965), „Casino Royale" (1967) und die Reihe der „Pink Panther"-Filme, in denen er den Inspektor Clouseau darstellte. Als Mitglied der Gruppe Goons hatte er die Hits „I'm Walking Backwards For Christmas/Bluebottle Blues" (6/56 GB 4) und „Ying Tong Song/Bloodnok's Rock 'n' Roll" (9/56 GB 3, 7/73 RE-GB 9). Als Solist stand er ebenfalls in den Hitparaden: „Any Old Iron" (8/57 GB 17) und „A Hard Day's Night" (12/65 GB 14). Mit Kollegin Sophia Loren machte er Platten im Duett: „Goodness Gracious Me" (11/60 GB 4) und „Bangers And Mash" (1/61 GB 22). Sellers starb am 24.7.1980.

■ **Jimmie Rodgers** — 1897 — US-Sänger, Gitarrist und Songschreiber. Richtige Vornamen James Charles. Er gilt als „Vater der Country-Music", schon weil er der erste Country-Sänger war, der Schallplatten verkaufte und somit für die Plattenindustrie interessant wurde. Allerdings war er auch einer der ersten, der weiße und schwarze Stilelemente zusammenführte. Am 4.8.1927 nahm er den Titel „The Soldier's kSweetheart" (12/27 US 9) auf — es wurde ein Millionseller, so wie auch „Blue Yodel" (3/28 US 2). Innerhalb kurzer Zeit spielte Jimmie über 100 Lieder ein, die für Generationen von Country-Musikern zum Vorbild wurden. Seine letzte Platte nahm er am 24.5.1933 auf — zwei Tage später starb er an TBC.

■ **Patsy Cline** — 1932 — US-Country-Sängerin. Richtiger Name Virginia Petterson Hensley. In ihrer Heimatstadt Winchester, Virginia, sang sie in Clubs und trat 1948 auch in Nashville auf. Bekannt wurde sie jedoch erst, nachdem sie im Januar 1957 in „Arthur Godfrey's Talent Scouts" TV-Show aufgetreten war. Kurze Zeit später hatte sie ihre ersten Hits: „Walkin' After Midnight" (3/57 US 12), „I Fall To Pieces" (5/61 US 12) und „Crazy" (10/61 US 9). Patsy starb nach einem Flugzeugabsturz am 5.3.1963 — in der Maschine saßen noch Cowboy Copas und Hawkshaw Hawkins, zwei weitere Country-Stars. 1985 wurde ein Film über ihr Leben gedreht: „Sweet Dreams".

■ **Billy Parsons** — 1934 — US-Country-Sänger, Songschreiber und Gitarrist. In den Pop-Hitlisten wird er geführt mit der Nummer „The All American Boy" (12/58 US 2, 4/59 GB 22), die er selbst geschrieben hat. Auf der Platte wurde Billy auch als Interpret genannt, was allerdings ein Irrtum der Plattenfirma war. Der richtige Interpret, Bobby Bare, war zu dem Zeitpunkt, als die Platte ein Hit wurde, beim Militär. Also ging Billy auf Tournee und bewegte zu Bobbys Aufnahme die Lippen. Eigene Hits gelangen Parsons nicht.

■ **Sal Valentino** — 1942 — US-Sänger der Beau Brummels. Richtiger Name Salvatore Williard Spanpinato. Die Gruppe wurde 1964 gegründet — Hit: „Just A Little" (4/65 US 8). 1968 fiel die Band auseinander, 1974 formierte sie sich mit den Ur-Mitgliedern wieder neu. Da sich kein Erfolg einstellen wollte, stellten sie sich ein.

■ **Harland Howard** — 1927 — US-Country-Songschreiber und Sänger. Er gehörte nach 1960 zu den wichtigsten Songschreibern in Nashville — von ihm stammen „Heartaches By The Number" oder „I Fall To Pieces". Seine Bemühungen als Sänger waren weniger erfolgreich. Sie brachten ihm als einzige Chart-Notierung „Sunday Morning Christian" (4/71 C&W 38).

■ **Dante Drowty** — 1941 — US-Sänger und Leader von Dante & The Evergreens. Die Band kam noch während seiner Highschool-Zeit zusammen und machte ein paar Probeaufnahmen, die Lou Adler und Herb Alpert hörten. Die beiden fanden das in Ordnung, managten und produzierten die Band — Hit: „Alley Oop" (5/60 US 15).

■ **Milton Brown** — 1903 — US-Country-Sänger und Bandleader. Zusammen mit Bob Wills gilt er als Begründer des Western-Swing. Sie spielten gemeinsam bei den Light Crust Doughboys, bevor Milton eine eigene Band gründete: Milton Brown & His Musical Brownies. Er starb am 13.4.1936.

■ **David Steele** — 1960 — GB-Bassist und Songschreiber, der 1978 zu den Gründungsmitgliedern von Beat gehörte. Nachdem der Ska-Rhythmus nach 1983 in GB nicht mehr gefragt war, formierte er mit seinem Bandkollegen Andy Cox die Fine Young Cannibals.

■ **Ron „Pig-Pen" McKernan** — 1945 — US-Sänger, Tastenspieler und Mundharmonikaspieler für Grateful Dead, zu deren Gründungsmitgliedern er 1965 gehörte. Ron starb am 8.3.1973.

■ **Dean Daughtry** — 1946 — US-Keyboarder und Songschreiber. Er spielte mit den Candy Men und war dann 1970 Gründungsmitkglied der Atlanta Rhythm Section.

■ **Kelly Groucutt** — 1945 — GB-Bassist, Gitarrist und Sänger mit ELO bis 1985 und als Solist.

■ **David Lewis** — 1958 — US-Gitarrist, Sänger und Songschreiber der 1976 gegründeten Band Atlantic Starr.

■ **Michael Lardie** — 1958 — US-Keyboarder, Gitarrist und Songschreiber bei Great White.

■ **John Sylvia** — 1935 — US-Sänger mit den Tune Weavers.

Tageshits

1951 — „Because Of You" — Tony Bennett — US 10 W.
1973 — „Let's Get It On" — Marvin Gaye — US 1 W.
1980 — „Xanadu" — Olivia Newton-John & ELO — D 2 W.
1984 — „I Just Called To Say I Love You" — Stevie Wonder — GB 6 W.

9

Geburtstage

■ **Otis Redding** — 1941 — US-Soul-Sänger, Pianist, Songschreiber und Produzent, dessen großes Vorbild Sam Cooke war — aber zuerst hat er Little Richard nachgeeifert, was man an der Nummer „South Bamalama" aus dem Jahre 1960 hören kann. Zu dieser Zeit arbeitete Otis noch mit Johnny Jenkins & The Pinetopbers zusammen. Ab 1963 war er ein typisches Beispiel für die Art Soul-Musik, wie sie in Memphis gemacht wurde. Nach einigen Hits ab 1965 war er gerade auf dem Sprung zum Superstar, als er am 10.12.1967 mit einer kleinen Sportmaschine abstürzte. — So erlebte er nicht mehr den Erfolg von „(Sittin' On) The Dock Of The Bay" (1/68 US 1, GB 3, 3/68 D 16) — das Stück hatte er drei Tage vor seinem Tod aufgenommen. Der Aussage, daß er neben James Brown der größte Soulsänger aller Zeiten war, stimme ich zu.

Billy Preston

■ **Billy Preston** — 1946 — US-Sänger, Tastenspieler und Songschreiber. Mit 10 durfte er in einer TV-Show Mahalia Jackson an der Orgel begleiten — die war so von ihm angetan, daß sie ihn mit auf Tournee nahm. 1958 spielte er in einem Film den jungen Blues-Komponisten W. C. Handy, den erwachsenen W. C. spielte Nat King Cole. Danach begleitete Preston Little Richard und Sam Cooke auf Europatourneen, für Sam Cookes Plattenfirma SAR nahm er auch Platten auf. Während eines Konzertes von Little Richard im Hamburger Starclub lernte er die Beatles kennen, was später dazu führte, daß er z. B. bei „Get Back" mit ihnen zusammen spielte. Überhaupt ist die Latte der Musiker, mit denen Billy zusammen Platten aufnahm, erstaunlich — dazu gehören neben den Beatles die Rolling Stones, Ray Charles, Sly & The Family Stone, Little Richard, Sam Cooke oder George Harrison. Als Solist war er ab 1969 erfolgreich. Hits: „That's The Way God Planned It" (7/69 GB 11), „Outa-Space" (4/72 US 2), „Will It Go Round In Circles" (3/73 US 1), „Space Race" (9/73 US 4), „Nothing From Nothing" (7/74 US 1) und zusammen mit Syreeta „With You I'm Born Again" (12/79 GB 2, 3/80 US 4). Als Songschreiber besorgte er z. B. für Joe Cocker die Nummer „You Are So Beautiful".

■ **Freddy Weller** — 1947 — US-Sänger, Gitarrist und Songschreiber, der Mitte der 60er Jahre mit Billy Joe Royal spielte. Im September 1967 kam er zu Paul Revere & The Raiders. Freddy ist es, der den größten Hit und einzigen Millionseller dieser Formation, „Indian Reservation (The Lament Of The Cherokee Reservation Indian)" (4/71 US 1, 8/71 D 38), sang. Während er noch bei den Raiders war, begann er ab 1969 eine Solokarriere und spielte als Bassist und Gitarrist mit Joe South. In der Country-Hitparade kam er zwischen 1969 und 1980 auf über 30 Notierungen. Sein größter Erfolg war eine Coverversion des Joe-South-Hits „Games People Play" (4/69 C&W 2). Als Songschreiber hat er z. B. zusammen mit Tommy Roe die Hits „Dizzy" und „Jam Up Jelly Tight" geschrieben.

■ **Doug Ingle** — 1946 — US-Sänger, Keyboarder und Songschreiber für Iron Butterfly, die Doug 1966 gründete und die als eine der ersten erfolgreichen Heavy-Metal-Rock-Bands gilt. Die bekannteste Nummer der Band wurde durch Doug geschrieben: „In-A-Gadda-Da-Vida" (8/68 US 30). Die LP mit diesem Titel gehört zu den meistverkauften Rock-Alben aller Zeiten. 1972 fiel die Band auseinander und kam 1975 ohne Doug wieder zusammen.

■ **Dee Dee Sharp** — 1945 — US-Sängerin. Richtiger Name Dione LaRue. Sie begann als Background-Sängerin — so z. B. bei „Slow Twistin'" von Chubby Chekker. Ab 1962 war sie dann als Solistin erfolgreich. Größte Hits: „Mashed Potato Time" (3/62 US 2) und „Ride!" (10/62 US 5). 1967 heiratete sie den erfolgreichen Songschreiber und Produzenten Kenny Gamble.

■ **David A. Stewart** — 1952 — GB-Gitarrist, Tastenspieler und Songschreiber. 1977 gründete er mit Annie Lennox die Gruppe Tourists, ab 1981 kamen die beiden als Eurythmics (Hits siehe 25.12.).

■ **Inez Foxx** — 1942 — US-Sängerin, die als Inez Johnston 1960 ihre ersten Platten machte. Mit ihrem Bruder hatte sie als Charlie & Inez Foxx den Hit „Mokkingbird" (6/63 US 7, 2/69 GB 34), geschrieben von Charlie. Bis 1969 arbeitete sie weiter mit ihrem Bruder zusammen, danach als Solistin.

■ **Ted Herold** — 1942 — Richtiger Name Harald Schubring. Er war wohl der einzige, der bei uns das richtige R'n'R-Gefühl vermittelte. Hits: „Hula Rock" (2/59 D 3) und „Moonlight" (5/60 D 1). Nach 1963 war er aus den Hitparaden verschwunden — Udo Lindenberg nahm ihn Ende der 70er Jahre mit auf Tournee und brachte ihn damit auch wieder ins Geschäft: „Gib dein Ziel niemals auf" (11/81 D 25).

■ **Peter Kent** — 1948 — Sänger, Songschreiber und Produzent, erfolgreich ab 1980. Hits: „It's A Real Good Feeling" (1/80 D 1) und — zusammen mit Luisa Fernandez — „Solo Por Ti" (9/86 D 18).

■ **Russell Hardy** — 1941 — GB-Tastenspieler. Zusammen mit Ian Dury gründete er 1970 die Band Kilburns.

■ **Trevor Leslie Oakes** — 1946 — GB-Gitarristgmit Showaddywaddy.

■ **Larry Stabbins** — 1949 — GB-Saxophonist, Flötist und Songschreiber mit Working Week.

■ **Peter Noone** — 1963 — GB-Bassist mit Cross.

Todestag

■ **Norrie Paramor** — 1979 GB-Orchesterleiter, Songschreiber und Arrangeur, der 1914 geboren wurde. Zwischen 1950 und 1968 war Norrie A&R-Manager für EMI Columbia. Er war es, der die Karrieren von Cliff Richard, Frank Ifield, den Shadows oder Helen Shapiro leitete. Während der 60er Jahre hatte er selbst mit einer Instrumentalband Hits: „Theme From 'A Summer Place'" (3/60 GB 36) und „Theme From 'Z Cars'" (3/62 GB 33). Norrie schrieb mehrere Filmmusiken und war ab 1972 Leiter des BBC Midland Radio Orchesters.

Tageshits

1957 — „Diana" — Paul Anka — US 1 W.
1965 — „(I Can't Get No) Satisfaction" — Rolling Stones — GB 2 W.
1972 — „Mama Weer All Crazee Now" — Slade — GB 3 W.
1978 — „Boogie Oogie Oogie" — A Taste Of Honey — US 3 W.
1989 — „Hangin' Tough" — New Kids On The Block — US 1 W.
1989 — „Ride On Time" — Black Box — GB 6 W.

10

Geburtstage

■ **José Feliciano** — 1945 — US-Sänger, Gitarrist und Songschreiber; blind auf Puerto Rico geboren. Mit fünf Jahren zog er mit seinen Eltern nach New York. Schon sehr früh spielte er sehr gut Gitarre und hatte bereits mit neun Jahren seine ersten Auftritte in Spanish Harlem in New York. Anfang der 60er Jahre wurde er in Greenwich Village in den Folkkreisen bekannt und machte 1963 seine ersten Platten, bestimmt für den US-Latinmarkt. 1968 hatte er den Durchbruch auf dem Popsektor mit „Light My Fire" (7/68 US 3, 9/68 GB 6). Bei uns war er erfolgreich mit „Que Sera" (7/71 D 7).

Feliciano

■ **Danny Hutton** — 1942 — US-Sänger und Songschreiber, geboren in Irland und aufgewachsen in den USA. Er begann Mitte der 60er Jahre als freier Produzent, Sessionsänger und Solist — sein größter Erfolg war „Roses And Rainbows" (10/65 US 73). Nachdem er sich erfolglos um einen Platz in der Retortengruppe Monkees beworben hatte, gründete er 1968 Three Dog Night. Zwischen 1969 und 1975 hatte die Band 21 Top-100-Hits, darunter sieben Millionseller: „One" (5/69 US 5), „Mama Told Me (Not To Come)" (5/70 US 1, 8/70 GB 3, D 12), „Joy To The World" (3/71 US 1, 5/71 D 17), „An Old Fashioned Love Song" (11/71 US 4), „Black And White" (8/72 US 1, 10/72 D 24), „Shambala" (5/73 US 3, 8/73 D 38) und „The Show Must Go On" (3/74 US 4, 5/74 D 12). Die Gruppe fiel 1976 auseinander, Hutton managte US-Punk-Bands. Im Juni 1981 kam es zu einer Wiedervereinigung der drei Originalmitglieder von Three Dog Night, die jedoch keine Spuren in den Hitparaden hinterließ.

■ **Roy Brown** — 1925 — US-Blues-Sänger, Pianist und Songschreiber. Schon 1937 gründete er eine Gospelgruppe, die Rookie Four. 1942 wurde er Berufsboxer in Los Angeles. Nach 1945 kehrte er zum Gesang zurück und galt als einer der Initiatoren des New Orleans Rhythm-&-Blues-Sound. Zu diesem kZeitpunkt nahm er dann auch seine ersten Platten auf. Er schrieb den bekannten Titel „Good Rockin' Tonight" (6/48 R&B 13). Zu seinen größten Erfolgen zählen „'Long About Midnight" (10/48 R&B 1), „Hard Luck Blues" (6/50 R&B 1) und „Let The Four Winds Blow" (5/57 R&B 5, 7/57 US 29). Er starb am 25.5.1981.

■ **Barriemore Barlow** — 1949 — GB-Schlagzeuger mit Jethro Tull — er löste im Mai 1971 den Original-Drummer Clive Bunker ab. Barriemore arbeitete auch als Studiomusiker für Brian Protheroe, Maddy Prior, Kerry Livgren, Robert Plant oder John Miles. Nachdem Ian Anderson, der Chef von Jethro Tull, im Juni 1980 für seine Solo-LP mit Mark Craney als Drummer gearbeitet hatte, trennte er sich von Barlow.

■ **Yma Sumac** — 1922 — Peruanische Sängerin. Richtiger Name Zoila Imperatriz Charrari Sumac del Castillo — sagt sie, andere behaupten, sie heiße schlicht und ergreifend Amy Camus. Sie ist indianisch-spanischer Abstammung und macht seit 1941 Konzertreisen um die Welt. Vor allem erregt sie Aufsehen durch ihren Stimmumfang von 4 Oktaven. Beiname: Nachtigall der Anden. 1947 trat sie zum erstenmal in den USA in der Carnegie Hall auf. 1950 hatte sie mit der LP „Voice Of The Xtabay" eine Nr. 1 in der amerikanischen LP-Hitparade. Sie trat später auch in Low-Budget-Filmen auf, zog sich 1962 ganz aus dem Geschäft zurück, kam allerdings dann 1987 noch einmal für ein dreiwöchiges Gastspiel nach New York.

■ **Siobhan Fahey** — 1960 — GB-Sängerin und Songschreiberin. Zusammen mit zwei Freundinnen, mit denen sie auch zusammenwohnte, gründete sie 1981 das Trio Bananarama. Hits siehe bei Kollegin Karen Woodward am 2.4. Im August 1987 heiratete Siobhan Dave A. Stewart = 50 Prozent von Eurythmics. Wenig später verließ sie die Gruppe und wurde durch Jacquie Sullivan ersetzt. Im Herbst 1988 tauchte sie als Shakespeare's Sister wieder auf. Hit: „You're History" (7/89 GB 7) — hier waren es schon wieder Schwestern, denn, so schrieb ihre Plattenfirma: „Zusammen mit ihrer neuen Weggefährtin, der amerikanischen Sängerin, Gitarristin und Songschreiberin Marcella Detroit, bricht sie in eine neue erfolgreiche Zukunft auf".

■ **Joe Perry** — 1950 — US-Gitarrist und Songschreiber bei Aerosmith, von ihm 1970 gegründet. 1979 verließ er die Gruppe, weil er sich mit dem Sänger Steven Tyler, mit dem er auch die meisten Nummern geschrieben hatte, nie richtig verstand. Er gründete Joe Perry Project. Im April 1984 kam Aerosmith mit den Originalmitgliedern wieder zusammen.

■ **Francis Craig** — 1900 — US-Pianist und Komponist, der ab den 20er Jahren eigene Bands leitete. Er war es, der Sängerinnen wie Kitty Kallen oder Dinah Shore in ihren Anfangstagen half. Seine größten Erfolge hatte er mit dem Millionseller „Near You" (8/47 US 1) und „Beg Your Pardon" (1/48 US 3). Er starb am 19.11.1966.

■ **Carol Decker** — 1957 — GB-Sängerin und Songschreiberin. 1982 traf sie auf Ronnie Rogers in der Gruppe Lazers. 1986 — inzwischen sind die beiden ein Songschreiberteam geworden — gründen sie T'Pau. Hits: „Heart And Soul" (5/87 US 4, 8/87 GB 4, D 10), „China In Your Hand" (10/87 GB 1, 12/87 D 2), „Valentine" (1/88 GB 9, 3/88 D 37) und „I Will Be With You" (6/88 GB 14).

■ **Pat Mastelotto** — 1955 — US-Schlagzeuger bei Mr. Mister und kals Studiomusiker z.B. bei Cock Robin, Pointer Sisters, Jack Wagner, Patti LaBelle oder Vanity.

■ **Rein van den Broek** — 1945 — Holländischer Bläser und Songschreiber für Ekseption. Er spielte auch auf Platten von Spin, Kayak, Maywood oder als Solist.

■ **Johnnie Fingers** — 1956 — Irischer Keyboarder und Sänger mit Boomtown Rats, die zwischen 1975 und 1986 bestanden.

■ **Vic Collins** — 1950 — GB-Gitarrist bei Kursaal Flyers. 1985 tauchte er bei Long Ryders auf.

■ **Don Powell** — 1950 — GB-Schlagzeuger mit Slade.

Tageshits

1949 — „Someday" — Vaughn Monroe — US 2 W.
1954 — „Little Things Mean A Lot" — Kitty Kallen — GB 1 W.
1964 — „You Really Got Me" — Kinks — GB 2 W.
1966 — „You Can't Hurry Love" — Supremes — US 2 W.
1966 — „Beiß nicht gleich in jeden Apfel" — Wencke Myhre — D 1 W.
1983 — „Maniac" — Michael Sembello — US 2 W.
1988 — „Sweet Child O'Mine" — Guns 'N' Roses — US 2 W.
1988 — „A Groovy Kind Of Love" — Phil Collins — GB 2 W.

Merk-Würdiges

1973 — Mick Jagger und Keith Richards hatten für ihre neue LP den Titel „Starfucker" geschrieben. Ahmet Ertegun und die Plattenfirma Atlantic waren fest entschlossen, diese Platte so nicht zu veröffentlichen, aber Mick Jagger war ebenso stur und zu keinerlei Konzessionen bereit. Nachdem die LP nun Monate auf ihre Veröffentlichung gewartet hatte, änderte man den Titel „Starfucker" in „Star Star", ließ den Text aber so, wie er war. Trotzdem setzte die BBC diesen Titel am 10.9.1973 auf den Index. Zur Verteidigung des ursprünglichen Titels sagte Mick Jagger: „Wenn Mädchen so was tun können, kann ich doch wohl noch darüber schreiben — es ist genau das, was ich sehe." Bei einer Konzerttournee durch die USA im Jahr 1975 ließ man zu diesem Stück von der Bühne aus einen fünf Meter großen Luftballon in Phallusform aufsteigen. In San Antonio, Texas, wurde der Band mit Verhaftung gedroht, falls sie versuchen würden, auch hier den Ballon steigen zu lassen — man verzichtete.

11

Geburtstage

■ **Dennis Tufano** — 1948 — US-Gitarrist und Sänger mit den Buckinghams, gegründet 1966. Der bekannte Produzent James William Guercio probierte mit ihnen den Chicago-Sound aus, der dann von der Gruppe Chicago ab 1969 perfektioniert wurde. Die Buckinghams warfen sich selbst aus dem Rennen, als sie 1968 wegen Drogenvergehens inhaftiert wurden. Hits: „Kind Of A Drag" (12/66 US 1), „Don't You Care" (3/67 US 6) und „Mercy, Mercy, Mercy" (6/67 US 5).

■ **Jimmie Davis** — 1902 — US-Sänger, Songschreiber und zweimal, k1944-48 und 1960-64, Gouverneur von Louisiana. Country-Music war zwar ein wichtiger Teil seines Lebens, hauptberuflich war er jedoch nach Universitätsstudium Geschichtsprofessor. Während seiner College-Zeit begann er bei den Tiger Four, 1929 machte er seine ersten Platten. Hits: „Nobody's Darling But Mine" (12/37 US 19), „Meet Me Tonight In Dreamlight" (12/38 US 13) und „There's A New Moon Over My Shoulder" (2/45 C&W 1). In den 40er Jahren hatte er auch als Songschreiber einen Knüller: Gene Autry nahm seinen Titel „You Are My Sunshine" auf. Später widmete sich Jimmie Davis mehr der religiösen Musik. 1972 wurde er in die Country Music Hall of Fame aufgenommen.

■ **John Martyn** — 1948 — GB-Gitarrist, Sänger und Songschreiber. 1986 feierte er 20jähriges Berufsjubiläum. Von Kritikern und einem kleinen Fankreis hoch bewertet, schaffte er jedoch nie einen Hit. Solo oder mit wechselnden Begleitmusikern macht er eine Musik, die zwischen Folk, Blues, Jazz und Pop anzusiedeln ist.

■ **Mick Talbot** — 1958 — GB-Tastenspieler und Songschreiber. Er begann bei Merton Parkers und Dexy's Midnight Runners, bevor er 1982 zusammen mit Paul Weller, der von The Jam kam, das Duo Style Council gründete.

Leo Kottke

■ **Leo Kottke** — 1945 — US-Gitarrist, Sänger und Songschreiber. Seit 1971 macht er erfolgreich Langspielplatten. Erfolgreichste LP: „Dreams And All That Stuff" (11/74 US 45).

■ **Tommy Shaw** — 1953 — US-Gitarrist, Sänger und Songschreiber ab 1975 mit Styx. Seit 1984 macht er auch Soloplatten — Hit: „Girls With Guns" (9/84 US 33).

■ **Bob Catley** — 1947 — GB-Leadsänger bei Magnum, die 1976 ihr Debütalbum veröffentlichten. Größter Hit: „Start Talking Love" (5/88 GB 22).

■ **Ben Hewitt** — 1935 — US-Sänger und Songschreiber, der wie Elvis Presley sang, nur — er war es nicht.

■ **Bernie Dwyer** — 1940 — GB-Schlagzeuger mit Freddie & The Dreamers.

■ **Charles Patrick** — 1938 — US-Leadsänger der Doo-Wop-Gruppe Monotones. Hit: „Book Of Love" (3/58 US 5).

■ **Jon Moss** — 1957 — GB-Schlagzeuger mit Culture Club.

Todestage

■ **Lorne Greene** — 1987 — Kanadischer Schauspieler und Plattenbesprecher. Er starb an Herzversagen. Geboren am 12.2.1915

■ **Peter Tosh** — 1987 — Jamaicanischer Sänger und Songschreiber. Wird zuhause von Einbrechern erschossen. Geboren am 9.10.1944.

Tageshits

1943 — „Sunday, Monday Or Always" — Bing Crosby — US 7 W.
1943 — „All Or Nothing At All" — Frank Sinatra — US 2 W.
1953 — „Look At That Girl" — Guy Mitchell — GB 6 W.
1959 — „Only 16" — Craig Douglas — GB 4 W.
1968 — „Hey Jude" — Beatles — GB 2 W.
1971 — „Go Away Little Girl" — Donny Osmond — US 3 W.
1976 — „Shake Your Booty" — K.C. & The Sunshine Band — US 1 W.
1978 — „Dancing In The City" — Marshall Hain — D 1 W.
1982 — „Hard To Say I'm Sorry — Chicago — US 2 W.

Merk-Würdiges

1962 — Erneut sind die Fab 4 im Studio, um an ihrer ersten Singleplatte zu arbeiten. George Martin bringt mit Andy White einen Schlagzeuger mit ins Studio, der an Stelle von Ringo Starr spielen soll. Ringo wird dazu verdonnert, im Hintergrund Tambourin zu spielen. Auch die Nummer „PS. I Love You" wird neu aufgenommen — Ringo darf Maracas spielen. Die Version von „Love Me Do", die an diesem Tag produziert wird, findet sich schließlich auf der ersten Langspielplatte „Please Please Me" wieder, die am 22. März 1963 erscheint.

12

Geburtstage

■ **Barry White** — 1944 — US-Sänger, Songschreiber und Produzent. Mag er auch nicht so aussehen — für viele war er das Sexsymbol der 70er Jahre. Mit 16 spielte er in der L.A.-R & B-Band Upfronts, mit 18 schrieb er „The Harlem Shuffle", ein Hit für Bob & Earl (1964) und für die Rolling Stones (1986). 1973 machte er seine erste eigene Platte — Hits und Millionseller: „I'm Gonna Love You Just A Little More, Baby" (4/73 US 3, 6/73 GB 23), „Never, Never Gonna Give Ya Up" (10/73 US 7, 1/74 GB 14), „Can't Get Enough Of Your Love, Babe" (8/74 US 1, GB 8, 11/74 D 25), „You're The First, The Last, My Everything" (11/74 US 2, GB 1, D 9), „It's Ecstasy When You Lay Down Next To Me" (8/77 US 4). Seine Background-Sängerinnen waren als Love Unlimited erfolgreich, er selbst leitete noch das Love Unlimited Orchestra — Hit und ebenfalls ein Millionseller: „Love's Theme" (12/73 US 1, 2/74 GB 10, D 22). Nachdem man in den 80er Jahren zunächst recht wenig von ihm hörte, kam Barry 1989 und versuchte erfolglos ein Comeback.

■ **George Jones** — 1931 — US-Country-Sänger. In der Liste der erfolgreichsten Country-Interpreten belegt er Platz 2. Seine ersten Platten nahm er 1953 auf, ab 1955 war er erfolgreich in den Country-Charts und brachte es bis 1980 auf über 140 Hits. Im Gegensatz zu vielen Kollegen schaffte er nicht den Sprung in die Pop-Hitparaden. Spitzenpositionen in den C&W-Charts dagegen belegte er sehr häufig.

Zu seinen erfolgreichsten Aufnahmen gehören „White Lightning" (3/59 C&W 1), „Tender Years" (6/61 C&W 1) und „A Good Year For The Roses" (11/70 C&W 2). Er sang auch im Duett, z. B. mit Ray Charles, Brenda Lee, Gene Pitney oder Tammy Wynette, mit der er von 1969 bis 1975 verheiratet war. Als Rockabilly-Sänger nahm Georgr Platten auf unter den Namen Thumper Jones oder Hank Smith. Wie die meisten Country-Interpreten hat auch er einen Spitznamen: „Rolls Royce of Country Singers".

■ **Gus Backus** — 1937 — US-Sänger. Richtige Vornamen Donald Edgar. 1955 war er Mitbegründer der Dell-Vikings, die alle als Mitglieder der Air Force in Pittsburgh stationiert waren. Hits: „Come Go With Me" (2/57 US 4) und „Whispering Bells" k(7/57 US 9). Mitte 1957 trennte sich der Kern der Gruppe, ein Teil machte als Dell-Vikings weiter, der andere, dazu gehörte Gus, nahm als Del Vikings Platten für Mercury auf. Hit: „Cool Shake" (7/57 US 12). Ende der 50er Jahre wurde Gus Backus in die Bundesrepublik versetzt und blieb nach Beendigung seines Militärdienstes hier. Zwischen 1960 und 1967 hatte er 20 Titel in der Hitparade — die größten Erfolge: „Muß i denn" (12/60 D 4), „Da sprach der alte Häuptling" (1/61 D 3), „Der Mann im Mond" (9/61 D 1), „Sauerkraut-Polka" (1/62 D 2), „Das Lied vom Angeln" (7/62 D 4) und „Linda" (8/62 D 4). In den 70er Jahren schien er wie vom Erdboden verschluckt. Selbst ehemalige Schlagerkollegen, denen bekannt war, daß er in die USA zurückgegangen war, erklärten auf Befragen nach seinem Verbleib, er sei gestorben. Richtig war, daß er in New Mexico auf den Ölfeldern als Vorarbeiter beschäftigt war. 1986 konnte man ihn bei uns in einer TV-Sendung wieder einmal erleben. Gus versuchte ein Comeback. Nachdem das scheiterte, ging er zurück in die USA.

■ **Ella Mae Morse** — 1924 — US-Sängerin, die sich in Richtung Jazz und Swing orientierte. 1939 sang sie bei Jimmy Dorsey, danach mit Freddie Slack — mit ihm hatte sie ihre ersten Hits: „Cow Cow Boogie" (7/42 US 9) und „The House Of Blue Lights" (5/46 US 8). Nebenher veröffentlichte sie aber ab 1943 auch Soloplatten und hatte da die Hits „Shoo Shoo Baby" (12/43 US 4), „No Love No Nothin'" (1/44 US 4) und den Millionseller „The Blacksmith Blues" (2/52 US 3). Zwischen 1946 und 1952 hatte Ella eine Pause eingelegt, ab 1957 zog sie sich ganz aus dem Musikgeschäft zurück. Ganz ohne Zweifel gehört Ella Mae zu den Künstlern, die mithalfen die neu gegründete Firma Capital Records zum Erfolg zu führen.

■ **Eddy Howard** — 1914 — US-Sänger, Songschreiber und Orchesterleiter. Er sang für verschiedene Bands, bevor er von 1934 bis 1940 Sänger bei Dick Jurgens wurde und mit ihm z. B. den Hit „In An Old Dutch Garden (By An Old Dutch Mill)" (12/39 US 3) hatte. Danach gründete er seine eigene Band, die bis ins Jahr 1955 erfolgreich war. Seine größten Hits waren die beiden Millionseller „To Each His Own" (6/46 US 1) und „Sin" (9/51 US 1). Eddy starb am 23.5.1963.

■ **Maria Muldaur** — 1943 — US-Sängerin. Mädchenname Maria Grazia Rosa Domenica d'Amato. Zusammen mit ihrem Mann Geoff war sie Mitglied in der Jim Kweskin's Jug Band. Maria begann mit der Even Dozen Jug Band, in der gleichzeitig z. B. John Sebastian, Stefan Grossman und Steve Katz waren. Ab 1972, in diesem Jahr wurde sie von ihrem Mann geschieden, machte sie als Solistin Platten — Hits: „Midnight At The Oasis" (2/74 US 6, 6/74 GB 21) und „I'm A Woman" (12/74 US 12).

■ **Maurice Chevalier** — 1888 — Französischer Chansonnier und Filmschauspieler. Seine ersten Erfolge feierte er in Pariser Revue-Theatern, 1909 war er Partner der Mistinguette. Nach dem ersten Weltkrieg trat er in London, ab 1921 wieder in Paris und auch in Argentinien auf. Ab 1927 wirkte er auch in Filmen mit, z. B. in „Parade der Liebe" (1930) oder „Gigi" (1957). Er starb am 1.1.1972.

■ **Gerhard Winkler** — 1906 — Schlagerkomponist, der auch das Pseudonym Ben Bern benutzte. Von ihm stammen Schlager wie „O mia bella Napoli",gdas „Chianti-Lied" goder die „Caprifischer". Außerdem schrieb er Musik für Operetten und Filme. Er starb am 25.9.1977.

■ **Gerry Beckley** — 1952 — US-Gitarrist, Sänger, Pianist, Schlagzeuger und Songschreiber mit America. Als Studiomusiker arbeitete Gerry auch auf Platten von z. B. Paul Williams, Mike Hugg, Dan Fogelberg oder David Cassidy.

■ **Colin Young** — 1944 — GB-Sänger, geboren auf Barbados. 1968 löste er Clem Curtis bei den 1967 gegründeten Foundations ab und war der Leadsänger der Hits „Build Me Up, Buttercup" (11/68 GB 2, 1/69 US 3, D 24) und „In The Bad Bad Old Days" (3/69 GB 8).

■ **Barry Andrews** — 1956 — GB-Keyboarder mit King Crimson und ab 1977 bei XTC. Er ist auch auf Platten von Iggy Pop, Robert Fripp oder Shriek Back zu hören.

■ **Bert Berger** — 1945 — Mit seiner damaligen Frau Jutta, alias Cindy, bildete er das Duo Cindy & Bert. Größter Hit: „Immer wieder Sonntags" (2/73 D 3).

■ **Will Birch** — 1948 — GB-Schlagzeuger und Songschreiber mit den Kursaal Flyers und Records.

■ **Brian Robertson** — 1956 — GB-Gitarrist mit Thin Lizzy, Motörhead, Wild Horses und Frankie Miller Band.

■ **Neil Peart** — 1952 — Kanadischer Schlagzeuger und Songschreiber mit Rush.

■ **Tony Bellamy** — 1940 — US-Gitarrist bei Redbone.

Tageshits

1963 — „She Loves You" — Beatles — GB 4 W.
1964 — „Das kommt vom Rudern, das kommt vom Segeln" — Peter Lauch & die Regenpfeifer — D 6 W.
1970 — „Tears Of A Clown" — Smokey Robinson & The Miracles — GB 1 W.
1983 — „Sunshine Reggae" — Laid Back — D 6 W.

13

Geburtstage

Lee Loughnane, Walt Parazaider, Peter Cetera, Danny Seraphine, James Pankow, Bill Champlin, Robert Lamm (v. l. n. r.) (Chicago)

■ **Peter Cetera** — 1944 — US-Sänger, Bassist und Songschreiber mit der 1966 gegründeten Band Chicago Transit Authority, die sich nach einem Streit mit den gleichnamigen öffentlichen Verkehrsbetrieben von Chicago ab Juli 1969 nur noch Chicago nannte. Vorher hatten diverse Mitglieder der Gruppe schon bei Missing Links und Big Thing gespielt. Chicago gehört zu den ersten erfolgreichen Jazz-Rockformationen. Ab Anfang der 70er Jahre und nachdem sie musikalisch kommerzielle Kompromisse eingegangen waren, wurde die Band zunehmend erfolgreicher. Hits: „25 Or 6 To 4" (7/70 GB 7, US 4, 10/70 D 22), „Saturday In The Park" (8/72 US 3), „Just You 'n' Me" (9/73 US 4), „If You Leave Me Now" (8/76 US 1, 10/76 GB 1, D 3), „Hard To Say I'm Sorry" (6/82 US 1, 8/82 GB 4, D 6), „Hard Habit To Break" (8/84 US 3, 11/84 GB 8) und „You're The Inspiration" (11/84 US 3, 1/85 GB 14, D 2). 1981 hat Peter seine erste Soloplatte veröffentlicht, 1985 trennte er sich endgültig von Chicago und wurde durch Jason Scheff ersetzt, Sohn von Jerry

Scheff, dem langjährigen Bassisten von Elvis Presley. Solo-Hits für Peter: „Glory Of Love" (6/86 US 1, k8/86 GB 3, D 24), im Duett mit Amy Grant „The Next Time I Fall" (9/86 US 1) und „One Good Woman" (7/88 US 4).

■ **David Clayton-Thomas** — 1941 — GB-Sänger und Songschreiber. Richtiger Name David Thomsett. In der zweiten Hälfte der 60er Jahre wirkte er erfolgreich in der kanadischen Rock-Szene. 1969 löste er bei der 1968 gegründeten Band Blood, Sweat & Tears Al Kooper ab. Hits: „You've Made Me So Very Happy" (3/69 US 2, GB 35), „Spinning Wheel" (5/69 US 2) und „And When I Die" (10/69 US 2). 1972 versuchte sich David als Solist, 1974 kehrte er zur Gruppe zurück. Nach 1976 kam Blood, Sweat & Tears immer mal wieder mit wechselnden Besetzungen zusammen. Bobby Colomby war neben David Clayton-Thomas immer dabei — das ist auch notwendig, denn der Besitzer des Gruppennamens ist Bobby.

■ **Mel Torme** — 1925 — US-Sänger, Songschreiber, der auch als Produzent, Pianist, Schlagzeuger und Schauspieler arbeitete. Richtiger Name Melvin Howard. Im Alter von vier Jahren sang er mit der Band von Coon-Sanders im Radio. Mit neun wirkte er in Radio-Seifenopern mit. 1942 spielte er Schlagzeug in einer Band, die von Chico Marx geleitet wurde. 1944 gründete er seine eigene Band, die Mel-Tones, 1945/46 sang er mit Artie Shaw — Hit: „I Got The Sun In The Morning" (7/46 US 17), danach als Solist. Hits: „Careless Hands" (3/49 US 1), „Again" (4/49 US 3), „Mountain Greenery" (4/56 GB 15, 7/56 RE-GB 4) und „Comin' Home Baby" (12/62 US 36, GB 13). Zu seinen größten Erfolgen als Autor gehört der „Christmas Song", der 1946 und in den folgenden Jahren jeweils zu Weihnachten ein Hit für Nat King Cole war. Mel wirkte auch in etlichen Filmen mit und moderierte TV-Musiksendungen.

■ **Dick Haymes** — 1916 — Sänger, Songschreiber und Filmschauspieler, der in Buenos Aires geboren wurde und in Europa aufwuchs. 1936 kam er in die USA, schrieb Songs, sang im Radio und spielte kleinere Rollen in Filmen. Dann versuchte er, Harry James seine selbstgeschriebenen Lieder zu verkaufen, der ihn 1939 als Ersatz für Frank Sinatra als Sänger engagierte. Hits: „A Sinner Kissed An Angel" (12/41 US 15) und „I'll Get By (As Long As I Have You)" (4/44 US 1) — der Titel kam zwar erst 1944 in die Hitparaden, wurde aber im April 1941 aufgenommen. Dick sang auch bei Benny Goodman, z. B. „Idaho" (8/42 US 4) und Tommy Dorsey. Ab 1943 war er auch als Solist erfolgreich: „It Can't Be Wrong" (6/43 US 1), „You'll Never Know" (7/43 US 1) und der Millionseller „Little White Lies" (4/48 US 2). Dick hatte auch zehn Hits im Duett mit Helen Forrest — die beiden größten waren "Long Ago (And Far Away)" (4/44 US 2) und „I'll Buy That Dream" (9/45 US 2). Zwischen 1938 und 1953 wirkte er in mehr als zehn Filmen mit. Da er offensichtlich nie amerikanischer Staatsbürger wurde und sich im Zweiten Weltkrieg mit dieser Begründung vor der Armee drückte, hatte er 1953 nach einem Auslandsaufenthalt mit seiner vierten Frau Rita Hayworth Schwierigkeiten, wieder in die USA einzureisen. Er wurde zwar nicht abgeschoben, aber seine Karriere litt darunter sehr. 1960 und 1971 machte Dick bankrott, ab Mitte der 60er Jahre lebte er in Irland und trat nur noch hin und wieder in amerikanischen Nachtclubs und Fernsehsendungen auf. Er starb am 30.3.1980.

■ **Den Hegarty** — 1954 — GB-Sänger und Gründer der Darts im Jahre 1976. Vorher hatte er wie etliche andere Mitglieder dieser Formation bei Rocky Sharpe & The Replays gesungen. Wie diese Band kochten die Darts alte Doo-Wop-Hits der 50er Jahre wieder neu auf, ähnliches machten zur gleichen Zeit oder später Showaddywaddy und Sha-Na-Na. Hits: „Come Back My Love" (1/78 GB 2), „Boy From New York City" (5/78 GB 2) und „It's Raining" (8/78 GB 2). Nach diesen Erfolgen verließ Den die Gruppe und wurde durch den Amerikaner Kenny Andrews ersetzt.

■ **Knut Kiesewetter** — 1941 — In den 50er Jahren spielte Knut Posaune in einer Dixieland-Band und wurde später zum besten Jazzsänger Deutschlands gewählt. Knut spielt Gitarre, schreibt Songs und moderierte die Fernsehsendung „Hits a gogo". Auch als Produzent, Drehbuchautor und Regisseur hat er gearbeitet. Er sang Titel wie „Komm aus den Federn, Liebste" oder „Sie sind grün" und verlegte sich Ende der 70er Jahre mehr und mehr auf friesischen Dialektgesang.

■ **Bill Monroe** — 1911 — US-Countrysänger und Songschreiber. Er gilt als Vater der Bluegrass-Musik. Zusammen mit seinem Bruder Charlie machte er ab 1936 Platten als Monroe Brothers und sang in den 40er Jahren als Solist oder mit seiner eigenen Band. Seinen größten Erfolg hatte er mit dem „Kentucky Waltz" (3/46 C&W 3). Bill schrieb die Nummer „Blue Moon Of Kentucky", die der junge Elvis Presley aufgenommen hat.

■ **Dave Quincy** — 1939 — GB-Keyboarder und Saxophonist mit den Jet Blacks, Manfred Mann Chapter 3, If, Q und als Sessionmusiker mit P. J. Proby, J. J. Jackson und Paul Jones. 1973 gründete er Zzebra, über einen Achtungserfolg kam die Band nie hinaus.

■ **James Johnson** — 1939 — US-Sänger der Jayhawks — Hit: „Stranded In The Jungle" (6/56 US 18), die sich 1960 in Vibrations umbenannten. Hits: „The Watusi" (2/61 US 25) und „My Girl Sloopy" (3/64 US 26). Zwischendurch machten sie noch eine Platte als Marathons: „Peanut Butter" (4/61 US 20).

■ **Zak Starkey** — 1965 — GB-Schlagzeuger und Sohn von Ringo Starr. Die Nuß fällt eben nicht weit von der Palme.

■ **Randy Jones** — 1952 — US-Cowboy und Sänger mit Village People.

■ **Joni Sledge** — 1956 — US-Sängerin mit Sister Sledge.

Tageshits

1952 — „You Belong To Me" — Jo Stafford — US 12 W.
1962 — „She's Not You" — Elvis Presley — GB 3 W.
1969 — „In The Year 2525" — Zager & Evans — D 5 W.
1976 — „Daddy Cool" — Boney M. — D 12 W.
1980 — "Feels Like I'm In Love" — Kelly Marie — GB 2 W.
1986 — „Don't Leave Me This Way" — Communards — GB 4 W.
1986 — „Take My Breath Away" — Berlin — US 1 W.

14

Geburtstage

Morten Harket, Pal Gamst Waaktaar, Magne Furuholmen

■ **Morton Harket** — 1959 — Norwegischer Sänger und Songschreiber von A-Ha. Hits: „Take On Me" (7/85 US 1, 9/85 GB 2, D 1), „The Sun Always Shines On TV" (11/85 US 20, 1/86 GB 1, D 5), „Train Of Thought" (4/86 GB 8, D 14), „Hunting High And Low" k(6/86 GB 5, D 11), „I've Been Losing You" (10/86 GB 8, D 15), „Cry Wolf" (12/86 GB 5, D 20), „The Living Daylights" (7/87 GB 5, D 8), „Stay On These Roads" (3/88 GB 5, D 7), „Touchy!" (8/88 GB 11, D 13) und „You Are The One (Remix)" (12/88 GB 13, D 30).

■ **Paul Kossoff** — 1950 — GB-Gitarrist und Songschreiber, Sohn des britischen Schauspielers David Kossoff. Er spielte mit Black Cat Bones, ab 1968 mit Free, nach 1971 als Solist und mit der Band Back Street Crawler. Paul starb am 19.3.1976.

■ **Steve Gaines** — 1949 — US-Gitarrist ab 1975 für Ed King bei Lynyrd Skynyrd. Er starb bei einem Flugzeugabsturz am 20.10.1977.

■ **Barry Cowsill** — 1955 — US-Sänger und Bassist mit den Cowsills.

Peter Agnew (Nazareth)

■ **Pete Agnew** — 1946 — GB-Bassist und Songschreiber mit den Shadettes, aus denen sich 1968 Nazareth formierte.

Todestage

■ **Grace Kelly** — 1982 — US-Filmschauspielerin, Sängerin und ab 1956 Fürstin von Monaco. Sie verunglückte mit ihrem Auto. Geboren am 12.11.1929.

■ **Furry Lewis** — 1981 — US-Bluesmusiker. Geboren am 6.3.1893.

Tageshits

1940 — „Sierra Sue" — Bing Crosby — US 4 W.
1946 — „Five Minutes More" — Frank Sinatra — US 4 W.
1974 — „I Shot The Sheriff" — Eric Clapton — US 1 W.

15

Geburtstage

■ **Roy Acuff** — 1903 — US-Country-Sänger, Fiddler und Songschreiber. 1932/33 spielte Roy in einer Madison Show, danach gründete er seine eigene Band, die Tennessee Cracker Jets. Ab 1935 hatte er die neue Gruppe Crazy Tennesseans, 1936 machte er seine ersten Platten und nahm schon zu diesem Zeitpunkt seine beiden ersten großen Hits auf: „Great Speckle Bird" (9/38 US 13) und den Millionseller „Wabash Cannon Ball" (12/38 US 12). Ab 1937 trat er in der Grand Ole Opry auf und spielte dann mit einer neuen Band, den Smoky Mountain Boys. 1942 gründete er zusammen mit Fred Rose einen Musikverlag, der sich im Laufe der Jahre zu einem der größten Verlagshäuser entwickelte. Die beiden gründeten außerdem in den späten 50er Jahren das Plattenlabel Hickory. Roy war der erste Künstler, der noch zu seinen Lebzeiten, nämlich 1962, in die Country Music Hall of Fame aufgenommen wurde. Sein Spitzname lautet The King of Country Music. Roy, der in den 40er Jahren mit „The Prodigal Son" (2/44 US 19) erfolgreich war und in den Jahrzehnten danach immer mal wieder selbst einen Titel sang, veröffentlichte bis in die 70er Jahre auf seinem Hickory-Label Platten.

■ **Jimmy Gilmer** — 1940 — US-Sänger, der 1960 für Chuck Tharp zu kden Fireballs kam. Norman Petty war es, der Jimmy zu dieser Gruppe brachte. Die nannte sich nun für etliche Jahre Jimmy Gilmer & The Fireballs. Hit: „Sugar Shack" (9/63 US 1). Norman Petty übernahm auch das Management der Band, und da er sich bekanntlich auch um Buddy Holly gekümmert hatte, kam es, daß viele Titel von Holly nach dessen Tode von Petty mit Hilfe von Jimmy Gilmer & The Fireballs überarbeitet wurden. Ab Ende 1967 veröffentlichten sie die Platten wieder als Fireballs — Hit: „Bottle Of Wine" (12/67 US 9).

■ **Cannonball Adderley** — 1928 — US-Alt- und Sopransaxophonist, Komponist und Bandleader. Richtige Vornamen Julian Edwin. Er gilt als einer der bedeutendsten Alt-Saxophonisten des modernen Jazz. Einem breiten Publikum wurde er mit seinem Quintett bekannt, in dem der Pianist Joe Zawinul mitspielte: „Mercy, Mercy, Mercy" (1/67 US 11). Er starb am 8.8.1975.

■ **Snooky Pryor** — 1921 — US-Blues-Sänger, Schlagzeuger und Mundharmonikaspieler. Richtige Vornamen James Edward. Seit Ende der 40er Jahre nimmt er Platten auf.

■ **Lisa Fitz** — 1951 — Sängerin, die zwar in bayerischer Mundart singt, aber alles andere als Volksmusik macht. Außerdem ist sie Schauspielerin und Kabarettistin.

■ **Lee Dorman** — 1942 — US-Bassist, Sänger, Tastenspieler und Songschreiber mit Iron Butterfly und Captain Beyond.

■ **Fredrick Eugene Byrd** — 1971 — GB-Sänger bei B.V.S.M.P..

■ **Les Braid** — 1941 — GB-Bassist mit Swinging Blue Jeans.

Todestag

■ **Bill Evans** — 1980 — US-Jazzmusiker. Er starb an den Folgen eines Magendurchbruchs. Geboren am 16.8.1929.

Tageshits

1945 — „Till The End Of Time" — Perry Como — US 10 W.
1962 — „Sherry" — Four Seasons — US 5 W.
1962 — „She's Not You" — Elvis Presley — GB 2 W.
1962 — „Sweety" — Peter Kraus — D 1 W.
1966 — „All Or Nothing" — Small Faces — GB 1 W.
1973 — „Delta Dawn" — Helen Reddy — US 1 W.
1975 — „S.O.S." — Abba — D 7 W.

16

Geburtstage

■ **B. B. King** — 1925 — US-Sänger, Gitarrist und Songschreiber. Richtiger Vorname Riley. Ende der 40er Jahre hatte er als Riley King, der „Blues Boy von der Beale Street", als Diskjockey eigene Radioshows. Dieses „Blues Boy" wurde dann zu der Abkürzung B. B. Er gründete schon 1939 das Gospel-Quartett Elkhorn Singers, 1947 spielte er mit Bobby Bland und Johnny Ace als The Beale Streeters. Ab 1949 nahm er regelmäßig Platten auf. Von 1951 bis in die 80er Jahre brachte er es auf weit über 70 Hits in den R&B-Charts. Seine erfolgreichsten waren „Three O'Clock Blues" (12/51 R&B 1), „You Know I Love You" (9/52 R&B 1), „Please Love Me" (6/53 kR&B 1) und „You Upset Me Baby" (11/54 R&B 1). Ab 1957 wurde er auch für die Pophitparaden interessant. Dort hatte er seine größten Erfolge mit

B. B. King

„The Thrill Is Gone" (12/69 US 15) und „I Like To Live The Love" (12/73 US 28). B. B. erhielt Auszeichnungen als bester Jazzsänger und/oder bester Gitarrist des Jahres und wurde somit zum Vorbild für viele Generationen von Musikern.

■ **Richard Marx** — 1963 — US-Sänger, Pianist, Gitarrist und Songschreiber. Im Alter von fünf Jahren sang Richard wie seine Mutter Werbejingles, die sein Vater schrieb. Seine Karriere begann er als Songschreiber für Bob Seger und Kenny Rogers, für die er auf Plattenproduktionen auch im Hintergrund sang. Lionel Richie war es, der Richards Talent erkannte und ihm empfahl, als Solist zu arbeiten. 1987 erschien sein Debütalbum, seither ist er eine feste Größe in der amerikanischen Popmusik. Hits: „Don't Mean Nothing" (6/87 US 3), „Should've Known Better" (9/87 US 3), „Endless Summer Nights" (1/88 US 2), „Hold On To The Nights" (5/88 US 1), „Satisfied" (5/89 US 1), „Right Here Waiting" (7/89 US 1, 9/89 GB 2, D 12) und „Angelia" (10/89 US 4, 12/89 D 23).

■ **Joe Reisman** — 1924 — US-Saxophonist, Orchesterleiter, Komponist und Arrangeur für Film, Broadway und Fernsehen. In den 50er Jahren hat er viele der RCA-Plattenveröffentlichungen musikalisch geleitet. Er selbst spielte in den Bands von Bob Crosby oder Louis Prima und machte auch als Solist Platten. Seinen größten Erfolg hatte er mit „Armen's Theme" (12/56 US 46).

David, Howard (Bellamy Brothers)

■ **David Bellamy** — 1950 — US-Sänger, Gitarrist, Keyboarder und Songschreiber bei den Bellamy Brothers, die bereits 1958 ihr Debüt als Profis gaben. Ohne seinen Bruder arbeitete David mit den Accidents und schrieb den Titel „Spiders And Snakes" für Jim Stafford. Von 1968 bis 1971 war er mit seinem Bruder Howard in der Band Jericho. Ab 1976 waren sie als Bellamy Brothers erfolgreich. Hits bei seinem Bruder Howard am 2.2.

■ **George Chakiris** — 1933 — US-Schauspieler, Tänzer und Sänger, der sein Filmdebüt 1947 gab. Als Tänzer hatte er seinen ersten Auftritt in „Gentlemen Prefer Blondes" (1953). Auch in „There's No Business Like Showbusiness" (1954) und „Meet Me In Las Vegas" (1956) spielte er mit. 1961 tanzte und sang er den Bernardo in der „West Side Story". Für diese Rolle erhielt den Oscar als bester Nebendarsteller.

■ **Charlie Byrd** — 1925 — US-Jazz-Gitarrist und Komponist, der Stan Getz zum Bossa Nova brachte und mit ihm zusammen etliche Platten in dieser Richtung aufnahm. Er selbst machte auf der einen Seite mehr als 40 LPs, die in der Kategorie Easy Listening geführt werden, auf der anderen Seite gilt er als hervorragender Jazz-Gitarrist.

■ **Little Willie Littlefield** — 1931 — US-Sänger, Pianist, Gitarrist und Songschreiber. Seine ersten Platten machte er 1946. Von ihm stammt das Original der Nummer „Kansas City", das er unter dem Titel „K. C. Lovin'" bereits im Jahre 1952 aufgenommen hatte. Seine erfolgreichsten Aufnahmen waren „It's Midnight" (8/49 R&B 3) und „Farewell" (11/49 R&B 5).

■ **Jürgen Dollase** — 1948 — Tastenspieler, Sänger und Songschreiber mit Blitzkrieg, Wallenstein, Witthüser & Westrupp, Walpurgis, Cosmic Jokers und anderen. Der größte Erfolg von Wallenstein hieß „Charlene" (4/79 D 17), kSänger des Titels war Kim Merz.

■ **Kenny Jones** — 1948 — GB-Schlagzeuger mit Small Faces, Faces, Rod Stewart und Who. Als Studiomusiker spielte er bei Produktionen von Mike Batt bis Jerry Lee Lewis.

■ **Richard Blandon** — 1934 — US-Leadsänger der Dubs, einem R&B-Quintett. Größter Hit: „Could This Be Magic" (11/57 US 23).

■ **Bernie Calvert** — 1944 — GB-Bassist, ab 1966 für Eric Haydock bei den Hollies. Vorher spielte er mit Dolphin.

■ **Betty Kelly** — 1944 — US-Sängerin mit Martha Reeves & The Vandellas.

■ **Charles Fearing** — 1956 — US-Gitarrist mit Raydio und als gesuchter Studiomusiker.

■ **Sonny Lemaire** — 1947 — US-Bassist und Songschreiber mit Exile.

■ **Joe Butler** — 1943 — US-Schlagzeuger mit Lovin' Spoonful.

Todestag

■ **Marc Bolan** — 1977 — GB-Sänger, Gitarrist und Songschreiber. Starb nach einem Autounfall. Geboren am 30.9.1947.

Tageshits

1972 — „Black And White" — Three Dog Night — US 1 W.
1985 — „Maria Magdalena" — Sandra — D 4 W.
1989 — „Don't Wanna Lose You" — Gloria Estefan — US 1 W.

17

Geburtstage

■ **Hank Williams** — 1923 — US-Country-Sänger, Gitarrist und Songschreiber. Richtige Vornamen: Hiram King. Schon in jungen Jahren trat er in Radioshows in Montgomery als „The Singing Kid" auf. Noch als Teenager gründete er seine Gruppe The Drifting Cowboys. Seine ersten Plattenaufnahmen entstanden 1946. In den Hitparaden taucht er erstmals mit „Move It On Over" (8/47 C&W 4) auf. Dieses Stück, von ihm selbst geschrieben, beinhaltet schon alles, was später den

Rock 'n' Roll ausmachen sollte. Weitere Hits: „Love Sick Blues" (3/49 C&W 1 — für 16 Wochen!, 5/49 US 21), „Cold Cold Heart" (3/51 C&W 1, US 27), „Hey, Good Lookin'" (7/51 C&W 1, 9/51 US 29), „Jambalaya (On The Bayou)" (8/52 C&W 1, US 20), „Kaw-Liga" (2/53 C&W 1, US 23) und „Your Cheatin' Heart" (2/53 C&W 1, US 25). Die meisten dieser Nummern sind Millionseller. Sein Spitzname lautet war „Shakespeare of Country Music" — richtig ist auf jeden Fall, daß er der führende Songschreiber der Country Music war. Schon an den Titeln kann man ablesen, daß es sich bei der Gefühlslage von Hank Williams um ein andauerndes Auf und Ab gehandelt haben muß. Probleme mit seiner Frau Audrey, ein ausgeprägter Minderwertigkeitskomplex und Trunksucht trugen dazu bei, daß er im August 1952 aus der Grand Ole Opry ausgeschlossen wurde. Kurz vor seinem Tod heiratete er die außergewöhnlich hübsche Billie Jean Jones Eshlimar — es hat ihm nicht mehr geholfen: krank und seelisch kausgebrannt starb er am 1.1.1953 auf dem Rücksitz seines Cadillacs auf dem Weg zu einer Show in Canton, Ohio, an einem Herzanfall, der auf sein exzessives Trinken zurückgeführt wurde — er war gerade 29 Jahre alt. 1961 wurde er in die Country Music Hall Of Fame, 1987 in die Rock 'n' Roll Hall Of Fame aufgenommen. Er prägte in seiner Zeit den Stil der Countrymusik und beeinflußte auch die Pop-Musik stark. George Hamilton spielte Hank Williams in der Filmbiographie „Your Cheatin' Heart" aus dem Jahre 1964.

■ **Fee Waybill** — 1950 — US-Sänger und Songschreiber der Tubes. Die Gruppe kam Ende der 60er Jahre zusammen. Fee wurde als Mitglied nur genommen, weil er als einziger ein Auto hatte, das groß genug war, um alle Instrumente unterzubringen. Erst später stellte sich heraus, daß er gut singen konnte. Im Laufe der Jahre entwickelte sich aus den Auftritten der Band ein wahres Rocktheater. Ab 1976 waren sie auch in den Hitparaden, ihren größten Erfolg hatten sie mit „She's A Beauty" (4/83 US 10).

■ **Bill Black** — 1926 — US-Bassist und Songschreiber, der auf den meisten Platten, die Elvis Presley bis zu seiner Einberufung in die Army aufgenommen hat, mitspielte. Ab 1959 mit eigener Combo — Hits: „White Silver Sands" (3/60 US 9) und „Don't Be Cruel" (9/60 US 11, 11/60 GB 32). Bis zum Januar 1965 war Bill in der US-Hitparade vertreten. Er starb am 21.10.1965.

■ **Sil Austin** — 1929 — US-Saxophonist und Songschreiber. Vollständiger Vorname Sylvester. Er spielte mit der Tiny Breadshaw Band, bevor er eine eigene Gruppe gründete. Größter Hit: „Slow Walk" (11/56 US 17).

■ **Phil Cracolici** — 1937 — US-Leadsänger der Mystics, ein Quintett aus Brooklyn, New York. Größter Hit: „Hushabye" (5/59 US 20).

■ **Lamonte McLemore** — 1940 — US-Sänger mit den Hi-Fi's, aus denen die Versatiles und schließlich die Fifth Dimension wurden.

■ **Hein und Oss Kröher** — 1927 — Volkssänger aus Pirmasens, Mitbegründer der ersten Folkfestivals in Deutschland auf der Burg Waldeck; Autoren zahlreicher Liederbücher.

Todestage

■ **Jimmy Yancey** — 1951 — US-Bluesmusiker. Starb an Zuckerkrankheit. Geboren am 20.2.1898.

■ **Hugo Winterhalter** — 1973 — US-Orchesterchef. Starb an Krebs. Geboren am 15.8.1909.

Tageshits

1954 — „Three Coins In A Fountain" — Frank Sinatra — GB 3 W.
1955 — „Ain't That A Shame" — Pat Boone — US 2 W.
1960 — „Itsy Bitsy Teeny Weenie Honolulu Strand-Bikini" — Club Honolulu — D 3 W.
1977 — „I Just Want To Be Your Everything" — Andy Gibb — US 1 W. (2.mal)

18

Geburtstage

■ **Frankie Avalon** — 1939 — US-Sänger. Richtiger Name Francis Avallone. Er begann bereits als Vierzehnjähriger, in Bands zu spielen. Mitte der 50er Jahre spielte er bei Radio- und TV-Auftritten mit Paul Whiteman. 1957 war er Sänger und Trompeter mit Rocco & His Saints — im gleichen Jahr spielte er in dem Film „Discjockey Jamboree" mit. Erster Solo-Hit: „Dede Dinah" (1/58 US 7). Frankie zählte zu den typischen Highschool-Rockern der ausgehenden 50er Jahre. Seine größten Erfolge: „Venus" (2/59 US 1, 4/59 GB 16) und „Why" (11/59 US 1, 1/60 GB 20). Er spielte auch in den 60er Jahren in Filmen mit. Nach 1962 war er dann jedoch aus den Hitparaden verschwunden. Anfang 1976 nahm er eine Disco-Version seines Hits „Venus" auf — es reichte allerdings nur für einen Platz 46. 1987 spielte er mit Annette Funicello, mit der er schon Anfang der 60er Jahre Surf-Beach-Fun-Filme gedreht hatte, im Film „Back To The Beach". Er sang darin auch wieder — diesmal eine Crash-Version von „California Sun".

■ **Jimmie Rodgers** — 1933 — US-Sänger, Gitarrist, Tastenspieler und Songschreiber, nicht zu verwechseln mit dem Country-Star (8.9.). Dieser Jimmie hier war Pop-Interpret mit einem Schuß Folk-Touch. Noch während er bei der Air Force war, gründete er seine erste Band. 1959 hatte er eine eigene NBC-TV-Serie in den USA. Hits: „Honeycomb" (8/57 US 1, 11/57 GB 30), „Kisses Sweeter Than Wine" (11/57 US 3, GB 7), „Secretly" (5/58 US 3) und „English Country Garden" (6/62 GB 5). Am 1.12.1967 wurde er mit einer Schädelfraktur in seinem Wagen aufgefunden; er laborierte über ein Jahr an diesem Unfall und kehrte am 28. Januar 1969 auf die Bühne zurück.

■ **Greta Garbo** — 1905 — Schwedische Filmschauspielerin, genannt „Die Göttliche". Ihr richtiger Name war Greta Lovisa Gustafsson. Bereits ihr erster Film „Gösta Berling" (1924) wurde ein Welterfolg. Sie spielte meist schöne, geheimnisvolle, aristokratische Rollen. 1941 zog sie sich vom Film zurück. Sie starb am 15.4.1990 in New York.

■ **Kerry Livgren** — 1949 — US-Gitarrist, Tastenspieler und Songschreiber für Kansas, gegründet 1970. Die Gruppe nannte sich vorher White Clover.

■ **Alan King** — 1946 — GB-Gitarrist in der Gruppe Ace und als Studiomusiker.

■ **Dee Dee Ramone** — 1952 — US-Bassist und 1974 Mitbegründer der Ramones. Richtiger Name Douglas Colvin.

■ **Ricky Bell** — 1967 — US-Sänger mit der 1982 gegründeten Kindertruppe New Edition.

■ **Joanne Catherall** — 1962 — GB-Sängerin mit Human League.

■ **Martin Beedle** — 1961 — GB-Schlagzeuger bei Cutting Crew.

■ **Ian Spice** — 1966 — GB-Schlagzeuger mit Breathe.

Todestag

■ **Jimi Hendrix** — 1970 — US-Gitarrist, Sänger und Songschreiber. Es wird behauptet, er sei an harten Drogen gestorben — bewiesen ist das nicht. Vielmehr scheint richtig, daß er nach Alkoholgenuß und der Einnahme von Schlaftabletten an seinem Erbrochenen erstickt ist. Geboren am 27.11.1942.

Tageshits

1961 — „Take Good Care Of My Baby" — Bobby Vee — US 3 W.
1971 — „Hey Girl, Don't Bother Me" — Tams — GB 3 W.
1976 — „Play That Funky Music" — Wild Cherry — US 3 W.

19

Geburtstage

Brook Benton — 1931 — US-Sänger und Songschreiber. Richtiger Name Benjamin Franklin Peay. Er begann in den 40er Jahren mit den Camden Jubilee Singers, ging 1948 nach New York und schloß sich Bill Langford's Langfordaires an. 1951 sang er mit den Jerusalem Stars und machte 1953 seine erste Soloplatte. Ab 1958 war er erfolgreich. Seine größten Hits waren „It's Just A Matter Of Time" (1/59 US 3), „The Boll Weevil Song" (5/61 US 2, 7/61 GB 30), „Hotel Happiness" (11/62 US 3) und „Rainy Night In Georgia" (1/70 US 4). Außerdem sang er erfolgreich im Duett mit Dinah Washington: „Baby (You've Got What It Takes)" (1/60 US 5) und „A Rockin' Good Way (To Mess Around And Fall In Love)" (5/60 US 7). Brook starb am 9.4.1988.

■ **Lol Creme** — 1947 — GB-Gitarrist, Sänger, Songschreiber und Videotüftler. Richtiger Vorname Lawrence. 1963, während des ersten britischen Beat-Booms, ist er Mitglied in der Manchester Band Sabres. Nachdem die erste Euphorie vorüber ist, studiert Lol Graphik und Kunstdesign. Dort trifft er auf Kevin Godley. In den nächsten Jahren kümmert sich Lol um sein Studium und arbeitet für den britischen Verlag Pen Books. Im September 1969 macht er mit seinem Kollegen Kevin als Frabjoy & Runcible eine Platte, auf der Graham Gouldman und Eric Stewart als Studiomusiker mitspielen. Im August 1970 nehmen die vier genannten Musiker als Hotlegs einige Platten auf, 1971 spielen sie zusammen mit Neil Sedaka auf dessen Comeback-LPs „Solitaire" und „The Tra-La-La Days Are Over" und machen 1972 Demo-Aufnahmen, die sie an Jonathan King verkaufen, der ihnen zum Namen 10 CC rät. Bis 1976 bleibt das Quartett zusammen, dann trennen sich Godley & Creme ab, um als Duo weitere Erfolge zu haben.

■ **Nile Rodgers** — 1952 — US-Gitarrist, Songschreiber und Produzent. Nachdem sie bereits ab 1970 in diversen New Yorker Clubs zusammengespielt hatten, gründeten Nile und Bernard Edwards 1972 ein Rocktrio namens Big Apple Band. Im Laufe der nächsten drei Jahre spielten sie viel in Clubs und begleiteten New York City und Carol Douglas. Langsam aber sicher wechselten sie vom Rock zum neu aufkommenden Disco-Sound. Ab 1977, inzwischen war mit Norma Jean Wright eine Sängerin zu ihnen gestoßen, nannten sie sich Chic. Hits: „Dance, Dance, Dance (Yowsah Yowsah Yowsah)" (10/77 US & GB 6, 3/78 D 40), „Everybody Dance" (4/78 US 38, GB 9), „Le Freak" (10/78 US 1, GB 7, 1/79 D 5), „I Want Your Love" (2/79 US 7, GB 4, 4/79 D 27) und „Good Times" (6/79 US 1, GB 5, 8/79 D 36). Als Produzent arbeitete Nile erfolgreich für Sister Sledge, Sheila B. Devotion, Diana Ross, Debbie Harry, David Bowie, Thompson Twins oder die erste Erfolgs-LP von Madonna „Like A Virgin". 1983 realisiert Nile kein eigenes Projekt, das er „Adventures In The Land Of The Good Groove" nennt. Zusammen mit Robert Plant, Jimmy Page und Jeff Beck spielt er bei den Honeydrippers. 1987 macht er, jetzt ohne Bernard, das Trio Outloud.

■ **Bill Medley** — 1940 — US-Sänger und Songschreiber. Nachdem er zuvor mit den Paramours gespielt hatte, gründete er 1962 zusammen mit Bobby Hatfield das Duo Righteous Brothers, ab 1963 nehmen sie Platten auf. Hits siehe 10.8. bei Bobby. Im November 1967 verläßt Bill das Duo, um sich als Solist, Clubbesitzer und Country-Interpret zu versuchen. Dort brachte er es immerhin auf den Hit „I Still Do" (4/84 C&W 17). 1987 ist er im Duett mit Jennifer Warnes und mit Hilfe des Films „Dirty Dancing" wieder in den Hitparaden mit „(I've Had) The Time Of My Life" (9/87 US 1, GB 6, 12/87 D 5). Daran anzuschließen gelingt ihm nicht.

■ **Billy Ward** — 1921 — US-Pianist und Leader von Billy Ward & His Dominoes. Billy hatte 1950 die Ques gegründet, die nach einem Gewinn im Nachwuchswettbewerb im Apollo und einem Auftritt in Arthur Godfrey's Talent Scout Show noch im gleichen Jahr einen Plattenvertrag erhielten und sich in Dominoes umbenannten — Leadsänger bis 1953 war Clyde McPhatter. Als der die Gruppe verließ, wurde bis 1957 Jackie Wilson der Leadsänger. Hits: der Millionseller „Sixty Minute Man" (5/51 R&B 1, 8/51 US 17), „Have Mercy Baby" (5/52 R&B 1), „Stardust" (6/57 US 12, 9/57 GB 13) und „Deep Purple" (9/57 US 20, 11/57 GB 30). Anfang der 60er Jahre löste die Gruppe sich auf.

■ **Freda Payne** — 1945 — US-Jazz- und Soulsängerin. Mit ihrer Schwester Scherry, die zu den Supremes kam, als Diana Ross ging, studierte sie in ihrer Heimatstadt Detroit Gesang. In den 60er Jahren sang sie mit Pearl Bailey, Quincy Jones und Duke Ellington. 1965 machte sie ihre erste Soloplatte, ab Anfang der 70er Jahre war sie erfolgreich. Hits: „Band Of Gold" (4/70 US 3, 9/70 GB 1, 11/70 D 32) und „Bring The Boys Home" (6/71 US 12). Beide Platten waren Millionseller. In den frühen 80er Jahren war sie Moderatorin der Talkshow „For You, Black Woman".

■ **Paul Williams** — 1940 — US-Songschreiber, Sänger und Schauspieler. Er spielte z. B. in „Planet Of The Apes" oder „Smokey & The Bandit". Als Autor ist er u.a. verantwortlich für „We've Only Just Begun" und „Rainy Days And Mondays" von den Carpenters, „Just An Old Fashioned Love Song" von Three Dog Night oder „Evergreen (Love Theme From A Star Is Born)" von Barbra Streisand — 1976 gab es dafür einen Oscar. Als Filmkomponist besorgte er zum Beispiel die Musik für den „Muppet Movie".

■ **Cass Elliott** — 1943 — US-Sängerin. Richtiger Name Ellen Naomi Cohen. Sie begann mit Cass Elliott & The Big Three, die ihren Namen in Mugwumps umänderten. 1965 wurde sie Mitglied bei den Mamas & Papas, Hits siehe 6.4. Ab Mitte 1968 sang sie als Solistin — Hits: „Dream A Little Dream Of Me" (7/68 US 12, GB 11) und „It's Getting Better" (6/69 US 30, 8/69 GB 8). Sie starb am 29.7.1974.

■ **Lita Ford** — 1958 — GB-Leadgitarristin, Sängerin und Songschreiberin in der 1976 in Los Angeles gegründeten Mädchen-R'n'R-Gruppe Runaways. Im April 1979 löst sich die Gruppe auf, die einzelnen Mitglieder versuchen sich alle mit mehr oder weniger Glück als Solistin. Im April 1984 erscheint keine Solo-LP von Lita. Ab 1988 ist sie erfolgreich: „Kiss Me Deadly" (3/88 US 12) und im Duett mit Ozzy Osbourne „Close My Eyes Forever (Remix)" (3/89 US 8).

■ **John Coghlan** — 1946 — GB-Schlagzeuger, der 1962 bei den Cadets begann und im September 1962 zu den Spectres kam, aus denen im Mai 1967 Traffic Jam und schließlich im August 1967 Status Quo wurde. 1982 verläßt John die Gruppe, um ein eigenes Projekt, Diesel zu gründen. Für ihn kommt Pete Kircher.

■ **Rex Smith** — 1955 — US-Schauspieler, Broadway-Musicalstar und Sänger. Sein größter Hit war der Millionseller „You Take My Breath Away" (4/79 US 10). Zusammen mit der Jung-Rockerin Rachel Sweet hatte er mit „Everlasting Love" (6/81 US 32, 8/81 GB 35) einen weiteren Erfolg.

■ **David Bromberg** — 1945 — US-Gitarrist. Er spielt auf Platten von z. B. Bob Dylan, Jonathan Edwards, Gordon Lightfoot, Rick Derringer, Sha-Na-Na und Ringo Starr. Als Solist nie sonderlich erfolgreich.

■ **Hans-Arno Simon** — 1919 — Pianist, Sänger, Komponist, Arrangeur und Produzent. Er gilt als der erste deutsche Schlagersänger, dem eine Goldene Schallplatte verliehen wurde — und zwar 1953 für „Anneliese". Im gleichen Jahr hatte er den Hit „Ach, sag doch nicht immer wieder Dicker zu mir". Zu den großen Verkäufen des Jahres 1954 zählte sein Titel "Wodka Fox". Danach war seine Zeit als Sänger wieder vorüber, als Autor war er weiterhin erfolgreich. Er starb am 23.7.1989.

■ **Nini Rosso** — 1926 — Italienischer Trompeter und Songschreiber. Richtiger Vorname Celeste. Hits: „Il Silenzio" (6/65 D 1, 8/65 GB 8) und „La Montanara" (12/66 D 14).

■ **Nick Massi** — 1927 — US-Bassist; zwischen 1960 und 1965 mit den Four Seasons. Richtiger Name Nicholas Macioci.

■ **Rusty Egan** — 1957 — GB-Songschreiber und Drummer mit Rich Kids, Visage und Phil Lynott.

■ **Twiggy** — 1949 — GB-Schönheitsideal der mageren 60er Jahre, das auch mal singen wollte. Hit: „Here I Go Again" (8/76 GB 17).

■ **Brian Epstein** — 1934 — GB-Manager, dessen bedeutendster Tag im Leben der 28.10.1961 war — ein Kunde betrat das Schallplattengeschäft „NEMS" in Liverpool und fragte nach der Platte „My Bonnie" von den Beatles. Der Geschäftsführer des Ladens hieß Brian Epstein. Auf der Suche nach der Platte fand Brian im Cavern Club die Beatles. Ab Dezember 1961 war er deren Manager. Später kamen noch Interpreten wie Gerry & The Pacemakers, Billy J. Kramer, Cilla Black, Tommy Quickly, die US-Band Cycle und der US-Sänger Erich Andersen dazu. Am 27.8.1967 — die Beatles meditierten mit Maharishi Mahesh Yogi in Wales — starb er an einer Überdosis Schlaftabletten.

■ **Peter Horton** — 1941 — Er begann als Schlagersänger, der sich im Laufe der Jahre mehr dem Chanson zuwandte. Guter Gitarrist, TV-Moderator.

Todestage

■ **Gram Parsons** — 1973 — US-Gitarrist. Geboren am 5.11.1946.

■ **Red Foley** — 1958 — US-Country-Star. Geboren am 17.6.1910.

■ **Lou Busch** — 1979 — US-Orchesterchef und Tastenspieler. Starb bei einem Autounfall. Geboren am 18.7.1910.

Tageshits

1959 — „Charly Brown" — Hans Blum — D 3 W.
1960 — „The Twist" — Chubby Checker — US 1 W.
1970 — „Ain't No Mountain High Enough" — Diana Ross — US 3 W.
1970 — „Band Of Gold" — Freda Payne — GB 6 W.
1981 — „Prince Charming" — Adam & The Ants — GB 4 W.
1987 — „I Just Can't Stop Loving You" — Michael Jackson — US 1 W.

20

Geburtstage

■ **Jelly Roll Morton** — 1890 — US-Bluespianist, Sänger, Komponist und Bandleader. Richtiger Name Ferdinand Joseph Lemott. Man liest als Geburtsjahr auch 1885 — Jelly Roll hatte sich älter gemacht, um seiner Behauptung Nachdruck zu verleihen, er habe 1902 den Jazz erfunden. Zu dieser Geschichte paßt, daß er als eine der schillerndsten Persönlichkeiten des Blues und Jazz gilt. Seine erfolgreichste Platte war der „Black Bottom Stomp" (1/27 US 13). Er starb am 10.7.1941.

■ **Mick Rogers** — 1946 — GB-Sänger und Gitarrist mit der 1971 gegründeten Manfred Mann's Earthband. Er sang den Hit: „Joybringer" (9/73 GB 9). 1975 wurde er durch Chris Thompson ersetzt. Mick spielte mit Aviator und ab 1983 mit der Dave Kelly Band.

■ **Gogi Grant** — 1924 — US-Sängerin. Richtiger Name Audrey Brown. Hits: „Suddenly There's A Valley" (10/55 US 9) und „The Wayward Wind" (4/56 US 1, 6/56 GB 9). Im Film „The Helen Morgan Story" (1957) sang sie für Ann Blyth.

■ **Alannah Currie** — 1957 — GB-Sängerin, Saxophon- und Percussionspielerin und Songschreiberin bei den Thompson Twins.

■ **Joe Leeway** — 1949 — GB-Synthesizerspieler und Sänger, ebenfalls Thompson Twins, die gar keine Zwillinge sind, sondern eher ein Trio. Hits siehe 18.1. bei Tom Bailey. Joe verließ 1989 die Gruppe.

■ **Chuck & John Panozzo** — 1949 — US-Bassist und US-Schlagzeuger mit Styx.

■ **David Hemmingway** — 1960 — GB-Drummer ab 1987 mit den Housemartins.

■ **Richard Stephens** — 1940 — US-Gitarrist mit den String-A-Longs.

■ **Robby Lutter** — 1954 — Sänger, Gitarrist, Songschreiber und Produzent.

Todestage

■ **Ben Webster** — 1973 — US-Jazz-Tenorsaxophonspieler. Geboren am 27.2.1909.

■ **Jim Croce** — 1973 — US-Sänger, Songschreiber und Gitarrist. Stürzte mit einer kleinen Privatmaschine ab. Geboren am 10.1.1943.

■ **Steve Goodman** — 1984 — US-Songschreiber und Sänger. Starb an Leukämie. Geboren am 25.7.1948.

Tageshits

1958 — „Der Legionär" — Freddy — D 3 W.
1969 — „Sugar, Sugar" — Archies — US 4 W.
1969 — „Bad Moon Rising" — CCR — GB 3 W.
1975 — „Fame" — David Bowie — US 1 W.
1976 — „Dancing Queen" — Abba — D 1 W.
1986 — „Stuck With You" — Huey Lewis & The News — US 3 W.

21

Geburtstage

■ **Leonhard Cohen** — 1934 — Kanadischer Sänger und Songschreiber. Leonard begann 1954 in der Countrygruppe Buckskin Boys, danach machte er sich einen Namen als Dichter und Erzähler. In dieser Zeit wurden etliche seiner Lieder von z.B. Judy Collins oder Tim Hardin aufgenommen. Sein Auftritt beim Big Sur Festival 1967 machte ihn als Sänger bekannt, 1968 erschien seine erste LP, auf der auch seine bekannteste Nummer „Suzanne" zu finden war. Seinen größten Hit hatte er mit „Lover Lover Lover" (12/74 D 9). Jennifer Warnes brachte 1987 auf ihrer LP „Famous Blue Raincoat" eine Kollektion von Cohen Songs, darunter „First We Take Manhattan".

■ **Don Felder** — 1947 — US-Gitarrist und Songschreiber. Er kam im Januar 1974 als fünfter Mann zu den Eagles, die sich 1971 formiert hatten. Don war vorher bei Flow und hatte als Studiomusiker und Techniker bei Aufnahmen von z.B. David Blue oder Crosby & Nash gearbeitet. Mit Don spielten die Eagles die LP „One Of These Nights" ein, die die Band endgültig zu einer Supergruppe machte. Felder ist Mitautor des größten Hits der Band, „Hotel California". 1981 startete Don wie alle anderen Mitglieder der Gruppe ebenfalls eine Solokarriere.

■ **Ward Lamar Swingle** — 1927 — US-Sänger, Pianist, Saxophonist. 1951 ging er nach Paris und studierte Piano bei Walter Gieseking, 1956 zog er endgültig nach Paris. Dort gründete er die Blue Stars, dann Double Six Of Paris. 1963 gründete er die Swingle Singers, die sich darauf spezialisierten, klassische Werke wortlos nachzusingen. Immerhin brachte es die Platte „Bach's Greatest Hits" im Herbst 1963 auf einen Platz 15 in der amerikanischen LP-Hitparade. Die Barockmusik plus Mozart plus Madrigale waren fortan sein Betätigungsfeld.

■ **Jimmy Young** — 1923 — GB-Sänger, der 1949 als Profi begann. 1951 machte er seine ersten Platten. Wenig später war er ein Superstar in Großbritannien. Hits: „Eternally" (8/53 GB 8), „Unchained Melody" (5/55 GB 1), „The Man from Laramy" (9/55 GB 1), „Chain Gang" (3/56 GB 9) und „More" (9/56 GB 4). Nach 1964 war seine Hit-Karriere wieder beendet. Ab 1967 machte er sich einen Namen als Rundfunkmoderator.

■ **Dickey Lee** — 1941 — US-Pop- und Country-Sänger und Songschreiber. Richtiger Name Dick Lipscomb. Er machte seine ersten Platten im Jahre 1957 für Sun Records. Größter Erfolg: „Patches" (8/62 US 6). Ab Mitte der 60er Jahre wollte ihm kein Pophit mehr gelingen. Er wandte sich der Country-Musik kzu und war mit „Rocky" (8/75 C&W 1) erfolgreich. Bis in die 80er Jahre ist er in der C&W-Hitparade vertreten.

■ **Vico Torriani** — 1920 — Schweizer Sänger, Filmschauspieler und TV-Moderator. Vollständige Vornamen Vicos Oxens. Nach einer Lehre im Hotelfach arbeitete er als Skilehrer, Soldat und nach dem ersten Weltkrieg als Oberkellner in Zürich. 1946 gewann er einen „JeKaMi"-Abend und wurde als Sänger engagiert. Ab 1954 war er erfolgreich in der Bundesrepublik und hatte Hits wie „Tausend Mandolinen" (1954), „In der Schweiz" (9/55 D 2), „Grüß mir die Damen" (3/56 D ?) „Siebenmal in der Woche" (9/57 D 1) und „Kalkutta liegt am Ganges" (7/60 D ?). TV-Serien: „Grüezi Vico", „Hotel Victoria" und „Der goldene Schuß".

Tageshits

1946 — „To Each His Own" — Ink Spots — US 1 W.
1956 — „Lay Down Your Arms" — Anne Shelton — GB 4 W.
1959 — „Sleep Walk" — Santo & Johnny — US 2 W.
1961 — „Reach For The Stars/Climb Ev'ry Mountain" — Shirley Bassey — GB 1 W.
1963 — „Blue Velvet" — Bobby Vinton — US 3 W.
1968 — „Harper Valley PTA" — Jeannie C. Riley — US 1 W.
1974 — „Kung Fu Fighting" — Carl Douglas — GB 3 W.
1974 — „Can't Get Enough Of Your Love" — Barry White — US 1 W.
1985 — „Money For Nothing" — Dire Straits — US 2 W.

22

Geburtstage

■ **David Coverdale** — 1951 - GB-Sänger und Songschreiber, der im September 1973 für den ausscheidenden Ian Gillan zu Deep Purple kam — vorher war er Verkäufer in einer Mode-Boutique. Auf der LP „Burn" war David zum erstenmal zu hören. Die Band war zu diesem Zeitpunkt schon zerstritten, im März 1976 fiel sie auseinander. David machte eine Solo-LP mit dem Titel „White Snake", die im Mai 1977 erschien, ab Januar 1978 nannte er seine eigene Band nach dieser LP Whitesnake. Hits: „Fool For Your Loving" (4/80 GB 13, 10/89 US 37), „Here I Go Again" (11/82 GB 34, 6/87 US 1, 10/87 RE-GB 9, D 29) und „Is This Love" (6/87 GB 9, 10/87 US 2).

■ **Joan Jett** — 1960 — US-Gitarristin, Sängerin und Songschreiberin für die 1976 gegründete „All-Female Hard-Rock Band" Runaways, die einige LPs und Singles aufnahm und 1979 wieder auseinanderfiel. Joan ging nach London und nahm dort Platten mit den ehemaligen Sex Pistols Paul Cook und Steve Jones auf. Im Juli 1980 wurde sie in ein Krankenhaus eingeliefert mit Herzklappeninfektion und Lungenentzündung. Als sie wieder gesund war, gründete sie Joan Jett & The Blackhearts. Hits: „I Love Rock 'n' Roll" (2/82 US 1, 4/82 GB 4, D 6), „Crimson And Clover" (5/82 US 7, D 19), „I Hate Myself For Loving You" (6/88 US 8) und „Little Liar" (10/88 US 19). 1987 spielte sie im Film „Light Of The Day" den Leader einer Rock 'n' Roll Band namens Barbusters.

■ **Joni James** — 1930 — US-Sängerin, richtiger Name Joan Carmella Babbo. Sie begann als Tänzerin im Alter von 12 Jahren. Während ihrer High-School Zeit arbeitete sie als Model und tourte in den späten 40er Jahren wieder als Tänzerin durch Kanada. Schließlich machte sie 1952 ihre ersten Platten. Hits und Millionseller: „Why Don't You Believe Me" (10/52 US 1, 3/53 GB 11), „Have You Heard" (1/53 US 4) und „Your Cheatin' Heart" (2/53 US 7). Weitere Hits waren „How Important Can It Be?" (2/55 US 2) und „You Are My Love" (10/55 US 6). Joni blieb bis Anfang der 60er Jahre erfolgreich.

■ **Leroy Holmes** — 1913 — US-Orchesterchef, der mit richtigem Vorname Alvin heißt. Er war bei der Plattenfirma MGM verantwortlich für Aufnahmen von Tommy Edwards oder Connie Francis. Leroy gewann viermal einen Oscar, u. a. für seinen größten Hit „The High And The Mighty" (7/54 US 9).

■ **Mike Patto** — 1942 — GB-Sänger und Songschreiber. Richtiger Name Mike McCarthy. Er begann Anfang der 60er Jahre mit Mike Patto & The Breakaways, sang mit Bo Street Runners, Chicago Line Blues Band und gründete 1966 Timebox. Hit: „Beggin'" (7/68 GB 38). Aus Timebox wurde Patto bis 1973. Es folgte ein kurzes Gastspiel bei Spooky Tooth, 1975 dann seine Band Boxer. Am 4.3.1979 starb Mike nach langer Krankheit an Kehlkopfkrebs.

Rudolf Rock & Die Schocker

■ **Dicky Tarrach** — 1944 — Ob Rattles, Wonderland, Randy Pie, Rudolf Rock & die Schocker, Moti Special oder Tarraco — immer am Schlagzeug Dicky, der mit richtigem Vornamen Reinhard heißt, zu den guten und gesuchten Studiomusikern gehört, seine Karriere bei Mamy Betty begann und 1963 bei den Rattles eingestiegen war. Im November 1986 erschien eine neue LP von Randy Pie, die sich fast 10 Jahre vorher aufgelöst hatten.

■ **Kevin Murphy** — 1943 — US-Tastenspieler mit American Breed in deren Endphase. Daraus entwickelte sich Ask Rufus und daraus wieder Rufus.

■ **Phil „Animal" Taylor** — 1954 — GB-Drummer mit Motorhead von 1975 bis 1983.

■ **Larry Hagman** — 1934 — US-Schauspieler. „J.R." oder „Das Ekel aus Dallas" oder Müller-Milch-Trinker.

■ **Henry Priestman** — 1955 — Keyboarder und Gitarrist bei den Christians.

Todestage

■ **Walter Brennan** — 1974 — US-Schauspieler und Plattenbesprecher. Geboren am 25.7.1894.

■ **Jaco Pastorius** — 1987 — US-Bassist. Wird bei einer Schlägerei mit einem Clubmanager tödlich verletzt. Geboren am 1.12.1951.

Debby Boone

■ **Debby Boone** — 1956 — US-Sängerin, Tochter von Pat Boone. Richtige Vornamen Deborah Ann. 1977 hatte sie den Hit des Jahres in den USA: „You Light Up My Life" (9/77 US 1) aus dem gleichnamigen Film — die Platte belegte 10 Wochen lang den Spitzenplatz.

■ **Hans Albers** — 1892 — Deutscher Schauspieler und Sänger, Typ Draufgänger und Held. „Der blaue Engel" (1930) und „Baron Münchhausen" (1943) waren seine bekanntesten Filme. Sein Lied „Auf der Reeperbahn nachts um halb eins" ist ein Evergreen. Er starb am 24.7.1960.

■ **Rune Kristofferson** — 1957 — Norwegischer Bassist und kSongschreiber mit Fra Lippo Lippi.

Todestag

■ **Irving Berlin** — 1989 — US-Komponist. Starb im Schlaf im Alter von 101 Jahren. Geboren am 11.5.1888.

Tageshits

1962 — „Speedy Gonzales" — Pat Boone — D 9 W.
1966 — „Distant Drums" — Jim Reeves — GB 5 W.
1973 — „Let's Get It On" — Marvin Gaye — US 1 W.
1973 — „Angel Fingers" — Wizzard — GB 1 W.
1979 — „Cars" — Gary Numan — GB 1 W.
1980 — „Santa Maria" — Oliver Onions — D 6 W.
1984 — „Missing You" — John Waite — US 1 W.

23

Geburtstage

■ **Ray Charles** — 1930 — US-Sänger, Tastenspieler und Songschreiber. Nachname Robinson. Im Alter von 5 erblindete er teilweise, mit 7 vollständig. 1947 gründete er das Maxim Trio, das Musik im Stil vom Nat King Cole Trio machte — Hit: „Confession Blues" (4/49 R&B 2). Ab Anfang der 50er Jahre ist er als Solist erfolgreich. Mit „Baby Let Me Hold Your Hand" (2/51 R&B 5) hat er einen ersten Hit unter seinem Namen. Mitte der 50er Jahre wird er in R&B-Kreisen — in der ewigen Bestenliste der R&B-Künstler belegt er hinter James Brown und Aretha Franklin Platz 3 — mit Titeln wie „I've Got A Woman" (1/55 R&B 1), „A Fool For You" (7/55 R&B 1) und „Drown In My Own Tears" (2/56 R&B 1) zum Star. Ab 1957 ist er dann auch in den Pop-Hitparaden zu finden: „What'd I Say" (7/59 US 6), „Georgia On My Mind" (9/60 US 1, 12/60 GB 24), „Hit The Road Jack" (9/61 US 1, GB 6), „I Can't Stop Loving You" (5/62 US & GB 1, 8/62 D 8), „You Don't Know

Ray Charles

Me" (7/62 US 2, 9/62 GB 9), „Take These Chains From My Heart" (4/63 US 8, GB 5, 7/63 D 32), „Busted" (9/63 US 4, GB 21) und „Crying Time" (12/65 US 6). Ob Country, Jazz oder Pop, Ray Charles ist auf allen Gebieten zu Hause.

■ **Bruce Springsteen** — 1949 — US-Sänger, Gitarrist und Songschreiber. Mit 14 spielte er in der Band Castiles, die zwar Plattenaufnahmen machten, die aber nie veröffentlicht wurden. Er gründete Child, aus denen Steel Mill wurde, Dr Zoom & The Sonic Boom und schließlich die Bruce Springsteen Band. 1972 erhält er einen Vertrag, der ihm zehn LPs zusichert — die erste LP mit dem Titel „Greetings From Asbury Park" erscheint im Januar 1973. Man feiert ihn als den neuen Bob Dylan — der alte war aber noch da. Ab Anfang der 80er Jahre ist Bruce schließlich ein Superstar. Hits: „Hungry Heart" (11/80 US 5), „Dancing In The Dark" (5/84 US 2, GB 28, 1/85 RE-GB 4), „I'm On Fire" (2/85 US 6, 5/85 D 16, GB 5), „Glory Days" (6/85 US 5, 8/85 GB 17, D 37), „I'm Going Down" (9/85 US 9), „My Hometown" (12/85 US 6), „Brilliant Disguise" (10/87 US 5, GB 20, D 38) und „Tunnel Of Love" (12/87 US 9). kAls Songschreiber war er schon in den 70er Jahren sehr erfolgreich — Cover-Versionen seiner Nummern wurden Hits durch die Hollies oder Manfred Mann's Earthband.

■ **Ben E. King** — 1938 — US-Sänger und Songschreiber. Richtiger Name Benjamin Earl Nelson (manchmal kann man auch als Nachnamen Soloman finden) Er begann mit den Four B's, war kurz bei den Moonglows und sang ab 1956 als richtiger Profi mit den Five Crowns. Erfolgreich wurde er, als aus den Five Crowns die neuformierten Drifters wurden — und er deren Leadsänger. Mit ihm hatten sie die Hits „There Goes My Baby" (6/59 US 2) und „Save The Last Dance For Me" (9/60 US 1, GB 2, 1/61 D 14). Ab Mai 1960 begann seine Solokarriere: „Spanish Harlem" (12/60 US 10), „Stand By Me" (5/61 US 4, GB 27, 10/86 RE-US 9) und „Supernatural Thing" (2/75 US 5).

■ **Roy Buchanan** — 1939 — US-Gitarrist, Sänger und Songschreiber. Noch in den 50er Jahren spielte er in der Band von Dale Hawkins. In den frühen 60er Jahren machte er einige Solo-Singles und begann als Sessionmusiker bei Freddie Cannon und den Produktionen von Leiber/Stoller zu spielen. In den frühen 70er Jahren wurde er in den USA in einem TV-Special als der „beste unbekannte Gitarrist" der Welt vorgestellt. 1972 wählten ihn die Leser des „Guitar Player" zum besten neuen Gitarristen. Im gleichen Jahr erschien eine Solo-LP von Roy. In der Folge veröffentlichte er eine Reihe guter Blues-Rock-LPs. Das Zeug zum Super-Star hatte er allerdings nicht. Als ihm die Rolling Stones anboten, für Brian Jones in die Gruppe zu kommen, lehnte er dankend ab — das sei ihm zu viel Rummel. Er erhängte sich am 14.8.1988 in einer Ausnüchterungszelle.

■ **Julio Iglesias** — 1943 — Spanischer Sänger, der in fünf verschiedenen Sprachen auf über 60 LPs sang und davon mehr als 100 Millionen Platten verkaufte. Das brachte ihn ins Guinness Buch der Rekorde. Manchmal wird er als der spanische Frank Sinatra bezeichnet. Zu seinen großen internationalen Erfolgen gehören „Wenn ein Schiff vorüberfährt" (11/72 D 6), „Begin The Beguine" (10/81 GB 1), „Quiereme Mucho (Yours)" (3/82 GB 3), „To All The Girls I've Loved Before" (3/84 US 5, GB 17, 5/84 D 24) — zusammen mit Willie Nelson — und „My Love" (8/88 GB 5).

■ **Paul Petersen** — 1945 — US-Sänger und Schauspieler. Als Jugendlicher war er einer der Mouseketeers. Von 1958 bis 1966 spielte er den Jeff Stone in der Donna Reed Show. 1962 dachte man wohl, er könne auch als Sänger landen. Er brachte es zum Hit „My Dad" (11/62 US 6). Die Platte wurde zur schlechtesten 'latte des Jahre 1962 gewählt. Nachdem die Donna Reed Show beendet war, ;eschah gleiches mit Pauls Karriere. In den späten 60er Jahren machte er vor ıllem Schlagzeilen durch seinen Drogenkonsum und seine schnellen Autos. In en 70er Jahren veröffentlichte er eine Romanserie mit einem James Bond ähnli-hen Helden namens Eric Safeman. 1977 kam sein Buch „Walt, Mickey & Me".

Wallace & Walter Scott — 1943 — US-Leadsänger der Whispers, gegrün-let 1964. Im gleichen Jahr machten sie ihre ersten Plattenaufnahmen, ab 1969 varen sie erfolgreich. Hits: „And The Beat Goes On" (2/80 US 19, GB 2, 4/80 D 0), „It's A Love Thing" (2/81 US 28, GB 9) und „Rock Steady" (5/87 GB 38, US 7).

John Coltrane

■ **John Coltrane** — 1926 — US-Jazzsaxophonist und Komponist. Er kwar erst Vertreter des Hard-Bop und entwickelte dann eine eigenständige Improvisations-weise, die zum Free-Jazz führte. Er starb am 17.7.1967.

Les McCann — 1935 — US-Jazz-Pianist, Sänger, der sowohl solo als auch nit Eddie Harris, Roberta Flack, Jimmy Witherspoon oder Doldinger's Passport Platten machte.

■ **Duster Bennett** — 1946 — GB-Blues-Sänger, Gitarrist, Mundharmonika-spieler und Songschreiber. Er machte einige sehr gute LPs — starb leider viel zu rüh am 25.3.1976.

Jerry Corbetta — 1947 — US-Sänger, Tastenspieler und Songschreiber für Sugarloaf. Hits: „Green Eyed Lady" (8/70 US 3) und „Don't Call Us, We'll Call You" (12/74 US 9).

■ **John A. Lomax** — 1875 — US-Folk-Musiker, der 1928 das Archiv der Folk-nusic gründete, das im Laufe der Jahre 26.000 Aufnahmen sammelte. Er starb am 26.1.1948.

Mario Argandona — 1950 — Chilenischer Schlagzeuger, Gitarrist und Sän-ger. Er kam Mitte der 70er Jahre nach Köln und spielte dort mit Santiago. Inzwi-schen hat er auch Soloplatten aufgenommen und ist ein gesuchter Studiomusiker und Produzent.

■ **Jeremy Steig** — 1942 — US-Jazz-Flöstist mit etlichen Soloplatten, der aber auch Rock machte, z. B. mit Johnny Winter.

■ **Neal Smith** — 1947 — US-Schlagzeuger mit Alice Cooper, Billion Dollar Babies, Plasmatics und Buck Dharma.

■ **Tim Rose** — 1940 — US-Sänger und Songschreiber mit Big Three und als Solist. Gute LPs — aber keine Hits.

■ **Steve Boone** — 1943 — US-Bassist mit Lovin' Spoonful.

Todestag

■ **Robbie McIntosh** — 1974 — GB-Schlagzeuger mit der Average White Band. Er vergiftete sich im Alter von 24 Jahren mit Heroin.

Tageshits

1957 — „That'll Be The Day" — Crickets — US 1 W.
1957 — „Honeycomb" — Jimmie Rodgers — US 4 W.
1965 — „Make It Easy On Yourself" — Walker Brothers — GB 1 W.
1967 — „The Letter" — Box Tops — US 4 W.
1972 — „Baby Don't Get Hooked On Me" — Mac Davis — US 3 W.
1978 — „Dreadlock Holiday" — 10 CC — GB 1 W.
1989 — „Girl I'm Gonna Miss You" — Milli Vanilli — US 2 W.

24

Geburtstage

■ **Gerry Marsden** — 1942 — GB-Sänger, Gitarrist und Songschreiber für Gerry & The Pacemakers. Er spielte in verschiedenen Liverpooler Skiffle-Bands, gründete 1958 seine eigene Band, die Mars Bars und machte schließlich 1959 mit Bruder Freddie die Pacemakers. 1962 nahm sie Brian Epstein unter Vertrag — in diesen Tagen lief alles, was aus Liverpool kam und dann auch noch mit Epstein arbeitete, wie verrückt. Hits: „How Do You Do It?" (3/63 GB 1, 7/64 US 9), „I Like It" (5/63 kGB 1, 9/64 US 17), „You'll Never Walk Alone" (10/63 GB 1), „I'm The One" (1/64 GB 2), „Don't Let The Sun Catch You Crying" (4/64 GB 6, US 4) und „Ferry Cross The Mersey" (12/64 GB 8, 2/65 US 6), der Titelsong des ersten Films mit der gesamten Gruppe. Nach 1965 flaute der Mersey-Beat ab — und somit auch der Erfolg für Gerry. 1968 löste sich die Gruppe auf — er versuchte es weiter als Solosänger. Nach zwei Singles, die nicht die Hitparaden erreichten, erhielt er das Angebot im überaus erfolgreichen Westend Musical „Charlie Girl" die männliche Hauptrolle zu übernehmen, die bis zu diesem Zeitpunkt Joe Brown inne hatte. Für fünf Jahre spielte Gerry in diesem Musical mit, dann wurde er für eine britische kommerzielle TV-Gesellschaft der Moderator einer Kindersendung — auch das erfolgreich. Im britischen Fernsehen war er außerdem häufig als Zeitzeuge der Mersey Beat Ära zu sehen. Das führte dazu, daß er 1975 die Pacemakers neu formierte und eine Tournee startete, die speziell in den USA ein großer finanzieller Erfolg wurde. 1979 — zwischendurch hatte er wieder als Solist gearbeitet — brach er erneut mit den Pacemakers zu einer „Sound Of The 60s Tour" auf. Der Titel „You'll Never Walk Alone" wurde im Laufe der Jahre zur Hymne des FC Liverpool und des gesamten englischen Fußballs. Als es im Mai 1985 in der rund 80 km östlich von Liverpool gelegenen Stadt Bradford zu einem verheerenden Brand während eines Fußballspiels kam, bei dem 53 Menschen verbrannten und viele schlimme Verletzungen davon trugen, wurde der „Bradford Desaster Fund" gegründet. Um ihn finanziell zu unterstützen, nahm eine Formation, die sich „The Crowd" nannte, den Titel „You'll Never Walk Alone" (6/85 GB 1) neu auf und stellte die Tantiemen zur Verfügung. Zu den vielen, die in „The Crowd" zu hören waren, gehörten Paul McCartney, Graham Gouldman, John Entwhistle, Kiki Dee, Tony Christie und Gerry Marsden. Eine weitere Benefiz Platte wurde für die Opfer der Fußballkatastrophe von Sheffield im Frühjahr 1989 veröffentlicht: „Ferry Cross The Mersey" (5/89 GB 1, D 5) — wieder war Gerry einer der Initiatoren und Mitsänger.

■ **Anthony Newley** — 1931 — GB-Schauspieler, Komponist, Sänger und Regisseur. Bereits im Jahre 1947 spielte er in Filmen mit — so war er z.B. 1948 in „Oliver Twist" als Artful Dodger zu sehen. Nach vielen weiteren Filmen mimte er 1959 in "Idle On Parade" einen R'n'R-Sänger und sorgte auch gleich für den Titelsong. Damit begann für drei Jahre eine Karriere als Sänger — Hits: „I've Waited So Long" (5/59 GB 3), „Why" (1/60 GB 1), „Do You Mind" (3/60 GB 1) und „Strawberry Fair" (11/60 GB 3). Sein Vortragsstil wurde vom jungen David Bowie kopiert. Als Songschreiber blieb Anthony weiterhin erfolgreich — so ist er z. B. einer der Autoren des Titels „Goldfinger" aus dem gleichnamigen James Bond Film.

■ **Linda McCartney** — 1942 — US-Tastenspielerin, Sängerin, Songschreiberin und Photographin. Sie war, bis sie am 12. März 1969 den Beatle Paul McCartney heiratete, in den USA Tochter von dem Eastman, dem Kodak nicht gehörte. Trotzdem photographierte sie viel und galt als Edel-Groupie. In der Gruppe von Paul, den Wings, spielte sie die Tasteninstrumente — erst schlecht, dann recht. Linda machte auch Soloplatten, von Paul unterstützt — so z.B. als Suzy & The Red Stripes „Seaside Woman" (6/77 US 59).

■ **Michael Jary** — 1906 — Deutscher Schlagerkomponist. Richtiger kName Maximilian Jarczyk. Bereits in den späten 30er Jahren belieferte er die Tonfilme mit Melodien, die zu Evergreens wurden. Von ihm stammen Titel wie „Roter Mohn" (1938) mit Rosita Serrano, „Das kann doch einen Seemann nicht erschüttern" (1939) mit Heinz Rühmann, Hans Brausewetter und Josef Sieber oder „Sing, Nachtigall, sing" (1941) mit Evelyn Künneke. 1942 schrieb er zwei Lieder, die nach dem 2. Weltkrieg als Durchhalteschlager bezeichnet wurden und Jary ein angepasstes Überleben sicherten: „Davon geht die Welt nicht unter" und „Ich weiß, es wird einmal ein Wunder geschehn", beide interpretiert durch Zarah Leander. Mit Einsetzen der Wirtschaftswunderzeit kamen von ihm Titel wie: „Allerdings, sprach die Sphinx", wieder mit Evelyn Künneke, „Das machen nur die Beine von Dolores" für Gerhard Wendland und — immerhin im Jahre 1960 — „Wir wollen niemals auseinander gehn" mit Heidi Brühl. Michael Jury galt als der letzte große deutsche Evergreen Meister. Er starb an den Folgen eines Sturzes in seiner Villa in Lugano am 12.7.1988.

■ **Pierre Cosso** — 1961 — In Algerien geborener Sänger, Songschreiber und Schauspieler. Nach der italienischen Fernsehserie „Cinderella" und dem Kinofilm „La Boum" wurde er zum Teenagerstar. Hits: „Stay" (3/87 D 1), zusammen mit Bonnie Bianco, und „Face Your Life" (4/87 D 7).

■ **Jerry Donahue** — 1946 — GB-Gitarrist und Sänger mit Fotheringay, Heads, Hands & Feet, Sandy Denny, Fairport Convention, Joan Armatrading, Gerry Rafferty, Ralph McTell und anderen.

■ **Barbara Allbut** — 1940 — US-Sängerin im Trio Angels, die Ende der 50er Jahre als Starlets begannen. 1960 machten sie ihre ersten Plattenaufnahmen — Hits: „Til" (10/61 US 14) und „My Boyfriend's Back" (8/63 US 1). Nach 1964 blieben die Hits aus.

■ **Phillis Allbut** — 1942 — US-Sängerin, auf den Tag 2 Jahre jünger als ihre Schwester Barbara. Auch sie war bei den Angels.

■ **Kjell Asperud** — 1946 — Norwegischer Sänger, Percussionist und Songschreiber für Titanic. Größter Hit: „Sultana" (9/71 GB 5).

■ **M.C. Miker „G"** — 1967 — Rapper, der mit dem „Holiday Rap" (8/86 D 1, GB 6) seinen größten Erfolg hatte.

Todestag

■ **Lawrence Winters** — 1965 — US-Bariton, der in der Bundesrepublik auch in den Pop-Hitparaden auftauchte. Er starb in Hamburg. Geboren am 15.11.1915.

Tageshits

1964 — „I'm Into Something Good" — Herman's Hermits — GB 2 W.
1966 — „Cherish" — Association — US 3 W.
1977 — „Best Of My Love" — Emotions — US 1 W. (2.mal)
1983 — „Tell Her About It" — Billy Joel — US 1 W.
1983 — „Karma Chameleon" — Culture Club — GB 6 W.
1988 — „Don't Worry Be Happy" — Bobby McFerrin — US 2 W.
1988 — „He Ain't Heavy, He's My Brother" — Hollies — GB 2 W.

25

Geburtstage

■ **John Fiddler** — 1947 — GB-Sänger, Songschreiber und Multimusiker fü Medicine Head. Hits: „One And One Is One" (5/73 GB 3, 7/73 D 2) und „Risin Sun" (8/73 GB 11, D 8). Später spielte John mit den British Lions, die aus Musi kern von Love Affair und Mott bestanden. 1986 machte er einen Comebackver such mit Medicine Head — kein Erfolg. Schließlich war er bei Box Of Frogs.

■ **John Locke** — 1943 — US-Keyboarder und Songschreiber mit Spiri gegründet 1967. Danach spielte er mit Simon Stoke's Black Whip Band, Nazaret und Randy California. 1989 kam es zu einer wiederholten Reunion von Spirit — John war dabei.

■ **Burleigh Drummond** — 1951 — US-Percussionist und Sänger mit Ambro sia, die zwischen 1975 und 1982 erfolgreich waren. Größte Hits: „How Much I Feel (9/78 US 3) und „Biggest Part Of Me" (4/80 US 3). Er spielt auch auf der LP „Tale Of Mystery And Imagination" von Alan Parsons.

■ **Onnie McIntyre** — 1943 — GB-Gitarrist, Sänger und Songschreiber mit de 1972 in Schottland gegründeten Average White Band. Vorher war er in der Forma tion Dream Police.

■ **Purple Schulz** — 1956 — Sänger und Songschreiber. Richtiger Vornam Rüdiger. Er tauchte in der neuen deutschen Welle 1982 mit der Band Neue Heima auf, aus der 1985 Purple Schulz wurde. Die Gruppe Neue Heimat besang di gleichnamige Gewerkschaftsorganisation mit dem ironischen Stück „Ich bau di ein Schloß" (6/82 D 33). Als Purple Schulz & Die Neue Heimat war er erfolgreicl mit „Sehnsucht" (12/84 D 6) und schließlich nur noch als Purple Schulz mit „Ver liebte Jungs" (7/85 D 15).

■ **Mandy Winter** — 1968 — Richtiger Vorname Birgit. Mit dem Titel „Julian (11/87 D 13) hatte sie ihren ersten Hit.

■ **Michael Douglas** — 1944 — GB-Tastenspieler mit OMD im Jahre 1981.

Todestage

■ **John Bonham** — 1980 — GB-Schlagzeuger mit Led Zeppelin. Er ist an Erbrochenem erstickt. Geboren am 31.5.1948.

■ **Jimmy Wakely** — 1982 — US-Country-Sänger. Geboren am 16.2.1914.

■ **Gerhard Winkler** — 1977 — Komponist. Geboren am 12.9.1906.

Tageshits

1954 — „Hey There" — Rosemary Clooney — US 6 W.
1965 — „Eve Of Destruction" — Barry McGuire — US 1 W.
1965 — „Wooly Bully" — Sam The Sham & The Pharaohs — D 3 W.
1968 — „Those Were The Days" — Mary Hopkin — GB 6 W.
1982 — „Abracadabra" — Steve Miller Band — US 1 W. (2.mal)
1989 — „Lambada" — Kaoma — D 10 W.

26

;eburtstage

3ryan Ferry

Bryan Ferry — 1945 — GB-Sänger, Keyboarder und Songschreiber für die '971 gegründete Band Roxy Music und ab 1973 auch als Solist. Hits mit Band: /irginia Plain" (8/72 GB 4, 10/72 D 20), „Love Is The Drug" (10/75 GB 2, 12/75 D 9, US 30), „Dance Away" (4/79 GB 2, 7/79 D 30), „Angel Eyes" (8/79 GB 4), „Over 'ou" (5/80 GB 5, 7/80 D 31), „Oh Yeah (On The Radio)" (8/80 GB 5, 11/80 D 14) nd „Jealous Guy" (2/81 GB 1, 3/81 D 19). Als Solist: „A Hard Rain's Gonna Fall" 9/73 GB 10), „Let's Stick Together" (6/76 GB 4, 10/88 RE-GB 12), „Extended Play" 8/76 GB 7), „This Is Tomorrow" (2/77 GB 9) und „Slave To Love" (5/85 GB 10, /85 D 30).

Olivia Newton-John

■ **Olivia Newton-John** — 1948 — Australische Sängerin, die in Großbritan- ien geboren wurde und im Alter von 5 Jahren mit ihren Eltern auswanderte. 964 gewinnt sie dort einen Nachwuchs-Wettbewerb. Preis: eine Reise nach Lon- on. Hier macht sie im Mai 1966 eine Single, die ein Flop wird. Im September des leichen Jahres trifft sie Bruce Welch von den Shadows, der sie einlädt, mit Cliff :ichard und den Shadows im Londoner Palladium Cinderella zu spielen. Statt essen fliegt sie über Weihnachten nach Hause. Wenig später ist sie wieder zurück nd zieht mit Bruce Welch in London zusammen. 1970 wird sie Mitglied in der ;ruppe Toomorrow, die zwei Singles veröffentlicht — ohne Erfolg und wieder aus- inanderfällt. Schließlich ist es doch Cliff Richard, der Olivia zu einem ersten :rfolg verhilft. Im Januar 1971 erscheint eine Single. Die B-Seite „Don't Move way" singt sie im Duett mit Cliff. Danach begleitet sie ihn auf einer Europa-Tour- ee. Im April 1971 hat sie dann einen ersten eigenen Erfolg mit „If Not For You" 3/71 GB 7, 5/71 US 25). Die weiteren hier aufgeführten Hits sind alle Millionseller: „Let Me Be There" (11/73 US 6), „If You Love Me (Let Me Know)" (4/74 US 5, 8/74 D 37), „I Honestly Love You" (8/74 US 1, 11/74 GB 22), „Have You Never Been Mellow" (1/75 US 1), „Please Mr. Please" (6/75 US 3), „Hopelessly Devoted To You" (7/78 US 3, 11/78 GB 2), „A Little More Love" (11/78 US 3, GB 4, 2/79 D 34), „Magic" (5/80 US 1, 8/80 GB 32, 10/80 D 36) und „Physical" (10/81 US 1, GB 7, D 4). Weitere Erfolge mit Bands oder Duett-Partnern: „Xanadu" (6/80 GB & D 1, 8/80 US 8) mit ELO, „You're The One That I Want" (4/78 US & GB 1, 8/78 D 1) und „Summer Nights" (8/78 US 5, GB 1, 10/78 D 4) mit John Travolta. Dazu kommen noch Hits mit Andy Gibb, Cliff Richard und David Foster.

■ **Marty Robbins** — 1925 — US-Country-Sänger, Gitarrist und Songschreiber, der in den späten 40er Jahren zusammen mit den K-Bar Cowboys eine eigene Radioshow hatte. Richtiger Name Martin David Robinson. Ab 1951 hatte er eine eigene Fernsehshow, die sich „Western Caravan" nannte. Marty wirkte auch in einigen Filmen mit, hatte ab 1958 das eigene Plattenlabel Robbins und war ein begeisterter Stock Car Racer. Ab 1952 machte er Soloplatten, war auf Anhieb in der C&W-Hitparade erfolgreich und belegt dort in der Ewigen Bestenliste Platz 9. Nachdem er Mitte der 50er Jahre seinen Balladen einen leicht mexikanischen Touch gab, kam er auch in den Pop-Hitparaden an. Hits: „I'll Go On Alone" (12/52 C&W 1), „A White Sport Coat (And A Pink Carnation)" (4/57 US 2), „El Paso" (11/59 US 1, 1/60 GB 19, 3/60 D 38), „Don't Worry" (1/61 US 3) und „Devil Woman" (7/62 US 16, 9/62 GB 5). Robbins starb am 8.12.1982.

■ **Lynn Anderson** — 1947 — US-Country-Sängerin. Nachdem sie 1966 zur California Horseshoe Queen gewählt worden war, begann ihr Erfolg als Country-Sängerin. Ab 1968 trat sie regelmäßig in der Lawrence Welk Show auf. Seit 1966 kann sie auf bisher über 60 Titel in der Country-Hitparade zurückblicken. Fünfmal belegte sie Platz 1, ihr erster Spitzenreiter war auch ihr größter Poperfolg und ein Millionseller: „Rose Garden" (11/70 US 3, 2/71 GB 3, D 1). Lynn ist die Tochter von Liz Anderson, die als Songschreiberin Erfolge hatte und wenige Monate, bevor Lynn Anderson erfolgreich wurde, ebenfalls in die C&W-Hitparade einzog.

■ **Ted Weems** — 1901 — US-Orchesterchef, Posaunist und Songschreiber. Richtiger Name Wilfred Theodore Weymes. 1922 gründete er seine erste Band, mit der er bis 1948 erfolgreich war. Seine größten Hits waren: „Somebody Stole My Gal" (2/24 US 1), „Piccolo Pete" (9/29 US 2), „The Man From The South" (1/30 US 1), „Heartaches" (3/47 US 1) — aufgenommen 1933, „I Wonder Who's Kissing Her Now" (10/47 US 3) — aufgenommen 1939 mit Perry Como als Sänger, der damit seinen ersten großen Erfolg hatte — und „Mickey" (11/47 US 10). Ted starb am 6.5.1963.

■ **George Gershwin** — 1898 — US-Komponist, Songschreiber und Pianist. Richtiger Name Jacob Gershvin. Bereits 1919 hatte er mit „Swanee" einen ersten Hit geschrieben. Al Jolson brachte das Lied in der Show „Sinbad" und verkaufte diese Platte mehr als 2 Millionen mal. Hits für George: „Rhapsody In Blue" (10/24 US 3) — diese Version nahm er mit Paul Whitemans Konzertorchester auf, er selbst spielte Piano, „Rhapsody In Blue" (9/27 US 7) — hierbei handelte es sich um eine Aufnahme im neu entwickelten elektronischen Verfahren — und „An American In Paris" (6/29 US 7). Von ihm stammt z. B. auch die Oper „Porgy & Bess" (1935). Er starb am 11.7.1937.

■ **Julie London** — 1926 — US-Sängerin und Schauspielerin. Richtiger Nachname Peck. Als Teenager sang sie in West-Coast-Bands. Ihr Aussehen verschaffte ihr 1944 einen Filmvertrag. 1955 veröffentlichte sie ihre erste LP „Julie Is Her Name", auf der sie lediglich begleitet durch Baß und Gitarre romantische Liebeslieder sang. Auf dieser LP war auch ihr größter und einziger Hit „Cry Me A River" (11/55 US 9, 4/57 GB 22).

■ **George Chambers** — 1931 — US-Bassist und Sänger, der mit seinen Brüdern Willie, Lester und Joe bereits in den 50er Jahren als Gospel-Folk-Quartett auftrat. Ab Anfang der 60er Jahre nannte man sich Chambers Brothers. Größter Hit: „Time Has Come Today" (8/68 US 11).

■ **Tracey Thorne** — 1962 — GB-Sängerin und Songschreiberin. Tracey begann bei den Marine Girls, mit denen sie zwei LPs veröffentlichte. 1982 machte sie eine Solo-LP. 1984 gründete sie zusammen mit Ben Watt das Duo Everything But The Girl. Größter Hit: „I Don't Want To Talk About It" (7/88 GB 3)

■ **Stuart Tosh** — 1951 — GB-Drummer mit Pilot, Alan Parsons Project und ab 1977 mit 10 CC. Außerdem ist er auf Platten kvon Roger Daltrey, Graham Gouldman und Eric Stewart zu hören.

■ **Dick Heckstall-Smith** — 1934 — GB-Saxophonist, der mit Alexis Korner, Graham Bond, John Mayall und Colosseum spielte. Dick veröffentlichte auch Platten als Solist.

■ **Alice** — 1954 — Italienische Sängerin und Songschreiberin. Richtiger Name Carla Bissi. Hits bei uns: „Per Elisa" (5/81 D 17) und „Una Notte Speciale" (3/82 D 7).

■ **Craig Chaquico** — 1954 — US-Gitarrist und Songschreiber mit Jefferson Starship und auch deren Nachfolger Starship.

■ **Joe Bauer** — 1941 — US-Schlagzeuger ab 1966 mit Youngbloods.

Todestag

■ **Bessie Smith** — 1937 — US-Blues-Sängerin. Sie starb nach einem Autounfall. Geboren am 15.4.1894.

Tageshits

1942 — „He Wears A Pair Of Silver Wings" — Kay Kyser — US 4 W.
1953 — „You You You" — Ames Brothers — US 8 W.
1958 — „Carolina Moon/Stupid Cupid" — Connie Francis — GB 6 W.
1960 — „My Heart Has A Mind Of Its Own" — Connie Francis — US 2 W.
1964 — „Oh, Pretty Woman" — Roy Orbison — US 3 W.
1987 — „Didn't We Almost Have It All" — Whitney Houston — US 2 W.

27

Geburtstage

Bachman-Turner-Overdrive

■ **Randy Bachman** — 1943 — Kanadischer Gitarrist, Sänger und Songschreiber, der mit Allan & The Silvertones in den frühen 60er Jahren begann. Aus dieser Band bildete sich Reflections, dann Chad Allen & The Expressions und schließlich 1963 Guess Who. Hits: „These Eyes" (4/69 US 6), „Laughing" (7/69 US 10) und „American Woman/No Sugar Tonight" (3/70 US 1, 5/70 GB 19, D 6). Im Juli 1970 verließ Randy die Band, um mit seinem alten Kumpel Chad Allen Brave Be zu gründen. 1972 kam er dann, zusammen mit seinen Brüdern Tim und Robb und C.F. Turner, als Bachman-Turner Overdrive — Hits: „You Ain't Seen Nothin Yet" (9/74 US 1, 11/74 GB 2, D 1) und „Roll On Down The Highway" (1/75 US 1 GB 22, D 18). Im April 1977 verließ Randy BTO, wie man sich abgekürzt nannt versuchte sich als Solist und als das nicht funktionierte, tauchte er im Mai 197 mit der Gruppe Iron Horse auf. Nach zwei wenig erfolgreichen LPs fiel die Ban Mitte 1980 wieder auseinander. Im September 1984 reformierte Randy zusamme mit Bruder Tim und C.F. Turner BTO neu. Es gab zwar keine Hits mehr, aber da Trio tourte erfolgreich durch Nordamerika.

■ **Shaun Cassidy** — 1958 — US-Sänger und Schauspieler, Halb-Bruder vo David Cassidy und Sohn vom Schauspieler Ehepaar Jack Cassidy und Shirle Jones. Ähnlich wie David wurde kauch Shaun durch eine TV Serie, die sich vo wiegend an ein jugendliches Publikum richtete bekannt. In „The Hardy Boys spielte er zwischen 1977 und 1979 Joe Hardy. Während dieser Zeit hatte er auc seine größten Erfolge als Sänger: „That's Rock 'n' Roll" (9/76 D 14, 7/77 US 3), „D Doo Ron Ron" (2/77 D 19, 5/77 US 1) und „Hey Deanie" (11/77 US 7). Danac spielte er für zwei Jahre in „Breaking Away" und war nach Ende dieser TV-Comed Serie 1981 mit 23 Jahren für die kleinen amerikanischen Teenie Mädels schon z alt. 1987 spielte er mit in der US Seifenoper „General Hospital" — 1989 versucht er ein Comeback als Sänger.

■ **Freddy Quinn** — 1931 — In Wien geboren, vollständiger Name Franz Euge Helmuth Manfred Nidl-Petz. Seit Mitte der 50er Jahre gehört er zu den erfolg reichsten Platteninterpreten in der Bundesrepublik Deutschland — aber auch i spanisch sprechenden Ländern blieb er nicht ohne Plattenabsätze. Hits: „Heim weh" (5/56 D 1), „Heimatlos" (4/57 D 1), „Der Legionär" (7/58 D 1), „Ich bin bal wieder hier" (10/58 D 1), „Die Gitarre und das Meer" (3/59 D 1), „Unter fremde Sternen" (10/59 D 1), „La Paloma" (8/61 D 1), „Junge, komm bald wieder" (1/63 1) und „Hundert Mann und ein Befehl" (3/66 D 1).

■ **Meatloaf** — 1947 — US-Sänger, richtiger Name Marvin Lee Aday. Er ist se Anfang der 70er Jahre im Plattengeschäft. Im Film „The Rocky Horror Pictur Show" spielte er Eddie. Hits: „Two Out Of Three Ain't Bad" (3/78 US 11, 8/78 G 32), „You Took The Words Right Out Of My Mouth" (5/78 GB 33, 7/78 D 22, 1/7 US 39) und „Dead Ringer For Love" (11/81 GB 5) — hier singt Cher mit.

■ **Don Nix** — 1941 — US-Sänger, Saxophonist, Gitarrist, Songschreiber un Produzent. Zusammen mit seinen Schulfreunden Duck Dunn und Steve Croppe gründete er Ende der 50er Jahre die Instrumentals. Mit den gleichen Musiker und einigen mehr, die alle als Studiomusiker in Memphis arbeiteten, kam es 195 zur Gründung der Mar-Keys — Hit: „Last Night" (7/61 US 3). Cropper und Dun wurden Mitglieder bei Booker T. & The MG's. Don wurde Produzent und Partne von Leon Russell. Im Laufe der Jahre produzierte er Interpreten wie Lonnie Mac John Mayall, Jeff Beck, Delaney & Bonnie und die britische Band Skin Alley. Vo ihm selber erscheinen hin und wieder LPs, die gut, aber nix für Hitparaden sinc Als Autor zeichnet er u.a. für den Klassiker „Goin'Down" verantwortlich.

■ **Alvin Stardust** — 1942 — GB-Sänger. Richtiger Name Bernard Williar Jewry. In vielerlei Hinsicht ähnelt seine Karriere der von Gary Glitter — auch Sta dust versteckte sich hinter Pseudonymen und erlebte einige Hochs und Tief Anfang der 60er Jahre machte er Platten als Shane Fenton & The Fentones größte Hits: „I'm A Moody Guy" (10/61 GB 22) und „Cindy's Birthday" (7/62 G 19). Schlagzeuger der Fentones war übrigens Bobby Elliott, der später Mitglie der Hollies werden sollte. Zu den vielen Interpreten, die durch die Beatles aus de Plattenregalen und Hitparaden gefegt wurden, gehörte auch Shane Fenton. 196 wurde er Manager und arbeitete mit Künstlern wie Hollies oder Lulu. Ab 1973 sa man ihn dann unter dem Namen Alvin Stardust. Hits: „My Coo-Ca-Choo" (11/7 GB 2, D 3), „Jealous Mind" (2/74 GB 1, D 5), „Pretend" (9/81 GB 4, 11/81 D 36), Feel Like Buddy Holly" (5/84 GB 7) und „I Won't Run Away" (10/87 GB 7).

■ **Barbara Dickson** — 1947 — GB-Sängerin und Songschreiberin. Sie began als Folkmusikerin, sang in einem Trio mit Rab Noakes und Archie Fisher un nachte in den frühen 70er Jahren ihre ersten Solo-LPs. In der Show „John, Paul, George, Ringo & Bert" begleitete sie sich selbst am Piano. Zuerst in Liverpool und päter in London waren sich die Kritiker einig, daß ihr Part in diesem Musical der Höhepunkt war. Ab 1976 — inzwischen bei RSO unter Vertrag — war sie als Solitin erfolgreich: „Answer Me" (1/76 GB 9) und „January, February" (3/80 GB 11, /80 D 12). Im Duett mit Elaine Paige hatte sie den Hit „I Know Him So Well" (1/5 GB 1, 3/85 D 22) aus dem Musical „Chess".

Robbie Shakespeare — 1953 — Jamaicanischer Bassist und Songschreiber. Mit Sly Dunbar als Studiomusiker überaus erfolgreich. Die beiden veröffentlichen als Duo Sly & Robbie Platten — Hit: „Boops (Here To Go)" (3/87 GB 12).

Greg Ham — 1953 — Australischer Saxophonist, Keyboarder und Flötist mit der 1979 gegründeten Band Men At Work.

Todestage

Charlie Monroe — 1975 — US-Country-Musiker. Er starb an Krebs. Geboren am 4.7.1903.

Jimmy McCulloch — 1979 — GB-Gitarrist. Geboren am 4.6.1952.

Rory Storm — 1972 — GB-Sänger mit eigener Band Hurricanes, die sich dadurch auszeichnete, daß Ringo Starr mal deren Drummer war. Er beging Selbstmord. Richtiger Name Alan Caldwell.

■ **Gracie Fields** — 1979 — GB-Sängerin. Geboren am 9.1.1898.

Tageshits

1941 — „Blue Champagne" — Jimmy Dorsey — US 1 W.
1952 — „I Went To Your Wedding" — Patti Page — US 10 W.
1975 — „I'm Sorry" — John Denver — US 1 W.
1980 — „Don't Stand So Close To Me" — Police — GB 4 W.
1982 — „Words" — F. R. David — D 11 W.

28

Geburtstage

■ **Helen Shapiro** — 1946 — GB-Sängerin und Schauspielerin. Noch während ihrer Schulzeit wurde sie wegen ihrer männlichen Stimme Nebelhorn genannt. Sie war immer noch Schülerin, als sie ihren ersten Hit hatte: „Don't Treat Me Like A Child" (3/61 GB 3). Sie wurde damals vom Outfit so auf alt getrimmt, daß sie sich im Laufe der Jahre zu verjüngen schien. Weitere Hits: „You Don't Know" (6/61 GB 1), „Walking Back To Happiness" (9/61 GB 1, 1/62 D 30), „Tell Me What He Said" (2/62 GB 2) und „Little Miss Lonely" (7/62 GB 8). Sie sang auch ein paar Liedchen in deutscher Sprache — nach 1964 war sie aus den Charts verschwunden. Als Schauspielerin war sie zu sehen in „It's Tread, Dad" und „Play It Cool" (beide 1962). Sie trat später als Nancy in einem Revival von Lionel Barts Musical „Oliver!" auf und veränderte ihren musikalikschen Stil in Richtung Jazz. 1987 nahm sie eine Platte mit Songs von Johnny Mercer auf.

■ **Jim Diamond** — 1953 — GB-Sänger und Songschreiber, der mit 16 Jahren Clubsänger wurde und speziell auf den deutschen Air Bases mit der Band Gully Foyle Anfang der 70er Jahre tourte. 1975 gründete er Bandit, die 1977 ihre erste LP veröffentlichten. Da gerade Punk angesagt war, kam Bandit genau zum falschen Zeitpunkt und fiel wieder auseinander. Jim arbeitete mit Alexis Korner und gründete dann in den späten 70er Jahren in L. A. eine Band mit Carmine Appice und Earl Slick. Noch bevor es zu einer Plattenaufnahme kam, fiel die Band wegen finanzieller Probleme auseinander. Jim kehrte nach Großbritannien zurück, produzierte Zoot Money und schloß sich dann mit dem ehemaligen Tastenspieler von Jeff Beck und Jack Bruce, Tony Hymas, zu Ph.D. zusammen. Damit gelang der Hit „I Won't Let You Down" (2/82 D 14, 4/82 GB 3). Gerade hatte er Erfolg, da fing er sich eine Hepatitis ein und stand für die Promotion der LP „Is It Safe?" nicht mehr zur Verfügung. 1984 begann Jim eine Solokarriere und schaffte Hits mit „I Should Have Known Better" (11/84 GB 1, 1/85 D 15) und „Hi Ho Silver" (2/86 GB 5).

■ **Jennifer Rush** — 1960 — US-Sängerin und Songschreiberin, die ihre Karriere unter ihrem bürgerlichen Namen Heidi Stern begann. Ab 1983 sang sie als Jennifer Rush — Hits: „Ring Of Ice" (10/84 D 22, 12/85 GB 14), „The Power Of Love" (7/85 GB 1, 11/85 D 9), „Destiny" (9/85 D 4), „I Come Undone" (2/87 D 11) und im Duett mit Elton John „Flames Of Paradise" (5/87 US 36, D 8).

■ **Brigitte Bardot** — 1934 — Französische Schauspielerin, Sexsymbol der 50er und 60er Jahre, die über Schmollmund und entblätterte Gänseblümchen den Natur- und Tierschutz entdeckte. Als Sängerin hatte sie in Frankreich Erfolg mit den Serge Gainsbourg Titeln „Harley Davidson" (1967) und im Duett mit Serge „Bonnie And Clyde" (1968).

■ **Peter Hope-Evans** — 1947 — GB-Sänger und Mundharmonikaspieler im Duo mit John Fiddler als Medicine Head. Hits siehe 25.9. Peter spielt auch auf Platten von Family, Roger Chapman, Pete Townshend, Linda Lewis oder Johnny G.

■ **Koko Taylor** — 1935 — US-Bluessängerin. Richtiger Name Cora Walton. Ihre ersten Platten macht sie 1963 zusammen mit J. B. Lenoir. Mit „Wang Bang Doodle" (4/66 R&B 4) hat sie ihren größten Erfolg. 1987 tritt sie mit Blues Machine auf.

■ **Jimmy Bo Horne** — 1949 — US-Disco-Sänger. Hit: „Dance Across The Floor" (4/78 US 38). Die von Harry „K.C." Casey geschriebene und produzierte Nummer blieb Jimmys einziger Hit.

■ **Paul Burgess** — 1950 — GB-Drummer z. B. mit 10 CC, Eric Stewart, Graham Gouldman, Gilbert O'Sullivan, Corey Hart, Camel und Colour Field.

■ **Nick St. Nicholas** — 1943 — Als Klaus Kassbaum in Hamburg geboren. Er kam als Bassist zur kanadischen Gruppe Steppenwolf, nachdem die bereits ihre große Zeit hinter sich hatte.

■ **Finbar Furey** — 1948 — Irischer Folk-Musiker; mit Bruder Eddie bildete er ein Duo, das aber jederzeit durch weitere Familienmitglieder aufgestockt werden konnte.

■ **Andy Ward** — 1952 — GB-Drummer mit Camel, John's Children, Brew und der Begleitband von Philip Goodhand-Tait.

■ **Naphtali Kupferberg** — 1928 — US-Sänger mitgder kUnderground-Band Fugs und als Solist.

■ **Annabel Lamb** — 1955 — GB-Sängerin, Pianistin und Songschreiberin. Erster Hit: „Riders On The Storm" (8/83 GB 27).

■ **Max Schmeling** — 1905 — Einziger deutscher Weltmeister im Schwergewichtsboxen und Sänger von „Das Herz eines Boxers".

Tageshits

1961 — „Johnny Remember Me" — John Leyton — GB 1 W. (2. mal)
1968 — „Hey Jude" — Beatles — US 9 W.
1974 — „Rock Me Gently" — Andy Kim — US 1 W.

29

Geburtstage

Jerry Lee Lewis

■ **Jerry Lee Lewis** — 1935 — US-Sänger, Tastenspieler und Songschreiber. Er gehört auch zum Stamm der Musiker, die durch die kleine Plattenfirma SUN entdeckt wurden. 1956 verkaufte Jerrys Vater 33 Dutzend Eier, um von Ferriday, Louisiana, nach Memphis zu fahren. Sie wollten unbedingt Sam Phillips von Sun-Records vorsingen. Als sie ankamen, war der gerade nach Nashville abgereist. Jerry zeigte hier schon, daß er ein halsstarriges Erdmännchen ist. Als man ihn nicht einlassen wollte, sagte er, er würde so lange in der Tür sitzen bleiben, bis er seine Demo-Aufnahmen machen dürfe. Schließlich ließ ihn doch jemand herein, man machte die Aufnahme und sagte ihm, er solle in einem Monat mal wieder vorbeischauen. Als Jerry nach einem Monat wiederkam, war Sam Phillips selbst da und nahm mit ihm „Whole Lot Of Shaking Going On" (6/57 US 3, 9/57 GB 8) auf. Kurz nachdem die Platte erschienen war, wurde sie von den meisten Plattenstationen gesperrt: der Text war ihnen zu vulgär. Einen Hit konnte das nicht verhindern. Diese Eigensinnigkeit und das leicht Vulgäre ziehen sich durch das musikalische Schaffen von Jerry Lee Lewis. Wenn er nicht wie 1951 — gerade 16 Jahre alt — heiratet, um wenig später eine weitere Frau zu heiraten — diesmal 17 Jahre alt und ein recht junger Bigamist -, dann heiratet er wie im Dezember 1957 seine 13 Jahre alte Cousine. Dieser Umstand brachte ihm besonders bei einer GB-Reise eine so schlechte Presse ein, daß er seine Tour abbrechen mußte. Von dieser Cousine wird er im übrigen erst im Februar 1970 geschieden. Sie reicht die Scheidung ein, weil sie, wie sie behauptet, in den 13 Jahren Ehe mit Jerry Lee Lewis, ganze drei Nächte mit ihm alleine verbrachte. Weitere Hits: „Great Balls Of Fire" (11/57 US 2, GB 1), „Breathless" (3/58 US 7, GB 8) und „What'd I Say" (4/61 US 30, GB 10). Mitte der 60er Jahre ließ Jerrys Karriere als Rock 'n' Roller nach. In der Country-Hitparade, in der er mit den meisten seiner R'n'R-Titel auch vertreten war, blieb der alte Macho jedoch weiterhin erfolgreich. Er brachte es bis 1986 auf über 60 Eintragungen, davon sechsmal auf Platz 1.

■ **Gene Autry** — 1907 — US-Country-Sänger, Songschreiber und Schauspieler. Bevor er Saxophonist in der Fields Brothers Madison Show wurde, arbeitete er als Cowboy und als Morser kfür die Frisco Railroad. Schließlich beschloß er Gitarre zu spielen, weil man dazu besser singen kann als zum Saxophon. 1929/30 sang Gene über eine Radiostation in Tulsa, wenig später machte er seine ersten Platten. 1934 spielte er in „Old Santa Fe" seine erste Rolle. Es sollten mehr als 90 weitere Filme folgen. Ab 1940 hatte er die regelmäßige Radiosendung „Melody Ranch". Nach seiner Militärzeit, vom September 1945 bis 1956, machte er weiter Radio und war Besitzer verschiedener Plattenfirmen und des California Angels Baseball-Teams. 1969 wurde er in die Country Music Hall of Fame aufgenommen. Seinen ersten Millionseller hatte Gene 1935 mit „That Silver-Haired Daddy Of Mine" (8/35 US 7), aufgenommen im Jahre 1931 zusammen mit Jimmy Long. Seinen zweiten Millionseller schrieb er sich selbst: „Here Comes Santa Claus (Down Santa Claus Lane)" (12/47 US 9, 12/48 RE-US 8, 1/50 RE-US 24). Sein größter Erfolg wurde „Rudolph, The Red-Nosed Reindeer" (12/49 US 1, 12/50 RE-US 3, 12/51 RE-US 16, 12/52 RE-US 12, 12/53 RE-US 26). Auch ein weiterer Millionseller von ihm beschäftigte sich mit der Weihnachtszeit: „Frosty The Snowman" (12/50 US 7, 12/52 RE-US 23).

Grand Funk

■ **Mark Farner** — 1948 — US-Sänger und Songschreiber mit Grand Funk Railroad, gegründet 1968. Zusammen mit einem weiteren Bandmitglied, dem Schlagzeuger Don Brewer, war Mark zuvor bei Terry Knight & The Pack. Terry wurde der Manager und Produzent von Grand Funk, bis er im März 1972 rausgeschmissen wurde. Dann kam der Erfolg. Hits: „We're An American Band" (7/73 US 1), „The Loco-Motion" (3/74 US 1, 6/74 D 10), „Some Kind Of Wonderful" (12/74 US 3) und „Bad Time" (4/75 US 4). 1976 fiel die Band auseinander, 1981 wurde sie, mit Mark, wieder neu formiert, konnte sich jedoch in den Hitparaden nicht mehr behaupten. 1977 veröffentlichte Mark eine Solo-LP.

■ **Matt und Luke Goss** — 1968 — GB-Zwillinge, Sänger bzw. Drummer und Songschreiber der Formation Bros. 1984 starten sie als Gloss. Neben den Zwillingen ist noch Craig Logan als Bassist dabei. Das Trio erhält im April 1987 einen Plattenvertrag und veröffentlicht im August desselben Jahres seine erste Single: „I Owe You Nothing" (6/88 GB 1, D 13). Die Platte wird jedoch erst ein Hit, nachdem „When Will I Be Famous" (1/88 GB 2, 3/88 D 4) und „Drop The Boy" (3/88 GB 2, D 9) erfolgreich waren. Danach sind sie die erklärten Teenie-Lieblinge und haben weitere Hits mit „Cat Among The Pigeons" (12/88 GB 2, D 26), „Too Much" (7/89 GB 2, D 28), „Chocolate Box" (10/89 GB 9) und „Sister" (12/89 GB 10).

■ **Tommy Boyce** — 1944 — US-Songschreiber und Sänger, der im Duo mit Bobby Hart arbeitete. Für andere schrieben sie jede Menge Hits, sie selbst schafften einmal einen Top-Ten-Erfolg mit „I Wonder What She's Doing Tonight" (12/67 US 8). 1975 tourten Tommy und Bobby mit den beiden Monkees Davy Jones und Mickey Dolenz.

■ **Jean Luc Ponty** — 1942 — Französischer Geiger, Tastenspieler und Komponist, der mit einem Symphonieorchester spielte, bevor er sich Ende der 50er Jahre dem Jazz zuwandte. Er spielte z. B. mit Frank Zappa, George Duke, John McLaughlin oder als Solist.

■ **Mike Pinera** — 1948 — US-Gitarrist mit Blues Image, ab 1970 mit Iron Butterfly für Erik Braun, dann mit Cactus, Ramatam, Thee Image, Alice Cooper und als Solist.

■ **Raff** — 1959 — Italienischer Sänger und Songschreiber. Von ihm kstammt die Nummer „Self Control" (5/84 D 2). Richtiger Name Raffaele Riefoli.

■ **Timmy Donald** — 1946 — GB-Schlagzeuger mit White Trash, Quiver, Cody und Blue.

■ **Mari Wilson** — 1957 — GB-Sängerin, die sich mit „Just What I Always Wanted" (9/82 GB 8) einen Wunsch erfüllte.

Nick Taylor — 1946 — US-Gitarrist und Sänger mit Bloodrock.

Manfred Preaker — 1951 — Bassist, Gitarrist und Sänger mit Spliff.

Tageshits

1958 — „It's All In The Game" — Tommy Edwards — US 6 W.
1960 — „Tell Laura I Love Her" — Ricky Valance — GB 3 W.
1973 — „We're An American Band" — Grand Funk Railroad — US 1 W.
1973 — „Eye Level" — Simon Park Orchestra — GB 4 W.
1979 — „Message In A Bottle" — Police — GB 3 W.
1984 — „Let's Go Crazy" — Prince — US 2 W.
1986 — „Rage Hard" — Frankie Goes To Hollywood — D 2 W.

30

;eburtstage

■ **Marc Bolan** — 1947 — GB-Sänger, Songschreiber und Gitarrist. Richtiger ıame Marc Feld. Im November 1965 änderte er seinen Bühnennamen von Toby 'yler in Marc Bolan und veröffentlichte „The Wizard". 1966 erschienen weitere ;ingles, die ebenfalls floppten. Im Mai 1967 wurde er Mitglied bei John's Children, n September desselben Jahres gründete er das Akustik-Duo Tyrannosaurus Rex, päter auf T. Rex gekürzt. Hits: „Debora" (5/68 GB 34, 4/72 RE-GB 7), „Ride A Vhite Swan" (10/70 GB 2, 1/71 D 34), „Hot Love" (2/71 GB 1, 4/71 D 3), „Get It)n" (7/71 GB 1, D 3, 1/72 US 10), „Jeepster" (11/71 GB 2, D 3), „Telegram Sam" 1/72 GB 1, D 4), „Metal Guru" (5/72 GB & D 1), „Children Of The Revolution" (9/ '2 GB 2, D 4), „Solid Gold Easy Action" (12/72 GB 2, D 6), „20th Century Boy" (3/ '3 GB 3, D 8) und „The Groover" (6/73 GB 4, D 5). Danach ließ der Erfolg nach — erade wollte Marc ein Comeback starten, da setzte seine Freundin Gloria Jones m 16.9.1977 seinen kleinen schwarzen Mini-Cooper gegen einen Baum — Marc tarb.

Frankie Lymon — 1942 — US-Sänger und Songschreiber. Aus der Gruppe 'remiers, gegründet 1955, wurde wenig später Frankie Lymon & The Teenagers. 'rankie war zu diesem Zeitpunkt glatte 13 Jahre alt. Hits: „Why Do Fools Fall In ‚ove" (2/56 US 6, 6/56 GB 1), „I Want You To Be My Girl" (4/56 US 13), „I'm Not A uvenile Delinquent" (3/57 GB 12) und „Baby Baby" (4/57 GB 4). 1957 verließ er lie Gruppe und versuchte sich — ohne Erfolg — als Solist. Drogenprobleme rachten ihn ums Leben — er starb am 28.2.1968.

Johnny Mathis — 1935 — US-Sänger. Mit 13 Jahren begann er eine Ausbildung als Opernsänger in San Francisco. 1956 ging er nach New York und kann von ich behaupten, hinter Elvis Presley und Frank Sinatra der Top-LP-Verkäufer der Rockära zu ksein. Seine Single-Hits: „It's Not For Me To Say" (4/57 US 5), „Chances Are „ (9/57 US 1), „A Certain Smile" (6/58 US 14, 9/58 GB 4), „Gina" (9/62 US), „When A Child Is Born" (11/76 GB 1) und — zusammen mit Deniece Williams — „Too Much, Too Little, Too Late" (3/78 GB 3, US 1). Er machte auch Platten im)uett mit Gladys Knight und Dionne Warwick.

Marylin McCoo — 1943 — US-Sängerin mit 5th Dimension, gegründet 1966. Ab 1967 waren sie erfolgreich mit „Up Up And Away" (6/67 US 7), „Stoned Soul Picnic" (6/68 US 3), „Aquarius/Let The Sunshine In" (3/69 US 1, GB 11, 5/69 D 2), „Wedding Bell Blues" (9/69 US 1, 1/70 GB 16), „One Less Bell To Answer" (10/70 US 2) und „(Last Night) I Didn't Get To Sleep At All" (4/72 US 8). Außer ler erstgenannten Platte waren alles Millionseller. Marylin heiratete 1969 ein weiteres Mitglied der 5th Dimension, Billy Davis Jr.. Mit ihm trennte sie sich von der Formation und machte ab 1976 als Duo weiter. Größter Hit und ebenfalls Millionseller: „You Don't Have To Be A Star (To Be In My Show)" (9/76 US 1, 3/77 GB 7). Ab Anfang der 80er Jahre machten beide als Solisten Platten. Marylin wurde Gastgeberin der TV-Show „Solid Gold".

■ **Udo Jürgens** — 1934 — Österreichischer Sänger, Pianist und Songschreiber, der bei uns zu den erfolgreichsten Interpreten gehört. Richtiger Name Udo Jürgen Bockelmann. Mit „Jenny" (1/61 D 36) hatte er seinen ersten Erfolg. Hits: „17 Jahr', blondes Haar" (11/65 D 4), „Merci, Cherie" (3/66 D 4), „Sag mir wie" (10/66 D 4), „Anuschka" (2/69 D 1), „Griechischer Wein" (12/74 D 1) und — zusammen mit der Deutschen Fußball-Nationalelf — „Buenos Dias, Argentina" (3/78 D 3).

■ **Basia** — 1956 — Polnische Sängerin. Nachname Trzetrzelewska. Mit 16 begann sie ihre musikalische Laufbahn. Anläßlich eines Gastspiels in den USA blieb sie gleich da — 1981 siedelte sie sich in GB an. Sie wurde Sängerin mit Matt Bianco — erster Hit: „Get Out Of Your Lazy Bed" (2/84 GB 15). Größter Erfolg: „Yeh Yeh" (10/85 GB 7, D 13). 1986 entschloß sich die Sängerin, nur unter ihrem Vornamen (was ein Glück für Funkmoderatoren!) als Solistin weiter zu arbeiten.

■ **Deborah Allen** — 1953 — US-Sängerin und Songschreiberin. Geboren als Deborah Lynn Thurmond. Nachdem sie Hits für Sheena Easton, Tanya Tucker u. v. a. geschrieben hatte, versuchte sie es selbst. Ihr erster Hit war „Baby I Lied" (10/83 US 26).

■ **Z.Z. Hill** — 1935 — US-Bluessänger und Songschreiber. Richtiger Vorname Arzel. 1963 machte er seine ersten Plattenaufnahmen, 1970 mit Hill-Records seine eigene Plattenfirma. In den R&B-Hitparaden schaffte er zwischen 1964 und 1984 16 Hits, seine größten waren „Don't Make Me Pay For His Mistakes" (2/71 R&B 17) und „Love Is So Good When You're Stealing It" (6/77 R&B 15). Hill starb am 27.4.1984.

■ **Mike Harrison** — 1945 — GB-Sänger, Tastenspieler und Songschreiber. Er begann mit den V.I.P.'s, aus denen Art wurde, und gründete schließlich 1967 Spooky Tooth, bei denen er bis zum Februar 1974 blieb. Danach versuchte er sich als Solist und wurde Mitglied in der Band von Chris Stainton.

■ **Gus Dudgeon** — 1942 — GB-Produzent, der Interpreten wie Elton John, Kiki Dee, die Strawbs, John Kongos, Magna Carta, Audience, Tea & Symphony, Chris Rea, Elkie Brooks oder Joan Armatrading betreute und manchmal auch auf ihren Platten als Percussionist oder Hintergrundsänger zu hören ist.

■ **Dewey Martin** — 1942 — US-Sänger, Schlagzeuger und Songschreiber. Er war erst Folk-Sänger, dann bei den Dillards und schließlich Drummer bei Buffalo Springfield. Nachdem die Band auseinandergebrochen war, gründete er Dewey Martin's Medicine Ball — ohne Erfolg.

■ **Jill Corey** — 1935 — US-Sängerin. Richtiger Name Norma Jean Speranza. Ihr größter von insgesamt fünf Hits war „Love Me To Pieces" (8/57 US 11), das Thema der CBS-TV-Show „Studio 1 Summer Theatre".

■ **Bata Illic** — 1939 — Jugoslawischer Sänger, der 1963 in die Bundesrepublik kam. Hits: „Mit verbundenen Augen" (11/68 D 16), „Candida" (11/70 D 4), „Michaela" (5/72 D 1) und „Schwarze Madonna" (11/73 D 6).

■ **Dave Betts** — 1957 — Kanadischer Drummer mit Honeymoon Suite.

■ **Sylvia Peterson** — 1946 — US-Sängerin mit den Chiffons.

Todestag

■ **Mary Ford** — 1977 — US-Sängerin, mit ihrem damaligen Mann als Les Paul & Mary Ford erfolgreich. Sie starb an Diabetes. Geboren am 7.7.1928.

Tageshits

1965 — „Tears" — Ken Dodd — GB 5 W.
1967 — „Verbotene Träume" — Peter Alexander — D 1 W.
1972 — „How Can I Be Sure" — David Cassidy — GB 2 W.
1978 — „Summer Nights" — John Travolta & Olivia Newton-John — GB 7 W.
1978 — „Kiss You All Over" — Exile — US 4 W.

Merk-Würdiges

1955 — Nach nur 3 Filmen ist er ein Idol der Jugend geworden — James Dean. Nach einem Autounfall starb er. Geboren am 8.2.1931.

1

Geburtstage

■ **Scott McKenzie** — 1944 — US-Sänger und Songschreiber. Anfang der 60er Jahre stieg er in die Gruppe Smoothies ein, die von John Phillips — später Mamas & Papas — geleitet wurde. Daraus entwickelten sich Journeymen, die nach drei LPs wieder auseinanderfielen. 1967, John hatte sich inzwischen als Songschreiber etabliert, nahm Scott den Phillips-Titel „San Francisco (Be Sure To Wear Flowers In Your Hair)" (5/67 US 4, 7/67 GB 1, 9/67 D 1) auf — es wurde ein Welthit. Mit „Like An Old Time Movie" (10/67 US 24, GB 50, 12/67 D 36) gelang ihm noch ein weiterer Hit — dann war er wieder weg. Als Songschreiber tauchte er 1988 als Mitautor von „Kokomo" der Beach Boys auf.

■ **Donny Hathaway** — 1945 — US-Sänger, Keyboarder, Songschreiber und Produzent. Er arbeitete mit den Impressions, Carla Thomas, Jerry Butler, den Staple Singers und Roberta Flack — mit ihr besuchte er einst eine Kunstschule und sang später mit ihr im Duett etliche Hits: „Where Is The Love" (6/72 US 5, 8/72 GB 29), „The Closer I Get To You" (2/78 US 2, 5/79 GB 42) und „Back Together Again" (5/80 GB 3). Er starb, nachdem er aus dem 15. Stockwerk des New Yorker Essex House Hotels gesprungen war, am 13.1.1979.

■ **Cub Koda** — 1948 — US-Gitarrist, Lead-Sänger und Songschreiber. Richtige Vornamen Michael John. 1969 gründete er das Trio The Station, aus dem später Brownsville Station wurde. Größter Hit und einziger Millionseller: „Smokin' In The Boys Room" (10/73 US 3, 4/74 GB 27). Mitte 1979 trennte sich die Band, Koda machte als Solist weiter und tauchte im selben Jahr als Mitspieler auf einer LP der Blackfoot auf.

■ **Geoff Stephens** — 1934 — GB-Sänger und Songschreiber. Er begann seine Karriere als Sketch-Schreiber für die BBC. Danach schrieb er Hits für die Applejacks — „Tell Me When" — und Dave Berry — „Crying Game". Er entdeckte und produzierte Donovan und machte schließlich aus einer Ansammlung von Studiomusikern die New Vaudeville Band, die Platten im Sound der 30er Jahre aufnahm. Hits: „Winchester Cathedral" (9/66 GB 4, US 1, 12/66 D 15), „Peek-A-Boo" (1/67 GB 7) und „Finchley Central" (5/67 GB 11).

■ **Richard Harris** — 1930 — Irischer Schauspieler und Sänger. Er studierte in London Musik und Schauspiel. 1956 stand er zum ersten Mal auf der Bühne und erschien 1958 in seinem ersten Film. Zu seinen erfolgreichen Filmen gehören: „Kanonen von Navarone" (1961), „Meuterei auf der Bounty" — neben Marlon Brando (1962), „Lockender Lorbeer" (1963), „Die Bibel" — hier spielte er Kain (1966), „Chamelot" — als König Arthur (1967) oder „Die Wildgänse kommen" — neben Richard Burton (1978). Als Sänger schlug er nur einmal richtig zu: „MacArthur Park" (5/68 US 2, GB 4, 7/72 RE-GB 38).

■ **Julie Andrews** — 1935 — GB-Sängerin und Schauspielerin. Richtiger Name Julia Elizabeth Wells. Ihre ersten Auftritte hatte sie schon 1947 in der Londoner Show „Starlight Roof". In den späten 40ern/Anfang der 50er war sie in einer regelmäßigen Radiosendung zu hören, die „Educating Archie" hieß. Ihre ausgesprochen englische Aussprache machte sie zur Idealbesetzung kfür Musicals mit britischen Rollen. In der New Yorker Produktion „The Boy Friend" spielte sie die Polly Brown. 1956, ebenfalls in New York, stand sie als Eliza in „My Fair Lady" auf der Bühne. Als „My Fair Lady" 1964 verfilmt wird, rechnet alles damit, daß Julie die Hauptrolle bekommt — doch sie geht an Audrey Hepburn, deren Gesangspart von Marni Nixon übernommen wird. Statt dessen spielt Julie im gleichen Jahr die Hauptrolle in der Walt Disney Produktion „Mary Poppins" und gewinnt einen Oscar als beste Hauptdarstellerin. Später wird sie auch Emmy-Preisträgerin. In den 70er Jahren tritt sie in Las Vegas auf, 1981 — vom Image her auch durch ihren zweiten Mann Blake Edwards verändert — tritt sie nackt auf in dem Film „S.O.B." Im gleichen Jahr spielt sie in „Victor Victoria". 1963 machte sie eine LP als Countrysängerin mit dem Titel „Love Me Tender" — den Titelsong sang sie zusammen mit Johnny Cash.

■ **Howard Hewett** — 1955 — US-Sänger der 1977 gegründeten Formation Shalamar. Als die Band gegründet wurde, bestand sie aus diversen Sessionsängern, die für die Produzenten David Griffey und Simon Soussa unter dem Titel „Uptown Festival" (3/77 US 25, 5/77 GB 30) ein Medley aus Motown-Hits sangen. Eine gleichnamige LP erreichte gar Platz 8 in der amerikanischen LP-Hitparade. 1978 gründeten die beiden Produzenten das Plattenlabel Solar (Sound of Los Angeles Records) und waren nun der Meinung, man sollte eine Gruppe namens Shalamar zusammenstellen. Aus der TV-Sendung „Soul Train" holte man die beiden Tänzer Jody Watley und Jeffrey Daniels. Als Leadsänger verpflichteten sie Gerald Brown. Nach Aufnahme der ersten LP wurde Gerald dann im Januar 1979 gegen Howard Hewett ausgetauscht. Hits: der Millionseller „The Second Time Around" (12/79 US 8), „I Can Make You Feel So Good" (3/82 GB 7), „A Night To Remember" (6/82 GB 5), „There It Is" (9/82 GB 5), „Dead Giveaway" (6/83 US 22, GB 8) und „Dancing In The Sheets" (3/84 US 17). Nach 1984 wurden Watley und Daniels durch Delisa Davis und Micki Free ersetzt.

■ **Mariska Veres** — 1948 — Holländische Sängerin mit Shocking Blue. Größter Hit: „Venus" (10/69 D 2, 12/69 US 1, GB 8). Zumindest bei uns gelangen noch weitere Hits: „Mighty Joe" (1/70 D 5), „Never Marry A Railroad Man" (7/70 D 12) und „Inkpot" (5/72 D 12).

■ **Jerry Martini** — 1943 — US-Saxophonist mit Sly & The Family Stone. Als Studiomusiker war er auch mit Mike Bloomfield, Rubicon, David Werner oder Two Tons zu hören.

■ **Martin Turner** — 1947 — GB-Bassist und Songschreiber für Wishbone Ash.

■ **Barbara Parritt** — 1944 — US-Sängerin mit den Toys.

■ **Martin Cooper** — 1958 — GB-Saxophonist mit OMD.

■ **Rob Davies** — 1947 — GB-Gitarrist mit Mud.

■ **Andy Walton** — 1957 — GB-Drummer mit Kenny.

Todestage

■ **Al Jackson** — 1975 — US-Schlagzeuger mit Booker T. & The MG's. Er wurde in seinem Haus in Memphis von einem Einbrecher erschossen. Geboren am 27.11.1935.

■ **Freddy Martin** — 1983 — US-Saxophonist und Bandleader. Geboren am 9.12.1906.

Tageshits

1966 — „Yellow Submarine" — Beatles — D 6 W.
1977 — „Star Wars Title Theme" — Meco — US 2 W.
1983 — „Total Eclipse Of The Heart" — Bonnie Tyler — US 4 W.
1984 — „I Just Called To Say I Love You" — Stevie Wonder — D 6 W.

2

Geburtstage

■ **Sting** — 1951 — GB-Bassist, Sänger, Songschreiber und Tastenspieler für Police. Richtiger Name Gordon Sumner. Den Spitznamen Sting verdankte er seiner Vorliebe für schwarz-gelb gestreifte Pullover: Sting = Stachel = Biene = schwarz-gelb. Diesen Namen fing er sich bereits zwischen 1971 und 1973 ein, als er als semiprofessioneller Musiker bei diversen britischen Jazzrockbands spielte. 1974 wurde er Mitglied bei Last Exit, die 1975 die erfolglose Platte „Whispering Voices" herausbrachte. Sting spielte hier Baß und war der Leadsänger. 1977 kommt es zur Gründung von Police, die auf eigene Rechnung im Februar des gleichen Jahres ihre erste Single „Fall Out" produzieren und veröffentlichen. Es kostet sie 150 Pfund. Zur gleichen Zeit begleitet die Gruppe die US-Sängerin Cherry Vanilla auf ihrer GB-Tour. Im Oktober 1977 fährt Police nach München, um mit Eberhard Schoener dessen LP „Video Flashback" aufzunehmen. Im Januar 1978 beginnen sie mit den Aufnahmen zu ihrer ersten LP. Im Februar 1978 spielen die drei Musiker für einen TV-Spot der US-Kaugummifirma Wrigley's Chewing Gum und müssen auf deren Geheiß ihre Haare blond färben. Die Amerikaner waren der Ansicht, daß britische Musiker jener Punktage blond zu sein hatten — und das ist ja auch machbar. Im April 1978 erscheint „Roxanne" (2/79 US 32, 4/79 GB 12), die allerdings erst später zum Hit wird. Da die Gruppe sich aber verpflichtet hat, wieder mit Eberhard Schoener und dessen Laser-Theater in der Bundesrepublik zu arbeiten, machen sie keine Promotion für ihren Titel. Nebenher beginnt Sting, als Schauspieler für den Film „Quadrophenia" zu arbeiten: er spielt die Rolle des Ace. 1979 beginnen dann die Hittage von Police: „Can't Stand Losing You" (7/79 GB 2), „Message In A Bottle" (9/79 GB 1, 11/79 D 35), „Walking On The Moon" (12/79 GB 1), „Don't Stand So Close To Me" (9/80 GB 1, D 23, 2/81 US 10), „De Do Do Do, De Da Da Da" (10/80 US 10, 12/80 GB 5, D 15), „Every Little Thing She Does Is Magic" (9/81 GB 1, US 3, D 21), „Every Breath You Take" (5/83 GB & US 1, D 8), „King Of Pain" (8/83 US 3, 1/84 GB 17) und „Wrapped Around Your Finger" (7/83 GB 7, D 32, 1/84 US 8). Schon während seiner Arbeit mit Police macht Sting Soloplatten — Hits: „Spread A Little Happiness" (8/82 GB 16), „If You Love Somebody Set Them Free" (6/85 US 3, GB 26), „Fortress Around Your Heart" (8/85 US 8), „Russians" (12/85 GB 12, US 16, D 4) und „We'll Be Together" (10/87 US 7). Nebenher hat Sting auch seine Filmkarriere betrieben. 1979 spielt er Eddie Cochran in „Radio On", 1984 Feyd Rautha in „Dune", 1985 neben Meryl Streep in „Plenty" kund 1987 mit Kathleen Turner in „Julia & Julia". Zu seinen erfolgreichsten gesanglichen Vorträgen gehört auch sein Mitwirken auf dem Dire Straits-Stück „Money For Nothing" (7/85 US 1, GB 4, 10/85 D 19). Als habe er nicht genug zu tun, veranstaltet er auch noch Konzerte zugunsten von Amnesty International und kümmert sich um die brasilianischen Regenwälder.

■ **Michael Rutherford** — 1950 — GB-Bassist, Songschreiber und Sänger mit der 1966 gegründeten Band Genesis. Vorher spielte er mit den Anons. 1979 und 1982 veröffentlichte Mike neben seiner Arbeit in der Gruppe Soloplatten, ab 1985 startete er — auch das neben seiner Arbeit mit Genesis — mit Paul Carrack als Leadsänger die Band Mike & The Mechanics — Hits: „Silent Running" (11/85 US 6, 2/86 GB 21, D 8), „All I Need Is A Miracle" (3/86 US 5, 6/86 D 26) und „Living Years" (1/89 US 1, GB 2, 4/89 D 13).

■ **Don McLean** — 1945 — US-Sänger und Songschreiber. 1971 tauchte er mit dem Titel „American Pie" (11/71 US 1, 1/72 GB 2, D 9) aus dem Nichts auf. Im Titel wird die Geschichte der US-Pop-Musik in 8 1/2 Minuten erzählt — dabei kommt Don zu der Erkenntnis, daß nach dem Tode von Buddy Holly nichts Gescheites mehr kam. Weitere Hits: „Vincent" (3/72 US 12, 5/72 GB 1, 7/72 D 21) — das Lied handelt vom Maler Vincent van Gogh — und „Crying" (5/80 GB 1, 1/81 US 5). Das Lied „Killing Me Softly With His Song", ein Hit mit Roberta Flack im Frühjahr 1973, handelt von Don McLean. Inzwischen hat sich Don mehr auf Country-Musik verlegt.

■ **Lolly Vegas** — 1939 — US-Gitarrist, Sänger und Songschreiber für Redbone, die erste Indianer-Gruppe, die sich in den USA durchsetzen konnte und 1968 gegründet wurde. Hits: „Witch Queen Of New Orleans" (9/71 GB 2, 11/71 D 16, US 21) und der Millionseller „Come And Get Your Love" (1/74 US 5). In der Band spielte auch Pat Vegas, sein Bruder — die beiden schrieben Hits für P. J. Proby, Bobbie Gentry, Aretha Franklin und die Righteous Brothers.

■ **Philip Oakey** — 1955 — GB-Sänger und Songschreiber für Human League, die sich im Herbst 1977 aus der Gruppe Future bildete. Hits: „Love Action" (8/81 GB 3), „Don't You Want Me" (12/81 GB 1, 2/82 D 5, US 1), „Mirror Man" (11/82 GB 2, 10/83 US 30), „(Keep Feeling) Fascination" (4/83 GB 2, US 8) und „Human" (8/86 GB 8, US 1, D 5). Oakey hatte zusammen mit Georgio Moroder den Hit „Together In Electric Dreams" (9/84 GB 3).

■ **Tiffany** — 1971 — US-Sängerin. Vollständiger Name Tiffany Renee Darwish. 1987 tauchte sie in der Serie „La la la Lolitas" auf und machte als Kind „Musik für Kinder". Hits: „I Think We're Alone Now" (8/87 US 1, 12/87 D 14, GB 1), „Could've Been" (11/87 US 1, 3/88 GB 4), „I Saw Him Standing There" (2/88 US 7, 5/88 D 40, GB 8), „All This Time" (11/88 US 6) und „Radio Romance" (11/88 GB 13, 2/89 US 35).

■ **Robbie Nevil** — 1961 — US-Sänger, Songschreiber und Gitarrist. Er schrieb u. a. Stücke für die Pointer Sisters und Vanity, bevor er 1986 sein erstes Solo-Album herausbrachte. Hits: „C'est La Vie" (9/86 US 2, 12/86 GB 3, 1/87 D 2), „Dominoes" (2/87 US 14, D 27, 5/87 GB 26) und „Wot's It To Ya" (6/87 US 10).

■ **Richard Hell** — 1949 — US-Bassist, Sänger und Songschreiber mit den 1971 gegründeten Neonboys. Aus dem Kern dieser Gruppe wird 1973 Television. 1975 geht Richard und gründet in London die Heartbreakers. 1976 verläßt er auch diese Gruppe und gründet die Voidoids. Richard veröffentlicht zwei Solo-LPs, spielt 1982 in dem Film „Smithereens", zieht sich aus dem Musikgeschäft zurück und arbeitet als Jounalist. Sein richtiger Nachname ist Meyers.

■ **Annette Hopfenmüller** — 1959 — Sängerin, Bassistin, Moderatorin und Songschreiberin. Sie spielte Baß z. B. mit Herwig Mitteregger, Gino Vannelli oder beim Revue-Kabarett Blackout. Ende 1987 brachte sie ihre Debüt-LP „Behind The Dunes" auf den Markt, die sehr anhörenswert, aber auch sehr erfolglos war.

■ **Romina Power** — 1951 — US-Sängerin, Tochter von Tyron Power, dem bekannten US-Mantel-und-Degen-Filmschauspieler. Sie heiratete den italienischen Sänger Al Bano und lebt seitdem in Italien. Mit Al nimmt sie im Duett Platten auf. Hits: „Sharazan" (11/81 D 7) und „Felicita" (3/83 D 6).

■ **Ish Ledesma** — 1952 — Kubanischer Leadsänger und Gitarrist mit der 1975 gegründeten Band Foxy — vier der fünf Mitglieder waren 1959 von Kuba nach Florida geflüchtet. Hits: „Get Off" (7/78 US 9) und „Hot Number" (3/79 US 21).

■ **Jimmy Torres** — 1939 — US-Leadgitarrist mit den String-A-Longs. Größter Hit: „Wheels" (1/61 US 3, GB 8, 3/61 D 8).

■ **Ronald Meagher** — 1941 — US-Gitarrist mit Beau Brummels.

Todestag

■ **Rock Hudson** — 1985 — US-Filmschauspieler. Stirbt an der Immunschwäche AIDS, was durch die Sensationspresse — wir haben ja keine Vorurteile — entsprechende Würdigung findet. Geboren am 17.11.1925.

Tageshits

1965 — „Hang On Sloopy" — McCoys — US 1 W.
1971 — „Maggie May/Reason To Believe" — Rod Stewart — US 5 W.
1982 — „Pass The Dutchie" — Musical Youth — GB 3 W.
1982 — „Jack And Diane" — John Cougar (Mellencamp) — US 4 W.

3

Geburtstage

■ **Chubby Checker** — 1941 — US-Sänger. Richtiger Name Ernest Evans. Nachdem er als „Hühnchenrupfer" seinen Lebensunterhalt verdient hatte, versuchte er sich als Stimmenimitator. Besonders gut hatte er den Sound von Fats Domino drauf — drum nannte er sich, diesen Namen verballhornend, Chubby Checker. In seinem ersten Hit, „The Class" (5/59 US 38), imitiert er die Stimmen von Fats, den Coasters, Elvis und den Chipmunks — damit schien seine Karriere schon wieder vorbei. Dann nahm er jedoch eine Cover-Version von einer Hank Ballard Nummer auf und gilt seitdem als der Initiator der Twist-Welle: „The Twist" (8/60 US 1, 11/61 RE-US 1, 1/62 GB 14, D 12) — damit sind diese Nummer und „White Christmas" die einzigen Titel, die es nach einer Abwesenheit von mehr als keinem Jahr schafften, noch einmal Platz 1 in den USA zu erreichen. Weitere Hits: „Pony Time" (1/61 US 1, 3/61 GB 27), „Let's Twist Again" (6/61 US 8, 8/61 GB 37, 12/61 RE-GB 2, 2/62 D 12, 2/76 RE-D 13) — „Let's Twist Again/The Twist" (11/75 GB 5) — „The Fly" (9/61 US 7), „Slow Twistin'" (3/62 US 3, GB 23) und „Limbo Rock" (9/62 US 2, 11/62 GB 32, D 15). Er machte bis in die 80er Jahre Platten, die aber nicht mehr sonderlich erfolgreich waren.

■ **Eddie Cochran** — 1938 — US-Sänger, Songschreiber und Gitarrist. Richtige Vornamen Edward Ray. Zusammen mit Hank Cochran, der nicht mit ihm verwandt war — schon weil der mit richtigem Namen Garland Perry heißt, bildete er 1954 das Duo Cochran Brothers, die Country bzw. Rockabilly Platten aufnahmen. 1956 erschien mit „Skinny Jim/Half Loved" die erste Soloplatte von Eddie, die jedoch noch keine Hitparadenspuren hinterließ — die kamen mit der von John D. Loudermilk geschriebenen Nummer „Sittin' In The Balcony" (3/57 US 18). Der richtige Eddie — so aufmüpfig wie James Dean — kam mit Stücken wie „Summertime Blues" (8/58 US 8, 11/58 GB 18, 4/68 RE-GB 34, 7/68 D 25) oder „C'mon Everybody" (11/58 US 35, 3/59 GB 6). Nachdem sich die Fans in den USA von ihm abgekehrt hatten, verlegte er sich mehr auf Großbritannien — dort gelang ihm auch sein letzter großer Hit „Three Steps To Heaven" (5/60 GB 1). Eddie starb nach einem Autounfall am 17.4.1960. Wie schon Buddy Holly hätte auch Eddie den R'n'R-Markt nachhaltig beeinflussen können, wenn sie nur älter geworden wären.

■ **James Darren** — 1936 — US-Sänger und Schauspieler. Richtiger Name James Ercolani. Seine ersten Erfolge hatte er ab 1956 als Schauspieler in US-Teenie-Filmen. Ab 1959 war er für einige Jahre auch als Sänger für diesen Markt erfolgreich. Hits: „Goodbye Cruel World" (10/61 US 3, GB 28) und „Her Royal Majesty" (2/62 US 6, GB 36). Nach 1963 schien alles vorbei. James schaffte es nicht, sein Teenager-Idol Image abzustreifen. Dann spielte er in TV-Serien, wie z. B. „Time Tunnel" und schließlich tauchte er mit dem Titel „You Take My Heart Away" (3/77 US 52), der aus dem Film „Rocky" stammte, zumindest einmal kurz wieder auf. Als Geburtsdatum liest man auch schon mal den 8.6.1936.

Lindsey Buckingham

■ **Lindsey Buckingham** — 1947 — US-Sänger, Gitarrist und Songschreiber. Erst arbeitete er im Duo mit Stevie Nicks, dann gingen beide 1974 zu Fleetwood Mac. Ab Anfang der 80er Jahre veröffentlichte er auch Soloplatten. Hit: „Trouble" (10/81 US 9, 1/82 GB 31, 3/82 D 39) und „Go Insane" (7/84 US 23). Im Juni 1988 gibt Lindsey bekannt, daß er Fleetwood Mac verläßt, für ihn kommen Billy Burnette und Rick Vito.

■ **Alan O'Day** — 1940 — US-Sänger, Pianist und Songschreiber. Die Titel „Angie Baby" von Helen Reddy oder „Rock 'n' Roll Heaven" von den Righteous Brothers stammen z. B. von ihm. Sein größter Hit: „Undercover Angel" (4/77 US 1).

■ **Jack Wagner** — 1959 — US-Schauspieler — Frisco Jones in der TV-Serie „General Hospital" — und Sänger. Hit: „All I Need" (10/84 US 2).

■ **Ernst Schultz** — 1943 — Gitarrist und Songschreiber mit Ihre Kinder und solo.

■ **Tommy Lee** — 1962 — US-Drummer, Sänger und Songschreiber mit der Heavy-Metal-Band Mötley Crüe.

■ **Albert Collins** — 1932 - US-Blues-Sänger, Gitarrist und kSongschreiber. Seine ersten Platten machte er 1955.

Todestag

■ **Woody Guthrie** — 1967 — US-Folkmusiker und auf diesem Gebiet wohl einer der größten. Er starb an einem ererbten Nervenleiden: Huntington-Chorea. Geboren am 14.7.1912.

Tageshits

1987 — „Pump Up The Volume" — M.A.R.R.S. — GB 2 W.
1988 — „Hand In Hand" — Koreana — D 3 W.

4

Geburtstage

■ **Leroy Van Dyke** — 1929 — US-Sänger und Songschreiber. Leroy arbeitete als Zeitungsreporter, war in den frühen 50er Jahren in der US Army und arbeitete danach als Auktionator. Mit einem Lied über genau diesen Beruf hatte er seinen ersten Hit: „Auctioneer" (11/56 US 19). Vier Jahre später gelang ihm mit „Walk On By" (10/61 US 5, 1/62 GB 5) ein weiterer Knüller. Danach war er bis 1977 vorwiegend in der Country-Hitparade zu finden.

■ **Nona Hendryx** — 1944 — US-Sängerin, die 1961 mit den Blue Belles begann. Daraus wurde dann Patti LaBelle & The Blue Belles und schließlich nur noch LaBelle. Das Trio trennte sich 1977. Danach veröffentlichte Nona Soloplatten.

■ **Barbara Kooyman** — 1957 — US-Sängerin und Songschreiberin, die als Barbara K & The Cat's Away begann, dann zu den Essentials kam und dort Pat McDonald kennenlernte, mit dem sie das Duo Timbuk 3 gründete. Bei Pat am 6.8. stehen die Hits.

■ **Lloyd Green** — 1937 — US-Steel- und Dobro-Gitarrist, der zu den Top-Studiomusikern von Nashville gehört und etliche Solo-LPs produzierte. Er spielt z. B. auf LPs von Billy Crash Craddock, Don Williams oder Crystal Gayle.

■ **Jim Fielder** — 1947 — US-Bassist mit Mothers Of Invention, Tim Buckley, Buffalo Springfield, Chris Hillman, Gene Clark, Neil Sedaka und Blood, Sweat & Tears.

■ **Marlena Davies** — 1944 — US-Sängerin mit den Orlons.

Todestag

■ **Janis Joplin** — 1970 — US-Blues- und Rock-Sängerin. Sie wurde in ihrem Motelzimmer tot aufgefunden. Todesursache: Heroinvergiftung. Geboren am 19.1.1943.

Tageshits

1941 — „Piano Concerto In B-Flat" — Freddy Martin — US 8 W.
1962 — „Telstar" — Tornados — GB 5 W.
1975 — „Hold Me Close" — David Essex — GB 3 W.
1975 — „Fame" — David Bowie — US 1 W. (2.mal)
1980 — „Another One Bites The Dust" — Queen — US 3 W.

5

Geburtstage

■ **Bob Geldof** — 1954 — Irischer Sänger, Songschreiber und Kopf von Boomtown Rats, die sich 1975 zusammenschlossen und zwischen 1977 und 1984 mehr als zehn Top 30-Hits in GB hatten. Die größten: „Like Clockwork" (6/78 GB 6), „Rat Trap" (10/78 GB 1), „I Don't Like Mondays" (7/79 GB 1, 9/79 D 6), „Someone's Looking At You" (1/80 GB 4) und „Banana Republic" (11/80 GB & D 3). Im August 1982 spielt Bob die Hauptrolle in dem Film „The Wall", der auf der 1979 erschienenen Pink Floyd-LP basiert. Im November 1984 wird bekannt, daß die Boomtown Rats sich endgültig trennen. Bob schreibt und organisiert zusammen mit Midge Ure das Band Aid Projekt „Do They Know It's Christmas" (12/84 GB & D 1, US 13, 12/85 RE-GB 3) und wird Organisator des „Live Aid" Konzertes am 13. Juli 1985 für die „Hungerhilfe Äthiopien". „Do They Know It's Christmas" wird die meistverkaufte Platte in Großbritannien. Wegen seiner Verdienste wird Bob von der Queen geadelt, und man bringt ihn als Anwärter auf den Friedensnobelpreis ins Gespräch. Seit 1986 macht Bob Soloplatten — Hit: „This Is The World Calling" (11/86 GB 25, D 28). Er heiratet die englische Fernsehmoderatorin Paula Yates und wird 1987 vor allen Dingen auf den britischen Schirmen als Werber für Milch gesichtet.

■ **Steve Miller** — 1943 — US-Sänger, Gitarrist und Songschreiber. Als Teenager spielte er zusammen mit seinem Bruder Jimmy und Boz Scaggs bei den Marksmen. Nach der Schulzeit war er weiter zusammen mit Scaggs in diversen Bands, dann ging er nach Chicago, um Blues zu spielen. Zusammen mit Barry Goldberg gründete er die Miller Goldberg Blues Band, die es auf eine Single brachte. 1966 kam es dann zur Gründung der Steve Miller Blues Band, die sich später auf Steve Miller Band und schließlich nur noch auf seinen Namen verkürzte. Hits: „The Joker" (10/73 US 1), „Rock'n Me" (8/76 US 1, 10/76 GB 11, 12/76 D 28), „Fly Like An Eagle" (12/76 US 2), „Jet Airliner" (4/77 US 8) und „Abracadabra" (5/82 US 1, GB 2, 8/82 D 2).

■ **Brian Connolly** — 1945 — GB-Leadsänger und Songschreiber der Teenie-Band Sweet, die von 1971 bis 1978 sehr erfolgreich war — besonders bei uns. Hits: „Co-Co" (6/71 GB 2, D 1), „Little Willy" (6/72 GB 4, D 1, 1/73 US 3), „Wig-Wam Bam" (9/72 GB 4, D 1), „Blockbuster" (1/73 GB & D 1), „Hell Raiser" (5/73 GB 2, D 1), „Ballroom Blitz" (9/73 GB 2, D 1, 6/75 US 5), „Teenage Rampage" (1/74 GB 2, D 1), „The Sixteens" (7/74 GB 9, D 4), „Fox On The Run" (3/75 GB 2, D 1, 11/75 US 5) und „Love Is Like Oxygen" (1/78 GB 9, D 10, US 8). Im Mai 1979 trennte sich Brian von Sweet und wollte es als Solist versuchen — ohne Erfolg. Danach gründete er New Sweet — ebenfalls ohne Erfolg.

Sweet

■ **Russell Mael** — 1953 — US-Sänger und Songschreiber mit richtigem Namen Dwight Russell Day. Er und sein Bruder Ron waren der Nucleus für die Sparks, die überall, nur nicht in ihrer Heimat USA, erfolgreich waren. Dort begannen sie als Kinder, Teenagermoden vorzuführen und nahmen an Seminaren für angehende Filmregisseure teil. 1970 gründeten sie mit zwei weiteren Musikern die Garagenband Halfnelson. 1971 produzierte Todd Rundgren mit ihnen eine Platte, die nichts wurde. Nun benannten sie sich in Sparks um und veröffentlichten zwei weitere Platten, die ebenfalls in der Bedeutungslosigkeit versanken. 1973 trennten sich die Maels von ihren Mitmusikern, gingen nach London und versuchten sich dort als Sparks. In England wurden die verrückten Melodien mit ulkigen Texten und kauzigen Anspielungen schnell populär. Hits: „This Town Ain't Big Enough For The Both Of Us" (5/74 GB 2, 7/74 D 12) und „Amateur Hour" (7/74 GB 7, 9/74 D 12). Als der Erfolg nachließ, kehrten sie nach Kalifornien zurück, 1977 kamen sie vorübergehend nach München, um dort mit Giorgio Moroder zu arbeiten, was ihnen den Hit „Beat The Clock" (7/79 GB 10) bescherte.

■ **Richard Street** — 1942 — US-Sänger, der 1971 als Ersatz für Paul Williams zu den Temptations kam. Mit ihm wurden die Hits „Papa Was A Rollin' Stone" (10/72 US 11, 12/72 D 11, GB 14) und „Masterpiece" (2/73 US 7, 4/73 D 21) aufgenommen. In der Liste der erfolgreichsten Soul-Interpreten belegen die Temptations hinter James Brown, Aretha Franklin und Ray Charles Platz 4 und sind somit die erfolgreichste Soulgruppe aller Zeiten.

■ **Harold Faltermeyer** — 1952 — Songschreiber, Produzent und Tastenspieler aus München, der in den USA erfolgreicher Autor für Film- und TV-Musiken wurde. Hit: „Axel F" (3/85 US 3, 6/85 D & GB 2) aus dem Film „Beverly Hills Cop". Bevor er in die USA ging, war er bei uns als Tastenspieler bei Konstantin Wecker, Amanda Lear, Giorgio Moroder, Donna Summer, Laura Branigan oder GLS United zu hören.

■ **Johnny Duncan** — 1938 — US-Country-Sänger. Nachdem er jahrelang als Diskjockey gearbeitet hatte, war er der Meinung, daß er auch singen könne. Ab 1967 war er in der Country-Hitparade erfolgreich und brachte es bis heute auf über 40 Hits. Seine größten waren „Thinkin' Of A Rendezvous" (10/76 C&W 1), „I Couldn't Have Been Any Better" (2/77 C&W 1) und „She Can Put Her Shoes Under My Bed (Anytime)" (3/78 C&W 1).

■ **Abi Ofarim** — 1937 — Israeli, richtiger Name Abraham Reichstadt. Mit seiner damaligen Frau Esther bildete er das erfolgreiche Duo Esther & Abi Ofarim, das zwischen 1963 und 1968 internationale Hits hatte. Größter: „Cinderella Rockefella" (2/68 GB 1, D 2). Nach der Trennung von seiner Frau verliefen seine Solo-Projekte erfolglos.

■ **George Jones Jr.** — 1936 — US-Leadsänger der Edsels, deren 1958 aufgenommene Nummer „Rama Lama Ding Dong" (5/61 US 21) sich später zu einem Hit und noch später zu einem Rock-Klassiker wandelte.

■ **Brian Johnson** — 1947 — GB-Sänger und Songschreiber erst mit Geordie — größter Hit: „All Because Of You" (3/73 GB 6, 6/73 D 30) und ab 3.4.1980 bei AC/DC als Ersatz für den verstorbenen Bon Scott.

■ **Paola** — 1950 — Schweizerin, die bereits mit 15 in ihrem Heimatland ein Gesangsstar war. Richtiger Name Paola del Medico. Seit 1969 ist sie auch bei uns erfolgreich. Größte Hits: „Blue Bayou" (12/78 D 13) und „Der Teufel und der junge Mann" (1/81 D 5). Inzwischen ist sie verheiratet mit dem TV-Entertainer Kurt Felix, was die Vermutung zuläßt, daß sie kSpaß versteht.

■ **Wolf** — 1949 — Richtiger Name Wolfgang Preuß. Zusammen mit seiner damaligen Frau Inga bildete er das Duo Inga & Wolf. Hit: „Gute Nacht, Freunde" (3/72 D 22). Nach der Trennung der beiden arbeitet Wolf als Autor.

■ **José Jimenez** — 1924 — US-Komiker, der mit der LP „The Astronauts" 1961 sehr erfolgreich in den USA war. Richtiger Name Bill Dana.

■ **Arlene Smith** — 1941 — US-Leadsängerin mit den Chantels. Hits: „Maybe" (1/58 US 15) und „Look In My Eyes" (8/61 US 14).

■ **Caroline Loeb** — 1955 — Französische Sängerin und Songschreiberin, die bei uns mit „C'est La Ouate" (8/87 D 10) bekannt wurde.

■ **Carlos Mastrangelo** — 1938 — US-Sänger mit den Belmonts. Im Mai 1962 wurde er durch Frank Lyndon ersetzt.

■ **Eddie Clarke** — 1950 — GB-Gitarrist und Songschreiber mit Motorhead; stieg 1982 aus.

■ **Lee Thopmson** — GB-Saxophonist, Sänger und Songschreiber mit Madness.

■ **Steve „Steff" Borg** — 1953 — Bassist mit BAP.

Tageshits

1959 — „Mack The Knife" — Bobby Darin — US 6 W.
1961 — „Kon-Tiki" — Shadows — GB 1 W.
1968 — „Hey Jude" — Beatles — D 4 W.
1974 — „I Honestly Love You" — Olivia Newton-John — US 2 W.
1987 — „Never Gonna Give You Up" — Rick Astley — D 3 W.

Merk-Würdiges

1962 — Die erste Platte der Beatles, „Love Me Do", erscheint. George Martin hatte zwei Versionen produziert — eine am 4.9.1962 mit Ringo Starr am Schlagzeug, eine andere am 11.9.1962 mit dem Session-Drummer Andy White am Schlagzeug, Ringo spielte Tambourin. Es erschien die Version, auf der Ringo nicht Schlagzeug spielt.

6

Geburtstage

■ **Kevin Cronin** — 1951 — US-Sänger, Gitarrist, Pianist und Songschreiber, der 1971 in die 1967 gegründete Formation REO Speedwagon einstieg und dort Terry Luttrell ablöste. Kevin wiederum wurde 1973 durch Mike Murphy ersetzt, weil er eine Solokarriere starten wollte. Nachdem das nichts wurde, kehrte er 1975 zurück und ersetzte seinen Ersatz. Erst ab 1977 begann dann die Hit-Zeit für REO Speedwagon, benannt nach einem Feuerwehrauto aus dem Jahre 1911 — größte Hits: „Keep On Loving You" (11/80 US 1, 4/81 GB 7, D 15), „Take It On The Run" (3/81 US 5, 5/81 GB 19), „Keep The Fire Burnin'" (6/82 US 7), „Can't Fight This Feeling" (1/85 US 1, 3/85 GB 16, D 34).

■ **Millie** — 1947 — Sängerin, die auf Jamaica geboren wurde als kMillicent Smith, ob ihrer Größe aber immer behauptete, ihr Name sei Small. Sie war eine der ersten Interpreten aus dem West-Indischen Raum, die in GB einen Hit hatten. Über dieser Nummer lag ein Hauch von Reggae, Blue Beat und Ska, was ihr wiederum den Spitznamen „The Blue Beat Girl" einbrachte: „My Boy Lollipop" (3/64 GB 2, 5/64 US 2, D 5). Auf der Platte an der Mundharmonika zu hören: Rod Stewart.

■ **Gavin Sutherland** — 1951 — GB-Bassist, Gitarrist, Sänger und Songschreiber. Mit seinem Bruder Ian kam er 1972 zur 1970 gegründeten Band Quiver, sie sich erst Quiverlands, dann Sutherland Brothers & Quiver nannte. Hit: „Arms Of Mary" (4/76 GB 5, 8/76 D 17). Als Autor hat Gavin den Hit „Sailing" geschrieben, der durch Rod Stewart in die Hitparaden kam.

■ **Richard Jobson** — 1960 — GB-Sänger und Songschreiber für Skin Alley und für die Punkband Skids, die zwischen 1977 und 1981 Platten aufnahm — größter Hit: „Into The Valley" (2/79 GB 10). Er war der einzige, der diese Jahre durchhielt — alle anderen Musiker wechselten. 1984 tauchte er mit der Formation Armoury Show auf. 1989 machte er Soloplatten.

■ **James Hopkins-Harrison** — 1949 — Schottischer Sänger und Songschreiber in der deutschen Formation Lake, die seit 1973 immer wieder — mit Unterbrechungen — gute LPs auf den Markt brachte.

■ **Bobby Farrell** — 1949 — Auf Aruba geborener Vortänzer bei Boney M.. Ob er auf den Platten auch mal gesungen hat, ist eine Frage, die Frank Farian wohl nicht beantworten wird.

■ **Robin Shaw** — 1945 — GB-Bassist mit White Plains und Flowerpot Men.

■ **Thomas McClary** — 1949 — US-Lead-Gitarrist und Songschreiber bei den Commodores und als Solist.

■ **Cees Veerman** — 1943 — Sänger und Songschreiber der niederländischen Gruppe Cats.

■ **Danny Simcic** — 1962 — Australischer Schlagzeuger mit Real Life.

Todestage

■ **Johnny O'Keefe** — 1978 — Australischer R'n'R-Sänger. Geboren am 19.1.1935.

■ **Nelson Riddle** — 1985 — US-Orchesterleiter. Geboren am 1.6.1921.

Tageshits

1973 — „Half Breed" — Cher — US 2 W.
1979 — „Sad Eyes" — Robert John — US 1 W.

7

Geburtstage

■ **Al Martino** — 1927 — US-Sänger, Jugendfreund von Mario Lanza. Richtiger Name Alfred Cini. Gleich sein erster Hit war ein Millionseller: „Here In My Heart" (5/52 US 1, 11/52 GB 1). Weitere Knüller: „Now" (1/53 GB 3), „Wanted" (6/54 GB 4, 10/54 RE-GB 17), „I Love You Because" (4/63 US 3), „I Love kYou More And More Every Day" (2/64 US 9), „Spanish Eyes" (12/65 US 15, 4/66 D 3, 7/73 GB 5) und „To The Door Of The Sun (Alle Porte Del Sole)" (12/74 US 17). Als Filmschuspieler hatte er eine Rolle, die möglicherweise Frank Sinatra noch besser estanden hätte. Er spielte den Johnny Fontane in „The Godfather" 1972.

■ **Vaughn Monroe** — 1911 — US-Sänger, Bandleader und Trompeter. Hits: There I Go" (10/40 US 1), „My Devotion" (8/42 US 1), „When The Lights Go On gain (All Over The World)" (10/42 US), „Let's Get Lost" (5/43 US 1), „There! I've aid It Again" (3/45 US 1), „Let It Snow! Let It Snow! Let It Snow!" (12/45 US 1), Ballerina" (11/47 US 1), „Riders In The Sky (A Cowboy Legend)" (4/49 US 1) und Someday" (8/49 US 1). Bis 1954 war Vaughn erfolgreich, trat in vielen Filmen auf nd war oft im Radio zu hören. Er starb am 21.5.1973.

■ **Kevin Godley** — 1945 — GB-Schlagzeuger, Songschreiber, Sänger und Keyoarder. Er begann mit Sabres, Mockingbirds, Hotlegs, 10 CC und machte schließich weiter im Duo Godley & Creme. Hits: „Under Your Thumb" (9/81 GB 3), „Weding Bells" (11/81 GB 7), „Cry" (3/85 GB 19, 5/85 D 8, 7/85 US 16) und „A Little iece Of Heaven" (4/88 D 26).

■ **John Cougar Mellencamp** — 1951 — US-Sänger, Songschreiber und Proluzent, der mit 14 seine erste eigene Band gründete, 1976 seine erste Solo-LP verffentlichte und Anfang der 80er Jahre zum Star aufstieg. Hits: „Hurts So Good" 5/82 US 2), „Jack & Diane" (8/82 US 1, 10/82 GB 25), „Lonely Ol' Night" (8/85 JS 6), „Small Town" (10/85 US 6), „Rock In The U.S.A." (1/86 US 2), „Paper In ire" (8/87 US 9) und „Cherry Bomb" (10/87 US 8).

■ **Dino Valenti** — 1943 — US-Sänger, Gitarrist und Songschreiber ab 1970 mit ler 1965 gegründeten Band Quicksilver Messenger Service. Richtiger Name Chester Powers. Er begann als Folksänger mit Solo-LPs. Für die Youngbloods schrieb r den Millionseller „Get Together" (1969).

■ **Tony Silvester** — 1941 — US-Sänger mit Main Ingredient, geboren in anama, richtige Vornamen Enrique Antonio. Er verließ 1973 die Band und wurde roduzent, z. B. für Ben E. King, Linda Lewis oder Sister Sledge.

Sam Brown

■ **Sam Brown** — 1964 — Britische Sängerin und Songschreiberin. Sie begann — erblich durch ihre Eltern vorbelastet: Vater Joe Brown war in den 50/60er Jahren ein erfolgreicher Interpret in GB, ihre Mutter eins der Vernons Girls — recht früh als Backgroundsängerin für Small Faces, Adam & The Ants oder Spandau Ballet. Ihre erste eigene Solo-LP veröffentlichte sie 1988. Hit: „Stop!" (11/88 D 7, 2/89 GB 4).

■ **Fred Bertelmann** — 1925 — Schlagersänger, Trompeter, Gitarrist und Songtexter. Seine ersten Hits waren „In Hamburg sind die Nächte lang" (1955), Tina Marie" (10/55 D 5) und „Meine kleine süße Susi" (8/56 D 3). Dann kam „Der lachende Vagabund" (11/57 D 1), der sein größter Erfolg wurde. Zu seinen weiteren Hits zählten „Ich bin ja nur ein Troubadour" (3/58 D 6), „Aber du heißt Pia" (10/58 D 7) und „Ihr zartes Lächeln" (4/59 D 6). Nach 1963 tauchte er in den Hitparaden nicht mehr auf. Er machte auch Platten mit Bibi Johns und Chris Howland.

■ **Uncle Dave Macon** — 1870 — US-Countrysänger. Richtige Vornamen David Harrison. Er war der erste große Solo-Star an Nashville's Grand Ole Opry. Er starb am 22.3.1952. 1966 wurde er in die Country Music Hall of Fame aufgenommen.

■ **Georg Danzer** — 1946 — Österreichischer Sänger und Songschreiber, der sich vom Schlagerfuzzy zum ernsthaften Interpreten entwickelte.

■ **Tico Torres** — 1953 — US-Schlagzeuger mit Bon Jovi. Richtiger Vorname Hector.

■ **Colin Cooper** — 1939 — GB-Sänger, Saxophonist und Songschreiber der Climax Blues Band.

■ **Robert Webber** — 1945 — US-Leadgitarrist und Sänger mit Sugarloaf.

■ **David Taylor** — 1950 — GB-Bassist mit Edison Lighthouse.

■ **Martin Murray** — 1941 — GB-Gitarrist bei den Honeycombs.

■ **Cathy Carsons** — 1953 — US-Sängerin mit Hot.

■ **David Hope** — 1949 — US-Bassist mit Kansas.

Todestage

■ **Mario Lanza** — 1959 — US-Sänger. Starb in einer römischen Klinik. Geboren am 31.1.1921.

■ **Johnny Kidd** — 1966 — GB-Sänger und Songschreiber mit eigener Band. Starb nach Autounfall. Geboren am 23.12.1939.

■ **Smiley Lewis** — 1966 — US-R & B-Interpret. Starb an Magenkrebs. Geboren am 5.7.1920.

Tageshits

1944 — „You Always Hurt The One You Love" — Mills Brothers — US 5 W.
1961 — „Der Mann im Mond" — Gus Backus — D 2 W.
1967 — „Romeo und Julia" — Peggy March — D 1 W.
1989 — „Miss You Much" — Janet Jackson — US 4 W.

8

Geburtstage

■ **Robert „Kool" Bell** — 1950 — US-Bassist und Gründer von Kool & The Gang. 1964 startete man als Jazz-Combo The Jazziacs. 1967 begleiteten sie als The Soul Music Review in ihrer Heimatstadt Jersey City Soulkünstler, die dort auftraten. 1968 wandten sie sich mehr und mehr dem Rhythm & Blues zu, firmierten erst als The New Dimensions, dann als The New Flames und schließlich als Kool & The Flames. Um jedoch Verwechslungen mit James Browns Famous Flames zu verhindern, nannten sie sich noch im gleichen Jahr Kool & The Gang. 1969 erhielten sie ihren ersten Plattenvertrag und sind seit diesem Zeitpunkt eine feste Größe in der Rhythm & Blues- und Soul-Szene. Die größten Hits bis zum Jahre 1978 — bis zu diesem Zeitpunkt hatte die Gruppe keinen festen Leadsänger, ab 1978 war es James „J. T." Taylor, deshalb stehen die weiteren Hits bei ihm am 16. August — waren „Jungle Boogie" (12/73 US 4) und „Hollywood Swinging" (4/74 US 6), beides Millionseller.

■ **Hamish Stuart** — 1949 — GB-Sänger, Gitarrist, Songschreiber und Bassist. 1972 löste er bei der Average White Band, gegründet ein Jahr zuvor, Michael Rosen ab. Vorher hatte Hamish bei Forever More gespielt. Ab Ende 1974 war die AWB kzuerst in den USA erfolgreich. Hits: „Pick Up The Pieces" (12/74 US 1, 2/75 GB 6), „Cut The Cake" (4/75 US 10, GB 31) und „Let's Go Round Again" (4/80 GB 12). Nach 1982 trennte sich die Gruppe. Hamish tauchte auch auf diversen LPs von Chaka Khan und als Studiomusiker mit z. B. David Sanborn, Melissa Manchester, Michael Franks, Kenny Loggins oder Leo Sayer auf. Ende der 80er Jahre spielte er schließlich mit Paul McCartney auf dessen LP „Flowers In The Dirt" und begleitete ihn auf seiner Welttournee 1989.

■ **Buzz Clifford** — 1942 — US-Sänger, richtiger Vorname Reese Francis. Einziger Hit: „Baby Sittin' Boogie" (1/61 US 6, 3/61 GB 17, D 3). Möglich, daß es die putzigen Babystimmchen waren, die den Erfolg der Platte ausmachten — es waren die Kinder, ein Junge und ein Mädchen, des Produzenten. Buzz wechselte danach zur Country Music — Erfolge in den entsprechenden Hitparaden konnte er jedoch nicht verzeichnen.

■ **Dave Arbus** — 1941 — GB-Geiger, Gründer und Kopf von East Of Eden. Er ist der einzige Musiker, der über die Jahre hinweg in dieser Gruppe geblieben ist. Ihren einzigen Hit landete die Band mit dem für Charts ungewöhnlichen Titel „Jig-A-Jig" (4/71 GB 7). Auf dem Stück „Baba O'Riley" der Who ist Dave ebenfalls zu hören.

■ **Tony Wilson** — 1947 — GB-Bassist und Songschreiber mit Hot Chocolate, gegründet 1970. Zusammen mit Errol Brown hatte er bereits vorher Titel für andere Interpreten geschrieben, so z. B. die Nummer „Bet Your Life I Do", die mit Herman's Hermits ein Hit wurde. Ihr Titel „Brother Louie" wurde in den USA mit der Gruppe Stories ein Millionseller. Hits von Hot Chocolate siehe 12.11. bei Sänger Errol Brown.

■ **Pete Drake** — 1932 — US-Steelgitarrist, der zu den führenden Session-Musikern in Nashville gehörte. Er spielte mit auf Hunderten von Hits. Dazu gehören Aufnahmen von Elvis Presley, Jim Reeves, Joan Baez oder Bob Dylan. Schon in den 50er Jahren hatte er eine eigene Band gegründet, die er Sons Of The South nannte. Nachdem er sich in Nashville einen Namen gemacht hatte, durfte er auch Soloplatten aufnehmen. Als Pete Drake & His Talking Steel Guitar gelang ihm der Hit „Forever" (3/64 US 25). 1977, nachdem ihm die Art und Weise mißfallen hatte, wie die großen Plattenfirmen mit ihren Country-Künstlern umsprangen, gründete er eine eigene Plattenfirma. Am 29.7.1988 starb er dort, wo er die meiste Zeit seines Lebens gespielt hatte — in Nashville.

■ **Susan Raye** — 1944 — US-Countrysängerin und TV-/Filmschauspielerin. Ab 1968 trat sie regelmäßig zusammen mit Buck Owens auf. Als Solistin war sie ab 1970 zumeist in den Country-Hitparaden erfolgreich. Ihre größten Hits waren: „L.A. International Airport" (2/71 C&W 9, 4/71 US 54), „Pitty, Pitty, Patter" (7/71 C&W 6) und „(I've Got A) Happy Heart" (11/71 C&W 3). Bis in die zweite Hälfte der 80er Jahre war sie in der Country-Hitparade zu finden.

■ **Ray Royer** — 1945 — GB-Gitarrist und 1966 Gründungsmitglied von Procul Harum. 1967 wurde er durch Robin Trower ersetzt.

■ **Doc Green** — 1934 — US-Sänger bei den Drifters von 1959 bis 1966. Starb am 10.3.1989 an Krebs.

■ **Johnny Ramone** — 1948 — US-Gitarrist mit den Ramones. Richtiger Name John Cummings.

■ **George Bellamy** — 1940 — GB-Gitarrist mit den Tornados.

■ **Butch Rillera** — 1945 — US-Schlagzeuger mit Redbone.

Tageshits

1954 — „Hold My Hand" — Don Cornell — GB 4 W.
1955 — „Love Is A Many Splendored Thing" — Four Aces — US 6 W.
1960 — „Die Liebe ist ein seltsames Spiel" — Connie Francis — D 2 W.
1964 — „Oh Pretty Woman" — Roy Orbison — GB 2 W.
1973 — „Der kleine Prinz" — Bernd Clüver — D 4 W.
1977 — „Silver Lady" — David Soul — GB 3 W.
1988 — „Love Bites" — Def Leppard — US 1 W.
1988 — „Desire" — U2 — GB 1 W.

9

Geburtstage

■ **John Lennon** — 1940 — GB-Sänger, Gitarrist und Songschreiber mit der Beatles und ab 1969 als Solist. Seine großen Hits ohne die Beatles waren: „Give Peace A Chance" (7/69 GB 2, US 14, D 4), „Instant Karma (We All Shine On)" (2/70 GB 5, US 3, 4/70 D 11), „Power To The People" (3/71 GB & D 7, US 11), „Imagine" (10/71 US 3, D 18, 11/75 GB 6, 12/80 RE-GB 1, 2/81 RE-D 7), „Happy X-Mas (War Is Over)" (12/72 GB 4, 12/80 RE-GB 2), „Whatever Gets You Thru The Night" (9/74 US 1, GB 36), „Number Nine Dream" (12/74 US 9, 2/75 GB 23), „(Just Like) Starting Over" (11/80 US & GB 1, D 4), „Woman" (1/81 US 2, GB 1, D 4), „Watching The Wheels" (3/81 US 10, GB 30) und „Nobody Told Me" (1/84 US 5, GB 6). Er wurde am 8.12.1980 erschossen.

Jackson Browne

■ **Jackson Browne** — 1948 — US-Sänger, Gitarrist, Pianist und Songschreiber, der in Heidelberg geboren wurde. Er begann als Gitarrist mit der Nitty Gritty Dirt Band, 1967/68 mit Tim Buckley und Nico, ab 1969 hatte er Erfolg als Songschreiber für Tom Rush, Byrds, Bonnie Raitt oder Linda Ronstadt. 1972 hatte er seinen ersten Hit als Solist: „Doctor My Eyes" (3/72 US 8). Er war Mitautor von „Take It Easy", dem ersten Hit der Eagles. Weitere Hits für Jackson: „Running On Empty" (2/78 US 11), „Somebody's Baby" (7/82 US 7) und „Lawyers In Love" (7/83 US 13).

■ **France Gall** — 1947 — Französische Sängerin, Teenageridol der 60er Jahre. 1965 gewann sie für ihr Heimatland den Grand Prix mit „Poupée De Cire, Poupée de Son" (5/65 D 2). Vorher hatte sie in Frankreich schon den Erfolg „Sacré Charlemagne" (1964). Nach ihrem Grand-Prix-Sieg war sie weiter erfolgreich mit „Les Sucettes" (1966), „Musique" (1977), „Il Jouait Le Piano Debout" (1980) und „Tout Pour La Musique" (1982). Bei uns hatte sie die Hits „A Banda" (5/68 D 16) und „Ein bißchen Goethe, ein bißchen Bonaparte" (8/69 D 14). Nachdem sie für unseren Markt über Jahre hinweg verschwunden war, tauchte sie plötzlich wieder auf mit „Ella Elle L'a" (4/88 D 1) und „Babacar" (7/88 D 14). Die meisten ihrer Hits schrieb ihr Produzent und Ehemann Michel Berger.

■ **Peter Tosh** — 1944 — Jamaicanischer Gitarrist, Sänger und Songschreiber. Richtiger Name Winston Hubert MacIntosh. Er kbegann 1963 zusammen mit Bob Marley bei den Wailers. Die erste Single „Simmer Down" war 1964 einer der Top-Hits des Jahres auf Jamaica. In den 70er Jahren kam Peter als Solist. Trotz der Unterstützung von Mick Jagger gelang ihm nicht der erhoffte Erfolg. Höchste Notierung: „(You Gotta Walk) Don't Look Back" (10/78 GB 43). Er starb am 11.9.1987.

■ **Shona Laing** — 1955 — Neuseeländische Sängerin, Keyboarderin und Songschreiberin. Sie macht seit 1972 Platten. 1975 ging sie nach Großbritannien und schrieb dort Songs für Johnny Logan und Kelly Marie. 1979 wurde sie Mitglied bei Manfred Mann's Earthband. Ab Anfang der 80er Jahre arbeitet sie als Solistin. Kein Hit — aber schön: „Not A Kennedy" (1985).

Pete Townsend, Roger Daltrey, John Entwistle, Keith Moon (The Who)

■ **John Entwistle** — 1944 — GB-Bassist und Songschreiber mit den Who. Nebenher machte er Soloplatten und spielte mit der Gruppe Ox.

■ **Michael Lee Smith** — 1951 — US-Leadsänger der Gruppe Starz. Größter Hit: „Cherry Baby" (3/77 US 33).

■ **Pat Burke** — 1937 — Jamaicanischer Saxophonist und Flötist bei der britischen Gruppe Foundations.

Todestag

■ **Jacques Brel** — 1978 — Belgischer Chansonsänger. Er starb an Krebs. Geboren am 8.4.1929.

Tageshits

1948	— „A Tree In The Meadow" — Margaret Whiting — US 5 W.
1959	— „Here Comes Summer" — Jerry Keller — GB 1 W.
1961	— „Hit The Road, Jack" — Ray Charles — US 2 W.
1965	— „Yesterday" — Beatles — US 4 W.
1971	— „Maggie May" — Rod Stewart — GB 5 W.
1972	— „Popcorn" — Hot Butter — D 3 W.
1976	— „5th Of Beethoven" — Walter Murphy — US 1 W.
1978	— „Rasputin" — Boney M. — D 1 W.

10

Geburtstage

■ **Midge Ure** — 1953 — GB-Sänger, Gitarrist, Keyboarder und Songschreiber. 1972 begann er mit der Gruppe Salvation, die sich 1974 in Slik umbenannte — Hit: „Forever And Ever" (1/76 GB 1, 3/76 D 6). 1977 trennte sich die Band, Midge wurde Mitbegründer der Rich Kids und spielte für Brian Robertson 1979 kurz bei Thin Lizzy. Im April 1979 steigt er bei Ultravox ein. Hits: „Vienna" (1/81 GB 2, 4/81 D 14), "All Stood Still" (6/81 GB 8) und „Hymn" (11/82 GB 11, 1/83 D 9). Im Juni 1982 veröffentlicht Midge mit „No Regrets" (6/82 GB 9) eine Soloplatte, produziert Steve Harley und arbeitet außerdem an einem Projekt namens Visage. Er bleibt allerdings auch weiterhin Mitglied bei Ultravox. Weiterer Hit: „Dancing With Tears In My Eyes" (5/84 GB 3, D 7). Im November 1984 kommt es zur Zusammenarbeit von Midge mit Bob Geldof (siehe 5.10.) bei dem Projekt Band Aid, im September 1985 veröffentlicht Midge eine Solo-LP, wenig später geht er auf kTournee. Hit: „If I Was" (9/85 GB 1, D 2).

■ **Ivory Joe Hunter** — 1914 — US-R&B-Sänger, Pianist und Songschreiber. 1933 machte er seine ersten Plattenaufnahmen, 1944 gründete er eigene Plattenfirmen. 1945 hatte er mit „Blues At Sunrise" (12/45 R&B 3) einen ersten Hit und auf seinem Plattenlabel Pacific mit „Pretty Mama Blues" (6/48 R&B 1) seine erste Nr. 1. Sein Titel „I Almost Lost My Mind" (1/50 R&B 1) wurde 1956 in der Version von Pat Boone auf dem US-Popmarkt erfolgreich. Boone's Version machte Hunter auch dem weißen Publikum bekannt, so daß er nun ebenfalls in den Pophitparaden landen konnte: „Since I Met You Baby" (11/56 US 12). In den späten 60er Jahren verlegte er sich auf Countrymusik. Er starb am 8.11.1974.

David Lee Roth

■ **David Lee Roth** — 1955 — US-Sänger und Songschreiber. Er war Mitglied bei Red Ball Jets, aus denen mit den Van Halen Brüdern Mammoth wurde. Nachdem sie sich zur lautesten Gruppe westlich des Mississippi gemausert hatten, nannten sie sich ab 1975 Van Halen. Ab 1978 werden sie in den Hitparaden verzeichnet, ihr größter Hit ist der Millionseller „Jump" (1/84 US 1, GB 7, 3/84 D 4). Nach seinem ersten Solo-Erfolg „California Girls" (1/85 US 3) gibt David im Juni 1985 bekannt, daß er Van Halen verlassen wird. Im Februar 1986 versucht die Plattenfirma Warner Brothers, den Brüdern Eddie und Alex klarzumachen, daß sie den Namen Van Halen ohne David nicht mehr verwenden sollten. Die kümmern sich nicht darum und stellen Sammy Hagar als Ersatz für David vor. Weitere Solo-Hits für David: „Just A Gigolo/I Ain't Got Nobody" (3/85 US 12) und „Just Like Paradise" (1/88 US 6, 3/88 GB 27).

■ **Denis D'Ell** — 1943 — GB-Tastenspieler, Gitarrist, Mundharmonikaspieler und Sänger bei den Honeycombs. Richtiger Nachname Dalziel. Die Band wurde 1963 als Sherabos gegründet. Sie änderten ihren Namen als Verbeugung vor ihrer Schlagzeugerin Honey Lantree in Honeycombs. Howard und Blaikley entdeckten die Gruppe in einem Londoner Pub und schrieben ihnen einige Hits auf den Leib, darunter: „Have I The Right" (7/64 GB 1, 9/64 US 5, D 21) und „That's The Way" (8/65 GB 12). In den 70er Jahren versuchte Denis sich als Solist.

■ **Tanya Tucker** — 1958 — US-Countrysängerin, die bereits mit 13 ihre ersten Hits in den Country-Charts hatte. Seither ist sie darin auch regelmäßig vertreten und erreichte zehnmal den Spitzenplatz. Mit „Lizzy And The Rain Man" (4/75 C&W 1, US 37) hatte sie ihren größten Crossover-Erfolg.

■ **Jerry LaCroix** — 1945 — US-Sänger, Saxophonist und Mundharmonikaspieler mit Edgar Winter's White Trash, Blood, Sweat & Tears und Rare Earth. Jerry machte auch Solo-Alben.

■ **Thelonius Monk** — 1917 — US-Pianist, Komponist und Bandleader. Er spielte mit Charlie Parker, Dizzy Gillespie, Miles Davis, Sonny Rollins und machte Solo-Platten. Monk starb am 17.2.1982.

■ **Alan Cartwright** — 1945 — GB-Bassist von 1972 bis 1977 mit Procol Harum.

■ **Al Connelly** — 1960 — Kanadischer Gitarrist mit Glass Tiger.

■ **Michael Bivins** — 1968 — US-Sänger mit New Edition.

■ **Martin Kemp** — 1961 — GB-Bassist mit Spandau Ballet.

■ **John Prine** — 1946 — US-Folk-Interpret.

Todestag

■ **Eddie Cantor** — 1964 — US-Sänger und Schauspieler. Geboren am 31.1.1892.

Tageshits

1953 — „St. George And The Dragonet" — Stan Freberg — US 4 W.
1959 — „Souvenirs" — Bill Ramsey — D 6 W.
1960 — „Mr. Custer" — Larry Verne — US 1 W.
1963 — „Do You Love Me" — Brian Poole & The Tremeloes — GB 3 W.
1970 — „Cracklin' Rosie" — Neil Diamond — US 1 W.
1970 — „Song Of Joy" — Miguel Rios — D 12 W.
1987 — „Here I Go Again" — Whitesnake — US 1 W.

11

Geburtstage

■ **Daryl Hall** — 1948 — US-Sänger, Tastenspieler und Songschreiber. Richtiger Nachname Hohl. Zusammen mit John Oates ist er als Hall & Oates seit 1976 erfolgreich. Beide wuchsen in Philadelpia auf und sangen dort als Teens in Doo-Wop-Gruppen. 1967 machte Hall seine erste Platte mit Kenny Gamble & The Romeos, dann gründete er die Temptones, spielte 1969 mit Gulliver und ab 1972 als Team mit John Oates. Hits: „Sara Smile" (4/76 US 4), „She's Gone" (8/76 US 7, ein RE-Entry aus dem Jahre 1974), „Rich Girl" (2/77 US 1), „Kiss On My List" (11/80 GB 33, 2/81 US 1), „Private Eyes" (9/81 US 1, 4/82 GB 32), „I Can't Go For That (No Can Do)" (11/81 US 1, 1/82 GB 8), „Maneater" (10/82 GB 6, US 1, 12/82 D 15), „Family Man" (4/83 GB 15, US 6), „Say It Isn't So" (10/83 US 2), „Out Of Touch" (10/84 US 1) und „Method Of Modern Love" (12/84 US 5, 2/85 GB 21). 1986 sah Daryl Hall als erfolgreichen Solist — Hit: „Dreamtime" (8/86 US 5, GB 28).

■ **Dottie West** — 1932 — US-Country-Sängerin und Songschreiberin. Richtiger Name Dorothy Marie Marsh. Ihren Spitznamen „The Country Sunshine" hat sie von einem Werbe-Jingle, das sie für Coca-Cola schrieb. Mitte der 50er Jahre arbeitete sie bei einer TV-Station in Cleveland, ab 1964 war sie an der Grand Ole Opry. In der Country-Hitparade war sie von 1963 bis Mitte der 80er Jahre zu finden. Ihr größter Pop-Erfolg hieß „What Are We Doin' In Love" (3/81 US 14), Kenny Rogers singt bei dem Titel im Hintergrund.

■ **Ennio Morricone** — 1928 — Italienischer Komponist, der ab Anfang der 60er Jahre erst für den einheimischen, dann für den internationalen Film arbeitete. Vor allem seine Musiken zu den sogenannten Spaghetti-Western wie „A Fistful Of Dollars" (1964), „The Good, The Bad & The Ugly" (1966) und „Once Upon A Time In The West" (1968) machten ihn weltbekannt. Einige seiner Kompositionen veröffentlichte er auch unter dem Pseudonym Leo Nichols.

■ **Andrew Woolfolk** — 1950 — US-Saxophonist und Flötist bei Earth, Wind & Fire und als Studiomusiker.

■ **Joana** — 1945 — Richtiger Name Johanna Emetz. Schlager- und kLiedermacherin. Alles was sie tut, ist pädagogisch wertvoll.

■ **Art Blakey** — 1919 — US-Jazz-Schlagzeuger und Bandleader.

Todestage

■ **Edith Piaf** — 1963 — Französische Chansonsängerin. Geboren am 19.12.1915.

■ **Tex Williams** — 1985 — US-Country-Interpret. Er starb an Lungenkrebs. Geboren am 23.8.1917.

Tageshits

1958 — „Hula Baby" — Peter Kraus — D 1 W.
1967 — „Massachusetts" — Bee Gees — GB 4 W.
1969 — „Je T'aime Moi Non Plus" — Jane Birkin & Serge Gainsbourg — GB 1 W.
1975 — „Bad Blood" — Neil Sedaka — US 3 W.
1986 — „When I Think Of You" — Janet Jackson — US 2 W.
1986 — „True Blue" — Madonna — GB 1 W.

12

Geburtstage

Status Quo

■ **Rick Parfitt** — 1948 — GB-Gitarrist, Sänger und Songschreiber. Richtiger Name Richard Harrison. Vom August 1964 bis zum März 1967 spielte er bei den Highlights. Als aus den Spectres, die sich in Traffic Jam umbenannten, 1967 Status Quo wurde, kam Rick zu dieser Band. Auch musikalisch hält die Gruppe ihren Status Quo bei: eine Mischung aus Hard-Rock und Boogie. Hits: „Pictures Of Matchstick Men" (1/68 GB 7, 3/68 D 7, 5/68 US 12), „Caroline" (9/73 GB 5, 11/73 D 36), „Down, Down" (12/74 GB 1, D 7), „Rockin' All Over The World" (10/77 GB 3, D 7), „Whatever You Want" (9/79 GB 4, D 12), „What You're Proposing" (10/80 GB 2, D 3) und „Marguerita Time" (12/83 GB 3). 1985 gab die Band Abschiedskonzerte — aber dann: „In The Army Now" (10/86 GB 2, D 1) und „Burning Bridges (On And Off And On Again)" (12/88 GB 5).

■ **Melvin Franklin** — 1942 — US-Sänger mit den Temptations. Richtiger Name David English. Er gehört seit der Gründung der Band im Jahre 1962 dazu. Die Spuren der Musiker von Temptations lassen sich bis in die 50er Jahre zurückverfolgen. Sie spielten und sangen in verschiedenen Gruppen wie Questions, Elegants, Distants oder Primes. Melvin war Mitglied bei der aus diesen Bands entstandenen neuen Gruppe Elgins, aus der schließlich die Temptations wurden — und da ist Melvin heute noch.

■ **Sam Moore** — 1935 — US-Soul-Sänger, der mit seinem Partner David Prater als Sam & Dave etliche Hits hatte: „Soul Man" (9/67 US 2, 11/67 GB 24, D 23) und „I Thank You" (1/68 US 9, GB 34). Er begann in einer Gospelgruppe namens Melionaires. 1961 lernten sich Sam und Dave kennen, ab 1962 produzierten sie gemeinsam Platten. Der Erfolg stellte sich 1966 ein, nachdem sie von Isaac Hayes und David Porter produziert wurden.

■ **Dean Martin Jr.** — 1951 — US-Sänger und Sohn von Dean Martin, kder seinem Junior einen Plattenvertrag beim alten Freund Frank Sinatra verschaffte. Mit zwei weiteren Kindern aus Beverly Hills versuchte sich das Trio als Dino, Desi & Billy. Hits: „I'm A Fool" (6/65 US 17) und „Not The Lovin' Kind" (9/65 US 25). Dino kam bei einem Flugzeugunglück der Air National Guard am 21.3.1987 ums Leben.oqDavid Vanianq - 1956 — GB-Sänger. Im Mai 1976 wird er Mitglied bei Damned — vorher war er Totengräber. Im November 1976 erscheint die Debütsingle „New Rose", die nicht in die Hitparaden kommt. Im Februar 1978 fällt die Band auseinander. David spielt mit den Doctors Of Madness, aber schon im September 1978 kommen drei Mitglieder der Damned wieder zusammen als Les Punks, dann als Doomed und schließlich wieder als Damned. Hits: „Love Song" (5/79 GB 20), „Grimly Fiendish" (3/85 GB 21) und „Eloise" (2/86 GB 3).

■ **Daliah Lavi** — 1942 — Israelische Schauspielerin und Sängerin, die richtig Daliah Levenbuch heißt. Mit 16 spielte sie in dem israelischen Film „Blazing Sands" ihre erste Rolle. Nach ihrem Militärdienst weitete sie ihr Betätigungsfeld über ganz Europa aus. Sie spielte mit in Filmen wie „Im Stahlnetz des Dr. Mabuse" (1961), „Old Shatterhand" (1964) oder „Casino Royale" (1967). Insgesamt brachte sie es auf über 20 Filme. Hits als Sängerin: „Oh, wann kommst du?" (10/70 D 4) und „Willst du mit mir gehn" (9/71 D 9).

■ **James Dewar** — 1946 — GB-Bassist mit Stone The Crows und ab 1973 mit der Band von Robin Trower.

Todestag

■ **Gene Vincent** — 1971 — US-R'n'R-Sänger und Songschreiber. Den Autounfall, bei dem Eddie Cochran in GB ums Leben kam, hatte er überlebt — wenn auch mit schweren Verletzungen. Ob die im Zusammenhang stehen mit seinem 11 Jahre späteren Tod, läßt sich nur vermuten. Er starb jedenfalls an inneren Blutungen. Gerade hatte er sich vorgenommen, ein Comeback zu starten. Die Chancen standen gut — speziell die Briten liebten Gene noch immer. Geboren am 11.2.1935.

Tageshits

1957 — „Köhlerliesel" — Heimatsänger — D 5 W.
1961 — „Michael" — Highwaymen — GB 1 W.
1963 — „Sugar Shack" — Jimmy Gilmer & The Fireballs — US 5 W.
1963 — „Vom Stadtpark die Laternen" — Gitte & Rex Gildo — D 8 W.
1974 — „Annie's Song" — John Denver — GB 1 W.
1985 — „The Power Of Love" — Jennifer Rush — GB 5 W.
1985 — „Oh Sheila" — Ready For The World — US 1 W.

13

Geburtstage

■ **Art Garfunkel** — 1941 — US-Sänger. Art begann seine Karriere zusammen mit Paul Simon 1957 im Duo Tom & Jerry. Tom Graph war Art Garfunkel, Jerry

Paul Simon

Landis war Paul Simon. Nach ein paar Umwegen wurde daraus Simon & Garfunkel. Hits und Geschichte stehen bei Paul am 5.11. Seit den 70er Jahren arbeitet Art auch als Solist — Hits: „All I Know" (9/73 US 9), „I Only Have Eyes For You" (8/75 US 18, GB 1), „What A Wonderful World" (1/78 US 17) — zusammen mit James Taylor und Paul Simon — und „Bright Eyes" (3/79 GB 1, 6/79 D 3).

■ **Chris Farlowe** — 1940 — GB-Sänger, Gitarrist und Songschreiber, richtiger Name John Henry Deighton. Er war gerade 13 Jahre alt, als er seine erste Band machte: John Henry Skiffle Group. 1957 gewann er mit seiner Gruppe die All England Skiffle Championship. 1959, inzwischen mehr an R&B und R'n'R interessiert, gründet er die Thunderbirds. 1962 veröffentlichen sie ihre erste Platte, die ein Flop wird. Nach weiteren erfolglosen Singles veröffentlicht Chris im August 1965 eine Single als Little Joe Cook. Viele, die diese Platte hören, sind der Meinung, daß es sich hier um einen schwarzen amerikanischen Bluessänger handeln müsse. Im Oktober erhält Chris einen Plattenvertrag bei Immediate Records, aber „The Fool", produziert von Eric Burdon, wird wieder ein Flop. Im Februar 1966 produziert Mick Jagger Chris Farlowe und den Titel „Think" (2/66 D 37). Der Titel ist eine Komposition von Jagger/Richard. Ein weiteres Stück der beiden „Out Of Time" (6/66 GB 1) wird dann ein Knüller. Im Mai 1968 lösen sich die Thunderbirds auf. Chris zieht sich aus dem Musikgeschäft zurück und kümmert sich um sein kleines Londoner Antiquitätengeschäft, das sich auf Artikel aus dem Zweiten Weltkrieg spezialisiert. Im September 1970 kommt er zurück mit der Band Hill, dann wird er Mitglied bei Colosseum. Im November 1971 wird er der Sänger von Atomic Rooster. Danach taucht er nur noch sporadisch mal als Solist, mal mit einer Band auf.

■ **Robert Lamm** — 1944 — US-Tastenspieler, Sänger und Songschreiber für Chicago seit der Gründung 1967. Die Hits der Band von der Gründung bis zum Jahre 1985 stehen am 13.9. bei Peter Cetera. Die Hits ohne Peter: „Will You Still Love Me" (11/86 US 3), „I Don't Wanna Live Without Your Love" (6/88 US 3), „Look Away" (9/88 US 1) und „What Kind Of Man Would I Be" (12/89 US 5).

■ **Sammy Hagar** — 1947 — US-Sänger, Gitarrist und Songschreiber. Er begann 1973 als Leadsänger von Montrose und machte ab 1975 Soloplatten. Hits: „Your Love Is Driving Me Crazy" (12/82 US 13) und „I Can't Drive 55" (9/84 US 6). Nachdem David Lee Roth bei Van Halen ausgestiegen war, wurde Sammy Anfang 1986 der neue Leadsänger. Hits: „Why Can't This Be Love" (3/86 US 3, GB 8, 5/86 D 8) und „When It's Love" (7/88 US 5, GB 28).

■ **John Edward Coley** — 1951 — US-Sänger und Songschreiber. Zusammen mit Danny Seals, dem Bruder von Jim Seals von Seals & Crofts, bildete er das Duo England Dan & John Ford Coley. Hits: „I'd Really Love To See You Tonight" (6/76 US 2, 9/76 GB 26), „Nights Are Forever Without You" (10/76 US 10), „We'll Never Have To Say Goodbye Again" (2/78 US 9) und „Love Is The Answer" (3/79 US 10).

■ **Marie Osmond** — 1959 — US-Sängerin aus dem Osmond-Clan. Hits : „Paper Roses" (9/73 US 5, 11/73 GB 2) als Solistin und zusammen mit Bruder Donny „I'm Leaving It (All) Up To You" (7/74 US 4, GB 2, 9/74 D 4) und „Morning Side Of The Mountain" (11/74 US 8, GB 5). Nachdem Ende der 70er Jahre die Eieruhr für die Osmonds abgelaufen war, suchten sie neue Betätigungsfelder und finden sie in der Country-Musik. Mitte der 80er Jahre wird Marie dort sehr erfolgreich. „Meet Me In Montana" (7/85 C&W 1) — zusammen mit Dan Seals, „There's

No Stoppin' Your Heart" (11/85 C&W 1) und „You're Still New To Me" (8/86 C&W 1) — zusammen mit Paul Davis.

■ **Yves Montand** — 1921 — Französischer Schauspieler und Sänger italienischer Herkunft. Richtiger Name Ivo Livi. Edith Piaf entdeckte Yves, verhalf ihm 1946 zu seiner ersten Filmrolle in „Etoile Sans Lumière" und machte ihn zu einem populären Chansonnier in den 50er und 60er Jahren. Seine ersten Hits waren „Bal Petit Bal" und „Les Feuilles Mortes" (beide 1950). International wurde er bekannt durch den Film „Lohn der Angst" (1952). Weitere sehenswerte Filme waren: „Let's Make Love" (1960), „Lieben Sie Brahms" (1961), „Z" (1969), „César und Rosalie" (1973), „I wie Ikarus" (1979) und „Wahl der Waffen" (1981).

■ **Nana Mouskouri** — 1936 — Griechische Sängerin, die auch bei uns ab 1961 erfolgreich war und ist. Ihre beiden größten von vielen Hits waren „Weiße Rosen aus Athen" (8/61 D 1) und „Ich schau den weißen Wolken nach" (4/62 D 1).

■ **Joey Belladonna** — 1960 — US-Sänger und Songschreiber mit Anthrax. Erster Hit: „I Am The Law" (2/87 GB 32), größter „I'm The Man" (12/87 GB 20)..

■ **Craig McGregor** — 1949 — GB-Bassist ab 1975 bei der 1971 gegründeten Band Foghat.

■ **Peter David Spencer** — 1948 — GB-Drummer mit Smokie.

Tageshits

1979 — „Don't Stop 'Til You Get Enough" — Michael Jackson — US 1 W.
1979 — „We Don't Talk Anymore" — Cliff Richard — D 5 W.
1984 — „I Just Called To Say I Love You" — Stevie Wonder — US 3 W.
1986 — „The Final Countdown" — Europe — D 4 W.

14

Geburtstage

■ **Cliff Richard** — 1940 — GB-Sänger, richtiger Name Harry Webb. Er gehört seit 1958, mal mit den Shadows, meist ohne, ununterbrochen zu den populärsten britischen Platteninterpreten. Sein erster Hit war „Move It" (9/58 GB 2) — die Latte seiner größten Erfolge: „Living Doll" (7/59 GB 1, 9/59 D 19, 11/59 US 30), „Travellin' Light" (10/59 GB 1), „Please Don't Tease" (6/60 GB 1), „I Love You" (12/60 GB 1, D 34), „The Young Ones" (1/62 GB 1, 3/63 D 16), „The Next Time/Bachelor Boy" (12/62 GB 1), „Summer Holiday" (2/63 GB 1), „Rote Lippen soll man küssen" (10/63 D 1), „The Minute You're Gone" (3/65 GB 1), „Das ist die Frage aller Fragen" (12/64 D 1), „Congratulations" (3/68 GB 1, D 3), „Devil Woman" (5/76 GB 9, 7/76 US 6), „We Don't Talk Anymore" (7/79 GB 1, 9/79 D 1, US 7) und „Dreamin'" (8/80 GB 8, D 6, US 10). Er machte auch kPlatten mit Olivia Newton-John, Sarah Brightman, Sheila Walsh, Phil Everly oder Elton John. Eine neue Version von „Living Doll" (3/86 GB 1, D 24) mit der Gruppe The Young Ones wurde ein erneuter Hit für Cliff. Weihnachten 1988 sorgte er in GB für den Seasons-Song des Jahres: „Mistletoe And Wine" (12/88 GB 1). Mitte 1989 wurde mit viel Promotionaufwand seine 100. Single veröffentlicht: „The Best Of Me" (6/89 GB 2) — Cliff wird uns auch noch durch die 90er Jahre begleiten!

■ **Justin Hayward** — 1946 — GB-Sänger, Pianist, Gitarrist und Songschreiber. Er veröffentlichte auf verschiedenen Plattenfirmen Solosingles und war Mitglied der Wild Three. 1967 kam er dann zu den 1964 gegründeten Moody Blues und löste dort Denny Laine ab. Hits: „Nights In White Satin" (12/67 GB 19, 3/68 D 18, 8/72 US 2, 12/72 RE-GB 9, RE-D 27, 11/79 RE-GB 14), „Question" (2/70 GB 2, 5/70 US 21, 7/70 D 9), „Your Wildest Dreams" (4/86 US 9, 8/86 D 28) und „I Know You're Out There Somewhere" (6/88 US 30) von der überraschend guten LP „Sur La Mer". Justin machte auch Platten als Solist oder mit Band-Kumpel John Lodge. Solo-Hit: „Forever Autumn" (7/78 GB 5), mit Lodge: „Blue Guitar" (10/75 GB 8).

■ **Thomas Dolby** — 1958 — GB-Sänger, Gitarrist, Tastenspieler und Songschreiber. Richtiger Name Thomas Morgan Robertson. Zwischen 1977 und 1979 spielte er Keyboards mit Gruppen wie Members, Passions und Fall. 1979 spielte er für einige Monate mit Camera Club und begleitete Lene Lovich auf einer US-Tournee. 1981 veröffentlichte er auf seinem eigenen Independant Label Armagedon seine erste Single. Obwohl die Platte sich nicht verkauft, wird die Gruppe Foreigner auf ihn aufmerksam, die ihn bittet, auf ihrer LP „4" mitzuwirken. Danach spielt er für Def Leppard. Im Juli 1981 gründet er ein weiteres eigenes Label und verkauft eine weltweite Lizenz davon an die EMI. 1982 erscheint seine erste LP, die besonders in den USA erfolgreich ist. Darauf auch sein erster Hit „Windpower" (8/82 GB 31). Weitere Hits: „She Blinded Me With Science" (2/83 US 5) und „Hyperactive!" (1/84 GB 17).

Nazareth

■ **Dan McCafferty** — 1946 — GB-Sänger und Songschreiber mit Nazareth, gegründet 1969. Auf ihren Namen kamen sie durch den Titel „The Weight" von Band. Nazareth versuchte, einen Mittelweg zwischen Hardrock und Pop zu finden. Erste Hits: „Broken Down Angel" (5/73 GB 9) und „Bad Bad Boy" (7/73 GB 10). Dabei gelangen ihnen einige Hits mit Nummern, die ursprünglich alles andere als Rock waren. So hatten sie ihren größten Erfolg mit einer Nummer, die Joni Mitchell geschrieben hat: „This Flight Tonight" (10/73 GB 11, 12/73 D 1). „Love Hurts" (1/75 D 30, 11/75 US 8) war im Original eine Nummer der Everly Brothers. Dan machte auch Soloplatten und sang 1985 auf einer Platte mit Hans Hartz.

■ **Karyn White** — 1965 — US-Sängerin. 1984 wurde sie Leadsängerin von Legacy, die ihren größten Erfolg mit „Don't Waste The Night" (3/85 R&B 44) hatten. Nebenher arbeitete sie in Los Angeles als Sessionsängerin. Zusammen mit dem Jazz-Keyboarder Jeff Lorber gelang ihr ein erster Hit „Facts Of Love" (12/86 US 27). Danach sang sie weiter auf Platten von Ray Parker Jr., den Commodores oder Richard Marx, bevor sie 1987 einen Solovertrag erhielt. Ab 1988 war sie als Solistin erfolgreich. Hits: „The Way You Love Me" (10/88 US 7), „Superwoman" (1/89 US 8, 6/89 GB 11) und „Secret Rendezvous" (5/89 US 6, k9/89 GB 22).

■ **Bill Justis** — 1926 — US-Saxophonist und Songschreiber, der ab 1957 für die Plattenfirma Sun arbeitete. So arrangierte er z. B. für Jerry Lee Lewis, Johnny Cash oder Charlie Rich. Er selbst hatte unter seinem Namen den Hit „Raunchy" (11/57 US 2, 1/58 GB 11). In den 60er Jahren gründete er seine eigene Plattenfirma Play Me, arbeitete für RCA, Monument und ABC, wo er 1963 Fats Domino produzierte. Er starb am 15.7.1982.

■ **Jimmy Liggins** — 1922 — US-Sänger und Gitarrist, der vom berühmten Archie Moore zum Profiboxer trainiert wurde. Dann wurde er Fahrer für die Band seines Bruders Joe, brachte sich selbst das Gitarrespielen bei und nahm 1947 seine ersten Platten auf. Sein größter Erfolg war der Titel „Drunk" (10/53 R&B 4).

›n 1958 bis 1978 war er Besitzer einer eigenen Plattenfirma und betrieb eine usikschule.

Chris Amoo — 1952 — GB-Leadsänger und Songschreiber für Real Thing. its: „You To Me Are Everything" (6/76 GB 1, 8/76 D 36, 3/86 RE-GB 5, RE-D 13), :an't Get By Without You" (9/76 GB 2, 5/86 RE-GB 6) und „Can You Feel The ›rce" (2/79 GB 5, 8/86 RE-GB 24). Bei den RE-GB-Versionen handelt es sich um genannte Decade-Remix-Titel.

Robert Parker — 1930 — US-Saxophonist, Sänger und Bandleader. In den)er und 60er Jahren gehörte er zu den führenden Studiomusikern in New Orle-ıs. So ist er z. B. auf den Platten von Professor Longhair, Joe Tex oder Ernie -Doe zu hören. Als Solist hatte er den Hit „Barefootin'" (4/66 US 7, GB 24).

Colin Hodgkinson — 1945 — GB-Bassist und Sänger mit Alexis Korner, rian Auger, Back Door, Cozy Powell, Schon & Hammer, Whitesnake und Mick ıgger.

Marcia Barrett — 1945 — Mitglied bei Boney M.. Ob sie auch singt oder bei uftritten nur dekorativ herumsteht, ist nur der Gruppe bekannt.

Kenny Roberts — 1927 — US-Country-Sänger und Jodler. Seinen größten it hatte er mit dem Millionseller „I Never See Maggie Alone" (9/49 US 9).

Ivory Tilmon — 1948 — US-Sänger mit den Detroit Emeralds.

'odestag

Bing Crosby — 1977 — US-Sänger. Er starb nach einem Herzschlag dort, wo ʳ sich am liebsten aufhielt — auf dem Golfplatz. Geboren am 2.5.1904.

Tageshits

1944 — „A Hot Time In The Town Of Berlin" — Bing Crosby & Andrews Sisters — US 6 W.
1944 — „I'll Walk Alone" — Dinah Shore — US 4 W.
1955 — „Man From Laramie" — Jimmy Young — GB 4 W.
1957 — „Wake Up Little Susie" — Everly Brothers — US 4 W.
1967 — „San Francisco" — Scott McKenzie — D 6 W.
1972 — „Ben" — Michael Jackson — US 1 W.
1972 — „Mouldy Old Dough" — Lieutnant Pigeon — GB 4 W.
1985 — „Cheri Cheri Lady" — Modern Talking — D 4 W.

15

;eburtstage

■ **Chris de Burgh** — 1948 — GB-Sänger, Gitarrist und Songschreiber, gebo-en in Argentinien, richtiger Name Christopher Davidson. Im September 1974 rhält er von der Plattenfirma A&M Records einen Vertrag — zwei Monate später pielt er als Vorprogramm für die Labelkollegen Supertramp auf deren „Crime Of 'he Century" Tour. Im Februar 1975 erscheint seine Debüt-LP „Far Beyond These :astle Walls", aus der „Hold On" als erste Single ausgekoppelt wird. Die Kritiker berschlagen sich vor Begeisterung — die Käufer nicht. Seine zweite Single „Fly-ıg" steht für mehrere Monate hoch in der brasilianischen Hitparade — die Briten ümmert das nicht. Im Laufe der nächsten Jahre erscheinen weitere schöne LPs, ie allerdings nicht in die Hitparaden kommen. Das alles änderte sich erst mit The Lady In Red" (7/86 GB 1, 9/86 D 5, 2/87 US 3). Ein weiterer Hit gelint Chris nit „Missing You" (10/88 GB 3, D 29).

■ **Richard Carpenter** — 1946 — US-Tastenspieler, Sänger und Songschreiber. Mit seiner Schwester Karen und dem Bassisten Wes Jacobs gründete er Mitte der 60er Jahre ein Jazz Trio. Nach zwei Singles gewannen sie einen sogenannten „Battle Of The Bands" Wettbewerb in der Hollywood Bowl und erhielten daraufhin einen Plattenvertrag von der RCA als Richard Carpenter Trio. Es wurden vier Stücke aufgenommen, die jedoch nie erschienen. 1968 verließ Jacobs das Trio, um Musik zu studieren. Die beiden Geschwister gründeten Spectrum, die vorwiegend in Disneyland, im „Troubador" und im „Whiskey à-go go" auftrat. Nebenher nahmen Karen und Richard im Haus des Sessionbassisten Joe Osborn einige Demos auf, die dieser an Herb Alpert, den Chef von A&M Records, weiterreichte. Der war begeistert — im April 1969 unterschrieben sie als Carpenters einen Plattenvertrag bei ihm. Zwischen 1969 und 1983 waren sie sehr erfolgreich — Hits siehe 2.3. bei Karen. Nachdem Karen am 4.2.1983 gestorben war, versuchte sich Richard Mitte 1985 an einer Solo-LP mit dem Titel „Time". Die meisten Gesangsparts übernahm er, als Gäste waren Dusty Springfield und Dionne Warwick zu hören. Erst im Oktober 1987 erschien diese LP, die jedoch ein Flop wurde.

■ **Marv Johnson** — 1938 — US-Sänger, Pianist und Songschreiber. Seinen ersten Plattenvertrag als Solist erhielt er im Jahre 1958 bei Kudo. Marv war dann im Januar 1959 der Sänger der ersten Platte, die von Berry Gordy jr. veröffentlicht wurde: „Come To Me" (3/59 US 30), TAMLA 101 — MOTOWN von Gordy brachte ihre ersten Platten erst im November 1961 heraus. Weitere Hits von Marv: „You Got What It Takes" (11/59 US 10, 2/60 GB 5), „I Love The Way You Love" (3/60 US 9, 5/60 GB 35) und „I'll Pick A Rose For My Rose" (1/69 GB 10). Nachdem seine Karriere als Interpret beendet war, sah man ihn ab Anfang der 70er Jahre als Promoter für die Firma TAMLA MOTOWN.

■ **Mickey** — 1925 — US-Gitarrist, Songschreiber und Sänger. Richtiger Name McHouston Baker. Er war ein gesuchter Sessiongitarrist für Plattenaufnahmen der Firmen King, Savoy, Aladdin, Atlantic und vielen anderen, bevor er mit Silvia Robinson das Duo Mickey & Silvia bildete. Die beiden waren zwischen 1957 und 1961 in den Hitparaden vertreten — ihr größter Erfolg hieß „Love Is Strange" (1/57 US 11), 1965 auch kein Hit für die Everly Brothers.

■ **Chris Andrews** — 1938 — GB-Sänger und Songschreiber. Er begann Ende der 50er Jahre mit der Band Chris Ravel & The Ravers und hatte erste Erfolge als Songschreiber für Adam Faith — „The First Time" und „We Are In Love" — und Sandie Shaw — „Girl Don't Come" und „Long Live Love". Ab Mitte der 60er Jahre nahm er seine Kompositionen auch selbst auf — größte Hits: „Yesterday Man" (10/65 GB 3, 12/65 D 1), „To Whom It Concerns" (12/65 GB 13, 2/66 D 3) und „Pretty Belinda" (6/69 D 5). Chris versuchte mehrfach ein Comeback — bisher ohne Erfolg.

■ **Nellie Lutcher** — 1915 — US-Sängerin, Pianistin und Songschreiberin. Bereits als Teenager saß sie am Klavier in einer Band, in der ihr Vater Bassist war. Danach spielte sie in der Big Band Southern Rhythm Boys. 1935 ließ sie sich an der Westküste nieder und trat dort für 10 Jahre in diversen Clubs auf. 1947 hatte sie dann ihre ersten großen Erfolge: „Hurry On Down" (9/47 US 20) und „He's A Real Gone Guy" (11/47 US 15). Ende der 50er Jahre ließ ihre Karriere nach.

■ **Barry McGuire** — 1935 — US-Sänger und Songschreiber. Barry war Mitglied der 1961 gegründeten Gruppe New Christy Minstrels, für die er, zusammen mit Randy Sparks, dem Gründer dieser Formation, deren größten Hit schrieb: „Green, Green" (6/63 US 14). Seinen größten Erfolg als Solist hatte Barry mit „Eve Of Destruction" (8/65 US 1, GB 3, 11/65 D 6).

■ **David Carroll** — 1913 — US-Orchesterdirigent und Arrangeur, richtiger Name Nock Schrier. Er begleitete viele Hits der Crew Cuts, Diamonds, Gaylords, Vic Damone, Rusty Draper oder Georgia Gibbs. Seine Hits: „Melody Of Love" (1/55 US 8) und „It's Almost Tomorrow" (11/55 US 20).

■ **Horst Stachelhaus** — 1950 — Bassist mit Message und Birth Control, dann als Studiomusiker für Lenny Mac Dowell, Zeus, Alex Oriental Experience oder Jochen Schröder. Nebenher machte er sich als Musikjournalist einen Namen. Inzwischen ist er Chefredakteur des „Fachblatt Musikmagazin".

■ **Frank DiMino** — 1951 — US-Sänger und Songschreiber mit der 1975 gegründeten Heavy Metal Band Angel. Die Gruppe begann mit großen Vorschußlorbeeren — brachte es aber nur zu „Ain't Gonna Eat Out My Heart Anymore" (4/78 US 44).

■ **Tito Jackson** — 1953 — US-Gitarrist mit der Geschwistergruppe Jackson 5. Richtige Vornamen Toriano Adaryll.

■ **Sandra Kim** — 1971 — Gewann für Belgien den Grand Prix Eurovision 1986 mit „J'aime La Vie" — war das alles?

■ **Don Stevenson** — 1942 — US-Schlagzeuger mit der 1966 gegründeten Rockband Moby Grape.

■ **Fela Kuti** — 1938 — Nigerianischer Sänger, Saxophonist, Trompeter, Tastenspieler, Komponist und Bandleader. Kuti ist ein Musiker, der sich allen Verfolgungen und Strafandrohungen zum Trotz auch politisch engagierte und Präsident von Nigeria werden wollte. Er veröffentlichte mehr als 50 LPs mit politischen Inhalten. Bei uns wurde er 1971 vor allem durch seine Zusammenarbeit mit Ginger Baker bekannt.

Todestage

■ **Cole Porter** — 1964 — US-Songschreiber. Geboren am 9.6.1891.

■ **Jud Strunk** — 1981 — US-Sänger. Er kam bei einem Flugzeugabsturz ums Leben. Geboren am 11.6.1936.

■ **Bobby Lester** — 1980 — US-Sänger mit den Moonglows. Geboren am 13.1.1930.

Tageshits

1965 — „Fräulein Wunderbar" — Peter Alexander — D 1 W.
1966 — „Reach Out I'll Be There" — 4 Tops — US 2 W.
1977 — „You Light Up My Life" — Debby Boone — US 10 W.
1988 — „Red Red Wine" — UB 40 — US 1 W.
1988 — „One Moment In Time" — Whitney Houston — GB 2 W.

16

Geburtstage

■ **Bert Kaempfert** — 1923 — Multi-Instrumentalist, Orchesterchef und Komponist. Außerdem war er Produzent und Arrangeur — z.B. für Freddy oder Ivo Robic. Und Kaempfert war es auch, der mit Tony Sheridan und den Beatles schon 1961 Platten aufnahm. Hits mit seinem Orchester: „Wunderland bei Nacht" (11/60 US 1, D 9) und „Red Roses For A Blue Lady" (1/65 US 11, 6/65 D 30). Er schrieb die Musik des Frank Sinatra Hits „Strangers In The Night" und des Al Martino Hits „Spanish Eyes", der bei Bert „Moon Over Naples" (2/66 D 18) hieß. Kaempfert starb am 21.6.1980.

■ **Gary Kemp** — 1959 — GB-Gitarrist und Songschreiber. Aus seiner 1976 gegründeten Formation Makers wurde 1979 Spandau Ballet. Hits: „To Cut A Long Story Short" (11/80 GB 5), „Chant No. 1 (I Don't Need This Pressure On)" (7/81 GB 3), „Lifeline" (10/82 GB 7), „True" (4/83 GB 1, 6/83 D 9, 8/83 US 4), „Gold" (8/83 GB 2, D 16, 11/83 US 29), „Only When You Leave" (6/84 GB 3, D 26, US 34), „I'll Fly For You" (8/84 GB 9) und „Through The Barricades" (11/86 GB 6, D 14).

■ **Emile Ford** — 1937 — GB-Sänger mit Emile Ford & The Checkmates. Er wurde als Emile Sweetman in Nassau auf den Bahamas geboren und kam mit seinen Eltern als Kind nach GB. Emile gilt als der erste Schwarze, der in Großbritannien lebte und dort einen großen Hit landen konnte. Als Sängerinnen schafften dies Winifred Atwell und Shirley Bassey noch vor ihm. Noch einige Besonderheiten: sein Titel war die längste Frage, die jemals auf Platz 1 einer Hitparade gestellt wurde: „What Do You Want To Make Those Eyes At Me For" (11/59 GB 1). Gleichzeitg mit ihm belegte Adam Faith mit „What Do You Want" für eine Woche Platz 1 in GB — das war das letzte Mal, daß zwei Platten sich die Spitzenposition teilten. Weitere Erfolge für Emile waren „On A Slow Boat To China" (2/60 GB 3) und „Counting Teardrops" (12/60 GB 4).

■ **Max Bygraves** — 1922 — GB-Sänger und Entertainer. Richtiger Vorname Walter. Den Spitznamen Max bekam er, weil er in seinen Anfangstagen den berühmten britischen Komiker Max Miller imitierte. Nach dem Krieg spielte Bygraves in Nachtclubs, Music Halls und nahm ein Medley von Al Jolson Songs auf. 1949 spielte er eine kleinere Rolle in einem Film. In den frühen 50er Jahren war er häufiger im Londoner Palladium zu sehen, eine Saison lang zusammen mit Judy Garland. Gleich im ersten Jahr, in dem es eine britische Hitparade gab, war Bygraves kmit dabei: „Cowpuncher's Cantata" (11/52 GB 11, 1/53 RE-GB 6), „Heart Of My Heart" (5/54 GB 7), „Gilly Gilly Ossenfeffer Katzenellenbogen By The Sea" (9/54 GB 7), „Meet Me On The Corner" (11/55 GB 2), „You Need Hands/Tulips From Amsterdam" (5/58 GB 3), „Jingle Bell Rock" (12/59 GB 7) und „Fings Ain't Wot They Used T'Be" (3/60 GB 5). Nachdem er in den 60er Jahren fast ganz aus den Hitparaden verschwunden war, schaffte er mit „Deck Of Cards" (10/73 GB 13) noch einmal einen Hit.

■ **Tony Carey** — 1953 — US-Sänger, Gitarrist, Keyboarder und Songschreiber. Er begann in der US-Gruppe Blessings und wurde im September 1975 Mitglied in Ritchie Blackmore's Rainbow. Im Mai 1977 verließ er die Band wieder, 1978 kam er für einen 2 Wochen Session-Job nach Frankfurt — er blieb in Deutschland hängen und arbeitete in der Folgezeit als Solist, als Kopf vom Planet P Projekt oder z.B. mit Peter Maffay. Seine Hits als Solist: „A Fine Fine Day" (3/84 US 22), „The First Day Of Summer" (6/84 US 33) und „A Room With A View" (1/89 D 3). Inzwischen spezialisierte er sich auf das Schreiben von „Tatort"-Melodien.

■ **Fred Turner** — 1943 — Kanadischer Bassist, Sänger und Songschreibergmit Brave Belt,gaus deneng1972 Bachman-Turner Overdrive wurde. Nach deren Trennung spielte Fred Anfang der 80er Jahre bei Bryan Adams und bei Union.

■ **Danny McIntosh Jr.** — 1954 — GB-Gitarrist mit Hazard und Bandit. Danny spielte auch mit Alexis Korner, Dollar, Quick, Chi Coltrane oder Annabella.

■ **Bob „Ace" Weir** — 1947 — US-Gitarrist und Sänger mit Grateful Dead. Richtiger Name Robert Hall. Ab 1972 als Solist und mit King Fish, Bob Weir Band und Bobby & The Midnites.

■ **Big Joe Williams** — 1903 — US-Bluessänger, Gitarrist, Mundharmonika- und Akkordeonspieler und Songschreiber, der angeblich bereits 1918 seine ersten Platten machte.

■ **Dave Lovelady** — 1942 — GB-Schlagzeuger mit Fourmost.

Todestag

■ **Gene Krupa** — 1973 — US-Jazz-Schlagzeuger. Geboren am 15.1.1909.

Tageshits

1959 — „Mack The Knife" — Bobby Darin — GB 2 W.
1976 — „Mississippi" — Pussycat — GB 4 W.
1976 — „Disco Duck" — Rick Dees & His Cast Of Idiots — US 1 W.
1978 — „Mexican Girl" — Smokie — D 1 W.

17

Geburtstage

■ **Cozy Cole** — 1909 — US-Schlagzeuger. Richtige Vornamen William Randolph. 1928 wurde er Profi-Schlagzeuger und hatte eine eigene Band. 1930 machte er seine ersten Platten mit Jelly Roll Morton. In den 30er Jahren spielte er mit Benny Carter, Cab Calloway und Benny Goodman, von 1949 bis 1953 mit Louis Armstrong. 1954 gründete er zusammen mit Gene Krupa eine Schlagzeugschule. In den 50ern hatte er die Pop-Hits „Topsy Part II" (8/58 US 3, 12/58 GB 29), „Topsy Part I" (9/58 US 27) und „Turvy Part II" (12/58 US 36). In den Filmen „Make Mine Music" (1944) und der „Glenn Miller Story" (1954) war Cozy als Musiker zu sehen. Er starb am 29.1.1981.

■ **Gary Puckett** — 1942 — US-Sänger und Gitarrist mit den Outcasts, die 1967 gegründet wurden und sich im selben Jahr in Gary Puckett & The Union Gap umbenannten. Hits und Millionseller: „Woman Woman" (11/67 US 4), „Young Girl" (3/68 US 2, GB 1, 6/68 D 6, 6/74 RE-GB 6), „Lady Willpower" (6/68 US 2, 8/68 GB 5, D 13) und „Over You" (9/68 US 7). 1971 ging die Band auseinander. Garys Solo-Aktivitäten schlugen fehl.

■ **James Seals** — 1941 — US-Gitarrist, Saxophonist, Geiger und Sänger. Zusammen mit Dash Crofts bildete er das Duo Seals & Crofts. Seals begann als Mitglied der Champs und spielte bei deren Hit „Tequila" (2/58 US 1, 4/58 GB 5, 5/58 D 16) mit. Später kam auch Dash Crofts zu dieser Band. Die beiden blieben bis Mitte der 60er Jahre bei den Champs und gründeten dann Dawnbreakers. Anfang der 70er Jahre kamen sie dann als Duo — Hits: „Summer Breeze" (9/72 US 6), „Diamond Girl" (5/73 US 6) und „Get Closer" (4/76 US 6).

■ **Ziggy Marley** — 1968 — Jamaicanischer Reggae-Sänger und Songschreiber, der versucht, in die Fußstapfen seines Vaters Bob zu treten. Richtiger Vorname David. Mit „Tomorrow People" (5/88 US 39, GB 22) hatte er als Ziggy Marley & The Melody Makers seinen ersten Erfolg.

■ **Alan Howard** — 1941 — GB-Bassist mit den Tremeloes bis 1966.

Todestage

■ **Billy Williams** — 1972 — US-Sänger. Geboren am 28.12.1916.

■ **Alberta Hunter** — 1984 — US-Blues-Sängerin. Geboren am 1.4.1895.

Tageshits

1960 — „Save The Last Dance For Me" — Drifters — US 1 W.
1964 — „Do Wah Diddy Diddy" — Manfred Mann — US 2 W.
1970 — „I'll Be There" — Jackson 5 — US 5 W.
1981 — „It's My Party" — Dave Stewart & Barbara Gaskin — GB 4 W.
1981 — „Arthur's Theme" — Christopher Cross — US 3 W.
1987 — „You Win Again" — Bee Gees — GB 4 W.
1987 — „Lost In Emotion" — Lisa Lisa & Cult Jam — US 1 W.

18

Geburtstage

■ **Chuck Berry** — 1926 — US-Rocker und Songschreiber. Die Liste der Titel, die er geschrieben hat, liest sich wie die Geschichte des R'n'R. Viele seiner Songs wurden von anderen Interpreten übernommen — man siehe nur die frühen Beatles oder Rolling Stones. 1955 war das Glücksjahr für Berry — Muddy Waters riet ihm, zu Leonard Chess, dem Besitzer von kChess Records, zu gehen. Berrys erster Titel sollte „Ida May" heißen, Chess änderte den Titel auf „Maybellene", schickte die Platte an Alan Freed, den R'n'R-DJ Nr. 1 dieser Zeit, und der spielte, nachdem er als Mitautor genannt wurde, die Platte zum Hit: „Maybellene" (8/55 US 5). Weitere Hits: „Roll Over Beethoven" (6/56 US 29, 11/63 D 31), „School Days" (4/57 US 3, 7/57 GB 24), „Rock & Roll Music" (11/57 US 8), „Sweet Little Sixteen" (2/58 US 2, 4/58 GB 16), „Johnny B. Goode" (4/58 US 2), „Let It Rock/Memphis Tennessee" (10/63 GB 6), „No Particular Place To Go" (5/64 US 10, GB 3). Seinen größten Erfolg hatte er mit einem Titel, den man sicher nicht als R'n'R bezeichnen kann: „My Ding-A-Ling" (8/72 US 1, 10/72 GB 1, D 40). 1987 zeigt Chuck Berry auch als Buchautor: er veröffentlicht seine Autobiographie, die auch in einer deutschen Übersetzung erschien, und droht ein weiteres Buch an.

■ **Melina Mercouri** — 1925 — Griechische Schauspielerin, Sängerin und Politikerin. Richtiger Name Maria Amalia Mersuris. Zu ihren bekannten Filmen gehören „Never On Sunday" (1959), „Phaedra" (1961), „Topkapi" (1964) und „A Dream Of Passion" (1978). Sie ist verheiratet mit dem Regisseur Jules Dassin. Als Sängerin wurde sie vor allem durch ihre politischen Chansons bekannt. Ihre erfolgreichste Platte war jedoch „Ta Pedia Tou Pirea", das bei uns in der deutschen Version „Ein Schiff wird kommen" (8/60 D 8) mit ihr in der Hitparade war. Das Lied stammte aus dem Film „Sonntags nie". Zwischen 1967 und 1974 war Melina wegen ihres Kampfes gegen die Faschisten ausgebürgert. 1974 kehrte sie zurück und bewarb sich um einen Sitz im Parlament. 1977 schaffte sie den Sprung und seit 1981 ist sie Kultusministerin von Griechenland.

■ **Laura Nyro** — 1947 — US-Songschreiberin, Sängerin und Pianistin. Richtiger Nachname Nigro. Als Interpretin versuchte sie sich schon Mitte der 60er Jahre — ohne Erfolg. Aber ihre Kompositionen waren gesucht. So schrieb sie z. B. für Blood, Sweat & Tears den Titel „And When I Die", Hits für die 5th Dimension, Three Dog Night, Barbra Streisand, Aretha Franklin, Frank Sinatra oder Linda Ronstadt — nur nicht für sich selbst.

■ **Joe Egan** — 1949 — GB-Keyboarder, Sänger und Songschreiber. Er begann mit Big Three, gründete 1972 mit Gerry Rafferty Stealers Wheel und versuchte sich danach als Solist — ohne Erfolg. Joe war auch auf Platten von Andy Fairweather-Low und Rab Noakes zu hören.

■ **Lotte Lenya** — 1898 — Österreichische Schauspielerin und Sängerin. Sie galt als ausgezeichnete Interpretin der Werke von Brecht/Weill und war in erster Ehe mit Kurt Weill verheiratet. Sie emigrierte 1933 und starb am 27.11.1981 in New York.

■ **Cynthia Weil** — 1937 — US-Songschreiberin. Zusammen mit ihrem Mann Barry Mann schrieb sie viele der großen Hits der 60er Jahre.

■ **Russ Giguere** — 1943 — US-Gitarrist und Sänger mit Association.

■ **Dick Crippen** — 1956 — GB-Bassist mit Tenpole Tudor.

■ **Denise Dufort** — 1957 — GB-Schlagzeugerin mit Girlschool.

Todestag

■ **Orville „Hoppy" Jones** — 1944 — US-Sänger mit den Ink Spots. Geboren am 17.2.1905.

Tageshits

1958 — „Patricia" — Perez Prado — D 3 W.
1969 — „I Can't Get Next To You" — Temptations — US 2 W.
1969 — „I'll Never Fall In Love Again" — Bobbie Gentry — GB 1 W.
1969 — „Anuschka" — Udo Jürgens — D 1 W.
1986 — „Every Loser Wins" — Nick Berry — GB 3 W.

19

Geburtstage

■ **Jeannie C. Riley** — 1945 — US-Countrysängerin. Richtiger Name Jeanne Carolyn Stephenson. Mitte der 60er Jahre kam sie nach Nashville, sang dort Demo-Platten und arbeitete als Sekretärin. Mit dem Millionseller „Harper Valley P.T.A." (8/68 US 1, 10/68 GB 12, D 31), geschrieben von Tom T. Hall, gelang ihr ihr erster und gleichzeitig auch größter Erfolg. Bis 1976 tauchte sie noch in der Country-Hitparade auf.

■ **George Cates** — 1911 — US-Komponist, Arrangeur, Produzent und Orchesterleiter, der viele Titel von Bing Crosby, Teresa Brewer, den Andrews Sisters und anderen betreute. In der Lawrence Welk TV-Show war er für 25 Jahre der musikalische Leiter. Mit seiner Version von „Moonglow And Theme From 'Picnic'" (4/56 US 4) hatte er seinen größten Erfolg.

■ **George McCrae** — 1944 — US-Sänger, der jahrelang mit verschiedenen Bands umhertingelte, bis ihm ein großer Wurf gelang: „Rock Your Baby" (6/74 US, GB & D 1). Es folgten noch zwei weitere Hits, „I Can't Leave You Alone" (10/74 GB 9, D 3) und „It's Been So Long" (7/75 GB 4, D 27), dann ebbte sein Erfolg ab. Er veröffentlichte auch Duett-Platten mit seiner Frau Gwen, deren Manager er wurde.

■ **Wilbert Hart** — 1947 — US-Sänger. Zusammen mit seinem Bruder William der Kern der Delfonics, die sich 1965 als Four Gents formiert hatten. 1967 machten sie ihre ersten Platten. Mit „La-La-Means I Love You" (2/68 US 4, 7/71 GB 19) und „Didn't I (Blow Your Mind This Time)" (1/70 US 10, 4/71 GB 22) hatten sie ihre größten Erfolge.

Edo Zanki

■ **Edo Zanki** — 1952 — Multimusiker, Sänger, Songschreiber und Produzent, der in Jugoslawien geboren wurde und als 5jähriger in die Bundesrepublik kam. Er sang und spielte Tasteninstrumente mit Edo und die Markees, Edo & Friends, machte unter dem Pseudonym Don Anderson Platten und schließlich unter seinem eigenen Namen. Meist gute Produktionen — aber keine Hits.

■ **Sinitta** — 1966 — US-Sängerin, die auch mit Hilfe des Produzententrios Stock/Aitken/Waterman in GB erfolgreich wurde. Hits: „So Macho/Cruisin'" (3/86 GB 47, 6/86 RE-GB 2), „Toy Boy" (7/87 GB 4, 9/87 D 9), „Cross My Broken Heart" (2/88 GB 6, 4/88 D 18) und „Right Back Where We Started From" (6/89 GB 4, D 25).

■ **Divine** — 1945 — US-Sänger und Schauspieler. Nach den Filmen „Pink Flamingo" und „Polyester" galt er als schillernder Outsider und absolute Kultfigur. Ab 1983 war der opulente Transvestit, der an eine aufgeblasene Dolly Parton erinnert, erfolgreich mit Titeln wie „Shoot Your Shot" (1/83 D 15), „You Think You're A Man" (7/84 GB 16, 9/84 D 32) oder „Walk Like A Man" (4/85 GB 23). Er starb 1988 an Herzverfettung.

■ **Dave Guard** — 1934 — US-Sänger, Gitarrist und Banjospieler des 1957 gegründeten Kingston Trio. 1961 verließ Dave die Gruppe und versuchte sich als Solist und mit den Whisky Hill Singers.

■ **Larry Chance** — 1940 — US-Sänger und Leader der Earls, ein weißes Doo-Wop-Quartett aus der Bronx. Richtiger Name Larry Figueiredo. Hit: „Remember Then" (12/62 US 24).

■ **Peter Solley** — 1948 — GB-Keyboarder mit Chris Farlowe, Los Bravos Arthur Brown, Terry Reid, Paladin, Snafu und wer wer weiß was noch.

■ **Keith Reid** — 1945 — GB-Texter, der für die Hits von Procol Harum verantwortlich zeichnete.

■ **Keith McCormack** — 1940 — US-Gitarrist und Sänger der String-A-Longs.

■ **Daniel Woodgate** — 1960 — GB-Drummer ab 1978 mit Madness.

Tageshits

1940 — „Only Forever" — Bing Crosby — US 9 W.
1946 — „Rumours Are Flying" — Frankie Carle — US 9 W.
1956 — „A Woman In Love" — Frankie Laine — GB 4 W.
1961 — „Walkin' Back To Happiness" — Helen Shapiro — GB 3 W.
1974 — „Nothing From Nothing" — Billy Preston — US 1 W.
1974 — „Sad Sweet Dreamer" — Sweet Sensation — GB 1 W.
1985 — „Take On Me" — A-Ha — US 1 W.

20

Geburtstage

■ **Wanda Jackson** — 1937 — US-Sängerin, Gitarristin, Pianistin und Songschreiberin, die auf den Gebieten Rockabilly und Country erfolgreich war. Schon mit 13 hatte sie bei der lokale Radiostation in ihrem Heimatort eine tägliche Sendung. 1954 nahm sie mit Hank Thompson ihre ersten Platten auf, im gleichen Jahr brachte sie zusammen mit Billy Gray „You Can't Have My Love" (7/54 C&W 8). Nach einer Tournee mit Elvis Presley wollte sie sich auf dem Rock-Sektor versuchen. Hits: „Let's Have A Party" (8/60 US 37, GB 32) und „In The Middle Of A Heartache" (10/61 US 27). Bei uns war sie mit deutschsprachigen Titeln mehr als Schlagersängerin bekannt: „Santo Domingo" (5/65 D 5) oder „Doch dann kam Johnny" (3/66 D 26). Ab 1961 war Wanda dann auch wieder erfolgreich in der Country-Hitparade, in der sie bis 1974 regelmäßig auftauchte.

Tom Petty & The Heartbreakers

■ **Tom Petty** — 1953 — US-Sänger, Gitarrist und Songschreiber. Er begann Ende der 60er Jahre mit Mudcrutch und gründete 1975 Tom Petty & The Heartbreakers — Hits: „Don't Do Me Like That" (11/79 US 10), „Don't Come Around Here No More" (3/85 US 13), „Jammin' Me" (4/87 US 18), „I Won't Back Down" (4/89 US 12, GB 28) und „Free Fallin'" (11/89 US 7). Die Band und er begleiteten Stevie Nicks bei „Stop Draggin' My Heart Around" (7/81 US 3). 1988 war Tom dann bei den Traveling Wilburys dabei.

Level 42

■ **Mark King** — 1958 — GB-Bassist, Sänger und Songschreiber mit der 1980 gegründeten Band Level 42. Vorher hatte Mark als Schlagzeuger gespielt und war 1979 an dem Projekt M beteiligt gewesen. Hits: „The Sun Goes Down (Living It Up)" (7/83 GB 10), „Something About You" (9/85 GB 6, 2/86 US 7), „Lessons In Love" (4/86 GB 3, 6/86 D 1, 4/87 US 12), „Running In The Family" (2/87 GB 6, D 12), „To Be With You Again" (4/87 GB 10, D 39) und „It's Over" (9/87 GB 10).

■ **Stuart Hamblen** — 1908 — US-Sänger, Schauspieler und Songschreiber. Ab 1925 arbeitete er fürs Radio. In den frühen 30er Jahren ging er nach Hollywood, spielte in vielen Western und dann mit seiner eigenen Band im Radio. Seinen größten Erfolg als Interpret hatte er mit dem selbst geschriebenen und später von etlichen anderen nachgesungenen Song „This Ole House" (8/54 C&W 2, 11/54 US 26). Stuart starb am 8.3.1989.

■ **Johnny Dee** — 1961 — Kanadischer Sänger, Gitarrist und Songschreiber mit Honeymoon Suite, die ab 1984 erfolgreich sind. Größter Hit: „Feel It Again" (3/86 US 34).

■ **Alan Greenwood** — 1951 — US-Tastenspieler mit der 1976 gegründeten Band Foreigner. Er machte auch Platten mit Ian Lloyd, Spys oder Joe Lynn Turner.

■ **Tad Winklarz** — 1965 — Tasten- und Saxophonspieler mit der kanadischen Gruppe Chalk Circle.

■ **Roy Gordon Zabludowsky** — 1950 — Südafrikanischer Gitarrist bei der Gruppe Proudfoot.

■ **Jay Siegal** — 1939 — US-Sänger der Tokens.

■ **Ric Lee** — 1945 — GB-Schlagzeuger mit Ten Years After.

■ **Larry Gonsky** — 1949 — US-Keyboarder mit Looking Glass.

■ **Ray Jones** — 1939 — GB-Bassist mit den Dakotas.

Todestage

■ **Ronnie van Zant, Steve Gaines & Cassie Gaines** — 1977 — US-Musiker von Lynyrd Skynyrd, die gerade auf US-Tournee waren. Sie kamen bei einem Flugzeugabsturz ums Leben. Soeben hatte man die neue LP der Band veröffentlicht — makabrerweise zeigt die Plattenhülle die Mitglieder, wie sie gerade in einer Feuersbrunst stehen.

■ **Merle Travis** — 1983 — US-Countrysänger, Gitarrist und Songschreiber. Geboren am 29.11.1917.

Tageshits

1960 — „Only The Lonely" — Roy Orbison — GB 2 W.
1962 — „Monster Mash" — Bobby „Boris" Pickett — US 2 W.
1973 — „Angie" — Rolling Stones — US 1 W.
1979 — „Video Killed The Radio Star" — Buggles — GB 1 W.
1979 — „Rise" — Herb Alpert — US 2 W.
1984 — „Freedom" — Wham! — GB 3 W.

21

Geburtstage

Manfred Mann's Earth Band

■ **Manfred Mann** — 1940 — Südafrikanischer Tastenspieler und Songschreiber. Richtiger Name Michael Lubowitz. 1962 gründete er mit Mike Hugg die Mann-Hugg Blues Brothers, die jazz-orientiert waren. Ab Mai 1963 spielten sie als Manfred Mann, pop- und rock-orientiert. Damit begann Chapter 1, Hits: „Do Wah Diddy Diddy" (7/64 GB 1, 9/64 US 1, D 4), „Sha La La" (10/64 GB 3, US 12, 12/64 D 34) und „Pretty Flamingo" (4/66 GB 1, 6/66 D 23, US 29). Mitte 1966 wechselte die Band den Leadsänger Paul Jones gegen Mike d'Abo und die Plattenfirma — damit begann Chapter 2. Größter Hit: „Mighty Quinn (Quinn The Eskimo)" (1/68 GB & D 1, 3/68 US 10). Im Juni 1969 fiel die Band auseinander. Mann gründete die Gruppe Emanon, was rückwärts „no name" gelesen werden kann und nicht lange hielt. Im November 1969, immer noch ist das Duo Mann und Hugg zusammen, gründeten sie Manfred Mann Chapter 3. Sie machten wieder mehr jazz-orientierte Musik, die sich nur schwer verkaufen ließ. Ab März 1972 waren sie dann als Manfred Mann's Earthband erfolgreich — Hits: „Blinded By the Light" (8/76 GB 6, 11/76 US 1) und „Davy's On The Road Again" (5/78 GB 6).

■ **Ron Elliott** — 1943 — US-Sänger, Gitarrist und Songschreiber mit den 1964 gegründeten Beau Brummels. Hits: „Love Love" (1/65 US 15) und „Just A Little" (4/65 US 8). Im Juli 1967 fiel die Band auseinander. Ron machte zusammen mit Sal Valentino eine progressive Rock-LP. Im Dezember 1968 trennten sich auch die beiden, arbeiteten als Solisten weiter, spielten in Gruppen wie Pan oder Stone Ground und kamen 1974 noch einmal zusammen. Eine neu produzierte LP brachte nichts. Mitte 1975 fiel die Band erneut auseinander.

■ **Dizzy Gillespie** — 1917 — US-Jazz-Trompeter, Songschreiber, Sänger und Bandleader. Richtige Vornamen John Birks. Er spielte mit Teddy Hill (1937), Cab Calloway (1939/40), Ella Fitzgerald (1941), Lucky Millinder (1942), Earl Hines (1943) und Billy Eckstine (1944), bevor er zusammen mit Charlie Parker 1945 den Bebop entwickelte. Ein Hit jener Tage war „Salt Peanuts" (11/45 US 22).

■ **Julian Cope** — 1957 — GB-Sänger, Bassist, Gitarrist und Songschreiber. Er spielte mit Crucial Three, Nova Mob und A Shallow Madness, bevor er 1978 die New-Wave-Gruppe Teardrop Explodes gründete. Hit: „Reward" (1/81 GB 6). Ende 1982 fiel die Band auseinander, Julian begann eine Solokarriere. Hit: „World Shut Your Mouth" (9/86 GB 19).

■ **Elvin Bishop** — 1942 — US-Gitarrist und Songschreiber. 1965 war er Mitbegründer der Paul Butterfield Blues Band. Ab 1968 spielte er dann als Solist — größter Hit: „Fooled Around And Fell In Love" (3/76 US 3, 5/76 GB 34). Sänger dieser Aufnahme war Mickey Thomas, der später zu Jefferson Starship ging.

■ **Steve Lukather** — 1957 — US-Leadgitarrist mit Toto. Steve ist ein gesuchter Studiomusiker, der auf Produktionen von Boz Scaggs, Elton John, Olivia Newton-John, Neil Diamond, Joe Cocker und ähnlichen Größen zu hören ist.

■ **Owen Bradley** — 1915 — US-Tastenspieler und Comboleader. Als Owen Bradley & His Quintet hatte er den Hit „Blues Stay Away From Me" (12/49 US 11). Mit seinen Musikern ist er auf Produktionen von den Four Aces, Georgia Gibbs und den Mills Brothers zu hören.

■ **John Bundrick** — 1948 — US-Keyboarder, Sänger, Songschreiber und Produzent. Er war ein gesuchter Studiomusiker in Houston/Texas, ging dann nach GB, wurde Mitglied bei Free, Back Street Crawler und machte Soloplatten.

■ **Jimmy Beaumont** — 1940 — US-Sänger mit den Skyliners — größte Hits: „Since I Don't Have You" (2/59 US 12) und „Pennies From Heaven" (5/60 US 24).

■ **Steve Cropper** — 1941 — US-Gitarrist mit Booker T. & The MG's. Er ist ein gesuchter Studiomusiker und inzwischen als Produzent erfolgreich.

■ **Phillip Chen** — 1954 — GB-Bassist mit Keef Hartley Band, Jeff Beck, Rod Stewart und Butts Band. Gesuchter Studiomusiker.

■ **Kathy Young** — 1945 — US-Sängerin. Zusammen mit der Gruppe Innocents hatte sie den Hit „A Thousand Stars" (10/60 US 3).

■ **Eric Faulkner** — 1954 — GB-Gitarrist bei den Bay City Rollers.

■ **Tetsu Yamauchi** — 1947 — Japanischer Bassist mit Free und den Faces. Gesuchter Studiomusiker.

■ **Lee Loughnane** — 1946 — US-Trompeter mit Chicago und als Studiomusiker.

■ **Doctor Ross** — 1925 — US-Blues-Boogie-Pianist. Richtiger Vorname Isaiah.

■ **Charlotte Caffey** — 1953 — US-Gitarristin mit den Go-Go's.

■ **Norman Wright** — 1937 — US-Sänger mit den Dell-Vikings.

Todestag

■ **Bill Black** — 1965 — US-Bassist. Er starb an einem Gehirntumor. Geboren am 17.9.1926.

Tageshits

1957 — „Chances Are" — Johnny Mathis — US 1 W.
1957 — „Jailhouse Rock" — Elvis Presley — US 7 W.
1961 — „Weiße Rosen aus Athen" — Nana Mouskouri — D 10 W.
1967 — „To Sir, With Love" — Lulu — US 5 W.
1972 — „My Ding-A-Ling" — Chuck Berry — US 2 W.
1989 — „That's What I Like" — Jive Bunny & The Mastermixers — GB 3 W.

Merk-Würdiges

1969 — Der Bundestag wählt Willy Brandt zum Bundeskanzler.

22

Geburtstage

■ **Annette** — 1942 — US-Sängerin, Nachname: Funicello. 1955 wurde sie Mitglied in der Walt-Disney-Organisation Mousketeer - eine Art Mickey-Maus-Fan Club. Das Schallplattenlabel Disneyland brachte dann auch die erste Single von Annette: „Tall Paul" (1/59 US 7). Weitere Hits: „O Dio Mio" (2/60 US 10) und „Pineapple Princess" (8/60 US 11). Nach 1961 war sie wohl zu alt, um weiterhin mit Mickey-Maus-Ohren durch die Gegend zu rennen. Sie verschwand aus den Hitparaden, tauchte aber dafür an der Seite von Frankie Avalon in einer Reihe von "Beach Movies" wieder auf. 1976 hatte sie eine regelmäßige Fernsehsendung, die sich „Easy Does It" nannte. 1987 stand sie dann im Film „Back To The Beach" wie der da, wo sie in den 60er Jahren aufgehört hatte — Frankie war auch dabei.

■ **Leslie West** — 1945 — US-Gitarrist, Sänger und Songschreiber. Richtiger Nachname Weinstein. Er begann als Mitglied bei den Vagrants und gründete 1969 Mountain, Hit: „Mississippi Queen" (4/70 US 21). Mountain verstand sich als Nachfolger der gerade aufgelösten Gruppe Cream. Von der Presse und der Plattenindustrie wurden sie als „superhypermost", „Hard Rock — so lyrisch wie noch nie" oder „Blues Underground Sound 70" gefeiert. Mountain hielt sich bis 1972 — dann ging Leslie und formierte mit Jack Bruce und Corky Laing West, Bruce & Laing, die sich jedoch nach einigen Platten zwei Jahre später wieder auflösten. Es folgten Solo-LPs von Leslie und mehrere Reunions von Mountain.

■ **Robert Fuller** — 1943 — US-Sänger und Leader der Bobby Fuller Four. Hits: „I Fought The Law" (1/66 US 9, 4/66 GB 33) und „Love's Made A Fool Of You" (4/66 US 26). Am 18.7.1966 fand man Robert erstickt in seinem Auto vor seinem Haus in Hollywood. Ob es Selbstmord war oder ob man ihn, wie einige vermuteten, ermordet hat, wurde nie geklärt. Sein Bruder Randy wollte die Band weiterführen — ohne Erfolg.

■ **Eddie Brigati** — 1946 — US-Sänger und Songschreiber, der mit Joey Dee & The Starliters seine Karriere begann. Als er sich 1964 mit einigen der Starliters absetzte, gründeten sie die neue Band Young Rascals, für die Brigati mit Felix Cavaliere (siehe 29.11.) die meisten Hits schrieb und sang. Ab 1969 nannte man sich nur noch Rascals — 1971 löste sich die Gruppe auf. Brigati tauchte auf Platten von z.B. Jackie Lomax, Danny O'Keefe, Roy Buchanan oder der Average White Band auf.

■ **Georges Brassens** — 1921 — Französischer Chansonnier, der sich seine Lieder selbst schrieb. Zu seinen großen Erfolgen gehören "Les Gorilles" und „La Mauvaise Reputation" (1952), „Les Amoureux Des Bancs Publiques" (1953), „Chanson Pour L'Auvergnat" (1955), „Je Me Suis Fait Tout Petit" (1956) und „La Femme D'Hector" (1959). Er starb am 30.10.1981.

■ **Robert Long** — 1943 — Niederländischer Sänger und Songschreiber mit anspruchsvollen und interessanten Texten — deshalb hat er auch keine Hits bei uns.

Todestag

■ **Tommy Edwards** — 1969 — US-Sänger. Geboren am 17.2.1922. In manchen Quellen wird auch der 23.10. als Todestag genannt.

Tageshits

1960 — „Ein Schiff wird kommen" — Lale Andersen — D 10 W.
1964 — „(There's) Always Something There To Remind Me" — Sandie Shaw — GB 3 W.
1965 — „Satisfaction" — Rolling Stones — D 7 W.
1973 — „Ballroom Blitz" — Sweet — D 1 W.
1988 — „Groovy Kind Of Love" — Phil Collins — US 2 W.

23

Geburtstage

■ **Ellie Greenwich** — 1940 — US-Songschreiberin, die zusammen mit ihrem Mann Jeff Barry viele der großen Teen-Hits der 60er Jahre geschrieben hat. Greenwich/Barry war neben Gerry Goffin und Carole King das Songschreiberpaar des US-60er-Pop. So sind z. B. die Nummern „Da Doo Ron Ron", „Be My Baby", „Then He Kissed Me", „Chapel Of Love", „River Deep Mountain High", „Hanky Panky", „Do Wah Diddy Diddy" oder „Leader Of The Pack" Werke der beiden. Auch als Interpreten traten sie in Erscheinung. Ellie versuchte sich zuerst als Ellie Gay, dann als Ellie G & The Jets. Zusammen mit Jeff machte sie dann das Duo Raindrops. Durch Stimmenverfielfältigung klangen sie wie eine Gruppe. Ihr größter Erfolg hieß „The Kind Of Boy You Can't Forget" (8/63 US 17). Mehr war nicht drin — also wieder weiter mit Songschreiben! 1965 wurde sie von ihrem Mann geschieden, allerdings arbeiteten sie weiter zusammen. So waren sie es z. B., die dem jungen Neil Diamond 1966 auf die Beine halfen und seine ersten neun Hits produzierten. In den 70er Jahren betätigte sich Ellie als Sessionsängerin und war auf Platten von Blondie, Dusty Springfield oder Cyndi Lauper zu hören. Außerdem veröffentlichte sie regelmäßig LPs, auf denen sie ihre eigenen Lieder sang, z. B. „Ellie Greenwich Composes, Produces And Sings" (1967) oder „Let It Be Written, Let It Be Sung" (1974). In den 80er Jahren arbeitete sie weiterhin als Songschreiberin, jedoch mit anderen Partnern, z. B. mit Ellen Foley.

■ **Dwight Yoakam** — 1956 — US-Country-Sänger und Songschreiber, der ein bißchen an Elvis Presley in seinen Anfangstagen erinnert. 1985 machte er seine erste Platte, seit 1986 ist er in den Country-Hitparaden zu finden. Seine ersten großen Hits sind „Streets Of Bakersfield" (7/88 C&W 1) mit Buck Owens und „I Sang Dixie" (11/88 C&W 1).

■ **Wurzel** — 1949 — GB-Gitarrist ab August 1983 mit Motörhead. Möglich aber nicht notwendig, daß er auch noch einen anderen Namen hat als „Vogelscheuche".

■ **Charles Foxx** — 1939 — US-Songschreiber, Sänger und Manager für seine Schwester Inez — manchmal sang er auch auf deren Platten mit.

■ **Ulla Neumann** — 1946 — Dänische Sängerin, die zusammen mit ihrem Vater als Ulla & Ulrik Neumann auftrat. Obwohl sie sehr oft in Radio- und TV-Sendungen vertreten waren, brachten sie es nicht zu einem Hit.

■ **Greg Ridley** — 1947 — GB-Bassist mit Art, Spooky Tooth und Humble Pie — danach mehr Studiomusiker.

■ **Richie Bull** — 1948 — GB-Bassist und Banjospieler mit Kursaal Flyers.

Todestage

■ **Al Jolson** — 1950 — US-Sänger und Schauspieler. Geboren am 26.3.1886.

■ **Leonard Lee** — 1976 — US-Sänger und Songschreiber. Starb nach einem Herzanfall. Geboren am 29.6.1935.

■ **Michael Holliday** — 1963 — GB-Sänger. Er hat sich erschossen. Geboren am 24.11.1928.

Tageshits

1953 — „Hey Joe" — Frankie Laine — GB 2 W.
1961 — „Runaround Sue" — Dion — US 2 W.
1976 — „If You Leave Me Now" — Chicago — US 2 W.
1978 — „Substitute" — Clout — D 3 W.
1982 — „Do You Really Want To Hurt Me" — Culture Club — GB 3 W.

24

Geburtstage

■ **Bill Wyman** — 1926 — GB-Bassist mit den Rolling Stones, der auch als Solist erfolgreich war. Hit: „(Si Si) Je Suis Un Rock Star" (7/81 GB 14). In frühen Biographien der Rolling Stones wird sein Geburtsjahr mit 1941 angegeben. Später wurde es auf 1936 korrigiert und noch später wurde durch den Londoner Korrespondenten des „Stern" die Geburtsurkunde von Bill (Reg. Nr. 850 6 A) auf dem Londoner Standesamt eingesehen, aus der hervorging, daß er 1926 geboren wurde. Das deckt sich mit der Kopie eines Einreiseformulars des dänischen Zolls, auf dem ebenfalls 1926 und als Quelle für dieses Jahr Wymans Reisepaß Nr. 69269 angegeben wird. Bill gilt bei den Rolling Stones als der Archivar, der peinlich genau darauf achtet, daß alles, was es von dieser Band zu sammeln gibt, auch aufbewahrt wird. Wer so korrekt ist, wird wohl irgendwann auch das Geheimnis um sein Geburtsjahr lüften.

■ **Gilbert Bécaud** — 1927 — Französischer Sänger und Songschreiber. Richtiger Name Francois Silly, Spitzname Monsieur 100 000 Volt. 1952 entdeckte Edith Piaf den Sänger, 1953 hatte er mit „Les Croix" seinen ersten Hit. Im Laufe seiner langen Karriere trat er in den USA und in der UdSSR auf. Neben seinen vielen Hits in Frankreich ist er auch bei uns und in GB erfolgreich — Hits: „Nathalie" (9/65 D 17) oder „A Little Love And Understanding" (3/75 GB 10). Viele seiner Lieder wurden in die englische Sprache übersetzt und durch andere Interpreten zu Hits.

■ **Paul & Barry Ryan** — 1948 — GB-Songschreiber (Paul) & Sänger (Barry). Richtiger Nachname Sapherson — aber schon die Mama war als Marion Ryan erfolgreich — Hit: „Love Me Forever" (1/58 GB 5). Also behielt man den klangvollen Namen. Mitte der 60er Jahre begannen die Zwillinge, Platten zu produzieren. Hit: „Don't Bring Me Your Heartaches" (11/65 GB 13). Mitte 1967 wollte Paul nur noch Songs schreiben — Barry machte als Solist weiter und hatte den Hit „Eloise" (10/68 GB 2, 12/68 D 1). Danach kam mehr oder weniger „Kitsch" (5/70 GB 37, D 10) oder deutschsprachiges: „Zeit macht nur vor dem Teufel halt" (1/72 D 8). 1989 versuchte Barry ein Comeback, was nicht gelang.

25

Geburtstage

Ian Anderson (Jethro Tull)

■ **Jon Anderson** — 1944 — GB-Leadsänger und Songschreiber der 1968 gegründeten Gruppe Yes. Vorher hatte er bereits seit 12 Jahren in vielen verschiedenen Bands gesungen — inklusive der Warriors, die sein Bruder Tony leitete und die 1964 eine erste und 1967 zwei weitere Singleplatten veröffentlichten. Yes legte in ihren Anfangstagen keinen Wert auf Single-Hits — es galt, gute LPs zu produzieren (ähnlich wie bei Led Zeppelin). Trotzdem: „Roundabout" (2/72 US 13) und „Wonderous Stories" (9/77 GB 7). Bis zum Jahre 1980 erschienen in der Tat etliche gute LPs. Dann stieg Anderson aus, um Soloplatten zu machen. Zusammen mit Vangelis hatte er als Jon & Vangelis einige Hits (siehe 29.3.), dann machte Yes ab 1983 weiter, kommerzieller als je zuvor. Hit: „Owner Of A Lonely Heart" (11/83 US 1, GB 28, D 10).

■ **Helen Reddy** — 1942 — Australische Sängerin, die in eine Familie hineingeboren wurde, die im Showbusiness tätig war. Schon mit vier stand sie zum erstenmal auf der Bühne. In den frühen 60er Jahren hatte sie eine eigene TV-Show. 1966 ging sie nach New York und machte in den USA ihr Glück. Zwischen 1971 und 1977 war sie Dauergast in den Hitparaden. Größte Hits: „I Am Woman" (6/72 US 1), „Delta Dawn" (6/73 US 1), „Leave Me Alone (Ruby Red Dress)" (11/73 US 3) und „Angie Baby" (10/74 US 1, 1/75 GB 5). Alle genannten Platten sind Millionseller.

■ **Eddie Lang** — 1902 — US-Gitarrist. Er gilt als einer der besten und zählt zu den Legenden des frühen Jazz. Richtiger Name Salvatore Massaro. Der Violinist Joe Venuti war ein Schulfreund von ihm. Wie er begann auch Eddie zuerst mit der Violine. Ab 1925 nahm er als Solist Platten auf, spielte zusammen mit Joe Venuti, Paul Whiteman, Red Nichols und begleitete Bing Crosby. Als Ed Lang leitete er sein eigenes Orchester. Er starb am 26.3.1933.

■ **Chris Norman** — 1950 — GB-Sänger der Gruppe Smokie, die zwischen 1975 und 1981 erfolgreich war. Hits: „If You Think You Know How To Love Me" (7/75 GB 3, D 8), „Living Next Door To Alice" (12/76 GB 5, D 1, US 25), „Lay Back In The Arms Of Someone" (3/77 GB 12, D 1), „It's Your Life" (7/77 GB 5, D 3), „Oh Carol" (5/78 GB 5, D 3) und Mexican Girl" (9/78 GB 19, D 1). Zusammen mit Suzi Quatro hatte er Erfolg mit „Stumblin' In" (11/78 GB 41, D 2, 1/79 US 4). Nach 1981 fiel die Band auseinander. Chris versuchte sich als Solist und konnte sich auf seine treuen deutschen Fans verlassen: „Midnight Lady" (4/86 D 1) und „Broken Heroes" (5/88 D 3).

■ **Big Bopper** — 1930 — US-Songschreiber und Sänger. Richtiger Name Jilles Perry Richardson. Er begann als DJ und wurde in den ganzen Staaten bekannt, als er über seinen Sender 122 Stunden lang hintereinander Programm machte. Er schrieb Lieder, so z. B. „Running Bear" für Johnny Preston. Gerade hatte er einen eigenen Hit mit „Chantilly Lace" (8/58 US 6, 12/58 GB 12), als er am 3.2.1959 mit einer Privatmaschine abstürzte — mit ihm saßen Ritchie Valens und Buddy Holly im Flugzeug.

■ **Edgar Broughton** — 1946 — GB-Sänger, Gitarrist und Songschreiber. Ende der 60er Jahre gründete er die ewige Underground-Gruppe Edgar Broughton Band. In die Charts brachten sie „Out Demons Out" (4/70 GB 39) und „Apache Dropout" (2/71 GB 35). Ihr heimlicher Hit war und ist jedoch „Hotel Room".

■ **Ted Tempelman** — 1944 — US-Leadsänger, Trompeter und Schlagzeuger für die 1963 gegründete Gruppe Harper's Bizarre, deren größter Hit „The 59th Street Bridge Song (Feelin' Groovy)" (2/67 US 13, GB 34) war. 1970 löste sich die Gruppe auf. Ted wurde ein erfolgreicher Produzent, z. B. für Captain Beefheart, Little Feat, Van Morrison, Doobie Brothers oder Van Halen.

■ **Willie Mabon** — 1925 — US-Blues-Sänger, Pianist, Mundharmonikaspieler und Songschreiber. 1947 gründete er die Blues Rockers, als Big Willie machte er 1949 seine ersten Plattenaufnahmen. Hits hatte er jedoch unter seinem richtigen Namen: „I Don't Know" (12/52 R&B 1) und „I'm Mad" (4/53 R&B 1). Willie starb am 19.4.1985.

■ **Sonny Terry** — 1911 — US-Blues-Mundharmonikaspieler, Sänger und Songschreiber. Richtiger Name Saunders Terrell. Er spielte schon mit 8 Jahren Mundharmonika. 1922 erblindete er auf dem linken Auge, 1927 auf dem rechten. 1939 traf er auf Brownie McGhee, mit dem er für den Rest seines Lebens zusammen spielte. Sonny starb am 11.3.1986.

■ **Steve Conway** — 1920 — GB-Sänger. Richtiger Name Walter James Groom. Zwischen dem Zweiten Weltkrieg und dem Beginn des Rock 'n' Roll gehörte er zu den bekanntesten britischen Sängern. Bevor es jedoch eine britische Hitparade gab, in der die Popularität von Steve dokumentiert worden wäre, starb er am 19.4.1952.

■ **Jean Claude Pascal** — 1943 — Französischer Sänger und Schauspieler. Richtiger Name Chevalier de Villemont. In seiner Heimat hatte er 1961 seinen größten Erfolg mit „Nous Les Amoureux", dem französischen Beitrag des Grand Prix dieses Jahres. Bei uns hatte er eine eigene TV-Show. Größter Hit in deutsch: „Gefangen" (10/65 D 15).

■ **Santo Farina** — 1937 — US-Steel-Gitarrist, der zusammen mit seinem Bruder als Santo & Johnny in die Hitparaden kam. Ihr größter Erfolg war die Instrumentalaufnahme „Sleep Walk" (7/59 US 1, 10/59 GB 22).

■ **Dale Griffin** — 1950 — GB-Drummer mit Mott The Hoople und British Lions.

■ **Rob van Leeuwen** — 1946 — Niederländischer Gitarrist mit Shocking Blue.

■ **Jerry Edmonton** — 1946 — Kanadischer Drummer mit Steppenwolf.

■ **Alan Jackman** — 1958 — GB-Drummer mit Outfield.

Tageshits

1942 — „(I've Got A Gal In) Kalamazoo" — Glenn Miller — US 8 W.
1960 — „I Want To Be Wanted" — Brenda Lee — US 1 W.
1964 — „Memphis Tennessee" — Pat Boone — D 8 W.
1977 — „Belfast" — Boney M. — D 4 W.
1983 — „I Like Chopin" — Gazebo — D 3 W.
1987 — „Bad" — Michael Jackson — US 2 W.
1988 — „One Moment In Time" — Whitney Houston — D 2 W.

'mokie

▪ **Stephan Remmler** — 1946 — Sänger und Songschreiber, Kopf von Trio. ‚its: „Da da da — ich lieb dich nicht, du liebst mich nicht" (4/82 D 2), „Da Da Da" 7/82 GB 2) — wieder mal ein deutscher Titel in den GB-Charts, „Anna — laß-ıichrein, laßi michraus" (10/82 D 3), „Bum Bum" (5/83 D 7), „Herz ist Trumpf" 10/83 D 12) und „Turaluraluralu — ich mach BuBu, was machst du?" (12/83 D). Seit 1985 kennt man Stephan als Solist mit den Hits: „Keine Sterne in Athen" 11/86 D 3), „Alles hat ein Ende, nur die Wurst hat zwei" (2/87 D 3) und „Keine ‚ngst, hat der Papa mir gesagt (Keine Angst, hat die Mama mir gesagt)" (11/88 D 5).

▪ **Jeanne Black** — 1937 — US-Sängerin, die mit der Antwort auf den Jim ‚eeves Hit „He'll Have To Go", „He'll Have To Stay" (5/60 US 4, GB 41) ihren einzi-en Pop-Hit hatte.

▪ **Nick Thorp** — 1964 — GB-Bassist mit der 1983 gegründeten Band Curiosity ‚illed The Cat.

▪ **Kathy „Taffy" Danoff** — 1944 — US-Sängerin mit der Starland Vocal Band.

▪ **Glen Tipton** — 1948 — GB-Gitarrist mit Judas Priest.

▪ **Matthias Jabs** — 1956 — Gitarrist mit den Scorpions.

▪ **John Hall** — 1947 — GB-Drummer mit den Equals.

▪ **John Leven** — 1963 — Norwegischer Bassist mit Europe.

Tageshits

1941 — „(Lights Out) 'Til Reveille" — Kay Kyser — US 2 W.
1969 — „Sugar Sugar" — Archies — GB 8 W und D 10 W.
1971 — „Borriquito" — Peret — D 2 W.
1975 — „I Only Have Eyes for You" — Art Garfunkel — GB 2 W.
1980 — „Woman In Love" — Barbra Streisand — US & GB 3 W.
1986 — „True Colors" — Cyndi Lauper — US 2 W.

26

Geburtstage

▪ **Mahalia Jackson** — 1911 — US-Gospelsängerin, die nach eigener Aussage ausschließlich zum Ruhme Gottes sang. Sie sagte auch: „Immer hatte man mir angeboten, Blues zu singen. Jeder, der eine Stimme wie ich hat, kann Blues singen — doch ich habe ihn nie gesungen, weil man mir beigebracht hat, daß es Unrecht ist. Bei uns im Süden ist der Jazz nie als wirklich gute Musik anerkannt worden. Ich singe, was ich mein Leben lang in den Kirchen gesungen habe, und ich glaube daran." Ihren größten Hit und Millionseller hatte sie mit „Move On Up A Little Higher" (1/48 US 21). Mahalia starb am 27.1.1972.

▪ **OFF** — 1964 — Sänger und Produzent. Richtiger Name Sven Väth. Seine ersten Erfolge waren „Electrica Salsa (Baba Baba)" (12/86 D 3) und „Step By Step" (D 28).

▪ **Frank Mertens** — 1961 — Tastenspieler mit Alphaville auf deren erster LP, die 1984 erschien.

▪ **Keith Strickland** — 1953 — US-Schlagzeuger mit den 1976 gegründeten B 52's.

▪ **Vince Weber** — 1953 — Deutscher Blues-Pianist und Songschreiber. Spitzname: „The Boogie Man".

▪ **Daniel John Ohm** — 1963 — US-Sänger, der 1988 seine ersten Platten machte.

▪ **Michael Piano** — 1944 — US-Sänger im Trio Sandpipers.

▪ **Keith Hopwood** — 1946 — GB-Gitarrist mit Herman's Hermits.

Todestage

▪ **Alma Cogan** — 1966 — GB-Sängerin. Starb an Krebs. Geboren am 18.5.1932.

Tageshits

1974 — „Then Came You" — Dionne Warwicke & Spinners — US 1 W.
1974 — „Everything I Own" — Ken Boothe — GB 3 W.
1981 — „Ja wenn wir alle Englein wären" — Fred Sonnenschein & seine Freunde — D 4 W.
1985 — „Saving All My Love For You" — Whitney Houston — US 1 W.
1987 — „You Win Again" — Bee Gees — D 6 W.

27

Geburtstage

▪ **Simon Le Bon** — 1958 — GB-Sänger, Gitarrist und Songschreiber für Duran Duran, die 1978 gegründet wurden und zu denen Simon im April 1980 kam. Damit begann der Erfolg. Hits: „Hungry Like The Wolf" (5/82 GB 5, 12/82 US 3), „Save A

Prayer" (8/82 GB 2, 2/85 US 16), „Is There Something I Should Know?" (3/83 GB 1, 5/83 D 28, US 4), „Union Of The Snake" (9/83 GB 3, 11/83 US 3, D 37), „New Moon On Monday" (1/84 US 10, GB 9), „The Reflex" (4/84 GB & US 1, D 8), „The Wild Boys" (11/84 GB & US 2, D 1), „A View To A Kill" (5/85 US 1, GB 2, D 9), „Notorious" (11/86 GB 7, US 2, D 12), „I Don't Want Your Love" (10/88 GB 14, US 4, D 31) und „All She Wants Is" (12/88 US 22, GB 9, D 28). Zwischendurch machte Simon ein Projekt namens Arcadia — Hit: „Election Day" (10/85 GB 7, US 6, D 21).

■ **Floyd Cramer** — 1933 — US-Pianist und Songschreiber, der Mitte der 50er Jahre zu einem gesuchten Studiomusiker wurde. Er spielt auf den meisten frühen Platten von Elvis Presley, mit Jim Reeves oder den Browns. Ende der 50er Jahre schrieb er sich selbst ein paar Titel und brachte sie in die Hitparaden: „Last Date" (10/60 US 2), „On The Rebound" (3/61 US 4, GB 1) und „San Antonio Rose" (6/61 US 6, GB 36, 9/61 D 19).

■ **Hazell Dean** — 1956 — GB-Sängerin und Songschreiberin. Richtiger Name Hazell Dean Poole. Hits: „Searchin'" (4/84 GB 6, 7/84 D 38), „Whatever I Do (Wherever I Go)" (7/84 GB 4, 9/84 D 22), „Who's Leaving Who" (3/88 GB 4, 6/88 D 15), und „Maybe (We Should Call It A Day)" (6/88 GB 15, 8/88 D 34).

■ **Philip Catherine** — 1942 — In London geborener Gitarrist mit englischer Mutter und belgischem Vater. Er zählt zu den besten Jazz-Rock-Gitarristen. Bereits mit 17 wurde Philip Profimusiker. In den frühen 70ern spielte er mit Jean-Luc Ponty, dann mit Pork Pie, Charlie Mariano, Larry Coryell, Chet Baker oder Toots Thielemans.

■ **Farin Urlaub** — 1964 — Berliner Sänger, Gitarrist und Songschreiber. Richtiger Name Jan Vetter-Marciniak. 1982 war er Mitbegründer der Ärzte, die 1983 den Pop- und Rockwettbewerb des Berliner Senats gewannen. Danach veröffentlichten sie auf dem Indie-Label Vielklang ihre ersten Platten und verkauften immerhin so viel, daß sie ab 1985 bei der CBS unter Vertrag waren. Ihr offizielles Debütalbum hieß „Debil". Ihre Musik bezeichnen sie selber als Soda-Pop. Etliche Platten der Ärzte hatten im Funk recht wenig Gelegenheit, zu Gehör zu kommen. Texte wie „Hannelores Tag ist grau, denn Helmut K. schlägt seine Frau" waren nichts für öffentlich rechtliche Ohren. Hits: „Westerland" (10/88 D 34), „Zu spät..." (2/89 D 25) und „Bitte bitte" (5/89 D 18). Ob die Ärzte zur Zeit bestehen oder nicht, hängt davon ab, ob Jan gerade in Urlaub ist.

■ **Bodo Steiger** — 1949 — Gitarrist, Sänger und Songschreiber. Er begann bei der Düsseldorfer Band Lilac Angels, die sich Ende 1979 auflöste. Bodo kam mit der Band Rheingold wieder — Hit: „Dreiklangdimensionen" (8/81 D 17).

■ **Eddie Hind** — 1961 — GB-Sänger und Songschreiber im deutsch/englischen Duo Picnic At The Whitehouse. 1985 nahm sie Muff Winwood, Bruder von Steve und mit ihm einst gemeinsam bei der Spencer Davis Group, unter Vertrag mit der Bemerkung, diese Band werde in allernächster Zeit für Schlagzeilen musikalischer Natur sorgen. Ergebnis: „We Need Protection" (3/86 D 36).

■ **Kai Warner** — 1926 — Orchesterchef und Bruder von James Last. Richtiger Name Werner Last. Er starb am 9.7.1982.

Todestage

■ **Alma Gluck** — 1938 — US-Sängerin. Geboren am 11.5.1884.

■ **Oliver Nelson** — 1975 — US-Saxophonist, Pianist, Komponist und Leader einer eigenen Band. Er starb an einem Herzanfall. Geboren am 4.6.1932.

■ **Steven Peregrine Took** — 1980 — GB-Percussionist und Sänger. Geboren am 28.7.1949.

Tageshits

1966 — „Reach Out I'll Be There" — Four Tops — GB 2 W.
1973 — „Midnight Train To Georgia" — Gladys Knight & The Pips — US 2 W.
1973 — „Daydreamer" — David Cassidy — GB 3 W.
1979 — „One Day A Time — Lena Martell — GB 3 W.

28

Geburtstage

■ **Hank B. Marvin** — 1941 — GB-Gitarrist und Songschreiber. Richtiger Name Brian Rankin. 1957 gründete er mit Bruce Welch in seiner Heimatstadt Newcastle die Skiffle-Gruppe Rail Roaders. Im Mai 1958 gingen sie nach London und formierten die Five Chesternuts. Sie veröffentlichten erfolglos eine Single. Dann wurden sie engagiert als Begleitmusiker für Cliff Richard, der im Oktober 1958 als Vorprogramm für die Kalin Twins durch GB ziehen sollte. Daraus entwikkelte sich Cliff Richard & The Drifters, aus den Drifters wurden im Juli 1959 die Shadows, weil es bereits die amerikanischen Drifters gab. Hits: „Apache" (7/60 GB 1, 10/60 D 10, 8/61 RE-D 32), „Man Of Mystery/The Stranger" (11/60 GB 5), „Frightened City" (5/61 GB 3), „Kon-Tiki" (9/61 GB 1, 11/61 D 29), „Wonderful Land" (3/62 GB 1, 5/62 D 23), „Guitar Tango" (8/62 GB 4, 10/62 D 25), „Dance On" (12/62 GB 1), „Foot Tapper" (3/63 GB 1), „Atlantis" (6/63 GB 2, 8/63 D 23), „The Rise And Fall Of Flingel Bunt" (5/64 GB 5) und „Don't Cry For Me, Argentina" (12/78 GB 5). Im Januar 1968 veröffentlicht Hank seine erste Solo-Single „London's Not So Far". Die Platte wird kein Erfolg, Cliff Richard nimmt den Titel später auf. Mit Cliff im Duett singt Hank die Nummern „Throw Down A Line" (9/69 GB 7) und „Joy Of Living" (2/70 GB 25). Anfang der 70er Jahre spielen die Shadows mit wechselnden und z. T. nicht erkennbaren Besetzungen. Meist sind es jedoch immer wieder Hank B. Marvin und Bruce Welch, die den Gruppennamen fortführen. 1986 spielt Hank wie 1959, als die Nummer Platz 1 der britischen Hitparade erreichte, bei der Neuaufnahme von „Living Doll" (3/86 GB 1) mit Cliff Richard und den Young Ones Gitarre. Im Oktober 1988 — Hank wohnt inzwischen in Australien — kommt er nach London, um beim Dockland Open Air Concert von Jean-Michel Jarre mitzuspielen. Das kostet Jarre 20.000 Pfund.

■ **Wayne Fontana** — 1945 — GB-Sänger und Songschreiber mit Wayne Fontana & The Mindbenders. Richtiger Name Glynn Ellis. Er startete zunächst in Manchester die Skiffle-Gruppe Velfins, dann die Jets. 1963 machte er Probeaufnahmen für die Plattenfirma Fontana — daher sein Künstlername, die ihm als Belgeitmusiker ein paar Studio-Cracks anbot. Darunter war Eric Stewart. Aus dieser Zufallsband wurden schließlich die Mindbenders. Hits: „Um Um Um Um Um Um" (10/64 GB 5) und „Game Of Love" (2/65 GB 2, US 1, 6/65 D 19). Dann wollte es Wayne ab 1966 als Solist versuchen — größter Hit: „Pamela Pamela" (12/66 GB 11). Die Mindbenders hatten auch ohne Wayne — den Leadgesang übernahm nun Eric Stewart — Erfolg: „A Groovy Kind Of Love" (1/66 GB 2, 4/66 US 2).

■ **Cornelia Froboess** — 1943 — Erste Erfolge hatte sie bereits 1951 mit der Nummer „Pack die Badehose ein" — es folgten für die Kleine Cornelia Hits wie „Hei, hei, hei so eine Schneeballschlacht" oder „Lieber Gott, laß die Sonne wieder scheinen". 1958 wurde aus der Kleinen Cornelia der Teen-Star Conny — Hits: „Diana" (1/58 D 2), „I Love You Baby" (4/58 D 2), „Blue Jean Boy" (10/58 D 3), „Zwei kleine Italiener" (2/62 D 1) oder „Lady Sunshine und Mr. Moon" (8/62 D 3). Ab 1963 legte sie, nun ja schon fast 20 Jahre alt, ihr Teeny-Image ab und nannte sich Conny Froboes — Hit: „Drei Musketiere" (12/63 D 4). Neben ihren Soloplatten machte sie Aufnahmen mit Peter Alexander, Will Brandes, Rex Gildo und Peter Kraus. Nach 1966 verlegte sie sich mehr auf ihr schauspielerisches Talent — mit Erfolg.

■ **Graham Bond** — 1937 — GB-R&B-Multi-Instrumentalist und Songschreiber. Er begann im Quintett Don Rendell. 1962 ersetzte er Cyril Davis in Alexis Korners Blues Incorporated. Danach gründete er zusammen mit Jack Bruce und Ginger Baker ein Trio, das sich später durch John McLaughlin zum Quartett vergrößerte. Sie nannten sich Graham Bond Organisation. Als Bruce und Baker gingen, um mit Eric Clapton Cream zu gründen, kam Jon Hiseman in die Band. 1968 löste Graham die Gruppe auf, ging in die USA und machte dort Soloplatten. Mit Ginger Baker spielte er noch mal bei Air Force und tauchte in anderen kurzlebigen Projekten auf. 1973 führten Drogen und persönliche Probleme zu einem Nervenzusammenbruch. Er starb am 8.5.1974 unter ungeklärten Umständen.

Tageshits

1950 — „All My Love" — Patti Page — US 5 W.
1978 — „Hot Child In The City" — Nick Gilder — US 1 W.

29

Geburtstage

'he Charlie Daniels Band

■ **Charlie Daniels** — 1936 — US-Gitarrist, Sänger, Geiger und Songschreiber. nde der 50er Jahre gründete er seine erste eigene Band, die Jaguars, mit denen r bis 1967 zusammen spielte. Elvis hat 1963 einen Titel, den Charlie geschrieben atte, aufgenommen: „It Hurts Me". Charlie wurde Studiomusiker in Nashville und egleitete Plattenaufnahmen von Bob Dylan, Ringo Starr, Leonard Cohen, Pete eeger, Marty Robbins und zahllosen Country-Stars. Außerdem arbeitete er als roduzent — 4 LPs der Youngbloods hat er betreut. 1971 startete er schließlich eine eigene Gruppe, die Charlie Daniels Band. Hits: „Uneasy Rider" (6/73 US 9) nd „The Devil Went Down To Georgia" (6/79 US 3, 9/79 GB 14).

■ **Annette Humpe** — 1950 — Sängerin, Tastenspielerin und Songschreiberin. usammen mit ihrer jüngeren Schwester Inga singt sie 1978 bei den Neon Babys. m Januar 1980 ist sie Mitbegründerin von Ideal. Hits: "Eiszeit" (12/81 D 16) und Monotonie" (5/82 D 21). Im Frühjahr 1983 — Ideal ist inzwischen auseinander- egangen — produziert Annette ihre Schwester in der Formation DÖF (Deutsch-)sterreichisches Feingefühl) — Hit: „Codo" (7/83 D 1). Ab Dezember 1983 arbei- en die Schwestern an einem eigenen Projekt, das schließlich im März 1985 zur /eröffentlichung der ersten gemeinsamen Platte Humpe-Humpe führt. 1987 rscheint eine weitere gemeinsame LP „Swimming Sharks", dieses Mal als Inga & \nete Humpe. Daraus ausgekoppelt: „Careless Love" (10/87 D 24). Zeitweilig fand s Annette chic, ihre Vornamen nur mit einem „n" und einem „t" zu schreiben.

■ **Cleo Laine** — 1927 — GB-Sängerin und Schauspielerin. Richtiger Name Clementina Dinah Campbell. 1940 trat sie in dem Film „Thief Of Bagdad" auf. Ab 1951 nachte sie professionell Musik und arbeitete ab 1952 in der Band von John Dunkvorth. 1958 heiratete sie John, stieg aber aus der Band aus und arbeitete nur noch poradisch mit ihm zusammen. Ihr größter Erfolg als Solistin hieß „You'll Answer o Me" (9/61 GB 5).

■ **Curtis Lee** — 1941 — US-Sänger und Songschreiber mit einem Hit: „Pretty ittle Angel Eyes" (7/61 US 7), produziert von Phil Spector.

■ **Ricky Lee Reynolds** — 1948 — US-Gitarrist und Sänger mit Black Oak Arkansas.

■ **Eros Ramazzotti** — 1963 — Italienischer Sänger und Songschreiber.

■ **Stephen Morris** — 1957 — GB-Schlagzeuger mit New Order.

■ **Telma Hopkins** — 1948 — US-Sängerin mit Dawn.

Fleetwood Mac

■ **Peter Green** — 1946 — GB-Bassist, Sänger und Songschreiber. Richtiger Nachname Greenbaum. Er begann mit den Gruppen Loonas und Shotgun Express, bevor er im Juli 1966 Eric Clapton bei John Mayall's Bluesbreakers ablöste. Neben Mayall und Green spielten in dieser Band Mick Fleetwood und John McVie. Im Juli 1967 nahmen die Bluesbreakers ohne John Mayall im Auftrag von Mike Vernon, dem das „Blue Horizon" Label gehörte, als Begleitband von US-Bluesmusiker Eddie Boyd eine LP auf. Mike Vernon war vom Spiel so angetan, daß er den Musikern anbot als eigenständige Gruppe zu arbeiten. So kam es zur Gründung von Peter Green's Fleetwood Mac — Peter Green wurde wenig später aus dem Bandnamen gestrichen. Außerdem spielten sie auf etlichen „Blue Horizon" Produktionen von Otis Spann oder Duster Bennett mit. Green war es, der die ersten großen Erfolge für Fleetwood Mac, wie z.B. „Black Magic Woman" (4/68 GB 37 — später ein Hit für Santana), „Albatross" (12/68 GB 1, 3/69 D 19, 5/73 RE-GB 2), „Man Of The World" (4/69 GB 2, 7/69 D 37), „Oh, Well" (10/69 GB 2, D 5) und „The Green Manalishi (With The Two Pronged Crown)" (5/70 GB 10, 7/70 D 16) im Alleingang schrieb. Ein weiterer Hit war die Little Willie John Nummer „Need Your Love So Bad" (7/68 GB 31, 7/69 RE-GB 32). Am 11. April 1970, die Band war gerade auf Europatournee und spielte in München, kündigte Peter an, die Band verlassen zu wollen. Das verwirklichte er dann auch im Mai — das Ganze begründete er mit dem Haß auf den Starrummel, das Gehabe der Plattenindustrie und alles, was damit zusammenhängt. Danach arbeitete er angeblich als Totengräber und als Krankenhauspförtner. Als ihm im Januar 1977 ein Scheck in Höhe von 30.000 Pfund ausgehändigt werden soll, bedroht er den Überbringer mit einem Luftgewehr — das bringt ihm einen Aufenthalt in einer Nervenklinik. Ein Comeback versucht er schließlich im Juli 1979, als er die LP „In The Skies" veröffentlicht. In der Nachfolgezeit erscheinen weitere Solo-LPs von ihm, die alle schön aber keine Chartrenner waren.

■ **Denny Laine** — 1944 — GB-Gitarrist, Sänger und Songschreiber. Richtiger Name Brian Arthur Hines. Er gründete Anfang der 60er Jahre die Band Denny &

Todestag

■ **Earl Bostic** — 1965 — US-Saxophonist. Er starb an einem Herzschlag. Geboren am 25.4.1920.

The Diplomats und war 1964 Gründungsmitglied bei Moody Blues — Hit: „Go Now" (12/64 GB 1, 2/65 US 10). Im August 1966 verließ er die Band wieder und wurde durch Justin Hayward ersetzt. Denny wurde Mitglied in der Electric String Band, erhielt einen Solo Vertrag, der keinen Hit brachte, ging dann zu Balls, Ginger Baker's Airforce und stieß 1971 zu den Wings, die Paul McCartney begleiteten. 1982 verließ er McCartney und arbeitete wieder als Solist.

■ **Eddie Constantine** — 1917 — US-Schauspieler und Sänger, geboren in Los Angeles als Sohn russischer Emigranten. Sein Vater war Operntenor, der seinen Sohn nach Wien schickte, um dort seine Stimme ausbilden zu lassen. Nach der Rückkehr in die USA reichte es gerade für Auftritte im Chor der New York Radio City Music Hall und ein paar kleine Rollen in Filmen. Nachdem seine Frau, die Tänzerin Helene Mussel, eine Anstelklung im Ballets de Monte Carlo erhalten hatte, folgte er ihr nach Paris, wo er in Nachtclubs zu singen begann. Dort entdeckte ihn Edith Piaf, die ihn protegierte und mit der er eng befreundet war. Zu den größten Hits für Eddie in Frankreich gehören „Au Loin Dans La Plaine" (1952), „Les Amoureux Du Havre" und „Et B.iller Et Dormir" (beide 1953), „Ah Les Femmes" (1954), „Un Enfant De La Balle" (1955) und „Cigarettes Et Whisky" (1957). 1953 begann seine Karriere als Darsteller des Lemmy Caution in einer ganzen Serie von französischen Kriminalfilmen. Seitdem gilt er bei uns als Vorzeigefranzose, der seinen französischen Akzent mit Erfolg in den Hits „Ich wünsch dir einen schlaflosen Abend" (12/56 D 6), „Der Vagabund und das Kind" (12/56 D 10) und „Jeder macht mal eine Pause" (1/57 D 9) pflegte.

■ **Fanny Brice** — 1891 — US-Sängerin, Schauspielerin und Tänzerin. Richtiger Name Fannie Borach. Zwischen 1910 und 1923 war sie in fast allen Shows der Ziegfeld Follies zu sehen und zu hören. Ab 1928 spielte sie auch in einigen frühen Filmmusicals mit, so z. B. in „Nightclub" und „My Man" (beide 1928). Im Radio der 40er Radio kannte man Fanny als „Baby Snooks". Als Sängerin hatte sie in den 20er Jahren fünf Hits, ihr größter war „My Man" (2/22 US 1). Fannys Leben war Vorlage für das Broadway Musical „Funny Girl", das 1968 mit Barbra Streisand in der Hauptrolle verfilmt wurde. 1975 kam die Fortsetzung „Funny Lady" in die Kinos. Fanny starb am 29.5.1951.

■ **David Paton** — 1951 — GB-Leadsänger, Bassist und Songschreiber mit der 1974 gegründeten Band Pilot. Hits: „Magic" (11/74 GB 11, 2/75 D 39, 4/75 US 5) und „January" (1/75 GB 1, 3/75 D 15). Später gehörte er zum Kreis der Musiker, die mit Alan Parsons an verschiedenen Projekten arbeiteten. Weitere Bandstationen: Camel und Keats. Als Studiomusiker ist David auch auf Platten von Kate Bush, Chris de Burgh, Chris Rea, Jimmy Page oder Elton John zu hören.

■ **Oliver Bendt** — 1946 — Richtiger Name Jürgen Knoch. Er veröffentlichte ab Anfang der 70er Jahre Schlagerplatten — größter Hit: „Was ich tat, tat ich nur für Maria" (8/71 D 33). Nach 1976 schien er verschwunden — dann tauchte er als Kopf der Goombay Dance Band wieder auf. Hits: „Sun Of Jamaica" (12/79 D 1), „Aloha-Oe, Until We Meet Again" (5/80 D 5), „Eldorado" (10/80 D 4), „Rain" (3/81 D 9) und „Seven Tears" (6/81 D 13, 2/82 GB 1).

■ **Arnell Carmichael** — 1952 — US-Keyboarder und Sänger mit Raydio. Chef dieser Gruppe war Ray Parker, mit dem Arnell in der Folgezeit neben Studioprojekten mit La Toyah Jackson, Maxine Nightingale, Leo Sayer, Billy Preston und Diana Ross weitere Platten aufnahm.

■ **Stephen Luscombe** — 1954 — GB-Synthie-Rocker, Sänger und Songschreiber für Blancmange, die ab 1982 erfolgreich waren. Hits: „Living On The Ceiling" (10/82 GB 7), „Blind Vision" (5/83 GB 10) und „Don't Tell Me" (4/84 GB 8).

■ **Ray Steinberg** — 1942 — US-Sänger mit den Reflections, deren größter Hit „(Just Like) Romeo & Juliet" (4/64 US 6) war.

■ **Randy Jackson** — 1961 — US-Sänger in der Geschwister-Truppe Jackson 5.

Todestage

■ **Duane Allman** — 1971 — US-Gitarrist und Kopf der Allman Brothers Band. Er verunglückte tödlich mit seinem Motorrad. Geboren am 20.11.1946.

■ **Woody Herman** — 1987 — US-Jazzmusiker und Orchesterchef. Starb an Herzversagen und Lungenentzündung. Geboren am 16.5.1913.

Tageshits

1955 — „Autumn Leaves" — Roger Williams — US 4 W.
1966 — „96 Tears" — ? & The Mysterians — US 1 W.
1977 — „Yes Sir, I Can Boogie" — Baccara — GB 1 W.
1983 — „Islands In The Stream" — Kenny Rogers & Dolly Parton — US 2 W.
1988 — „Orinoco Flow" — Enya — GB 3 W.

30

Geburtstage

■ **Grace Slick** — 1939 — US-Sängerin und Songschreiberin. Sie wurde gebo ren als Grace Wing, war Fotomodell und heiratete Jerry Slick, mit dem sie 196 die Band Great Society gründete. 1966 stieg sie für die Sängerin Signe Anderso bei der ebenfalls 1965 gegründeten Band Jefferson Airplane ein — Hits: „Some body To Love" (4/67 US 5, 7/67 D 20) und „White Rabbit" (6/67 US 8). Die Ban hielt bis 1974 — einige der Gruppenmitglieder, darunter auch Grace, verfolgte Solo-Projekte, als man sich erneut formierte, jetzt als Jefferson Starship. 1978 – nachdem die Band Grace dafür verantwortlich gemacht hatte, daß das en täuschte Publikum auf der Loreley am 17.6.1978 die Bühne in Brand gesteckt hatt — verließ sie die Gruppe, kehrte aber im März 1981 wieder zurück. Hits von Jeffe son Starship: „Miracles" (8/75 US 3) und „Count On Me" (3/78 US 8). 1985 wurd der Gruppenname erneut verändert — jetzt nannte man sich nur noch Starship – Grace war immer noch dabei. Hits: „We Built This City" (9/85 US 1, 11/85 GB 12, I 10), „Sara" (12/85 US 1, 2/86 D 15) und „Nothing's Gonna Stop Us Now" (1/87 U 1, 3/87 D 3, GB 1). Im November 1988 kamen mit Grace, Paul Kantner, Jorma Kau konen, Marty Balin und Jack Casady fünf Musiker der ersten Erfolgsbesetzung vo Jefferson Airplane wieder zusammen, um an einem neuen Projekt zu arbeiten. Al Resultat erschien im August 1989 eine LP unter ihrem alten Namen, während di Gruppe Starship ebenfalls weiterhin Platten veröffentlichte.

■ **Eddie Holland** — 1939 — US-Songschreiber, der seine Karriere als Sänge begann und schnell zusammen mit Bruder Brian und Lamont Dozier zu den erfolgreichsten Songschreiber-Team von Tamla-Motown wurde. Die drei schriebe Hits für die Supremes, Four Tops oder Marvin Gaye. Wie viele berühmte Song schreiber hat sich auch Eddie als Sänger versucht. Es reichte nur für „Jamie" (1/ 62 US 30).

Temptations

■ **Otis Williams** — 1941 — US-Sänger, richtiger Nachname Miles. Schon in den 50er Jahren sang er mit Bands wie Distants oder Primes. 1960 taufte man sich lgins, und kurze Zeit später wurden daraus die Temptations. Hits bis 1971 am 7.12. bei Eddie Kendricks, danach am 5.10. bei Richard Street.

Timothy B. Schmit — 1947 — US-Bassist und Sänger. Er begann 1962 mit lem Folktrio Tim, Tom & Ron. 1963 war er bei der Surfband Contenders, dann bei New Breed, die sich ab 1968 Glad nannten. Im Februar 1970 kam er zu Poco und ging im September 1977 zu den Eagles. Nach Auflösung der Eagles spielte er als Studiomusiker bei Elton John, Bob Seger, America, Joe Walsh, Crosby, Stills & Nash und vielen anderen. 1984 erschien eine Solo-LP von ihm.

Chris Slade — 1946 — GB-Drummer. Er begann 1971 bei Tom Paxton und war von 1972 bis 1978 bei Manfred Mann's Earthband. Danach spielte er mit Frankie Miller, Uriah Heep, Gary Numan, Denny Laine und ab 1985 mit der Gruppe Firm.

Geoff Beauchamp — 1962 — GB-Leadgitarrist bei Eigth Wonder.

Todestag

Georges Brassens — 1981 — Französischer Chansonnier. Geboren am 22.10.1921.

Tageshits

1943 — „Pistol Packin' Mama" — Al Dexter — US 8 W.
1959 — „Travellin' Light" — Cliff Richard — GB 5 W.
1972 — „Wig-Wam Bam" — Sweet — D 8 W.
1982 — „Who Can It Be Now" — Men At Work — US 1 W.

Merk-Würdiges

1938 — Orson Welles sendet im US-Radio sein berühmtes Hörspiel „Krieg der Welten" nach dem Roman von H.G. Wells. Obwohl als Hörspiel mehrfach angekündigt, bricht unter der Bevölkerung Panik aus — viele glauben an eine echte Invasion vom Mars. Auch noch während der Sendung wurde mehrfach darauf hingewiesen, daß hier doch nur ein Hörspiel lief — viele hörten es nicht mehr, weil sie schon auf der Flucht waren.

31

Geburtstage

Adamo — 1943 — In Italien geborener und in Belgien aufgewachsener Sänger und Songschreiber. Vorname Salvatore. 1960 wurde er bei einem Nachwuchswettbewerb von Radio Luxemburg entdeckt. 1963 machte er seine ersten Platten und war ab 1966 in Frankreich der beliebteste Gesangsstar — Hits in Frankreich: „Vous Permettez Monsieur" (1964), „Mes Mains Sur Tes Hanches" (1965) und „Inch' Allah" (1967). Die größten Hits in deutscher Sprache hatte er mit „Es geht eine Träne auf Reisen" (11/68 D 2) und „Ein kleines Glück" (3/70 D).

Russ Ballard — 1947 — GB-Gitarrist, Songschreiber, Sänger und Produzent. Er begann mit den Roulettes, die die Begleitgruppe von Adam Faith bildeten. Dann stieg er bei Unit Four Plus Two ein, die ihre Hits aber bereits hinter sich hatten, um wenig später bei der Gründung von Argent dabei zu sein. Größter Hit: „Hold Your Head Up" (3/72 GB 5, 6/72 US 5). Ab Mitte der 70er Jahre arbeitete Russ als Solist — was er an Hits für andere geschrieben hat, ist erstaunlich — für sich selbst schaffte er jedoch keinen Erfolg. Als Studiomusiker war er auch auf Platten von Roger Daltrey und America zu hören.

■ **Johnny Clegg** — 1953 — GB-Sänger, Gitarrist und Songschreiber. Mit sechs Jahren kam er mit seinen Eltern nach Zimbabwe und wuchs dort und in Südafrika auf. Mit 14 lernte er die Sprache und die Musik der Zulus — allen Apartheids-Gesetzen zum Trotz. So landete Johnny mit 15 zum erstenmal im Gefängnis, weil er mit schwarzen Musikern in deren Township gearbeitet hatte. 1976 gründete er die gemischtrassige Band Juluka, aus der sich 1986 Johnny Clegg & Savuka entwickelte. Die bekannteste Nummer beider Formationen war „Scatterlings Of Africa".

■ **Tom Paxton** — 1937 — US-Gitarrist, Folk-Sänger und Songschreiber. Anfang der 60er Jahre kam er nach Greenwich Village und traf dort Musiker wie Bob Dylan, Phil Ochs, Peter, Paul & Mary oder Pete Seeger. Gerade Pete war es, der Tom Paxton auf die Beine half. 1965 erschien die LP „Ramblin' Boy" — so lautet auch Toms Spitzname -, auf der schon etliche sehr schöne Stücke waren, z. B. „The Last Thing On My Mind" oder der Titelsong. Kompositionen von Tom wurden von John Denver, dem Kingston Trio und vielen anderen nachgesungen.

■ **Kinky Friedman** — 1944 — US-Country-Rock-Songschreiber und Sänger, der den Beinamen „Frank Zappa der Countrymusik" hat. Richtiger Vorname Richard. 1966 machte er seine ersten Platten mit einer eigenen Band, die er King Arthur & The Carrots nannte. Danach ging er mit dem Peace Corps nach Borneo und gründete 1971, zurück in Los Angeles, die Texas Jew Boys. 1973 veröffentlichte Kinky seine erste LP „Sold American", auf der sich Titel befinden wie „Let Saigons Be Bygones" oder „We Reserve The Right To Refuse Service To You". Ein anderes Stück von Kinky heißt „They Ain't Making Jews Like Jesus Anymore". Dieser schwarze Humor und eine Anhäufung von sogenannten „Four Letter Words" verhinderten, daß Kinky und seine Band in der „Grand Ole Opry" auftraten.

■ **Annabella Lwin** — 1965 — GB-Sängerin mit Bow Wow Wow. Richtiger Name Myant Myant Aye. Geboren wurde sie in Rangun, Burma. Die erste Single der 1980 gegründeten Gruppe Bow Wow Wow, die von Malcolm McLaren protegiert wurde, hieß „C'30, C'60, C'90, Go!" (7/80 GB 30) und wurde nur als MC veröffentlicht, ebenso wie die zweite Single der Gruppe. McLaren war der Meinung, daß in Zukunft die meisten Kids sowieso die Platten vom Radio auf Band aufnehmen würden, um mit Walkman überall Musik hören zu können. Hits: „Go Wild In The Country" (1/82 GB 7) und „I Want Candy" (6/82 GB 9). 1984 verließ Annabella die Gruppe und machte als Solistin unter ihrem Vornamen Platten. Die Gruppe änderte ihren Namen in Chiefs Of Relief und brachte durchaus akzeptablen Pop.

■ **Moon Martin** — 1950 — US-Sänger, Songschreiber und Gitarrist. Richtiger Vorname John. Er begann mit der Band Southwind, die zwischen 1969 und 1972 drei LPs veröffentlichte. Er schrieb für Mink de Ville und viele andere. 1978 gründete er eine eigene Band. Größter Hit: „Rolene" (8/79 US 30).

■ **King Ad-Rock** — 1966 — US-Sänger und Songschreiber mit den 1981 gegründeten Beastie Boys. Richtiger Name Adam Horovitz. Die Gruppe entwikkelte sich von einer Hardcore Rock- zu einer weißen Rapband. Hits: „(You Gotta) Fight For Your Right (To Party!)" (12/86 US 7, 2/87 GB 11, 5/87 D 25), „No Sleep Till Brooklyn" (5/87 GB 14) und „She's On It" (7/87 GB 10).

■ **Anita Kerr** — 1927 — US-Sängerin, Pianistin, Songschreiberin und Produzentin. Geboren wurde sie als Anita Jean Grob. 1949 gründete sie die Anita Kerr Singers, ab 1951 machte sie Platten. Sie leistete einen wichtigen Beitrag zum Nashville Sound, der auch auf Platten von Jim Reeves, den Browns oder Red Foley zu hören ist. Anfang der 60er Jahre war Anita eine der ersten Frauen, die Country-Platten produzierten. Mit ihren Singers tauchte sie nie in den Hitparaden auf, als Anita & Th' So-And-So's hatte sie mit „Joey Baby" (2/62 US 91) ihren größten Erfolg.

■ **Johnny Marr** — 1963 — GB-Gitarrist und Songschreiber mit den 1982 gegründeten Smiths. Mitte 1987 fiel die Gruppe auseinander, weil Marr in die USA ging, um mit den Talking Heads zu arbeiten.

■ **Tony Brock** — 1953 — GB-Drummer mit den Babys und als Studiomusiker für Rod Stewart, Eddie Money, Randy Vanwarmer oder Jimmy Barnes.

■ **Ray Smith** — 1934 — US-Sänger, Gitarrist und Tastenspieler. Größter Hit: „Rockin' Little Angel" (1/60 US 22). Er starb am 29.11.1979.

■ **Bernard Edwards** — 1952 — US-Bassist, Songschreiber und Produzent. Er begann zusammen mit Nile Rodgers in der Gruppe Chic.

■ **Alistair McErlaine** — 1968 — GB-Gitarrist und Songschreiber mit der 1987 gegründeten schottischen Formation Texas.

■ **Tony Bowers** — 1956 — GB-Bassist mit Alberto Y Lost Trios Paranoias, Moth Men und ab 1984 bei Simply Red.

■ **Larry Mullen** — 1961 — GB-Drummer mit U 2.

Todestag

■ **Barry Sadler** — 1989 — US-Sergeant und Sänger, der mit dem selbstgeschriebenen Song „The Ballad Of The Green Berets" (2/66 US 1, GB 24, 4/66 D 4) erfolgreich war. Sadler war zwischen 1958 und 1962 bei der US Airforce. Danach erlernte er das Gitarrenspiel und gründete in seinem Heimatstaat New Mexico eine eigene Gruppe. Nachdem die sich wegen Erfolglosigkeit aufgelöst hatte, ging Barry 1963 in die Army. Kurz nachdem er nach Vietnam geschickt worden war, verletzte er sich ein Bein beim Sturz in eine Bambusfalle des Vietkong. Zurück in den USA schrieb er sein „Lied von den grünen Mützchen". Nach einem kleineren Nachfolgehit, widmete er sich wieder ganz dem Militär und seiner Vorliebe für Waffen: Im Dezember 1978 war er in den Mordfall am Songschreiber Lee Emerson Bellamy verwickelt. 1981 war er an einer Schießerei mit einem ehemaligen Geschäftspartner beteiligt. 1988 — er trainierte inzwischen Kontrarebellen in Guatemala — traf ihn ein Schuß in den Kopf, der aber ohne Folgen blieb. Im Alter von 49 Jahren starb er nun in Tennessee an Herzversagen.

Tageshits

— **1942** „White Christmas" — Bing Crosby — US 11 W.
1960 — „Save The Last Dance For Me" — Drifters — US 2 W. (2.mal)
1963 — „You'll Never Walk Alone" — Gerry & The Pacemakers — GB 4 W.
1964 — „Baby Love" — Supremes — US 4 W.
1970 — „Woodstock" — Matthews Southern Comfort — GB 3 W.

Merk-Würdiges

1942 — „White Christmas" mit Bing Crosby erreicht zum erstenmal Platz 1 in den USA. Im Laufe der nächsten Jahre sollte die Platte noch häufiger in die Hitparaden kommen: 12/43 US 6, 12/44 US 5, 12/45 US 1, 12/46 US 1, 12/47 US 3, 12/48 US 6, 12/49 US 5, 12/50 US 13, 12/51 US 13, 12/53 US 21, 12/54 US 21, 12/55 US 7, 12/56 US 65, 12/57 US 34, 12/58 US 66, 12/59 US 59, 12/60 US 26, 12/61 US 12, 12/62 US 38. In GB hatte Bing mit dem Titel Erfolg, nachdem er in den USA ausgelutscht war: 12/77 GB 5, 12/85 GB 69. Auch wir braven Weihnachtsmänner liebten Bing: 12/55 D 6, 12/56 D 12.

1

Geburtstage

■ **Lyle Lovett** — 1957 — US-Sänger und Songschreiber. Lyle arbeitete als Journalist und studierte Deutsch. In den 70er Jahren begann er Lieder zu schreiben, ab 1979 trat er öffentlich auf. 1986 erhielt er einen Plattenvertrag bei MCA, die ihn und seine Gruppe als Western Swing Band verkauften. Mit dem Titel „Cowboy Man" (11/86 C&W 10) hatte er einen ersten Erfolg. Seine textlich al andere als zimperlichen Lieder zeugen von scharfer Beobachtungsgabe.

■ **Ric Grech** — 1945 — GB-Bassist, Violinist und Sänger. Er begann bei Fam und wurde neben Steve Winwood, Ginger Baker und Eric Clapton Mitglied in d Supergruppe Blind Faith. Dann spielte er mit Ginger Baker's Air Force, KGB u Traffic. Als Sessionmusiker war er bei Plattenaufnahmen der Bee Gees, v Muddy Waters oder Rod Stewart zu hören und machte auch Soloplatten. Ric sta am 17.3.90.

■ **Bill Anderson** — 1937 — US-Sänger und Songschreiber. 1957 war Diskjockey und schrieb über Sportereignisse. Von 1958 bis zum Ende der 80 Jahre war er regelmäßig mit Hits in der C&W Hitparade vertreten. Sein größt Crossover-Erfolg hieß „Still" (4/63 US 8). Bill war als Schauspieler in diversen F men zu sehen und moderierte die TV-Game-Show „Fandango". Sein Spitzname Whispering Bill.

■ **Ronald Bell** — 1951 — US-Saxophonist und Songschreiber für Kool & T Gang.

■ **Dan Peek** — 1950 — US-Gitarrist, Sänger und Songschreiber mit Americ

■ **Robert Yeazel** — 1946 — US-Gitarrist und Sänger mit Beast und Sugarlo

■ **Mags Furuholmen** — 1962 — Norwegischer Keyboarder und Songschre ber mit A-Ha.

■ **Eddie MacDonald** — 1959 — GB-Bassist mit der 1981 gegründeten Form tion Alarm.

■ **Chris Morris** — 1954 — GB-Gitarrist mit Paper Lace.

■ **Mike Bernie** — 1944 — GB-Tenorsaxophonist mit Wizzard.

■ **Rick Allen** — 1963 — GB-Schlagzeuger mit Def Leppard.

Tageshits

1957 — „That'll Be The Day" — Crickets — GB 3 W.
1969 — „Suspicious Minds" — Elvis Presley — US 1 W.
1975 — „Island Girl" — Elton John — US 3 W.

2

Geburtstage

■ **Keith Emerson** — 1944 — GB-Tastenspieler und Songschreiber. Er begar als Begleitmusiker für P. P. Arnold — vorher hatte er in der unbedeutende Gruppe Gary Farr & The T-Bones gespielt. Im September 1967 wurde dann Nic gegründet. Single-Hit: „America" (7/68 GB 21). Keith wurde in diesen Tagen a der Jimi Hendrix an den Keyboards gefeiert — zu seiner Bühnenshow gehörte e seine Instrumente mit einem Messer zu bearbeiten. Als sich trotzdem kein Erfo einstellte, fiel Nice auseinander, und Emerson gründete im Juni 1970 Emerso Lake & Palmer, die sich bis zum Dezember 1978 hielten. Hits: „From The Begir ning" (10/72 US 39) und „Fanfare For The Common Man" (6/77 GB 2). Bei u war die bekannteste Nummer „Lucky Man" (5/71 D 23). Zwischendurch erschie nen auch Soloplatten von Keith: „Honky Tonk Train Blues" (4/76 GB 21). Anfa der 80er Jahre beschäftigte sich Keith vorwiegend mit Soundtracks für Filme un TV-Sendungen. 1985 kamen Keith und Greg Lake überein, wieder zusammen Pla ten aufzunehmen. Carl Palmer mochte jedoch nicht mehr mitmachen und wurd durch Cozy Powell ersetzt. Mitte 1986 stieg Powell jedoch wieder aus, Carl Palme

Emerson Lake & Palmer

kam 1987 zurück, aber nach einigen erfolglosen Proben läßt man das Projekt wieder fallen. Im Februar 1988 macht Keith zusammen mit Carl Palmer und Robert Berry die Gruppe 3, die eine erfolglose LP veröffentlicht.

John David Souther — 1945 — US-Gitarrist, Sänger und Songschreiber. Er begann zusammen mit Glenn Frey bei Longbranch Pennywhistle, spielte dann mit Glenn als Duo — und, als der zu den Eagles ging, als Solist. J.D. schrieb u.a. Hits für die Eagles, Bonnie Raitt oder Linda Ronstadt. Als Studiomusiker ist er auf vielen Platten bekannter West Coast Musiker zu hören. Mit der Souther, Hillman, 'uray Band, die er mitbegründete, hatte er den Hit „Fallin' In Love" (8/74 US 27). Als Solist war J.D. ab Ende der 70er Jahre erfolgreich — Hit: „You're Only Lonely" 9/79 US 7). Im Duett mit James Taylor gelang ein weiterer Erfolg: „Her Town Too" (3/81 US 11).

Bruce Welch — 1941 — GB-Gitarrist, Sänger und Songschreiber. Zusammen mit Hank B. Marvin bildete er den Nucleus der Shadows. Die beiden hatten schon in jungen Jahren zusammen Skiffle-Musik gemacht. 1958 gründeten sie die Drifters, die als Begleitband von Cliff Richard auftraten. Nachdem die Original US-Drifters davon Wind bekamen, mußten sie sich in Shadows umbenennen. Für Cliff Richard hat Bruce durch die Jahre Songs geschrieben und mit ihm zusammen gearbeitet.

Earl Carroll — 1937 — US-Leadsänger der Cadillacs, die aus den 1953 gegründeten Carnations entstanden. Earls Spitzname war Speedy. Der größte Erfolg der Gruppe war eine Abwandlung dieses Spitznamens: „Speedoo" (12/55 US 17). Die Cadillacs gelten als die erste R&B-Gesangsgruppe, die sich für ihre Bühnenauftritte eine eigene Choreographie schaffte. Mit „Peek-A-Boo" (12/58 US 28) gelang ihnen ein weiterer Hit. 1961 wurde Earl dann Mitglied bei den Coasters, deren große Zeit allerdings schon vorbei war.

■ **David „Jay" Black** — 1938 — US-Leadsänger mit Jay & The Americans. 1962 kam er zu dieser Band und löste John „Jay" Traynor ab. Mit Traynor hatte die Band bereits den Hit „She Cried" (3/62 US 5) gehabt — jetzt wurde der Erfolg noch größer: „Come A Little Bit Closer" (9/64 US 3), „Cara, Mia" (6/65 US ·, 10/65 D 30) und „This Magic Moments" (12/68 US 6). 1970 trennte sich die Gruppe, und Black machte als Solist weiter.

■ **Dave Pegg** — 1947 — GB-Bassist mit Steeleye Span, Fairport Convention und Jethro Tull. Außerdem ist er als Studiomusiker auf vielen LPs von britischen Folkrock-orientierten Musikern zu hören.

Frank Diez — 1950 — Gitarrist der Sonderklasse mit Ihre Kinder, Karthago, Emergency, Atlantis, Randy Pie, Snowball, Diez & Bischof, Average Business Men und als Begleitmusiker von Peter Maffay.

Andy Borg — 1960 — Österreichischer Sänger. Im September 1981 hatte er in der österreichischen Nachwuchs-Fernsehsendung „Die große Chance" seinen ersten Auftritt. Der deutsche Produzent Kurt Feltz nahm ihn unter Vertrag und sorgte für Hits wie „Adios Amor" (6/82 D 1) oder „Arrivederci Claire" (11/82 D 8).

Les „Chip" Hawkes — 1946 — GB-Bassist mit den Tremeloes.

■ **Nicki** — 1966 — Bayerische Sängerin. Richtiger Name Doris Hrda. Laut eigener Aussage ist sie ein „Bayerisches Cowgirl", das seit 1983 in der deutschen Hitparade erfolgreich ist.

Todestag

■ **Mississippi John Hurt** — 1966 — US-Bluesmusiker. Er starb nach einem Herzanfall. Geboren am 3.7.1893.

Tageshits

1968 — „Heidschi Bumbeidschi" — Heintje — D 9 W.
1974 — „You Haven't Done Nothing" — Stevie Wonder — US 1 W.
1985 — „Part Time Lover" -Stevie Wonder — US 1 W.

3

Geburtstage

■ **Lulu** — 1948 — GB-Sängerin, richtiger Name Marie McDonald McLaughlin Lawrie. Gerade 15 Jahre alt, leitete sie die Gruppe Glen Eagles, die ihren Namen in Luvvers umänderte und als eine der ersten erfolgreichen Gruppen der Beat-Ära gilt. Mit einer Neuaufnahme des Isley Brothers-Titels „Shout" (5/64 GB 7) hatten sie ihren ersten Hit — diese Nummer bescherte Lulu 22 Jahre später wieder einen Erfolg: „Shout — Brand New 1986 Re-Recording" (7/86 GB 8). Dazwischen hatte sie etliche Hits: „Leave A Little Love" (6/65 GB 8), „The Boat That I Row" (4/67 GB 6), „To Sir With Love" (9/67 US 1), „Me The Peaceful Heart" (11/68 GB 9), „I'm A Tiger" (11/68 GB 9, 1/69 D 4), „Boom Bang-A-Bang" (3/69 GB 2, 5/69 D 38) und „The Man Who Sold The World" (1/74 GB 3, 3/74 D 13). Zwischendurch (von 1969 bis 1973) war sie mit Maurice Gibb von den Bee Gees verheiratet.

■ **Nick Simper** — 1946 — GB-Bassist, Sänger und Songschreiber. 1964 begann er seine Profikarriere bei Buddy Britten & The Regents, 1966 spielte er mit Johnny Kidd & The Pirates. Nach Johnnys Tod machte Nick mit dem Rest der Pirates bis zum Mai 1967 weiter und spielte danach bis zum Oktober 1967 gleichzeitig in den Gruppen von Screaming Lord Sutch und Billie Davis. Bis zum Februar 1968 war er bei den Flowerpot Men und wurde danach Mitglied bei Roundabout, aus denen schon einen Monat später, im März 1968 Deep Purple wurde. Im Juli 1969 verließ Nick die Band wieder und wurde durch Roger Glover ersetzt, der zusammen mit dem neuen Sänger Ian Gillan von Episode Six kam. Nick spielte in der Band von Marsha Hunt und wieder mit Lord Sutch, bevor er im August 1970 Warhorse gründete. Die Band hielt bis zum Mai 1974. Danach arbeitete er für vier Jahre als Sessionmusiker und gründete im April 1978 eine neue Band: Fandango.

■ **Brian Poole** — 1941 — GB-Sänger und Gitarrist mit Brian Poole & The Tremeloes, die 1959 gegründet wurden. Brian trug zu diesem Zeitpunkt noch eine Brille wie Buddy Holly — und auch die Musik seiner Band klang danach. Als sich 1963 durch die Beatles die Musikwelt in GB veränderte, verzichteten Brian Poole & The Tremeloes darauf, als britische Antwort auf Buddy Holly & The Crickets zu gelten — Poole tauschte seine Brille gegen Kontaktlinsen und machte auf Beat. Hits: „Twist And Shout" (7/63 GB 4, 10/63 D 19), „Do You Love Me" (9/63 GB 1), „Candy Man" (1/64 GB 6) und „Someone Someone" (5/64 GB 2). Im Januar 1966 verließ Brian die Band, um als Solist weitere Platten zu machen — ohne Erfolg. Den hatten die Tremeloes ohne Brian Poole jetzt auch international.

■ **Adam Ant** — 1954 — GB-Sänger und Songschreiber mit der 1977 gegründeten Band Adam & The Ants. Richtiger Name Stuart Leslie Goddard. Vorher hatte er zusammen mit Bazooka Joe und B-Sides gespielt. Im Januar 1979 veröffentlichen Adam & The Ants ihre erste Single, die floppt. Ein Jahr später trennen sich die Ants von Adam. Teile der Gruppe werden zu Bow Wow Wow. Im Februar 1980 kommt Adam mit neuen Musikern unter dem alten Gruppennamen. Hits: „Dog Eat Dog" (10/80 GB 4), „Antmusic" (12/80 GB 2), „Kings Of The Wild Frontier" (2/81 GB 2), „Stand And Deliver" (5/81 GB 1, D 18), „Prince Charming" (9/81 GB 1, D 10) und „Ant Rap" (12/81 GB 3). Seinen ersten Hit als Adam Ant hat er mit „Goody Two Shoes" (5/82 GB 1, D 5, 11/82 US 12). Mit „Friend Or Foe" (9/82 GB 9, D 31) und „Puss'N'Boots" (10/83 GB 5) gelingen ihm weitere Hits. Mitte der 80er Jahre wird es still um Adam, Ende der 80er Jahre bereitet er ein Comeback vor.

■ **Ian McNabb** — 1962 — GB-Sänger, Gitarrist, Keyboarder und Songschreiber für das 1980 gegründete New-Wave-Trio Icicle Works. Hits: „Love Is A Wonderful Color" (1/84 GB 15) und „Whisper To A Scream (Birds Fly)" (4/84 US 37).

■ **Bert Jansch** — 1943 — GB-Gitarrist, Sänger und Songschreiber. Er galt viele Jahre als der beste Folk-Gitarrist in GB und als Inspiration für Donavan. 1962 gründete er Pentangle, die bis 1972 zusammenspielten. Danach machte Bert als Solist und Studiomusiker Platten.

■ **Marika Rökk** — 1913 — In Kairo geborene Sängerin, Tänzerin und Schauspielerin ungarischer Herkunft. Bereits mit acht Jahren tanzte sie an der Budapester Oper, mit 15 wurde sie bekannt durch das Broadway Stück „Königin der Pirouette". Ab 1933 drehte sie Filme. Marika Rökk wurde bei uns zu einem Synonym für unverwüstliches Showtalent.

■ **Marilyn** — 1962 — GB-Sänger aus dem Dunstkreis von Culture Club-Boy George. Richtiger Name Peter Robinson. Hit: „Calling Your Name" (11/83 GB 4).

Tageshits

1951 — „Cold Cold Heart" — Tony Bennett — US 6 W.
1956 — „Green Door" — Jim Lowe — US 3 W.
1956 — „Love Me Tender" — Elvis Presley — US 5 W.
1956 — „Rosalie" — Freddy — D 3 W.
1960 — „It's Now Or Never" — Elvis Presley — GB 8 W.
1962 — „He's A Rebel" — Crystals — US 2 W.
1975 — „Lady Bump" — Penny McLean — D 8 W.
1979 — „Pop Muzik" — M — US 1 W.
1980 — „Santa Maria" — Roland Kaiser — D 5 W.
1984 — „Caribbean Queen" — Billy Ocean — US 2 W.

4

Geburtstage

■ **Delbert McClinton** — 1940 — US-Sänger, Songschreiber, Gitarrist und Mundharmonikaspieler. Er begann in den späten 50ern mit McClinton's Straitjakkets. In den frühen 60er Jahren wechselte er von der Gitarre an die Mundharmonika, spielte auf „Hey Baby" von Bruce Channel und ging mit ihm auf Englandtournee. Im Vorprogramm spielten die Beatles — Delbert brachte John Lennon bei, wie man richtig Mundharmonika spielt. Mitte der 60er Jahre war er der Kopf der Ron-Dels, dann bildete er mit Glen Clark das Duo Delbert & Glen. Ab 1975 machte er Soloplatten — Hit: „Giving It Up For Your Love" (12/80 US 8). 1986 sang Delbert auf der LP „Dancing On The Edge" von Roy Buchanan.

■ **Harry James Elston** — 1938 — US-Sänger. Er begann zusammen mit Floyd Lawrence Butler, Marilyn McCoo und LaMonte McLemore bei den HiFi's. Nachdem die Band auseinandergebrochen war, gründeten McCoo und McLemore die Fifth Dimension und Butler und Elston die Friends Of Distinction. Hits: „Gr zing In The Grass" (4/69 US 3), „Going In Circles" (8/69 US 15) und „Love Or L Me Be Lonely" (3/70 US 6).

■ **Dickie Valentine** — 1929 — GB-Sänger und Filmschauspieler. Ab 19 sang Dickie in der Band von Ted Heath, ab 1953 hatte er als Solist Erfolg und ma serte sich zum Teenager-Idol. Größte Hits: „Finger Of Suspicion" (12/54 GB 1 „Mister Sandman" (12/54 GB 5), „I Wonder" (6/55 GB 4) und „Christmas Alph bet" (11/55 GB 1). Er starb am 6.5.1971.

■ **Chris Difford** — 1954 — GB-Sänger, Gitarrist und Songschreiber m Squeeze, 1974 gegründet. Mitte 1977 erscheint ihre erste Platte. Hits: „Cool F Cats" (3/79 GB 2), „Up The Junction" (6/79 GB 2), „Labelled With Love" (10/ GB 4) und „Hourglass" (7/87 GB 16, 9/87 US 15).

■ **James Honeyman Scott** — 1957 — GB-Bassist und Songschreiber m den 1978 gegründeten Pretenders. Er starb am 16.6.1982.

■ **Lena Zavaroni** — 1963 — GB-Kinderstar. Größter Hit: „Ma, He's Makir Eyes At Me" (2/74 GB 10).

■ **Mark Jefferis** — 1960 — GB-Sänger mit T.X.T.

Tageshits

1965 — „Get Off Of My Cloud" — Rolling Stones — GB 3 W.
1972 — „I Can See Clearly Now" — Johnny Nash — US 4 W.
1978 — „You Needed Me" — Anne Murray — US 1 W.
1989 — „Listen To Your Heart" — Roxette — US 1.

5

Geburtstage

■ **Paul Simon** — 1942 — US-Sänger, Songschreiber und Gitarrist. Zusamme mit seinem Schulfreund Art Garfunkel schrieb er 1955 seine ersten Stücke. Pau hatte vorher schon in der Band White Rabbit gespielt. 1957 nehmen Paul und Ar als Tom & Jerry, wobei Jerry Landis gleich Paul Simon ist, den Titel „Hey Schoo girl" (12/57 US 49) auf. Weitere Platten folgen, die jedoch nicht erfolgreich wer den. 1958 veröffentlicht Paul als True Taylor die Soloplatte „True Or False". 195 — nun fertig mit der High-School — trennen sich Tom & Jerry und verlieren sic aus den Augen. Paul studiert Englisch, macht nebenher Demo-Aufnahmen fü andere Sänger und veröffentlicht weitere Singleplatten als Jerry Landis. Zwische 1960 und 1963, er studiert immer noch, macht er Platten als Tico, Tico & Th Triumphs und immer wieder als Landis. 1963 wird Paul durch den aufkommende Folk-Boom in den USA beeinflußt und versucht sich im New Yorker Greenwic Village auf diesem Gebiet. 1964 schließt er sich wieder mit Art Garfunkel zusam men, und im Oktober dieses Jahres erscheint die LP „Wednesday Morning, A.M.", die kein Erfolg wird. Im Januar 1965 trennen sich die beiden wieder. Pau geht nach GB und spielt dort in Folk-Clubs. Ohne Paul oder Art zu informieren veröffentlicht die CBS von der eben genannten LP die Nummer „The Sounds O Silence" (11/65 US 1, 2/66 D 9). Die ursprüngliche Version wird neu abgemischt hinzu kommen Schlagzeug, Percussion und eine leichte elektrische Gitarre Dadurch wird's zum Hit. Im November 1965 erfährt Paul, der immer noch in Eng land wohnt, vom Erfolg der Platte und kehrt in die USA zurück. Für die folgender vier Jahre sind Simon & Garfunkel Superstars. Hits: „Homeward Bound" (2/66 U 5, GB 9), „I Am A Rock" (5/66 US 3, GB 17, 7/66 D 36), „Mrs. Robinson" (4/68 U 1, 7/68 GB 4, D 39), „The Boxer" (4/69 US 7, GB 6, D 19), „Bridge Over Trouble Water" (2/70 US & GB 1, D 3), „Cecilia" (4/70 US 4, D 2) und „El Condor Pasa" (6/

'0 D 1, 9/70 US 18). Schon Anfang des Jahres 1970 steht fest, daß sich die beiden rennen. Hin und wieder kommen sie noch zu besonderen Anlässen, wie z. B. bei einer Grammy-Veranstaltung im März 1971 oder für eine NBC-Saturday Night-Live-Show im Oktober 1975, zusammen. 1971 erscheint die erste Solo-LP von Paul, der die Liste seiner Single-Erfolge mit „Mother And Child Reunion" (2/72 US 4, GB 5, D 23) beginnt. Weitere Hits: „Kodachrome" (5/73 US 2), „Loves Me Like A Rock" (8/73 US 2, GB 39), „50 Ways To Leave Your Lover" (12/75 US 1, GB 23), Slip Slidin' Away" (10/77 US 5, 12/77 GB 36), „Late In The Evening" (8/80 US 6) und „You Can Call Me Al" (8/86 US 44, GB 4, 3/87 RE-US 23). Bemerkenswert auch Pauls Album „Graceland", das 1986 erscheint und 1987 die Platte des Jahres wird.

■ **Peter Noone** — 1947 — GB-Sänger. 1961 spielt Peter in der britischen TV-Seifenoper „Coronation Street" mit. Daraufhin erhält er ein Angebot, in einem Film neben Judy Garland eine Rolle zu spielen — die Eltern sind dagegen und somit wird er nicht der Filmstar Peter Noone. 1963 wird er in seiner Heimatstadt Manchester Mitglied in der Gruppe The Heartbeats, Peter nennt sich mit Nachnamen nun Kovac. Noch im gleichen Jahr wird die Band umbenannt in Herman & His Hermits und dann verkürzt in Herman's Hermits, Leadsänger ist Peter. 1964 besucht der britische Produzent Mickie Most ein Konzert dieser Gruppe und stellt eine verblüffende Ähnlichkeit zwischen Peter und dem jungen John F. Kennedy fest. Im übrigen ist er der Meinung, daß Peter durch sein Aussehen ein idealer Sänger für eine Gruppe ist, die gleichermaßen jung und alt anspricht — der Mann hatte recht. Hits: „I'm Into Something Good" (8/64 GB 1, 10/64 US 13), „Can't You Hear My Heartbeat" (1/65 US 2), „Silhouettes" (2/65 GB 3, 4/65 US 5), „Wonderful World" (4/65 GB 7, US 4), „Mrs. Brown, You've Got A Lovely Daughter" (4/65 US 1, 7/65 D 12), „I'm Henry The VIII, I Am" (7/65 US 1, 10/65 D 22), „A Must to Avoid" (12/65 GB 6, US 8), „Listen People" (2/66 US 3), „Leaning On The Lamp Post" (4/66 US 9), „Dandy" (10/66 US 5), „No Milk Today" (10/66 GB 7, 12/66 D 2, 2/67 US 35), „There's A Kind Of Hush" (2/67 GB 7, US 4, 5/67 D 26), „Sunshine Girl" (7/68 GB 8, 9/68 D 12), „Something's Happening" (12/68 GB 6, 2/69 D 6), „My Sentimental Friend" (4/69 GB 2, 7/69 D 36) und „Years May Come, Years May Go" (2/70 GB 7). 1970 fällt die Gruppe auseinander, Peter versucht es als Solist — einziger Hit: „Oh You Pretty Thing" (5/71 GB 12), geschrieben durch David Bowie, der auf der Platte auch Piano spielt. In der Folgezeit macht Peter Noone weitere Soloplatten und reformiert in unregelmäßigen Abständen seine Band, um bei Oldie-Veranstaltungen wieder als Herman's Hermits aufzutreten. 1980 — inzwischen lebt Noone in L.A. — gründet er die Gruppe Tremblers, die allerdings keinen Hit landen kann. 1983 — zurück in Großbritannien — hat er als Schauspieler Erfolg: er spielt in „The Pirates of Penzance" eine Hauptrolle.

Gram Parsons

■ **Gram Parsons** — 1946 — US-Gitarrist, Banjospieler, Sänger und Songschreiber. Richtiger Name Cecil Ingram Connor. Die Geschichte von Gram und seiner Familie liest sich wie eine Tragödie. Gram stammte aus Florida, wo sein Großvater eine Bilderbuchplantage besaß, mit der er ein Drittel des gesamten Zitronenertrags von Florida erwirtschaftete. Dieser Großvater nun setzte in seinem Testament Gram für den Rest seines Lebens eine jährliche Rente in Höhe von 30.000 Dollar aus. Die Musikalität scheint Gram von seinem Vater geerbt zu haben, dessen Hauptinteressen Musik, Alkohol und Jagd waren. Grams Vater hatte immer Musiker werden wollen, aber in seiner Jugend waren Musiker so schlecht angesehen, daß er statt dessen Luftfahrtingenieur wurde, aber Gram erinnerte sich, daß sein Vater zu Hause alle möglichen Musikinstrumente hatte. Weihnachten 1959 erschoß sich Grams Vater. Grams Mutter heiratete 1961 wieder — einen stadtbekannten Gigolo aus New Orleans. Am Tag bevor Gram die High School abschloß, starb seine Mutter an den Folgen ihres schweren Alkoholismus. Stiefmutter wurde das Kindermädchen der Familie — nur vier Jahre älter als Gram selbst -, das nach Kräften versuchte, das Familienvermögen durchzubringen. Der Stiefvater trank sich 1975 zu Tode. Seine musikalische Karriere begann Gram schon recht früh. Seine erste Band mit Schulkameraden hieß Pacers, später umbenannt in Legends. Sie spielten leichte, melodische Rock'n'Roll Titel nach, vor allem bei Tanzveranstaltungen. Anfang der 60er wandte sich Gram dann der Folkmusik zu. Gram spielte zusammen mit Jim Stafford, der 1973/74 als Solist erfolgreich war, und Kent Lavoie, aus dem später der Solist Lobo wurde, in einem Trio, das sich stark an der Musik des Kingston Trio orientierte. Von September 1961 bis Juni 1965 spielte Gram mit den Shilos, die traditionelle Folkmusik mit aktueller mischten. Im Oktober 1965 kam Gram zu der Int. Submarine Band, die Countryrock spielte. Im März 1968 verließ Gram die Gruppe und ging zu den Byrds, die er in Richtung Country lenkte — sein Südstaatenerbe ließ sich eben nicht verheimlichen. Das Countryalbum „Sweetheart Of The Rodeo" beeinflußte viele Musiker, z.B Elvis Costello, Emmylou Harris oder Tom Petty, verkaufte sich aber schlecht. Im Dezember 1968 kam Gram zusammen mit seinem Byrds Kollegen Chris Hillman zu den Flying Burrito Brothers. Im Februar 1973 schließlich gründete Gram Parsons seine Gruppe Gram Parsons & The Fallen Angels, die Country Music spielte. Gram trank zu viel, nahm Drogen und schien auch unter schweren psychischen Störungen zu leiden. 1973 schloß er mit seinem Freund und Manager Phil Kaufman einen Pakt: sollte einer von ihnen sterben, so müßte der andere die Leiche in der Wüste verbrennen. Zwei Monate später, am 19.9.1973, wurde Gram tot in einem Motel gefunden. Todesursache waren Schnaps und Morphium. Er sollte in New Orleans beigesetzt werden, aber der Sarg, der am Flughafen von Los Angeles auf den Transport wartete, wurde von Phil Kaufman und einem Freund gestohlen. Sie fuhren in die Nähe des Joshua Tree National Monument und verbrannten die Leiche. Phil hat also sein Versprechen eingelöst — und mußte dafür 300 Dollar Strafe zahlen.

■ **Roy Rogers** — 1911 — US-Schauspieler und Country-Sänger. Richtiger Name Leonard Franklin Slye. 1930 zog er von seiner Heimatstadt Cincinnatti nach Kalifornien und schloß sich dort verschiedenen Gruppen an, so z.B. den Hollywood Hillbillies, Rocky Mountaneers oder den Texas Outlaws. Dann gründete er seine eigene Gruppe, die International Cowboys. 1934 machte er mit Bob Nolan und Tim Spencer das Pioneer Trio, aus dem später die Sons Of The Pioneers wurden. Roy nannte sich damals Dick Weston, und unter diesem Namen trat er 1936 in dem Film „Rhythm On The Range" auf. Ab 1937 machte er als Solist Platten. Seinen ersten Hit hatte er mit „Hi-Yo, Silver" (7/38 US 13). 1938 war er Hauptdarsteller in dem Film „Under Western Stars". Im Laufe seiner Karriere drehte Roy 91 Filme und mehr als 100 Halbstunden Westernshows. In den meisten Filmen spielte das Pferd Trigger neben ihm die Hauptrolle, das man heute ausgestopft im Roy Rogers Museum bewundern kann. Im Gegensatz zu seinen Konkurrenten Gene Autrey und Tex Ritter waren die Schallplatten von Roy Nebenprodukte. Größere Popularität erreichte er als Filmschauspieler, und damit dürfte er auch seine Millionen verdient haben. Sein Vermögen wird auf 100 Millionen Dollar geschätzt.

■ **Ike Turner** — 1931 — US-Tastenspieler, Gitarrist, Sänger, Songschreiber, Talentscout und Produzent. Er begann seine Karriere im Alter von 11 Jahren, als er Bluesmusiker wie Sonny Boy Williamson oder Robert Nighthawk am Piano begleitete. 1951 spielte seine Band Kings Of Rhythm im Sun-Studio in Memphis den Titel „Rocket '88" ein — Leadsänger war der Saxophonist der Gruppe, Jackie Brenston. Unter dessen Namen wurde die Single auch veröffentlicht und gilt heute als eine der ersten Rock 'n' Roll-Singles. Turner wurde einer der Top-Session-Gitarristen und produzierte in den 50er Jahren Junior Parker, Howlin' Wolf, B. B. King, Roscoe Gordon und Johnny Ace. 1956, die Kings Of Rhythm spielten in St. Louis, entdeckte er unter den Zuschauern Annie Mae Bullock, heiratete sie 1958

Ike Turner

und trat danach mit ihr als Ike & Tina Turner auf. Hits siehe 26.11. Im Juli 1976 wird er von Tina Turner geschieden. Alle weiteren Projekte von Ike sind nicht sonderlich erfolgreich. Im Juli 1988 wird er wegen Drogenbesitzes und -handels zu einem Jahr Gefängnis verurteilt.

■ **Rob Fisher** — 1959 — GB-Keyboarder, Bassist und Songschreiber. 1982, nach einem Studium an der Universität in Bath, macht er zusammen mit Pete Byrne das Duo Naked Eyes — größte Hits: „Always Something There To Remind Me" (3/83 US 8) und „Promises, Promises" (7/83 US 11). Im Dezember 1984 trennt sich das Duo. Wenig später trifft Rob auf Simon Climie — beide arbeiten an einer Plattenaufnahme der Gruppe Scritti Politti. Mitte 1986 unterschreiben sie einen Plattenvertrag als Climie Fisher. Hits siehe 7.4. bei Simon Climie.

■ **Joe Dassin** — 1938 — Französischer Sänger, der als Sohn des Regisseurs Jules Dassin in den USA geboren wurde. 1953, als unter McCarthy auch Jules Dassin wegen unamerikanischer Umtriebe und Nähe zum Kommunismus verfolgt wurde, zog die Familie nach Frankreich. Hits für Joe Dassin bei uns: „Les Champs Elysées" (1/70 D 31), „Das sind zwei linke Schuh'" (11/71 D 21), „Septemberwind" (9/75 D 28) und „L'Eté Indien" (10/75 D 47). Er starb am 21.8.1980.

■ **Bryan Adams** — 1959 — Kanadischer Sänger, Gitarrist und Songschreiber, der seit 1980 Platten aufnimmt — Hits: „Straight From The Heart" (3/83 US 10), „Run To You" (11/84 US 6, 1/85 GB 11), „Heaven" (4/85 US 1, 7/85 D 28), „Summer Of '69" (6/85 US 5), „Heat Of The Night" (3/87 US 6, D 33) und — zusammen mit Tina Turner — „It's Only Love" (11/85 US 15, GB 29).

■ **Paris Grey** — 1965 — US-Sängerin und Songschreiberin mit Inner City, die unter dem Etikett „The New Dance Sound of Detroit" ab 1988 erfolgreich waren. Hits: „Big Fun" (9/88 GB 8, 11/88 D 5), „Good Life" (12/88 GB 4, D 2) und „Ain't Nobody Better" (4/89 GB 10, D 21).

■ **Manfred von Bohr** — 1950 — Schlagzeuger mit Message und Birth Control. Als Studiomusiker war er auf Platten von Hoelderlin, Zeus B. Held, Lenny MacDowell alias Friedemann Leinert, Alex Oriental Experience, der Headband und Jochen Schröder zu hören.

■ **Mike Score** — 1957 — GB-Sänger, Keyboarder und Gitarrist mit A Flock Of Seagulls. Hits: „I Ran" (4/82 US 9) und „Wishing (If I Had A Photograph Of You)" (11/82 GB 10, 11/83 US 26).

■ **Peter Hammill** — 1948 — GB-Gitarrist, Tastenspieler, Songschreiber und Sänger mit Van Der Graaf Generator und als Solist.

■ **Rick Cobb** — 1948 — US-Schlagzeuger bei Bloodrock.

Todestage

■ **Johnny Horton** — 1960 — US-Country-Sänger. Er stirbt bei einem Autounfall, als er auf dem Weg nach Nashville ist. Seine Witwe ist Billie Jean Jones, die vorher mit Hank Williams verheiratet war, der 1953 starb. Geboren am 30.4.1927.

■ **Guy Lombardo** — 1977 — Kanadischer Pianist und Orchesterchef. Geboren am 19.6.1902.

Tageshits

1954 — „My Son, My Son" — Vera Lynn — GB 2 W.
1966 — „Last Train To Clarksville" — Monkees — US 1 W.
1973 — „I'd Love You To Want Me" — Lobo — D 13 W.
1977 — „Name Of The Game" — Abba — GB 4 W.
1983 — „Uptown Girl" — Billy Joel — GB 5 W.
1988 — „Kokomo" — Beach Boys — US 1 W.

6

Geburtstage

■ **P. J. Proby** — 1938 — US-Sänger. Richtiger Name James Marcus Smith. Er machte 1957 seine ersten Platten unter dem Namen Jet Powers, dann mit den Mello Kings und den Moondogs. Ende der 50er/Anfang der 60er Jahre verdiente er sich seinen Lebensunterhalt damit, daß er, weil seine Stimme ähnlich klang, Demobänder für Elvis Presley sang und in Filmen kleinere Rollen spielte. 1963 tauchte er als P. J. Proby in GB auf — Hits: „Hold Me" (5/64 GB 3), „Somewhere" (12/64 GB 6), „Maria" (11/65 GB 8) und „Niki Hoeky" (1/67 US 23). Zu seinen stärksten Platten gehört die LP „Three Week Hero", aufgenommen 1969 mit den Musikern, aus denen wenig später Led Zeppelin werden sollte. 1978 verhalf ihm die Tatsache, daß seine Stimme der von Elvis ähnelte, zu einem Comeback. Er spielte Elvis in „Elvis on Stage". Im gleichen Jahr machte er mit der holländischen Gruppe Focus die LP „Focus Con Proby".

■ **Ray Conniff** — 1916 — US-Orchesterchef. Er begann als Posaunist und Arrangeur für Bunny Berigan, Bob Crosby, Harry James, Vaughn Monroe und Artie Shaw. In den 50er Jahren entwickelte er mit seinem Orchester einen eigenen Sound, der stellvertretend war für eine ganz bestimmte Art von Tanzmusik — ähnlich wie später James Last. Das Geheimnis des Sounds war die Verbindung von Instrumenten und Stimmen; sie waren so ineinander verwoben, daß man nicht mehr unterscheiden konnte, ob nun ein Instrument oder eine menschliche Stimme zu hören war. Ray hatte zwischen 1957 und 1973 mit neun LPs Millionseller. Nebenher begleitete er mit seinem Orchester fast alle großen Erfolge von Johnny Ray, Frankie Laine, Guy Mitchell, Marty Robbins oder Johnny Mathis. Sein größter Single-Hit war „Somewhere, My Love" (6/66 US 9, 3/67 D 25).

■ **Glenn Frey** — 1948 — US-Gitarrist, Tastenspieler, Sänger und Songschreiber. Er spielte in seinen Jugendtagen mit Bob Seger in der gemeinsamen Heimatstadt Detroit. Mit John David Souther gründete er 1968 das Duo Longbranch Pennywhistle, das zwei LPs aufnahm und drei Jahre bestand. Schließlich gehörte er 1971 zu den Gründungsmitgliedern der Eagles. (Hits siehe 22.7. bei Don Henley). Ab 1982 machte Glenn Soloplatten — Hits: „The Heat Is On" (12/84 US 2, 2/85 GB 12, 4/85 D 4), „Smuggler's Blues" (4/85 US 12, 7/85 GB 22), „You Belong To The City" (9/85 US 2) und „True Love" (8/88 US 13).

■ **Jim Pike** — 1938 — US-Sänger. Er begann mit dem Mitchell Boys Choir und Stan Kenton, bevor er 1960 die Lettermen gründete. Hits: „When I Fall In Love" (11/61 US 7) und „Goin' Out Of My Head/Can't Take My Eyes Off You" (12/67 US 7).

■ **Stonewall Jackson** — 1932 — US-Country-Sänger, Gitarrist und Songschreiber. Sein Name ist kein Pseudonym — die Eltern nannten ihn nach dem Konföderierten-General Stonewall Jackson. Zwischen 1958 und 1973 war er regelmäßig in der Country-Hitparade zu finden. Sein größter Crossover-Hit hieß „Waterloo" (5/59 US 4, GB 24, 9/59 D 30).

■ **Frankie Miller** — 1949 — GB-Sänger, Songschreiber und Gitarrist. Bandstationen: Stoics, Jude, JB und Frankie Miller's Full House. Neben weiteren Arbeiten als Studiomusiker, z. B. 1974 mit Thin Lizzy, trat Frankie ab 1972 auch als Solist auf — Hit: „Darlin'" (10/78 GB 6, 12/78 D 5).

■ **Doug Sahm** — 1941 — US-Sänger, Songschreiber und Leader der Tex-Mex-Rockband Sir Douglas Quintet — Hits: „She's About A Mover" (4/65 US 13, 6/65 GB 15), „Mendocino" (1/69 US 27, 6/69 D 2) und „Dynamite Woman" (10/69 D 7).

■ **George Young** — 1947 — Australischer Gitarrist und Songschreiber, dessen Karriere parallel zu der von Harry Vanda verlief (siehe 22.3.).

■ **Ricky Wilde** — 1961 — GB-Songschreiber, Produzent und Sänger, der im zarten Alter von 11 versuchte, mit der Platte „I Am An Astronaut" in die Hitparaden zu kommen. Das sollte später seine um knapp ein Jahr ältere Schwester Kim Wilde (16.11.1960) mit Hilfe von Vater Reginald Smith alias Marty Wilde schaffen, der selbst zwischen 1958 und 1962 in GB (siehe 15.4.) ein Pop-Star war.

■ **Eugene Pitt** — 1937 — US-Lead-Sänger der 1959 gegründeten Jive Five. Vorher hatte er bereits bei den Genies gespielt. Die Jive Five waren zwischen 1961 und 1965 erfolgreich — größter Hit: „My True Story" (7/61 US 3).

■ **Mike Clifford** — 1943 — US-Sänger mit drei Hitnotierungen — die höchste war „Close To Cathy" (9/62 US 12).

■ **Chris Glen** — 1950 — GB-Bassist und Sänger bei Tear Gas, der Alex Harvey Band und der Michael Schenker Group.

■ **Peter Josefus** — 1961 — Bassist, Sänger und Songschreiber mit Franz K..

■ **Joseph Pope** — 1933 — US-Sänger mit den Tams.

Todestag

■ **Dickie Goodman** — 1989 — US-Komödiant und Songschreiber. Er starb an einer sich selbst zugefügten Schußwunde im Haus seines Sohnes Jon. Geboren am 19.4.34.

Tageshits

1943 — „Paper Doll" — Mills Brothers — US 12 W.
1948 — „Buttons And Bows" — Dinah Shore — US 10 W.
1953 — „Answer Me" — David Whitfield — GB 1 W.
1954 — „This Ole House" — Rosemary Clooney — US 3 W.
1961 — „Big Bad John" — Jimmy Dean — US 5 W.
1965 — „Get Off Of My Cloud" — Rolling Stones — US 2 W.
1968 — „With A Little Help From My Friends" — Joe Cocker — GB 1 W.
1971 — „Gypsies, Tramps & Thieves" — Cher — US 2 W.
1976 — „Rock'n Me" — Steve Miller Band — US 1 W.
1982 — „Up Where We Belong" — Joe Cocker & Jennifer Warnes — US 3 W.

7

Geburtstage

■ **Johnny Rivers** — 1942 — US-Sänger, Gitarrist, Produzent und Songschreiber. Richtiger Name John Ramistella. Seine ersten Plattenaufnahmen machte er 1956 mit den Spades in Baton Rouge. 1958 kam er von Louisiana nach New York und traf dort Alan Freed, der dem jungen Sänger empfahl, seinen Namen zu ändern und ihm zu einem Solo-Plattenvertrag verhalf. 1961 ging Johnny nach Los Angeles, 1963 war er dort der Star im „Whisky A Go Go". Es erschienen Platten, die in einem ähnlichen Stil aufgenommen wurden wie die von Trini Lopez — Live-Publikum, das mitsingt und -klatscht — z. B. „Memphis" (5/64 US 2, 10/64 D 18). Weitere Hits: „Secret Agent Man" (3/66 US 3), „Poor Side Of Town" (9/66 US 1), „Baby I Need Your Lovin'" (2/67 US 3), „Rockin' Pneumonia — Boogie Woogie Flu" (10/72 US 6) und „Swayin' To The Music (Slow Dancin')" (6/77 US 10). 1966 gründete Johnny seine eigene Plattenfirma Soul City, für die er z. B. Fifth Dimension verpflichtete.

■ **Joni Mitchell** — 1943 — Kanadische Sängerin, Gitarristin und Songschreiberin. Mädchenname Roberta Joan Anderson. Sie ist z. B. die Autorin von „Woodstock" und „Both Sides Now". Hits für Joni selbst waren „Big Yellow Taxi" (6/70 GB 11) und „Help Me" (3/74 US 7). Außerdem sang sie bei dem Titel „You've Got A Friend" von James Taylor mit. Die britische Band Nazareth machte aus ihrem Lied „This Flight Tonight" einen Hit. Auch Interpreten wie Bob Dylan, Fairport Convention, Judy Collins, Tom Rush, Gordon Lightfoot, Matthews Southern Comfort, Johnny Cash oder Crosby, Stills, Nash & Young bedienten sich gerne ihres Songschreibertalents. 1988 veröffentlichte sie mit „Chalk Mark In A Rain Storm" eins ihrer schönsten Alben.

■ **Dee Clark** — 1938 — US-Sänger. Richtiger Vorname Delectus. Er begann 1952 mit den Hambone Kids, mit denen er seine ersten Platten machte. 1953 kam er zu den Golden Tones, aus denen die Kool Gents wurden. Ein Diskjockey entdeckte Dee bei einem Talentwettbewerb und verhalf ihm zu einem Plattenvertrag. Ab 1957 machte er Soloplatten — größte Hits: „Just Keep It Up" (5/59 US 18, 10/59 GB 26) und „Raindrops" (5/61 US 2). Nachdem ihm nach 1965 kein Erfolg mehr in den USA gelingen wollte, tauchte er plötzlich in GB mit einem weiteren Hit auf: „Ride The Wild Horse" (10/75 GB 16).

■ **Mary Travers** — 1937 — US-Sängerin mit Peter, Paul & Mary. Hits siehe bei Peter Yarrow am 31.5. In den 70er Jahren veröffentlichte Mary drei Solo-LPs. Ihre Zeit im Trio bewertet sie heute im Rückblick wie folgt: „Wie wichtig wir wirklich waren, entdeckte ich eines Tages, als ich eine unserer goldenen Langspielplatten aus Spaß mal auf den Plattenteller legte. Es war ernüchternd festzustellen, daß es sich dabei um eine LP von Dean Martin handelte, die man golden angestrichen hatte."

■ **Jellybean** — 1957 — US-Diskjockey, Mixmaster und Produzent. Richtiger Name John Benitez. Für die Musik zu „Flashdance" (1982) saß er am Mischpult. Sein Debüt als Produzent gab er 1983 mit dem Madonna Titel „Holiday". Auch Titel wie „Say Say Say" von Paul McCartney oder „Love Is A Battlefield" von Pat Benatar wurden von ihm bearbeitet. Seinen ersten Erfolg als Jellybean hatte er mit „Sidewalk Talk" (11/85 US 18), geschrieben von Madonna, weitere mit „Who Found Who" (7/87 US 16, 11/87 GB 10), „The Real Thing" (9/87 GB 13), „Jingo" (12/87 GB 12) und „Just A Mirage" (3/88 GB 13). Was Jellybean, außer daß er an den Reglern sitzt, noch für seine Platten tut, ist unklar. Der Gesang stammt von Interpreten wie Adele Bertai, Steven Dante oder Elisa Fiorillo.

■ **Al Hirt** — 1922 — US-Trompeter, der mit einigen jazz-orientierten Instrumentals Erfolg hatte. Spitzname: „New Orleans Trumpet King". Bevor er unter seinem Namen Platten aufnahm, spielte er mit den Dorsey Brothers und hatte in den späten 50ern eine eigene Dixieland-Combo. Hits: „Java" (1/64 US 4, 5/64 D 6) und „Cotton Candy" (4/64 US 15).

■ **Nick Gilder** — 1951 — Kanadischer Sänger und Songschreiber, der in London geboren wurde und im Alter von 10 mit seiner Familie auswanderte. 1971 gründete er mit Jimmy Mc Culloch Sweeney Todd. Ab 1977 arbeitete er als Solist — Hit: „Hot Child In The City" (6/78 US 1).

■ **Liam O'Maonlai** — Irischer Sänger,gKeyboarder und Songschreiber mit den Hothouse Flowers, die 1987 ihre ersten Platten veröffentlichten. U2 waren es, die sie in ihrem Vorprogramm bekannt machten. Erster Erfolg: „Don't Go" (5/88 GB 11, 7/88 D 30).

■ **Sharleen Spiteri** — 1967 — GB-Sängerin, Gitarristin und Songschreiberin mit Texas, die 1989 ihre erste Platte herausbrachten. Hit: „I Don't Want A Lover" (2/89 GB 8, 4/89 D 18).

■ **Kevin Scott MacMichael** — 1951 — Kanadischer Gitarrist und Songschreiber mit Cutting Crew.

Todestag

■ **Bully Buhlan** — 1982 — Sänger, Pianist und Komponist. Geboren am 3.2.1924.

Tageshits

1958 — „It's All In The Game" — Tommy Edward — GB 3 W.
1981 — „Private Eyes" — Daryl Hall & John Oates — US 2 W.
1987 — „I Think We're Alone Now" — Tiffany — US 2 W.
1988 — „Don't Worry Be Happy" — Bobby McFerrin — D 10 W.

8

Geburtstage

■ **Roy Wood** — 1946 — GB-Sänger,gSongschreiber und Multi-Instrumentalist. Er begann 1963 in seiner Heimatstadt Birmingham mit den Gerry Levene & The Avengers. Von 1964 bis zum Januar 1966 spielte er mit Mike Sheridan & The Nightriders und gründete im Februar 1966 Move. Die Gruppe hielt sich bis zum Oktober 1971, noch im gleichen Monat gründete Roy das Electric Light Orchestra, kurz ELO. Im August 1972 kam er wieder mit einem neuen Projekt: Wizzard, daraus wurde im April 1977 die Wizzo Band, die bis zum März 1978 hielt. Im September 1981 startete er Roy Wood's Helicopters. Neben all diesen Projekten nahm er auch noch Soloplatten auf. Größter Hit: „Forever" (12/73 GB 8). Hits mit Move: „Night Of Fear" (1/67 GB 2, 4/67 D 30), „Flowers In The Rain" (9/67 GB 2, 11/67 D 25), „Fire Brigade" (2/68 GB 3, D 28), „Blackberry Way" (12/68 GB 1, 3/69 D 7), „Brontosaurus" (4/70 GB 7) und „California Man" (5/72 GB 7). Hits von ELO siehe 30.12. bei Jeff Lynne. Hits mit Wizzard: „Ball Park Incident" (12/72 GB 6), „See My Baby Jive" (4/73 GB 1, 6/73 D 5), „Angel Fingers" (9/73 GB 1, D 22), „I Wish It Could Be Christmas Everyday" (12/73 GB 4, 12/81 RE-GB 41, 12/84 RE-GB 23), „Rock 'n' Roll Winter" (4/74 GB 6) und „Are You Ready To Rock" (12/74 GB 8).

■ **Patti Page** — 1927 — US-Sängerin. Richtiger Name Clara Ann Fowler. In den späten 40er Jahren trat sie zusammen mit Al Klauser & His Oklahomans regelmäßig in Radiosendungen als Ann Fowler auf. Über den gleichen Sender sang für die Page Milk Company Show eine Sängerin namens Patti Page. Als diese den Sender verließ, übernahm Ann Fowler ihren Job und ihren Namen. 1947 sang sie dann in der Band von Jimmy Joy und erhielt im gleichen Jahr einen Plattenvertrag. Zu diesem Zeitpunkt gehörte sie zu den ersten, die einen Multi-Voice-Effect auf Platte einsetzten. Hits: „All My Love" (8/50 US 1), „The Tennessee Waltz" (11/50 US 1), „I Went To Your Wedding" (8/52 US 1), „(How Much Is) That Doggie In The Window" (1/53 US 1, 3/53 GB 9), „Allegheny Moon" (6/56 US 2), „Old Cape Cod" (5/57 US 3) und „Hush, Hush, Sweet Charlotte" (4/65 US 8). In den 50er Jahren verkaufte sie mehr Platten als jede andere Sängerin. Zwischen 1955 und 1958 moderierte sie im Fernsehen ihre eigene Patti Page Show, 1957/58 außerdem noch die TV-Serie The Big Record. Nachdem sie nach 1968 keine Hitnotierung in den Pop-Charts schaffte, tauchte sie von 1970 bis 1982 noch mit rund 15 Hits in der C&W-Hitparade auf.

■ **Minnie Riperton** — 1948 — US-Sängerin und Songschreiberin. Sie begann mit den Gems, die bei Plattenaufnahmen von Johnny Nash, Etta James, Fontella Bass oder Ramsey Lewis im Hingergrund sangen. Dann sang Minnie mit der Rotary Connection und machte Soloplatten als Andrea Davis. Nachdem der Erfolg ausblieb, schloß sie sich 1973 der Gruppe Wonderlove an, die zum festen Stab von Stevie Wonder gehörte. 1974 kam sie wieder als Solistin — Hit: „Lovin' You" (1/75 US 1, 4/75 GB 2). Minnie starb am 12.7.1979.

Rickie Lee Jones

■ **Ricky Lee Jones** — 1954 — US-Sängerin und Songschreiberin. Ihre erste Platte machte sie 1979 und galt als Entdeckung des Jahres. Speziell der Titel „Chuck E.'s In Love" (4/79 US 4, 6/79 GB 18) hatte es Kritikern und Käufern angetan. Mitte der 80er Jahre schien Ricky in der Bedeutungslosigkeit versunken zu sein — Ende der 80er Jahre tauchte sie mit der von Walter Becker produzierten LP „Flying Cowboys" wieder auf. Es stellte sich heraus, daß sie die letzten fünf Jahre vorwiegend im Suff verbracht hatte.

■ **Bonnie Bramlett** — 1944 — US-Sängerin im Team mit ihrem Mann als Delaney & Bonnie. Mädchenname Bonnie Lynn. Sie sang im Hintergrund von Fontella Bass, Albert King und war die erste Weiße, die in den Ikettes von Ike und Tina Turner sang. 1968 machte sie mit Delaney, den sie 1967 geheiratet hatte, ihre erste LP. Größter Hit: „Never Ending Song Of Love" (5/71 US 13). 1972 lösten sich Gruppe und Ehe auf, Bonnie machte als Solistin Platten, ab 1980 Gospelplatten. Siehe auch 1.7.

■ **Bonnie Raitt** — 1949 — US-Sängerin, Gitarristin und Songschreiberin. Ihr Vater John Raitt war Star der ersten Produktion von Rodgers und Hammersteins „Carousel" 1945. Bonnie macht seit 1971 Platten und gilt als ausgezeichnete Bluesgitarristin, besonders auf der Slide-Guitar. Neben ihren Soloprojekten ist sie auch auf vielen Platten von Little Feat, Jackson Browne, James Taylor und anderen zu hören. 1990 bekam sie für ihre 1989 erschienene LP „Nick Of Time" drei Grammys. Einen vierten Grammy erhielt sie für ihre Zusammenarbeit mit John Lee Hooker auf dessen LP „The Healer".

■ **Ken Dodd** — 1929 — GB-Sänger und Komiker, der seine ersten Auftritte im Jahre 1954 in Variétés hatte. Für über 20 Jahre war er in GB einer der populärsten Sänger romantischer Balladen. Hits: „Love Is Like A Violin“ (7/60 GB 8), „Tears“ (9/65 GB 1), „The River (Le Colline Sono In Fioro)“ (11/65 GB 3) und „Promises“ (5/66 GB 6). Seine letzte Chartnotierung hatte Ken Ende 1981.

■ **Gerald Alston** — 1942 — US-Sänger, der 1971 für den verstorbenen Leadsänger der Manhattans, Georgie Smith, zu der 1962 gegründeten Band kam. Hits: „Kiss And Say Goodbye“ (4/76 US 1, 6/76 GB 4, 8/76 D 11), „Hurt“ (10/76 GB 4) und „Shining Star“ (4/80 US 5). 1989 machte Gerald Soloplatten.

■ **Leif Garrett** — 1961 — US-Kinderfilmstar und Sänger. 1969 begann seine Schauspielkarriere, ab 1977 hatte er auch als Sänger Erfolg: „Surfin' USA“ (8/77 US 20, 12/77 D 6), „Runaround Sue“ (11/77 US 13, 2/78 D 19) und „I Was Made For Dancin'“ (11/78 US 10, 1/79 GB 4, 3/79 D 10).

■ **Alain Delon** — 1935 — Französischer Schauspieler und Sänger. Mit dem Titel „Parole Parole“ (1973), den er im Duett mit Dalida sang, hatte er in Frankreich seinen größten Erfolg. 1983 sang er im Duett mit Shirley Bassey „Thought I'd Ring You“, 1987 sprach er „Comme Au Cinéma“.

■ **Alan Graham Frew** — 1959 — GB-Sänger und Songschreiber der kanadischen Gruppe Glass Tiger. Hits: „Don't Forget Me (When I'm Gone)“ (7/86 US 2, 10/86 GB 29, D 32) und „Someday“ (11/86 US 7, 3/87 D 26).

■ **Chris Connor** — 1927 — US-Sängerin. 1952/53 sang sie in der Band von Stan Kenton. Ihr größter Solo-Erfolg war „I Miss You So“ (10/56 US 34).

■ **Robert Nix** — 1944 — US-Schlagzeuger bei Atlanta Rhythm Section. Außerdem spielte er auf Platten von Al Kooper, Lynyrd Skynyrd oder Billy Joe Royal.

■ **Larry Burnett** — 1951 — US-Gitarrist, Sänger und Songschreiber bei Firefall.

■ **Alan Berger** — 1949 — US-Bassist mit Southside Johnny & The Asbury Jukes.

■ **Porl Thompson** — 1957 — GB-Gitarrist und Keyboarder, der 1984 zur 1978 formierten Gruppe Cure kam.

■ **Terry Lee Miall** — 1958 — GB-Drummer mit Adam & The Ants.

Todestag

■ **Ivory Joe Hunter** — 1974 — US-R&B-Sänger, Pianist und Songschreiber. Starb an Lungenkrebs. Geboren am 10.10.1914.

Tageshits

1941 — „You And I“ — Glenn Miller — US 5 W.
1958 — „Ich bin bald wieder hier“ — Freddy — D 2 W.
1962 — „Love Sick Blues“ — Frank Ifield — GB 5 W.
1967 — „Baby Now That I've Found You“ — Foundations — GB 2 W.
1969 — „Wedding Bell Blues“ — 5th Dimension — US 3 W.
1971 — „Mamy Blue“ — Pop Tops — D 10 W.
1975 — „Space Oddity“ — David Bowie — GB 2 W.
1986 — „Take My Breath Away“ — Berlin — GB 4 W.
1986 — „Amanda“ — Boston — US 2 W.

9

Geburtstage

■ **Phil May** — 1944 — GB-Sänger, Gitarrist und Songschreiber der 1963 gegründeten Gruppe Pretty Things. Obwohl die Band gute R & B Platten aufnahm, hatte sie nie den durchschlagenden kommerziellen Erfolg. Größter Hit: „Don't Bring Me Down“ (10/64 GB 10). 1976 versuchte Phil eine Solo-Karriere — 1988 erschien mit „Out Of The Island“ eine neue LP der Pretty Things. Aus den Anfangstagen waren immerhin noch Phil und Dick Taylor dabei.

■ **Tom Fogerty** — 1941 — US-Gitarrist mit Creedence Clearwater Revival. Sein Bruder John war der Kopf dieser Formation. Nachdem die Band 1972 auseinandergebrochen war, machte Tom Soloplatten — ohne nennenswerten Erfolg.

■ **James Talley** — 1943 — US-Country-Sänger der neueren Generation, den Spezialisten wie Walter Fuchs als eines der größten und der am meisten mißverstandenen Talente bezeichnen.

■ **Roger McGough** — 1937 — GB-Songschreiber und Sänger mit Scaffold, Grims und solo.

■ **Lee Anthony Graziano** — 1943 — US-Drummer und Trompeter mit American Breed.

■ **Joe Bouchard** — 1948 — US-Bassist und Sänger mit Blue Öyster Cult.

Tageshits

1961 — „Little Sister/His Latest Flame“ — Elvis Presley — GB 4 W.
1974 — „You Ain't Seen Nothing Yet“ — Bachman-Turner Overdrive — US 1 W.
1985 — „Miami Vice Theme“ — Jan Hammer — US 1 W.

10

Geburtstage

■ **Greg Lake** — 1947 — GB-Bassist, Sänger und Songschreiber. Im Januar 1969 war er Gründungsmitglied von King Crimson. Mitte 1970 kam es dann zur Gründung von Emerson, Lake & Palmer. Der größte Hit der Gruppe war „Fanfare For The Common Man“ (6/77 GB 2), der bekannteste Titel, von Greg geschrieben und gesungen: „Lucky Man“ (5/71 D 23). Ende 1978 fiel die Band auseinander und formierte sich 1985 mit Cozy Powell statt Carl Palmer neu (s. 2.11. bei Keith Emerson). Einen Solo-Hit hatte Greg mit „I Believe In Father Christmas“ (12/75 GB 2).

■ **Screamin' Lord Sutch** — 1940 — GB-Sänger. Richtiger Name David Edward Sutch. 1958 gründete er die Band Savages. Den Spitznamen Screamin' schaute er dem US-R&B-Interpreten Screamin' Jay Hawkins ab. Weitere Bestandteile seiner Bühnenauftritte waren alten Horrorfilmen entnommen oder an die Geschichte von Jack the Ripper angelehnt. Er ließ sich in einem Sarg auf die Bühne tragen, als Kopfbedeckung wählte er einen Toilettensitz. Von Dezember 1966 bis April 1967 spielte er mit Roman Empire, bei denen Ritchie Blackmore Gitarrist und Matthew Fisher Tastenspieler war. Screamin' Lord nahm mit Musikern wie Jeff Beck, Jimmy Page, Nicky Hopkins, Noel Redding oder Keith Moon Platten auf, die allerdings nie große Erfolge wurden. Trotzdem schaffte er es immer, seinen Namen im Gespräch zu halten — und sei es als Möchtegern-Politiker. So versuchte er mehrfach, als Kandidat seiner Raving Loony Party (die Partei der absolut Bekloppten) ins Parlament zu kommen — er sah viel besser aus als so mancher, der sich bewarb, aber er bekam immer viel weniger Stimmen.

■ **Anne Shelton** — 1927 — GB-Sängerin, die schon mit 12 Jahren zusammen mit dem Orchester von Bert Ambrose über die BBC sang. 1944 sang sie mit Bing Crosby, 1950 mit Percy Faith. Sie war die erste Engländerin, die den Titel „Lili Marlen“ aufnahm. Bevor es in GB überhaupt eine Hitparade gab, war sie bereits mit ihren Platten erfolgreich. Auch in den USA hatte sie Hits, z. B. „Be Mine“ (1/49 US

25). In GB hatte sie ihren größten Hit mit „Lay Down Your Arms“ (8/56 GB 1) und ihren letzten großen Erfolg mit „Sailor“ (1/61 GB 10). 1979 sang sie in dem Film „Yanks“ "I'll Be Seeing You“. Zum 80. Geburtstag der Königin Mutter sang sie 1980 deren Lieblingslied „You'll Never Know“. Zusammen mit Very Lynn dürfte sie eine der bekanntesten und erfolgreichsten britischen Nachkriegssängerinnen sein.

■ **Donna Fargo** — 1949 — US-Country-Sängerin und Songschreiberin. Richtiger Name Yvonne Vaughan. Sie lehrte an der High School in Covina, Kalifornien, und trat nebenher in Clubs als Donna Fargo auf. 1969 machte sie ihre ersten Platten, 1972 gab sie ihr Lehramt auf. Das führte zum Hit „The Happiest Girl In The Whole USA“ (5/72 US 11). Ein weiterer Millionseller gelang ihr mir „Funny Face“ (11/72 US 5). 1978 erkrankte sie an Multipler Sklerose. In der C&W-Hitparade war sie durch die 80er Jahre weiterhin vertreten. Nebenher ist sie Besitzerin eines eigenen Musikverlages.

■ **Billy May** — 1916 — US-Orchesterleiter, Trompeter und Komponist. Seine Karriere begann 1938 in der Band von Charlie Barnet, 1940 kam er als Leadtrompeter zu Glenn Miller. Billy spielt die Soli bei „Song Of The Volga Boatmen“ (2/41 US 1) und „American Patrol“ (7/42 US 15). Nach 1942 verließ er Miller und arbeitete als Arrangeur für Woody Herman und Alvino Ray. Anfang der 50er Jahre hatte er seine eigene Band, mit der er den Hit „Charmaine“ (2/52 US 17) aufnahm. Billy arrangierte die Platten von Frank Sinatra oder Nat King Cole und schrieb viele Film- und TV-Melodien.

■ **Ronnie Hammond** — 1950 — US-Sänger. Er kam 1972 zur 1970 gegründeten Formation Atlanta Rhythm Section. Hits: „So In To You“ (1/77 US 7), „Imaginary Lover“ (3/78 US 7), „I'm Not Gonna Let It Bother Me Tonight“ (6/78 US 14), „Do It Or Die“ (5/79 US 19) und „Spooky“ (8/79 US 17).

■ **Jane Froman** — 1907 — US-Sängerin, die in den 30er und 40er Jahren in vielen Broadway Musicals und Radioshows sang. 1934 hatte sie mit „I Only Have Eyes For You“ (11/34 US 20) einen ersten Hit. Ab 1952 hatte sie weitere Erfolge, z. B. „I'll Walk Alone“ (5/52 US 14) oder „I Believe“ (4/53 US 11). 1943 überlebte Jane einen Flugzeugabsturz in der Nähe von Lissabon. 1952 wurde ihre Geschichte unter dem Titel „With A Song In My Heart“ verfilmt.

■ **Richard Burton** — 1925 — GB-Schauspieler. Richtiger Nachname Jenkins. International bekannt wurde er durch den Film „Das Gewand“ (1953). Auf Platten ist er z. B. zu hören mit „A Married Man“ (1964), worüber er ja gut ein Liedchen singen konnte, war er doch gleich zweimal mit Liz Taylor verheiratet. Außerdem ertönt seine sonore Stimme bei Jeff Wayne's „War Of The Worlds“ (1978). Burton starb am 5.8.1984.

■ **Hubert Laws** — 1939 — US-Flötist und Songschreiber. Er spielte mit den Jazz Crusaders ab 1954, mit Mongo Santamaria 1963, Sergio Mendez 1965 oder mit Quincy Jones auf diversen LPs. Seine erste Solo-LP machte Hubert 1964. Sie hieß „The Laws Of Jazz“. Auch Chick Corea, Ron Carter oder Airto Moreira spielten mit ihm zusammen. Von 1969 bis 1974 spielte er klassische Flöte in einem Symphonie Orchester.

■ **Dave Loggins** — 1947 — US-Sänger, Gitarrist und Songschreiber, Cousin von Kenny Loggins. Einziger Hit: „Please Come To Boston“ (6/74 US 5). Dave ist auch auf Platten von Bobby Bare, Jimmy Buffett, Crystal Gayle oder Anne Murray zu hören.

■ **Onie Wheeler** — 1921 — US-Country-Sänger und Songschreiber, der ab 1950 mit seiner eigenen Band, den Ozark Cowboys auftrat. Seine ersten Platten machte er 1951. Onie spielte zusammen mit Lester Flett, Earl Scruggs, Pee Wee King, George Jones oder Roy Acuff. Er starb am 27.5.1984.

■ **Tommy Facenda** — 1939 — US-Sänger. Einziger Hit: „High School USA“ (10/59 US 28) — von dieser Nummer gab es 28 verschiedene Versionen. In jeder wurde eine andere High School namentlich genannt.

■ **Mel Noonan** — 1943 — Australischer Sänger und Songschreiber mit New World. Größte Hits: „Tom Tom Turnaround“ (7/71 GB 6, D 10) und „Sister Jane“ (5/72 GB 9).

■ **Tim Rice** — 1944 — GB-Texter, der zusammen mit Andrew Lloyd Webber „Jesus Christ Superstar“, „Evita“ und andere Rock-Musicals schrieb.

■ **Ritchie Cole** — 1951 — GB-Schlagzeuger mit Stray.

Tageshits

1958 — „It's Only Make Believe“ — Conway Twitty — US 2 W.
1973 — „Keep On Truckin'“ — Eddie Kendricks — US 2 W.
1979 — „Heartache Tonight“ — Eagles — US 1 W.
1984 — „I Feel For You“ — Chaka Khan — GB 2 W.
1986 — „Coming Home (Jeanny Part 2)“ — Falco — D 2 W.

11

Geburtstage

■ **LaVern Baker** — 1929 — US-Sängerin. Richtiger Name Delores Williams. Bereits mit 17 sang sie als Little Miss Share Cropper in einem Nachtclub in Chicago und nahm unter diesem Namen und als Bea Baker auch Platten auf. 1952/5 sang sie im Orchester von Todd Rhodes. Danach tourte sie als Solistin durch Europa und war dann ab 1955 eine der populärsten R&B-Sängerinnen der Rokkära. Hits: „Tweedle Dee“ (1/55 US 14), „Jim Dandy“ (12/56 US 17) und „I Cried A Tear“ (12/58 US 6). LaVern war bis 1966 in den USA erfolgreich.

■ **Mac Kissoon** — 1943 — Zusammen mit seiner Schwester Katie, beide geboren auf Trinidad und mit den Eltern Ende der 50er Jahre nach GB gekommen, bildete er das Duo Mac & Katie Kissoon. Richtiger Nachname Farthing. Hits: „Chirpy Chirpy Cheep Cheep“ (7/71 US 20), „Sugar Candy Kisses“ (1/75 GB 3) und „Don't Do It Baby“ (5/75 GB 9).

■ **Jesse Colin Young** — 1944 — US-Sänger, Bassist und Songschreiber. Richtiger Name Perry Miller. Er begann in den frühen 60er Jahren als Folk-Sänger und gründete 1965 die Band Youngbloods. Hit: „Get Together“ (9/67 US 62, 6/69 RE-US 5). Die Gruppe löste sich 1972 auf, Jesse versuchte sich als Solist — ohne Erfolg.

■ **Chris Dreja** — 1945 — GB-Gitarrist, Sänger, Tastenspieler und Songschreiber für die Yardbirds von deren Gründung im Juni 1963 bis zur Auflösung im Juli 1968. Danach wurde Chris Photograph. In Box Of Frogs traf er schließlich wieder auf seine alten Kumpels.

■ **Narvel Felts** — 1938 — US-Sänger, Gitarrist und Songschreiber. Noch in den 50er Jahren versuchte er sich als Rockabilly-Sänger. Nachdem er mit dieser Art Musik nicht sonderlich erfolgreich war, ging er 1972 nach Nashville und versuchte sich als Country-Sänger. Ab 1973 ist er regelmäßig in der C&W-Hitparade zu finden. Seine größten Erfolge sind „Drift Away“ (6/73 C&W 8), „Reconsider Me“ (4/75 C&W 2) und „Lonely Teardrops“ (4/76 C&W 5).

■ **Andy Partridge** — 1953 — GB-Gitarrist, Sänger und Songschreiber für XTC, 1976 gegründet. Größter Hit: „Sense Working Overtime“ (1/82 GB 10). Mit seinen Band-Kollegen macht Andy auch Platten als Dukes Of Stratosphear — hier nennt er sich Sir John Johns.

■ **Ian Craig Marsh** — 1956 — GB-Tastenspieler und Songschreiber. Er gehört zu den Gründungsmitgliedern von Human League. Seine Karriere verläuft parallel zu der von Martyn Ware (siehe 19.5.).

■ **Paq§ul Cowsill** — 1950 — US-Sänger und Keyboarder mit den Cowsills.

■ **Roger Lavern Jackson** — 1938 — GB-Tastenspieler mit den Tornados.

■ **Vince Martell** — 1945 — US-Gitarrist mit Vanilla Fudge und Cactus.

■ **Mic Michaeli** — 1962 — Norwegischer Keyboarder und Songschreiber mit Europe.

■ **Pat Daugherty** — 1945 — US-Bassist mit Black Oak Arkansas.

Todestage

■ **Victor Young** — 1956 — Orchesterleiter und Komponist. Geboren am 8.8.1900.

■ **Berry Oakley** — 1972 — US-Bassist mit den Allman Brothers. Er kam, wie Duane Allman fast genau ein Jahr zuvor (29.10.1971), bei einem Motorradunfall ums Leben. Geboren am 4.4.1948.

■ **Dimitri Tiomkin** — 1979 — US-Komponist russischer Herkunft. Geboren am 10.5.1899.

Tageshits

1955 — „Hernando's Hideaway" — Johnston Brothers — GB 2 W.
1972 — „Clair" — Gilbert O'Sullivan — GB 2 W.
1974 — „Kung Fu Fighting" — Carl Douglas — D 7 W.
1978 — „Mac Arthur Park" — Donna Summer — US 3 W.
1985 — „Take On Me" — A-Ha — D 5 W.
1989 — „When I See Your Smile" — Bad English — US 2 W.
1989 — „All Around The World" — Lisa Stansfield — GB 2 W.

12

Geburtstage

■ **Booker T. Jones** — 1944 — US-Tastenspieler und Songschreiber. Zusammen mit Steve Cropper, Al Jackson und Louis Steinberg arbeitete er 1962 als Studiomusiker für Aufnahmen der Plattenfirma Stax-Records und als Teil der Gruppe Mar-Keys. Um sich die Zeit im Studio zu vertreiben, spielten die Musiker hin und wieder vor sich hin. Dem Besitzer von Stax-Records, Jim Stewart, gefiel das und er ermunterte sie, eine Platte einzuspielen. Sie nannten sich Booker T. & The MG's. Hits: „Green Onions" (8/62 US 3, 12/79 GB 7), „Hang 'Em High" (11/68 US 9) und „Time Is Tight" (3/69 US 6, 5/69 GB 4, 8/69 D 31). Die Abkürzung MG steht für Memphis Group, die als Begleitband vieler Soul-Stars zu hören ist, z. B. bei Otis Redding, Sam & Dave, Wilson Pickett, Eddie Floyd und Rufus & Carla Thomas. Booker T. hat sich in den Jahren mit der Band eine Karriere als Produzent aufgebaut. So sind durch ihn Interpreten wie Rita Coolidge, mit deren Schwester Priscilla er verheiratet ist, Earl Klugh oder Bill Withers betreut worden. Auch als Soulsänger genießt Jones einen guten Ruf.

■ **John Walker** — 1943 — US-Sänger mit den Walker Brothers. Richtiger Nachname Maus. Er begann im Alter von 12 Jahren als Kinderdarsteller neben Betty Hutton in der US-TV-Serie „Hello Mum". Nach einem Umzug an die Westküste spielte er in einem Fernsehspiel den Bruder von Scott Engel. Engel und Maus wurden Bassist bzw. Leadgitarrist mit den Dalton Brothers. Als 1964 der Schlagzeuger Gary Leeds zu den beiden stößt, formieren sie das Trio Walker Brothers. Hits siehe 9.1. Im Mai 1967 fällt die Formation auseinander. Maus ist der erste der drei, der auch als Solist einen Hit hat: „Annabella" (7/67 GB 24). Im August 1975 kommt das Trio erneut in der Urbesetzung zusammen, Mitte 1978 fällt es wieder auseinander.

Neil Young

■ **Neil Young** — 1945 — Kanadischer Sänger, Songschreiber und Gitarrist.z.NachdemgergMitgliedgingverschiedenen Highschool-Rockbands war, gründet er die Mynah Birds — hier spielt auch der junge Rick James mit. 1966 ist er dann Mitbegründer von Buffalo Springfield — die Gruppe fällt im Mai 1968 auseinander. Seine erste Solo-LP bringt Neil im Januar 1969 heraus. Im Juni 1969 wird er der vierte Mann bei Crosby, Stills, Nash & Young. Hits: „Woodstock" (3/70 US 11), „Teach Your Children" (6/70 US 16) und „Ohio" (6/70 US 14). Nebenher veröffentlicht er Platten als Neil Young & Crazy Horse, mit denen er seit Januar 1969 zusammen spielt. Größter Solo-Erfolg: „Heart Of Gold" (2/72 US 1, GB 10, D 6). Neil Young, der als schwieriger Zeitgenosse gilt, spielt in der Folgezeit als Neil Young & The Straygators, als Solist, mal im Duett mit Kollegen aus der CSN&Y-Zeit oder auch wieder als Crosby, Stills, Nash & Young.

■ **Jo Stafford** — 1920 — US-Sängerin. Jo war die Lieblingssängerin der amerikanischen Soldaten im Zweiten Weltkrieg. Bei ihnen hatte sie den Spitznamen „G.I. Jo". Noch während ihrer High School Zeit studierte sie Gesang und gründete mit ihren beiden Schwestern Pauline und Christine ein Trio. Zwischen 1940 und 1942 sang sie mit Tommy Dorsey als Solistin und als Mitglied der Pied Pipers, die sie 1944 für eine Solokarriere verließ. Hits: „Candy" (2/45 US 1) zusammen mit Johnny Mercer und den Pied Pipers, „Shrimp Boats" (11/51 US 2), „You Belong To Me" (8/52 US 1, 11/52 GB 1), „Jambalaya" (8/52 US 3, 12/52 GB 11) und „Make Love To Me!" (1/54 US 1, 5/54 GB 8). Mit dem Musicalstar Gordon MacRae nahm Jo zahlreiche Duettplatten auf - größte Hits: „My Darling, My Darling" (11/48 US 1) und der Millionseller „Whispering Hope" (8/49 US 4). Auch Frankie Laine gehörte zu ihren Gesangspartnern. Die meisten ihrer Aufnahmen wurden vom Orchester ihres Mannes Paul Weston begleitet.

■ **Errol Brown** — 1948 — GB-Sänger und Songschreiber, der 1969 die Gruppe Hot Chocolate gründete. Größte Hits: „Emma" (3/74 GB 3, 5/74 D 19, 3/75 US 8), „You Sexy Thing" (11/75 GB 2, US 3, 1/76 D 8), „So You Win Again" (6/77 GB 1, D 6, 8/77 US 31), „Every 1's A Winner" (3/78 GB 12, D 16, 12/78 US 6) und „No Doubt About It" (5/80 GB 2, D 3). Im März 1984 wird die letzte Platte von Hot Chocolate veröffentlicht, die in die Hitparaden kommt. 1987 mixt der holländische DJ Ben Liebrand den Titel „You Sexy Thing" (1/87 GB 10, 3/87 D 5) neu ab und fügt noch einige Instrumente hinzu — die Platte wird wieder ein Hit. Im selben Jahr startet Errol eine Solo-Karriere. Mit dem Titel „Personal Touch" (7/87 GB 25) hat er einen ersten Erfolg.

■ **Mort Shuman** — 1936 — US-Songschreiber und Sänger. Im Team mit Doc Pomus schrieb er unzählige Hits der späten 50er und frühen 60er Jahre, z. B. „Save The Last Dance For Me", „This Magic Moment" und „Sweets For My Sweet" für die Drifters; „Teenager In Love" für Dion & The Belmonts, „(Marie's The Name) His Latest Flame", „Surrender", „Little Sister", „A Mess Of Blues" oder „Viva Las Vegas" für Elvis Presley und „Suspicion" für Terry Stafford. Als Interpret — er singt in englischer, deutscher und französischer Sprache — hatte er den Hit „Sorrow" (6/77 D 24).

■ **Leslie McKeown** — 1955 — GB-Sänger der Bay City Rollers, zwischen 1974 und 1976 eine der erfolgreichsten Teenbands. Leslie kam 1973 zur Band und löste Nobby Clark ab. Die Gruppe war schon 1967 als Saxons gegründet worden. Nach Umbennung in Bay City Rollers wurden sie vom Management als die neuen Beatles verkauft — wohl etwas zu hoch gegriffen. Größte Hits: „Bye Bye Baby" (3/75 GB 1, D 10), „Give A Little Love" (7/75 GB 1, D 11) und „Saturday Night" (10/75 US 1, 3/76 D 10). 1978 wurde Leslie seinerseits durch Duncan Faure abgelöst, da er eine Solokarriere starten wollte. Speziell in der Bundesrepublik konnte er noch einige Fans aus seinen Schottenrocktagen finden: „She's A Lady" (5/88 D 38) und „It's A Game" (4/89 D 33) — beide Platten produziert durch Dieter Bohlen und dafür herzlich erfolglos.

■ **Brian Hyland** — 1943 — US-Sänger. Mit 12 Jahren gründete er die Gruppe Delphis, mit 16 Jahren hatte er als Solist seinen ersten großen Erfolg: „Itsy Bitsy Teenie Weenie Yellow Polkadot Bikini" (7/60 US 1, GB 8, 9/60 D 9). Weitere Hits: „Ginny Come Lately" (3/62 US 21, 5/62 GB 5, 7/62 D 10), „Sealed With A Kiss" (6/62 US 3, 8/62 GB 3, 6/75 RE-GB 7) und „Gypsy Woman" (9/70 US 3).

■ **Grace Kelly** — 1929 — US-Filmschauspielerin, die zusammen mit Bing Crosby den Titel „True Love" (9/56 US 3, 11/56 GB 4, 2/57 D 3) sang. Die Aufnahme stammte aus ihrem letzten Film „High Society" — "Die oberen Zehntausend". International bekannt geworden war Grace 1952, als sie neben Gary Cooper in „High Noon" spielte. Als sie 1955 zu den Dreharbeiten für ihrem dritten Hitchcock-Film "Über den Dächern von Nizza" an der Cote D'Azur war, lernte sie den monegassischen Herrscher Fürst Rainier III. kennen, den sie am 18.4.1956 heiratete. Sie nannte sich nun Gracia Patricia. Sie starb am 14.9.1982.

■ **Barbara Fairchild** — 1950 — US-Country-Sängerin und Songschreiberin. Schon mit 12 trat sie regelmäßig im Fernsehen auf, mit 18 ging sie nach Nashville als Songschreiberin und schrieb Hits für Loretta Lynn, Liz Anderson oder Conway Twitty. Ab 1969 war sie auch selbst erfolgreich. Ihr größter Hit war der „Teddy Bear Song" (2/73 US 32).

■ **Bob Crewe** — 1931 — US-Songschreiber und Produzent mit den Four Seasons. Zusammen mit Bob Gaudio, Keyboarder der Four Seasons, schrieb er etliche Hits für die Band. Als Produzent arbeitete er u. a. mit Mitch Ryder, Labelle, Disco-Tex oder Frankie Valli. Schließlich leitete Bob sogar eine eigene Plattenfirma.

■ **Martha Tilton** — 1918 — US-Sängerin, die bekannt wurde als Sängerin von Benny Goodman von 1937 bis 1939. Sie sang z. B. die Hits „I Let A Song Go Out Of My Heart" (5/38 US 1) und „And The Angels Sing" (4/39 US 1). Ab 1944 war Martha auch als Solistin erfolgreich. Größter Hit: „I'll Walk Alone" (7/44 US 4).

■ **Loriot** — 1923 — Satirischer Zeichner, Cartoonist, Fernsehautor, Schauspieler und Regisseur aus altem preußischem Adel — sein richtiger Name ist Vicco von Bülow. Mit der Sendereihe „Loriot" 1 bis 6, die 1976 startete, machte er sich einem breiten Publikum bekannt. Seine Figuren Wum und Wendelin begleiten seit Fernsehgedenken die Sendung „Der große Preis". Mit Wums Gesang „Ich wünsch' mir 'ne kleine Miezekatze" (10/72 D 1) hatte Loriot einen der größten Hits des Jahres 1972 und einen Millionseller.

■ **Donald Roeser** — 1947 — US-Gitarrist, Sänger und Songschreiber von Blue Öyster Cult, die 1970 gegründet wurden und ab 1976 erfolgreich waren. Größter Hit: „Don't Fear (The Reaper)" (7/76 US 12, 5/78 GB 16).

■ **Donald Johnson** — 1948 — US-Drummer mit Taste Of Honey.

■ **Arthur Tavares** — 1946 — US-Sänger mit der gleichnamigen Familientruppe. Spitzname „Pooch". Zwischen 1964 und 1969 waren die Brüder als Chubby & The Turnpikes aufgetreten.

■ **Charlotte Davis** — 1936 — US-Sängerin mit den Tune Weavers. Einziger Hit: „Happy, Happy Birthday, Baby" (9/57 US 5).

Tageshits

1949 — „Slippin' Around" — Margaret Whiting & Jimmy Wakely — US 3 W.
1964 — „Oh Pretty Woman" — Roy Orbison — GB 1 W. (2.mal)
1966 — „Poor Side Of Town" — Johnny Rivers — US 1 W.
1966 — „Bend It" — Dave Dee & Co — D 5 W.
1983 — „All Night Long" — Lionel Richie — US 4 W.
1984 — „When The Rain Begins To Fall" — Jermaine Jackson & Pia Zadora — D 4 W.
1988 — „Wild Wild West" — Escape Club — US 1 W.

13

Geburtstage

■ **Timmy Thomas** — 1944 — US-Sänger, Tastenspieler und Songschreiber. Als Keyboarder spielte er zusammen mit Donald Byrd und Cannonball Adderley, dann wurde er Studiomusiker in Memphis. Mit dem Titel „Why Can't We Live Together" (11/72 US 3, 2/73 GB 12, D 28) hatte er einen ersten Solo-Erfolg. Als Sessionmusiker ist er auf Platten von Betty Wright, George und Gwen McCrae, Leif Garrett, Nicole oder K.C. & The Sunshine Band zu hören.

■ **John Paul Hammond** — 1942 — US-Blues-Sänger, Gitarrist, Mundharmonikaspieler und Songschreiber. 1963 machte er sein erstes Solo-Album. Zu den Musikern, die ihn begleiteten, gehörten die Hawks — die wenig später Band wurden -, Jimi Hendrix und Dr. John und Mike Bloomfield, mit denen er als Triumvirate auftrat. Auch als Studiomusiker ist er zu hören — so z. B. 1974 bei Tina Turner auf der LP „Tina Turns The Country On".

■ **Terry Reid** — 1949 — GB-Sänger, Gitarrist und Songschreiber. Mit 15 wurde er der Leadsänger von Peter Jay & The Jaywalkers, danach Solist und Studiomusiker — erst in GB, dann in den USA.

■ **Wayne Parker** — 1960 — Kanadischer Bassist mit Glass Tiger.

Todestag

■ **Rudolf Schock** — 1986 — Kammersänger, Tenor. Er starb nach einem Herzanfall. Geboren am 5.9.1915.

Tageshits

1953 — „Answer Me" — Frankie Laine — GB 8 W.
1954 — „I Need You Now" — Eddie Fisher — US 3 W.
1968 — „The Good, The Bad & The Ugly" — Hugo Montenegro — GB 4 W.
1971 — „Cos I Luv You" — Slade — GB 4 W.
1976 — „If You Leave Me Now" — Chicago — GB 3 W.
1976 — „Tonight's The Night" — Rod Stewart — US 7 W.
1978 — „You're The Greatest Lover" — Luv — D 4 W.
1982 — „I Don't Wanna Dance" — Eddy Grant — GB 3 W.

14

Geburtstage

■ **Freddie Garrity** — 1940 — GB-Sänger und Songschreiber. Er begann seine Karriere als Mitglied der Skiffle-Gruppe Red Sox. Danach spielte er mit John Norman Four und den Kingfishers, aus denen 1961 Freddie & The Dreamers wurden. Im Sog der Beatles hatten sie ab 1963 Erfolg: „If You Gotta Make A Fool Of Somebody" (5/63 GB 3), „I'm Telling You Now" (8/63 GB 2, 3/65 US 1), „You Were Made For Me" (11/63 GB 3) und „I Understand" (11/64 GB 5, 3/65 US 36). Im Oktober 1968 Jahre löste sich die Gruppe auf, Freddie startete zusammen mit Pete Birrell die populäre britische Kinder TV-Sendung „Little Big Time". 1976 machte Freddie mit neuen Musikern eine Neuauflage von Freddie & The Dreamers, um bei einer Reihe von Revival-Konzerten auftreten zu können. 1988 gibt er sein Bühnendebüt als Schauspieler in dem Shakespeare-Stück „The Tempest".

■ **Stephen Bishop** — 1951 — US-Sänger, Gitarrist und Songschreiber. 1967 gründete er das Quartett Weeds. Danach versuchte er sieben Jahre lang, einen Solovertrag zu bekommen. Schließlich gibt er auf und wird festangestellter Songschreiber für einen Verlag. Art Garfunkel ist es, der ihm 1976 endlich zu einem Plattenvertrag verhilft — Hit: „On And On" (5/77 US 11). In der Folgezeit erscheinen sporadisch sehr schöne LPs von Stephen, erfolgreicher ist er jedoch als Songschreiber. So stammt z. B. der Titel „Separate Lives", gesungen durch Phil Collins und Marilyn Martin, aus dem Film „White Nights" (1985) von ihm. Phil Collins produzierte mit Stephen 1989 die hervorragende LP „Bowling In Paris".

■ **John Henry Barbee** — 1905 — US-Blues-Sänger, Gitarrist und Songschreiber. Richtiger Name William George Tucker. Im September 1938 nahm er seine erste Platte „Six Weeks Old Blues" auf — zur Produktion mußte er nach Chicago. Zurückgekehrt nach Luxora, Arkansas, fand er seine Frau mit einem anderen Mann im Bett. John Henry fackelte nicht lange, holte sein Gewehr und schoß auf den Mann. Im Glauben, ihn erschossen zu haben, tauchte er unter. Deshalb fand man ihn auch nicht, als sich seine Platte verkaufte und man weitere Titel mit ihm aufnehmen wollte. Erst 1949 erfuhr er, daß er den Mann lediglich ins Bein getroffen hatte. 1964 kehrte er von einer Europatournee mit dem American Negro Folk Blues Festival zurück und kaufte sich sein erstes Auto, mit dem er eine Woche später einen Mann überfuhr. Er kam ins Gefängnis und starb dort am 4.11.1964.

■ **Joseph Simmons** — 1964 — US-Sänger und Songschreiber mit dem Spitznamen Run. Schon 1977 arbeitete er als DJ für Kurtis Blow, den Rap-König. Zusammen mit Daryl McDaniels gründete Joseph 1982 Run DMC — Hits: „Walk This Way" (7/86 US 4, 9/86 GB 8, D 13) und „It's Tricky" (5/87 GB 16, D 28).

■ **Walter Carlos** — 1939 — US-Musiker (oder Elektroniker?), der einer der ersten war, der auf dem Moog Klassik spielte. Seine LP „Switched On Bach" (1968) wurde ein Millionseller. Für den Film „Clockwork Orange" schrieb er die meisten Musiken.

■ **Marvyn Harris** — 1947 — Südafrikanischer Schlagzeuger mit Proudfoot.

■ **James Young** — 1949 — US-Gitarrist, Sänger und Songschreiber für die 1963 gegründete Gruppe Styx.

■ **Roger Hills** — 1947 — GB-Schlagzeuger. Studiomusiker mit Peter & Gordon, Paul Jones oder White Plains.

■ **Frankie Banali** — 1955 — US-Schlagzeuger und Songschreiber mit Quiet Riot und als Studiomusiker.

■ **John Andrew Banfield** — 1964 — GB-Sänger mit den Pasadenas.

■ **Alec John Such** — 1955 — US-Bassist mit Bon Jovi.

■ **Barry Brandt** — 1951 — US-Schlagzeuger mit Angel.

Tageshits

1952 — „Here In My Heart" — Al Martino — GB 9 W.
1960 — „Georgia On My Mind" — Ray Charles — US 1 W.
1981 — „Every Little Thing She Does Is Magic" — Police — GB 1 W.
1983 — „Come Back And Stay" — Paul Young — D 7 W.
1987 — „China In Your Hand" — T'Pau — GB 5 W.

Merk-Würdiges

1952 — In der britischen Musikzeitschrift New Musical Express erscheint zum ersten Mal eine Hitparade — und gleich ist es ein Amerikaner, der diese Charts anführt — siehe oben!

15

Geburtstage

■ **Petula Clark** — 1932 — GB-Sängerin und Schauspielerin. Schon mit neun Jahren sang sie im Radio und wirkte zwischen 1944 und 1951 in mehr als 20 Filmen mit. 1946 machte sie ihre ersten Platten, hatte aber erst mit „The Little Shoemaker" (6/54 GB 7) ihren ersten Erfolg. International bekannt wurde sie dann mit „Downtown" (11/64 GB 2, 12/64 US & D 1, 11/88 RE-GB 10, 2/89 RE-D 13 — bei den Re-Entrys handelt es sich um eine Remix-Version). Weitere große Erfolge waren „Sailor" (1/61 GB 1), „Monsieur" (9/62 D 1), „Casanova Baciami" (2/63 D 2), „My Love" (12/65 US 1, 2/66 GB 4, D 13) und „This Is My Song" (2/67 GB 1, US 3, D 16). Petula Clark gilt als eine der erfolgreichsten Sängerinnen der 60er Jahre.

■ **Mantovani** — 1905 — Italienischer Orchesterchef. Vornamen Annunzio Paolo. In den frühen 30ern gründete er in England sein erstes Orchester und gab sein Plattendebut. Mit „Red Sails In The Sunset" (11/35 US 2) hatte er einen ersten Erfolg. Richtig populär wurde er Anfang der 50er Jahre, als er von den Amerikanern gebeten wurde, speziell für ihren Markt bekannte Melodien neu zu arrangieren und im typischen Mantovani-Sound aufzunehmen. Millionseller wurden „Charmaine" (11/51 US 10), „The 'Moulin Rouge' Theme (Where Is Your Heart" (5/53 GB 1, US 13, 10/53 RE-GB 10, 12/53 RE-GB 12) und „Cara Mia" (8/54 US 10). Mit der „Swedish Rhapsody" (10/53 GB 2, 2/54 RE-GB 12) war er nur in GB erfolgreich. Mantovani starb am 30.3.1980.

■ **Clyde McPhatter** — 1932 — US-Sänger. Er begann 1950 mit den Dominoes und hatte mit dieser Gruppe den Millionseller „Sixty Minute Man" (8/51 US 17). 1953 gründete er die Drifters. Mit dieser Formation sang er den Millionseller „Honey Love" (10/54 US 21). Im April 1954 wurde er zur Armee eingezogen und durch Dave Baughan ersetzt. Ab 1956 war Clyde als Solist erfolgreich — Hits: „Treasure Of Love" (5/56 US 16, 8/56 GB 27), „A Lover's Question" (10/58 US 6) und „Lover Please" (3/62 US 7). Er starb am 13.6.1972.

■ **Little Willy John** — 1937 — US-R&B-Sänger und Songschreiber. Richtiger Name John Davenport. John gilt als ein Musiker, der großen Einfluß auf die Soul-Ära hatte. Mit 16 machte er seine ersten Platten, 1956 erhielt er einen Plattenvertrag bei King Records und hatte danach 17 Titel in der R&B-Hitparade. Seine größten Erfolge waren „Fever" (7/56 US 24), „Talk To Me, Talk To Me" (4/58 US 20) und „Sleep" (9/60 US 13). Er galt als einer der besten Blues-Balladensänger der zweiten Hälfte der 50er Jahre, und seine Titel wurden durch Elvis Presley und Peggy Lee gecovert. Offensichtlich war John jedoch zu labil, um mit seinem Ruhm fertigzuwerden. Im Apollo Theatre trug er ständig eine Pistole bei sich, in Seattle erstach er einen Mann in einer Bar und im Mai 1966 schließlich wurde er wegen Totschlages verurteilt. Er starb im Gefängnis am 26.5.1968.

■ **C. W. McCall** — 1928 — US-Country-Sänger (oder Sprecher?). Richtiger Name William Fries. Für eine Werbekampagne erfand der gelernte Werbefachmann Fries die Figur C. W. McCall. Für einen Fernsehwerbespot lieh er 1973 eben dieser Figur seine Stimme. Danach stand er bis zum Ende der 70er Jahre mit seinen Novelty-Songs in der C&W-Hitparade. Sein größter Erfolg war der Millionseller „Convoy" (12/75 US 1, 2/76 GB 2).

■ **Anni-Frid Lyngstad** — 1945 — Schwedische Sängerin bei Abba und als Solistin unter dem Namen Frida: „I Know There's Something Going On" (9/82 D 5, 11/82 US 13), produziert von Phil Collins.

■ **Steve Fossen** — 1949 — US-Bassist mit der 1963 gegründeten Gruppe Army, die sich später White Heart und ab 1974 Heart nannte. Steve verließ die Band Ende 1981 und wurde durch Mark Andes ersetzt.

■ **Tony Thompson** — 1954 — US-Schlagzeuger mit Chic und als Studiomusiker mit Sister Sledge, Mick Jagger, Power Station, Madonna, Robert Palmer, Bernard Edwards oder Nile Rodgers.

■ **Michael Cooper** — 1952 — US-Sänger, Gitarrist und Songschreiber mit Con Funk Shun, 1968 gegründet. Die Gruppe nannte sich zuerst Project Soul und ab 1972 dann Con Funk Shun. Größter Hit: „Ffun" (12/77 US 23).

■ **Joy Fleming** — 1944 — Richtiger Name Erna Strube. Sie ist sicher eine der wenigen deutschen Blues-Sängerinnen. Ihre ersten Erfolge hatte sie zusammen mit der Heidelberger Gruppe Hit Kids, die sich später in Joy Unlimited umbenannte. Größter Erfolg für Joy: „Ein Lied kann eine Brücke sein" (3/75 D 32).

■ **Lawrence Winter** — 1915 — US-Bariton, der in der Bundesrepublik mit Titeln wie „Drei Münzen im Brunnen" (3/56 D 10) oder „Miteinander, füreinander" (5/63 D 29) erfolgreich war. Er starb am 24.9.1965 in Hamburg.

■ **Wolf Biermann** — 1936 — Deutscher Liedermacher, Lyriker und Kabarettist. Er wurde in Hamburg geboren, lebte ab 1953 in der DDR und kam nach dem Verlust der DDR-Staatsbürgerschaft wieder zurück in die Bundesrepublik.

Tageshits

1980 — „Lady" — Kenny Rogers — US 6 W.
1980 — „The Tide Is High" — Blondie — GB 2 W.

16

Geburtstage

■ **Chi Coltrane** — 1948 — US-Sängerin, Pianistin und Songschreiberin. Ende der 60er Jahre gründete sie ihre erste Band in Chicago. 1972 erhielt sie einen Plattenvertrag. Ihre erste Single wurde ihr größter Hit: „Thunder And Lightning" (9/72 US 17). Seither läuft Chi dem Erfolg mehr hinterher.

■ **Lillian Lopez** — 1945 — US-Sängerin mit dem Disco-Trio Odyssey, geboren auf den Jungfrauen-Inseln. Hits: „Native New Yorker" (11/77 US 21, GB 5), „Use It Up And Wear It Out" (6/80 GB 1, 9/80 D 20), „Going Back To My Roots" (5/81 GB 4, 7/81 D 13) und „Inside Out" (6/82 GB 3).

■ **Pattie Santos** — 1949 — US-Sängerin der 1967 gegründeten Band It's A Beautiful Day, die über den Status eines Geheimtips nie hinauskam. Die 1969 erschienene Platte „White Bird" wurde der bekannteste Titel der Band, die sich 1974 wieder auflöste.

■ **Troy Seals** — 1938 — US-Gitarrist, Sänger, Songschreiber und Produzent. Im Dezember 1964 brachte er zusammen mit seiner Frau Jo Ann Campbell eine Platte auf den Markt, die zumindest mal in die Charts schnupperte: „I Found A Love Oh What A Love" (12/64 US 67) — sie traten als Jo Ann & Troy auf. Schließlich spielte er in einer Band, die die großen Soulmusiker auf Tourneen begleitete — z. B. James Brown, Dobie Gray oder Mentor Williams. 1973 machte er Soloplatten — Erfolge wurden es nicht.

■ **Toni Brown** — 1938 — US-Sängerin und Pianistin für die 1967 gegründete Band Joy Of Cooking, die heute als eine der ersten Rock-Bands gilt, die von Frauen geleitet wurde. Der größte Erfolg wurde „Brownsville" (4/71 US 66). 1973 fiel die Band auseinander, Toni machte Soloplatten und formierte die Gruppe neu als Joy, was aber auch nichts brachte.

■ **Corinne Hermès** — 1961 — Französische Sängerin mit richtigem Nachnamen Bondeaux, die für Luxemburg 1983 den Grand Prix Eurovision mit „Si La Vie Est Cadeau" gewann. Das Lied erschien — wie bei Siegertiteln üblich — auch in englischer und deutscher Sprache. Ein Erfolg wurde es nicht und somit darf sich Corinne in die lange Latte derjenigen einreihen, die aus einem Grand-Prix-Sieg nichts machen konnten.

■ **W.C.Handy** — 1873 — US-Blues-Songschreiber, Verleger und Kornettist. Vornamen: William Christopher. 1895 war er der Bandmaster einer Minstrel Show. Danach hatte er eine eigene Band und gründete 1908 einen Verlag. Zu den bekanntesten Songs, die er geschrieben hat, zählen der „St. Louis Blues", der „Beale Street Blues", „Careless Love", „Long Gone" und viele andere. Die Geschichte von W. C. wurde 1957 verfilmt: Billy Preston spielte den jungen, Nat King Cole den erwachsenen Handy. Er starb am 28.3.1958.

■ **Winfred Lovett** — 1943 — US-Sänger mit den Manhattans.

■ **Wally Lowe** — 1951 — GB-Bassist mit Magnum.

Todestag

■ **Joseph Schmidt** — 1942 — Tenor. Geboren am 6.3.1904.

Tageshits

1956 — „Just Walkin' In The Rain" — Johnny Ray — GB 7 W.
1957 — „Siebenmal in der Woche" — Vico Torriani — D 5 W.
1959 — „Mr. Blue" — Fleetwoods — US 1 W.
1963 — „Deep Purple" — Nino Tempo & April Stevens — US 1 W.
1974 — „Whatever Gets You Through The Night" — John Lennon — US 1 W.
1974 — „I'm Gonna Make You A Star" — David Essex — GB 3 W.
1985 — „A Good Heart" — Feargal Sharkey — GB 2 W.
1985 — „We Built This City" — Starship — US 2 W.

17

Geburtstage

■ **Gordon Lightfoot** — 1938 — Kanadischer Sänger, Gitarrist und Songschreiber. Bevor er als Solist erfolgreich wurde, arbeitete er als Pianist und Arrangeur für Werbejingles. Als nächstes begann er, beeinflußt von Tom Paxton und Bob Dylan, Songs zu schreiben, die durch Ian & Sylvia und Marty Robbins aufgenommen wurden. Sein erster Erfolg als Songautor war „For Lovin' Me" mit Peter, Paul & Mary im Januar 1965. Ab 1966 nahm Gordon selbst Platten auf. Hits: „If You Could Read My Mind" (12/70 US 5, 6/71 GB 30), „Sundown" (4/74 US 1, 8/74 GB

Gordon Lightfoot

33, D 36) und „Wreck Of The Edmund Fitzgerald" (8/76 US 2, 1/77 GB 40). Nachdem er sich als Songautor etabliert hatte, nahmen Bob Dylan, Johnny Cash, Glen Campbell, Jerry Lee Lewis, Barbra Streisand und auch Elvis Presley Songs von ihm auf.

■ **Gene Clark** — 1941 — US-Gitarrist, Sänger und Songschreiber. Er begann im Folktrio Surf Riders, war dann bei den New Christy Minstrels und gründete im August 1964 zusammen mit Jim McGuinn und David Crosby das Trio Beefeaters, das eine erfolglose Single veröffentlichte. Diese drei plus Chris Hillman und Michael Clarke waren dann im Oktober 1964 die Gründungsmitglieder der Byrds. Schon im März 1966 verließ Gene die Byrds wieder, weil er unter Flugangst litt und mit einer von ihm gegründeten neuen Formation so auftreten konnte, daß Flüge nicht notwendig waren. Im Oktober 1967 spielte Gene noch einmal für drei Wochen mit den Byrds. Im August 1968 gründete er mit Doug Dillard Dillard Clark und blieb bis zum Dezember 1969. Im Januar 1973 kam die Originalbesetzung der Byrds für eine LP wieder zusammen. In der Folgezeit spielt Gene zusammen mit Chris Hillman oder auch mal wieder mit Roger (ehemals Jim) McGuinn.

■ **Bob Gaudio** — 1942 — US-Songschreiber und Keyboarder. Die 1956 gegründete Gruppe Four Lovers benannte sich 1960, als Bob dazu kam, in Four Seasons um. Bob war vorher der Chef der Royal Teens gewesen, die mit „Short Shorts" (1/58 US 3) ihren größten Hit hatten. Die Four Seasons gehörten ab 1962 zu den erfolgreichsten US-Gruppen — Hits siehe 3.5. bei Frankie Valli.

■ **Peter Cox** — 1955 — GB-Sänger, Gitarrist, Tastenspieler und Songschreiber mit Go West. Hits: „We Close Our Eyes" (2/85 GB 5, 5/85 D 14), „Call Me" (5/85 GB 12) und „Don't Look Down (The Sequel)" (11/85 GB 13, 8/87 US 39).

■ **Ian Sutherland** — 1948 — GB-Gitarrist, Sänger und Songschreiber. Seine Karriere verlief parallel zu der seines Bruders Gavin, siehe 6.10.

■ **Rod Clements** — 1947 — GB-Bassist, Geiger und Sänger mit Lindisfarne, 1969 gegründet, und als Studiomusiker.

■ **Martin Barre** — 1946 — GB-Gitarrist. Er kam im Januar 1969 für Mick Abrahams zur 1968 gegründeten Band Jethro Tull.

■ **Camillo Felgen** — 1920 — Luxemburger, der als Volksschullehrer, Sänger und Schauspieler arbeitete, bevor er DJ bei Radio Luxemburg wurde. Als langjähriger Chefsprecher dieses Senders wurde er bei uns populär. Er war TV-Moderator im „Spiel ohne Grenzen". Hit: „Sag warum" (12/59 D 16).

■ **Ronald DeVoe** — 1967 — US-Sänger mit New Edition.

Tageshits

1945 — „Chickery Shack" — Sammy Kaye — US 4 W.
1951 — „Sin (It's No Sin)" — Eddy Howard — US 8 W.
1958 — „Tom Dooley" — Kingston Trio — US 1 W.
1962 — „Big Girls Don't Cry" — Four Seasons — US 5 W.
1966 — „Good Vibrations" — Beach Boys — GB 2 W.
1973 — „I Love You Love Me Love" — Gary Glitter — GB 4 W.
1979 — „When You're In Love With A Beautiful Woman" — Dr. Hook — GB 3 W.
1979 — „Still" — Commodores — US 1 W.
1979 — „Maybe" — Thom Pace — D 9 W.
1984 — „Wake Me Up Before You Go-Go" — Wham! — US 3 W.

18

Geburtstage

■ **Hank Ballard** — 1936 — US-Sänger und Songschreiber. Er wurde 1951 durch Johnny Otis entdeckt und gefördert. 1953 wurde er für Lawson Smith Leadsänger der Royals, die mit Hank den Hit „Get It" (8/53 R&B 6) aufnahmen. 1954 änderten sie ihren Namen in Midnighters und wurden nun nicht nur in den R&B-Hitparaden erfolgreich — bekannt ist ihre „Annie" kTrilogie: „Work With Me Annie" (4/54 R&B 1, 6/54 US 22), „Annie Had A Baby" (9/54 R&B 1, US 23) und „Annie's Aunt Fanny" (12/54 R&B 10). 1958, inzwischen nannte sich die Gruppe Hank Ballard & The Midnighters, nahm er im Studio den Titel „Teardrops On Your Letter" (3/59 R&B 4) auf — weil er noch eine B-Seite brauchte, schrieb er schnell „The Twist" (4/59 R&B 16, 7/60 RE-R&B 6, US 28), der 1960 mit Chubby Checker zum Welthit wurde. Hanks größte Erfolge wurden „Finger Poppin' Time" (5/60 US 7) und „Let's Go, Let's Go, Let's Go" (9/60 US 6). Nach 1961 war Hanks Karriere in den Popcharts beendet. Die Gruppe fiel 1965 auseinander, formierte sich später noch einmal neu, allerdings ohne Hank.

■ **Johnny Mercer** — 1909 — US-Sänger und Songschreiber. Bereits mit 15 Jahren schrieb er seinen ersten Titel. Als Texter arbeitete er später mit Hoagy Carmichael, James van Heusen, Gordon Jenkins, Jerome Kern, Henry Mancini und vielen anderen. 1933 hat Johnny mit seiner Komposition „Lazybones" (7/33 US 1), gespielt von Ted Lewis, seinen ersten Spitzenreiter. Drei Jahre später schafft das Benny Goodman mit Johnnys Titel „Goody Goody" (2/36 US 1). 1937 schreibt Johnny seine ersten Filmmusiken, ab 1938 macht er dann selbst Platten. 1942 gründet Johnny zusammen mit zwei anderen die Plattenfirma Capitol Records und veröffentlicht ab sofort auf diesem Label seine Platten. Hits: „Ac-Cent-Tchu-Ate The Positive" (1/45 US 1), „Candy" (2/45 US 1), „On The Atchison, Topeka And The Santa Fe" (7/45 US 1) und „Personality" (1/46 US 1). Johnny hat im Laufe seiner Karriere die Texte zu mehr als tausend Songs geschrieben, darunter

„That Old Black Magic", „Fools Rush In", „You Must Have Been A Beautiful Baby", „Jeepers Creepers" oder aber „Moon River". Damit gilt er als der Texter mit den meisten Hits. Er starb am 25.6.1976.

■ **Kim Wilde** — 1960 — GB-Sängerin und Songschreiberin. Tochter von Marty Wilde. Hits: „Kids In America" (2/81 GB 2, 4/81 D 5, 5/82 US 25), „Chequered Love" (5/81 GB 4, D 2), „Cambodia" (11/81 GB 12, D 2), „View From A Bridge" (4/82 GB 16, D 6), „You Keep Me Hanging On" (10/86 GB 2, 12/86 D 8, 3/87 US 1), „You Came" (7/88 GB 3, D 5), „Never Trust A Stranger" (10/88 GB 7, D 11) und „Four Letter Word" (12/88 GB 6, 2/89 D 27). Zusammen mit Junior hatte sie den Hit „Another Step Closer To You" (4/87 GB 6). Als Mel & Kim — nicht zu verwechseln mit dem gleichnamigen Schwesternduo, in diesem Fall heißt Mel mit Nachnamen Smith und ist ein Mann — hatte sie den Hit „Rockin' Around The Christmas Tree" (12/87 GB 3).

■ **Amanda Lear** — 1946 — Zitat Plattenfirma: „Am 18. November wurde sie als Sohn eines britischen Marineoffiziers und einer Chinesin in Hongkong — einige Jahre später ließ sie sich operativ vollständig zur Frau umwandeln — geboren. Sie wuchs in Südfrankreich und London auf, studierte in Paris mit 16 Kunst und bereiste später als gefragtes Fotomodell die ganze Welt." Ab 1976 macht sie Platten — Hits: „Queen Of China-Town" (8/77 D 2) und „Follow Me" (4/78 D 3). Als Fotomodell ist sie auf dem 1973 erschienenen Album „For Your Pleasure" von Roxy Music zu bewundern.

■ **Graham Parker** — 1950 — GB-Sänger, Gitarrist und Songschreiber, der 1975 mit seiner Gruppe Rumour erste Demo-Aufnahmen machte. Von 1976 bis zum August 1980 machte er mit der Gruppe zusammen Platten, danach veröffentlichte er nur noch Platten unter seinem Namen. Hits: „The Pink Parker" (3/77 GB 24) und „Hey Lord Don't Ask Me Questions" (4/78 GB 32).

■ **John Parr** — 1954 — GB-Sänger und Songschreiber. Größter Hit: „St. Elmo's Fire (Man In Motion)" (6/85 US 1, 9/85 GB & D 6).

■ **Herman Rarebell** — 1949 — Schlagzeuger und Songschreiber mit den Scorpions seit 1977. Er machte auch Soloplatten. Spitzname: „Herman Ze German".

■ **Don Cherry** — 1936 — US-Freejazz-Trompeter, Komponist und Multi-Instrumentalist.

■ **Dave Irving** — 1946 — GB-Schlagzeuger und Sänger mit Supercharge.

■ **Kirk Hammett** — 1962 — US-Gitarrist und Songschreiber mit Metallica.

■ **Jenny Burton** — 1957 — US-Sängerin mit C-Bank und ab 1983 auch als Solistin.

■ **Con Clusky** — 1941 — GB-Gitarrist mit den Bachelors.

■ **Mickey Mouse** — 1928 — US-Schauspieler und Plattenstar.

Todestage

■ **Junior Parker** — 1971 — US-Sänger. Er starb während einer Augenoperation. Geboren am 3.3.1927.

■ **Danny Whitten** — 1972 — US-Sänger, Gitarrist und Songschreiber mit Crazy Horse. Seine Komposition „I Don't Wanna Talk About It" wurde ein großer Hit für Rod Stewart. Danny starb im Alter von 29 Jahren an einer Überdosis Heroin.

■ **Tom Evans** — 1983 — GB-Bassist mit Badfinger. Er beging Selbstmord. Geboren am 5.6.1947.

■ **Lennie Tristano** — 1978 — US-Jazz-Pianist und Komponist. Geboren am 19.3.1919.

Tageshits

1950 — „Harbor Lights" — Sammy Kaye — US 4 W.
1978 — „Rat Trap" — Boomtown Rats — GB 2 W.

19

Geburtstage

■ **Tommy Dorsey** — 1905 — US-Posaunist, Songschreiber und Bandleader, der zu den größten Posaunisten in der Jazz Geschichte gehört. Er ist der jüngere der beiden Dorsey-Brüder, — der andere heißt Jimmy und wurde am 29.2.1904 geboren. Beide feierten ab Mitte der 30er Jahre, nachdem sie bis zu diesem Zeitpunkt fast immer in den gleichen Formationen gespielt hatten, mit selbstgegründeten Orchestern Erfolge. Tommy hat im Laufe seiner Karriere zwischen 1935 und 1953 siebzehnmal Platz 1 in der amerikanischen Pop Hitparade belegt. Seine Millionseller sind: „Marie" (3/37 US 1), „Boogie Woogie" (11/38 US 3, 1/43 RE-US 5), „I'll Never Smile Again" (6/40 US 1), „There Are Such Things" (11/42 US 1) — bei den beiden letztgenannten Titeln wirkte als Sänger Frank Sinatra mit — und „I Dream Of You" (1/45 US 4). Tommy starb unerwartet am 26.11.1956.

■ **Ray Collins** — 1937 — US-Sänger und Songschreiber mit den Soul Giants, zu denen 1964 Frank Zappa kam und aus denen 1965 zuerst die Muthers, dann die Mothers und schließlich die Mothers Of Invention wurden. Ray blieb bis Anfang der 70er Jahre und wurde durch die von den Turtles kommenden Sänger Mark Volman und Howard Kaylan abgelöst. 1981, nachdem er mit Geronimo Black und auf einer Soloplatte von Zappa gespielt hatte, tauchte er in einer Band auf, die sich ironisch Grandmothers nannte.

■ **Ofra Haza** — 1957 — Israelische Sängerin jemenitischer Abstammung. Bereits im Alter von 14 Jahren erhielt sie in Israel einen Grammy als beste Künstlerin auf der Bühne. Nach einigen anderen Auszeichnungen wurde sie 1980/81 zur besten Sängerin durch Israels Top Radiostationen gewählt. 1983 vertrat sie Israel beim Eurovisions Festival und belegte Platz 2 mit „Hi". Spätestens seit diesem Zeitpunkt gehört sie in Israel zu den populärsten und erfolgreichsten Sängerinnen. Daß sie in Europa Erfolg hatte, verdankt sie dem Titel „Paid In Full" von Eric B. & Rankim. Darauf wurden Passagen aus „Im Nin'Alu" (4/88 GB 15, 6/88 D 1) gesampelt. Nachfolgehit: „Galbi" (8/88 D 20).

■ **Hank Medress** — 1938 — US-Sänger mit den Tokens. Hank wurde später Produzent — er war es, der mit Robert John eine neue Version des Tokens-Hits „The Lion Sleeps Tonight" aufnahm. Auch auf Platten von Tony Orlando & Dawn, Pousette-Dart Band und den Weather Girls ist Hank zu hören.

■ **Joe Correro** — 1946 — US-Drummer mit Paul Revere & The Raiders. Nachdem die Band Anfang der 70er Jahre auseinandergefallen war, spielte er bei Produktionen von Hamilton, Joe Frank & Reynolds, Al Kooper, Al Jarreau, Joe Cokker, Jackie Lomax, Deodato, der Alpha Band und Tim Weisberg mit.

■ **Charlie Coe** — 1944 — US-Bassist, ebenfalls bei Paul Revere & The Raiders.

■ **Andrew McCulloch** — 1945 — GB-Schlagzeuger mit Shylimbs, King Crimson, Arthur Brown's Kingdome Come und Fields. 1972 war er Gründungsmitglied bei Greenslade.

■ **Fred Lipsius** — 1944 — US-Altsaxophonist und Pianist mit der 1968 gegründeten Band Blood, Sweat & Tears bis 1972.

■ **Annette Guest** — 1954 — US-Sängerin mit First Choice.

Todestag

■ **Francis Craiq§g** — 1966 — US-Pianist, Songschreiber und Orchesterleiter. Geboren am 10.9.1900.

Tageshits

1954 — „Hold My Hand" — Don Cordell — GB 1 W. (2.mal)
1964 — „Baby Love" — Supremes — GB 2 W.
1966 — „You Keep Me Hanging On" — Supremes — US 2 W.
1988 — „Bad Medicine" — Bon Jovi — US 2 W.
1988 — „First Time" — Robin Beck — GB 3 W.

20

Geburtstage

Joe Walsh

■ **Joe Walsh** — 1947 — US-Gitarrist, Sänger und Songschreiber. Richtiger Name Joseph Fidler Walsh. Joe war von April 1969 bis November 1971 Mitglied in der James Gang. Von März 1972 bis Dezember 1973 spielte er in der von ihm gegründeten Gruppe Barnstorm, bei der Joe Vitale Schlagzeuger war. Vom Januar bis zum November 1975 gab es die Joe Walsh Band — und ab Dezember 1975 schließlich spielte er mit den Eagles bis zu deren Ende 1982. Zwischendurch erschienen auch Platten nur unter dem Namen Joe Walsh. Hits: „Rocky Mountain Way" (8/73 US 23, 7/77 GB 39) und „Life's Been Good" (6/78 US 12, GB 14). Außerdem ist er als Studiomusiker auf vielen Platten prominenter Kollegen, so z.B. Steve Winwood, Ringo Starr, Diana Ross, Randy Newman und anderen zu hören.

■ **Duane Allman** — 1946 — US-Gitarrist und Songschreiber. Mit seinem Bruder Gregg gründete er 1960 die Kings. Sie spielten in verschiedenen Bands bis 1965, gründeten dann Allman Joys, Hourglass und schließlich die Allman Brothers Band. Nebenher war er der Top Session-Gitarrist in den Muscle Shoals Studios. Auf der LP „Eat A Peach", die im März 1972 bis auf Platz 4 der US-LP-Hitparade kletterte, sind die letzten drei Studioaufnahmen von Duane zu finden. Größter Hit ohne Duane für die Allman Brothers: „Ramblin' Man" (8/73 US 2). Duane starb am 29.10.1971.

■ **Norman Greenbaum** — 1942 — US-Sänger, Gitarrist und Songschreiber. 1965 gründete er die Psychedelic Formation Dr. West's Medicine Show & Junk Band, die sich 1967 trennte. Danach nahm Norman Platten als Solist auf und hatte schließlich mit „Spirit In The Sky" (2/70 US 3, GB 1, 5/70 D 1) seinen größten Hit. 1972 erschien seine dritte und letzte LP, danach zog er sich aus dem Musikgeschäft zurück und wurde Ziegenzüchter.

■ **Tony Butala** — 1940 — US-Sänger mit den 1960 gegründeten Lettermen. Zwischen 1961 und 1971 hatten sie 20 Hits in den US-Charts. Ihre größten waren „When I Fall In Love" (11/61 US 7) und „Goin' Out Of My Head/Can't Take My Eyes Off You" (12/67 US 7). Ab 1968 gab es personelle Veränderungen in der Band. Tony sorgte dafür, daß es weiterging. Die letzte Notierung in der LP-Hitparade stammt aus dem Jahre 1974.

■ **June Christy** — 1925 — US-Sängerin. Richtiger Name Shirley Luster. Als Sharon Leslie startete sie Ende der 30er Jahre ihre Karriere. Bekannt wurde sie, als sie 1945 in der Band von Stan Kenton Anita O'Day ablöste. Hier hatte sie auch ihre größten Erfolge, z.B. die beiden Millionseller „Tampico" (7/45 US 3) und „Shoo-Fly Pie And Apple Pan Dowdy" (3/46 US 6). Nachdem sich die Stan Kenton Band Ende der 50er Jahre aufgelöst hatte, arbeitete June als Solistin und hatte mit „My Heart Belongs To Only You" (2/53 US 22) ihren größten Erfolg.

■ **Paul King** — 1960 — GB-Sänger und Songschreiber. Als King ab 1985 erfolgreich — Hits: „Love And Pride" (1/85 GB 2, 3/85 D 8) und „Alone Without You" (8/85 GB 8).

■ **De Lisle McKenzie Harper** — 1942 — GB-Bassist bei Juicy Lucy, Johnny Nash, Freddie King, Stealers Wheel oder Ginger Baker und anderen.

■ **Mike D** — 1965 — US-Sänger mit den Beastie Boys. Richtiger Name Michael Diamond. Die Hits der Gruppe stehen bei King Ad-Rock am 31.10.

■ **Mike Vernon** — 1944 — Erfolgreichster und populärster britikscher Blues-Produzent.

■ **Gary Green** — 1950 — GB-Gitarrist mit Fish-Hook und Gentle Giant.

■ **Aubrey Lee de Cordova** — 1941 — US-Bassist mit den String-A-Longs.

■ **Raymond Lefèvre** — 1929 — Französischer Orchesterchef, der im Laufe der Jahre über 50 LPs veröffentlichte.

■ **Steve Alexander** — 1962 — GB-Schlagzeuger mit Brother Beyond.

■ **James Brown** — 1957 — GB-Schlagzeuger und Sänger mit UB 40.

■ **Ray Stiles** — 1946 — GB-Bassist und Sänger mit Mud.

Tageshits

1965 — „I Hear A Symphony" — Supremes — US 2 W.
1971 — „Theme From Shaft" — Isaac Hayes — US 2 W.

21

Geburtstage

■ **Dr. John** — 1940 — US-Pianist, Gitarrist, Schlagzeuger, Sänger und Songschreiber, der als Pionier des Swamp-Rock gilt. Richtiger Name Malcolm John Rebennack, genannt „Mac". Er begann Mitte der 50er Jahre in seiner Heimatstadt New Orleans als Sessionmusiker für Professor Longhair, Frankie Ford und Joe Tex. Anfang der 60er Jahre produzierte er Lee Allen, Red Tyler und Earl Palmer. Mitte der 60er Jahre ging er nach L.A. und wurde Sessionmusiker, hauptsächlich für Phil Spector. Nebenher spielte er in Formationen wie Zu Zu Band — mit Jessie Hill — oder Morbus & The Three Ghouls. Seit dieser Zeit interessierte er sich für den Voodoo-Kult, für den ihn besonders Prinz Lala begeisterte. Ab 1968 machte er auch als Solist Platten. Sein größter Hit hieß „Right Place, Wrong Time" (4/73 US 9).

■ **Lonnie Jordan** — 1948 — US-Tastenspieler, Sänger und Songschreiber mit War. Richtiger Vorname Leroy. Er begann in den frühen 60er Jahren mit den Creators, aus denen später Night Shift wurde. Diese Band begleitete Ende der 60er Jahre den Football-Star und Soul-Sänger Deacon Jones. Bei einem Auftritt sah sie der britische Sänger Eric Burdon, der in den USA eine neue Karriere starten wollte und eine Begleitgruppe suchte — so kam es im Juni 1969 zur Gründung von Eric Burdon & War. Im Mai 1971 erschien die erste LP der Band ohne Eric Burdon. Noch im gleichen Jahr gelangen ihnen ihre ersten eigenen Hits. Millionseller wurden „Slippin' Into Darkness" (1/72 US 16), „The World Is A Ghetto" (11/72 US 7), „The Cisco Kid" (3/73 US 2), „Why Can't We Be Friends" (5/75 US 6) und „Summer" (7/76 US 7).

■ **Jean Shepard** — 1933 — US-Country-Sängerin und Bassistin. In den späten 40er Jahren gründete sie die Mädchengruppe Melody Ranch Girls. Von 1953 bis 1978 war sie regelmäßig in der Country-Hitparade zu finden. Ihren ersten Hit hatte sie im Duett mit Ferlin Husky: „Dear John Letter" (9/53 US 4). Auch ein Nachfolgehit der beiden, „Forgive Me, John" (10/53 US 24) war außerhalb der Country-Hitparade erfolgreich.

■ **Coleman Hawkins** — 1904 — US-Jazz-Tenorsaxophonist. Er gilt als erster bedeutender Interpret des Jazz auf diesem Instrument. Zwischen 1924 und 1934 spielte er mit Fletcher Henderson, dann war er längere Zeit in Europa und nahm nach seiner Rückkehr den Millionseller „Body And Soul" (1/40 US 13) auf. Coleman spielte auch mit Benny Carter, Benny Goodman oder der Metronome All-Star Band. Er starb am 19.5.1969.

■ **Alphonse Mouzon** — 1948 — US-Jazz-Drummer, Keyboarder, Komponist und Sänger. Er begann mit 19 Jahren bei Gil Evans — weitere Stationen waren McCoy Tyner, Larry Coryell, Joachim Kühn oder Herbie Hancock.

■ **Livingston Taylor** — 1950 — US-Sänger und Songschreiber aus der Familie Taylor, der mit seinen Geschwistern Alex und Kate im Sog des älteren Bruders James Taylor mitschwamm. Seinen ersten Erfolg hatte er 1971, seinen größten mit „I Will Be In Love With You" (10/78 US 30).

■ **Randy Zehringer** — 1949 — US-Schlagzeuger, dessen Karriere parallel zu der seines Bruders Rick lief (siehe 5.8.).

■ **Fiachna O'Braonain** — 1965 — GB-Gitarrist und Sänger bei Hothouse Flowers.

Todestag

■ **Allan Sherman** — 1973 — US-Gagschreiber und Produzent. Geboren am 30.11.1924.

Tageshits

1953 — „Rags To Riches" — Tony Bennett — US 8 W.
1959 — „Criminal Tango" — Hazy Osterwald — D 3 W.
1960 — „Stay" — Maurice Williams & The Zodiacs — US 1 W.
1970 — „I Think I Love You" — Partridge Family — US 3 W.
1970 — „Voodoo Chile" — Jimi Hendrix — GB 1 W.
1977 — „Don't Let Me Be Misunderstood" — Santa Esmeralda — D 8 W.
1981 — „Under Pressure" — Queen & David Bowie — GB 2 W.
1981 — „Physical" — Olivia Newton-John — US 9 W.
1987 — „Mony Mony" — Billy Idol — US 1 W.

22

Geburtstage

■ **Hoagy Carmichael** — 1899 — US-Sänger, Pianist, Bandleader und vermutlichgeinergdergproduktivstengamerikanischen Songschreiber. Seinen ersten eigenen Song nahm er 1923 mit den Hitch Happy Harmonists auf. 1924 gründete Hoagy eine eigene Band. Zwei Jahre später ließ er sich nach erfolgreichem Jura-Studium als Rechtsanwalt nieder. Frankie Trumbauer nahm mit seinem Orchester den Titel „Riverboat Shuffle" (9/27 US 16) auf, den Hoagy geschrieben hatte. Es wurde der erste Erfolg für ihn und ließ ihn seine Karriere als Rechtsverdreher vergessen. Hoagy gründete die eigene Band Carmichael's Collegians und wenig später Hoagy Carmichael & His Pals, zu denen Tommy und Jimmy Dorsey gehörten. Seinen ersten Hit hatte er mit „Lazy River" (6/32 US 19). Neben Tommy und Jimmy Dorsey waren hier Joe Venuti und Eddie Lang zu hören. Sein größter Erfolg war „Huggin' And Chalkin'" (11/46 US 1). Zwischen 1937 und 1955 spielte er in etlichen Filmen mit. Das von ihm 1929 geschriebene Stück „Stardust" gilt als das meist aufgenommene Liebeslied aller Zeiten. Er starb am 27.12.1981.

■ **Little Steven** — 1950 — US-Gitarrist, Sänger und Songschreiber. Nachname van Zandt. Schon Ende 1967 traf er zum erstenmal auf Bruce Springsteen, mit dem er 1969 die Gruppe Child gründete, aus der wenig später Steel Mill wurde. Die Band fiel 1971 wieder auseinander. Van Zandt, der bis zu diesem Zeitpunkt immer nur Baß gespielt hatte, wurde im September 1971 Gitarrist in der Bruce Springsteen Band. In den folgenden Jahren spielte er mal mit Bruce Springsteen, mal machte er Platten als Solist. Nebenher produzierte er Southside Johnny & The Asbury Jukes, Gary U. S. Bonds oder Jean Bouvoir.

■ **Tina Weymouth** — 1950 — US-Bassistin, Synthesizerspielerin, Sängerin und Songschreiberin, die zur Ur-Formation der 1974 gegründeten Band Talking Heads gehörte. 1981 entschlossen sich die Mitglieder der Gruppe, für einige Zeit eigenen Projekten nachzugehen. Tina gründete zusammen mit ihrem Mann Chris Frantz Tom Tom Club — Hits: „Wordy Rapping Hood" (6/81 GB 7) und „Genius Of Love" (1/82 US 31). Ab Mitte der 80er Jahre laufen die beiden Projekte parallel.

■ **Ron McClure** — 1941 — US-Bassist zwischen Jazz, Rock und Popmusik. Er spielte mit Bobby Scott, Buddy Rich, Maynard Ferguson, Herbie Mann, Wes Montgomery — aber auch mit Tony Bennett, Dionne Warwick, den Pointer Sisters und von 1973 bis 1975 mit Blood, Sweat & Tears.

■ **Dennis Larden** — 1948 — US-Gitarrist, zusammen mit seinem Bruder Lary erst als Folk-Duo, dann als Every Mother's Son. Ihr größter Erfolg war der Titel „Come On Down To My Boat" (5/67 US 6).

■ **Frank Duval** — 1940 — Tastenspieler und Komponist. Er begann mit seiner Schwester Maria im Duo. Seit Ende der 70er Jahre schreibt er erfolgreich TV-

Melodien. Hits: „Angel Of Mine" (12/80 D 1), „Cry (For Our World)" (8/81 D 12), „Face To Face" (7/82 D 13), „Give Me Your Love" (9/83 D 2) und „Liebe und Tod" (5/86 D 25).

■ **Aston Barrett** — 1946 — Jamaicanischer Bassist mit den Upsetters und ab 1970 bei den Wailers.

■ **Will Danford** — 1949 — Südafrikanischer Bassist und Sänger mit Proudfoot.

■ **Steve Caldwell** — 1942 — US-Sänger mit den Orlons.

■ **Jamie Troy** — 1942 — US-Sänger mit den Classics.

Todestag

■ **Will Glahé** — 1989 — Unterhaltungsmusiker und Komponist. Geboren am 12.2.1902.

Tageshits

1952 — „It's In The Book" — Johnny Standley — US 2 W.
1957 — „Mary's Boy Child" — Harry Belafonte — GB 7 W.
1958 — „La Paloma" — Billy Vaughn — D 10 W.
1967 — „Let The Heartaches Begin" — Long John Baldry — GB 2 W.
1975 — „D.I.V.O.R.C.E." — Billy Connolly — GB 1 W.
1975 — „That's The Way" — K.C. & The Sunshine Band — US 1 W.
1986 — „Human" — Human League — US 1 W.

23

Geburtstage

■ **Bruce Hornsby** — 1954 — US-Sänger, Tastenspieler und Songschreiber. 1978 beginnt Bruce, der auf der High School das Pianospielen lernte und später dieses Instrument studierte, mit einer selbstgegründeten Band in den Südstaaten der USA eine endlose Tour durch Bars und Cocktail-Lounges. 1980 zieht er mit seinem Bruder John nach Los Angeles, wo die beiden einen Drei-Jahres-Vertrag bei der 20th Century Publishing Company unterschreiben, der ihnen ein regelmäßiges Einkommen als Songschreiber sichert. Ein Jahr später treffen sie auf Huey Lewis, der besonders von Bruce Pianospiel beeindruckt ist. 1983 spielt Bruce für eine lange US-Tournee in der Gruppe von Sheena Easton. 1985, nachdem er acht Jahre lang Songs geschrieben hat, die keiner haben wollte, gründet er seine eigene Band Range und erhält einen Plattenvertrag bei der RCA. Im Jahr darauf erscheinen die ersten Platten von Bruce Hornsby & The Range. Hits: „The Way It Is" (8/86 GB 15, US 1, D 16), „Mandolin Rain" (1/87 US 4) und „The Valley Road" (4/88 US 5). Inzwischen ist Bruce auch als Begleitmusiker von Huey Lewis, Clannad, Patti Austin, Kim Carnes oder Don Henley zu hören.

■ **Betty Everett** — 1939 — US-Sängerin und Pianistin, die 1958 ihre ersten Platten machte. Ihr erster Erfolg war „You're No Good" (1/64 US 51). Der Titel sollte später ein Hit für die Swinging Blue Jeans und Linda Ronstadt werden. Ihre größten Hits waren „The Shoop Shoop Song (It's In His Kiss)" (2/64 US 6, 10/68 GB 34) und — zusammen mit Jerry Butler — „Let It Be Me" (9/64 US 5). In der R&B-Hitparade wird sie bis 1978 geführt.

■ **Perez Prado** — 1916 — Kubanischer Tastenspieler und Songschreiber, der in den 50er Jahren zum „El Ray Del Mambo", zum König des Mambo, wurde. Größte Hits: „Cherry Pink And Apple Blossom White" (3/55 US & GB 1, 8/55 D 1) und „Patricia" (6/58 US 1, GB 8, 9/58 D 1). Er starb am 4.12.1983. Als Geburtsdatum liest man auch den 13.11. oder den 11.12.

■ **Sandra Stevens** — 1949 — GB-Sängerin mit Brotherhood Of Man, einer Formation, die aus Session-Musikern zusammengestellt wurde. Erster Hit: „United We Stand" (2/70 GB 10, 4/70 US 13). Danach war für sechs Jahre Pause, dann gewann die Gruppe den Grand Prix Eurovision 1976 mit „Save Your Kisses For Me" (3/76 GB 1, D 2, 5/76 US 27). Weitere Hits: „Oh Boy (The Mood I'm In)" (2/77 GB 8), „Angelo" (7/77 GB 1, 9/77 D 14) und „Figaro" (1/78 GB 1).

■ **Anthony Bourge** — 1948 — GB-Gitarrist und Sänger mit Budgie, 1968 gegründet und ab September 1971 mit LPs auf dem Markt.

Todestag

■ **Joe Turner** — 1985 — US-R&B-Sänger und Songschreiber. Geboren am 18.5.1911.

Tageshits

1940 — „Blueberry Hill" — Glenn Miller — US 1 W.
1959 — „Mack The Knife" — Bobby Darin — US 3 W. (2.mal)
1963 — „I'm Leaving It Up To You" — Dale & Grace — US 2 W.
1974 — „I Can Help" — Billy Swan — US 2 W.
1981 — „Tainted Love" — Soft Cell — D 2 W.

24

Geburtstage

■ **Pete Best** — 1941 — GB-Drummer, der in Madras/Indien geboren wurde. Richtige Vornamen: Randolph Peter. Als sich im April 1960 die Beatles formierten, wurde er deren Schlagzeuger. Im Keller des Hauses der Familie Best war der Casbah Club, der der jungen Gruppe die ersten Auftrittsmöglichkeiten bot. Auch die vielen Auftritte der Beatles Anfang der 60er Jahre in Hamburg wurden immer mit Pete bestritten. Während der ersten Plattenaufnahmen wurde Pete am 18.8.1962 durch George Martin, den Produzenten der Gruppe, gefeuert. Er sei nicht gut genug für diese Band. Als Ersatz für ihn kam von Rory Storm Ringo Starr. Pete gründete die Pete Best Four, die sofort einen Plattenvertrag bei Decca erhielten, der gleichen Firma, die zuvor die Beatles abgelehnt hatte. Während seine Gruppe keinen Erfolg hatte, eroberten die Beatles die Welt. Pete arbeitete in einer Brotfabrik, machte einen Selbstmordversuch und hatte lange Schwierigkeiten, sich wieder zu fangen. Inzwischen ist er Verwaltungsbeamter in Liverpool.

■ **Billy Connolly** — 1942 — GB-Folksänger, Songschreiber und Komiker. Zusammen mit Gerry Rafferty war er bei den Humblebums. Ab Anfang der 70er Jahre etablierte er sich als Solist. Sein größter Erfolg war eine Persiflage auf den Tammy Wynette Hit „D.I.V.O.R.C.E." (11/75 GB 1). Als Filmschauspieler war Billy neben Richard Burton in „Absolution" und neben Michael Caine in „Water" zu sehen.

■ **Lee Michaels** — 1945 — US-Sänger, Tastenspieler und Songschreiber. Lee spielte 1965 mit den Sentinels, dann bei der Joel Scott Hill Group — in beiden Fällen war als Drummer Joe Barbata dabei, der später zu Jefferson Airplane ging. 1968 kam er als Solist — größter Hit: „Do You Know What I Mean" (7/71 US 6).

■ **Michael Holliday** — 1928 — GB-Sänger. Richtiger Name Michael Miller. Zwischen 1956 und 1960 war er erfolgreich. Größte Hits: „The Story Of My Life"

(1/58 GB 1), „Stairway Of Love“ (5/58 GB 3) und „Starry Eyed“ (1/60 GB 1). Er starb am 23.10.1963.

■ **Dave Sinclair** — 1947 — GB-Tastenspieler mit Wilde Flowers (1967), Caravan (1968 — 1971), Matching Mole (1971/72), Hatfield & The North (1972/73) und wieder Caravan (1973 — 1976). Danach versuchte er es als Solist. 1981/82 war er mal wieder bei Caravan.

■ **Scott Joplin** — 1868 — US-Pianist und Komponist. Er galt als einer der größten Ragtime-Interpreten und -Songschreiber. So stammt von Scott z. B. „The Entertainer“ — 1974 ein Millionseller mit Marvin Hamlisch. Er starb am 1.4.1917.

■ **Robin Williamson** — 1943 — GB-Multiinstrumentalist und Sänger in der 1965 gegründeten Incredible String Band, die 1974 auseinanderfiel. Danach spielte er als Studiomusiker u. a. mit Melanie, Van Morrison oder Al Stewart.

■ **Gary Boyle** — 1941 — GB-Gitarrist, geboren in Indien. Er begann in der Begleitgruppe von Dusty Springfield und spielte anschließend für 2 Jahre mit Brian Auger. Als Studiomusiker arbeitete er für Mike Westbrook, Mike Gibbs und Stomo Yamashta und schloß sich Ende 1972 Isotope an. Ab 1977 veröffentlichte Gary Soloplatten.

■ **Carmel** — 1958 — GB-Sängerin und Songschreiberin der gleichnamigen Gruppe, 1982 gegründet. Nachname McCourt. Hits: „Bad Day“ (8/83 GB 15) und „More More More“ (2/84 GB 23).

■ **Gary Cooper** — 1953 — US-Sänger und Songschreiber im Duo Sly Fox. Erster Hit: „Let's Go All The Way“ (12/85 US 7, 6/86 GB 3, 10/86 D 36).

■ **Donald „Duck“ Dunn** — 1941 — US-Bassist und Songschreiber bei den Mar-Keys und ab 1964 mit Booker T. & The MG's. Donald ist ein gesuchter Studiomusiker.

■ **Tony Clarkin** — 1946 — GB-Leadgitarrist und Songschreiber bei Magnum.

■ **Derrick Murphy** — 1962 — Schlagzeuger mit der kanadischen Gruppe Chalk Circle.

Tageshits

1945 — „It's Been A Long Long Time“ — Harry James — US 3 W.
1956 — „Smoky“ — Sieben Raben — D 8 W.
1962 — „Monsieur“ — Petula Clark — D 5 W.
1973 — „Photograph“ — Ringo Starr — US 1 W.
1978 — „No More Tears“ — Barbra Streisand & Donna Summer — US 2 W.
1986 — „In The Army Now“ — Status Quo — D 4 W.

25

Geburtstage

■ **Percy Sledge** — 1940 — US-Sänger, der bereits als Teenager in der Gruppe Esquires Combo sang. Als Mitte der 60er Jahre die Soulmusik erfolgreich wurde, kam auch die große Zeit für Percy. Hits: „When A Man Loves A Woman“ (4/66 US 1, GB 4, 7/66 D 13, 2/87 RE-GB 2, 4/87 RE-D 10), „Warm And Tender Love“ (7/66 US 17, GB 34) und „Take Time To Know Her“ (3/68 US 11).

■ **Bev Bevan** — 1944 — GB-Schlagzeuger. Im September 1962 gründete er mit Denny Laine Denny Laine & The Diplomats, anschließend spielte er vom Mai 1964 bis Ende 1965 bei Carl Wayne & The Vikings. Im Februar 1966 wurde Bev Gründungsmitglied bei Move und war im Oktober 1971 bei der Gründung von ELO dabei.

■ **Roy Lynes** — 1943 — GB-Tastenspieler, der im April 1965 zur 1962 gegründeten Formation Spectres kam. Sie veröffentlichten drei erfolglose Singles und änderten im März 1967 ihren Namen in Traffic Jam. Um Komplikationen mit der zum gleichen Zeitpunkt gegründeten Formation Traffic von Steve Winwood zu vermeiden, änderte die Band im November 1967 erneut ihren Namen: sie nannte sich nun Status Quo. Im Juli 1970 verließ Roy die Gruppe.

■ **Bob Lind** — 1944 — US-Sänger und Songschreiber. Größter Hit: „Elusive Butterfly“ (1/66 US 5, 5/66 GB 5). Nachdem ihm kein weiterer Hit mehr gelingen wollte, zog er sich Anfang der 70er Jahre aus dem Showgeschäft zurück und setzte sich in New Mexico zur Ruhe.

■ **Paul Desmond** — 1924 — US-Jazz-Altsaxophonist und Songschreiber. Richtiger Nachname Breitenfeld. Ab 1951 spielte er im Dave Brubeck Quartet, dessen größten Hit „Take Five“ (9/61 US 25, GB 6) Paul geschrieben hat. Er starb am 30.5.1977.

■ **Stacy Lattisaw** — 1966 — US-Sängerin, die gerade 12 Jahre alt war, als sie ihre erste Langspielplatte aufnahm. Ab 1979 war sie in der R&B-Hitparade, ab 1980 auch in der Pop-Hitparade erfolgreich. Hits: „Jump To The Beat“ (6/80 GB 3, 9/80 D 38) und „Let Me Be Your Angel“ (8/80 US 21).

■ **Thomas Ledin** — 1952 — Schwedischer Sänger und Songschreiber, in Skandinavien so populär wie bei uns Udo Jürgens. Hit im Duo mit Agnetha Fältskog: „Never Again“ (12/82 D 37).

■ **Del Bromham** — 1951 — GB-Gitarrist, Tastenspieler und Kopf der Gruppe Stray.

■ **Val Fuentes** — 1947 — US-Drummer mit It's A Beautiful Day.

■ **Steve Rothery** — 1959 — GB-Gitarrist mit Marillion.

Todestag

■ **Nick Drake** — 1974 — GB-Sänger, Gitarrist und Songschreiber. Geboren am 19.6.1948.

Tageshits

1955 — „Rock Around The Clock“ — Bill Haley & The Comets — GB 3 W.
1965 — „The Carnival Is Over“ — Seekers — GB 3 W.
1967 — „Incense And Peppermint“ — Strawberry Alarm Clock — US 1 W.
1967 — „Massachusetts“ — Bee Gees — D 8 W.
1972 — „My Ding-A-Ling“ — Chuck Berry — GB 4 W.
1989 — „Blame It On The Rain“ — Milli Vanilli — US 2 W.
1989 — „You Got It (The Right Stuff)“ — New Kids On Theo Block — GB 3 W.

26

Geburtstage

■ **Tina Turner** — 1938 — US-Sängerin und Schauspielerin (laut eigener Bio im Jahre 1939 geboren). Richtiger Name Annie Mae Bullock. 1956 wurde sie durch Ike Turner entdeckt, mit dem sie zwischen 1958 und 1976 verheiratet war. 1957

'ina Turner

nachte sie unter dem Namen Little Ann, produziert durch Ike, die ersten Plattenufnahmen — 1960 baute Ike eine Show rund um seine auch damals schon auf er Bühne herumwirbelnde Frau auf: „The Ike & Tina Turner Revue". Noch im leichen Jahr begannen sich auch ihre Platten zu verkaufen — Hits: „A Fool In ove" (8/60 US 27), „It's Gonna Work Out Fine" (9/61 US 14), „River Deep Mounain High" (6/66 GB 3), „Proud Mary" (1/71 US 4, 4/71 D 21) und „Nutbush City imits" (9/73 GB 4, US 22, D 2). Ab 1974 arbeitete sie ohne Ike und ließ sich 1976 on ihm scheiden. Sie schien schon vergessen, als sie 1983 als Solistin ein glänendes Comeback feierte. Hits: „Let's Stay Together" (11/83 GB 6, 2/84 US 26, D 8), „What's Love Got To Do With It" (5/84 US 1, 7/84 GB 3, D 7), „Private Dancer" 10/84 D 20, GB 26, 1/85 US 7), „We Don't Need Another Hero" (7/85 US 2, GB 3,) 1) aus dem Film „Mad Max Beyond Thunderdome" — in dem sie eine Hauptolle spielte, „Typical Male" (8/86 US 2, GB 33, D 3), „Two People" (11/86 US 30, D 0), „What You Get Is What You See" (2/87 US 13, GB 30, D 17), „The Best" (8/89 D , US 15, GB 5), „I Don't Wanna Lose You" (11/89 GB 8) und „Steamy Windows" 11/89 US 39, D 29).

■ **Garnet Mimms** — 1933 — US-Sänger, Tastenspieler und Kopf von Garnet Mimms & The Enchanters. Vorher hatte er bereits in etlichen Gospelgruppen gesungen — mit der Formation Norfolk Four machte er 1953 seine erste Platte. Nach einem zweijährigen Militärdienst gründete er 1958 die Gainors. 1962 machte er dann die Enchanters — größter Hit: „Cry Baby" (8/63 US 4). Nachdem er ab 1966 mit keinem Hit mehr in den USA verzeichnet wurde, tauchte in er GB auf als Garnet Mimms & Truckin' Co. mit „What It Is" (6/77 GB 44).

John McVie, Christine McVie, Stevie Nicks, Mick Fleetwood und Lindsay Buckingham (Fleetwood Mac)

■ **John McVie** — 1945 — GB-Bassist. Er begann im Januar 1963 bei John Mayall's Bluesbreakers und blieb bis Mitte 1967. Im Juli 1967 gehörte John zu den Gründungsmitgliedern von Fleetwood Mac — neben ihm kamen ebenfalls von John Mayall Peter Green und Mick Fleetwood.

■ **Bert Ruiter** — 1946 — Holländischer Bassist und Sänger. Mit 19 wurde er Profi bei den Jay-Jays. Dann gründete er ein Quartett namens Full House und wurde im September 1971 Mitglied bei Focus — er löste dort Cyril Havermans ab. Ende der 70er Jahre tauchte er auf Platten von „Earth & Fire" auf.

■ **Jim Sundquist und Phil Humphrey** — 1937 — US-Gitarristen, die beide eigene Gruppen hatten, bevor sie sich 1959 als Duo Fendermen zusmmenschlossen — auf den Namen kamen sie, weil beide auf Fender Gitarren spielten. Einziger Hit und ein gutes Beispiel für Garagen-Rock und Pre-Punk-Musik: „Mule Skinner Blues" (5/60 US 5, 9/60 GB 32).

■ **Robert Goulet** — 1933 — US-Schauspieler und Sänger. Er spielte am Broadway Sir Lancelot in „Camelot" — größter Hit: „My Love, Forgive Me (Amore, Scusami)" (10/64 US 16).

■ **John Rossell** — 1948 — GB-Trompeter. Mitte der 60er Jahre gründete er die Boston Showband, aus der später die Glitter Band wurde.

■ **Martin Lee** — 1949 — GB-Sänger bei Brotherhood Of Man.

Todestage

■ **John Rostill** — 1973 — GB-Bassist mit den Shadows von 1963 bis 1969. Er starb durch einen Stromschlag seines elektrischen Basses. Geboren am 16.6.1942.

■ **Tommy Dorsey** — 1956 — US-Posaunist, Songschreiber und Bandleader. Geboren am 19.11.1905.

Tageshits

1949 — „Mule Train" — Frankie Laine — US 6 W.
1954 — „This Ole House" — Rosemary Clooney — GB 1 W.
1955 — „Sixteen Tons" — Tennessee Ernie Ford — US 8 W.

27

Geburtstage

■ **Jimi Hendrix** — 1942 — US-Gitarrist, Sänger und Songschreiber. Er brachte sich als Teenager das Gitarrespielen selbst bei und spielte in verschiedenen Highschoolbands. 1959 wurde er zur US-Army eingezogen und 1961 nach einem Unfall beim Fallschirmspringen wieder entlassen. Unter dem Pseudonym Jimmy James begann er als Begleitmusiker und spielte mit Sam Cooke, B. B. King, Little Richard, Jackie Wilson, Ike & Tina Turner, Wilson Pickett, King Curtis, Isley Brothers, John Paul Hammond und Curtis Knight. 1965 gründete er seine erste eigene Band Jimmy James & The Blue Flames. 1966 entdeckte ihn Chas Chandler von den Animals, nahm ihn mit nach London und stellte dort für ihn mit Noel Redding am Bass und Mitch Mitchell am Schlagzeug das Trio Jimi Hendrix Experience zusammen. Hits: „Hey Joe" (1/67 GB 3, 4/67 D 21), „Purple Haze" (3/67 GB 3, 6/67 D 17), „The Wind Cries Mary" (5/67 GB 6), „All Along The Watchtower" (9/68 US 20, GB 5, 12/68 D 21) und „Voodoo Chile" (11/70 GB 1, 1/71 D 25). 1969 verließ Redding die Gruppe und gründete Fat Mattress. Er wurde durch Billy Cox ersetzt. Wenig später, im August 1969, ging auch Mitchell — die Band fiel auseinander. Hendrix war mit der Formation Electric Sky Church ein Höhepunkt beim Woodstock-Festival; danach spielte er mit der Band Of Gypsies, wieder mit Billy Cox und Schlagzeuger Buddy Miles. Jimi starb am 18.9.1970.

■ **Eddie Rabbitt** — 1944 — US-Sänger, Gitarrist und Songschreiber. Richtiger Name Edward Thomas. 1964 machte er erste Plattenaufnahmen, die erfolglos blieben. 1968 ging er nach Nashville und wurde dort Songschreiber für den Verlag Hill & Range mit einem Gehalt von 37 Dollar pro Woche. Das wurde besser, als Elvis Presley 1971 mit Eddies Titel „Kentucky Rain" einen Millionseller landete. Erfolge als Interpret: „Drivin' My Life Away" (6/80 US 5), „I Love A Rainy Night" (11/80 US 1), „Step By Step" (7/81 US 5) und zusammen mit Crystal Gayle „You And I" (10/82 US 7). Nach 1983 war Eddie zwar nicht mehr in der Pop-, dafür aber regelmäßig in der Country-Hitparade zu finden.

■ **Ashley Ingram** — 1960 — GB-Sänger und Songschreiber mit Imagination. Hits: „Body Talk" (5/81 GB 4), „Just An Illusion" (3/82 GB 2, 6/82 D 7) und „Music And Lights" (6/82 GB 5, 8/82 D 18).

■ **Dozy** — 1944 — GB-Bassist mit Dave Dee, Dozy, Beaky, Mick & Tich. Richtiger Name Trevor Leonard Davies. Hits siehe Dave Dee am 17.12.

■ **Al Jackson** — 1935 — US-Schlagzeuger und Songschreiber mit Booker T. & The MG's. Al starb am 1.10.1975.

■ **Barry Devlin** — 1948 — Irischer Bassist und Sänger mit Horslips.

■ **Kevin Kavanaugh** — 1951 — US-Keyboarder und Sänger mit Southside Johnny & The Asbury Jukes.

■ **Charles Burchill** — 1959 — GB-Gitarrist und Sänger mit Simple Minds.

Todestag

■ **Lotte Lenya** — 1981 — Österreichische Schauspielerin und Sängerin. Geboren am 18.10.1898.

Tageshit

1982 — „Truly" — Lionel Richie — US 2 W.

Merk-Würdiges

1970 — In den USA erscheint das Dreifachalbum „All Things Must Pass" von George Harrison. Wenn man mal seine „Wonderwall" als freundlichen Versuch einer Platte abtut, so war das hier das erste eigene, richtige Werk von George. Als Produzent trat neben ihm Phil Spector in Erscheinung. Als Musiker waren solche Cracks wie Ringo Starr, Billy Preston, Gary Brooker, Eric Clapton, Gary Wright, Klaus Voormann oder Dave Mason zu hören. Ausgekoppelt wurden die Single-Hits „My Sweet Lord" und „What Is Life". Drei Tage später erschien die LP auch in GB.
1896 — In Frankfurt findet die Uraufführung von „Also sprach Zarathustra" unter der Leitung des Komponisten Richard Strauß selbst statt.

28

Geburtstage

■ **Randy Newman** — 1943 — US-Sänger, Tastenspieler und Songschreiber — auch für etliche Filmmusiken. Randy schreibt ironische Songs über den „American Way of Life". Bereits mit 17 Jahren hatte Randy eine Festanstellung als Songschreiber. 1967 hatte Alan Price mit dem Stück „Simon Smith And His Amazing Dancing Bear", geschrieben von Randy, einen Hit. 1970 wurde seine Komposition „Mama Told Me (Not To Come)" durch Three Dog Night zum Hit. Ray Charles, Ringo Starr, Peggy Lee oder Nina Simone nahmen Titel von Newman auf und hatten damit Erfolg. Er selbst hatte seinen größten Single-Hit mit „Short People" (11/

Randy Newman

77 US 2). Seine LPs „Sail Away", „Good Old Boys", „Little Criminals" oder „Trouble In Paradise" zeugen von Randys ausgezeichneten Songschreiberqualitäten. Für seine Musik zum Film „Ragtime" (1981) erhielt er zwei Oscarnominierungen. oqA-Gato Barbieriq. — 1933 - Argentinischer Tenorsaxophonist und Komponist. Richtiger Vorname Leandro. 1953 spielte er in der Band seines Landsmannes Lalo Schifrin. In der Folgezeit machte er Platten mit Don Cherry, Dollar Brand, Carla Bley, Steve Lacy oder Charlie Haden. Für seine Musik zum Film „Last Tango In Paris" (1972), in dem er auch selbst auftrat, gewann er zwei Grammys.

■ **R. B. Greaves** — 1944 — US-Sänger und Songschreiber. Richtige Vornamen Ronald Bertram Aloysius — Neffe von Sam Cooke. Geboren wurde er auf der US Airforce Base in Georgetown, British Guyana. Aufgewachsen ist er im Seminole-Reservat in Kalifornien — Greaves ist Halb-Indianer. 1963 ging er als Sonny Childe & The TNT's nach GB — war wohl nix. Zurück in den USA hatte R.B. seinen größten Hit mit dem Millionseller „Take A Letter Maria" (10/69 US 2, 1/70 D 29).

■ **Princess** — 1962 — GB-Sängerin. Nachdem sie als Solistin eine Punkplatte aufgenommen hatte, sang sie zwei Jahre bei Osibisa, arbeitete mit Mai Tai und Precious Wilson und war ab 1985 als Solistin, unterstützt vom Songschreiberteam Stock/Aitken/Waterman, erfolgreich. Hits: „Say I'm Your Number One" (8/85 GB 7, D 2), „After The Love Has Gone" (11/85 GB 28, D 27) und „I'll Keep On Loving You" (4/86 GB 16, D 25).

■ **José Iturbi** — 1895 — Spanischer Pianist. 1923 kam er in die USA. Im Film „A Song To Remember" spielt José Chopins „Polonaise In A-Flat" (9/45 US 20) — der Titel wird ein Millionseller. Weiterer Hit: „Clair De Lune" (1/46 US 21). José starb am 28.6.1980.

■ **Clem Curtis** — 1940 — GB-Sänger, der auf Trinidad geboren wurde. 1967 war Clem Mitbegründer der Foundations und deren Leadsänger beim Hit „Baby,

Now That I've Found You" (9/67 GB 1, 12/67 US 11, D 33). 1968 wurde er durch Colin Young ersetzt.

■ **Bruce Channel** — 1940 — US-Sänger und Songschreiber. Hits: „Hey Baby" (1/62 US 1, GB 2) und „Keep On" (6/68 GB 12). Bei dem Titel „Hey Baby" spielt Delbert McClinton die Mundharmonika.

■ **David Jaymes** — 1954 — GB-Gitarrist, Sänger und Songschreiber, der 1980 Modern Romance gründete — Hits: „Best Years Of Our Lives" (11/82 GB 4), „High Life" (2/83 GB 8) und „Walking In The Rain" (8/83 GB 7).

■ **Beeb Burtles** — 1948 — Australischer Gitarrist und Songschreiber für die Gruppe Zoot und 1975 Gründungsmitglied der Little River Band.

■ **Hugh McKenna** — 1949 — GB-Tastenspieler und Songschreiber, der über Bubbles, Nickelson und Tear Gas 1972 zur Sensational Alex Harvey Band kam.

■ **Berry Gordy Jr.** — 1929 — US-Songschreiber und Gründer der Plattenfirma Tamla Motown.

■ **John Spinks** — 1955 — GB-Gitarrist, Sänger und Songschreiber für Outfield. Erster Hit: „Your Love" (2/86 US 6).

■ **Gary Troxel** — 1939 — US-Sänger und Songschreiber mit den Fleetwoods. Hits siehe 29.2.

Tageshits

1940 — „Ferryboat Serenade" — Andrews Sisters — US 3 W.
1958 — „Hoots Mon" — Lord Rockingham's XI — GB 3 W.
1960 — „Are You Lonesome Tonight" — Elvis Presley — US 6 W.
1963 — „She Loves You" — Beatles — GB 2 W. (2.mal)
1964 — „Leader Of The Pack" — Shangri-Las — US 1 W.
1970 — „I Hear You Knocking" — Dave Edmunds — GB 7 W.
1987 — „(I've Had) The Time Of My Life" — Bill Medley & Jennifer Warnes — US 1 W.

29

Geburtstage

John Mayall

■ **John Mayall** — 1933 — GB-Gitarrist, Sänger und Songschreiber, durch dessen Schule viele der später großen Blues-Musiker gingen — z. B. Eric Clapton, Peter Green, Mick Fleetwood, Mick Taylor, John McVie, Hughie Flint oder Keef Hartley. Schon 1962 gründete er in seiner Heimatstadt Manchester seine erste eigene Band, die er Blues Syndicate nannte. Im Januar 1963 war es Alexis Korner, der Mayall empfahl, nach London überzusiedeln. Nachdem John einige Monate als Zapfer in einer Kneipe gearbeitet hatte, gründete er im Juli 1963 die Bluesbreakers — zu den ersten Mitgliedern zählte der junge Bassist John McVie, der Gitarrist Bernie Watson und der Schlagzeuger Peter Ward. Im April 1964 bekam Mayall einen Plattenvertrag — als erste Platte erschien die Single „Crawling Up A Hill". Seit dieser Zeit veröffentlichte er mit immer wieder wechselnden Musikern eine ganze Latte von guten LPs — für die Single-Charts war diese Musik nichts.

■ **Dennis Doherty** — 1941 — Kanadischer Sänger und Songschreiber. Er begann in seiner Heimatstadt mit den Halifax Three und ging 1964 nach New York. Dort schloß er sich einer Gruppe von folkorientierten Musikern an, die aus Bands wie Big Three, Mugwumps und Journeymen kamen — zuerst nannte man sich New Journeymen, Ende 1965 wurden daraus die Mamas & Papas. Zwischen 1966 und 1968 erschienen etliche sehr erfolgreiche Singles und LPs, dann brach die Gruppe auseinander. Im November 1971 erschien eine Reunion-LP, die allerdings kein Knüller wurde — die Band brach erneut auseinander. Dennis machte zwei erfolglose Solo-Alben und wurde Moderator einer populären TV-Sendung in Nova Scotia/Kanada. 1982 kam es zu einer erneuten Reunion der Mamas & Papas, wobei die 1974 verstorbene Cass Elliot durch Elaine McFarlane, vormals Spanky & Our Gang, ersetzt wurde.

■ **Chuck Mangione** — 1940 — US-Jazz-Pop-Flügelhornist, Bandleader und Songschreiber. Richtige Vornamen Charles Frank. Zusammen mit seinem älteren Bruder „Gap" Gaspare machte er schon 1960 seine ersten Platten als Jazz Brothers. Bis 1964 spielten sie zusammen und und veröffentlichten drei LPs. Schon 1962 erschien die erste Solo-LP von Chuck. 1965 ging er nach New York, wo er mit Musikern wie Woody Herman, Art Blakey, Kai Winding und Maynard Ferguson spielte. Ab Anfang der 70er Jahre war Chuck eine eigenständige Größe im Jazz — aber auch in den Pop-Charts konnte er überzeugen: „Feels So Good" (2/78 US 4) und „Give It All You Got" (1/80 US 18), ein Stück für die US-TV-Station ABC, mit dem diese jeweils die Berichterstattung von den Olympischen Winterspielen 1980 einleitete.

Ronnie Montrose

■ **Ronnie Montrose** — 1947 — US-Gitarrist, Sänger und Songschreiber. Er begann 1971 als Sessionmusiker und spielte auf Platten von Herbie Hancock, Van Morrison und Edgar Winter mit. 1973 lehnte er es ab, Leadgitarrist für Mott The Hoople zu werden — stattdessen gründete er 1974 seine eigene Band Montrose mit Leadsänger Sammy Hagar. 1978 verließ Sammy die Band, die sich danach auflöste. Ronnie hatte schon vorher und nun auch danach wieder als Sessionmusiker gespielt — diesmal mit den Hoodoo Rhythm Devils, Dan Hartman, Gary Wright, Earthquake, Nicolette Larson oder Tony Williams. 1980 gründete Ronnie Gamma, die es auf drei LPs brachte. 1983 war er auf einer LP von Paul Kantner zu hören.

■ **Merle Travis** — 1917 — US-Country-Sänger, Songschreiber und Gitarrist. Er begann in den 30er Jahren in Gruppen wie Tennessee Tomcats oder Georgia Wildcats. Den 2. Weltkrieg überlebte er bei der Marine, danach begann er als Solist und Songschreiber zu arbeiten. Sein Lied „Smoke! Smoke! Smoke! That Cigarette)" wurde durch Tex Williams, der am Song mitgeschrieben hat, 1947 zum Millionseller. „16 Tons", von Merle alleine geschrieben, erreichte 1955 den gleichen Status mit Tennessee Ernie Ford. Merle selbst war zwischen 1946 und 1966 in den

Country-Charts vertreten. Seine größten Erfolge in den Pophitparaden — jeweils für 14 Wochen auf Platz 1 in den Country-Charts — waren „Divorce Me C.O.D." (11/46 US 25) und „So Round, So Firm, So Fully Packed" (2/47 US 21). Merle starb am 20.10.1983.

■ **Felix Cavaliere** — 1944 — US-Sänger, Keyboarder und Songschreiber. Nachdem er in seiner Heimatstadt New York in etlichen Bands gespielt hatte, wurde er Mitglied bei Joey Dee & The Starliters. Mit ihm spielten den Twist Eddie Brigati und Gene Cornish. Die drei plus Schlagzeuger Dino Danelli gründeten im Frühjahr 1964 die Young Rascals, die 1967 das „Young" aus ihrem Namen strichen. Hits: „Good Lovin'" (3/66 US 1), „Groovin'" (4/67 US 1, GB 8, 7/67 D 34), „How Can I Be Sure" (9/67 US 4), „A Beautiful Morning" (4/68 US 3) und „People Got To Be Free" (7/68 US 1). Im Mai 1972 brach die Band auseinander, Felix machte Solo-Alben und wurde Produzent, z. B. von Laura Nyro. Sein einziger Solo-Hit war „Only A Lonely Heart Sees" (3/80 US 36).

■ **Billy Strayhorn** — 1915 — US-Pianist und Songschreiber. Nachdem er in Pittsburgh klassisches Piano in einem Schulorchester gespielt hatte, vereinbarte er 1938 ein Treffen mit Duke Ellington. Billy hoffte, ihm einige Songs verkaufen zu können. Schnell wurde Billy der engste Mitarbeiter des Duke — als Komponist, Arrangeur, Pianist und gelegentlich sogar als sein Stellvertreter. Besonders die Strayhorn-Komposition „Take The A-Train" (7/41 US 11, 7/43 RE-US 19) wurde zu einem Dauerbrenner und zur Erkennungsmelodie von Duke Ellington. Billy starb am 31.5.1967.

■ **Jody Miller** — 1941 — US-Sängerin im Grenzbereich zwischen Country, Folk und Pop. Größter Hit: „Queen Of The House" (4/65 US 12), ein Antwortsong auf Roger Millers „King Of The Road". In den Country-Charts tauchte sie zwischen 1965 und 1979 regelmäßig auf.

■ **Meco** — 1939 — US-Musiker und Produzent. Nachname Monardo. Seine Spezialität: aus Filmmusiken Disco-Hits zu machen — größter Erfolg: „Star Wars Theme/Cantina Band" (8/77 US 1, 10/77 GB 7).

■ **Barry Goudreau** — 1951 — US-Gitarrist und Songschreiber. Er begann 1975 mit Boston, die er 1980 verließ, um als Solist weiterzumachen. 1984 gründete er Orion The Hunter.

Todestag

■ **Ray Smith** — 1979 — US-Sänger. Er beging Selbstmord. Geboren am 31.10.1934.

Tageshits

1941 — „Chattanooga Choo Choo" — Glenn Miller — US 9 W.
1952 — „Why Don't You Believe Me" — Joni James — US 6 W.
1969 — „Come Together/Something" — Beatles — US 1 W.
1975 — „Bohemian Rhapsody" — Queen — GB 9 W.
1975 — „Fly Robin Fly" — Silver Convention — US 3 W.
1980 — „Super Trouper" — Abba — GB 3 W.
1986 — „You Give Love A Bad Name" — Bon Jovi — US 1 W.

30

Geburtstage

■ **Frank Ifield** — 1937 — GB-Sänger, der als Kind mit den Eltern nach Australien auswanderte. Dort machte er im Alter von 13, im Jahre 1950, seine erste Platte mit dem Titel „Did You See My Daddy Over There". Im Laufe der nächsten Jahre wurde er der größte Popstar Australiens. 1959 kehrte er nach GB zurück und gehörte dort ab 1960 bis zum Beginn der Beatlemania zu den Superstars. Hits: „I Remember You" (7/62 GB 1, 9/62 US 5, D 39), „Lovesick Blues" (10/62 GB 1), „Wayward Wind" (1/63 GB 1) und „Confessin'" (6/63 GB 1). In den Charts werden seine Platten bis Anfang 1967 notiert.

■ **Robert Grill** — 1944 — US-Sänger und Bassist der Grass Roots. Die beiden Songschreiber und Produzenten P. F. Sloan und Steve Barri nahmen 1966 den Titel „Where Were You When I Needed You" (6/66 US 28) unter dem Namen Grass Roots auf. Nachdem das Projekt zu einem Hit wurde, entschieden sich die beiden, die L.A.-Band Thirteenth Floor, bei der Robert sang, als Grass Roots Platten aufnehmen zu lassen. Hits: „Let's Live For Today" (5/67 US 8), „Midnight Confessions" (8/68 US 5) und „Sooner Or Later" (6/71 US 9). Mitte der 70er Jahre verschwand die Band von der Bildfläche. 1980 erschien eine Solo-LP von Rob Grill, die er mit Hilfe von John McVie, Mick Fleetwood und Lindsey Buckingham von Fleetwood Mac aufgenommen hatte. 1981 machte er eine Tournee als Rob Grill & Grass Roots.

■ **Bob Moore** — 1932 — US-Bassist und Songschreiber. In den 50er Jahren war er ein gesuchter Studiomusiker, der auf Platten von Connie Francis, Brenda Lee, Elvis Presley oder Red Foley zu hören ist. Mit seiner Band wurde er der ständige Begleiter auf den frühen Hits von Roy Orbison. Größter Solo-Erfolg: „Mexico" (8/61 US 7, 11/61 D 1).

■ **Jimmy Bowen** — 1937 — US-Bassist, Sänger, Songschreiber, Produzent und Manager. Zusammen mit Buddy Knox schrieb er den Hit „Party Doll", der für Buddy 1957 ein Millionseller wurde. Im gleichen Jahr schrieben die beiden „I'm Stickin' With You" (2/57 US 14) für Jimmy Bowen & the Rhythm Orchids, Buddy spielte Gitarre, Jimmy sang. 1963 ging Bowen zu Reprise Records und leitete dort die Plattenkarriere von Dean Martin, Frank und Nancy Sinatra und Keely Smith. 1969 gründete er die Plattenfirma Amos Records. Später wurde er Präsident von MCA Records in Nashville.

■ **Billy Idol** — 1957 — GB-Sänger und Songschreiber. Richtiger Name William Broad. 1977 gründete er Chelsea, aus denen Generation X wurde — größter Hit: „King Rocker" (1/79 GB 11). Seit 1982 veröffentlicht er Soloplatten — Hits: „Eyes Without A Face" (5/84 US 4, 7/84 GB 19, D 10), „White Wedding" (7/85 GB 6), „Rebel Yell" (9/85 GB 6), „To Be A Lover" (10/86 US 6, GB 22, D 28), „Don't Need A Gun" (1/87 US 37, D 36, 3/87 GB 26), „Sweet Sixteen" (4/87 US 20, D 2, 6/87 GB 17) und „Mony Mony — Live" (8/87 US 1, 10/87 GB 7, D 38).

■ **Roger Glover** — 1945 — GB-Bassist und Songschreiber, der 1969 für Nick Simper zu Deep Purple kam. 1973 verließ er die Band und wurde Produzent für z. B. Judas Priest, Nazareth oder Blackmore's Rainbow. Ende 1978 wurde er festes Mitglied bei Rainbow. Als sich 1984 die Erfolgsbesetzung von Deep Purple reformierte, war Roger auch dabei.

■ **Allan Sherman** — 1924 — US-Gagschreiber und Produzent der TV-Serie „I've got A Secret". Auf Ponchiellis „Tanz der Stunden" bastelte er „Hello Muddah, Hello Fadduh! (A Letter From Camp)" (8/63 US 2, GB 14). Seine LP „My Son, The Folk Singer" (1962) wurde ein Millionseller. Er starb 21.11.1973.

■ **Brownie McGhee** — 1915 — US-Blues-Sänger, Gitarrist und Songschreiber, der ab 1939 im Team mit Sonny Terry auftrat und ab 1940 Platten machte.

■ **Stacey Q.** — 1958 — US-Disco-Sängerin, die mit Nachnamen Swain heißt. Auf dem Höhepunkt der Disco-Welle hatte sie mit „Two Of Hearts" (7/86 US 3, 11/86 D 6) ihren ersten und größten Hit.

■ **Heinz Rudolf Kunze** — 1956 — Songschreiber, Gitarrist und Sänger. Größter Single-Erfolg: „Dein ist mein ganzes Herz" (12/85 D 8).

■ **Shuggie Otis** — 1953 — US-Multimusiker, Sohn von Johnny Otis. Er machte in den 70er Jahren einige hervorragende LPs.

■ **David McClymont** — 1958 — GB-Bassist und Songschreiber mit Orange Juice.

■ **Paul Wheeler** — 1965 — Australischer Schlagzeuger mit Icehouse.

Peter, Paul & Mary

■ **Paul Stookey** — 1937 — US-Sänger und Gitarrist mit Peter, Paul & Mary, 1961 gegründet und eine der populärsten akustischen Folk-Gruppen der 60er Jahre.

■ **Richard Barbieri** — 1957 — GB-Keyboarder und Songschreiber mit Japan.

■ **John Ashton** — 1957 — GB-Gitarrist und Songschreiber mit den 1977 gegründeten Psychedelic Furs.

■ **Renard Hatzke** — 1955 — Schlagzeuger bei Münchener Freiheit.

■ **Leo Lyons** — 1943 — GB-Bassist bei Ten Years After.

Tageshits

1940 — „Trade Winds" — Bing Crosby — US 4 W.
1968 — „Love Child" — Diana Ross & The Supremes — US 2 W.
1985 — „I'm Your Man" — Wham! — GB 2 W.
1985 — „Separate Lives" — Phil Collins & Marilyn Martin — US 1 W.

1

Geburtstage

■ **Matt Monroe** — 1930 — GB-Sänger. Richtiger Name Terry Parson. Noch während seiner Militärzeit suchte er sein Glück als Sänger bei Nachwuchswettbewerben. Weil das nicht klappte, wurde er erst einmal Busfahrer. In den späten 50er Jahren wurde er professioneller Sänger. George Martin machte mit ihm unter dem Namen Fred Flange Parodien auf Frank-Sinatra-Titel. So ist er z. B. auf „Songs For Swinging Sellers" von Peter Sellers aus dem Jahre 1959 zu hören. Frank Sinatra, der diese Platte gehört hatte, sprach Matt sein Kompliment aus: gut getroffen. Von 1960 bis 1965 war er dann mit eigenen Platten erfolgreich. Hits: „Portrait Of My Love" (12/60 GB 3), „My Kind Of Girl" (3/61 GB 5, 5/61 US 18), „Softly As I Leave You" (2/62 GB 10), „Walk Away" (9/64 GB 4, 11/64 US 23) und „Yesterday" (10/65 GB 8). Matt starb am 7.2.1985.

■ **Bette Midler** — 1945 — US-Sängerin und Schauspielerin. Erste Erfolge hatte sie als Tzeitel im Musical „Fiddler On The Roof". Mit der Langspielplatte „The Divine Miss M" gewann sie 1972 einen Grammy und wurde zum Star. Hits: „Do You Want To Dance?" (12/72 US 17), „Boogie Woogie Bugle Boy" (5/73 US 8) und „The Rose" (3/80 US 3). Die letzte Aufnahme war ein Millionseller und stammte aus dem gleichnamigen Film, in dem Bette Janis Joplin spielte. Als Filmschauspielerin war sie außerdem erfolgreich in „Down And Out In Beverly Hills" oder „Ruthless People". Das vielseitige Talent gilt als einzige authentische Kabarettistin, die es schaffte, in einer rock-orientierten Phase Erfolg zu haben.

■ **Gilbert O'Sullivan** — 1946 — Irischer Sänger und Songschreiber. Richtige Vornamen Raymond Edward. Er begann mit Rick's Blues — Kopf der Band war Rick Davies, der spätere Supertramp gründen sollte. Ab Anfang der 70er Jahre war Gilbert als Solist erfolgreich. Hits: „Nothing Rhymed" (10/70 GB 8), „No Matter How I Try" (11/71 GB 5), „Alone Again (Naturally)" (3/72 GB 3, 5/72 D 33, US 1), „Ooh-Wakka-Doo-Wakka-Day" (6/72 GB 8, 8/72 D 35), „Clair" (9/72 GB 1, US 2, 11/72 D 12), „Get Down" (3/73 GB & D 1, 6/73 US 7), „Ooh Baby" (9/73 GB 18, D 8, US 25) und „Why, Oh Why, Oh Why" (11/73 GB 6, D 36).

■ **Sandy Nelson** — 1938 — US-Drummer und Songschreiber. Er begann als Mitglied von Kip Tyler & The Flips, bei denen der spätere Beach Boy Bruce Johnston Piano spielte. Dann wurde Sandy Studiomusiker und begleitete Aufnahmen von Gene Vincent, den Teddy Bears — damals mit Phil Spector als Mitglied — und Jan & Dean. Solo-Hits: „Teen Beat" (9/59 US 4) und „Let There Be Drums" (10/61 US 7, 12/61 GB 3). Noch vor den Aufnahmen zum zweiten Hit verlor Sandy bei einem Motorradunfall seinen linken Fuß — für einen Schlagzeuger eigentlich das Aus. Nicht für Sandy.

■ **Lou Rawls** — 1935 — US-Sänger und Schauspieler. Nach seiner Militärzeit war er von 1956 bis 1959 Mitglied der Gospelgruppe Pilgrim Travellers. Danach sang er in der Begleitgruppe von Sam Cooke, z. B. auf dessen Hit „Bring It On Home To Me" (6/62 US 10). Ab 1962 machte Lou Soloplatten. Hit: „You'll Never Find Another Love Like Mine" (6/76 US 2, GB 10). Speziell die Amerikaner kennen seine Stimme auch noch aus der Werbung für Budweiser Bier.

■ **Eric Bloom** — 1944 — US-Sänger, Gitarrist, Tastenspieler und Songschreiber mit Blue Öyster Cult, die unter diesem Namen 1972 ihre erste LP herausbrachten und vorher Platten als Soft White Underbelly oder Stalk-Forest Group veröffentlichten. Der größte Erfolg dieser Heavy-Metal-Band heißt „(Don't Fear) The Reaper" (7/76 US 12, 5/78 GB 16).

■ **Billy Paul** — 1934 — US-Sänger, richtiger Name Paul Williams. Bereits im Alter von 11 Jahren sang er in seiner Heimatstadt Philadelphia im Radio. 1952 nahm Billy seine ersten Platten auf, aber erst mit dem Millionseller „Me And Mrs. Jones" (11/72 US 1, 1/73 GB 12) sollte er Erfolg haben.

■ **Jaco Pastorius** — 1951 — US-Bassist mit Weather Report, Joni Mitchell, Herbie Hancock und als Solist. Seine richtigen Vornamen waren John Francis. Er starb am 21.9.1987.

John Densmore, Robby Krieger, Ray Manzarek (The Doors)

■ **John Densmore** — 1944 — US-Drummer und Songschreiber mit den Psychedelic Rangers. 1965 war er Gründungsmitglied der Doors und blieb bis zum Ende der Band 1973. Danach spielte er mit Butts Band.

■ **Steve Janson** — 1959 — GB-Schlagzeuger und Percussionist mit Japan. Richtiger Nachname Batt.

■ **Klaaseje Van der Wal** — 1949 — Niederländischer Bassist mit Shocking Blue.

■ **Sam Reid** — 1963 — Kanadischer Keyboarder und Songschreiber für Glass Tiger.

■ **Charlie Grima** — 1944 — GB-Drummer mit Mongrel und Wizzard.

Todestage

■ **Carter Stanley** — 1966 — US-Country-Sänger und Gitarrist. Geboren am 27.8.1925.

■ **Magic Sam** — 1969 — US-Blues-Sänger und Gitarrist. Er starb nach einem Herzanfall. Geboren am 14.2.1937.

■ **Lee Dorsey** — 1986 — US-Sänger und Songschreiber. Starb an einem Emphysem. Geboren am 24.12.1924.

Tageshits

1958 — „To Know Him Is To Love Him" — Teddy Bears — US 3 W.
1966 — „Green Green Grass Of Home" — Tom Jones — GB 7 W.
1973 — „Top Of The World" — Carpenters — US 2 W.
1984 — „I Should Have Known Better" — Jim Diamond — GB 1 W.

2

Geburtstage

■ **Tom McGuinness** — 1941 — GB-Gitarrist, Sänger und Songschreiber mit den Roosters, Casey Jones & The Engineers und von Januar 1964 als Bassist für Dave Richmond bei Manfred Mann bis zum Juni 1966. Danach kam es zur Gründung von McGuinness Flint, die bis Februar 1972 hielt. Mit Lou Stonebridge spielte Tom bis 1979 im Duo Stonebridge McGuinness und von Februar 1979 bis Dezember 1982 mit der Bluesband. Danach konzentrierte er sich mehr aufs Songschreiben.

■ **Peter Kingsbery** — 1952 — US-Bassist, Sänger und Songschreiber der 1983 gegründeten Band Cock Robin. Hits: „When Your Heart Is Weak" (6/85 US 35, 11/85 D 8) und „The Promise You Made" (2/86 D 6, 6/86 GB 28).

■ **Rick Savage** — 1960 — GB-Bassist mit Def Leppard.

■ **David Munden** — 1943 — GB-Schlagzeuger mit den Tremeloes.

Todestag

■ **David Blue** — 1982 — US-Sänger und Songschreiber. Starb, nachdem er zu lange gejoggt hatte. Geboren am 18.2.1941.

Tageshits

1944 — „Into Each Life Some Rain Must Fall" — Ella Fitzgerald & Ink Spots — US 2 W.
1950 — „The Thing" — Phil Harris — US 5 W.
1957 — „You Send Me" — Sam Cooke — US 3 W.
1967 — „Daydream Believer" — Monkees — US 4 W.
1972 — „Papa Was A Rolling Stone" — Temptations — US 1 W.
1978 — „Da Ya Think I'm Sexy" — Rod Stewart — GB 1 W.
1978 — „You Don't Bring Me Flowers" — Barbra Streisand & Neil Diamond — US 1 W.

3

Geburtstage

■ **Andy Williams** — 1928 — US-Sänger, dessen vollständige Vornamen Howard Andrew lauten. Er trat schon in seinen Jugendjahren mit seinen drei Brüdern Bob, Dick und Don als Williams Brothers Quartet auf, das z. B. beim Bing Crosby Hit „Swinging On A Star" (5/44 US 1) mitsang. 1952 trennten sich die Brüder, Andy begann eine Solo-Karriere. Hits: „Canadian Sunset" (8/56 US 7), „Butterfly" (2/57 US 1, 4/57 GB 1), „Are You Sincere" (2/58 US 3), „Lonely Street" (9/59 US 5), „The Village Of St. Bernadette" (12/59 US 7), „Can't Get Used To Losing You" (3/63 US & GB 2), „Almost There" (9/65 GB 2), „Can't Take My Eyes Off You" (3/68 GB 5), „Can't Help Falling In Love" (3/70 GB 3), „Home Lovin' Man" (11/70 GB 7), „(Where Do I Begin) Love Story" (2/71 US 9, GB 4) und „Solitaire" (12/73 GB 4). Zwischen 1962 und 1971 war Andy Gastgeber einer NBC-TV-Show. Die Angaben über sein Geburtsjahr schwanken zwischen 1926 bis 1936.

■ **Ferlin Husky** — 1925 — US-Country-Interpret, Gitarrist, Filmschauspieler und Songschreiber. Nachdem er im 2. Weltkrieg für fünf Jahre bei der Handelsmarine gedient hatte, begann er als Sänger — ab Anfang der 50er Jahre machte er Platten unter den Pseudonymen Terry Preston oder Simon Crum. Als Simon Crum hatte er seinen größten Erfolg mit der Novelty-Platte „Country Music Is Here To Stay" (11/58 C&W 2). Dann wurde er durch Tennessee Ernie Ford protegiert und zu Capitol-Records gebracht, die ab 1953 seine Platten veröffentlichten — erst als Ferlin Huskey, dann ohne das „e" im Nachnamen. Hits: „A Dear John Letter" (9/53 US 4) mit Jean Shepard, „Gone" (3/57 US 4 — diesen Titel hatte er bereits 1952 erfolglos als Terry Preston veröffentlicht) und „Wings Of A Dove" (11/60 US 12). Ferlin spielte in den Filmen „Mr. Rock & Roll" (1957) und „Country Music Holiday" (1958) mit.

Ozzy Osborne, Rudy Sarzo, Randy Rhoads, Tommy Aldridge (Ozzy Osborne Band)

■ **Ozzy Osbourne** — 1948 — GB-Sänger und Songschreiber, richtige Vornamen John Michael. Er begann Ende der 60er Jahre mit Polka Tulk, Rare Breed und ab 1968 mit Earth, die sich 1969 in Black Sabbath umbenannte und eine der ersten großen Heavy-Metal-Gruppen wurde. Hit: „Paranoid“ (8/70 GB 4, 10/70 D 1, 8/80 RE-GB 14). Ende 1977 trennte sich Osbourne von Black Sabbath, für ihn kam Dave Walker — aber bereits nach einigen Monaten kam Ozzy wieder zurück. Im Sommer 1979 verließ er endgültig die Gruppe und wurde durch Ronnie James Dio ersetzt — weitere Nachfolger waren Ian Gillan, Glenn Hughes und Tony Martin. 1980 startete Ozzy als Solist, begleitet von der Gruppe Blizzard Of Ozz — Hits: „Bark At The Moon“ (12/83 GB 21), „So Tired“ (5/84 GB 20) und „Shot In The Dark“ (1/86 GB 20) — in den USA kam er zwar nicht in die Single-Charts, dafür erreichte er mit den LPs „Blizzard Of Ozz“ und „Diary Of A Madman“ 1981 jeweils Platin-Status, mit „Speak Of The Evil“ (1982) und „Bark At The Moon“ (1983) Gold. Im Juli 1985 kamen noch einmal die alten Mitglieder von Black Sabbath für einen Tag zusammen — sie spielten beim „Live Aid“ Konzert in Philadelphia.

■ **Franz Josef Degenhardt** — 1931 — Er gilt als einer der profiliertesten Liedermacher in der Bundesrepublik. 1963 veröffentlichte er mit „Zwischen Null Uhr und Mitternacht“, später umbenannt in „Rumpelstilzchen“, seine erste LP. Mit den Langspielplatten „Spiel nicht mit den Schmuddelkindern“ (1965), „Väterchen Franz“ (1967) und „Wenn der Senator erzählt“ (1968) hatte er seine ersten Erfolge. Singles wie „Vatis Argumente (1968) oder „P.T. aus Arizona“ (1972) waren leider nur selten im Radio zu hören. 1969 ließ er sich als Rechtsanwalt in Hamburg nieder. Er veröffentlichte auch Romane: „Zündschnüre“ (1973), „Brandstellen“ (1975). „Die Mißhandlung“ (1979), „Der Liedermacher“ (1982) oder „Die Abholzung“ (1985).

■ **Wolfgang Neuss** — 1923 — Schauspieler, Schriftsteller, Zeitkritiker, „Kodderschnauze“ und Kabarettist, Mitglied des Berliner Kabaretts „Die Stachelschweine“. Zusammen mit Wolfgang Müller trat er im Film „Das Wirtshaus im Spessart“ (1958) auf. Er veranstaltete als Solist politisch engagierte Kabarettabende, z. B. „Das jüngste Gerücht“ (1963). Auf Platte hörte man ihn u. a. als Gastgeber (West) von Wolf Biermann (Ost). Sein Markenzeichen: „Der Mann mit der Pauke“ — er wollte seinen Mitbürgern Respektlosigkeit vor der Obrigkeit einpauken. Seine letzten Jahrzehnte waren durch Drogenmißbrauch gekennzeichnet. Er starb am 5.5.89 an Krebs.

■ **Ralph McTell** — 1944 — GB-Sänger, Gitarrist und Songschreiber. Richtiger Nachname May. 1967 schrieb er ein Lied, das, nachdem er es in etlichen Versionen aufgenommen hatte, zu einem Hit wurde: „Streets Of London“ (12/74 GB 2, 2/75 D 8). Obwohl er danach noch etliche gute Songs veröffentlichte, konnte er den Erfolg nicht wiederholen.

■ **John Wilson** — 1949 — GB-Drummer mit Them (1966-68), Taste (1968-70), Cochise (1970), Stud (1971-72) und auf Platten von Mark Ellington, Al Stewart und Ian Matthews.

■ **Vic Malcolm** — 1946 — GB-Gitarrist mit Geordie.

■ **Nicky Stevens** — 1951 — GB-Sängerin mit Brotherhood Of Man.

Tageshits

1954 — „Let's Have Another Party“ — Winifred Atwell — GB 5 W.
1964 — „Little Red Rooster“ — Rolling Stones — GB 1 W.
1966 — „Winchester Cathedral“ — New Vaudeville Band — US 1 W.
1977 — „Mull Of Kintyre“ — Wings — GB 8 W.
1988 — „Baby I Love Your Way“ — Will To Power — US 1 W.

Merk-Würdiges

1971 — Im Casino von Montreux treten Frank Zappa & The Mothers Of Inventions auf, als während des Konzerts ein Zuschauer eine Leuchtkugel abfeuert, die den Dachstuhl in Brand setzt. Es wird niemand verletzt, aber Frank Zappa verliert seine Anlage im Wert über 50.000 $. Die Gruppe Deep Purple, die sich zu diesem Zeitpunkt ebenfalls gerade in Montreux zur Produktion ihres Albums „Machine Head“ aufhält, verbrät dieses Ereignis im Song „Smoke On The Water“. Überhaupt scheint der Dezember 1971 ein schlechter Monat für Frank Zappa zu sein: am 10. Dezember wird er während eines Auftritts im Rainbow Theatre von einem eifersüchtigen Freund eines weiblichen Frank Zappa Fans von der Bühne gestoßen — er bricht sich Bein und Knöchel. Für die folgenden neun Monate wird er zum Rollstuhlfahrer.

1979 — Die Who spielen im Riverfront Colosseum in Cincinnati. Beim Run des Publikums auf die nicht nummerierten Plätze werden 11 Menschen erdrückt.

4

Geburtstage

■ **Freddy Cannon** — 1940 — US-Sänger, Gitarrist und Songschreiber. Richtiger Name Frederick Anthony Picariello. Als Freddy Karmon war er Mitte der 50er Jahre Mitglied der G-Clefs und spielte Sologitarre auf deren Hit „Ka-Ding Dong“ (7/56 US 24). Danach machte er ein Demo eines Titels, den er zusammen mit seiner Mutter geschrieben hatte und der schließlich als „Tallahassee Lassie“ (5/59 US 6, 8/59 GB 17) sein erster Hit wurde. Es folgten „Way Down Yonder In New Orleans“ (11/59 US 3, 1/60 GB 3) und „Palisades Park“ (5/62 US 3, GB 20). Nachdem seine Karriere nach 1965 beendet war, arbeitete Freddy als Promotionmann für die Plattenfirma BuddahgRecords.gHin und wieder machte ergbei Oldie-Revival-Shows mit und hatte 1981, zusammen mit den Belmonts, zumindest mal wieder eine Platte in den Hitparaden: „Let's Put The Fun Back In Rock 'n' Roll“ (9/81 US 81).

■ **Southside Johnny** — 1948 — US-Sänger und Songschreiber. Richtiger Name Johnny Lyon. Zusammen mit Bruce Springsteen, in dessen Schatten er immer stand, und Steve van Zandt war er Ende der 60er Jahre in Gruppen wie Sundance Bluesband oder Dr. Zoom & The Sonic Boom. Es folgten Studio B. und, als Duo mit van Zant, Southside Johnny & The Kid. Daraus entwickelte sich die Bankstreet Bluesband. Die nächste Station war die Blackberry Booze Band, woraus sich 1974 Southside Johnny & The Asbury Jukes formierte.

■ **Chris Hillmann** — 1942 — US-Saitenspieler, Sänger und Songschreiber. Von 1958 bis 1962 spielte er mit den Scottsville Squirrell Barkers. Dann gründete er die Hillmen, die bis Juli 1964 bestanden, und wurde schließlich im Oktober 1964 Gründungsmitglied der Byrds. Er blieb bis zum Oktober 1968 und formierte im Dezember desselben Jahres die Flying Burrito Brothers, bei denen er bis zum Oktober 1971 blieb, um sich dann Manassas anzuschließen. 1973 gründete er die Souther-Hillman-Furay-Band und arbeitete ab Mitte der 70er Jahre als Solist. Bei diversen Reunions der Byrds war er wieder mit von der Partie oder spielte zusammen mit anderen ehemaligen Kollegen, z. B. McGuinn, Clark & Hillman.

■ **Eddie Heywood** — 1915 — US-Pianist, Songschreiber und Orchesterchef. Seinen ersten Millionseller hatte er mit „Begin The Beguine“ (4/45 US 16). Als Songschreiber ist er für „Canadian Sunset“ (6/56 US 2) verantwortlich, in der Version von Hugo Winterhalter mit Eddie am Piano erfolgreich. Solo-Hit: „Soft Summer Breeze“ (6/56 US 11). Er starb nach langer Krankheit am 2.1.1989.

■ **Werner Becker** — 1943 — Vielseitiger deutscher Tastenspieler. Er schaffte es, bei Randy Pie harte Rock-Musik zu spielen und auf der anderen Seite unter dem Pseudonym Anthony Ventura LPs mit seichter Tanzmusik aufzunehmen, die sich gut verkauften. Als Studiomusiker ist er auch zu hören, z. B. bei Volker Lechtenbrink, Duesenberg oder Taracco.

■ **Dennis Wilson** — 1944 — US-Schlagzeuger und Songschreiber. Er bildete mit seinen beiden Brüdern den Kern der Beach Boys. Dennis, der als einziger der Beach Boys ein richtiger Surfer war, ertrank am 28.12.1983.

■ **Gary Rossington** — 1951 — US-Gitarrist, Songschreiber und Leader der 1979 gegründeten Rossington-Collins-Band, die aus vier der fünf überlebenden Mitglieder von Lynyrd Skynyrd bestand.

■ **Bob Mosley** — 1942 — US-Bassist mit Moby Grape, gegründet 1966.

Todestage

■ **Tommy Bolin** — 1976 — US-Gitarrist mit James Gang, Deep Purple und als Solist. Als Todesursache wurde Alkohol oder Heroin angegeben. Er wurde 25 Jahre alt.

■ **Perez Prado** — 1983 — Kubanischer Tastenspieler. Geboren am 23.11.1918.

Tageshits

1954 — „Mr. Sandman" — Chordettes — US 7 W.
1959 — „What Do You Want" — Adam Faith — GB 3 W.
1965 — „Turn Turn Turn" — Byrds — US 3 W.
1965 — „Marmor, Stein und Eisen bricht" — Drafi Deutscher — D 5 W.
1971 — „Family Affair" — Sly & The Family Stone — US 3 W.
1976 — „Under The Moon Of Love" — Showaddywaddy — GB 3 W.
1982 — „Beat Surrender" — Jam — GB 2 W.
1989 — „Another Day In Paradise" — Phil Collins — D 9 W.

Merk-Würdiges

1956 — In den SUN-STUDIOS in Memphis, 706 Union Avenue, probt Carl Perkins zusammen mit seinen üblichen Musikern und Jerry Lee Lewis als Pianist an einer möglichen nächsten Single. Im Verlauf der Proben kommen Johnny Cash und Elvis Presley im Studio vorbei. Für die Lokalpresse wird schnell eine Fotosession arrangiert — dann verläßt Cash das Studio wieder. Die übrigen Musiker sitzen zusammen und klimpern ein bißchen auf Gitarren und Klavier herum. Das Aufnahmeband wird angestellt — so kommt es zur sogenannten „Million Dollar Session", die erst als Schwarzpressung und schließlich offiziell im Handel zu haben ist. Ernsthafte Aufnahmen sind das nicht — man blödelte halt rum!
1980 — Jimmy Page, Robert Plant und John Paul Jones geben zwei Monate nach dem Tode des Schlagzeugers John Bonham das Ende von Led Zeppelin bekannt. In einer Erklärung heißt es, daß „sie nach dem Verlust ihres Freundes und aus Respekt vor dessen Familie als Gruppe Led Zeppelin nicht weitermachen können".

5

Geburtstage

■ **Little Richard** — 1932 — US-Sänger, Tastenspieler und Songschreiber. Richtiger Name Richard Wayne Penniman. Als Geburtstag liest man häufig (auch auf seinen Plattenhüllen) den 25.12.1935 — es war seine Plattenfirma, die auf die Idee kam, ihn als Weihnachtsmann anzubiedern. Der Gewinn eines Nachwuchswettbewerbes führte 1951 zur ersten Plattenproduktion für RCA-Victor. Zwischen 1953 und 1955 war Richard Mitglied der Tempo Toppers und Sänger für die Johnny Otis Band. 1955 schickte er Demo-Bänder an Specialty Records in L. A. Am 14.9.1955 betrat er deren Studios und nahm neun Titel auf — darunter seinen ersten Hit: „Tutti Frutti" (1/56 US 17, 2/57 GB 29). Weitere Hits: „Long Tall Sally" (4/56 US 6, 2/57 GB 3), „Jenny Jenny" (6/57 US 10, 9/57 GB 11), „Keep A Knokkin'" (9/57 US 8, 11/57 GB 11), „Good Golly, Miss Molly" (2/58 US 10, GB 8) und „Baby Face" (1/59 GB 2). Schon 1957, nach einer Tour durch Australien, kündigte er an, nie wieder Rock 'n' Roll singen zu wollen. 1964 änderte er seine Meinung und startete mehrere Comebackversuche — letzter: „Great Gosh A'Mighty!" (3/86 US 42) aus dem Film „Down And Out In Beverly Hills", in dem er auch mitspielte. In seinen großen Tagen als Rock 'n' Roller trat Litte Richard in drei frühen R'n'R-Filmen auf: „Don't Knock The Rock", „The Girl Can't Help It" und „Mr. Rock 'n' Roll".

■ **Andy Kim** — 1946 — Kanadischer Sänger und Songschreiber. Richtiger Name Andrew Joachim. In der auslaufenden Phase der Bubble-Gum-Music Ende der 60er Jahre schrieb er am Hit „Sugar Sugar" der Archies mit. Als Interpret hatte er Hits wie "Baby I Love You" (5/69 US 9, 10/69 D 20) oder „Rock Me Gently" (6/74 US 1, 8/74 GB 2, 11/74 D 33). Danach hörte man etliche Jahre nichts mehr von Andy, bis er 1983 mit einer neuen LP auftauchte — nun allerdings als Barron Longfellow.

■ **J. J. Cale** — 1938 — US-Gitarrist, Sänger und Songschreiber. Die Kürzel J. J. stehen für Jean Jacques. In seinen Anfängen arbeitete er mit Leon Russel, Carl Radle, Phil Spector und Delaney & Bonnie Bramlett. 1965 machte er eine erste eigene LP — darauf die Ur-Version von „After Midnight". 1966 gründete er die Leathercoated Minds, mit denen er eine LP aufnahm. Erst nachdem Eric Clapton 1970 mit seiner Version von „After Midnight" Erfolg hatte, kam auch der Name J. J. Cale in die Charts. Größter Hit: „Crazy Mama" (1/72 US 22). J. J. kann auf eine große Fangemeinde zurückblicken, die seinen Country-Blues, sein Laid-Back-Singing und sein exzellentes Gitarrenspiel schätzen.

■ **Jim Messina** — 1947 — US-Gitarrist, Sänger und Songschreiber. Von September 1967 bis Mai 1968 spielte er bei Buffalo Springfield den Baß, um dann mit Richie Furay im August 1968 Poco zu gründen. Jim blieb bis November 1970 und formierte dann mit Kenny Loggins das Duo Loggins & Messina — Hit: „Your Mama Don't Dance" (11/72 US 4). Im November 1976 trennten sie sich — beide versuchten sich als Solisten. Als sich im Januar 1989 die Ur-Formation von Poco wieder zusammenfand, war Jim auch mit dabei.

■ **Sonny Boy Williamson** — 1899 — US-Blues-Sänger, Mundharmonikaspieler, Gitarrist und Songschreiber. Richtiger Name Aleck Ford, Spitzname Rice Miller. Um diesen Mann, sein Geburtsdatum und seinen Namen gibt es eine ganze Latte von Angaben. Auf seinem Grabstein wird als Geburtsdatum der 11.3.1908 angegeben — in einem Paß, mit dem er einst nach Europa kam, stand als Geburtsdatum der 7.4.1909. Sicher ist eins: er starb am 25.5.1965. Sonny Boy trat ab Mitte der 30er Jahre in der Grand Ole Opry auf. Zwischen 1941 und 1945 spielte er über einen Radiosender in Helena. 1947 machte er seine ersten Plattenaufnahmen. Sein größter Erfolg war „Don't Start Me Talkin'" (10/55 R&B 3).

■ **Don Robertson** — 1922 — US-Pianist und Songschreiber, der mit dem Instrumentaltitel „The Happy Whistler" (4/56 US 6, GB 8) einen Millionseller hatte. Ansonsten schrieb er Hits für andere, z. B. Hank Snow, Eddy Arnold, Elvis Presley, Hank Locklin, Les Paul & Mary Ford, Faron Young, Kitty Wells oder Nancy Wilson.

■ **Jack Russel** — 1960 — US-Sänger und Songschreiber. 1978 begann er in der Formation Dante Fox. Anfang der 80er Jahre wurde Great White gegründet, deren Debüt-LP 1984 erschien. Hits: „Once Bitten Twice Shy" (4/89 US 5) und „The Angel Song" (9/89 US 30).

■ **Johannes Heesters** — 1903 — Österreichischer Schauspieler und Sänger holländischer Herkunft. Er begann seine Karriere als Operettensänger, später spielte er auch Theater, filmte und machte Fernsehen. Laut Aussage eines seiner stärksten Songs geht er häufig ins Maxim — soll er doch.

■ **Lucas Sideras** — 1944 — Griechischer Drummer mit Aphrodite's Child.

Todestag

■ **Roland Kirk** — 1977 — US-Bläser und Komponist. Geboren am 7.8.1936.

Tageshits

1964 — „Ringo" — Lorne Greene — US 1 W.
1981 — „Begin The Beguine" — Julio Iglesias — GB 1 W.
1987 — „Heaven Is A Place On Earth" — Belinda Carlisle — US 1 W.

6

ɜeburtstage

■ **Jonathan King** — 1944 — GB-Sänger, Songschreiber, Produzent und Eigner er Plattenfirma U. K. Records. Richtiger Vorname Kenneth. Noch während er an er Cambridge University Englisch studiert, schreibt er seinen ersten Hit: "Eve-yone's Gone To The Moon" (7/65 GB 4, 9/65 US 17). Im Laufe der nächsten Jahre nacht er Platten unter etlichen Pseudonymen: Sakkarin mit „Sugar Sugar" (4/71 ;B 12, 6/71 D 21), Shag und „Loop Di Love" (10/72 GB 4), 100 Ton & A Feather nit „It Only Takes A Minute" (7/73 GB 9), Bubblerock und „(I Can't Get No) Satis-action" (1/74 GB 9), 53rd & 3rd, Weathermen mit „It's The Same Old Song" (1/71 ;B 19), Sound 9418 oder Father Abraphart & The Smurps. Nebenher schreibt er n etlichen Musikzeitschriften über Pop-Musik, produziert die erste LP von Gene-is, denen er den Namen gab, und fördert oder entdeckt Gruppen wie 10 CC oder ;ursaal Flyers. Unter welchen Namen er sonst noch zu hören war — die dann ber keine Hits lieferten -, weiß wohl nur er selbst. So steckt er zumindest als Pro-uzent hinter den Piglets und der Nummer „Johnny Reggae" (11/71 GB 3, D 19), ie als Lead-Sängerin die Schauspielerin Adrienne Posta in den Vordergrund stellt — sie singt die Nummer im klassischen Cockney-Dialekt. Unter seinem Namen at Jonathan einen weiteren Top Ten Hit in GB: „Una Paloma Blanca" (9/75 GB). Ab Beginn der 80er Jahre ist er im britischen Fernsehen ein Superstar — regel-näßig berichtet er aus seinem zweiten Wohnsitz New York in der BBC-Sendung Entertainment USA". Außerdem hat er eine eigene wöchentliche Kolumne in der ritischen Tageszeitung „Sun" — Thema: Pop-Musik!

■ **Dave Brubeck** — 1920 — US-Jazz-Pianist und Songschreiber, vollständige 'ornamen David Warren. Dave begann zunächst ein Veterinärstudium und war ab 941 Musikstudent am College Of Pacific. Dort leitete er auch ein Orchester. Das nschließende Kompositionstudium am Mills College mußte er 1943 unterbre-hen — er wurde eingezogen. In Europa war er Chef eines Militärorchesters. ;urück in den USA gründete Dave 1946 seine erste Band, 1949 entstand ein Trio, as den Grundstein legte für das 1951 gegründete Dave Brubeck Quintet. Größter 'op-Hit, im 5/4 Takt: „Take 5" (9/61 US 25, GB 6).

■ **Kim Simmonds** — 1947 — GB-Gitarrist, Songschreiber und Gründer von ;avoy Brown Ende 1966. Im Laufe der Jahre wechselte die übrige Besetzung ndauernd — nur Kim blieb. Sie brachten etliche gute LPs — aber keinen Single-Hit.

■ **Steve Alaimo** — 1940 — US-Sänger, Songschreiber und Gitarrist, der über as Mittelmaß nie hinaus kam. Größter Erfolg: „Every Day I Have To Cry" (1/63 JS 46).

■ **Ben Watt** — 1962 — GB-Gitarrist, Tastenspieler und Songschreiber für Ever-thing But The Girl. Er arbeitete mit Robert Wyatt und nahm eine Solo-LP auf.

■ **Eddie Tenpole** — 1955 — GB-Sänger und Songschreiber für die durch ihn 979 gegründete Gruppe Tenpole Tudor. Erster Hit: „Swords Of A Thousand Men" 4/81 GB 6).

■ **Marius Müller-Westernhagen** — 1948 — Schauspieler, Sänger und Song-schreiber. Er spielte schon als 14jähriger eine tragende Filmrolle und hatte mit „Theo gegen den Rest der Welt" (1980) seinen größten Erfolg als Mime. Seine erste

Marius Müller-Westernhagen

Band nannte er Harakiri, ab 1975 arbeitete er als Solist. Größter Single Erfolg: „Hier in der Kneipe fühl' ich mich frei" (1/82 D 42). 1980/1 veröffentlichte er drei LPs, die alle zumindest Gold erhielten: „Sekt oder Selters", „Mit Pfefferminz bin ich dein Prinz" und „Stinker". Nachdem er es nach 1986 etwas langsamer anließ, erschien er im Herbst 1989 mit dem Superalbum „Halleluja".

Miroslav Vitous

■ **Miroslav Vitous** — 1947 — Jazz-Rock-Bassist, z. B. mit Weather Report. Er wurde in Prag geboren.

■ **Rick Buckler** — 1955 — GB-Drummer mit Jam, Time UK und Sharp.

■ **Joe Dube** — 1950 — US-Schlagzeuger mit Starz.

■ **Jeff Grob** — 1950 — US-Drummer mit Looking Glass.

Todestage

■ **Leadbelly alias Huddie Ledbetter** — 1949 — US-Blues-Musiker, der eine ganze Riege von Folk- und Blues-Interpreten beeinflußt hat. Pete Seeger und Woody Guthrie gehörten zu den ganz großen Leadbelly-Fans. Spitzname: „The King Of The 12 String Guitar Players!" Sein genaues Geburtsdatum ist nicht bekannt — man vermutet den 20.1.1889.

■ **Roy Orbison** — 1988 — US-Sänger, Gitarrist und Songschreiber. Im Hause seiner Mutter, die in Hendersonville in der Nähe von Nashville wohnte, klagte er nachmittags über Herzschmerzen. Die Ambulanz wurde gerufen — die brachte ihn in ein Krankenhaus. Dort starb er am späten Abend an den Folgen eines Herzanfalls. Geboren am 23.4.1936.

Tageshits

1952 — „The Glow-Worm" — Mills Brothers — US 3 W.
1967 — „Hello Goodbye" — Beatles — GB 7 W.
1969 — „Na Na Hey Hey Kiss Him Goodbye" — Steam — US 2 W.
1976 — „Jeans On" — David Dundas — D 1 W.
1986 — „The Next Time I Fall" — Peter Cetera & Amy Grant — US 1 W.
1986 — „The Final Countdown" — Europe — GB 2 W.

Merk-Würdiges

1969 — Die Rolling Stones wollen ihre US-Tournee mit einem Free-Concert beenden. Dafür haben sie sich die Autorennbahn von Altamont ausgesucht, rund 45 Hubschrauberminuten von San Francisco entfernt. Hier soll auch der Film enden, den sie über ihre Bühnenauftritte in den USA drehen wollen. Das Publikum ist, wenn man das mal so sagen darf, Schwenkfutter. Die Zuschauer sind unbezahlte Statisten. Was auf den ersten Blick wie ein „Thank You" Konzert der Rolling Stones aussah, war also kühl kalkuliert. Neben den Stones treten Santana, Crosby, Stills, Nash & Young, die Flying Burrito Brothers und Jefferson Airplane auf. Schon während des Auftritts der letztgenannten Band kommt es zu Prügeleien im Publikum. Den Stones waren von Grateful Dead, die als Mitveranstalteter fungierten, die „Hell's Angels" als Ordnungskräfte empfohlen worden — und die räumen nun, teils besoffen, teils vollgekifft, unter den randalierenden Zuschauern auf. Marty Balin von Jefferson Airplane will den Streit zwischen einem Zuschauer und einem Hell's Angel schlichten — das endet damit, daß er bewußtlos auf der Bühne liegt, zusammengeschlagen. Während der weiteren Auftritte kommt es immer wieder zu Prügeleinen vor oder gar auf der Bühne, die nicht weit genug vom Publikum weg ist und außerdem zu niedrig. Nachdem alle gespielt haben, tritt die obligate Pause vor den Stones ein. Das Publikum wird noch unruhiger, noch ungeduldiger. Als nach Einbruch der Dunkelheit und einer Wartezeit von 1 ½ Stunden die Rolling Stones endlich die Bühne betreten, ist die Stimmung auf dem Siedepunkt. Mick Jagger versucht, beruhigend auf die Zuschauer und die Hell's Angels einzuwirken — es ist zwecklos. Irgendwann zwischen oder während der Nummern „Love In Vain" und „Under My Thumb" zieht der achtzehnjährige Meredith Hunter eine Pistole, mit der er in Richtung Bühne zielt — ein Hell's Angel tut, was er glaubt tun zu müssen: er ermordet ihn mit Stichen in den Hals, den Rücken und in die Stirn. Später wird dieser Killer freigesprochen. Hunter habe versucht, Jagger zu töten — genau das habe er verhindert. Wenn Woodstock der Höhepunkt der Love & Peace Bewegung war, dann war Altamont das Ende. David Crosby sagte später zu den Vorfällen: „Die Hell's Angels waren zwar der auffälligste Fehler der Rolling Stones — größer aber waren die Fehler der snobistischen und egoistischen Mitglieder der Gruppe". Dazu paßt auch Folgendes:
1970 — Die Rolling Stones feiern in New York die Premiere ihres Film „Gimme Shelter", der von der Tournee des Vorjahres handelt — samt der Geschehnisse in Altamont. „Gimme Shelter" — Gib mir Schutz!

7

Geburtstage

■ **Louis Prima** — 1912 — US-Trompeter, Sänger und Songschreiber. Schon mit 17 erhielt er in seiner Heimatstadt New Orleans einen Job als Trompeter. 1930 spielte er in New York in der Band von Red Nichols. 1933 gründete er eine eigene Dixieland-Gruppe, spielte in etlichen Hollywood-Filmen mit und war 1940 so weit eine eigene große Band zu gründen. Er war verheirat mit der Sängerin Keely Smith, mit der er einige Hits hatte, z. B. „That Old Black Magic" (11/58 US 18) 1962 wurden die beiden wieder geschieden. Solo-Hits für Louis: „Bell-Bottom Trousers" (6/45 US 10), „Civilization" (11/47 US 8), „Buona Sera" (10/57 D 3, 2/58 GB 25) und „Wonderland By Night" (12/60 US 15). Hierzulande hielt man ihn wegen des Erfolges von „Buona Sera" für einen Rock 'n' Roll-Interpreten — dabei war er vor allem ein ausgezeichneter Jazz-Trompeter. Louis starb, nachdem er lange im Koma gelegen hatte, in New Orleans am 24.8.1978.

■ **Harry Chapin** — 1942 — US-Sänger und Songschreiber. Sein Vater war ein Jazz-Schlagzeuger — mit seinen Brüdern spielte er bereits in seinen Teen-Jahren in einer Band — Harry spielte Gitarre, Banjo und Trompete. In Greenwich Village spielten sie in Clubs und drehten nebenher Dokumentarfilme. Um dem Einberufungsbescheid zu entgehen, verließen seine Brüder das Land und Harry gründete 1971 eine eigene Band. Seine erste LP erschien im Feburar 1972. Hits: „Taxi" (3/72 US 24), „W-O-L-D" (1/74 US 36, 5/74 GB 34), „Cat's In The Cradle" (10/74 US 1) und „Sequel" (11/80 US 23). Neben seiner Karriere als Plattenstar war er sehr engagiert in der Welthungerhilfe — von den Einnahmen seiner Konzerte gab er immer einen Teil an diese Organisation ab, der meist 50 % überschritt. Während Harry mit seinem Auto auf dem Weg zu einem Benefiz-Konzert war, verunglückte er tödlich auf dem Long Island Expressway am 16.7.1981.

■ **Tom Waits** — 1949 — US-Sänger, Songschreiber und Filmschauspieler. Ob man das, was er auf Platten bannt, als singen bezeichnen kann, möchte ich bezweifeln — es ist mehr das Runtersprechen von Geschichten, die er geschrieben hat und die meist von Außenseitern der Gesellschaft handeln. Ohne Zweifel ist er ein Anti-Star — obwohl auch das ja zur Masche werden kann. Kommentare zu Waits: „Er dürfte das in der Musik sein, was Bukowski in der US-Literatur ist" oder „Waits is a one-man Beatnik revival". Tom begann mit Auftritten Ende der 60er Jahre, machte 1973 seine erste LP und wird den meisten deutschen Hörern wohl ewig verschlossen bleiben.

■ **Mike Nolan** — 1954 — GB-Sänger mit Bucks Fizz, die 1980 gegründet wurden, um den „Grand Prix Eurovision" zu gewinnen, was ihnen auch 1981 mit „Making Your Mind Up" (3/81 GB 1, D 5) gelang. In der Folgezeit gelang der Gruppe eine Reihe von weiteren Hits wie „The Land Of Make Believe" (11/81 GB 1 D 3), „My Camera Never Lies" (3/82 GB 1, 5/82 D 31 oder „Now Those Days Are Gone" (6/82 GB 8). Im Dezember 1984 verletzte sich Mike bei einem Unfall des Bandbusses schwer — die Karriere schien beendet. Mit „New Beginning (Mamba Seyra)" (6/86 GB 8) hatte Bucks Fizz gelang dann nach rund drei Jahren wieder einen Top Ten Hit in GB.

■ **Edmundo Ros** — 1910 — GB-Schlagzeuger, Sänger und Bandleader, geboren in Venezuela. Als Jazzschlagzeuger machte er 1938 zusammen mit Fats Waller in London seine ersten Plattenaufnahmen. Dann gründete er 1940 sein eigenes Orchester, das sich an lateinamerikanische Musik anlehnte. Hits: „Wedding Samba" (1/50 US 16) und „Melodie d'Amour" (1/58 D 4).

■ **Claudia Brücken** — 1963 — Sängerin und Songschreiberin mit der 1982 gegründeten Formation Propaganda. Vorher hatte sie im Düsseldorfer Mädchenquartett Topolinos gesungen. Mit einem Demoband versuchte Propaganda, in London einen britischen Produzenten zu überzeugen, mit ihnen zu arbeiten — Trevor Horn, Macher z. B. hinter Frankie Goes To Hollywood, ließ sich überzeugen. Hits: „Dr. Mabuse" (3/84 GB 27, D 7), „Eye To Eye" (6/85 GB 21, D 30) und „P:Machinery" (9/85 D 26).

■ **Bent Fabric** — 1924 — Dänischer Pianist und Songschreiber. Richtiger Name Bent Fabricius-Bjerre. Schon als Teenager gründete Bent seine erste Jazzband, 1950 wurde er Chef von Metronome-Records in Dänemark. Größter Hit: „Alley Cat" (7/62 US 7). In Dänemark ist er eine bekannte TV-Persönlichkeit.

■ **Barbara Weathers** — 1963 — US-Sängerin, die 1984 Sharon Bryant bei Atlantic Starr, gegründet 1976, ablöste. Hits mit Barbara: „Secret Lovers" (12/85 US 3, 3/86 GB 10) und „Always" (3/87 US 1, 6/87 GB 3).

■ **Johnny Mars** — 1942 — US-Blues-Interpret, der in Richtung Rock und Boogie tendiert. 1957 machte er seine erste Band: Johnny Mars & The Cotton Brothers und Mitte der 60er Jahre seine ersten Platten.

■ **Nicole McCloud** — 1959 — US-Sängerin und Songschreiberin. Richtiger Nachname Mc Cranie. 1985 brachte sie ihre erste Platte auf den Markt. Erster Erfolg: „Don't You Want My Love" (4/86 D 20).

■ **Timothy Butler** — 1958 — GB-Bassist und Songschreiber mit den Psychedelic Furs.

Tageshits

1961 — „Tower Of Strength" — Frankie Vaughan — GB 3 W.
1963 — „Dominique" — Singing Nun — US 4 W.
1963 — „Rote Lippen soll man küssen" — Cliff Richard — D 7 W.
1974 — „Kung Fu Fighting" — Carl Couglas — US 2 W.
1974 — „You're The First, The Last, My Everything" — Barry White — GB 2 W.
1981 — „Polonäse Blankenese" — Gottlieb Wendehals — D 9 W.
1987 — „Whenever You Need Somebody" — Rick Astley — D 4 W.

8

Geburtstage

■ **Sammy Davis Jr.** — 1925 — US-Sänger, Tänzer und Schauspieler, der für viele die Inkarnation des US-Entertainments ist und der am Broadway, im Fernsehen und im Film erfolgreich ist. Bei einem Autounfall am 19.11.1954 verlor er sein linkes Auge. Zusammen mit seinem Vater und seinem Onkel bildete er in den 40er Jahren das Will Mastin Trio. Nach 1946 freundete er sich mit Frank Sinatra an, der seiner Gesangskarriere auf die Sprünge half und ihn später wie z.B. Dean Martin zum Mitglied des Sinatra-Clans machte. Hits: „Hey There" (8/54 US 16), „Something's Gotta Give/Love Me Or Leave Me" (5/55 US 9), „That Old Black Magic" (7/55 US 13, 9/55 GB 16) und „The Candy Man" (3/72 US 1). Den Verlust seines Auges und die von ihm erkannte Intoleranz um ihn herum machte Sammy zum Gegenstand seines manchmal bissigen und sarkastischen Humors — so bezeichnete er sich als der „einzige einäugige jüdische Nigger der Welt". Von ihm stammt aber auch die folgende Aussage: „Als ich in das Show-Geschäft kam, hieß es, für jede Art von Geschmack sei Platz — deshalb nannte man das auch „Variety" (Auch bei uns war lange von Variété die Rede, wenn man ein Theater mit bunt wechselndem Programm meinte). Von variety ist im heutigen Showgeschäft nichts mehr zu spüren".

■ **Jerry Butler** — 1939 — US-Sänger und Songschreiber. Jerry begann seine Karriere wie viele Soul-Sänger in einer Gospelgruppe — zusammen mit Curtis Mayfield sang er mit den Nothern Jubilee Gospel Singers. Danach entdeckter er seine Liebe zum Rhythm & Blues und wurde Mitglied der Quails, um schließlich 1957 wieder mit Mayfield zu den Roosters zu gehen, aus denen wenig später die Impressions wurden. Hit: „For Your Precious Love" (6/58 US 11). Ab Herbst 1958 machte Jerry als Solist weiter — Hits: „He Will Break Your Heart" (10/60 US 1), zusammen mit Betty Everett „Let It Be Me" (9/64 US 5), „Only The Strong Survive" (3/69 US 4) und — zusammen mit Brenda Lee Eager — „Ain't Understanding Mellow" (12/71 US 21).

■ **Jimmy Smith** — 1925 — US-Jazz-, Funk- und Soul-Organist und Songschreiber. Richtige Vornamen James Oscar. 1934 gewann er einen Nachwuchswettbewerb, 1942 bildete er zusammen mit seinem Vater ein Song- und Dance-Team. Als Mitglied von Don Gardner & The Sonotones machte Jimmy 1953 seine ersten Plattenaufnahmen. 1956 nahm er mit eigenem Trio Platten auf. Hit: „Walk On The Wild Side" (5/62 US 21). Ab 1966 war Jimmy auch als Sänger zu hören.

■ **Jim Morrison** — 1943 — US-Sänger und Songschreiber mit der 1965 gegründeten Band Doors. Hits: „Light My Fire" (6/67 US 1), „Hello I Love You" (7/68 US 1, GB 15, 10/68 D 33), „Touch Me „ (12/68 US 3, 3/69 D 40) und „Riders On The Storm" (7/71 US 14, 9/71 D 28, GB 22, 3/76 RE-GB 33). Jim, dessen Auftritte auf der Bühne sehr kontrovers gesehen wurden und die deshalb häufig Ursache für Verhaftungen des Sängers waren, verließ die Doors am 12.12.1970. Er starb am 3.7.1971.

■ **Gregg Allman** — 1947 — US-Gitarrist, Keyboarder, Sänger und Songschreiber. Richtige Vornamen Gregory Lenoir. Seine Karriere verlief parallel zu der seines Bruders Duane (20.11.). Nach dessen Tod wurde Dickey Betts der inoffizielle Leiter der Gruppe. Gregg machte 1975 mehr durch seine Heirat mit Cher auf sich aufmerksam als durch seine Musik. Solo-Erfolg: „Midnight Rider" (12/73 US 19).

■ **Paul Rutherford** — 1959 — GB-Sänger und Songscheiber. Paul begann bei den Spitfire Boys, deren einzige Single „Mein Kampf" er sang. Dann war er noch kurz bei den Opium Eaters, um sich schließlich für einige Zeit in die USA abzusetzen. Im August 1980 wurde Frankie Goes To Hollwood gegründet — Paul wurde neben Holly Johnson Sänger dieser Band. Im August 1988 unterschieb er einen Plattenvertrag als Solist.

■ **George Baker** — 1944 — Niederländischer Songschreiber und Sänger für George Baker Selection. Richtiger Name Johannes Bouwens. Hits: „Little Green Bag" (3/70 US 21), „Paloma Blanca" (5/75 D 1, 9/75 GB 10, 11/75 US 26) und „Morning Sky" (11/75 D 2).

■ **Bobby Elliott** — 1942 — GB-Schlagzeuger, der 1963 zur 1962 gegründeten Band Hollies kam und dort Donald Rathbone ablöste. Bobby spielte vorher bei den Fentones.

■ **Ray Shulman** — 1949 — GB-Bassist, Violinist und Trompeter bei Simon Dupree & The Big Sound, aus der später Gentle Giant wurde. 1983 tauchte er auf einer LP von Minor Detail auf.

■ **Warren Cuccurullo** — 1956 — US-Gitarrist, Sänger und Songschreiber mit Frank Zappa und 1980 Gründungsmitglied bei Missing Persons.

■ **Phil Collen** — 1957 — GB-Gitarrist und Songschreiber. Er begann mit Girl und wurde 1982 für Pete Willis zur 1977 gegründeten Band Def Leppard geholt.

■ **Graham Knight** — 1946 — GB-Bassist bei Marmalade.

■ **Lee Pickens** — 1943 — US-Gitarrist mit Bloodrock.

Todestage

■ **John Lennon** — 1980 — GB-Sänger, Gitarrist und Songschreiber für die Beatles und Solist. Anfang 1975 hatte er sich total aus dem Musikgeschäft zurückgezogen. Im Mai 1979 kündigte er an, wieder Platten aufnehmen zu wollen. Am 15.11.1980 erschien die LP „Double Fantasy". Am 8.12.1980 kehrte er gerade aus dem Plattenstudio zurück in sein Apartment im Dakota-Haus in New York, als er von Mark David Chapman, dem Lennon beim Verlassen des Hauses, einige Stunden zuvor, noch Autogramme gegeben hatte, mit 7 Schüssen niedergestreckt wurde. Geboren am 9.10.1940.

■ **Marty Robbins** — 1982 — US-Country- und Pop-Sänger, Gitarrist und Songschreiber. Er starb nach einem Herzanfall. Geboren am 26.9.1925.

Tageshits

1945 — „It's Been A Long Long Time" — Bing Crosby — US 2 W.
1956 — „Singing The Blues" — Guy Mitchell — US 10 W.
1975 — „I'm On Fire" — 5000 Volts — D 1 W.
1979 — „Walking On The Moon" — Police — GB 1 W.
1979 — „Babe" — Styx — US 2 W.
1980 — „Woman In Love" — Barbra Streisand — D 3 W.
1984 — „Power Of Love" — Frankie Goes To Hollywood — GB 1 W.
1984 — „Out Of Touch" — Daryl Hall & John Oates — US 2 W.

Merk-Würdiges

1961 — Es erscheint die erste Platte der Beach Boys: „Surfin'".

9

Geburtstage

■ **Donny Osmond** — 1957 — US-Sänger und Keyboarder in der Familiengruppe Osmonds, die aus 7 Geschwistern bestand. Bereits 1962 hatten die älteren Brüder Live-Erfolge in Disneyland. Mitte der 60er Jahre kam auch Donny dazu. Hits: „One Bad Apple" (1/71 US 1), „Yo-Yo" (9/71 US 3), „Down By The Lazy River" (1/72 US 4, 3/72 GB 40), „Crazy Horses" (10/72 US 14, GB 2, 12/72 D 2), „Going Home" (6/73 US 36, GB 4, D 19), „Let Me In" (9/73 US 36, GB 2), „Love Me For A Reason" (8/74 GB 1, US 10, 10/74 D 39) und „The Proud One" (5/75 GB 5, 7/75 US 22). Solo-Hits für Donny: „Sweet And Innocent" (3/71 US 7), „Go Away Little Girl" (8/71 US 1), „Hey Girl" (11/71 US 9), „Puppy Love" (2/72 US 3, 6/72 GB 1, 9/72 D 39), „Too Young" (6/72 US 13, 9/72 GB 5), „Why" (8/72 US 13, 11/72 GB 3), „The Twelfth Of Never" (3/73 US 8, GB 1, 5/73 D 29), „Young Love" (7/73 US 23, GB 1) und „When I Fall In Love" (11/73 GB 4). Hits mit Schwester Mary: „I'm Leaving It (All) Up To You" (7/74 US 4, GB 2, 9/74 D 4) und „Morning Side Of The Moutain" (11/74 US 8, GB 5). Nachdem man gut 10 Jahre kaum etwas von Donny gehört hatte, kam er mit „Soldier Of Love" (8/88 GB 29, 3/89 US 2) plötzlich wieder aus der Versenkung.

■ **Neil Innes** — 1944 — GB-Sänger, Gitarrist, Tastenspieler und Songschreiber für die 1965 gegründete Bonzo Dog Doo-Dah Band. Größter Hit: „I'm The Urban Spaceman" (11/68 GB 5, 3/69 D 39). Den Titel hatte Neil geschrieben, und ein gewisser Apollo C. Vermouth wurde als Produzent genannt. Dahinter verbarg sich Paul McCartney. Das Ganze ist wohl als Dankeschön dafür zu verstehen, daß die Bonzos bei der Magical Mystery Tour mitgemacht hatten. Im Januar 1970 fiel die Band auseinander. Innes war kurz bei McGuiness Flint, initiierte 1972 ein Revival der alten Gruppe als Bonzo Dog Band und arbeitete ab 1973 als Solist — schöne LP: „How Sweet To Be An Idiot". Danach war Neil in der Hauptsache Sänger von Werbejingles, spielte TV-Rollen und arbeitete als Komponist, so z.B. für Monty Python's Flying Circus. Eric Idle vom Circus und er machten 1977 die Rutles, eine Persiflage auf die Beatles, und veröffentlichten die LP und den TV-Film „All You Need Is Cash". Neil spielte Ron Nasty, der John Lennon darstellen sollte.

■ **Freddy Martin** — 1906 — US-Tenorsaxophonist, Bandleader und Songschreiber, der Anfang der 30er Jahre eine eigene Band gründete. Zwischen 1933 und 1954 hatte er rund 85 Hits in den USA und leitete neben Guy Lombardo eines der erfolgreichsten Tanzorchester dieser Zeit. Seine größten Erfolge waren „I Saw Stars" (8/34 US 1), „Piano Concerto In B Flat" (8/41 US 1), „Rose O'Day (The Filla-Da-Gusha Song)" (1/42 US 1), „Symphony" (12/45 US 1), „To Each His Own" (8/46 US 1), „Managua, Nicaragua" (1/47 US 1) und „I've Got A Lovely Bunch Of Coconuts" (10/49 US 8). Freddy starb am 1.10.1983.

Joan Armatrading

■ **Joan Armatrading** — 1950 — GB-Sängerin und Songschreiberin. Joan wurde in der Karibik geboren und kam 1956 nach England. Seit 1972 macht sie Platten. Ihre Lieder zeichnen sich vor allen Dingen durch hervorragende Texte aus. Hits: „Love And Affection" (10/76 GB 10) und „Drop The Pilot" (2/83 GB 11).

■ **Junior Wells** — 1934 — US-Blues-Sänger, Mundharmonikaspieler und Songschreiber. Richtiger Name Amos Blackmore. Nachdem er in verschiedenen Gruppen in Chicago gespielt hatte, ersetzte er 1952 in der Band von Muddy Waters Little Walter. Danach spielte er mit Memphis Slim und Buddy Guy. Zusammen mit Buddy begleitete er 1972 die Rolling Stones auf Welttournee. Sein größter Erfolg als Solist hieß „Little By Little" (6/60 R&B 23).

■ **David Houston** — 1938 — US-Country-Sänger, Gitarrist und Songschreiber, der zwischen 1963 und 1981 in der C&W-Hitparade erfolgreich war. Seinen ersten Plattenvertrag erhielt er 1956 von SUN-Records. David ist ein Patenkind von Gene Austin, der ihm am Anfang seiner Karriere auch behilflich war. Davids größter Cross-Over-Hit hieß „Almost Persuaded" (7/66 US 24).

■ **Sylvia** — 1956 — US-Country-Sängerin. Vollständiger Name Sylvia Kirby Allen. 1975 kam sie nach Nashville und arbeitete dort als Sekretärin für einen Produzenten. Hin und wieder durfte sie bei Aufnahmesessions im Hintergrund mitsingen. 1979 erhielt sie einen Plattenvertrag und ist seit diesem Zeitpunkt regelmäßig in den C&W-Charts. Ihr größter Cross-Over-Erfolg war der Millionseller „Nobody" (8/82 US 15).

■ **Shirley Brickley** — 1944 — US-Leadsängerin mit den Orlons, die 1955 gegründet wurden. Hits: „The Wah Watusi" (6/62 US 2), „Don't Hang Up" (10/62 US 4, 1/63 GB 39) und „South Street" (2/63 US 3). 1968 löste sich die Gruppe auf.

■ **Kenny Vance** — 1943 — US-Sänger mit der 1961 gegründeten Gruppe Jay & The Americans und seit 1975 als Studiosänger und Solist.

■ **Rick Danko** — 1943 — Kanadischer Bassist, Sänger und Songschreiber mit The Band, als Solist und als Studiomusiker.

■ **Steve Askew** — 1957 — GB-Gitarrist mit Kajagoogoo.

■ **Sam Strain** — 1940 — US-Sänger mit Little Anthony & The Imperials und b 1976 für William Powell mit den O'Jays.

■ **Donald Byrd** — 1932 — US-Jazz-Rock-Trompeter und Komponist.

■ **Dennis Dunaway** — 1948 — US-Bassist bei Alice Cooper.

Todestag

■ **Sonny Til** — 1981 — US-Lead-Sänger der 1947 gegründeten Orioles. Richti-er Name Earlington Carl Tilghman. Sie gelten als die erste R&B-Gesangsgruppe nd hatten zwischen 1948 und 1953 elf Hits in den US-R&B-Charts. Hits in den op-Charts: „It's Too Soon To Know" (11/48 US 13) und der Millionseller „Crying 1 The Chapel" (8/53 US 11). Sonny war 51 (56?) Jahre alt, als er einem Herz-chlag erlag.

Tageshits

1944 — „I'm Making Believe" — Ella Fitzgerald & Ink Spots — US 2 W.
1972 — „I Am Woman" — Helen Reddy — US 1 W.
1978 — „Mary's Boy Child" — Boney M. — GB 4 W.
1978 — „Le Freak" — Chic — US 1 W.
1989 — „We Didn't Start The Fire" — Billy Joel — US 2 W.

10

Geburtstage

■ **Peter Sarstedt** — 1942 — GB-Gitarrist, Sänger und Songschreiber. In der egleitband seines älteren Bruders Richard, der als Eden Kane Anfang der 60er ahre erfolgreich war, spielte er Gitarre. Ende der 60er Jahre versuchte sich Peter ls Solist und hatte Hits mit „Where Do You Go To My Lovely?" (2/69 GB 1, 4/69 D) und „Frozen Orange Juice" (6/69 GB 10). Weitere Versuche, Hits zu landen, chlugen fehl. Auch ein Zusammenschluß der Brüder Richard, Clive und Peter als arstedt Brothers brachte nichts.

■ **Ralph Tavares** — 1945 — US-Sänger und ältester Bruder der Geschwister-ruppe Tavares, die bereits Ende der 50er Jahre zu singen begannen. 1963 wurden ie Profis und nannten sich Chubby & The Turnpikes, 1973 Namensänderung in avares. Hits: „It Only Takes A Minute" (7/75 US 10), „Heaven Must Be Missing An ngel" (6/76 US 15, GB 4, 10/76 D 38, 2/86 RE-GB 12), „Whodunit" (3/77 US 22, B 5) und „More Than A Woman" (11/77 US 32, 5/78 GB 7).

■ **Paul Hardcastle** — 1958 — GB-Soundtüftler, Keyboarder und Songschrei-er. Anfang der 80er Jahre begann er bei Direct Drive und wurde 1982 Mitglied bei irst Light. 1984 gründete Paul eine eigene Plattenfirma und hatte darauf mit der urchschnittlichen Altersangabe der US-Soldaten im Vietnamkrieg einen Welthit: 19" (5/85 GB & D 1, US 15), „19 — German Version" (7/85 D 17). Weitere Hits: Just For Money" (11/85 GB 19, D 31), „Don't Waste My Time" (1/86 GB 8, 3/86 D 5) und „The Wizard" (10/86 GB 15).

■ **Walter Orange** — 1946 — US-Drummer, Songschreiber und Sänger. Ende ler 60er Jahre formierten sich die Jays — nur Walter, der zu diesem Zeitpunkt der eadsänger der Gruppe war, hatte Erfahrungen als Profi. 1968/69 benannten sich lie Jays in Commodores um. Im Laufe der Jahre entwickelte sich Lionel Richie als Hauptsänger und -schreiber. Nachdem Lionel 1982 die Gruppe verlassen hatte, vurde Walter wieder einer der Leadsänger.

■ **Guitar Slim** — 1926 — US-Blues-Sänger, Gitarrist und Songschreiber. Richtiger Name Eddie Jones. 1949 gründete er mit Huey Piano Smith und einem weiteren Musiker ein Trio. 1951 machte er seine ersten Platten als Solist. Zurück aus dem Koreakrieg nahm er ab 1953 für Specialty Platten auf, darunter „The Things That I Used To Do" (2/54 US 23, R&B 1 für 14 Wochen und damit der größte Blues-Hit des Jahres). Als Mitspieler war bei diesem Millionseller Ray Charles am Piano zu hören. Guitar Slim starb am 7.2.1959.

■ **Geoff Deane** — 1954 — GB-Sänger und Songschreiber, der zusammen mit David Jaymes Ende der 70er Jahre die Punk und Reggae parodierende Gruppe Leyton Buzzards gründete, die später auf „Leyton" verzichtete und als Buzzards 1979 eine LP veröffentlichte. Weil die weit hinter den Verkaufserwartungen des Duos zurückblieb, gründeten sie 1980 die mehr kommerziell ausgerichtete Disco-Salsa-Tanz-Gruppe Modern Romance. Hits: „Everybody Salsa" (8/81 GB 12), „Ay Ay Ay Ay Moosey" (11/81 GB 10), „Best Years Of Our Lives" (11/82 GB 4), „High Life" (2/83 GB 8) und „Walking In The Rain" (8/83 GB 7).

■ **Johnny Rodriguez** — 1951 — US-Country-Gitarrist und Sänger. Richtige Vornamen Juan Raul Davis. Mit 7 erlernte der Chicano das Gitarrespielen. Später spielte er in Highschool Rockbands, kam 1971 nach Nashville und war für zwei Jahre in der Band von Tom T. Hall. Seit 1972 ist er als Solist in den Country-Charts erfolgreich.

■ **Chris Kefford** — 1946 — GB-Bassist mit dem Spitznamen Ace. 1964 begann er mit Carl Wayne & The Viking, aus denen sich im Februar 1966 Move entwikkelte. Chris blieb bis April 1968 und gründete dann Ace Kefford Stand, die bis Mitte 1969 stand.

■ **Keith Smart** — 1946 — GB-Drummer mit Mongrel vom November 1971 bis Juli 1972, mit Wizzard vom August 1972 bis Feburar 1975 und anschließend mit den Rockin' Berries.

■ **Chad Stuart** — 1943 — GB-Sänger, Tasten- und Saitenspieler im Duo Chad & Jeremy — siehe 22.3.

■ **Brenden Harkin** — 1948 — US-Gitarrist mit Bamboo, Free Beer, Starz und in den 80er Jahren mit Kool & The Gang.

■ **Jessica Cleaves** — 1948 — US-Sängerin mit Friends Of Distinction.

Todestag

■ **Otis Redding** — 1967 — US-Soulsänger und Songschreiber. Gerade hatte er sich eine Privatmaschine gekauft, um während einer langen Tournee beweglicher zu sein, als er auf dem Weg zu einem Konzert abstürzte. Mit im Flugzeug saßen James King, Ronald Caldwell, Phalon Jones und Carl Cunningham, alles Mitglieder der Bar-Keys, die Otis auf der Tournee begleiteten. Redding wurde am 9.9.1941 geboren.

Tageshits

1964 — „I Feel Fine" — Beatles — GB 5 W.
1966 — „Good Vibrations" — Beach Boys — US 1 W.
1983 — „Say Say Say" — Paul McCartney & Michael Jackson — US 6 W.
1983 — „Only You" — Flying Pickets — GB 5 W.
1984 — „The Wild Boys" — Duran Duran — D 4 W.
1988 — „Look Away" — Chicago — US 2 W.
1988 — „Mistletoe And Wine" — Cliff Richard — GB 4 W.

11

Geburtstage

■ **David Gates** — 1940 — US-Sänger, Gitarrist und Songschreiber für die 1969 formierte Gruppe Bread. Die Musiker dieser Band hatten vorher als Studio-Band gearbeitet und sich als Pleasure Faire versucht. Mit Bread kam der Erfolg. Hits: „Make It With You“ (6/70 US 1, GB 5), „If“ (3/71 US 4), „Baby I'm-A Want You“ (10/71 US 3, 1/72 GB 14), „Everything I Own“ (1/72 US 5, 4/72 GB 32) und „The Guitar Man“ (7/72 US 11, 9/72 GB 16). 1973 fiel die Band auseinander, formierte sich 1976 noch einmal kurz — in die Charts kam die Nummer „Lost Without Your Love“ (11/76 US 9, GB 27) — und verschwand dann endgültig. David hatte auch als Solist Erfolg: „Goodbye Girl“ (12/77 US 15). Seine Komposition „If“ wurde im Februar 1975 Spitzenreiter in GB mit Telly Savalas, dem Lollylutscher.

■ **Brenda Lee** — 1944 — US-Pop- und Country-Sängerin. Richtiger Name Brenda Mae Tarpley. Bereits mit 12 Jahren erhielt sie einen Plattenvertrag und war wenig später erfolgreich. Hits: „Sweet Nothin's“ (12/59 US 4, 4/60 GB 4, 7/60 D 34), „I'm Sorry“ (5/60 US 1, GB 12, 9/60 D 25), „I Want To Be Wanted“ (9/60 US 1, GB 31), „Dum Dum“ (6/61 US 4, GB 22), „Fool Number 1“ (10/61 US 3, GB 38), „Break It To Me Gently“ (1/62 US 4, GB 46), „Speak To Me Pretty“ (4/62 GB 3), „All Alone Am I“ (9/62 US 3, 1/63 GB 7), „Losing You“ (3/63 GB 10, 4/63 US 6) und „As Usual“ (12/63 US 12, GB 5). Auch Brenda sang ein Weihnachtsliedchen, das häufiger in die Charts kam: „Rockin' Around The Christmas Tree“ (12/60 US 14, 11/62 GB 6), aufgenommen 1958. Ihr Spitzname war „Little Miss Dynamite“. In den 70er Jahren machte sie Country-Platten, die in den entsprechenden Hitparaden erfolgreich waren — z.B. die Coverversion des Kris Kristofferson Hits „Nobody Wins“ (2/73 C&W 5).

■ **Jermaine Jackson** — 1954 — US-Bassist, Sänger und Songschreiber. Er begann in der 1967 gegründeten Familientruppe Jackson 5. Am 15.12.1973 heiratete er die Tochter von Berry Gordy Jr., Chef der Plattenfirma Tamla-Motown. Als die Gruppe Jackson 5 1975 diese Firma verließ und sich fortan The Jacksons nannte, blieb Jermaine seinem Schwiegervater und dessen Tochter Hazel Joy treu. Jermaine war der erste des Jackson-Clans, der eine Solo-Karriere ansteuerte. Hits: „Daddy's Home“ (12/72 US 9), „Let's Get Serious“ (3/80 US 9, 5/80 GB 8), „Do What You Do“ (10/84 US 13, 2/85 GB 6) und — zusammen mit Pia Zadora — „When The Rain Begins To Fall“ (10/84 D 1, GB 68, 2/85 US 54). Jermaine tat sich mit seinen Brüdern im Jahre 1984 noch einmal für das „Victory“-Album und die entsprechende Tournee zusammen. Daraus ergab sich die Single „Torture“ (8/84 US 17, GB 26) der Jacksons - Leadgesang: Jermaine und Michael.

■ **Big Mama Thornton** — 1926 — US-Blues-Sängerin und Songschreiberin, die ab Anfang der 40er Jahre in einer Revue als Tänzerin und Sängerin begann. Richtige Vornamen: Willie Mae. Ab Anfang der 50er Jahre machte sie Platten, spielte mit Johnny Otis, Roy Milton und Joe Liggins. Sie sang die Originalversion von „Hound Dog“ (3/53 R&B 1), die drei Jahre später ein Hit für Elvis Presley wurde. Sie galt stets als das größte Vorbild von Janis Joplin, die die Thornton-Nummer „Ball And Chain“ hinreißend gut sang. Big Mama starb am 25.7.1984.

■ **Tom Brumley** — 1935 — US-Meister auf der Steel-Gitarre. Er spielte ab 1963 mit den Buckaroos, der Begleitband von Buck Owens und wurde später Mitglied bei der Stone Canyon Band von Rick Nelson.

■ **McCoy Tyner** — 1938 — US-Jazz-Pianist und Komponist, dessen Karriere 1960 im Quartett von John Coltrane begann. Inzwischen nahm er einen islamischen Namen an und nennt sich Sulaimon Saud.

■ **Rita Ray** — 1954 — Ghanaische Sängerin mit Rocky Sharpe und den Darts.

■ **Robert Pickett** — 1945 — US-Gitarrist und Bassist mit Sugarloaf.

■ **Nikki Sixx** — 1958 — US-Bassist und Songschreiber der 1981 gegründeten Heavy Metalband Mötley Crüe.

■ **Spike Edney** — 1951 — GB-Keyboarder mit Cross.

Todestag

■ **Sam Cooke** — 1964 — US-Soulsänger und Songschreiber. Nach einer Part so erzählt eine Geschichte zum Tode von Sam, trat er irrtümlich in seinem Mot in ein falsches Zimmer — seine Kleidung war wohl nicht ganz geordnet, worau sich die Dame, die hier wohnte — es war die Managerin des Motels — bedrol fühlte und ihn mit mehreren Schüssen tötete. Geboren am 22.1.1935.

Tageshits

1961 — „Please Mr. Postman“ — Marvelettes — US 1 W.
1968 — „Lily The Pink“ — Scaffold — GB 3 W.
1971 — „Ernie“ — Benny Hill — GB 4 W.
1978 — „Y.M.C.A.“ — Village People — D 11 W.
1982 — „Mickey“ — Tony Basil — US 1 W.

Merk-Würdiges

1946 — Hank Williams nimmt seine erste Platte für das kleine New Yorker Labe Sterling auf.
1953 — Immer noch belegt Frankie Laine mit „Answer Me“ den 1. Platz in GI David Whitfield kehrt mit seiner Version von „Answer Me“ auf den Spitzenplat zurück und teilt ihn sich mit Frankie Laine für 1 W.
1970 — Von John Lennon erscheint die erste LP nach seiner Zeit mit den Bea les, die im Studio aufgenommen wurde und die man hinlänglich als Vocal-Po bezeichnen kann. Vorher hatte er zusammen mit Yoko Ono oder der Plastic On Band schon „Two Virgins — Unfinished Music No. 1“ (29.11.68), „Life With Th Lions — Unfinished Music No. 2“ (9.5.69), „The Wedding Album“ (7.11.69) un „Live Peace in Toronto“ (12.12.69) veröffentlicht. Für das neue Album gab e alleine in den USA 2,5 Millionen Vorbestellungen. Stücke wie „Mother“ oder „Wo king Class Hero“ von dieser LP mit dem Titel „John Lennon/Plastic Ono Band sind heute Klassiker.

12

Geburtstage

■ **Frank Sinatra** — 1915 — US-Sänger und Filmschauspieler. Richtige Vorna men Francis Albert. Er dürfte das größte Stehaufmännchen in der Geschichte de Showbusiness sein, das es je gegeben hat — kaum ein Interpret auf dieser Wel wird von sich behaupten können, mehr als 50 Jahre auf der Bühne gestanden zu haben — und das mit Erfolg! 1935 gewinnt Frank als Mitglied der Hoboken Fou einen Nachwuchswettbewerb, 1937 ist er ein singender Kellner in einem Restau rant in New Jersey. Der bekannte Orchesterchef Harry James hört ihn — un nimmt ihn unter Vertrag. Damit beginnt eine beispiellose Karriere. Die größte Hits von Frank: „I'll Never Smile Again“ (6/40 US 1) mit dem Orchester Tomm Dorsey, „All Or Nothing At All“ (6/43 US 1) mit Harry James, schon 1939 aufge nommen, „White Christmas“ (12/44 US 7, 12/45 RE-US 5, 12/46 RE-US 6), „Oh What It Seemed To Be“ (2/46 US 1), „Five Minutes More“ (8/46 US 1), „Mam'selle (5/47 US 1), „Young-At-Heart“ (2/54 US 2, 7/54 GB 12), „Three Coins In The Foun tain“ (5/54 US 7, 7/54 GB 1), „Learnin' The Blues“ (5/55 US 1, 8/55 GB 2), „Lov And Marriage“ (11/55 US 5, 1/56 GB 3), „(Love Is) The Tender Trap“ (12/55 US 7 GB 2), „All The Way“ (10/57 US 2, 12/57 GB 3), „Strangers In The Night“ (5/66 US

GB 1, 7/66 D 1), zusammen mit seiner Tochter Nancy „Somethin' Stupid" (3/67 S & GB 1, 5/67 D 4) und „Theme From New York, New York" (5/80 US 32, 2/86 B 4). Als Filmschauspieler trat Frank in „Las Vegas Nights" (1941) zum erstenmal ıf. Im Laufe der Jahre brachte er es auf knapp 60 Filme — zu seinen erfolgreichs- n Rollen gehören seine Darstellungen in „The House I Live In" (1946) und „From ere To Eternity" (1952), für die er jeweils einen Oscar erhielt. Für seine Rolle im lm „The Man With The Golden Arm" (1955) wurde er für den Oscar nominiert. n Laufe seiner Karriere wurde Frank Auszeichnungen überschüttet — die Zeit- :hrift „Playboy" wählte ihn von 1958 bis 1966 und 1968/69 zum besten Sänger es Jahres. Es setzte Emmys und Grammys und — wer weiß wofür — 1972 die ıpferkeitsmedaille des Staates Israel. Möglich, daß die Entscheidung 1971, sich ıs dem Showgeschäft zurückzuziehen, dazu geführt hat. Im Laufe der 70er Jahre at Frankie dann noch mehrfach seinen Rücktritt angekündigt - und kam immer ieder: „Ol' Blue Eyes Is Back".

)ionne Warwick

Dionne Warwick — 1940 — US-Sängerin, die in der Drinkard Singers ;ospel Group begann und dann mit ihrer Schwester Dee Dee und ihrer Tante ;issy Houston (Mutti von Whitney) als Trio Gospelaires sang. In den späten 50er ahren arbeitete sie als Studiosängerin und wurde dort vom Songschreiberteam 3acharach/David entdeckt, die Dionnes Stimme als ausgesprochen geeignet für hre Kompositionen empfanden. Hits: „Walk On By" (4/64 GB 9, US 6), „I Say A ,ittle Prayer" (10/67 US 4), „(Theme From) Valley Of The Dolls" (1/68 US 2, 3/68 3B 28), „I'll Never Love This Way Again" (6/79 US 5), „Heartbreaker" (10/82 GB 2, JS 10) — und außerdem zusammen mit den Spinners „Then Came You" (7/74 US , 10/74 GB 29) und mit Elton John, Gladys Knight und Stevie Wonder als Dionne k Friends „That's What Friends Are For" (11/85 US 1, GB 16, 1/86 D 36). In den '0er Jahren verlängerte Dionne ihren Nachnamen durch ein „e" auf Warwicke. Der 3rund: sie hatte entdeckt, daß ihr Vor- und Nachname insgesamt aus 13 Buchsta-)en bestand. Nachdem ihr diese Änderung jedoch mehr Pech als Glück gebracht ıatte, machte sie das wieder rückgängig.

Conny Francis — 1938 — US-Sängerin. Richtiger Name Concetta Rosa Maria Franconero. 1955 machte sie ihre ersten Plattenaufnahmen, ab 1957 war sie erfolgreich. Hits: „Who's Sorry Now" (2/58 US 4, 4/58 GB 1), „Carolina Moon/Stu-)id Cupid" (7/58 US 14, GB 1), „My Happiness" (12/58 US 2, 2/59 GB 4, 5/59 D 6), „Lipstick On Your Collar" (5/59 US 5, 7/59 GB 3), „Everybody's Somebody's Fool" (5/60 US 1, 8/60 GB 5, D 29), „My Heart Has A Mind Of Its Own" (8/60 US 1, 11/60 GB 3) und „Don't Break The Heart That Loves You" (2/62 US 1, 4/62 GB 39). Anfang der 60er Jahre nahm sie auch in deutscher Sprache Titel auf — Hits: „Die Liebe ist ein seltsames Spiel" (8/60 D 1), „Schöner fremder Mann" (3/61 D 1), „Paradiso" (11/62 D 1) und „Barcarole in der Nacht" (12/63 D 1). Conny zog sich, nachdem sie am 8.11.1974 vergewaltigt worden war, aus dem Showgeschäft für einige Jahre ganz zurück und startete 1978 einen Comeback-Versuch.

■ **Sheila E.** — 1959 — US-Sängerin und Songschreiberin. Richtiger Nachname Escovedo. Sie ist die Tochter des Percussionisten Pete Escovedo, der seine Tochter schon mit fünf Jahren an die Kongas ließ. Später sang sie mit den Escovedo Brothers und beteiligte sich im Alter von 15 Jahren in der Gruppe Azteca an einer Südamerikatournee ihres Vaters. Als Studiosängerin war sie auf Platten von Prince, George Duke, Herbie Hancock, Lionel Richie oder Marvin Gaye zu hören, bevor sie ihren ersten eigenen Hit hatte: „Glamorous Life" (6/84 US 7). Weitere Hits: „The Belle Of St. Mark" (10/84 US 34, 2/85 GB 18) und „A Love Bizarre" (11/85 US 11, 2/86 D 4).

■ **Dickey Betts** — 1943 — US-Gitarrist und Songschreiber mit den Allman Brothers. Nach dem Tod von Duane Allman wurde er der Kopf der Band. So schrieb und sang er z. B. „Ramblin' Man" (8/73 US 2), den größten Hit der Band. Nach 1974 fiel die Gruppe auseinander, Betts machte als Solist, mit Great Southern und als Studiomusiker weiter. 1978 belebten Gregg Allman und Dickey Betts den Namen Allman Brothers erneut.

■ **Declan Clusky** — 1942 — GB-Gitarrist und Sänger im Trio Bachelors, das schon 1953 in Dublin gegründet wurde — als Harmonika-Trio. In den 60er Jahren begannen sie zu singen und hatten von 1963 bis 1968 Hits. Die größten Erfolge: „Diane" (1/64 GB 1, 4/64 US 10), „I Believe" (3/64 GB 2, 6/64 US 33) und „The Sound Of Silence" (3/66 GB 3).

■ **Barry Blue** — 1950 — GB-Songschreiber und Sänger. Richtiger Name Berry Ian Green. Er schrieb Hits für Gene Pitney, Cliff Richard und Tony Christie. Barry selbst war erfolgreich mit „(Dancing) On A Saturday Night" (7/73 GB 2, 9/73 D 9) und „Do You Wanna Dance" (11/73 GB 7, D 11). Er arbeitete viel mit Lynsey de Paul zusammen.

■ **Cy Curnin** — 1957 — GB-Sänger, Tastenspieler und Songschreiber in der 1980 gegründeten Band Fixx, die sich zuerst Portraits nannte. Hits: „One Thing Leads To Another" (9/83 US 4) und „Secret Separation" (5/86 US 19). Als Songschreiber war Cy mitverantwortlich für den Tina Turner Hit „Better Be Good To Me".

■ **Grover Washington Jr.** — 1943 — US-Jazz/Pop-Saxophonist und Songschreiber. Mit 16 hatte er seine eigene Band Four Clefs. Danach arbeitete Grover als Sessionmusiker und als Solist. Größter Hit: — gesungen von Bill Withers — „Just The Two Of Us" (2/81 US 2, 5/81 GB 34).

■ **Clive Bunker** — 1946 — GB-Drummer mit Mc-Gregor's Engine 1967 und von Ende 1968 bis zum Mai 1971 mit der neugegründeten Band Jethro Tull. Danach gründete er Jude, tauchte 1974 bei Blodwyn Pig auf, spielte er mit Aviator und als Studiomusiker.

■ **Ralph Scala** — 1947 — US-Sänger und Songschreiber mit den Blues Magoos, die Mitte der 60er Jahre als Pioniere der Psychodelic Music galten. Mit „(We Ain't Got) Nothing Yet" (12/66 US 5) hatten sie ihren einzigen Top Ten Erfolg.

■ **Tony Williams** — 1945 — US-Jazz-Rock-Drummer und Songschreiber mit Miles Davis, Bill Evans, Stan Getz, Herbie Hancock und seiner eigenen Band Lifetime.

■ **Kiz** — 1956 — Die NDW schwappte ihn hoch und wieder weg. Richtiger Name Joachim Gaiser. Hit: „Die Sennerin vom Königssee" (1/83 D 3).

■ **Mike Heron** — 1942 — GB-Sänger, Songschreiber und Multiinstrumentalist. Er gründete 1965 die Incredible String Band und machte ab 1971 auch Soloplatten.

■ **Ray Jackson** — 1948 — GB-Saitenspieler und Harmonikaspieler mit Lindisfarne und als Studiomusiker.

■ **Mike Smith** — 1943 — GB-Sänger und Keyboarder mit Dave Clark 5. Hits beim Gruppennamensgeber am 15.12.

■ **Allan Ward** — 1945 — GB-Gitarrist und Tastenspieler für die Honeycombs.

■ **Jeff Aaron Brown** — 1964 — GB-Sänger und Tänzer mit den Pasadenas.

Todestag

■ **Clifton Chenier** — 1987 — US-Sänger und Songschreiber, der als King Of Zydeco galt. Geboren am 25.6.1925.

Tageshits

1959 — „Marina" — Rocco Granata — D 9 W.
1964 — „Mr. Lonely" — Bobby Vinton — US 1 W.
1963 — „I Want To Hold Your Hand" — Beatles — GB 5 W.
1970 — „Tears Of A Clown" — Smokey Robinson & The Miracles — US 2 W.
1981 — „Don't You Want Me" — Human League — GB 5 W.
1987 — „Faith" — George Michael — US 4 W.

13

Geburtstage

■ **David O'List** — 1948 — GB-Gitarrist und Songschreiber. Er begann mit der Band Attack und schlug dann das Angebot von John Mayall aus, Peter Green in seinen Bluesbreakers zu ersetzen. Stattdessen wurde er im Frühjahr 1967 Gründungsmitglied von Nice, bei denen er im September 1968 wieder ausstieg. Weitere Stationen waren Roxy Music vom Oktober 1971 bis Februar 1972, mit Jet vom Juni 1974 bis Juli 1975 und schließlich als Studiomusiker mit Bryan Ferry oder Tony Ashton.

■ **Tom Verlaine** — 1949 — US-Gitarrist, Sänger und Songschreiber. Richtiger Name Thomas Miller. Er begann mit den Neon Boys und gründete 1973 Television, die zuerst sehr punkige Musik spielten. Neben Bands wie Blondie, Talking Heads oder Ramones hatte Television erste Erfolge im CBGB-Club in New York — größter Hit: „Prove It" (7/77 GB 25). 1978 fiel die Band auseinander, und Tom machte als Solist weiter.

■ **Heino** — 1938 — Richtiger Name Heinz-Georg Kramm. Er begann als Mitglied des Trio KK Singers und wurde dann von Karl-Heinz Schwab alias Ralf Bendix entdeckt und gefördert. 1967 begann der Erfolg. Größte Hits: „Blau blüht der Enzian" (10/72 D 2), „Edelweiß" (11/73 D 5), „La Montanara" (12/73 D 3) und „Die schwarze Barbara" (6/75 D 5). Nach 1981 ließ der Erfolg von Heino nach — dann kam er mit der „Acid Mix"-Version von „Enzian" (7/89 D 18) wieder in die Hitparade.

■ **Ted Nugent** — 1948 — US-Gitarrist, Sänger und Songschreiber. Schon mit neun Jahren spielte er Gitarre. 1960 hatte er seine erste Band, die Royal High Boys. Von 1962 bis 1964 spielte er mit den Lourdes und dann mit Cobo Hall, die als Vorprogramm der Supremes oder Beau Brummels auftraten. 1965 kam es zur Gründung der Amboy Dukes, ab 1972 nannte man sich Ted Nugent & The Amboy Dukes, und ab 1975 spielte Ted als Solist. Hits — als Amboy Dukes — „Journey To The Center Of The Mind" (6/68 US 16), als Solist: „Cat Scratch Fever" (8/77 US 30).

Ted Nugent & The Amboy Dukes

■ **John Anderson** — 1954 — US-Sänger, Gitarrist und Songschreiber. Noc als Teenager gründete er seine eigene Gruppe Living End. Danach sang er mit sei ner Schwester Donna, ging 1962 nach Nashville und wurde dort festangestellte Songschreiber. 1974 machte er seine erste Soloplatte. Ab 1977 ist er regelmäßig i der C&W Hitparade vertreten — sein größter Erfolg und Millionseller: „Swingin' (1/83 C&W 1).

■ **Jeff „Skunk" Baxter** — 1948 — US-Gitarrist, der von 1974 bis 1978 mit de Doobie Brothers spielte. Er wurde danach Studiomusiker und Produzent. Au Platten von Tom Rush, Steely Dan, Joni Mitchell, Carly Simon, Little Feat ode Rod Stewart ist Jeff zu hören.

■ **Berton Averre** — 1954 — US-Gitarrist und Keyboarder mit Knack. Nach dem sich die Band 1983 aufgelöst hatte, spielte er auf einer LP der Honeys mit.

■ **Austin Sorensen** — 1961 — Norwegischer Sänger und Songschreiber fü Fra Lippo Lippi. Richtiger Name Per Öystein Sörensen.

■ **Alan Love** — 1952 — GB-Sänger mit Opal Butterfly, Referendum und Mad riga, aus denen im Februar 1974 Merlin wurde.

■ **Marti Webb** — 1944 — GB-Sängerin. Größter Hit: „Take That Look Off You Face" (2/80 GB 3, 5/80 D 3).

■ **Tony Gomez** — 1948 — Auf Ceylon geborener Keyboarder mit den Founda tions.

■ **Ron Caines** — 1944 — GB-Saxophonist, Tastenspieler und Sänger mit Eas Of Eden.

Tageshits

1941 — „I Don't Want To Set The World On Fire" — Hoarce Heidt — US 3 W.
1947 — „Ballerina" — Vaughn Monroe — US 10 W.
1962 — „Return To Sender" — Elvis Presley — GB 3 W.
1982 — „Do You Really Want To Hurt Me" — Culture Club — D 7 W.
1986 — „The Way It Is" — Bruce Hornsby & The Range — US 1 W.

14

Geburtstage

■ **Spike Jones** — 1911 — US-Komiker, dessen große Zeit von 1942 bis 195 war. Richtige Vornamen Lindley Armstrong. Er veralberte jegliche Musik, die z ieser Zeit angesagt war. So wurde zwischen klassischen Titeln plötzlich geschosen, genossen — Glocken läuteten, jemand pfiff laut oder es wurde einfach nur ärm gemacht. Spike hatte als Studio-Schlagzeuger in Hollywood begonnen.)ann gründete er Anfang der 40er Jahre eine eigene Band, die Spike Jones & His :ity Slickers hieß. Hits: „Der Fuehrer's Face" (10/42 US 3), „Cocktails For Two" (1/5 US 4), „Chloe" (4/45 US 5), „Hawaiian War Chant" (7/46 US 8), „William Tell)uverture" (6/48 US 6), „All I Want For Christmas (Is My Two Front Teeth)" (11/8 US 1, 12/49 RE-US 18) und „I Saw Mommy Kissing Santa Claus" (12/52 US 7). Jach 1953 hatten sich die Käufer an seinen Späßen satt gehört. Spike spielte spä- er noch mit einer Dixieland Band und starb am 1.5.1965.

■ **Charlie Rich** — 1932 — US-Country-Sänger, Songschreiber und Pianist. Er egann als Rockabilly-Interpret bei SUN-Records seine Plattenkarriere. Vorher atte er bereits in Jazz- und Pop-Bands gespielt, hatte die Velvetons gegründet nd war Gastgeber in einer lokalen TV-Show gewesen. Bei SUN-Records beglei- ete er Johnny Cash, Roy Orbison und andere bei Plattenaufnahmen. Dann rschienen Soloplatten von ihm. Hits: „Lonely Weekends" (3/60 US 22), „Mohair am" (8/65 US 21), „Behind Closed Doors" (4/73 US 15, 4/74 GB 16) und „The Aost Beautiful Girl" (9/73 US 1, 2/74 GB 2, 4/74 D 14). Sein Spitzname ist „Silver 'ox". Im Jahre 1974 wählte man ihn zum Country Entertainer des Jahres. Nach 981 scheint seine Karriere beendet.

■ **Jane Birkin** — 1946 — GB-Schauspielerin und Sängerin. Bekannt wurde sie lurch den Film „Blow Up" (1966), in dem sie sich recht offenherzig dem Fotogra- hen David Hemming zeigte. Zusammen mit Serge Gainsbourg, mit dem sie efreundet war, nahm sie den Titel „Je T'Aime... Moi Non Plus" (7/69 GB 2, D 3, 0/69 RE-GB 1, 12/74 RE-GB 31) auf, den Serge vorher schon mit Brigitte Bardot uf Platte gebannt hatte. Brigitte wollte allerdings nach Abhören des Titels nicht, laß er veröffentlicht wurde — also mußte Serge neu produzieren, zum Glück für ane. In Frankreich hatte sie mit „Ex-Fan Des Sixties" (1978), wieder geschrieben lurch Serge, noch einmal einen großen Erfolg.

■ **Patty Duke** — 1947 — US-Schauspielerin und Sängerin. Vollständiger Name Anna Maria Patricia Duke Astin. Ab 1955 spielte sie in Filmen mit. Nachdem sie ür ihre Rolle als junge Helen Keller in „The Miracle Worker" 1962 einen Oscar ewonnen hatte, war sie zwischen 1963 und 1965 im US-Fernsehen Gastgeberin ler „Patty Duke Show". Als Sängerin hatte sie einen nenneswerten Hit: „Don't Just Stand There" (6/65 US 8).

■ **Mike Krüger** — 1951 — Er kam Mitte der 70er Jahre mit Titeln, die nicht iefgründig, sondern unterhaltend sind und die man hierzulande als Blödelsongs ezeichnet. Hits: „Mein Gott, Walther" (9/75 D 38) und „Der Nippel" (6/80 D 1). Er kämpfte ab 1986 im TV für einige Jahre als „Vier gegen Willi" und machte usammen mit Thomas Gottschalk mehrere Super Nasenfilme.

■ **Frank Allen** — 1943 — GB-Bassist und Sänger. Er begann 1959 als Rhythmusgitarrist bei Cliff Bennett & The Rebel Rousers, wechselte in der Band ab Herbst 1961 an den Bass und ersetzte im August 1964 Tony Jackson bei den Searchers.

■ **Cliff Williams** — 1949 — GB-Bassist, der im Juni 1977 zur 1973 in Sydney gegründeten Band AC/DC kam und dort Mark Evans ablöste.

■ **Bela B.** — 1964 — Schlagzeuger und Songschreiber mit der Formation Die Ärzte. Richtiger Name Dirk Felsenheimer.

■ **Joyce Vincent** — 1946 — US-Sängerin mit Dawn.

Todestag

■ **Dinah Washington** — 1963 — US-Blues-Sängerin. Dinah, die an den Fol- gen einer schweren Alkoholabhängigkeit litt, starb nach der Einnahme einer Überdosis Beruhigungstabletten. Geboren am 29.8.1924.

Tageshits

1946 — „Ole Buttermilk Sky" — Kay Kyser — US 2 W.
1959 — „Heartaches By The Number" — Guy Mitchell — US 2 W.
1968 — „I Heard It Through The Grapevine" — Marvin Gaye — US 7 W.
1968 — „Those Were The Days" — Mary Hopkin — D 3 W.
1985 — „Saving All My Love For You" — Whitney Houston — GB 2 W.

15

Geburtstage

■ **Jesse Belvin** — 1932 — US-Sänger, Pianist und Songschreiber, der während der 50er Jahre auf 15 verschiedenen Plattenlabels Songs veröffentlichte. Bereits Ende der 40er, Anfang der 50er Jahre gehörte er zu den wichtigsten Figuren des aufkommenden R & B. Sein Einfluß auf die Popmusik wäre sicher noch größer, wäre er nicht zusammen mit seiner Frau bei einem Autounfall am 6.2.1960 ums Leben gekommen. Seine ersten Plattenaufnahmen machte Jesse in der Band des Saxophonisten Big Jay McNeely. 1952 nahm er zusammen mit Marvin Phillips als Jesse & Marvin den Titel „Dream Girl" (1/53 R&B 2) auf. Jetzt hätte seine Karriere richtig losgehen können, da wurde er eingezogen und mußte nach Korea. Während dieser Zeit schrieb er „Earth Angel (Will You Be Mine)", das mit den Penguins und den Crew Cuts aufgenommen wurde und als eines der populärsten R&B Stücke aller Zeiten gilt. 1955 kehrte Jesse zurück und machte in der Folgezeit Platten als Gassers, Sheiks, Chargers oder Cliques. Dann nahm er unter seinem Namen „Goodnight My Love" (12/56 R&B 7) auf. Es wurde die Schlußmelodie von Alan Freeds Radioshow — das Piano spielte der damals elfjährige Barry White. 1958 gründete Jesse eine Formation, die er Shields nannte und deren einzige Aufgabe es war, seine Komposition „You Cheat It" (8/58 US 12) aufzunehmen. Mit dem Titel „Guess Who" (3/59 US 31), geschrieben von seiner Frau Jo Anne, hatte er dann seinen größten Erfolg.

■ **Dave Clark** — 1942 — GB-Schlagzeuger und Songschreiber seiner Band Dave Clark Five, die — wie so viele andere britische Beat-Bands — 1960 als Skiffle-Gruppe gegründet wurde. 1962 machten sie ihre ersten Plattenaufnahmen, die nicht erfolgreich waren. 1963 ließ der Mersey-Boom die Musik der Gruppe umschwenken und brachte den Erfolg. Hits: „Glad All Over" (11/63 GB 1, 2/64 D 16, US 6), „Bits And Pieces" (2/64 GB 2, 4/64 US 4, D 20), „Can't You See That She's Mine" (5/64 GB 10, US 4), „Because" (8/64 US 3), „I Like It Like That" (6/65 US 7), „Catch Us If You Can" (7/65 GB 5, US 4), „Over And Over" (11/65 US 1, 2/66 D 12), „You Got What It Takes" (3/67 GB 28, US 7), „Everybody Knows" (11/67 GB 2), „Red Balloon" (9/68 GB 7), „Good Old Rock 'n' Roll" (12/69 GB 7) und „Everybody Get Together" (3/70 GB 8). Danach fiel die Band auseinander. Zusammen mit Mike Smith, dem Sänger der Dave Clark 5, machte Dave von 1971 bis 1973 als Dave Clark & Friends weiter. Danach kümmerte er sich weiter um das Musikgeschäft, so z.B. um Verlagsarbeit. 1978 stellte er eine LP mit dem Hitmaterial der Gruppe zusammen, die in der LP Hitparade Platz 7 erreicht. Dave hat alle Rechte an allen Titeln seiner Gruppe in seinem Besitz. 1986 kam im Londoner Dominion Theater das von Dave mitgeschriebene und produzierte Musical „Time" zur Uraufführung. Die Hauptrolle spielt Cliff Richard, später übernimmt Dave Cassidy seinen Part.

■ **John Hammond** — 1910 — US-Produzent und Talentscout. In seinen Anfängen als Produzent arbeitete John mit Fletcher Henderson und war verantwortlich für die letzten Plattenaufnahmen von Bessie Smith und die ersten von Billie Holiday. Auch frühe Aufnahmen von Benny Goodman — der Johns Schwester Alice 1942 heiratete -, Count Basie oder Lester Young wurden durch ihn betreut. Nach dem 2. Weltkrieg wurde John Chef der Plattenfirma Keynote, dann von Majestic und schließlich der Vize-Präsident von Mercury Records. Dann ging er für die CBS auf Talentsuche und fand für diese Firma Musiker wie Aretha Franklin, Pete Seeger, George Benson, Leonard Cohen, Bob Dylan oder Bruce Springsteen. Er starb am 10.7.1987.

■ **Don Johnson** — 1948 — US-Schauspieler und Sänger. Don wurde bekannt durch die TV-Serie „Miami Vice", in der er seit 1984 die Rolle des Sonny Crockett spielt. 1970 hatte er seine erste Filmrolle in „The Magic Garden Of Stanley Sweetheart". 1973 spielte er in „A Boy And His Dog". Danach schien nichts mehr zu klappen — zwischen 1976 und 1981 spielte er in fünf Pilotfilmen für TV-Serien mit, die alle nie gestartet wurden. In dem TV-Film „Elvis And The Beauty Queen" spielte er die männliche Hauptrolle — dann kam „Miami Vice". Als Sänger hatte Don seinen ersten Erfolg mit „Heartbeat" (8/86 US 5, 12/86 D 6). Weitere Hits wurden „Till I Loved You" (10/88 US 25, GB 16, D 26) zusammen mit Barbra Streisand und „Tell It Like It Is" (7/89 D 2). Don Johnson weiß, wie man an den Plattenverkäufen besser verdienen kann: er hat an den meisten B-Seiten seiner Hits mitgeschrieben.

■ **Jerry Wallace** — 1928 — US-Pop/Country-Sänger, der 1951 seine ersten Plattenaufnahmen machte und mit „Little Miss One" (2/54 US 30) seinen ersten Hit hatte. Weitere Hits waren „How The Time Flies" (8/58 US 11) und „Primrose Lane" (8/59 US 8). Später wandte er sich mehr der Country Musik zu und hatte von 1965 bis 1980 35 Hits in diesen Charts — sein größter: „If You Leave Me Tonight I'll Cry" (7/72 C&W 1, US 38). Sein Spitzname ist Mr. Smooth.

■ **Carmine Appice** — 1948 — US-Schlagzeuger, Sänger und Songschreiber. 1966 war er Mitbegründer von Vanilla Fudge, die bis 1969 hielt. Carmine gründete mit Tim Bogert Cactus und anschließend mit Jeff Beck Beck, Bogert & Appice. Schließlich arbeitete er als Session-Schlagzeuger und wurde Mitglied in der Band von Rod Stewart, mit dem er einige Titel gemeinsam schrieb. 1982 formierte sich Vanilla Fudge noch einmal.

■ **Rose Maddox** — 1926 — US-Country-Sängerin. Geboren als Roseea Arbana Brogdon. Mitte der 40er Jahre sang sie mit weiteren Mitgliedern ihrer Familie regelmäßig über eine Radiostation in Modesto. Mit ihren Brüdern Cal, Henry, Fred und Don machte sie 1947 als Maddox Brothers And Sister Rose ihre ersten Plattenaufnahmen. 1959 fiel die Formation auseinander, und Rose machte als Solistin weiter. Ihr größter Erfolg hieß „Sing A Little Song Of Heartache" (11/62 C&W 3). Nach 1964 war sie aus den Hitparaden verschwunden.

■ **Nick Beggs** — 1961 — GB-Bassist und Songschreiber für Kajagoogoo. Nachdem Sänger Limahl ausgestiegen war, übernahm Nick auch den Gesang. Hits: „Big Apple" (10/83 GB 8) und "The Lion's Mouth" (3/84 GB 25). Nachdem die Band nicht mehr richtig lief, nannte man sich nur noch Kaja und löste sich schließlich auf. 1988 tauchte Nick in der Formation Ellis, Beggs & Howard wieder auf, die mit „Big Bubbles, No Troubles" (9/88 D 16) ihren ersten Hit hatte.

■ **Cindy Birdsong** — 1939 — US-Sängerin, die ihre Karriere mit Patti LaBelle & The Blue Belles begann. Als Florence Ballard 1967 bei den Supremes ausstieg, wurde diese durch Cindy ersetzt. Im Juni 1972 verließ Cindy die Gruppe wieder, um sich mehr um Mann und Haushalt zu kümmern.

■ **Harry Ray** — 1946 — US-Sänger, der 1970 zu den Moments kam, aus denen 1978 Ray, Goodman & Brown wurden.

■ **Paul Simonon** — 1955 — GB-Bassist, Sänger und Songschreiber für Clash, die 1985 auseinanderfielen.

■ **George Kranz** — 1956 — Schlagzeuger und Songschreiber mit Zeitgeist und als Solist. Bekannteste Nummer: „Din Daa Daa — Trommeltanz" (1983).

■ **Alan Freed** — 1921 — US-Diskjockey, der viel für den R & B und den aufkommenden Rock'n'Roll getan hat — aber auch für seine eigene Tasche. Nach einer Verurteilung wegen „Payola" konnte er im US-Radio keinen müden Dollar mehr verdienen. Er starb am 20.1.1965.

Todestage

■ **Fats Waller** — 1943 — US-Blues- und Jazz-Pianist. Fats war bekannt für seinen exzessiven Lebenswandel und als Workoholic. Das brachte ihn schließlich während einer Zugfahrt von L.A. nach New York um. Geboren am 21.5.1904.

■ **Glenn Miller** — 1944 — US-Bandleader. Er war für die US-Army auf Truppenbetreuung in Europa und auf dem Weg von London nach Paris, als seine kleine Sportmaschine über dem Ärmelkanal abstürzte — Beweise dafür wurden nie gefunden. Geboren am 1.3.1904.

■ **Jackie Brenston** — 1979 — US-Sänger und Songschreiber. Starb nach einem Herzanfall. Geboren am 15.8.1930.

Tageshits

1945 — „I Can't Begin To Tell You" — Bing Crosby — US 6 W.
1973 — „The Most Beautiful Girl In The World" — Charlie Rich — US 2 W.
1973 — „Merry Xmas Everybody" — Slade — GB 5 W.
1979 — „Another Brick In The Wall" — Pink Floyd — GB 5 W.
1984 — „Do They Know It's Christmas?" — Band Aid — GB 5 W.

16

Geburtstage

ZZ Top

■ **Billy Gibbons** — 1949 — US-Gitarrist, Sänger und Songschreiber für die 1970 gegründete Band ZZ Top. Er begann seine Karriere als Mitglied der Gruppe Moving Sidewalks, die im Vorprogramm von Jimi Hendrix spielte. In einer Talk-Show hat sich später Hendrix an Billy erinnert — er sei einer der besten jungen Gitarristen der USA, sagte Jimi. 1970 erschien die erste LP von ZZ Top — Hits „Tush" (7/75 US 20), „Legs" (5/84 US 8), „Gimme All Your Lovin'" (4/83 US 37, 9/83 GB 61, 10/84 RE-GB 10), „Sleeping Bag" (10/85 US 8, GB 27, 12/85 D 40), „Stages" (1/86 US 21) und „Rough Boy" (3/86 US 22, GB 23).

■ **Benny Andersson** — 1946 — Schwedischer Tastenspieler, Sänger und Songschreiber. Benny hatte erste Erfolge als Mitglied der in den 60er Jahren in chweden sehr populären Gruppe Hep Stars. 1970 schlossen sich Benny und Björn Ulvaeus zusammen und starteten mit ihren beiden jeweiligen Frauen Abba – am 25.4. kann man lesen, wie es weiterging.

■ **Tony Hicks** — 1945 — GB-Gitarrist, Sänger und Songschreiber. Er begann bei der Gruppe Dolphin und wurde Ende 1962 Gründungsmitglied der Hollies.

■ **Spagna** — 1960 — Italienische Sängerin und Songschreiberin, vollständiger Name Ivana Spagna. 1986 schwamm sie auf der Discowelle und hatte Hits mit „Call Me" (6/87 D 10, GB 2), „Dance, Dance, Dance" (8/87 D 27) und „Girl And Boy" (8/88 D 23).

Todestag

■ **Sylvester** — 1988 — US-Sänger. Er starb an AIDS. Geboren am 6.9.1947.

Tageshits

1944 — „Don't Fence Me In" — Bing Crosby & Andrews Sisters — US 8 W.
1950 — „The Tennessee Waltz" — Patti Page — US 13 W.
1955 — „Christmas Alphabet" — Dickie Valentine — GB 3 W.
1957 — „April Love" — Pat Boone — US 6 W.
1965 — „Day Tripper/We Can Work It Out" — Beatles — GB 5 W.
1972 — „Me And Mrs. Jones" — Billy Paul — US 3 W.
1978 — „You Don't Bring Me Flowers" — Barbra Streisand & Neil Diamond — US 1 W. (2.mal)
1985 — „Nikita" — Elton John — D 3 W.
1989 — „Let's Party" — Jive Bunny & The Mastermixers — GB 1 W.

17

Geburtstage

■ **Paul Rodgers** — 1949 — GB-Sänger und Songschreiber. Nachdem er bei den Roadrunners und Brown Sugar gesungen hatte, gehörte er im Mai 1968 zu den Gründungsmitgliedern von Free — zu dem Namen hatte ihnen Alexis Korner geraten, angelehnt an sein eigenes Trio Free At Last. Hits: „All Right Now" (6/70 GB 2, 8/70 D 5, US 4, 7/73 RE-GB 15), „My Brother Jake" (5/71 GB 4) und „Wishing Well" (1/73 GB 7) — diese drei Titel wurden später auf der EP „Free" (2/78 GB 11) zusammengefaßt. Ende 1971 kam es zu Spannungen innerhalb der Gruppe — die einzelnen Mitglieder versuchten sich kurzfristig mit Soloprojekten — das von Paul nannte sich Peace. Aber schon Anfang 1972 reformierte sich Free. Doch Mitte des Jahres 1973 wurde klar, die Band würde endgültig auseinanderfallen. Paul Rodgers erhielt das Angebot, als Sänger bei Deep Purple einzusteigen, was er ablehnte. Stattdessen wurde er Gründungsmitglied und Leadsänger von Bad Company. Hits: „Can't Get Enough" (6/74 GB 15, 8/75 US 5) und „Feel Like Makin' Love" (7/75 US 10, GB 20). Offiziell trennte sich die Gruppe Mitte 1983 — Paul veröffentlichte ein Solo-Album und war dann zusammen mit Jimmy Page von Led Zeppelin und Chris Slade von Manfred Mann bei The Firm. Größter Hit: „Radioactive" (2/85 US 28). Als sich Bad Company später erneut formierte, war Paul nicht mehr dabei.

■ **Art Neville** — 1937 — US-Sänger, Tastenspieler und Songschreiber. Vollständige Vornamen Arthur Lanon. Schon während seiner Schulzeit hatte er eine eigene Band, die Hawketts, mit der er 1954 den New Orleans-Hit „Mardi Gras Mambo" aufnahm. Später kamen seine Brüder Charles und Aaron zur Band, 1958 mußte Art zur Navy, Aaron übernahm die Leitung der Gruppe. Zurück von der Army, spielte Art wieder mit den Hawketts. Ein überregionaler Hit wollte ihnen jedoch nicht gelingen. Zwischenzeitlich kam es 1962 zur Gründung von Neville Sounds, in der zwar immer Art, aber nur temporär seine Brüder mitmachten. Nachdem sich Aaron dann 1966 erfolgreich als Solist versucht hatte, spielte Art in einer Neugründung von Neville Sounds als Backingband seines Bruders. 1967 heuerte Allen Toussaint Art und diese Rhythm-Section als seine Hausband an, daraus wurden dann die Meters — sie spielten auf unzähligen Hitproduktionen von Lee Dorsey, Dr. John, LaBelle oder Robert Palmer. Nebenher hatten sie auch eigene Instrumentalhits — ihr größter war: „Cissy Strut" (4/69 US 23). Aaron bastelte derweil weiter an seiner Solokarriere, und Bruder Charles spielte Saxophon bei verschiedenen Jazz-Bands in New York. 1975 kamen die Brüder — plus dem jüngsten Bruder Cyril — wieder zusammen. Seit 1978 treten sie gemeinsam als Neville Brothers auf.

■ **Eddie Kendricks** — 1939 — US-Sänger. Ende der 50er Jahre begann er mit den Primes, daraus wurden die Elgins und schließlich ab August 1961 die Temptations, bei denen Eddie bis zum Juni 1971 blieb. Hits: „My Girl" (1/65 US 1), „Beauty Is Only Skin Deep" (8/66 US 3, 10/66 GB 18), „I Can't Get Next To You" (8/69 US 1, 1/70 GB 13), „Ball Of Confusion" (5/70 US 3, 9/70 GB 7) und „Just My Imagination (Running Away With Me)" (2/71 US 1, 5/71 GB 8). Danach brachte Eddie erfolgreiche Soloplatten: „Keep On Truckin'" (8/73 US 1, 11/73 GB 18) und „Boogie Down" (1/74 US 2, 3/74 GB 39). Auf einer Reunion LP der Temptations aus dem Jahr 1982 sang er wieder mit; zusammen mit Hall & Oates nahm er 1985 anläßlich der Wiedereröffnung des Apollo Theaters in Harlem die LP „Live At The Apollo" auf — inzwischen hatte Eddie vom Nachnamen das „s" gestrichen.

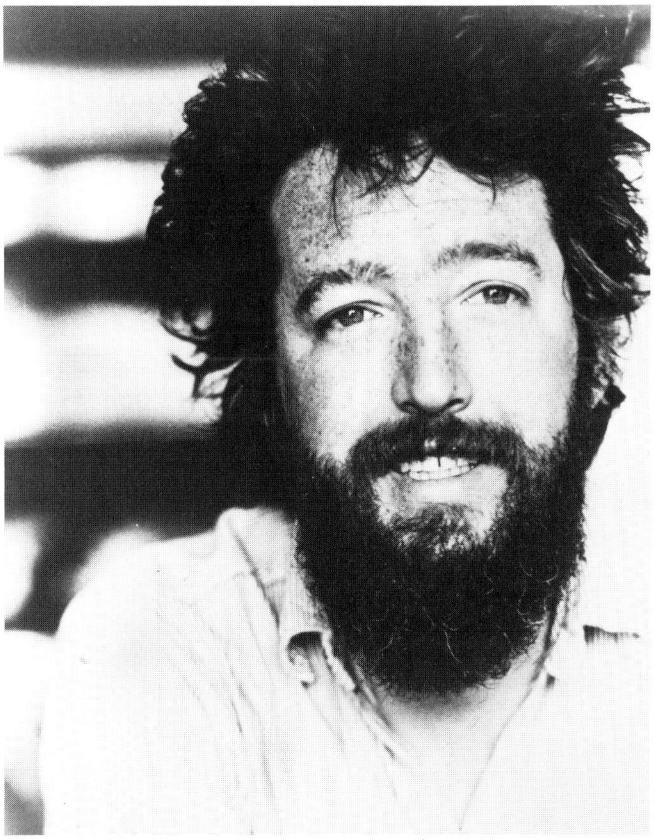

Paul Butterfield

■ **Paul Butterfield** — 1942 — US-Sänger, Mundharmonikaspieler und Songschreiber. Er spielte mit farbigen Blues-Musikern zusammen und half so den USA zu einem Blues-Revival in den 60er Jahren. Schon als Teenager stand Paul auf der Bühne neben Howlin' Wolf, Buddy Guy, Otis Rush, Little Walter oder Magic Sam. 1963 gründete er die Paul Butterfield Blues Band, in der zeitweise Musiker wie Elvin Bishop, Mike Bloomfield oder Mark Naftalin mitspielten. Die Gruppe hielt — mit etlichen Umbesetzungen — bis in das Jahr 1972, dann gründete Paul Butterfield's Better Days. 1976 bildete er mit Ex-Band-Bassist Rick Danko die Danko-Butterfield-Band. 1980 erkrankte er am Darm — erst nach zwei schweren Operationen war er Ende 1981 wieder so weit, öffentlich aufzutreten. Er starb am 4.5.1987.

■ **Dave Dee** — 1943 — GB-Sänger, richtiger Name David Harman. Er begann als Dave Dee & The Bostons mit den Musikern, die sich ab Oktober 1964 Dave Dee, Dozy, Beaky, Mick & Tich nannten. Das Songschreiber-Team Ken Howard und Alan Blaikley hatte ihnen dazu geraten, übernahm auch gleich das Management und verpaßte der Band eine Latte Hits: „Hold Tight" (3/66 GB 4, 5/66 D 4), „Hideaway" (6/66 GB 10, 8/66 D 3), „Bend It" (9/66 GB 2, D 1), „Save Me" (12/66 GB 4, D 2), „Okay!" (5/67 GB 4, 7/67 D 5), „Zabadak!" (10/67 GB 3, 12/67 D 6), „Legend Of Xanadu" (2/68 GB 1, D 5) und „Last Night In Soho" (7/68 GB 8, 9/68 D 13). Im August 1969 verließ Dave die Band und versuchte sich als Solist — ohne Erfolg. 1974 kam man noch einmal für eine Platte zusammen — vorbei mit den Hits. Ende 1989 tat sich Dave mit der Gruppe Marmalade zusammen und veröffentlichte die Single „Scirocco".

■ **Tommy Steele** — 1936 — GB-Sänger und Songschreiber — er gilt als der erste Rock 'n' Roll Star, den die Briten hatten. Richtiger Name Thomas Hicks. Im September 1956 machte er einen Aufnahmetest bei einer Plattenfirma — zwei Tage später seine erste Platte. Hits: „Singing The Blues" (12/56 GB 1), „Butterfingers" (5/57 GB 8), „Water Water/Handful Of Songs" (8/57 GB 5, „Nairobi" (3/58 GB 3), „Come On Let's Go"(11/58 GB 10), „Little White Bull" (12/59 GB 6) und „What A Mouth" (6/60 GB 5). Nachdem ihm nach 1961 kein Hit mehr gelingen wollte, wurde er ein erfolgreicher Schauspieler auf der Bühne und in Film Musicals.

■ **Karl Denver** — 1934 — GB-Sänger, der zwischen 1961 und 1964 erfolgreich war. Größte Hits: „Marcheta" (6/61 GB 8), „Mexicali Rose" (10/61 GB 8), „Wimoweh" (1/62 GB 4, die englische Ausgabe des gleichnamigen südafrikanischen Zulusongs, der in den USA mit den Tokens als „The Lion Sleeps Tonight" veröffentlicht wurde) und „Never Goodbye" (2/62 GB 9).

■ **Darryl Way** — 1948 — GB-Saiten- und Tastenspieler sowie Songschreiber mit der 1970 gegründeten Band Curved Air. Nebenher veröffentlichte er drei Solo-LPs als Darryl Way's Wolf. Als Studiomusiker hörte man ihn, nachdem Curved Air 1977 auseinandergefallen war, auf Platten von u.a. Trace, Jethro Tull oder Marianne Faithfull.

■ **Arthur Fiedler** — 1894 — US-Violinist. Er wurde 1915 Mitglied des Boston Pops Orchestra, dem er von 1930 bis zu seinem Tod am 10.7.1979 als Leiter vorstand. Größter Hit: der Millionseller „Jalousie" (5/38 US 13).

■ **Mickey Jones** — 1952 — US-Bassist und Sänger mit Angel, gegründet 1975 aus den Resten einiger East Coast Bands — so kam Mickey von Max.

■ **Mark Gane** — 1953 — Kanadischer Gitarrist, Keyboarder und Songschreiber, der 1975 Mitglied bei Martha & The Muffins wurde, aus denen sich 1984 M & M entwickelte. Hit siehe am 18.12. bei Kollegin Martha Johnson.

■ **Sarah Dallin** — 1961 — GB-Sängerin mit Bananarama. Hits siehe 2.4. bei Kollegin Keren Jane Woodward.

■ **Jim Bonfanti** — 1948 — US-Drummer mit den Raspberries.

Todestage

■ **Hound Dog Taylor** — 1975 — US-Blues-Gitarrist, Pianist, Sänger und Songschreiber. Er starb an Krebs. Geboren am 12.4.1917.

■ **Don Ellis** — 1978 — US-Jazz-Trompeter. Geboren am 25.7.1934.

Tageshits

1966 — „Winchester Cathedral" — New Vaudeville Band — US 2 W. (2.mal)

1966 — „Eine Handvoll Reis — Freddy — D 2 W.

18

Geburtstage

■ **Chas Chandler** — 1941 — GB-Bassist. Richtiger Vorname Bryan. Anfang der 60er Jahre spielte er mit der Alan Price Combo, aus der nach Hinzunahme vo Sänger Eric Burdon 1963 die Animals wurden. Im September 1966, als schon fes stand, daß sich die Gruppe auflösen würde, war man gerade auf einer US-Tournee als Chas einen Musiker namens Jimi Hendrix im „Café Wha?" in New York sa und hörte. Er überredete diesen, mit nach England zu kommen — dort würde e einen Star aus ihm machen. Jimi ging mit, Chas baute eine Band um ihn heru und wurde dann Manager von Jimi Hendrix Experience. Am 18.9.1970 ist Jimi au dem Anrufbeatworter von Chas mit dem Satz „I need help badly, man" zu hören — es war zu spät, um helfen zu können, er war schon tot. Eine weitere erfolgreich Formation, die von Chas zum Erfolg gebracht wurde, war Slade. In den 70er Jah ren produzierte Chas Platten von Eric Burdon und machte zusammen mit de Animals aus den Anfangstagen wieder Plattenaufnahmen.

Rolling Stones

■ **Keith Richards** — 1943 — GB-Gitarrist und Songschreiber mit den Rolling Stones und als Solist.

■ **Anita O'Day** — 1919 — US-Jazz-Sängerin, die in der Band von Gene Krupa 1941 ihre ersten großen Erfolge feierte. Mit Gene hatte sie den Hit „Just A Little South Of North Carolina" (6/41 US 4). Dann sang sie in der Band von Stan Kenton und hatte dort großen Erfolg mit „And Her Tears Flowed Like Wine" (9/44 US 4). Zurück in der Band von Krupa feierte Anita weitere Erfolge, dann sang sie als Solistin und trat hin und wieder als Gastsängerin in den Bands von Duke Ellington oder Benny Goodman auf. Alkohol- und Drogenprobleme warfen sie für längere Zeit aus dem Rennen — aber alles in allem blieb sie bis in die 80er Jahre im Musikgeschäft.

■ **Fletcher Henderson** — 1898 — US-Jazz-Pianist, Songschreiber, Arrangeur und Orchesterchef. Er gründete 1923 eine eigene Formation, die zur ersten bekannten Big Band des Jazz wurde und die zwischen 1923 und 1937 in den US-Charts mit 20 Titeln vertreten war. Fletcher war es, der die Voraussetzungen für den Swing mit Band in großer Besetzung schuf. Seine größten Hits waren „Charleston Crazy" (4/24 US 8) und „Sugar Foot Stomp" (10/25 US 8). Fletcher spielte auch auf Platten und Hits von Musikern wie Louis Armstrong, Bessie Smith, Ethel Waters oder Benny Goodman, für den er viele Arrangements schrieb. Er starb am 29.12.1952.

■ **Martha Johnson** — 1950 — Kanadische Sängerin und Songschreiberin, die 1975 die semiprofessionelle Band Martha & The Muffins leitete. Zu diesem Zeitpunkt kam als Gitarrist und Keyboarder Mark Gane zur Gruppe, die sich daraufhin entschloss, die Musik hauptberuflich zu betreiben. Es erschienen in den darauffolgenden Jahren immer wieder gute und witzig gemachte Platten — größter Singleerfolg blieb die Nummer „Echo Beach" (3/80 GB 10). Ab 1984 machten Martha und Mark als Duo M & M weiter.

■ **Deke Leonard** — 1944 — GB-Gitarrist und Songschreiber. Richtiger Vorname Roger. Er spielte bei etlichen Bands mit, bis er 1968 Man gründete, die bis 1976 bestand. Zwischendurch (von 1972 bis 1974) und danach versuchte sich Deke als Solist und Studiomusiker. 1983, zum 25jährigen Jubiläum des Londoner Marquee Clubs, nahm Man noch einmal eine Live Platte auf.

■ **Bobby Keyes** — 1953 — US-Saxophonspieler — einer der besten und bekanntesten auf diesem Instrument. Er ist auf Platten der Rolling Stones, von Harry Nilsson, John Lennon, Eric Clapton, Joe Cocker und vielen anderen zu hören. Bobby machte auch Soloplatten.

■ **Buck Ram** — 1908 — US-Songschreiber, Produzent und Manager. Seinen ersten Erfolg hatte er als Mitautor an der Nummer „I'll Be Home For Christmas", die 1943 ein Millionseller für Bing Crosby wurde. Anfang der 50er Jahre managte er die Penguins und die Platters — für letztere schrieb er die großen Hits.

■ **Nino De Angelo** — 1963 — Schlagersänger, richtiger Name Domenico Gorgoglione. Seinen größten Erfolg hatte er mit „Jenseits von Eden" (11/83 D 1).

■ **Buddy Gask** — 1948 — GB-Bassist und Sänger mit Showaddywaddy.

■ **Sam Andrews** — 1941 — US-Gitarrist mit der 1965 gegründeten Gruppe Big Brother & The Holding Company bis 1968.

■ **Greg D'Angelo** — 1963 — US-Drummer mit White Lion.

Tageshits

1959 — „What Do You Want To Make Those Eyes At Me For" — Emile Ford & The Checkmates — GB 6 W.
1961 — „The Lion Sleeps Tonight" — Tokens — US 3 W.
1982 — „Save Your Love" — Renée & Renato — GB 3 W.
1982 — „Maneater" — Daryl Hall & John Oates — US 3 W.

Merk-Würdiges

1959 — Für eine Woche steht Emile Ford mit obigem Titel zusammen mit Adam Faith auf Platz 1 in GB — die Nummer von Adam heißt lediglich „What Do You Want". Was wollten die Käufer ?

19

Geburtstage

■ **Maurice White** — 1941 — US-Sänger, Drummer und Songschreiber. Er begann als Studio-Schlagzeuger für Chess-Records und trommelte in den frühen 60er Jahren bei Produktionen von Muddy Waters, Billy Stewart, Chuck Berry, Jackie Wilson, Etta James oder den Impressions. Von 1966 bis 1969 war er Mitglied im Ramsey Lewis Trio. 1969 gründete er seine eigene Band, die er erst Salty Peppers, dann ab 1970 Earth, Wind & Fire nannte. Hits: „Shining Star" (2/75 US 1), „Sing A Song" (11/75 US 5), „Getaway" (7/76 US 12, „Got To Get You Into My Life" (7/78 US 9, 10/79 GB 33), „September" (11/78 US 8, GB 3, 2/79 D 20), „Boogie Wonderland" (5/79 US 6, GB 4, 7/79 D 25) zusammen mit den Emotions, „After The Love Has Gone" (7/79 US 2, GB 4) und „Let's Groove" (10/81 US & GB 3) — alle genannten Titel sind Millionseller.

■ **Alvin Lee** — 1944 — GB-Gitarrist, Sänger und Songschreiber der 1966 gegründeten Band Ten Years After. 1961 begann er mit den Jay Birds, die bis zum November 1966 zusammenspielten — wenige Tage später wurde dann Ten Years After gegründet, die bis März 1974 hielten. Danach spielte er bis Juli 1976 als Alvin Lee & Co., von Februar 1978 bis Mai 1980 bei Ten Years Later, von Juni 1980 bis Oktober 1981 als Alvin Lee Band und von November 1981 bis 1982 nur noch als Alvin Lee. Größter Hit: „Love Like A Man" (6/70 GB 10, 8/70 D 9). Alvin war wohl immer mehr ein LP-Künstler. Alle Gruppen nach 1976 klangen meist wie ein billiger Abklatsch von Ten Years After — als die 1989 noch einmal reformiert wurde, waren neben Alvin auch die anderen drei Ur-Mitglieder mit dabei.

■ **Professor Longhair** — 1918 — US-Pianist, Sänger, Schlagzeuger und Songschreiber. Richtiger Name Henry Roeland Byrd. Er gehörte zu den besten und einflußreichsten Musikern aus New Orleans — Fats Domino oder Huey „Piano" Smith kopierten seine Art, in die Tasten zu schlagen. Auch Dr. John nennt ihn als Vorbild. Er begann schon in den 30er Jahren als Straßenmusiker in New Orleans, spielte zwischen 1947 und 1949 mit den Mid-Drifs und gründete danach eine eigene Band, die er Professor Longhair & The Four Hairs nannte. Er schrieb etliche gute Nummern, von denen es aber nur der Titel „Bald Head" (8/50 R&B 5) zu Hitruhm brachte. Byrd starb am 30.1.1980.

■ **Edith Piaf** — 1915 — Sängerin und Songschreiberin. Richtiger Name Edith Giovanna Gassion. Es wird erzählt, daß ihr Vater sie gezwungen habe, auf den Straßen von Paris zu singen, um damit Geld zu verdienen. Dabei wurde sie von einem Nachtclubbesitzer entdeckt — und aus der armen Straßensängerin wurde die berühmteste Chansonsängerin aller Zeiten, der Spatz von Paris, die nun ihrerseits talentierten Sängern und Songschreibern half. Ihr Lied „La Vie En Rose" (1950) wurde ein Millionseller, „Non Je Ne Regrette Rien" (1960) gehört zu ihren besten, „Milord" (11/60 D 1, GB 24) zu ihren erfolgreichsten Chansons. Sie starb am 11.10.1963.

■ **Zal Yanovsky** — 1944 — Kanadischer Gitarrist und Songschreiber. Zusammen mit John Sebastian spielte er bei den Mugwumps — als die sich 1965 trennten, machte die beiden anderen Musiker, Cass Elliott und Denny Doherty bei den Mamas & Papas mit, und Zal und John gründeten die US-Band Lovin' Spoonful. Zal blieb bis 1967 und versuchte es danach erfolglos als Solist.

■ **Little Jimmy Dickens** — 1920 — US-Country-Sänger, der 1942 bei Johnny Bailes & His Happy Valley Boys als „Jimmy The Kid" kbegann. Von 1949 bis 1972 war er als Solist erfolgreich. Seinen größten Hit hatte er mit „May The Bird Of Paradise Fly Up Your Nose" (10/65 C&W 1, US 15). Wie jeder bekannte Musiker auf dem Country-Sektor hat auch der kleine Jimmy, der mit richtigen Vornamen James Cecil heißt, einen Spitznamen: „Tater"!

■ **Limahl** — 1958 — GB-Sänger und Songschreiber, richtiger Name Christopher Hamill. Er begann mit der Teenie-Band Kajagoogoo — Hits: „Too Shy" (1/83 GB 1, 3/83 D 1, US 5) und „Ooh To Be Ah" (4/83 GB 7, D 20). Danach versuchte er sich als Solist: „Only For Love" (11/83 GB 16, D 8) und „Never Ending Story" (8/84 D 2, 10/84 GB 4, 3/85 US 17).

■ **Phil Ochs** — 1940 — US-Sänger und Songschreiber. Er wurde zu einem der führenden Protest-Sänger der USA in den 60er Jahren. Starb am 9.4.1976.

■ **John McEuen** — 1945 — US-Gitarrist, Saitenspieler und Sänger mit der 1966 gegründeten Nitty Gritty Dirt Band.

■ **Rudi Carrell** — 1934 — Niederländischer Sänger und TV-Showmaster, dem man nicht nachsagen kann, er sei von seinem Talent nicht überzeugt und leide an mangelndem Selbstbewußtsein. Richtiger Name Rudolf Kesselaar. Er begann in seiner Heimat als Schlagersänger und gewann dort 1960 beim holländischen Song-Festival. Dann kam er mit der „Rudi Carrell Show" im deutschen Fernsehen groß raus. Als Interpret hatte er Hits mit „Wann wird's mal wieder richtig Sommer?" (5/75 D 18) und „Goethe war gut" (10/78 D 9).

Tageshits

1942 — „My Devotion" — Vaughn Monroe — US 1 W.
1958 — „It's Only Make Believe" — Conway Twitty — GB 5 W.
1964 — „Come See About Me" — Supremes — US 1 W.
1964 — „Oh Pretty Woman" — Roy Orbison — D 3 W.
1970 — „Oh wann kommst du" — Daliah Lavi — D 2 W.
1987 — „Always On My Mind" — Pet Shop Boys — GB 4 W.

20

Geburtstage

■ **Steve Wright** — 1948 — Australischer Sänger mit den Easybeats. Wie alle anderen Mitglieder der Band wurde er nicht in Australien geboren, sondern ist von GB oder Holland mit den Eltern ausgewandert. Nachdem er als Chris Langdon Anfang der 60er Jahre mit den Langdells gesungen hatte, wurde er 1964 Mitbegründer der Easybeats, die sich schnell zur führenden Gruppe in Australien entwickelte. 1966 gingen sie nach GB und versuchten, den Rest der Welt musikalisch zu erobern — das gelang zumindest mit „Friday On My Mind" (11/66 GB 6, 1/67 D 10, 3/67 US 16). Von 1970 bis 1974 spielte Steve in der australischen Version von „Jesus Christ Superstar", danach hatte er in seiner Heimat einen Solo-Hit mit „Evie".

■ **Anita Baker** — 1957 — US-Sängerin, die ihre Karriere 1976 in der 1971 gegründeten Formation Chapter 8 begann. Die Band fiel, nachdem ihr durch die Jahre kein Hit gelungen war, 1980 auseinander. Anita arbeitete in einem Büro in Detroit und erhielt 1983 einen Soloplattenvertrag. Jetzt hatte sie Erfolg: „Sweet Love" (8/86 US 8, 11/86 GB 13), „Giving You The Best That I Got" (9/88 US 3) und „Just Because" (1/89 US 14).

■ **Billy Bragg** — 1957 — GB-Sänger und Songschreiber. Er gründete 1977 die Punk/R&B Gruppe Riff Raff, die bis 1981 bestand. Nachdem er einige Zeit als Straßenmusikant gearbeitet hatte, erhielt er 1983 einen Plattenvertrag als Solist. Hits: „Between The Wars (EP)" (3/85 GB 15) und „She's Leaving Home" (5/88 GB 1). Besonders durch sein politisches Engagement hat Billy mehrfach Aufsehen erregt: im Oktober 1984 wurde er mit anderen vor dem South Africa House in London wegen eines Sit-Ins gegen die Apartheidpolitik festgenommen, im November 1986 wurde er wegen mutwilliger Zerstörung verurteilt — er hatte während einer Anti-Atom-Demonstration den Flughafenzaun in Norfolk durchgeschnitten.

■ **Gigliola Cinquetti** — 1957 — Italienischer Schlagerstar. Mit dem Lied „Non Ho L'Eta Per Amarti" (4/64 D 3, GB 17) gewann sie 1964 beim Festival in San Remo und den Grand Prix Eurovision. Weitere Hits: „Go (Before You Break My Heart)" (5/74 GB 8) und „Si" (5/74 D 13).

■ **Peter Criss** — 1945 — US-Drummer und Sänger mit der 1972 gegründeten Formation Kiss. Richtiger Nachname Crisscoula. Im Mai 1980 verließ er die Gruppe und wurde durch Eric Carr ersetzt. Peter machte, wie alle Mitglieder von Kiss, auch Soloplatten.

■ **Bobby Colomby** — 1944 — US-Drummer. Er begann als Begleiter von Odetta oder Eric Andersen und war 1968 Gründungsmitglied von Blood, Sweat & Tears. 1976 war er der letzte Musiker aus der Ur-Besetzung, der sich absetzte. Bobby wurde Produzent.

■ **Larry Willis** — 1940 — US-Tastenspieler. Er begleitete Hugh Masekela, Miriam Makeba, Cannonball Adderley, Stan Getz, die Four Tops und kam dann 1972 zu Blood, Sweat & Tears.

■ **Paul Francis Webster** — 1907 — US-Songtexter, der so erfolgreiche Titel wie „Secret Love", „Love Is A Many Splendored Thing", „Friendly Persuasion", „The Green Leaves Of Summer", „The Shadow Of Your Smile", „Somewhere, My Love" oder „April Love" geschrieben hat, die meist in Filmen erfolgreich waren.

■ **Ray Coburn** — 1962 — Kanadischer Keyboarder und Songschreiber für Honeymoon Suite.

Todestag

■ **Bobby Darin** — 1973 — US-Sänger und Songschreiber. Am 12.12. wurde er in ein Krankenhaus eingeliefert — eine Herzschwäche, an der er seit seiner Jugendzeit litt, machte sich bemerkbar. Am 20.12. wurde er operiert - noch auf dem Operationstisch starb er. Geboren am 14.5.1936.

Tageshits

1941 — „Elmer's Tune" — Glenn Miller — US 1 W.
1969 — „Leaving On A Jet Plane" — Peter, Paul & Mary — US 1 W.
1969 — „Two Little Boys" — Rolf Harris — GB 6 W.
1975 — „That's The Way" — K.C. & The Sunshine Band — US 1 W. (2.mal)
1976 — „Money Money Money" — Abba — D 5 W.
1980 — „Starting Over" — John Lennon — GB 1 W.
1986 — „Walk Like An Egyptian" — Bangles — US 4 W.
1986 — „Caravan Of Love" — Housemartins — GB 1 W.

21

Geburtstage

■ **Paul** — 1940 — US-Sänger und Songschreiber, richtiger Name Ray Hildebrand. Zusammen mit Jill Jackson, die sich Paula nannte, trat er als Paul & Paula auf. Ray/Paul hatte die Nummer „Hey Paula" (12/62 US 1, 2/63 GB 8, 4/63 D 16) geschrieben, die dann unter den Interpretennamen Ray & Jill erschien — kein Erfolg. Erst als sie sich Paul & Paula nannten und die Platte noch einmal auf den Markt brachten, wurde sie zum Hit. Ein weiterer Knüller hieß „Young Lovers" (3/63 US 6, GB 9), nach 1963 war es wieder vorbei. 1982 kam das Duo noch einmal für eine Country-Platte zusammen.

■ **Carl Wilson** — 1946 — US-Gitarrist, Sänger und Songschreiber. Mit seinen Brüdern spielte er schon Ende der 50er Jahre als Pendletones, Kenny & The Cadets oder Carl & The Passions. 1961 kam es zur Gründung der Beach Boys, eine der ganz wenigen US-Bands, die in der ersten Hälfte der 60er Jahre dem Ansturm des britischen Beats etwas entgegensetzen konnte.

■ **Albert Lee** — 1943 — GB-Gitarrist und Songschreiber. Zu den erwähnenswerten Bands, in denen Albert spielte, gehören Neil Christian's Crusaders, Chris Farlowe & The Thunderbirds, Flintlocks, Country Fever, Heads, Hands & Feet, die Begleitgruppe von Joe Cocker und Eric Claptons Band. Albert ist außerdem als Studiomusiker auf unzähligen Platten zu hören und nahm auch Solo-LP's auf.

Frank Zappa

■ **Frank Zappa** — 1940 — US-Sänger, Gitarrist und Songschreiber. Er begann Ende der 50er Jahre mit der Gruppe Blackouts, spielte 1960 Cocktail-Music in Cafés und versuchte sich als Komponist für Film-Musiken. 1963 wird er Mitglied der Soots, 1964 spielt er mit den Soul Giants, die er wenig später in Muthers, dann in Mothers umbenennt. Seither gilt er als „Quintessenz des Grotesken in der Rockmusik". Jedenfalls macht er keine Musik für Hitparaden — mit einer Ausnahme: „Bobby Brown" (5/80 D 4). Das kam bei uns wohl nur in die Charts, weil kaum einer verstanden hat, was er da sang.

■ **Freddie Hart** — 1926 — US-Country-Sänger, Gitarrist und Songschreiber. Richtiger Name Fred Segrest. Anfang der 50er Jahre arbeitete er mit Lefty Frizzell, ab 1959 hatte er Hits als Solist in den C&W-Charts. Sein größter Pop-Hit und Millionseller: „Easy Loving" (8/71 US 17).

■ **Carla Thomas** — 1942 — US-Soul-Sängerin. Carla ist die Tochter von Rufus Thomas, mit dem sie 1960 auch ihre ersten Platten im Duett sang. Hits als Solistin: „Gee Whiz (Look At His Eyes)" (1/61 US 10) und „B-A-B-Y" (8/66 US 14). Im Duett mit Otis Redding hatte sie Erfolg mit „Tramp" (5/67 US 26, 7/67 GB 13) und „Knock On Wood" (8/67 US 30, 10/67 GB 35).

■ **Reinhard Mey** — 1942 — Einer der besten deutschen Liederschreiber und -interpreten. Er macht seit 1966 Platten und hatte seine ersten Erfolge auf der Burg Waldeck. Seit Ende der 60er Jahre bringt er regelmäßig LPs auf den Markt, auf denen sich sein Seelenleben und seine Umgebung widerspiegeln.

■ **Tony Lewis** — 1957 — GB-Bassist und Sänger mit dem 1985 gegründeten Trio Outfield. Hits: „You're Love" (2/86 US 6), „All The Love" (6/86 US 19), „Since You've Been Gone" (6/87 US 31) und „Voices Of Baylon" (3/89 US 25).

■ **Betty Wright** — 1953 — US-Soul-Sängerin. Bereits als 3jährige sang sie im Gospel-Chor der Familie: The Echoes Of Joy. 1966 machte sie ihre ersten Soloplatten. Größte Hits: „Clean Up Woman" (11/71 US 6) und zusammen mit Peter Brown „Dance With Me" (3/78 US 8).

■ **Martin Belmont** — 1948 — GB-Gitarrist mit Man, Ducks Deluxe von August 1972 bis Juli 1975 und danach mit Graham Parker & Rumour.

■ **Gwen McCrae** — 1946 — US-Sängerin, die im Kielwasser ihres Mannes George McCrae erfolgreich war, indem sie seinen Sound genau kopierte. Hit: „Rokkin' Chair" (5/75 US 9).

■ **Kevin Peek** — 1946 — Australischer Gitarrist, der mit Mary Hopkin, den New Seekers, Cliff Richard oder Sky spielte und auch Soloplatten aufnahm.

■ **Allan Johnson** — 1957 — Australischer Bassist mit Exciter und Real Life.

Tageshits

1940 — „Frenesi" — Artie Shaw — US 13 W.
1957 — „Wo meine Sonne scheint" — Caterina Valente — D 5 W.
1974 — „Cat's In The Cradle" — Harry Chapin — US 1 W.
1974 — „Lonely This Christmas" — Mud — GB 4 W.
1985 — „Say You Say Me" — Lionel Richie — US 4 W.

22

Geburtstage

■ **Robin und Maurice Gibb** — 1949 — Sänger und Songschreiber, die zusammen mit ihrem älteren Bruder Barry die Bee Gees bildeten. Hits und Geschichte siehe 1.9. Robin machte auch als Solist Platten — Hits: „Saved By The Bell" (7/69 GB 2, D 5), „One Million Years" (3/70 D 14), „August October" (10/70 D 15), „Oh! Darling" (8/78 US 15), „Juliet" (5/83 D 1) und „Another Lonely Night In New York" (8/83 D 16).

■ **Barry Jenkins** — 1944 — GB-Schlagzeuger und Songschreiber, der 1966 von den Nashville Teens zu den Animals kam. Als die 1967 auseinanderbrachen, blieb er als einziger der alten Gruppe bei Eric Burdon, der nun als Eric Burdon & Animals und ab Juni 1968 als Eric Burdon & New Animals fungierte. 1969 trennte man sich, Barry tauchte noch einmal bei Heavy Jelly auf.

■ **Jorge Ben** — 1942 — Brasilianischer Gitarrist, Sänger und Songschreiber. In seiner Heimat gehört er seit den 60ern zu den Erfolgreichsten in der Pop-Szene. Mit seiner Komposition „Taj Mahal" lieferte er die Vorlage für Rod Stewarts „Da Ya Think I'm Sexy".

■ **Hawkshaw Hawkins** — 1921 — US-Country-Sänger. Richtige Vornamen Harold Franklin. In den C&W Charts war er ab 1948 erfolgkreich — „Slow Poke" (1/52 US 26) war sein größter Hit. Verheiratet war er mit seiner Kollegin Jean Shepard. Gerade hatte er mit „Lonesome 7-7203" (3/63 C&W 1) seinen größten Erfolg in den Country-Charts, da stürzte er am 5.3.1963 mit dem Flugzeug ab. Mit ihm kamen zwei weitere Country-Stars ums Leben: Patsy Cline und Cowboy Copas.

■ **Maurizio de Angelis** — 1944 — Italienischer Songschreiber und Sänger, der zusammen mit seinem älteren Bruder Guido als Oliver Onions sehr erfolgreich war. Hits: „Flying Through The Air" (4/73 D 4), „Dune Buggy" (10/74 D 8), „Orzowei" (4/77 D 1), „Bulldozer" (12/78 D 2) und „Santa Maria" (8/80 D 1). Es handelte sich zumeist um Filmmusiken.

■ **Vanessa Paradis** — 1972 — Französische Sängerin, die als 15jährige ihren ersten internationalen Hit hatte: „Joe Le Taxi" (11/87 D 8, 2/88 GB 3). Gelenkig wie ein Holzbock trug sie den Titel im Fernsehen vor — und alle Kinder freuten sich mit der Gleichaltrigen!

■ **Rick Nielsen** — 1946 — US-Sänger und Gitarrist, der 1969 die Gruppe Fuse gründete, aus der 1971 Sick Man Of Europe und 1973 Cheap Trick wurde. 1977 erschien die erste LP dieser Formation. Größte Hits: „I Want You To Want Me" (4/79 US 7, GB 29, 8/79 D 18), „The Flame" (4/88 US 1, 8/88 32) und „Don't Be Cruel" (8/88 US 4).

■ **Alan Williams** — 1950 — GB-Gitarrist, Flötist und Tastenspieler mit den Rubettes.

Todestag

■ **Ma Reiney** — 1939 — US-Blues-Sängerin. Geboren am 26.4.1886.

Tageshits

1958 — „Chipmunk Song" — David Seville — US 4 W.
1962 — „Telstar" — Tornados — US 3 W.
1979 — „Escape (The Pinacolada Song)" — Rupert Holmes — US 2 W.
1980 — „Super Trouper" — Abba — D 5 W.
1984 — „Like A Virgin" — Madonna — US 6 W.
1986 — „Walk Like A Egyptian" — Bangles — D 3 W.

23

Geburtstage

■ **Johnny Kidd** — 1939 — GB-Sänger, Gitarrist und Songschreiber. Richtiger Name Frederick Heath. 1959 gründete er Johnny Kidd & The Pirates, die heute im Rückblick als eine der ersten Hardrock-Gruppen Englands und als Vorläufer für viele Heavy Metal-Gruppen gilt. Hits: „Shakin' All Over" (6/60 GB 1) und „I'll Never Get Over You" (7/63 GB 4). Johnny starb am 7.10.1966.

■ **Esther Phillips** — 1935 — US-Sängerin, die auch etliche Instrumente spielte und im Laufe ihrer langen Karriere Blues, R & B, Jazz und Disco-Platten machte. Geboren wurde sie als Esther Mae Jones. Sie war gerade 13, als sie von Johnny Otis entdeckt und unter Vertrag genommen wurde. Little Esther trat bis 1954 in seiner Revue auf und sang dort die Hits „Double Crossing Blues" (2/50 R&B 1), „Mistrustin' Blues" (4/50 R&B 1) oder den „Cupid's Boogie" (6/50 R&B 1). Ab 1962 erschien sie dann als Solistin ohne „Little" — Hits: „Release Me" (10/62 US 8) und „What A Diff'rence A Day Makes" (8/75 US 20, 10/75 GB 6, D 16). Esther starb am 7.8.1984.

■ **Eugene Record** — 1940 — US-Sänger und Songschreiber der 1960 gegründeten Hi-Lites. 1963 machten sie ihre erste Platte, 1964 veränderten sie ihren Namen in Chi-Lites. Von 1969 bis 1984 waren sie in der amerikanischen R&B-Hitparade regelmäßig vertreten. Die größten Pop-Hits: „Have You Seen Her" (10/71 US 3, 1/72 GB 3), „Oh Girl" (4/72 US 1, GB 14), „Homely Girl" (3/74 GB 5), „Too Good To Be Forgotten" (11/74 GB 10), „It's Time For Love" (9/75 GB 5) und „You Don't Have To Go" (7/76 GB 3). Die beiden Titel „Have You Seen Her/Oh Girl" (6/75 GB 5) wurden in dieser Kombination in GB wiederveröffentlicht.

■ **Luther Grosvenor** — 1949 — GB-Gitarrist, Sänger und Songschreiber. Er begann mit den Hellions, spielte dann mit den V.I.P.'s, Art und Spooky Tooth. Hier blieb er von 1967, dem Gründungsjahr, bis 1972. Weitere Stationen: Stealers Wheel und ab August 1973- jetzt unter dem Namen Ariel Bender — bei Mott The Hoople. Von Mitte 1975 bis 1977 spielte er mit Widow Maker. Luther brachte auch Soloplatten.

■ **Tim Hardin** — 1941 — US-Songschreiber, Sänger und Gitarrist. Er war nicht in der Lage, aus seinen hervorragenden Kompositionen für sich selbst Hits zu machen. Das besorgten andere Interpreten, z. B. mit „If I Were A Carpenter" die Four Tops, Bobby Darin und Johnny Cash und mit „Reason To Believe" Peter, Paul & Mary und Rod Stewart. Tim starb am 29.12.1980.

■ **Helen Schneider** — 1953 — US-Sängerin und Songschreiberin. Sie startete ihre Karriere 1978 in Hamburgs Musikkneipe „Onkel Pö". Größter Hit: „Rock 'n Roll Gipsy" (10/81 D 6). 1989 überraschte sie mit der LP „A Walk On the Weill Side" — was Kurt dazu sagt, werden wir nie erfahren, er ist seit 1950 tot!

■ **Chet Baker** — 1929 — US-Jazz-Trompeter und Sänger. Richtiger Vorname Chesney. Er spielte 1952 im Quartett von Gerry Mulligan, danach mit eigenen Bands. Er starb am 13.5.1988 in Amsterdam.

■ **Jorma Kaukonen** — 1940 — US-Gitarrist mit Jefferson Airplane und Hot Tuna von 1972 bis 1978. Jorma machte auch Soloplatten.

■ **Dave Murray** — 1958 — GB-Leadgitarrist und Songschreiber mit Iron Maiden.

■ **Ron Bushy** — 1945 — US-Drummer mit Iron Butterfly.

Tageshits

1972 — „Long Haired Lover From Liverpool" — Little Jimmy Osmond — GB 5 W.
1978 — „Le Freak" — Chic — US 2 W. (2.mal)
1989 — „Another Day In Paradise" — Phil Collins — US 4 W.
1989 — „Do They Know It's Christmas" — Band Aid II — GB 3 W.

24

Geburtstage

■ **Dave Bartholomew** — 1920 — US-Songschreiber, Trompeter, Sänger und Chef einer eigenen Band. Dave gilt als Architekt des New Orleans Sounds der 40er und 50er Jahre. Er begann als Trompeter in Fats Pichon's Band auf einem Mississippidampfer. 1946 gründete er in New Orleans seine erste eigene Band und entdeckte in ihr den jungen Pianisten und Sänger Fats Domino, den er produzierte und mit dem er viele Hits schrieb. Auch Jewel King, Roy Brown, Lloyd Price, Shirley & Lee oder Smiley Lewis wurden durch ihn betreut. Auch auf den frühen Platten von Little Richard ist Dave mit seiner Band zu hören — einmal stand er auch selbst in den Hitparaden: „Country Boy" (2/50 R&B 14).

■ **Mike Curb** — 1944 — US-Songschreiber, Produzent und Interpret mit Mike Curb Congregation. 1964 schrieb er als Student das Werbejingle „You Meet The Nicest People On A Honda". Für die Gruppe, die das Jingle aufnahm — es waren die Hondells — erweiterte er das Thema zum Song „Little Honda" (10/64 US 9). Seitgdieser Zeit gilt Curb alsgWunderkindgim US-Plattengeschäft: mit 23 war er Millionär, mit 25 Präsident von MGM Records, dessen erste Tat für diese Firma es war, 250 Angestellte zu entlassen. 1974 wurde er Chef von Warner/Curb Records. Er schrieb weitere Hits und produzierte viele Gruppen, die er meist auf der Straße auflas, sie ins Studio stellte und machen ließ. Auf diese Weise fand er z. B. die Mugwumps, Electric Flag oder Stone Poneys mit der Sängerin Linda Ronstadt. Größter Hit für Mike Curb Congregation: „Burning Bridges" (11/70 US 34).

■ **Paul Shuttleworth** — 1947 — GB-Sänger und Songschreiber. Er begann mit der Gruppe Surly Bird (1969/70), war dann bei Cow Pie (1970-72) und wurde schließlich Gründungsmitglied der Kursaal Flyers (1973). Auf dem Plattenlabel von Jonathan King machten sie ihre ersten Platten, die sich allerdings nicht verkauften. Erst als sie Mike Batt als Produzeni ten gewinnen konnten, lief es besser. Größter Hit: „Little Does She Know" (11/76 GB 14).

Motörhead

■ **Lemmy** — 1945 — GB-Sänger, Bassist und Songschreiber. Richtiger Name Ian Fraser Kilmister. Er begann als Bassist bei Hawkwind und gründete 1975 die Gruppe Motörhead, die dafür bekannt ist, daß sie bei Konzerten nie unter 126 db spielt. Hits: „The Golden Years" (5/80 GB 8) und „Motörhead Live" (7/81 GB 6). Eine Aufnahme von Motörhead aus dem Jahre 1986 heißt „Deaf Forever" — so wird's wohl sein.

■ **Volker Kriegel** — 1943 — Jazz-Gitarrist, Komponist und Bandleader. Mit 20 gewann er bei einem Amateurjazzfestival in Düsseldorf. Schon während seines Studiums spielte er mit Klaus Doldinger, den Mangelsdorff Brüdern oder Freddie Hubbard. 1968 brachte er ein erstes Solo-Album auf den Markt, spielte bis 1972 mit dem Dave Pike Set, gründete eigene Gruppen und gilt heute als wichtigster Gitarrist der Generation nach Attila Zoller.

■ **Lee Dorsey** — 1924 — US-Sänger und Songschreiber. Seine erste Karriere machte er als Boxer unter dem Namen Kid Chocolate. Während einer Party in New Orleans lernte Lee den Songschreiber Allen Toussaint kennen, der mit ihm 1961 die ersten Platten produzierte. Hits: „Ya Ya" (9/61 US 7), „Working In The Coalmine" (7/66 US & GB 8) und „Holy Cow" (10/66 US 23, GB 6). Er starb am 1.12.1986.

Jan Akkerman (Focus)

■ **Jan Akkerman** — 1946 — Niederländischer Gitarrist und Songschreiber für Johnny & The Cellar Rockers, Hunters, Brainbox und seit 1970 bei der 1969 gegründeten Gruppe Focus. Hits: „Hocus Pocus" (1/73 GB 20, 3/73 US 9) und „Sylvia" (1/73 GB 4, 4/73 D 40). Seit 1976 arbeitet er als Solist.

■ **Ray Bryant** — 1931 — US-Pianist und Bandleader. Nachdem er in einigen Formationen gespielt hatte, machte er mit eigenem Trio ab 1955 Platten als Ray Bryant Combo. Hit: „The Madison Time — Part 1" (4/60 US 30).

■ **Beppo Pohlmann** — 1951 — Sänger und Songschreiber für die Berliner Gruppe Gebrüder Blattschuß. Größter Hit: „Kreuzberger Nächte" (10/78 D 2).

■ **Eddie Furey** — 1944 — Irischer Folkmusiker, der zusammen mit seinem Bruder als Eddie & Finbar Furey auftrat.

■ **Ian Burden** — 1957 — GB-Synthesizerspieler mit Human League.

Todestag

■ **Heinz Gietz** — 1989 — Komponist. Er starb an einem Schlaganfall. Geboren am 31.3.1924.

Tageshits

1977 — „How Deep Is Your Love" — Bee Gees — US 3 W.
1988 — „Every Rose Has It's Thorn" — Poison — US 3 W.

25

Geburtstage

Eurythmics

■ **Annie Lennox** — 1954 — GB-Sängerin und Songschreiberin. Zusammen mit Dave Stewart und einem weiteren Freund gründete sie 1977 Catch, die mit „Borderline" einen kleineren Hit in Holland hatte. Im Juni 1979 kommen weitere Mitglieder zu dieser Gruppe, die nun ihren Namen in Tourists verändert. Hits: „I Only Want To Be With You" (11/79 GB 4) und „So Good To Be Back Home Again"

(2/80 GB 8). Im Oktober 1980, noch während die Band durch Australien tourt, trennt man sich. Annie und Dave machen als Eurythmics weiter - Hits: „Love Is A Stranger" (11/82 GB 54, 2/83 D 12, 4/83 RE-GB 6, 9/83 US 23), „Sweet Dreams (Are Made Of This)" (2/83 GB 2, 4/83 D 4, US 1), „Who's That Girl?" (7/83 GB 3, D 19, 5/84 US 21), „Here Comes The Rain Again" (1/84 GB 8, US 4, D 14), „Sexcrime (1984)" (11/84 GB 4, D 3), „Would I Lie To You?" (4/85 GB 17, US 5, D 34), „There Must Be An Angel (Playing With My Heart)" (7/85 GB 1, US 22, D 4), „It's Alright (Baby's Coming Back)" (1/86 GB 12, D 2) und „Thorn In My Side" (9/86 GB 5, D 28). Im Duett mit Aretha Franklin hatte Annie den Hit „Sisters Are Doin' It For Themselves" (11/85 US 18, GB 9, D 22) - im Duett mit Al Green „Put A Little Love In Your Heart" (11/88 US 9, GB 28, 1/89 D 20).

■ **Cab Calloway** — 1907 — US-Sänger, Schlagzeuger, Bandleader und Songschreiber. Cab galt viele Jahre als der charismatischste Showman im gesamten Musikbereich. Er wurde Anfang der 30er Jahre nach Auftritten im New Yorker „Cotton Club" als der „King Of Hi-De-Ho" bekannt. Nebenher leitete er eine ausgezeichnete Jazzband, in der zeitweise Stars wie Ben Webster, Dizzy Gillespie oder Cozy Cole mitspielten. Hits: „Minnie The Moocher" (3/31 US 1) und „(Hep-Hep!) The Jumpin' Jive" (7/39 US 2). Bis 1945 war er immer wieder in den Hitparaden vertreten — in den 50er und 60er Jahren tauchte Cab als Sänger in „Porgy & Bess" und „Hello, Dolly!" erneut auf.

■ **Tony Martin** — 1912 — US-Sänger, Saxophonist und Filmschauspieler. Richtiger Name Alvin Morris. Zwischen 1936 und 1957 wirkte er als Typ „Romantischer Liebhaber" in vielen Filmen mit — u.a. in „Cashba" (1948). Zusammen mit seiner zweiten Frau Cyd Charisse, die ebenfalls als Schauspielerin erfolgreich war, trat er ab 1948 regelmäßig in Nachtclubs auf. Hits für Tony: „It's A Blue World" (2/40 US 2), „To Each His Own" (7/46 US 4), „There's No Tomorrow" (11/49 US 2), „I Said My Pajamas (And Put On My Prayers)" (1/50 US 3) im Duett mit Fran Warren, „I Got Ideas" (6/51 US 3), „Stranger In Paradise" (12/53 US 10, 4/55 GB 6) und „Walk Hand In Hand" (6/56 US 10, GB 2). Tony blieb bis 1957 im Plattengeschäft. 1976 veröffentlichte er mit seiner Frau die gemeinsamen Memoiren „The Two Of Us".

■ **Jimmy Buffett** — 1946 — US-Sänger und Songschreiber. Nachdem Jimmy für einige Zeit als freier Journalist gearbeitet hatte, erhielt er im September 1970 einen Plattenvertrag. Von seiner Debut LP „Down To Earth" wurden glatte 324 Exemplare verkauft. 1973 bekam er einen neuen Vertrag, danach konnte er seinen ersten Erfolg verbuchen: „Come Monday" (6/74 US 30). Sein größter Hit wurde „Margaritaville" (4/77 US 8). In den 80er Jahren war er nur noch in den C&W-Charts zu finden.

■ **Chris Kenner** — 1929 — US-Sänger und Songschreiber. 1957 nahm er seine erste Platte auf. Größter Hit: „I Like It Like That Part 1" (5/61 US 2). Er schrieb u. a. die Nummer „Land Of 1000 Dances" (6/63 US 77), die in der Version von Wilson Pickett 1966 ein Riesenhit der Soul-Ära wurde. Auch Fats Domino und Dave Clark Five übernahmen seine Kompositionen. Chris starb am 25.1.1976.

■ **Kid Ory** — 1889 — US-Jazz-Posaunist. Richtiger Vorname Edward. Er spielte ab 1911 mit eigenem Orchester. Zwischen 1912 und 1919 leitete er die erfolgreichste Band in New Orleans, in der z.B. King Oliver, Louis Armstrong und Sidney Bechet spielten. Er komponierte die bekannte Nummer „Muskrat Ramble". Er starb am 23.1.1973.

■ **Trevor Lucas** — 1943 — Australischer Gitarrist und Sänger. In den frühen 60er Jahren machte Trevor in Australien Folkmusik. 1966 trat er beim „International Folk Fest" in der Londoner Royal Albert Hall auf. 1967 gründete er die Folk-Rock Gruppe Eclection. 1969 heiratete er die Sängerin Sandy Denny und gründete mit ihr Fotheringay. Ermuntert durch Chris Blackwell, den Chef von Island Records, wurde Trevor Hausproduzent dieses Labels und machte Aufnahmen mit Traffic, Joe Cocker, T.Rex, Stephen Stills und mit seiner Frau. 1972 wurde er Mitglied bei Fairport Convention. Nachdem seine Frau 1978 bei einem Treppensturz ums Leben gekommen war, ging Trevor zurück nach Australien, wo er wieder als Produzent arbeitete. Er starb am 4.2.1989.

■ **Barbara Mandrell** — 1948 — US-Country-Sängerin und Multiinstrumentalistin. Sie begann in den frühen 60er Jahren als Mitglied der Familientruppe Mandrells. 1963 machte sie ihre ersten Soloplatten. Größter Pop-Hit: „(If Loving You Is Wrong) I Don't Want To Be Right" (3/79 US 31). Von 1980 bis 1982 war sie Gastgeberin einer eigenen TV-Show in den USA. 1980 und 81 wählte man sie zur Country-Entertainerin des Jahres.

■ **Bob James** — 1939 — US-Jazz/Pop-Keyboarder und Komponist. Für viele Top-Stars arbeitete er ab den späten 60er Jahren als Sessionmusiker. 1973 wurde er Produzent und Arrangeur für die Plattenfirma CTI/Kudo. 1977 gründete er seine eigene Plattenfirma Tappan Zee. Bob machte etliche Solo-LPs — seine erfolgreichsten waren die Millionseller „Touch Down" (1978) und, zusammen mit Earl Klugh, „One On One" (1979).

■ **Billy Horton** — 1929 — US-Sänger. Zusammen mit drei Freunden gründete er 1955 in Philadelphia die Gospel Tornados. Nebenher sangen sie als Thunderbirds Rhythm & Blues. 1957 nannten sie sich schließlich Silhouettes — größter und einziger Hit: „Get A Job" (1/58 US 1).

■ **Pete Brown** — 1940 — GB-Songschreiber und Gründer von Multimedia-Projekten. Er arbeitete mit Vincent Crane, John McLaughlin oder Graham Bond, schrieb die meisten Texte für Cream und gründete 1968 Battered Ornaments mit Gitarrist Chris Spedding und 1969 Piblokto.

■ **O'Kelly Isley** — 1937 — US-Sänger mit den Isley Brothers. O'Kelly war der älteste der drei Brüder, die 1957 ihre erste Platte veröffentlichten. Hits siehe 21.5. bei Bruder Ronald. Er starb am 31.3.1986.

■ **Noel Redding** — 1945 — GB-Bassist, Gitarrist und Songschreiber. Richtiger Name oder Nachname David. 1968 begann Noel bei Jimi Hendrix Experience, spielte danach mit Fat Matress und gründete 1975 seine eigene Band.

■ **Rob Campbell** — 1954 — GB-Gitarrist, Sänger und Songschreiber mit UB 40. Vollständiger Vorname Robin. Er und sein Bruder Alistair (bei dem auch am 15.2. die Hits der Gruppe zu finden sind) sind Söhne des irischen Folksängers Ian Campbell.

■ **Shane MacGowan** — 1957 — GB-Sänger und Songschreiber der 1982 gegründeten Pogues. 1984 erschien die erste Platte der Band. Größter Hit: „Fairytale Of New York" (12/87 GB 2). Zusammen mit den Dubliners hatten sie den Erfolg „The Irish Rover" (3/87 GB 8).

■ **Henry Vestine** — 1944 — US-Gitarrist. 1966 war er Gründungsmitglied bei Canned Heat und blieb bis 1969. 1972/73 kam er wieder zurück und spielte später mit Frank Zappa.

■ **Francis Dunnery** — 1962 — GB-Sänger, Gitarrist und Songschreiber mit It Bites. Erster Hit: „Calling All The Heroes" (7/86 GB 6).

■ **Desireless** — 1952 — Französische Sängerin, deren Titel „Voyage, Voyage" (7/87 D 1, 10/87 GB 53, 5/88 RE-GB 5) zum Überraschungshit des Jahres 1987 wurde.

■ **John Edwards** — 1944 — US-Sänger mit den Spinners. 1977 kam er zu dieser Band und ersetzte dort Philippe Wynn.

Todestage

■ **Johnny Ace** — 1954 — US-Sänger und Songschreiber. Spielte Rusksisches Roulette und verlor. Geboren am 9.6.1929.

■ **Charlie Chaplin** — 1977 — Filmschauspieler, Komikerstar und Songautor. Geboren am 16.4.1889.

Tageshits

1948 — „All I Want For Christmas (Is My Two Front Teeth)" — Spike Jones — US 3 W.
1965 — „Over And Over" — Dave Clark 5 — US 1 W.
1971 — „Brand New Key" — Melanie — US 3 W.
1972 — „Ich wünsch' mir 'ne kleine Miezekatze" — Wums Gesang — D 9 W.
1976 — „When A Child Is Born" — Johnny Mathis — GB 2 W.

26

Geburtstage

■ **Phil Spector** — 1940 — US-Songschreiber, Produzent und Sänger. Er war gerade 17 Jahre alt, als er mit zwei gleichaltrigen Mädchen die Gruppe Teddy Bears gründete. Das Trio nahm die Nummer „To Know Him Is To Love Him" (9/58 US 1, 12/58 GB 2) auf — Phil las diese Zeile angeblich auf dem Grabstein seines Vaters — und hatte einen Millionseller. Der Erfolg brachte ihm einen Posten bei Atlantic-Records ein, hier schrieb er mit Leiber/Stoller für Ben E. King den Knüller „Spanish Harlem" — spätestens seit diesem Zeitpunkt wurde er als wichtiger Songschreiber und Produzent gehandelt. Phil gründete 1961 seine eigene Plattenfirma und nahm Titel mit den Crystals, Ronettes und vielen anderen auf. Zwei seiner schönsten Produktionen sind „You've Lost That Lovin' Feelin'" mit den Righteous Brothers und „River Deep Mountain High" mit Ike & Tina Turner. Mit 21 Jahren war er Multimillionär und zog sich für einige Jahre aus dem Geschäft zurück, um am Anfang der 70er Jahre bei Produktionen der Beatles oder der einzelnen Mitgliedern dieser Gruppe zu helfen.

■ **Ernie und Earl Cate** — 1942 — US-Sänger und Songschreiber, die als Cate Brothers den Hit „Union Man" (2/76 US 24) hatten. Ernie spielte Tasteninstrumente, Earl Gitarre. Mit zwei weiteren Musikern bildeten sie ein Quartett, das eine Mischung aus R & B, Country und Rock'n'Roll brachte.

■ **Ken Howard** — 1939 — GB-Songschreiber, der im Team mit Alan Blaikley in den 60er Jahren in GB nur vom Songschreiberteam Lennon/McCartney geschlagen wurde. Die beiden schrieben Hits für Dave Dee, Dozy, Beaky, Mick & Tich, Honeycombs, Herd, Lulu und viele andere.

■ **Paul Anthony Quinn** — 1951 — GB-Leadgitarrist und Songschreiber mit Saxon, gegründet 1977.

■ **Larry Byrom** — 1948 — US-Gitarrist mit Steppenwolf, der im April 1969 Michael Monarch ersetzte. Larry seinerseits wurde im Mai 1971 durch Kent Henry abgelöst. Danach war er als Studiomusiker auf Platten der unterschiedlichsten Interpreten zu hören. Das reicht von Mary Osmond über Joe Cocker, Dr.Hook, Roy Orbison, Joan Baez, Eddie Rabbit bis zu Tanya Tucker oder Ronnie Milsap.

■ **Tracy Nelson** — 1944 — US-Sängerin, Pianistin und Songschreiberin. Nachdem sie für kurze Zeit zwei verschiedene Bands gegründet und 1965 eine Solo-LP aufgenommen hatte, machte sie ab Juli 1966 Mother Earth. Diese Gruppe wurde stets hochgelobt — konnte sich aber kommerziell nicht durchsetzen. Nachdem Tracy zuerst mehr Folk und Blues gesungen hatte, bewegte sie sich ab Beginn der 70er Jahre mehr in Richtung Country. Ab 1974 sah man sie als Solistin, Studiomusikerin und Sessionsängerin.

■ **Scotty Moore** — 1931 — US-Gitarrist. Richtiger Vorname Winfield. Scotty spielte in den Anfangstagen von Elvis Presley auf dessen Platten. Sein Gitarrenspiel beeinflußte ganze Generationen von Rockabilly Interpreten. 1969 spielte er auf einer LP von Mother Earth. 1976 erschien eine Solo LP von ihm, danach war er auf zwei LPs von Billy Swan zu hören. Inzwischen arbeitet er als anerkannter Produzent in Nashville.

■ **David Knopfler** — 1952 — GB-Gitarrist, Sänger und Songschreiber, der 1977 Gründungsmitglied von Dire Straits war. Er ist der jüngere Bruder von Bandboß Mark. Im Juli 1980 stieg er aus, machte als Solist weiter und veröffentlichte eine Reihe von sehr schönen, aber nicht sonderlich erfolgreichen LPs.

■ **Marlene Dietrich** — 1901 — Schauspielerin und Sängerin. Richtiger Name Maria Magdalena von Losch. Weltweit wurde sie bekannt durch den Film „Der blaue Engel" (1930). Ihre größten Hits als Sängerin: „Too Old To Cut The Mustard" (8/52 US 12) zusammen mit Rosemary Clooney und „Sag mir, wo die Blumen sind" (3/62 D 20). Laut eigener Aussage wurde sie in ihrem Leben so oft fotografiert, daß sie es heute nicht mehr will — sprach's und zog sich in ein Pariser Appartement zurück.

■ **Mike Pinder** — 1941 — GB-Keyboarder. Mike begann als Roadie bei der Gruppe El Riot & The Rebels und wurde schließlich festes Mitglied. Im Mai 1964 gehörte er zu den Gründungsmitgliedern von Moody Blues. Er blieb bis zum Juli 1978 — für ihn kam Patrick Moraz. Nebenher hatte er als Solist und als Studiomusiker bei John Lennon gearbeitet.

■ **Pete Sinfield** — 1943 — GB-Gitarrist, Tastenspieler, Sänger und Songschreiber. 1968 gründete er Infinity und wurde Anfang 1969 Roadmanager, Lichtmann und Texter für King Crimson. Erst sang er nur ein bißchen mit, dann wurde er vollwertiges Mitglied. 1971 stieg er wieder aus, wurde Produzent für Roxy Music und machte Soloplatten.

■ **Terry Bozzio** — 1950 — US-Schlagzeuger, Sänger und Songschreiber mit Missing Persons, deren optisches Aushängeschild Terrys Schwester Dale ist.

■ **Eddie Taylor** — 1941 — US-Saxophonist, der seit den 70er Jahren in der Bundesrepublik lebt und hier als Studiomusiker, als Mitglied der Peter Maffay Band und als Solist arbeitet.

■ **Carl Fisher** — 1939 — US-Sänger in den Bands, die von James Johnson angeführt wurden. Diverse Gruppennamen und Hits siehe 13.9.

■ **Leslie Maguire** — 1941 — GB-Keyboarder bei Gerry & The Pacemakers.

■ **Stephan Sulke** — 1943 — Sänger und Songschreiber. Größter Hit: „Uschi" (6/82 D 22).

Todestage

■ **Hoagy Carmichael** — 1981 — US-Komponist. Geboren am 22.11.1899.

■ **Bob Luman** — 1978 — US-Rockabilly-Sänger. Starb nach einer Lungenentzündung. Geboren am 15.4.1938.

Tageshits

1942 — „Strip Polka" — Kay Kyser — US 2 W.
1964 — „I Feel Fine" — Beatles — US 3 W.
1970 — „My Sweet Lord/Isn't It A Pity" — George Harrison — US 4 W.

27

Geburtstage

■ **Mick Jones** — 1944 — GB-Gitarrist, Sänger und Songschreiber. Mick begann Anfang der 60er Jahre in der Instrumentalgruppe Nero & The Gladiators, deren größter Hit „Entry Of The Gladiators" (4/61 GB 37) war. Nachdem sich die Band getrennt hatte, spielte Mick für rund fünf Jahre mit dem französischen Rokkidol Johnny Hallyday. 1971 ging er zu Wonderwheel und spielte ab September 1972 in der reformierten Gruppe Spooky Tooth, die sich Ende 1970 getrennt hatte. Danach wurde er Mitglied in der Leslie West Band und im Februar 1976 Mitbegründer von Foreigner. Nachdem Mick 1988 die LP „Inside Information" von Foreigner in Eigenregie produziert hatte, brachte er 1989 seine erste Solo LP auf den Markt.

Tageshits

1952 – „I Saw Mommy Kissing Santa Claus" – Jimmy Boyd – US 2 W.
1969 – „Someday We'll Be Together" – Diana Ross & Supremes – US 1 W.
1975 – „Let's Do It Again" – Staple Singers – US 1 W.
1980 – „There's No One Quite Like Grandma" – St. Winifred's Schoolchoir – GB 1 W.
1986 – „Reet Petite" – Jackie Wilson – GB 4 W.

28

Geburtstage

■ **Johnny Otis** – 1921 – US-Sänger, Schlagzeuger, Vibraphonist, Tastenspieler, Bandleader, Songschreiber und für manche der „Vater des R & B". Richtiger Name John Veliotes – obwohl viele glauben, Johnny sei ein Farbiger: er ist griechischer Abstammung! Schon ab 1939 spielte er Schlagzeug in verschiedenen Bands – 1945 gründete er eine eigene. Er entdeckte und produzierte Künstler wie Little Esther Phillips, Charles Brown, die Robins, Big Mama Thornton, Etta James, Johnny Guitar Watson, Sugarcane Harris, Little Willie John, Hank Ballard und viele andere. So ist er z.B. als Kansas City Bill & Orchestra auf „Hound Dog" (3/53 R&B 1), dem größten Hit von Big Mama Thornton, zu hören. Sein Johnny Otis Orchestra hatte Hits mit „Double Crossing Blues" (2/50 R&B 1), „Mistrustin' Blues" (4/50 R&B 1) und „Cupid's Boogie" (6/50 R&B 1). Größte Hits für Johnny Otis Show: „Ma He's Making Eyes At Me" (11/57 GB 2), „Bye Bye Baby" (1/58 GB 20) und „Willie And The Hand Jive" (6/58 US 9).

■ **Billy Williams** – 1916 – US-Sänger. Er begann als Leadsänger der Harmony Four, die sich schon 1930 formierten und ab 1935 als Charioteers Platten machten. Populär wurden sie durch regelmäßige Auftritte in der „Kraft Music Hall", einer gesponserten Radio-Show, die Bing Crosby präsentierte. Ihren größten Hit hatten die Charioteers mit „Open The Door, Richard" (3/47 US 6). Auch bei anderen Interpreten sang die Gruppe mit: „Don't Forget Tonight Tomorrow" (11/45 US 9) von Frank Sinatra oder „Now Is The Hour (Maori Farewell Song)" (3/48 US 6) von Buddy Clark. Billy blieb bis 1949 bei dieser Formation. Danach arbeitete er mit einem Quartett oder als Solist – größter Hit: „I'm Gonna Sit Right Down And Write Myself A Letter" (6/57 US 3, 8/57 GB 22). Anfang der 60er Jahre verlor Billy nach einer Zuckerkrankheit seine Stimme und zog schließlich nach Chicago, wo er als Sozialarbeiter wirkte. Dort starb er am 17.10.1972.

■ **Dorsey Burnette** – 1932 – US-Rockabilly-Sänger, Bassist und Songschreiber. Mit seinem jüngeren Bruder Johnny und Paul Burlison spielte er ab 1951 erst sporadisch, 1956/7 dann fest als Johnny Burnette Trio. Schon bald machten sich die Brüder als Songschreiber einen Namen – so stammen z.B. einige frühe Hits von Ricky Nelson aus ihren Federn – und versuchten sich als Solisten. Der größte Hit für Dorsey war „(There Was A) Tall Oak Tree" (2/60 US 23). Zwischen 1972 und 1977 hatte er etliche Hits in den C&W-Charts. Er starb am 19.8.1979. Sein Sohn Billy ist seit Ende der 70er Jahre als Country-Interpret erfolgreich.

■ **Alex Chilton** – 1950 – US-Sänger, Gitarrist und Songschreiber. 1965 gründete er die De Villes, aus denen wenig später die Box Tops wurden. Hits und Millionseller: „The Letter" (8/67 US 1, GB 5, 12/67 D 5) und „Cry Like A Baby" (3/68 US 2, GB 15, 5/68 D 14). Bei vielen Aufnahmen der Gruppe war Alex das einzige Bandmitglied, das wirklich an der Produktion beteiligt war – alle anderen Instrumente wurden von Studiomusikern gespielt. 1970 fiel die Band auseinander, Alex gründete Big Star und machte später Soloplatten. Auf der 87er LP „Pleased To Meet Me" der Replacements befindet sich die Hymne „Alex Chilton".

■ **Richard Clayderman** – 1953 – Französischer Pianist. Richtiger Nar Phillipe Pagès. Nach einer Ausbildung als klassischer Pianist begleitete er ab En der 60er Jahre französische Interpreten wie Johnny Hallyday oder Michel Sard Mit 18 heiratete er und machte eine Lehre als Bankkaufmann – mit 22 wurde wieder geschieden und unterschrieb einen Plattenvertrag als Solist. Gleich sei erste Platte wurde ein Hit: „Ballade Pour Adeline" (11/77 D 6). Mögen seine Si gles nicht sonderlich erfolgreich sein – allein vier seiner LPs wurden in der Bu desrepublik mit Platin ausgezeichnet. Die LP „Träumereien" (1979) erhielt sog zweimal Platin, was mehr als 1 Million verkaufte Platten bedeutet.

■ **Earl „Fatha" Hines** – 1903 – US-Jazz- und Blues-Pianist, Sänkger u Songschreiber. Hines gilt als der Pionier des modernen Jazz-Pianos. Er bega seine Karriere in den frühen 20er Jahren in der Band von Louis Armstrong, d Hot Five. Von 1928 bis 1947 leitete er eine eigene Band, um schließlich von 19 bis 1951 wieder mit Louis Armstrong in dessen All Star Band zu spielen. Als Sol verzeichnete Earl die Hits „Boogie Woogie On The St. Louis Blues" (5/40 US 1 und "Stormy Monday Blues" (10/42 R&B 1, 4/43 US 23). Nach einer länger Pause startete er 1964 ein Comeback, das bis zu seinem Tode anhielt. Earl sta am 22.4.1983.

■ **Edgar Winter** – 1946 – US-Sänger, Tastenspieler, Saxophonist und Son schreiber. Er ist der jüngere Bruder von Johnny, in dessen Band er Anfang d 60er Jahre spielte. Johnny war gerade 15, Edgar 13, als sie als Johnny & The Ja mers ihre erste Platte aufnahmen. Später nannten sie sich Black Plague. Dana versuchten beide als Solisten ihr Glück. Edgar gründete White Trash und dann d Edgar Winter Group, in der Ronnie Montrose Lead-Gitarre und Dan Hartman Ba spielten. Hit: „Frankenstein" (3/73 US 1, 5/73 GB 18, 7/73 D 39). Nachdem d Band Mitte der 70er Jahre auseinandergefallen war, spielte Edgar als Solist, wi der mit seinem Bruder oder auf Platten von Montrose, Meatloaf oder Bette Midle

■ **Roebuck „Pop" Staples** – 1915 – US-Gitarrist und Sänger. Er spielte i seinen Teen-Jahren als Blues-Gitarrist und wurde Mitglied in der Golden Trump Gospel Group. Anfang der 50er Jahre gründete er eine eigene Gospel-Formatio die Staple Singers, in der neben seinem Sohn Pervis, der 1971 das Familienunte nehmen wieder verließ, seine drei Töchter Cleotha, Mavis und Yvonne – sie ka für Pervis – sangen. 1953 wurde die erste Platte veröffentlicht. Im Laufe der Jahr veränderte sich der Stil immer weiter weg vom Gospel zum Pop, ab 1967 tauchte sie in den US Hot 100 auf. Hits: „I'll Take You There" (4/72 US 1, 6/72 GB 30), „ You're Ready (Come Go With Me)" (10/73 US 9, 6/74 GB 34) und „Let's Do Again" (10/75 US 1). Der Gruppenname hatte sich inzwischen von Staple Singer auf Staples verkürzt.

■ **Chas** – 1943 – GB-Gitarrist, Bassist, Pianist, Sänger und Songschreibe Vollständiger Name Charles Hodges. Die Geschichte erzählt, daß Chas in eine Pub Piano spielte, Jerry Lee Lewis die Kneipe betrat, in der er auftreten sollte un fragte: „Was zum Teufel soll ich hier, wenn ihr den schon habt?" Seine Statione als Musiker: 1960 mit den Stormers, von 1961 bis 1965 mit den Outlaws, dana Cliff Bennett & The Rebel Rousers, Roy Young Band, Black Claw und schließlic 1969 Gründungsmitglied von Heads, Hands & Feet. 1973 fiel die Band, die dre schöne LPs aufgenommen hatte, wieder auseinander. Zusammen mit Dave Pea cock gründete er schließlich das Duo Chas & Dave. Hits siehe bei Dave am 24.5.

■ **Hildegard Knef** – 1925 – Schauspielerin, Sängerin und Buchautorin. Mi Filmen wie „Die Mörder sind unter uns" (1946) oder „Die Sünderin" (1951) wurd sie bekannt und gehört seitdem zu den größten Stars der Nachkriegszeit. Mitte de 50er Jahre arbeitete sie in den USA, ab 1963 hatte sie Erfolg mit zum Teil selbstge schriebenen Chansons. Hits: „Mäcky-Messer" (2/63 D 27) und „Eins und eins, da macht zwei" (1/64 D 27). Bucherfolge: „Der geschenkte Gaul" (1970), „Das Urteil" (1978) und „So nicht" (1982).

■ **Gilbert Montagné** – 1951 – Französischer Sänger, Pianist und Songschreiber. Größte Hits: „The Fool" (1971) und „On Va S'Aimer" (1984).

■ **Dick Diamonde** – 1947 – In Holland geborener Bassist mit der australischen Grupe Easybeats. Richtiger Name Dingeman van der Sluys.

■ **Charles Neville** – 1938 – US-Saxophonist, Flötist und Percussionist mit den Neville Brothers.

■ **Clive Brooks** — 1949 — GB-Schlagzeuger mit Groundhogs, Egg und Liar.

■ **Louis McCall** — 1951 — US-Drummer mit Con Funk Shun.

Todestage

■ **Freddie King** — 1976 — US-Blues-Interpret. Er starb nach einem Herzanfall und Hepatitis. Geboren am 3.9.1934.

■ **Dennis Wilson** — 1983 — US-Drummer mit den Beach Boys. Er ist ertrunken. Geboren am 4.12.1944.

Tageshits

1946 — „The Old Lamp-Lighter" — Sammy Kaye — US 7 W.
1946 — „(I Love You) For Sentimental Reasons" — Nat „King" Cole — US 6 W.
1959 — „Why" — Frankie Avalon — US 1 W.
1961 — „Moon River" — Danny Williams — GB 2 W.
1974 — „Angie Baby" — Helen Reddy — US 1 W.
1985 — „Merry Xmas Everyone" — Shakin' Stevens — GB 2 W.

29

Geburtstage

■ **Marianne Faithfull** — 1947 — GB-Sängerin und Songschreiberin. Sie wurde entdeckt durch den Rolling Stones-Manager Andrew Loog Oldham — die Stones sorgten auch für ihren ersten Hit: „As Tears Go By" (8/64 GB 9, 11/64 US 22). Es folgten „Come And Stay With Me" (2/65 GB 4, US 26), „This Little Bird" (5/65 GB 6, US 32) und „Summer Nights" (7/65 GB 10, 9/65 US 24). Nach 1967 schien ihre Karriere beendet — Marianne machte Schlagzeilen als Freundin von Mick Jagger und durch ihre zunehmende Drogenabhängigkeit. Ende der 70er Jahre war sie plötzlich wieder da — besser als je zuvor: „The Ballad Of Lucy Jordan" (11/79 GB 48, 2/80 D 5) und „Broken English" (6/80 D 36).

■ **Cozy Powell** — 1947 — GB-Drummer und Songschreiber. Er spielte von April 1971 bis zum Juni 1972 in der Jeff Beck Group, gründete im November des gleichen Jahres Beast, aus der im Mai 1973 Bedlam wurde, die bis zum April 1974 hielt. Nebenher machte Cozy Soloplatten. Hits: „Dance With The Devil" (12/73 GB 3, D 4) und „Na Na Na" (8/74 GB 10, D 16). Im Mai 1974 startete er Cozy Powell's Hammer bis April 1975, spielte dann für zwei Monate mit Strange Brew und trommelte ab September 1975 für Rainbow. Nachdem sich Ritchie Blackmore 1984 wieder mit seinen alten Kollegen von Deep Purple zusammengetan hatte, wurde Cozy für eine LP Mitglied bei Emerson, Lake & Powell.

■ **Virgil Johnson** — 1935 — US-Sänger und Songschreiber. Er arbeitete als Englischlehrer und gründete 1960 mit einigen Studenten die Velvets, ein „R&B-Doo-Wop"-Quartett, das die Aufmerksamkeit von Roy Orbison erregte. Er war es auch, der sie schließlich an seine Plattenfirma vermittelte. Einziger Hit: „Tonight (Could Be The Night)" (5/61 US 26).

■ **Yvonne Elliman** — 1951 — US-Sängerin, geboren auf Hawaii. Sie hatte ihren ersten Erfolg auf Bühne und im Film als Maria Magdalena in „Jesus Christ Superstar". Die Auskopplung „I Don't Know How To Love Him" (4/71 US 28) aus dieser Rock-Oper brachte ihr auch ihren ersten Hit. Nachdem sie zwischen 1974 und 1977 in der Begleitgruppe von Eric Clapton gesungen hatte, der damals seine Platten auf dem RSO-Label veröffentlichte, gab man ihr 1976 die Möglichkeit, ebenfalls bei RSO Soloplatten aufzunehmen. Bei dieser Firma waren auch die Bee Gees unter Vertrag — sie schrieben ihr den Hit: „Love Me" (10/76 US 14, GB 6). Für den Film „Saturday Night Fever" nahm Yvonne den Titel „If I Can't Have You" (1/78 US 1, 5/78 GB 4) auf. Wenn sie nicht gerade Soloplatten macht, ist sie auf unendlich vielen Platten als Session-Sängerin zu hören.

■ **Ed Bruce** — 1939 — US-Sänger, Songschreiber und TV-Darsteller. 1957 machte er als Rock'n'Roller zwei erfolglose Platten für SUN Records. Vorher hatte er bereits auf Platten von Bill Flagg gespielt, der Rockabilly machte. Nach dem Mißerfolg wurde Ed Gebrauchtwagenverkäufer und schrieb nebenher Lieder, die Jerry Lee Lewis, Charlie Rich und Johnny Cash aufnahmen. 1964 ging Ed nach Nashville, machte TV-Werbung und trat in Serien wie „Maverick" auf. 1963 brachte Tommy Roe auf der B-Seite seines Hits „Sheila" die Nummer „Save Your Kisses For Me", die Ed geschrieben hatte. Ab 1967 machte Ed dann selber Platten — sein größter Erfolg wurde „You're The Best Break This Old Heart Ever Had" (12/81 C&W 1). Ed ist auch der Autor des Waylon und Willie-Hits „Mammas Don't Let Your Babies Grow Up To Be Cowboys".

■ **Roger Voudouris** — 1954 — US-Sänger, Gitarrist und Songschreiber. Noch während seiner Highschoolzeit hatte er eine eigene Band, die er Roger Voudouris's Loud As Hell Rockers nannte. Später, schon etwas gemäßigt, trat die Band als Vorprogramm von John Mayall, Stephen Stills, den Doobie Brothers und anderen auf. 1979 hatte Roger als Solist den Hit: „Get Used To It" (3/79 US 21) — es blieb sein einziger.

■ **Dieter „Thomas" Heck** — 1937 — Richtiger Name Dieter Heckscher. Er kam 1965 als Diskjockey zu Radio Luxemburg, danach zur Europawelle Saar und ging 1969 zum ZDF als Moderator der „Schlagerparade", aus der dann die „ZDF-Hitparade" wurde, die er bis Mitte der 80er Jahre moderierte. Zwischendurch tauchte er in etlichen Filmen und TV-Spielen auf, leitete die „Pyramide" und ist weiterhin Hörfunkmoderator — jetzt beim SWF in Baden-Baden und beim RIAS in Berlin. Er nahm auch etliche Platten auf, die sich jedoch nie in den Charts plazieren konnten.

■ **Robert Parissi** — 1950 — US-Sänger, Gitarrist und Kopf von Wild Cherry, gegründet 1976. Größter Hit: „Play That Funky Music" (6/76 US 1, 10/76 GB 7).

■ **Ray Thomas** — 1941 — GB-Flötist, Saxophonist und Sänger mit Moody Blues seit der Gründung 1964. Er spielte vorher wie Mike Pinder mit El Riot & The Rebels.

Todestage

■ **Tim Hardin** — 1980 — US-Songschreiber, Sänger und Gitarrist. Starb an einer Überdosis Heroin. Geboren am 23.12.1941.

■ **Fletcher Henderson** — 1952 — US-Jazz-Pianist und Orchesterleiter. Nach einem Schlaganfall, den er Weihnachten 1950 erlitten hatte, mußte er all seine Aktivitäten einstellen. Geboren am 18.12.1898.

■ **Paul Whiteman** — 1967 — US-Orchesterchef. Geboren am 28.3.1890.

Tageshits

1945 — „White Christmas" — Bing Crosby — US 2 W.
1951 — „Cry" — Johnnie Ray — US 11 W.
1960 — „I Love You" — Cliff Richard — GB 2 W.
1962 — „Junge komm bald wieder" — Freddy — D 14 W.
1973 — „Time In A Bottle" — Jim Croce — US 2 W.
1975 — „Dolannes-Melodie" — Jean-Claude Borelly — D 4 W.

30

Geburtstage

Electric Light Orchestra

■ **Jeff Lynne** — 1947 — GB-Sänger, Gitarrist und Songschreiber. Im Februar 1966 gründete Roy Wood, bis zu diesem Zeitpunkt bei Mike Sheridan & The Nightriders, seine Band Move. Mike Sheridan stieg kurz danach aus seiner eigenen Gruppe aus — es kam Jeff Lynne und der Rest der Band nannte sich ab Mai 1966 Idle Race. Im Laufe der nächsten fast vier Jahre veröffentlichte die Band einige hervorragende Platten, die sich jedoch nicht sonderlich verkauften. Im Februar 1969 bietet Roy Wood Jeff Lynne an, doch in seine Band Move einzusteigen — er lehnt ab. Als Roy das Angebot Anfang 1970 erneuert, sagt Jeff zu. Im Oktober 1971 gründen er und Roy eine neue Band: Electric Light Orchestra. Größte Hits: „Livin' Thing" (10/76 US 13, GB 4, 1/77 D 5), „Telephone Line" (5/77 GB 8, US 7, D 32), „Don't Bring Me Down" (8/79 US 4, GB 3, D 5) und „Hold On Tight" (7/81 US 10, GB 4, D 2). Zusammen mit Olivia Newton-John ist man erfolgreich mit „Xanadu" (6/80 GB & D 1, 8/80 US 8). Nachdem sich Roy Wood ab August 1972 um sein neues Projekt Wizzard kümmerte, war Jeff alleiniger Chef bei ELO. Im Oktober 1988 schlossen sich Roy Orbison, Tom Petty, George Harrison, Bob Dylan und Jeff zu den Traveling Wilburys zusammen — es sollte mehr oder weniger ein Spaß sein. Nach dem Tode von Roy Orbison wurde die LP der Traveling Wilburys dann erst recht ein Verkaufsknüller.

■ **Del Shannon** — 1939 — US-Sänger und Songschreiber. Richtiger Name Charles Westover. Während seiner Militärzeit in der US-Army hatte Del über die Senderkette des AFN in Deutschland eine eigene Radioshow, die „Get Up And Go" hieß. Zurück in den USA arbeitete er tagsüber in einem Teppichladen, nachts sang er in Clubs. Dort wurde er entdeckt und erhielt einen Plattenvertrag. Hits: „Runaway" (3/61 US & GB 1), „Hats Off To Larry" (6/61 US 5, 9/61 GB 6), „Hey Little Girl" (11/61 US 38, 3/62 GB 2), „Swiss Maid" (11/62 GB 2), „Little Town Flirt" (12/62 US 12, GB 4) und „Keep Searchin' (We'll Follow The Sun)" (11/64 US 9, 1/65 GB 3, 3/65 D 25). Nach seinen großen Erfolgen arbeitete er weiter als Songschreiber — so stammt von ihm z.B. „I Go To Pieces" für Peter & Gordon —, als Produzent und auch als Interpret. Speziell in GB hatte er noch viele Fans, als seine Hochzeit in den Hitparaden schon lange vorüber war. Zu seinen späteren Produzenten gehörten Tom Petty oder auch Jeff Lynne — Tom produzierte mit Del dessen letzten Hit „Sea Of Love" (12/81 US 33). Weil Petty und Lynne ausgemachte Shannon Fans waren — Jeff ja schon, weil er am gleichen Tag Geburtstag hat! -, vermutete man sicher nicht zu Unrecht, Del würde nach dem Tode von Roy Orbison dessen Platz bei den Traveling Wilburys einnehmen. Doch dazu kam es nicht mehr — Del starb am 8.2.1990.

■ **Bo Diddley** — 1928 — US-Gitarrist, Sänger und Songschreiber, der auch etliche andere Instrumente beherrschte. Richtiger Name Ellas Bates McDaniel. Er gilt als legendärer früher Rock 'n' Roller, dessen Titel von vielen britischen R&B-Bands, so z. B. den Rolling Stones, nachgespielt wurden. Seinen ersten Hit hatte er mit der Doppel A-Seiten Single „Bo Diddley / I'm A Man" (5/55 R&B 1), seinen größten mit „Say Man" (9/59 US 20, R&B 3).

■ **Michael Nesmith** — 1943 — US-Gitarrist, Sänger und Songschreiber. Seine Karriere begann als Michael Blessing — unter diesem Namen nahm er seine ersten Platten auf. Nebenher schrieb er Lieder für andere Interpreten — so z.B. für die Stone Poneys den Hit „Different Drum". Michael hatte sich wie Davy Jones im September 1965 auf eine Zeitungsannonce beworben, in der vier „verrückte Typen" gesucht wurden. Abgelehnt wurden Stephen Stills (wegen seiner schlechten Zähne), Danny Hutton (der daraufhin Three Dog Night gründete) und Charles Manson (mit Recht!). So entstanden die Monkees. Im März 1970 gründete Michael eine eigene Gruppe, die er Michael Nesmith & The First National Band nannte. Hits: „Joanne" (8/70 US 21) und „Rio" (3/77 GB 28). Bei späteren Re-Unions der Monkees machte Michael nicht mit.

Patti Smith

■ **Patti Smith** — 1946 — US-Sängerin und Songschreiberin, die als „New Wave Singer/Poet" bezeichnet wird. Bob Dylan habe ihre Texte beeinflußt, Elvis Presley ihren Auftrittstil — sagt sie. Ihr damaliger Freund Allen Lanier von Blue Oyster Cult brachte sie zur Rock-Musik — Patti schrieb einige Texte für die Band. 1974 erschien ihre erste Single „Piss Factory" — es geht um das alltägliche Leben in serer Industriegesellschaft. Ihren größten Hit hatte Patti mit „Because The ght" (4/78 US 13, GB 5), von ihr und Bruce Springsteen geschriekben. Anfang r 80er Jahre heiratete sie den Ex-MC5-Musiker Fred „Sonic" Smith und zog sich s 1988 aus dem Musikgeschäft zurück.

Skeeter Davis — 1931 — US-Country-Sängerin. Richtiger Name Mary Frans Penick. Ihre Karriere begann allerdings in den Pop-Charts — zusammen mit etty Jack Davis, mit der sie nicht verwandt ist, war sie mit „I Forgot More Than ou'll Ever Know" (10/53 US 18) als Davis Sisters erfolgreich. Kurz nach diesem t starb Betty bei einem Autounfall — Skeeter machte als Solistin weiter. Von 58 an war sie bis zum Jahre 1976 regelmäßig in den Country-Hitparaden vertren. Ihre größten Pop-Hits: „The End Of The World" (1/63 US 2) und „I Can't Stand ad At You" (9/63 US 7).

■ **Dave Stewart** — 1950 — GB-Tastenspieler und Songschreiber. Er begann it der Gruppe Hatfield And The North, 1972 gegründet und ohne Erfolge. Anfang er 80er Jahre kam er als Solist — Hits: „What Becomes Of The Brokenhearted?" /81 GB 13) mit Gastsänger Colin Blunstone und, im Duett mit Barbara Gaskin, t's My Party" (9/81 GB 1, 11/81 D 3).

■ **Wolfgang Dauner** — 1935 — Gilt als einer der besten deutschen Jazz-Rock astenspieler. Wolfgang studierte nach einer Schlosserlehre ab 1958 Trompete nd Komposition an der Stuttgarter Musikhochschule. 1963 gründete er ein eiges Trio und 1971 die Jazz-Rock-Formation Et Cetera, die sich von Fall zu Fall mit echselnden Musikern neu formierte.

■ **Davy Jones** — 1945 — US-Sänger, ebenfalls bei den Monkees. Hits siehe 3. bei Mickey Dolenz.

■ **Tracey Ullman** — 1959 — GB-Sängerin mit schauspielerischem Talent. usammen mit Shakin' Stevens war sie in London bei der Bühnenshow „Elvis" zu ehen. Anfang der 80er Jahre war sie Hauptdarstellerin in der BBC-TV-Serie Three Of A Kind". Ihren Plattenvertrag erhielt sie, nachdem sie beim Friseur die rau des STIFF Bosses getroffen hatte. Hits: „Breakaway" (3/83 GB 4, 5/83 D 8), They Don't Know" (9/83 GB 2, 11/83 D 35, 3/84 US 8) und „Move Over Darling" 12/83 GB 8). Später ging sie in die USA und erhielt dort eine eigene Fernehshow, die das Ulktalent von Tracey herausstellte.

■ **John Hartford** — 1937 — US-Saitenspieler und Songschreiber. In Nashville rbeitete er als Sessionmusiker. Ein eigenständiger Hit wollte ihm nicht gelingen - sein größter Erfolg war seine Komposition „Gentle On My Mind" (5/67 C&W 0), die in der Version von Glen Campbell später zu einem Welthit wurde.

■ **Geoff Peacy** — 1949 — GB-Keyboarder und Gitarrist bei Boston Show Band nd Lake. Er spielte auch auf Platten von Rudolf Rock & Schocker, Elephant und nderen.

■ **Kenny Pentifallo** — 1940 — US-Drummer mit Southside Johnny & The sbury Jukes.

Todestag

■ **Richard Rodgers** — 1979 — US-Komponist. Geboren am 28.6.1902.

Tageshits

1961 — „Tanze mit mir in den Morgen" — Gerhard Wendland - — D 4 W.

1967 — „Hello Goodbye" — Beatles — US 3 W.

1974 — „Tränen lügen nicht" — Michael Holm — D 5 W.

31

Geburtstage

■ **Donna Summer** — 1948 — US-Sängerin und Songschreiberin, die den Beinamen „The Queen Of Disco" trägt. Richtiger Name LaDonna Adrian Gaines. 1967 kam sie nach Europa und spielte im Musical „Hair" in München, dann in Wien an der Volksoper in „Porgy & Bess" und „Showboat". Giorgio Moroder und Pete Belotte entdeckten sie, während sie in einem Background-Chor sang und machten mit ihr die ersten Solo-Platten. Hits: „Love To Love You Baby" (12/75 US 2, GB 4, 2/76 D 6), „I Feel Love" (7/77 D 3, GB 1, US 6), „Love's Unkind" (12/77 GB 3, 2/78 D 18), „Last Dance" (5/78 US 3), „Mac Arthur Park" (9/78 US 1, GB 5, 12/78 D 39), „Heaven Knows" (1/79 US 4, GB 34), „Hot Stuff" (3/79 GB 11, US 1, 5/79 D 5), „Bad Girls" (5/79 US 1, 7/79 GB 14, D 9), „Dim All The Lights" (8/79 US 2, GB 29, 10/79 D 25), im Duett mit Barbra Streisand „No More Tears (Enough Is Enough)" (10/79 US 1, GB 3, D 31), „On The Radio" (1/80 US 5, GB 32, 3/80 D 34), „The Wanderer" (9/80 US 3), „She Works Hard For The Money" (5/83 US 3, GB 25, 7/83 D 11), „This Time I Know It's For Real" (2/89 GB 3, 4/89 US 7, D 15) und „I Don't Wanna Get Hurt" (5/89 GB 7, 7/89 D 25).

■ **Andy Summers** — 1942 — GB-Gitarrist und Songschreiber. Schon Anfang der 60er Jahre spielte er mit Zoot Money in der Don Robb Band, wurde Mitglied bei Alexis Korner in Blues Incorporated und war dann Gründungsmitglied im Februar 1964 bei Zoot Money's Big Roll Band. Dort blieb er bis Juli 1967 und war im gleichen Monat Mitbegründer von Dantalian's Chariot, bei denen er bis April 1968 spielte. Danach ging er für drei Monate zu Soft Machine und war von Juli 1968 bis Dezember 1968 Mitglied bei Eric Burdon & The New Animals. In all den Jahren hieß er mit Künstlernamen Andy Somers — jetzt stieg er aus dem Musikgeschäft aus, legte seinen Künstlernamen ab und blieb erst einmal in Kalifornien. Im Januar 1975 tauchte er bei der Kevin Coyne Band auf und blieb bis April 1976, spielte von Mai 1976 bis Mai 1977 bei der Kevin Ayers Band, dann für drei Monate mit Strontium 90 und kam schließlich ab Juli 1977 für Henry Padovani zu Police. Wie sein Polizei-Kollege Sting spielte auch Andy auf etlichen LPs von Eberhard Schoener mit, die zwischen 1977 und 1979 veröffentlicht wurden. Andy machte inzwischen auch Platten ohne Police — als Solist und mit Robert Fripp.

■ **John Denver** — 1943 — US-Sänger, Gitarrist und Songschreiber. Richtiger Name John Henry Deutschendorf. Er begann als Mitglied im Chad Mitchell Trio im Jahre 1965 — er ersetzte Chad Mitchell. Seine Komposition „Leaving On A Jet Plane" wurde 1969 ein Hit für Peter, Paul & Mary und machte seinen Namen bekannt. Nun wurde John auch als Solist erfolgreich — Hits: „Take Me Home, Country Roads" (4/71 US 2), „Sunshine On My Shoulders" (1/74 US 1), „Annie's Song" (6/74 US 1, 8/74 GB 1), „Back Home Again" (9/74 US 5), „Thank God I'm A Country Boy" (3/75 US 1) und „I'm Sorry/Calypso" (8/75 US 1) — alle genannten Platten wurden Millionseller. In den 80er Jahren hatte er weiterhin Erfolge — in Duetten war er zu hören mit solch unterschiedlichen Interpreten wie Placido Domingo, Sylvie Vartan oder Emmylou Harris.

■ **Burton Cummings** — 1947 — Kanadischer Sänger, Keyboarder und Songschreiber. Er kam im Frühjahr 1966 für Chad Allen zur 1963 gegründeten Formation Guess Who — und mit ihm kamen die Hits: „These Eyes" (4/69 US 6), „Laughing" (7/69 US 10), „No Time" (12/69 US 5), „American Woman/No Sugar Tonight" (3/70 US 1, 5/70 GB 19, D 6), „Share The Land" (10/70 US 10) und „Clap For The Wolfman" (7/74 US 6). 1975 löste Burton die Gruppe auf und machte als Solist weiter. Größter Hit: „Stand Tall" (10/76 US 10). Im April 1985 hörte man mal wieder etwas von Burton: Zusammen mit anderen kanadischen Musikern nimmt er die Benefiz-Platte „Tears Are Not Enough" auf. Das Projekt soll USA For Africa und „We Are The World" gleichkommen — wird aber ein internationaler Flop, obwohl neben Burton Musiker wie Neil Young, Bryan Adams, Joni Mitchell, Anne Murray oder Gordon Lightfoot mitarbeiten.

■ **Rex Allen** — 1920 — US-Country-Sänger, Gitarrist und Schauspieler in Westernfilmen. Ab 1944 machte er sich mit eigenen Radio-Sendungen einen Namen. 1949 war er in einer Net-Work Sendung überall in den USA zu hören. 1950 machte Rex seinen ersten Film „The Arizona Cowboy" — damit war für weitere 31 Filme, die er zwischen 1950 und 1957 drehte, sein Typ festgelegt. Häufiger Partner in den Filmen war das Pferd Koko. In weit über achtzig Walt Disney Filmen war Rex der Erzähler. Als Sänger tauchte er ab 1949 in den Country-Hitparaden auf. Zu seinen großen Pop-Hits gehören „Crying In The Chapel" (8/53 US 8) und „Don't Go Near The Indians" (9/62 US 17).

■ **Odetta** — 1930 — US-Folk-Blues-Sängerin, Gitarristin, Songschreiberin und Schauspielerin. Ihr vollständer Name ist Odetta Holmes Felious Gorden. Schon 1952 trat sie als Profi auf — zu ihren frühen Förderern gehörten Pete Seeger und Harry Belafonte. 1956 veröffentlichte Odetta ihre erste LP. Es folgten viele weitere Platten bis 1974. Zwischendurch trat sie in Opern und in Filmen auf. 1986 machte sie nach zwölf Jahren wieder eine neue LP: „Movin'It On", live aufgenommen.

■ **Siw Malmkwist** — 1936 — Schwedische Sängerin, die in der Bundesrepublik zwischen 1960 und 1971 erfolgreich war. Größte Hits: „Danke für die Blumen" (5/61 D 4), „Mr. Casanova" (3/63 D 7), „1999" (9/63 D 8), „Liebeskummer lohnt sich nicht" (6/64 D 1), „Küsse nie nach Mitternacht" (2/65 D 9) und „Harlekin" (10/68 D 9). Zusammen mit Umberto Marcato fand sie sich einmal in der amerikanischen Hitparade wieder: „Sole Sole Sole" (7/64 US 58).

■ **Mani Neumeier** — 1940 — Schlagzeuger und Songschreiber. Mani machte Ende der 60er Jahre Platten mit Alexander von Schippenbach, Wolfgang Dauner, Irene Schweizer und George Gruntz. 1970 erschien die erste LP der von ihm gegründeten Band Guru Guru. 1982 war er mit Menschenkinder zu hören, 1983 mit einer Solo-LP.

■ **Peter Quaife** — 1943 — GB-Bassist mit den Kinks seit 1962, als sie sich noch Ravens nannten. Er verließ die Gruppe am 6. April 1969 und wurde durch John Dalton ersetzt.

■ **John Brian Alford** — 1939 — GB-Sänger, der zusammen mit Bob Day a Allisons auftrat. Größter Erfolg: „Are You Sure" (2/61 GB 2, 6/61 D 11).

■ **Peter Herbolzheimer** — 1935 — Posaunist, Komponist und Bandleade der sowohl Jazz als auch Begleitung für Udo Lindenberg spielen kann.

■ **Klaus Peter Lietz** — 1943 — Gitarrist und Songschreiber für die Lord Spitzname Leo.

■ **Tom Hamilton** — 1951 — US-Bassist mit Aerosmith, gegründet 1970.

■ **Willy Ray Ingram** — 1950 — US-Saxophonist in der deutschen Spid Murphy Gang.

Todestage

■ **Bert Berns** — 1967 — US-Songschreiber, Produzent und Talentscout. Ricl tiger Nachname Russell. Er schrieb z.B. "Twist And Shout" oder „Hang O Sloopy", „Piece Of My Heart", „I'm Gonna Run Away From You" oder „Brown Eye Girl". 1964 ging er nach GB und entdeckte und produzierte z.B. Lulu oder Then 1965 machte er seine eigene Plattenfirma Bang Records, für die er Van Morriso nach Amerika holte und die McCoys und Neil Diamond entdeckte. Bert starb nac einem Herzanfall — er wurde nur 38 Jahre alt.

■ **Rick Nelson** — 1985 — US-Sänger, TV-Star und Schauspieler. Stürzte mi einer Privatmaschine ab. Geboren am 8.5.1940.

Tageshits

1960 — „Ramona" — Blue Diamonds — D 11 W.
1966 — „I'm A Believer" — Monkees — US 7 W.
1966 — „Dandy" — Kinks — D 3 W.

A

B

C

H

I

J

K

L

M

N

O

P

Q

R

S

T

U

V

W

Y

Z